imaginist

想象另一种可能

理
想
国
imaginist

文明的故事

THE STORY OF CIVILIZATION

拿破仑时代（上）

II

The Age of Napoleon

〔美〕威尔·杜兰特　阿里尔·杜兰特 著

by Will Durant, Ariel Durant

台湾幼狮文化 译

上海三联书店

致读者

"迄至 20 世纪中叶,"《大英百科全书》第 16 卷第 10 页记载说,"有关拿破仑的文献已超过 10 万卷。"何故还要锦上添花?除了说自 1968 年起,死神一再忽视我们,让我们被动地活着、无奈地阅读外,我们提不出更好的理由。我们渐渐厌倦这种平淡无聊和出奇悠闲的日子。为了使我们的日子有目标、有计划,我们决定将我们最喜爱的整合历史的写作方法,运用到 1789 年至 1815 年的拿破仑世纪上——将那 27 年欧洲文明值得回味的各方面编织成一则故事:政治家、战争、经济、道德、礼仪、宗教、科学、医药、哲学、文学、戏剧、音乐和艺术。把这些当作一部电影的组成元素来观赏,当作一出戏剧中交互影响的场景去审视。我们将看到:首相威廉·皮特下令逮捕作家托马斯·潘恩;化学家拉瓦锡和神秘的夏洛特·科黛步上断头台;海军上将纳尔逊把汉密尔顿夫人当作情妇;歌德从瓦尔密战役预测其后一世纪的历史事件;华兹华斯热衷于法国大革命;拜伦挚爱希腊;雪莱对牛津的主教和教师讲解无神论;拿破仑力挫诸王并监禁一位教皇,捉弄医生和哲学家,带了近 50 名学者和科学家征服埃及,遗失了贝多芬为一位国王所作的英雄交响曲,与塔尔玛论戏剧,与大卫论绘画,与卡诺瓦论雕刻,与维兰德论历史,与歌德论文学,及与可掠取的却

不易征服的斯塔尔夫人缠斗了 15 年。这些美妙场景将我们从懒散的
耄耋垂暮之年中惊醒，毫无瞻顾地再回到我们的业余学术研究，用史
笔勾勒那个骚动而多事的世纪并使之成为一幕活剧。但是我们该不该
承认呢？——我们自青年时期起，就已对拿破仑怀有一份不可捉摸的
兴趣，认为他不仅是战争贩子和独裁者，也是一位绝少被虚饰蒙骗的
哲学家，一位不断从群众与个人方面研讨人性的心理学家。我们中有
一人，于 1921 年也曾十分贸然地以拿破仑做过 10 次讲演。对拿破仑，
我们已做了 60 年的资料搜集工作，所以，过去我们随便选点资料即
可编成几本书的，而现在这些资料都被宣告死刑了。

因此，现在呈现在读者面前的这卷，是耗一生时间，经 5 年辛苦
经营而成的。这本书就整个篇幅来看嫌长，而就各部分来看又嫌简
短，因为唯恐死神随时会叫我们歇手。我们出版这卷，不是为专家学
者出的——他们从本书中所获无多——而是为我们的朋友出的。这些
朋友，不管他们在何处，多年来他们一直耐心地关怀着我们，他们或
者也可从中发现一点瞬间的光芒或欢愉的幻景。

威尔·杜兰特

阿里尔·杜兰特

总　目

目　录

结论　历史的教训

第一部

法国大革命

《刺杀马拉之后的科黛》（波德里，1858 年）。马拉会见科黛时，他正在洗澡间。会谈中，她提到一些持不同政见者的名字，马拉记了下来，并对她说：这些人将被送上断头台。于是，她从衣服下拔出匕首，刺穿了马拉的心脏。

第一章 | 革命的背景
（1774—1789）

法国人民

在 18 世纪的欧洲，法国是人口最稠密、经济实力最强大的国家。1780 年，俄国有居民 2400 万人，意大利 1700 万人，西班牙 1000 万人，大不列颠 900 万人，普鲁士 860 万人，奥地利 790 万人，爱尔兰 400 万人，比利时 220 万人，葡萄牙 210 万人，瑞典 200 万人，荷兰 190 万人，瑞士 140 万人，丹麦 80 万人，挪威 70 万人，而法国人口为 2500 万人。巴黎是当时欧洲最大的城市，也是欧洲教育程度最高而且意趣盎然的城市，居民约 650 万人。

法国人民分为三个等级或阶级（身份）：教士，约 13 万人；贵族，约 40 万人；余下的皆为平民。经济方面不断好转、政治上却处于不利地位的第三阶级，尝试取得与他们增长中的财富相称的政治力量与社会地位，由此引发了法国大革命。每一阶级又分为子群或层，以致每个人都有自己心目中的归属人群。

最富有的阶级是教会的教阶组织——红衣主教、大主教、主教与修道院院长，而地方上的牧师与副牧师最穷。经济因素超越教义界限，在法国大革命中，阶级较低的教士与民众联合起来反对自己的上级。修道院生活已失去其吸引力，在法国，圣本笃教团的僧侣人数，由1770年的6434人减至1790年的4300人。几个不太重要的修道会，在1780年以前被解散，耶稣会则早已于1773年解散。一般说来，宗教在法国城市中衰退了，许多城市的教堂一半是空的。在农村，异教徒习惯和古老迷信积极地与教会的教义和仪式展开竞争。不过，修女仍然积极献身于教育与看护，并受到富人和穷人的一致赞誉。即使存在对基督教的怀疑，仍有成千上万的女人、小孩与男人，以敬神求其生活免受命运的打击而获得安逸，借圣人的传说来满足他们的想象，用宗教节日来缓解连续工作的劳苦，而且想从宗教中寻找一种打破困惑与拯救绝望的镇痛剂。

政府之所以支持教会，是因为政治家承认：在维持社会秩序方面，牧师能给予他们不可缺少的帮助。依他们的看法，人类禀赋的不同造成了不可避免的财富分配不均。因此，为了资产阶级的安全，必须维持温和而谦恭的公议，用以补偿穷人对天堂的向往。这对法国意义甚大，因为以宗教为支撑的家庭仍然是政府兴衰、国家安危的基础。此外，牧师谆谆教诲信徒信仰国王的神圣权力，鼓励他们服从这个地位与权力的天定旨意，而国王也觉得这种神话对维护统治秩序很有助益。因此，他们几乎将各种公共教育都留给天主教教士。新教在法国的成长威胁到国家教会的权威与利益时，胡格诺派便被无情地驱逐了。

为感谢天主教士们的服务，政府允许教会从每个教区收取什一税及其他所得，允许他们从事遗嘱的制作——催促将死的"罪人"购买可去天堂的赎罪券——作为交换，罪人们把自己俗世的财产遗留给教会。政府免除教士的赋税，因此时常从教会收到丰富的"自由捐赠"。被赋予如此众多的特权，教会在法国积聚了大量的土地——总计为1/5的国土，并将这些当作封建财产来管理，征收封建税。教会将信徒的捐献转换为金银装饰品，比如镶在皇冠上的珠宝，那是历来对抗通货膨胀的方法，也是神圣而不可侵犯的樊篱。

由于教会盘剥什一税，许多教区的教士竟失去了教区的收入，只能在虔诚的贫穷中工作，许多主教却生活得舒适优裕。高贵的大主教还可以远离他们的教区，出入王宫。法国政府濒临破产之际，按照塔列朗的估计，法国教会享有1.5亿利维尔的年收入。负担纳税的第三阶级，对政府没有迫使教会将它的财富拿出来分享而深感诧异。"不信仰"的文艺作品散布开来时，数以千计的中级阶层市民与数以百计的贵族放弃了对基督的信仰，而且用哲学上的冷静态度旁观大革命侵袭那些神圣的阶级堡垒。

贵族阶级隐约发觉自己失去了许多一直赖以为生的特权：他们作为佩带剑的贵族，曾代表了军队的防卫力量、经济的"指挥者"与农业社会的"司法首领"。但是这些权益大多数被黎塞留与路易十四统治下的中央集权权力的实施取代。许多领主居于王宫，并不在意他们的领地。1789年，他们服饰华贵，风度优雅，而他们的平易亲切，让人很难想象他们拥有全国的1/4土地，并有丰足的封建税收入。

他们中较古老的家庭自称为贵族阶级，他们的血统可追溯至5世纪征服并重新命名高卢的日耳曼法兰克人（Germanic Franks）。1789年，德穆兰称大革命为迟延已久的种族报复时，他利用这种自豪来对抗外来的侵略者。实际上，约95%的法国贵族是渐增的中产阶级与凯尔特人，他们的土地和头衔与中产阶级新的财富和伶俐的头脑合为一体了。

新兴贵族——大礼服贵族——约包括4000个家族，其家长由于被指派了司法或行政的职位，因而自动地享有贵族身份。大多数这种职位被国王或他的大臣们出售而为国家增加收益时，许多购买者认为以温和的索贿手段重新收回他们的支出已有了保证。"当政者贪财"，"在法国十分猖獗"，这样的言语，只是濒临灭亡政权的成百抱怨中的一种。这些官衔与阶级有些是世袭的，持有者加倍，特别在最高法院或各地区的法院中他们的自傲与权力增加至1787年的顶点时——巴黎的最高法院要求对国王的敕令有否决权力，以时间而言大革命开始逼近了。

在《何为第三阶级》（一本小册子，出版于1789年1月）中，作者西哀士提出并解答了三个问题：什么是第三阶级——一切东西；直到现在它是什么情形——一无所有；什么是它想要推出的——一些东西。在尚福尔的修正中，最主要者包括：资产阶级或中产阶级，及它的10万户家庭与它的许多阶层——银行家、代理商、企业家、商人、经理、医生、科学家、教师、艺术家、作家、新闻记者、新闻界（第四"阶级"，或力量）和小民（有时称"人民"）——包括城镇的贫民与商人，在陆上或海上的运输工人和农人。

中上阶层掌握、支配正在增大并扩张中的势力：可流动货币与其他资本的力量，与静态的地产或衰微的宗教信条展开积极的竞争。他们投机于巴黎、伦敦与阿姆斯特丹的证券交易所，而且依照内克的估计，中上阶层已经控制了欧洲一半的货币。他们以贷款来资助法国政府，如果贷款与费用不能偿付，则以推翻政府作为威胁手段。他们拥有或经营着法国北部迅速成长的矿业与冶矿业，里昂、特鲁瓦、阿布维尔、里尔与鲁昂的纺织业，洛林的铁工厂与盐厂，马赛的肥皂工厂，巴黎的制革业。他们经营着正在取代过去手工艺作坊与同业公会的资本主义工业。他们欢迎重农主义者的理论，因为自由企业较传统的工业规约与国家的贸易更加刺激而有生命力。他们资助并筹划由原料到制成品的转换，并将这些成品由生产者运至消费者，使双方均获得利润。他们得益于欧洲最好的3万英里道路，但是他们公然抨击法国对道路与运河征收的通行税，及由各省不遗余力地维持的度量制度。他们控制商业，使波尔多、马赛与南特富足；他们组织如英德斯与伊沃克斯这类庞大的股份公司；他们将市场由城市拓展到世界，进而通过这种贸易使法国发展为仅次于英国的海外帝国。发觉到他们——而非贵族——是法国渐增财富的创造者时，他们决定与贵族和教士均等地分享政府的利益与职位，竞争在法律上与王宫内的地位，涉足所有法国社会上的特权与恩赐的途径。罗兰夫人——高尚而有教养但属于中产阶级——应邀造访一位有爵位的夫人，却被要求在那里与仆人共餐而不得与贵族宾客同座时，她发出抗议的呼喊，得到中产阶级发自内心的共鸣。他们结合"自由、平等、博爱"的革命箴言时，愤慨与热望已经固植于他们的思想中了。这并不意味着其向下或向上，但可作为行动宗旨直到陋习得以变革。于是，中产阶级成为支持大革命最主要的力量。

他们塞满戏院，为博马舍讽刺贵族社会而喝彩。他们加入互助会分会，为生活与思想的自由而工作，其努力竟甚于贵族。他们阅读伏尔泰的作品，领略到他的腐蚀性的才智。他们赞同吉本关于"所有宗教对哲学家同样虚假，而对政治家却同样有用"的看法。他们秘密地崇拜霍尔巴赫与爱尔维修的唯物主义，认为它可能不完全是生活与思想中的指导原则，但要对抗控制大多数人心与一半法国财富的教会，它的确是便于使用的武器。他们同意狄德罗关于现存政体的一切几乎都是荒谬的看法。他们不喜欢卢梭，因为他有社会主义气味。但是他们比起法国社会任何其他等级的人们，更能感受并扩大文学和哲学的影响。

通常，哲学家在政治上是稳健的，他们接受君主政体，而且不憎恶王室的礼物。他们指望"开明的君主"像普鲁士的腓特烈二世、奥地利的约瑟夫二世，甚至俄国的叶卡捷琳娜二世，而不将粗鄙与冲动的劳动阶级当作改革的政客。他们确信理性，即使他们知道它的极限与适应性。他们推翻由教会和国家控制的思想禁锢，开放与扩大了成百万人的心智。他们为科学在 19 世纪的胜利做准备，甚至——拉瓦锡、拉普拉斯与拉马克这样的科学家，也加入大革命和战争的大动乱中。

卢梭使自己脱离哲学。他尊重理性，但是他高度地屈服于情感与一种令人鼓舞、使痛苦缓和的信仰。他的《萨伏依人教区牧师的宗教职业》为罗伯斯庇尔提供了一个宗教的立场。他的坚决主张统一的国家教条，让公共安全委员会（The Committee of Public Safety）宣布政治邪说——起码在战时——为死罪。大革命的雅各宾派接受《社会契约论》的主张：人类是天生善良的，但受腐败制度与不公平法律的支配而变坏了；人类是天生自由的，却变成了人为的文明的奴隶。在权力方面，大革命的领袖们采取了卢梭的观念，即"公民"应接受政府的保障，发誓绝对服从政府。马莱·迪庞写道："1788年，我在街上听到马拉朗读并评论《社会契约论》，热心的听众为之喝彩。"卢梭的人民主权在大革命时先变成国家的主权，继而变成公共安全委员会的主权，最后竟变成一人的主权。

"人民"在大革命的词汇中，意指农人与市镇工人。即便工人占人口较少的市镇，那里没有连绵不断的工厂，而是有着哼着好听调子的屠户、面包师傅、酿造者、杂货商、厨子、小贩、理发师、零售商、旅馆老板、葡萄酒商、木匠、泥水匠、油漆匠、玻璃工人、石膏师、农夫、鞋匠、女裁缝、染匠、清洁工人、成衣匠、铁匠、用人、家具师、马具师、车匠、金匠、刀匠、织工、制革匠、印刷工人、书商、妓女与小偷的地方。这些劳动者穿着长及足踝的窄裤而非上流社会的及膝短裤（裙裤）与长袜，因此被称为"无套裤汉"（sans culottes），他们在大革命中扮演着引人注目的角色。从新大陆流入的金银与不断发行的纸币，使欧洲各地物价上升。在法国，1741年至1789年，物价上升了65%，而工资仅上升了22%。在里昂有3万人于1787年接受救济，在巴黎有10万户家庭于1791年被列为贫困户。劳工联盟支持的经济行为受到禁止，罢工虽被禁止，仍不断发生。大革命快到来时，劳动者处在不断递增的沮丧与反叛中。只要给他们枪支与一位领袖，他们就会攻下巴士底监狱，侵入土伊勒里宫，而且废除国王。

1789年法国农民的生活境况也许较优于一个世纪以前，当时拉布吕耶尔夸张地指出一篇论文误认他们为野兽。也许除意大利北部的农民以外，大部分法国农民的境况较优裕于欧洲大陆其他各地的农民。约1/3的可耕地由自耕农占有，1/3则被贵族、教会或资产阶级所有者出租给佃户或佃农，其余则由农场雇工在所有者或管事人的监督下经营。越来越多的所有者关注以前让农民自由放牧家畜或采集木材的"公共用地"（common lands），在为成本增加及剧烈的竞争烦恼——为了耕种或畜牧之故。

除少数拥有"自由地的"（无义务的）农民外，一切土地都受制于封建税。他们受契约特许状约束，每年给领主——贵族的采邑——几天无报酬的劳务（强迫劳役），帮助领主耕作土地与修复道路。不论何时，他们在使用那些道路时，还得向领主付通行税。他们每年应付给领主一定的产品或现金，作为免役税。如果他们出售他们的土地，领主有权得到 10% 或 15% 的收益。如果在领主的河流捕鱼或在领主的农场放牧时，他们要付费用给领主。每次使用领主的磨坊、面包厂、葡萄榨汁器或榨油器时，他们都需要支付费用，因为这些费用是受特许状保护的。通货膨胀时，土地持有人因价格上升而以日渐严厉的手段来课征，从而使自己的收入有所保障。

因为教会保佑收成，并以圣礼使农民的生命尊荣，农民每年献什一税给教会——通常不及年收入的 1/10。比什一税或封建税更重的是政府向他们征的税：人头税——每年收入的 1/20；销售税——他们每次购买金或银器具，金属产品、酒、纸、淀粉等商品要交纳；盐税——每年必须以政府规定的价格向政府认购一定量的盐。因为贵族与教士发现很多合法与不合法的方法可以逃避许多税收——战时的征集，富有的年轻人可购买替身赴死，于是无论在平时还是战时，支持政府与教会的重担均落在农民身上。

这些税收，包括什一税和封建税，收成好时可能还交得起。但是，因战争破坏或自然灾害使收成变差，一年的辛苦工作眼看着白费时，这些税赋就带来不幸了。于是，许多地主将他们的土地和劳工，出售给土地投机者。

1788 年是以冷酷的天灾为特色的。一次严重的旱灾阻碍了农作物的生长；一场大冰雹，从诺曼底袭击到香槟地区，蹂躏了 180 英里平素肥沃的地带。1788 年的冬季是 18 世纪 80 年代以来最严寒的一个冬天，成千的果树冻死。1789 年，水灾损失惨重，夏季发生的饥荒几乎波及每个省。政府、教会与私人慈善机构努力供给食物以抵抗饥馑，虽然只有少数人饿死，但数百万的人生活资源匮乏。从卡昂、鲁昂、南锡、奥尔良、里昂，可看到为玉米而激烈争斗的景象；在马赛可看到 8000 个饥饿的人，在城门口威胁着要进占与抢夺城市；在巴黎圣安托万的工人阶级区内，有 3 万名贫民需要照顾。同时，一项放宽与大不列颠的贸易条约（1786 年），造成法国工业产品的过剩，以致本国货物跌价，并促使无数法国工人失业——里昂 2.5 万人，亚眠4.6 万人，巴黎 8 万人。1789 年 3 月，农民拒绝缴税，这加速了国家破产的厄运。

阿瑟·扬（Arthur Young）于 1789 年 7 月到法国首都以外各地旅行，遇见一名农村妇女，她抱怨税收和封建税使农民永远生活在贫困边缘。但是，她接着说，她知道"有一些伟人愿为这样贫穷的国家做一些事……因为税收与封建税正压榨着我们"。他们听说路易十六（下文简称为"路易"）是一位好人，他渴望改革弊病与保护穷人。他们满怀希望地遥望着凡尔赛宫，为国王的长寿祈祷。

政府

路易是一个好人，但称不上一位好国王。他不想统治国家，但他父亲的过早去世（1765 年）使他成为法国王太子，接下来他的祖父路易十五的驾崩（1774 年）使他在 20 岁时就成为法国统治者。他不愿管理人民，却有使用工具的特长，而且是一位优秀的锁匠。他宁愿打猎也不愿统治法国，在他看来，未射中一头雄鹿是最大的损失。1774 年至 1789 年，他打倒了 1274 头猎物，射杀了 189 251 头猎物。他总是不愿下令处死人，也许是由于他命令他的瑞士御林军于 1792年 8 月 10 日停止射击，他才失去了王位。每次打猎回来，他都食量大增。他胖却很强壮，拥有一位巨人的力量，轻轻一抱几乎要把人压扁。安托瓦内特认为她的丈夫很好："国王不是一个懦夫，他拥有极大的勇气，但他过分羞怯与缺乏自信……他害怕指挥……在路易十五眼里，直到 21 岁，他仍像一个小孩，而且总是心神不宁。这种束缚造成了他的胆怯。"

路易对王后的爱情是他失败的部分原因。王后美丽端庄，她以她的魅力与欢笑使他的宫廷生色。她宽恕他迟延他们婚礼的举动。他的包皮太紧使他对性生活没有兴趣。有 7 年之久，他不断尝试，逃避解决他困难的简单手术。1777 年，王后的哥哥、奥地利的约瑟夫二世说服他动手术。不久，一切都很完美了。也许因夜间经常惊醒并使他的配偶失望而有负罪感，他过分地容忍她的积习：赌博，拥有奢侈的衣柜，经常为那些使他烦厌的歌剧到巴黎游玩，与费尔桑伯爵的柏拉图式或者与朗巴尔公爵夫人萨福式的友谊。他消遣他的朝臣，而且羞辱他们的祖先，以取悦他的妻子。他给她名贵的珠宝，但她和国家想要的是一个孩子。孩子来到时，她用事实证明自己是一个好母亲，她照料疾病中的孩子，并几乎弥补了她的骄傲与不断干预政府事务造成的所有过失。她获得一些谅解，因为路易很少选择或坚持行动的目标，而且经常等待王后为他做决定，一些朝臣希望他能拥有王后迅速判断与敏捷的指挥能力。

国王尽其所能来处理加诸他的种种危机——因气候、饥荒而带来的面包危机、税收的骚动、贵族与国会的需索，朝廷与行政部门的支出和财政部门增加的赤字等。有两年的时间（1774—1776 年），他允许杜尔哥应用重农主义理论：自由的企业与竞争，市场的无阻碍垄断，依供求关系决定劳动者的工资与商品的价格，使法国经济复苏并增加了政府收益。巴黎市民习惯将政府当作他们的唯一保障，反对市场贪心的操纵者，反对杜尔哥的措施，发动暴动，并乐于见到他的失势。

几个月的踌躇与混乱之后，国王任命内克，一位居住在巴黎的瑞士新教徒金融家，为财政部部长（1777—1781 年）。在这位外国异教徒的领导下，路易实施了一次有意义的小范围改革计划。他允许地方省成立民选的"议会"，作为选民意见的表达机构及人民与政府之间的桥梁。他抨击徭役，并公开声明（1780 年）："对我们臣民中最穷的那部分人的税收，在比例上，已远超过所有其他部分人。"这震惊了贵族。他表示："富人们必须支付那些他们早应与其他人共同负担的费用时，不要认为自己受到损害。"他自己田地上的最后一批农奴获得自由，但是他拒绝内克向贵族与教士采取相同的措施。他设立当铺，以 3% 的利息贷款给穷人。他禁止使用严刑来审问证人或罪犯。他建议废止在樊尚的地牢，摧毁巴士底监狱，以作为监狱改革计划的一部分。他允许异教徒与犹太人享有一定程度的宗教自由，此举并未顾及自己的虔敬与正教的信仰。他不愿惩罚自由思想，并任由巴黎无情的小册子作者讽刺他为一只乌龟、他的妻子为一名妓女、他的孩子为私生子。他还禁止他的政府侦查人民的私人通讯。

因为博马舍与法国革命哲学家的热心支持，路易不顾内克的反对（内克预测此冒险行为将造成法国的破产），从经济上援助美国殖民地的独立战争，援助总额达 2.4 亿。一支法国舰队及拉法耶特侯爵与罗尚博的大军，帮助华盛顿在约克镇击败英国的科恩·沃利斯，逼迫他投降而导致战争结束。但是民主的观念已经横越大西洋进入法国，财政部在新债之下被拖垮，内克被撤职（1781 年），而资产阶级的债券持有者们极力要求控制政府的财政。

同时，巴黎的最高法院坚持要以国王敕令的否决权阻止君主政体，路易·菲利浦·约瑟——奥尔良公爵——他的堂兄（来自路易十四弟弟的直系血统），几乎公开策划夺取王位。奥尔良公爵利用拉克洛与其他工作人员，在政治家、小册子作者、演说家与妓女之中散布金钱与承诺。奥尔良公爵还开放他在巴黎的宫殿、庭院与花园给他的属下。于是，在这些地方，餐馆、酒店、书店与赌博俱乐部崛起，以容纳日夜聚集在那里的群众。来自凡尔赛的新闻由特别信差迅速送达那里。小册子几乎每小时都在那里产生，到处在议论纷纷，罢黜国王的阴谋筹议完成了。

被折磨到了绝望之际，路易重新召回内克为法国财政部部长。在内克的极力主张下，1788 年 8 月 8 日，路易向全法国发布一道命令，令各地区选举有领导地位的贵族、牧师与平民到凡尔赛，组成三级会议，为解决王国难题，提供给他意见与支持。这也许是保全或推翻王位唯一而危险的手段。

政府向国民作这种历史性的命令，有一些著名特征。因为几乎两个世纪以来，民众被确认为粮食供应者、纳税者与对战神的定期朝贡者。第一，国王两度在内克的敦促下，排斥贵族抗议，宣布第三阶级在三级会议中的代表应为人数之和且拥有选举权。第二，选举用目前实行于法国的成人普遍直接投票的方法：任何一个年龄在 27 岁以上的男子，过去一年缴付过任何一种政府税收，就有资格参加地方会议的投票，由地方会议再选出巴黎的代表。第三，国王在他的命令中增加一项请求，要所有选举的会议向他提呈报告，并载明每一区域的每一阶层的需要与困难，须附有补救与改革的建议。在法国人的记忆中，从未有任何国王曾询及人民的意见。

615 份由代表呈递给国王的怨懑公报中，有 545 份幸存，几乎全部表示他们对国王的忠心。从情感上，他们也是把国王当作一位善良的人。但是几乎全部建议都是关于如何弥补他的君主立宪政治的民选会议，以分担他的困难与权势，却无一提及国王的神圣权力。他们呼吁有陪审团的审判、信件的隐私权、税收的现代化、法律的改革。贵族的"陈情书"坚决要求在未来的三级会议中，每个阶级必须分别开会与投票，而且除非得到三个阶级的共同批准，否则任何措施不得成为法律。教士的"陈情书"要求终止信仰异教自由，而且要求教育由教会完全控制。第三阶级的"陈情书"以不同语式表达：农民需要减税，废除农奴与封建税，普及免费教育，保护农田不受君主狩猎与动物的破坏。中产阶级还希望事业开放给有才的人而不考虑其身世，终止过境费。有些建议提出国王应以没收并出售教会财产以消除财政赤字。大革命的第一阶段的轮廓已经显现于这些报告中了。

国王对子民们的谦逊，存在着明显的不公平。巴黎以外任何缴过税的人都有投票资格，在巴黎仅那些缴过通行税6利维尔以上者才可投票。也许国王与其朝臣不愿让50万名无套裤汉选民代表出席三级会议。因此，无套裤汉干脆离开合法的政治舞台，而且受到引诱，认为只有通过暴力，他们才能够表现出他们完整的愿望。人们已经知道，他们将复仇：1789年他们占领巴士底监狱，1792年他们废除国王，1793年他们组织法国的政府。

第二章 | **国民会议**
（1789.5.4—1791.9.30）

三级会议

1789 年 5 月 4 日，第三阶级的 621 位代表穿着资产阶级的黑色礼服；后边跟着 285 位贵族，戴着羽饰的帽子，穿着金色镶边的礼服；接着是 308 位教士（职位高的教士着紫色袍子以区别他们的身份）；然后是国王的阁员与他的家属；最后是路易与王后，全部以旗帜与乐队开道，并由军队护随，走向指定的会议地点，距凡尔赛王宫不远处的小快乐大厦（Minor Diversions）的会堂。欢欣鼓舞的群众立于行列两侧。有些人因欣喜与希望而流泪了，他们从这些敌对阶层的融洽场面中，看到了在仁慈的国王领导下的和谐与公正的保证。

路易向集合的代表演讲有关国家濒临破产的情形，他归因于"耗费巨大而光荣的战争"。他要求他们设计并批准增加国家收入的新方案。内克继续做 3 个小时的统计说明，这甚至使革命蒙羞。次日，这种各个阶级的融洽消失了。教士聚集在毗邻的较小厅堂内，贵族则在另一处。他们认为，像在 175 年以前召开的最近一次三级会议一样，每一阶级应分开讨论与投票，而且未经所有阶级与国王同意，任何提案不应变成法律。让阶级来决定提案，结果是将所有一切权利让给了第三阶级。很明显，许多较穷的教士愿意袒护平民，有些贵族——拉法耶特、奥尔良与赖古德公爵——危险地怀有自由主义的情操。

一场长期的精神之战因此发生。第三阶级可以延缓须由他们核准才能实施的新税收，然而国王焦急地等待着新税收。人民具有的是年轻、活力、雄辩与决心。里克蒂·米拉波伯爵带给他们他的经验与勇气，及他的思想与声音的力量；内穆尔提供他的重农主义的经济学知识；穆尼耶与安东尼·巴纳夫带给他们法律知识与策略；巴伊，已经是一位成名的天文学家，他以冷静的判断来调和大家激烈的争论；罗伯斯庇尔用永续的热情表示一个人将不缄默，直到他随心所欲。

1758 年出生在阿拉斯的罗伯斯庇尔并不知道，从 1789 年算起，他只有 5 年时间可活了。大部分时间，他都在事件中心点或附近活动。他的母亲在他 7 岁时去世，他的父亲在德国失踪，遗下的 4 个孤儿由亲戚抚养长大。罗伯斯庇尔赢得巴黎路易学院的奖学金，取得法律学位，在阿拉斯开始律师生涯。因为他鼓吹改革，博得美名，成为阿图瓦省的代表之一参加三级会议。

罗伯斯庇尔的容貌不利于他的演说。他仅有 5 英尺 3 英寸高，他唯一的优点是精干。他的面孔宽阔而扁平，并留有天花落下的麻子[1]。他的眼睛视力差，戴着浅蓝色的眼镜，卡莱尔因此称他为"海绿色的罗伯斯庇尔"。他拥护民主政治，并保护男性投票权，虽然有人警告此举会使最底层的人成为统治者和一切的标准，他却不顾及。他的生活像底层社会的平民一样简单，但是他不模仿无套裤汉。他穿着整洁的深蓝色燕尾服，及膝的马裤或丝制的裤子。在盛装与擦发粉前，他很少外出。他与木匠迪普莱同住在圣誉街上。他在家中用膳，而且靠他 18 法郎一天的代表的报酬过活。不久他从那尘世最低处迁至巴黎最高级处，随后至法国最高级处。他多次谈论道德，当然他也遵守道德。公开场合的他严肃而冷酷，在私下里他却慷慨、热情，而且极愿

---

[1] 罗伯斯庇尔并没有得过天花，此处疑为作者笔误。

为人服务。菲利普·邦纳罗蒂十分了解他。他似乎很能控制自己，不受女人的魅力诱惑，他将他的感情放在他的弟弟奥古斯丁与圣茹斯特身上。无人会指责他的性道德，金钱不能收买他。在 1791 年的巴黎沙龙画展中，一位艺术家展出一幅他的画像，简单地标上"不能收买的"几个字，似乎也无人批评过这个名词。罗伯斯庇尔认同孟德斯鸠的观念——视道德为一个成功的共和国不可缺少的基础，没有不能收买的投票者与官员的"民主政治"将是赝品。他赞同卢梭的观点——"人生而善良"的见解，及"民众的意愿应是国家的法律，任何人固执地反对大众的意志无疑应判死罪"。他赞同卢梭的看法——某些宗教信仰对心境的平和、社会秩序及国家的安全和生存，是不可缺少的。

一直到罗伯斯庇尔接近生命终点时，他似乎仍不怀疑他对民众意志判断的正确性。他的精神比他的意志薄弱，他的大多数想法来自阅读或充满革命气氛的标语。他死得太早了，因而未获得足够的人生经验或历史知识，未以耐心的观察或公正的见解遏止他抽象或凡俗的观念。他忍受着我们共同的失败——他不能将他的自大从自己眼中除去。他表现的热诚使他自己信服——他过分自信和虚荣。"那个人，"米拉波说道，"将来大有希望——他相信他所说的一切。"最终，他走向了断头台。

在国民会议的两年半时中，罗伯斯庇尔做了约 500 次演讲，一般都太长而不能令人信服，而且过于诡辩而不够优雅。但是巴黎的群众了解他演讲的要旨，因为演讲而喜欢他。他反对宗教歧视或种族歧视，建议解放黑奴，并立志成为人民的护民官与保护者。他接受私有财产制度，但希望普及小规模企业，使之成为巩固民主政治之经济基石。他称财富不均等为"必然与无法医治的疾病"，根源于人类天赋的不平等。在这期间，他支持受一定约束的君主政治。他认为，企图推翻路易将导致混乱与流血，最终导致比国王更专横的独裁政治。

几乎所有的代表都不耐烦地听这位年轻的演讲家演讲，但米拉波是一个例外，他注意到罗伯斯庇尔论证的详细准备与说明。另一方面，我们注意到米拉波生长在显赫而残酷的父亲阴影下的痛苦，他贪婪地吸取在旅行、冒险与罪恶中每一点有用的人生经验，了解人类的弱点及社会的不公平和贫穷，而且在十几个城市中遭到困苦。他诽谤的小册子或热烈的呼吁使他的政敌受辱，他的父亲要求国王将他关入监狱。最后，他以压倒性的胜利，被马赛与艾克斯省的第三阶层选入三级会议，来到巴黎成为最著名、最出色，也是颇受质疑的人物之一。在国家的危机中出现的智者，米拉波为历史上少有。所有巴黎知识分子都欢迎他，人们站在窗边目送他的马车通过。女人因他的桃色事件而兴奋，因他脸上的疤痕与变形而惊恐。代表们被他的演讲迷住了，虽然他们怀疑他的阶级、他的道德、他的理想。他们听说他生活越轨，喝酒无节制，而且负债累累，但是，他们了解他为保护老百姓而严责他的阶层。他们佩服他的勇气，而且怀疑他们在今后能否见到如此火山爆发般的激情。

在那些狂热的日子中，更多演讲充斥在杂志、小册子及俱乐部中。更多从事政治运动的人云集到首都，以至超过了巴黎小旅馆的容纳能力。一些来自布列塔尼的代表组成布列塔尼俱乐部（Club Breton），不久开放会员资格给其他代表，及口才好、有文笔的人。西哀士、罗伯斯庇尔与米拉波将俱乐部当成他们理想与计划的探测板与试验田。此处是那个强有力组织的第一种形态，其后被称为雅各宾派。共济会的分会是积极的，通常也袒护君主立宪政治，但是无秘密互助会阴谋的证据。

也许就是在布列塔尼俱乐部，西哀士与其他人士制定了一项策略——使贵族与教士参与第三阶级的联合行动。西哀士提醒民众，他们拥有法国2500万人口中的2400万人，为何还在犹豫该不该站出来为法国说话？6月16日，他建议在游艺厅的代表应该真诚地邀请其他阶级参加，如果他们拒绝，第三阶级的代表应宣布自己为法国的代表，而且着手制定法律。米拉波反对三级会议受国王召唤，反对三级会议在法律上受制于国王乃至被他随意而合法地解散。第一次他被大声喝倒彩。经过一晚的辩论与争斗，这个论题被提出表决："会议将宣布自己为国民会议吗？"结果是 490 票赞成，90 票反对。代表们自己宣誓完成立宪政体。政治上，大革命开始于 1789 年 6 月 17 日。

两天后，教士阶级单独集会，以 149 票对 137 票同意与第三阶级合并，较低层的教士与相识和服务过的平民共患难。高级教士们因这次背弃而震惊，联合贵族请求国王阻止阶级合并，同时提出，如有必要则解散三级会议。路易答应了他们的要求。6 月 19 日晚上，国王即命令游艺厅立刻关闭，以容许它为三个阶级在 6 月 22 日举行的"王室会议"准备座位。第三阶级代表于 20 日到达时，他们发现门紧锁着，于是确认国王有意要解散他们。他们聚集在附近的一个网球场，穆尼耶建议集合在那里的 577 位代表，每一位应该签一项誓约："永远不分散，而且在情况需要的任何地方集会，一直到宪法被牢固地建立。"除其中一位以外，代表们全部在这历史性场合宣誓。不久，雅克·路易·大卫将此描绘于一幅代表那个时代的重要绘画之中。从那时起，国民会议也是立宪会议。

延搁一天，王室会议于 6 月 23 日召开。国王命令一名助理代表他向联合会议宣读一项声明，表示他确信如无贵族与教会的保护，将陷于政治无能。他以不合法为由，拒绝第三阶级代表国家的声明。他答应终止徭役、逮捕令、内陆运输通行税与农奴制，但是他否决任何有损于"所有者……古代与宪法上的权力，或者前两个阶级的荣誉特权"的建议。如较高阶级同意，他保证税收公平。有关宗教或教会事务必须获得教士的批准，他以重申绝对君主政治作为结语：

> 如果，因为一个绝非我预料到的致命事件，你们将舍弃我于此伟大而艰难的工作，我将独自给予人民福利。我应独自视我自己为他们真正的代表……诸位先生，想想看，你们的任何计划没有我的特别许可，将不能获得法律效力……诸位先生，我命令你们立刻解散，而且明天早晨各按自己的阶级分开集会。

　　国王、大部分贵族与少数教士离开会堂。布雷泽侯爵宣布国王的命令，会议室必须清理。巴伊——三级会议的主席——回答道：集会的人民不能接受此项命令！米拉波责备布雷泽："去告诉那些派你们来的人，我们依照着人民意愿来到这里，只有军队能迫使我们离开这里。"这并非实情，因他们受国王邀请而来。代表高喊"那是国民会议的意愿"，表示他们对此事的观点。凡尔赛守卫部队企图进入会堂时，一群自由主义贵族，包括拉法耶特，用他们的剑封住入口。国王询问应该做些什么，不耐烦地说："让他们留下。"

　　6月25日，奥尔良公爵率领47位贵族加入国民会议，他们受到王宫内外狂热群众的欢迎，法国的卫兵在那里与革命群众友善地交流。同一天，首都发生了一次和平的革命。巴黎区域选出407人来作为巴黎选举代表，聚集在市政厅，而且任命了一个新的市政会议。王室的会议缺少军队支持，和平地退席。6月27日，国王要内克对现实让步，命令较高阶级与胜利的国民会议合并。贵族听从命令，但拒绝参加投票。不久，他们中许多人退出了会议。

　　7月1日，路易召集10个军团，大多数为德国人和瑞士人，前来援助他。7月10日，布罗格利公爵率领6000人的军队占领凡尔赛，另外贝桑瓦尔男爵的1万人已在巴黎四周布控。在扰乱与恐怖中，国民会议继续研究7月9日提出的新宪政报告。米拉波恳求代表保留国王作为对抗社会混乱与暴动的屏障。他描述路易为一位好心而有高洁观念的人，只是有时被浅见的顾问迷惑，同时他问道：

　　　　这些人研究过历史上任何人物，知道革命是如何开始并如何实行的吗？他们发现怎样致命的环境束缚，使最聪明的人逾越温和的界限；发现什么恐怖的刺激，使一些愤怒的人因过分注意这种恐怖，而且一想到就战栗不安吗？

　　代表们遵照他的忠告，因为他们也感觉到来自巴黎街道上的群众力量。但是路易对第三阶级所做的实质上的让步，并未报以适度的忠贞，内克再度被免职（7月11日），替代他的是王后顽固的朋友布勒特伊男爵，军人布罗伊被任命为陆军部长（7月12日）。此举激怒了激进派与自由派。危机即将来临。

巴士底监狱

7月12日，德穆兰，一位耶稣会的毕业生，跳上王宫附近富瓦咖啡馆外的桌子，公然批评内克的免职与召进外国军队。"今晚德国人将进入巴黎屠杀居民！"他高喊着，并要求他的听众武装自己。那些听众做到了，因为他们闯入并控制藏置武器的市政厅时，新市政会议几乎没有抵抗。武装的起义者现在举着内克与奥尔良公爵的半身像，并以绿色帽章装饰他们的帽子，游行在大街小巷。大家得知这是可恨的阿图瓦伯爵（国王的弟弟）的仆人与卫队所穿制服的颜色时，绿色的帽章旋即被红、白、蓝——国家的颜色——取代。

因为畏惧混乱的暴动、财产的破坏及对财政的冲击，银行家关闭了证券交易所。中产阶级组成他们自己的义勇军，成为拉法耶特国民卫队的核心。然而一些资产阶级的代理人为保护目前受害的中产阶级议会，以金钱资助民众反对君主政体，并促成法国卫队的感情天平向民主政治倾斜。7月13日，群众改组，因新加入社会底层贫民而扩大，他们攻入荣军院，而且缴获了2.8万支步枪与一些大炮。贝桑瓦尔担心他的军队会向人民射击，遂使他们闲散在郊区。武装的民众现在控制了首都。

武装的民众应该做些什么？许多人建议攻击巴士底监狱。这座古老的城堡位于巴黎东面，建于1370年，每年监禁令王室或贵族愤怒的重要受害者，通常由逮捕令——国王的秘密命令——收监。在路易时极少数的罪犯被关在那里，现在仅剩7名。路易自己很少发布逮捕令，1784年他还要求一名建筑师提供毁掉此座阴暗城堡的计划。

但是百姓们不了解这些，他们将它当作残忍专制政治扣留受难者的地牢。

很明显，起义者无意在那时摧毁它。经过一晚的休息后，他们在将成为法国国庆日的7月14日向它集中。他们的目的是向典狱长要求准许他们进入，并占用传说堆集在那些城墙后的弹药与武器。到现在为止，他们仅有少量弹药，但是如果没有更多的军火供应，他们的步枪与少数大炮就无法保护他们免受贝桑瓦尔军队的攻击。然而，那些围墙——30英尺厚，100英尺高，塔内隐藏着大炮，并由80英尺宽的城壕环绕——严密警戒着。加入群众的新市政会议，向要塞司令官提供寻求和平的处理方案。

洛奈侯爵，我们敢说他是一位个性温和且受过高尚教育的人。他有礼貌地接见代表。代表们提出起义者和平行动的保证，前提是他能将大炮移离射击位置并命令他的114位士兵停止射击。他同意了，并用午餐款待他的访客。另一名委员收到相同的请求，但是包围者高喊他们要军火，而非言词。

双方谈判时，一些聪明的工人爬进控制塔，放下两座吊桥。急切的进攻者越过那些吊桥冲入庭院。洛奈命令他们后退，他们拒绝，于是洛奈的军队向他们射击。法国卫队推出5门大炮开始摧毁城墙时，入侵者死伤惨重。在此掩护下群众拥入监狱，并与军队展开肉搏战。98名进攻者与1名卫兵被射死，但是群众的愤怒与数目俱增。洛奈试图投降，如果他的部下被准许携带他们的武器安全离开的话。群众领袖予以拒绝，他只好屈服。胜利者又多杀了6名士兵，释放7名罪犯，夺取弹药与武器，俘虏洛奈，而且胜利地游行至市政厅。在途中，一些群众恼怒于遭受的意外灾害，将洛奈打死，割下他的头，并以长矛高举着。雅克·弗莱斯勒，一位商人，带领代表们至错误的武器所在地，被杀于德格莱沃广场，他的头被割下，并被游行队伍高举示众。

7月15日，各地区代表选巴伊为巴黎市长，选拉法耶特率领新的国民卫队，与兴高采烈的无套裤汉一起开始彻底摧毁巴士底监狱。国王既害怕又震惊，到国民会议宣布他已解散侵入凡尔赛与巴黎的军队。7 月 16 日，贵族的会议劝告他由正离境的军队保护下离去，并向若干省的省会或外国宫廷寻求庇护。安托瓦内特热烈地支持这项建议，并为旅行收拾她的珠宝与其他可携带的财物。路易则在 17 日重新召回内克，使金融界与民众均为之喜悦。18 日，国王抵达巴黎，在市政厅做短暂逗留，而且以大革命红—白—蓝的帽章加在他的帽上，表示他接受新市政会议与政治系统。回凡尔赛后，他拥抱他的妻子、他的妹妹与孩子们，并告诉诸位："很高兴，可以不（再）流血了，我发誓绝不由我的命令再流一滴法国人的血。"他的弟弟阿图瓦伯爵带着自己的妻妾，率领第一批移民离开法国。

马拉（1789）

巴士底狱的占领不只是打击专制主义的象征性行动，它使国民会议不隶属于国王在凡尔赛的军队，而且使新的巴黎政府不受敌军的支配，它很不愿意支持资产阶级革命，但它给予首都人民军火与武器，允许无产阶级力量进一步发展。

杂志进一步鼓舞巴黎市民。《法国公报》、《信使报》与《巴黎日报》是旧有的报纸，具有同样的水准。目前又出现卢斯塔洛（Loustalot）的《巴黎大革命》（*Les Révolutions de Paris*，1789 年 7 月 17 日）、布里索的《法国爱国者》（*Le Patriote Français*，7 月 28 日）、马拉的《人民之友》（*L'Ami du Peuple*，9 月 12 日）、德穆兰的《法国大革命》（*Révolutions de France*，11 月 28 日）……除了这些，每天还有成打小册子出版。这些小册子利用出版自由，增添新偶像，损毁旧名望。从毁谤（libel）这个字出自这些小册子的名称上（Libelles），我们可想象出它们的内容。

马拉是最极端、鲁莽、无情与有力的新人物。1743 年 5 月 24

日，他出生在瑞士的纳沙泰尔。他的母亲是瑞士人，而父亲则为撒丁人。他从未停止崇拜卢梭。他在波尔多与巴黎攻读医学，并在伦敦行医时获得一定的成就（1765—1777年）。有关他在那里犯罪与荒唐的事，可能是他的敌人捏造出来提供给新闻业者的。他接受由圣安德鲁斯大学授予的名誉学位——而这个举动，如约翰逊所说的，是"借学位变得较为富有"。马拉以英文创作《奴隶的枷锁》（*The Chains of Slavery*），并在伦敦出版（1774年），激烈地指责欧洲政府与国王、贵族及教士共谋欺骗人民并使他们服从。1777年，他回到巴黎，在阿图瓦伯爵的马房做兽医，后升为伯爵卫队的内科医生。他赢得肺科与眼科专家的美名。他还发表了电、光与火方面的论文，其中有些被翻译成德文。马拉认为这些将带给他科学院会员的资格。但是他对牛顿的抨击使他受到了院士们的质疑。

马拉是一个极为骄傲的人，因受连续疾病的困累而敏感到了极端容易愤怒。他患上了难以治疗的皮肤炎，但他发现在温水浴盆中坐着或写字可暂时解除痛苦。就他5英尺的身高而言，他的头是太大了，两只眼睛也不平齐。一般人了解他喜欢独居。医生经常为他放血以减轻他的痛苦。在病情相对稳定时，他赚取他人的金钱。他做事具有强烈毁灭的野心。"我仅用24个小时中的2个小时睡眠……在3年中我未曾有过15分钟娱乐。"1793年，也许由于太多的室内生活，他罹患肺部疾病。后来那个刺杀了他的科黛，并不知道他不久将离开人世。

他的个性因他的疾病受到损害——他脾气的发作，他伟大的幻想，他对内克、拉法耶特与拉瓦锡的严厉批评，他发怒所招惹的群众暴动，掩盖了他很多的勇气、勤勉与奉献。他刊物的成功，不仅是由于他的风格过分夸张，而且他对无选举权的无产者仍有更多热心、坚毅与无报酬的支持。

马拉不高估民众的才智。他见到暴动升级，就加入它。但是至少在目前，他不考虑民主政治，而是商讨易遭罢免、暴动与暗杀的独裁政治。如同罗马共和时代一般，他暗示自己将成为一个好的独裁者。

有时他认为政府应受有财产的人驾驭，因其与公共福利有最大的利害关系。他认为财富集中为自然，但他建议用倡导奢侈、罪恶、饥饿及需要的神权抵消它。"只要还有人缺乏民生必需品，无任何剩余可合法属于他们……大多数教会财富应分配给穷人，并在各地设立免费公共学校"，"社会亏欠那些没有财产者，工作简直没法满足他们所需的固定维持生活之物，没有供吃饭、住宿与穿衣所需的金钱，没有照料疾病及年老者与抚养孩童的设备。那些财富必须供给那些缺乏生活必需品者"，否则穷人有权以武力取得任何他们所需的。

大多数会议代表不信任且害怕马拉，但是与他共同生活的无套裤汉，因他的哲理而宽恕他的过失，他被警察搜捕时，他们冒险隐藏他。他必然有一些可爱的德行，以致他的情妇挚爱地伴随他，直至他去世。

舍弃（1789.8.4—8.5）

"这个国家，"莫里斯省长于 1789 年 7 月 31 日在法国表示，"目前接近无政府状态，正如其社会可能接近崩溃边缘。"控制市场的商人借提高谷物价格获得利润。携带粮食的船在运往城镇的途中遭到攻击与抢夺，无秩序与不安全造成运输混乱。巴黎犯罪猖獗。乡村受制于掠夺的强盗，以致几省的农民因他们"恐惧"这些不法的掠夺者而武装起来。惊惶的老百姓在 6 个月内获得 40 万支枪械。大恐惧平息后，农民决定使用他们的武器反抗收税者、独占者与封建地主。配备着毛瑟枪、草耙、大镰刀，他们攻击城堡，要求出示证明领主权利与税收的地契或契约书。如果出示给他们，他们就烧掉；如果被拒绝，他们就烧毁城堡，好几个地方的堡主被当场杀死。这套程序开始于 1789 年 7 月，蔓延至法国每个地方。有些地方暴徒持着标语牌，要求国王让他们有充分权益代表他们的区域。愤怒中的破坏经常是不分青红皂白的，因此在莫巴赤修道院的田地上，农民烧掉房舍，带走餐具与亚麻布制品，拔开酒桶塞子尽情地喝，喝不了的就倒入沟中。有8个公社的居民侵入修道院，拿走地契，而且向修道士说明教士现在受制于老百姓。在弗朗什-孔泰省，一份给国民会议的报告说道："将近40个城堡与领主的邸宅被抢掠或烧毁，3/5在朗格勒，2/5在多芬，所有维也诺斯区域的修道院受到冲击，无数贵族或富商被暗杀。"尝试阻止这些"农民暴动"的城镇官员被免职，有的被斩首。贵族放弃他们的家园，寻求其他安全处所，但是他们几乎到处遇到相似的"自发性叛乱"。第二次移民浪潮开始了。

1789年8月4日晚上，一位代表向在凡尔赛的国民会议报告："来自各省的函件指出，各种财产竟是大多数罪恶暴乱的牺牲品。各处城堡被烧毁，修道院被摧毁，农场受到抢掠而荒废。税捐、封建税已不存在，法律没有权威，地方政府丧失权力。"剩下的贵族希望大革命能限制于巴黎并借少数派的退让得以平息，现在觉察出已是全国性的了，封建税已不能被维持。诺阿耶子爵建议："所有的封建税是可赎回的……以货币支付或以公平价值补偿……徭役、奴隶制及其他私人形式的劳役将被废除而无补偿。"而且，终止阶级豁免，"税捐应由每个在王国的人按他所得的比例缴付"。

诺阿耶是贫穷的，而且受到这些极端痛苦措施的折磨，但是艾吉永公爵——最富有的爵爷之一——赞成这项建议，并做了一番惊人的自白："人民终于摆脱束缚他们好几个世纪的枷锁了。我们必须承认，虽然这个暴乱一定要谴责……在此暴乱中受害的老百姓是值得原谅的。"自由主义的贵族报以热烈支持，他们相互聚集提议放弃他们有疑问的特权。在数小时的热心讨论后，国民会议于8月5日清晨2时宣布解放农民。若干慎重的条款随后被加上，要求农民用分期付款的方式，偿还定额的封建税。但是，农民拒缴这些费用，使他们得不到募集之款，并真正影响了封建制度的结束。至于"伟大的舍弃者"国王签字，则订于第16条款中，宣布他今后为"法国自由的恢复者"。

人道主义情操的浪潮长久持续，足以产生另一份历史性的文件——《人权宣言》（1789 年 8 月 27 日）。这是由拉法耶特提议的，他们仍然热衷于《独立宣言》与美国几个州宣布的权利法案。国民会议中较年轻的贵族支持平等观念，因为他们苦于长子继承特权，而且像米拉波这样的人，痛恨任意地监禁。资产阶级代表愤恨社会上贵族的唯我独尊及贵族垄断市政与军政较高的职位。几乎所有的议员都读过卢梭有关公民意志（general will）的理论，而且接受哲学家的哲理——按照自然定律基本权利属于每个人。因此他们用一种似乎结束大革命的宣言冠于新宪法之前，以为如此就不会遭遇丝毫抗拒了。一些条款适于重述：

第一条，人天生具有自由与平等的权利……

第二条，任何政治结合的目的在于保护人的自然的和不可动摇的权利。这些权利即自由、财产、安全及反抗压迫……

第四条，自由就是指有权从事一切无害于他人的行为。因此，各人的自然权利的行使，只以保证社会上其他成员能享有同样权利为限制。此等限制仅得由法律规定之……

第六条，法律是公共意识的表现。全国公民都有权亲身或经由其代表参与法律的制定……

在法律面前，所有的公民都是平等的，故他们都能平等地按其能力担任一切官职、公共职位和职务，除德行和才能上的差别外不得有其他差别。

第七条，除非在法律规定的情况下并按照法律指示的手续，不得控告、逮捕或拘留任何人。凡动议、发布、执行或令人执行专断命令者应受处罚，但根据法律而被传唤或被扣押的公民应当立即服从，抗拒则构成犯罪……

第九条，任何人在其未被宣告为犯罪以前应被推定为无罪，即使认为必须予以逮捕，但为扣留其人身所不需要的各种残酷行为都应受到法律的严厉制裁。

第十条，意见的发表只要不扰乱法律规定的公共秩序，任何人都不得因其意见甚至信教的意见而遭受干涉。

第十一条，自由传达思想和意见是人类最宝贵的权利之一，因此各个公民都有言论、著述和出版的自由，但在法律规定的情况下，应对滥用此项自由负担责任……

第十七条，私人财产神圣不可侵犯，除非合法认定的公共需要显然必需时，而且在公平而预先赔偿的条件下，任何人的财产不得受到剥夺。

甚至在这些民主理想的主张中，依然存在一些不完备。奴隶制度被允许留在法国加勒比海殖民地，一直到 1794 年的国民公会才予以废止。新宪法限制最低定额付税者的投票权与公职适任资格。公民权利仍然不肯给予演员、新教徒或犹太人。因为担心这份宣言可能引起更多动荡、无秩序的局面，路易拒绝同意。这有待巴黎民众强迫他同意了。

赴凡尔赛（1789.10.5）

在 8 月和 9 月两个月，巴黎仍有暴动。面包的供应再度缺乏，主妇们在面包店为之争斗。在一次暴动中，一位面包师与一位市府官员被愤怒的民众杀死。马拉要求人们向国民会议和凡尔赛宫进发：

公共安全处于危险时，人民必须将它的权力从那些被托付人的手中取回……将那个奥地利女人（王后）与她的小叔子阿图瓦伯爵关入监狱……逮捕部长与他的属员并加以监禁……查清市长（可怜、和蔼、耽于幻想的巴伊）与他的助理……不让这位将军（拉法耶特）远离，而且逮捕他的部下……在你们饿肚子的情况下，王位继承人无权享受晚餐。组织已武装的人民，前进到国民会议并立即要求给予食物……要求这个国家的穷人有一个保证他们向国家捐献之外的将来。如果你们拒绝加入军队、取得土地与黄金，那些恶棍就想借严重的饥饿强迫你们妥协，进而占有它、分享它。割下部长与他们部下的头，现在正是时候。

由于畏惧在巴黎的新闻、混乱及凡尔赛的群众示威，路易再次采纳他的部长的建议——召入尚未接触革命思想的士兵来保护他、王后与整个王室。9月下旬，他派人到杜埃召回佛兰德斯军团。佛兰德斯军团来了，国王的卫队于10月1日在王宫歌剧院以盛宴欢迎。路易与安托瓦内特出现时，军队在半醉半醒之际爆发出狂热的欢呼，随即将他们制服上的三色国家徽章以王后白与黑的帽章取代。一份报告说到这些被抛弃的颜色，当时是大革命珍视的颜色，随即被践踏在舞动的双脚下。康庞夫人作为目击者，否认了这个事实。

这则故事传到巴黎后被夸大。一项报道特别指出一支军队在梅斯附近聚集，企图进军凡尔赛并解散国民会议。米拉波与其他代表公开批评这个新的军事威胁。马拉、卢斯塔洛与其他新闻记者要求人民应该将王室与国民会议移至巴黎，在那里他们就可以置于民众小心的监视之下。10月5日，市镇市场中的妇女首先知道食物的缺乏，领先组队向40英里外的凡尔赛进军。她们在继续进行时，邀请上千的男女加入。这不是一个悲剧或悲伤的行列，一则轻松的法国幽默增添了一些趣味。"我们将召回面包师与面包师的妻子，"他们喊道，"听从米拉波将是我们的荣誉。"

在大雨倾盆之下到达凡尔赛，他们聚集了8000多人，整齐地站在王宫的高门与铁栅前，要求晋见国王。一组代表来到国民会议，代表群众要求足够的粮食。莫阿尼耶当时为主席，由一位美丽的女代表路易松·沙布里相随晋见路易。见到路易时，她激动得噎住了，仅能叫出一声"痛"就昏了过去。她醒来后，路易保证替既湿冷又饥饿的群众找到面包。离去时，她想吻他的手，他却像父亲般拥抱她。此外，许多妩媚的巴黎女人与佛兰德斯军队混在一起，而且使他们保证兵士不向无武装的女人射击。几名士兵带着饥饿的妇女进入他们的军营，给予她们食物与温暖。拉法耶特带领 1.5 万名国家卫队队员于那天晚上 11 点到达。他受到国王的接见，国王要求他的保护，他却与内克结盟，劝告国王接受人民的要求：国王与王后应该住在巴黎。然后，他精疲力竭地回到诺艾旅馆。

10 月 6 日清晨，疲倦而饥饿的群众借着一个机会拥入王宫的庭院，一些持械的民众闯至通往王后寝宫的楼梯上。王后穿着衬裙，抱着太子，逃入国王的卧室。王宫的卫队抵抗侵入，他们有 3 名被射杀。拉法耶特虽然来晚了，但很起作用，他温和的保证使暴动得以平息。国王走上阳台，保证迁回巴黎。群众高呼："国王万岁！"再次要求王后露面。她做到了，站立在一旁。这时一人用滑膛枪瞄准王后，他的枪被那些靠近他的人打落。拉法耶特趋近安托瓦内特，而且吻她的手以示忠贞。被软化的暴徒发誓敬爱王后——如果她愿意到首都居住的话。

将近中午，一个史无前例的行列组成了：最前面的是国民卫队与王室的卫队，接着是载着国王、他的妹妹伊丽莎白夫人、王后与她的两个孩子的马车，接着是一长列装载面粉的两轮货运马车。随后就是胜利的巴黎人：有些妇女坐在大炮上，有些男人用长矛高举被杀的王宫卫士的头颅。在塞夫勒，他们停下将这些头颅予以粉饰。王后怀疑她是否能活着回到巴黎，那晚她与其他王室人员睡在土伊勒里宫，草草就寝。几天后国民会议的代表来到，住在土伊勒里宫的戏院里。

巴黎的民众迫使国王采取行动，再度掌握大革命。现在，国王受制于他的人民，他接受《人权宣言》为既成事实。第三次移民浪潮因而开始。

革命的宪政（1790）

虽未遭到王室的反对，但对这个城市充满着密探而忐忑不安的国民会议，即着手撰写宪法，载明并认可大革命的成就。

首先，王位应予保留吗？那是当然的，而且允许它是世袭的，因为它担心——直到合法与忠贞的情操从君主政体转移至国家为止，这股令人神往的王者之气仍将是维系社会秩序所不可少的，而且继承权将防止继位战争及当时在王宫酝酿的某些阴谋。但是，国王的权力被严格地限制了。对于王室年俸，国民议会将每年表决，任何过度支出须向立法机关申请。如国王未获国民会议准许而离开王国，他可能被罢黜——这点他不久就体会到了。他可以任免他的部长，每位部长须遵照要求提呈一份资金分配使用情况的月报，而且随时接受高等法院的传讯。国王统率陆军与海军，但是无立法机构事先同意，他不能对外宣战或签订条约。他有权否决任一向他提呈的法案，但如果被否决的法案经立法机构连续三次通过，该法案即可成为法律。

立法机构如此崇高，应该像英国与美国一样设立两个议院吗？"上院"（Upper Chamber）可能是仓促行动的遏制者，但也可能成为君主政治的堡垒。国民会议未接受它，并为防患于未然，宣布终止除国王以外的所有继承权与爵位。选举立法机构的是"积极公民"——付过相当于3天工作报酬所得税的成年男性财产持有人，包括富有的农民，但不包括受雇用的劳工、演员与无产阶级者，这些人被归类为"消极公民"，因为他们容易被他们的主人或新闻记者操纵而变成反动或暴动的工具。照此安排，到了1791年，有429.8万人（在2500万人口中）在法国享有投票权，有300万名成年男子无投票权。资产阶级的国民会议害怕城市的民众，恰恰证明此为资产阶级的大革命。

为了选举与行政上的目的，宪法将法国划分成为85省，每个省又分成若干区。这是法国首次成为统一的国家——境内不存在有特权的地区，而且全部使用一种度量衡和法律制度。惩罚标准全由法律决定，而不再由法官随意决定。拷问、上枷示众与打火印被废止，但死刑仍保留，以适应罗伯斯庇尔目前的不满与将来的便利。被控诉的罪犯可以由抽签选出的"积极公民"组成的陪审团审判。在陪审团的

12 人中只要有 3 人通过就可以定罪。民事案件由法官判决。旧的最高法院因其产生第二个君主政治，被民选的国民会议指定以新的司法部代替。每省两位高等法官由下级法院的法官中抽签选定。

两个重大与有关联的论题保留着：如何避免破产、如何调整教会与政府的关系。税收无法为政府提供足够的资金，而且教会持有令人羡慕而不必付税的财富。它采取最近任命的欧坦主教塔列朗提出的办法（1789 年 10 月 11 日）：用教会财产支付国家债务。

塔列朗是历史上非常迷人的人物之一。他出生于一个军功卓越的旧式家庭，如果不是 4 岁时因跌倒而使一脚永远脱臼，他可能也会成为一名军人。但他必须一生跛行，而且要设法克服每个障碍。他的父母将他交给教会。在神学校他阅读伏尔泰和孟德斯鸠的作品，而且在附近养了一位情妇（1775 年）。他显然遭到逐门，但在 21 岁那年他从路易十六那里获得恩准，进入了兰斯的圣德尼修道院。1779 年他被任命为牧师，随即他成为他伯父赖姆斯大主教的代理主教。他继续取悦出身名门的妇女，她们中的一位为他生下一子，日后成为拿破仑麾下的一名军官。1788 年，塔列朗被任命为欧坦主教，他虔诚的母亲没有反对他成为主教，虽然她深知自己的儿子是一个缺乏信仰的人。然而他替国民会议拟订改革计划，深深地打动了教士们，并选举他为三级会议的代表。

国民会议（1789 年 11 月 2 日）不顾牧师们的极力反对，以 508 票对 346 票，议决使教会财产收归国有，当时估计这笔财产为 30 亿法郎。这项决议请求政府"为民众的礼拜支出、部长的生活费用、穷人的救济提供解决办法"。12 月 19 日，国民会议授权特种金库出售 4 亿法郎的"指券"（assignats）——这是一种国库债券，持有者有权得到一定金额的教会财产的纸币，而且附有 5% 的利息，直到销售完为止。借着这些"指券"所得，政府偿还更多急迫的债务，因而确保金融界对新政权的支持。但是"指券"的购买者发现难以得到满意的回报，"指券"被当作通货使用，而且因政府发行得越来越多，使通货膨胀继续下去。它们除付税外失去任何价值，而财政部被迫接受它们的面值。因此，财政部发现每年亏损超过所得。

国民会议（1790 年 2 月 13 日）采取断然的手段禁止修道院活动，给予无依靠的修士生活津贴。修女因从事教育与慈善方面的公益事业而遭伤害。7 月 12 日，《教士公民组织法》（*Civil Constitution of the Clergy*）颁布实施，规定教士为政府的官员，而且承认天主教为国教。新教徒与犹太人可自由地在私人的教堂做礼拜，但得不到政府的资助。天主教的主教由各省民选的"议会"选出。在此选举中非天主教的选举人——新教徒、犹太人或不可知论者——可以自由地参加。所有的教士在接受政府薪金前，必须发誓完全服从新宪法。在法国的134 位主教中，130 位拒绝宣誓；在教区的 7 万名教士中，4.6 万名拒绝接受新宪法。绝大多数民众站在不宣誓的立场，而且联合抵制宣誓的教士自由服务。受到人民支持的保守教会，与中上阶层支持的不可知论者之间的冲突增加，成为大革命衰微的主要因素。国王始终拒绝签署新宪法，主要因为此立法失去民心。

其他人有拒绝的理由。罗伯斯庇尔领导的强有力的少数党，抗议限制财产持有者的选举权违背人权宣言，而且侮辱了一再保全国民会议免受国王军队压制的巴黎无产阶级。农民与市民一致愤慨于若干政府法规的被废除，如规定保护"自由市场"生产者与消费者不受分配者操纵的措施。

然而国民会议感到，宪法是不寻常的文件，给予胜利的大革命合法与确定的形式是有些道理的。目前崇高的中产阶层代表，认为民众——大多数仍为无知的——还不能按人数比例参与政府的审议与决定的。此外，贵族已逃亡，现在不正是轮到资产阶级乘机接管一个逐渐依赖智慧管理与经济发展的进步国家的时机吗？因此，国民会议不顾国王的踌躇，宣布法国为君主立宪的政体。而且，1790 年 6 月 5 日，它邀请 83 省派遣他们联邦的卫队参加巴黎人民与法国政府在练兵场庆祝占领巴士底狱——大革命成就的周年纪念。邀请与热诚散布后，

30 名外国人，由一个被称为克洛茨（Anacharsis Cloots）[1] 的富有的德国人率领，于 6 月 19 日进入国民会议，要求得到法国公民的荣誉，并被允许进入这"人类种族的大使馆"（embassy of the human race）的联合庆典。它是如此命名的。

为了这个场面，多丘的练兵场必须装饰：一块 30 英尺宽、10 英尺长的地方需要弄平整并修筑台地，以容纳 30 万名群众。一个中央土墩需要加高，成为一座圣坛，可让国王、王后、高级教士、国民会议代表与民众登上以表达他们效忠这个合法新生的国家。然而只剩 15 天来进行装饰工作了。卡莱尔的《法国革命》的第 14 页描写巴黎的男女老幼如何带着锄头、铲子、手推车，高唱着"它将要去！"——整平那片广阔的地带，修筑那些台地与国家的祭坛。

因此，在这个新节日前一个星期，士兵们由法国各地来到巴黎，有时候巴黎的国民卫队行进到数英里外去迎接他们。1790 年 7 月 14 日，他们排成骄傲的队列进入练兵广场，总数达到 5 万人。他们的旗帜飘扬，他们的乐队演奏着，他们的喉咙发出洪亮的歌声，有 30 万名高尚的巴黎人加入。主教塔列朗——此时尚未被逐出教会——主持弥撒仪式。200 名高职位的教士与牧师登上祭坛并接受誓约，国王自己发誓尽其可能遵从新法律，所有的集会群众高呼："国王万岁！"礼炮声起，成千未能参加典礼的巴黎人举手向着练兵场宣誓。每一城镇都有类似的活动，并以酒与食物分给人民。当时的法国人如何能怀疑辉煌的新世纪已经开始没落呢？

米拉波偿还债务（1791.4.2）

即使是男人也有多疑的时候，况且一个女人。对于路易与王后，土伊勒里宫似乎是一间暖房，虽然在这里他们的每个行动受制于民众

---

[1] 让·巴蒂斯特男爵的绰号，得自当时巴托罗缪修道院附近的著名浪漫史中的人物。

的默许或责难。1790 年 8 月 31 日，国王在南锡的瑞士军队因拖欠薪饷与官员暴虐而叛变。一些叛军被国家卫队射杀，一些被处以绞刑，一些被处罚做划船苦工。得知这个消息，4 万名巴黎群众气势汹汹地向王宫聚集，抨击拉法耶特，谴责国王的"南锡屠杀"，并要求他的部长辞职。内克静静地离去（1790 年 9 月 18 日），与其家人住在靠近日内瓦湖的科佩。拉法耶特建议国王接受宪法以使巴黎平静。然而，王后怀疑这位将军阴谋策划取代国王，因此非常明显地对拉法耶特表示出她的反感，以致拉法耶特离宫而委托米拉波挽救君主政体。

米拉波十分愿意。他需要金钱维持他无节制的生活方式，他觉得国王与国民会议的联合是控制暴民的唯一方法，而且他看出采取这项政策与补充他的财源并无抵触。早在 1789 年 9 月 28 日，他曾写给他的朋友拉马克[1]："一切将失去。国王与王后将被除去，而你将看到民众在他们冰冷的躯体前显露着狂喜。"10 月 7 日，同是在给拉马克的信中，他写道："如果你对国王与王后有任何影响力，说服他们如果王室的家族不住在巴黎，法国将遭殃。我正忙于计划帮他们逃走。"路易拒绝了米拉波的计划，但他同意给米拉波金钱保卫君主政体。1790 年 5 月初，他同意为这位伟大的冒险者偿付债务，给予他每月 1000 美元，并承诺奖赏他 19.2 万美元——如果他能使国民会议与国王和解。8 月，王后在圣克劳德花园单独接见米拉波。王后仪态万千，雍容华贵，这位叛变的魔王吻她的手时，因虔敬而战栗。在写给知己的信上，米拉波心醉神迷地描述她："你不了解王后。她内心的力量无比强大。她是一个有勇气的女人。"

他认为自己是"付出而非获得"，按照拉马克的看法，"他为自己的信念而接受报酬"。他无意保护专制主义，相反，1790 年 12 月 23 日他向国王的部长提呈的声明书，是一项调和民众自由与王室权力的

---

[1] 奥古斯都·拉马克伯爵（Auguste de la Marck），非生物学家拉马克（Jean Baptiste de Monet）。

计划："直接打击大革命将无法击中目标，因为这使许多人得享较好法律的行动值得支持……革命的精神与宪法中许多的要素必须加以接受……我关切所有大革命的影响……因为有如此不易变动的胜利，以致除了分裂王国外再无动乱可摧毁他们。"

　　他借热诚与贿赂挽救残余的王权。国民会议怀疑他唯利是图，却佩服他的天才。1791年1月4日，国民会议选他为任期两周的会议主席。他有条理的管理与公平的决定使他们惊奇。他整天工作，整晚吃喝，并借女人使自己精疲力竭。3月25日，他又与两名歌剧院的舞女作乐，次日清晨他患了剧烈的腹部绞痛。27日他出席国民会议，之后疲惫而颤抖地回到他的房间。他生病的消息立刻传遍巴黎，戏院关闭以示对他的尊敬，民众包围他的住处想知道他的健康状况，一位年轻人主动提出为他输血。经受了许多痛苦折磨后，米拉波死于1791年4月2日。

　　4月3日，一些巴黎选民的代表要求国民会议将圣杰尼耶夫教堂改为法国英雄的灵堂与坟墓，而且在这不久即被称为万神殿的教堂前立碑，纪念"一位被祖国感恩的伟大人物"。这些一一实现了。4月4日在法国历史学家米什莱（Jules Michelet）所称的"世界上曾有过的最盛大与最著名的送殡"之后，米拉波被埋葬在那里。一位历史学家估计群众在30万人至40万人之间——他们在街上与树上，在窗边与屋顶上。"有人会以为他们在移送伏尔泰的遗骨——一位永生不死的人。"1792年8月10日，从被推翻的国王的文件中找到了给米拉波金钱的证据。1794年9月22日，国民会议命令将失去光辉的英雄的遗体移出万神殿。

赴瓦雷纳（1791.6.20）

　　国王不愿让贵族、教士与君主政体屈服在他们腐朽的古老权威上，而且确信民众如此个人主义与轻举妄动，以致法国人将无法规可遵从，无限制可约束，无法迎合时代。国王乐观地固守着仅有的萎缩权力，而且拒绝贵族与王后每日的敦促——逃离巴黎或法国，然后带回一支军队，本国或外国的，其武力足以重建他有力的君权。1791年1月21日，他签署了《教士公民组织法》，这是使教会世俗化的法令，规定废除旧的教区，按83省行政区设立新主教区，主教由公民选举产生，不再由罗马教皇任命。高级神职人员的薪俸改由国家支付。但他感觉签署这项法令无异出卖他的信仰，那是他生命中遭受挫折后珍贵的避风港。他震惊于议会1791年5月30日的决定——将伏尔泰的遗体移入万神殿，他似乎无法忍受十八世纪中最无宗教信仰的人被扬扬得意地抬入并光荣地置于曾经神圣的教堂。他不同意王后出逃的建议。王后的忠实朋友阿格泽尔·冯·弗森伯爵，为她的逃亡筹款，并安排细节。

全世界都知道那则故事：国王与王后如何假扮科弗先生与太太，带着他们的孩子与仆人，于1791年6月20日午夜，静悄悄地离开土伊勒里宫，怀着欢欣而害怕的心情，于次日行进150英里到达瓦雷纳，接近现在比利时（当时奥地利的荷兰）的边境。他们在那里被拦住了，被圣默努尔德的邮政局长德鲁埃率领的农民，用草耙与棍棒等武器逮捕了。德鲁埃派人至国民会议请求处理意见，安东尼·巴纳夫与佩蒂翁立刻得到指令：带着你的俘虏，不得加以伤害，回到巴黎。这是5天的路程，由6万名国民卫队队员缓慢引导。在途中巴纳夫与王后相对坐在皇家的驿车中，他具有旧时政治制度残留的骑士精神，他觉得这位美人处在危难中。他不知道她的命运将如何，在到达巴黎前他是她的奴隶。

经过巴纳夫的努力与其他仔细的考虑，国民会议拒绝立刻加以处置的要求。在无政府的情况下，谁能知道接下来会发生什么事呢？资产阶级的议会与所有的财产，能由无选举权的巴黎民众掌握吗？因此，这样的消息传了出去：国王未曾逃亡而是被拐走，他的性命至少可暂时保全，新的法律可能留给他较多的王权。雅各宾派的领袖对此进行抗议，俱乐部与报纸号召民众聚集在练兵广场。1791年7月17日，5万人来到，6000人签名要求国王退位。国民会议要求拉法耶特国民卫队驱散暴徒，被其拒绝。其中一些暴徒用石头掷向国民卫队，愤怒的兵士开枪射击，射杀50名男女。一年前保证的四海之内皆兄弟的关系终于到此为止了。马拉被警察逮捕并剥夺人权，监禁在一个阴湿的地窖里，而且开始计划一场新的革命。拉法耶特的名声毁灭，回到前线，耐心地等候机会逃离混乱日增的法国。

国王非常感激缓刑，并于1791年9月13日以屈服的姿态到国民会议正式签署新宪法。回到他凄凉的王宫后，他体力不支、泪流满面，恳求王后宽恕他将她幸福的维也纳生活转为失败的耻辱，还加上了监禁的恐怖。

9月底，国民会议准备结束工作。也许代表们已疲倦，而且觉得他们在一生中已做了许多事情。的确，从他们的立场来说，他们有了许多成就——使封建制度崩溃；废除继承的特权；将人民由君主的专制主义与懒惰、自大的贵族社会中拯救出来；建立法律前的平等，终止不经审判而加以监禁。他们还重新组织地方与省的行政部门；借没收财富与宣扬信仰、思想自由，惩戒曾经独立自主及爱批评的教会；他们报复卡拉斯与伏尔泰；他们愿意让保守派的贵族向外移民，并使中上阶层由政府控制；他们在宪法中具体表现这些变动，并赢得国王和绝大多数民众的同意，作为国家统一与和平的保证。

立宪会议（制宪会议）借安排选举一个立法的会议，使宪法成为特别法并考虑将来的问题，将之登记在案。罗伯斯庇尔希望新的投票带来较多权力上有代表性的人，说服其他代表取消新立法机构的选举。然后，1791年9月30日，"所有政治性会议中最值得纪念的"国民会议宣布解散了。

第三章 | 立法会议
（1791.10.1—1792.9.20）

戏剧中的角色

  第二个革命的国会的选举受到新闻业者热烈的旁听与俱乐部有力的监督。因为新闻审查几乎已不存在，新闻业者获得对公共政策新的影响力。布里索、卢斯塔洛、马拉、德穆兰、弗雷隆、拉克洛——每人都有一份定期刊物。1790 年，仅巴黎一地就有 133 份杂志，上百份杂志散布在各省。这些杂志几乎都走激进派路线。米拉波告诉国王，如果想保住他的王位或者他的性命，他必须收买一些有名的新闻记者。"老的贵族，"拿破仑说，"如其充分领悟而成为印刷工具的专家则能长远幸存……大炮的到来毁灭了封建制度，而油墨将毁灭近代制度。"

  俱乐部的作用与杂志不相上下。布列塔尼俱乐部改名为"宪法赞助者的学会"，而且将雅各宾派以前靠近土伊勒里宫的修道院餐厅作为聚会场所，不久扩大成为图书馆，甚至成为教堂。雅各宾派最初全是会议代表，但没多久即允许政治、文学、科学或商业方面的杰出人士也加入进来，使他们的会员人数增加。有些代表像罗伯斯庇尔，自我排拒于新的会议之外，而找寻另外的权力支点。会费很高，1793

年大多数会员来自中产阶级。

雅各宾派的势力被附属的组织扩大至许多最小地方行政区，而且母社的学说与教义最能被大众接受。1794年，法国约有6800个激进派俱乐部，会员总数达到50万人。他们在无组织的群众中形成一个有组织的少数党。他们的政策受到新闻界的支持时，他们的势力仅次于最小地方行政区——由他们市政会议与有选举权的团体，控制国民卫队的地方联队。这些力量融合时，国民会议必须照他们的意思来做，否则将面临武装起义或难以控制的局面。

1791年，一位在巴黎的英国人报道："每条街上都有很多俱乐部"，文艺协会、体育协会、互助会的支会、工人集会等。一些雅各宾派发现他们的俱乐部过分浪费与资产阶级化，因而于1790年组成"人类与公民支持者的俱乐部"，不久巴黎人称其为科德利埃俱乐部，因为它在圣方济修会早先的修道院中聚会，这里给马拉、赫伯特、德穆兰与丹东提供了演讲坛。由于雅各宾派太过偏激，拉法耶特、巴伊、塔列朗、拉瓦锡、谢尼埃、内穆尔于1790年组成"1789年协会"，1790年开始在王宫召开会议，支持动摇的君主政体。另一个君主立宪派团体，由巴纳夫与亚历山大·拉梅特领导，因聚会地点是西多教团的僧人修道院而定名为斐扬俱乐部。几个废弃的修道院，现在成为政治运动的中心，这是巴黎人迅速世俗化的讯号。

俱乐部之间有敌对的倾向，1791年6月至9月，投票选举新的"议会"。勤王者由于教育与安逸而变得柔弱，又依赖说服与行贿获得选票。雅各宾派与科德利埃俱乐部分子依靠民众的力量，借武力增加行贿。他们利用法律禁止任何拒绝宣誓效忠新宪法的人投票。因此天主教徒，大多数都自动被排除。群众有组织地捣乱，驱散勤王者的集会，如在格勒诺布尔。有些城市，像波尔多，市政当局禁止雅各宾派以外其他所有俱乐部集会。在某一城市，雅各宾派与他们的党羽烧毁一个投票柜，因怀疑其隐匿大多数保守派的选票。

民主作风有所整顿，此选举使立法会议获得一个赤诚保护君主政治的有势力的少数党——264 位斐扬派，即君主立宪派，占着大厅右面部分。136 位代表，承认自己是雅各宾派或科德利埃俱乐部分子，坐在左面高起部分被称为"山岳党"。在会场中央的 355 位代表拒绝被标示，他们被称为"平原党"。这 755 位参会者中 355 位是律师，适合构成一个立法团体。现在律师继承教士控制这个国家。几乎所有的议员都是中产阶级。革命仍然是一场资产阶级的宴会。

1792 年 6 月 20 日以前，立法机构中大多数人后来组成了一个有实力的团体——吉伦特派（Gironde）。他们不是一个有组织的党（也不是山岳党），但是他们几乎全来自工业或商业活动的区域——卡昂、南特、里昂、利摩日、马赛、波尔多。这些工商业中心区的居民惯于自治，他们控制了大多数财富、商业、王国的对外贸易，乃至波尔多、吉伦特省；他们以培养出孟德斯鸠与蒙田为骄傲。几乎所有高层的吉伦特派成员也是雅各宾派，而且赞同其他大多数的雅各宾派反对君主政体与教会，但是他们愤恨整个法国被巴黎及其民众管理，建议以自治省的联邦共和国代替之。

孔多塞侯爵是他们的理论家、哲学家，也是教育、财政与政策规划方面的专家。他们伟大的演讲家是维尼奥（Pierre-Victurnien Vergniaud）。他出生于利摩日，其父为一名商人；离开一所神学校后，即专攻法律，并就业于波尔多，然后被派至立法议会。除此，有更多影响力的是布里索。他生长在沙特尔，有点像冒险家，曾抽样调查欧洲与美国的职业、气候及道德规范样本，还于 1784 年被短暂监禁于巴士底狱。他是黑奴协会的创建者（1788 年），而且是热心的奴隶解放运动工作者。身为巴黎派至立法会议的代表，布里索负责外交政策，并引导国家走向战争之路。孔多塞把他与维尼奥介绍给内克的女儿斯塔尔夫人。他们变成她沙龙的忠诚随从，并帮助她的情人——纳博讷伯爵，被路易任命为陆军部长。很长一段时期内吉伦特派被称为布里索派（Brissotins）。

历史对罗兰记载得较多，主要因为他娶了一位声名显赫的女人，她给予他思想与风格，蒙骗他，赞美他的记忆力，而且以一个著名与传奇的判决使她走上断头台而名垂青史。25岁的玛农（罗兰夫人的闺名）于1779年在鲁昂认识罗兰时，他已45岁，头发微秃，并因事业操劳及哲学思考而疲乏不堪。他有父亲般的亲切微笑，倡导高贵的斯多葛哲学，因而迷住了玛农。她熟悉古代的文豪与英雄，她在8岁时就读过希腊历史学家普卢塔克的作品，有时候在教堂里她以它取代了祈祷书："普卢塔克使我成为一名共和主义者。"

她是一个高傲的孩子。她说，"有两三次我父亲鞭打我时，我咬他压在我身上的大腿"，而且她从未失利过。但是她读过圣人的传记，并仰望殉道者。她深感天主教仪式的美丽与庄严，并保留她对宗教的尊敬，及少许基督徒的信念。她甚至欣赏伏尔泰、狄德罗、霍尔巴赫与达朗贝尔。她不喜欢卢梭，她很难接受他的观点。她向往罗马政治家布鲁图，沉醉于加图父子与古罗马的格拉古兄弟的作品。她与吉伦特派人是从他们的思想中获得政治理想。她也读塞维尼夫人的书信，因为她渴望写十全十美的散文。

有不少人向她求婚，但是她太关注自己的才华而不能接受普通的情人。也许25岁时，她开始妥协让步了。"一位意志坚强，极为忠实，有学问与有趣味……"她找到罗兰——"他的庄重使我以为他好像无性欲。"在他们结婚后（1780年），他们住在里昂，她描述那里为"一个建筑宏伟的城市，工商业繁荣……以富有而著名，甚至连约瑟夫国王都为之忌妒"。1791年2月，罗兰被派至巴黎并在立宪会议的委员会中保护里昂的商业利益。他参加雅各宾派会议，并与布里索有深厚的友谊。1791年，他说服他的妻子迁至巴黎。

在那里她由他的秘书升为他的顾问，她不但以高雅的智慧与才能草拟他的报告，而且似乎已指导他的政治策略。1792年3月10日，通过布里索的影响，罗兰成为国王的内政部长。他设立一处沙龙作为布里索、佩蒂翁、蒲佐、孔多塞与其他吉伦特派人聚会以及讨论计划之处。她给予他们食物与建议，却将她的爱情秘密给予蒲佐，而且不顾性命地追随他们。

战争（1792）

这是大革命的一段危险期。1791 年，国外的移民已在德国科布伦茨聚集了 2 万人的军队，并请求援助。普鲁士的腓特烈二世觉得他可利用此机会沿着莱茵河扩张他的王国。神圣罗马帝国的国王约瑟夫二世已向腓特烈二世的姐姐求援，他的人民也骚动不安，他本人有些像革命者，而且已接近死亡。他的弟弟利奥波德二世于 1790 年继承他的王位，却不喜欢战争。他与普鲁士国王发布《皮尔尼兹宣言》（*Declaration of Pillnitz*，1791 年 8 月 27 日），而且邀请其他统治者共同在法国恢复"一个可立即调和君主权力与促进法国福利的君主形式的政府"。

奇怪的是，君主主义者与共和主义者都赞同战争。王后不断促使她奥地利的哥哥给予援助，国王明确地要求普鲁士、俄国、西班牙、瑞典、奥－匈帝国的统治者集合军队恢复法国的王权。奥地利渴望佛兰德斯，普鲁士想获得阿尔萨斯。1792 年 2 月 7 日，奥地利与普鲁士签订一项与法国敌对的军事联盟。3 月 1 日，利奥波德二世驾崩，由他的儿子弗兰茨二世继位，这是一个渴望战争与个人荣誉的君主。在法国，拉法耶特赞成战争以期能成为统帅，而且能够同时掌握立法会议与国王。杜穆里埃将军作为外交部长，赞成战争为的是他们从奥地利得胜后，会受到荷兰的欢迎，并可能以较小的王位奖励他。因为尚未涉及征兵，农人与劳动阶级以为目前的战争为必然的罪恶，因为亡命者可不受阻挠地回到法国，恢复或者可能增加更多旧王权时代的不公正。吉伦特派人赞成战争是因为他们预期奥地利与普鲁士将攻击法国，因而反攻是最好的防御。罗伯斯庇尔反对战争是因为他认为战争将使劳动阶级流血，中产阶级获利。布里索呼喊着"为着新的圣战，为着全人类自由的圣战"公开宣布:"时机已来到。"1792年4月20日,立法会议在仅7票反对之下,正式对奥地利宣战,希望分割此联盟,因此开始23年的法国大革命与拿破仑的战争。4月26日,鲁日·德李尔(Rouget de Lisle,法国军人、作曲家)在斯特拉斯堡作《马赛进行曲》(*The Marseillaise*)。

但是,吉伦特派人未曾估计法国军队的状况。法军在东线有10万人,奥地利军队只有4.5万人,但东线法军是由旧政权训练的军官统帅。杜穆里埃将军命令这些军官率领他们的士兵采取行动时,他们回答说,他们未经训练的义勇军尚未装备武器,而且正在接受军事训练。然而,前进命令反复下达时,几个军官辞职,3个骑兵部队投降敌军。拉法耶特给在布鲁塞尔的奥地利统帅一项建议,让他率领国民卫队到巴黎,而且恢复国王的权力,前提是奥地利答应不进入法国领土。除了拉法耶特随后的责问(1792年8月20日)与他逃向敌方外,这个建议无任何结果。

立法会议将一项议案送给占优势的吉伦特派内阁,要求为巴黎设立一个护围军营,而且停止将政府薪水付给拒绝立誓臣从的牧师与修女。国王拒绝签署这项议案时,形势出现了危机。国王草率决定,不但拒绝签署,而且将杜穆里埃将军以外所有的部长撤职,而这位将军不久即辞去比利时前线统帅的职务。否决议案的消息传遍巴黎时,路易正期待一支军队——法国或外国的,来到巴黎并立刻结束大革命。民众计划由巴黎撤出并在卢瓦尔河更远处组成新的革命军队。吉伦特派的领袖要求在土伊勒里宫前举行群众示威。

1792年6月20日,一群激动的男女——爱国者,歹徒,冒险家,及罗伯斯庇尔、布里索或马拉的忠实信徒,冲进土伊勒里宫的庭院,高声要求和辱骂,坚持要见"否决权先生与夫人"。国王命令他的守卫准许他们其中几位进来。50人进来了,并挥舞着他们各式各样的武器。路易站在一张桌子旁边,听取他们的要求——取消他的否决。他回答:"考虑如此复杂的事务所需的时机不对。"他听取辩论、请求与威胁达 3 个小时之久。一名暴徒叫道："我需要法令许可打击教士……批准，否则你将死亡！"另一名暴徒以剑指着路易，但他保持镇定。有人给他一顶红色无边帽，他高兴地戴在头上。这些入侵者叫道："国家万岁！自由万岁！"最后则是："国王万岁！"这些请愿者离去了，而报道说他们曾给国来王带来极大的惊恐。群众退至城市中，又不满意又很疲乏。不顾及国王的否决，这不利于不肯宣誓效忠的教士实施法令。但是，立法会议担心其与王宫断绝关系，竟邀请国王参加为其举办的一个热烈的欢迎会。国王接受立法会议继续勤王的要求。

激进派不喜欢资产阶级与君主政府的正式和解，他们怀疑国王的诚意，而且愤恨立法会议准备阻止大革命——现在正为中产阶级巩固经济与政治利益的大革命。罗伯斯庇尔与马拉逐渐使雅各宾派俱乐部摆脱资产阶级的格调，并转向争取较广泛民众的同情。在工业化都市中，劳动阶级趋向与巴黎工人合作。立法会议要求每个省派遣一支联邦国家卫队的支队参加庆祝巴士底狱陷落 3 周年时，这些"加入联邦的"由各城市的地方行政区选出的大多数，都赞成雅各宾派的政策。一个特别的反叛团体拥有 516 名群众，7 月 5 日由马赛出发，立誓废弃国王。他们在行进中，唱着鲁日·德李尔写的新歌，而且由他们想出非他意欲的歌名《马赛进行曲》。（1795 年 7 月 14 日，《马赛进行曲》被国民公会确定为国歌。它曾被拿破仑与路易十八拒绝，恢复于 1830 年。后来又遭拿破仑三世禁止，最后于 1879 年被确定。）

马赛人与其他参加联邦的代表们后于 7 月 14 日到达巴黎，但是巴黎公社（the Commune of Paris）要求他们延迟返期。巴黎公社——由巴黎 48 个"区"（Section）代表组成的中央机构——现在已被激进派领袖掌握，并由其设在市政厅的办公处逐日取代市政府官员，成为首都的政府。

7 月 28 日，巴黎再度惊骇与震怒，因得知不伦瑞克公爵从科布伦茨发布的宣言：

奥地利国王与普鲁士国王两位陛下托付我统率他们聚集在法国边界的联军，我要对这个帝国的居民宣布这两位君主决定此政策的动机及他们的目的。

任意侵犯阿尔萨斯—洛林日耳曼皇族权力，干扰与破坏王国内良好秩序与合法政府……这些霸占政府统治权者至少已对国王陛下宣布不义战争及实施攻击他北海的低地国（Low Countries）[1]各省的军务。

对一些重要利益应慎重处理……此即，终止法国内部的无政府状态、阻止对王权与神坛的攻击……恢复国王安全与已被剥夺的自由，并让其执行属于他的合法权利。

确信正直的法国人民厌恶过多的小党派掌握法国，而且大多数人民耐心期待可让他们公开宣布反抗他们压制者的可怕企图，国王陛下与普鲁士国王陛下请求他们立即回到合理、正义与和平之处。依照此目的，我……宣布：

1. ……这联盟的朝廷不接受法国福利以外的目标，不愿以征服使他们富有……

……

7. 城镇与乡村居民凡是敢反抗国王与国王陛下军队并攻击他们的……将依照战时最严厉法律立刻受到惩戒，他们的房子将被……摧毁……

……

8. 巴黎所有的居民必须立刻向国王投降……两位陛下宣布……如果土伊勒里宫被闯入或被攻击，如有最轻微暴动波及……国王、王后与王室家族，及他们的安全与自由不能被迅速加以保证，他们会将巴黎交给军队处理并完全摧毁……

出于这些原因，我要求也劝告所有帝国的居民，不反对我统

---

[1] 今荷、比、卢三国。

率的军队的行动与任务，相反要让他们在各处可自由通行，并全力协助他们……

1792 年 7 月 25 日于科布伦茨总部

查理·威廉·斐迪南

不伦瑞克—吕内堡公爵

宣言第 8 段（也许由那些满心复仇的移民提呈给这位温和的公爵）要求立法会议、巴黎公社与巴黎人民要么放弃大革命，要么不择手段、不计代价地抵抗侵略者。7 月 29 日，罗伯斯庇尔在雅各宾俱乐部演讲，要求反抗不伦瑞克，立刻推翻君主政体，而且建立具有成人选举权的共和国。7 月 30 日，马赛的联盟代表仍然在巴黎，要求加入其他各省的代表废除国王。8 月 4 日及次日，巴黎一区接一区地通知立法会议，他们不再承认当今的国王。8 月 6 日，各区代表正式向立法会议请愿废除国王。立法会议并未采取行动。8 月 9 日，马拉号召人民攻击土伊勒里宫，逮捕国王及其家属，还有所有亲君主政体的官员："作为国家叛徒……必须先为国家的利益牺牲。"当夜，巴黎公社与各区敲响警钟，要求人民第二天清晨在土伊勒里宫附近聚集。

有些市民在凌晨 3 点就来了，7 点以前 25 个区已确定应分派的人数并配备步枪、矛与剑，有些人还带着大炮。有 800 名联盟代表参加，群众人数立即达到 9000 名。王宫被 900 名瑞士籍与 200 名其他地方的卫队队员防守着。为了平息暴动，路易领着他的家族由会议室到王宫戏院，立法会议在那里呈混乱状况。"我来到这里，"路易说，"为了防止一项重大罪恶。"

暴徒被允许进入庭院，但瑞士卫队守住通往国王寝室楼梯的最下层，阻止暴徒向里面前进，群众推挤他们，瑞士卫队于是开枪射击，杀死 100 多名男女。国王命令瑞士卫队停火并撤退，他们遵命不再射击，但是由马赛人率领的群众又击溃了他们。瑞士卫队中大多数人被杀死，不少人被逮捕，其中 50 名被送至市政厅并被处死。国王的仆人们，包括厨房工作人员，均被杀死。马赛人唱着《马赛进行曲》并用王后的大钢琴伴奏，一名疲倦的妓女睡在王后的床上。家具被烧毁，酒窖被哄抢，藏酒被喝光。在王宫附近，快乐的群众放火烧了900栋建筑，并射杀一名消防队员。一些胜利者举着用死去卫兵的红色制服做成的旗帜游行——这是首次用红旗作为革命象征的著名的例子。

立法会议企图挽救王室的家族，但是几位代表被闯入的群众杀死，迫使其他代表将王室的避难者交给巴黎公社处置。他们被严密地看守在神庙，这里原为圣殿骑士（Knigts Templar）旧式而坚固的隐修院。路易没有任何反抗，他向着白发的妻子与生病的儿子悲叹着，耐心等候着末日来临。

丹东

在这几个动乱的星期中，右派的代表几乎都不参加立法会议，8月10日以后，只剩下285名代表。这个残余的立法机构，现在投票通过以省的行政会议替换国王与他的参谋，以压倒性的票数选举丹东为司法部长掌握暂时行使国王权力的行政会议，罗兰为内政部长，塞尔旺为陆军部长。选举丹东的部分理由是想平息巴黎的骚乱，除了他的名气外，他还是当时革命行动中最有才能、最得力的人物。

他那时33岁，并愿为革命在35岁牺牲。革命是年轻人的一项特权。他出生于香槟地区的阿尔西，并追随父亲进入法律界。他在巴黎是一名成功的律师，但是他选择与朋友德穆兰同住在科德利埃俱乐部的工人区，不久他在该俱乐部显得极为杰出。他的嘴唇与鼻子在幼年时因一次意外事故而毁形，而且皮肤生有天花，但是人们看到的是他挺拔的身材与宽大的额头，同时感觉到他明智与果断思想的力量，在革命的聚会里、雅各宾俱乐部或劳动阶级群众中，常常听到他对神明不敬的粗暴如雷的演讲。

他的性格不像他的脸或声音那样残忍或高傲。他做出的判决可能草率而且十分无情——如同意 1792 年 9 月的大屠杀，但是他有些潜在的软弱，而且无恶意，他愿意很快宽恕别人。他的助手时常惊奇于他取消他自己发出的严峻指令，或者保护他过严命令下的牺牲者。不久他将失去性命，因为他胆敢提出"恐怖时代持续的时间太久"，还说"慈悲的时期已来到"。不像冷静的罗伯斯庇尔，他喜欢法国讽刺滑稽作家的幽默、世上的乐趣、赌博和美丽的女人。他以赚来与借到的钱在阿尔西买了一栋理想的住所及大批的教会财产。人民奇怪他何以有如此多的金钱，许多人怀疑他因保护国王而获得贿款。不利于他的证据压倒了他，于是他承认自己采用了最有利的革命措施，而且从未违背任何一项革命的主要利益。他拿国王的钱同时替劳动阶层工作。他知道劳动阶级的独裁权是一个矛盾名词，只能在政治上存在很短的时期。

他受过很多教育，这使他不致成为乌托邦主义者。他的藏书中，法文的有 571 册、英文的有 72 册、意大利文的有 52 册。他的英文与意大利文都念得很好。他有伏尔泰的著作 91 册，卢梭的 16 册，及狄德罗所有的《百科全书》。他是一位无神论者，但是他赞成穷人对宗教的信仰。在许多方面他像缪塞：

> 以我个人而言，我只承认一个神——整个世界与正义之神……田间劳动者更有此概念……他的年轻、他的刚毅与他晚年受恩于牧师给他的少许幸运……留给他一些幻想。如你愿意的话教育他……但是别让穷人害怕会因此失去与他们一生相关的东西。

身为领导者，他牺牲一切保护革命不受来自别国的攻击及不陷于国内的骚扰。出于这些缘故，他愿与任何人——罗伯斯庇尔、马拉、国王、吉伦特派人合作。但是罗伯斯庇尔忌妒他，马拉批评他，国王不信任他，吉伦特派人害怕他的脸孔与声音，并因他的指责而发抖。无人可使他出国；他发起战争，并为和平谈判；他大声怒吼像头狮子，却言及仁义；他为革命而战，却帮助一些贵族逃出法国。

身为司法部长，他致力于联合所有革命的团体来阻止反动。他也负责处理 8 月 10 日的民众暴动——本来这些民众可成为热爱革命的士兵。革命战争需要一些精神上强有力的支持，但是他阻止一项支持大革命反对外国君主的不成熟意向——那将使所有君主联合与法国敌对。他反对吉伦特派撤销政府与卢瓦尔河旁的立法会议的建议，这将打击人民的士气。讨论的时间已过去，采取行动的时间已来到，现在是建立新的军队并加强他们的精神与信心的时候。1792 年 9 月 2 日，他在一次热烈演讲中发表了一段名言，鼓舞法国也响彻了一个骚乱的世纪。普鲁士－奥地利的军队已进入法国并节节胜利。巴黎彷徨于果断的反应与沮丧的恐惧之间。丹东为了行政会议，来到立法会议激励他们为国奋战。

> 由一个自由国家的部长对人民宣布我们的国家已获安全是很令人满意的。人民全都激动、热忱与兴奋地加入这个战争……我们的人一部分将守卫前线，另一部分将挖掘并以武器守卫壕沟，第三部分将以长矛保卫市区……任何拒绝提供个人劳务或武器的人，我们将会处以死刑……
>
> 我们敲响的警钟并非是危险的警告信号，它命令攻击法国的敌人。为了胜利我们必须冒险、再冒险，永远在冒险中——法国才能因此得救。

就在这有力而具历史性演讲的同一天，大革命最悲惨的插曲发生了。

大屠杀（1792.9.2—9.6）

9 月 2 日，由于宗教与政府的冲突，民众努力地将崇拜从宗教转移到政府，这种情绪的狂热升到了顶点。立宪会议已接受天主教为公认的宗教，并付教士与政府公务人员相等的薪资。但是巴黎公社认为政府无理由必须补助传道所需的金钱。这种看法为社会接受，最后也为立法会议接受，结果造成教会的敌对与对大革命的威胁。

国王被废位几个小时后，巴黎公社送给各教区一张涉嫌有反革命意见与企图的教士名单，这些教士大多被拘捕入狱，不久成为大屠杀中的受害者。8月11日，立法会议终止教会对教育的控制。8月12日，巴黎公社禁止公开穿着宗教的法衣。8月18日，立法会议修改一项全国性法令，删除所有宗教法规。8月28日，放逐所有未向《教士法》宣誓效忠的教士，限他们两个星期内离开法国。约有2.5万名教士逃到其他的国家，并加强对那里的移民传道。由于教士一直掌管出生、结婚与死亡的登记，立法会议必须将此职能移给俗世的机构。大多数民众坚持以正式的仪式举行圣礼之际，废弃传统典礼的企图会加深虔诚的民众与世俗主义的政府之间的裂隙。巴黎公社、雅各宾派、吉伦特派与山岳党一致希望对新共和国的奉献能成为民众的宗教，即以自由、平等、博爱代替上帝、圣子、圣礼，而且这新的三位一体的促进最终能成为考验社会秩序与道德的首要标准。

新共和国的正式成立被延至9月22日，共和历新年的第一天。同时一些未来派请求立法会议将此定为趋向他们梦想的全世界民主政治的范例。"法国公民权应授给凡有勇气支持自由主义与有助于人道的外国哲学家。"8月26日，立法会议同意将法国公民权赠予普里斯特利、边沁、威廉·威伯福斯、克洛茨、约翰·裴斯泰洛齐、科希乌斯科、席勒、华盛顿、潘恩、麦迪逊、汉密尔顿等人。亚历山大·洪堡来到法国，他说是"为呼吸自由空气，为支持谴责专制政府"。新的宗教分枝在生根后迅速延伸。

9月2日，民众穿上去教堂礼拜的服装，以不同的方式表现他们的忠诚：青年与中年人聚集在募兵站自愿投入陆军，妇女亲切地替他们缝制外衣，并为将来的伤患准备绷带；人们将武器、珠宝与金钱提供给各区的中心部门，以为战备之需；母亲们收养那些已赴前线的军人与护士的孩子；一些男人杀死监狱里的教士与新信仰的敌人。

自从不伦瑞克发布7月25日宣言后，革命领袖已成为人们受难时的榜样人物。8月11日，在市政府的行政长官发给桑泰尔（当时地方的军事统帅）一封奇特的短笺："我们接到通知，一些暴徒计划绕至巴黎监狱并抢夺所有人犯，以便能迅速审判他们。我们请求你的监管伸展至沙特莱、康西格里与拉福尔斯——三个巴黎主要拘留中心。"我们不知桑泰尔如何阐明这个消息。8月14日，立法会议指定一个"特别法庭"审判所有革命的敌人，但是马拉不满公布的判决。在8月19日的《人民之友》中，他告诉读者："拖出那些叛徒，特别是瑞士官员（属于皇家卫队）与他们的同谋，然后全部处死。审判他们是多么愚笨啊！"借此热忱，巴黎公社任命马拉为主笔，在公社的会议室中分配他一个位子，让他加入监督委员会。

如果民众听取马拉并尽可能服从他，那是因为他们也处于害怕与愤怒中。8月19日，由普鲁士国王腓特烈二世与不伦瑞克公爵率领的普鲁士人越过边界，而且跟随一队移民，誓言对所有革命者报复。8月23日，侵入者占领隆维。9月2日，他们到达凡尔登，该日早晨一件快报送至巴黎，丹尔登这个牢固无法攻破的堡垒业已陷落（它在下午陷落）。现在通往巴黎的路已陷于敌人，因无任何法军在此路上可阻止他们。首都似乎可随意任他们处置，不伦瑞克公爵预计很快就可进占巴黎。

同时反对大革命的革命队伍已经占有法国两个区域——旺代与多芬，而且巴黎本身容有成千成万同情国王的民众。由于9月1日发行的一本小册子，警告有一项阴谋试图释放所有犯人，并让他们屠杀所有的革命者，立法会议与巴黎公社召请所有男人加入军队，出发抵抗进犯的敌军。这些男人怎能离开家园而让他们的妻子、儿女任由巴黎监狱逃出的贵族、教士与惯犯随意处置呢？一些地区投票决定，所有的教士与嫌疑犯应该在义勇军离开前予以处死。

9月2日，星期日，约下午两点，6辆马车装载不肯宣誓效忠的教士接近修道院监狱。群众嘲骂他们，一名男子跳上一辆马车的踏阶，一位教士用木棍打他。群众咒骂着，人数增加，在犯人于监狱门口下车时予以袭击，监狱的守卫加入攻击，30人被杀死。群众受到流血场面与不具名谋杀的狂喜的刺激，冲向圣衣派修道院，并杀死被监禁在那里的教士。夜间，经过一番休息，群众因罪犯与歹徒及由马赛、阿维尼翁与布列塔尼来的雄壮联盟代表的军队回到修道院而集结扩大，强行带走所有的人犯，给予他们一个迅速而非正式审判，然后将他们大多数——每支瑞士卫队、教士贵族或国王及王后的仆人——交给戴铁手套的人以剑、刀、矛或棍棒处死。

起初，这些刽子手是惩戒性的，在那里并无偷窃——从受害者那里得到的贵重物品则移交给巴黎公社当局，以后这些辛苦的工作者将获得战利品作为他们应得的报酬。每人每天工作报酬是6法郎、三餐与所有他们要喝的酒。他们之中有些显示怜悯，他们恭贺那些无罪释放者，而且护送许多有名望的人回家。他们之中有些人特别凶狠，他们将定罪者作为观众嬉弄的对象来延长他们的痛苦，一位狂热者将他的剑从拉勒将军的胸前拔出后，以手伸入受伤部分，拿出心脏，并放在嘴边似乎在吃——这是野蛮时代流行的风俗。这些屠杀者劳累之后，略作休息、喝酒，立即恢复工作，一直到修道院所有的囚犯均被路边法庭审判为自由或死刑为止。

9月3日，法官与刽子手转移到拉福尔斯与康西格里两处监狱。在那里又有新的受难者，并且大规模的屠杀继续着。此地有一位著名的妇人，朗巴尔公爵夫人，以前非常富有与美丽，是安托瓦内特心爱的朋友，她曾参与援救王室的计划，现在43岁，她被斩首与切断手足，她的心脏被拿出并被一个凶恶的共和党徒吃掉。她的头被用矛举起，游行经过王后居住的修道院密室的窗下。

9月4日，屠杀者转移到托尔·圣贝尔纳、圣菲尔曼、沙特莱、沙尔佩特各地的监狱，在那里对女犯以强奸代替死刑。在比赛特尔，入狱者中有 43 名年轻人，年纪从 17 岁至 19 岁，被他们的父母置于一处精神病院接受治疗，全遭屠杀。

大屠杀在巴黎持续两天，使受难者总数达到 1247 人至 1368 人。天主教徒与保皇党遭受恐怖对待，革命者认为暴动的发生是由于不伦瑞克的威胁与战争的危险。佩蒂翁，巴黎新任市长，将刽子手当作辛苦工作的爱国志士，而且接见他们，以酒款待，立法会议派了一些代表到达修道院现场，他们回来后指出大屠杀无法遏制。最后立法会议的领袖们——吉伦特派人与山岳党人——认为最安全的方法是他们的一项批准。巴黎俱乐部派代表参加临时审判。比兰－瓦伦，巴黎公社的代理律师，到达修道院现场，向屠杀者祝贺："同胞们，你们正烧死你们的敌人，你们正执行你们的任务。"马拉骄傲地将整个任务归功于他。一年之后，科黛受审判时被问及为何杀死马拉，她答道："因为他造成'九月大屠杀'。"问及证据时，她答道："我不能给你证据，这是整个法国的判决。"

要求丹东阻止屠杀进行时，他耸耸肩膀。"这将是不可能的，"他回答道，而且他反问道，"我难道应让我自己受困于正在等待外国人来屠杀我们的那些教士与贵族……我们必须使我们的敌人胆战心惊。"他暗中将他的力量由监狱撤回。一位行政会议的官员抗议这个屠杀时，丹东告诉他："平静下来，这是必需的。"一位年轻人曾问道："你为什么要助长这种恐怖行动？"他答道："你是太年轻而不了解这些事情……巴黎人与移民间必定会发生战争而且流血成河。"他认为巴黎人现在是向大革命表示友善。而且，那些正赴前线抵抗侵略者的义勇军，应该知道他们的投降将得不到仁慈的宽恕。他们将为他们的生存作殊死战。

9 月 2 日，立法会议也觉得这次突发事件，导致已被选定实施的宪法的毁灭，因而决定举办全国性选举以产生国民公会，草拟适合法国新情况与适应战争需要的新宪法。因为农民、劳动阶级与资产阶级同样受征召保卫他们的国家，他们其中任何人，不论缴税与否如被排拒不得参加投票似乎是无法忍耐的。因此，罗伯斯庇尔得到他第一个主要的胜利：他占重要角色的国民公会是经成年男子普选产生的。

9月20日，立法会议结束它最后一次会期，却不知在那天一支由杜穆里埃与克勒曼率领的法国军队遭遇到不伦瑞克率领的普鲁士与奥地利的正规军队，并与他们激战未分胜负——事实上是一场胜利，因为在此战役后，普鲁士国王命令他战败的部队从法国领土撤退——放弃凡尔登与隆维，腓特烈二世不能持久地与遥远的法国纠缠，因为现在他正与他的邻国俄国与奥地利竞争，以期能从瓜分波兰中得到最大的收获，此外香槟地区的葡萄使他的军队遭受痢疾的痛苦。

在那次战役之后，歌德对萨克森-魏玛公爵的幕僚讲了一句名言："从今天、从此地世界历史的一个新纪元开始了。"

第四章 | 国民公会
（1792.9.21—1795.10.26）

新共和国

从第三次国民会议的选举，可以看出大革命的顶峰与衰退，雅各宾派巧妙操纵的技巧甚至超过1791年的选举。这个过程是间接的：投票者选出选举人，组成选举人的委员会，并选出"议员"代表该区参加国民公会。两次的选举均采用口头与公开的方式。在每个阶段，如果投票者侵犯当地领袖，他将冒受伤害的危险。城市中的保守派拒绝投票，"缺席的数目很大"。在有投票资格的700万人中，630万人没有参加。巴黎从9月2日开始投票并连续好几天，而在监狱门口的大屠杀给予投票以生存的启示。在许多地区，虔诚的天主教徒拒绝投票。因此，极力勤王的旺代选出的9名代表中的6名同意处决国王。在巴黎，选举人在雅各宾俱乐部聚会，结果选出代表首都的24人都是共和党人，而且是巴黎公社的支持者：丹东、罗伯斯庇尔、马拉、德穆兰、比兰-瓦伦、赫波斯、弗雷隆、大卫……在各省，吉伦特派人都为他们自己做了准备，选出布里索、罗兰、孔多塞、佩蒂翁、戈代、巴尔巴鲁与蒲佐。外国人中被选出的是普里斯特利、潘恩与克洛茨。新命名为公民菲利普·平等（Citizen Philippe Égalité）的奥尔良公爵，被选为巴黎激进派地区的代表。

国民公会于 1792 年 9 月 21 日在土伊勒里宫集会时，它已有 750 名代表。在所有的代表中，除了 2 名中产阶级、2 名工人，几乎都是律师。180 名有组织、受过教育、口齿伶俐的吉伦特派人，占立法会议的主要部分。以目前无外侵危险为由，他们获得一项法律上的宽纵，用以打击嫌疑犯、移民、教士及战时的经济管制。自由企业重新恢复，民众随即抱怨投机图利与价格操纵。吉伦特派为压制激进派没收不动产的行动及与民众之间的分歧，在国民公会的第一天实施一项措施，宣称私有财产的神圣。1792 年 9 月 22 日，吉伦特派、山岳党与平原党共同宣布法兰西第一共和国成立。

同一天，国民公会宣布，法国及其属地的基督历法，应以大革命的历法代替，年份将定为 Ⅰ（1792 年 9 月 22 日至 1793 年 9 月 21 日）、Ⅱ、Ⅲ……月份将以他们独特的气候定名：葡萄月（葡萄收获期）、雾月与霜月为秋季，雪月、雨月与风月为冬季，芽月（芽萌）、花月与草月（草长）为春季，收获月（收获）、热月（温暖）与果月（果硕）为夏季。每个月份分为 3 旬，每一旬以 10 天终了，替代星期日为休息日。剩下的 5 天，称之为无套裤汉日，将是国庆的节日。国民公会希望这个日历能提醒法国人，使他们收成丰富的并非宗教的圣者或四季，而是大地、工作，大自然将代替上帝。新历将于 1793 年 11 月 24 日开始实施，并在 1805 年底终止。

吉伦特派与山岳党赞成私有财产、共和政体与对基督教的战争。但在其他几个论题上，他们对死亡的看法有歧见。吉伦特派愤恨巴黎地理上不成比例的影响——那里的代表与那里的民众——在政策上影响整个法国。山岳党憎恨商人的影响与大富豪决定吉伦特派人的投票。丹东（在他选区的 700 张选票中得到 638 张）辞去司法部长的职位，并从事联合吉伦特派与山岳党的工作，其目的是寻求与普鲁士、奥地利的和平。但是，他是巴黎激进派的偶像，吉伦特派人不相信他，而且要求他提出在任部长期间的经费收支记录，他不能说明他曾经支出的总数来使他们满意，也不能解释他购买巴黎与近郊 3 栋房子所需金钱的来源。毫无疑问，他过着豪华的生活。他责备质询者为忘恩负义的人，放弃对内对外调停的努力，加入罗伯斯庇尔的派系。

罗伯斯庇尔在各区中的声望仅次于丹东，他在代表中仍是第二号人物。在国民公会选举主席的投票中，罗兰获得235票，他只得6票。对于大多数代表来说，他是一个独断主义的哲学家，有很多关于道德的陈词滥调。他也是谨慎的机会主义者，有耐心地等待每个机会以增加权力。他基本上无矛盾的建议，这使他的权力缓慢上升。他避免直接牵涉攻击土伊勒里宫与"九月大屠杀"，但是他已将民众的恐怖纳入资产阶级的政策中。从一开始，他即提倡成年男子的选举权——虽然他实际上曾示意禁止皇族与天主教徒投票。他维护私有财产制度，不同意一些穷人没收与重新分配财产的请求，但是他提议征收遗产税及其他若干税收，因为这将"借温和与有效的措施减少财富过度的不平等"。同时他等待着，让他的对手因兴奋与极端而疲乏不堪。他确信有一天他将统治国家——并预测有一天他将被杀害。"他知道，这些人全了解，他的性命几乎时时刻刻都掌握在他自己的手中。"

既不是罗伯斯庇尔也非丹东，而是马拉全力支持劳动阶层。9月25日，为了庆祝新共和国的成立，马拉将他的期刊改名为《法兰西共和国报刊》。他现在49岁（罗伯斯庇尔仅34岁，丹东33岁），他只剩下不到一年的寿命，但是他忙碌于不妥协的政治运动，打击被他视为民众敌人的吉伦特派，增加商业化的资产阶级的中间人，使大革命成为"自由企业"经济的政治力量。他粗暴的批评传遍整个巴黎，煽动各区发生叛乱，而且几乎造成国民公会的一致反对。吉伦特派批评他们所称的丹东、罗伯斯庇尔与马拉的"三人同盟"，但是丹东否认与他有关，罗伯斯庇尔也回避，他虽与山岳党来往，但少有朋友。1792 年 9 月 25 日，维尼奥与其他几个人在阅读国民公会文件后指出，马拉独裁并参与大屠杀。这位生病的"护民官"站起来为自己辩护时，他受到大喊"坐下！"的侮辱，他说："在国民公会中，我似乎有许多敌人。""我们都是！"吉伦特派人高喊着。马拉继续要求有限度的罗马式独裁，并承认他曾煽动暴动，但是他宣布丹东与罗伯斯庇尔与此项计划没有关系。一位代表建议逮捕他，以谋反罪审判。这个动议被取消了。马拉从口袋里掏出一把手枪，对准自己的头部并宣布："如果起诉被判决，我将在护民官脚前把我的头打开花。"

吉伦特派人引导法国进入战争。在这几个月内，吉伦特派因法国军队的胜利及法国政权与革命理想的扩张而强大。1792 年 9 月 21 日，安内·皮埃尔将军率领他的军队顺利征服萨伏依。"我的军队前进，"他向国民公会报告，"是一项胜利，两个国家的人民都出来迎接我们。各党派佩戴三色的帽章。"9 月 27 日，另一支法国军队进入尼斯，并未遭受任何反抗。9 月 29 日，军队进占维勒弗朗什。11 月 27 日，萨伏依在当地政治领袖的要求下被合并到法国。

莱茵省的占领比较困难。9 月 25 日，屈斯丁将军领着他的义勇军进占施派尔，虏获 3000 名战俘。10 月 5 日他进入沃尔姆斯，10 月 19 日进入美因茨，10 月 21 日进入法兰克福。为使大革命赢得比利时（奥地利的属地），杜穆里埃必须攻取热马普，这是一场主要战役。奥地利在长久抵抗后退却了，留下 4000 具尸体在战场上。布鲁塞尔陷落于 11 月 14 日，列日于 24 日，安特卫普于 30 日。在这些城市中，法国人被当作解放者受到欢迎。杜穆里埃不服从向南移动与屈斯丁军队会合的国民公会的命令，反而停留在比利时与投机商交易军需品。在受到当局指责后，他以辞职威胁。丹东被派去劝解，成功了，但杜穆里埃向敌军投降时（1793 年 4 月 5 日），丹东因牵连而获罪。

被这些胜利陶醉，国民公会的领袖采取两个辅助政策：一、伸展法国的势力到地理上的"天然边界"——莱茵河、阿尔卑斯山、比利牛斯山与海洋；二、为争取边界的人民，他们请求以军事支援达成经济与政治的自由。1792 年 12 月 15 日，国民公会发布一项醒目的法令：

从此刻起，法国宣布对人民（所有合作地区）有统治权利，

管制目前仍统辖你们的所有民事与军事当局，及任何形式的各项
税收。废止什一税、封建制度、奴隶制。也宣布废止你们所有的
贵族与教会团体及所有跟平等对立的特权。你们，由此时起，都
是兄弟与朋友，是有相同权利的公民，而且都有管理、服务与保
卫你们的国家的权利和义务。

这个"博爱的布告"（Edict of Fraternty）带给这个年轻的共和国
许多困难。对这些占领的区域课征税赋用以支持法国的占领时，他们
抱怨这是统治者为获得税收而假托的名义。在比利时，在列日与莱茵
省，习惯于持有全部或部分统治权的教会教士们，看出他们在神学与
权力方面失去信任，他们超越了国界与教义团结起来反驳，结果可能
摧毁法国大革命。1792年11月16日，为使法国获得安特卫普的商业
利益，国民公会宣布开放斯海尔德河——《威斯特伐利亚和约》禁止
荷兰以外的船只通行，荷兰准备对抗。欧洲的君主将国民公会的请求
视为向所有国王与封建贵族挑战的宣告。这是反对法国的第一个联盟
的具体形式的开始。

国民公会决定将路易以叛国罪审判。自8月10日起，大多数的
王室成员被软禁：国王，38岁；王后，37岁；国王的妹妹，伊丽莎白
夫人，28岁；国王的女儿，玛丽·泰雷兹，14岁；国王的儿子，皇
太子路易·查理，7岁。吉伦特派尽其可能延迟审判，因为他们知道
王室家族很可能被判罪、处死，而且将使针对法国的攻击力量增强。
丹东同意他们的看法，但是圣茹斯特——25岁，一位新人物，因激
烈地呼吁弑君而受到国民公会的注意——他说："路易与民众争斗而
且战败。他是一个野蛮人，一个外国战犯。你们已看到他背信的阴
谋……他是巴士底狱、南锡、练兵场……土伊勒里宫的凶手。还有
什么敌人什么外国人给你们更多的伤害？"11月20日，在土伊勒里
宫的寝室中发现一只铁箱子，被罗兰送交国民公会，这构成谋反罪行
的有力证明。里面装有625份秘密文件，证明国王与拉法耶特、米拉

波、塔列朗、巴纳夫及移民、保守派新闻业者之间的交易。很明显，路易忽略他对宪法应有的忠实立场，并策划破坏大革命。国民公会命令用面纱掩盖米拉波的半身像，雅各宾派在他们的俱乐部里捣碎纪念米拉波的雕像。巴纳夫在格勒诺布尔被捕，拉法耶特逃回他的部队，塔列朗永远处在逃亡中。12月2日，一些由城市各区来的代表到达国民公会，并要求立刻审判国王。不久，巴黎公社为相同的意旨提出强烈的建议。12月3日，罗伯斯庇尔参与此项请求。马拉主张所有审判的表决必须是口头与公开的方式——这将使迟疑的吉伦特派人受到走廊与街道上无套裤汉的任意支配。

审判开始于1792年12月11日。一位代表塞巴斯蒂安·梅西埃说道：“国民公会大厅的后面被改成为像戏院的包厢，穿着迷人服装的妇女，喝着饮料……带位者……带领奥尔良公爵情妇进入。”国王被要求解释一些在箱中发现的文件，他否认他的签字及所有与箱中有关的文件。他以记忆错误的说法或将责任推诿给部长们的方法来应付询问。他要求宽延4天以便让他请一位辩护律师。马尔塞布在路易十五时保护过哲学家与《百科全书》，他愿为国王辩护。路易悲伤地接受了，并说：“你牺牲太大，因为你将有生命危险，却仍然不能保全我。”（马尔塞布被斩首于1794年4月。）同时，外国的官员建议为国王收买选票，丹东同意做收买的代理人，但是所需的费用总数超过他们的陛下愿意投资的数目。

12月26日，塞兹也到场为此案辩护。“国民公会，”他反驳道，“是无权让代表审判国王的，他在他的人权范围以内争取他的生存。他是最仁慈、最有人性的人之一，是法国王座上最公平的统治者之一。难道代表忘了他的许多改革吗？他不是以召集三级会议而使大革命开始，而且包容所有法国人民的过失与愿望吗？”起诉人回答道：国王与外国军队联合打击大革命，为什么因为是继承王位的人犯叛国罪而应该获得例外？只要他继续活下去，就会有阴谋恢复到大革命以前的力量，这将成为所有企图出卖他们人民希望的君主的榜样。

1793 年 1 月 15 日开始投票决定国王的罪行。749 位中的 683 位
代表——包括国王的堂兄奥尔良在内，宣布定罪。此判决交由法国人
民的主要会议批准或撤销的举动，受到罗伯斯庇尔、马拉与圣茹斯特
的反对，而且被 424 票对 287 票否决了。"向民众求助，"圣茹斯特说，
"将不能恢复君主政体。"罗伯斯庇尔一直是拥护民主政治与男子普选
的，但是现在他迟疑不前。"道德，"他说（意味着共和主义者的热
忱），"永远是世上的少数派。"

1 月 16 日，最后问道："法国国王路易应受到怎样的判决？"这
时有两个党派突然在街道上发生暴动。走廊上的群众高呼判处死刑，
并对任何赞成其他判决的人的性命加以威胁。那晚以前，发誓永不要
求将国王处以死刑的代表，现在因考虑他们自己的生命而投票决定判
处死刑。丹东屈服了。潘恩立场坚定。奥尔良准备接替他的堂弟，投
票赞成他的死刑。马拉赞成"24 小时以内处死"。罗伯斯庇尔，极刑
的反对者，现在认为一位活着的国王对共和国将有危险。孔多塞请求
从今以后废止极刑。布里索警告死刑将使所有的欧洲君主对法国发动
战争。一些代表对他们的投票加上评论——帕加内尔说："死刑！对
国王只有死刑才有用。"莫瓦斯·米勒说："今天，如果死刑不存在，
就必须予以设立。"迪沙泰尔已经奄奄一息，投票反对路易的死刑，
然后去世。最后的投票总数是 361 票赞成死刑，334 票赞成缓刑。

1 月 20 日，一名国王以前的卫士杀死了赞成死刑的圣法尔若。1
月 21 日，一辆马车被一列武装卫队环绕着，通过由国民卫队所排列
的街道，载着路易驶向大革命广场（现在的协和广场）。在行刑处他
向群众说："法国人民，我无罪而死，从断头台我将接近上帝，我宽
恕我的敌人。我愿法国——"但是就在那时，桑泰尔，巴黎国民卫队
队长，高喊"鼓手！"的声音掩盖了其他一切。沉重的利刃下落时骨
肉断裂，群众表情阴沉。"那天，"一位围观者回忆说，"每个人步伐
缓慢，不敢彼此相望。"

第二次革命（1793）

　　国王被处死刑是山岳党、巴黎公社与战争政策的胜利。它促使"弑君者"为大革命做出悲惨的献身，因为他们是波旁王族复辟的精选牺牲者。它让吉伦特派分裂并处于绝望，他们在投票上有歧见，他们害怕失去生命而迁至巴黎，而且渴望相对的和平与各省的法治。罗兰失望而且梦醒了，在国王处死的当天即向行政会议辞职。和平，曾因奥地利与普鲁士进入分裂的波兰使之成为可能，现在因欧洲的君主对与他们有亲戚关系的一位国王被斩首感到愤怒而成为不可能。

　　英国首相威廉·皮特曾想对法国发动战争，发现国会与人民震惊于王族本身躺在断头台的消息，以致几乎全部反对那项政策——如同他们自己及他们的祖先，从未以刀斧对付查理一世。皮特的真正理由——当然法国的安特卫普统治权是英国旧敌进入莱茵河的枢纽——是大英帝国与中欧贸易的主要利益。而且，1792 年 12 月 15 日，国民公会宣布将比利时合并到法国，危机会更加严重。现在荷兰与德国莱茵河西部地区已在法国的掌握中，这个富有与人口稠密的流域接近依赖工业产品出口维持生存的大不列颠。1793 年 1 月 24 日，皮特将英国驻法国大使免职。2 月 1 日，国民公会同时向英国与荷兰宣战。3 月 7 日西班牙加入他们，同时这第一联盟——普鲁士、撒丁、英国、荷兰、西班牙——对大革命进行第二阶段的极力阻挠。

　　一连串的不幸使国民公会迟于了解它面临的困难。大革命的军队在最后胜利之后即已松懈，成千的义勇军在他们服役期满后纷纷离去。东线部队总数由 40 万人降至 22.5 万人，而且由于承包商贪财兼无能，在杜穆里埃的保护下榨取军需，致使这些士兵衣着破烂，臃肿不堪。这位将军一再忽略政府发出的指示。2 月 24 日，国民公会依靠新的募兵制扩充军队，但是这让富人有购买替身的机会。有好几个省反对募兵制。旺代的民众不满募兵与食物昂贵稀缺，以及反天主教的立法行动，形成普遍的反叛，以致军队不得不由前线调回予以镇压。2月16日，杜穆里埃率领2万名士兵进犯荷兰。他留下当作比利时驻军的部队遭受突然袭击，并被萨克森—科堡王子率领的奥地利军队歼灭。杜穆里埃本人（3月18日）被击溃于内尔温登，于4月5日率领部下向奥地利人投降。4月，英国、普鲁士与奥地利的代表聚集，计划征服法国。

　　对内的困难加上对外的挫折，威胁法国政府的存亡。由于没收教会与移民的财产，新发行以土地担保的指券几乎一夜之间贬值。1793年4月，实际价值是面值的47%，3个月后下跌为33%。新的税收普遍被民众拒绝，因为他们所缴的费用几乎等于他们的收益。强制性的贷款（1793年5月20—25日）剥夺资产阶级不断增加的财产。这一阶级层利用吉伦特派来保护他们在政府中的利益时，即加剧了吉伦特派与山岳党在国民公会中的冲突。丹东、罗伯斯庇尔、马拉劝诱雅各宾俱乐部从最初的资产阶级的政策转为较激进的观念。巴黎公社，现在为肖梅特与赫伯特领导，利用后者的《迪歇纳神父报》（*Père Duchesne*），鼓动市民包围国民公会，要求强征财富。接连许多天，马拉将吉伦特派人当作富人的庇护者而加以攻击。1793年2月，雅克·卢与瓦尔莱领着一群劳动阶级的"疯狂者"抢夺高价面包，而且坚持国民公会对民生必需品限定最高价格。被这些难题困扰，国民公会将1793年的工作交给委员会决定。

　　大多数委员被指定了特别活动与管理的范围：农业、工商业、会计、财政、教育、福利或殖民地事务。他们通常都有专家协助，即使在危机加剧时仍然有许多优异表现。他们准备新的宪法，而且留下世袭遗产立法的推断。这后来为拿破仑发现，有助于《拿破仑法典》的构成。

　　为了防备外国的间谍、内部的分裂与政治的冲突，国民公会设置公共安全委员会（1793年3月10日）作为国家的警察机构，其有独特权力对住宅实施突击检查及逮捕任何叛逆或有罪的嫌疑犯。巴黎公社与各区设置附加的监督委员会。

3月10日，国民公会成立革命法庭审判嫌疑犯，他们准许有辩护律师，但是陪审委员的判决不接受上诉或复审。4月5日，国民公会任命富基埃·坦维尔，一位得名于搜查、不仁慈的检查与偶有人性观点的律师，为首席检察官。他给我们的深刻印象是他的脸像一只鹰，他的鼻子像一把剑。革命法庭于4月6日开庭。战争期间被送去审判的人数变得十分庞大，革命法庭将它必要的法律程序省去的越来越多，而且将所有由公共安全委员会送来的案件加快宣布犯罪的裁决。

公共救助委员会成立于1793年4月6日，取代行政会议成为政府的主要力量。它是一个战争内阁，不被视为受宪法约束的公民政府，而应被视为领导与统率一个为生存而战的国家的合法政体。它的权力仅受限于它对国民公会的责任，它的决定必须提呈给国民公会。它控制外交政策、军队与将领、文职的公务员、宗教与艺术委员会、政府秘密的职务，它有权拆阅私人与公共信件，它处理秘密的资金，而且经过它的"代表"控制各省与生存有关的一切。它在位于土伊勒里宫与塞纳河之间的佛洛勒大厦聚会，围绕一张"覆盖绿布的桌子"开会讨论，此处变成法国政府所在地有一年之久。

丹东现在又被选为国家处于危机时的领袖。他开始说服他的同志和国民公会，政府应公开地拒绝任何干预其他国家内政的企图。因为受到他的鼓动，国民公会顶住了罗伯斯庇尔的反对，将和平的提案送给联盟的每个会员国。丹东说服不伦瑞克公爵停止他的攻击，又成功地与瑞典结为同盟。他再度想为山岳党与吉伦特派谋求和平，但是他们之间的隔阂太深。

马拉加强对吉伦特派人的攻击。然而，以此增加的暴力却使他们获得（1793年4月14日）国民公会的一项法令，导致他以拥护谋杀与独裁的罪名而受大革命法庭的审判。他受审时，一大群无套裤汉聚集于法庭和附近的街上，誓言对"任何加诸他们最喜爱的保护人的暴行予以报复"。在惊恐的陪审团委员会释放他后，他的同党将他置于他们的肩上,胜利地走向国民公会。在那里,他扬言将对告发者予以报复。然后他被欢呼的群众举着走向雅各宾俱乐部,在该处他被推崇为会长。他恢复他的政治运动,要求将吉伦特派以大革命的资产阶级背叛者的名义,排拒于国民公会之外。

国民公会排斥了吉伦特派的抗议与警告,赢得一项宝贵的胜利,宣布谷物从生产者到消费者每一阶段的最高价格,而且要求政府机构向生产者征收所有必须满足民众需要的产品。9月29日,这些措施被推广成为"普遍的限价"(general maximum),用以设定所有基本的产品的价格。生产者与消费者之间无限期的竞争现在变得剧烈,农民反抗征收他们的作物。利润动机受到新法律阻止时生产力下降,"黑市"发达,以高价供给那些能够买得起的消费者。设立最高价格的市场缺乏谷物与面包,饥饿者再度在全城的街道上发生暴动。

吉伦特派人极度憎恨巴黎低阶层置于国民公会的压力,请求他们在各省的中产阶级选举人营救他们免受暴民的虐待。1793年5月4日,维尼奥写信给他在波尔多的选举人:"我代表民众的保护人召请你们来保护我们,如果时间许可,消灭专制政体并对自由意志予以报复。"巴尔巴鲁也同样写信给他在马赛的支持者。在里昂,资产阶级的少数党与以前的贵族联合,排挤他们身为激进派的市长。

5月18日,吉伦特派人的代表说服国民公会指定一个委员会,调查巴黎公社企图影响立法的活动。此委员会所有的委员都是吉伦特派人。5月24日,国民公会命令逮捕煽动者赫伯特与瓦尔莱。巴黎公社共有16区的代表要求释放他们,国民公会拒绝了。5月26日,罗伯斯庇尔在雅各宾俱乐部鼓动市民反叛:"民众被压迫时,除了自己外一无所有时,他不起来反抗,那必定是一个真正的懦夫。所有法律被破坏时,专制政府独裁到顶点时,优良的教义与礼节被践踏在脚下时,民众必须揭竿而起。此刻已来临。"5月27日,马拉在国民公会要求整顿此委员会:"由于你们的疏忽,物价过度上升,侵害自由,而且触怒起义的民众。"当夜,山岳党通过一项措施撤销此委员会。但是，5月28日，吉伦特派人以279票对238票通过再度设立此委员会。5月30日，丹东加入罗伯斯庇尔与马拉的阵营。

5月31日，各区响起警钟，唤醒市民聚集到市政厅组成一个"革命会议"，而且获得激进派领袖昂里奥率领的巴黎国民卫队的支持。在他们与大批群众的保护下，新的"革命会议"进入国民公会的大厅，要求在大革命法庭控制吉伦特派人。整个法国每磅的面包价格于是固定在3个铜币。任何将造成的赤字可借向富人征税以抵消，无套裤汉暂时可保有投票权。国民公会最后不得不放弃对这受人憎恨的委员会做第二次整顿行动。相互斗争的党派于该晚退让。

"革命会议"的委员于6月1日回到国民公会后，要求逮捕罗兰，他被无套裤汉认为完全代表资产阶级的利益。他闻风逃向南方。罗兰夫人准备向国民公会求情因而延迟离去，她被拘留在修道院监狱，将再也见不到她的丈夫。6月2日，大约有8000名男女，多数武装着，包围国民公会大厅。卫队以大炮对准国民公会大楼。"革命会议"通知所有代表不得离去，一直到它全部的需要被满足。马拉控制讲坛并大声喊着他所要逮捕的吉伦特派人的名字，其中一些人避开守卫与群众，逃到其他各省，22名被软禁于巴黎。从那天起一直到1794年7月26日，国民公会都是山岳党、公共安全委员会与巴黎人民的忠仆。第二次大革命已打败资产阶级，并建立临时的劳动阶级的独裁政府。

胜利者授权塞克尔与圣茹斯特依照1792年10月11日的规定制定新宪法，并借此发布新的命令。它恢复成年男子的选举权，增加国民生存、教育与革命的权力。它为顾及公共利益而限制财产权，宣布宗教信仰自由，仁慈地承认上帝与道德为社会不可缺少的信仰。卡莱尔不能承受民主政治，称此为"所曾写下的最民主的宪法"。它被国民公会（1793年6月4日）接受，并以1801918对11610票，为全体选民的1/4承认。1793年的宪法只是一个文件，因为7月10日国民公会重订公共安全委员会为统治权高于一切的机构，直到和平来临。

马拉之死（1793.7.13）

吉伦特派的三个亡命者——佩蒂翁、巴尔巴鲁、蒲佐，获得受到卡昂庇护的、反对巴黎人掌握政府的"联邦主义者"的北部据点。他们演讲抨击无套裤汉——特别是马拉，发动游行来抗议，而且计划进军到首都。

科黛属于他们中最热忱的听众。她是高乃依的后裔，出生于一个有爵位、穷困与坚定的保王党家族，她在修道院受过教育并做过两年的修女，她设法获得机会接触普卢塔克、卢梭甚至伏尔泰的作品，她被古代罗马英雄激励而且心悦诚服。知道国王被处以死刑时，她为之震惊，而且对马拉怒骂吉伦特派人一事感到愤怒。6月20日，她访问了巴尔巴鲁，他年方26岁，十分英俊，以致罗兰夫人将他比喻为哈德良国王的情人安提诺乌斯。科黛已快到她25岁生日，但是她的心中有爱情以外的事情，她想要一位代表的介绍信以便她能被准许进入国民公会。巴尔巴鲁给了她一张拜见迪佩雷（Lauze Duperret）的短笺。7月9日，她搭乘马车直赴巴黎。7月11日，她到巴黎买了一把6英寸长的菜刀。她计划进入国民公会会议室，在其座椅上刺杀马拉，但马拉生病在家。她找到他的住址，但被拒绝进入，因为马拉先生正在洗澡。她只好回到住处。

洗澡现在成为马拉最喜爱的事情。他的疾病明显是一种皮肤腺病，并已恶化。他发觉浸在掺入矿物与药剂的温水中可减轻痛苦，而且用湿毛巾覆盖在他肩上，用浸过醋的大手帕包住他的头。在与澡盆相连的木板上，他放置纸、笔与墨水，日复一日，他在那上面为他的定期刊物写文章。他的姐姐阿尔贝蒂娜周到地照顾他。从1790年起，西莫内·埃夫拉尔开始作为他的仆人，到了1792年，成为他不合法的妻子。他们的结婚并未经过教士的圣典，而是在"上帝前面……在大自然的大教堂中"。

科黛在她的住室写了一张短笺给马拉，请求正式谒见。"我来自卡昂，热爱国家的你们应该很迫切地想知道在那里发生的阴谋。我恭候你的回信。"不过她已迫不及待，7月13日的晚上，再度登门造访马拉。她再次被拒绝进入，但是马拉听见她的说话声，即请她进入。他礼貌地接见她。"卡昂方面情况如何？"他问道（不久她报告了他们的特别谈话）。"来自国民公会的18名代表，"她答道，"与省府官员腐化地统治该处。""他们是哪些人？"她说出他们的名字，他逐一记下，而且批准对他们的判决："他们很快将被斩首。"就在那时，她抽出利刃刺入他的胸中，但是因用力过猛而刺穿大动脉，血由伤口涌出。他向西莫内·埃夫拉尔高喊："救我呀，我亲爱的朋友，救我呀！"西莫内·埃夫拉尔赶到时，他死在她的臂弯中。科黛由房中冲出，但被一名男子用椅子击倒。警察接到通知后随即来到，并将她带走。"我已完成我的任务，"她说道，"让他们做他们应做的。"

马拉必然有其优点，才能赢得两个互相敌对的女人共同的爱。他的姐姐奉献其有生之年，使他死后的名声得享尊贵。他一度是一位著名的内科医生，死后留下的只不过是一些科学方面的稿卷及25个铜币。他是一位宗教狂热者，狂热地献身于已为自然和历史遗忘的劳动阶级。科德利埃俱乐部将他的心脏视为神圣的遗物加以保存，成千上万的人以"屏息地崇拜"瞻望它。7月16日，所有的代表及来自各革命党派的男女，参加了在科德利埃俱乐部的花园举行的葬礼。他的雕像由大卫雕刻，被安置在国民公会的大厅中。1794年9月21日，他的遗体被运至万神殿。

科黛的审判过程很短。她承认所做的一切，但认为自己无罪。她说她仅仅是为"九月大屠杀"的受难者复仇，"我杀死一人却救了一万人"。在给巴尔巴鲁的信中，她坦白地表示，为达到目的，她"不择手段"。在宣判后的几个小时，她被处决于大革命广场。她受到群众的咒骂，群众甚至拒绝一位教士替她做宗教仪式。她到死前还不了解她曾给予吉伦特派人的致命打击。维尼奥了解此理，并宽恕她，还向他们解释："她虽置我们于死地，但教我们如何光荣地牺牲。"

"伟大的公安委员会"（1793）

国民公会保留每月改变公共安全委员会会员资格的权利。7月10日，国民公会免除丹东的职务，因为他和平的外交与内政政策已告失败。但为了继续与他保持关系，国民公会选他为双周期会议的主席（7月25日）。他的第一个太太死于2月，留下两个年幼的儿子。6月17日，他娶了一个16岁的女子。7月10日前，他搬进一个新家。

7月27日，罗伯斯庇尔受职于公安委员会，但是丹东从未喜欢过他。"那个人，"丹东说，"甚至笨到不会煮一个鸡蛋。"8月1日，罗伯斯庇尔敦促国民公会给予公安委员会无限的权力，也许因为他的要求被拒绝，他对德穆兰述及，他看到夕阳照红塞纳河时，以为此河"血流成渠"。9月6日，国民公会建议他重新回到公安委员会，他拒绝了。由于疾病和劳累，他不得不于10月12日离开巴黎，在马恩河谷他的故乡阿尔西他购置的住宅中休养。他于11月21日回来时，塞纳河"血流成渠"。

在那个夏季，"伟大的公安委员会"包括12人：全部是中产阶级，全都有良好的教育与收入，全都熟悉法国革命哲学家与卢梭。他们之中8位是律师，2位是工程师，只有赫波斯做过劳力的工作，劳动阶级独裁者的职位绝非属于劳动阶级。我们逐一予以介绍。

一、巴雷尔，38岁，增加若干职务于其分内工作，出席国民公会为公安委员会达成的决议辩护，并获得法令的认可。他和蔼并善于游说，能变死刑判决文为雄辩术，变统计学为诗词。他使若干敌人得以幸存，使政治局势改变。他活到86岁，这足以使其了解政府的是非与理想。

二、比兰－瓦伦，37岁，认为天主教会是大革命最危险的敌人，必须予以摧毁。他与各党派和巴黎公社保持关系，并坚持他不妥协的政策，使其他委员为之恐惧。他负责各省的协调与联系，领导新的行政机构，而且一度成为"公安委员会中最有权力的委员"。

三、卡诺，知名的数学家与军事工程师，负责掌握法国军队、策划运动、教导与训练将领，他的能力与忠诚获得普遍的尊敬。他是公安委员会中唯一受到整个法国赞誉的人。

四、赫波斯，43岁，曾为演员，他忍受大革命前戏剧职业所受的压迫。他永不会宽恕资产阶级停止他的演员生活及教会对他的约束，并以他不妥当的职业将他逐出教会。在12人中他对"贵族政治的商人"的处置最严厉，他还提议炸毁巴黎监狱——它充满嫌疑犯、囤积者与奸商。

五、库东，38岁，因得过脑膜炎而残疾，以致他无论到何处都必须乘坐轮椅。他归罪于年轻时过度的性行为，但他仍受到他妻子的崇拜。他是一个心肠仁慈、意志坚定的人，以其恐怖时代对中枢各省的仁政而与众不同。

六、塞克尔，34岁，似乎是不得其所才成为十二人执政团之一。他是律师行业中的贵族，一位富有的律师，以高尚风度与伏尔泰学派的才智著称。受革命浪潮的影响，他参加攻击巴士底狱，写了1793年宪法的大部分，而且在阿尔萨斯担任公安委员会的严酷执行者。他生活舒适，有一位贵族情妇，1794年4月5日他被斩首。

七、兰代，47岁，在逐渐由政府控制的经济中掌管粮食生产与分配，而且在军队、粮食与服装的补给上完成后勤支援的奇迹。

八、普里厄，被称为"黄金河岸的普里厄"，30岁，在军队弹药与物资供给上完成相同的奇迹。

九、皮埃尔－路易斯，也被称为"马恩河的普里厄"，37岁，在争取布列塔尼的天主教徒与保王党人加入大革命上，耗费许多精力。

十、安德烈，44岁，新教徒，受过耶稣会教育，成为商船船长并成为新教徒的牧师。他掌管布雷斯特法国海军，领导其与英国舰队作战。

十一、圣茹斯特，26岁，是12人中最年轻、最强壮的，他是恐怖时代最独断、热心与肆无忌惮的人。在皮卡第由他的寡母抚养长大，他骄纵、爱慕虚荣，不顾及各种法规，带着他母亲的银器逃到巴黎，却花费到妓女身上，因而遭到逮捕与短期监禁。之后他学习法律，写了20篇色情诗，赞美暴行并称颂放荡为神圣的权利。在大革命时期，他首先发现他的快乐主义是如此切合实际，但是理想鼓舞他捧高其个人主义成为罗马人的美德，以致要牺牲一切来实现那些理想。他将他自己由享乐主义转变成禁欲主义，但保持一个浪漫主义的结局。"这天来到时，"他写道，"我不能给予法国人民温和、有活力、理性的方法，却屈服于暴政与不公正，那一天我将会杀死我自己。"在《共和政体的制度》（*Republican Institutions*，1791年）一书中，他认为财富的集中，使政治与法律的平等及自由成为笑柄。私人财富必须加以限制，政府应以小农和独立技工为基础。教育与普遍的宗教必须由政府管控。法律应该简要、清晰，而且不烦琐，"冗长的法律是民众的不幸"。所有的男孩出生以后均由政府以斯巴达方式抚养，以蔬菜维生并训练他们作战。民主政治是好的，但在战时必须采取专制。1793年5月10日，被选为公安委员后，圣茹斯特极力让自己辛苦地工作，他以工作繁忙到无娱乐时间来驳斥他有情妇的谣言。这位固执、性急的年轻人变成一位严格的训练者、一位能干的创立人、一位大胆而常胜的将领。胜利地回到巴黎后，他被选为国民公会的主席（1794年2月19日）。他骄傲而有信心地凌驾于他人，却谦恭地接受罗伯斯庇尔的领导，为自己的失败辩护。他在26岁11个月时去世。

十二、罗伯斯庇尔并未取代丹东成为12人的首脑。卡诺、比兰—瓦伦、赫波斯，过于固执而不能被领导，罗伯斯庇尔从未成为独裁者。他的工作原则是耐心学习与采取迂回策略，但非公开领导。他以简朴生活、鼓励劳工阶级与维护他们的利益来维持自己在无套裤汉中的声望。1793年4月4日，他提呈国民公会《公民与人权的建议的宣言》：

社会有义务提供所有它的成员的生计，帮助他们获得工作或者替那些不能工作的人获得生存的方法……给予每个缺少民生必需品的人必要的援助是每个有盈余的人的义务……所有不假设人民是善良的而政府官吏是腐败的法规，是邪恶的……各国人民都是兄弟。

按照一般人对这 12 个人的粗浅认识，他们不完全只是杀人者。他们确实十分迅速地遵循由宗教战争与圣巴托罗缪大屠杀（1572 年）留下的暴力传统。他们之中大多学会处死他们的敌人而无任何良心的谴责，有时还具有做善事的满足，但是他们将其宣称为战争的传统与需要。他们自己易遭到这些灾祸，他们之中任何一人可能受到挑战、免职与斩首，他们当中有几位就是这样结束的。任何时刻，他们都可能遭到巴黎民众、国民卫队、野心将领的叛变，任何一次前线失败或一省的反叛，都可能使他们的权威动摇。同时，他们在不同的工作上日夜辛苦：早晨 8 点到中午在他们的办公室或小组委员会，下午 1 点参加国民公会的会议，晚上 8 点到深夜聚集于他们会议室的绿桌旁商量或讨论。他们面对里昂的迅速资本主义化、吉伦特派在南部的起义、天主教与保王党在西部起义造成的法国分裂的局面。此时，它受到东北、西南与东面外国军队的威胁。它在陆地与海上遭到挫败，每个港口都被封锁。伟大的公安委员会瓦解后，法国借独裁与恐怖的力量达成政治的统一，一批新的将领受过新的训练，常常由卡诺与圣茹斯特率领，发动战役，以决定性胜利挫败敌人。法国几乎独自与整个欧洲为敌，却显现了除它自己内部外的各个方面的胜利。

恐怖时代（1793.9.17—1794.7.28）

·观众的渴望

恐怖时代是一种周期性的情绪错乱。严格地说，它应从 1793 年 9 月 17 日颁布《嫌疑犯法》（*Law of Suspects*），至 1794 年 7 月 28 日罗伯斯庇尔被处以死刑为止。在这之前之后还有 1792 年 9 月的恐怖与 1795 年 5 月的"白色恐怖"（White Terror，1795 年，保王党对革命派实行的猛烈报复），另一次恐怖是在拿破仑统治崩溃之后。

这些著名的恐怖时代的产生，是由于外来的危难与内部的不稳，导致民众恐惧、骚动与戒严法的实施。第一联盟国夺回美因茨（7 月 23 日），进占阿尔萨斯，并攻入距巴黎 100 英里的瓦朗谢纳。西班牙军队也占领了佩皮尼昂与巴约纳。法国军队处于混乱状态，法国将领不服从政府的命令。8 月 29 日，保王党人将一支法国舰队、土伦的重要海军基地和一家兵工厂，交给英国。大不列颠统治了海洋，而且能随时占领在三个洲的殖民地。得胜的联盟国讨论瓜分法国，而且他们计划有进一步的胜利时恢复封建权利。

事实上大革命支离破碎。旺代燃烧着反革命的火焰。天主教的起义者已打败在维耶的政府军队（7 月 18 日）。贵族，国内的或移民在外的，都积极策划复辟。里昂、布尔日、尼姆、马赛、波尔多、南特、布雷斯特已陷于起义的吉伦特派。富人与穷人之间的阶级斗争益发剧烈。

法国经济本身是一个战场。5 月 4 日和 9 月 29 日设立的价格管制已被贪心者的机智破坏。乡下的穷人同意最高价格，农民与商人却反对，而且不断拒绝生产与分配限价的粮食。从批发市场和农场送到城市商店的货品越来越少，以致只能满足最早在店门前排队的几位购买者。饥饿的恐惧已传遍巴黎及乡镇。在巴黎、桑利、亚眠、鲁昂，民众抗议食物不足并准备推翻政府。6 月 25 日，雅克·卢率领他"忿激派"（Enragés）的队伍到国民公会，要求将所有投机商——包括一些代表——逮捕，并迫使他们交出最近获得的财富：

> 你们不是民主政治，因为你们允许富有。在最近 4 年内，富人收获了大革命的果实。商业的新贵，比贵族更可怕地压迫着我们。他们的榨取是无限的，而且我们看到商品的价格在惊人地上

升。投机商与工人间激烈的斗争应该到了结束的时候……恶人的财富比人类的生命更神圣吗？行政机构供应与分配生活的必需品，正像军队管理他们自己一样——只要这个制度不改变，就不具备向富人征收资本的必要条件——资本家与商人将由无套裤汉筹措相同的款项……如果独占与横征暴敛不能消除。

赫伯特公开抨击资产阶级是大革命的背叛者，并鼓动工人夺取这个懦弱政府的权力。8月30日，一位代表做了一些不可思议的演说：让恐怖时代成为法治的全盛时代。9月5日，来自巴黎各区的群众要求"推翻暴君、囤积者与贵族"，并游行至巴黎公社在市政厅的总部。市长帕什、检察官肖梅特，及他们的代表来到国民公会，要求大革命的军队携带手提式的斩首机巡视法国，逮捕吉伦特派人，迫使每个农民交出他们储存的产品，否则将被就地处以死刑。

在外国侵略与国内处于大革命的形势下，公安委员会成立了，它领导了使法国走向胜利的法国军队及融合了使纷乱的国家成为统一的恐怖分子的机构。

8月23日，按照卡诺与巴雷尔提出的大胆计划，国民公会发出法国史无前例的征集令：

从现在起到敌人被驱逐于法国领土之外为止，所有法国人受征召长期服役于军队。年轻人赴战场，已婚的人打造武器与运送粮食，女人将制作帐篷与服装，并在医院服务，老人到公共场所提高战士的勇气，并宣传国王们的罪恶与国家的统一。

所有未婚的人，从18岁到25岁，在"法国人民对抗暴君！"的旗帜下应征入伍。

不久，巴黎变成一座兵工厂。土伊勒里宫与卢森堡宫的花园以生产其他物资为掩护，每日制造约650支步枪。失业消除了。私人所有的武器、金属、过剩的衣服全部征用，成千的工厂被接管。资本与劳工都被募集，从富人手中榨取了 10 亿法郎的贷款，价格由政府决定。一夜之间，法国成为一个极权主义国家。铜、铁、硝石以前部分依赖进口，现在必须从被封锁的边境及港口偷运进来。幸运的是，伟大的化学家拉瓦锡（不久被处以死刑）于 1775 年将火药的品质改良，并增加其产量，因而法国军队有比他们敌人较好的火药。科学家们借蒙日、贝托莱与富克鲁瓦之誉，寻找必要物质以满足供给或发明代替品。那时，他们是各个工作场所的主管，并为他们的国家热忱服务。

9 月底，法国已有 50 万名武装人员。他们的装备仍然不足，他们的训练不良，他们的士气仍然消沉。宣传首次成为国家的事业，几乎是垄断事业。布绍特当时任陆军部长，他付给报章杂志费用以介绍国家实况，而且发行范围覆盖至很少有人阅报的军营。公安委员会的委员或代表，向前线军队发表演说并慰问将领们。新战役的第一次交战——对抗美国与奥地利的军队，9 月 6 日至 8 日发生于翁斯科特。这时，德布勒公安委员会委员乌沙尔将军建议退却后，再度反败为胜。由于这次及其他几次的失误，这位将军于 1793 年 11 月 14 日被送上断头台。其他 22 位将领几乎全属于大革命以前的，因为过失或漠不关心，或忽略公安委员会的命令而被监禁。较年轻的男人受过革命训练，接替他们的位置——奥什、皮舍格吕、儒尔当、莫罗，勇敢地采用卡诺的持续攻击政策。10 月 16 日，在瓦蒂尼，5 万名法国新兵遭遇 6.5 万名奥地利士兵时，40 岁的卡诺持着一把毛瑟枪与儒尔当的部队加入战斗。这不是一次决定性的胜利，却提高了大革命军队的士气，并扩大了公安委员会的权利。

9 月 17 日，温和的国民公会通过《嫌疑犯法》，授权公安委员会或其密探，得以逮捕任何回国的移民，任何移民的亲属，任何停职而未复职的公务员，任何反对革命或战争的人。这是苛刻的法律。除了革命党人，几乎所有的天主教徒与资产阶级被迫生活在遭受逮捕甚至死亡的恐惧中。公安委员会的正当理由是至少须维持战时的对外统一，以求国家的生存。一些移民赞成公安委员会的理由是：危急的情况下害怕与恐怖是合法的统治工具。路易的外交部长蒙摩利伯爵，于1792年表示："我认为用恐怖主义处分巴黎人是必需的。"法兰克朗伯爵认为法国与联盟国的敌对将"一直继续到国民公会瓦解"。普鲁士国王的一位大臣谈论移民："他们的国家在恐怖中。如果我们放弃他们的国民并任凭他们被报复，法国立刻将成为一个很大的公墓。"

　　至于王后，她将面临国民公会的裁决。撇开她早期的奢侈，她干涉政府事务，她厌恶巴黎民众的恶行为众人所知。毫无疑问，她曾与移民及外国政府联络阻挠大革命，而且欲恢复法国君主传统的权力。在这些行动中，她觉得她是利用自卫的人权，她的控诉者认为她违犯国家选出代表通过的法律。很明显，她向法国的敌人泄露皇室会议的秘密计划，甚至大革命军队的战役计划。

　　她为路易生了4个孩子：一个女儿，玛丽·泰雷兹，现已15岁；一个儿子在幼年时去世；第二个儿子死于1789年；第三个儿子，查理，现已8岁，他有望成为路易十七。在她的女儿与她的小姑伊丽莎白夫人的帮助下，她热心地照顾他，然而连续的监禁损坏了男孩的健康与精神，使她为之绝望。1793年3月，伊丽莎白夫人为她提供逃亡计划，她拒绝了，因为那势必留下她的孩子。政府知道此项计划时，不顾王后的反对将太子移往他处，并将他与他的亲人隔绝。1793年8月2日，王后、她的女儿、她的小姑，被监禁在神庙内一年后又被移至司法大厦（Conciergerie，巴黎古监狱，法院的一部分，为该建筑管理人占有）。在该处她被称为"寡妇卡佩"（Widow Capet），受到比以前较好的待遇，甚至教士到她房中做弥撒。不久她尝试另一次逃亡，结果仍然失败。因此她被移送到另一室，被更加严密地看守。

　　9月2日，公安委员会决定她的命运。一些委员赞成保全她的性命，作为与奥地利交换和平的人质。巴雷尔与安德烈要求将她处死。来自革命自治团体的赫伯特告诉12位陪审："我已经以你们的名义答应将安托瓦内特的头送给迫切想获得它的无套裤汉，如果缺少他们的支持你们将无法生存……如果我必须等待很久才能得到它，那我将亲自割下它。"

10月12日，王后接受长时间的初步审问。10月14日和15日，富基埃作为首席检察官，在大革命法庭审判她。第一天的审问是从上午8点到下午4点、下午5点至夜里11点，第二天是从上午9点至下午3点。她被控将数百万法郎从法国财政部移至她奥地利的哥哥约瑟夫二世处，并邀请外国军队进入法国，还让她的儿子堕落。只有最后一项控告使检察官有些气短。王后对此回答说："天性使我拒绝回答如此不利于母亲的控诉。我向在此的所有母亲请求帮助。"听众被这位女人目前的处境感动。她年轻时的美丽与华服早已盛传欧洲，现在年仅38岁，已有许多白发，并穿着孝服。她以勇气与尊严反抗那些明显地用延长精神与肉体痛苦来折磨她的人。对她的迫害结束时，她也因屡经打击而失明。她在牢房中已知道她的判决是死刑。

现在受到单独囚禁的她，写了一封诀别信给伊丽莎白夫人，请求她将国王留给他们的遗言转述给她的儿子与女儿。"我的儿子，"她写道，"必须永远不能忘记父亲的遗言。"这封信并未送给伊丽莎白夫人，而是被富基埃－坦维尔扣留，交给罗伯斯庇尔，成为她死后发现的秘密文件之一。

1793年10月16日早晨，死刑执行者桑松来到她的牢房，反缚她的双手，把她的头发齐颈割掉。她乘坐一辆马车经过站满士兵的街道，穿过仇恨并辱骂她的群众，到达大革命广场。中午，桑松向群众举起她被割下的头。

在大革命法庭加快行动后，它现在每天判决7人死刑。所有的贵族都被逮捕，许多已被处死刑。自6月2日起被收押的21名吉伦特派人，于10月24日受审。维尼奥与布里索的雄辩对他们完全无用，法庭的答复是，迅速、提前处以死刑。其中一位——瓦拉泽——离开法院前就举刀自尽，他的尸体与其他被判死刑的人一起运至断头台。"大革命，"维尼奥说，"像农神，它正在吞噬它的后代。"

这种不幸的事件，也发生到罗兰夫人身上。她正在康西格里等待命运的安排，该处也将成为她走上断头台前的栖身之所。她的监禁还有一些趣事，许多朋友送给她书籍与鲜花，她收集许多普卢塔克与塔西佗的作品而使她的牢房成为一所小型图书馆。她埋头记录她的往事作为强烈的止痛剂，并定名为《求助于公正的后代》（*Appel à l'impartiale Postérité*）。她描写她年轻时代愉快的回忆时，她目前的期待更为苦痛。她于 1793 年 8 月 28 日写道：

> 我感觉到我已尽失追寻这些回忆的决心，我的国家的悲惨境况折磨着我，一种不知不觉的意气消沉刺穿我的心灵，冻结我的想象力。法国已变成一处屠宰的坟场和恐怖的竞技场，此处她的子孙彼此争夺、厮杀……历史绝不能掩饰这个可怕的时期或这些穷凶极恶的野蛮行为……这是否就是罗马或巴比伦比得上巴黎之处？

预料她的死期即将来到，她写了一些诀别的话给她的丈夫及仍然为他们做逃亡准备的情人：

> 我的朋友，愿好运能使你到达美国，这是自由唯一的避难所 [1]……而你，我的丈夫与伴侣，老得太早使你衰弱，艰难地逃避着暗杀，我还能再见到你吗……我还有多久可做我凄惨的祖国与堕落的同胞的证人？

没有多久。1793 年 11 月 8 日，她被大革命法庭控告与罗兰共谋滥用公款，而且从她的牢房写怂恿信给巴尔巴鲁与蒲佐，让他们煽动暴徒反抗雅各宾派控制国民公会。她为自己辩护时，那些经过仔细挑

---

[1] 5 年后，国会通过《外国人与暴动法》（*Alien and Sedition Acts*），严禁公开批评政府。

选出的旁听者驳斥她是女叛国者。她被宣判有罪，并于同日在大革命广场处以死刑。她注视着由大卫设在这个庄严广场的自由雕像，大喊着："自由啊，多少罪恶假汝之名以行！"

一列革命分子随她走上了断头台。11月10日，轮到巴伊市长——他是天文学家，曾给过国王红色帽章，并命令国家卫队向练兵场的请愿者射击。11月12日，吉伦特派人菲利浦·平等，即奥尔良公爵被捕，他不能理解山岳党何以如此迅速地处死一位忠心的党羽，但是在他的血管里流着国王的血液，而且他曾那样渴望获得王位，谁能知道这个愿望会在何时使他再度疯狂？ 11月29日是巴纳夫，他曾想保护并要左右国王。然后是将领屈斯丁、乌沙尔、比隆……

罗兰感谢冒生命危险保护他的朋友们。11月16日，他单独步行外出，依靠在一棵树下，写了一封永别的短笺："得知我的妻子已被杀害，这种恐惧与愤怒使我放弃隐藏。我不想以罪犯之名久活于世上。"然后他以剑刺进自己的胸膛。孔多塞写了一首胜利的赞美歌后，服毒自尽（1794年3月28日）。巴尔巴鲁举枪自杀，未能成功，6月15日被斩首。佩蒂翁与蒲佐在政府特务的追缉下，在波尔多附近的田野中自杀。6月18日，他们的尸体被发现时，有一半已被狼吃掉。

·各省的恐怖

吉伦特派人中仍有若干保住了脑袋的。在一些城镇，像波尔多与里昂，他们有较高的职位，雅各宾派认为必须将他们排除。如果吉伦特派对各省的行政干预被约束，雅各宾派可控制整个法国。由于此目的及其他目的，公安委员会派代表到法国各处，并给予他们绝对的权力。他们能罢免民选的官吏并另予任命，能逮捕嫌疑犯、替陆军征兵、征收捐税、实施价格管制、强制贷款，索取农产品、衣服、原料，而且设立或认可地方的公安委员会作为巴黎伟大公安委员会的地方机构。代表常常在无情与敌对的情况下，完成革命与军事组织的奇迹。他们对反叛的镇压毫不仁慈，有时还过度激烈。

　　他们之中最成功的是圣茹斯特。1793 年 10 月 17 日，他与勒巴斯被派去拯救在语言、文学与习惯上与毗邻的德国相同而不愿接受奥地利军事侵略的阿尔萨斯。在莱茵河区的法国军队受挫于斯特拉斯堡，并滋生失败主义与兵变的情绪。圣茹斯特了解军队遭受到虐待，缺乏领导，也许有叛变之虞。因为军官们对大革命认识不够，他将他们中的 7 名处以死刑。他听取牢骚，并以果断的方法加以整治。他从富有阶层征收所有过剩的鞋子、外套与帽子，并从 193 名最富有的市民那里征收 900 万法郎的银币。无能与迟钝的官员被免职，已被判决的贿赂者均处以死刑。法国军队再度与奥地利军队在阿尔萨斯遭遇时，入侵者被打退了，该省重归法国管辖。圣茹斯特回到巴黎，渴望做些其他的事，几乎忘记他与勒巴斯姐姐的婚事。

　　勒邦并未过着公安委员会代表的生活。受到他的雇主警告小心"虚伪与错误的人道"之后，这位蓝眼的前教区牧师，想在 6 个星期内"减少"坎布雷的知名之士 150 名、阿拉斯的 392 名。他的秘书说他死于"一种特别的热病"，在送进家门时他还以垂死的表情来捉弄他的妻子。他于 1795 年被逮捕入狱。

　　1793 年 7 月，卡里尔被派至旺代区镇压天主教的叛变，并维持南特的安全以防止更多的叛乱。公安委员会的塞克尔向他表明："我们获得确定性的胜利时，我们能变得慈悲些。"卡里尔受到鼓励，他宣布法国无法供应其人口迅速增加所需的粮食，因此减少贵族、教士、商人与行政官员的措施将是合于人民意愿的。在南特，他反对审判，因为这浪费时间。所有的嫌疑犯，他命令法官"必须在几小时内予以除去，否则我将杀死你与你的同党"。因为南特的监狱已关满嫌疑犯与已定罪的犯人，还缺少粮食，他命令他的随从以驳船、木筏与其他船舶装载 1500 名男女老幼——让教士优先——并凿沉这些船只于卢瓦尔河。他以这种及其他方法在 4 个月内处理了 4000 名不良分子。他以这样合于战时法治来说明他行为的正确。旺代居民发生暴动，每个人都成为大革命的敌人，一直到死。"我们将使法国成为一个坟场，"他发誓，"而且并不以我们自己的方法使它再获新生。"公安委员会威胁要逮捕他，才可抑制他的热忱。他说："我们将一个接一个地被送上断头台。"1794 年 11 月，他被传到大革命法庭，并于12 月 16 日证实他的预言。

弗雷隆与公安委员会其他官方工作人员在罗讷河与瓦尔河残酷地使用暴力：受害者在马赛有 120 名，土伦有 282 名，奥兰治有 332 名。相对平和的是库东，在他的任务中最仁爱的表现是在多姆山省为陆军招募新兵。在克莱蒙费朗，他重组工商业来生产新团队所需的物资。市民看见他以正义与人道的方式运用他的权力时，他们十分喜欢他。他任职期间从未有人被"革命的法官"处以死刑。

富歇曾为拉丁语与物理学教授，现年 34 岁，尚未成为巴尔扎克所谓"我所见过的最有能力的人"。他看起来似乎很阴险：瘦长、尖刻，双唇紧闭，眼睛与鼻子尖锐、冷静、神秘、固执。他与塔列朗擅长迅速改变立场及用不当的方法求生存。从外表观察，他是一个忠厚的人，有谦虚的习惯与豪放的个性。1792 年，他被南特市选入国民公会，开始他倾向吉伦特派，后来他看出它的没落，便转向山岳党并发布一本小册子，要求从资产阶级到劳动阶级都支持大革命。为了战争，政府应"收取任何超过人民需要的东西，奢侈品是明显与无理由地违反人民的权利的"。所有的黄金与白银都应没收，一直到战争结束。"我们将以强硬的态度充分地行使委派给我们的权利。姑息措施的时期……已经过去……我们必须贯彻实行。"代表到达卢瓦尔河下游各省，特别是在讷韦尔与穆兰时，富歇对私有财产全面加以禁止。他榨取的金钱、贵金属、武器、衣服与食物，足够装备他征召的 1 万名新兵。他从教堂抢到金或银的圣体匣、船舶、大烛台，并转送给国民公会。公安委员会发现阻止他这种热忱是不利的，并认为这有助于赫波斯恢复里昂对革命的信心。

里昂几乎是资本主义法国的首府。在其 13 万名居民中的资本家，与整个法国其他各地有联系，商人的生意遍及全欧洲，工业界巨头控制了100家工厂，许多劳动阶层人民很高兴地知道他们在巴黎的同阶级弟兄已差不多控制了政府。1793年初，在沙利耶的领导下，里昂也获得相同的胜利。但是宗教比各个阶层力量都大，至少有半数的工人仍是天主教徒，并愤恨雅各宾派反基督徒的政策。资产阶级动员其不同的力量反对劳动阶级专制时，劳动阶级分裂了。一个商人、贵族与吉伦特派的联盟排斥激进派政府，并杀死沙利耶与他的200名部下（1793年7月16日）。成千的工人离开城市，暂居于郊外，等待下次革命的机会。

公安委员会派出一支推翻胜利资本家的军队，由来自克莱蒙费朗、双腿残废的库东率领。10月9日，这支军队以武力推进并重建雅各宾派的权力。库东认为仁慈的政策适合一个依赖工厂与商店不停运作的城市，但是巴黎公安委员会有其他看法。10月12日，它通过国民公会，传达给库东一道由罗伯斯庇尔策定的训令，愤怒地为沙利耶与200名激进派分子复仇。训令的部分内容是："里昂这座城市将被摧毁。每个富人的住宅都将毁掉……里昂这个名字将从共和国城市的名单中除去，剩下住宅的整体名称是自由市。里昂的废墟上将用以处理罪犯后代与惩治保王党人。"

库东不喜欢这项任务。他责怪这些名贵住宅的摧毁，然后在克莱蒙费朗使用更多同性质的劳工。11月4日，他在里昂被赫波斯接替。他们以一次嘲弄性的宗教典礼纪念沙利耶"为人民牺牲的救世神"，引导行列的是一匹戴着主教法冠的驴子，其尾上系着十字架与一本《圣经》，在一公众聚集的广场上用赞美词及《圣经》、木制圣人偶像与祈祷书和圣礼薄饼所做的营火，对殉道者表示悼念。为使里昂受到革命的净化，赫波斯与富歇设立一个20人的"临时委员会"与一个7人法庭审判嫌疑犯。临时委员会公布一份被称为"第一次共产宣言"的宣言。它建议"广大的穷人阶层"与大革命联盟。它公开批评贵族与资产阶级，而且告诉工人们："你们受到压迫，你们必须打倒你们的暴君！"法国领土上所有的产品都属于法国，所有的私有财产必须由共和国处理，社会公平的第一步是向每年收入1万法郎的人征税3000法郎。大量的金钱得自被监禁的贵族、教士及他们被没收的财产。

这份宣言不能完全为里昂人民接受，因为他们中许多是中等阶级。11月10日，1万名妇女签名请愿要求以仁慈的方式对待被囚禁在监狱中的成千名男女。委员们冷酷地回答道："安静地做你们的家务……别让我们再看到你们耻辱的眼泪。"12月4日，也许为了让事情处理得干脆些，60名犯人被新法庭判决死刑，并被带至罗讷河附近一处空地，以机枪或大炮射杀。第二天，在同一地点，209名囚犯被以相同的方式处死。12月7日，又杀死200名。此后，屠杀改以斩首机缓慢进行，但是尸体的臭气散布至城市。1794年3月，在里昂被处死的人达到1667名——2/3是中上阶级。成百的昂贵住宅被摧毁。

1793年12月20日，一群里昂市民代表来到国民公会请求终止报复，赫波斯被驱至巴黎。他成功地维持他的政策。富歇控制里昂，并使恐怖持续下去。他获悉土伦再度被占领后，写信给赫波斯："我们只有一种方法庆祝胜利。今晚我们在闪电般的炮火下打发213名叛徒。"1794年4月3日，富歇被召至国民公会为他自己辩白。他逃过惩罚，但永不忘记罗伯斯庇尔控告他暴虐残酷，有朝一日他将报此仇恨。

公安委员会慢慢觉察到各省的恐怖已进行到特别无节制的程度。为此，罗伯斯庇尔召见卡里尔、弗雷隆、塔利安，而且要他们的工作报告。各省的恐怖于1794年5月终止，巴黎的恐怖却还在继续。至此（1794年7月27—28日），它已夺取了2700名巴黎人的性命，整个法国的受害者达1.8万人。罗伯斯庇尔也成为受害者。有人认为受害者总数达4万人。那些被囚禁的嫌疑犯总计约30万人。被处死刑的人的财产归属到政府时，这是一个有利可图的恐怖政策。

·对宗教之战

那些在世界变得费解、无意义与悲惨之时，以宗教信仰作为最后依赖的人，与认为宗教生来是为阻碍通往理性与自由道路的一种受人支配与浪费金钱的迷信的人，在这二者之间，现在存在着最深的分歧。这种分歧程度在旺代最深——卢瓦尔河与拉罗谢尔间法国临海的地区，酷冷的天气、多岩而不毛的土地，使人口锐减，伏尔泰的智慧与欧洲18世纪启蒙运动几乎没有影响此处。人们欢迎大革命，但是立宪会议颁布《教士法》——没收教会的财产，使所有教士成为政府的公务人员，而且要求他们宣誓效忠这个曾经剥削他们的政权。农民支持他们的教士，拒绝附和。年轻人被召为义勇军或被征入陆军来向暴徒开火，为何这些青年一定要舍命保护一个异教徒政府，而非他们的教士、圣坛及家庭的守护神？

1793年3月4日，旺代发生暴动，9天后，它波及整个地区。5月1日以前，3万名暴徒已被武装，几名保王党的贵族联合地方领袖，并将他们的新兵加入到受过训练的军队。国民公会了解他们的力量时，他们已占领图阿尔、丰特奈、索米尔和昂热。8月，公安委员会派了一支军队由克莱贝尔率领进入旺代，奉命摧毁农民武装并蹂躏所有支持他们的地区。克莱贝尔于10月17日击溃天主教在绍莱的军队，并于12月23日在萨沃奈将其完全瓦解。巴黎派出的军事委员被安置在昂热、南特、雷恩与图尔，有权处死任何有武器的旺代居民。昂热一带，有463人在20天内被处以死刑。在旺代的居民被奥什（1796年7月）征服前，已有50万人丧命于这场新的宗教战争。

在巴黎，大多数居民已不关心宗教。在这方面，山岳党与吉伦特派有一个协定，他们联合起来削弱教士的权力，并设立异教的历法。他们鼓励教士结婚，甚至放逐任何曾阻挠它的主教。在大革命的保护下，2000名教士与500名修女选择了配偶。

公安委员会的代表通常使教士不信仰基督教，这成为他们任务中一项特别的要素。他们将一名教士监禁，直到他结婚。在讷韦尔，富歇发布了严格的规定：教士必须结婚，必须生活简单如一名使徒，不得穿着教士服装，在教堂以外的地方不得执行宗教典礼，基督徒的葬礼仪式被废除，墓地必须设置碑文，以让民众知道"死亡是永久的睡眠"。他劝导一名总主教与30名教士丢弃他们的修道服，并戴上革命的红色小帽。在穆兰，他骑乘于一个行列的前列，沿途击碎所有的十字架、耶稣受难像和宗教的偶像。在克莱蒙费朗，库东宣称对基督的信仰已成为经济上的欺诈。他雇用一名内科医生当众证实一瓶由奇迹产生的"基督的血"，只不过是染色的松节油。他终止政府对教士支付报酬，没收教堂的金银器皿，而且宣布不能变成学校的教堂将拆毁改建成穷人的住宅。他认为大自然是上帝的神学，天堂是地上的乌托邦，因而它的人民都是善良的。

反基督教信仰运动的领袖是巴黎"市议会"（City Council）的赫伯特与巴黎公社的肖梅特。受到肖梅特演说与赫伯特新闻的鼓动，一群无套裤汉于1793年10月16日侵入圣丹尼斯修道院，把埋葬在那里的贵族棺材翻空，并熔化金属制品以备战争之需。11月6日，国民公会授权法国各行政区，正式舍弃基督教的教会。11月10日，巴黎劳工阶层与下等社会的男女行列以模仿宗教的服装游行穿过市区。他们进入国民公会大厅，并向代表要求参加在圣母院的夜晚庆祝典礼。在一家歌剧院中，康德莱穿着饰有三色旗的服装并戴着红色小帽，像自由女神般站着，由在场的女士唱谢尼埃著的《赞美自由》。礼拜者在礼拜堂中央跳舞、唱歌，而敌对的新闻记者与自由投机者在会堂附属的礼拜堂举行爱的仪式。11月17日，巴黎的主教戈贝尔屈服民众的要求，出席国民公会，发誓放弃他的办公室，将他的主教牧杖与戒指交给主席，并戴上表示自由的红色小帽。11月23日，巴黎公社命令巴黎所有基督教的礼拜堂关闭。

国民公会的第二个考虑，是想知道它并未重复它的反基督教的行动。代表几乎都是不可知论者、泛神论者或无神论者，但是他们其中几位想到受激怒的虔诚天主教徒的智慧——他们仍然处于过半数的优势地位，而且有许多准备以武力反对大革命。有些，像罗伯斯庇尔与卡诺，觉得宗教是能防止社会不断发生的骚动、反抗根深蒂固而无法被法律消除的不平等的唯一力量。罗伯斯庇尔相信天主教的教条是对迷信有组织的探究，但是他认为无神论是一种不谨慎的假设而不予接受。1793 年 5 月 8 日，他曾责备哲学家是藐视人民并贪图国王奖金的伪君子。11 月 21 日，他告诉国民公会：

> 每个哲学家与每个人，可以采取任何一种他满意的无神论主张。任何人因为有如此的主张便构成犯罪是不合理的，但是采用如此制度的政府官员或立法者将更为愚笨……
>
> 无神论是贵族政治的。一位全能的上帝照顾受压迫善良的人，并惩罚得意扬扬的罪犯，这是人民的基本观念。这是欧洲与世界人民的观点，这是法国人民的观点。这种观念不属于宗教、迷信或礼节，它仅仅属于难以了解的权能、罪犯的恐怖、美德的持久与慰藉。

丹东同意罗伯斯庇尔，他说："我们永远不会为了设立无神论的权势而绝灭'迷信'的势力……我要求终止在国民公会中那些宗教的假面戏。"

1793 年 12 月 6 日，国民公会再度准许信仰的自由，而且保证对忠贞教士主持的宗教仪式予以保护。赫伯特提出抗议，他加入削减罗伯斯庇尔声望的一派。罗伯斯庇尔视其为主要敌人，并伺机消灭他。

·大革命吞灭它的后代

在无套裤汉中，赫伯特的势力也许伸展至各党派，而且利用激进派力量进入国民公会，从而恢复巴黎对全国的统治。罗伯斯庇尔的势力以前建立于巴黎民众，现在为公安委员会，他凭借较优的情报、决策与行动的机构，掌握国民公会。

1793 年 11 月，公安委员会的名望达到最高峰，部分由于成功的国家总动员，更主要的是由于几处前线的军事胜利。新的将领——儒尔当、克勒曼、克莱贝尔、皮舍格吕——为大革命后辈人物，受到旧法规与战术或没落保王党的束缚，他们统率的 100 万人仍无适当的装备与训练，但是有一种思想鼓舞他们的勇气：如果敌军攻破法国防线，他们及他们的家人可能得到怎样的后果。他们受挫于凯泽斯劳滕，但是他们收复并占领兰道与施派尔。他们将西班牙人驱至比利牛斯。在年轻的拿破仑的协助下，他们再度占领土伦。

8 月 26 日，一支英国、西班牙与意大利的联合军队，受到英、西舰队的保护与地方保守派的鼓动，获得在地中海战略性的港口与军械库，一支革命军队围攻它 3 个月之久却徒劳无功。岬角分割此港，并俯视着军械库。获得这个据点，也就把握住了整个战局。但是英国人已用非常坚固的要塞堡垒——称之为小直布罗陀，封锁接近该岬角的陆地。24 岁的拿破仑，立刻看出如果敌人的舰队能被迫离开港口，则其驻军将丧失来自海上的补给，因此不得不放弃该城。经过勇敢而冒险的侦察之后，他发现有一处丛林，可让他的炮兵安全地轰击该要塞。他的大炮摧毁堡垒的墙壁后，一营法国军队攻入要塞，杀死防御的军士，更换了那里的大炮。这对敌人的舰队构成威胁，领主胡德命令驻军放弃该城，同时舰队被迫离开港口。1793 年 12 月 19 日，法国军队收复土伦。奥古斯丁，公安委员会的地方代表，写信给他的哥哥，极力称赞这位年轻炮兵"卓越的功绩"。一个新英雄的事迹由此开始。

这些胜利与克莱贝尔在旺代的那些人，使公安委员会能自由地处理内政事务。此时，有一个明确的"外国阴谋"要暗杀革命的领袖，却未发现确凿的证据。贪污遍布于陆军补给品的生产与供货方面，"在南方的陆军要求 3 万条马裤——一个最无耻的要求"。投机使商品价格提高。对重要的产品，政府已设置了限价，但是生产者抱怨如果对工资不做同样的控制，他们便不能固定其价格。通货膨胀被抑制了一段时期，但农民和制造商削减生产，失业率随着物价上升而增加。因为供给缺乏，主妇们必须排队才能购得面包、牛奶、肉类、牛油、油、肥皂、蜡烛与木材。排队有时自午夜开始，许多男女躺在门阶或人行道上，等待商店开门。饥饿的妓女到处寻找生意。许多地方，暴徒冲进商店并抢走商品。市政的劳务已经停顿，犯罪盛行，警察稀少，垃圾散布并污秽了街道。类似的情形发生在鲁昂、里昂、马赛、波尔多……

这些表明公安委员会对整个经济处理失当。巴黎无套裤汉的生活费与政府的财富，正被投机商获取。于是他们抛弃罗伯斯庇尔改为支持赫伯特与肖梅特，进而热诚地听取所有财产或至少所有土地国有化的建议。一个党派的领袖建议将所有的富人处死，以为解决经济穷困的办法。1794年以前，工人有一个共同的不满，资产阶级已暗中获取了大革命的果实。

1793年底前，公安委员会受到一个有力的革命领袖与一个著名新闻业者的新挑战。纵使丹东表面上极为残忍，他内在的仁慈性格使他回避王后的死刑与恐怖时期的暴乱。他由阿尔西回来后，他主张将入侵者驱逐于法国领土以外，并将大革命最主要的敌人予以处死，如此就无太多理由继续恐怖、继续战争了。英国提议和平时，他建议应该接受。罗伯斯庇尔则拒绝，而且基于政府仍然受困于不忠、阴谋与腐败的理由，应更加强化恐怖手段。德穆兰一度曾为丹东的秘书，期望他钦佩的朋友像他一样，获得幸福的婚姻。他出版了一份刊物《老科德利埃报》(Le Vieux Cordelier)，要求结束恐怖政策：

> 自由既不是歌剧中半神半人的少女，也不是红色的无边帽，更不是脏的衬衫、破布。自由是快乐、合理、平等、正义、人权宣言及你们庄严的宪法（仍然在冬眠）。你们是否愿意让我认识自由，让我倒在她的脚下，并让我为她流干血液？请释放你们称

为嫌疑犯的 20 万名市民……不要认为这将成为一般民众的致命措施。相反，它是你们能采取的最具革命性的措施。你们能以断头台消灭你们所有的敌人吗？如果还有更大的狂乱呢？你们难道能以断头台毁灭一个敌人，而在他的家庭与朋友中不再多毁灭两个？

我与其他主张必须实施恐怖的人有很大的歧见。我确信你们当中有一个仁慈的公安委员会的委员时，自由将可获得，欧洲也可被征服。

直到目前，仍对德穆兰友善的罗伯斯庇尔惊恐于开放监狱的请求。那些劳动阶级、教士、投机商与资产阶级——如果被释放，他们是否更有信心重新开创或毁灭这个共和国的计划？他确信逮捕的恐惧、加速的定罪与可怕的死亡，是唯一使大革命的敌人不敢以阴谋推翻它的力量。他怀疑丹东突然变为仁慈，是为了救助一些最近由于不法行为被捕的伙伴免送断头台，从而避免暴露出他与这些人之间的关系。他们之中，法布尔·德格朗丁与沙博受审于 1794 年 1 月 17 日，并被判有罪。罗伯斯庇尔断定丹东与德穆兰将被罢免，这个委员会将为之结束。他断定只要这些老朋友活着，他将永不安全。

他继续让他的敌人分裂，而且参加他们的党派使其相互斗争。他怂恿丹东与德穆兰攻击赫伯特，欢迎他们对抗击反宗教战争的援助。赫伯特支持镇民暴动和抗议食物昂贵与稀少，他谴责政府与放任者，并于 1794 年 3 月 4 日激烈地批评罗伯斯庇尔。他在科德利埃俱乐部的同志于 3 月 11 日有公开起义之势。绝大多数委员赞同罗伯斯庇尔，认为是时候采取行动了。赫伯特、克洛茨与其他几位同志被捕，并被控告在分配人民粮食时有不法的行为——这是一个聪明的控告，因为它让无套裤汉怀疑他们的新领袖——而且在他们决定叛乱前予以定罪，然后很快送他们上断头台（3 月 24 日）。赫伯特崩溃，并悲叹克洛茨以日耳曼人的平静等待他的死期来临，他对群众说："我的朋友，你们不应将我与这些恶棍混在一起。"

　　丹东一定了解他被用作对抗赫伯特的工具，而且他现在对公安委员会仅剩少许价值。即使如此，他继续借主张仁爱与和平以疏远公安委员会——这些主张要求委员弃绝他们赖以生存的恐怖措施，反省他们一意孤行的战争。他敦促终止屠杀。"让我们，"他说，"留若干人给断头台来处理。"他仍然筹划教育计划与司法改革。他仍保持目中无人的作风。有人告诉他，罗伯斯庇尔计划逮捕他。"如果我知道他确有此念头，"他答道，"我将吃掉他的心。"他的朋友催他先攻击公安委员会。但他的勇气与意志都很薄弱，他不能振奋起以往大胆进取的精神。四年大革命浪潮中的奋勇前进已使他疲乏不堪，现在他毫无抵抗地沉迷于逆流中。"我宁愿被斩首也不愿送他人上断头台，"他说，"我厌恶人类。"

　　很明显，比兰-瓦伦首先建议处死丹东。许多公安委员会的成员同意他的看法，如让宽容运动继续下去，无疑会让大革命向国内与国外的敌人投降。罗伯斯庇尔暂时不肯决定立即处死丹东。他与其他委员相信丹东已持有一些政府财产，但是他确知丹东对大革命所做的贡献，他深恐将大革命中的一位伟大人物处以死刑将导致某些党派与国民卫队的叛变。

　　在罗伯斯庇尔犹豫不定期间，丹东拜访了他好几次，不仅为他的财务记录予以辩护，而且为把忧郁的爱国精神转化为终止恐怖与寻求和平的政策而努力。罗伯斯庇尔仍然怀疑，并变得更为敌对。他帮助圣茹斯特（时常受到丹东的嘲笑）预备一个对其最大的敌手不利的诉讼案件。3月30日，他与公共安全委员会及一般安全委员会联合决定，由大革命法庭宣布丹东、德穆兰与12名最近被判挪用公款罪犯的死刑判决。丹东一位极有权力的朋友将此消息透露给他，并催促他躲藏到巴黎以外的地方。丹东未接受。次晨警察逮捕了他与德穆兰，并予以监禁。他批评道："……革命的权势竟属于最恶劣之人。"

　　4月1日，勒让德尔建议，从牢中提出丹东，允许他在国民公会中为自己辩护。罗伯斯庇尔恶狠狠地瞪了一眼，阻止了他。"丹东，"他高声说，"是无特权的……我们将等待这天，国民公会是否能毁去这个早已腐朽的偶像。"然后，圣茹斯特念着他准备好的起诉书。考虑到本身的安全，代表命令立即审判丹东与德穆兰。

4月2日，他们被带至革命法庭。可能是法律论点上的错误，另一批人被牵连进来，包括德格朗丁，其他的"阴谋者"或挪用公款者及——使一般民众和他自己都惊奇的——塞克尔，公安委员会中温和派分子，现在受控与赫伯特主义者和外国阴谋有关联。丹东以权威和讽刺性的辩才为自己辩护，而且给予陪审团与旁观者十分深刻的影响，以致富基埃－坦维尔向公安委员会要求禁止辩护者发言。公安委员会呈予国民公会另一项控诉，据他们所知，德穆兰和丹东的党徒策划以武力援救他们。国民公会借此控诉，宣布这二人不受法律保护——换言之，"被置于法律保护之外"，他们现在可不经法律程序即被处死。陪审员听到这项控诉后，宣布他们获得充分证据并准备宣判。犯人被送回他们的监牢，旁观者被解散。4月5日，宣布全体通过的判决：所有的被告均判处死刑。获知宣判结果后，丹东预言道："不出几个月，人民将会把我的敌人撕成碎片。"还有："卑鄙的罗伯斯庇尔——断头台也将要你的性命。你将随我而去。"德穆兰在监狱中写信给他的妻子："我心爱的露西尔！我是天生命运不好……我亲爱的，为我的贺拉斯活下去……我被绑住的双手拥抱着你。"

4月5日下午，已定罪的人被送至大革命广场。在途中，丹东再次预言道："我将他们置于一个可怕混乱的局面。他们中无一人有政府观念。罗伯斯庇尔将随我而去，他被我拖垮。啊！最好做一个不干预政事的渔夫。"在断头台上，德穆兰的精神几乎完全崩溃，丹东排在最后一位。丹东十分思念他年轻的妻子，并默默地为她祝福，然后控制住自己："来吧，丹东，不要怯懦。"他走上断头台时，他告诉刽子手："将我的头出示给民众，这是很值得的。"他与德穆兰一样，只活了34岁。自卡米耶唤起巴黎人占领巴士底狱后，他们已享受人生。

在他们死后 8 天，露西尔与赫伯特的寡妇及肖梅特，跟随他们走上断头台。

整个局面似乎已明了，所有反对公安委员会的党派都已被铲除或整肃。吉伦特派人被处死或驱退，无套裤汉被分裂而且受到压制，俱乐部——除雅各宾外——都被关闭，报纸与戏院被严格检查。国民公会受到恐吓，将所有的主要议决权交给公安委员会。在后者的保障与其他委员会的指导下，国民公会通过不利于囤积者与投机者的法律，实施免费、普遍的初等教育，废除法国殖民地区的奴隶制度，建立一个有社会安全、失业救济、穷人医疗援助与老人救助的幸福国家。这些措施大部分都因战争与动乱而失败，但被保留成为鼓舞下一代的理想。

罗伯斯庇尔的双手沾满了血污，但未受束缚，现在着手于将上帝归还给法国。以理性主义代替基督教教义的企图，使这个国家转向反对大革命。在巴黎，天主教徒反抗关闭教会与骚扰教士的政策，越来越多的中低阶层人民参加礼拜天弥撒。在他一次优雅的演说中（1794年 5 月 7 日），罗伯斯庇尔表示大革命与其政治前辈卢梭精神结合的时间已经来到（他的遗体已于 1794 年 4 月 14 日被移至万神殿）。这个国家原本支持一个纯正而平易的宗教——本质上属于艾米尔的萨伏依人的教皇，基于对上帝与来世的信仰——而且宣传公民与社会道德是共和国必要的基石。国民公会希望这个行动能平息宗教的过热并缓和恐怖，因而同意并于 6 月 4 日任命罗伯斯庇尔为主席。

1794 年 6 月 8 日，罗伯斯庇尔以官方身份，为 10 万名聚集在练兵场的男女老幼主持一项"上帝的节日"。在一长列怀疑论代表前头是持着花与麦穗的廉洁之士，并以音乐与圣歌伴奏。一辆乳白色的公牛拖的车子装载着成捆的金黄色玉米。在它之后，牧羊人与牧羊女以大自然代表上帝的一种形态与声音。在一只装饰战神的浅盆中，是最知名的法国艺术家大卫雕刻的一座冠以无神论的疯狂象征的木头雕像。他还完成了一座象征全胜智慧的雕像面对着这个场面。罗伯斯庇尔，美德的化身，将一支火把放在无神论雕像上，但是逆风把火焰吹到了智慧雕像上。一篇大体上高洁的题献显示："法国人民承认上帝与不朽的灵魂。"类似的典礼在全法国进行。罗伯斯庇尔很高兴，但比兰-瓦伦告诉他："你开始用你的上帝烦扰我。"

两天后，罗伯斯庇尔劝使国民公会宣布加强恐怖，他曾借宗教节日谴责赫伯特，如同他应付并反抗丹东时一样。《牧月法令》（1794年6月10日）认可死刑适用于主张君主立宪制或毁谤共和国、违反道德、散布谣言、偷窃公共财物、投机获利或挪用公款、阻挠食物运输、以任何一种方法干预战争之人。此外，这项法令授权法院决定是否允许被告辩护、什么证人应加审问、何时证据审查应予终止。"至于我自己，"一位陪审员说，"我永远确信，在一次革命中所有被带至革命法庭的人必须加以定罪。"

恐怖的加强获得一些谅解。5月22日，一项计划要谋害赫波斯。5月23日，逮获一名企图暗杀罗伯斯庇尔的年轻人。国民公会相信有外国阴谋计划刺杀大革命领袖，因而宣布不分配住所给英国或汉诺威的战俘。巴黎监狱扣压了约8000名可能暴动或逃亡的嫌疑犯，他们必须以恐怖镇压。

"大恐怖"因此开始了。从6月10日延续到7月27日，不到7个星期，1376名男女被斩首——比自1793年3月到1794年6月10日被斩首的总数还多155名。富基埃-坦维尔描写掉落的人头"如同屋顶落瓦"。人民不再按计划做事，只愿待在家里并留意他们所说的每句话，社交生活几乎停止，酒店与妓院几乎无人问津。国民公会本身形同虚设，从原来的750名代表减为117名，许多代表回避投票，唯恐做出有损他们名誉之事。即使公安委员会的委员，也畏惧他们将处于新的三驾马车政治——罗伯斯庇尔、库东与圣茹斯特的斧下。

也许战争导致有权势的人屈服于强烈的权力集中。1794年4月，柯布哥亲王率领另一支军队进入法国，任何一个法国防卫者的失败都可能导致巴黎的恐惧与混乱。英国舰队的海上封锁使法国无法得到美国的补给。直到一支英国舰队（6月1日）被法国护航船队击败，才能让重要货物运至布雷斯特。6月25日，一支法国陆军阻挡入侵者于沙勒罗瓦。隔日，圣茹斯特率领的法国军队在弗勒吕斯获得决定性的胜利。柯布哥撤离法国，儒尔当与皮舍格吕于7月27日越过边界，在安特卫普与列日建立法国主权。

胜利地击退外国君主的入侵可能减轻了罗伯斯庇尔的压力。一般安全委员会与公共安全委员会互相争夺政治权力，在后一团体中，比兰－瓦伦、赫波斯与卡诺使用暴力反抗罗伯斯庇尔与圣茹斯特。感觉出他们的敌对，罗伯斯庇尔避免参加7月1日至23日的会期，以期缓和他们对他领导权的憎恨，这却给予他们更多策划消灭罗伯斯庇尔的机会。此外，罗伯斯庇尔的战略犹疑不定：7月23日，他屈服于商人的申诉，签署了一项设定最高工资的法令，因而激怒了他以前的支持者。事实上，由于通货膨胀，这道法令使工人们现有的工资仅及以前价值的一半。

从各省回到巴黎的恐怖分子——富歇、弗雷隆、塔利安、卡里尔——表示，他们性命的保全决定于能否除掉罗伯斯庇尔。召他们回巴黎的罗伯斯庇尔要求他们说明他们的任务。"富歇，告诉我们，"他问道，"谁派你告诉人民世上无上帝？"在雅各宾俱乐部，他建议富歇就有关他在土伦与里昂的任务接受质问，否则将丧失会员资格。富歇拒绝接受审问，而且公布一张名单，其上列有将被罗伯斯庇尔送上断头台的新候选人，作为报复手段。至于塔利安，他无须如此刺激。他迷人的情妇卡巴吕斯，于5月22日遭到罗伯斯庇尔的逮捕，谣言传出她送给塔利安一把匕首。塔利安发誓，不计任何代价使她获释。

7月26日，罗伯斯庇尔在国民公会做了最后的演讲。代表对他有敌意，因为他们中有许多反对他迅速处死丹东，而且责备罗伯斯庇尔使国民公会无能。他尝试答复这些质问：

同胞们……我必须公开心中的秘密，而你们必须了解事实……我来到这里是为了消除严重的错误。我是来阻止某些人想将此自由神殿充塞可怕而不调和的誓约……这个恐怖与耻辱的制度是依据何种基础……我们必须向谁展示我们的恐怖……害怕我的人是暴君与恶棍或是善良百姓与爱国志士……我们应将恐怖打入国民公会吗？没有国民公会我们将成为什么？我们曾冒生命危险来保卫国民公会，世上的人都看到可恶的党派策划摧毁它时，我们奉献自己以维护它的存在……谁是阴谋者首先打击的对象？我们正是他们要暗杀的，我们正是他们所称的法国苦恼……不久之前他们向公安委员会公开挑战。他们最后的目的是消灭某一个人……他们称我为暴君……他们想迅速证明大革命法庭是一个流血的法庭，是由我一手造成的，而且由我全权掌握——为了杀害所有善良的人民……

此时此地，我不敢指出姓名（这些被控诉者）。我不能亲自撕下掩盖罪恶的神秘面罩。但我可以确切地断定：在阴谋策划者中，有些人是外国人用金钱收买的间谍，有计划地毁灭共和国……这些虚伪的卖国贼，在虚伪外表的掩护下，控诉原告并加倍运用策略……来隐藏事实。这是阴谋的一部分。

我的结论是……暴政控制我们，但并非让我必须保持沉默。人们如何能责备一个真理在他那一边，并知如何为国牺牲的人。

这次历史性演讲中有一些谬误——使人惊异，这是一位始终在政治陷阱边缘选择道路的人。权势可使人疯狂与腐化，降低深谋远虑的能力，增加行动的仓促。演讲的内容——无知的骄傲，推定"真理在他那一边"的人——可能是明智的，不过仅及于苏格拉底接近死亡时的状况。以死来威胁他的敌人，这是很不聪明的。更不聪明的是过分相信国民公会，却不畏惧恐怖政治。更糟的是，由于拒绝提出他所要控诉的姓名，他使更多的代表认为他们会在将来成为他愤怒的受害者。国民公会冷静地接受他的建议。罗伯斯庇尔于该夜在雅各宾俱乐部重复他的演讲得到热烈喝彩，在那里他公开攻击比兰－瓦伦与赫波斯。他们回到公安委员会后，发现圣茹斯特正为他们写诉状。

次日清晨，7 月 27 日（大革命历 11 月 9 日），圣茹斯特以敌对的态度与恐怖的心情将诉状呈给国民公会。罗伯斯庇尔面对演讲台坐着。他挚爱的朋友迪普莱警告他会有麻烦发生，但罗伯斯庇尔有信心地向这位预言者再度保证："国民公会是公正的。所有的民众也是公正的。"很不幸，那天主持的官员是与他有不共戴天之仇的赫波斯。圣茹斯特开始念起诉书时，塔利安跳上讲台，将年轻的原告推置于一边，并高喊道："我请求撕掉诉状！"勒巴忠于圣茹斯特，企图帮助他，但是他的话为成百的声音掩盖。罗伯斯庇尔请求有受审的机会，但也被大声喝止。塔利安高举着武器，宣布："如果国民公会没有勇气宣判对他的控诉，我将用武装我自己的短剑刺穿他的胸膛。"

赫波斯将他的椅子让给杜里奥，因为他曾是丹东的盟友。罗伯斯庇尔走近讲台并高声说话，但杜里奥的铃声将大多数罗伯斯庇尔的话掩盖。尽管如此，他说的话仍然有部分压倒喧哗："这是最后一次请你们给予我说话的机会！"国民公会代表大声吼叫，反对这种形式的演讲，一位代表说出使他致命的话："我请求逮捕罗伯斯庇尔。"奥古斯丁·罗伯斯庇尔像罗马人般大声说："我与我的兄弟有相同的罪过，我分享他的美德，我请求与他一起被逮捕。"勒巴斯恳求，也获得同样的待遇。判决以投票方式通过。警察将两位罗伯斯庇尔、圣茹斯特、勒巴斯与库东带至卢森堡监狱。

巴黎市长莱斯柯命令将犯人移至市政厅，在那里他们受到贵宾的款待，并得到保护。巴黎公社的领袖命令首都国民卫队长昂里奥，率领军队至土伊勒里宫，并占领国民公会一直到逮捕令撤销。但是昂里奥喝得酩酊大醉，不能执行他的任务。代表们指派巴拉斯召集一队宪兵赶到市政厅，将犯人再次逮捕。市长再度向昂里奥求助，他仍然不能将巴黎的国民卫队集合起来，却将无套裤汉临时召集起来，但是他们对这位降低他们工资而且杀死丹东、德穆兰、赫伯特与肖梅特的人现已少有敬爱。天空开始下雨，他们解散，回到他们的工作单位或家里。巴拉斯与他的宪兵很轻易地控制了市政府。罗伯斯庇尔企图自杀，但是他持枪的手控制不稳以致子弹仅射穿脸颊，打碎了他的下巴。勒巴较为镇定地用枪射穿自己的头颅。奥古斯丁由窗子跳出时摔断一条腿。库东由于双腿失去知觉，跌落至楼下，一直躺在那里，最后宪兵将他与罗伯斯庇尔、圣茹斯特带至监狱。

第二天下午（1794年7月28日），4辆死刑犯护送车运送这4人，与莱斯柯、昂里奥及其他16人一起送至协和广场断头台。在途中，他们听到了旁观者的呐喊："打倒极权！"他们还发现有上流社会的观众在等候：俯视广场的窗户都以高价出租，女人们打扮整齐如同参加宴会。罗伯斯庇尔的头被高举时，群众发出一阵满足的欢呼。多死一个人可能并不表示什么，但是巴黎人觉得此人之死表示恐怖即将结束。

温和派（1794.7.29—1795.10.26）

7月29日，大革命历11月9日的胜利者处决70名巴黎公社的社员。暴虐的《牧月法令》被废止于8月1日，被囚禁的罗伯斯庇尔反对者获得释放，他的一些党徒锒铛入狱。大革命法庭被整顿并准许公平审判，富基埃—坦维尔被要求为他的记录辩护，但是他的机智保全他的性命至1795年5月7日。公共安全委员会与一般安全委员会幸存，但是他们的势力已被削弱。保守派的定期刊物盛起，激进派的杂志因没有民众的支持而停刊。塔利安、富歇与弗雷隆发觉到只要国民公会不注意他们在恐怖政治中扮演的角色，他们仍可获得新的领导地位。雅各宾俱乐部全部关闭（11月12日）。山岳党权势减弱，在12月8日幸存的73名吉伦特派的代表重新获得他们的席位。资产阶级再次房获大革命。

政府的宽纵使宗教为之复兴。除了较小部分的人民接受过大学教育及中上阶层受到启蒙运动的影响外，多数的法国人民，几乎所有的法国妇女，喜爱圣人与天主教历的节庆超过罗伯斯庇尔无根据的庆典与无定形的上帝。1795年2月15日，新政府与旺代的反叛者签订一项和平条约，以保证他们的信仰自由。一个星期之后，它被推及到整个法国，同时政府请求与教会隔离。

较为困难的是同时满足那些长久对峙的矛盾双方：生产者与消费者。生产者强烈要求取消最高价格，消费者要求终止最高工资。国民公会现在受制于自由企业、竞争与贸易的热心崇拜者，并听取不能相容的起诉及最高价格限制的废除（1794年12月24日）。现在工人可自由寻求较高的工资，农人与商人对所有的交易可自由索价。物价波动剧烈。政府发行以土地为担保的新指券代替一般的纸币，但是它们的贬值速度超过以前。1蒲式耳[1]的面粉1790年花费巴黎人2指券，1795年却花费225指券，一双鞋子的价钱由5指券涨到200指券，一打鸡蛋由67指券涨至2500指券。

1795年4月1日，巴黎几个区两度因为面包价格发生暴动。一些无武装的群众冲入国民公会，要求获得食物并终止对激进派的迫害。几名来自山岳党的代表支持他们。国民公会答应予以迅速救助，但它召集了国民卫队驱散暴徒。是夜，国民公会放逐激进派的领袖——比兰-瓦伦、赫波斯、瓦底尔——至圭亚那。巴雷尔与瓦底尔逃走，比兰-瓦伦与赫波斯被送到南美殖民地过着艰苦的日子。在那里这两位反对教权的人病倒，但受到修女的照顾。比兰-瓦伦幸存，娶了一位黑白混血的奴隶为妻子，甘心过着农夫的生活，于1819年死于海地。

民众的示威演变成暴动。招贴出现于街头，要求民众起义。5月20日，一群妇女与武装的男子冲进国民公会，高喊要求面包，要求释放被逮捕的激进派分子，最后要求政府放弃权位。一名代表被射

---

[1] 一种计量单位。在英国，1蒲式耳等于8加仑，相当于36.268公升。在美国，1蒲式耳相当于35.238公升。

杀，他的头被割下，被一根矛杆举起，置于国民公会前。主席安格拉，予以正式的礼遇。最后大雨与军队驱散了请愿者。5月22日，皮舍格吕将军率领的军队包围工人的圣安东尼区，而且命令剩余的叛徒投降。11名山岳党的代表被捕并受控共谋叛乱，2名逃亡，4名自尽，5名自杀未遂者奄奄一息，立即被送上断头台。一名保王党的代表鼓动逮捕卡诺，有人反对："他带来我们的胜利。"因此卡诺得以保全性命。

　　1795年5月和6月，"白色恐怖"激烈地进行着。这一时期的受难者是雅各宾派，审判者是资产阶级的"温和派"与宗教团体"耶稣派""耶和派""太阳派"。在里昂（5月5日），97名以前的恐怖分子被屠杀在监狱中。在法国东南部艾克斯昂省又有30名人犯以"残酷之极"的罪名被斩首（5月17日）。同样的情形发生于阿尔勒、阿维尼翁与马赛。在塔拉斯孔，200个蒙面人于5月25日夺取城寨，捆绑犯人，并将他们丢进罗讷河。在土伦，工人们奋起反抗新的恐怖。伊斯纳，一名被释放的吉伦特派成员，率领军队镇压工人并将他们消灭（5月31日）。恐怖并未结束，只是形式上有所改变。

　　胜利的资产阶级不再需要劳动阶级的联合，因为它已赢取一般民众的支持，而且这些胜利使他们连同无套裤汉都提高了威望。1795年1月19日，皮舍格吕占领阿姆斯特丹，威廉四世逃亡到英国，荷兰变成法国保护下的"巴达维亚共和国"有10年之久。另外的法国军队再度占有莱茵河下游的左岸地区。同盟国溃败而且失和，使法国轻易取得波兰。普鲁士全力防阻俄国从第三次瓜分中（1795年）获取一切，并派密使先到巴黎，然后至巴塞尔谈判，以获得与法国之间的和平。国民公会提出苛刻的要求，他们因为胆怯而不敢趋向和平，和平将使巴黎或其他各处许多饥渴的军队牺牲占领地利益以维持生存，而且使一些需要面包与工作的城市增加罪恶、疾病与骚动。一些不安分的将领——如皮舍格吕、儒尔当、奥什、莫罗是否能抗拒诱惑不以武力夺取政权？因此，国民公会派遣巴泰勒米至巴塞尔传送命令，保持法国对莱茵河下游左岸地区的控制。普鲁士抗议但让步了，萨克森、汉诺威与黑森－卡塞尔照样行事。6月22日，西班牙割让伊斯帕尼奥拉岛东部的多明戈给法国。法国与奥地利和英国的战争仍然持续着——正好使它的士兵停留在前线。

6月27日，3600名移民由朴茨茅斯搭乘英国船只，登陆布列塔尼的基伯隆，并会合"法国西部起义者"（Chouan）极力鼓动旺代叛乱。奥什以一次辉煌的战役击败他们（7月21日），并借塔利安的提议，国民公会处决了俘虏的748名移民。

1795年6月8日，10岁的太子死于狱中。很明显，并非是因疾病所致，而是因瘰病与意志消沉。保王党因此承认，路易幸存的两位兄弟中年龄较长并移居在外国的普罗旺斯伯爵为路易十八，并决心拥护他登上法国王位。非改革派的波旁皇族宣布（1795年7月1日），如君位能予恢复，他愿重建法国大革命前的社会与政治制度，并具有至高的君主与封建权力。因此法国的资产阶级、农民与无套裤汉始终联合支持拿破仑对外的许多场战争。

然而法国已厌倦大革命，而且开始接受一些出现在刊物、巴黎上流妇女招待沙龙及有威望的君主主义者的意见：只有传统与合法继承的国王，能够使遭受3年政治与经济动乱、宗教分裂、持续战争之苦，在不稳定的生活中变得恐惧而忧愁的人民，重新获得法治与安全。一半或一半以上的法国南部地区疏远巴黎及其政治家。在巴黎，曾为无套裤汉掌握的地方性会议，现在逐渐为商人控制，有些已被保王党虏获。在戏院中那些提到1789年前"美好往日"的台词受到热烈的喝彩。本质上具有叛意的年轻人，现已反抗大革命，他们称自己组成的一群人为花花公子（纨绔子弟）、奇特的人（畸形的人）、喜好打扮的人（堕落的人），以他们的富有、奇怪的装束、蓄留或卷曲的头发为傲。他们在街头闲逛，参与危险的俱乐部，并大胆地公开保王党的思想。革命政府的支持减少，以致谣传国民公会即将解散时，民众为之欢呼，一些巴黎人甚至在街上跳舞。

但是，国民公会接近灭亡的时候，1795 年 6 月它开始起草另一部与民主有关的、但与从未实施的 1793 年宪法大为不同的宪法。现在，它采用两院制的议会，任何一项由下议院提出的较为直接影响民众的行动与新观念的法律的创制措施，必须经上议院资深而有经验的议员同意。民众表示安格拉的智慧与沉着不足以决定一国的政策。因此《共和国三年宪法》(*Constitution of the Year III*，由 1794 年 9 月 22 日开始) 修订人权宣言，以防止产生道德与权力常见的谬误。它省略一项"人是生来具有自由与平等权利"的主张，而且解释平等仅表示"法律对任何人都是一样"。选举是间接的：投票者选出代表他们本省的"选举人团"(electoral college)，这些选举人将选出国家的立法机构、司法部与行政机构的组成人员。选举人资格限于财产所有人，以致只有 3 万名法国人民有资格选举政府。妇女投票权被一个国民公会的代表提出，但由于另一个代表询及"坚持丈夫的意愿不是她自己的意愿的妻子，在哪一点是好妻子"而被放弃。政府管制经济被认为不合于实际，遏阻商业的发展，延误国家经济的成长。

新的宪法包括一些自由主义成分：它确定宗教自由与"安全界限"内的出版自由 (当时大部分为中阶层控制)[1]。此外，宪法的批准是付托于成年男子的选举权，并附带一项惊人的条件：新议会中 2/3 的议员必须为现存的国民公会代表，如果此数目未能被选出，现有的其他代表则互选出议员，以弥补这个 2/3 的数目。这一主张辩称，有生命危险的代表必须保留，是为了经验与政策的持续。投票者是善良而和顺的：95.8226 万张投票总数中，94.1853 万张接受此宪法。对 2/3 条件投票的总数为 26.3131 万张，其中 16.7758 万张赞同。1795 年 9 月 23 日，国民公会使新宪法成为法国法律，并准备有秩序地解散自己。

不顾及它数月的无法制与恐怖，屈服于它的公安委员会，而且在无套裤汉的统治下受到代表资格被排除的威胁，它仍然取得一些成

---

[1] "自由主义的"(Liberal) 应用到经济学与政治学时，指最小政府权力下的自由经济。

就。它在某些失去法律灵气与根基的城市中维持法律规则；它融和资产阶级被赋予的权力，并企图控制商人的贪婪而使动乱社会中的民众免于饥饿；它组织并训练军队，提拔能干而有热诚的将领，排拒权势的联盟，而使法国在莱茵河、阿尔卑斯山、比利牛斯山与大海的天然疆界屏障下安然无恙；它还设立十进位制度，成立自然历史的博物馆、工科大学与医学院，设立法国研究所。现在它觉得，经过3年来奇迹般的幸存，它应该得到和平的终了。

但是它的结局与流血有关。劳动阶层与保王党占领了巴黎证券交易所附近的莱皮莱狄地区，发起暴动。基于他们不同的理由，其他的党派参加了这次暴乱。他们总共拼凑了2.5万人，前进到可控制土伊勒里宫与国民公会的位置（革命历1月13日，1795年10月5日）。惊恐的代表们临时任命巴拉斯负起防御任务，他指派当时闲居于巴黎的26岁的拿破仑，集聚人员、补给大炮。这位土伦的英雄知道大炮被藏于何处，派缪拉与一支军队取得它们，并将它们安置在俯视暴徒的位置上。解散的命令被大声传递过去，但不被理睬。拿破仑于是命令他的炮兵射击，约200到300名围攻者被射倒，其余的逃之夭夭。国民公会幸存于最后的严酷考验，而拿破仑无情地开始他在近代历史上最壮观的事业。

10月26日，国民公会宣布解散，并于1795年11月2日开始大革命的最后阶段。

第五章 | **督政府**
（1795.11.2—1799.11.9）

新政府

新政府由 5 个部门组成。第一，五百人院（Council of Five Hundred），授权提出与讨论议案，但不能使其成为法律。第二，元老院（Council of Ancients），他们必须已婚而且年纪在 40 岁以上，不得创立法律但可驳回或批准由五百人院提呈的"决议"。由这两院[1]组成的立法机关的全体议员，每年由选举团投票替换其中的 1/3。政府的行政部门是督政府（Directory），由 5 人组成，至少年满 40 岁，五百人院提出 50 名候选人，元老院从中选出 5 人，其任期为 5 年。每年都要新选出一位督政（director）以替换其中之一。除此三个部门外，尚有彼此独立的司法与财政两个部门，是由各地方选举团选出。这是政府的一种内部制衡，使胜利的资产阶级不会受制于难以驾驭的民众。

督政府设在卢森堡宫，不久即成为政府最有力的部门。它掌握陆军与海军，决定外交政策，监督内政、外交、海事与殖民地、陆军与

---

[1] 元老院、五百人院分别又称为上院、下院。

财政等各部的部长。由于领导权力的自然向心移动的倾向，督政府成为一个独裁的执政部门，其独立不羁如同公共安全委员会。

首先被选为督政的 5 人是巴拉斯、拉勒韦利耶尔、勒贝尔、勒图尔纳与卡诺。他们都是弑君者，其中 4 人属于雅各宾派，巴拉斯曾为子爵。现在他们使自己适应资产阶级的制度。他们都很精明能干，但除了卡诺外，他们都因过分正直而不出名。如果侥幸生存才是价值的考验，那么巴拉斯体现出了这种价值，他辅佐过路易与罗伯斯庇尔，一直到他们被送上断头台，用计策安全地渡过一个接一个的危机，替每个统治者聚敛财富与权力，他还给予拿破仑军队和一位妻子，而且他的寿命比他们都长。他在悠闲的情况下死于巴黎，享年 74 岁（1829 年）。

1795 年，督政府遭遇的困难可被善变的民众解释为该政府失败的某些理由。巴黎的民众一直面临穷困，英国的封锁增加了内部经济的混乱，因而阻碍粮食与商品的市场活动。通货膨胀使货币贬值，1795 年需用 5000 指券方可买到 1790 年时仅值 100 指券的物品。财政部按指券面值支付公债利息时，那些曾投资政府债券作为晚年养老利息收入的人，发现他们成为贫民。成千的法国人狂热地购买股票以逃避通货膨胀，价值上涨到顶端时，投机者抛出所有的股票，于是他们竞相出售价格惨跌的股票。无知的民众发现他们的储蓄被少数的聪明人赚去。财政部已丧失人民的信任，宣布于 1795 年破产。富人放贷取利，造成商品价格上升、奢侈品交易衰退、失业增加，战争与通货膨胀持续着。

在动乱与贫穷的包围下，共产主义的梦想曾鼓舞马布利于 1748 年、莫雷利于 1755 年、兰盖于 1777 年，继续努力使绝望的穷人内心感到温暖，1793 年它获得雅克·卢的共鸣。1796 年 4 月 11 日，巴黎劳动阶层的住宅区张贴布告建议"分析巴贝夫的教义"，其中一些条款为：

1. 大自然赋予每个人平等的权利享用所有的财物……

3. 大自然使每个人负有劳动的义务，无人在不犯罪的情况下可免于工作……

7. 一个自由的社会应该是既无富人也无穷人。

8. 不能分割过剩的财物济助穷人的富人，将是民众的敌人……

10. 大革命的目的是消灭不平等，并建立共同的幸福。

11. 大革命未到结束的时候，因为富人榨取财物、独占权势，穷困的劳工事实上却是奴隶……对国家无足轻重。

12. 1793 年宪法是法国真正的法律……国民公会打倒要求实施法治的人民……1793 年宪法准许每个公民不可剥夺的权利是行使政权，猎取他认为有用的，让自己受教育，并使自己不死于饥饿——1795 年反革命的法令（宪法）完全、公开违背这些权利。

巴贝夫生于 1760 年，历史首次记载的是 1785 年他为地主雇用，并对农民强制实施他们的封建权。1789 年，他改变立场，并要求废除封建税。1794 年，他定居巴黎，因为攻击大革命的制度而被逮捕，并于 1795 年逃脱后成为一名热忱的共产主义者。随即他组织平等协会。他以"公共安全起义委员会"签署的"起义法规"的宣言，贯彻了他的"分析"。其中几项条款是：

10. 议会与督政府为人民权利的掠夺者，应予解散。他们应即受人民的审判……

18. 公有与私有财产由人民监管。

19. 结束大革命，并将自由、平等与实施 1793 年宪法作为任务赋予共和国，委托给一个国民组织的"议会"，它由起义民众提名的起义委员会任命的各地方民主党员组成。公共安全起义委员会直到起义完全成功为止。

这似乎是另一种独裁政治出现的不祥预兆，统治者将由罗伯斯庇尔变为巴贝夫。在他的《人民论坛》（*Tribune du Peuple*）中，他扩大他的幻想：

> 那些拥有社会财富超过他们应有比例者，其财富得自偷窃与盗取，因此从他们之处取回是合理的。一个人能证明以他自己的力量可赚取或可做的，相当于4个人的能力，他依然有害于社会，因为他破坏了均衡与……珍贵的平等。社会教育必须进步到可剥夺每个富人、权势者，或以他的开明与智慧成为杰出者的希望。不和谐胜过由饥饿扼杀的可怕和谐。让我们重新回到混乱，再由混乱中产生一个革新的世界。

一名密探向督政府密报巴黎劳动阶级阅读巴贝夫的海报和刊物的人数不断增加，而且计划于1796年5月11日发动武装暴动。5月10日，督政府发布了一项命令，逮捕巴贝夫及其主要党羽：博纳罗蒂、达塞、瓦底尔与德鲁埃。在一年监禁期间，使他们逃脱的计划都相继失败，他们于1797年5月27日受审于旺多姆。博纳罗蒂被判监禁，德鲁埃逃亡。巴贝夫与达塞被判处死刑，企图自杀，却在自尽前就被迅速地送上断头台。他们的计划显然非常不切合实际，非常无人性，以致连巴黎的劳动阶级都不曾认真地予以接受。此外，1797年以前，法国的穷人与富人们已发现一位新的英雄人物，他是人类历史上最具魔力的梦想家与实践家。

年轻的拿破仑（1769—1795）

"任何智慧的运用，"阿克顿（Lord Acton，英国历史学家）说道，"都比不上看拿破仑运用心智更使人心神爽快的了，他是历史上最著名、最有才能的人。"但在今天谁能认为阿克顿真正而完全地了解了这个人？事实上有约 20 万本书与小册子描写过拿破仑：他曾被 100 位知名的历史学家视为努力奋斗以求欧洲统一与法治的英雄，也被 100 位知名的历史学家视为榨干法国鲜血、蹂躏欧洲，以满足权力与战争贪欲的食人魔。"法国大革命，"尼采说道，"使拿破仑能成功，那是最主要的理由。"拿破仑曾在卢梭的墓前沉思，低声默语："如果我们两人都未出生于世上，也许国家会有较好的境况。"

1769 年 8 月 15 日，拿破仑生于阿雅克肖（Ajaccio）。但在 15 个月前，热那亚已将科西嘉出让给法国，而且早在两个月前法国军队就以镇压保利（Paoli）的暴乱使此项交易生效。如此琐碎之事却使历史因而改变。25 年之后，拿破仑写信给保利："我出生于国家濒临灭亡之时。3 万名法国人不自愿地放弃我们的海岸，并将自由的王位沉于血海中，如此可恨的情景刺伤了我年幼的心灵。"

李维说道："科西嘉是一座崎岖、多山、几乎无人居住的小岛。岛上的居民就像这个地方，如同野兽般凶猛而无法管理。"与意大利的交往已减轻其野蛮的程度，但是这块高低不平的台地，艰苦而且近于原始的生活、深深的家族仇恨、激烈地反抗侵略者，使保利时期的科西嘉人仅适合于游击作战或雇佣兵事业。文明成长于都市中。但在莱蒂齐亚身怀拿破仑的大部分时间，她跟随她的丈夫与保利到处流浪，居住在帐篷或山上的小木屋中，呼吸战争的空气。她的孩子似乎在娘胎时就记住这一切。他永远是一位科西嘉人，除了出生日期与教育外，他还是一位意大利人。所以，他为法国征服意大利时，意大利人欣然迎接他，他是占领法国的意大利人。

他的父亲卡洛可追溯其家系至意大利历史上一个强大的种族，这个族群大多数时间居住在托斯卡纳，后来迁到热那亚，16 世纪移民至科西嘉。这个家族蕴藏的高贵血统已为法国政府承认。但是，这个家族没落于大革命时期，因为一个贵族的名位是走上断头台的前提。卡洛是一个具有适应新环境才能的人，他在保利的领导下为科西嘉人的自由而战。行动失败后，他谋求与法国之间的和平，服务于佛朗哥政府的行政部门，这使他两个儿子获得进入法国军校的入学资格，并被科西嘉的贵族选为"国会议员"。拿破仑的灰色眼睛与使他致命的胃癌可能遗传自他的父亲。

拿破仑从母亲那里得到的更多。"我的成功与所有我做的善行都归功于我的母亲与她卓越的原则。我毫不犹疑地敢断言孩子的将来决定于其母亲。"他有她的精力、勇气、坚定的决心及对拿破仑家族的忠诚。莱蒂齐亚出生于 1750 年，14 岁结婚，35 岁就做了寡妇。1764年至 1784 年，她生了 13 个孩子，其中 5 个夭折，其他的子女都受到她严格的管教。她分享他们的骄傲，也承受他们的失败。

拿破仑是她第四个孩子，也是第二个撑过了年幼时期长大成人的孩子。长子约瑟夫是一位和蔼而有修养的享乐主义者，做过那不勒斯与西班牙的国王，他想成为法国第二位国王。在拿破仑之后是吕西安，助拿破仑于 1799 年夺取法国政府之后，变成他的劲敌，后帮助拿破仑恢复百日王朝。然后是埃莉萨，骄傲、能干而高贵的托斯卡纳公爵夫人，她于 1813 年反抗她的哥哥，但比他早死。然后是路易，他娶了奥尔唐娜，成为荷兰的国王，而且生了拿破仑三世。然后是波利娜，美丽而放荡，嫁给博尔盖塞皇太子。"波利娜与我，"拿破仑回忆道，"是母亲最宠爱的，因为波利娜是我姐妹中最美丽而有洁癖的人，而且她的本能觉察出我将使这个家庭宏伟壮大。"然后是卡罗琳，她嫁给缪拉并成为那不勒斯的王后。最后是热罗姆，他建立拿破仑家族于巴尔的摩，并高升为威斯特伐利亚的国王。

1779 年，卡洛从法国政府获得一项特权，将拿破仑送进布里安的一所军事学校，该校在巴黎东南方约 90 英里处。在这个男孩的生命中，这是一件大事，由此认定了他的军人生涯，并以战争决定了他的生活与命运。布里安对于这位年轻人来说是一个痛苦的过程，他远离家庭到一个陌生而严格的环境，其他的学生不能忍受他的骄傲与脾气，这似乎是非常不适合他隐含的高贵的。"我尽量忍受同学的嘲笑，他们挖苦我是一个外国人。"这位年轻的不随俗者致力于他的研究、书本与梦想。他沉默寡言的脾气为之加深，他甚少讲话，不轻易相信任何人，而且与这个企图要折磨他的世界隔绝。但有一个例外，他与布里埃内结为朋友，他们相互保护，彼此攻击，在长期的分离后，布里埃内成为他的秘书（1797 年），并与他保持密切的关系，一直到1805 年。

和同学的隔离使这位年轻的科西嘉人努力学习以求上进。他逃避对拉丁语的研读，因视其为死亡的文字。他不喜欢维吉尔诗的优雅或塔西佗简洁的文体。他在文学与艺术方面所获不多，因为教师大多不能使他产生兴趣。但是他非常喜欢数学，这门学科可以训练他的思维清楚与正确判断，无偏见与争论，而且对一名军事工程师有持久的用途，他在这门课程上名列前茅。他也喜欢地理，研究不同地形的土地、人民与食物。如同卡莱尔，他认为历史是对英雄的崇拜和纪念，特别是教导国民或塑造帝国。他喜爱普卢塔克甚于欧几里得。他沉醉于那些古代爱国志士的热忱和那些历史性的战争。"你无任何新思想，"保利告诉他，"你整个属于普卢塔克。"他了解海涅所说的，他念过普卢塔克的作品后，渴望骑乘战马征服巴黎。拿破仑擅长侧面攻击，由意大利与埃及达成这个目的（征服巴黎）。

在布里安度过 5 年的光阴后，拿破仑现已 15 岁，而且是法国 12 所军校学生中被保送到巴黎军校深造者之一。1785 年 10 月，他被任命为拉费联队炮兵少尉，驻守在罗讷河边的瓦朗斯。他的年薪是1120 法郎。很显然，他必须将其中一部分寄给母亲以助抚养弟妹们。由于他的父亲死于 2 月，约瑟夫仍然非常贫穷，拿破仑变成这个家庭临时的家长。在他休假期间，他曾多次回科西嘉。他说，这是为"闻到它泥土的气息"，及它的"绝壁、高山与峡谷"。

在瓦朗斯与欧克索讷（1788 年），他以其军事科学与技术方面迅速的进步、敏捷的学习能力、具体建议的成果及其能随时参与炮兵管理的辛苦工作，赢得同僚的尊敬。他仔细阅读吉伯特的《一般战术评论》（1772 年）及其他军事性的文章。拿破仑不再是一个流浪者，他结交朋友，上戏院，听歌剧，学舞蹈，而且寻找风骚的女人。1787
年1月22日，他在巴黎度假时，他极力怂恿自己向一名妓女做了一
次未事先准备的冒险。"那晚，"他向我们保证，"是我第一次了解
一个女人。"然而结果使他心境忧郁。他独处时，他时时问自己，为
何他应继续活着。"虽然我有一天必须死去，我如能自尽那将更好不
过。"他不能想到任何愉快之处。

　　他利用空闲时间自修文学与历史。雷米萨夫人，后来成为约瑟芬
的宫女，认为他"愚昧、懒惰、草率"。但是，我们发现他在瓦朗斯
与欧克索讷时就念过高乃依、莫里哀、拉辛与伏尔泰的戏剧，并能背
出其中若干片段，重读阿米约（Amyot）翻译的普卢塔克的作品，阅
读马基雅维利的《君主论》、孟德斯鸠的《论法的精神》、雷纳尔的
《两个印度群岛的哲学故事》、马里尼的《阿拉伯史》、乌赛的《威尼
斯政府史》、巴罗的《英格兰史》等。他阅读时，勤做笔记和摘要。
他年轻时所做的笔记被保存下来的多达368页。他在个性上受意大利
文艺复兴的影响，在思想上接受法国的启蒙思想。他浪漫的气质符合
卢梭热情的散文与苏格兰传说中的诗人莪相（Ossian）的诗，他喜爱
他们的作品，"是因我也喜欢风与浪的呢喃声"。

　　他欢迎大革命的来临，并于1790年利用另一次休假策划如何使
民众对新政完全接受。1791年，他向里昂军官学校提出一篇论文——
为赢取雷纳尔提供的奖赏，题目是《什么是更能增加人类幸福的真
理》。也许被卢梭的《新爱洛漪丝》迷住并"影响他的思想"，这位
年轻的陆军军官答道：让他们了解简单的人生才是最好的人生，父母
带着子女耕作田地，享用其收获，而且不受都市的繁荣与堕落的影
响。一个人要获得幸福最主要是有食物与衣着、茅舍与贤妻，让他工
作、饮食、生子、睡眠，他将比王子还幸福。斯巴达的人生与哲学才
是最好的。"美德包含着勇气与力量……精力是生命的要素……强壮
者都是善良的，只有虚弱者才是邪恶的。"在这方面，年轻的拿破仑
附和特拉西马库斯，并接近尼采，尼采将拿破仑塑造成为一位达成权

势愿望的英雄以示致敬。在这些议论中，他有意谴责君主专制政体、阶级的特权与教会的虚假。里昂军官学校认为这篇论文不成熟而使其落选。

1791年9月，拿破仑再度返乡。他很高兴立宪会议通过法令让科西嘉成为法国的一省，而且将所有法国公民的特权赋予那里的人民。他收回要向这个国家报复的誓言，极力使自己成为一名法国人，他意识到大革命正在创造全新而辉煌的法国。1793年秋季，他自费出版他的作品《博凯尔的晚餐》（Le Souper de Beaucaire），他认为大革命是"爱国志士与欧洲暴君之间的殊死战"，并鼓励所有被压迫的人加入为人权奋斗的行列。但是，老英雄保利表示，只有他可获有此岛的充分权力，它的财源由法国提供且严格限制法国军队踏上科西嘉土地的情况下，他才认可科西嘉成为法国的一员。拿破仑认为保利的条件过分苛刻，不再崇拜他，并反对他于1792年4月1日在科西嘉首府阿维克肖市的选举。保利获胜，拿破仑返回法国。

6月20日，他在巴黎目睹暴民侵入土伊勒里宫，他惊奇于国王居然不命令他的瑞士卫队以排枪射击驱散"食人者"。8月10日，他看见无套裤汉与联盟代表将王室家族驱出王宫。他将群众比喻为"最低级的渣滓……他们绝对不属于劳动阶级"。由于他当时是一名陆军军官，他对大革命的支持必须做更多保留。1793年12月8日，土伦被占领时，他表明他的身份。罗伯斯庇尔的奖励是指派拿破仑为陆军准将，当时他才24岁。罗伯斯庇尔失势后，他被视为罗伯斯庇尔手下的雅各宾派并于1794年8月6日被捕。他被监禁于昂蒂布，原定要受审判并可能处以死刑，但是两周后他被释放，并被安排服非役军人劳务。1795年春天（他告诉我们）他徘徊于塞纳河，企图自杀，无意间邂逅一位朋友，这位朋友赠予他3万法郎，使他精神振作。拿破仑不久以后将加倍奉还。6月，安格拉描写他为"一个苍白而瘦小的意大利人，但他的作风勇敢而无畏"。他曾一度想回到土耳其，重组苏丹的军队，并在这个东方的王国创立他的事业。他也曾为陆军部拟订一份将奥地利人逐出意大利的战略计划。

1795 年 10 月 5 日，国民公会被保王党人与其他人士包围，他们委派巴拉斯担任防御。巴拉斯判断以排炮可以奏效，但没有大炮可就近使用。他曾听说过拿破仑所做的工作，因而指派在土伦的拿破仑去夺取大炮并加以使用。这些拿破仑都做到了，立刻为之成名，却声名恶劣。陆军部长需要一位勇敢而有进取心的统帅来领导意大利陆军时，卡诺（巴拉斯）推荐了拿破仑（1796 年 3 月 2 日）。7 天后，这位愉快的将军娶了美丽的约瑟芬。

约瑟芬

她是克里奥尔人——生长在热带殖民地上的法国或西班牙的后裔。地中海的马提尼克岛，约瑟芬于 1763 年出生在该岛奥尔良家族时，它已为法国统治 128 年了。她的伯父塔舍男爵是港口司令官。她的父亲曾是路易母亲玛利–约瑟夫王后家中的侍从。她受教于殖民政府所在地罗亚尔修道院。课程包括教义问答、写作、图画、刺绣、舞蹈、音乐。修女们相信这些比拉丁语、希腊语、历史与哲学更能让一个女人进步，约瑟芬证明她们是对的。她要变成蓬巴杜夫人所说过的"国王的宠物"。

16 岁时她被带至法国，并嫁给博阿尔内子爵，他仅 19 岁，但已是情场老手。不久，他经常长久外出而有外遇，使敏感的约瑟芬觉悟第六戒律并非为较高阶层而设。她将自己的爱奉献给她的两个孩子——儿子欧仁与女儿奥尔唐娜，他们也以一生的忠实报答她。

大革命来临时，博阿尔内顺应新的政权，因而多活了 5 年。但恐怖政治实施后，任何贵族的头衔都可能成为逮捕的理由。1794 年，博阿尔内与约瑟芬被收押，并分别监禁。他被处死于 7 月 24 日，在等待相同命运的约瑟芬接受了一位将军热情的追求。她是在罗伯斯庇尔倒下后获释的许多贵族之一。

　　她丈夫的财产被没收，这使她变得贫穷不堪，她还得抚养与教育她的孩子，约瑟芬利用她深蓝色的眼睛与忧郁的美结交塔利安，并成为日渐高升的巴拉斯的爱人。从博阿尔内没收来的财富大多数归还给她，包括一辆雅致的马车与几匹黑马，这使她仅次于塔利安夫人，而成为督政府社交界的领导人物。拿破仑形容她的客厅为"巴黎最杰出的"。

　　拿破仑参加过几次她的宴会，迷恋她成熟的妩媚、她从容自如的举止及她宽纵的父亲所谓的"非常温和的性格"。她却未动情于拿破仑，在她看来他是一个面黄肌瘦、收入微薄的年轻人。她遣使她的儿子（现已14岁），请求拿破仑帮助收回她丈夫被没收的剑。欧仁如此谦虚而令人喜爱，使拿破仑立刻答应。这件事情办成了，约瑟芬拜访他以示谢意，并邀请他于10月29日共进午餐。他应约而来，并征服了她。1795年12月上旬，她答应与他共寝，但他们不愿结婚。他在圣赫勒拿岛谈及往事："巴拉斯建议我娶约瑟芬，这算帮了我一次忙。他向我保证她适应新旧两种社会。这个事实带给我更多的鼓励，她的住宅是巴黎最好的，她还可除去我科西嘉的名字，最后经这次婚姻我将成为完全的法国人。"巴拉斯对她提出同样的建议，但为了某些缘故她仍考虑。巴拉斯向她表示，拿破仑是一个能利用各种迹象为自己在世上谋求很高职位的人。拿破仑不计较她以前的桃色事件。"你的一切都让我欢喜，"随即他写信给她，"甚至仍在你记忆中的你曾犯的过错……我都视为美德。"

　　1796年3月9日，他们举行完全平民化的结婚仪式，证人是塔利安与巴拉斯，并未邀请任何亲友。为缓和他们年龄上的悬殊——他27岁，她33岁——拿破仑登记为28岁，约瑟芬更改她的年龄为29岁。他们在她的屋中度过新婚夜，拿破仑被她的爱犬弄得极为难堪。"那位绅士，"他告诉我们，"占据夫人的床铺……我要它让开，但完全无效，我被劝说与它同睡一床不然就睡到别处，我必须接受否则就得离去。这位宠物比我还难以顺应。"最糟的是那只狗咬了他的腿，非常严重，致使疤痕长久不消。

3月11日，对权势与荣华的热忱使他暂别新欢，拿破仑离去，统率意大利陆军打了一次历史上辉煌的胜战。

意大利的旋风（1796.3.27—1797.12.5）

普鲁士与西班牙之间的条约使军事形势为之明朗化。但奥地利表示，只要法国固守在荷兰与莱茵河占领的部分，就不接受和平。英国继续海上的战争，并资助奥地利60万英镑以支持其在陆上的战争。奥地利自1713年起统治伦巴底。现在它和撒丁与皮埃蒙特的国王埃曼纽尔四世联盟，希望收复1792年被法国占领的萨伏依和尼斯。

督政府中的卡诺负责处理这项事务，并计划于1796年向奥地利进行一项三叉式攻击的军事行动。一支由儒尔当统率的法国军队，沿着桑布尔河与默兹河攻击奥地利的西北防线。另一支由莫罗率领，将沿着摩泽尔河与莱茵河袭击奥地利人。第三支由拿破仑统率，试图将奥地利人与撒丁人逐出意大利。儒尔当经过数次胜利后，被奥地利太子路德维希以优势军力击败于安贝格与维尔茨堡，并退却到莱茵河的西岸。莫罗进入巴伐利亚，几乎到达慕尼黑，获悉得胜的奥地利太子可能切断他的粮草路线或攻击他的后路时，他撤退到阿尔萨斯。督政府将最后的期望寄托在拿破仑身上。

3月27日到达尼斯后，他发现"意大利的军队"无力攻击那些困在由地中海与高耸阿尔卑斯山之间进入意大利的狭窄通道的奥地利与撒丁的军队。他军队的总数约为4.3万人，勇敢而习惯于山地战，但服装粗劣、皮鞋破烂、伙食极差，不得不以偷窃维持生存。他们中有3万人几乎不能参与艰苦的战役。他们缺少骑兵，几乎没有炮兵。受这位27岁统帅指挥的将领有奥热罗、马塞纳、拉阿尔普与塞苏里尔——他们的服役期都比拿破仑久，他们怨恨对他的任用，并决意要让他领教他们卓越的经验，但经过第一次会议，拿破仑自信并透彻地解释他的计划后，他们都心悦诚服。

他能使他的将领们折服，但逃不出约瑟芬的魔力，到达尼斯4天以后，他丢下地图与传令兵，以强烈的感情，写给她一封热情的信：

> 我无日不在想念着你，我无夜不想拥抱你。甚至喝杯茶都苦恼。我的军事抱负隔离了我与我生命中的灵魂。不论我是在拼命地经营事业，或统率我的军队，或检查军营，我都挂念着可爱的约瑟芬……
>
> 我很悲伤，我的心好像被捆住了，而且我想象着使我恐怖的事情。你不像过去一样爱我，你将在别处获得慰藉……
>
> 再见，我的妻子，我的折磨者，我的幸福……我爱的人，我恐惧的人，你是使我的情绪像大自然般温和，却又像受到大灾难般冲动的源泉。我并不要求你永远爱我或忠于我……而是仅要求你告诉我事实……造物主使我灵魂坚强而不屈，而使你镶有花边与披挂薄纱的……我的意向虽在于浩大的计划策略，我的心最后将归属于你……
>
> 再见吧！如果你不深爱我，你将永远不再爱我。那样我将为之非常可怜。

拿破仑

1796年3月31日，尼斯

在战云密布之下，他于4月3日和7日再度写信给她。他研判所有他获得的敌军情报：一支由博利厄统率的奥地利军队在热那亚附近的沃尔特里，另一支由阿根陶率领的军队在蒙特诺特较远的西部，还有一支由科利率领的撒丁军队在切瓦较远的北部。博利厄相信他的通信路线能使他的军队获得迅速支援，而且他的联军在数量上二比一胜过法国。因此，他合理地估计可击败法国的进攻。拿破仑的战略是秘密的，他迅速地调动大部分军队对抗敌军中的一部分，而且要在其他两支敌军援助来到之前，予以击败。这个计划牵涉法军迅速步行越过崎岖不平而多山的路径，这需要能吃苦、不屈不挠的战士。拿破仑用以鼓舞他们士气的第一个著名的宣言，影响其军力至大：

> 士兵们！你们既饥饿又贫穷。共和国亏欠你们太多，但她也无力偿付她的债务。我是来领导你们进入阳光普照下最丰饶的平原的。富有的省份，富裕的城镇，都将任你们处置。士兵们！如此的远景，你们怎能失去勇气与信心？

这是公开准许他们掠夺，但他如何能使这些无薪水的士兵忍耐长途行军后再作殊死战？拿破仑像大多数统治者与革命家，永远不让道德挡住胜利，而且相信成功将洗刷他的罪恶。意大利不应对她的解放付出代价吗？

他第一个战略目标是击溃撒丁的军队，劝撒丁的国王退出都灵至皮埃蒙特首府。一连串决定性、成功的交战——蒙特诺特（4月11日）、米莱西莫（4月13日）、代戈（4月15日）与蒙多维（4月22日）——粉碎了撒丁的军队，并迫使埃曼纽尔在凯拉斯科（4月28日）签订休战和约，割让萨伏依与尼斯给法国，而且实质性地退出战争。这些战役中，他敏锐而迅速地了解局势、困境与机会，他聪明与果断的命令，他完成深谋远虑的战略，经常由侧面或后面攫取敌人的战术的逻辑与成功，所有这些都给他的部属留下了深刻的印象。年老的将领将他的看法与判断化作信心而学会服从他，年轻的军官朱诺、拉纳、缪拉、马尔蒙、贝尔蒂埃显示出不断为他的主义效命的热诚。这些胜利之后，幸存的战士疲劳地到达蒙特·塞摩托高地——从那里他们能俯览阳光照耀下的伦巴底平原——许多战士不由自主地突然向这位英明领导他们的年轻人发出欢呼。

现在他们无须以抢劫维持生存，任何可推行法国法令之处，拿破仑都向富人与教会的教士团征税，并说服或命令城镇人民资助他的军队的生活费，以促成其有纪律的行为。4月26日，在凯拉斯科，他以聪敏的赞词向他的军队演讲，同时警告他们不得抢劫：

战士们：

你们在两个星期内赢得6场胜利，夺到21面军旗，55门大炮，并征服皮埃蒙特最富裕的地区……在无任何资源的情况下，你们完成一切应该做的。你们没有大炮却赢取了许多场战役，没有靴子也可急行军，渡过没有桥梁的河流，过着没有白兰地酒与经常没有面包的帐篷生活……感恩于你们的国家，它的兴隆依靠你们……

但是，战士们，就那些留待要办的事来说，你们迄今丝毫未做。都灵和米兰并不是终点……你们之中有什么人缺乏勇气？有什么人宁愿回头翻过亚平宁山与阿尔卑斯山的山顶，痛苦地忍受卑屈士兵的耻辱？不，在蒙特诺特、代戈、蒙多维的征服者中，没有这样的人，你们都应积极地宣扬法国人民的荣耀……

朋友们，我保证你们的胜利，但是你们必须发誓遵守一个条件。那就是尊敬你们拯救的人民，而且制止由我们敌人鼓动一些恶人所犯的可怕的抢劫。否则你们将不是他们的拯救者，而是他们的灾难……你们的胜利，你们的勇敢，你们战死的弟兄的鲜血——都将丧失，甚至危及名誉与光荣的成就。至于我和你们信赖的将领，都将羞于统率一个无纪律与无约束的军队……任何参与抢劫的人都不被宽恕并予以处死。

意大利的人民，法国军队是来打开你们的镣铐的，法国人是全世界人民的朋友。你们可大胆地款待他们。你们的财产、你们的宗教与你们的习惯将受到重视……我们除了打倒压迫你们的暴君之外，并无不利于你们的企图。

不顾这些请求与威胁，在此后的第一次战役仍有许多起抢劫。拿破仑处决了一些抢劫者，其他则予以赦免。"这些可怜的人，"他说，"是值得原谅的，他们渴望这久已想往之地有 3 年了……现在他们来到此地，他们希望占有它。"他让他们分享由"被拯救的"城镇中取得的奉献与物质得到满足。

在行军、战斗与外交事务中，他几乎每时每刻都在想他新婚不久即离开的妻子。现在她可能正安全地越过塞文山。在 4 月 17 日的信中，他请求她回到他身边。"快些来，"在 1796 年 4 月 24 日的信上，他写着，"我警告你，如果再迟延，你将发现我病了。这些劳累与你的不在我身边两者合在一起是超过我所能忍受的……迅速来此，放……一个吻在你的心上，另一个稍低些，另一个更低些！"

她忠实吗？她能够完全习惯他的生活，只满足于书信上的奉承吗？同年 4 月，一位 24 岁年轻英俊的军官查理接近她，5 月她请塔列朗去会晤他。"你将被他迷住，雷卡米耶、塔利安与哈默尔恩的夫人都因他失去理智。"她变得十分迷恋他，以致缪拉携带拿破仑的赠金要她到意大利与他会合时，她以生病为由予以拖延，而且让缪拉传话给他的长官，她有怀孕的迹象！拿破仑于 5 月 13 日写信给她："这是真的，你已怀孕了！缪拉……说你觉得不舒服，他不认为你做如此漫长的旅行是聪明的。因此我仍有一段较长的时间，不能获得紧抱你的欢乐……我将否认见到你怀孕小腹的喜悦吗？"他高兴过早，她将永不能给他生一个孩子。

同时，他率领他的部队经过 12 场战役获得伦巴底——富有而文明的米兰市。在阿达河西岸，他的主力挡住博利厄率领的奥地利主力部队。博利厄退却，过了一座 200 米的木桥，然后将其大炮放在可阻止法国军队渡河的位置。拿破仑命令他的骑兵向北前进，一直到他们找到渡河的浅滩为止，然后向南转进，攻击奥地利的背后。他的步兵隐蔽在城镇的房子与围墙之后，他亲自指挥他的炮兵轰击护桥的奥地利人的大炮。他的骑兵突然出现于河的西岸，并突击奥地利人时，他命令他的掷弹兵引路渡过木桥。他们尝试了，但被奥地利的大炮阻止。拿破仑向前猛冲并与拉纳和贝尔蒂埃共同领导他们前进。奥地利遭到致命性的打击（1796年5月10日），2000名士兵被俘虏。博利厄撤至曼图亚。法国军队经过一天的休息，进军到米兰。法国军队被拿破仑鲁莽但勇敢地暴露在敌人炮火下的行动所感动，授予他一个挚爱的头衔"小班长"（Le Petit Caporal）。

在此胜利后不久，他收到执政团一项让他十分为难的任务，以致他不得不冒险以一生的前途作为他的答复。那5位执政对拿破仑成功的消息甚为高兴，并在5月7日通知他将其军队分为两个部分：一部分由克勒曼统率，保护意大利北部的法国边境不受奥地利人的攻击；另一部分由拿破仑统率，向南推进并将罗马教皇国与那不勒斯王国收归法国控制。拿破仑认为这不仅是对他个人的侮辱，甚至是战略上严重的错误。攻击罗马教皇的权力不仅会激怒欧洲所有的天主教徒——包括法国在内——反抗大革命，而且天主教的奥地利已准备派出一支强有力的军队，由经验丰富的陆军元帅武尔姆泽尔伯爵统率，准备将拿破仑驱回法国。他回答道：意大利军队必须联合并补充兵力以维持它所获的利益，在一位统帅的领导之下这才能成功。因此，他将位置让给克勒曼将军，而且提出他的辞呈。

督政府获悉此消息，及拿破仑最近军事与外交成功的报告。这位年轻的将军对他的胜利引以为傲，觉得那些不明白实际情况的政客不能像他那样结合敌军的策略与法军情况，去胜任条约的谈判，于是他僭取和谈或战争的权利，而且决定让每座意大利城市或公国获得他军队的保护，并付出相应的代价以免受洗劫。因此，胜利进入米兰后（1796年5月15日），他与帕尔马公爵、摩德纳公爵及那不勒斯国王休战，他保证他们与法国之间的和平，而且保护他们不受奥地利的攻击，同时载明每一属国的捐赠，用以支付这份仁慈友好的代价。他们支出为数甚大的款项，却又极度厌恶这些法国人从他们的画廊、王宫与公共广场偷窃艺术珍品。

米兰欢迎他，因为这里的人们渴望由奥地利的统治下获得自由已

有一个世纪之久，而且这位年轻的军阀表现出胜利者少有的仁慈。他
熟悉意大利的语言与生活方式，欣赏意大利的女人、音乐与艺术。他
们不能立刻了解他喜爱意大利艺术的程度。而且，他本质上不就是意
大利人吗？明显地，他使一批意大利艺术家、诗人、历史学家、哲学
家、科学家聚集在周围，和他们亲切地谈天。有时他似乎是斯福尔扎
（Lodovico Sforza）与达·芬奇的重生与融合。什么还能比他给天文
学家奥里亚尼的信更迷人？——

　　　　在米兰，有学识的人往往不能获得他们应得的报酬。他们
　　躲藏在实验室中，他们暗自高兴，如果国王与教士不妨碍他们的
　　话。今非昔比。现在在意大利已有思想自由，没有宗教裁判所，
　　没有不能忍受之事，没有暴君。我邀请所有有学识的人聚集在一
　　起，而且让他们告诉我什么措施应当采取，什么需要应当供给，
　　因而可给予科学与精美艺术一个新的生命……祈求让我表现这些
　　情操给住在米兰杰出而有学问的人。

　　拿破仑将米兰与伦巴底共和国予以合并，那里的人民享有法国相
同的自由、平等、博爱与税赋。在对新公民的宣言中（1796 年 5 月
19 日），他解释为使伦巴底自由，拯救它的军队付出了很高的代价，
获得自由的人们应捐献约 2000 万法郎作为他的军费，对如此富裕的
国家，这当然是一个小小的奉献。此外，"税收应征于富人……及教
会团体"，并可分享给穷人。先前的常规有不很好的声名，"一名密探
应跟随在意大利的法国军队到各个占领的城镇，寻找所有的艺术、科
学等物品，并送至法国"。意大利人仅能以一句双关语回报："并非所
有的法国人都是抢盗者，但有很多抢盗者是法国人。"拿破仑仍然仿
效国民公会与督政府所订的前例。
　　这次对占领地的艺术掠夺是以前少有的。它在法国以外各地引
起愤怒，并为以后的军人确定了一种模式。大多数掠夺品被送至执政

团，后者欣悦地接受，并送至卢浮宫，在那里抢夺来的蒙娜丽莎从未失去她的微笑。拿破仑为他自己保留少许战利品，大多数付给军队，因而缓和他们偷窃的狂热。

为他的新娘安排住处后，他强烈要求她来会合（5月18日）。"米兰……使你不得不高兴，因为这是一个极美丽的地方，至于我，我将极为欣喜……我好奇得要死，想见到你如何怀着你的孩子……再见，我亲爱的……快些来听这美好的音乐，看这美丽的意大利。"当他的信还在途中，他继续驱逐奥地利人于意大利之外。5月20日，他再度聚集他的军队，而且告知他们很快又要遭遇许多障碍与敌军，他发表另一篇动人的文告：

战士们！

你们的猛攻如亚平宁山冲下的山洪，你们打败并击散每支阻碍你们前进的敌军……波河、提契诺河、阿达河，无一能阻止你们前进……是的，战士们，你们已立了许多功劳，是不是再没有什么可让你们表现了吗？不是！我看出你们须迅速备战，因为懒散的睡眠使你们疲倦，你们的荣耀与快乐逐日失去了，让我们继续前进！我们仍须作急行军，克服敌人，打击邪恶，赢得胜利……

让人民不为我们的前进干扰，我们是所有人民的朋友……你们将获得改变欧洲的不朽荣誉。自由的法国……将给予欧洲一份光荣的和平……然后你们将回到你们的家园，你们的同胞将特别夸奖你们："他与意大利陆军在一起。"

5月27日，他们通过伦巴底继续前进。不理会布雷西亚是威尼斯人的地方，拿破仑占领了那里，并使之成为新战役最重要的据点。威尼斯派公使抗议时，拿破仑假装激怒，严责威尼斯为何已准许奥地利人使用威尼斯城的城镇与道路。公使表示歉意，同意他使用威尼斯

城的地方。一次急速行军将法军带至佩斯基耶拉，留驻那里的奥地利
分遣部队逃散。拿破仑增强战略要塞抵抗力以保护其通讯，并推进到
曼图亚——在那里，博利厄的3支残余部队躲避在难以攻陷的防御工
事之后。拿破仑留下他一部分兵力包围城堡，派遣另一部分兵力将英
国人驱逐于里窝那之外。缪拉发现很容易将奥地利公使逐出热那亚，
及并入那个地中海基地成为一个受法国控制的利古里亚共和国。意大
利很少见过在如此短的时间内有如此多的权力变动。

　　拿破仑回到米兰，等候约瑟芬。7月13日，她来了，这位胜利
者拥抱他的征服者。次日，米兰在拉斯卡拉以一场特别的演出来表示
对她的尊敬。那是在一场球戏之后，所有的地方名士与她会面。3天
狂喜之后，这位将军回到他在马尔米罗洛的部队，他向她表示崇拜的
赞美：

> 自从我们分别后，我无时无刻不在悲伤。我与你相处时，我
> 不知如何保存幸福……我举世无双的约瑟芬的魔力点起的火焰，
> 不断通过我的感觉，燃烧着我的心房。究竟何时我才能摆脱焦虑
> 与责任，毫无拘束地用我所有的时间与你相处，除了爱你以外不
> 做任何事情……
>
> 几天前我认为我深爱着你，但再次见到后，我爱你甚于以前
> 1000倍……
>
> 我恳求你，让我发现你的缺点。让我发现你不很美丽，不很
> 亲切，不很仁慈，不很温柔。然而，你从不妒忌，从不哭泣。你
> 的眼泪夺走了我的理智，使我的血液燃烧着……
>
> ……快些来与我会合，最起码在死以前我们可说出："我们曾
> 有许多欢乐相处的时光。"

　　她十分顺从，而且不顾途中有敌人狙击的危险，在布雷西亚追
上了他，伴随他至维罗纳。在那里，一名密探向他报告武尔姆泽尔伯

爵率领一支新的奥地利军队准备进入意大利，他曾将法国人逐出曼海姆。这支军队的人数据估计为拿破仑军队的 2 倍。灾难是可预期的，他将约瑟芬送回佩斯基耶拉，再由那里护送至佛罗伦萨。同时，他命令他以前留在曼图亚的分遣队放弃包围并绕一安全的远路与他的主力部队会合。他们及时赶到并参与卡斯蒂廖内战役（1796 年 8 月 5 日）。武尔姆泽尔未预料到突如其来的攻击，正率领他的部队以非常松散的行列向南移动。拿破仑突然扑击毫无准备的奥地利人，使他们混乱溃逃，1.5 万人成为俘虏。武尔姆泽尔退却至罗韦雷托，法国人追击到那里并将其击败，而且再度在巴萨诺奏捷。这位沮丧的老将军与他的残余部队逃走，并躲入曼图亚城堡。拿破仑留下一些联队将他困在那里。

但是，现在又有 6 万名奥地利人在奥尔温齐男爵的统率下，翻过阿尔卑斯山蜂拥而来，迎战拿破仑的 4.5 万人。他在阿科莱与他们相遇，他们却在阿迪杰河的另一面，要攻击他们只有通过炮火封锁下的桥梁。由洛迪渡过阿达河，拿破仑又是首先过桥。[1]"在战斗的极度混乱中，"他随后回忆道，"我的副官穆龙上校，冲向我的身边，用他的身体掩护着我，阻挡向我射来的子弹，他倒在我的脚下。"3 天持续的战争（1796 年 11 月 15—17 日），奥地利人经过勇敢作战战败了，开始有秩序地退却。奥尔温齐在里沃利整编他们，但他们再次被击败。奥尔温齐损失 3 万人，领着幸存者退回奥地利。武尔姆泽尔失去获援的希望，同情他快饿死的军队，于 1797 年 2 月 2 日投降。法国对伦巴底的征服是彻底的。

无餍的拿破仑转移他的兵力到南面指向罗马教皇的国家，而且礼貌地要求庇护六世给予他博洛尼亚、费拉拉、拉韦纳、安科纳及他们的属地。依《托伦蒂诺条约》（*Treaty of Tolentino*，1797 年 2 月 9 日），

---

[1] 见于格罗（Antoine Jean Gros，法国画家，1771—1835 年）所作的这位年轻统帅的著名画像——眼光闪烁，头发随风飘动，军旗执在一手，剑在另一手。拿破仑越过在阿科莱的桥梁到达米兰不久之后即被画成，成为巴黎沙龙 1801 年的主要作品。

罗马教皇交出这些古希腊的城邦，并付出 1500 万法郎的"赔款"作为法国军队的开销。掌握皮埃蒙特与威尼斯以外的整个意大利北部之后，拿破仑重组他的军队，加入一些意大利组成的兵团与贝纳多特统率的法军的一个师，领着 7.5 万人翻过积雪 3 英尺的阿尔卑斯山，而且打算强攻维也纳，因为这里是反对法国大革命的各帝国的中心。

弗兰茨二世派刚从莱茵河旁得胜回来的路德维格大公爵，率领 4 万人抵抗他。路德维格惊异于向前推进的法军的人数，也知道拿破仑的声誉，采用了退却的战略。拿破仑尾随至距奥地利首都 60 英里处，也许不用一场战争他就可能占领此地，因而他忙于应酬海顿和年轻的贝多芬。但是在那种情况下，奥地利政府可能退却至匈牙利，战争可能在时间与空间上延伸。而且冬季将来临，法国陆军发现他们将留在有敌意而不熟悉的国土上，并将受制于突然的侧翼攻击。拿破仑以罕见的谦虚和日后对他甚为有益的谨慎心，邀请大公爵谈判停火。大公爵拒绝了。拿破仑在诺伊马克与温茨马克特对他的军队给予沉重打击，路德维格才愿谈判。在利奥本，1797 年 4 月 18 日，这位年轻的统帅签订一项初步的和谈条约，呈请他们的政府批准。

和谈的进程受阻于奥地利拒绝投降，及拿破仑保有他占领伦巴底的决心。一个非常次要的事件给了他一个摆脱僵局的机会。他占领一些属于威尼斯的城市，其中几座城镇发生暴动，反抗法国驻军。拿破仑抨击威尼斯的参议院煽动这些暴动，因而废去它并在其原址设立一个受制于法国管理的市政机构，又剥夺当地的财产。1797 年 10 月 17 日，利奥本的初步和约被变成《坎波福尔米奥和约》（*Treaty of Campoformio*），拿破仑允许奥地利无拘无束地并吞威尼斯，以交换割让伦巴底与比利时，而且承认法国在莱茵河左岸的权利。

新的马基雅维利理论坚持，无论如何要为法国保有威尼斯人在亚得里亚海各岛——科孚、赞特、塞法罗尼亚。"这些，"拿破仑于 1797 年 8 月 16 日写信给督政府，"对我们的重要性超过意大利其他部分的总和。它们是使我们的商业获有财富与繁荣的最重要的条件。如果我们要有效地摧毁英国，我们必须取得埃及。强大的奥斯曼帝国日渐衰微，迫使我们得事先准备重要事件，并采取早期措施保护我们在黎凡特（Levant，地中海东部及爱琴海沿岸的国家及岛屿）的商业。"这位28岁的年轻人很少需要外交界老前辈的指正。

他冷静地使用外交权力，将征服的地方重组为以米兰为中心的南阿尔卑斯共和国和以热那亚为中心的利古里亚共和国。二者都由在法国保护势力下的本地民主政体来管辖。报复并扭转恺撒领导罗马人对高卢人的征服之后，这位"小班长"带着光荣与战利品回到巴黎，并将他的条约带给他曾协助整顿却已变质的执政团予以批准。

共和历12月18日的政变（1797.9.4）

巴黎不同于1792年至1793年群众统治的时期了。自从罗伯斯庇尔于1794年失势之后，首都的市民已仿效乡村居民，在宗教与政治上强烈反对大革命。天主教由不肯宣誓效忠的教士领导，再度掌握民众，他们曾失去信仰而以凡俗的事务取代超自然的慰藉及圣事、圣礼与有游行的圣日。十日休息制逐渐被淡忘了，基督教的礼拜日很明显地受到尊敬与欢迎。法国支持上帝。

无论在家中或文艺沙龙，在公开的演讲场合或在街道上，甚至在曾由无套裤汉掌握的地方性"议会"中，民众都表示对路易的悼惜，为波旁皇族的过失辩护，而且请求有权威的君主政体以外的任一政府，使法国脱离混乱、罪恶、腐败与战争的蹂躏，并获得法治、繁荣与和平。回来的移民数目众多，智者称他们在巴黎最常去的地方为小科布伦茨（Le Petit Coblenz，来自德国的有爵位的国外流亡者的避难所），在那里人们可以听到博纳尔与迈斯特尔在外国宣扬的君主政体的哲学。在民选的"议会"里，势不可挡的资产阶级正派了许多准备表现忠心的"议员"给元老院与五百人院，如果它能提供财产作为抵押物的话。1797年以前，两院中的君主主义者已强大到足以将巴泰勒米侯爵选入督政府。卡诺自 1795 年起就是执政，转向右派攻击巴贝夫的宣传，而且自豪地认为宗教是抵挡共产主义的疫苗。

强烈赞成共和的督政巴拉斯和勒贝尔感觉到趋向君主政治会使他们的任期与生命受到威胁，因此决定冒一切危险发动一次政变，除掉两院与执政团领袖。他们由激进派的雅各宾派获得民众支持，在保守派复兴期间该党躲藏在黑暗处。他们为获得军事力量的支持，而向拿破仑请求派遣一位能组织巴黎军队的将领。拿破仑愿意帮助他们，但是波旁皇族的兴起将使他的计划无法得逞，他自己的政治通路必须敞开着，而且冒险的时机尚未成熟。他派出强有力的奥热罗——参加过多次战役的老将，在共和历 12 月 18 日攻入立法机构的议事厅，逮捕 53 名议员、许多保王党的密探及巴泰勒米与卡诺两位执政。卡诺随后逃至瑞士。剩下的大多数被驱逐出境，辛苦工作并老于南美的圭亚那。在 1797 年的选举中，激进派赢得对两院的控制，他们结合杜埃的墨林与特雷亚尔，成为胜利的"三人执政"（triumvirs），并给予这次变动后的执政团无限的权力。

拿破仑于 1797 年 12 月 5 日到达巴黎时，他发现一项新的恐怖，正针对着所有保守派分子，并以放逐至圭亚那取代断头台。虽然如此，所有的阶层似乎一致赞扬这位所向无敌的年轻将军将半个意大利并入法国的壮举。他暂时收敛起他严肃统治的外表。他衣着端庄，对不同的人采用不同的取悦方法：对保守派他褒奖牧师的地位，对雅各宾派则表示已使意大利从隶属地上建立自由，对知识分子则以书写表达"真正的胜利，唯一无遗憾的，是那些无知的消除"。12 月 10 日，国民政府的达官贵人以官方仪式向他致敬。斯塔尔夫人曾在那里，并在她的回忆录中记下当时的情景：

执政团给予拿破仑将军一个庄严的欢迎会，在某些方面显示出这是大革命历史上的一个值得纪念的时期。他们选择在卢森堡宫的庭院举行这一仪式，没有足够宽敞的大厅容纳被吸引的群众，窗子旁与屋顶上都是观众。5 位执政身着罗马式的服装，立在宫廷的礼坛上。他们的近旁是元老院与五百人院的议员及知名之士。

……

拿破仑衣着朴素，到达时身后跟随着他的副官。他们的身体都高于他，但他们屈身向他表示尊敬。聚集在那里的法国社会名流，以欢呼笼罩这位将军。他是每个人——共和主义者或保王党——的希望，他们看见掌握在他手里的现在与将来。

就在那个场合，他将完成的《坎波福尔米奥和约》交给执政团。它被正式批准，拿破仑暂时满足于外交与战争方面的胜利。

参加由劲敌塔列朗（当时是外交部长）举办的向他致敬的宴会后，他回到他在成德理路（Rue Chantereine）的家园。在那里，他与约瑟芬及她的孩子过着悠闲的日子，有时候他刻意让自己避开民众的注意，以致他的崇拜者谈论到他的谦虚，而他的毁谤者高兴于他的没落。然而，他拜访知名之士，与拉格朗日谈数学，与拉普拉斯谈天文学，与西哀士谈论政府，与谢尼埃谈文学，与大卫谈艺术。他可能已在策划突击埃及，并想带一批学者和科学家与他同行。

督政府意识到如此过分的谦让是值得怀疑的，这位年轻人在意大利与奥地利表现出他就是政府，怎么断定他在巴黎不会有同样的行动吗？希望他能在遥远的地方忙碌，督政府让他统率正聚集在布雷斯特的 5 万名战士与水手进攻英国。拿破仑研究这个计划，却予以拒绝，并在 1798 年 2 月 23 日的一封信中警告督政府：

我们应放弃任何进攻英国的尝试，同时将所有精力与资源致力于莱茵河……我们不应使大批军队远离德国……或者我们应远征黎凡特，威胁英国与印度的商业。

这是他的梦想。甚至在意大利的战役中，他也曾考虑到突击亚洲的可能性。在奥斯曼王国逐渐衰退中，一位英勇之士，拥有勇敢与饥饿的人们，可能创造一些事业，可能缔造一个帝国。英国控制了海洋，但是攻取马耳他可能使英国失去在地中海的优势，攻取埃及可能使英国在印度的占领地为之薄弱。在那些地方，劳动力便宜，天才与法郎可建立起一支舰队，勇气与想象使其渡过遥远的海洋到达印度，并由英国殖民地组织获得它最富有的财产。1803 年，拿破仑向雷米萨夫人表明：

> 如果我不表示出去埃及的兴奋意向，我真不知会发生什么意外。我不知何时着手，而且那可能让我永远离开法国。不过，我有些怀疑她是否将召我回国。使我离开欧洲而去征服亚洲国家的魔力，超过我的信心。

督政府同意他的建议，部分原因是认为如果他在远地将较为安全。塔列朗同意的理由仍然受到质疑，他的情妇格朗夫人宣称，他这样做是为了"讨好他的英国朋友"，也许可以将进攻英国的军队转向埃及。督政府延缓答应，因为这项远征将花费金钱，消耗需要用来抵抗英国与奥地利的人员与物资，将促成土耳其（埃及的懒散统治者）形成一个对抗法国的新联盟。但是法军在意大利迅速推进，征服了罗马教皇的国家——意大利中部与那不勒斯王国，带给执政团丰富的战利品。1798 年 4 月，在拿破仑同意之下，另一支法国军队攻入瑞士，建立赫尔维蒂共和国（Helvetic Republic），要求"赔偿"并将赔款送至巴黎，如今这个埃及梦想已有了财源。

拿破仑立刻着手准备舰队的详细部署。13 艘战舰，7 艘快速战舰，35 艘其他战舰，130 艘运输舰，1.6 万名海员，3.8 万名军人（多数来自意大利的军队），配有必需的装备与物资，及 287 本藏书，聚集在土伦、热那亚、阿雅克肖或奇维塔韦基亚。科学家、学者与艺术家乐于接受邀请，而且允诺做一次刺激、有历史性的冒险与探索。他们之中有数学家蒙日、物理学家傅立叶、化学家贝托莱、生物学家圣蒂莱尔和塔利安——他将他的妻子让予巴拉斯，自己则专注于学术。他们骄傲地表示，拿破仑现在拥有的名衔是："拿破仑，法兰西学院会员与统帅。"布里埃内于 1797 年在坎波福尔米奥投效拿破仑，成为他的秘书，在航行中陪伴着他，而且为他的吉凶做详细的说明。约瑟芬也要求随同前往，拿破仑允许她同行至土伦，但禁止她上船。然而，他带着她的儿子欧仁，欧仁的礼貌与能力很讨拿破仑的欢喜，欧仁的忠贞成为一种持久的热爱。约瑟芬为这种双重的分离忧伤，不知是否能再看到自己的儿子与丈夫。她从土伦到普隆比耶尔获取"有生殖力的水"，现在她与拿破仑都想要一个孩子。

1798 年 5 月 19 日，主力舰队驶离土伦，将中古的冒险事迹带入近代历史。

东方的幻想（1798.5.19—1799.10.8）

这支舰队的动向十分保密，以致 5.4 万人几乎都不知道他们的目的地。拿破仑仅称它为一支"英国军队的侧翼"，而且要求水手与战士相信他，即使他也尚且不能确定他们的任务。这项保密起了作用：英国政府显然误认这支舰队准备奋战通过直布罗陀，然后参与对英国的攻击。在地中海的纳尔逊的战舰警戒松懈，使法国的商船队逃过他们的监视。

6 月 9 日，舰队接近马耳他。督政府已贿赂马耳他的总督及其他显贵的骑士 [1]，使其仅做象征性的抵抗，结果法国只损失了 3 人就占领了这个表面上难以攻取的堡垒。拿破仑在那里耽搁了一个星期，改

---

[1] 中古的耶路撒冷的慈善组织的骑士团（the order of Hospital of St John of Jerusalem）为人熟悉，因为他们长期占据马耳他。

组哥瓦德岛的行政。未来的诗人维尼当时才 2 岁，被介绍给这位征服者，他举起他并亲吻他——"他小心地将我放到甲板时，他又获得了一名奴隶。"维尼后来这样回忆道。然而，前往亚历山大途中，这位神一般的人物几乎一直处于晕船状态中。同时，他研读《古兰经》。

这支舰队于 1798 年 7 月 1 日到达亚历山大。这个港口由卫戍部队防守着，登陆将花费很大的代价。及时而有秩序的登陆还是必需的，如果这支分遣舰队不想被纳尔逊的舰队突袭的话。附近的波浪十分汹涌，但拿破仑亲自率领一支 5000 人的登陆队伍，踏上这个未加防护的海岸。这些人没有骑兵或大炮，在夜间接近卫戍部队，并以 200 名法国人伤亡的代价克服了它，占据了这座城市，并在舰只提供的保护下，将士兵与他们的军备卸置在埃及的国土上。

以这场胜利和一些阿拉伯语作为武器，拿破仑说服当地领袖坐下来与他会谈。他谈笑取乐，然后以他对《古兰经》的了解，巧妙地使用其中的惯用语和概念，留给他们深刻的印象。他保证自己与他的军队尊敬当地的宗教、法律与财产，他保证——如果当地领袖愿以劳力与军需品支援他——为他们赢回马穆鲁克（Mamluke，1250—1517 年统治埃及的军人）雇佣兵夺取的土地——马穆鲁克在埃及衰微时统治了埃及。阿拉伯人半信半疑地同意了。7 月 7 日，拿破仑命令他的军队穿过 150 英里的沙漠到达开罗。

他们从未遭遇过如此酷热、如此干燥、如此炫目的沙漠，如此不懈怠的昆虫，如此使人无能的赤痢。拿破仑沉默着分担了他们辛苦的工作，使他们的抱怨为之平息。7 月 10 日，他们到达尼罗河，尽情地唱着，以消释他们肉体的疲劳。又经过 5 天的行军，他们的前锋接近一座有 3000 名马穆鲁克军队的名叫科布拉启塔（Kobrakit）的村庄。"华丽的骑兵，"拿破仑回忆起他们，"个个都是金银闪烁，配备了最好的伦敦卡宾枪与手枪，还有东方最好的军刀，骑乘也可能是欧洲大陆最好的马匹。"不久，马穆鲁克的骑兵攻击法国防线的前线与侧翼，却被法国的毛瑟枪和大炮射倒。肉体与自尊都受到伤害，马穆鲁克的军队掉头逃走。

7月20日，距开罗仍有18英里时，胜利者突然看到埃及金字塔。该夜，拿破仑得知6000名马穆鲁克的骑兵在23位地区省长的率领下，聚集在艾姆巴巴（Embaba），准备向异教的入侵者挑战。次日下午，他们在埃及金字塔的决定性战役中倾力狙击法国军队。在那里，如果我们相信拿破仑的记忆，他告诉他的士兵："这些金字塔注视你们已有40个世纪之久了。"法国军队再度以大炮、毛瑟枪和刺刀抵抗猛攻，他们中有70名战死在那里。马穆鲁克的军队死亡1500人，大多数士兵仓皇而逃，跳入尼罗河被淹死了。7月22日，土耳其在开罗的当局将市政府的钥匙送给拿破仑，以示投降。7月23日，他进入这个如画般的首都，未遭到任何抵抗。

从那个中心，他用他控制的阿拉伯国务会议（*divans*），发布了埃及政府的命令。他用他的军队防御并阻止抢夺、保护现存的财产权利，但是为了补给他的军队，他继续占用习惯上由马穆鲁克征服者征收的税收。他与土著领袖会商，声明尊敬伊斯兰教的宗教与艺术，承认安拉为唯一的神，而且要求穆斯林援助埃及获得新的繁荣。他召集他的科学家设计消除瘟疫的方法，引进新的生产事业，改进埃及的教育与法律体系，设立邮政与公共交通事业，修筑运河，调节灌溉，使尼罗河与红海会合。1799年7月，他以法国与当地的博学之士组成了埃及研究所，并为它在开罗设置宽敞的工作场所。这些学者准备的24大册《埃及的叙述》（*Description de lÉgypte*）由法国政府资助出版（1809—1828年）。这些人中的一位，我们得知为布夏尔（Bouchard）。1799年，他在距离亚历山大30英里的一个城镇上，发现罗塞塔石碑（Rosetta Stone）——碑铭为两种语言及三种字母（古埃及象形文字、简化的古埃及象形文字和希腊文字）刻成——使由托马斯·扬1814年开始、由商博良设定（1821年）的一种古埃及象形文字原文翻译法得以出现，因此向"近代的"欧洲吐露出古埃及文明的惊人复杂与成熟。这是拿破仑远征主要而且唯一有意义的成果。

拿破仑可暂时享有战胜的荣耀与施政的乐趣。在他稍后的回忆中，他告诉雷米萨夫人：

> 在埃及的时光是我生命中最为喜悦的……在埃及，我发现自己丝毫未受到使人厌倦的文明的拘束。我梦想到各种事物，而且看出我梦想的一切如何成为事实。……我预计要攻击在印度的英国军队，而且以我的战绩恢复我与古老欧洲的关系……命运却不利于我的梦想。

命运的第一次打击是一名副官朱诺传递给他的情报，约瑟芬在巴黎有了情人。他忧伤、愤怒了很多天。然后，在1798年7月26日，他寄给他的哥哥约瑟夫的一封沮丧的信中：

> 我可能在两个月内再度回到法国……家里有很多令我烦恼的事……你的友情对我非常重要，如果我失去它，而且见到你背弃我，我必将是一个十足的厌世者……
>
> 我要你在我回来之前，为我安排好一个乡村的地方，在勃艮第或靠近巴黎都好。我想在那里度过冬天，而且不接见任何人。我厌倦社交，我需要孤独与隔离。我的情感颓丧，厌倦公开的炫耀。年方29岁，我却已厌烦荣华富贵，它已失去了魔力，除了完全的自我主义没有任何东西留给我……
>
> 再见，我唯一的朋友……将我的爱给你的妻子与热罗姆。

他从一名跟随丈夫到埃及的法国女人菠利娜·富雷斯那里得到一些乐趣。拿破仑借一次任务将富雷斯送回巴黎时，她未做抗拒。这位丈夫得知这是为他的名声着想时，他回开罗与菠利娜离婚。拿破仑也想到离婚，以娶菠利娜生一嗣子的想法自娱，也不考虑约瑟芬的悲哀。菠利娜以丰富的礼物得到慰藉，并度过了不幸的69个年头。

　　朱诺泄露秘闻后一个星期，一个较大的灾难困住了这支胜利的东方军队。拿破仑舰队离开亚历山大，他亲自命令海军中将布律耶斯为军队卸下全部有用的物资，而且尽速驶往法国控制的科孚岛。为避免英国军舰的拦截，每项措施都被采用了。恶劣的气候延迟布律耶斯的航程，分遣舰队停泊在邻近的阿布吉尔湾。1798 年 7 月 31 日，纳尔逊在那里发现了他们，并立即予以攻击。双方的军力似乎相等：英国有 14 艘战舰和 1 艘双桅帆船，法国有 13 艘战舰和 4 艘木造快速帆船。但是法国水手沾染了很难治的思乡病，而且训练不良。英国的水手将海作为他们的第二故乡，他们优良的训练、船舶操纵术与勇气，为他们赢得了白天与夜间的胜利，因为这场浴血战争一直持续到 8 月 1 日的黎明。7 月 31 日晚上 10 点，布律耶斯的旗舰爆炸了，包括 45 岁的海军中将在内，几乎全舰人都被炸死在舰上。法国的军舰只有 2 艘逃脱。法国战死 1750 人、受伤 1500 人，英国战死 218 人、受伤 672 人（包括纳尔逊）。这次以及特拉法尔加角 1805 年的战役，是拿破仑一世的法国挑战英国对海洋控制权的最后尝试。

　　全军覆没的消息传到开罗时，拿破仑明白他对埃及的征服是毫无意义的。他疲惫的冒险现在却受阻于海路与陆路得不到法国援助的影响，而且马上任由具有敌意的人民与不适合的环境处置了。在悲伤中，他抽时间安慰布律耶斯中将的遗孀：

> 　　你的丈夫在他战舰的甲板上作战时被一颗炮弹杀害，他光荣战死，并无任何痛苦，像每位战士都愿意牺牲生命一般。
>
> 　　你的悲哀深深感动着我，我们离开一位我们所爱的人时，那是一个恐怖的时刻……如果没有活下去的理由，最好便是一死。但是，你经过仔细考虑，同时将你的孩子紧抱在胸前时，你的本性会被眼泪与爱意激发，你要为你的下一代活下去。是的，夫人，你将与他们一同哀悼，你将养育他们于幼稚时期，你将教育他们于成长时期，你将对他们谈及他们的父亲及你的悲伤、他们

的喜爱、这个共和国的忧患。经过母亲与子女的共同感情交流，你的灵魂再度与这个世界连接时，我要你看到我友谊的价值及我对朋友妻子的关心。你应相信，有人……能转悲伤为希望，因为他们很仔细地探索到内心的苦恼。

坏消息不断传来。法国殖民地几乎每日受到阿拉伯人、土耳其人或者马穆鲁克不愿顺从他们的新主人而发起的攻击。10 月 16 日，开罗当地的人民掀起暴动。法国人镇压了这次暴动，却也降低了他们的士气，拿破仑暂时放弃扮演和蔼征服者的角色，命令将所有的武装叛徒斩首。

闻知土耳其正准备一支军队来此拯救埃及，拿破仑决定率领他的 1.3 万人进入叙利亚对抗挑战。他们于 1799 年 2 月 10 日出发，占领阿里什（Arish），越过西奈沙漠。拿破仑 2 月 27 日的信描述这次痛苦经验的某些方面：酷热、干燥，"混有盐味的水，经常一点都没有，我们吃狗、猴子与骆驼"。幸运的是，他们在加沙经过一场硬仗，找到繁茂的农业区与世上独一无二的水果园。

在雅法（Jaffa），他们受阻于一座有围墙的城市、有敌意的居民及一座由 2700 名雄赳赳的土耳其人守卫的城堡。拿破仑派了一位密使向他们提出条件，但被拒绝了。3 月 7 日，法国的挖壕工兵将城墙挖了一个洞，法国军队冲入，杀死抵抗的居民并掠夺城市。拿破仑派欧仁恢复秩序，他给所有愿投降的人一条安全出路。守城堡的军队为了使此城不遭受更多摧毁，放下他们的武器，成为拿破仑的俘虏。"我能利用他们做什么？"拿破仑问道。他们在行军中不能带着 2700 名俘虏，他的部队已尽全力为他们自己找寻食物与饮料。他不能派出一支足够人数的卫队将这些土耳其人带至开罗监禁，如果他释放他们，将无法阻止他们再次攻击法国军队。拿破仑召集部下开会，要求他们提出意见。他们决定最好的做法是杀死俘虏。其中的 300 人被赦免，2441 人（包括各年龄段的男女百姓）都被射杀，或节省弹药用刺刀戳死。

入侵者向前挺进。3 月 18 日，他们到达严密防守的阿卡镇（Acre）。土耳其人的抵抗部队由帕夏率领，并受助于菲利波——他是拿破仑在布里安的同学。法国军队予以围攻，但缺少亚历山大由海路运给他们的大炮，一支史密斯统率的分遣舰队虏获这些武器，运送它们至城堡，并在围困期间不断以食物与物资补给驻军。5 月 20 日，在两个月的努力与巨大损失之后，拿破仑命令退却至埃及。"菲利波，"他悲叹道，"在阿卡之前挡住了我。假如不是因为他，我已经掌握通往亚洲的钥匙。我已经继续前进到君士坦丁堡，而且我已收复东罗马帝国。"1803 年，他并未预测 1812 年发生的事，他告诉雷米萨夫人："我的幻想消失在阿卡。我将永远不让它再妨碍我。"

沿着海岸撤退是一连串恐怖的日子，有时在水源地之间步行 11 个小时，找到的却是几乎不能喝的水。伤者与病患减缓了行军的速度。拿破仑要求医生对不治的病人配给致命的鸦片药剂，他们不接受，因而拿破仑收回他的建议。他命令所有马匹改为运送伤患，自己徒步行军作为表率。6 月 14 日，从阿卡步行 26 天 300 英里路以后，疲乏的军队以胜利者的行列进入开罗，并展示 17 面敌军军旗及 16 名土耳其被俘的军官，以证明远征是光荣的胜利。

7 月 11 日，100 艘船舰在阿布吉尔湾放下一支受命将法国军队逐出埃及的土耳其军队，拿破仑以他最优越的军队向北前进，将土耳其人打击得溃不成军（7 月 25 日），以致他们中有许多宁愿冲入海中淹死而不愿面对猛冲的法国骑兵。从史密斯写给他的英国报纸上的报道，拿破仑惊异地知道第二联盟迫使法国军队离开德国，并重新占领由阿尔卑斯山到卡拉布里亚（Calabria），几乎是整个意大利。从莱茵河与波河到阿布吉尔湾与阿卡的一连串的灾难，使他象征胜利的大厦倒塌。现在，处在受辱惨败中，他发现自己与大部分受折损的军队隐藏在一个有敌意的死港中，只要少许时间他们即可被消灭。

7 月中旬，他接到一项执政团的命令，要他于 5 月 26 日立刻回到巴黎。他决意不顾包围的英军，并用某种方法回法国。他设计了一条夺权的路径，替换做事笨手笨脚而使他在意大利的所有收获很快化为乌有的领袖们。回到开罗，他即处理军政事务，并任命顽抗的克莱贝尔统辖剩余的生还者。军费空了，还有 600 万法郎的负债。士兵的薪饷拖欠了 400 万，他们的人数、他们的士气，日渐下降，但他们的统帅更加顽固，因而以平静的耐心等待另一次反叛机会。土耳其与大不列颠的政府随时会派出一支军队，借本土的支持，不久就可使法国军队无条件投降。拿破仑完全了解这些，声明他必须留在巴黎，而且是奉命回国，以此作为离去的理由。他向军队告别时（他保证过每个人在胜利返乡后有 6 公顷的土地），他誓言："如果我运气好回到法国，那些蠢人的统治将为之结束。"这句话从来没有兑现过。

两艘快速战舰——缪尔伦号（Muiron）与喀瑞尔号（Carrère）在阿布吉尔湾的大毁灭中幸存。拿破仑下令它们准备回法国。1799 年 8 月 23 日，他与布里埃内、贝托莱和蒙日登上缪尔伦号，将领拉纳、缪拉、德农与其他的人跟随在喀瑞尔号上。靠着大雾与上帝的眷顾，他们幸运地逃过纳尔逊舰队所有严密的监视。他们不能停泊在马耳他，因为胜利的英国舰队于 2 月 9 日攫取了那个要塞。10 月 9 日，快舰停泊在弗雷瑞斯外海，拿破仑与他的副官划船到圣拉斐尔上岸。这将是决定他是恺撒还是无名小卒的时候。

督政府的没落（1797.9.4—1799.11.9）

法国军队的胜利——1795 年在巴塞尔降服普鲁士，1797 年在坎波福尔米奥降服奥地利，1798 年降服那不勒斯与瑞士时达到最高潮——使法国政府变得软弱并有着东方的懒散。立法机构的两院向督政府的权威屈服，5 位执政承认巴拉斯、勒贝尔与特雷亚尔的领导地位。这些人似乎已采纳罗马教皇利奥十世的格言："因为上帝给我们这个职位，让我们享有它。"由于一段时期和平造成的明显安稳，及政府职位在大革命时期特别不稳固的经验，注定了他们的失势。1797年7月，孤立的英国提议和谈时，被告知给勒贝尔与巴拉斯50万英镑就能解决问题。勒贝尔贪得无厌，巴拉斯需要更多的收入以维持塔利安夫人与她的伙伴有好的心境，及他在卢森堡的华丽大厦中豪华公寓的开销。塔列朗虽为外交部长，却利用大革命资助他贵族化的嗜好。巴拉斯计算塔列朗一年收受的贿赂常常超过10万利维尔。1797年10月，3位美国大使来到巴黎为解决美国船只被法国私掠船虏获的纷争。依照亚当斯总统的意思，他们可达成一项协议，即以3200万弗罗林付给执政，并将私人贿款5万英镑付给塔列朗。

"执政的三位督政"面临许多难题，以致他们的大多数过失能被宽恕。他们紧急征收惯例的税收以避免另一次财政的崩溃，恢复以往的税收（如运输通行税），并对执照、邮票、窗户与门征收新税。他们以战斗的目标管理一个在实体与灵魂上、在身份与阶级上分裂的国家：贵族与富豪，旺代的天主教徒，雅各宾派的无神论者，巴贝夫派的社会主义者。商人要求自由，人民梦想平等，而且生活在饥饿的边缘。幸运的是，1796年和1798年的丰收缩短了等候分发救济的队伍。

1797年，"自由主义者"借着激进派的支持在政治上战胜君主政治的督政。因此，在偏激的报复情绪下，3位督政检查倾向资产阶级的报纸与戏院及选举舞弊，未先警告即予逮捕，而且重新恢复赫伯特派的反宗教运动。由修女承担的年轻人的教育为之减少，并委托于凡俗的教师，他们受命将所有超自然的观念排除在他们的教学之外。1797年至1798年的12个月中，共有1448名教士被逐出法国，8235名被逐出比利时。其中，193名教士被放逐于德卡底号船上，两年后只有31人活着。

内部纷争蔓延，外来危机增加。在比利时、荷兰及德国莱茵河西部地区，督政府的贪婪使新朋友成为新敌人。税收极高，年轻人抗拒征兵，强迫的公债激怒了社会上有影响力的人物，从教会夺取金银与艺术品疏远了教士与人民。3年中，督政府从这些地方和意大利获取

2 亿法郎，在拿破仑去埃及之后，"督政府继续征服政策，或宁愿抢夺，为金钱占领土地，抢劫人民，向当地政府要求赔款，使法国成为诅咒的对象"。"法兰西共和国，"君主主义者马莱·迪庞说道，"正在蚕食欧洲，像吃着洋蓟的头。"法国使一些国家发生革命以便掠夺它们，而且"掠夺它们以便自己可以生存"。战争变得有利可图，和平将是毁灭的。因为事先料到这个国家正驶进暴风圈内，塔列朗（1798年 7 月 20 日）辞去他的部长职务，隐退并享受他的战利品。

拿破仑使战争能够获得报偿，他草率的行动对督政府衰亡时期降临法国的战争灾难负有部分责任。他十分草率、肤浅地使意大利成为法国的属地，而且将他的胜利交给一些不够冷静、有欠智慧与缺乏外交技巧的僚属。他太过乐观地认为新意大利共和国愿意支付从奥地利那里得到自由的代价。他低估英国抵拒法国而占据马耳他与埃及的力量。受轻视的土耳其能拒绝它自古的敌人俄国与奥地利多久，以邀请他们教训这些暴富的革命分子？瓜分的波兰能让俄国、普鲁士与奥地利在东方忙碌多久，而不去恢复在西方的神圣王权？

几乎所有的欧洲君主等待机会再度攻击法国。拿破仑亲自率领 3.5 万名最优秀的法国军士到埃及时，他们发现了机会；那支军队被纳尔逊在阿布吉尔湾的胜利予以安全禁锢时，他们获取了机会。沙皇保罗一世被选为马耳他骑士团（Knights of Malta）的领导者，他誓言将法国人逐出关键性的岛屿。他援助斐迪南四世以重新占领那不勒斯。他梦想为俄国在那不勒斯、马耳他与亚历山大找到有利的港口，因而使俄国成为地中海的强国。1798 年 12 月 29 日，他与英国签署一项联盟。弗兰茨二世让一支俄国军队自由地通过奥地利的领土进向莱茵河时，法国对奥地利宣战（1799 年 3 月 12 日）。奥地利因此加入俄国、土耳其、那不勒斯与英国的第二联盟，反抗法国。

督政府的弱点暴露在它激起与可预见的战争中。它缓于准备，战争财源缺乏，征兵制度有缺陷。它征召 20 万人，却发现他们中仅有 14.3 万人适合服役，仅有 9.7 万人服从征召。途中成千人逃亡，只有

7.4万人到达他们被分配的团。在那里他们发现一切杂乱无章，缺乏服装、装备与武器。曾经使共和国军队有活力的热诚，已从那些对国家失望的人们身上消失。

当时有一些初步与虚假的胜利。皮埃蒙特与托斯卡纳被征服、占领与抽税。斐迪南四世的胜利迫使法国军队离开罗马，而尚皮奥内统率的法国军队于12月15日再度进入罗马。斐迪南与他的朝臣、汉密尔顿夫人与2000万杜卡特，在纳尔逊舰队的保护下，退却至巴勒莫，建立帕登诺珀共和国。战争继续进行时，新的军团加入沙俄－奥地利－英国军队，法国军队自知在人数上以17万比32万而屈于劣势。法国将领中虽有杰出的马塞纳在瑞士的军事行动，但缺少拿破仑优越的战略、战术与训练。儒尔当战败于施托卡赫（1799年3月25日），退却到斯特拉斯堡，然后辞职。谢雷败于马格那诺（4月5日），无秩序的退却几乎毁掉了他整个军队，他将统率权移交给莫罗。继之一位十足"残酷的人"——苏沃洛夫，带了1.8万名俄军来到，而且率领他们与一些奥地利的军队在猛烈的战役中逐一夺取法军在1796年至1797年拿破仑赢得的地方。4月27日，苏沃洛夫胜利地进入米兰。莫罗败至热那亚，拿破仑在阿尔卑斯山南面的共和国即将结束。危险地将少数军队单独留在瑞士的马塞纳，放弃他在那里掠取的土地，退却至莱茵河。

伦巴底被轻易地归还奥地利，苏沃洛夫由米兰进军迎战来自那不勒斯与罗马的法军，在特雷比亚（1799年6月17—19日）他击溃了法军，法军仅剩破碎残部到达热那亚。帕登诺珀共和国即将结束，斐迪南恢复他那不勒斯的王位，重新建立恐怖统治，上百名民主主义者被处死。儒贝尔统率所有在意大利幸存的法国军队，领导他们攻击在诺维的苏沃洛夫的军队（8月15日）。他鲁莽地暴露了自己，因而在战斗一开始时就被射死。法国军队勇敢作战，但没有成效，1.2万人伤亡。法国得知大灾祸达到顶点，难以攻破的前线即将被粉碎，苏沃洛夫的俄国军队很快就将踏上法国领土。残酷的斯拉夫人涌入法国的城市与乡村时，阿尔萨斯与普罗旺斯的人民形容苏沃洛夫与他的军队为"巨大的野蛮人"。

这个国家不久前为其力量与胜利骄傲，现今处于一个混乱的状态，害怕 1792 年导致"九月大屠杀"的骚乱重演。旺代再度处于暴动状态，比利时反对其法国君主，法国 86 个省中政府与民心接近完全崩溃程度的有 45 个。武装的年轻人攻击授命征召他们的官员，官员与租税征收人被谋杀；成百的盗匪在城市街道和乡村路上恐吓商人和旅客；罪犯击倒了骑兵，打开监狱，释放囚犯，抬高他们的地位；每个社会阶层、大修道院、家庭都遭到抢劫。1794 年的"大恐怖"再度重演。这个国家满怀希望地期待巴黎的保护，但是两院已屈让督政府，督政府似乎只是一届篡位的寡头政治，其统治唯求于贿赂、诡计与武力。

1799 年 5 月，曾为修道院院长的西哀士——他在 10 年以前，提出"什么是第三阶级"因而闪烁出大革命的火花，被选入督政府。因为就一位宪法的创造者而言，他被视同于法律与秩序。他同意服务，如果勒贝尔愿意辞职——勒贝尔辞职后得到 10 万法郎的遣散费。6 月 18 日，在立法的两院中雅各宾派有势力的少数派，迫使督政特雷亚尔与墨林将他们的职位让给戈耶、穆兰与迪科。富歇成为警察部长，兰代成为财政部部长，这二人的复职得自公共安全委员会。在巴黎的雅各宾俱乐部再度开放，而且听到赞美罗伯斯庇尔与巴贝夫的言论。

6 月 28 日，立法机构在雅各宾派的影响下，向高于中等收入者征收 30%—70%税收形式的义务公债。市民雇用律师找到法律漏洞，并愿意听从推翻政府的图谋。7 月 12 日，雅各宾派获得《人质条例》（*Law of Hostages*）的通过：法国每个地方行政区授命列出一张与被放逐贵族有关联的本地人民的名单，而且监视他们。每犯一件盗案，这些人质将被罚款，每谋杀一名"爱国志士"（忠于现存政权者），四名人质将被驱逐出境。这个法令适合于来自较高阶层的恐怖断决，并未得到人民的欢迎。

　　经过 10 年的骚动、争斗、对外战争、政治颠覆、非法判决、暴君掠夺、斩首刑与大屠杀，几乎整个法国厌恶大革命，那些悲伤地回忆路易"美好往日"的人，觉得只有一位国王能使法国恢复法治与公正。那些珍爱天主教教义的人，祈求他们能有脱离无神论者统治的时机。甚至一些摆脱所有超自然信仰的有学问的宗教怀疑者，重新疑虑：不为宗教信仰支持的道德礼仪，是否能抵挡住源于几个世纪的不安、求索与无拘束的野蛮热情及其反社会制度的冲动。许多信教的父母送他们的子女到教堂，祈祷、忏悔、行第一圣餐礼，作为谦虚、家庭规律与心理平静的启蒙。农民与资产阶级的土地所有者感激大革命给予他们土地，而且想保有它们，憎恨政府经常对他们的作物征取税收甚至征召他们的子女。城市的工人激烈地要求面包，甚至比巴士底狱陷落之前更严重。他们看到商人、制造业者、投机商、政客、督政生活奢侈，他们开始认为大革命只是用资产阶级取代贵族成为国家的主宰与钻营者。但是，他们的资产阶级主人也不满意：不安全与荒废的道路使旅行与商业活动艰苦而危险，义务公债与高税收妨碍投资和生产。在里昂，1500 家商店中 1300 家因无利可得而关门，这增加了成千名失业的男女。勒阿弗尔、波尔多与马赛被战争及来自英国的封锁破坏。逐渐萎缩的少数派仍谈论自由，难以与大革命结合。大革命毁灭很多的自由，通过很多恐怖的法律，而且送很多男女进入监狱或上断头台。所有女人除了孕妇、权贵的情妇与新近富有者之外，焦虑地由一个购物行列移至另一个，担心是否商品存货将耗尽，期望她们的儿子、兄弟或丈夫能从战场回来，战争将结束。惯于暴力、偷窃与憎恨的战士，受苦于战败及补给品的粗劣与短缺，同时不满于他们的长官、他们的衣食供给或供养人不断显露的腐败，竟变得乖戾了。他们回到家或巴黎后，却又发现在社会、商业、工业、财政与政府中同样不诚实。他们为何要为如此暗晦的梦想而牺牲生命？大革命继续进行时，灿烂新世界的幻想变得模糊，最终消失。

有些人暂时受到新闻的鼓舞：协约国的失和与分裂及挫败于瑞士与荷兰；马塞纳再度采取攻势，在苏黎世将俄军截为两段（1799 年 8 月 26 日）。可怕的斯拉夫人退却，俄国舍弃了联盟。法国人想知道一些能干将领像马塞纳、莫罗、贝纳多特，或者最优秀的拿破仑安全从埃及返回后，是否愿意率领一营军队进入巴黎、排斥政客，甚至"牺牲"掉"自由"，以求得法国的法治与安全呢？多数法国人得到的结论是：只有一个在权威领袖领导下的中央集权政府才能终止革命的混乱，而且给予这个国家法治与安全的文明生活。

拿破仑的崛起（1799.11.9）

西哀士同意了。仔细查阅与他共事的执政后，他看出他们之中无一人——即使狡猾的巴拉斯——有他那种能使法国明达与统一的智慧、观察力与意志的结合。他有一个宪法构想，但是在它诞生时，他需要一位将领辅佐他。他想到儒贝尔，但儒贝尔现已去世。他延请莫罗，几乎相信他将是"在马背上的人"。但是，他们得知拿破仑正由埃及返回时，莫罗告诉西哀士："那是你要的人，他将比我更能助你以武力夺取政权。"西哀士沉思，拿破仑可能是人才，但是他愿意接受并充当新宪法的引导者吗？

10 月 13 日，执政团通知两院——拿破仑在弗雷瑞斯附近登岸，代表们热烈欢迎。有三个昼夜，巴黎人民在酒店饮酒并在街上唱歌，庆祝这个消息。从海岸到首都一路上的每个城镇的主人与人民都出来迎接这位人物，他似乎是法国胜利的象征与保证。他们尚未得知在埃及的惨败。在几个中心城市，《导报》（*Moniteur*）报道，"狂欢的群众竟使商业几乎不能进行"。在里昂上演一场戏剧表示对他的敬意，一位拥护者告诉他："去与敌人作战，击败他，你将成为国王。"但是，这位年轻的将领沉默而忧伤，正在思考应如何对付约瑟芬。

他抵达巴黎后（10 月 16 日），直接到了他购置的住所，街道已被改名为胜利女神路以向他致敬。在那里，他希望找到他不忠的妻子，并从他的生命中摒除她。她不在那里，其因有二。第一，1799年4月21日，他围攻阿卡时，她购置了300英亩的地产——从巴黎顺塞纳河向下约10英里的玛尔迈松（Malmaison）。巴拉斯为她垫付5万法郎作为首付款，查理是她宽敞别墅的第一位来宾。第二，她与她的女儿4日前离开巴黎，希望在驶向里昂的途中遇见拿破仑。约瑟芬与奥尔唐娜发现拿破仑选择另一条路线时，她们折返，虽然实在厌倦了旅行，仍然折回200英里到达首都。其时，年老的博阿尔内侯爵找到拿破仑并为她辩护。拿破仑的兄弟力劝他与他的妻子离婚，因为他的家庭憎恨她的权力高于他，但是巴拉斯提醒他公开的丑闻将损伤他的政治生涯。

疲乏的母亲与女儿到达胜利女神路时（10月18日），欧仁在楼梯顶端走廊迎接她们，而且警告她们将要有一场风暴。叮嘱他照料他的妹妹后，约瑟芬爬上楼梯敲响拿破仑房间的门。他回答他决意不再见她。她在楼梯上哭泣，一直到欧仁与奥尔唐娜使她振作，与她一起再次恳求拿破仑。拿破仑随后讲道："我问我自己，他们应当成为他们母亲过失的牺牲者吗？我伸手，抓住欧仁的手臂并拉至我身边。然后是奥尔唐娜……与她的母亲……在那里还能说些什么呢？只要是人，不都有弱点吗。"

在那些忧愁笼罩的日子，他避免公开场合亮相，他知道一位政府官员必然不能过分公开。在家与外出时他穿着平民的服装，阻止关于军队正在策划攫取政府的谣言。他做了两次访问：一次到欧特伊拜谒80岁的爱尔维修夫人表示敬意；一次到军事学院，在那里他谈到远征埃及主要是因为科学上的兴趣，贝托莱与蒙日支持他。拉普拉斯、拉格朗日、卡巴尼斯及其他许多人，将他当作一位科学家和哲学家而尊重他。在这次集会上，他遇见西哀士，获得他一句短评："我们没有政府因为我们没有宪法，或至少不是我们需要的。你的天才必可给我们一个。"

　　不久，他的家变成磋商秘密的中心。他接见左派和右派的访客，他答应支持共和国并卫护民众的利益。随即，他坦白地宣布："我收留波旁皇族的工作人员。"但是，他让自己与任何派系隔离，特别是军队。贝纳多特将军有意领导政府，忠告他停止政治活动而且满足于军事统率权。拿破仑比较乐于听从平民像西哀士的建议，接管政府并创造新宪法。这可能需要滥用或违犯一两条法律。但是元老院再度受到雅各宾派的警告，假装没有看见这次小小的非法行为。五百人院不顾及雅各宾派，选举吕西安为主席。5 位督政中，西哀士与迪科保证他们自己属于拿破仑。塔列朗负责说服巴拉斯让他获取金钱与胜利后隐退。戈耶，督政府的主席，几乎爱上约瑟芬，却能不动心于她的微笑。一些银行家可能已给予资金支持。

　　在 11 月的第一个星期，一个谣言传遍整个巴黎，雅各宾派正准备一次民众暴动。11 月 9 日（即著名的法国革命历 2 月 18 日），元老院使用它的宪法权力，命令它自己与五百人院，将他们的会议于次日改在圣克劳德郊区的王宫召开。为了伸展它的宪法权力，它任命拿破仑统率巴黎卫戍部队，而且要求他立刻前往在土伊勒里宫的元老院宣誓就职。拿破仑到了那里，被 60 名官员护卫着，他自己的誓词十分笼统："我们需要国家建立在自由、平等与国家象征的神圣原则之上。我们将获有它，我发誓！"——为了他稍后所说的话有些回旋的余地。

　　从会堂走出后，拿破仑告诉聚集的部队："军队再与我结合，我再与勒吉斯拉的兵团结合。"此时，波图特，巴拉斯的一位秘书，从一度有权力的督政府带给拿破仑一个口信，要求给予离开巴黎的安全通行证。在一个面对士兵与民众的声明中，拿破仑对此予以严厉的责备，那几乎是督政府的死刑判决，因而击溃可怜的波图特："对于这个法国，我将它的整个荣耀委托于你，然而你都做了什么？我留给你和平，我却得到战争。我让你胜利，我却得到溃败！我由意大利交给你百万金钱，我却得到各处的掠夺与穷困。至于我光荣战役中熟识的十几万法国人，你是如何处置的？他们如死人一般。"

拿破仑的听众不知道他的台词有些得自雅各宾派，他们思索自身的意义，政变理由从尘封的记忆中显现。接着，拿破仑担心他的话会增加巴拉斯的敌对，将波图特拉到一边，向他保证他对督政的个人观点保持不变。然后他骑上马，检阅军队，回到约瑟芬那里，她对他成功地成为一名演说家而十分惊喜。

11月10日，勒费弗尔将军率领巴黎卫戍部队500人至圣克劳德，将他们安置在王宫附近。拿破仑及他的亲信跟随着。他们之后出现了西哀士、迪科、塔列朗、布里埃内。他们监视在战神陈列馆（Gallery of Mars）集会的元老院，在奥兰治里邻近的五百人院。吕西安命令五百人院遵守秩序时，他即刻遭到王宫附近出现的士兵的抗议，他们大声叫喊："反对独裁政府！打倒独裁者！在此我们是自由人民，刺刀威胁不了我们！"一项动议被提出，要求每位代表走到演讲台，而且高声重复维护宪法的誓言。这项动议使投票从容地进行，一直到下午4点。

元老院消磨时间，是因为它必须等待五百人院提出建议。拿破仑在附近一个房间中忧愁烦躁着，如果不能立刻采取一个决定性的行动，他将错失良机。他与贝尔蒂埃、布里埃内前往元老院的演讲坛，鼓动这些老人行动。但是，他在宣布文告时非常动人，在谈话时非常果断，在感情与思想上却过分抑制幽闭，以致未对立法机构做有条理的演讲。他说话粗率、激动、几乎不连贯：

> 你们在火山上……让我以一个军人的自由说话……你们请求我担任你们的统帅时我安宁地待在巴黎……我集合我的同志，我们飞奔援救你们……人民的诽谤淹没了我，他们谈论恺撒、克伦威尔或军事政府……此事非常着急，因此你们必须采取迅速的措施……共和国已无政府，只有元老院。让它采取措施，让它发言，我将是你们行动的力量。让我们保全自由！让我们保全平等！

一位代表打断他的演说:"还有宪法呢?"拿破仑愤怒地回答:"宪法?你们自己已毁灭了它,共和历12月18日你们违反了它,共和历8月22日你们违反了它,共和历9月30日你们违反了它。它不再享有任何人的尊敬。"被要求提名涉嫌雅各宾派阴谋的幕后人物时,他提及巴拉斯与穆兰;被要求提出证据时,他言语支吾,除了求助于站在门口的士兵并不能想到任何令人信服之事:"你们,我的勇敢同志,伴随着我,勇敢的榴弹兵……如果任何一位外国人带来的演说者,胆敢宣称不受法律保护,让战争的闪电立刻击倒他。"质问与反对压倒这位演说者,他的讲话变得更加混乱,他的副官出现并援救他,护送他离开议事厅。他似乎搞砸了。

他决意再度尝试,这次将直接对付敌人——雅各宾派——使五百人院变色。在4名榴弹兵的护卫之下,他前进至奥兰治里。代表们愤怒于军事炫耀,大厅充满着呼喊:"卑鄙的独裁者!卑鄙的暴君!打倒他!"这是使罗伯斯庇尔失势与死亡的呼喊。一项动议宣布拿破仑不受法律的保护。主持会议的吕西安拒绝将它提出表决,将五百人院的席位托付给一位朋友,他登上讲坛,并发言为他哥哥辩护。激动的代表们包围拿破仑。"你凭什么赢得胜利?"一位代表问道,这些人紧紧地压迫着他,以致使他几乎晕厥。榴弹兵闯入,靠近他,引导他出了大厅。户外的空气使他清醒,他骑上一匹马向军队求助,他们为他扯裂的衣服与蓬乱的头发惊愕地呆立着。"士兵们,我可以指望你们吗?"他问道。"是的。"许多士兵回答,但是也有一些犹疑着。拿破仑再度迷惑,他远大的计划似乎再次被粉碎。

他获得了弟弟的援救——吕西安,跳上最近旁的马匹,从奥兰治里急速赶至,骑乘到拿破仑的身边,并以权威、雄辩的口才及使人心服的道理向混乱的士兵演说:

我为五百人院主席,我向你们宣布此院的多数党此刻受到一些短剑武装的代表的恐吓，他们包围讲坛并威胁他们同事的性命……我宣布，这些无耻的盗贼无疑为英国雇用，已反叛元老院，而且使负责执行元老院法令的将领不受法律的保护……我将拯救多数党不受他们代表恐吓的责任托付给战士。将领、士兵、老百姓，你们必须知道只有那些前来帮助我的才是法国制定法律者。至于那些坚持留在奥兰治里的，让暴力驱散他们。

吕西安紧握一把剑，对着拿破仑的胸膛发誓：他的哥哥要是侵犯法国人民的自由，他将亲手杀死拿破仑。

因此，拿破仑下令鼓手击鼓，军队进攻奥兰治里并驱散不服从的代表。马拉与勒费弗尔引路，高喊着，榴弹兵跟随在后，"好啊！打倒雅各宾派！打倒1793年！这是鲁比孔河的通道！"代表们看见步兵向他们进攻时，大多数人逃走，有些从窗子跳出，少数人围绕着吕西安。那位胜利的征服者有礼貌地行进至元老院，并向他们解释五百人院已遭到整肃。元老院得庆幸存，通过一项法令以三位"临时执政"（Provisional Consuls）替换督政府。五百人院中由拿破仑、西哀士、迪科等100位代表组成第二议院。两院自那时休会至1800年2月20日，让临时执政写新宪法并统治法国。"明天，"拿破仑对布里埃内说道，"我们将睡在卢森堡宫。"

第六章 | **大革命下的人生**
（1789—1799）

新的阶级

在此我们停止时光的飞驰，注视民众受难的浓缩历史。从恺撒渡过鲁比孔河至奥古斯都即位的 20 年中（公元前 49—29 年），与巴士底狱陷落至拿破仑最后逊位的 26 年中（1789—1815 年），是比较平稳的转型期——都充满着难忘的事件。虽然处于政府惊恐、人物变迁、天才泯灭的情况，但是文明的要素与优美持续着：粮食与财物的生产与分配，知识的寻求与传播，品格与才能的训练，情感的交流，辛劳的减轻，及艺术、文学、慈善、游戏、歌唱纷呈的竞争，幻想、信仰与希望的斑驳陆离。除了政府更迭与英雄沉浮是偶发的短暂的梦想演进形式外，这些不也是现实之于历史的连续吗？

农民。1789 年，他们中有许多仍然是按件计酬的散工或佃户，在他人的土地上工作，但是 1793 年以前农民拥有法国一半的土地，他们中的大多数以便宜的价格从没收的教会财产中购得耕地，而且除少数农民外全部免除了封建税。所有权的激励使劳工摆脱低收入的贱役的束缚，转而有能力奉献，并不断增加盈余。因此，在一定程度上增加了家庭的、教会的、学校的财产——如果能取悦或欺骗税务员就更好了。税收可用指券——政府的纸币——面值支付，同时产品能出售以换取指券——乘以 100 等于他们的票面价值。法国土地从未被如此勤勉与有效地耕种过。

在取消了社会阶层划分的法国，农民这个最大阶级被解除束缚，是大革命最显明、最持久的影响。这些不屈的供给者成为大革命最强大的防御者，因为大革命给予他们土地，是波旁皇族复兴后可能会被夺走。为了同样的理由，他们支持拿破仑，并在 15 年间奉献他们半数的儿子上战场。作为财产所有者，他们在政治上与资产阶级联合，而且在整个 19 世纪，在国家不断的变动中，成为保守派政治的基石。

国民公会为要求权利平等而于 1793 年废除长子继承权，规定财产必须设有遗嘱，并以均等的比例分配给儿女，包括那些私生但为父亲承认的。这项立法的后果是：法国人民不愿定期地分配世袭财产给许多子女，而使他们的继承人沦为穷人，因此助长了缩减家庭规模的古老作风。农业仍然是兴旺的，但是法国人口在 19 世纪增长缓慢——从 1800 年的 2800 万人增至 1914 年的 3900 万人，而德国人口从 2100 万人增至 6700 万人。农业兴隆后，法国农民迟缓地移向都市与工厂，因此法国继续维持卓越的农业，而英国与德国趋于工业与科技的发展，善于战争，而且主导整个欧洲。

劳动阶级中，无土地的农民、矿工与城市的工人和小商贩，是最贫穷的。人们挖掘土地寻求工业与战争所必需的金属与矿物，硝石是火药必需的，煤炭逐渐取代木材成为发动机的动力。城镇在白天光明生动，在晚上则黑暗柔和，一直到 1793 年，巴黎公社才在巴黎装设路灯。工匠在他们点有蜡烛的工厂中工作，商人在市场中心的商店，在山巅的堡垒与教堂附近，或在市郊的代理店销售他们的产品。1791年，行会被废除，国民公会还宣布此后每个人可以“自由经营某种事业，从事某种由他意愿选择的职务、行业或买卖”。《谢普雷法》(*Law of Le Chapel*) 禁止工人采取联合一致的经济行动（1791 年），此禁令持续生效至 1884 年。罢工被禁止却经常在各地发生。工人努力让他们的工资不因通货膨胀而贬值，一般来说，他们维持工资与物价做同比例的上升。罗伯斯庇尔失势后，雇主增加对他们的控制，因而劳动阶级的情况更为糟糕。1795年之前，无套裤汉是贫穷而窘困的，如同大革命以前的情况。他们对大革命失去信心，1800年他们满怀希望地向拿破仑的独裁屈服。

资产阶级在大革命中获得胜利，因为其金钱与智力超过贵族阶级或平民。资产阶级购买政府没收教会的财产中最获利的部分。资产阶级的财富不是冻结在不可移动的土地上，它是可被移转的，从一地到另一地，从一目的到另一目的，从一人到另一人。资产阶级能够支付金钱给军队与政府，及暴动的民众。资产阶级获得政府的行政经验，而且利用贷款影响财政部。资产阶级实际上受的教育超过贵族或教士，更适于统治一个以金钱为循环血液的社会。资产阶级认为贫穷是愚钝的惩罚，而财富是勤奋与智慧的公正报偿。资产阶级借无套裤汉的力量轻视政府，将劳动阶级的暴动当作不可忍受的错误，公然抨击政府的阻碍。这是确定无疑的——在革命的狂热与骚动平息之后，资产阶级将是政府的控制者。

在法国，那是一个商业而非工业的资产阶级。在那里并未以畜牧业取代农场。相反，英国迫使农民离开他们的田地到城镇，为工厂带来便宜的劳动力。英国的封锁对可用以支持法国工业发展的输出贸易，是一项打击。因此，工厂制度在法国的发展较英国缓慢。在巴黎、里昂、里尔、图卢兹，有真正资本主义的组织，但是大多数法国的工业仍然是在手工艺与小工厂主的掌握中，甚至资本家将许多手工艺术品制造委托给乡村或其他家庭。除了战时独裁主义的扰乱及一些雅各宾派的挑拨，大革命政府用自由企业的重农主义理论作为刺激经济与提高生产力的经济制度。1795年跟普鲁士和1795年跟奥地利订立的和约，为法国的资本主义免除了经济上的束缚，如同英国与德国的，被保护在最少受到政府支配的氛围中进入19世纪。

贵族政治失去了经济和政府方面的所有权势。其成员大多数仍是移民，在国外靠着屈辱的职业过活。他们的财产被没收，他们的收入被终止。留下或回国的贵族中有许多被斩首；一些参加了大革命；其余的，一直到1794年，仍躲藏在危险的黑暗处，他们的人身及其财产不断受到骚扰与侵占。在督政府的统治下，这些情况为之减少。许多民众私下表示，只有受到有能力的贵族政治的支持与牵制，法治与安全始能归还法国人。拿破仑依照他自己的方式，并在他自己的任期内，赞同他们。

宗教。在法国大革命接近尾声时，宗教渐渐可在无政府的支持下生存。新教徒占那时人口的5%。1791年的宪法确认路易在1787年赋予他们的有限度崇拜上帝的自由。1791年9月28日的一项法令，赋予法国的犹太人一切公民权利，并与其他所有公民在法律上共享平等。

天主教的教士，从前的第一阶级，现在受苦于伏尔泰学派反教士政府的敌对。较高阶级失去对教会的教义的信仰，中等阶级获得其大多数土地上的财富。1793年以前教会的财富，曾估价为25亿法郎，现已被出售一空。在意大利，罗马教廷的地位与财富已被剥夺，庇护六世一度成为囚犯。成千的法国教士逃到其他国家，他们中有许多靠着新教徒的施舍过活。成百的教堂被关闭，财产被没收。教堂的钟已沉寂或被熔化。伏尔泰与狄德罗、爱尔维修与霍尔巴赫明显地赢取了他们反教会的战争。

这场胜利是不明朗的。教会失去它的财富与政治势力，但是它生命的根源留存在教士的忠贞与人民的需要和希望上。在大城市中，许多男人失去信仰，但是在圣诞节与复活节那天，几乎所有的人都去教堂。在大革命的顶点（1793年5月），一位教士沿着巴黎街道高举着神圣的圣像时，有目击者称："男人，女人，小孩跪着崇拜。"即使怀疑基督教真理的人都感受到了这个仪式的引人入胜与故事的永恒美丽，而且他们可能深思帕斯卡的"赌注"——一个人应懂得信仰宗教，因为宗教信仰者最后不会失去什么；反之，无宗教信仰者将失去一切。

在督政府期间，法国内部的分裂发生于缓慢恢复传统信仰的人民与决定以法律和教育建立纯粹世俗文明的政府之间。1798年10月8日，清理过的新的激进派督政府将以下的指示，发给所有县立学校的教师：

> 你们必须将所有与任何宗教，或任何教派关联的教义或礼仪，排除于你们的教学之外。宪法一定宽容他们，但是宣扬教义并不是，而且永远不是公共教育的一部分。宪法建立在人类全体道德的基础上，这个道德是适于各时、各处与各宗教的——这个法律被刻在人类住所的匾额上——它必须是你们教学的精华，你们教导的目标与你们学问联结的链环，如同它是社会有束缚力的结节。

此处，很明显，在与宗教信仰无关的道德制度上建立社会秩序，是大革命最艰难的计划。拿破仑谴责这个不能实行的建议。

教育。政府从教会获得对学校的控制，努力使其成为智慧、道德与爱国心的培养所。1792年4月21日，公共教育的负责人孔多塞向立法会议提出一份历史性报告，请求重整教育，以便"欧洲18世纪的启蒙运动产生的进步对我们有所助益，对于去除社会痼疾，对个人幸福与公共繁荣，打开一个无穷尽的来源"。战争延迟了这个理想的实施，但于1793年5月4日，孔多塞从一个角度更新这个请求。"国家，"他说道，"有义务抚养它的子女，它不能将这个责任托付家庭的自傲或个人的成见……教育应该是普遍而且平等地及于所有的法国人民……我们表示出它的伟大特性，类似我们政府的特征与我们共和国最高的原则。"这个规划似乎想将思想灌注的形式做一个改变——国家主义的而非天主教的，国家主义将是公认的信仰。1793年10月28日，国民公会规定教士不能被指派为公立学校的教师。12月19日，它宣布所有的小学是免费的，所有的男孩必须接受小学教育，女孩将从她们的母亲或从修道院、家庭教师处得到教育。

中学的改组必须等待到和平。即使如此，1794年2月25日，国民公会开始设立那些将成为县立学校或高级中学的巴黎中央理工学院。专业学校开设采矿、公共建筑工程、天文学、艺术与工艺等课程。1794年9月28日，巴黎工艺学校开始发展。法国军事学校如同保守派分子的收容所，被关闭于1793年8月8日，但1795年10月25日，国民公会为激励与管制所有的科学、艺术而设立研究各种专门学术的法国国立军校。此处的科学家与学者仍然维持启蒙运动的理智与传统，对拿破仑侵入埃及给予最具深远意义的论断。

"第四阶级"——新闻工作者与新闻界——在这沸腾的若干年对法国精神与情绪的影响，是甚于学校的。巴黎的人民——及其他各省少数的法国人——每日贪婪地阅读报纸。喜爱讽刺的报纸成功地刺伤政客和学者，因而博得民众的欢喜。在人权宣言方面，大革命保证自己维护出版的自由，它借着控制立宪与国民会议予以兑现。但是党派倾轧之热高升，每一党派以限制其敌人的出版表明自己的胜利，实际上出版的自由在国王被处死刑时（1793年1月21日）即被埋葬。3月18日，国民公会对"任何企图策划土地区分法（agrarian law），或破坏土地、商业或工业财产法律的人"判予死刑。3月29日，得胜的弑逆者说服国民公会对"任何其著作或印刷品被判定将可能激起……王权的再建，或任何其他伤及人民主权的力量的人"判予死刑。罗伯斯庇尔久已维护出版自由，但是在送赫伯特、丹东与德穆兰上断头台之后，他停掉了曾支持他们的杂志。大恐怖期间，甚至在国民公会，所有的言论自由消失。督政府于1796年恢复出版的自由，但是一年之后，在共和历12月18日的政变与驱逐42家杂志的编辑之后废止了它。言论与出版的自由并未被拿破仑摧毁，但在他得权后遭到禁止。

新道德

·道德与法律

舍弃了道德的宗教基础——敬爱并恐惧着一位警觉世象、记录善恶、赏罚人类的上帝，服从属于他的法律与圣训，法国人民发现他们自己没有保障，因而只有用他们已放弃的伦理教条抑制那些产生于中古世纪的饥饿、贪婪、危亡，而且与深深扎根于他们身上的最老、最强、最个人主义的本性做斗争。他们把基督教的伦理托付于他们的妻子与儿女，在畏惧暴力的动乱社会中寻求可作为道德铁锚的新观念。他们希望在其中发现公德心，接受从有组织及有保护的社会的义务与特权的意义上来说的公民职责与权利。在每个道德选择上，个人为偿付保护与社会的许多劳务，必须认识社会的完善是占最重要地位的法律——人民利益至上（*salus populi suprema lex*）。建立天赋的个人道德的规范是宏大的计划。溯及整个基督教的世纪，哲学家的代表——米拉波、孔多塞、罗伯斯庇尔、维尼奥、罗兰、圣茹斯特——在正统派的历史或传说中发掘他们寻找的典型：李奥尼达、伊巴密浓达、布吕蒂斯、加图与西庇阿。因此，视爱国为至上职责的人可能为国家的利益而正义地杀死他的儿女或父母。

大革命的第一回合适当而顺利地经历新道德。第二回合开始于1792年8月10日：巴黎民众废除路易，并掌握无责任感的专制主义权力。在旧政体下，一些哲学家与圣者鼓吹贵族社会体面与人道主义的特性，以减轻人类相互掠夺与攻击的天赋癖性。但现在接着的是阴惨的行动，"九月大屠杀"，国王与王后的死刑，及恐怖时代与所有断头台牺牲的延伸，罗兰夫人描述为"各各他（Golgotha，在耶路撒冷附近，基督被钉十字架之地）的巨大屠杀"。大革命的领袖成为战争的投机者，迫使被占领地区慷慨地支付人权的代价，法国军队被吩咐依靠占领区过活，被解除束缚者或战败者的艺术珍宝归属于得胜的法国。此外，立法者与军官勾结补给者以欺骗政府与军队。在放任主义的经济中，生产者、分配者与消费者竞相诈取，或规避最大可接受的价格与工资。这些或类似的恶劣行为当然早在大革命前几千年就已存在，但是在对它们控制的尝试中，新道德鼓吹的"公德心"似乎毫无助益。

在大革命使社会秩序不稳，在生命加注不安全因素时，民众以犯罪表现他们的不安，在赌博中寻求乐趣。决斗继续着，但不像以前那么频繁。1791年和1792年曾宣布禁止赌博，但是秘密的赌场加倍，1794年前巴黎已有3000家赌场。督政府期间，富裕的上流社会人士下注金额庞大，以致许多家庭毁灭于命运的转变。1796年，督政府恢复"国家彩票"（*Loterie Nationale*）。巴黎公社的土伊勒里派（Tuileries section）向国民公会请愿，请求用法律废止所有的赌场和妓院。"没有道德，"它表示，"就可能没有法律与秩序，没有个人安全，也没有自由。"

大革命政府费力地给予易怒、暴力的民众一个新的法律制度，但是信仰衰落与国王的死亡让他们在道德和法律上解缆。伏尔泰要求全面修订法国的法律，并将360项省或地区的法规整合成为全法国有条理的法律。这个请求在大革命骚动时期未被准许，它必须等候拿破仑的处置。1780年，夏隆学院提供奖金给有关"不危及公共安全之下减缓法国刑罚的最好方法"的最佳论文。路易则以废除严刑拷问回应之（1780年），并于1788年宣布愿意将所有的法国刑法修订成为前后一贯的法国法律。此外，"我们将寻求各种方法缓减惩罚的严酷而不损及良好的法制"。当时掌握巴黎的最高法院的保守派律师梅斯与贝桑松反对这个计划，国王也正为他的生存而战，遂将其搁置。

提呈至1789年三级会议的"陈情书"建议几项法律的改革：审判应予公开，被告人应允许有法律顾问的协助；国王逮捕反叛者的密令应加禁止，有陪审团的审判应予建立。6月，国王宣布逮捕反叛者的密令终止，同时其他改革立即被立宪会议确定为法律。陪审团制度曾存在于中世纪的法国，现已恢复。立法者现在可以不受教会的影响，而且留心于商业的需要——1789 年 10 月 3 日宣布，索取利息不是犯罪行为。1794 年的两项法律解放了法国及其殖民地的所有奴隶，并将法国公民权给予黑人。基于"一个绝对自由的国家不能允许任何社团在它的核心内"的理由，1792 年至 1794 年的种种法律禁止所有兄弟会、学会、文艺协会、宗教组织与商业社团。令人奇怪的是，雅各宾俱乐部不受损伤，但劳工联盟被禁止。大革命迅速以万能政府取代君主专政。

旧法律的繁杂、新法律的树立及商业关系的逐渐复杂，促成律师倍增，因而律师现在取代教士成为第一阶级。自从最高法院解散后，他们并未被正式组织起来，但是他们了解所有法律上的漏洞及所有程序上的诡计与伎俩，因而变得很有权势以致政府——本身也是律师集团——发现很难加以控制。人民开始抗议法律的迟误、律师的阴险与立法的代价高昂，因为使所有人民在法官面前平等并不属实。一连串的会议尝试不同的措施，以减少律师的数量并弱化其权力。在反律师法猛烈进行时，他们禁止所有公证人的活动（1791 年 9 月 23 日），关闭所有法律学校（1793 年 9 月 15 日），而且宣布（1793 年 10 月 24日）："律师事务所予以撤销，诉讼当事人仅可授权代理人代表他们。"这些法规常常被规避而留有记录，一直到 1800 年 3 月 18 日拿破仑复原律师制为止。

大革命在刑法的修正上有较好的改进。过程较为公开，这将暂时结束秘密审查和证据匿名。监狱不再成为苛责的主要手段。在许多监狱，入狱者被准许携带书籍甚至家具，而且只要出钱还可享受由外面送进的食物，可以有限制地谈恋爱。我们听到一些温情的恋爱事件，像囚犯约瑟芬与囚犯奥什将军。国民公会批准过成百的死刑执行，在它最后会期宣布（1795 年 10 月 26 日）："从和平公告之日起，法兰西共和国各处的死刑废止。"

同时，大革命宣称它能改善死刑的方法。1789 年，吉约坦博士（Joseph Ignace Guillotin），三级会议的代表，建议以机械刀刃代替绞刑吏与用斧者，因为它可以在人感觉痛苦前就被砍头。这不是新想法，13 世纪以来它被用于意大利与德国。在医生手术刀对尸体做若干试验后，"斩首机"于 1792 年 4 月 25 日被竖立在德格莱维广场（Place de Grève，现在的市政府广场），然后在别处逐渐竖立。死刑为之加速。这种死刑一时吸引许多群众，其中包括一些嬉戏的妇女与孩童。但是它们过于频繁，以致成为可以忽视的常事。"民众，"同时代一家杂志报道，"暴动发生时继续在他们的店铺中工作，甚至不因搅扰而抬起他们的头。"谦恭者活得最久。

· 性道德

在囚车之间，在废墟之中，爱与性幸存。大革命已忘记医院，但在医院，在战场，在贫民窟，慈善减轻了痛苦与悲伤。美德阻遏邪恶，父母的情爱同时残存于子女的自主。许多孩子看到父母的无能，因而惊服大革命的热情与新风尚，他们中一些人抛弃旧道德限制，变成无忧无虑的享乐主义者。男女乱交盛行，性病蔓延，弃儿倍增，性变态风行。

萨德侯爵出生于巴黎东南普罗万一个地位很高的家族，高升为布雷西亚与比热的总督，似乎注定终身为行政官。但是他的心中激荡并沸腾着性幻想，为了使它们成为正当的哲学而寻求不已。涉及与 4 名女子的风流韵事后，他在艾克斯昂省以"毒害与兽奸之罪"被判死刑（1772 年）。他逃亡，被捕，再逃亡，犯了更大的罪，逃至意大利，回到法国后，在巴黎被捕，监禁在樊尚（1778—1784 年）、巴士底狱和沙朗通（1789 年）。1790 年获释后，他支持大革命。1792 年，他是皮克派（Section des Piques）的书记。大恐怖期间，由于他被误认为是一名回来的移民而被逮捕。一年之后被释放。1801 年，在拿破仑的统治下，他因出版《朱斯蒂娜》（*Justine*，1791 年）与《朱丽叶》（*Juliette*，1792 年）而再度入狱。这些是性经验的小说，有正常与不正常的。作者偏好不正常的性行为，而且使用相当的文学手腕替自己辩护。所有的性欲——他主张——是自然的，而且应无愧内心地纵情，甚至可以从传染病毒的痛苦中获得性欲的欢乐。他以一字声名（指萨德主义）永垂不朽。他在不同的监狱度过他最后的生命，写作风采优雅的剧本，最后死于沙朗通精神病院。

我们得知在大革命期间大学生之间的同性恋，可推测它已普及于监狱。妓院一般开在王宫附近，在土伊勒里宫的花园、圣希拉尔街与白蒂沙普街，妓女极多。她们也出现在戏院与歌剧院中，甚至出现在立宪议会与国民公会的走廊上。标注着女人的住址与费用的小册子到处都是。1793 年 4 月 24 日，坦普尔派（Temple Section）发布一项命令，"会议……愿意终止由公共道德毁灭及女性堕落与不忠引起的无数不幸，而且借此指派警察局局长"等。其他派系从事运动，私人的巡查被组成，一些罪犯遭到逮捕。罗伯斯庇尔支持这个措施，但是在他死后监护人的勤勉为之松懈，娼妓再度出现于督政府期间。

1792 年 9 月 20 日以后，只有公证结婚是合法的，教士是不必要的，只需要在官方作证下签署共同的誓约。在较低的阶层，许多男女未婚同居。私生子数目庞大。1796 年，法国登记有 4.4 万名弃儿。1789 年至 1839 年，默朗的新娘在她们结婚时 24% 是怀孕的。法国大革命前丈夫通奸常被赦免，富有的人可能有情妇，在督政府期间情妇更是被公开夸耀。1792 年 9 月 20 日的一项法令使离婚合法。女人的合法权利有所增加。由于更多不为习俗约束的年轻人逞强，父系的权威因而减少。1802 年，普伦普特里在法国旅游时，在报道中引用一位园丁的话：

在大革命期间我们不敢责怪我们孩子的过错。那些自称为爱国者的，视惩罚孩子为违背自由的基本原则。这些变得十分难以控制，以致一位父亲责骂他的孩子时，后者常常会告诉他应管好他自己的事业，又说"我们是自由与平等的，共和国是我们唯一的父亲，并无其他的"……那将需要许多年使他们服从。

色情文学盛行，成为年轻人最喜爱的读物。1795 年以前（如同1871 年），一些曾经过激的父母开始将他们的儿子送进教士管理的学校，为的是远离一般放荡的道德与作风。一时，家庭似乎成为法国大革命的受害者。但在拿破仑时期，风纪的恢复暂缓，一直到工业革命才较缓慢较一致地给予改正。

在旧制度期间，妇女由于优雅的风度与高尚的情操，及她们思想的教化而获得很高地位的这种情况，大多受限于贵族与中上阶层。但 1789 年以前，妇女团体显然在政治中脱颖而出。她们前进至凡尔赛，并将国王与王后送回巴黎作为突然得权的公社的俘房后，几乎赢得大革命。[1]1790 年 7 月，孔多塞发表一篇文章《准许妇女有参政权》。12 月，艾德夫人尝试成立俱乐部献身于女权运动。妇女在议会的旁听席上表达她们的意见，而且试图组织她们自己。她们获得若干利益：妻子与丈夫一样，能请求离婚；母亲与父亲一样，对未达限定年龄儿女的婚姻，有许可或否定的责任。督政府期间，无选举权的妇女成为政治上公开的力量，支持部长与将军，而且骄傲地展示她们在风度、道德与服装上的新自由。拿破仑于 1795 年 26 岁时，这样描述她们：

> 妇女在各处——在游戏场所，在公共散步之处，在图书馆。你们在学者研究室看到非常美丽的妇女。世界各地只有此处（巴黎），女人的确具有值得男人为她们疯狂的影响力，而且男人不考虑其他，仅为了她们度过一生。一个女人为了知道什么是应给予她的、什么是她应有的权利，必须在巴黎住上 6 个月。

---

[1] 传说可能夸张：这个有活力而专侍朝臣贵族或富豪的高等妓女特蕾莎·德·梅莉古尔（Thérèse de Méricourt），曾扮演这些事件的重要角色（1762—1817 年）。

风俗

几乎像舆论等其他一切事一样，风俗也在变化。在贵族逃避平等运动风暴之前，他们获有自己的头衔、谦恭的谈吐、花式签字、自信安逸且风度悠闲。不久，沙龙的温柔、舞蹈的合宜与柏拉图哲学的用语，成为贵族的耻辱，甚至可能涉嫌与时代潮流相悖而招致监禁。1792 年底，在切实平等方面，所有在法国的法国男人已成为公民，所有法国女人已成为女公民。没有人是先生或夫人，而且个别谈话中谦恭的"您"（*Vous*）被家庭与街道上的"你"（*tu*）与"你"（*toi*）取代。虽然如此，早在 1795 年，这个"你"（*tutoiement*）已不流行，"您"又被广泛使用，先生与夫人替代男女公民。在拿破仑的统治下，爵位再度出现，1810 年以前获得爵位的人比以前都多。

服装的改变较为缓慢。富有的男士久已采用，现在拒绝抛弃往日高贵的三棱角高帽顶的帽子、丝绸衬衫、平滑的领结、彩色与刺绣的背心、及膝的礼服的外套，膝盖以下长短不同的宫廷仪裤、丝袜与方头有带扣的皮鞋。1793 年，公安委员会尝试"改变目前全国的服装，使它适合于共和国的习惯与大革命的特性"，但是只有中上阶层采用工人与商人的长裤。罗伯斯庇尔继续穿得像一位贵族，然而在华丽上胜不过巴拉斯前导的督政的正式服装。一直到 1830 年，马裤尚未赢得反宫廷仪式裤（裙裤）的竞争。只有无套裤汉穿戴着革命的红色苏格兰帽与卡曼纽装（*carmagnole*）[1]。

妇女的服装受大革命信仰的影响，其足迹遵循共和政体的罗马并吸收伯里克利的希腊。掌握法国艺术的大卫，1789 年至 1815 年将有名的英雄作为他早期的对象，而且用古典的风格装饰他们。因此，巴黎时髦的女人，在清教徒罗伯斯庇尔没落后，丢弃裙子与衬衫，采用

---

[1] 卡曼纽有两层意思：流行于法国南方工人的歌与舞曲，也是从意大利移入的劳工穿的短羊毛夹克。卡曼纽拉（Carmagnola）是位于皮埃蒙特的一个城镇。

一种轻便飘拂、透明得足以暴露大部分软滑外形的长服，作为她们主要的外出服，以吸引贪婪的男性。腰线非常高，支撑着乳房。领口低得足以引起男人的遐想，袖子短得足以展露出诱人的手臂。无边帽被束发带替换，高跟鞋取代轻便的浅帮鞋。同时异常之人（*Incroyables*）与绝妙之人（*Merveilleuses*）——令人难以置信的男性与不可思议的穿着时髦服装女性——努力以放肆的服装赢得注目。1792 年，一群妇女以男性打扮出现在巴黎公社的会议上，受检察长肖梅特温和的谴责："你们性急地想做男人，你们是不满意你们实际的命运吗？你们还要什么？你们左右我们的判断力，立法者与行政官在你们的脚下，你们的专横是我们的力量唯一不能抗争的，因为那是爱的专横，而且为本性的所为。为了那个真正的本性，你们保留随心所欲的本性。"

可是女人确信，她们能改进人的特征。在 1792 年 8 月 15 日《导报》中的一项公告，布罗坎夫人宣布她尚未用完她的"一次施用，染为红或白，粟褐或黑色头发的著名粉末"。如果必要，还可以戴假发——大多由被斩首的年轻女人的卷发做成。1796 年，留长发与发辫的中上阶层社会人士很普遍。

大革命的前两年，巴黎的 80 万名民众过着日常的生活，仅偶尔注意立法会议或监狱发生的事情。较高阶层的生活是十分愉快的：家庭继续相互拜访与邀宴，参加舞会、宴会、音乐会与游戏。巴黎即使在 1792 年"九月大屠杀"与 1794 年 7 月罗伯斯庇尔失势的凶暴期间，有 2800 次死刑的执行，所有幸存者的生活还是按习惯工作与游戏、继续性的追求与父母的爱。1794 年，梅西埃报道：

> 阅读我们报纸的外国人想象着我们全为鲜血覆盖，穿着破衣服，过着悲惨的生活。估计他们会惊奇——他们到达香榭丽舍的堂皇大道，一边是高雅的二马四轮马车和诱人的、可爱的女人，然后……那个遍布土伊勒里官窗外不可思议的远景及……那些华丽的花园，现在更加华美而且比以前有更好的照料！

在那里，有比赛——球赛、网球、骑马……在那里，有露天游艺场像蒂沃利花园，在该处——一个晴朗日子容纳1.2万人——能够找人算命，在小商店购买好玩的小玩意，欣赏烟火、走绳索的人、气球上升，听音乐会，或者将儿童放在旋转木马上玩指环游戏（抓指环）。可坐在露天的咖啡馆，或在富瓦咖啡馆的大帐篷下，或在高级咖啡馆像托尔托尼或弗拉斯卡帝，或跟观光客进入夜总会像卡沃，或索洼日，或盲人（Les Aveugles，该处为盲人音乐家表演娱乐节目）。可到俱乐部阅读或闲谈或听取政治争论，你们可参加其中一个政府办的综合而精彩的节目，如果你们愿尝试新舞蹈——华尔兹，刚从德国传入——你们可从巴黎人名地址簿上300多家公共舞厅中的任何一家找到舞伴。

大革命平息后几年，一些移民被允许回国。现在（1795年），隐藏的贵族大胆地外出。资产阶级显示他们的财富——昂贵的住处与家具、宝石装饰的女人及耗费金钱的娱乐。巴黎人民走出他们的公寓与住宅，到土伊勒里宫或卢森堡宫的花园，或在香榭丽舍宫殿附近晒太阳或呼吸夜晚的空气。女人展示她们粗俗迷人的服装，她们那无法用言语形容的如画般扇子，及隐蔽她们诱人双脚的高雅定型的鞋子。社会复苏了。

但是，现在社会中许多学派的组成分子，不是大革命前夕在沙龙中表露才智的有来历的上等人士与著名的哲学家，他们大多数是通过教会不动产变动、军队合约、商人独占、靠财政策略与政治敛财的新富人。一些溃散的波旁皇族时代的幸存者，来到冉丽斯夫人或孔多塞与爱尔维修寡妇家中，但是大多数罗伯斯庇尔死后开张的沙龙（斯塔尔夫人的圈子例外），没有才气焕发的交际本领，而且缺少较古老时期由于土地财富长久的安全所获的安乐。目前最高级沙龙是一个存于巴拉斯督政在卢森堡王宫的舒适房间，或在他的德格罗斯布瓦堡。其诱惑并不是哲学家的智识，而是塔利安与博阿尔内夫人（约瑟芬）的美丽与微笑。

　　约瑟芬那时还不属于拿破仑，塔利安夫人也不再是塔利安的妻子。她于 1794 年 12 月 26 日嫁给他，而且暂时承认为"共和历 11 月的圣母"——她离开衰败恐怖政治主义者不久之后，变成巴拉斯的情妇。一些新闻业者嘲弄她的道德，但多数报以微笑，因为她的美貌中不带有任何傲慢，她的仁慈是著名的。德勃朗德公爵夫人形容她为"卡皮托利尼的维纳斯，甚至比菲狄亚斯的作品更可爱。因为可以看出她有同样完美的容貌、同样匀称的手臂与脚，而这些由于仁爱的表情而生气蓬勃"。这是巴拉斯的优点。他慷慨地对待她与约瑟芬，不仅注意她们女性方面的美丽，在欢迎会中他与成百的潜在竞争者共同享受它，并祝福拿破仑虏获约瑟芬。

音乐与戏剧

　　各等级音乐盛行。人们能用一个硬币要求街上歌唱者再唱一次，或者加入群众的歌唱队伍。在埃多（Eeydeau）音乐会，人们惊异于加拉，当时的卡鲁索，他的声音能引起内心兴奋及唤醒筏夫，而且就那个范围来说，他的名声遍及整个欧洲。1793 年恐怖期间，国民公会成立国家音乐学院。两年后，它将其扩大成为音乐院并每年赠 24 万利维尔给 600 名免学费的学生。在罗伯斯庇尔倒下的那晚，一个巴黎人可在歌剧院听《阿米狄》（*Armide*），或者在喜歌剧院听《保罗和维尔吉妮》（*Paul et Virginie*）。

　　歌剧盛行于大革命期间。1794 年，贝尔纳丹将简单美妙的诗歌或散文作成音乐，同年勒絮尔以费内隆的《忒勒马克斯》（*Télémaque*）获得另一次胜利。他以《盗匪的巢窟》（*La Caverne*）唤醒整个法国，并获得 700 场演出。拿破仑在位期间他继续创作，而且活得很久，足以指导柏辽兹与古诺。寿命较短的梅于尔为喜歌剧写了 40 部以上歌剧曲谱，同时他令人印象深刻的赞美诗——《理智的赞美歌》（*Hymne*

á La Raison，1793 年）与《离别歌》（*Chant du Départ*，1794 年）——
使他成为大革命的音乐偶像。[1]

大革命期间，伟大乐曲作者是凯鲁比尼，1760 年他生于佛罗伦
萨。"我 6 岁开始学音乐，9 岁学作曲。"16 岁以前他已撰述 3 首弥撒
曲、1 首圣母颂、1 首赞美歌、1 部神剧与 3 部清唱剧。1777 年，利
奥波德，仁爱的托斯卡纳大公爵，赠予他一笔津贴。3 年后，凯鲁比
尼成为对位乐曲的能手，1784 年他被邀请至伦敦，但是他表现得并
不好。1786 年，他迁至巴黎，除了短暂外出，他留在那里一直到他
去世（1842 年）。他在那里的第一部歌剧（1788 年），放弃使情节与
管弦乐附属于曲调的轻松的那不勒斯风格，而跟随格鲁克深入"大
喜剧"（其曲调是附属主旋律的开展），及合唱与管弦乐曲。大革命
时期，他在巴黎最大的成功是《拉多伊斯卡》（*Lodoïska*，1791 年）
与《梅代》（*Médée*，1797 年）。以他至今更著名的《两天》（*Les Deux
Journées*，1800 年），他开始了拿破仑统治下的困苦生涯。

大革命时期的巴黎有 30 家以上的剧院，全是每夜客满，甚至
在恐怖时期。大革命免除教会早前加诸演员的歧视——演员被逐出
教会，甚至死后不能入基督徒墓地。但是他们受制于更仔细的检查
（1790—1795 年）：国民公会要求喜剧不得包含任何贵族政治的英雄
与情趣，戏院成为政府的宣传工具。喜剧败落至低水准，新悲剧沿循
大革命路线与古典的调和。

与以往一样，第一流的演员比政治家更有名气，有些——像塔
尔玛，更惹人喜爱。他的父亲曾是侍仆，转业成为牙医，赴伦敦后事
业为之兴隆，送他的儿子到法国受教育。毕业后，塔尔玛回去做他父
亲的助手。他学习英语，阅读莎士比亚的作品，学会演奏乐器，加

---

[1] 大革命期间，喜歌剧不再指喜剧，而且被应用到（其包括口头对话的）歌剧、悲剧或
喜剧，此后喜歌剧院被允许制作"严肃"歌剧以与音乐院竞争。这个时期前后，也有一
些作曲家，像梅于尔在亚里丹（Ariodant，1799 年），着手将一些循环的管弦乐队演奏的
乐节与相对应的角色或场面结合，因而开始了主乐旨。

入在英国表演的一个法国剧团。回法国后，他获准进入音乐院，1787
年首次出演伏尔泰《穆罕默德》（*Mahomet*）中的塞狄（Séide）一角。
他均匀的身材、轮廓显明的古典型容貌及粗黑的头发和黑亮的眼睛，
助他高升，但是他对大革命的支持疏远了他的大多数伙伴，因为他们
的生存归功于国王的恩惠。

1785 年，塔尔玛看到大卫的画《贺拉提的誓约》（The Oath of
the Horatii），使他受感动的不仅是它戏剧化的场景，还有它对古代服
装的忠实。他决意将同样的真实性诠释在舞台的服装上。呈现古代希
腊和罗马人所穿的长袍与草鞋及赤裸的双臂与双脚，来表演伏尔泰的
《布鲁图》（*Brutus*）时，他的同行为之惊讶。

他成为大卫的朋友，而且从大卫那里吸收不少革命的热情。他演
出谢尼埃的《查理九世》（*Charles IX*，1789 年 11 月 4 日）时，他将这
热情置于反君主政体一节——描写年轻的国王下达圣巴托罗缪大屠杀
的命令——他震惊于他的大多数观众与许多朋友仍有几分忠于路易。
大革命激烈进行时，"赤色分子"（Reds）与"黑色分子"（Blacks）在
演员与观众之间的冲突变得十分激烈——导致决斗——以致塔尔玛、
维斯特里斯夫人（Vestris，第一流悲剧演员）与其他演员背弃高贵有
特权的法国国家剧院，而在王宫附近的法兰西共和国戏院培植他们自
己的演员。在那里，塔尔玛以研究历史、品格与他戏剧节目中每个人
及每段时期的服装，来改进他的艺术。他练习控制表情来体现每种情
绪与思想的变动，他减少道白的朗诵音调与情感的戏剧渲染，结果他
成为艺术界公认的能手。

1793 年，较老的演员重新定名国家戏院，而且制作带有讽刺与
嘲笑大革命领袖的剧本《法之友》（*L'Ami des Lois*）。9 月 3 日至 4 日
晚上，整团的演员被逮捕。塔尔玛的演员被严厉地审查，莫里哀的喜
剧被剪辑与更改，贵族的尊称——甚至先生与夫人——被排除在可接
受的剧本之外，类似的净化被要求实施于所有的法国戏院。罗伯斯庇
尔没落后，被捕的演员获得释放。1799 年 5 月 31 日，大革命接近尾

声时，新旧两派演员在法国国家剧院结合，将靠近王宫的法兰西共和国戏院作为他们的集会之处。此处留存至今，商业繁荣。

艺术家

大革命时期的法国艺术受到三个外来事件的影响：贵族的废除与迁移，在意大利西南古城赫库兰尼姆（Herculaneum）和1738年及其后庞贝（Pompeii）挖掘古代的遗物，拿破仑抢劫意大利艺术。大多数上层阶级的移民携带着足够的金钱与购买艺术品的嗜好离开法国，有些艺术家如维吉·勒布朗夫人，随移民离境。弗拉戈纳尔完全依赖休闲阶级的钱包维持生活，仍然支持大革命，因而几乎饿死。其他的艺术家支持大革命是由于他们记得贵族如何将他们当作仆人与佣工看待，还有美术专业学校如何只允许他们自己的会员在其沙龙展览。1791年，立法会议开放美术专业学校给任何够资格的法国或外国的艺术家来竞争。国民公会禁止美术专业学校成为实质上贵族化的学校。1795年，督政府以新的美术专业学校替换它，而且在罗马设立办公处。1792年，这所学校已成为博物馆。在那里，法国的艺术家被允许研究模仿拉斐尔、乔尔乔涅、柯勒乔、达·芬奇、韦罗内塞的作品……甚至圣·马克的马，赃物从未被如此良好地予以利用。1793年，国民公会恢复政府资助的罗马奖（Prix de Rome）及在罗马的法兰西学院。逐渐地，日见高升的中产阶级取代贵族成为艺术品的购买者。1795年沙龙展览的535张画吸引了无数的观赏者，艺术品价格上升。

奇怪的是，大革命并未在艺术上产生任何激进的波动。相反，那不勒斯附近的古代雕刻与建筑的发掘，及1755年以后温克尔曼与1766年莱辛的作品产生的新古典主义灵感，以其贵族政治的内涵，刺激古典形态的复苏。其影响的强烈，足以抗拒大革命浪漫与民主的影响（普吕东不赞同）。这一时代的艺术家在理论与实际上完全接受古典与贵族的法律准绳、风纪、礼节、智能、理性与逻辑，以遏阻激情、盛怒、热忱、骚动、放纵与伤感。路易十四时期的法国艺术遵循昆体良与维特鲁威、高乃依、布瓦洛的古老法式。但在路易十五与路易十六时期，它趋向于新昇奇怪的样式。借卢梭稳定情绪，以狄德罗支持情操，似乎无限接近浪漫主义的时代。但这是在政治与文学，而不是在艺术方面。

1774 年，维安受到在赫库兰尼姆和庞贝挖掘报告的激发，带着他的学生大卫动身前往意大利。这位一心向着大革命的年轻人发誓，他将永远不受古典制度的拘束与贵族艺术的诱惑。但是，在希腊与罗马艺术方面他表现出他精于轮廓的高贵、结构的合理及线条的笔力与纯净。他起先抗拒古典艺术男性的寓意，渐渐向它屈服，而且将它带回巴黎。它使大革命排除基督教，使加图与西庇阿的理想调和化，它甚至使塔利安夫人的希腊晚礼服与其一致。现在这一时期以下风格适当地搁置一下——哥特式的神圣抱负，巴洛克式的少不更事，洛可可式（17—18 世纪欧洲流行一种纤巧华丽的建筑和音乐形式）放荡的矫饰，布歇的玫瑰色的裸体画，弗拉戈纳尔的跳跃的女孩。现在古典线条的理论把握、冷静的思考、贵族的约束与斯多葛的轮廓，必须是富有色彩的、情感的、民主的、浪漫的，是法国大革命的艺术目标与原则。

大卫在大革命与帝国期间左右法国艺术。1748 年，他出生于巴黎的一个兴旺的资产阶级家庭，这使他终生未受穷困。16 岁，他进入艺术专业学校，在维安门下学习，两次尝试得到罗马奖，均告失败。他禁闭自己，还想绝食自杀。一位邻近的诗人惦念他，寻找他，并在找到他之后，请求他不再绝食。1774 年，大卫再度参与竞争，并以一幅洛可可式的画——《安条克渴望斯特拉托尼的爱》（*Antiochus Dying for the Love of Stratonice*）获胜。在罗马他爱上拉斐尔，然后又改了主意，因为拉斐尔在方式与线条上过于女性的柔和。他发现较有力的滋养在于达·芬奇，思想与轮廓严谨的控制在于普桑（Nicolas

Poussin)。他从文艺复兴的《圣母画像》(*Madonnas*)中接受古代英雄的哲学、格言与争胜精神，同时在基督教的首都他放弃他的基督教信仰。

他于1780年回到巴黎，娶了一位富有的妻子并获得一连串的古典题材——贝利萨留、安德洛玛刻与一些爱国志士——提供给美术沙龙。1784年，他到罗马为路易绘制一幅以反对罗马为背景的画——《贺拉提的誓约》。他在罗马展览此画时，一位年老的意大利画家巴托尼(Pompeo Batoni)告诉他："只有你与我是画家，至于其他的人，他们可以去跳河。"到巴黎后，他在1785年的沙龙画展中展出他的作品《贺拉提的誓言》。在李维的传奇历史中，大卫发现爱国精神是古罗马的真正宗教：贺拉提家族的3位兄弟发誓将与古里提(Curiatii)部落的3位兄弟作殊死战，以解决罗马与阿尔巴·隆加(Alba Longa)之间的战争（公元前7世纪）。在大卫的画中：贺拉提宣誓，并接受他们父亲的剑，而他们的姐妹悲伤着，她们其中之一已与古里提部落中人订婚。从高乃依的《贺拉斯》(*Horace*)知道这个故事的法国人，感受到这画描写的国家地位高于个人和家庭。一位真诚致力于改革的国王与一个已蓬勃显现革命的城市，共同称赞这位艺术家，同时他的竞争者承认他显露英雄的勇气、仁慈的牺牲及女子悲伤的技巧。《贺拉提的誓约》是艺术史上最圆满、有意义的作品之一，因为它意味着古典风格的胜利。

受此方法与主题的鼓励，大卫转至希腊并于1787年推出《苏格拉底的死亡》(*The Death of Socrates*)。雷诺兹爵士在巴黎观赏此画，宣称它"为米开朗基罗与拉斐尔后艺术上最伟大的成就，在伯里克利时代它是雅典的光荣"。两年后大卫再现了罗马人的传奇——《处决自己儿子的布鲁斯》——这是李维的罗马行政官的故事（公元前509年）——他判决他儿子死刑，为了图谋恢复君主政体。这幅画受委托绘制于巴士底狱陷落之前，明显未预料到即将发生的暴动。国王的艺术部长禁止其展出，但是民众的支持使其获得1789年沙龙画展的入场许可。来看这幅画的群众向它致敬如同它是大革命的一部分，大卫自然成为那个时代的艺术代言人。

其后他致力于大革命政治与艺术的罕有的结合。他接受大革命的原则，说明它的枝节，组织与装饰它的庆典，而且表扬大革命的烈士。激进派代表圣法尔若1793年1月20日被一名保王党暗杀后，大卫开始积极表现这一情景。两个月内他将这幅画呈献给国民公会，被挂在议事厅的墙上。马拉1793年7月13日被杀后，一群哀悼者进入国民公会走廊，随即他们之中喊出一声："大卫，你在哪里？你已将圣法尔若为国捐躯的容貌传给子孙，另一幅待绘制的画正等你来画。"大卫起立并回答道："我愿意画它。"10月11日，他将完成的画呈献给国民公会。这幅画显现马拉半躺在他的浴盆内，他的头无生命地向后垂下，一只手紧握一份原稿，一只手无力地落在地上。浴盆旁的一块木头刻有光荣的碑文——"给马拉 大卫"。这是违反大卫特有风格的，革命的热忱将现实主义取代新古典主义。这幅画与《圣法尔若》采用最近的事为主题并弃绝古典的惯例，它们使艺术参与大革命。

1794年前大卫在政治上变得那么杰出，被选入公共安全委员会。他追随罗伯斯庇尔的领导，并为最高主宰日的庆典安排游行与艺术装饰。罗伯斯庇尔失势后，大卫被当作他的信徒之一而遭到逮捕，在监狱服刑3个月后由于他学生的抗辩而被释放。1795年，他隐退到他画室的个人小天地，但1799年他以一幅精巧的全景《萨宾人之劫》（*The Rape of the Sabines*）恢复声誉。11月10日，拿破仑得权，51岁的大卫开始全新而成功的生涯。

科学与哲学

大革命不偏爱理论科学，但它激励应用科学以配合社会为自由而战的需要。因此，化学家拉瓦锡改进火药品质与生产，有助于美国与法国的革命。贝托莱与其他化学家受英国封锁刺激，找到进口的糖、苏打与靛青的代替品。拉瓦锡被当作投机商被斩首（1794年），但是一年后，大革命政府否认这项行动并恢复他死后的名誉。国民公会以隶属于它的委员会保护科学家，实施他们的计划，颁行10进位制度。督政府给予新法兰西科学院的科学家们很高的地位，拉普拉斯、拉格朗日、勒让德尔、居维叶、德朗布尔、贝托莱、拉马克——这些名字仍然闪耀在科学史上——是它最早的会员。科学暂时取代宗教成为法国教育的主要部分。波旁皇族的复辟中断了这项行动，但是随之而起的是孔德（Auguste Comte）的"实证哲学"。

拉格朗日与勒让德尔在数学方面留下他们永恒的符号。拉格朗日有系统地陈述"微积分的变数法"，其方程式仍然是机械科学的一部分。勒让德尔从1786年至1827年致力于椭圆积分，把他的结果发表在《函数专论》（*Traité des Fonctions*）上。加斯帕尔·蒙日，一位小贩的儿子，发明图形几何学——在二次元平面上描绘三次元物体的方法，他创立铜与锡全国性的开发，写了一篇关于制造大炮的优良技术的著名论文。作为大革命政府与拿破仑的数学家与行政官，他度过漫长的职业生涯。拉普拉斯以他《天文学史话》（*Exposition du Système du Monde*，1796年）激发欧洲的知识分子，因为这是有系统地陈述星云的假设而且尝试解释宇宙为单纯的构造。拿破仑问他"谁创造这整个"架构时，拉普拉斯答道："我不需要那个假设。"拉瓦锡作为现代化学的创设者，担任公制设计委员会主席（1790年）。贝托莱推展理论与实际的化学，协助拉瓦锡设立新的有系统的化学命名法，而且以其原矿变为铁及铁变为钢的方法，帮助其整军备战的国家政府。比沙（Xavier Bichat）用他组织的显微镜的研究，开拓他的工艺学。1797年，他在生理学与外科手术上开始一连串演讲，他摘要他的结论于《普通解剖学》（*Anatomie Générale*，1801年）。1799年，他年方28岁，被指派为主宫医院（Hôtel Dieu）的医生，他因为跌倒（1802年）结束31岁的生命时，正着手研究由疾病引发的组织性改变。

卡巴尼斯在他那个时代被当作一名医生，后代则发现他是一位哲学家。1791 年，他作为医生看顾濒死的米拉波。他在医学院讲授卫生学、法医与医学历史。他曾代理巴黎所有医院的院长。他是杰出的人物之一，他还深爱着哲学家爱尔维修的寡妇。他接触狄德罗、达朗贝尔、霍尔巴赫、孔多塞、孔狄亚克、富兰克林、杰斐逊。作为一名医学研究者，他特别喜欢孔狄亚克，孔狄亚克以"所有知识来于感觉"主宰法国的哲学舞台。这个感觉论的现实主义之含意引起卡巴尼斯的兴趣，相关理论将他发现的精神与物质之间的作用配合得很好。他的名言甚至震惊了同时代的高深的思想家："正确观念运作的结果是构成思想，因而必须视头脑为特别器官而其特别功能是产生思想，如同胃与肠有担任消化、肝过滤胆汁等特别功能。"

不过，如同康德在其《纯粹理性批判》中完成的论证，卡巴尼斯坚持感觉先进入一个在出生时已一半形成的组织，其后受每次经验的影响，不断运送它的已往至它的细胞与记忆中，形成变动的性格的一部分，包括内部感觉、反射作用、直觉、感情与愿望——因此他修改孔狄亚克的分析——精神物理的全体因而按照它收到的感觉的结构与意向，制成模型。在这个意义上，卡巴尼斯同意康德，思想不是记下感觉的白板（*tabula rasa*，没写过的书版），它是转换感觉成为理解、观念与行动的组织。但是（卡巴尼斯坚持），康德如此尊重的思想不是从组织与神经生理器官的实体中得到。

这个明显唯物主义的系统说明在 12 份论文报告的第一份（1796 年），卡巴尼斯于 1802 年以《人类精神与物质的相互关系》（*Rapports du physique et du Moral de l'Homme*）的主题合并出版。它们透露急切地活跃于好奇与思索领域的有力的思想（或者头脑）。第一篇论文研究心理状态的不定相关，并且是生理心理学的纵览。第三篇分析"无意识"：我们累积的记忆（或神经中枢的记入）可结合外在与内在的感觉而产生梦，或者可不知不觉影响我们的观念，甚至在最警觉的清醒状态。第四篇认为思想的年纪与身体的一致，以致同一个人的观念与性格在他 20 多岁时与他 70 多岁时可能完全不同。第五篇成功地讨论有关腺的分泌——特别是性的——可能影响我们的感觉与思想。第十篇主张人类由成为遗传的偶然变化与突变而进化。

在一本据称为卡巴尼斯死后16年出版的《关于第一因的一封通信》（*Lettres sur les causes Premières*，1824年）中，他似乎收回他的唯物主义，承认上帝赋予人智力与意志。唯物主义者可能使我们想起优秀的外科医生提醒过我们：防备上年纪的身体影响相关的思想。怀疑论者可能假设意识的神秘导致卡巴尼斯怀疑：唯物主义简化非常复杂并与目前相关的现实。无论如何，一位有道德的哲学家应使他自己想起：有时，他是在无限大的空间中执行教皇职务的人。

哲学时代幸存的两个人亲身感受到十分热烈而必要的大革命。雷纳尔以《哲学史》成名于1770年，见到民众的无节制致使启蒙运动的光明变为阴沉，他于1791年5月31日，寄给宪政会议一封抗议与预言的信。"我久已尝试让君主知道他们的职责，今天让我告诉人民他们的过失。"他警告，群众的专横可能有如君主专制的残酷与不公正，只要宗教或教士策略的反对者无拘无束地表达他们的见解，他即保护教士传教的权利。同样，他谴责政府资助任何宗教（政府当时付给教士薪金），并利用反对教权的暴徒打击教士。罗伯斯庇尔说服恼怒的立宪会议对78岁的哲学家网开一面，但雷纳尔的财产被没收，他死于贫困与失望（1796年）。

沃尔内（Volney）度过大革命，而且了解从霍尔巴赫到拿破仑在巴黎的知名之士。在数年旅行于埃及与叙利亚后，他被选入三级会议，他服务于立宪会议一直到它1791年被解散。1791年，他发表其引起共鸣的漫游哲学《在废墟那里默想帝国之大革命》（*Les Ruines, ou Méditations sur les Révolutions des Empires*）。什么致使如此多的古代文明崩溃？沃尔内回答道：它们的衰落是因为与专制政府有关联的宗教的超自然信仰和因代代之间知识传递的困难而招致人民的无知。既然神话的信念失去它们的支持物，而且印刷品加速知识的保存与文明的移转，人类可能希望设立以道德法规支持的永久的文化。其成长、其智识散布，将开设人类对不合群趋势的控制，促进合作与和谐。1793 年，他被当作吉伦特派人逮捕，留在狱中 9 个月之久。获释后，他乘船至美国，受到华盛顿的欢迎，却被亚当斯总统抨击为法国间谍（1798 年），他匆忙回到法国。在拿破仑统治下他作为一名参议员，反对从执政府变为帝国，隐退至适于做学者的僻远地方，一直到路易十八让他于 1814 年成为一名贵族。他死于 1820 年，经历波旁王族的罢黜与复位。

书籍与作者

不怕被送上断头台，出版者保存了一些易于消逝的文字：诗人作诗并按韵律吟诗，演讲者用美丽的辞藻演说，戏剧家混合历史与爱情，历史学家修订往事，哲学家批评当下，还有两位女作家在感情的奥妙、政治的胆量与智慧的力量上，与男作家们竞争。其中一位是罗兰夫人，我们在监狱与断头台上见到过她。

迪多家族（Didot）是最著名的法国出版者，继续改进铅字的铸造与书籍的装订。弗朗索瓦 1713 年在巴黎成立印刷与图书公司。他的儿子昂布鲁瓦兹与皮埃尔·弗朗索瓦继续活字印刷术的试验，并受路易委托出版法国古典文学集。昂布鲁瓦兹的儿子皮埃尔·迪多出版维吉尔（1798 年）、贺拉斯（1799 年）与拉辛（1801 年）的版本，这些书如此精美以致富有的购买者即使不阅读它们也喜爱它们。弗尔曼，昂布鲁瓦兹的另一个儿子，以铸造新铅字获得美名，铅版印刷术的发明应该归功于他。1884 年，弗尔曼的公司出版拉克鲁瓦（Paul Lacroix）的《督政府，执政府与帝国》（*Directoire*, *Consulat*, *et Empire*）的精装版，但其中许多有关条款被剽窃。在这方面，我们得知整个大革命期间，伏尔泰与卢梭作品的销售达到数十万册。国民公会的一项法令（1793 年 7 月 19 日）保护一个作者作品的著作权一直到他死后 10 年。

大革命十年中最著名的两位诗人开始在写作技巧与风格上远离大革命，而且以同样的方式于 1794 年结束生命。德格朗丁创作美丽的诗与成功的戏剧，他成为科德利埃俱乐部的会长、丹东的秘书和国民公会的代表，在该处他投票驱逐吉伦特派人和处死国王。他被派至委员会设计新日历，并为各个月份发明许多生动的季节名称。1794 年 1 月 12 日，他被控贪污、伪造及与外国间谍和投机商交易而被捕。在受审时，他唱着迷人的歌谣《下雨了，下雨了，牧羊人！牵回你们的白绵羊》。但是没有一名陪审团员懂得田园诗，在他至断头台途中（1794 年 4 月 5 日），他分送他的诗稿给民众。

谢尼埃（Chénier）是一位不错的诗人，他有较好的道德，但无较好的命运。他出生在君士坦丁堡，有一位法国父亲与一位希腊母亲，这使他的文学爱好平均分配在希腊诗与法国哲学上。他在纳瓦尔接受教育，1784 年到巴黎，与大卫和拉瓦锡成为朋友，但有保留地接受大革命。他反对以天主教的教会束缚政府的《教士法》，他建议国民会议彻底隔开教会与政府，给予每种宗教充分的信仰自由。他谴责"九月大屠杀"，称赞科黛杀死马拉，并为路易写了一封信给国民公会以求助人民免于死刑——这件事使他得罪雅各宾派。被当作吉伦特派人遭受监禁时，他爱上一名美丽的犯人夸尼小姐，称呼她"被俘的小姐"，而拉马丁称之为"曾经从地牢缝隙发出的最悦耳的叹息"。审问时他拒绝为自己辩护，并将他的死当作从野蛮与暴虐中获得解脱。在他有生之年，他仅公开两首诗。他的朋友在他被处死刑 25 年后，出版一本他的诗集，使他成为法国文学的济慈（John Keats）。在《年轻的俘虏》的最后诗节，表达的必定是他与她的抱怨：

> 哦！死亡，你不必匆忙！走开！走开！
> 去安慰羞耻与害怕熟识的心，
> 及为无望悲哀包围着的。
> 渴望我的佩尔（Pales，羊群的女神）仍有她多草的路。

> 爱情有它的吻，缪斯有她的短抒情诗。
> 我至今还不愿死。

谢尼埃的弟弟约瑟夫·谢尼埃，是一位成功的戏剧家。他为《理性的节日》（Feast of Reason）中演唱的威武的《出发曲》与《自由的国歌》写歌词。他向法国人介绍格雷，翻译他的《墓园哀歌》（*Elegy Written in a Country Churchyard*）。被选入国民公会后，从某一方面来说他成为大革命公认的诗人。之后，他受法兰西学院的委托，写作《自1789年起法国文学的状态与进步的历史图表》。他在完成之前去世，即使如此，它一度著名，虽然现在已淡出人们的记忆。

文学在国民公会期间受政治的压制与吞噬，但在督政府期间复原。成百的文艺协会成立，阅读俱乐部倍增，读书的民众增加。他们大多数喜欢小说，浪漫小说与诗开始取代古典悲剧。麦克弗森（James Macpherson）的《莪相》被翻译成法文，成为广泛读者——从清理卧室的女仆到拿破仑——的心爱之物。

斯塔尔夫人与大革命

一位借声音与文字的力量从文坛中突出的女人，她在成功的小说与络绎不绝的爱人当中，接受大革命，公开抨击暴动与恐怖，用各种手段打击拿破仑，而且在他经历阴惨生活时仍胜利地幸存着。杰曼·内克（Germaine Necker，斯塔尔夫人的闺名）幸运地出生在一个杰出的家族：她的父亲早为百万富翁，后变成法国财政部长。她的母亲一度为吉本追求过，其沙龙聚集巴黎及其他各处的著名才子，却无心勉强教育她的孩子。

1776年4月22日，她出生于巴黎。内克夫人坚持做她的首席家庭教师，灌注她大量的历史、文学、哲学等方面的知识，把她塑造成拉辛、理查森、加尔文与卢梭的混合体。杰曼克服了克拉丽莎式的敏感忧虑，以青年的热诚怀疑卢梭的自由理论，但是她费力地证实对加尔文教义的强烈反感，而且抗拒每日的神学与宗教戒律。她刻意躲避她生病、独裁的母亲，同时爱上她善良而放任且节俭的父亲。或许这使她在其他方面的感情不深入、不稳固。"我们的命运，"她写道，"将永远地结合我们，如果命运使我们成为同时代的人。"同时，由于不俗的智慧搞乱她的情绪，她被允许从早熟的青春期起，参加她母亲才华人物的定期聚会。在那里，她以敏捷的领悟与巧妙的应答取悦学者。此时她才17岁，已成为沙龙中的名角。

依目前的情况，不易为她寻找一位配得上她的智慧与她的未来的丈夫。她的双亲比较中意皮特——英国政界蒸蒸日上的显赫人物。杰曼用她母亲拒绝吉本的相同理由予以拒绝——英国没有足够的阳光，而且那里的女人是美丽却不为人所知的。已经破产的斯塔尔男爵向她求婚。内克夫妇阻止她接近他，一直到斯塔尔成为瑞典驻法国大使。之后，杰曼同意嫁给他，因为她期望更加独立自主，像一个妻子，而非像一个女儿。1786年1月14日，她成为斯塔尔-霍尔斯坦夫人，她年方20岁，而男爵27岁。我们确信"她到结婚时才了解性爱"，但对每样事物她都是聪明的学习者。主持婚礼的布夫莱尔伯爵夫人描写新娘"受到钦佩她才智的宠颂，以致她难以了解自己的缺点。她过分傲慢与顽固，自信配得上任何像她这个年纪的人，这是我从未见的"。她不很美丽，具有男性的体格与思想，但是她的黑眼睛闪耀着活力，在谈话中她没有对手。

她居住在巴考大道（Rue du Bac）的瑞典大使馆，不久她在那里设立自己的沙龙。她的母亲正生着病，她在父亲银行上面的公寓中监管她的沙龙。内克1781年被财政部革职，但1788年他复职并躲过大革命的威胁。现在他仍有百万财富——仍然是巴黎人的理想——依然热心地以文章与口才支持他的杰曼，让她有值得夸耀的理由。政治，仅次于无节制的爱，成为她的饮食。

由于内克的建议，路易召集三级会议。不顾内克的反对，路易命令三个阶级分开坐着，以维持阶级的区别。1789 年 7 月 12 日，路易二度撤去内克，并命令他立刻离开法国。内克与夫人驾车至布鲁塞尔，杰曼愤怒地跟随他们。斯塔尔暂时放下他的公职。7 月 14 日，巴黎民众袭击巴士底狱并威胁君主政体。惊恐的国王派了一名朝臣追及内克，召他回到巴黎办公处。内克来到，人民向他欢呼。杰曼赶至巴黎，其后一直到"九月大屠杀"，她每日感受着大革命的风暴。

她支持三级会议，但是要求一个在君主立宪下的两院制的立法，以确保代议，以保障人民的自由与财产的安全。大革命持续时，她用所有的影响力制约雅各宾派并鼓励吉伦特派。

然而，她用她的道德哲学超越雅各宾派，几乎所有遇见她的人有理由认为他们的婚姻是财产而非内心的结合，应该有一两位情妇给予他们艳事的刺激。但是他们相信，相同的特权不能给予妻子，因为她的不贞将惹起财产继承分裂性的不确定。杰曼未受此影响，她决定无拘无束地寻求浪漫史，甚至尝试与其他男人发生性关系。

她不久即失去对她丈夫的尊敬。他太顺从而无趣，太拙劣而无偿付能力。她不反对他以克莱龙小姐作为情妇，但他花费公款在一个 70 岁的女演员身上，忽略他担任的大使职责。他赌博并输钱，不断累积他妻子与岳父不愿支付的债务。因此，她结交过几个爱人。虽然她在《代尔菲内》（*Delphine*）中表示"上帝与爱之间我承认除了我的良心外并无媒介者"，然而良心能被支配。她的第一个爱人是塔列朗——欧坦的前任主教，在他之后是基伯特伯爵，最后是十全十美的莱斯皮纳斯。莱斯皮纳斯死于 1790 年，年方 47 岁。早在一年前杰曼已与纳博讷有着较深、较耐久的情感。他是私生子，他本人在 33 岁时已经是几个私生子的父亲，而且具有无门第年轻人很少能学到的安闲与优雅的风度。他完全支持贵族政治，反对"突然发迹的"资产阶级，但是杰曼使他了解她的君主立宪政体的观念——资产阶级将与贵族和国王分享权势。如果我们能相信她所说的，纳博讷"为了我，他改变他的命运。他克服一切阻碍并奉献他的生命给我。总而言之，他使我确信……他以拥有我的心作为他自己的幸福,如果他无法挽救地失去它,他可能活不下去"。

1790 年 9 月 4 日,内克的自由政策被国王周围的贵族破坏,因而辞职,并与他的妻子隐退至他在科佩的别墅,过着暂时平静的生活。10 月,杰曼加入他们,但是她很快即厌倦瑞士的宁静,又匆忙地回到她称之为比较令人愉快的"巴考大道的贫民窟"。在那里,她的沙龙不断传出拉法耶特、孔多塞、塔列朗、布里索、巴纳夫、纳博讷与她自己的声音。她不愿意为才气焕发的谈话设立限制,她渴望在政治活动中扮演一个角色,她沉迷于导引法国从天主教教义到基督教新教义的美梦中。但是,她希望借着她沙龙中的著名人士,大革命可以在君主立宪政体中寻得一个和平的方案。在拉法耶特与巴纳夫的帮助下,她为纳博讷谋得陆军部长的任命(1791 年 12 月 6 日)。安托瓦内特不赞同此项任命。"斯塔尔夫人有什么荣耀,"她评论道,"何种乐事为她所有以致整个军队听其支配!"

纳博讷行动太快。1792 年 2 月 24 日,他呈递路易一份备忘录,建议国王与贵族断绝关系,而且将他的信赖与支持给予有财产的中产阶级,因为后者保证维持法律与秩序及有限的君主政治。其他部长愤怒地抗议,路易屈服于他们,并撤掉纳博讷。因此,杰曼的计划失败,她的敌手罗兰夫人通过布里索使她的丈夫获得内政部长的任命,这让杰曼痛上加痛。

杰曼在巴黎度过恐怖的 1792 年。1792 年 6 月 20 日,她证实由群众率直态度产生的土伊勒里宫风暴很可怕。"他们可怕的誓言与喊叫,他们威胁的姿态与他们杀人的武器,显现出恐怖的情景,而这能永远毁灭人类应当激发的尊敬。"然而,那个大事变的日子(虽然法国人称为民众的暴乱)是一次温和的预演,受到国王头上大革命的无边帽的表彰而平息。8 月 10 日,她证实,流血占领土伊勒里宫的暴徒并未停止,一直到国王与王后逃亡,并得到立法会议的保护。胜利的暴徒开始拘留每个可以利用的贵族,杰曼利尽全力保护她有爵位的朋友。她将纳博讷藏在瑞典大使馆的隐秘处，她顽强地抗拒，终于转移搜索巡逻的目标，8月20日前使纳博讷安全地逃到了英国。

9月2日，更恶劣之事仍然发生，极端愤怒的无套裤汉领着被逮捕的贵族与他们的支持者走出监狱，而且谋杀他们。斯塔尔夫人也面临危险。帮助她的许多朋友逃出巴黎与法国之后，她在那晴朗的9月2日乘坐一部配备六匹马与穿着制服的仆人的华丽马车，准备驶向城门，她有意穿着时髦并佩戴大使夫人的勋章，希望借此获得外交礼仪。她出发时，马车被"一群从地狱里冒出的老妇人"阻止。粗鲁的女工命令前排左马骑手驶向公社的总部，一名法国骑兵从那里引导这伙人穿过怀有敌意的群众到达市政厅。在那里，"我走出被武装暴徒包围的马车，并通过长矛的墙篱。我踏上也是长矛竖立的楼梯时，一个男人用长矛对着我的心脏。保护我的警察用他的军刀挡开它。如果我在那时摔倒，我就没命了"。在公社总部，她找到一位朋友并获释。他护送她至大使馆，给她一份护照，使她在次日清晨安全地离开巴黎，经过长途旅行至科佩。那天，群众举着插在长矛上的拉伯尔公爵夫人的头，游行经过王后的囚禁处。

杰曼于9月7日得到她双亲的接应照顾。10日，他们得知日内瓦发生革命，只得向东移至较接近洛桑的洛雷。1792年11月20日，这位26岁的母亲生了一个儿子阿尔贝，在她的亡命途中一直把他带在身边。孩子的父亲可能是纳博讷，但她的丈夫被骗相信——或假装——是他父亲。在洛雷与在科佩，她使许多在恐怖时代来临前逃走的男女——有或没有爵位的——获得短暂的避难处，"她和她的父亲在灾祸面前都不担心舆论"。

杰曼得知纳博讷计划离开他在英国的避难处并来法国护卫路易，她认为那样做太危险，她必须到英国劝住他。她从法国渡过英吉利海峡，并于1793年1月21日在伦敦附近的米克勒姆的朱尼珀会堂（Juniper Hall），与纳博讷会合——路易被斩首的那天。塔列朗经常从伦敦附近来拜访她，用他的幽默带给他们愉快。范妮·伯尼（Fanny Burney，英国小说家）加入他们，麦考莱（Dame Rose Macaulay，英国小说家）曾摘录她的批评："以前从未听过此类的谈话。他兼备最灵巧的口才、最敏锐的观察、最有才气的隽智、最谦恭的风度，使她心醉神迷。"伯尼拒绝相信纳博讷与杰曼通奸的闲言，她写信给她的父亲，一位著名的音乐历史学家：

> ……对于我而言完全是新鲜的，我断然相信它是粗鄙的诽谤。他对她更加温柔，却如此公开、如此率直、如此真挚，具有毫无保留的奔放骄态。她非常平凡，而他非常英俊，她的天资必然能使她独特的魅力与他相配……我想你若能与他们相处一日，即察觉出他们的交往是不是属于纯洁而高贵的……友谊。

当伯尼确信这显赫的一对正生活在无耻的罪恶中时，她不再访问朱尼珀会堂。

这个小团体也回避较早期的移民，它指控他们长久卫护大革命。1793 年 5 月 25 日，杰曼到达奥斯坦德（Ostend）。她仍是瑞典大使夫人，因而她安全地抵达伯尔尼，在该处她遇见她的丈夫，并伴随他至科佩。她出版《一名女子对审判王后的思考》（*Reflections on the Trail of the Queen, by a Woman*），激烈地请求宽恕安托瓦内特。但是，王后被斩首于 1793 年 10 月 16 日。

内克夫人死于 1794 年 5 月 15 日。她的丈夫哀痛不已。杰曼未被击溃，她迁至在洛桑附近的梅泽雷住宅，设立一个新的沙龙，并用黎丙伯爵的力量忘却其他一切。纳博讷姗姗来迟，发现自己被替换，因而回到他以前的情妇身边。1794 年秋天，高身材、满脸雀斑、红发、瑞典籍的贡斯当（Benjamin Constant），其年约 27 岁，在里昂遇见杰曼，与她开始文学与爱情的结合。

其时罗伯斯庇尔已失势，温和主义者得权。现在她可以回到巴黎。1795 年 5 月，她与她的丈夫和好，重新启用她在瑞典大使馆的沙龙。在那里，她聚集了濒于灭亡的国民公会的新领导者——巴拉斯、塔利安、安格拉与文艺界名人如谢尼埃。她如此热烈地投入政治，一位代表借国民公会策划君主主义的阴谋及她的丈夫与他人之妻通奸的理由抨击她。新的公安委员会命令她离开巴黎。1796 年 1 月 1 日之前，她回到科佩。在该处，在贡斯当和她的书本之间，她写了一篇使人伤感的文章《情欲的影响》（*De l'Influence des Passion*），里面充满着卢梭的论调，附和《少年维特之烦恼》，而且赞美自杀。她在巴黎的朋友准备着狂喜的轻松歌剧，督政府通知她可以回到巴黎，但是她不得进于距首都 20 英里以内。她与贡斯当定居于赫里瓦克斯的一所修道院。1797 年春天，她获准在巴黎与她的丈夫会合。6 月 8 日，她在那里生了一个女儿阿尔贝蒂娜，但是这个孩子的父亲不明。在这些复杂过程中，她通过巴拉斯让塔列朗从放逐中召回，而且被任命为外交部长（1797 年 7 月 18 日）。1798 年，斯塔尔男爵失去他的大使职位。他与杰曼友好地话别，隐居在一所公寓，位于现在的协和阅兵场。他于 1802 年去世。

1796 年 12 月 6 日，在塔列朗为一些从意大利回国的胜利者所开的庆祝会上，她第一次遇见拿破仑。他向她说了赞美她父亲的话。在她生命中她首次不愿回话："我有点为难，开始时有些钦佩，接着有些害怕。"她愚蠢地问他："在活着或已故的女人中最伟大的女人是谁？"他顽皮地回答："一位生过最多孩子的女人。"四天之后他在卢森堡王宫的戏院接受督政的欢呼时，再次见到她。她被他既谦虚又高傲的气质迷惑，现在，她觉得他是掌握法国命运的人。她渴望成为他的心腹，与他共同承担伟大的事业，或者把他视为她的胜利之一。1799 年 11 月 10 日，吕西安告诉她拿破仑在圣克劳德获得胜利并被提名为首席执政——实际的法国统治者时，她高兴得像他的秘密情人。她觉得骚乱与暗晦的时代已终了，另一个英雄与光辉的时代出现了。

回顾

虽然法国大革命的故事被叙述得像古代历史一样不偏不私，它在相同的界限内仍面临哲学上的论题：大革命由它的原因或结果证明为正当吗？它留给法国人民或人类意味深长的利益吗？没有他们在纷乱与苦难中的牺牲，这些利益能达成吗？一般说来，牺牲的记录会警示有关革命的终止吗？它有助于阐扬人类本性的意义吗？在此，我们仅说到政治革命——政府在人员与政策方面迅速与剧烈的变动。无暴力的发展我们应称为进化，不变动政府形式却快速而激烈或不合法地变动人员将是一场政变，任何公开地抗拒现存的权势都是反叛。

法国大革命的原因，简言之：（1）最高法院的反叛削弱了国王权力与贵族的忠诚；（2）奥尔良替代路易十六登上王位的野心；（3）资产阶级反抗国家在财政上的不负责任，政府干预经济，国家面临破产时教会不合作的财富和贵族的金融、社会与任命的特权；（4）农民反抗封建的税收与特许状、政府税收与教会什一税；（5）巴黎民众反对阶级压迫、法律的无能、经济的不足、高物价与军事威胁。资产阶级与奥尔良以金钱支持杂志与演讲者的宣传、群众的管理与第三阶级重组成为指挥革命宪政的国民会议。民众提供勇气、臂力、鲜血与暴力，胁迫国王接受国民会议与宪法，而且恐吓贵族与教会放弃他们的封建税与什一税。也许我们应将仁慈与优柔寡断的国王反对流血列为次要原因。

法国大革命的影响如此广泛，如此复杂、不同与持久，人们必须以公平的立场写19世纪的历史。

一、政治的成败是明显的：自由与部分有产阶级的农民取代封建制度，民事的法庭取代封建制度的法庭，财产有限的民主政体取代君主专制政体，适合商业的资产阶级取代有爵位的贵族成为最有力的管理的阶层。随着民主政治产生的是——至少在简短的警句与希望中——法律与机会的平等及言论、信仰与出版的自由。这些自由即因人类能力的天生不平等，及他们在住所、学校、财富上的不平等为之减少。几乎与这些政治、经济、法律的变革一样值得注意的是大革命的群众扩张他们的影响力至意大利北部、莱茵地区、比利时与荷兰。在那些地区，封建制度也为之瓦解，而且在拿破仑崩溃后并未恢复。在这方面来说，胜利者是束缚的解除者，以他们统治榨取之钱财玷污了他们的天才。

大革命——借他们封建制度的男爵领地与通行税、他们不同的出身、传统、金钱与法律——统一那些半独立的省份而为一个有国家军队与国家法律之中央统辖的法国。这个变动，如同托克维尔（Tocqueville，法国政治家、作家）提出的，在波旁王朝统治时期发生。没有大革命，它可能依赖逐渐超越省界的全国性的商业的统一予以达成——颇像在美国全国性的经济迫使"州的权力"减弱而使联邦政府为之强大。

同样，没有大革命，这可能由农民的解放及增加资产阶级的经济权势和政治力量缓慢地达成。在国民会议期间（1789—1791年），大革命被广泛地证明有它长远的影响。1792年至1795年的大革命是野蛮谋杀的插曲，恐怖行为与道德崩溃，而这些却不适当地以外国阴谋与攻击作为辩驳的理由。1830年，在君主立宪政体建立之前的另一次革命，产生的效果近乎1791年达成的。

大革命从统一的法国获取的利益，因为国家主义造成新的集团仇恨而被抵消掉。18世纪，知识分子阶层趋向于淡化国家之间文化、语言与服装的差别，军队拥有外国的将领与士兵。大革命以征集入伍的士兵取代这些通晓数种语言的战士，并以国家取代王朝成为效忠的目标与战争的源泉。军队的将领们接替贵族的社会地位。爱国军队的势力压倒旧政权的懒散受雇者。法国军队在戒律与荣誉上进步时，它是国家混乱时法治的唯一来源，也是由政府无能与民众暴动引起混乱时的唯一避难处。

无可置疑，大革命促进法国与更远地方的自由。它暂时延伸新的自由至法国殖民地，而且解放那里的奴隶。但是，个人的自由包含公正惩罚（nemesis），它趋向于增加直到它超过社会秩序与团体生存的必需界限，不受限制的自由是绝对的混乱。此外，为大革命工作所需的能力性质，与建立新秩序所需的性质十分不同：前者的工作需要愤恨、热诚、勇气，而且忽视法律；后者需要忍耐、理智、合乎实际的判断，而且尊重法律。因为新的法律不受传统与习惯的支持，它们通常依赖武力作为他们的制裁与支持。自由的提倡者成为屈服权势的支配者，这些人不再是暴徒的领袖，而是军事政府保护与监督下有纪律建设者的领导者。大革命是幸运的，能逃避或缩短独裁政治，并为后代保存自由的利益。

二、大革命的经济成效是自耕农制与资本主义，而且各自产生循环不息的影响。有财产的农民成为有权势的保守派，这使无财产的劳动阶级的社会主义运动徒劳无功，并在大革命及其余震的一个世纪的动乱期间成为国家稳定之锚。资本主义在乡村受到阻碍而向都市发展，可自由流动的货币替代土地财富成为经济与政治的力量，自由企业逃避政府的控制。劳动阶级借"市场"中的竞争——不为法律阻止的经济活动的力量，赢得他们决定价格、工资、产品、成功与失败的战争。财物在各省之间的移动不受内陆通行税的阻碍与延搁。工业财富增加，逐渐集中在最高阶段。

大革命——或者立法——不断重新分配集中的财富，但是能力不等或特权使之再度集中。不同的个人才能必须有不同的报酬。天生的优越条件产生环境或机会的优势。大革命尝试减少这些人为的不平等，但是它们很快被恢复，而且最快地处于自由政权之下。自由与平等是敌对的：人类享有的自由越多，他们越易获取他们天生或环境优越的成果，因而在政府偏袒自由企业与支持财产权的情况下不平等为之增加。平等是不稳定的均衡，任何继承，健康、智慧或性格上的重要改变，使其迅速瓦解。大多数的革命发现这一点，如同在独裁国家，仅能用限制自由的方法抑制不平等。在民主政治的法国，不平等无拘束地增加。至于博爱，它被断头台摧毁，终于成为一项协议。

三、大革命的文化成果仍然影响我们的生活。它颂扬言论、出版与集会的自由，却苛刻地削减这些自由。在战争的沉重压力下，拿破仑结束了这项自由，但是这一原则幸存并在 19 世纪历经许多抗争，成为 20 世纪民主政治值得接受的要求并实施。大革命计划创始全国性的学校制度。它激励科学成为可替换神学的世界观。1791 年大革命政府指派一个委员会，由拉格朗日率领，为新近统一的法国创定重量与尺寸的新制度。这种合成的公制于 1792 年正式被采用，并于 1799 年成为法律。它必须通过各省打开一条生路，直到 1840 年它才获胜，现在公制艰难地取代了大不列颠的 12 进位制。

大革命开始隔离教会与政府，但在天主教势不可挡的法国及传统地依靠教会给予人民道德教育的情况下，这显得十分困难。这种隔离到 1905 年才完成。为了尝试进行隔离，大革命努力传布自然道德规范，我们觉察到这已失败。从某些方面来说，19 世纪的法国历史仍痉挛般定期地企图从大革命的道德崩溃中复苏。20 世纪接近它的目标，却未发现可转变人类的兽性成为道德宗教的自然代替物。

大革命为政治哲学留下一些课程。它使扩张的少数派了解人性在各个阶层是相同的，那些革命家为了增加权势，举止像他们的祖先，而且在有些情况下更为粗鲁——将罗伯斯庇尔与路易比较。民众觉察到，人类强烈的野蛮本性不断地对文明的克制施以压力，于是变成大革命宣言的怀疑论者，不再期待清廉的政治家与神圣的"上议院议员"，他们失望于大革命仅能达成如同进化必然达成的及人类的天性将许可达成的。

即使有它的短处——可能因为它的无节制，大革命在回忆、感情、希望、文学与艺术方面，留给法国与其他的国家——从俄国到巴西，深刻的影响。甚至到了 1848 年，老人经常告诉孩子们关于动乱时期的英雄与恐怖，及所有传统价值受到无情怀疑的粗鲁。很难像以前那样鼓动幻想与热情，重现那种美景的快乐状态，或者刺激男人与女人不断尝试了解历史性十年的高贵幻想。这令人惊异吗？它的残忍故事使人变得悲观乃至丧失各种信仰，在下一代将是叔本华与利奥帕尔迪，拜伦与缪塞，舒伯特与济慈那样的人。还包括鼓舞希望与勇气之士，像雨果、巴尔扎克、戈蒂埃、德拉克洛瓦、柏辽兹、布莱克、雪莱、席勒、贝多芬。在古典派的谨慎、传统、禁律与抑制的背景中，浪漫派的情绪、幻想与欲望得到高升。有 26 年之久，法国通常在大革命与拿破仑——最伟大的浪漫主义者，在他最伟大的浪漫史的魔力下惊叹与犹疑，而且半个世界常常受到这一时期的事件的恐吓与鼓舞。只是这种高尚与困苦，在一个国家表现得如此卓越与深刻，是史无前例的，而以后可能永不会有。

第二部

法国大革命与英国

《太阳系仪》（赖特，约 1763 年）。赖特是用艺术手法表现工业主题的先驱。他以充满月光或烛光的场面，表达了机械时代的工业和科学的浪漫主义。

第一章 | 英格兰在忙碌

处于 1792 年后反革命之首的，是英格兰的政府和人民、处于蓬勃中的工商业、海军、纳尔逊及心智和意志。拿破仑的其他敌人因不愿联盟或于节节崩溃之际仍各自为战，失败在所难免。在战事爆发之初，领袖们和舆论犹豫不决、恐怖惶惑或激愤奋发。对革命的理念、革命军的热心和勇气，诗人和哲学家们常报之以热情。但是不久，他们因埃德蒙·伯克的愤怒雄辩，因理想社会制度下的大屠杀和恐怖的新闻，而变得痛苦了。来解救众人的军队变成征服者，置半个欧洲于法兰西的野心之下时，英格兰目睹了这个岛国的安全和自由受到威胁。战争似乎在所难免。

渐渐地，英国开始团结了。纵使她的盟邦一个一个投降，她的贸易横遭阻挠，工商和财政濒临破产，她的劳动者们精疲力竭，几乎就要接受正雄踞欧陆、威吓着要以 50 万不败之师跨过英伦海峡的、那位集卓越和恐怖于一身的科西嘉人的条件。自 1066 年起，英格兰纵然未曾有过这么大的挑衅，国王和国会却也是立场坚定，贵族和商人愿意付出重税，孑然一身的人甘愿征召入陆军或海军中服役。英格兰天下无敌的水手们，由溃不成军而进入胜利之境，不到半个世纪。这块可爱的土地，从 1810 年至 1811 年的赤贫和濒临饥荒的边缘上脱颖而出，建立了自罗马帝国灭亡后最有声威和文明的一个帝国。

我们必须暂时放下这出戏剧和冲突，先去衡量一下使这次胜利、这次转变成为事实的土地和劳动资源，科学、文学和艺术，心智、教条和特质诸因素。

另一种形式的革命

地理因素产生了某种作用。气候不很理想：由北大西洋暖流带来的气团，与来自北极圈的强冷气团相遇，这种冲突带给爱尔兰和英格兰充沛的湿度和雨水，使土壤肥沃、公园常绿、森林茂密、街道潮湿。一位怪杰曾喟叹：虽然太阳从不在英联邦落下，它也从不曾在英格兰升起。拿破仑也深信这种夸张的说法。"你们英格兰没有太阳。"他告诉他的英国医生阿诺特。他却纠正拿破仑说："啊，有啊，我们有太阳……七八月中，英格兰阳光普照。"他们住所的潮湿空气隐蔽了布莱克的诗情，使特纳（Turner）的画才不得舒展，也许造成了英国人的独特个性和制度。他们的岛屿使他们与世隔绝。但是，也保护了她抵御瞬息万变的各种风潮、艺术时尚、革命狂飙及经常在海峡对岸的大陆上肆虐的战争大屠杀。他们纹丝不动地站稳了脚跟。

虽然这个岛屿不大，但冲激或轻抚海岸的海洋唤起他们从事远洋冒险的意念，上千条流动的道路前后左右地摇摆着，正诱惑着总是傲然屹立着的人们。上百处遥远的陆地以其丰富的产品和市场，将帮助英格兰从农业国家转变成工商业国家和世界性的经济大国。无数海岸深沟提供了在海洋中寻求和平的出口和来自世界各地的形形色色的船舶的安全港。在岛上，有十几条可供航行的河流和上百条与那些河流相连的运河。没有一位英国人的住处距他们入海的河流超过75英里远的。

不列颠因工业革命而克服了地理上的障碍。英国建造了当时号称空前的巨型商船，有些命名为"东印度"巨人号，航行半年即可抵达印度和中国。这个国家酷爱海洋，视之为英格兰领土的延长；为控制那个延长的领土，英国先与西班牙，接着与荷兰，而此时则与法国，战至濒临崩溃的边缘。英国开辟通往各大陆、各港口，通往非洲、印度、远东、澳洲、南太平洋及南北美洲的新水路。虽时顺时逆，那些地方的人们也渴望贸易。唯有西北部的水路蔑视了这群永不满足的不列颠人，令他们徒手而回，却没有令他们屈服。

不过，那些商船队和保护它们的巡洋海军军舰，大部分必须用进口的木材来建造。那些殖民地和贸易国的原料、金银、香料、食物和异果，必须以不列颠的工业成品来换取；那些种类繁多的商品，必须靠工业革命来运送或资助。渐渐地，英格兰——特别是中部和北部两地，和苏格兰——特别是南部，从田野和农村吸收了大量民众至市镇和工厂，从缓慢的家庭手工业或行会中吸收许多男女老幼，施以使用机械的训练，重组他们的经济生活，并为全世界生产大规模的成品。

一方方的园地帮助了这种转变。远在 12 世纪，善变的英国人已计算到，他们使用大块土地比小块土地要有利可图。他们购下私有农田和公有地——农民们习惯上用来放牧和砍伐采薪的那些公有地和森林地区。他们雇用的工人在一人的监督之下，在这批大规模产业上劳作。15 世纪，他们认为饲养家畜比耕耘收获更多，饲养羊群尤为有利。因为人口较少，而且发现在凄寒而喜好肉食的不列颠以外，有大量供应兽肉和羊毛的市场。愈来愈多的农田所有主出售或荒废了他们的农田，流向城市，体力充沛的自由民慢慢地消失了，同时带去了英国性格中旺盛和骄傲的素质。至 1800 年，不列颠有 1500 万头羊，据一则笑话说，这群羊会吞噬人们。一直以来，旅行在英格兰中部和北部的州郡中，会有农田和农作物寥落的印象，唯可见到有人居住的一些绿野和篱笆围起的土地上，羊群正懒洋洋地在啃着青草，它们身上的羊毛是这块富饶的土地的最重要产品。

我们无须夸张，在这一时期（除了 1811 年拿破仑的大陆围堵政策带来的几近饥荒的危机外）——英国的农业渐渐进入资本化和机械化，可不假外援而优裕地喂饱英格兰人民了。种植者们深具信心，他们说服国会通过《谷物法》（*Corn Laws*）[1]，以严峻的关税阻止进口谷类的竞争。纵然如此，迨至 1790 年，迁往城市的农民以及从苏格兰和爱尔兰迁入的贫困移民，提供了使工业化成为可能的劳动力。

工业大部分仍停留在家庭和工艺制作所中，大部分工业仍由地区性产销左右，没有组织成可供应分布在边远地区的各种市场的大规模生产作业。家庭或制作所的工人在原料供应商和产品经销商的摆布之下，其收入因供需关系和竞争者的欲望而改变。通常，妻子和孩子必须自早到晚与他一起工作，才能免于饥饿。如果要满足城市人口激增的需要，或满足寻求国外物资或黄金的商人的要求，就要找出一些更有效的方法补充财政及组织工业。

除了亚当·斯密的警告鼓舞外，受到利润动机的刺激，英国的工业转向私人企业的方向发展，大多免于政府的支配。企业从盈余中，从赚钱的商人手中，从征收田赋和房屋租金的地主手中，从知道如何使金钱生息、从以较法国同业要低的利润贷款的银行家手中，募集资金。所以，个人和组织将资金供给提议以大规模机械、有技巧的劳动者生产工业产品，并结合农田和牧场的产品，以增加英格兰财富的企业家来使用。资金提供者监督资金的运用。

这是一种孤注一掷的计划。一次投资也许因经营方法不当、价格或市场波动、款式的改变、消费者无力购买致使生产过剩或因竞争者的新发明而毁于一旦。惧怕损失刺激起贪婪的欲望。工资必须维持在最低水平上，对新发明一定要提供奖励，尽可能用机器取代人力。开采或进口铁砂以制造机器、装甲舰、桥梁和枪械。煤必须开采（所幸英格兰蕴藏丰富）以供炼制厂用作燃料，熔炼铁砂和锻钢。尽可能为机械提供动力，可能用风能、水能或机器装置产生动力。但是，最好的动力厂是詹姆斯·瓦特设在伯明翰附近的马修·博尔顿的工厂

---

[1] "Corn" 当时指任何谷类。在英格兰，通常指小麦；在苏格兰，则指燕麦。

（Matthew Boulton's Plant）装置的一具蒸汽引擎（1774 年）。若有足够的资金和周密的组织，任何一类机器都可由一两具引擎来操作，大大节省了人力，并提高了效率。工厂制度由此诞生了。

不久，林林总总的大烟囱在勃兴的工业中心——曼彻斯特、伯明翰、谢菲尔德、利兹、格拉斯哥和爱丁堡上空冒出浓烟。1750 年的不列颠，有两座城市拥有 5 万名居民；1801 年，有 8 个城市；1851 年，可能增至 29 个。便于运输原料、燃料和成品到工厂、市场和港口的道路也铺设完成。一次可载客 8 位，每小时可行驶 10 英里的公共定期马车，开始大量生产使用。约 1808 年托马斯·特尔福德，1811 年约翰·麦克亚当（John McAdam，两人均为苏格兰工程师），设计出方便铺设的新道路路面。1801 年，乔治·特里维西克制造了第一台蒸汽火车头，在铁轨上拖运一节车厢。1813 年，乔治·斯蒂芬森制造了改良的火车头。1825 年，斯蒂芬森开始首次定期蒸汽火车旅运——只限于斯托克顿和达灵顿之间。1801 年，一艘小型的蒸汽船开始在一条苏格兰的运河上航行。1807 年，博尔顿和瓦特工厂仿造由罗伯特·富尔顿建造、同年 8 月航行在纽约至奥尔巴尼的克勒蒙特的蒸汽船模型，制造了一艘客运蒸汽船。同时，伦敦、哈里奇、纽卡斯尔、布里斯托尔、利物浦和格拉斯哥正在发展为海洋通商所需的海港和设备。纳尔逊则在阿布吉尔湾和特拉法尔加（Trafalgar）为英格兰取得了制海权。

1801 年，英国政府对大不列颠（含英格兰、威尔士和苏格兰）作了首次科学调查，以了解愤于私权受侵的公民的恐惧，作为步入组织化的先声。当时的人口总数为 10 942 646 人（美国当时只有 600 万人）。1811 年，人口已增加到 12 552 144 人。也许，这种增加正是粮食供应的增加、医疗的改良和婴儿与老年死亡率逐渐下降的结果。1811 年，伦敦人口增至 1 009 546 人，但是扩张最速和最大的则在工业化的北部和西部。1811 年，不列颠从事农牧的家庭约为 895 998 户。从事贸易或在工厂工作的有 1 128 049 户，其他职业方面有 519 168 户。

政府用批准私有土地的方法抑制农业，而且用示惠自由企业以保护关税，禁止劳工联盟谋取较好的工资，以鼓励工业的发展（1800 年）。政府借改良道路和运河及建造一支无敌舰队以示惠商业。商人、工厂主和财政家们获得大量财富，有些人甚至用钱买到了国会中的席位。

1800 年，不列颠的经济蓝图上显示，在最上层的仍然是贵族阶级。在他们之下和周围，是一群正在扩展中的态度粗鲁的企业中产阶级的商人和工厂主，以他们的新财富和卑劣的礼貌，要求取得更多的政治权利，在他们下面是一群学养深厚的物理学家及剽悍、恶毒的新闻记者。最下面的一群是失去所有、依靠救济为生的农民和从事挖掘、终日不见太阳的矿工，一群到各处铺设路面和开辟运河的工人，及一群命运悲惨的工厂中的劳工大众。

底层

1800 年，工厂劳动本身并不是当时不列颠工业的主要特征，大多数工业制品仍然在农村或都市家庭中的纺织机或旋盘上，或在工匠自己的作坊中生产，工厂大部分仍限于棉布、亚麻布或羊毛的加工生产。虽然如此，工厂在这个世纪中扮演的角色却是英国历史上最悲惨的一出插曲。

工厂设立在贫民窟且处于由工厂喷出的恶臭与浓烟笼罩之中，工厂内部通常布满了尘垢且脏乱，通风设备简陋，光线暗淡——直至1805 年，各处装置了煤气灯时才有所改善。机器装备被工人小心照料，一天运行 12 至 14 个小时。因一些新发明的机器节省了劳动和人力，中午有一个小时可供休息午餐之用，然后苦工继续工作，大多数情形一直要工作到晚上 8 时，劳动力则随时由流离失所的农民或不注意节制生育的妇女来补充。

在雇佣工作上，妇女优先于男人，而童工又优先于妇女，因为要求的工资较低。1816 年，41 家苏格兰工厂的 1 万名雇佣工人中，男人有 3146 人，妇女有 6854 人，18 岁以下的童工占 4581 人。工资更低廉而普遍受到欢迎的，则是由穷人救济部门的各级主管送到工厂的孤儿或穷人家的孩子。1802 年的《工厂法》（*The Factory Act*）规定使用这些"学徒工"的最低工资给付标准，禁止他们每日的工作时间超过 12 个小时，但是国会拒绝给付指定强制实施该法案的委员们薪金。一般而言，童工现象在不列颠的工厂中一直到 1842 年才停止。

1800 年，一位伦敦的成年男性工人的平均工资为每周 18 先令。在乡村中，大约不到此数的 1/3。一般而言，一个家庭要想维持生存，妻子和小孩也要参加工厂劳动。雇主辩称，工资一定要降低，才能使工人们上工。有些劳动者周末要玩上两三天，他们再上工时仍然醉醺醺的，只有饥饿才能把他们带到机器房。

当然也有一些改进，有些雇主替他们雇用的人付房租和燃料费用。消费品价格低廉，直至 1793 年与法国开战时，工资大抵与物价同时涨落。那时，各个阶层在收入上都受到伤害，工人们的工资压低到生活所需以下时，他们遭受的痛苦就更大了。

他们居住在空气中充满了毒素的市镇上，滋生细菌的贫民区，拥挤的住宅区——有时是潮湿的地窖——经常见不到阳光，灯光暗淡，污浊不堪，家庭争吵令神经疲惫，私生活如空中楼阁，妇女唯一的避难所是信神，男人则是去公共场所。酗酒是每天的常事。家庭从水井或公共抽水机中取水。这些地方的水位不够时，妇女就到最近的河流或运河中取水。这些河流或运河中充满了因工业、家庭或人类排泄产生的污秽，如同废水一般。卫生也十分简陋，排水沟稀少。"我深信，"索罗尔德·罗杰斯（Thorold Rogers，当时是牛津政治经济学教授）于 1890 年写道，"就可资征信的现存资料，英国历史上没有一个时期人力劳动的状况，要比 1782 年至 1821 年之间的 40 年更糟糕了。在这个时期中，工厂迅速地累积财富，地价增加了一倍。"这种情况一直到 19 世纪 40 年代。1795 年至 1840 年，在苏格兰和英格兰长大的卡莱尔总结不列颠工厂工人在那一时期中的状况，认为英国人比他们中世纪农奴时期的状况优裕。工业进步使无产阶级分享到一点成长中的财富，在举止、服装、娱乐和语言上却留下粗俗的痕迹，"文明创造了奇迹，"托克维尔在访问曼彻斯特时写道，"受文明熏陶的人几乎又回到野蛮了。"荣耀归于曼彻斯特及其同类城市从它苦难的日子起所得的巨大进步。

最先于 1601 年制定的《济贫法》（*The Poor Law*），向穷人提供了一些帮助。该法由通常集合接受救济者到工厂工作的教区官员执行，它是用加于户长的特别税来资助的，户长们抱怨他们的税赋一无是处，却鼓励了无限增加的生育率，他们提议将税款移作防止社会紊乱的保险金。1795 年以后，在许多地区救济金的比率是以补助认为不敷维持生活所需的工资而调整的，有些雇主即利用此种利益而维持低工资的给付政策。

尽管有这些补助救济办法，19 世纪初工人们不满的情绪达于临界点。1824 年，虽有防止改善给付的禁令，他们仍秘密地组织了。虽然禁止罢工，他们还是罢工，解散之后，他们重新罢工。罗伯特·欧文（Robert Owen）等这些改革者警告国会——除非工厂状况改善，否则损失不赀的暴动将有增无少。不满的情绪因与法国重起争端而受到扼制（1803 年）。战争拖延下去时，不满的情绪又增加了，1811 年竟演变成公开的叛乱。叛乱并非由工厂的工人领导，而是由诺丁汉城内或附近的家庭和小规模制作所的制鞋带和袜子的组织所领导的。这群男人和妇女依然记得农村空气清新的生活，也许他们与忙碌在织布机边的工作对照，对那种生活更向往。他们愤慨屈服于租给他们纺织机，供给他们原料，及以他或他的股份和资本供应者决定的比例买走他们产品的针织机商人。尤其是他们担心，即使目前的工作不久也将因繁荣的工厂和许多功能强大的纺织机而失去，在盛怒之下，他们决定捣毁一切机器，这些机器压榨了他们的生存空间。

一位名叫奈德（Ned）或路德（King Ludd）的小人物，也许是一位神秘人物，组织起这群愤怒的编织工人，并为他们的暴动拟订了计划。1811年秋，属于"路特派"（Luddites）的各个小队侵入各个地区，捣毁了他们发现的每一架织布机。这个运动经诺丁汉蔓延到兰开夏、德比郡、曼彻斯特郡，持续了一年（1812年）。这群捣毁机器者除了报复命令其工人向他们开火的雇主，未伤及任何人。半个英格兰战栗在恐怖中，令人想到法国大革命的情形。"当此之时，"罗伯特·骚塞（Robert Southey）写道，"除了陆军以外，没有别的力量能保护我们不受到这场大灾难的恐怖威胁，一场穷人反抗富人的叛乱，能依赖陆军多久，是一个我不敢自问的问题……这个国家在我们的脚底下战栗。"威廉·科贝特——一位精力旺盛的自由派新闻记者——在下院替暴民辩护，诗人拜伦在上院发表有利于他们的一篇热情生动的演说。首相利物浦爵士在国会中通过了一些严峻的法律，而且派遣一个团的兵力压制叛乱。叛党领袖遭到围捕，在约克郡的群众审判上简单地定了罪（1813年），有些被驱逐出境，有些被当众吊死。机器加倍地增加。直到1824年，没有立法救济以疏解不列颠的劳工。

忧郁的科学

经济学家给予工人极少慰藉。托马斯·马尔萨斯（Thomas Malthus）在1798年一篇《人口论》（*An Essay on the Principle of Population*）的文章中，解释提高工资是无用的，因为这样会导致大家庭制度、增加依赖粮食供应的人口压力，不久将会恢复到人类自然不平等所产生的永久性贫穷。在他这篇著名文章的补遗中（1803年），马尔萨斯提出了自己的"工资铁则"（iron law of wages）："劳工的工资永远受到需要劳工的比例节制。"在《政治经济学原则》（*Principles of Political Economy*，1820年）一书中，他警告节俭不能太过分，因为节俭会缩减投资和生产。他辩护"收益"（从财产投资上的回报）为"目前的勇气和智慧，与过去的精力和机诈的报酬"。他同意伏尔泰富人的奢侈为有技巧的工匠提供良好就业机会的说法。在自由主义盛行的时期，他建议公共工程是生产缩减时期中增加就业的方法。

大卫·李嘉图（David Ricardo）接受了他的朋友马尔萨斯的一般原理，并在之上建立了他自己的《政治经济学及赋税原理》（*Principles of Political Economy and Taxation*，1817 年），成为卡莱尔所谓的"忧郁的科学"（the dismal science）的经典著作达半个世纪之久。李嘉图是一位在伦敦交易所发迹的荷兰犹太人的儿子，他皈依唯一神教，娶了一位教友会的女子作妻子，设立了自己的经纪公司，赚了一大笔钱，从事业上退休下来（1815 年），写了几篇深奥难解的论文：主要是论财政的。1819 年，他被选入下院，他在下院抨击国会的腐败，为集会自由、言论自由、贸易自由、组织工会辩护。他警告资本家，避免不列颠的地主任意提高租金，不久将吞并他在工业上的收益。在他的划时代的论文中，他声辩提高工资绝不是真实的，因为生产成本增加导致的涨价，不久将增加的工资抵消，劳工的正当工资是维持他生存和繁衍子孙（不增加人口）所需的总和。李嘉图借生产所需的劳动总和来辩护商品的价值（不是价格），留给了马克思一点借口。他并不如他的科学一样的忧郁。他和马尔萨斯成为莫逆之交；不过，在私底下和文字上时常不尽趋同。他们两人都作古时（李嘉图死于 1823 年，马尔萨斯死于 1834 年），詹姆斯·麦金托什爵士提到他们时说："我与亚当·斯密仅有一面之缘，与李嘉图相知甚深，与马尔萨斯堪称莫逆。就一门学问的 3 位大师，是我平生所知的 3 位顶好的好人而言，能不值得一记吗？"

罗伯特·欧文（1771—1858）

罗伯特·欧文生于威尔士的纽敦，父亲是那里一位成功的马具商、铁器制造商和邮局局长。罗伯特童年时身体孱弱，但是他注重自身的保健，而活到 88 岁的高龄。他 9 岁时就开始工作。10 岁时，他去斯坦福的一位布料商处当学徒。14 岁时，他成为曼彻斯特一位布料商的助手。19岁时，他担任了兰开夏一家工厂的经理，年薪为300镑。他在那里待了8年，赢得才智双全的美誉。他贪婪地储蓄、研究和阅读，了解约翰·道尔顿与原子化学，罗伯特·富尔顿与他的蒸汽船，塞缪尔·柯勒律治（Samuel Coleridge）与他的激进观念和令人难忘的诗篇。1799年，年方28岁，他替自己及两名合伙人买下大卫·戴尔设在格拉斯哥附近的新拉那克的纺织厂，并娶了戴尔的女儿为妻，当作这次买卖的红利。她为他生了7个孩子。

新拉那克是一座约有2000名居民的市镇，包括500名经格拉斯哥和爱丁堡的贫民救济院送来的孩子。欧文后来回忆说："百姓们过着游手好闲和贫穷的生活，几乎无恶不作，自然债台高筑、健康欠佳和忧愁愤懑。这群人的无知和缺乏训练，养成了他们酗酒、偷窃、说谎和肮脏的习惯，加上在政治和宗教两者的全国性的强烈偏见下，反对一位陌生人要改良他们状况的各种意图。"这个微不足道的小镇，几乎没有公共卫生可言，住宅污黑而脏乱，犯罪被看作一种从沉闷的劳动中解脱的刺激的方法，公共会堂是逃离吵闹的家庭的一个温馨而愉快的避难所。欧文已失去一切超自然的信念，更专心致力于基督的伦理理论，他受到新工业奴隶制和旧基督神学结合的反驳。他决定在成功的资本主义和基督教道德之间寻找出一些调和。

他对5%的投资回报的想法颇为自得，而他的合伙人却大为惊讶。他提高工资，禁止雇用10岁以下的童工。他拒斥马尔萨斯提高工资会增加人口赋予粮食供应上的压力、会提高物价而使实际的工资并未改变的论点。他辩称从大海中可得到无限的食物，增加的人口可因大事培植和新发明的倍增及劳动生产力的提高，得到充足的食物，并生生不息地繁衍下去，但是政府必须采取他提议的改革为前提。他在新拉那克开了一家商店，以便宜的价钱供应生活必需品。他不但在生产技术上，也在生活艺术上不厌其烦地告诫职员们，他对他们保证，倘使他们能互助合作，他们将享受到前所未曾体验到的和平与满足。他在守秩序的习惯、清洁和清醒上似乎争取了许多工人的合作。

他的合伙人抱怨他把用来赚取较高利润的钱花在慈善和救济上时，他解散了公司，另组一家新公司（1813年），新公司的股东——其中一人为杰里米·边沁，大为赞扬他的实验，而且同意他5%转投资的观念。

设在新拉那克的工厂获得了举国乃至国际性的声誉。该镇远离主要干道——从格拉斯哥穿过山峦和浓雾，约有一天的驿程。不过，仍有好几千名访客前来参观一所依照基督教原理经营的杰出的工厂，1815年至1825年，有2万人在访客簿上签名。其中包括作家、改革家、殷实商人，奥地利的约翰和马克西米利安大公等。1815年，赞同这种经营和结果并邀请欧文到俄国经营类似工厂的尼古拉大公（不久即位为沙皇）来访问。

积14年之体验，欧文感到可以向世界公开这个经验了，因为他深信，如蒙普遍采用，将会"带给未来每一世代每一个人的幸福"。所以，1813年他发表了四篇总题为《社会新观点》（*A New View of Society*）的论文，成为改革文献中主要经典中的第一篇。他温和地提出他的主张，他向不列颠的统治者和厂商们保证，他没有任何剧烈改革的欲望——也没有这种信心。他的计划不会使任何人遭受损失，事实上，那样会增加雇主的收益，并使英格兰免于革命的厄运。

他提出一个几乎可以作为任何改革基础的前提——人的本质，假设具有陈旧而且不变的竞争并冲突的特质，事实上是从童年的经验和信念陶铸而成的。"最大的错误是个体塑造其自己特质的观念。"相反，每一个体的特质是由他们出生之前及自出生至死亡的无数侵蚀他们的影响力形成的。欧文以不加掩饰的热情在结论中说："任何特质，自最好至最坏，自最无知至最具启蒙的，可适用于任何社团，在应用某些方法上，甚至可适用到全世界。在指挥、控制之下的大范围内，可适用到各国政府的统治者身上。"欧文从这个原则出发提出两个前提：第一，目前的统治阶级不应因他们的做法和信念而受到责难，因为他们也是过去和现实环境的产物。其次，改革须自教育开始，并从

改良学校和增加学校着手。必须努力教导儿童，使他们了解任何人都
不会因他的个性或所处的社会和工业环境而受到责难。每个人必须考
虑到其他人，必须心甘情愿地合作，必须毫不犹豫地示人以慈爱。因
此，英格兰还没有适应一般儿童所需的足够学校时，欧文倡议"每个
乡村的统治者应筹划全国性的教育大计和塑造他们子民共同个性的模
式……并毫无例外地，由种族而党派而乡村"。

　　大卫·戴尔在新拉那克已经为儿童教育贡献良多。欧文进一步在
他的一栋大厦中设立了他的"新托儿所"（1816 年），以使听话的或
不听话的孩子都变为无须神学的基督徒。他要求"几乎在他们能行走
时就开始"。他与柏拉图一样，害怕他们已经定型或变质的父母们，
传给他们的孩子侵略和竞争的精神。他恳求母亲们把年幼的孩子交给
他。通常，他教导 3 岁大的孩子，如气候许可，就让他们在外面游戏
和学习。女孩和男孩一样，都接受"三 R 制"[1] 的训练，不过它们是
合并在持家的艺术中一并教导。男孩则要施以军事训练，如女孩一
样，他们也要接受唱歌、舞蹈和演奏乐器的训练。这些属于德育的养
成课程，是加强在谦让、仁慈和合作的课程上的。体罚是不准许的。
每天功课结束时，孩子就回到父母身边。在 10 岁以前，孩子禁止到
工厂工作。

　　显然，在欧文的学校中没有宗教课程，在晚间的成人补习教育中
也没有。对一名启蒙时期的儿童，他深信宗教会使这个孩子的头脑中
充满迷信而不智。智慧是至高无上的品德，普及教育是应付社会问题
的唯一方案。进步在这种协助下，是真实而无限制的。在他的工厂和
学校里，没有种族和教义的区别，"慈善和仁慈一体共认"。他相信他
辩护的方法是朝基督伦理观方向迈进的一种尝试，他热烈地期待他期
望的原则带来道德上的乌托邦的实现。

　　他的第四篇短论（1816 年）是贡献给摄政王的，他提出了一些

---

[1] "三 R"为读、写、算，即 Reading，Writing and Arithmetic。

立法上的意见。他要求国会迅速减少含酒精饮料的进口、提高消费税，最后停止批准杜松子酒店和麦酒店的设立，那样酗酒就成为有钱的傻瓜的奢侈品了。他建议为了改良未来子子孙孙的道德，应普及和资助国民学校。他呼吁订立"工厂法"以禁止雇用10岁以下的儿童和雇用未满18岁者从事夜间工作，调节劳工的工作时数和环境，维持定期工厂检查制度。劳工部应定期收集当地劳工供需变动的统计数字，并利用这种资料疏导失业。他呼吁废除国有彩券制度，因为这是"陷害不谨慎和掠夺无知"的一套可耻的计划。

他赞同马尔萨斯的《济贫法》——这是维持失业者和穷人免于饥饿的一个步骤。为了取代由此制度维持的劳工介绍所，欧文提议（1817年）国家应设置公社，每一公社应维持在500到1500人之间，由可自给自足的劳工部门生产可自给自足的衣食和维持其自己教育的劳工组成。

除了向国会请愿毫无结果外，欧文发表了一篇演说《致不列颠各厂商》（1818年），描述他在新拉那克的组织的成功，督促他们不再雇用12岁以下的童工。他们找不出要这么做的理由，他们愤慨欧文将经济不景气归咎于投资超过人们购买力的分析。他们指责他没有真正了解雇主必须面对的问题，或不了解只有宗教才能满足人类的需要。

最后，欧文转向劳动者，在一次《致劳动者们》的演讲中寻求他们的支持（1819年）。他以"体力劳动者在适当的指导下是一切财富和国家繁荣之源"来取悦他们。但是他提醒他们，英格兰及其劳工阶级们尚未到准备接受社会主义的时候。他抵制不列颠政府目前应就其所有劳动大众直接予以雇用的任何提议和意图。他反对任何拔苗助长的方法，他拒斥革命为"预计产生和唤起一切仇恨和报复的邪恶感情的祸根"。不过，在他1820年的《告拉那克郡》（"Report to the County of Lanark"）中，他公开宣布目前英格兰需要的不是零星的改革，而是一个维持良好社会秩序的基本制度。

在英格兰遭到挫折后，他满怀希望地寄望于美国，那里的几个教派做过几次共产主义的实验。1814 年，一个德裔美籍人士组织的虔信派团体，沿沃巴什河（Wabash）的印第安纳保留区西南方购置了 3 万英亩的土地，在那里创立了一座号称"和谐"（Harmonie）的小镇。1825 年，他们面临破产的危机。欧文伸出援手，给了这片土地和这座小镇 4 万英镑，重新命名小镇为"新和谐"（New Harmony）。他邀请仁慈的男女人士和他携手合作，在那里建设一个互助合作的公社。除了那里的学校由威廉·麦克卢尔资助外，他负担了一切开销。上千热心人士涌去，白吃了欧文一年，使自己慢慢地适应有规律的工作，对宗教和政治却迭起争论。1827 年，在赔尽了 4 万英镑后，欧文将此社区交给麦克卢尔，自己回到不列颠。

他并未就此罢休。他领导了一次使工会发展成与生产性工业中的私人企业竞争的基尔特运动，全国建筑业者联盟（The National Operative Builders Union）接受建筑契约。其他的联合接踵而至，1833 年欧文将它们组织成为一个全国总工会（Grand National Consolidated Trades Union），他希望它逐步取代不列颠的资本主义，最后取代国家。国会制订抑制性的法案进行干涉，并正式付诸实施，银行也拒绝借款。1834 年，欧文接受了失败的事实。

他的一生，在工业上有如此成就的一生，此时似乎已到一败涂地的境地。信仰的不同也摧毁了他的婚姻，他的妻子是一名虔诚的加尔文派教徒，当她发现他是一位不可知论者时，她天天担忧他会受天谴。后来，她督促他们的儿子罗伯特承担起乃父皈依加尔文教的责任。结果，儿子的宗教信仰遭受到相当大的挫折。自美返英后，欧文与妻子分居了；不过，他们仍维持着极为友善的关系。他并不害怕离婚，却也不急于离婚，他专心在自己的使命中。

他积极地支持有意实践他原则的几个公社：苏格兰的奥比斯顿村（Orbiston）、爱尔兰的勒拉辛镇（Ralahine）和英格兰的昆吾镇（Queenwood）。第一个公社在两年后解散，第二个在三年后，第三个则在六年后，他继续用讲演和文字发表他的理念，并亲眼见到了不列颠岛屿上许多消费合作社的成立。他不停地写作，向学术团体、政府人事部门和维多里亚女王进言改革。最后，1853 年他转向唯灵论，变成各种媒介的中间人，与富兰克林、杰弗逊、莎士比亚、雪莱、拿破仑和先知但以理举行知心的晤谈。1858 年，前尘往事成了泡影之后，他回到故乡纽敦，以 88 岁高龄在那里谢世。

他是一个好人，如任何一位自诩为十全十美的人一样，是一位几近大公无私的人。他不能完全超越自我，他在权力、成功和知识上暗自怀着一份自负感。他的事业表现在他的个人规范上，但是他主张竞争性的合作需要纪律和权威是正确的。一个人可能做得最好的是扩大自我而包容他的亲人、国家、同类，并因此在较大的利益上找到满足。这毕竟就是罗伯特·欧文在一种率真而进取的程度上做到的，将他视为改善人类生活的先知是不为过的。

第二章 | 英国的生活

阶级

一个文明是由政府、法律、宗教、道德、习俗和教育给予一个民族的社会秩序，而且有足够的自由从事发明和实验，发展友谊、慈善、爱情，创造艺术、文学、科学与哲学。这些秩序和自由的形式如何在 1789 年至 1815 年的英格兰运作？它们产生了什么呢？

首先，人类的自然禀赋——在遗产、机会和技能上——使他们产生了不同的阶级，每一阶级贡献社会生活一份应有的支持。英格兰已没有严格的阶级制度，因为一个在财富或才艺上有卓越成就的个人，可以从一个阶级晋入另一个阶级，甚至可晋入贵族阶层的行列。贵族和农民的关系是一种友善的关系。虽然只有小部分的农民拥有他们的耕种土地，农奴制度已经不存在。贵族与其他阶级一样要纳税，有时（不像他们的法国同辈）从事商业或工业。只有贵族的长子继承贵族的头衔，其他诸子都是法律上（不是社会上）的平民。

有许多人为的不平等存在，财富非常集中。法律之前的平等因诉讼费用而抵消得一干二净。受指控的贵族们只由上院（贵族组成的陪审团）受理，这种"贵族的特权"一直到 1841 年才终止。出生不好的一般民众被强制征入海军服役。一般民众在海军、陆军、政府机关、大学或法律界鲜有晋入高级职位的机会。贵族和士绅的统治阶层绝少准许一般默默无闻的群众在政府人事或政策上享有任何决定的权利。

也许阶级意识在中层阶级中非常敏感，他们傲然地卓立于农民和无产阶级之上，梦想成为贵族。在中层阶级之间也有嫉妒的阶层：工业资本家轻视附近的小商人。[1] 从事投机而获巨利的大商人则傲视工业资本家，以爱国主义和宗教来粉饰他们从殖民地搜刮财富的富豪们，正在形成自己的阶级。在法国如此，在英格兰也不例外，似乎没有人对命运、才能或机遇带给他们的地位有任何满足，每个人都忙碌于提升自己的地位时，近代的骚动因此开始了。基本的斗争是资本家取代贵族阶级和掌理国家，在法国完成这个举动只需一个世代就成了，在英国却需要几个世纪之久。

直到 1832 年，贵族的身份是至高无上的，对挑衅者仅一笑置之。从严格的意识上看，1801 年共有 287 位"世俗的"男女贵族，还有26 位国教主教，他们以"神职贵族"的头衔成为贵族上院的议员。世俗贵族的顺序，以递降排列法，有王室血统的王子、公爵、侯爵、伯爵、子爵和男爵。除了王子和公爵外，"贵族"一词的称呼对他们都适用，他们的头衔可以一代一代地传给长子。他们的财富根据他们的所有权，而由农民或长工耕种的大片土地和一年的租金收入而定，如纽卡斯尔公爵的年金为 12 万英镑、帕默斯顿子爵一年的年金为 1.2万英镑。贝德福德、诺福克和德文郡公爵们的地产总和可与一个郡的收入相等。居于这群世俗和神职贵族之下，英格兰尚有 540 位男爵及他们的妻子，在他们的名字之前可冠以"爵士"或"夫人"的头衔，而且可将这些头衔转用到他们的家人身上。其次是 350 位武士及他们的妻子，赋予相同的头衔，但不能转用到家族身上。下面是 6000 余位乡绅或绅士——出生在古旧及有身份的家庭中的地主和有权穿戴有

---

[1] 1798 年，塞缪尔·亚当斯（Samuel Adams）称英格兰为"一个小商人创造的国家"，拿破仑接受此说法，但这几乎并不真实。

纹章制服的人。这些位于"贵族"之下的团体，组成比较低一阶的贵族阶层。不过，他们通常包括在统治英格兰的贵族阶级之中。

这些少数的统治者对农民的贫穷、工厂工人的低贱和爱尔兰的强取掠夺安之若素。他们相信，贫穷是对无能或怠惰者自然、必要的处罚，优柔寡断的理论家们必然不被允许将不列颠转变成建立在堕落的赈济上的民主国家。尽管有威廉·葛德文（William Godwin）、雪莱等这些无政府主义的梦想家存在，某种政府形式仍然是必要的。没有这种形式，人民会变成一群暴众，将危及个人和自由。拿破仑喜欢英格兰不是偶然的，他去圣赫勒拿岛时曾说："如果英格兰的贵族政治消失了，如果将英格兰的政权交给伦敦的群众，那将是欧洲人的不幸。"每个政府都是一个由少数的专制者统治的政府，统治者不是出生于贵族家就是出生于豪门。当然，民主政治属于后者，因为只有财富才能资助竞选，或付得出开销去说服人民投有钱的少数派候选人的票。民主方式选出来的人，不论就出身或素养，鲜有具备能成功处理国内问题的才干，对国际关系更是无能为力。一个贵族家庭是一所政治才能的养成所，有些从那里出来的人也许变成了一无用处的饭桶，但仍有一些由于长期与国家问题和统治人员接触，具有处理重大问题时不因他们拙劣的手法而危及国家利益的才能。一种适当的贵族政治，尤其会赢得人民的服从和对权威的敬重，这就有利于公共秩序和安全。

这些尖刻却不易令人体会的辩词，似乎说服了英国的大多数群众。但是，群众不相信那些愤慨于世袭财富、控制部会和国会的蒸蒸日上的中产阶级。他们被叛乱的劳工愤怒地遗弃了，他们感到恐惧，而决心承认诘责——一位自认贵族政府统治英格兰的方法的知识分子的严厉诘责。

政府

·立法

英格兰的宪法是国会有效地制定法律和法院未撤销的判决的总

和。凭借这些惯例，政府的全部权威操纵在君权手里（国王或王后），国会在和谐中从事立法。通常，自 1688 年起，君权接受国会制定的立法。没有书面文件限制国会通过其为两院愿意制定的法律的权力。上院又称贵族院，依照出生的权利和传统、无须经过选举的世俗和神职贵族组成，具有否决经下院投票通过的任何议案之权，有处理司法判决提起的上诉、弹劾政府人员、对受重刑控诉的世俗人员提起一切司法诉讼的最高法院的性质。它是贵族政体在对激进的中产阶级斗争中从事防卫行动的一座堡垒。

下院共有 558 名议员，牛津和剑桥两大学各 2 名，都柏林的三一学院 1 名，苏格兰 45 名，其余分别由 40 个郡和 20 个区由具有有限制的选举权的选举人选出，其详情十分复杂。妇女、贫民、罗马天主教、教友会、犹太人、不可知论者，及一般来说任何不能宣示对英国国教的权威和教义忠顺的人，没有选举权。总而言之，英格兰的 900 万人口中，有 24.5 万名合法的选民。因为选举是公开的，除了大地主提名的候选人外，很少人愿意支持其他的候选人。许多合法公民愿意去投票，有些选举是由领袖安排而决定的。每一区中分配的国会代表的人数是依照传统固定的，很少注意到选区中人口的消长。有些区中选民无几，却要选出一位或数位议员；而有 6000 选民的伦敦，只准选出 4 位议员；新工业中心在国会中有时竟没有代表。曼彻斯特、伯明翰和谢菲尔德没有一位议员，而康沃尔古郡有 42 位。不过，我们应该补充一下，在地区性事务上，许多城镇和村落拥有相当的自治权。所以，伦敦市由财产限制的选举权，可选择自己的政府及维持一个足以自傲而独立的国会。

下院中约有一半的席位由这些半公开的选举产生的议员占有，另一半则由地方或区的大财主不经竞选而提名的议员占有。这些提名在许多情形中，都由区提供给最有提名权的人提名。"在区中，换句话说，在下院中的席次，如商业中的任何货物一般，是公开买卖的，国王本人有时是区的最大主顾。"

被选的人员大概分成两派——托利党和辉格党。这些人早已忘却一度区分他们的问题了。两派中的领袖都出身于旧贵族家庭，但辉格党比托利党更愿意倾听工商界中正在崛起和有势力的贵族的意见，而托利党旨在维护——辉格党则在拒斥——王权的传统特权。争论的中心不是原则而是权力，两派都想改革当权的部会，分裂温和的官署和监督分赃的官僚机构。

尽管有贵族政体的基础，不列颠政府在其立法上比大多数大陆国家民主。而在某些国家（包括 1804 年后的法国），最高权力是由一位国王或皇帝操纵的。在不列颠，1688 年以后，实际的统治者不是国王，而是国会。在两院制的国会中，权力主要在控制"荷包权"的下院：没有它的同意，不可能对公款做任何支配。理论上，国王可以否决由国会通过的任何决议。实际上，乔治三世从不曾利用其特权去触碰这一点。不过，国王可解散国会，要求全国重新选举。在那种情形中，他宠幸和资助的候选人有一次获得席位的好机会，因而这位土生土长的国王（追随在两位外来的乔治之后）再度成为国家的象征、爱国心和光荣的垂范。

· 司法

英国的司法如其立法一样，随和、错杂而适得其所。首先，它必须执行一个几百年来几乎每日在成长、却一直缺乏系统和依然传统化的法学观点，即法官要不断修正或规避十分严酷的法律体系。法律上，有浓厚的封建思想和基督教干涉的痕迹；受指控的贵族仍然要求贵族来审理，教会的仪式仍然（直到 1827 年）免除国教牧师受到世俗法庭的管辖。好几百种法律，如禁止公开赌博、夜间娱乐、非经核准的集会，虽绝少实施，仍以成文法的形式存在。1800 年规定的死刑，犯罪种类约有 200 种，正在不断地减少，资产和负债的实际报告可避免因债务而坐牢。但是，破产法不十分方便，商人们可以规避而做二次破产宣告。1679 年的《人身保护法》目的是终止审判前的不当监禁，却时常被搁置，以致在如法国大革命战争一般的危机中失去效力。不列颠法律上的这种混乱、矛盾和野蛮，一直到边沁以持久、详细地要求改革而对其大力攻击。

由于市镇警察稀少而乡下警察几乎完全绝迹，逮捕刑事犯变得日趋困难，公民们不得不组织志愿团体保护他们的生命和财产。纵使捕到了罪犯，罪犯聘请律师找到捏造上诉的理由，就可利用法律上的漏洞拖延或逃避监禁。

法律职业中的最下一级是小律师，他们担任当事人的法定代理人或为大律师调查并准备资料，之后大律师才准许上法庭辩护。通常在大法官的推荐下，国王从他们中挑选法官。

普通法院的法官一年两次审理各郡对本地民事和刑事案件的诉讼。他们在任何一地逗留的时间都很短暂。在每一郡或区中的司法行政，有些是新创的，留给当地的"治安推事"承理。这群治安推事是由中央政府从当地富有的地主中选出来的，他们是无薪金的，但是他们的财富可以不使他们腐化。他们不是没有阶级偏见，有些因对激进派判处严厉的刑罚而成为名人。但是，总而言之，他们对当地的行政处理得十分公正允当，几乎可与拿破仑法国的地方行政相比。

英国法律最主要的特点是受控的人由陪审团审判的权利。显然，这种加洛林王朝法兰克人（Carolingian Franks）的制度，随着诺曼征服者以其原初的形式传入英格兰。1367 年以前，陪审人员的人数并不固定为 12 人。大约就在那个时候，要求全体一致的判决。陪审团的人数从一个由 48 人到 72 人（通常都是中产阶级）的陪审员名单中，经过反方行使诘责权后选出来的。治安推事定期在每一郡中得到一个大陪审团的帮助，依照大陪审团的推荐才能期望法庭进行审判。在审判中，陪审员们聆听证供、反方辩护人的辩护和推事的结论。之后，他们退入议事室，在那里，"为了避免无缘无故的拖延，他们不食、不饮、不得被供给火或蜡烛"（除非得到推事的准许），"直到他们一致同意为止"。

·行政

理论上，行政权是授予君权的。实际上，行政权操在国王的内阁部长手中。部长必须是国会的议员，他们的行为向国会负责，他们的经费依靠国会拨付。理论上，国王任命这些部长。实际上，他只指定最近一次选举获胜的政党领袖为他们的首脑。这位首相和他党内的其他杰出人才，经国王的正式任命，被任命为各部会的秘书。威廉·皮特在他第一任内（1783—1801 年），担任首相和首席财务大臣两个职位，那意味着他控制了由国会批准征收和支配国库收入的两个位置。在内阁中，如整个政府一般，控制荷包的权力是惩戒和统治的主要方法。

乔治三世不准许他的属员进入国会。自他以 22 岁英年、于 1760年登基时起，他就寻求行使皇家特权的机会。但是，在美国独立战争中，他的领导权被削弱，本人也遭受间歇性的精神错乱（1765 年，1788 年，1804 年，1810—1820 年），这大大损耗他的体力、精神和意志。1788 年以后，除了三个例外的情形——对奴隶制度不得做最后的谴责；不列颠的天主教徒不得准许投票；直到路易十八安全恢复他的合法王位，不得与法兰西谋和——他已经把政事完全委诸威廉·皮特治理了。

乔治三世是属于他的观念和信仰中的一位好人。拿破仑在俘虏后的回忆中，称他为"在他的领土内最诚实的人"。除了十诫中的第五诫外，他以尊崇十诫中所有其他戒律而使自己优于汉诺威王朝的每位前任国王，对《利未记》（*Leviticus*）中"爱你的邻居如自己"的告诫则就不能实现其万一。但是，他爱护英国人民。尽管他错误不少，因为他的不幸命运，他们都报之以爱戴——因为爱他因袭的宗教，因为爱他的妻子和女儿，因为给予国家一张简朴和虔诚的朴素的生活蓝图。纵使有他这样的范例，每当他的儿子们以婚姻不如意、过度赌博、任意浪费、身体和性格愈形衰弱而污蔑了王子的头衔时，他的心仍向着他们。威灵顿形容他们为"任何政府中居于继承地位，而可以想象到的最可指责的顽石"。

长子威尔士亲王乔治，是最惹是生非和颠倒众生的一位。他知道自己英俊潇洒。他受过良好的教育，能讲流利的法语、德语和意大利语，歌唱得不错，拉得一手大提琴，会写诗，熟悉英国文学。在他的知己朋友中，有理查德·谢里丹、托马斯·穆尔等人，他也是一位艺术的知音。他在卡尔顿宫建筑起豪华的宫舍，以国库的经费装潢得美轮美奂。他喜好政治，与查理·詹姆斯·福克斯不相上下，竟变成辉格党的偶像，令他父亲恐惧不安。他也喜欢与将财富花在奇装异服、女人、骏马及狗身上的年轻纨绔子弟在一起。他伴同这群英国人参加各种竞赛，在挥霍和负债上却远超过他们。国会一再投票通过几万英镑以恢复他偿付债务的能力，没有人知道这位心地善良的浪子在什么时候，如国王一般成为乐善好施的慷慨捐助者。

17 岁时，他坦承"颇好女色和醇酒"。他早年的情妇中有玛丽·鲁滨逊，她在《冬天的故事》（A Winter's Tale）一剧中饰演普蒂泰（Perdita）一角而令他神魂颠倒。有 3 年的时间，他供应她奢华的生活。然后，他与两度成为遗孀、罗马天主教徒、长他 6 岁、任性不羁的玛丽亚·安·菲茨赫伯特熟悉，她拒绝做他的情妇，却同意嫁给他。但是，将英格兰王位传给汉诺威家族的王位继承法中规定，丈夫或妻子为罗马天主教徒不得享有继承权，1772 年的法律也禁止未满 25 岁的皇家人员未经统治者的同意结婚。不过，这位王子仍娶了菲茨赫伯特夫人（1785 年），付给一位年轻的国教助理牧师 500 英镑，以履行这次不法的仪式。这次违法行为保存了王子的继承权。他于 1788 年僭取这项权利。他的父亲进入疯癫状态时，他不耐烦地等着父亲过世。父子几乎没有合意过。

不过，后来他同意，如果国王（实际上是国会）愿意付清王子的新债务（11 万英镑），他愿意放弃他的平民妻子而娶父亲的外甥女、不伦瑞克的卡罗琳公主。他发现她奇丑无比，她发现他臃肿肥胖，但是他们于 1795 年 4 月 8 日结婚了。卡罗琳后来说，他在结婚那晚烂醉如泥。她于 1796 年 1 月 7 日替他生下一女，即夏洛特公主。此后不久，他离开了她。一度回到了显然是他唯一深爱的女人菲茨赫伯特夫人的身边。（他去世时，从他脖子上找到了有她画像的小型饰物。）

1810 年 11 月，乔治三世——为他的儿子感到羞耻，为他死去的女儿阿米莉亚而悲伤过度，在国会的反对下精神崩溃——终于发疯了。此后几年，这位英格兰国王是一个胡言乱语、受到人民怜悯和爱戴的精神错乱者，承继一切皇家的奢华和权力的摄政王是一位堕落、败坏、肥胖、年近花甲、因丑闻受到鄙弃的人。

宗教

英格兰的政府和知识阶级此时已就宗教形成了一项君子协定，怀疑论者认识到他们没有什么东西能像宗教那样作为对个人道德和大众和平的一项帮助时，自然神论对正统教义的攻击就归于寂静了。威廉·葛德文、罗伯特·欧文、杰里米·边沁和詹姆斯·穆勒便是没有信仰的活生生的例子。但是，他们却不因之而大事宣传。托马斯·潘恩是一个例外。这位在年轻的伏尔泰身上发现了一些可爱之处的英国贵族，现在就安息日的仪式小心地注意了。"英格兰各地对下层阶级有了一种好奇感。"1798 年的年鉴指出，在星期天"看到通向教堂的大道上停满了车子"。约翰·斯图尔特·穆勒（John Stuart Mill）于1838 年指出：

就英国人的心智，从思考和实际两个方面来说，有一种从各种极端中退缩的崇高礼赞存在……"不要骚扰清静"是那时受欢迎的教义……因此，在对宗教不要太过分骚扰或过分热心的情况下，教会甚至得到哲学家们的支持，当作反对狂信者的堡垒。将宗教精神当作阻止骚扰社会和谐或国家安宁的一帖镇静剂。国教教士认为他们在这些措辞上有一次合算的交易，而深具信心地信守其条件。

国教的正式名称为"英格兰和爱尔兰的联合教会"，虽然它接受加尔文派教义的《39条条款》，它仍保留了天主教仪式的许多特征。它有天主教和主教的职称，但是他们通常都是结过婚的，而且是由英王任命的。地区性的牧师通常由当地的乡绅们选举，并协助他们维持社会秩序。国教的牧师视国王为他们的领袖和统治者，并依靠国家从英格兰各家庭抽取支持教会的什一税。伯克形容不列颠为一个基督教联邦，其国内教会和国家为"合二为一的同一体，是组成全体中不可少的另一部分"。而约翰·威尔逊·克罗克称威斯敏斯特大教堂为"不列颠宪法的一部分"。除了没有迫害异端之外，其关系如天主教和路易十四治下的法兰西政府之间的情形。[1]

异端派——卫理公会、长老会、浸信会、公理会、教友会和唯一神会，在一个条件下获准传布他们的教义：他们须宣布自己为基督徒。卫理公会传教士用他们惊世骇俗的雄辩聚拢了一大批听众。市镇中受压迫的工人们丧失了世俗的希望，回返到他们童年的信仰上。因为这种热诚，革命的观念从法兰西渡过英伦海峡吹袭来时，他们抗拒了使他们反叛的一切努力。1792年，卫理公会的领袖们要求每位虔诚的信徒做效忠国王的宣誓。

在国教教会本身，卫理公会的影响力激起了一次"福音派运动"：许多年轻的教士和俗人决定用熟记福音的方法复兴国教教义，使自己致力于简朴的生活及虔诚、仁慈和教会的改革上。威伯福斯领导英国人反对奴隶制的运动。汉娜·莫尔利用她的布道、书籍和主日学校，大事传播基督教。

---

[1] 在法律条文中，一位无神论者是一名不法之徒，须如罪犯般加以搜查追捕。亵渎——以语言、文字或符号对神的任何不敬——可处以82个小时戴枷罚站的责罚，这些法律罕有付诸执行者。

天主教和犹太教仍然得不到完全的容忍。英国新教徒不能忘记盖伊·福克斯及他要炸毁国会的企图（1605 年），也不能忘怀斯图亚特王朝诸王——查理一世和查理二世、詹姆斯二世——和天主教的权力、情妇与理念的苟且情形。他们视一名天主教徒为效忠于一个外国统治者的人（教廷是教皇领地统治者的俗世主权），他们怀疑在罗马教皇和不列颠国王的冲突中会有何种行为。

1800 年，英格兰约有 6 万名天主教徒，大多是爱尔兰籍，但有些是不列颠天主教改革前当地居民的后裔。对付他们的法律此时已大为松弛。1774 年和 1793 年的许多制定法已经恢复他们拥有土地和主持他们自己宗教仪式的权利，他们在自己的学校中可以传布他们自己的信仰。以一篇特别措辞的誓词，他们宣誓效忠国王和政府而同时不背弃教皇。然而，他们不能投票和被选入国会。

直到 18 世纪末，英国天主教的全部解放运动已经呈现出成功的迹象。卓越的新教徒——卫斯理、坎宁、威伯福斯和格雷爵士——都支持这次运动。法国大革命在英格兰引起了一阵对伏尔泰和启蒙运动的抑制，有些人同情被革命政府反对的宗教。1792 年以后，法国移民，包括天主教神父和僧侣在内，从不列颠接受到一份温暖的欢迎和经济援助，流亡人士准许设立修道院和神学院。一个如此式微和频遭蹂躏的教会观念可能是英格兰的一次危机的说法，至此似乎已成为荒谬之论了。在对法国的战争中，那种教会可能是一个有价值的联盟。1800 年，皮特提出了一项解放英格兰天主教徒的法案。保王党和高层国教会（High Church Anglicans）反对此法案，乔治三世也决心与他们采取一致的立场。皮特撤回了他的提案而辞职。英格兰的天主教解放运动必须等到 1829 年才实行。

较此更为缓慢的（1858 年）是解除英格兰犹太人的非公民资格。他们 1800 年约有 2.6 万人：大多住在伦敦，有些则在省城，几乎没有人住在乡下。长期战争阻止了更多移民，也让英国的犹太人适应不列颠的生活方式，因而无法冲破某些种族的障碍。法律仍然阻止他们取得参政权及担任重要公职的机会，除非他们经过"成为一位忠诚基督徒"的宣誓，并接受依照国教的圣礼仪式。不然，他们可以自由地在他们家中和犹太教会堂中举行礼拜。几位杰出的犹太人改皈基督教——如银行家桑普森·吉迪恩、经济学家大卫·李嘉图、作家伊萨克·迪斯雷利。

犹太人在银行业务中的长期经验和他们在全国各地的家族联系，使他们在"七年战争"和对法国的长期决战中能对不列颠政府有所帮助。本杰明和亚伯拉罕·歌德斯密兄弟协助皮特击退垄断财政事务交易上的不法经纪人。1810 年，内森·罗斯柴尔德就他父亲迈耶·阿姆谢尔·罗斯柴尔德在美因河旁的法兰克福创立的公司，在伦敦设立了分公司。内森是一位不可多得的理财天才，他使他的家族在许多国家居于显赫的地位达数世纪之久。他成了不列颠政府与国外强权的财政关系上最得宠的中间人，即他或英格兰转入奥地利和普鲁士分公司的代理人，与拿破仑战斗。他在 1815 年后的英格兰工商业发展上居于领导地位。

教育

贵族阶级除了对自己的子弟外，对教育缺乏兴趣。维持农民、无产阶级，也许还包括中产阶级在内不能阅读的现状似乎较为有利。特别是目前，葛德文、欧文、科贝特、佩恩、科尔里奇和雪莱正在印行关于剥削的贵族、农业公社（agricultural communes）、工厂奴隶、无神论等无聊手册时。"对旧制度的毅然辩护，"葛德文于约 1793 年写道，"没有鄙视的意见，反对知识的交换为一项最惊人的革新。"在他们著名的观察中——"一位接受读写训练的仆人不再是他们要求的被动机器了"——包含了出自整个欧洲社会哲学的胚苞。此外，较低阶级不能以智慧和谨慎判断讲演、看报或书籍提供给他们的要点。观念会爆炸，倘若教育普及化，如梦似幻的"魔鬼集团"就会设法摧毁唯一能保持社会秩序和文明的各阶级必要的权力及其特权。在制造商行里，在竞争者不择手段的竞争中，在发明者的压力和寻找廉价劳工的要求下，看不出教导童工人权和空想的意义。"这些原则，"葛德文引述一位匿名的保守人士说的话，"将不可避免地在粗人的脑筋中发酵……或者使它们付诸执行的意图将会受到各种灾难所折磨……知识和兴趣、智能的良好，贤哲的发现，诗和艺术之美，将会在野蛮人的脚下践踏而磨灭。"

1806 年，据帕特里克·柯古洪（前伦敦市警察总监）的估计，英格兰和威尔士有 200 万名儿童没有接受教育。1810 年，语言学家亚历山大·默里（Alexander Murray）统计，有 3/4 的农业劳动者是文盲。1819 年，依官方的统计报告，674 883 名儿童在英格兰和威尔士接受学校教育——占总人口的 1/15。1796 年，皮特提案由政府设置工业教育学校，他的提案没有付诸表决。1806 年，塞缪尔·惠特布雷德提出的政府在每个教区设置一所国民小学的提案（在苏格兰早已成为事实）在下院通过，但是上院基于教育应置于宗教基础上的理由而将它驳回。

宗教团体自筹经费为他们的儿童提供某种教育。促进基督知识的俱乐部仍维持着"慈善学校"，但儿童入学的总数不超过 15 万人。汉娜·摩尔的学校几乎限制在宗教课程的范围内。贫民法律署开办了"工业学校"，授给 194 914 名儿童中的 2.16 万人适合他们就业的教育。儿童在宗教学校中学得的一件事，便是《圣经》，它变成了他们的信仰、他们的文学和他们的政府，是不幸、不义的迷惘的生活中一项可贵的资产。

1797 年，安德鲁·贝尔博士在教师资源不足时，创立了"导生制"（Monetorial System），利用年长的学生到与国教信仰有关的国民学校中充任助理讲师。一年后，约瑟夫·兰开斯特介绍了一种以每位基督徒都接受为原则的类似制度。教会人士拒绝实施这种不区别教派意识的制度，兰开斯特被指责为一位自然神教的信徒、一名叛教者、一件魔鬼的工具，科尔里奇也加入叫骂的行列。1810年，詹姆斯·穆勒、布鲁厄姆爵士、弗朗西斯·普莱斯和塞缪尔·罗杰斯创立皇家兰卡斯特协会（Royal Lancastrian Association），推广不分教派的学校。震惊于这项计划的进步，国教教会组织了"依据国教教义的贫民教育社"与之对抗。直到1870年，不分教派的国民学校全国性教育制度才在英格兰创立。

高等教育则由那些能供应较高等教育的家庭教师、公立学校、讲师和两所大学来提供。公立学校——伊顿、哈罗、拉格比、温切斯特、威斯敏斯特和查特豪斯，在收费政策下由贵族和士绅开办，偶尔招收有势力的中产阶级的子弟。研修课程主要是古典经籍——古代希腊和罗马的语言和文学，旁及一些科学教育。但是，父母们期望他们的儿子接受有关政府的教育。他们深信，一位青年研修希腊和罗马的历史、文学和口才训练，较物理学、化学和英诗，对教育目标是更好的准备。不过，弥尔顿被誉为一位写拉丁文如同英文一样成竹在胸的罗马人。

公立学校中的训导是一种打骂和苦役混合的教育。违犯重大校规者将被教师责打。另外，有低年级孩子为高年级孩子服贱役的规定：受他们差遣、擦鞋、泡茶、拿曲棍球棒和球，并默默地容忍他们的恐吓，其理论是一个人必须在学会指挥之前先学会服从——与陆军和海军中通行的理论相似，纪律是在打骂、苦役和服从的基础上组成的，在此意识上，特拉法加和滑铁卢的胜利不只是在伊顿和哈罗的操场上赢来的，也是在公立学校的教堂和礼堂中赢得的。一旦一名服过苦役的低年级学生到达高年级，他已准备要护卫此制度了。在这些贵族养成所中，有一些民主政治的内涵在内：每位罚苦役者是平等的，不论他们的财富和门第，每位毕业生（如果他们不从事商业）也是平等的——而所有其他人，不管他们的天赋如何，都要较他们低一等。

这些学校中的毕业生——通常在18岁——继续成为牛津或剑桥的学生。这两所大学从中世纪后期，在文艺复兴的成就中渐趋没落。

担忧在牛津的日子大多数浪费在不相关的研究上，吉本并非是唯一的一人（虽然他从拉丁和希腊文上获益匪浅），学生在赌博、酗酒、嫖妓和决斗上争强斗胜。入学许可需要得到国教教会的承认，授课由名字中有"唐"（Don）的教授担任，每位教授指导一名到数名学生，以公开讲授或私下指导来传授他们的学识。那里古典经籍也是课程的主修内容，但数学、法律、哲学和近代史已列入课程，对天文学、植物学、物理学和化学的讲授也很盛行——但学生寥寥无几。

牛津是保王派的堡垒，剑桥是民权派的大本营，后者接受《39条条款》作为入学的条件已被取消，但只有国教会的会员才能取得学位。反对奴隶制度的运动自 1785 年起曾在此发生。科学在剑桥要比在牛津——就教师和学生方面来说——都要多，但是两所大学都比德国和法国落后。牛津教亚里士多德的哲学，剑桥加上洛克、哈特莱和休谟的学说。剑桥培植国际知名的学者，牛津颇注重在国会中的雄辩术和谋略人才的培养，经过试验和磨炼后找找关系，就可在不列颠政府中扮演一个角色。

道德

· 男人与女人

从这种政府，这种变动的经济，这种政教联合的政体，这种在内容和推广上如此有限的教育，这种一度孤立的政策；目前正受到交通、革命和战争刺激的国家里，会展现出怎样的道德生活呢？

男人和女人不是生来就有道德的，因为他们偏向合作的社会本性通常不如他们自发的个体冲动健全，这些冲动必须予以扼制，而须借法律来表彰团体的意志和权力，并借助道德规范，通过家庭、教会、学校、舆论、习惯和禁忌的传达而加强。然而，不可避免地，在 1789 年至 1815 年的英格兰，诈欺和婚前性交的情况相当惊人。根据贺加斯和鲍斯韦尔的说法，娼妓和站街女郎在伦敦和工厂林立的小镇上十分猖獗。埃格雷蒙特爵士是特纳及其他艺术家们慷慨的主顾，"据说有一大群情妇替他生了许多孩子……可是，街谈巷议只增加朋友对他的好感"。我们也许可从上层社会以和蔼的态度使自己适应威尔士亲王的那些行为上，判断他们的道德。"王子在自中世纪起即已放荡不羁而闻名遐迩的英格兰贵族社会中长大。"农民也许还敬重旧道德规范，因为农业化的家庭组织要求一种强固的家长权威，存在最不可缺少的老人对青年的监护权。然而，从这种控制中解放出来的众多无产阶级，随着条件的允许，渐渐向其剥削者效仿了，"在残酷竞争的劳动工业中的低廉工资"强烈地诱惑着女性工人出卖自己的身体，以求得在她们的最低工资上增加些微的收入。

法定适婚年龄规定男性为 14 岁，女性为 12 岁。一般而言，结婚是为了金钱。男人或女人的婚姻欲望，依据他或她的实际或期望所得而定，母亲们日夜筹划——如简·奥斯汀（Jane Austin）的小说所述的——把女儿嫁给金龟婿。基于爱情的婚姻仍然是稀罕的，虽然文学作品大事宣扬。普通法上的婚姻是法律承认的，正当的婚姻需要一位牧师主持。实行大家庭制度，因为孩子就是经济资产，这在工厂区和农业区的差别十分微小，避孕的方法十分简陋，人口出生率增加，但因婴儿和老年的高死亡率、营养、医药和公共卫生的不适当而抵消了一些。通奸之风盛行。离婚权则由丈夫或由妻子（1801 年后）取得，但是只能由国会立法始可。此费用不赀，在该法于 1859 年放宽之前，只有 317 件离婚案件获得批准。直到 1859 年，妇女的动产在婚姻中是属于丈夫的，他自动取得结婚后归属于她的任何此类财产。她保留她在土地上的财产权，从土地上的收入则属于丈夫。如果她先他而死亡，她的一切财产则全部遗留给他。

我们听说过富婆的事，但她们的人数寥寥无几。依据继承的习俗，一位没有儿子的父亲——这样的例子很多——可将其产业遗赠给一位男性亲戚，使女儿们依靠友谊和怜悯生活。这是一个男人的世界。

·玛丽·沃斯通克拉夫特

习惯已使大多数不列颠妇女习惯于这些不公平的事情，但此时从革命的法国吹袭来的风潮，引致一些备受苦难者起而抗议。玛丽·沃斯通克拉夫特（Mary Wollstonecraft）有感于她们的遭遇，妇女解放运动因而有了一次历来最有力、最大声的呼吁。

她的父亲是一位想要从事农业的伦敦市民，他失败了，也失去了幸福和爱妻，终日耽于饮酒，让他的三个女儿自己谋生。她们办了一所学校，赢得塞缪尔·约翰逊的赞许。最后破产了，玛丽随后充任女管家，但一年后被解雇了，因为"孩子们爱他们的母亲甚于爱他们的女管家"。同时，她写了几本书，其中一本是1792年以33岁的年纪写的《妇女权利辩护》（*A Vindication of the Rights of Woman*）。

她将此书献给"已故欧坦的主教"塔列朗先生，并暗示由于制宪议会公布了"男人的权利"宣言，则宣布妇女的权利宣言为义不容辞之举。也许为了使事情进行得顺利，她提高了道德的调子，宣称忠于国家、道德和上帝。她绝少谈到妇女参政，因为目前这个国家实施的整个代表制度只是专制政治的一种权宜措施，她们（指女人）无须抱怨；他们也被描述成数量巨大、工作勤奋的技工阶层，当他们不能停止为孩子提供面包时，便会以忠诚的支持作为代价。然而，"我确实认为妇女应该在'国会'有代表，而不是在政府的决议中没有她们任何直接参与的被统治者"。就以有关性别为基础的立法来说，她指出长子继承和指定继承的一个例子。而习惯甚至比法律更严苛，它因一个女人须臾间的错误，即在她的生命中烙上不贞的印记并予处罚，"虽然男人放纵在邪恶中时仍保持他们的地位"。

也许有些读者会因为玛丽的女权宣言所言及者，感受的是有关性交中的肉体满足而震惊。但是，她警告，两性"视爱情为一种兽欲其本身就已失去了立场"。事实上，在那种意义上，"爱情是一切感情中最易消失的一种"。就以肉体关系来说，爱情应逐渐由友谊来取代。

这就要求互相尊敬，而尊敬要求双方应从对方那里找出各自的和发展的特性。因此，妇女解放的最好开端，便是承认她的错误，并认识她的自由将依赖她心智和行为上的教育。

这份《辩护》进而罗列那时一些妇女的错误：假装孱弱和胆怯，逗乐男性优越感的意识，恣纵在牌桌、闲扯、占星术和感伤及文学方面，沉溺在服饰和自娱上等：

> 本性、音乐、诗情和殷勤都有意使女人成为感情的动物……而这种过分夸张的感受自然地弛缓了心智的其他功能，阻止了获得其应获得的知识和权威……为了习练了解，每当生命进展时，唯一的方法便是指示本性抚平感情。

玛丽感到，几乎所有这一切错误都是由于教育上的不平等及男人在使女人认为（如一位女作家告诉他们的）"你最好、最甜蜜的帝国便是取悦"说法上的成功。

玛丽气愤于这些俗气的做法和低劣的手段，并以羡慕的眼光注视着接受教育和坚持学习、写出列入法国人心智中最佳文学作品的法国妇女。"在法国，可以想见知识的传播比欧洲任何一地都要普遍。部分原因，我归功于那里两性之间长久以来存在的社交活动之故。"在巴尔扎克前的一世代，玛丽·沃斯通克拉夫特指出：

> 法国人在美上表现了许多智慧，偏爱30岁的女人……欢愉而不失去理性时，他们准许女人共享他们最完美的境界，修养那种成熟的庄严的性格。青年时期到20岁，身体开始发育。到30岁，容光渐趋焕发，肌肉日趋韧性，在面部表现了个性——刻画出阅历和智慧，不仅告诉我们它们内蕴的力量是什么，也告诉我们它们是如何运用的。

玛丽相信，女人的缺点几乎完全在于失去了教育的机会及承认了男性使女人自认婚前是性具，婚后是装饰品、奴隶和母性的机器的成功。让两性在发展心智和身体上有平等机会，男孩和女孩应在一起受教育，用相同的课程，可能时做相同或相似的运动，一直到从事职业。若有需要，每位妇女应具有同样健壮的身体、健康的心智活动，以谋得她自己生活的所需。但是，"能有什么方法使母性从她女人的范畴中解脱出来呢"？不久，生物功能和生理上的差异就会表明。母性的照顾对母性的健康是有益的，也可以使家庭变得亲密和坚强。妇女解放的观念应是受过教育的母亲和一位受过教育的男性建立在平等的联合上。

看到自己的书在报上发表后，这位光芒熠熠的青年女作家惑于大革命的创造性，渡过英伦海峡来到法国，却赶上了大屠杀和恐怖的一幕。她在巴黎和一名美国人——吉尔伯特·伊姆利船长——坠入爱河，并同意在不受约束下和他同居。她怀孕后，伊姆利以业务或其他原因为由时常一去数月，她写给他的信，几乎封封辞藻洋溢，与一个世纪前莱斯皮纳斯的那些信不相上下，而这却不能让他回来。1794年，她生下孩子，但孩子也没有留住父亲。他供给她一份赡养费以支持她的生活，她拒绝了，回到英格兰（1795年）。她投入泰晤士河企图自尽，却被热心的水手救了起来。

一年后，她遇见了威廉·葛德文，成了他事实上的妻子。两人都不相信国家有规范婚姻的权力。然而，为了他们将出世的孩子，他们决定举行一次宗教仪式（1797年3月29日）。耻于他们的合法性，他们在激进的朋友面前隐瞒了他们不再过有罪生活的事实。有一段时间，她和葛德文出现于聚集在出版商约瑟夫·约翰逊周围的反叛人物的圈子：托马斯·霍尔克罗夫特、托马斯·潘恩、威廉·华兹华斯和威廉·布莱克（他为她的作品作插图）。1797年8月30日，在痛苦的煎熬中，她生下了雪莱未来的妻子。10天后，她与世长辞了。

·社会道德

渐渐地，纵然有那些没有被历史记载的安定、优雅的生活，这一时期英国的每一阶级共同呈现出一种寻常道德上的退化现象。赌风盛行，政府本身以发行国民彩券在推波助澜（直到 1826 年）。酗酒是地方性的，当作一种逃避寒湿阴雨、残酷的贫穷、家族争吵、政治紧张、精神绝望的方法。皮特和查尔斯·詹姆斯·福克斯，在其他方面风马牛不相及，却一致听凭此种瘫痪现象。酒店准许星期六通宵营业一直到周日上午 11 点钟，因为周六是休息日，必须让酒店有时间搜刮大部分周薪。中产阶级饮得较为温和，上层阶级饮得很凶，却懂得如何把酒杯稳稳地抓紧，活像一只漏水的盒子。

一种特殊的奢靡风气在政府的每一阶层造成政治上的腐败。有许多情形，如前面指出的投票、选举区、提名、官署——在有些例子中，甚至贵族的身份像股票交易所公开买卖股票一样易手。乔治三世，他的政绩在于内政方面，不认为用金钱替国会或在国会内获得选票，或分配官职给政治上的支持者有什么不对。1809 年，76 位国会议员拥有这份闲差。"少数得宠者借关系与富贾、权贵保持联系，不劳而获得巨额薪水。实际从事工作的人，仅得微薄报酬的却比比皆是。"法官出卖辖区内的附属职位，并从获得职位的人手中抽取公家付给他们职务上酬劳的佣金。

政府既残酷又腐败。我们已提到过其刑法的严厉。强押路人加入海军是薪俸低廉、食物恶劣和无情训练的前奏。有好几次水手们哗变了，像这样的一次罢工曾封锁了伦敦港近一个月。然而，英国的水手仍是历史上最好的海员和海上战士。

就道德改革作过多次努力。1787 年，乔治三世公布对破坏安息日、冒渎（诅咒）、酗酒、淫秽文学和不道德娱乐的谴责，其效果并无记录传下来。杰里米·边沁以他的《国会改革问答》（*Parliamentary Reform Catechism*，1809 年），领导十几位能干的门徒揭露政治上的腐败和无能。卫理公会和福音派的布道有一些效果：法国大革命引起了道德上如此混乱的国家，为如何击退法国的入侵，如何敉平国内叛乱而惶然时，其效果自然扩大，变成一股为压制社会的邪恶而掀起的对抗决斗、娼妓和淫秽的潮流。其他的改革者攻击雇用童工，利用孩子去扫烟囱、监狱中的恐怖、刑法的残酷等。一阵人道主义的浪潮部分源自宗教，部分源自启蒙运动，推广了博爱和慈善的工作。

威廉·威伯福斯是英国改革者中最不眠不休的人。他出生（1759年）于郝尔镇的一户在土地和商业上都很富有的人家。他从剑桥毕业，成为威廉·皮特的好友。他在皮特任首相一年（1774 年）后，毫不困难地入选国会。认识到福音派运动的影响，他协助创立了礼貌改革社（The Society for the Reformation of Manners，1787 年）。他抗议一个由官方认定的基督教国家依然容忍非洲的贩奴举动。

英格兰此时在这种贩奴勾当上居于领导地位。1790 年，不列颠的船只运送 3.8 万名奴隶至美国，法国人的船舶运送 2 万名，葡萄牙1 万名，荷兰 4000 名，丹麦 2000 名。每个国家依照其能力为也许是历史上最大的犯罪行为贡献了一臂之力。从利物浦到布里斯托尔，一艘艘船舶载着酒、军火、棉织品和形形色色的精巧装饰品，到非洲的"奴隶海岸"去。在那里，时常受到被买通的土著酋长的协助，基督徒船长们用他们的货物交换黑人，再运到西印度和北美洲的南部各殖民地。俘虏们被紧紧地关在船舱里，有时用铁链锁起来，以防止叛乱或自杀。食物和饮水只够维持他们不死，通风设备简陋，卫生设施几近于零。为减少在狂风暴雨中的载重量，病奴也许被丢出舷外。有时，没有病的也遭到同样的命运，因为每位奴隶都是保过险的，也许死的比活的更有价值。据统计，运送到英属西印度群岛的约 2000 万名黑人，只有 1/4 在航行中生存下来。回程时，船舶装载了糖蜜。在不列颠，这些糖蜜制成朗姆酒，这是用作下一次购买奴隶的。

在两个大陆上的教友会教徒率先攻击这种贸易，跨出废除奴隶制的第一步。有 20 多位作家参与在英国的这次运动：洛克、亚历山大·蒲柏、詹姆斯·汤姆森、理查德·萨维奇、威廉·柯珀，还有阿芙拉·贝恩夫人，她的小说《奥鲁诺克或王奴：一段信史》（*Oroonoro*，1678年）对西印度经济作过深刻的描述。1772年，教友会教徒格兰维尔·夏普从首席大法官曼斯菲尔德伯爵处取得一份禁止奴隶输入不列颠的命令，任何奴隶在踏上不列颠的领土时自然获得自由。1786年，另一位教友会教徒托马斯·克拉克森发表一篇《论奴隶制和人种买卖》的短论，提出了几乎穷毕生之力研究的全部可观的结果。1787年，克拉克森、夏普、威伯福斯、乔塞亚·韦奇伍德和扎卡里·麦考莱组成了废止奴隶买卖的俱乐部（The Society for the Abolition of the Slave Trade）。1789年，威伯福斯向平民院提出终止这种邪恶，法案被商业基金会挫败。1792年，皮特又做了一次伟大的演说以辩护类似的提案，也失败了。威伯福斯又于1798年、1802年、1804年和1805年一再尝试，都遭到失败。一直等到查尔斯·詹姆斯·福克斯出任短暂的部长时（1806—1807年），才迫使提案通过。国会屈服了，禁止了不列颠商人参与奴隶买卖的行为。威伯福斯及支持他的"圣哲们"知道这次的胜利只是一个开端，他们掀起了一个解放不列颠领土所有奴隶的运动。威伯福斯死于1833年。在威伯福斯离开人世的一个月后，8月28日，奴隶制度在不列颠统治下的每寸领土内全部废止。

礼仪

1797年最惊人的事件之一是丝质高帽子的第一次出现。显然，第一个戴这种帽子的是一位声称"英国人天生具有特殊权利"的伦敦男子服饰销售商。群众聚集在他的周围，据说，有些妇女见到这种古怪的模样时昏厥了。但是，没多久，所有上层阶级的伦敦男性在他们的头上戴了一顶高顶窄边的大礼帽。

臀部挂剑和头戴假发的风尚消失了。胡须刮得精光。大多数男性让头发长到肩头，一些年轻人则借修头发来表达他们桀骜不驯的个性。马裤也穿到了男人的双腿上。1785 年裤管长及小腿，1793 年已到脚踝。鞋带已取代鞋扣，开始它们令人厌烦的统治。外套很长，此时已免去滚绣，但是背心精心制作，花费不赀。

与法国大革命时期执政内阁下的法国一样，贵族和平民的混杂产生了"讲究修饰的人物"——"说大话的人"或"花花公子"。"花花公子"乔治·布鲁梅尔·布赖恩擅长打扮自己，在穿戴装饰上要花去半天时间。在伊顿，学生们称他为"吹牛大王"，他成了威尔士亲王的密友。王子感到，服装是半个统治艺术。继承了 3 万英镑的遗产后，布鲁梅尔雇了不同的裁缝师裁制身体各部分的服装，使他自己成为伦敦男性时尚的仲裁人。他风趣，温文，干净得仅次于三角绷带。但是，他爱好赌博更甚于整洁，因此债台高筑。他为逃避债主渡过英伦海峡，过了 20 年贫苦潦倒的生活，最后以 62 岁的年纪，死在法国一家精神病收容所中。

妇女们放弃了衬裙摆的藤环，但她们仍然穿着紧腰衣以保持胸部平衡和丰满。腰围提高，一件大胆露胸的衣服抢夺了所有的眼球。摄政时期（1811—1820 年），服装发生剧烈改变：紧身衣和衬裙弃而不用，长上衣透明到足可显露两条玉腿的线条。拜伦认为这种暴露使追求者神迷目眩，他以罕见的道德口吻抱怨道："如夏娃一般，我们的闺女已没有羞耻感而且迷失了，因为她们赤裸着，毫不感到羞耻。"

不过，穿着比起饮食来要节俭多了。餐食很精致，不完全因为气候关系需要皮下脂肪来保持身体热度而需要大量的食物。穷人基本上可以吃面包、乳酪、麦酒或茶。但是，在富人阶层，主餐——有时从 9 点延长到午夜——可能有好几道菜：汤、鱼、鸡鸭、肉类、鹿肉、甜点，外加调制的酒类。甜点过后，女士们退席，那样男人们就可自由自在地谈论政治、赛马和女人。斯塔尔夫人抗议道，这种二分法将主要的刺激总分为社会礼仪和享乐两类。餐桌礼貌还不如法国那样优雅。

礼貌大致分为热情和粗俗两种。讲话中常带点猥亵，坎特伯雷的红衣主教抱怨说:"每天滔滔不绝的猥亵话进步得很神速。"斗殴在下层阶级中经常发生。拳击是一种大众爱好的运动,职业性拳击比赛吸引了各行各业的爱好者。罗伯特·骚塞(1807年)留给我们一段描写当时情形的精彩文字:

> 两位职业拳击选手举行一场比赛时,消息顷刻间通过报纸传播开去。间或有一段文字记载双方训练的生活情形,如他们采取何种练习、吃些什么——因为他们中有些人吃生牛肉作为准备。同时,观众和赌徒挑选他们的押注对象,而赌况也披露在报纸上,全部赛程时常是大家关心的。否则,少数无赖就会利用它们来愚弄许多无知的观众了。

大群观众——有时达2万人之多——聚拢来看这种暴力的场面。奥尔索普爵士认为这种运动是人类侵略性本能的净化,经纪人则视其为荷包的洗涤剂。

较穷苦的人将一条公牛或一只熊绑到柱子上,用棍子和狗来挑逗、刺激它——有时一连两三天——直到一时怜悯心涌现时,他们才将作弄的动物处死或送到屠宰场,以寻求发泄。斗鸡直到1822年被禁止之前,一直是一项消遣活动。斗蟋蟀在英格兰可追溯到1550年,到18世纪才有正式的比赛规则,有大群观众从事豪赌和广泛的合伙,在竞赛中提供了最大的刺激和运动。赛马供给赌徒另一项发泄情绪的机会,但赛马也含有古代对马的爱好及饲养与训练的照顾作用。狩猎是各种运动中最时髦的户外活动,狩猎者乘着华丽的马车到达狩猎地点,骑着骏马,跟在欢欣跃腾的猎狗后面,疾驰在原野、庄稼、树篱、围篱和溪涧。

每一阶级有其自己的社交场合。咖啡店——在那里,简朴的人们喝啤酒、抽烟斗、看报,谈论政治与哲学,到布赖顿的豪华皇家园榭——在那里,有钱的人"几乎一年四季都欢欣鼓舞地沉浸在热闹中"。在家庭聚会上，人们玩玩牌或别的游戏，听音乐或跳舞。华尔兹舞已从德国传入，而且从德文"Walzen"变为"Waltz"，还增加了旋转的动作。道德家们指责此种舞为原罪的渊薮。柯勒律治于约1798年断然抱怨说："每次舞会我都受到邀请跳舞的骚扰，这些邀请我都一一婉谢。他们跳一种叫作华尔兹的那种最不名誉的舞。约有20对舞伴——男人和他的舞伴彼此拥抱着，手臂、腰和膝盖几乎贴在一起，随着淫荡的音乐在舞池中旋转，旋转……"

上层阶级在最时髦的俱乐部——阿尔马克俱乐部、怀特俱乐部、布鲁克俱乐部——举办舞会和其他派对。他们也在那里豪赌，讨论西登斯夫人的最近演出、威尔士亲王的放荡、简·奥斯汀的小说、布莱克的雕刻、特纳的《风暴》和康斯太布尔笔下的风景。在民权派中，社交盛事是在荷兰宫，荷兰夫人在那里举行晚会。在那种场合，经常可以碰到布鲁厄姆爵士、奥尔良公爵菲利普、塔列朗、梅特涅、格拉顿、斯塔尔夫人、拜伦、托马斯·穆尔或民权派的顶尖人物，查尔斯·詹姆斯·福克斯也是与会者中的要人。18世纪末，没有一家法国的沙龙可与荷兰宫比拟。

英国的剧场

除了这样多彩多姿的生活以外，英国的剧场蓬勃发展，但目前戏剧作家仍然无甚价值，演员也只不过是演演剧而已。不可避免的竞争似乎斫伤了莎士比亚的悲剧作品。自谢里丹和哥尔德史密斯的高潮之后，最佳新喜剧如托马斯·霍尔克罗夫特的《毁灭之路》(*The Road to Ruin*，1799年）和伊丽莎白·英奇巴尔德的《情人的誓言》(*Lovers'Vows*，1798年）都是一些垂死的挣扎。这两部剧属于脆弱的中产阶级的感伤剧，与约翰逊令人捧腹大笑或莎士比亚具有哲学上隽永的剧力万钧的戏剧不可同日而语。

他们初看之下似乎是一个家族，他们从罗杰·肯布尔的舞台演到亨利·肯布尔的舞台。罗杰的三个孩子——萨拉·肯布尔，后来的西登斯夫人；约翰·菲利普·肯布尔，他 1783 年加入德鲁里巷剧院[1]，于 1788 年成为该剧团的经纪人；斯蒂芬·肯布尔，他自 1793 年至 1800 年管理爱丁堡剧院。

1755 年，萨拉出生于威尔士布雷肯的羊皮旅馆（Shoulder of Mutton Inn），她父亲的巡回剧团在旅行演出中，她因母亲早产而出生。她能演戏时，父亲替她安排了一个角色。10 岁时，她成为一位女配角。在她光辉灿烂的生命中，她设法接受相当的教育，使自己成为一位具有成熟和教养的头脑及事业卓越和永远妩媚的妇女。18 岁时，她嫁给威廉·西登斯，同剧团中的一名小演员。两年后，加里克听到她在地方上演戏的成功，派一名代理人去看她的表演。报告受到了重视，加里克提出要她在德鲁里巷剧院演出的合约，她于 1775 年 12 月 29 日在那里主演宝夏一角。她演得不很成功，部分是由于紧张，部分也许是因为她才生产不久。她身材消瘦，高顾而沉郁，容貌古典而拘谨了点，而她的声音习惯在小剧场中，不能到达大剧场观众的耳中。经过一段失望的时光后，她又回到了地方巡回剧团。有 7 年时间，她耐心地改良她的艺术。1782 年，继承加里克为经理人的谢里丹劝她重返伦敦。1782 年 10 月 10 日，她担任托马斯·萨瑟恩（Thomas Southerne）的历史名剧《致命的婚姻》（*The Fatal Marriage*）一剧的名角，她的成功几臻十全十美之境。自那晚开始，她成了不列颠历史上最炉火纯青的悲剧女演员。有 21 年之久，她成了德鲁里巷剧院的台柱。超过 10 年的时间，她是科文花园剧院（Covent Garden）风头最健的王后。看她在那里演麦克白夫人是一名看戏者一生中弥足珍贵的享受。1812 年 6 月 29 日，以 57 岁的年纪她扮演那个角色，她所演的梦游一景令观众深为感动，这场戏比当晚其余的戏目更赢得喝彩和掌声。之后 19 年的时间，她过着平静的退休生活，她忠诚的婚

---

[1] 伦敦的著名剧院。

姻生活令街谈巷议者有些怅然。庚斯博罗的画艺令她倾心，直到今天，她的画像仍然是国家肖像馆（National Portrait Gallery）中令人注目的一幅。

她的弟弟约翰·菲利普·肯布尔，跟她一样出生在乡村客栈中，因双亲之故，他是一位天生的天主教徒。也许，依照流行的理论，一位授圣职的人员为全家带来进入天国的机会，他被送到杜埃的天主教学院和修道院进修。他在那里接受了良好的古典教育，获得了神职人员的庄严态度，那种态度几乎后来出现在他的每个角色中。但是，在那种恬静的环境里，他父亲的演艺事业对他具有一种神秘的魔力。18岁时（1775年），他离开杜埃，回到英格兰。一年后，他加入一个巡回剧团。1781年，他在都柏林饰演哈姆雷特一角。他的姐姐萨拉也在那里演出了一段时间，此后她带他一道加入德鲁里巷剧院。他在那里初次登台时（1783年）饰演的哈姆雷特一角成就平平，伦敦的大众发现他演这个角色太镇定，剧评家批评他不仅节缩而且修改了莎士比亚的脚本。不过，他加入姐姐在《麦克白》一剧中演出时（1785年），他们的演出被称之为英国戏剧史上的一件盛事。

1788年，谢里丹，当时德鲁里巷剧院的主要所有人，指定肯布尔（约翰·菲利普）为剧团经理。但是，谢里丹的喜好独裁和财务不稳定使这位多感的演员不很惬意。1803年，他接受了科文花园剧院的经纪业务，购下这份2.3万英镑事业的1/6的股权。1808年，剧院大厦毁于一旦。过了一段奢侈的悠闲生活后，肯布尔重掌新建剧院的经理事务。但是，他设法提高票价以抵消新建筑意想不到的昂贵费用时，听众们不断喊叫"老票价！"而阻止了他的下一剧演出，直到他承诺恢复原价，他们才准他继续演下去。森伯兰公爵赠予1万英镑而挽救了这个剧团的命运。肯布尔继续奋斗下去，年轻演员对他的挑衅不断增加。在《卡里奥拉纳斯》（Cariolanus）一剧中获得最后的胜利后，曾在1809年表示反对的同一批观众的喝彩声震动了剧院时，他离开了不列颠的舞台，将他的皇冠交给埃德蒙·基恩。古典派演技也随他一同从英格兰消失，如同随他的朋友塔尔玛一同从法国消失一般。浪漫运动在剧院中抬头，一如在绘画、音乐、诗和散文上一样。

基恩 1787 年出生于伦敦的一处贫民窟，是老基恩——一名舞台管理，和克里·安娜——在舞台和街头争取一点糊口钱的女演员，一夜春宵的结果。幼年时他被双亲遗弃，由父亲的兄弟摩西·基恩——一位大众化的演艺人员——抚养长大。更正确地说，是由摩西的情妇夏洛特·娣慈威尔——德鲁里巷剧院的一名小演员——抚养长大的。她训练他演剧的艺术和诀窍，而摩西使他研究莎剧中的各种角色。这个孩子学到了可以掌握住乡下观众的每种技巧，从杂耍、腹语术和拳击，一直到哈姆雷特和麦克白。但是，他具有刚愎自用的个性，不断离家出走，最后夏洛特在他的脖子上套了一个狗领箍，刻着“德鲁里巷剧院”几个字。15 岁时，他才取下这只领箍，以演员身份追求一份独立的事业，赚取每周 15 先令的报酬。

有 10 年时间，他过着一位漫游演员光辉而忙碌的生活，经常一贫如洗、备遭屈辱，却怀着一腔他可超越英国舞台上任何人的灼热自信。不久，为了忘却他的艰辛和痛苦，他借着酒精梦想他高贵的出身和即将来临的辉煌的胜利时刻。1808 年，他娶了玛丽·钱伯斯，一名巡回剧团的随员。她替他生了两个儿子，并使他放弃他的爱好：威士忌和女人。最后，他接到德鲁里巷剧院的试演邀请。

他在那里初次登台（1814 年 1 月 26 日），挑选了难演的夏洛克这个角色。他将生命中体验的轻蔑注入角色的某些情节中。夏洛克以轻蔑、讥讽的口吻，向身为基督徒的威尼斯商人讨回一笔债务时说，

> 一只狗有钱吗？一只杂种狗
> 可能借出 3000 杜卡特吗？

基恩好像已经忘记了他是夏洛克以外的任何一人了，他注入这部剧中的感情和过分狂暴，几乎以两句话终止了英国演剧的古典世纪，

并在伦敦的舞台上打开了感受、想象和罗曼史的世纪。渐渐地，观众原本疏落的掌声和怀疑的神情，被这位名不见经传的演员带到另一个境界，而这位演员自己也被剧里的气氛迷住了。一景接着一景，欢呼和喝彩越来越高，直到落幕时，半数观众狂欢，为他折服了。威廉·黑兹利特（William Hazlitt），当时最权威的批评家，匆忙离去赶写一篇热情洋溢的评论。基恩赶返家中，拥抱住妻子和孩子，对妻子说："啊！太好了！玛丽，你有马车可坐了。"对孩子则说："孩子，你们要到伊顿读书了。"

在基恩参加《威尼斯商人》的第二次演出时，剧院客满。第三次演出时，剧场经理塞缪尔·惠特布雷德给予基恩为期 3 年、周薪 8 镑的契约。基恩签了字，惠特布雷德接过契约，改 8 镑为 20 镑。基恩的契约索酬每晚 50 镑的时间不久也到来了。他几乎演过莎翁笔下每个著名的角色——哈姆雷特、理查三世、理查二世、亨利五世、麦克白、奥赛罗、依阿古、罗密欧。除了最后一个角色外，他全部很成功。罗密欧特有的贵族优雅气质，对于一个饱经风霜的演员是很难把握住的。

轮到他去看年轻演员演出时，他却将赚来的钱挥霍在饮酒上，大请酒店中的偶像崇拜者加入"谴责一切贵族和绅士"的一个秘密社团，而且受到与一名市议员的太太通奸的控告（1825 年）。他付出讼费，并尽力争回在剧院中的地位。但是，他的头脑记不起他扮演过的角色的台词了，不止一次，他忘掉了台词。观众的无情一如当年的偶像崇拜一样，大家责问他为什么饮酒如此过度。他离开了英格兰，游历美国，制造了另一次发财的机会，随之又挥霍净尽。他返回伦敦，同意在科文花园剧院扮演奥西洛，他的儿子扮演亚戈。观众称赞亚戈，并无一词称赞奥西洛，没有掌声支持的演出对基恩太过分了。他的体力耗尽，几乎瘫痪。在说完"再见！奥西洛的风头已消逝了"这句话后，他跌入儿子的臂弯里，轻声对他说："查尔斯，我要死了，替我说给他们听。"他被抬到家里：他曾一度遗弃的妻子小心翼翼地照顾他。两个月后，1833年5月15日，他去世了，才46岁——英国历史上除加里克外，英年早逝的又一位伟大的演员。

总结

总而言之，这是一个蓬勃而多产的英格兰。在这幅蓝图上有许多弱点，如每幅生命的真实图画一般：自由农消失了，无产阶级受到奴役，饮酒和赌博毁掉幸福并使家庭破碎，政府毫不掩饰阶级特权，法律是由少数男人为其他男人和全体妇女所定的。不过，隐藏在这些缺点和罪恶之中的科学正在发展，哲学正在反刍，康斯太布尔正在描绘英国的风景，特纳正在扣住太阳和遏止暴风雨，华兹华斯、柯勒律治、拜伦、雪莱正给予英格兰自伊丽莎白一世起，任何地方都无以匹敌的一次盛大的诗会。在这一切惊天动地的情况下，正有一次准许更多自由的秩序和安定在酝酿——除了法国（那里过多的自由正在自毁）——比欧洲任何国家要多的自由：除了战争而外，有迁徙和旅行的自由、崇敬和礼拜的自由、新闻发表的自由，及依据先例为涉及腐败、涉及目无法纪、涉及不安定暴乱的革命辩护的自由。

这种自由带来的不是高水准的舆论，它时常发表一些无关宏旨的迂论，或高揭起古老的禁忌。但是，它有勇气轻蔑一位堕落的王子，赞扬被他残酷遗弃的妻子。它也经常在上百种致力于教育、科学、哲学和改革的社团和俱乐部中表达自己。在关键性的问题上，它在公共集会中表达自己和在法律保护下运用请愿的权利，它感到寡头政治的手段太沉重时，会起而抵抗。不止一次，经常有暴动在乡间和街道上进行。

政府是贵族政体，但它至少还表现得很文明。它推广礼貌，阻止反复无常，抗拒艺术中的粗野作风和信仰上的迷信，以维持隽永的水准。它支持好几种良好的运动以不让伟大诗人受饥挨饿。偶尔有一位疯癫的国王当权，但他的爪牙被剪除，使他变得无可奈何，他成了国家团结的一个象征、国家的热诚和骄傲的一个焦点。没有为了驱逐一位有用的司仪而杀害上 100 万人民的意识存在。在谦让了一两个回合后，一位英国人就可自顾自地走他自己的路，但是他不坚持在立法上擦鞋童和男爵有相等权利的主张。"在英格兰，"斯塔尔夫人指出，"每个人都有创造的权利，群众十分有节制。"它是使自由萌芽的另一种秩序。

让我们一起来看看这种结合在艺术、科学、哲学、文学和政治才能各方面的作用吧。只有如此，1800 年英国的生活蓝图才能公正完整地在我们的了解之内。

第三章 | 英国的艺术

艺术家

艺术（art）和艺术家（artist）这两个词，在行会时代指的是手艺（craft）或手艺工人（craftsman）。到 18 世纪，手艺和行会被工业和工人取代时，就改变了它们的意义。现在，它们指的是音乐、装潢、制陶业、素描、雕刻、绘画、雕塑和建筑的经营者和工作者。天赋指的是某种与生俱来的、特异的性质或某种超自然的精神。现在，是指某一种超自然的能力或具有此种能力之人。如奇迹和神迹一般，它已变成一种对一个异常人或一件异常事的自然和特殊说明的便宜措辞了。

工业、商业和都市生活的转变，使艺术的贵族气息有了进一步的衰退。不过，我们必须指出，有钱人支持了华兹华斯和柯勒律治，而埃格雷蒙特爵士将在佩特沃思的庄园宅邸供来自伦敦的特纳隐居。乔治三世以 5000 英镑的赠赐和在萨默塞特的宽敞房舍，协助创立了皇家艺术学院（1768 年）。它的 40 位学员并不如他们的法国同侪般自动地成为不朽，但是他们晋入具有乡绅头衔的士绅阶级。虽然他们的新尊荣不能传给子孙，却有助于改善大多数艺术家在不列颠的社会地位。该学院设有解剖、素描、绘画、雕塑和建筑各科，由一个保守的君主支持的机构变成一所传统和社会地位的堡垒。具有革新头脑的艺术家贬斥它，这群艺术家的人数越来越多，而且赢得喝彩。1805年，某些贵族和银行家斥资创立了不列颠美术发展研究所，举行定期展览、颁奖并提供与皇家学院竞争的蓬勃风气。在这些竞争势力的指导、激励和滋养下，不列颠的艺术在各方面都创造出优异的作品。

也许音乐是一个例外。音乐在这一时期没有难忘的作品出现。英格兰十分清楚这方面的贫乏，以对来自大陆的作曲家慷慨的赞助作为补偿。所以，英国于 1790 年给予海顿衷心地欢迎，1794 年再度给予其盛大欢迎。皇家交响乐团（The Royal Philharmonic Society）创立于1813 年，历经工业革命、法国大革命、两个拿破仑王朝和两次世界大战，迄今仍如一个永恒的音符般屹立在变动无常的潮流中。

二流的艺术品一如既往地滋长。它们继续创造优雅却笨重的家具、精制的钢制品和线条优美的陶器。本杰明·史密斯替伦敦用铁熔铸了一支华丽的烛台，作为对威灵顿公爵的赠礼。约翰·弗拉克斯曼除了替韦奇伍德的陶器厂制作古典设计外，还制造著名的特拉法尔加银杯以纪念纳尔逊的胜利。他是在圣保罗教堂中建造巍峨的纳尔逊纪念碑的雕刻家和建筑师。

不这，雕刻在英格兰是一种不重要的艺术，也许因为雕刻偏好裸体像，不适合这个国家的风气和道德之故吧。1801 年，托马斯·布鲁斯，第七代埃尔金伯爵，出任驻土耳其宫廷的不列颠使节时，说服在雅典的土耳其当局让他从卫城（Acropolis）将"那里一些有古代刻文的石块或人像"搬走。费了一番口舌，埃尔金伯爵将万神殿上的大部分带状雕刻和许多大理石半身雕像，于 1803 年至 1812 年，一船一船地运到英格兰。他被拜伦和其他人士贬斥为一位贪婪的艺术破坏者，但是他受到国会一个委员会的庇护，而这批"埃尔金大理石"（Elgin marbles）以 3.5 万英镑代价由国家收购（比埃尔金所付的代价相差甚巨），从此存放于大英博物馆。

建筑

在古典浪潮与哥特式对抗下的建筑形式之争中，大理石占有重要的地位，上千根圆柱——多利安式的、伊奥尼亚式的或科林斯式的——阻止了霍勒斯·沃波尔和威廉·贝克福德关于恢复中世纪为武士们和圣哲喜爱的尖弧形和楼塔牒型建筑的努力。即使在世俗的建筑中，圆柱也占了上风，威廉·钱伯斯的萨默塞特便是一座广袤的万神殿，许多村舍看上去像护卫着一座罗马宫殿的希腊式列柱走廊。且让詹姆斯·怀亚特的阿希利奇公园宅邸（1806—1813 年）作为这种形式的一个范例吧。1792 年，未来的约翰·索恩爵士，一名砖匠的儿子，开始重建坐落在一坐科林斯式圆柱门廊后面的英格兰银行，它是融合君士坦丁式拱门（the Arch of Constantine）与太阳庙或月亮庙为一体的一种建筑。

因霍勒斯·沃波尔的草莓山而开始复活的哥特式建筑（1748—1773 年），不能抗衡列柱、圆顶和山形墙的大量涌现。威廉·贝克福德是这种浪漫气息的中世纪梦幻的英雄。他父亲是曾两度出任伦敦市长的有钱人，他接受了超过他天资的过多教育：他从年轻的莫扎特那里接受钢琴课程，从威廉·钱伯斯爵士那里接受建筑训练，从旅行中接受历史知识。在洛桑，他买下吉本的图书馆。在流传了一阵子绯闻后，他娶了玛格丽特·戈登。她死于难产。他写了《瓦赛克》（Vathek）一书，最具吸引力的东方神秘小说之一，浪漫气氛从此蓬勃兴盛起来。此小说以英、法两种文字出版（1786—1787 年），赢得拜伦的极高赞扬。在怀亚特的协助下，贝克福德于 1796 年在威尔特郡的丰山（Fonthill）邸第上盖起一座哥特式的修道院，里边收藏着艺术品和书籍，自 1807 年至 1822 年在那里过着隐居的生活。接着，他卖掉了它。不久，因该建筑倒塌而泄露了在结构和设计上的基本缺点。他于 1844 年死于巴斯，享年 85 岁。约翰·霍普纳替他画的画像（约 1800 年）使他保持了一份诗人的、神秘的、亲切的神韵。

约翰·纳什通过加上少许洛可可式的活泼情调改变了不列颠建筑的传统形式。在庭园设计师汉弗莱·雷普顿（Hamphry Repton）的善意赞助下，他以点缀茅舍、凉亭、牛棚设计了法国、印度和中国式的乡村景色。它们取悦了性情苦闷的贵族和士绅，纳什变成了有钱人，并赢得"奢侈之子"的雅号。1811 年，他受命重建从摄政的卡尔顿宫起通至乡间的 1 英里长的摄政街上一个急转弯，纳什以新月形和坡形的不同形状来建筑，并在建筑物的空地上种植青草或树丛，利用伊奥尼亚式圆柱来美化通衢的转弯处（大多数被推倒的建筑准许建造大厦而少种青草）。它是市镇计划上一篇杰出的作品，但其花费之昂使一个正在和拿破仑交战而几近饥饿的国家震颤。

然而，愉快的摄政王要求纳什重建布赖顿的皇家园榭，这是亲王及其朋友们的一处游览胜地。纳什于 1815 年至 1823 年完成了这个任务，一共花去 16 万英镑。他将这座凉亭重建成印度−摩尔人的式样（Hindu Moorish Style），有帐形圆顶和侧伸的尖塔。它的招待室重新用椭圆形天花顶和中国式装潢来装饰，连同莲花形和盘龙形吊灯在内，一共耗资 4290 英镑。给人的第一印象是奇妙绝伦，最后验收时却被指责在装饰和花费上太过浪费。

1820 年，乔治四世成为摄政。不久，他委任纳什重建白金汉宫，使之成为一座王宫。在战胜拿破仑随之而来的贫穷和濒于破产边缘的情况下，纳什仍勤奋不辍、出钱出力，直到这位皇家浪子去世（1830年）。然而，这位精力充沛的建筑师奉新政府的召唤说明他的开支及在这座建构上的某些想当然的瑕疵。英格兰弄得如此美轮美奂，或者说如此贫穷是前所未有的。

从漫画到康斯太布尔

20 年战争期间，上千名不列颠艺术家在养活家人和实现他们的梦想之间挣扎。在报酬和名誉上，用漫画来表达过去的情形而发表在报章上的漫画家并不是最卑微的一群。对于这群恶作剧的天才们而言，拿破仑是一份恩惠，因为他们每日的"小邦拿"讽刺画（Satires of "Little Boney"）——或者"地中海的混血儿"（the Mediterranean mulatto），如《晨报》就这样称呼他——是送到一位精疲力竭的战争英雄手中的子弹，成为那位愤怒的国王自尊心上的一根芒刺。

这群讽刺画家中最伟大的一位是托马斯·罗兰森。其父是一名富有的投机商人，他在素描天才上得到充分的鼓励。在皇家学院研修结束后，他到巴黎的皇家艺术学院就读。返回伦敦后不久，因他的素描而赢得喝彩。他父亲因在赌博上输得倾家荡产而突然变得一贫如洗，他却因得到一位在法国的姑妈济助 3.5 万英镑而重新恢复生机。讽刺他那个时代的荒谬和虚伪是自由的，他画出一位女公爵为了争取屠夫的一票而去吻屠夫，一位胖嘟嘟的教区牧师从一名面有菜色的农夫手中接过一只猪作为什一税，一群海军军官到码头上猎取妓女等讽刺画。他不断创作情节错综复杂的漫画——《沃克斯霍尔花园》（Vauxhall Gardens）、《巴斯风光》（Comforts of Bath）和举国知名的滑稽连环画《辛塔克斯博士游历记》（The Tours of Dr.Syntax）。他对政客、喝酒喧闹的人和傻瓜们的愤怒，导致他用夸张的手笔画出值得原谅的夸张漫画。他的许多素描过分夸张了猥亵的一面，他的讽刺失去了一切有益的怜悯，他的后期作品表现出鄙视人类的气息，好像世界上从来不曾有过一位受爱戴的母亲或一位慷慨好施的人值得去赞扬。

更为通俗的是詹姆斯·吉尔雷的漫画。读者争着在书摊上抢购他的初版漫画书。与罗兰森一样，他读过皇家学院，成为一名卓越的艺术家，他的想象力生动，线条稳健。他的艺术几乎都着重战争方面：拿破仑是一名侏儒，约瑟芬是一位卖鱼婆，福克斯、谢里丹和霍尔内·图克（以上诸人都是法国大革命的支持者）匍匐在一家伦敦的俱乐部里，静候着大革命的胜利。他的讽刺画观念粗俗而形式精美，在全欧各地发行，连垂败中的拿破仑都看到了，在他死于滑铁卢之役前 17 天。

在那个世代，产生了许多优秀的版画家，威廉·布莱克在保存时代的错误上刻画得最深刻。他塑造出自己的风格，甚至尝试用蚀刻将课文和插图雕在铜版上以取代印刷。他的文笔超过他的雕刻工具，最后他通过诗来表达感受。

他是一位反叛者，因为他痛恨贫穷，因为皇家学院视雕刻家为技匠而不是艺术家，不准许他们的作品在皇家学院陈列，因为他激烈地攻击皇家学院干涉法令、传统和艺术资源的命令。"英格兰所要的，"他宣布（约 1808 年），"不是一个人是否有天才和天赋，而是他是否肯任人摆布、圆滑熟练和在艺术上服从贵族们意见的奴才和保守分子。如果是，他便是一位神人。如果不是，他就得挨饿。"他有时几乎挨饿，因为他的素描和雕刻只能得到微薄的报酬，而在 1918 年的伦敦，这些作品可卖到 1.1 万美元。他为《约伯书》一书作了 22 幅插图，这使他 1823 年至 1825 年每周有 2 镑的收入。这些插图以 5600 镑的价格卖给了（1907 年）皮尔庞特·摩根。它们名列历史上最精美的一批雕刻。

布莱克是介于异端和清教徒、古典和浪漫气息的一位复杂的人物。他为米开朗基罗的雕像和西斯廷教堂天花板上的雕刻陶醉。他也感受到健美人体的优雅线条，并将这种优美表现在名为《愉快的一天》（*Glad Day*，1780 年）一画上———一位穿着透明衣服的青年，有着怡然自得的愉快神情。性在他的艺术品中只占轻微的部分，在他的诗中有过多的描述，在他的生活中却并不十分重要，他有一位忠贞、自持、能干而可爱的妻子。他的素描起初偏向古典，线条胜过色彩，形象超过想象。但是，他年龄渐长而又深爱着《旧约》时，他让画笔任意画出穿着袍子的想象中的人物，脸上刻画出生命的迷惘。

在晚年，他为但丁的一本书作了 7 幅版画。在病榻上（1827 年），他印刷了关于创世纪的《古老的日子》（*The Ancient of Days*）一书。这是一本集他超自然的想象力和艺术达于纯青之境的集子，在他去世后一个世代，他成了前拉斐尔学派的先驱。我们在后面还要谈到他。

在画家中，除了面包和牛油以外，主要的问题是：他们究竟该与学院派的意见和趣味迎合到何种程度？有些教授对历史题材给予极高的赞许，如绘制值得记忆事件中的著名人物便是。另一些教授则称许能刻画特性的肖像画法——以取悦希望保存在油画里的名人。少数学院兄弟会的会员注意风俗画，因为这种画有大众化的气息。得到最少赞许的是风景画。醉心于风景画的画家康斯太布尔，直到53岁获准成为皇家学院会员之前，一直默默地独自工作着。

1792年，雷诺兹爵士去世，学院选出一位居住在英格兰的美国人充任院长。本杰明·韦斯特1738年生于宾夕法尼亚州的斯普林菲尔德（Springfield）。他在青年时期就表现了艺术方面的天才，慷慨的邻居送他到费城去进修，再到意大利。吸取了那里的美术馆和废墟上的古典真传后，他来到伦敦（1763年），绘制一些有利润的肖像画，取得乔治三世的欢心，也走上了历史题材的路子。他创作了《沃尔夫之死》（*The Death of Wolfe*，1771年）一画。沃尔夫是从蒙卡尔姆和法国手中夺取了加拿大的英雄。这幅以现代服饰绘制的现代人物画震惊了皇家学院。不过，长老们认为，大半欧陆上的人士对穿着古代服饰的人物画较为敬重。

另一名美国人约翰·辛格尔顿·科普利，1738年生于波士顿近郊，以他的约翰·汉考克、塞缪尔·亚当斯、柯普莱家族等肖像而赢得声名。1775年，他迁入伦敦。不久，以《查塔姆之死》（*The Death of Chatham*，1779年）一画达到巅峰。为逃避新古典派的历史人物画法，他以一种创新的写实主义手法来描绘事物。显然，这种手法令学院派不快，却引发了英国绘画史上的一次革命。

皇家学院的教育在苏黎世的约翰·亨利·菲斯利的领导下继续不辍。他于1764年，年方23岁时，就摇身一变成为伦敦的亨利·富塞利（Henry Fuseli）。在雷诺兹的鼓励下，他于1770年前往意大利研修八年。他天马行空的天才并没有完全由古典范本和正规模式治愈。重回伦敦时，他以《梦魇》（*The Nightmare*）一画骚扰一些睡美人（1781 年）。在此画中，一位可爱的妇人梦到她被一群狰狞的妖魔亲近。这幅画的一件复制品挂在西格蒙·弗洛伊德（Sigmund Freud）的研究室里。不去管他本人和他的嘲讽机智，富塞利毕竟成了皇家学院的一名教授，他在那里的讲座常常导入浪漫气氛和拉斐尔前期的风格上。

靠画风景来谋生的困难情形可由约翰·霍普纳和约翰·克罗姆的一生来作证明。霍普纳因爱好风景画而挨饿，然后因画肖像而发达，在绘画的数量和报酬上几乎与劳伦斯争雄。纳尔逊坐下来供他画，威灵顿、沃尔特·司各特及不计其数的贵族们也供他画过。圣詹姆斯宫藏有许多霍普纳的遗作。克罗姆在 53 年的生命中，几乎没有离开故乡诺维奇一步。他有一个时期画标志，研究霍贝玛和其他一些荷兰大师的画，从他们那里学到从简单的生命中吸取琼浆的方法。穷得不能去游历，他就从诺维奇的穷乡僻壤中寻找题材。他在那里画出了杰出风景画《莫斯霍德荒野》（*Mousehoed Heath*）。艺术和哲学至此已臻化境了。

劳伦斯爵士步上肖像画的坦途。他是一家客栈老板的儿子，所受的教育不多，接受的艺术熏陶更少：在没有学院的影响下，说他有如何成就，一定会使学院派不开心。他具有一种瞬间抓住人物特征而绘下来的那种属于先天性的禀赋。童年时，在布里斯托尔，他用铅笔作画；青年时，去巴斯，他用粉蜡笔作画；一直到他迁入伦敦（1786 年），他才用油漆颜料。也许是他的健美身体和愉快神情使大家乐意打开心扉和大门欢迎他。20 岁时，他受委任到温莎宫，为夏洛特·索菲王后画肖像，竟画得非常成功（因为她并不漂亮）。22 岁时，他被选为皇家学院的助理会员，25 岁时成为正式会员，上百名贵族争相坐在他的画板前面。他拒绝克伦威尔要他画下缺点和优点的忠告。缺点里没有黄金。他改良坐在他画板前面的人物特征，他们毫不抗议。他画出仕女们没有的美貌，他在画里让她们穿着飘逸的薄纱袍子，画出纤细修长的手指和含情脉脉的眼波，让她们在画上摆出优雅的姿态。他的一幅代表作是他于 1815 年画的英俊、生动的摄政王子的肖像画。有时，如收藏在亨廷顿艺术陈列馆（Huntington Gallery）的《小手指》（*Pinkie*）一画中表现的，他表现出令人难解的愉快神情，但在他的男性肖像画中，我们看不到由雷诺兹创造的、由他的姐妹传习的那份刚毅的个性。劳伦斯赚了不少钱，出手很大方，成了他那个时代的偶像。他去世时，一队杰出人物组成的执绋行列护送他到圣保罗教堂墓地。

康斯太布尔坚持画风景画，到 40 岁竟娶不到一个老婆。他的父亲是一位萨塞克斯的磨粉厂厂主，很欣赏儿子的素描和绘画天才，资助他在伦敦研究两年。但是，康斯太布尔的发展很慢，1797 年他感觉得不到进一步的发展，便回到萨塞克斯父亲的磨粉厂中工作。闲暇时，他继续绘画。他将一些作品送到皇家学院，获得了入学许可。1799 年，他再度回到伦敦，得到父亲一笔资金支持和本杰明·韦斯特的鼓励。另一位艺术家理查德·雷纳格在那年画了他的一幅动人的肖像。

也许是他读了华兹华斯关于温德米尔湖（Lake Windermere）周围风景的诗篇，他也从每片树叶上发现了上帝。1806 年，他游历湖区（Lake District），研究被雾水笼罩的群山和在细雨纷飞下愉快的原野风光。他回到伦敦，决心将他的艺术致力于自然。谈到他的风景画时，他希望"用短暂的一瞬间，从绵密不尽的时光中抓到永恒和清醒的存在"。同时，他接受一些临时差使，以维持食宿。1811 年，他终于创造了他第一次被誉为杰作的作品——《戴得镇的小路》（*Dedham Vale*），一幅正午时埃塞克斯的风景画。

约在同一年，他与玛丽亚·比克尔坠入爱河，她的父亲却禁止她与康斯太布尔这样收入微薄的人来往。直到 5 年后他的父亲去世，留给他一笔可贵的遗产，他才敢表示他的爱意。她的父亲最终被说服，康斯太布尔才娶了他花钱得来的新娘，喜滋滋地画下了目前光耀在泰特美术馆（Tate Gallery）一面墙壁上的她的画像。之后，他绘出英国艺术史上空前的优美风景画——虽然不如特纳的那样有刺激性，但以一份爱心，表达了英国乡间每片叶子的宁静和碧绿的朝气。在那段愉快的时光中，他呈给皇家学院《弗拉富德的水车小屋》(*Fletford Mill*, 1817 年)、《白马》(*The White Horse*, 1819 年)、《运草马车》(*The Hay Wain*, 1821 年)、《索尔兹伯里教堂》(*Salisbury Cathedral*, 1823 年)、《麦田》(*The Cornfield*, 1826 年)等画。每幅画都是杰作，却赢得极少的赞扬。

1824 年，他将《运草马车》送到巴黎沙龙展览；1825 年，《白马》到里尔公之于世。每幅画都赢得一枚金牌，而法国评论誉康斯太布尔为一位大师。伦敦的皇家学院不久终于承认他为正式会员（1829 年）。

这份光荣来得太晚，对他已没有什么用处，因为那年他的妻子去世了，也许是因为伦敦的煤烟恶化了她的肺结核。康斯太布尔继续创作如《山谷农场》(*Valley Farm*)和《滑铁卢桥》(*Waterloo Bridge*)这种气势雄伟的风景画，但他的后期作品几乎都反映出一份持久不去的忧愁。直到他突然死去，他一直怀着哀伤的神情。

特纳（1775—1851）

约瑟夫·莫洛德·威廉·特纳就如他的名字一样自负，决不允许一份敌对的评论和一段破碎的爱情扰乱他朝杰出艺林迈进的步伐。

他生于 1775 年 4 月 23 日，也许与莎士比亚同月同日。父亲是科文花园剧院后面处女巷一家理发店的老板，那里几乎不可能是一位风景画大师生长的地方。依照一位早期传记作者的说法，处女巷是一处"阴暗污秽"的地方。污泥路，人声嘈杂，小贩叫卖声喧喧嚷嚷。理发店正对面是一家名叫苹果酒窖的客栈，游客经常唱出一些预言式的歌谣。此外，威廉的妹妹出生不久即死去，母亲变成疯子。自然和环境给予这个孩子一副坚强的身体和意志、一个现实的头脑，及 76 年历经危机和批评依然淬砺奋发而不能动摇的自信心。

　　他父亲从他身上看出与处女巷不甚协调的一份天才的信号。他将10岁的威廉送去与布伦特伍德的米德尔塞克斯的一位叔伯同住，威廉在那里上学。两年中，这名男孩已经画了一些素描，令他自负的父亲挂在理发店内外出售。一位牧师顾客推荐其中一些给学院的朋友。不久，威廉去学院接受一次测验，他表现得很好，14岁时就成了那里的一名学生，一年后又准许他在展览会上展出一幅水彩画。

　　在1789年至1792年的假期中，他带着素描本子游历乡间，远至牛津、布里斯托尔、威尔士等地方的野外。那些关于土地、太阳和大海的热情素描草图，至今仍可在大英博物馆见到。十几岁时，他将他的素描卖给杂志社。21岁时，他开始在皇家学院展出油画。24岁时他被选为副会员，27岁时成为正式会员。借卖画维持经济独立，他在赫尔利街64号开了一间宽敞的画室（1800年）。他的父亲前来和他同住，并充当他的伴护和业务经纪人。这份亲情跟这位艺术家不愿娶妻的念头颇为融洽。他并不是身体或容貌上不具有吸引力，只是对女人的态度上不太具有魔力。他是一位专心于事业的人——根据是将近半个世纪之久，他主宰着英国的艺术，以他繁多而卓越的作品傲然于世。

　　传记家们将他的一生分为三个时期，以便他们了解他。在第一时期（1787—1820年），他倾心于历史题材，但将它们转变为对太阳和大海的研究。1799年，他跻身皇家学院展览会中，展出庆祝纳尔逊在阿布吉尔湾摧毁拿破仑舰队的四画家的行列。1820年，他初度游历国外。邮船靠近加来港时，因浪高势猛不能泊岸。特纳和其他乘客设法乘一条拖船登岸。他就地取出草稿簿，勾勒出这艘船与风浪搏斗的景象。一年后，他去伦敦展出他的巨幅油画《加来码头》（*Calais Pier*）。在这幅画中，他充分表现了他喜欢乌云、怒海和勇敢的人们的倾向。从法国，他匆忙赶到瑞士，画了400多幅崇山高插天空的素描。他的草稿本成了他的第二记忆。

　　回到伦敦时，他发现学院的评论抱怨他用的彩色太厚、太无情和太混乱，总而言之，破坏了一切清醒的先例。他的方法漠视了已故约书亚·雷诺兹爵士追随先前大师和遵守传统规范的教导。特纳尊敬这位仁慈的独裁者，但服从自己性格的主宰。因此，他在艺术上是浪漫派反抗古老、晦涩的规则及借习惯和写实来窒息经验和想象力的清醒呼声。他在画室中展出一幅《沉船》（*The Shipwreck*，1804 年）来答复他的批评者们——一幅无情的大自然凌驾于人类的表现。此画得到了喝彩。一年后，他以纪念纳尔逊在特拉法尔加的胜利一画得到英国人的欢心。这是船舶、风景和人性混成一团的一幅画，但战争本来就是如此。不过，批评者们大感迷惑，特纳全部用颜料，没有线条，即使颜料似乎也乱洒一阵，毫无形状，令主题自我表现。画布上的建筑物和人物是一些模糊不清的点子，点子不具任何意义，这位艺术家似乎被人类不能均衡的大自然的无助感，激怒了一般。也有一些令人心旷神怡的异样感受，如《雾中日出》（*The Sun Rising through Mist*，1807 年）。但是，在《汉尼拔越过阿尔卑斯山》（*Hannibal Crossing the Alps*，1812 年）一画中，人类的英雄主义意识似乎失落在正抖缩于恐惧的兵士们肩头上旋动的乌云中了。这位狂野的艺术家是人类的敌人吗？

特纳继续以气魄和神韵挥舞着画笔朝自己的路子前进，显然决定要从地球上抹去一切人类和生命的痕迹，只留下太阳、云层、山脉和怒海在画布上。他不完全是一位厌恶人类的人，他有表达温情的能力，他与托马斯·劳伦斯爵士培养了一份恬静的友谊，而在实践和理论上两人是相左的。但是，除了天才以外，他不承认贵族身份。他对一般人有一些误会，他喜欢自己的作品及其私生活，如达·芬奇一般，他认为"只有在孤独中，你才是真正的自己"。他对自然界没有十分清晰的信仰。他的神就是自然，他用自己的方式膜拜自然——不是对它的智慧和美，而是如华兹华斯的诗篇一般——对它的倔强和力量。他知道自然在忧郁的时间也会吞噬掉他自己乃至人类。他不太操心道德。他有一两位情妇，却绝对是秘密的。他画过某位色情人物的裸体素描，落到拉斯金（Ruskin）的手里，不久就被毁掉了。他爱钱，要求高一点的润资。他留下了一笔财富。他是一颗未经琢磨的钻石。

他的中期（1820—1833 年），开始于他到意大利追逐太阳的一次旅行。在那 6 个月中，他作了 1500 幅素描。返回英格兰后，他将其中一些素描转变成有颜色、光度和阴暗的新奇小品，如《巴伊斯湾》（*The Bay of Baiae*，1823 年）一画，画中即使阴影也能表现些什么。再度到法国时（1821 年），他画了塞纳河上几幅轻逸的水彩画。1825 年至 1826 年，他漫游比利时与荷兰，带了一些草图回家，其中一些变成了《科隆》（*Cologne*）和《迪耶普》（*Dieppe*），目前收藏在纽约的弗里克美术收藏馆。偶尔，如 1830 年，他受到在佩特沃思的埃格雷蒙特爵士的招待。同往常一般，埋首在自己的作品中，他以《落日湖滨》（*The Lake at Sunset*）一画使自己永垂不朽。

在他多产的一生的末期（1834—1845 年），他越来越被光迷惑了，可辨认的标的物几乎全部不见，其余的时间致力于对色彩、光度和阴影的钻研。偶尔——为不列颠作了许多次惊人之举后，他让标的物在画布上显得较突出一点，如《最后一个泊位的战斗》（*The Fighting Téméraire Towed to Her Last Berth*，1839 年）一画，或在《雨、蒸汽和速度》（*Rain，Steam，and Speed*，1844 年）一画中让自负的火车头宣布铁马世纪的到来一般。国会上下两院于 1834 年遭到火灾时，特纳就坐在附近，为后期绘画这种景观准备一些草图。在哈里奇渡海时，他乘坐的船遇到大风雪，这位上了年纪的艺术家任桅樯吹打 4 个小时，以便使自己烙下恐怖的情景和清晰的记忆。后来，他将这种混乱的情景融汇成一幅题名《暴风雪》（*The Snowstorm*，1842 年）的白色巨幅。接着（1843 年），他绘出《浮出海面的威尼斯太阳》（*The Sun of Venice Going out to Sea*）一画，这是他最后一幅杰作。

他的晚年因来自各方面的责难而失色，也因一位英国散文大师的赞美而稍予缓和。一位批评家谴责《暴风雪》一画为"肥皂泡沫和白色涂料"。另一位批评家则总称这位艺术家的末期作品为"一只病眼和无情的手"。而庞奇替特纳的一切绘画提出一句总评:"一阵台风吹进挪威飓风旋涡上空的热风中,一艘正在燃烧中的船,一轮半明不灭的月亮,一道阴阳怪气的彩虹。"经过半个世纪的努力,这些伟大杰出的作品似乎受到保守派的蔑视和抛弃了。

接着,1843 年 5 月,拉斯金年方 24 岁时,出版了《近代画家集》(*Modern Painters*)的第 1 卷,其不变的主题是威廉·特纳比任何一位近代风景画家都要卓越,及特纳作品的活泼生动犹如对外在世界的一份记录。特纳发现自己被捧为超越青年时期的鼓舞者克劳德·洛兰时并不以为忤。但他继续看下去时,他开始感到这种赞扬文字的冗长和过度会伤害到自己。一度的确如此,批评家们赞扬拉斯金的文章,却怀疑他的判断,而且主张采用更为折中的观点。拉斯金没有受到抑制,他一卷接着一卷、一而再地辩护和阐释特纳的成就,一直到他将一本 2000 余页的画册,以将近 1/3 的篇幅用在对这位艺术家的辩护上为止。最后,他赢得了这次笔战,亲眼见到他的偶像被誉为近代艺术上一位发扬光大的先驱。

特纳死于 1851 年 12 月 19 日,葬在圣保罗教堂的墓地。他的遗嘱将他的艺术遗著留给国人——计 300 幅油画、300 幅水彩画、1.9 万幅素描,并留下未用尽的所得 14 万镑给一个救济贫困艺术家的基金会(特纳的亲属打赢废止这份遗嘱的官司,他们和律师瓜分了这笔遗产)。

也许,他最伟大的遗产是他发现光在绘画上的意义。在同一世代,听到托马斯·扬完成光波理论。特纳将他发光的油画推广至欧洲,宣称光是一种物体也是一种媒介,光从不同的形式、颜色、成分和效果上表现。这是先于印象派画家之前的印象主义,也许马奈(Manet)和毕沙罗(Pissarro)于 1870 年访问伦敦时,看到过特纳的一些煌煌巨制。7 年后,德加、马奈、毕沙罗和雷诺阿在送给一位伦敦艺术商的一封信上说,在他们的"光的无常现象"的研究上,他们不能忘掉"在这条路上,他们受到英国学派一位伟大的大师、光辉灿烂的特纳的引导"的事实。

第四章 | 英国的科学

进步的通衢

自农业走上工业路子的英格兰，偏爱提供实用可能性的科学，而将理论研究留给法国人是很自然的。英国在这一时期的哲学家——伯克、马尔萨斯、葛德文、边沁、佩恩，是属于世界性的风云人物，面对道德、宗教、人口、革命、政府等实际问题，而让德国的教授们去空谈逻辑、形而上学和精神现象学也是可以想见的。

为促进自然知识的伦敦皇家学院于 1660 年成立，宣布"创设一所增进物理-数学经验知识的学院的蓝图"。但是，就中学教师组织的观点来说，它还不能成为一所学院，而仅发展成为一个属于 55 位大科学家参加的俱乐部，定期聚会切磋，并建起一座有关科学和哲学的图书馆，为讲演和实验提供了一群学有专长的听众，还颁发科学奖章，定期出版《哲学汇刊》（*Philosophical Transaction*）。科学一个接一个从哲学中萌芽，并以其定性的形式和可以证明的实验取代逻辑和理论时，"哲学"仍然包容科学在内。皇家学院通常在政府的补助下安排各种形式的科学研究或实验。1780 年，政府在萨默塞特分配给皇家学院优雅宽敞的学舍，皇家学院在那里维持到 1857 年，直到迁至皮卡迪利大街伯灵顿宫的现址。1778 年至 1820 年，任学会主席的约瑟夫·班克斯爵士花去他的大部分财富，促进科学及对科学家的照顾。

在名气上仅次于皇家学院而有更多教育设计的是伦敦皇家研究所，由拉姆福德于 1800 年创设，"依照哲学讲座和实验的有系统课程，作为将科学上的新发现应用到艺术和制造人改良上的指导"。研究所在阿尔伯马尔街拥有一间宽敞的讲堂，约翰·道尔顿和汉弗莱·德维爵士在那里讲化学，托马斯·扬讲自然和光的扩散，柯勒律治讲文学，埃德温·兰西尔爵士讲艺术……更专门的有林奈学会（Linnaean Society，1802 年研究植物学的一个组织）和地理学会（Geographical Society，1807 年），不久还有研究动物学、园艺学、动物化学、天文学等学会。曼彻斯特和伯明翰两地乐于将科学应用到工业上，创设了它们自己的各种学术性学会，布里斯托尔创设了气体研究所，供研究各种气体之用。各学院也纷纷组织起来将科学阐释给一般大众。迈克尔·法拉第于 25 岁时（1816 年）在其中一处举行一系列讲演，鼓动了半个世纪对电学研究的兴趣。一般而言，在科学教育上，商业社团领先于各个大学，许多科学上划时代的贡献，都是由自掏腰包或经朋友资助的个人完成的。

将数学留给法国人去研究，不列颠的科学则集中在天文学、地质学、地理学、物理学和化学上。天文学置于皇家及其辅助的机构保护之下，因其为航海和控制海洋的主要途径之故。格林尼治天文台用国会的钱购置各种最精良的设备，被公认为天文界的翘楚。詹姆斯·赫顿在死前两年（1795 年），发表了《地球论》（*Theory of the Earth*）一书，是地质学的一部经典之作。书中摘述我们这颗行星不停地做等速环状的旋转，借着这种运行，雨水渗入陆地表面；河流因侵蚀而堵塞，或使河水流入海洋；地球上的水和水蒸气蒸发而成云，压缩而成雨水……1815 年，威廉·史密斯，绰号"地层"史密斯（"Strata" Smith），以他的 15 巨幅《英格兰和威尔士的地质图》（*The*

Geological Map of England and Wales）赢得了不朽的声名。它们显示地层有规律地微向东方升起，一直到达地球的表面时方止。依照其有规律的堆积来认证地层，促进了古生物学的发展。为了酬谢他发现地层下的秘密，不列颠政府于 1831 年颁赠给他每年 100 英镑的终生俸。他死于 1839 年。

不列颠的航海家们继续探索陆地和海洋的各个角落。1791 年至 1794 年，乔治·温哥华绘制了澳洲、新西兰、夏威夷和美洲的太平洋西北部海岸，他在那里绕航过以他的名字命名的迷人岛屿。

物理学：拉姆福德与扬

本杰明·汤普森出生（1753 年）、成长于美国，在英格兰接受骑士爵位，成为巴伐利亚的拉姆福德伯爵，死于法国（1814 年）。要确定他的国籍是很难的，在美国独立战争期间，他站在不列颠一边，并迁入伦敦（1776 年）。他以不列颠秘书的身份到殖民地佐治亚服务，他的兴趣从政治转入科学。他因各种研究，取得皇家学院的会员资格。1784 年，得到不列颠政府的准许，他在马克西米利安·约瑟夫王子的领导下为巴伐利亚服务。之后 11 年，他充任巴伐利亚的战争和警察部部长，改组陆军，改良工人阶级的状况，阻止乞讨，并找出时间替皇家学院的《哲学汇刊》撰写论文。宽厚的马克西米利安使他成为神圣罗马帝国的一位伯爵（1791 年）。他采用妻子的出生地，即现在马萨诸塞州的康科德，作为他头衔的称呼。在不列颠的一年中（1795 年），他努力改良人们取暖和烹饪的设施，以减少室内的空气污染。之后，他返回英格兰，与约瑟夫·班克斯爵士创设了皇家研究所。他创立皇家学院的拉姆福德奖章，也是第一个接受者。他给巴伐利亚和美国的艺术和科学学院的同类奖章提供基金，给哈佛大学做讲座。他的妻子死后，他迁到巴黎（1802 年），住在欧特伊的一栋房子里，并娶了拉瓦锡的遗孀。尽管英法重启战端，他一直留在法国，积极工作直到最后。在他的最后一年，拿破仑征召每位青年子弟入伍时，他努力用"拉姆福德肉汤"（Rumford Soup）救济濒于饥饿边缘的法国民众。

拉姆福德对科学的贡献太繁杂而难有特殊成就。他在慕尼黑参观运作中的大炮口径时，他深切地体味到大炮在运作时产生的热气。为了测量这份热度，他用一具金属圆筒，让该泵的前端靠着钢锥一起旋转，将此装置放在一具容水 18.75 磅的水箱中。不到 165 分钟的时间，水温从华氏 60 度升高到 212 度，这是水的沸点。拉姆福德后来回忆说："要描写旁观者看到如此多的水，在没有火的情形下加热到达沸点表现出的惊讶神情，是很困难的。"这次实验证明热并不是一种实体，而是一种分子运动的表现方式，大致与产生热的工作总量成正比。这种信念很久以前就已经出现过了，但拉姆福德的设计提供了第一次实验证明，而且提供了一种测量的方法——工作总量要求每加热 1 磅水须增加热度 1℃。

托马斯·扬的一生正如拉姆福德一样多彩多姿。他出生于萨默塞特的教友会家庭（1773 年），开始从事宗教活动后，以不眠不休的工作精神从事科学研究。据说，4 岁时，他已经从头至尾读过《圣经》两遍。14 岁时，他能用 14 种语言写作。21 岁时，他被选为皇家学院的会员。26 岁时，他是伦敦的一名开业医生。28 岁时，他去皇家研究所教授物理学。1801 年，他开始去那里实验，以假设的一种以太波动确立并发展了惠更斯的光学观念。经过无数次的辩论后，这种观念大致——不是普遍——取代了牛顿认光为物质微粒扩散的理论。扬也提出了后来由赫姆霍兹发扬光大的假设，他认为颜色的认知作用依靠视网膜上 3 种神经纤维之存在，依次对红、紫和绿色的反应所致。另外，他首次就散光、血压、毛细血管引力和潮汐提出的描述，积极参与罗塞塔石碑的翻译工作（1814 年）——据一位博学的医学史家说，他是"他们时代受过最高教育的医生"。而赫姆霍兹补充说："他是有史以来最有眼光的人之一。"

化学：道尔顿与德维

在同一个 10 年中，也是在皇家研究所内，约翰·道尔顿以他的《原子论》（1804 年）大事改革了化学研究。他是一位教友会织工的儿子，出生于多雾的湖区西北端，靠近科克茅斯的伊格菲尔德（Eaglerfield）镇，该地区相继孕育了华兹华斯、柯勒律治、骚塞等大文豪。后来，他以第三人称的写作方法和单调的纪年方法，简述了他早年的经历，写出了他步上成功之路的灼热雄心：

> 本文作者……读过乡村小学……直到 11 岁，在那段日子里，他修完测量、调查、航海等课程。约 12 岁时，开始在乡村小学执教……偶然从事过一两年农事。15 岁时，进入肯德尔一所寄宿学校当助理，在那个职位待了三四年，然后当了这所学校的校长，约有 8 年之久。在肯德尔，他利用休闲时间研修拉丁文、希腊文、法文、数学及物理学。1793 年，他迁至曼彻斯特，在新学院担任数学和物理学导师。

若时间和经济允许，他即从事观察和实验——尽管他患有色盲，而且研究设备粗陋：许多是他自制的。举例来说，自 21 岁起，他每天总要找出时间做一份气象记录，他的假期通常花在多年后华兹华斯漫游的同一些山丘之间收集资料。不过，华兹华斯寻找和倾听上帝，道尔顿则测量不同高度的大气状况——与一个半世纪前帕斯卡所做的相同。

在他的实验中，他接受留基波斯和德谟克利特的理论：一切物质由不可分割的原子组成。他还着手研究罗伯特·玻意耳的假设：一切原子属于某一最后不可分割的元素之一，氢、氧、钙等。在《化学的新系统》（*A New System of Chemical Philosophy*）一书中，道尔顿主张一元素任何原子的重量与另一元素任何原子之比，必定与该元素一物质的重量与另一元素同重量物质之比相同。以一氢原子的重量为一单位，经过许多次实验和计算后，道尔顿依照其他元素的一原子，与氢元素的原子比较所得的相对重量，排出了另一元素原子的秩序。所以，他就他知道的 30 种元素排出了一张原子量表。1967 年，化学家们已认定 96 种元素了。道尔顿的结论也因后来的研究而予以修正，但他们——和他的一切元素混合的复杂"倍数律"（Law of Multiple Proportions），为 19 世纪的科学进步提供了极大的帮助。

　　较为复杂和刺激的是汉弗莱·德维爵士的生活、教育和发现。他出生（1778 年）于彭赞斯一个富有的中产阶级家庭，受过良好的教育，从事地质学、钓鱼、素描、诗等活动。他愉快的天性赢得柯勒律治、骚塞、彼德·罗杰博士（Dr.Peter Roget，编纂了《英文分类词汇词典》）以及拿破仑等许多朋友。一位朋友准许他自由使用一间化学实验室，他的唠叨却诱使大卫致力于此工作。他筹设了自己的实验室，用吸入法采集各种气体标本，而且说服柯勒律治和骚塞加入他的吸气队，因吸瓦斯（一种剧毒的气体）几乎送掉自己的性命。

　　22 岁时，他出版了一本他的实验报告书：《化学和哲学的研究》（*Researches Chemical and Philosophical*，1800 年）。在拉姆福德和约瑟夫·彭克斯的邀请下，他来到伦敦，就蓄电池的神奇效果发表讲演和示范，给皇家研究所带来了一阵新的声誉。以一具有 250 对金属片的电池作为电解的作用物，他使许多物质还原成元素，因此他发现了分解钠和钾的方法。不久，他又将分离的钡、硼、钙和镁加在他的元素表上。他的成就建立了电解化学在理论和实际上无穷尽的证据。他的不凡成就传到了拿破仑的耳朵里，国立研究所颁赠一份拿破仑 1806 年从前线送给德维的奖励。贝托莱于 1786 年对詹姆斯·瓦特解释过氯的漂白效果，英格兰却迟迟不使用这一建议。德维再次大力主张。从他的身上，科学和工业对大不列颠的经济转型发展出一份刺激合力，扮演着一种领导的角色。

　　1810 年，在皇家研究所的一群听众面前，德维亲自示范电流强

度的实验，显示电流从一条碳丝传入另一条时产生光和热的情形。他
形容这种运作：

> 约 1 英寸长、1/6 英寸宽的碳片，彼此慢慢接近时（1/30 或
> 1/40 英寸的距离），就会产生一点闪亮的火花，可以见到一半以
> 上的木炭着火燃烧。将接近点拉开时，至少在 4 英寸的热空气中
> 发生放电现象，产生一阵闪亮的光弧……任何实体导入此弧内
> 时，该实体就会燃烧发光，白金就如一支普通蜡烛一样立刻熔
> 解，石英、蓝宝石、苦土、石灰也都会熔解。

这种发光和发热的潜力，在产生电流的便宜方法发明之前，一直
没有发展。但是，在那次优异的实验中已有电熔炉的存在，后来地球
上一半的人口将因此在夜晚也能拥有如白昼般的光明。

1813 年，整个欧洲几乎都笼罩在战火中时，在他的青年助手迈
克尔·法拉第的陪同下，用拿破仑发给他的安全通行证，德维去法国
和意大利旅行，参观各种实验室，从事各种实验，探查碘的性质，并
证明钻石是碳的一种。回到英格兰，他研究矿坑爆炸的原因，并替
矿工们发明了一种安全灯。1818 年，摄政王封他为从男爵。1820 年，
他继班克斯为皇家学院主席。1827 年，他的健康开始衰退，他放弃
了科学，从事钓鱼并写了一本书，附上自己所作的素描插图。1829
年，在局部瘫痪的状态下，他来到罗马，希望变成"废墟上的一堆
废物"。但不到一年，他就去世了，他活了 51 岁。在半世纪长的生命
中，他活得多彩多姿。他是一位善良的伟人，引领人们抵抗无知与
原罪。

生物学：伊拉斯谟·达尔文

生物学尚未如物理学、化学和地理学一般，在英格兰有良好的成

就，这些科学对工商业较为有用。不过，生物学宣泄了生命的悲惨和壮丽，并扰乱了宗教信仰。

伊拉斯谟·达尔文（Erasmus Darwin）是查尔斯·达尔文（Charles Robert Darwin）的祖父，早已受到我们的礼敬，但他只是这个绚烂世纪中的一点火花罢了。他出版了《植物园》（*Botanic Garden*，1792 年）、《动物法则》（*Zoonomia*，1794—1796 年）和《自然的殿堂》（*The Temple of Nature*，1803 年）三本书。这些书都是以进化论的观点写成的。其理论建立在适应的习惯和官能上，借数世代不衰的欲望和努力，便能有传送到神经及其系统上的希望。这与拉马克的意见是一致的。这位和蔼的医生，他的姓和名都采用一个伟人的名字，以提出每种动物的生命由"一条有生命的单纤维"开始，"而这种有生命的单纤维最大的使命，已浸润在动物中"，它使自己"借本能活动来证明其存在，并将这些改良的因素借发生而传至后代，如此世界就永无尽期，寻求进化和宗教的调和"。

宗教与科学之间的不断辩论，虽然在这个世纪中已经偃旗息鼓，哈特莱和普里斯特列就观念的协调准备了一份生物学上的说明，而且解剖学家们不断宣示身体和心智的相互关系时，再次进入受到保护的生理学的范围之内。1811 年，查尔斯·贝尔（Charles Bell）发表《大脑解剖的新观念》一文。他在文中证明，神经系统的某些特定部位将意识传达至脑的特殊部位上，神经的特殊部位将运动刺激带到特定的反应官能上。而日趋繁荣的催眠现象指出，生理上的感觉先传递至观念，再至动作。鸦片和其他药物引起睡眠，影响做梦，刺激想象，减弱意志，如柯勒律治和德昆西（De Quincey）遭遇的一般，进而引起对意志自由的疑问。这种日渐升高的地位——科学争论和医学的社会立场——与国教牧师较低的地位和收敛的活力相较之下，似乎反映出宗教受到冷漠、怀疑或不信的神秘因素正在逐渐扩大。

医学：詹纳

医学兄弟会几乎名不副实，因为它完全反映出不列颠的阶级或门第区分的倾向。皇家医学院因亨利八世首创于 1518 年而自得，只准许在牛津或剑桥取得学位的约 50 岁的人够资格成为"准"会员，及约 50 位杰出开业医生为其"执业"会员。这百许人士，对于英格兰医学来说，居于元老地位。他们赚到大笔收入，有时一年高达 2 万英镑。他们不可能变成贵族，却可能获颁武士爵位，而且可望获得男爵爵位。地位较低者，是创立于 1800 年的皇家外科医学院。在这些之下的则有妇产科医生、男性助产士。医护人员中居于最低一级的是药剂师，他们几乎分布到所有可能从事医护工作的农村地区去服务。

除了偶尔有著名的医生发表讲演外，几乎没有一所大学提供医学教育。牛津或剑桥都没有成立医学院，渴望在大学中接受医学训练的学生，需要到苏格兰。不然，英国医生的训练就留待由私人慈善团体创立的大医院附设的私立学校培养了。托马斯·伯纳德爵士花去大半财富用于改进位于伦敦北部著名的孤儿院上，也与其他有钱人分担在伦敦及其他地方免费治疗癌症、眼疾和疝气的诊疗所的费用。但是，城市的脏乱在传播疾病或酝酿新病菌上，比医药治疗还要迅速。

1806 年，伦敦发生了一件怪事：那里整整一个礼拜没有死于天花的病人。那是一种一度曾在英格兰蔓延，并随时再度蔓延成置人于死地的灾难的起疱、发热、伤害面容并传染的疾病。

一位温和的英国医生，爱德华·詹纳（Edward Jenner），是一个沉迷于狩猎、植物学、赋诗、吹笛和拉小提琴的人，最后克服了不列颠社会的保守作风，以 10 年的预防接种，终于使这个奇迹成为可能。从患天花的病人身上取下的弱质病毒接种来预防天花，中国古代曾实行过。这是玛丽·沃思利·蒙塔古女士于 1717 年途经君士坦丁时意外发现的。返回英格兰后，她将那种方法带了回去。先在犯人身上试验，再在孤儿身上试验，都有相当的成效。1760 年，罗伯特和丹尼尔·萨顿两位医生报告说，在 3 万名接种天花预防的病例中，只有 1200 名病人死亡。

詹纳注意到故乡格洛斯特郡许多挤牛奶的妇女，从患有传染病的乳牛的乳头上得了牛痘，而这些妇女此后对天花具有免疫力。因而，他发现了一种比较好的方法。他想到：接种采自染有水疹的母牛身上病毒的牛痘苗，也许会得到相同的免疫效果。在 1798 年发表的一篇论文中，詹纳详述了奠定实验医学和免疫学基础的大胆的冒险过程：

> 我挑选了一名健康的男童，约 8 岁大，作为接种牛痘的实验。这个东西采自一位从牛身上传染到挤牛乳妇女手上的脓疱上。1796 年 5 月 14 日，将这种病毒注入这名男童的手臂上……第七天时，他抱怨不舒服……第九天时，他有些发抖，食欲不振，微感头痛……次日他就完全复原了……为了确定这位男童在接种牛痘病毒后有这些轻微反应，是否能免于天花传染起见，同年 7 月 1 日，用直接采自脓疱的天花菌来接种……没有疾病发生……兹后数月，他再度接种天花菌，结果身体上仍没有疾病的迹象产生。

詹纳继续描写具有完全满意结果的其他 22 个病例。他遇到所谓将人类活解剖的非难。为了补偿对这位不懂事的小孩的利用，为他建了一栋小屋，并亲手替他造了一座玫瑰花园。1802 年和 1807 年，国会通过补助詹纳 3 万英镑，以改良和推广他的方法。19 世纪，天花几乎在欧、美两洲绝迹，即使有也发生在没有接种的人身上。接种方法适用到其他病人身上，使免疫这门科学与其他的医学进步和公共卫生，给近代社会带来了比贫穷、无知、贪婪、疾病等能带来的公害强势得多的健康。

第五章 | 英国的哲学

1789 年至 1815 年，英国的科学极少影响到哲学。"自然科学"——物理学——可能已与自由神学调和，甚至进化的观念也可能因阐释创世的六"日"为发展的无限长时间，而驯顺了。上层阶级与伏尔泰及百科全书派之间的暧昧，因大革命而停止，视观念为一种青年的传染病而不予置信了。他们认为每周的礼拜是社会秩序和政治稳定的一种明智的投资，他们埋怨首相皮特找不出时间上教堂。几位私下里持怀疑态度的司教，却以虔诚而享名于世。旧冲突仍旧存在。1794 年，托马斯·潘恩在《理性世纪》(*The Age of Reason*)中，威廉·佩利 (William Paley) 在《基督教证据便览》(*A View of the Evidences of Christianity*) 中，同时声明两种水火不容的呼声。稍一浏览这两本书，就能窥知这个时代的风气。

托马斯·潘恩论基督教

托马斯·潘恩——欧美大陆都以此称呼他——是一位英国人，1737 年出生于诺福克赛特福特的一个教友会教徒的家庭。听了本杰明·富兰克林的忠告，他于 1774 年移民到美国，在美国革命中采取一种积极的立场。华盛顿赞誉潘恩的小册子《常识》（*Common Sense*，1776 年 1 月）在"许多人的心智上"具有"决定性的改变力量"。在革命战争期间，他以纳萨尼尔·格林将军侍从武官的身份，发表一系列短论——《危机》（*The Crisis*）——以维持革命军和市民的精神，其中的一篇短论以一句名言作为开始——"这是一个考验人类灵魂的时代"。1787 年至 1802 年，他大部分时间住在欧洲，在英法两国为法国大革命努力。我们见到他冒着砍头的危险为路易免受死刑而奔波。1793 年 12 月，显然是在罗伯斯庇尔的教唆下，国民议会颁布驱逐所有外国人为其会员的命令。议会中只有两名外国人：卡西斯·克罗茨和托马斯·潘恩。趁着被逮捕前的一点时间，潘恩匆忙地写下一些文字，就是今天《理性世纪》第一部分的文字。他将手稿送到美洲，附有如下献词：

> 致我美利坚合众国同胞：
>
> 　　我将附列的作品交付你们保护。它包含我对宗教的意见。记住，我时常不遗余力地支持每个人有其自己意见的权利，不论与我的意见如何不同，你们会给我做一决定。否定别人的权利，使自己成为目前意见的奴隶，因为他排除了自己改变意见的权利。
>
> 　　对抗每种错误最可怕的武器便是理性，我从未使用过任何别的武器，我深信我决不会去使用的。
>
> 　　你深情的朋友和同胞。
>
> 托马斯·潘恩
1794 年 1 月 27 日，巴黎

一开始，潘恩就他为何要写本书提出了一个意想不到的理由：不是要摧毁宗教，而是要从矽伤社会秩序的非理性形式中阻止其腐败，"免得在一般迷信邪风、政府的虚假制度和虚假的神学理论中破灭，我们失去了真正的道德、人性和神学的视野"。同时，他自信地补充

说："我信仰一个上帝，别无其他，我希望死后的安乐。"

接着，他拿出"奥卡姆的剃刀"：

> 我不信仰由犹太教会、罗马教会、希腊教会、土耳其教会、新教教会公然宣示的教义，也不信仰任何我知道的教会的教义。我自己的心智就是我自己的教会。一切国立的教会机构……在我看来不过是人类的发明物，设立来恐吓和奴役人类，来垄断权力和利益的。

他称赞基督为"一位有德行、和蔼的人"，而"他谆谆劝诫和笃实践履的道德便是最仁慈的德行"。但是，他受到上帝眷顾的故事，只是盛行在异端中的神话的一种变形。

> 几乎所有生活在异端神话中的异人，都誉之为上帝的儿子……上帝与妇人们的媾和是那时一种通行的意见。依据他们的叙述，他们的朱庇特与几百名妇女同居。因此，这则故事没有什么新鲜、奇特或猥亵之处。这种意见是盛行在当时称作"非犹太人"（Gentiles）之间的共同看法……也只有那群人相信不疑。严格地只相信一神，并不断地驳斥异端神话的犹太人，从不信任这则故事。

因此，基督教神话仅仅是异端神话的一种新形态：

> 那时追随的三位一体说，只是以前两三千年来的多神论的一种缩影。玛利亚的地位是继承艾菲索斯城的狄安娜的地位，英雄们的神格化变为圣哲们的圣徒罢了。神话学家们使诸神化为万物，基督神话学家们则使圣哲化为万物，教堂如万神殿一般拥满了同一信仰的群众……基督教理论比起古代神话学家们的偶像崇

拜并无多少差异，适应在权力和岁入的目的上，它尚未到涤除模棱两可的错误而保留理性和哲学的时期。

潘恩接着摇动他的理性探照灯到《创世纪》一书上，因为不能忍受那些寓言，他专注到夏娃和苹果上面。他和弥尔顿一样，被人类的第一位叛徒撒旦迷住了。此君是一位想要废止一位君主而被投进地狱中的天使，在那里忍受无尽止的折磨。但是，他必须不时躲避那些永不熄灭的火焰，因为他已找到进入伊甸园之路和可能最迷人的诱惑。他可能向夏娃许诺知识，向基督许诺半个世界。潘恩感到惊奇，基督教神话给予撒旦不可思议的荣耀，它假设他能迫使上帝把他的儿子送到犹太（Judea）及被钉上十字架，为他恢复这个星球上一小块显然还爱着撒旦的土地。纵然有那种钉上十字架的事，魔王（the Devil，指撒旦）仍然保持了一切非基督教的领域，在基督教国度里也有几百万名仆人。

这一切，我们怀疑心很重的人说，是依据从摩西到圣保罗记下的全能的神自己的话，提供给我们最严肃的证据。潘恩认为这种说法只适于育婴室及忙于面包和牛油、衰老病死、无暇去怀疑神学家们卖给他们期票的成人们的故事。对意志较强的人，他也提出上帝的形状并不像人类，而应理解为宇宙的生命：

只有在《创世纪》中，我们所有诸神……的观念才能结合为一体。《创世纪》说出了一种人类全体的语言……而上帝的这种道的启示，是全人类为了解上帝所不可少的。

我们要默察它的权力吗？我们从无限大的创世中见到它。我们要默察它的智慧吗？我们从主宰着无限的整体不变秩序中见到它。我们要默察它的宽宏大量吗？我们从它充塞在地球上的每个角落中见到它。我们要默察它的慈悲吗？我们从它的胸襟中见到它。总而言之，我们要知道上帝是什么吗？不要从所谓的《圣经》上探究……而是从称作《创世纪》的圣经上去了解。

　　他自 1793 年 12 月 28 日起受监禁，直到 1794 年 7 月 27 日罗伯斯庇尔垮台。11 月 4 日，"国民会议尽他们的权力所及补偿了我遭受的不正当行为，全体一致通过邀请我重回国民会议……而我接受了"。在动乱不安的 11 个月的反动中，他写出了《理性世纪》的第二部分，这部分致力于对《圣经》的刻意批评，对早已提供较为学术性的研究——许多是由牧师们从事的——则绝少增益。在英美，他对上帝信仰的主张，他对《圣经》的狂热驳斥，则因人民重视和政府珍惜《圣经》之故而得不到重视，他发现自己在出生地和归化地得不到尊敬。1802 年，他回到纽约时——那里曾赠给他在新罗谢尔 300 英亩的产业，答谢他以前对美国大众的贡献——他受到了冷淡的接待，因杰斐逊的忠诚友谊而使情况没有更糟。他的最后 7 年，因耽于饮酒而变得黯淡无光。他 1809 年死于纽约。10 年后，威廉·科贝特才将潘恩的遗骸移到英格兰。在那里，他不屈不挠的精神通过他的书籍，在产生 1832 年的《选举法修正案》（The Reform Act）的长期奋斗中，扮演着一种角色。

　　虽然潘恩称得上一位自然神论的信仰者而非无神论者，许多基督教的信仰者感到他的自然神论只是他不相信一位人格化上帝的一种文雅的掩饰。威廉·佩利，维尔茅斯的教区牧师，在《基督教证据便览》一书中，就他的信仰提出了十分有力的辩护，直到 1900 年此读物仍然是进入剑桥大学的优先读物。不过，更为有名的是他的《自然神论》（Natural Theology，1802 年），该书从科学自身累积在自然界中设计的证据，证明至高智者（Supreme Intelligence）的存在。他辩称，如果一个没有见过表的人遇到一只表，并检查了它的机器，他会否认是某些智慧者设计的吗？那么，在自然界中，难道没有数千种运作是对一种期望效果的有意安排吗？

一方面，我们见到智者之力安排行星的组织……另一方面……供给一只蜂鸟的细毛用作歙合的一种适当机器……每种有组织的自然体，在它含蕴的生存和繁衍的食粮中，就创世主方面说，恰恰证明了表达导向这些目标的一份谨慎。

英格兰半数有学问的人，开始讨论佩利的著作了，柯勒律治、华兹华斯和黑兹利特在克吉刻开始生动地辩论了。自然神论有很长的一段生命，伟大的达尔文在形成他的反对论——官能对期望的目的上的适应是经过自然淘汰而发生的——之前，曾很仔细地研究过它。佩利之后一个世纪，亨利·柏格森（Henri Bergson）在《进步的创造》（*L'Evolution Créatrice*，1906 年）中雄辩滔滔地重写了《设计的论辩》一文。这场辩论一直继续着。

葛德文论正义

威廉·葛德文是他那个世代最有影响力的英国哲学家。"我们这个时代没有作品，"黑兹利特于 1823 年初写道，"给予这个国家的哲学见解，能如著名的《政治正义论》一书引发的骚动。""丢开你的化学书本，"华兹华斯告诉一位年轻学生，"去读一读葛德文的《论必然》。"而在葛德文的晚年，他怀疑起自己时，他看到他的观念由他的女婿雪莱用诗歌来传播。如果不是为他的书索偿过高，他也许就不会被置于牢狱之中了。

他的父母是虔诚的加尔文派教徒，献身于在葛德文身上变成决定论的命运注定论。他的父亲是一位牧师，威廉本人接受了圣职者的教育，而且以牧师的身份在许多小镇上讲过道。他在斯托马基特行使职责时，被一位年轻的共和主义分子介绍给一群法国哲学家，他们不久倾覆了他的信仰。他从霍尔巴赫接受了无神论，在稍后的几年中，他仁慈地在他拥挤的卷帙中替上帝找到了一个位置。他从爱尔维修接受教育和理性，作为空想渊源的信仰。他追随卢梭，接受人性本善的主张，但他喜欢无政府主义甚于卢梭的万能政府。他放弃基督教牧师的职位，开始用笔和墨赚取生活费。他加入"革命家"俱乐部，与斯坦厄普爵士和托马斯·霍尔克罗夫特为伍，但大部分时间，他从事孜孜不倦的研究和写作。1793 年，33 岁时，他发表了那个时代最激烈的重要著作。

他命名此书为《政治正义论及其对一般道德和快乐上的影响》（*Enquiry Concerning Political Justice and Its Influence on General Virtue and Happiness*）。这显然是一本论政府的书，它几乎包含了所有哲学上的问题，从认知到政治才具，止于讨论上帝的问题。他蔑视天堂和地狱的寓言是促使人民服从和帮助政府统治的诡计。他贬斥公然宣誓接受官方信仰的《39 条条款》而私底下弃置不顾的牧师们。他拒斥自由意志，但意志如作为一种不同的官能看待的话就另作别论。他视意志仅是刺激、情境或欲望的意识反应的一个抽象词汇。由于行为决定于遗传、个别经验和目前的环境，我们不应当以愤怒或丑诋的行为对待别人的错误行为，我们应当以矫正甚于刑罚的态度改良我们的刑罚制度。不过，使用赞扬、谴责和处罚作为对未来诱惑的正确记忆是必要的。

我们应当赞扬什么、谴责什么呢？道德上的善，还是道德上的恶呢？而善是什么呢？步爱尔维修和边沁之后，葛德文界定善为促进个人和团体的快乐，而他界定快乐为身体、心智和感觉上恒久的愉快。这种伦理学不是快乐论的或官能上的，因为它排列知性的快乐在那些感受之上。它不是自我主义或自私自利的，因为它承认个人是团体的一部分。而团体的善优于其组成的个体的安全，列于所有最高快乐中的，便是个人从贡献给他的同辈们的快乐上获得的那种快乐。我们的合群本能产生利他的行为，而这些行为可给予我们较任何感觉或智性上的愉快更要敏锐、持久的一种愉快。能仁慈就能快乐，不仁慈就会忧郁。"道德，人类快乐的学问"，是"约束个人于同类的原则，及计划劝导我们、塑造我们的行为走上最有助于全体利益之路上的诱因"。

然而，正义就个人和团体而言，是为最大多数人谋最大快乐的行为准则。"政府的首要目标是为了团体或个人的安全。"由于个人期望如适合他的安全一样多的自由，"人类最期望的状态，是维持就个人独立侵入最小的一般安全"。因此，婚姻便不需要政府或宗教的批准了，两位成年人生活在一起的共同合议就足够了，而这种结合依据一方的愿望便可解散（这句话特别取悦雪莱）。

葛德文不喜欢政府。无论它们的形式和理论为何，它们事实上是少数人对多数人的统治。他拒斥保守派认为"大众是天生低贱和经常具有内在的残忍性，因此必须用寓言、恐怖或力量来统治"的看法。跟欧文一样，他认为大多数人的低贱是由于不适当的教育、狭窄的机会或环境上的挫折之故。骗钱的人因立法上的诡计或司法上的庇护而免于刑法追诉的案件时有所闻时，他嘲笑法律之前人人平等的观念。他不是一位社会主义者，他接受财产制度和财产继承，反对政府对生产和分配的控制。但是，他坚持私有财产应视为公共信托，并警告财富集中会招致革命。

不过，他没有革命的意趣。"直到人类的特质在根本上改变了"，任何对现存制度的强力抛弃，任何重新分配财富的暴力意图，都会导致社会混乱，比它要除去的不平等带给共同幸福更多的伤害。"意见的革命是要获致较好的财富分配的仅有方法。"而这需要学校和文学漫长和耐心的教育过程。

但是，从国立的教育制度获得一般性教育是一种错误，因为这些会成为引起战争的民族沙文主义，目的是注入盲目服从的政府宣传的工具。教育应留给私人去办，应经常说出真相，并使学生熟悉理性。"理性不是一种独立的原则"或技能，"而且也没有引起我们行动的倾向。就实际的观点而言，它只是一种对不同感受的比照和区分。理性……是依照不同的激情"或冲动而设计的"相对价值，用来节制我们的行为的"。"道德非它，而是结果的一种预测"，包括对团体的结果在内。"因此，我们期待我们的社会状况改良，便是对理性的改良。"

由教育到乌托邦的路是悠长、艰辛的，但人类在那条路上有了一些进步，而它进一步是没有可见的限制存在。这个目标是人道的充分的启迪与理性和自由的行为的远见。无政府主义是遥远的理想，但是经过许多世代，它依然是一个理想，而人类的本性需要某些政府形式。我们必须不断希望，在我们未来纯洁的子孙中，智力渐渐地进入有秩序的自由中。

葛德文身上必定有一道丰富的智慧之泉，1794 年——在他的巨著《质疑》出版后一年——他出版了被那个世代的许多人评为杰出的小说《迦勒·威廉姆斯》（*Caleb Williams*），该小说表现出"政府闯入社会各层面去的精神和性格"。作者在这本小说中加入他亲身体验的罗曼史：他娶了玛丽·沃斯通克拉夫特（1797 年），收养了她的女儿范妮·伊姆利，和玛丽生活了一年。"我敬重她的智慧，"他说，"与她高贵的慷慨性格，仅仅温柔不能产生适合我们体验到的愉快。"我们已经知道，她于生下玛丽·葛德文·雪莱后不久就去世了。

1801 年，他娶了玛丽·简·克莱尔蒙特夫人（Mrs.Mary Jane Clairmont），她的女儿（与第一任丈夫所生）成为拜伦的情妇之一。葛德文和妻子借出版书籍来供养他们血统复杂的子女，其中一本是由查尔斯和玛丽·兰姆出版的《莎士比亚的故事》（*Tales from Shakespeare*）。与华兹华斯和柯勒律治的友谊式微后，葛德文度过了一段艰苦的时光，他也有一般老年人趋向保守主义的论调，而自顾不暇的雪莱帮助了他。1833 年，也许是历史讽刺，他不得不容忍邪恶的政府，使自己成为"财政部的一位自由门房"，直到去世（1836 年）。这份工作给他一份足可果腹的微薄年金。

马尔萨斯论人口

葛德文的《质疑》一书激起了另一本更有名的书的印行，因一位反对父亲的自由哲学的儿子不寻常的反动而推波助澜。

　　丹尼尔·马尔萨斯是一位稍微与众不同的人，是大卫·休谟和卢梭的朋友。对文明，他怀着苏格兰人的怀疑论和瑞士人的悲观论。他亲自负起儿子的学前教育，相信托马斯·马尔萨斯会是跟自己和葛德文一样的一位守法的激进人物。托马斯读完剑桥，于 1797 年加入国教会从事神职。葛德文的书一问世（1793 年），父子两人就书的内容有过多次有趣的辩论。托马斯没有他父亲对这本书的热情。他感到这种理性占上风的空想将会不断地因简单的事实而变得毫无意义，已经简赅地宣布在《传道书》中了：粮食的供应增加时，其优势不久将因人口的增加而抵消。地球的生产力是有限的，而人类的性欲却是无止境的，人口的成倍增加——因早婚、任意生育、婴儿和老年死亡率的降低——一定很快消耗掉增加的粮食。父亲却不接受这种计算，但他称赞这种争论的精神，要求儿子写出见解。托马斯照做了，结果于 1798 年出版了《影响未来社会改良的人口原则》（*An Essay on the Principle of Population as It Affects the Future Improvement of Society*）一文，即《人口论》。

　　该文开始以一种道歉的口吻请文中反驳的两位持乐观主义的作者息怒：

> 　　我不怀疑如葛德文和孔多塞这些人的天赋……我以非常愉快的心情读完他们论人类和社会的完美性的某些推论。我就他们提出的迷人远景感到温馨和喜悦。我恳切地希望着这样愉快的改善。但是，就我所了解，我在他们的方法上看到了巨大而难以克服的许多困难。这些困难就是我目前要阐释的目的，同时我宣布决无要刷新朋友们的意见而沾沾自喜之意，只是没有事情比看到这些意见完全除去后可给予我较大的快慰了。

　　马尔萨斯有意将他的论辩用数学形式表示。粮食供应每 25 年呈算术级数增加（从 1 到 2 到 3 到 4 等的增加）；人口，如不加阻止——

每对夫妻准许养活 4 个孩子——每 25 年就成几何级数增加（从 1 增到 2 到 4 到 8 到 16 到 32……）。照这种比例，"在两个世纪内，人口与生活资料的比例会是 25 比 9 的状态；在 3 个世纪中，会是 4096 比 13 的形态，而在 2000 年中，其差别就成了天文数字"。人口何以没有如此激烈地增加的理由是，人口在再生产上受到消极和积极两种抑制的限制。消极的抑制便是防患未然：因贫穷或其他原因使婚姻期延长，"不道德"（vicc，马尔萨斯此处是指婚姻外的性交）、"反自然的感情发泄"（同性恋、鸡奸等）和其他许多婚姻中或婚姻外的避孕方法。这些消极因素不能维持人口与粮食供应的平衡时，自然和历史提供了早已在个人方面发生作用的积极抑制：杀婴、疾病、饥荒和战争，痛苦地使出生率和死亡率保持平衡。

从这种悲惨的分析上，马尔萨斯引出了惊人的结论。首先，提高工人的工资无用，因为如果工资增加了，工人就会提早结婚和生育子女，人口就会增加，人口的增加比粮食要快，贫穷就会恢复。同样地，提高"贫穷救济的比率"（照顾失业者的税收），将是对游手好闲和大家庭的一种刺激，人口的增加将再度比物资快，购买者之间的竞争会让卖家提高有限的物资的价格，不久穷人又像以前一样贫穷了。

为了彻底诋毁葛德文，马尔萨斯继续考虑哲学的无政府主义的"梦想"。如果政府消失了，"每个人就不得不用武力去保护他的小店"，如同法律和秩序失调时，我们闩住门窗一般。"自私自利将占上风，争斗将永无宁日。"生育限制撤除时，人口增加就会超过粮食生产，过剩的人口就会缩减每个人的粮食分配量，美丽的理想就会崩溃在绝望的竞争、物价和工资的螺旋形上涨、不可避免的混乱和蔓延的悲惨中。政府应该使私有财产制受到保护以鼓励生产和投资，私人的暴力应受到公共力的扼制。历史应返回到其传统的公式上：自然的产物由人类的本质来区分。

在这篇短论的补遗中，马尔萨斯较前一篇文字更为清晰而严苛地主张防患于未然的补救之道，而使因自然和历史上使用的灾害治疗法变得没有必要。他提议停止贫穷救济和放弃对自由企业的干涉，供需律应留给生产者与消费者的关系、顾主与职员之间的关系去运作。不鼓励早婚以维持生育率的降低。"我们的职责"是"不结婚，直到我们有能力抚养我们的孩子的美好愿景"。总之，在婚前和婚后，人们必须学到道德上的抑制。"在发情和……结婚的这段中间期，必须……在严格的贞节中度过。"在婚姻状态，无须任何方法或形式的避孕方法。如果这些或相同的规律不被遵守，我们就得让饥荒、流行性疾病或战争来定期缩减过剩的人口。

　　这篇《人口论》的短文被英国保守的百姓奉为神谕。对罗伯特·欧文这些自由派人士要求以立法来缓和供需律，国会和雇主们在抵制上有了根据。威廉·皮特撤回了他已提出的扩大贫穷救济的法案。已经由政府采用来抗拒英国激进派的措施，因马尔萨斯的"这些空想贩子正在勾引简朴的人们走上悲惨的幻想"的主张，似乎得到了辩护。英国的厂商们因此增强了以低工资政策有益于规律劳工和服从的信念。李嘉图用马尔萨斯的理论，作为他的"忧郁科学"的基础（卡莱尔以此来命名经济学，是读过马尔萨斯之后）。至此，几乎每种工业革命上的不幸事故可能都归咎于穷人的多产上了。

　　自由派人士最先被马尔萨斯的短论弄得惊惶失措。葛德文费了20 年的时间才草拟了他的答辩，然后他的《关于人口，对马尔萨斯的答辩》（*Of Population, an Answer to Malthus*，1820 年）一书，几乎是重复他的希望，同时抱怨马尔萨斯已经将进步的朋友变成数以百计的反对派了。威廉·黑兹利特是一个例外，在《时代的精神》（*The Spirit of the Age*，1824 年）上一篇论马尔萨斯的短文中，他用尽一切尖酸刻薄的词句予以反驳。他认为，植物的生产可望超越妇女的生产。"一粒玉米其自我繁衍的速度甚至远超过人类。一蒲式耳的麦可种满一块地，那块地会提供 20 块其他土地种植的种子"，不久就呈现郁郁葱葱的一片景象。

　　后来的作者们引述一系列的事实以平息马尔萨斯派的恐惧。在欧洲、中国和印度，自马尔萨斯后，人口已增加一倍有余，然而他们的人民吃得比以前要好。在美国，自1800年起，人口已增加好几倍，尽管较低比例的人口从事农业生产，而粮食的供应更充分，而且有大量的余粮供输出之用。与马尔萨斯的观点相反，提高工资不是带来生育率的增加，而是降低。问题不再是种子或田野的缺乏，而是操纵城市和乡村的农工业机械的能源供应的短缺。

当然，对马尔萨斯的真正答辩是避孕——它在道德上的容忍、广泛的普及、较大的效率和较低的花费、思想的俗化冲破了对生育控制的神学上的障碍。工业革命使儿童不再在农村中作为经济资产而变成童工，教育花费的高昂和都市的逐日拥挤，都变成了城市经济上的阻碍。男人和女人认识到那种改变的状况，而不再需要大家庭了，即使目前更具破坏力的战争技术的发明使大量年轻人死于杀戮中。

所以，对马尔萨斯的答辩不来自葛德文的理论，而是"新马尔萨斯派"（Neo-Malthusians）及其生育控制的宣传。1822年，斯普莱斯出版了《人口原则的图解和证据》（*Illustrations and Proofs of the Principles of Population*）一书。他接受马尔萨斯人口的增加较粮食供应迅速的理论。他同意限制是必要的，但不是用延宕婚姻的方法，最好是做好避孕措施。他自费印刷传单在伦敦散布，辩护生育控制，直至他83岁去世（1854年）。

马尔萨斯亲身体验了斯普莱斯论点的压力。1824年，他投给《大英百科全书》（*Encyclopaedia Britannica*）一篇文章修正他的理论，撤销他吓人的数学比率，并重新强调人口过剩为竞争生存的一个因素。许多年后，查尔斯·达尔文在他的自传中写道：

> 1838年10月，在我开始有系统地质疑后15个月，我偶然为了消遣而读到马尔萨斯的《人口论》，十分钦佩生存竞争之说……从对动物习惯的长期、不断的观察上，这种论点立刻令我想到，在这种环境之下，比较适合者就被存续下来，而不适合的

就被毁灭。这种结果就是一个新品种的形成。至此，我终于抓到了一个值得研究的理论了。

几乎经过了一个世代的进一步研究和思索后，达尔文出版了《物种起源》，19世纪最有影响力的一本书。观念的进步修饰了"巨大生物链"（Great Chain of Being），并构成了文明的历史。

边沁论法律

杰里米·边沁是一位比葛德文和马尔萨斯更加难对付的人物，葛德文提出一些引人入胜的观念，马尔萨斯的则是一些令人困惑的恐惧，而边沁撰述关于经济、高利贷、法律、正义、监狱等问题的文字——没有一种是十分有趣、迷人的。此外，他本人是一位隐居的巨人，孜孜不倦地学习，沉思难解的问题，发表的极少，事事主张改革，并高喊两个恶魔——逻辑和法律——的结合。然而，在整整84年的岁月中，他的影响凌驾了他的时代，并推广至一个世纪之久。

他是一位富有律师的儿子，这位律师几乎用教育压扁了他。据说他3岁时已读毕保罗·拉潘（Paul de Rapin）的八大卷《英格兰史》（*History of England*），并开始学习拉丁文。（这种令人窒息的教学法由对边沁的训练而传给詹姆斯·穆勒，他用在儿子约翰的身上。）在威斯敏斯特上小学时，边沁在写作希腊和拉丁诗上表现优异。在牛津时，他专攻逻辑学，15岁时获得了学位。他继续到林肯法学院研究法律，但法律书籍的杂乱引起他的厌烦，他就决定不论花多少代价，将理性和秩序带进英国的法理学和立法中。1763年12月，年方15岁的他听到威廉·布莱克斯通爵士对英国法律的颂赞而惊讶不已，并受到这种只可能迟延立法改革而毫无疑问的阿谀刺激。自那时起几乎直到去世，他一直试图将合理性、一贯性和人性带进英国法律中。"我是一位万事通的天才吗？"他自问，"我能有什么成就呢？所有尘世追逐的一切中，什么是最重要的呢？立法。我是一位立法方面的天才吗？我自己就能战栗疑惧地回答这个答案：'是的。'"这份怯生生的自负可能就是这种成就的源泉。

他带给他的责任一种现实的胸襟，誓言为秩序和理性尽瘁。他愤慨义务、荣誉、权力这些压迫性的抽象观念，他喜欢把它们打入特殊的现实中去，并以一种持久的事实观点检视各个部门。例如：权利是什么？它是"天赋"的吗——是与生俱来的一些东西，如法国大革命的《人权宣言》主张的一般吗——或者，它仅是附属于公共善（public good）的一种个人自由呢？什么是平等？在数学的抽象概念之外有任何这类东西吗？能力、财产和权力的不平等是每种有生命的事物不可避免的命运吗？什么是"常识"或"自然律"呢？照边沁的意见，这些抽象概念是大学、国会和法院中趾高气扬的"无聊东西"。

我们也许会想象这样一位急躁的现实主义者对他那个时代和地域里流行的神学做了什么。在以无私的眼光看待的科学、历史、经济、法律或政府的世界中，他发现传统的"神"毫无用处。他对这些事极尽尖酸刻薄之能事，因为他感到英国国教相当理性，而且可能成为有益的事物。但是，牧师感到他沉默的仇视，而且十分公正地贬斥他的功利主义为一种"无神的哲学"（godless philosophy）。

边沁开始艰苦地贬斥布莱克斯通为不列颠宪法的一位阿谀者。那种神秘实体在他看来好像是偶然事故，东补西缀和陈旧产物矛盾的调和，匆促的修正和瞬息即逝的灵感，没有逻辑的周延和原则作为基础。所以（美洲各殖民地忽视了那种移植来的君子协定时），边沁出版了《浅论政府》（*A Fragment on Government*，1776 年）一书——这是在 1832 年赢得一半胜利之前，奋斗了半个世纪之久的哲学激进主义的第一击。

这位 28 岁的挑战者，在赞扬布莱克斯通"以学者和绅士的语气来教法理学"的同时，责备他将宪法缩小至国王的权威之内的意见。一部健全的宪法应将政府的权力分配到它的各个部门中，并便于它们的合作和共同的限制。指导立法者的原则不必是一位至高者的意志，而是受他们立法的那群人的"最大多数的最大幸福"，一部制定法的正当试验便是针对那个目的的实用性。此处，这个著名的"实用性原则"（principle of utility），便是边沁立法和伦理学的根本。它是托马斯·杰斐逊在同年发布的《独立宣言》的一篇令人惊奇的相关性产物。哲学和历史简洁地契合了，而基督教传统——边沁并不知情——使这种联合显得很温馨。

这本小书是以较边沁后来的那些论著更易于理解的一种体裁，及更有吸引力的一种精神写成的。他此时消磨了一部分时间在旅行上。1787 年，他从沙俄送回英格兰一篇文章《保护高利贷》（"Defence of Usury"）。他反对利息在神学上的责难，在经济学上如政治学上一般，个人在群体善的可允许的范围内应当自由运用他自己的判断。边沁是一位自由派人物，但那个词汇在 18 世纪时，其意和自由的防御者同义。他同意重农主义者和杰斐逊"国家应干涉个人的自由至最小限度为最好"的说法。他是一位激进派——一位追溯本源的人，但他不赞成工业国有化。1787 年，那时也没有大工业可供国有化。

从俄国回来时，边沁出版他的主要著作《道德和立法的原则》（*The Principles of Morals and Legislation*，1789 年）。他的书倾向于革命。那是一本晦涩的书，书中满是硬邦邦的一百多个定义，使一般读者在结尾时产生相当多的混淆。但是，边沁负起了一种石破天惊的责任：以自然伦理观来取代神学伦理观，将行为和法律的基础放在团体和国家的需要上，甚至放在一个执行者或一个阶级的意志上。一方面将法律和行为从宗教的敕令中分离开来，另一方面从革命的梦想中解放出来。一个负起这样一种任务的人，不可避免地偶然触犯作家的道德义务的原则。

道德和法律两者的新基础是实用性原则——对个人的行为、团体的习惯、人民的法律和人类的国际上合意的实用性。边沁把一切有机体追求快乐和避免痛苦视为当然。他界定快乐为身体和心智的任何满足，痛苦为任何不满足。实用性就是产生快乐或避免痛苦的性质，愉快就是快乐的继续和持久。实用性不必完全是对个人的，也可以是对家族、社群、国家或人类的。个体也许在将他的满足附属在（通过他的社会本能）他所属的团体中时，发现快乐或避免痛苦。结果，除了其直接的目的外，一切行为和法律的最后目的和道德实验，便是它贡献于最大多数的最大幸福的等级。"一旦我知道我最亲密的朋友的利益与公众的利益竞争，与我没有什么关系。因此，我为人人即人人为我。"

边沁的确不佯称他的实用公式是原创的，他以往常一般的坦诚宣称：他是从普里斯特列的《论政府的第一原则》（"Essay on the First Principles of Government"，1768 年）一文中找到的。他可能在弗朗西斯·哈奇森（Francis Hutcheson）的《道德善与恶的质疑》（"Enquiry concening Moral Good and Evil"，1725 年）一文中找到的，该文界说好公民为一位促进"最大多数人的最大幸福"的人。或者，得自贝卡里亚的《犯罪与刑罚》（1764 年）一文，该文描写道德考验与目标为最大多数幸福原则的设计。或者，更清楚一点，得自爱尔维修的《精神》（*De l'Esprit*，1758 年）："功利是一切人类德行的原则和一切立法的基础……一切法律应追随一个简明的原则：公众的功利，即在同一政府之下的最大多数的功利。"边沁仅就《圣经》上的告诫"爱你的邻居如爱自己"给予一种量的形变而已。

他的成就是运用"最大幸福的原则"（他的最后定则）到英格兰的法律上。他此时已有了一种清楚的道德命令，和借以判断布道者的告诫、教师的训诲、政党的原则、立法者的法律和国王的敕令的一种实验了。法律不必承认权利、自然、大众或神性这些神秘的实体，无须从上帝到摩西到基督的启示，无须为了复仇之故而惩罚。每个提案必须回答谁因此而受益这个问题，它将为了谁的好处而制订——为一人，少数人，许多人，还是全体？法律必须适应人类根深蒂固的本性和有限的才干，社会的实际需要必须具有清楚而易懂和认可实际的施行力，必须迅速审理，必须迅速司法判决及处以正确、合乎人道的刑罚。对这些目标，边沁以他一生的最后几年和他著作的最后十章来阐发。

同时，他应用他的原则到当时的各个问题上。他支持重农学派的放任主义到工业和政治中。一般而论，个人是他自己幸福的最好判断者，在社会实际状况的许可下，应以他自己的方法自由地追求幸福。不过，社会应鼓励志愿结合，它的成员愿意放弃部分自由为一个共同的理念而一起奋斗。从这些共同原则，边沁辩称，代议政府即使会产生各种错误和层出不穷的腐败，也是最好的政府。

《道德和立法的原则》一书，从风格、批判的精神和强烈世俗化的诸多方面，受到比预期的还要大的喝彩。这本书在国外受到的欢迎比在国内还要热烈。法国翻译了他的作品，并于1792年促成他为法国公民。欧陆各首都和大学的政治领袖和思想家纷纷和他联系。在英格兰，托利党谴责功利主义为不爱国的、非基督教的、唯物主义的。有些作者进一步说，许多行为——浪漫的爱或父母之爱、自我牺牲、共同援助——不知不觉涉及自我满足。艺术家们对使用价值的考虑，妨碍了对艺术品的评断。但是，除了政府官员外，大家一致同意，矫装和虚伪撤除后，利己是每个政府的伦理和政策。

边沁依照他自己的哲学生活着，并使他的岁月无疑地十分"有用"。在《司法证据的原理》（*Rationale of Judicial Evidence*，1825年）和其他著述中，他努力清理旧法律和新案例，而且在缓和传统刑罚学的过分野蛮上获得相当的成就。1827年，他以79岁的高龄，开始制定英国法律，但在编完第一卷准备编第二卷时，死神攫走了他。他参与创立《威斯敏斯特评论》（*The Westminster Review*，1823年）作为一个自由派机构。他集合一批门徒，他们知道在边沁坏脾气的外表下面有一颗仁慈的心。迪蒙是他在法国的门徒。本人是一位杰出思想家的詹姆斯·穆勒将这位大师的手稿编辑成可读的读物。约翰·斯图尔特·穆勒将这个使命从呆板的观念提升到人性的境界上。

在边沁的领导下，这批哲学的激进派为成年男性的选举权、秘密投票、自由贸易、公共卫生、监狱改良、司法清廉、贵族院的纯洁和国际法的发展而工作着。直到 1860 年，边沁哲学中个人和自由倾向的因素，一直由他的门徒们强调着。之后，社会主义潜入"最大多数人的最大幸福"中，扭转这股改革的潮流朝着供政府利用的方向上去，成为打击公共病态的公共意志的一个工具。

临死之际，边沁困惑于其躯体供最大多数人充分使用的问题上。他指示，身体应在他的朋友们面前解剖。这一点做到了。然后，头盖骨填塞后涂上蜡，骷髅架穿上边沁灰暗的便服，直立着放入剑桥大学的一具玻璃柜内。直到今天，这具骷髅依然直立在那里。

第六章 | 文学的转变

报纸

如果法国执这个时代政治舞台的牛耳，英国则在文学上居于领导地位。除了夏多布里昂的散文外，法国还有什么可与华兹华斯、柯勒律治、拜伦和雪莱比拟的呢——还不包括济慈在内呢，他的杰作超越我们现在的范畴。紧接着伊丽莎白一世之后，这是英诗在 4 个世纪中最灿烂的一个时期。

信札也可能是文学作品，因为拜伦和柯勒律治的信牍似乎比他们的诗篇更要受到我们这个时代的赞赏。那时，通常收信者给付邮资时，他为他的邮票支付了实质或形式上的代价。但是，收到如此大家的一封信，可能是死后重生的一张护照呢。

报纸不是文学。报纸多是折成 4 页的一张纸，第 1 页和第 4 页刊登广告，第 2 页是政治新闻，包括前一天国会活动的一篇摘要。伦敦有好几家日报，主要是：《泰晤士报》（*The Times*），创立于 1788 年，约 5000 名订户；《快讯报》（*The Courier*），1 万名订户；《晨报》，民权派的机关报，有柯勒律治的特写《领袖们》的方块专栏；《咨询报》（*The Examiner*），利·亨特（Leigh Hunt）这种自由派人士的笔会和喉舌。郡或区的中心各有自己的一份或两份报纸，一份属于保守派的，一份属于改革派。还有好几份周刊，其中最受欢迎的是威廉·科贝特的《政治记录周刊》（*The Political Register*）并且还有好几份有关政治、社会和文学评论的期刊，其中最有权威的是由法兰西斯·杰弗里、亨利·布鲁厄姆和西德尼·史密斯[1]于1802年创办、用以辩护进步观念的季刊《爱丁堡评论》和由约翰·默里、罗伯特·骚塞、沃尔特·司各特于1807年创办、用以辩护保守派使命的《评论季刊》（*Quarterly Review*）。

报纸的影响力在英国社会不断增强。它不再是艾迪生和斯梯尔悠闲时代的一种文学媒介，它已成为广告商的一个销售对象和政治团体的一个工具。由于广告商依据销售数来给付广告费，编辑和发行人必须权衡大众的意见，经常牺牲当权政党的观点。于是，报纸讽刺国王的那些饭桶王子，即使政府尽一切努力来维护他们也是枉然的。渐渐地，19世纪报纸变成了一种工具，最后变成了正在抬头的民主政治的一种不可缺少的构成因素。

书

中产阶级和阅读的群众增加时，书籍也增加了。出版业变成与零售书业分开的一种获利丰盈的独立行业。出版家们争取作家，付给他们优厚的报酬，在文学沙龙中宴请他们。约瑟夫·约翰逊宴请葛德文、潘恩和布莱克，并出版他们的作品，阿奇博尔德·康斯太布尔清偿了沃尔特·司各特的债务。托马斯·诺顿·朗曼则负责华兹华斯的债务，约瑟夫·科特尔把柯勒律治和骚塞留在布里斯托尔，伦敦的约翰·默里系住漫游的拜伦。同时，朗曼家族历史悠久的公司耗资30万英镑，出版钱伯斯的39卷新编《百科全书》（*Cyclopoedia*，1819

---

[1] 西德尼·史密斯与击败拿破仑于阿克的威廉·西德尼·史密斯爵士并非同一人。

年）。在这样短的时期内，《大英百科全书》连出 3 次新版——第 3 版，1788 年至 1797 年出版，分 18 卷；第 4 版于 1810 年出版，计 20 卷；第 5 版于 1815 年出版，计 25 卷。

出版商付出大笔现款代替版税来收买稿件，增印时，会增加一些报酬。虽然如此，极少几位作家能靠他们的笔杆生活——托马斯·穆尔生活舒适，骚塞和黑兹利特惴惴不安，司各特由巨富又变成赤贫。出版商们成功地使贵族成为文学的雇主，韦奇伍德家族补助柯勒律治，雷斯莱·卡尔瓦特（Raisley Calvert）遗赠 900 英镑给华兹华斯。政府偶尔送给品行优良的作家们一笔谢礼金和维持一位桂冠诗人 100 英镑的奖赏，可望他即席赋诗以纪念三军的一次胜利，或一次皇族人员的诞生、婚配或死亡。

公众阅读兴趣的成长因书价上涨而受到抑制，却因图书俱乐部和借阅图书馆的设立而得到促进。最好的借阅图书馆是爱西尼厄姆图书馆（The Athenaeum）和兰沁图书馆（The Lyceum），都设立在利物浦，一间有 8000 卷藏书，另一间有 1.1 万卷。借书的人每年付费 1 到 2.5 金币，作为借阅架上任何图书的权利金。每个市镇都有自己的借阅图书馆。阅读从贵族普及到一般平民时，在趣味和标准上多少有些不同了。从古典传统到浪漫的感伤文学的转变，便是由这种普及化带来的。这也是青年期的爱情从父母的控制和财产的约束上逐渐解放之故，及一个爱情可以写出成百个爱情故事。

除了马修·刘易斯（Matthew Lewis）及其《恐怖室》（*Ambrosio, or The Monk*，1795 年）一书外，小说家中妇女较占优势。在恐怖的神秘派中，仅次于他的是安·莱德克利夫太太，她最成功的一系列小说是《一位西西里人的罗曼史》（*A Sicilian Romance*，1790 年）、《森林罗曼史》（*The Romance of the Forest*，1791 年）和《乌陶福的秘密》（*The Mysteries of Udolpho*，1794 年）。通常，一般英国读者称这些书为罗曼史（romance，取自法文字 *roman*，意指一则故事），而小说（Novel）这个词用在寻常生活里自然情况中发生的较长篇的虚构故事，菲尔丁和简·奥斯汀的小说便是。司各特的《威弗利故事集》（*Waverley Novels*）连串起这些定义。在虚构故事中，女作家们自然就要出类拔萃了。弗兰西丝·伯尼在 20 岁时就以《埃维利娜》（*Evelina*，1778 年）一书崛起文坛，接着出版了《塞西莉亚》（*Cecilia*，1782 年）、《卡米拉》（*Camilla*，1796 年）和《漫游者》（*The Wanderer*，1814 年）几本光芒熠熠的小说。她死后（1840 年），她的《日记》（*Diary*，1842 年）风靡了另外一个世代。

更有名气的是玛丽亚·埃奇沃思（Maria Edgeworth）。她的《拉克伦特堡》（*Castle Rackrent*，1800 年）和《缺席者》（*The Absentee*，约 1812 年），就英国地主利用爱尔兰人的真实情形用虚构故事的形式做了十分有力的描写，连英格兰政府都受到刺激而要减缓这些邪恶。在她那个时代，只有一位女作家超越她，而那个女人同时也超越了所有的男作家。

简·奥斯汀（1775—1817）

她的一切冒险行为都是通过她的笔表现出来的，但她需要的也不多，因为她从优雅的日常生活中发现了有趣的事情。她的父亲是汉普郡史蒂文顿教区的牧师。她出生在牧师宿舍中，一直住到 26 岁。1809 年，她的哥哥爱德华供给母亲和妹妹们在乔顿镇（Chawton）上的一个家。她住在那里一直到去世，偶尔去伦敦探访她的兄弟们，住上一宿来调剂她简单的日常生活。1817 年 5 月，她到温切斯特接受医疗，7 月 18 日那天去世，未婚，享年 41 岁。

她以姐妹一般的爱情充实她的文学，以她捕捉生命中荒谬和隐藏的焦虑感，以淡淡的讽刺和平易的笔触来描绘它们。对农村风光的享受及乡下日子的悠闲自持，赋予她生命的悬宕气氛和意义。她有足够不喜欢伦敦的理由，她以不愉快的笔调描写伦敦，只视它为脏乱贫穷与优裕腐化之间的一条过道。那里是一个勾引乡下女孩子堕落的地方。她感到英国生活较优雅的地方是在乡下稍微破落的贵族区，在他们有规律的、由安定产生的丰富传统及恬静的生活中。在那种安详的气氛中，人们很难听到法国大革命的消息，拿破仑距离他们也很遥远，以致不能使人们放弃为舞会或一生去挑选一位合适的伴侣。宗教在那些家庭中占有地位，但只是维持下去而已，因为正在教区中逐渐猖獗的神秘诡辩已大为削弱它的恐怖感了。我们听到简·奥斯汀对不得不勉强在伦敦住上几个月的范妮·普莱斯同情的声音：

> 对失去春天中一切欢愉的范妮是不幸的……她以前不知道植物的发芽和生长多么令她愉快。纵使时序无情，从她姑妈的花园中最温暖的一角看早开的花朵带来的美丽景色，及她姑丈的农场和茂密的森林中看树叶绽放，无论在身心的哪一个方面，从可爱的节令中她获得何等令人兴奋的生机！

这样一个环境——一个舒适的家，一座芬芳的花园，与一群活泼愉快的姐妹傍晚漫步，从一位赞扬和传播她的手稿的父亲那里得到一句鼓励——在简·奥斯汀的小说中弥漫了一种安详、健康和友善的清醒空气，并从容不迫地带给读者。几乎很难在其他小说中找到这样一份宁谧的满足感，她深知生活本身就是无穷的祝福。

她写了6本小说，耐心地等着它们不慌不忙地问世。1795年，20岁时，她写作第一本《理智与情感》（*Sense and Sensibility*），但不能令她满意，就束之高阁。以后两年中，她倾力写作《傲慢与偏见》（*Pride and Prejudice*），一改再改后，寄到一位出版商那里，出版商以赚不了钱而退回。1798年至1799年，她写作《诺桑觉寺》（*Northanger Abbey*），理查德·克罗斯比买了下来，却搁置一边不予出版。接着是一段无所事事的日子，她因居住地改变而烦恼，也许是失望。1811年2月，她开始写《曼斯菲尔德庄园》（*Mansfield Park*），并于11月重写《理智与情感》并出版。接着，在她生命的最后5年中，到达了成熟的丰收期:《傲慢与偏见》于 1813 年找到了出版商,《曼斯菲尔德庄园》于 1814 年,《爱玛》(*Emma*)于 1816 年。于 1817 年,她死后,《诺桑觉寺》也问世了。不久,《劝导》(*Persuasion*)也与读者见面。

《傲慢与偏见》一开始是五姐妹,个个准备而且渴望着结婚。伯纳特太太(Mrs.Bennet)是一位神经质、大惊小怪的女人,她每天想的都是替她那些女儿找丈夫。伯纳特先生为了躲开他多嘴的老婆,退居到书房中去,在那里不受到吵闹,他早已放弃要给五份土地或英镑做嫁妆的问题。他只想撑持他的家庭到他去世,之后,就由可敬的柯林斯先生,邻近一个镇上尚未结婚的教区牧师继承。要是那五姐妹中的一人能够勾引住那位牧师该多好!

最年长、最可爱的简则把目标放在富有而英俊的宾利先生身上,但他似乎偏爱另一位候选人,而简几乎抑制不住她的哀怨。伊丽莎白,排行第二,不是因为脸蛋或身段而自负,而是因为她独立、自信的个性。她处处为自己设想,不准备任人摆布。她阅读范围很广,任何男人如不具备广博的知识,在心智或慧黠上是难以与她一较长短的,她的作者坦诚地羡慕她。第三位姐妹玛丽是最适于结婚的,对两个姐姐迟迟不结婚阻挡了她的路十分懊恼。第四位姐妹吉蒂希望嫁给一位英俊的军官。莉迪娅,老幺,奇怪一个女孩子为什么在准许试探性的神秘之前,必须等待这道奇妙的结婚公式。

这个家庭被柯林斯先生计划前来访问的消息弄得喜气洋洋起来。他是一位对自己的纯洁意识很自负的人,也很小心地认同阶级区分和物质享受。作者在他的身上,赋予了较下级的国教牧师不自觉具有的阶级奴性和无情的个性。这种讽刺似乎是极端的,却如断头台一样清晰明快。

这位年轻的神职人员来了,他认为可爱的简是不可侵犯的,便向伊丽莎白求婚,伊丽莎白以拒绝他来矷伤这个家庭,因为不愿成为他完美无疵的囚禁品。感到五姐妹中排行第三、要想首先获得一位丈夫简直是一个笑话的玛丽,定着眼睛、莞尔注视这位命中注定的财产继承人，逗得他去向伯纳特先生和夫人要求和她结婚。

一切似乎很得体，但害怕变成老处女的莉迪娅和健壮的维克翰先生私奔了。整个家族因她的罪愆而蒙羞，避见所有的邻居。可敬的柯林斯先生送了一封责备的信给伯纳特先生："你女儿的死与这种丑事比起来，也是一件值得祝福的事……谁还愿意使自己与这样的一个家族发生联系呢？"伊丽莎白以她难以令人接近的自负勾引了有阶级偏见的达西先生，从而挽救了全家，他以万贯财富放在她的脚边，迫使维克翰与莉迪娅结婚以还她的清白。这位女作家以十分熟练的神奇手法，使所有问题迎刃而解，甚至连宾利先生也发现他时常爱着简。

《曼斯菲尔德庄园》的结构更完美：最后的结局在开始时就已预示了，几乎每个情节都是细心安排好的。小说中的每个人物都不是傀儡，而是各有其命运的活人，并且正确地阐释了赫拉克利特的评述："一个人的性格就是他的命运。"庄园是托马斯·伯川爵士风景优雅的领地，伯川爵士是一位比宾利先生更要热心的父亲。不过，他也犯了许多惊人的错误：沉迷于追求财富和荣誉，让自己的长子在道德和生理上分裂，准许女儿延长她们在伦敦一个社团中的假期，那里一切乡村的道德成为取笑的话柄，而不是生活的资源。因为他的信用，他收养了谦和多感的范妮·普莱斯——他太太的穷困侄女。他引以自慰的是他的次子埃德蒙献身于教会，从种种描述上看都应该是一位未来的牧师，是柯林斯先生的翻版。作者用了几百页篇幅才使埃德蒙认清，他对范妮的感情是超过兄长般的友爱的，但在悠闲的情节中，他们提升的感情是古典小说中的一种愉快的浪漫气息。

纵使在她的"爱"的研究中，简·奥斯汀一直是一位古典派人物——一个永远杰出、理智永远清醒的人物。在乌陶伏派的神秘（Udolphian mysteries）和瓦波洛派的堡垒（Walpolian castles）对峙的这样一个世纪中，她一直是她那个时代的一位实际和理性的观察者。她的体裁如德莱登的一样纯洁，她的虔诚如教皇一样坚贞。她的范围狭窄，但她的探索是深入的。她领悟到生命的基本期望是征召个人为全人类服务。政府的危机、权力的冲突，甚至要求社会正义的呼吁，并不如青年们不断地、不知不觉地努力着朝成熟的方向发挥，而终止于牺牲的一种基础。她默默地接受人类神秘的两种——女性和男性——的希望，它的病根非她所能医治，它的目标非她所能了解。她从不大声疾呼，但只要生命的湍流允许，我们都心甘情愿地追随它，而我们可能被她的安静俘虏。今天，英国几乎已找不到一个小村落了，她却有一群崇拜者。

威廉·布莱克（1757—1827）

比简·奥斯汀早生18年，在她去世后，又活了10年，威廉·布莱克跨越了转入浪漫主义的时期。他生活在神秘中，拒绝科学，怀疑上帝，崇拜基督，改变《圣经》，尽力模仿先知，并呼吁一种俗世圣哲的美丽幻想。

威廉·布莱克是一位伦敦袜商的儿子。4岁时，他看见上帝通过窗户注视着他而惊恐失色。稍后，他看到天使们在一棵树上拍着翅膀，先知以西结在一处田野上漫游。也许因为他的想象无端地与他的感觉混淆在一起，直到他10岁，他才被送到学校就读。然后，他进入斯特兰一所制图学校。15岁时，他到雕刻师詹姆斯·拜西尔那里开始了为期7年的学徒生涯。他博览群书，其中包括如珀西的《古英诗遗篇》、麦克弗森的《裴相》等这些浪漫气息的作品。他自己也学写诗，并加以注释。22岁时，他成为皇家学院的一名修习雕刻的学生，但是，他反抗雷诺兹仿古的命令。后来，"他悲叹他在雷诺兹爵士和他所雇的那帮狡猾的歹徒的梦魇般统治下浪费了"他的"青春活力和天赋"。不顾这一切，他发展自己幻想的素描风格，并以他的水彩画和雕刻来维持自己的生活。

他在性方面的欲望并不强烈：他有一次表示但愿"性能力消失，乃至停止"的希望。然而，25岁时，他娶了凯萨琳·鲍彻。他时常用愤怒折磨她，因异想而对她厌倦，但她深知他的天赋，忠诚地照顾他直到他生命的最后一刻。他没有孩子，但喜欢和朋友的孩子们玩耍。1783 年，约翰·弗拉克斯曼和马修斯牧师偿付了布莱克自行印行的早期诗集的费用，这些诗稿于 1868 年重印时，在他迟来的声名中，也分享了一份荣誉。其中一些，如无韵的狂想诗《致黄昏星》（"To the Evening Star"），在英国的诗坛上奏响了一个原始的音符。

他愤慨于英格兰的财富集中和愈趋恶化的贫穷。他加入聚拢在出版商约瑟夫·约翰逊周围的托马斯·潘恩、葛德文、玛丽·沃斯通克拉夫特和其他激进派人士的行列。他们在一起喝烈性的法国"启蒙酒"（the wine of the French Enlightenment），并高唱正义和平等。他的相貌合于讨厌任何强制秩序的精神。他身材粗短，有一副"充满表情和朝气的高贵气质。他的头发是浅棕色的，卷曲而浓密，一绺绺头发不是垂下来的，而像一朵朵火舌般竖起着。从远处看过去，活像是放射出去的一般，配上他炯炯有神的眼睛和突出的前额，他的高贵和愉快的相貌一定使得他的神情表现出真正令人好感的印象"。

1784 年，他在布劳特街开了一间印刷所。他让他的弟弟罗伯特充当助手。这是一种愉快的关系，因为彼此关怀着对方。但是，罗伯特短命早死（1787 年）。这加深了威廉身上忧郁的神情和思想中的神秘因素。他深信他曾见过罗伯特的灵魂，在断气的刹那间冉冉升向天花板，"快乐地拍着双手"。对罗伯特的鬼魂，他以文字和图案雕刻在一张盘子上。布莱克的每本书几乎都是这样雕刻的，而且以几个先令到 10 个金币的价钱卖出去。因此，在他有生之年，他的读者群十分有限。

1789 年，他出版了第一本杰作——19 首《纯真之歌》（*Songs of Innocence*）。很显然，他用"纯真"一词意指所收集关于基督青春期前的愉快传统是非常可信的，是充分指引出了成长经过的。不过，这些诗出版时，布莱克已 32 岁，我们从诗中体会出，那种经验早已在悼念无邪的死亡了。我们必须记诵他的名句，才能用来与他 5 年后咏虎的句子做一对照：

> 小羊儿，谁创造了你？
> 你知道谁创造了你吗？
> 给予你生命，让你吃饱肚子；
> 在小溪边，在芳草地上。
> 给予你轻逸的衣裳；
> 柔软的衣裳，细致，光洁。
> 小羊儿，谁创造了你？
> 你知道谁创造了你吗？
>
> 小羊儿，我来告诉你，
> 小羊儿，我来告诉你：
> 他和你同名，
> 因为他自称是"小羊儿"；
> 他是谦恭的，他是温和的；
> 他是一个小孩。
> 我是小孩，你是小羊儿，
> 我们和他同名。
> 小羊儿，上帝祝福你，
> 小羊儿，上帝祝福你。

也许下面一首诗《黑小孩》（"The Little Black Boy"）还要优美一点。诗中，一名黑孩子奇怪上帝为什么弄黑他的皮肤，并梦想着黑孩子和白孩子不受肤色的阻碍而在一起玩游戏的时光。《扫烟囱者》（"The Chimney Sweeper"），想象一位天使下凡，将所有扫烟囱者从他们工作和睡觉时都穿着的满是污垢的工作服中解放出来。《神圣的星期四》（"Holy Thursday"）以"那么，亲亲啊，免得你赶走你门口的天使"的警句作结尾。

　　法国大革命爆发的 5 年中，理想主义红遍天下（1791 年），接着转入大屠杀和恐怖时期（1792—1794 年）。1789 年，依据一份报告上指出的，布莱克公然戴着革命的红帽子，加入潘恩攻击英国教会的举动。由于混乱带来的激动，他突然以民谣的体裁谱出《预言诗》（*Prophecies*），附和耶利米和何西阿的一个充满原罪世界的预言式宣言。这些诗对愤慨于制造晦涩的那些人是不值得推荐的读物，但是我们指出在《天堂和地狱的结合》（*The Marriage of Heaven and Hell*）——一种斯维登堡（Swedenborg）体裁的讽刺小品中——布莱克使这些领域与无邪和经验平等。有些"地狱格言"（Proverbs from Hell）暗示一种惠特曼式（Whitmanic）、弗洛伊德式（Freudian）、尼采式（Nitzschean）的激进主义：

> 每种健康的食物无须用网或陷阱去捕捉……
> 最壮观的行为是在你面前安排另一次……
> 孔雀的壮观是上帝的荣耀……
> 女人的赤裸是上帝的创作……
> 保姆撒手不管，婴儿不久被谋杀在摇篮里——
> 上帝只在活人或人类身上着力，自古迄今，
> 神就在人类的胸膈中……
> 敬上帝即是敬重他在别人身上赋予的天赋，
> ……爱护伟人的伟大。羡慕或中伤伟人的那些人
> 憎恨上帝，因为没有其他的上帝。

　　在《经验之歌》（*Songs of Experience*，1794 年）中，诗人以怀疑和谴责的合唱反驳他的"纯真之歌"：

> 老虎，老虎，闪亮在

夜晚的森林中，
是什么不朽的手或眼，
能制造你可怕的匀称美？

是什么脊力、什么技巧，
能扭曲你的心肌？
你的心开始搏动时，
多可怕的手，多可怕的脚啊！

星星掷下他们的矛，
用泪水湿润天空时，
他会笑着去看他的创作吗？
造羊的它，也造了你吗？

在《纯真之歌》中，一位"迷失小男孩"得到上帝的援救，带回了他家庭的欢乐。反之，一首相关的《经验之歌》，却述说因为教士们知道一名男孩没有宗教信仰而将他活活烧死的事。在《纯真之歌》中，《神圣的星期四》描写圣保罗天主堂挤满活泼愉快的孩子正在唱圣诗；在《经验之歌》中，《神圣的星期四》却问：

这是要看的一件神圣事情，
在一个富庶、多产的地方，
婴孩们面带惧色，
以冰冷、吝啬的手来抚养吗？
那种颤抖的叫喊是歌吗？
能是一首快活之歌吗？
如此多的可怜孩子啊！
那是一块赤贫的土地。

反对这些邪恶的革命似乎不再是一种有效的治疗了，因为"铁腕敲碎了独裁者的头颅，却换来另一个独裁者"。对暴乱的反抗、失望之余，布莱克从他信仰的余烬中寻找安慰。他此时把科学当作物质主义的侍婢，是有权者对付简朴者的工具，一般人都失去信仰，慧黠者反抗无知者了。"艺术是生命树，科学是死亡树，上帝就是耶稣。"

1818 年以后，布莱克很少写诗，读者也寥寥无几，他靠着他的艺术来维持生活。六十多岁时，他有时十分穷困，不得不替韦奇伍德的陶制厂刻广告。1819 年，他找到约翰·林内尔（John Linnell），林内尔委托他为《约伯书》和但丁的《神曲》作插图。他忙于这最后的任务，直到死神降临时才停止（1827 年）。他的坟墓上没有竖立石碑，整整一世纪后，才在那里竖立起一块牌子——1957 年，由雅各·爱泼斯坦爵士雕塑的半身铜像放入威斯敏斯特的修道院中。

他去世时，向浪漫主义的转变已完成了。在古典主义丽日中天时，浪漫主义就已经怯生生地以汤姆森的《季节》（Seasons，1730 年）、科林斯的《颂诗》（Odes，1747 年）、理查森的《克拉丽莎》（1747 年）、格雷的《墓地哀歌》（1751 年）、卢梭的《新爱洛漪丝》（1761 年）、麦克弗森的《芬戈尔》（Fingal，1762 年）、霍勒斯·沃波尔的《奥特朗托》（Castle of Otranto，1764 年）、珀西的《古英诗遗篇》（1768 年）、苏格兰和日耳曼的民谣、查特顿的《杰出伪造》（Remarkable Forgeries，1769 年）和歌德的《少年维特之烦恼》开始了。事实上，在每个时代，每个家庭，每个少女和青年身上，都有一些浪漫气息。古典主义是一种不确定的建构规则，如奔腾在血液中的液体燃料般的冲动和激情上的严格限制。

接着法国大革命到来了，大革命的崩溃也带来了解放。旧的法律和命令形式失去了威望和执行力，感觉、想象、期望在文字和行为中旧有的破坏力自由了，年轻人开始自每个文学法则、每个道德禁令、每个严格的教义、每个国家法律束缚之下燃放出诗和艺术的火花。1798 年，华兹华斯和柯勒律治一起为《抒情民谣集》（*Lyrical Ballads*）写诗、作序，彭斯和司各特在苏格兰唱出爱情、反叛和战争的歌声。文学已成为在反叛中到处可听见的自由之声。人类的未来似乎从来没有如此开放过、希望如此无限过或世界如此年轻过。

第七章 | 湖畔诗人
（1770—1850）

环境

此处，我们将华兹华斯、柯勒律治和骚塞不很恰当地放在同一章中，不是因为他们创立了一个流派——他们没有如此，也不是因为他们在个性或作品上表现出任何共同的精神。柯勒律治的绝妙诗章表现出神秘、奇怪的人物和秘事，而华兹华斯的散文诗完全叙述一般男女、儿童和事物。柯勒律治的生与死都是一种浪漫——有感情、幻想、希望和恐惧。华兹华斯除了在法国的一段浪漫时间和 1798 年的一次叛乱宣言外，是一位如克雷布·罗宾逊（Crabbe Robinson）一样古典、十足的保守派。至于骚塞，他的诗有时是浪漫的，他的散文是严肃的，并具有德莱登的诗气。他成熟的政治接近现状。他的婚姻生活稳定，慷慨的友谊十分平均地分散在情绪、哲学、财政上，及他曾一度梦想的——与他的诗人朋友在萨斯奎汉纳海岸上组织理想社区。

这群人构成一个流派，只是他们在英格兰西北部的迪斯垂克湖滨许多年的一种意识——这是一片从肯德尔经过温得米尔、安布尔赛德、吕达尔瓦特、格拉斯米尔、德文特和凯西克到科克茅斯的美丽风景区。雾蒙蒙，雨漫漫，山顶上笼罩着变幻莫测的云层，还有银灰色的沼泽构成的地球上最优雅的风景。山岭并不雄伟，最高峰只有3000英尺，温度十分宜人。那里几乎每天都下雨，但雾水轻笼着山头，太阳几乎天天破雾而出，因为村落静谧、树叶常绿，露水点缀着浓密的花丛，如疯似癫的柯勒律治和稳重保守的华兹华斯的精神回荡在丘陵间。那里的居民也带着多变的季节性格。华兹华斯出生在科克茅斯，终于格拉斯米尔。柯勒律治时而居住在凯西克，骚塞在凯西克住了40年。那里，在不同的时期中，曾有拉格比的阿诺德和拉斯金逗留过。司各特和雪莱，卡莱尔和济慈都曾短期来到这里，去了解伊登（Eden）的情形，追忆那里一批桂冠诗人当年的盛况。

华兹华斯（1770—1797）

华兹华斯的母亲名为安·库克森，是彭里斯镇上一名亚麻布商的女儿。父亲约翰·华兹华斯是一位律师，因充当詹姆斯·劳瑟爵士的商业代理人而发达。在他们科克茅斯舒适的家里，约翰和安抚养了5个孩子：理查德，成为一名事务律师，并管理诗人的财务；威廉·华兹华斯和多萝西，是本节主要叙述的对象；约翰，走向海洋求发展，并在一次沉船事故中遇难；克利斯托弗，成为一名学者，并升任为剑桥三一学院的院长。因为目前一些已不复记忆的理由，威廉直到晚他一年（1771年）的多萝西出生时才领洗，兄妹两人在同一天命名，犹如核准和祝福他俩终生不渝的爱情。

在所有兄弟姐妹中，多萝西是和威廉最亲近的童年朋友。她分享他对环绕着他们周围变幻莫测的自然的迷恋。他敏锐而善感，她更是如此，很快就能抓住植物的形状和颜色、森林的生态和蒸发、层云懒散的游移和月亮洒落在湖面上的银色光辉。"她给了我眼睛，她给了我耳朵。"诗人这样说他的妹妹。

多萝西7岁时，他们的母亲去世了。哀伤过度的父亲拒绝续弦，他使自己埋没在工作中，把孩子送去与亲戚住在一起。多萝西被送到约克郡哈利法克斯的一位姑姑那里，此时威廉只能在假期中才能见到她。1779 年，他被送到靠近温德米尔湖的霍克斯黑德一所好学校寄读，他在那里研究希腊和拉丁经典名著，而且照他自己的说法，开始"呕吐诗章"了。

附近的森林和碧水在形成他的风格和特质上，似乎比书本扮演着更重要的角色。他善于应酬，与其他孩子一起参加年轻人的活动，有时在当地的客栈里吵闹一个晚上。有时，他独自走进连绵的丘陵，沿着埃斯韦特湖（Esthwaite Water）或温德米尔湖滨散步。他喜欢上天气的阴晴变幻，他为大自然的景色而流连忘返，也了解侵入"低等"生命出没的地方时可能带给青年们的恐惧。但是，他渐渐地体会到隐藏在植物生长中的精神、动物的嬉耍和挣扎、群山肃穆庄严的神情及万花筒般苍穹的阴晴喜怒。这些来自原野、森林、高山和层云的声音，似乎各自用自己的语言在诉说，太神秘太微妙了，无法用文字来形容。他确实感到他周围难以置信的繁多事物不是无助的机械，不过上帝的形象比他祈祷的遥远、寂静，无形的自然神祇更伟大、更接近。他养成了一种内心忧郁和外表崇慕的神情。

1783 年，父亲突然去世。其毫无头绪的资产引发耗时费日、花费不赀的诉讼，而詹姆斯·劳瑟爵士欠他的 4700 镑债务，就如此长期拖延下去。每个孩子可分到相当于 600 镑的遗产，不够他们继续接受教育。哥哥理查德找到使威廉读完霍克斯黑德学校的办法。

1787 年 10 月，华兹华斯升入剑桥，并进入圣约翰学院就读。他的一位叔伯辈的亲戚说服院长给予这位青年奖学金，望他能接受国教会中的圣职——使他不再成为亲戚们的一项财政上的负担。不喜欢上牧师职务的课程，他读些自己喜欢的东西——专攻乔叟、斯宾塞、莎士比亚和弥尔顿——而且抗议一天两次强迫走进校园的礼拜堂。很显然，阅读动摇了他的信仰。大部分必须留下来的，是因为他发现伏尔泰的无聊平凡。

1790 年 7 月，他说服一名威尔士同学罗伯特·琼斯和他一起储

蓄 20 英镑，一同到欧陆做一次徒步游历。他们前往科莫湖（Lake
Como），向东转入瑞士，资金不够用，他们匆忙赶返英格兰，回到剑
桥，及时平息了他们经济资助者的盛怒。华兹华斯借着与住在靠近诺
里奇的冯赛特牧师家的多萝西共度圣诞假日，以弥补对她一年来的疏
忽。"我们习惯每个早晨散步约两个小时，"她在写给简·波拉德的信
上说，"每个黄昏，我们在约 4 点钟走进花园……来回走着直到 6 点
钟……啊，简！他和我一起时，我从没有想到天凉的。"她希望他会
成为一位牧师，她愿意为他整理屋子。

自剑桥毕业时（1791 年 1 月）他前往伦敦，使许多希望成了
泡影，"他在那里过了 4 个月默默无闻的生活，几乎使他终生不能
忘怀"。5 月，他与琼斯一起徒步游遍威尔士，他们爬上斯诺登山
（Mount Snowdon，1350 英尺高）去看日出。11 月 27 日，他独自一人
再度越过法国。

大革命那时正呈现出最辉煌的局面：一部自由的宪法已经制定完
成，《人权宣言》已经向全世界宣布。一位在哲学上才开始摸索的血
性青年，如何抵制得住对正义和兄弟般情谊的那种呼唤呢？一位穷学
者，要他如他在自传的《序言》中所说的那样，去谴责法国人，委实
是太困难一点了：

> 且请注意一个
> 到目前为止人人站在平等
> 地位上的共和国，我们都是
> 诚诚恳恳的兄弟，如同在一个团体中，
> 学者和绅士；甚至
> 对来者一视同仁，
> 财富和头衔，不如天赋
> 价值和勤勉受到珍惜。

华兹华斯到法国后，那里正举国一致武装起来对付不伦瑞克公爵镇压大革命。他受到挑战刺激——"如果巴黎抵抗公爵，他就把它化为焦土"，与革命军的一位军官米歇尔·博皮成为朋友。米歇尔"因为出身好，属于贵族阶级"，但此时感到有义务保护法国抵抗侵略者。这种不分阶级的奉献令华兹华斯感动，从而去想自己如何能在这个使命中成为有用之人。但是，他感到自己太羸弱而不能拿起武器，也知道懂得的法语太少，不能在民政或政治的岗位上服务。他在奥尔良定居下来研究法语，从一个女人的双唇上，不知所措地咿咿呀呀学拼音了。

很快，他与教授他法语的年轻妇人安内特·瓦隆陷入热恋。当时，他 21 岁，她 25 岁。恋情公开时，安内特认为她应得到一枚结婚戒指，威廉却很困惑：懂拉丁文多过法文的他，能够以一位丈夫的身份在法国生存下去吗？或者，身为天主教的她，能够在清教徒的英格兰生存吗？

1792 年 10 月 29 日，他将她留在奥尔良，自己搬到巴黎。在分开之前，他签了一份委托，委托迪福尔先生代表自己出席安内特即将出世的孩子的领洗礼仪式。孩子于 12 月 15 日出生，取名卡罗琳。

那时，巴黎的华兹华斯正沉浸在大革命中。他出席雅各宾派俱乐部，参观立法会议，与吉伦特派交朋友。当时的热情鼓舞着他。他自感正处在震撼世界、创造历史的事件的中心：

> 黎明时活着是一大乐事；
> 无奈青年俊彦早升天国啊！

然而，哥哥理查德的一封拒绝再予金钱援助并坚持他立刻回英国的信，送达他的手里。因为大革命不给予他支持，他西渡返回伦敦，设法化解冰冻三尺的家庭财政。哥哥理查德仍然无动于衷。威廉·库克森舅舅，冯赛特的牧师和多萝西的监护人，曾付出教育费，而对这位目前眼看着要投入不中用的雅各宾派怀抱中去的年轻人也勒紧了荷包、关闭了大门。

　　威廉十分伤心，他选择写诗为职业，而且感到既然自己是一位缪斯的神圣奉献者，有权得到兄弟和伯叔辈支持的生活费用。为了反抗，他与经常到约翰逊书店的激进派人士保持联系，而且继续公开支持大革命。在他1793年写成并发表的《写照》（*Descriptive Sketches*）一诗的最后50行中，他颂赞大革命不只解放一个国家，而是全人类。私底下，如他在遗著中承认的，即使"成千上万的英国人被推翻覆灭，成为荒野饿殍"，他也欣见法国人的胜利。1793年2月1日，法国向英国宣战。3月，安内特来信求他回到她身边去，但英伦海峡已禁止百姓横渡。他忘不了她，对她的思念燃烧着他的良心，我们会看到9年后他努力所做的一些弥补。在那几年中，安内特变成一位赤诚的保王党人，威廉也慢慢发现了不列颠宪法的美德。

　　他曾赞扬的吉伦特派被送上断头台时（1794年），他对大革命的信心式微了。此时，葛德文的《政治正义论》一书给他留下十分深刻的印象，此文激励了他的激进主义，但提防依靠革命家们来从事改革。1795年，他见到葛德文本人，并深深为之着迷，在那一年，他七度到这位大名鼎鼎的哲学家家中拜访。他变成一位狂热的保守派人士时，仍是葛德文的朋友，直到去世（1836年）。

　　1795年，雷斯莱·卡尔瓦特遗赠给华兹华斯900英镑，这是使他更趋向稳健的一个诱因。诗人毫无顾虑地借了300英镑给他挥霍无度的朋友巴西尔·蒙塔古，借了200英镑给蒙塔古的密友查尔斯·道格拉斯。两笔借款都规定收取10%的利息。华兹华斯一年有50镑的利息收入（从来没有合理给付过），加上其余的400镑，再加上多萝西的20镑年金，仍然不够实现他的妹妹的愿望，使他俩生活在一起，经营充满诗情和爱的共同生活的一栋小茅屋。但就在那时，另一位朋友布里斯托尔的约翰·平尼提供给他们在多塞特的一栋设备齐全而免费的雷斯塘小屋（Racedown Lodge）。1795年9月26日，华兹华斯和多萝西在那里建立了一个家，他们在那里一直住到1797年6月，过着十分幸福安乐的生活。

　　他那时25岁，身材中等、瘦小微佝，稀疏蓬松的头发披散在衣领和两耳的周围，乌黑忧郁的眼睛沿着一个好怀疑和略带侵略性的鼻子俯视着。他穿着粗条格子的裤子，宽松的咖啡色大衣作外套，一条黑色手帕权充领带。他身体孱弱，在活力、精神和意志上却相当坚强。他健步如飞，超过他最健壮的朋友。他亲自用斧头砍伐或采集柴薪，他能使壁炉不断地冒着熊熊火焰。他如一位诗人一样敏感，如一个女人一样神经质。他患有头痛病，他要作诗时更加厉害。他时常情绪不稳定，有忧郁症的倾向，很容易感动得流泪，他一度想到自杀——不过，那是一种普遍性的匹夫之勇。他好学、自负、自我为中心，对自己超常的情感悟性和道德优越感（原谅无心之失）有信心。但是，他在大自然面前十分谦卑，愿使自己成为她的仆人，并为启发人类而做她的传声筒。

　　多萝西与他相反：纤巧瘦弱，常在太阳下走路使面孔晒得呈褐色。毫不自私地专心——或自私地乐于——照顾她的哥哥，从不怀疑他的天才。她使他们的住处保持得干净舒适。他生病时服侍他，以他所谓的"你那双大眼睛的逼人光芒"搜寻大自然中的美和神奇，而且在她的日志上写下那些感悟，作为她的回忆。她献出耳、手和眼睛，她从不明确地表示厌听他背诵他的诗篇或抄写来的文章。他毫不保留地执爱着她，把她当作最亲密和要求最少的助手，是他自己最珍贵的另一面。

　　为了使他们的住处变成一个家，及每年增加50镑的收入，他们负责照顾3岁大的小巴西尔，巴西尔·蒙塔古的儿子。他们高兴地见到他们的小小受监护人"由一个孱弱、营养不良的小把戏变成一个健壮、可爱、无所畏惧的小男孩"。1797年春，多萝西的朋友玛丽·哈奇森由彭里斯前来和他们同住，一直到6月5日。6月6日，一位以充沛活泼的精力来回应华兹华斯邀请的25岁的青年，满怀诗才，跳过门槛，冲向原野，投入威廉·华兹华斯和多萝西·华兹华斯生活的天地中。他就是柯勒律治。

柯勒律治（1772—1794）

柯勒律治是我们所知的人物中最有趣的一位，在天才、妩媚、孱弱、观念和缺点上，也以他为最多。他在爱情与道德、文学与哲学上，从纯理想主义一直走到大纷乱的尽头。他剽窃的作品之多不下于他的创作。

塞缪尔·泰勒·柯勒律治生于 1772 年 10 月 21 日，是约翰·柯勒律治的第 10 个、也是最后一个儿子。约翰是小学校长，也是那时德文郡奥特瑞镇圣玛丽教堂的教区牧师，一位高等数学家、古典学者和东方语言专家，《拉丁文法评注》（*A Critical Latin Grammar*）一书的作者。后来用"S-T-C"3 个字母来标识自己的儿子，却在这份学术遗产前碰壁了。但是，他几乎在每段中放上一些拉丁或希腊的语尾而光大了这份遗产。

他后来回忆起 3 岁到 7 岁时：

> 我变得急躁、胆小，还是一位饶舌者，男同学们不让我和他们一起玩，而且经常折磨我。因此，孩子的嬉耍我得不到乐趣，但我不停地阅读……6 岁时，我已读过《贝利萨留》（*Belisarius*）、《鲁滨孙漂流记》（*Robinson Crusoe*）……和《天方夜谭》……我受到幽灵的纠缠……我变成一位梦想者，对一切体力活动都有一种厌倦感。我急躁、情绪不稳……懒散……所有的男孩子都恨我——因为我能阅读和拼字，并有……记忆和理解，迫使我几乎早熟，每位老妇人都宠我，也对我好奇。因此，我变得十分虚荣……在我 8 岁以前，我已经是一个人物了。敏感、有创见、虚荣、懒散，感受强烈，对穿过我理解的轨道的人深表轻蔑，便是

我那时的特点。

挚爱的父亲之死（1779 年）对柯勒律治是一次重大的打击。两年后，他被送到基督公学（Christ's Hospital）设在伦敦的一所慈善学校深造。食物很差，管理严厉。他后来说那种可耻的处罚，对被家庭忽视的小孩加倍严厉。他们要他成为一位牧师，他却渴望成为一名皮鞋匠。1830 年（那时，他的记忆已经不可信了），他说出了他遭受的唯一一次鞭打：

> 约 13 岁时，我到一位皮鞋匠那里求他收我作学徒。身为一个老实人，他立刻带我到鲍耶（校长）那里，校长大为震怒，一拳把我打倒在地上，而且……问我为什么要做这种傻事。我对这个问题的回答是，我十分渴望成为一位皮鞋匠，我痛恨成为一位牧师。"何以如此？"他问——"因为，老实说吧，先生，"我回答说，"我是一个不信神的人。"就为那点事，没有多少争执，鲍耶就打了我。

很显然，他已经摘过一些知识禁果，也许摘自国王街（King Street）的巡回图书馆。那间图书馆，他后来以他不朽的文字描述过：

> 我读遍目录中的每一本书，包括对开本的和其他一切书籍，不管我是否了解……冒着一切危险偷偷地弄到我每月有资格该有的两卷书。想想我在 14 岁时是什么情形了，我的热情不辍。我的整个人是——对现实的事物一概不顾，蹲在一个阳光普照的角落里，读书，读书，读书。

当然，这里有些夸张。无论如何，他在剑桥耶稣学院的基督公学里表现得十分出色（1791 年）。他在那里研修高等数学和最困难的希腊文。"我阅读品达的诗集,疯狂地用希腊文作诗……在休闲的时间,我翻译阿那克里翁的作品……我也学习拉小提琴。"

柯勒律治毕竟就是柯勒律治,我们一定要斟酌这种夸张。无论如何,他忽略了健康,自1793年起一直患着风湿性热。他发现了用鸦片来解除痛苦。这是那时一种通常的止痛剂,但柯勒律治养成了习惯。他的学术研究缓慢下来了,他使自己对时事有较多的兴趣。不过,他透支了家里供给他的津贴,以致负债。在债主的催逼下,为了躲开他们,他突然离开剑桥,于1793年12月投效正准备组织起来对抗法国的陆军。他的哥哥乔治以40金币使柯勒律治从军队中解脱出来,并劝他重回剑桥。他设法于1794年毕业,但没有得到学位。这几乎困扰了他,就在这时,他已发现了空想主义。

他因此而丧失了宗教信仰。法国大革命对他的刺激几乎正如对每位英国文人和穷青年的刺激一样。1794年春,他在牛津的朋友罗伯特·艾伦说,牛津的几位学生渴望改革不列颠的制度和习惯。艾伦说,一名学生非常杰出,已写下诗篇庆贺社会动乱。柯勒律治能否到牛津一趟,与这群学生见个面呢? 1794年6月,他到了牛津。

骚塞(1774—1803)

就这湖畔三人小组而言,罗伯特·骚塞是最糟糕的诗人,却是最好的人。他生于布里斯托尔,是一位裁缝的儿子。在那种商业环境里,他富有的姑妈伊丽莎白·泰勒经常使他受到巴斯的士绅社会的熏陶。14岁时,他被送到伦敦有名的威斯敏斯特学校。在那里,无疑偷偷摸摸地,他阅读了伏尔泰、卢梭、吉本和歌德,而且写了一些叙事诗和反抗性的散文。他在校刊《苦修者》(*The Flagellant*)上撰文攻评体罚的文章,触怒了校长。骚塞在毕业前夕被开除了。不过,很幸运,他获准于1792年12月进入牛津的巴利奥尔学院。他在那里继续他的秘密活动——写了一首叙事诗《圣女贞德》(*Joan of Arc*),他在诗中颂扬法国大革命。柯勒律治到达时，他正在写作关于 1381 年的英国革命家瓦特·泰勒（Wat Tyler）的一部诗剧。

年长者发现这位年轻人在沉思，因为罗伯斯庇尔已经把最活跃的革命领袖——丹东和德穆兰——送上了断头台，人权会在竞相残杀中结束吗？柯勒律治安慰了他：他解释说，欧洲是颓废的，随着历史一起衰退了。不过，每一两个礼拜，从骚塞的故乡布里斯托尔，有一艘船驶往辽阔、丰腴和实施共和政体的美洲大陆。柯勒律治和骚塞何不组织一个身强体健的英国青少年男女团体，使他们结为夫妇，和他们一起移民到宾夕法尼亚，在萨斯奎汉纳清澈溪流的可爱两岸上建设一个自治区呢？所需要的是每位男性应捐出 125 镑作为共同基金。每对夫妇在这个区的统治上应有平等的发言权，柯勒律治替它取名为"万民同权政体"（Pantisocracy）。

为筹措资金，这两位创始人联合起来写了一出诗剧《罗伯斯庇尔垮台记》（*The Fall of Robespierre*），出版了，但没有销路。骚塞将《圣女贞德》一稿以 50 金币的代价卖给布里斯托尔的科特尔。两位没有学位的毕业生在布里斯托尔讲学，赚到足够使骚塞实现提议的计划的资金，伊迪丝·弗里克接受了骚塞的求婚，他们结为连理（1795 年 11 月 14 日）。伊迪丝的姐姐玛丽·弗里克已经接受了罗伯特·洛弗尔的求婚和万民同权政体的理想。此时，骚塞说，柯勒律治义不容辞和第三位妹妹萨拉·弗里克恋爱和结婚是最受期望的。

伊丽莎白·泰勒因骚塞的卑微婚姻和危险的理想，以丧失了绅士风度为由而放弃他时，骚塞接受到里斯本访问的邀请，去陪伴在那里的英国使馆作牧师的叔伯。这趟旅行扩大了这位年轻学究的境界。他在西班牙和葡萄牙旅行，他回到英格兰时（1796 年 5 月），发现他爱着英格兰，而万民同权政体的理想随着他的青春而一去不复返了。他研修法律，找到了一份记者的工作，并有时间写出更多不朽的史诗和一些有名的歌谣，如《布莱尼姆之战》（*The Battle of Blenheim*）。1803 年，带着 160 英镑的年俸，他在凯西克的格雷塔（Greta Hall）定居下来，几乎令人不敢相信他就在那里度尽他的余年。

柯勒律治（1794—1797）

柯勒律治是介于神经质与犹豫不决之间的一位复杂人物。他爱上伦敦的玛丽·伊文斯，但对维持她习惯的生活方式畏缩不前。她喜欢他蓬勃充沛的神气，却对这种神气所能产生的权利缺乏信心。她掉头离他而去，而他使自己屈就容貌平淡而又贫穷的萨拉·弗里克，她能理家和生孩子，却不能刺激诗兴。

为了维持有希望的婚姻和逡巡不去的梦想，他在布里斯托尔发表更多讲演，入场费每人 1 先令（1795 年 1—6 月）。这些诉诸群众良心的讲演彻头彻尾都是激进的：贬斥国教为富人的婢仆，除了庄园领"主"以外，根本就不知有主。它们谴责跟法国的战争为一种镇压大革命的意图，而且与历史背道而驰。它们责骂恐怖时代为一种对"皮特之战"（Pitt's War）的交响，并贬抑"言论禁止令"（Gag Bills）是限制公众意志的政府高压手段。这些讲演吸收了少数热情的听众，在这一连串讲演中，柯勒律治与萨拉·弗里克结婚了（1795 年 10 月4 日）。

同年秋天，他初次遇到了华兹华斯。华兹华斯只比柯勒律治年长两岁，却经历过大革命，亲身见过这种幻想。他分担着这位年轻人对波旁皇族复辟的恐惧，却对宾夕法尼亚提不起兴趣，理想的战场是在欧洲，至于萨斯奎汉纳的美丽希望，何不以英国景色宜人的湖畔来满足呢？柯勒律治半信半疑，却留心地注视着华兹华斯，也许还从他那里学到如何去驾驭生命的激流。

他把从书本和他碰到的人那里摘取的智慧做了许多笔记。他热切地遍览群书，有关人类、动物、植物、科学、宗教、哲学、国家、文学、艺术等十几种领域。他具有为我们所知的最饥渴、最有吸引力、最有记性的心智。他的记忆力是他终其一生吸取幻想、理念、片语、论点甚至章节的贮藏所。他经常疏于提及，或有意忘却他资料的来源，而且经常心不在焉地将自己的要点与借用的事物混淆不清。最后，他的记忆负担和难以清理的资料，对于一个心智来说负担过重，以致混淆不清。这个记忆宝库几乎在重重负担下崩溃了。

也许为了疏解他的记忆力，或者为了养活太太，他想到编印和发行一本几乎全由他自己执笔的杂志的念头。他抓住他认识的每个人，征召他的每位听众，当作可能的订阅者，并到处散发"创立说明书：人人都应知道真理，真理能使我们自由。1796 年 2 月 5 日，星期五那天将出版每隔 8 日出版一本杂文的第一集（定价 4 便士），名称为《守夜人》（*The Watchman*），由 S.T. 柯勒律治主笔，《对民众讲演》（*Addresses to the People*）一书的作者"。他讲演时如一位破釜沉舟的激进派人士，反对战争、奴隶制度、报禁，而且特别反对残酷地转嫁给一般人的货物税，这些特质在文集中也有所表现。但是他不建议不论男女的成年人普选制度。"我应当在那些具有对理性容易动摇心智的人士中大胆高谈政治的真理，而决不对那些无知、贫穷，必须要在灼热的感情冲激下行动的大众。"——柯勒律治发现用自己的笔每隔 8 天填满 32 页篇幅是很吃力的，渐渐地，需要仰仗外来稿件了。一些认真的读者开始抗议。销路下跌，债台高筑。10 期后，《守夜人》停刊了。

1796 年 9 月 1 日，柯勒律治的第一个孩子出世。他替小孩取名为大卫·哈特莱，取用英国联想心理学第一人的名字。这是一张天真无邪的面孔，却有着一张需要喂饱的嘴巴。同时，他自己感到心脏和肺部有毛病，越来越依靠鸦片来舒缓痛楚。一位友善的自由主义者托马斯·普尔，每年以 7 英镑的象征性租金，租给他布里奇沃特附近、靠近他在斯托威自己家的一栋小屋时，他已濒临穷困的边缘了。1796 年 12 月 31 日，柯勒律治、萨拉和大卫搬了进去。萨拉把这栋小屋整理得舒适而干净。柯勒律治在紧邻的一个花园中工作，照顾普尔的家禽和猪，写些易记却不易卖钱的诗篇。

这时，依靠一直蓬勃、澎湃的记忆力，《忽必烈汗》（*Kubla*

Khan）一书的腹稿已构思成功了，他大部分时间沉浸在奇异的梦幻中写作：

> 1797 年夏天，作者当时健康欠佳，隐居在一栋介于波洛克和林顿两地的孤立农舍中……一次微恙的结果，服了一帖镇静剂，由于药物作用的影响，他正在阅读……《普卡斯的朝圣》（ *Purchas's Pilgrimage* ）："忽必烈汗正在此地指挥建造一座宫殿和通到那里的一座富丽堂皇的花园。因此，十里辽阔的肥沃土地围在一栋围墙里边了。"在椅子上，作者足足熟睡了 3 个小时，至少对外在的感觉来说应当如此。在那个时间中，他有最动人的信心，他至少写了 200 到 300 行……并无任何努力的意识和感觉。醒来时，他发现自己对全部情形历历在目般清晰，就拿起笔、墨水和纸张，立即热烈地把当时记得的全部情形写了下来。

这篇著名的序被解释为一则寓言，柯勒律治用它来自欺，或欺骗别人接受这个《忽必烈汗》的纯真观念和简明续篇。不过，一位作者，每当在白天铸造了一些片语后，会在梦中继续铸造下去，这并不是一件稀奇事。但是，这些佳句几乎经常在睡眠者醒来时就沉入潜意识中了。也许，对于柯勒律治来说，鸦片不仅诱致做梦，也诱致幻想，而这段文章就是做梦的部分产物。无论如何，柯勒律治以他特殊的韵律技巧和头韵，将普卡斯的散文变成英语中最有吸引力的未完成的作品之一。

1797 年对于柯勒律治来说，也许比《忽必烈汗》更重要的一件事，是一封到雷斯塘去访问华兹华斯兄妹的请柬。他辞别了萨拉和大卫，几乎步行前往那里。6 月 6 日那天，他遥见到目的地，激动地跑过原野奔往诗人的大门。威廉和多萝西打开门和他们的心扉时，在这 3 人中的一个新里程又展开了，这也是文学史上最有收获的一次合作。

三人组合（1797—1798）

当时，柯勒律治的文采如日中天，他的整个身体尽管怀着暗痛和毒素，对活泼的心智与兴趣却反应敏捷。他的俊脸——善感的嘴巴，挺秀的鼻子，灰色的眼睛散发着热情和好奇，蓬松的黑发蜷曲在脖子和两耳上——使他非常具有吸引力，特别是对多萝西。没有多久，她以她羞答答的方式在威廉不知情的情况下与柯勒律治坠入爱河了。柯勒律治被她的娇小惊愕住了，却也被她的默默同情心所吸引。这是一位愿意承受他一切错误的朋友，也愿意忽略他的懒散而洞悉他的强烈感受、奇怪难解的幻想、动摇和迷惘的信心的朋友。不过，就目前而言，他几乎看不到这位完全笼罩在她哥哥影响下的女孩子的羞怯的心灵。

在此地，从这位态度沉着、面孔凝重、高额和有着沉思的双眼的人身上，他发现了真实和生动的诗人气质，对每件事和每个灵魂的震动都有感受，避开经济上的大变动，把默默地替他的远见和梦想发掘激情的字句当作他的毕生事业。那时，正在构思《古舟子咏》（*The Ancient Mariner*）一诗的柯勒律治是两人中比较有名气的诗人，体会出此人的献身精神，羡慕他完全奉献于诗的那份自由，因而奇怪一位妹妹是否不如一位太太那般体贴。"在他的身边，我感觉出自己的渺小，"在他来到后不久，他写道，"不过，我并不认为自己比我以前想象的要差劲。威廉是一位了不起的人物，是唯一在任何时间中和在所有优越的风格中，我感到自己比不上的一个人。"

就这样，开始了互相激励的三个星期。各人把自己的诗朗诵给对方听。华兹华斯朗诵的较多，柯勒律治也讲了不少。"他的谈话，"多萝西写道，"充满了灵智和精神。然而，他如此仁厚，如此温驯和愉快。他的眼睛……表达出他生动心智的每种感情。"

通常，这样一种三人之间的爱情，三个礼拜后会冷却下来，但是柯勒律治不愿让它就此终止，恳求威廉和多萝西陪他回到斯托威，好让他得以回报他们的殷勤招待。他们和他一起去了，期望能立刻回到雷斯塘。但是，朋友普尔知道他们的租期不久将满，不可能继续租下去，就替他们在距柯勒律治租住的房屋 4 英里路程的阿尔福克斯登，找到一栋年租 23 镑、供应一切设备的漂亮村舍。威廉和多萝西在随后的 15 个月中，在那里过着舒适而有灵感的一段生活。

在那段愉快的日子中，在诗般境界间，有过不计其数的漫步：有时是两个男人，有时是柯勒律治和多萝西，有时是三个人。有三种感受、观察和观念的交换：华兹华斯鼓励柯勒律治让幻想作他的指引。柯勒律治则扩大华兹华斯与哲学家们的结识，并鼓励他写作一首史诗。几年后，在《序言》（The Prelude）一诗中，华兹华斯提到他的朋友时，以"我们第一次在一起，在普西的狂野中胡闹时，那是我们每日愉快精神的一部分"来形容。多萝西是他们的纽带和催化剂，她用她赞叹和热烈的倾听激发他们，以她的敏锐和浮沉的悟性去刺激他们，而且如他们精神上的新娘般使他们结合在一起。柯勒律治说，他们是具有一个灵魂的三个躯体。

华兹华斯和柯勒律治两人该仔细去看一看多萝西 1798 年 1 月 20 日在阿尔福克斯登开始写的日志。他们一定会对日志第 2 页上的一行字——"那震荡在夏日的空气中，倾听无声却有声的甲虫的嗡嗡声"——有所触动吧。萨拉·柯勒律治的感触可从 2 月 3 日至 12 日的日记中窥见端倪：

> 2 月 3 日：与柯勒律治在丘陵间散步……
> 2 月 4 日：与柯勒律治走了一大半通向斯托威的路……
> 2 月 5 日：与柯勒律治走到斯托威。
> 2 月 11 日：与柯勒律治在斯托威附近散步……
> 2 月 12 日：独自走到斯托威。与柯勒律治傍晚时一起回来。

萨拉并不欢迎这段暧昧的罗曼史，它好像是天真无邪的，但是何处是终点呢？

抒情民谣集（1798）

1798 年 1 月，另一个好运来到柯勒律治的身边：托马斯·韦奇伍德——以制陶业享誉欧洲的乔塞亚·韦奇伍德的儿子和继承人——供给这位身无分文的诗人年俸 150 英镑，条件是让他专心在诗和哲学上。柯勒律治在 1 月 17 日的信中表示欢迎这笔赠赐，并在创作的狂喜中立刻完成了《古舟子咏》。

有了这份意想不到的收获，他向华兹华斯提议，他们应将新写的诗集成册，定会让他们赚到足够使他们到德国游历的资金。他希望在德国待一年，学到足够的语言和文化，以便阅读和了解自康德到歌德、在欧洲哲学方面无疑已取得领导地位，而在文学方面至少可与英法匹敌的那些名著的原文。华兹华斯对德国并不热心，但法国和北意大利正控制在大革命之下。他接受了柯勒律治的计划。

1798 年 4 月，他们邀请布里斯托尔的出版商科特尔前来聆听他们的新作。他来了，听过后，以 30 镑的代价要求这份版权。他也希望一并印上两位作者的名字，但柯勒律治拒绝了。"华兹华斯的名字，"他对科特尔说，"倒没什么，我的臭气冲天。"

18 年后，柯勒律治解释了这次合作背后的理论：

> 我的努力应是对人物和超自然的人格，或至少是浪漫主义的。华兹华斯先生从另一方面着手，要求自己对每天事物的奇疑和对超自然激起相同的感受，借以唤起对懒散习惯的注意力，及指导它向我们面前的可爱、奇妙处前进作为他的目标……是同意了的。用这种观点，我写出了《古舟子咏》一诗，并准备写《黑暗女士》（*The Dark Ladie*）和《克里斯塔贝尔》（*Christabel*）两诗。在这两首诗中，我更接近实现我的理想了。

也许，这种理论是在诗写成后才形成的。第 1 版序文上华兹华斯这样解释：

> 本集中的大部分作品可视为一些尝试。它们主要是用一种
> 要证明中下阶层中的语言，究竟能适应到诗意的目的到何种程度
> 的观点来写的。读者们习惯于许多近代作者们的俗丽和空洞的辞
> 藻，如果他们读完这本书的话，也许经常要在奇怪和呆滞的感受
> 中挣扎了。他们就要去查阅诗韵，同时会引起他们发问，以什么
> 标准，这些尝试竟使用了那种名称。这些读者们……不应研伤诗
> 韵这个孤僻的字，一个含意值得争论的字，以抗拒他的感激正是
> 所期望的……
>
> 具有优越判断力的读者们，也许不欣赏这些作品的形式……
> 因此就不得不向他们表明，希望避免目前盛行的错误，作者有时
> 降低了身份，有许多表达太熟稔、不够高尚。读者与老作家们的
> 接触越多……他们对这种形式的诗的抱怨就越少是可以理解的。

俗事干涉了他们的诗：阿尔福克斯登房子的主人通知华兹华斯兄
妹，他们的租期 1798 年 6 月 30 日到期，不能再续约。6 月 25 日，威
廉和多萝西前往布里斯托尔与科特尔磋商。7 月 10 日，他们乘渡船
过了塞文河，步行 10 里到达威尔士的丁登寺（Tintern Abbey）。靠近
这片"十分幽美的废墟"，在回布里斯托尔的路上，华兹华斯构思了
作为《抒情民谣集》结尾的这首诗的初稿。

这本小册子于 1798 年 10 月 4 日出版。19 天后，两位不署名的作
者已前往德国。书名很妥帖：柯勒律治的主要贡献是古代英国民谣的
演变——以歌谣来述说故事。华兹华斯的大部分作品是以英国农夫们
单音节的语言表达淳朴生活的简单抒情诗。这本书以《古舟子咏》一
诗作为开始，这首诗占了 117 页篇幅中的 15 页，这是最长的一首诗，
也许是最好的一首诗。不过，英格兰只是逐渐才认识到这一点，而华
兹华斯从未如此想过。

《古舟子咏》一诗的确有许多硬伤，但在这些硬伤中，我们不必强调这则故事的荒谬。柯勒律治已走进任何事情都可能发生的神秘和想象的境界，庄严的事情也许从细微的事故中源源不断地渗出来。他必须依靠想象，因为他从来没有到过海上，同时他必须从游记书籍上借用海洋术语和环境。不过，他抓住了古代传统的神秘神韵，古代民谣的活泼韵律和古代水手将我们和他几乎同时带到这首诗的终结。

华兹华斯的贡献是他从朴素的人物发现智慧的典型例子。其中某些诗如《白痴男孩》（"The Idiot Boy"）和《西蒙·李》（"Simon Lee"），受到批评家们的嘲讽。但是，我们岂能不给一位母亲对她智力薄弱的孩子的悉心爱护一点同情吗？（那首"青青草——你几乎听到它在成长"，岂不就是得自多萝西的吗？）然而，徘徊在他的乡村风格上一阵子后，华兹华斯以沉思性的"丁登寺上几里处偶成的几行"作为该书的结论。在这首诗中，他将自己对自然和上帝视为同一的感受（斯宾诺莎的《神或自然》）给予了崇高的表达。不仅通过成长的神奇，也通过那些可怕的和对人类近似（似乎就是特纳当时正在绘画中膜拜的）毁灭性力量及对他在森林和原野中的漫游、在宁静的湖滨徜徉和在大石块上的镌刻，对来自上千的生命形式，甚至想象中的无生气世界的呐喊和私语——

> 对他们，我也许归功于……那份愉快的神态，
> 其中的神秘负担，
> 在这个不智的世界中，
> 一切沉重的担子，
> 减轻了……
> 以一只和谐、狂喜的
> 眼睛凝视时，
> 我们洞悉到事物的生命。

接着，他提升到他最优美的信仰的表达上：

> 我们学到
> 注视自然，不仅在思虑未周的
> 青年时期，但听
> 宁谧、忧伤的人性乐章，
> 既不尖锐，更不刺耳，虽然洪壮的声音
> 洗练而低沉。我感到
> 戛然升起的喜悦
> 侵扰我的存在：一种幽远胧昧的
> 庄严意识，
> 它深居在落日的余晖，
> 浩瀚的大洋，清新的空气，
> 蓝天和人类的心智中，
> 一种波动和一种精神，迫使
> 每种有思想的事物，思想的标的，
> 也通过每种事物。因此，我依旧
> 是芳草、森林和高山的爱好者。
> 而且……认识在自然和意识的语言中，
> 我心灵守护者的指引和我道德形象的灵魂。

多萝西也到达了这种具有医治（healing）、统一作用的信念，而且发现它并不与她的基督教信仰矛盾。在赞美诗的结尾，华兹华斯增加了一首赞美诗，作为对他妹妹心灵的颂赞，并要求她维持到最后：

> 我们愉快的信仰，我们注视的一切
> 充满着祝福。因此，且让月光
> 在你独自散步时披在你的身上；

　　且让含湿的山风轻狂地

　　抚弄你吧……而几年后，

　　原野的狂喜熟透，变成

　　清醒的喜悦时，你的心

　　能成为包容一切可爱事物的殿堂时，

　　你的记忆便成为一切甜蜜声音与

　　和谐的停留所……

　　《抒情民谣集》没有受到大众的欢迎。"它们没有普受喜爱。"柯勒律治夫人——一位对她丈夫的缪斯神有值得原谅的妒意的妻子报告。书评家们忙于揭露《古舟子咏》一诗松散的起承转合处和华兹华斯的自然神祇的疏远感情，似乎没有一人认识到《古舟子咏》一诗将成为一切文集中都要收载的一篇文章。不过，有些人注意到了《丁登寺》一诗的虔敬泛神论。这本小书两年中卖了 500 册，柯勒律治将这些出售归功于一位因"古舟子"而把此书当成海洋歌集的水手。华兹华斯则将滞销归责于收容《古舟子咏》一诗。

　　1799 年，柯勒律治在德国时，华兹华斯准备出《抒情民谣集》的第 2 版。6 月 24 日，他写信给科特尔："从我收集的资料上看，《古舟子咏》一诗好像是全卷的一个瑕疵（这也许是真的）……如果这卷要印第 2 版，我愿替换上较适合大众口味的一些小诗。"《古舟子咏》一诗在第 2 版仍然留下来了，却附加了由华兹华斯写的一个承认其缺点却也指出其优点的注解。

　　这版（1801 年 1 月）增加了华兹华斯写的一首新诗《米歇尔》（*Michael*）——以无韵诗的形式，悠闲地述说一位 84 岁的牧羊人忠于工作，坚守道德，爱护他的村庄和他的儿子。儿子到城市后，却变成了一位放荡不羁的堕落者。由华兹华斯写的一篇新序详细地宣布目前已写出名句的他对诗的理解：任何标的物或观念如果产生感受并赋有意义，就能产生诗。任何形式或语言如能传播这种感受和意义，都可能成为诗。"诗是强烈感情的自然流露，其最初起源来自在宁静中蕴蓄的情绪。"艺术家自己在他将感情赋予形式之前，就需要控制他的感情。不过，这种感情不限于有文学修养的人或少数才智之士，它们可能也出现在农夫、学者或上流社会人士身上，也许在比较朴素的人物的纯洁和清澈的思虑中。这种表达也不需要一种特殊的诗的字汇或风格，最好的风格是最简朴的，最美的字也是用夸张或修饰最少的字。较理想的，诗人应用一般人的语言来表达。不过，纵是深奥的字，如果能传达感受和道德力，也可以说是诗的语言。

因为，最后，在每种艺术中陈示的是道德的要素。如果艺术不是在寻求较能接受的一种清澄的、健康的或崇高的思想，那么我们自己的声音或形式的技巧又有什么用呢？"一位大诗人应该改正人类的感受……使这种感受更稳健、纯洁和恒久。一言以蔽之，对自然更能共鸣——要恒化自然和事物的伟大精神。他应当偶尔在人前和他们的四周摸索追寻。"理想的诗人、画家或雕刻家是一位在艺术中赋以智慧的哲学家，通过形式来表达意义。

这篇序言在历史上很有分量，因为它有助于终止幻想的语言、阶级偏见、对古典的参考及时常散见于英国奥古斯都时代（指安妮女王的时代）的诗和演讲中的神话装饰。它宣布了感受的权利和在大多数非罗曼蒂克的形式中给予对罗曼史的另一种欢迎。华兹华斯本人在思想和规则上具有古典的模式和神韵，柯勒律治带来感情和想象时，他却提供了回忆的宁静面。这是一次优异的合作。

流浪的学者（1798—1799）

来不及看到他们的书出版，乔塞亚·韦奇伍德又赠给柯勒律治一笔额外的赠赐，华兹华斯的哥哥理查德给了华兹华斯一笔津贴后，两位诗人和多萝西于 1798 年 9 月 15 日，从雅茅斯向汉堡扬帆了。他们在那里访问过老诗人克洛普施托克后，彼此分手了，柯勒律治到哥廷根大学去研究，华兹华斯和多萝西乘了一辆马车到哈茨山山麓的戈斯拉尔的"自由帝国城"。在那里，寒冷的气候改变了原先的计划，华兹华斯兄妹在那里待了四个月之久。他们在街道上漫步，烧壁炉，写诗或抄诗。使自己沉浸在回忆中的华兹华斯开始写作《序言》的第1卷，他的自传体叙事诗。突然发现如此思念英格兰时，他们于1799年2月23日冒着严寒徒步走到哥廷根向柯勒律治辞行，接着渡过波浪汹涌的北海，匆匆赶回雅茅斯，回到蒂斯河上的苏克邦。玛丽·哈奇森静静地守候在那里等着威廉和她结婚。

　　同时，在哥廷根的柯勒律治尽力变成一位德国人。他学会了德语，对德国哲学产生了浓厚的兴趣。发现对唯物主义的心理学没有心智解释时，他放弃了哈特利的机械观念联想论，而采用康德的唯心论及主张自然和心智为上帝的两种面相的谢林的神学。他听或读了施莱格尔论《莎士比亚》的演讲，做了许多笔记，作为自己后来演讲伊丽莎白时代戏剧的资料。陶醉在观念和抽象中，他失去了原有的感受和想象的第六感，弃诗而研究哲学。"我身上的诗人气质死亡了，"他写道，"我已经忘记如何去弄诗韵。"他转向将德国哲学移到英格兰去的工作。

　　1799年7月，他离开德国，回到斯托威。但是，离开太太一年后，他竟不惯于负起一家之主的责任了。萨拉·柯勒律治不再是一个充满浪漫情调的人，最近死去的第二个孩子使夫妻两人的感情也黯淡下来。10月，由于不能安静下来，柯勒律治到北方去看住在苏克邦的华兹华斯。那次访问，他握着玛丽的妹妹萨拉·哈奇森的手良久不放，某种神秘的感受从女人身上传入男人身上，柯勒律治纵身跳入了他第三度不愉快的爱河中。理智的萨拉给了他感情，不过仅此而已。经过两年来并无收获的追求后，他自认失败，写下一首感人的颂诗《颓丧》（"Dejection"），几乎是他诗才最后一滴灵光的显现。

　　他伴同华兹华斯徒步游历迪斯垂克湖，各人找寻一个住处。在凯西克，他认为已找到了一处，但是《晨报》提供的一份差事使他去了伦敦。同时，华兹华斯租了格拉斯米尔南方 13 英里处的一栋村舍，回到苏克邦。征得多萝西的同意后搬家，1799 年 12 月 17 日，兄妹两人又开始了他们的长途跋涉，大部分是步行，从苏克邦到格拉斯米尔，走了许多英里冰封的、不平的路。12 月 21 日，他们在华兹华斯叫作"镇居"（Town's End）和后来被称为"鸽居"（Dove Cottage）的地方筑起了炉床。他们在那里度过了一生中最艰辛、最愉快的几年。

格拉斯米尔的田园生活（1800—1803）

1800 年 5 月 14 日至 1803 年 1 月 16 日，多萝西保存了她的格拉斯米尔日志（*Grasmere Journal*）。从 150 页的日志中，我们可以看到和感受到先是兄妹两人，后来一段短暂的时间，是兄妹和嫂子三人的每日生活情形。格拉斯米尔的气候不利于健康：每天不是下雨就是飘雪，寒气逼人，雪甚至在六七月份还会出现。阳光普照的日子是令人狂喜的，偶尔露面的月亮是形状古怪的。小屋则在壁炉和火炉中加木炭来取暖，但多萝西记道，有时"我因寒冷无法入眠"。他们冷静地对付这种气候，感激春天和寻常的霏霏细雨。"雨丝十分轻盈柔美"的句子不断出现在日志中。"格拉斯米尔有时看起来竟如此优美，我的心几乎都融化掉了。"

独自或有伴，他们做了无数次散步，有时到 1 英里外的安布尔赛德去寄信。自柯勒律治定居在凯西克后，有时花半天时间到那里。华兹华斯似乎对妹妹很满意，称她：

> 我寂寞地散步时的亲密伴侣
> 我的希望，我的快乐，我的妹妹，我的朋友
> 纵然理性能知较亲密的思想
> 有些东西仍然更为甜蜜一点，或者，
> 在爱的心中，一个更为亲密的名字。

晚至 1802 年（他结婚的这年），他称她为"我的爱"，她以称呼他为"甜哥哥"而满足。

她此时有 40 镑的年收入，他则有 70 镑，加上他作品的点滴收入，总数接近 140 镑。他们有一两名仆人，因为贫穷很普遍，许多失去配偶的妇女愿意以工作来换取食宿。诗人和他的妹妹穿着朴素，多萝西通常穿着自己做的衣裳，鞋子也是自制的。威廉穿着农夫的服装，或朋友送给他的破衣服。他们培植了一个蔬菜园，有时到湖里去捉鱼。尤有甚者，日志上记载着："我做果子馅饼和派""面包和派""派和饼"。威廉真是口福不浅。

他也不忘工作。每天总有部分时间用来作诗，通常是在他独自一人散步时，回来就一行行地口述给多萝西听。他也劈柴，在菜园中挖掘和种植。"威廉清理出一条小径"——穿过雪地通到门外厕所。多萝西还酿造麦酒，而且"我们借了一些空瓶子来装甜酒"。尽管有许多蔬菜，威廉仍患有痔疾，（自 1805 年起）视力也开始衰退，还患有失眠症。有无数个晚上，多萝西必须用读诗来帮助他入睡。

那段狄奥克里托斯式（Theocritean）的日子，因突然到来的金钱和婚姻而扰乱了。1802 年 5 月 24 日，朗斯代尔的伯爵詹姆斯·劳瑟爵士过世了，将他的财产和爵位留给他的侄子威廉·劳瑟爵士，他则安排偿还了由詹姆斯爵士所欠的金钱给老约翰·华兹华斯的各个继承人。很明显，4000 镑财产在几个孩子中平分了。虽然威廉和多萝西应得的那份直到 1803 年才给付，威廉感到有了底气，最后他向玛丽·哈奇森求婚。

但是对安内特·瓦隆的记忆让他的良心不安。在他要求玛丽嫁给他之前，他不应该与安内特弄清楚关系吗？1802 年 7 月 9 日，他与多萝西乘马车离开格拉斯米尔，步行到玛丽目前在加洛山（Gallow Hill）的家。7 月 26 日，他们搭马车离开加洛山前往伦敦。从威斯敏斯特桥上，在晨光微曦中，看到这座瑰丽的城市而惊得目瞪口呆的华兹华斯，作了一首令人回味的十四行诗——《地球不能再表达更壮丽的景色了》。他们继续前往多佛，搭乘邮船渡过英伦海峡，于7月31日发现安内特和她9岁的女儿卡罗琳在加来等候他们。

我们不知道他们有什么样的协议，我们只知道，14年后卡罗琳出嫁时，当时正在得意的华兹华斯给了她30英镑的年金。4个人在加来停留了4周，十分和谐地一起在海边散步。华兹华斯作了另一首优美的十四行诗，"这是一个美丽的黄昏，安宁而自由，圣洁的时光安详得如一位修女身上的装饰，纹风不动"——结尾是对卡罗琳的祝祷。8月29日，华兹华斯前往多佛，然后是伦敦。显然他不急着赶路，因为直到9月24日兄妹两人才回到加洛山。

1802年10月4日，华兹华斯和玛丽结成连理。新娘没带来什么嫁妆，因为她的亲戚们并不赞成玛丽嫁给"一位流浪汉"。近来在日志中写到华兹华斯时用"我的心上人"来称呼的多萝西，不敢相信自己能参加这次婚礼。"她的感受几乎到达了难以抑制的程度"。她冲上楼梯，"木然地"躺在那里，直到萨拉·哈奇森招呼她，说他们从教堂回来了。"这，"她在那天午后的日志上写道，"迫使我从床上爬起来，我不知怎么，我走得……出乎我意料的快，直到我遇到我心上的威廉，倒入他怀里时为止。他和约翰·哈奇森引导我走进屋子，我依偎在那里欢迎我亲爱的玛丽。"

同一天，乘着两辆轻便马车。诗人、他的太太和妹妹开始了到格拉斯米尔的长途旅程。多萝西渐渐地使自己适应这个三人的家庭，不久把玛丽当作一位姐姐和知心朋友般爱着她。此外，玛丽将自己每年20英镑的收入拿出来供这个家庭使用。劳瑟爵士的付款最后到来时，这个家庭过上了中产阶级的舒适生活。威廉变成一位热情的爱国者，加入格拉斯米尔的志愿队，从事防卫英格兰以抵抗拿破仑的任务。

格拉斯米尔的田园诗是华兹华斯最纯洁的抒情诗的一部分，如《致蝴蝶》（"To a Butterfly"）一诗，《致弥尔顿》的雄劲十四行诗，颂诗《决心和独立》（"Resolution and Independence"），责备自己的忧郁寡欢，1803年至1806年他所有作品中最有名的——得自《童年回忆的不朽暗示》。很少有一种哲学式的狂想有如此优美的表达。

随着视力减退，他在一篇笔记上写道："不管我转向何处，在晚上或白天，我曾经见过的事物，我目前已不复看清楚。"我以此作为日渐消失的我们青年时期理想境界的一种标志——"荣耀和梦想，此时在何方"——他奇怪，我们在出生时来自天国的那些无凭无据的奇迹般的记忆不照亮我们的童年，却随着我们的长大而消失了吗？——

> 我们的出生如梦；
> 与我们一起诞生的灵魂，我们的生命之星
> 飘忽无定，
> 来自远方；
> 绝非完全如遗
> 亦非完全裸露，曳着荣耀的云簇，我们
> 来自上帝，他是我们的家
> 在我们幼年，天空不是高卧在我们头上吗！
> 蜗居的阴影开始紧裹茁壮的孩子，
> 但我们注视到光，每当光泻下来时，
> 我欢欣雀跃起来……
> 毕竟，成人悟到光的消逝，
> 消失在平常一天的光亮中。
> 因此，诗人喜呼孩子为
> 你，卓越的哲人，谨慎守住
> 你遗产……你，
> 你的不朽沉思犹如白天……

但是，纵使我们成年人，对失去的地平线都有一些朦胧的意识——

> 人的无端疑惧
>
> 无声息地在宇宙间游移……
>
> 我们的灵魂有那不朽之海的状貌
>
> 它带我们到此处,
>
> 也能在眨息间带向彼方,
>
> 看到孩子们在海岸上嬉耍,
>
> 听澎湃的海水一阵紧一阵的冲激声。

这是神性化的人类学:孩子依旧是一种动物,雀跃于动作、四肢和自由自在中,反抗任何束缚、禁止和限制。内心上渴望如动物般的自在和在田野、森林、海洋或天空中活动。渐渐地,孩子长大成人,青年屈服于文明时,就惆怅那些已失去的自由了。不过,华兹华斯没有一点这种迹象,他追忆毕达哥拉斯,希望从他身上找到一些回到他童年信仰上去的桥梁。年事渐增的人寻找他感受的事物当作他的生命。

爱情、劳动、鸦片(1800—1810)

1800年4月,完成了《晨报》指定的任务,柯勒律治来到格拉斯米尔,与华兹华斯一家人盘桓了3周。多萝西告诉他,她替他和他的家人在距凯西克3英里之遥,叫作格雷塔的一栋大房子中找到一个舒适的安息所。柯勒律治在炎热的夏天去看了这个地方,发现一间房子,是一个藏书500卷的图书室,有许多他喜欢的书籍,就热心地签妥了租约。1800年8月,他带着太太萨拉和儿子大卫从下斯托威到达他们的新居。9月14日,萨拉在那里生了另一名男婴,他们用附近湖泊和溪流的名字,替他取名德文特。不久,冬天宣告了他们的错误:寒冷和阴雨加重了柯勒律治气喘和风湿热的倾向,和亲戚们的地理阻隔加深了萨拉的忧郁症,况且丈夫神驰的身心时常使她孑然一人。

他经常留下她而独自跋涉从凯西克到格拉斯米尔的 33 英里路，去享受与华兹华斯聊天的刺激和多萝西深情的关注，华兹华斯和多萝西步行到北边去充实柯勒律治的生活却是十分稀少的。1800 年 11 月，萨拉·哈奇森从加洛山来到鸽居，与玛丽、威廉和多萝西盘桓数月，柯勒律治就在那里重续对她的追求。以不假思索的残酷愚昧的语气，他向太太招认他对另一位萨拉的爱情，求她准许他同时爱她们俩人。日复一日，她渐渐地把心用在对孩子的照顾上，而他沉醉在思考和书本上。

他设法完成民谣故事《克里斯塔贝尔》，这则民谣他已在 1797 年开始写作。但是他提不起写作的狂热，就把它搁置下来。司各特和拜伦对该民谣的草稿早已赞不绝口，也许还从它的主题格律和语态中获得了一些启示。最后（1816 年），在拜伦的敦促下，默里出版了这则民谣。

在格雷塔住了一年后，健康和资金都已枯竭的柯勒律治感到他不能再在湖沼地区熬过另一个冬天。他很高兴接到《晨报》的邀请，去当一位社论撰写者。1801 年 10 月 6 日，他到格拉斯米尔辞行。9 日，多萝西和玛丽送他回格雷塔。10 日，他即赴伦敦。玛丽和多萝西则走回格拉斯米尔。多萝西在她的日志中写道："C. 因远行而过了愉快的一天……我却忧郁满怀，不能谈天。不过，最后我由低泣来疏解心怀——威廉说，闷声不响地哭泣。并不如此。哦！有多少，多少理由，我要对他如此渴念啊！"

到达伦敦，柯勒律治努力写《领袖们》这个专栏。在这个专栏中，他日渐趋向强烈的保守观念，与半自由的辉格党的主要机关报《晨报》的政策——反对部长制、倾向财产制——相得益彰。他谴责奴隶制和"腐烂的区组织"（区循例送托利党人入国会），抨击政府拒绝拿破仑的和平建议（1800 年），以一位政治家和一名凡夫的尺度无情地解析首相几乎毁掉了皮特。不过，他辩护私有财产是井然有序的社会寻求进步的必要基础，并辩称使"各人的权力与他的财产成正比"的那种政府为最好的政府。他勤奋、努力地写着。待在《晨报》的那段时间，报纸的发行量急遽上升。但是，那年的勤奋工作使他的健康崩溃。回到格雷塔时（1802 年），他身心都已疲惫不堪——身体有病，妻子视同路人，情人弃他而去，意志已成为鸦片的奴隶。

他早在 1791 年就吸食鸦片，时年 19 岁。他用它来镇静情绪，缓和痛楚，进入睡眠，阻滞——或隐藏——心脏和肺部的衰退，也许是要使自己向失败低头吧。睡虫终于到来时，却带来了一连串恐怖的梦，他在《睡眠苦》（"The Pains of Sleep"，1803 年）一诗中曾暗示过此事：

> 一簇簇
> 恐怖的幽灵折磨着我；
> ……欲望和憎恶奇怪地混合着，
> 在原野上，可恨的物体兀然屹立，
> 狂怒的情绪，疯狂的嘶号！
> 毕竟可耻，恐怖啊！

跟我们大部分人一样，他做可怕的梦，但都十分生动，有时他在梦中的嘶喊吵醒全家人。

也许因为他的虚弱和药物，虽然有时他的思想混淆、意志耗弱，他的面前却打开着接近于正常心智的领悟和想象的领域及其远景。无论如何，他的知识在同时代中无出其右，关于这点，华兹华斯也远落在后边。他使自己在华兹华斯面前卑微，但华兹华斯除了他的诗以外绝少谈别的事情。柯勒律治的谈话，纵使在他衰化时，也能给卡莱尔留下智慧、生动和有趣的印象，甚至还能使斯塔尔夫人肃然起敬。华兹华斯使他敬畏的地方是这位长他两岁的人目标的集中和稳定的意志；柯勒律治则越来越希望取代意志，以想象取代现实。

他惊奇于他的谦卑，却非常自觉，发觉自己（在这点上，跟华兹华斯和我们一样）对各种主题都有兴趣，并暗自以此自负。他在意他的诚恳，他严肃的道德律，及对金钱或名誉的冷淡。但是，他渴望荣誉，乐不自胜地剽窃。借钱即忘，不照顾太太和孩子，让他的朋友去照顾他们。也许鸦片耗弱了他的性机能，使他误幻想为履行房事。

1804 年 4 月，为了让地中海的空气和阳光缓和他的气喘与风湿热，他从华兹华斯处接受了 100 镑的借款，扬帆前往马耳他岛——当时不列颠帝国的一处举足轻重、正在争执中的地区。他随身带了 1 盎司的原质鸦片和 9 盎司的鸦片烟酊。在航程中，5 月 13 日他在笔记中写下一则绝望的祷文：

> 敬爱的主！予我灵魂以力量，彻底通过一次煎熬——要是我登上马耳他——纵然恐怖重重，度过自由自在的一个月……我忠良，宅心仁厚，不可能心怀不轨，但是啊！我十分虚弱——自婴儿时以迄于今——我活到了此刻！宽恕我，宽恕我，天上的父和上帝啊！

几乎整整一年，他似乎恢复了自制。7 月，他被任命为马耳他总督亚历山大·保尔的私人秘书，并于 1805 年 1 月晋升为责任更大的事务秘书。他工作努力，表现了惊人的判断和适当的能力。在服务一年后，他因精疲力竭，又靠鸦片来维持了。他离开马耳他，游历西西里和意大利，再返回英格兰（1806 年）。这时，他比以前更依赖鸦片，而且用白兰地阻止鸦片的催眠作用。

1806 年 10 月 26 日，他与华兹华斯一家在肯德尔的一个客栈中碰面。"从未有过，"多萝西在那天的日志中写道，"令我感到在初见他时那样震惊的。"胖得竟"连他的眼睛都消失"在他臃肿的脸上了，只有瞬间的微光表现了以前"他脸上的圣洁表情"。他继续前往凯西克，要求与太太分居，她拒绝了。他离开了她，带走了 6 岁的儿子德文特。他将韦奇伍德的年金移转给太太，但乔塞亚·韦奇伍德于

1813年撤销了他这一部分。自1803年起，住在格雷塔的骚塞负起照顾嫂子的责任。柯勒律治则由他的烟友德昆西以匿名方式寄去的100英镑赠赐，及他于1808年、1809年和1810年在皇家科学院中的讲演收入度过了这次危机。

在那一年，伟大的友谊结束了。它的基础是对诗的共同灵感，柯勒律治身上的诗泉自1800年起因体力耗弱、鸦片的催眠作用、婚姻离散和受到哲学的蛊惑而枯竭时就停止了。华兹华斯借柯勒律治的天赋较偏向于散文来鼓励他改变。柯勒律治因得知华兹华斯家的三个人提醒萨拉·哈奇森不要让他得寸进尺而深为不快。在1809年5月31日的一封信中，华兹华斯警告普尔不要使自己过分牵涉在柯勒律治的一份新杂志《朋友》（*The Friend*，1809—1810年）上时，分歧竟变成了一道深深的裂痕。"身为柯勒律治最亲近和最有交情的朋友之一"的华兹华斯写道：

> 我把它当作我深思熟虑的意见寄给你，这个意见是根据几年来越来越加重的证据而形成的，即柯勒律治既不愿也不能做对自己、家庭或人类有利的任何事情。他的天才和他的天赋，甚至他广博的知识，都不能使他做有益的事。这些统统因他知识和道德结构之狂乱而挫败了。事实上，他在心智没有自由意志，也没有在任何义务或道德感的约束之下，没有作为的能力。

这是很无情、极端的，华兹华斯已在几周前的一封信中告诉柯勒律治大部分情形了。根据柯勒律治的说法，巴西尔·蒙塔古告诉他华兹华斯曾告诫他不要让柯勒律治和他同住，因为柯勒律治由于酗酒和其他种种劣行，使他自己在格拉斯米尔成为"一个滋事者"时，事情就弄得更糟糕了。华兹华斯稍后（1812年）向柯勒律治保证，蒙塔古误引他的话。柯勒律治佯装接受这种解释，但是破镜不能重圆，这份历史性的友谊就此沉寂了。

哲学家柯勒律治（1808—1817）

也许我们夸张了柯勒律治的消沉，我们不得不指出，1808 年至 1815 年他在布里斯托尔和伦敦的皇家科学院发表的讲演，多少因思想和表达的混淆而有差评，却留给如查尔斯·兰姆、拜伦爵士、塞缪尔·罗杰斯、托马斯·穆尔和利·亨特这般听众一些印象。好像是因为某些自然形成的团体精神的鼓励，这些人和其他的文士都来支持他们受伤的伙伴。在朋友群中拥有十数位英德两国知名人士的亨利·克雷布·罗宾逊，描述在伦敦的第三次讲演为"优异，十分有德国味道"。"在第四次中，"他报告称，"处理主题的方式是完全德国式的，对于为数不多的听众是太抽象了一点。"柯勒律治对事实、观念和偏见的累积过于丰富，以致不能让他深入到他宣布的主题上。他涉及过广，不过非常刺激，以一句"天使长，略有微疵"的名言来概述他的查尔斯·兰姆称："稍稍触及他的天才而不让它扰乱我们的宁静已足够了。"

1815 年至 1817 年，柯勒律治再度面临崩溃的边缘时，他将他晚年的结论倾注入文字中。在《生命论》（*Theory of Life*，1815 年）一书中，他表现了对科学，特别是与汉弗莱·德维的友谊中获得的化学方面的惊人知识。不过，他拒绝以物理化学的词汇解释心智的一切尝试。他称"达尔文的……人类由猩猩进化而来的理论荒谬之至"。

在《政治家手册》（*The Statesman's Manuanl*，1816 年）中，他提出《圣经》为"政治思想和预见的最佳指引"：

> 史学家发现伟大的事件，即使世界商业关系中最重要的改变……他们的起源并不在于政治家们的结合，或商人的实际内省，而是在毫无利害关系的理论家的密室中、在遁世的天才的异见中……基督教世界中的一切划时代的变革、宗教的兴替及随之而来的有关国家公民和社会内部习惯的转变，都与形而上学系统

的兴替互相一致。

他也许想到了基督、哥白尼、古腾堡、牛顿、伏尔泰和卢梭的思想的结果。对导致法国大革命的因素做了公平的摘述后，柯勒律治下结论称，民视并不等于天视，百姓在情绪激动中思考并不能作为权力信赖的依据。而改革的最佳路径是一个受过教育和拥有财产的少数人的良知和作为。一般来说，政治上跟其他任何方面一样，正当行为的最佳指引就是《圣经》，因为这本《圣经》包容了历史和哲学上的一切真理在内。"对劳动大众，《圣经》以外的其他任何东西是不需要的"，而且"也不是普遍欲求的……除了你……身为在较高级的社会阶级中行动的人们"，也应该了解历史、哲学和神学。对虚伪政治才干的解毒剂便是历史，作为"现在对过去和我们所处的世纪的事件有选择的同化习惯，与对以前的那些事件的对照"。

《俗人谈经论道》（*A Lay Sermon*，1817 年）一书，继续向"中上阶层"提出这种请求作为健全改革的最佳媒介，及作为对批判"革命派的诡辩家和煽动者"的守护者。但是，该书承认某些通行的罪恶，如国债任意膨胀、农民陷于赤贫、工厂中的童工。他悲叹新商业经济对周期性膨胀和萧条，对导致崩溃和普遍不景气应负的责任。

他建议一些基本的改革。"我们的厂商应同意制定章程"，特别是对童工。国家应承认其为"积极的目标者有：使每个人的求生之方法更为容易；保障每一成员有改良自己状况和他的子孙的状况的希望；发展对于他的人性来说必不可少的那些职能，即他的理性和道德形象"。他呼吁在每一职业中有一个领导者的组织，从哲学的远景中研究社会问题，为社区提供建议，及"教会应受到国家的资助"。

柯勒律治认为没有纯洁的世俗智慧能解决人类的问题，因而应让给神学家去做。只有一种超自然的宗教和一种由上帝赋予的道德规范才能抑制人类的先天贪欲。邪恶与生俱来，"唯独……人类的知识"是"不适于恢复意志健全这个功能的"。他呼吁回返宗教上的谦卑意识，充分信仰为赎回人类的罪恶而牺牲的基督。

1815 年至 1816 年，柯勒律治写下或命人记下了一些"我的文学生命和意见的草稿"，供准备中的一本自传之用。两卷书没有完成，柯勒律治于 1817 年以《文学家传记》（*Biographia Literaria*）之名发表了这些草稿，现在是研究柯勒律治在哲学和文学思想之最易获得的资料。其中大部分资料是他沉溺在鸦片上、债台高筑和没有能力供应儿子们的教育的消沉时期写成的，却特别有连贯性和清晰性。

他开始摒弃了一度令他着迷的联想心理学，他拒斥每种思想是机械感觉产物的主张。他那时认为，这些仅给予我们自我——记忆、对比和持续人格——陶铸成为创造性想象、有目的的思想和有意识的行为的原料而已。我们的一切经验，有意识的或无意识的，都记录在记忆中，记忆变成储藏所，心智——有意识地或无意识地——从那里引出作为解说目前的经验、解析目前选择的材料。当然，在此点上，柯勒律治是追随康德的。他就此点完全承认他的负欠。"大名鼎鼎的柯尼斯堡的哲人的著作，较任何其他作品，顷刻间鼓舞、锻炼了我的了解。"

柯勒律治把从康德到费希特当作直接认知的唯一实体的自我升华，经过黑格尔自然和自我的对照和联合，而至谢林视为一个实体两面的自然对心智的从属关系。不过，在这种关系中，自然是潜意识的行动，而心智是有意识的行动，而且在有意识的天才的创造上使其达到最高的表达。柯勒律治自由地借用谢林的观念，却经常忘却提及他的资料来源。不过，他承认了他的总负欠，并补充说："如果我能使我的国人了解谢林的这种体系的话，这会是我一件快慰和光荣至极的事。"

《传记》一书的最后 11 章，提出作为想象产物的文学的哲学讨论。他区别幻想和想象的不同：幻想是空想，在想象中如一位善泳者一般；想象（柯勒律治以大写字母开始）如一本小说的情节、一本书的组织、一件艺术品的制成，或科学熔铸的哲学体系一般，是将部分有意识的联合到一个新的整体去的情形。这种观念成为对任何诗、书、绘画、交响乐、雕像和建筑的了解和批评：作品究竟距结构——将相关部分交织成一件协调、有意义的整体——的过或不及之处有多远呢？柯勒律治在那几页中为文学和艺术中的浪漫运动提出了一种哲学上的基础。

他以对华兹华斯诗的哲学和实际，做一种严峻的批评来完成他这部复杂的《传记》。生命的最高哲学是从最简朴人物的生活方式和思想中发现的吗？这些人的语言是诗的最上层的媒介吗？诗与散文之间没有基本的不同吗？就这些观点，柯勒律治并不十分认同。不过，他以称颂这位格拉斯米尔的圣人为弥尔顿以来最伟大的诗人的崇高礼敬，作为结束。

华兹华斯的巅峰期（1804—1814）

几经辗转后，华兹华斯的家人从鸽居迁居（1808 年）到靠近阿伦河岸的一栋大房子。诗人在这里以一位庭园设计师的身份整修那里的风景，用格拉斯米尔雨中的树木花草装点这栋房子的四周。1813 年，这个家庭又搬到在格拉斯米尔南边 1 英里处，安布尔赛德的李达尔山（Rydal Mount）边一处淳朴的产业上。他们此时已很富有，雇了几名仆人，和一些有头有脸的朋友来往。在那一年，由朗斯代尔爵士安排，华兹华斯被任命为威斯特摩兰郡的印记检验员（distributor of stamps）。这个职务一直到 1842 年，每年带给诗人 200 镑的额外收入。没有了经济上的后顾之忧，他在庭园中消磨的时间更多了，使这个庭园成为迄今依旧盛放着杜鹃花和其他植物的乐园。从二楼的窗口，他能看到两英里外李达尔湖（Rydal Water）令人心旷神怡的风光。

同时，他完成了自 1798 年开始的《序言》（1805 年）。"每天"，多萝西记着，他自早晨散步回来"带给我们"这首诗的"许多乐事"。

她和萨拉·哈奇森就不停地忙着记录，华兹华斯已学会创作无韵诗。他以"一位诗人的心智成长"作为这首逸情叙事诗的副题，该诗有意作为一部心智的自传，作为详细阐述在那种成长中获致的哲学意味《远足》(*The Excursion*)一诗的一篇导言而着手写的。他因不断将他的记忆述说给柯勒律治听而造成了意外清新的记忆。他因这首诗浅薄的个人主义而遗憾，他承认这是"一个人如此喋喋不休地谈论自己未曾有过的事"。也许因为那个理由，在他有生之年，他没有发表这首诗。

如果少许尝试，还是可以容忍的。最令他愉快的是他的童年（卷一和卷二），独自在林间漫步。他叙述他听到动物的私语、树林的沙沙声，甚至在石块声和丘陵的共鸣中，听到一种若隐若现和无处不在的上帝的声音时的那种情景：

> 兀自站在突出的高处，
> 在黎明微曦之前……
> 经常在那种时光，这份宁静
> 就会爬满我的灵魂，肉眼
> 浑然忘掉一切。而我之所见
> 犹如我自己的幻化，一场梦，
> 心智上的一种期待……
> 此刻，我见到
> 幸福如浩瀚海洋般在我四周蔓延……
> 难以名状的喜悦
> 我体会到存在的情操延展在
> 一切蠕动着的和静止着的上面，
> 为思想和知识以外，为人眼
> 不能见，而存于心灵上面的。
> 一切跑跳，和叫与唱上面，

> 　　或振动的愉快气氛上面；在浪涛下，
> 　　对！浪涛中，和壮阔雄浑的水中。倘使
> 　　以这种与人间和天上每个创造的形象交感，犹如
> 　　朝着非创造者……一般，
> 　　过分传达了我感受
> 　　的狂喜时，毋惊奇！

　　在《剑桥》（卷三）中，他有时加入学生时的嬉耍或胡闹，但受到大学生活的鲁莽和粗浅行为的搅扰。他在英国的古典名著中，或在剑桥的划船中获得了更多的乐趣。在《假期中》（卷四），他回到早期的习惯上，在家庭的餐桌上用膳，或在他习惯的床上——

> 　　那张矮床，我曾在上面卧听风声怒吼，
> 　　雨声滴答；我经常
> 　　在夏夜醒卧着注视
> 　　沉浸在我们茅舍附近一株挺拔桦树——
> 　　叶子间的晶莹月亮……
> 　　黑沉沉摇曳的树梢前后舞动，
> 　　她随着每一次吹拂的微风晃动时
> 　　我定着双眼凝视她。

　　在科克茅斯，他带着他的老狗一起散步，狗任他大声吟哦，不因此认为他"脑子有问题"：

> 　　啊！用得着我说，亲爱的朋友，我
> 　　的心已满到边缘了吗！我不立誓，
> 　　但誓言为我而立……我应当是……
> 　　一个献身的精灵。

正可以说为诗而活着了。

偷渡英伦海峡也是一大快事（卷六），华兹华斯感到大革命中法国的狂喜和阿尔卑斯山的雄伟，回程时，看看伦敦这个"恐怖人群密集的地方"、老伯克在国会中赞扬传统道德及"极度蔑视推翻暴发户"的理论，注视在沃克斯霍尔嬉耍或在圣保罗教堂膜拜的人群。看或聆听移动的人潮，混杂的人种、面孔、旗子和讲演，车辆的碰撞，娼妓的笑脸，小贩的叫卖声，卖花女的低吟，街头吟唱者的抒情小夜曲，把艺术勾勒在石板上的色粉画，"骑在骆驼背上的一对古怪的猴子"。这些，诗人感受到如在森林中的一样敏锐，但他一点也不喜欢，逃到比较宁静的地方（卷八）。在那里，他投入自然的怀抱，学会理解和宽恕。

又回到法国（卷九）时，那里古老的专制和以往的忧伤似乎都得到认可，也尊重叛乱，即使一位英国人也能体会到它的狂喜（卷九）：

> 岂是几处偏爱地点，
> 而是充满着期望的远景……的全世界。
> 有哪一种理想的情操未唤醒
> 未曾想到的愉悦呢？

从这种狂喜的顶点，法国跌进罪恶的渊薮，华兹华斯则唱着：

> 但是，目前，轮到他们成为压迫者
> 法国人将一场自卫的战争
> 变为一场征服的战争，已失去
> 他们当初斗争的目标。

慢慢地，意兴阑珊的诗人将他的《序曲》（卷十四）带入结尾，呼唤他的朋友（从马耳他）回来，加入从战争和革命中争回人类的努力，去爱自然和人类。他不满意他的诗，知道绿洲周围仍有辽阔的沙漠。他确信已看到散文和诗之间几无分野之处，他也经常在无韵诗中毫不含混地将它们混淆地使用。他曾经使"在宁静中记忆的感情"作为诗的基本要素，但用 14 篇章而镇定下来的一种感情变成一种难以排拒的催眠曲。一般来说，一首叙事诗的特性是一种伟大或崇高的行为，而思想太隐秘不能叙述出来。然而《序曲》留给果断的读者一种健康与真实的感受。华兹华斯有时用幼稚得如童谣一般的韵律，以森林和原野的气氛清醒了我们，而使我们如庄严肃穆的山丘般默默地忍受暴风雨的吹袭而依然屹立。

在 1798 年首次赴德之前，华兹华斯已经开始在写《隐遁者》（*The Recluse*），其理论是只有了解生命而且从生命上退缩的人，才能公平地判断生命。柯勒律治敦促他将此诗发展成他抱持的哲学的一种充分和最终的指陈。柯勒律治更具体地建议："我希望你写一首无韵诗，写给那些因法国大革命彻底失败的结果而放弃为人类改革的一切希望，因而追求享乐而自私自利的人。"他们同意文学的高峰应是哲学和诗的愉快结合。

经过仔细思考，华兹华斯感到他尚未准备好迎接这种挑战。他对准备成为他的心智发展史的《序言》已做了相应的推进。未完成此诗之前，他如何能写出他的观点呢？他将《隐遁者》搁在一边，继续完成《序言》。接着，他发现他的体力和信心在消逝，一度精力充沛的柯勒律治从他生命中隐去了，不再能刺激他的灵感。在这种精力枯竭而生活惬意的条件下，他写了《远足》一诗。

该诗起初很好，似描写——显然取材自遭到放弃的《隐遁者》——曾经由流浪者住过的颓败村舍为开始。这位酷肖华兹华斯的流浪者引导这位旅人到遗世孤处者的身边，他则述说他如何失去了宗教信仰，开始对文明生厌、退入山中的宁静气氛。流浪者提出宗教为绝望的唯一治疗方法，知识即幸福。但是，知识增加我们的权力甚于我们的快乐。接着，他引导到牧师那里，他提出农民信徒的朴素信仰和家庭团结，要比哲学家意图以复杂的知识取代古老的智慧聪明。流浪者哀叹虚骄的城市生活和邪恶的工业革命。他辩护普及教育，并预言它的"繁荣结果"。不过，牧师的最后预言吟咏了对一位人格化的上帝的一首赞美歌。

作为《隐遁者》一部分的这首《远足》，于 1814 年出版，一册定价 2 金币。（作为它序文的《序言》则直到 1850 年才出版。）华兹华斯要求他的邻居克拉克森家族（the Clarksons）协助在"富有而喜欢教育性图书"的教友会朋友中销售。虽然他"不把这书借给任何能买得起这本书的人"，还是赠给了小说家查尔斯·劳埃德（Charles Lloyd）一册。8 个月后，总共卖掉 300 册。

评论的意见好坏参半。杰弗里爵士在 1814 年 11 月的《爱丁堡评论》上，以一句不祥的开头语"此诗决不畅销"来非难这首诗。黑兹利特于"对自然的描述和启示性的反射两者为令人舒畅的篇章"来赞扬后，发现这首诗就整体来说"过长、太过堆砌"，重复"相同的结论，显得太刻板、无味"。曾誉此诗为一篇杰作的柯勒律治，在《远足》中看到了"冗长、重复和一连串逆旋，而不是进步和思想"。不过，柯勒律治在后来的《桌边漫谈》（Table Talk）中赞扬卷一和卷二《荒凉的村舍》（"The Deserted Cottage"）为"人类最美丽的诗篇之一"。雪莱不喜欢《远足》一诗，因为它揭示华兹华斯以一位自然泛神论者向上帝的正统观念投降的意念。但是，济慈在这首诗中发现了许多灵感。总而言之，他认定华兹华斯的才华在拜伦之上。时间证明了济慈的看法。

高门圣哲（1816—1834）

1816 年 4 月，43 岁，接近身心崩溃的柯勒律治成为伦敦高门（Highgate）的詹姆斯·吉尔曼医生的一位病人。柯勒律治那时一天要消耗一品脱的鸦片烟酊。骚塞约在这个时候描写他"胖得有半栋房子大"。他的身体松弛而佝偻了。他的脸色苍白，浑圆而缺乏生气，呼吸短促，双手颤抖得几乎不能举杯到嘴边。他有一批如兰姆和克雷布·罗宾逊忠心的朋友，但是他绝少去看几乎仰赖抚恤或赠赐来维生的太太或孩子，而且失去了对生命的最后一丝希望。也许这位年轻的医生曾听过拜伦和沃尔特·司各特称誉这位心力交瘁的人，为英国文学史上最伟大的人物吧。无论如何，吉尔曼认为只有不断给予职业性的监护和照顾，才能挽救柯勒律治。征得太太的同意后，吉尔曼博士将柯勒律治带回家，供他食物，给他治疗、安慰，直到他去世。

柯勒律治的心智原是惊人的。医生对这位病人的渊博的知识、丰富的观念和出色的谈吐大为讶异，他打开了这位"斫伤了的大天使"的话匣子，柯勒律治以并不非常清晰或有逻辑的话语在医生家中漫谈，但无疑是充满智慧、热诚和真诚的，因而吸引了不少听众。这些谈话的片断，保存在依然火花闪烁的如《桌边漫谈》一类的作品中，"每个人生来就是一位亚里士多德派或柏拉图派的人物"，"我们要么有一颗不朽的灵魂，要么就没有。如果我们没有，我们是禽兽，也许是第一等聪明的禽兽，但无疑依旧是禽兽"。

他不满足于跻身第一等聪明的禽兽中。他将要死去时，他从宗教中寻找安慰，似乎要使他的交易成功似的，几乎投入作为英国稳定和道德支柱的最正统的国教中。他满怀希望地冀图永恒化生命——生命之光常在。他的《论教会和国家的宪法》（*On the Constitution of the Church and the State*，1830 年）一文，视它们为国家统一的两种互为辅佐的形式。他和华兹华斯反对不列颠天主教政治上的解放，理由为天主教会的成长会因爱国心和宗教之间发展的冲突而危及国家。

他接受了对于老年人来说很自然的保守主义。1818 年，他曾支持罗伯特·欧文和罗伯特·皮尔爵士严格限制童工的运动。但 1831 年，他反对要击败托利党在国会中占优势的《改革法案》（*The Reform Bill*）。他不支持消除西印度的奴隶制度。比绝大多数哲学家更加热爱和支持科学的他，拒斥进化的观念，偏向于"我在《圣经》中找到的历史"。最后，他广博和深远的学识向病体和意志屈服，他竟成为一位对政治或信仰的每项改革都十分恐惧的人。

他缺乏在他的作品中达到的建设性统一的持久耐心。在《文学家传记》（1817 年）中，他宣布要写一部文学巨构《哲学》（*The Logosophia*）——科学、哲学和宗教的总述、顶点和调和的意图。但是，使他贡献于那份事业上的体力和心灵，却因混乱如一堆碎片。

1834 年 7 月，柯勒律治开始向生命告别。"我濒临垂死的边缘，却没有迅速解脱的期望……胡克希望活到写完他的《宗教政体》（*Ecclesiastical Polity*）一书——就我自己来说，我希望生命和体力能让我完成我的《哲学》一书。因为，诚如上帝听到的我的祷告，我心中始终在筹算的是扩大上帝名字的荣耀。换句话说，那与促进人类的幸福是同一件事。但是，如上帝别有用意，那么，就依它的意志吧。"柯勒律治死于 1834 年 7 月 25 日，享年 62 岁。华兹华斯听到"他所知的人中最不平凡的人"逝世的消息而深为震惊。柯勒律治最要好的朋友兰姆说："他的伟大和可爱的鬼魂时常萦绕在我身边。"

论遗世独立派

查尔斯·兰姆是少数几位激进派人士之一，他们的主要著作使他们于 1815 年后得到这种地位。但是，他可以融入湖畔诗人的生活圈子中。兰姆是柯勒律治在伦敦的朋友中最亲密的一位。他们在孩提时代的公共学校时就已相知。那时，兰姆的不可救药的口吃使他被摒于学业上的荣耀之外。他 14 岁时离开学校自谋生路，17 岁时成为东印度公司的一名会计，他在那里一直工作到 50 岁退休领到一笔赡养金。

他的祖先有癫狂的血统，他自己在一家疗养院中消磨过 6 个星期。1796 年，他的姐姐玛丽·兰姆在发狂中杀死了他们的母亲。玛丽多次被幽禁，但大部分时间，放弃结婚的兰姆使她和自己住在一起，直到他去世。她复原得相当好，能和他合作撰写《莎士比亚的故事》一书。他自己唯一的作品是《伊利亚随笔》（*The Essays of Elia*，1820—1825 年），该书活泼的风格、朴素的文字和艺术手法，表现出它是在那个不十分幽雅的时代中一本最可爱的书。

1797 年 6 月，他依旧震惊在一年前的悲剧中，他接到柯勒律治希望他到斯托威去访问的一封邀请函。既然是一位口吃者，他发现自己身处在两位口若悬河的诗人——柯勒律治和华兹华斯——之前，几乎不敢口开说话。5 年后，他和姐姐访问住在格雷塔的柯勒律治。"他以无比的殷勤来招待我们。"虽然终其一生，他是一个怀疑论者，兰姆绝不允许柯勒律治的神学观点干扰到足可抵消每种挫折的感情和敬仰。

国家肖像馆收藏了一幅由他的朋友威廉·黑兹利特——当时最活跃和尖刻的文学批评家——所作的兰姆的人像画。1798 年，黑兹利特访问柯勒律治，1803 年再度到格雷塔访问他。第二次华兹华斯也在场，这三个人在一起讨论上帝是否存在的问题。诚如我们已经看到的，威廉·佩利以设计的观点做过正面的辩护；黑兹利特则持反对立场；华兹华斯采取中立，主张上帝不是存在于宇宙之外而从外面来指导宇宙的，而在于宇宙之中，为宇宙的生命和心智。那次访问时，黑兹利特因勾引一名女性而招致邻居们的盛怒。害怕被捕或甚至更糟的事情发生，他逃到格拉斯米尔。华兹华斯供他过了一宿，次日一早给了他一笔足够到伦敦去的马车费。

柯勒律治和华兹华斯转而反对大革命，并以热烈的诗篇贬斥拿破仑时，黑兹利特鄙视他们为反叛者，并以拿破仑的观点写了四大卷的《拿破仑的一生》（*Life of Napoleon Buonaparte*，1828—1830 年）。同时，他以论伊丽莎白时代戏剧的演讲（1820 年）和《时代的精神》（*The Spirit of the Age*，1825 年）一书，刻画同时代的人物形象，使自己成为一位评论家的楷模。华兹华斯不欣赏该书对文学中农民学派的讽刺性攻击。

这位上了岁数的诗人更喜欢托马斯·德昆西，德昆西对他一直赞扬备至。德昆西本来就是一位天才，1821 年他以《一位英国鸦片烟鬼的自白》(*Confessions of an English Opium Eater*) 一书来促请不列颠的注意。德昆西年幼时是一位天才，15 岁时就能讲述希腊的古典著作。因为学校的进度太缓慢，他从学校和牛津出走。他一定因自己喜欢《抒情民谣集》中不假矫饰的朴素，而自感意外。1803 年 5 月，他写给华兹华斯如下一封也许改变这位孤独诗人的头脑的信：

> 在寻求你的友谊上，我没有别的目的，每位读过而体会到《抒情民谣集》的人都会产生与您亲近的想法。自从这个世界开始混乱以来，我从其他八九位诗人的作品中寻找到的全部喜悦，也比不上这两部迷人的诗卷给予我的多——你的大名将在我身上永远与这些美丽的自然风光联系在一起……我有什么权利要求成为，如你那样放射出如此灿烂、如此庄严的天才光芒的一个人的伙伴呢？

华兹华斯的回答是感谢式的。"我的友谊，"他写道，"我无权给予，这是没有人能创造的一份禀赋……一种健全的友谊是随着时间和情境而成长的。友谊如一朵野花，时机适宜时就会含苞待放，不适宜时追寻也是徒劳无益的。"他设法打消这位年轻人经常联系的要求："我是世界上最懒散而不懂得写信的人。"但他加上一句："我的确喜欢在格拉斯米尔见到你。"

尽管他有这份热诚，德昆西再次接到这份邀请时，已经过了 3 年了。那时，遥见到华兹华斯的茅舍时，他的勇气消失了，如寓言上的朝圣者快抵达罗马时，竟自惭形秽而掉头回去一般。但是，1807 年底，在布里斯托尔，柯勒律治接受了他护送夫人和孩子回凯西克的提议。在旅途上，他们一起到鸽居逗留一阵子。此时，如布朗宁不久见到雪莱的心情一般，德昆西终于看到了平易近人的华兹华斯。"如一道闪电，我看到这位瘦高个子隐然出现了。他伸出手，以最恳挚的欢迎来接待我。"

骚塞（1803—1843）

同时，在格雷塔和伦敦，骚塞用他勤奋而平淡无奇的文笔，维持太太伊迪丝、5 个女儿和一个儿子的生活，不幸的是这男孩 10 岁时就死了。柯勒律治去了马耳他后，骚塞负起了照顾柯勒律治夫人和她孩子的责任，甚至华兹华斯有时也仰仗他：威廉的弟弟约翰在海上失踪（1805 年）的消息使格拉斯米尔的一家人笼罩在愁雾中时，华兹华斯写了一封信给骚塞，求他过来帮助他安慰多萝西和玛丽。他去了。"他如此温柔、慈蔼，"多萝西写着，"我立刻爱上了他。他和我们一起忧伤地流泪，出于那种原因，我想我会永远爱着他的。"

虚荣心使他迷失了较短的一段时期，他一首接一首地写叙事诗，首首失败。时间就是一首叙事诗。他使自己屈就写作散文，却较有所获。1807 年，他出版《英格兰书简》(*Letters from England*)，作者署名曼纽·阿瓦瑞兹·爱斯皮拉（Don Manuel Alvarez Espriella），骚塞让这位想象中的西班牙人对童工和不列颠工厂中其他的情况痛责一番。如：

> 我大胆地了解关于以这种古怪的态度训练起来的这些人的道德，却发现……将这么多男女集拢在一起的结果，对宗教和道德上最普通的原则竟毫无所悉。他们在这种环境影响之下，成为堕落和颓废的人是无法避免的。男人酗酒，女人淫荡，不论他们赚到的工资有多高，他们太过浪费，不懂得储蓄起来供不时之需。虽然教区不再如孩子一般地去照顾他们了，仍须因他们的生活方式、早衰或年老而诱发的疾病，照顾他们。

这位贵族对英国经济下结论道："在商业上，甚于在战争上，人和兽都被视为机器，一点都不后悔作为牺牲品。"

骚塞不久发现他不能靠他的笔来维持生活，更不能养活他的妻女，特别是在战时，除非他采取更为保守的立场。这种改变因一年160镑的政府赡养费（1807年）和经常在托利党的《评论季刊》上发表文章，而进行得很顺利。1813年，他因出版《纳尔逊的一生》——一本依靠勤奋的研究而清晰、生动的虚构小说，而且以朴素、清晰和流畅的18世纪的体裁来写作，尽管作者因喜欢他的英雄人物和国家而充满着个人的过多偏见，却是一本能令读者一口气读下去的书。他使自己提高到一位作家和一位爱国者的地位。纳尔逊与汉密尔顿夫人十几年的私情，则压缩成一段文字一笔带过。

骚塞因接受英格兰桂冠诗人的地位而贬低诗的威望时，拜伦、雪莱和黑兹利特哀伤了。皮特将这项头衔给予一位身份低微的治安推事亨利·派伊时（1790年），这种荣誉的含金量已经在缩水了。派伊死后（1813年），政府将这个位置赠给沃尔特·司各特，他拒绝接受，但推荐骚塞为这种头衔应得之人。骚塞接受了，从而使每年的赡养费增高到300英镑。有资格取得这份荣誉的华兹华斯，洒脱地说："骚塞有一大群家小要养活。"

后来辱骂骚塞有不名之誉和健忘的拜伦，1813年9月与他在荷兰宫见过一次面后，说了他很多好话："我见到的人中相貌美好的吟游诗人。"他对托马斯·穆尔说："有那位诗人的头颅和双肩，我一定会写出他的萨福诗体。他的确是看一眼就叫人喜欢的人，一个有天赋的人……他的态度温和……他的散文完美。"但是，骚塞那种讨好有钱或有势的人的急功近利的做法，使拜伦于1818年与他公然作对。一个叛乱团体弄到骚塞的激进戏剧《瓦特·泰勒》（*Wat Tyler*，写于1794年，未出版）的稿本并于1817年出版时，最无情的攻击终于到来了。

骚塞退回到格雷塔、他的书房和太太身边。她曾不止一次地接近疯狂的边缘，1834年她的心智错乱，1837年她终于去世了。骚塞自己于1843年放弃了这场战斗，接着，几乎在一致的同意和他自己的提议下，华兹华斯被推举为桂冠诗人。

华兹华斯的独白（1815—1850）

诗是属于年轻人的，华兹华斯活了 80 岁，去世时仍如 1807 年他 37 岁写《理堡白鹿》（"The White Doe of Rylstone"）一诗时的那位诗人。那时，沃尔特·司各特已出版《最后一位吟游诗人的叙事诗》（*The Lay of the Last Minstrel*，1805 年）。华兹华斯羡慕它的流畅风格，采用这种风格来写自己的叙事诗——一首伊丽莎白一世在位第 12 年时，关于北英格兰宗教战争的叙事民谣，几乎整个家庭——父亲和 8 个儿子——在一次社会运动中全部殉难的故事。埃米莉，仅存的一位妹妹，在哀伤中度过了她的余生。一只白雌兔每日来安慰她，每个安息日陪伴她到博尔顿教堂墓地上去凭吊最小的兄弟。埃米莉死后，白雌兔继续独自到博尔顿从事每周的访问，静静地躺在墓边，直到教堂内的安息日礼拜做完，然后安静地行经树林和溪流，回到它的窝里。这是一则以幽雅、哀怨的语气表达的传说。

这是华兹华斯艺术最后的胜利。除了他在轻微的感触下吟咏的一些十四行诗外，他不再作诗了。他看上去 50 岁光景，像一位哲人，身材修长，风度翩翩，身上裹着御寒的棉袍，额头微秃，头发蓬松，微低着头，双眼深沉做沉思状，如同一个见过雪莱和拜伦、自婴孩进入狂喜而到达死亡过程的人，此时安静地等待着自己的死期，深信他会留下比空幻的感情或讽刺的韵律更为永久的一个纪念碑在人间。

他在德行上有一些瑕疵，因为他过于个人主义。"弥尔顿是他最伟大的偶像，"黑兹利特写道，"他有时竟拿自己和他相比。"他视赞扬为当然之事，对批评怒不可遏。他爱引述自己的诗句，诚如 1833 年拜访他的爱默生顽皮地指出的一般。但是，他在 1815 年的一篇前言中曾说过，他的诗要大声朗诵才够味。事实上，它们是能唱也能诵的，一首抒情诗应有七弦琴伴奏才行。

岁月增加时，他变得很保守，这似乎是老年人的一项特权——也许是一项义务吧。如果说拜伦和雪莱未能认清这点，也许是因为他们死于青年时的精神分裂之故。法国大革命从宪政到解体的衰退给华兹华斯做某些行动的借口，而工业革命的残忍似乎证明某些健全美丽的事物，已经因工厂的劳动者取代了健壮的自由民的地位，而从英格兰消失了。1805 年以后，由于赠赐或购买，华兹华斯变成了几处低微的产业的所有人。身为一名地主，他容易同情视土地上的"孳息"为经济秩序和社会稳定的基础的看法。因此，他反对削减谷类价格的一项计划，认为劳动者的工资可以借取消提高进口税、干扰外国谷类进口的《谷类法》来弥补。

他一度是葛德文的仰慕者，此时，以个人只能通过对传统、资产和法律的尊敬而维持一个社区联合体的生存为由，反对葛德文的自由个人主义。1815 年以后，他支持政府的一切压制手段，被烙上一位自由运动背叛者的烙印。他坚持立场，并以他对这个世纪的最后诊断来反驳："这个世界借政治改革、政治救济、政治万灵药作为从邪恶中解救出来的口号正趋向疯狂，同时这种伟大的邪恶——文明、束缚、悲惨——深植人心，除了道德和宗教没有东西能除去它们。"

因此，他呼吁英国人支持国教。他将一些英国史编织入 47 首《圣职者十四行诗》（*Ecclesiastical Sonnets*，1821 年）中，这些诗让我们记起一些已经被遗忘的英雄人物，有时我们也对它们的优美韵律感到讶异。依照亨利·克雷布·罗宾逊的说法："华兹华斯说过，如果需要，他愿为护卫国教而不惜洒出自己的热血。他并不因为有人引述他以前说过——他不知道自己曾经进过国内的教堂的话——来嘲笑他而感到狼狈。"

他周围的爱情世界开始倒塌时，我们的确没有找到他从宗教中寻求慰藉的证据。1829 年，多萝西患了严重的结石症，她的健康和精神就此衰弱下去。久治不愈损害了她的神经系统，1835 年后她的两腿瘫痪，除了早期的一些事物和她依然能背诵她哥哥的诗以外，她的记忆力也衰退了。此后 20 年，她在家中变成一个一无用处却很安静的病人，静静地坐在靠近壁炉的椅子上，耐心地等着死神的召唤。

1835 年，萨拉·哈奇森去世，留下华兹华斯和太太玛丽两人照顾妹妹和孩子们。1837 年，他依旧有足够的毅力与罗宾逊到法国和意大利旅行 6 个月。在巴黎，他重逢了安内特·瓦隆和此时已结婚的女儿卡罗琳。

他死于 1850 年 4 月 23 日，葬在格拉斯米尔的教堂墓地他的邻居中间。多萝西又拖延了 5 年多，由将近失明的玛丽耐心地照顾着。玛丽死于 1859 年，享年 89 岁，她一生忠于家务。在华兹华斯身上，一定有一种比他的诗更伟大的东西，让他得到这些女人历久不衰的爱情。

第八章 | 反叛的诗人
（1788—1824）

褪色的污点（1066—1809）

要了解拜伦，我们就要了解他的祖先的某些详细的历史和个性。他的血统，如他的名字一般，也许来自法国，那里有好几位拜伦是历史上的人物。拜伦自己曾在《唐璜》（*Don Juan*）一书中（第十首，第 36 行），很自负地提到一位推定的祖先，雷道伏斯·德·布伦（Radulfus de Burun）曾随"征服者"威廉来到英格兰。12 世纪，布伦家（Buruns）变成了拜伦家（Byrons）。一名约翰·拜伦爵士在亨利八世麾下表现得十分出色，修道院解散时，国王将该修道院（约建于 1170 年）和"我们诺丁汉郡境内……之前修道院和纽斯台小修道院"的土地转移给他，作为一份名义上的总报酬。有男爵爵位的拜伦家族此后在英国历史上扮演着一系列不重要的小角色，支持斯图亚特王朝诸王，追随查理二世放逐到国外，被没收纽斯台的修道院，复辟时又重新收回。

诗人的堂祖威廉·拜伦爵士五世（1722—1798 年），英俊、鲁莽，曾服役于海军，因为在修道院中过着放荡不羁的生活，赢得"缺德爵士"（Wicked Lord）的诨名。他挥霍掉大半家财，在酒馆一间黑房中，因一次临时决斗中杀死了他的亲戚威廉·查沃斯，依谋杀罪被送进伦敦塔，受到上院的审判（1765 年），被判"谋杀罪无据，过失杀人罪成立"，后隐居在修道院内，在那里过着隐晦的隔离生活一直到去世。

威廉·拜伦的弟弟约翰·拜伦成为一名海军少尉的候补军官，遇到过海难，并出版了一本《故事书》（Narrative），他的孙子将海难的生动情景从《故事书》搬进《唐璜》。作为海豚号舰的司令官，约翰环航过地球一周。最后，他退休回西英格兰家中，在那里以"海上大情人"（the Nautical Lover）享誉，因为他在每个港口都有一位太太或一名情妇。

约翰·拜伦的长子，也就是诗人的父亲，在他短命的 35 年生涯中，充满了许多罪孽，被称为"疯人杰克"（Mad Jack）。从美洲殖民地服役回来后，他在伦敦消磨了一段时间，让他的情妇们替他还债。1778 年，他偕卡马森郡的侯爵夫人一起私奔。她的侯爵丈夫和她离婚，杰克娶了她并享受她的收入。她替他生了 3 个孩子，其中一位奥古斯塔·利成了诗人同父异母的姐姐，有时兼作情妇。

1784 年，前卡马森夫人去世。一年后，这位神采飞扬的鳏夫娶了一位 20 岁却有 2.3 万英镑财富的苏格兰女子——盖特郡的凯瑟琳·戈登。她面貌平庸，却十分自负，拥有一个可追溯到苏格兰的詹姆士一世的家谱。她身怀诗人时，也给了诗人另一系列杰出、狂热的遗传：祖先为法国人，个性暴躁，历代出过强盗、谋杀者和封建地主等。这位母亲本人就是一位敢爱敢恨的复杂人物。她的丈夫挥霍光了她的资产，然后遗弃了她。之后，这些性情又发挥在她唯一的儿子身上，她用爱来纵容他，用管教来刺伤他，用如"跛脚小子"这种诨号来贬低他。恰尔德·哈罗尔德（Childe Harold，拜伦笔下的人物，他自己的化身）说："我应该知道从这样一粒种子上会结出什么样的果子了。"

乔治·戈登·拜伦于 1788 年 1 月 22 日生于伦敦。他的右脚在出生时因脚底内弯，脚跟上抽而成残疾。这种残疾可以借着每天运动这只脚而治愈，但是母亲却既没有这份耐心也没有做这样一种工作的毅力，那样做对于孩子来说似乎是残忍无比的，医生们也没打算推荐这种方法。8 岁时，这只变形的脚是让孩子在一只设计来平衡和减少变形的小鞋子外面套一只寻常的鞋子来改良的。在日常生活和运动中，他的脚变得很灵活，但他在起居室行走时，难免会在意他跛脚的痛楚。青年时期，对任何触及他残疾的事，他都会生气，这养成了他敏感、暴躁的脾气。不过，这也许刺激他追求各种胜利——在游泳、求爱和作诗上，那样或许分散了对他残疾的注意。

1789 年，母亲带着孩子搬到阿伯丁去住。一年后，她的丈夫逃到了法国，1791 年在纵欲和赤贫下死在那里。只留下财产的极小部分，拜伦夫人却尽到了儿子的教育责任，以使他有资格成为一位爵爷。他 6 岁时，她喜不自胜地向他述说：“作为一名好孩子，跑跳行走就要跟其他孩子一样。”7 岁时，他入阿伯丁小学，他在那里打好了拉丁文的基础，接受更高一层的教育，并在希腊、小亚细亚和意大利旅行过许多次后，在拉丁和希腊文学上的造诣十分高深：只有在经典古籍上有素养的学者，才能了解出现在《唐璜》上的游戏文字引文和历史上的暗示。拜伦认为，历史——净化的民族主义和神话——才是有关人类的唯一真理。雪莱则忽视历史，只喜好与历史无关的理想。

1798 年，拜伦的堂祖“缺德爵士”死于纽斯台，留给这位 10 岁大的小男孩从男爵头衔、修道院到 3200 英亩田地的遗产和一大堆债务。这是一笔很大的遗产，只有足够的收入才能使这位寡妇从阿伯丁搬到修道院，在那里过中产阶级的舒适生活。她把孩子送到德尔威治的一所学校就读，1801 年将孩子送到距伦敦 12 英里的哈罗镇上一所著名的私立“公”学就读。他在那里抗拒通常由高年级学生要求低年级学生做的“任意驱策”的差使，而他自己成为一名高年级的学生时，使用一种十分客气的方法去“任意驱策”别人。他是一名惹是生非的学生，破坏纪律，爱恶作剧，忽视指定的功课，但是他读了不少课外读物，经常是一些好书，包括培根、洛克、休谟和伯克莱的著作。显然，他失去了宗教信仰，因为一位同学称他为一位"要命的无神论者"。

17岁时，他进入剑桥的三一学院。他在那里住着价钱很贵的宿舍，有多名仆人，豢养了一只狗和一只熊作为室友。他光顾当地的妓院和医院，偶尔从伦敦寻找更优异的服务。在布赖顿的一次假期（1808年）中，他带着一名乔装成男孩子的女子。但是，公平来讲，他在剑桥的发展如他描写的一般，作为一个英俊青年有着"一种虽然狂热但纯洁的爱情和激情"。以他的财富、慷慨和妩媚，他维持了几次持久的友谊，最要好的朋友是约翰·卡姆·霍布豪斯。几乎长他两岁的霍布豪斯，对拜伦经常目无法纪的生活，予以关注并偶尔告诫，因为这位青年诗人似乎有意要以一位学验未丰、没有信仰、道德上无拘无束的态度去自毁。

1807年6月，年方19岁，他出版了一卷诗集——《安逸的时间》（*Hours of Idleness*），署名"乔治·戈登·拜伦爵士，一位二流诗人"（George Gordon, Lord Byron, a Minor）。他到伦敦替这本诗集安排有利的评论。1808年1月的《爱丁堡评论》以讽刺的口吻评论书名装腔作势，署名为一种噱头。这位青年贵胄为什么不等待合适的时机，发表一些成熟的作品呢？

1809年1月22日，他到了成年的岁数。他偿还了一些较为迫切的债务，同时因赌博而招致了更多债务。他取得在上院的席次，因新进人员没有发言权而感到痛苦。但是，3天后，他在《英国诗人和苏格兰评论》（*English Bards and Scotch Reviewers*）撰写了一篇几乎可与蒲柏的《愚人记》（*Dunciad*）媲美的巧妙、苛评的文字，猛轰对他的书的批评者。他嘲笑感伤的浪漫运动（不久，他却成了浪漫运动的一名领袖和一尊神），呼吁回到英国奥古斯都时代的雄浑和古典风格上：

你们应相信弥尔顿、德莱顿、蒲柏；

　　你们不应揭橥华兹华斯、柯勒律治、骚塞……

　　我们从霍勒斯处知道："荷马有时睡着了"；

　　我们感到，没有他，华兹华斯有时醒着。

　　不久，取得剑桥的文学硕士学位后，拜伦与拳击家为友，练习击剑，并在伦敦的夜生活中学会了另一门课程，他和霍布豪斯于 1809 年 7 月 2 日向里斯本扬帆，指向东方而去。

欧陆大旅行时期的拜伦（1809—1811）

　　这不是传统意义上的大旅行：英国处在战争状态中，而拿破仑控制了法国、比利时、荷兰、德国和意大利，因此拜伦将两年旅行的大部分时间消磨在阿尔巴尼亚、希腊和土耳其，这对他的政治观点、对女人和婚姻的看法及他的死都有相当大的影响。他留下 1.3 万英镑的债务，带了 4 名仆人和他一起同行。他发现里斯本荒凉得超过半岛战役（The Penisular War，1804—1814 年的英法战争）带来的景象，每位居民似乎都带着仇视的眼光，拜伦随时带着两支手枪在身边。他们这伙人骑马到塞维尔和加的斯游历，从那里，乘着一艘英国的木造快速帆船到直布罗陀。他在那里留下三位仆人，仅带着他习惯的随从威廉·弗莱彻，继续向马耳他出发（1809 年 9 月 1—18 日）。他在那里与斯宾塞·史密斯太太热恋起来，因太过招摇使一名不列颠的上尉评议他的性急。拜伦送给他一份挑战书，并加上一句豪语："因为我搭乘的船必须要在第一次风向转变时就要扬帆，我们之间的这档事安排得愈快愈好。明晨 6 时是最好的时辰。"上尉送给他致歉的信。

　　9 月 19 日，拜伦和霍布豪斯乘着双桅船蜘蛛号离开马耳他。一星期的航行，把他们带到帕特拉斯（Patras，希腊的一个海港）。他们在那里停留片刻，只是为了踏上希腊的土地罢了。当天傍晚，他们重新登上蜘蛛号，继续前行，经迈索隆吉翁和佩尼洛比的依萨卡，在靠近毁灭安东尼和克娄巴特拉的亚克兴附近的普雷韦扎港下船。他们从那里骑马北上，经艾比鲁斯进入阿尔巴尼亚境内。恐怖的土耳其人阿里·帕夏，在阿尔巴尼亚的首都以恐怖方式统治着阿尔巴尼亚和艾比鲁斯。他明智地给予拜伦配得上一位不列颠贵族的一切荣誉，因为——他告诉这位诗人——从他的一只小手和一对耳朵上，就知道他定是出身贵族。

10月23日，拜伦和同伴往回走。27日，他们到达艾比鲁斯的首都雅尼纳（Janina）。他在那里开始将他的旅行印象记录在一本自传体的《恰尔德·哈罗尔德的朝圣之旅》（*Childe Harold's Pilgrimage*）的书中。11月3日，这行人朝南走，经过现在的埃托利亚（Aetolia），在帕夏的命令下由一队个个精于谋杀和抢劫的阿尔巴尼亚的雇佣兵护送。这些雇佣兵爱上了他们的新主子，部分是因为他似乎是一个不怕死的人。拜伦染上一种热病时，他们威胁着如果病人死了，就要杀掉医生，这名医生被吓跑了，而拜伦也康复了。11月21日，这行人乘船自迈索隆吉翁驶往帕特拉斯。在那里，在一队新护送人的护送下，他们骑马经伯罗奔尼撒和阿提卡，参观了德尔菲和底比斯两座古城，于1809年圣诞节那天进入雅典。

那一天，对于这两位朝圣者来说，一定是喜忧参半的。远古的庄严和近代的腐朽的种种证据，及一个一度曾自负而目前已由威武退缩到阿谀的民族，显然低声下气去接受土耳其人的统治，满足于商业贸易和每日的闲谈，这一切令拜伦蹙额。拜伦试图具体化独立的精神和这个民族的骄傲。诗人使恰尔德·哈罗尔德大呼反抗，并思索他如何能帮助这个伟大民族的后人重获自由。

无论如何，那里的女人美丽动人，具有乌黑挑逗的眸子和柔顺的风姿。拜伦和霍布豪斯住在寡妇麦克里的家里，由她服侍。她有三个女儿，都未满15岁。这位年轻的放荡客与她们肆意取乐。显然，12岁的特雷莎教给他一句调子优美的欢迎词："我生命中的生命，我爱你！"围绕着这句温馨的片语，他写出了他的一首传世歌："雅典的少女啊！今夕我们别离，给我吧，啊！给回我的一颗心啊！"

　　1810年1月19日，拜伦与霍布豪斯和一名仆人、一名向导、两名马夫，出发访问希腊最令人鼓舞的景色。这趟旅程耗时4天，但是结果证明不虚此行：他们看到耸起在柯隆那角（Cape Colonna）上，纪念海神波塞冬的一所庙宇的遗存列柱。他们告诉水手们，他们已经看到了希腊。拜伦作了《咏希腊岛》（"The Isle of Greece"）一诗，后来插入了《唐璜》诗集第三篇，就是纪念这份残缺美和远处平静如镜的爱琴海的。从柯隆那角到马拉松只有一天的骑程，在那里诗人思绪汹涌，不久就写下如下名句：

> 群山俯视马拉松村，
> 马拉松村俯视爱琴海。
> 独自在那里沉思一个小时，
> 我依希觉得希腊自由如昔，
> 因为站立在波斯人的坟墓上
> 我不以为自己是一名奴隶。

　　3月5日，拜伦和霍布豪斯从雅典搭乘一艘英籍船皮拉得斯号前往士麦那城。被迫在那里等候了一个月，诗人完成了《恰尔德·哈罗尔德的朝圣之旅》的第二篇。到艾菲索斯小游三日，发现了三个顶峰时期——希腊、基督教和伊斯兰教——一座城市的废墟。"三教的衰朽，"霍布豪斯感慨道，"在那里呈现出一种光景。"

　　4月11日，他们搭乘木造帆船萨尔赛特号前往君士坦丁堡。逆风和外交上的阻挠，使这艘船在亚洲的达达尼尔市停泊了两个星期。拜伦和霍布豪斯漫游了特洛阿德平原（the Troad Plain），希望那里埋葬着荷马的遗骨。可惜那时施里曼（Heinrich Schliemann）尚未诞生。4月15日，拜伦和一名英国海军军官威廉·艾肯海德中尉自行渡过海峡到达欧洲这边，然后游回对岸去，但是强烈的海流和冰凉的海水阻挡了他们。5月3日，他们再度尝试，从欧洲这边的土耳其塞斯托斯市游到小亚细亚上的阿比多斯市，艾肯海德以65分钟游完全程，拜伦为70分钟。在那一点上，海峡只有1英里宽，但海流迫使这两位近代的利安得（Leander）游了4英里多的距离。

这几名游客于5月12日抵达君士坦丁堡，瞻仰了清真寺，于7月14日离开。17日，他们的船停泊在凯奥斯岛上的济亚港。他们在那里分手，霍布豪斯继续朝伦敦走，拜伦和弗莱彻改搭小船前往帕特拉斯。他们再从陆路到雅典。拜伦在那里重新开始他长期以来的对不同女性的探索。他夸耀被他的爱情俘房的人数、染患淋病的次数，并以郁郁不乐作为人生观。11月26日，他写信给霍布豪斯说："我现在已看到了世界……我已尝遍形形色色的乐趣……我已无所求了，也许开始要考虑从那种境遇中走出来的最适当的路子了……但愿我能找到一些苏格拉底的毒胡萝卜。"1811年1月，他在卫城山脚边上的圣方济派修道院中替自己和仆人们找了几间房间，梦想着过修道院的安静生活。

4月22日，他最后一次离开雅典，在马耳逗留了一个月，接着回到英格兰。他在离开英格兰2年12天后，于7月14日那天重回到她的怀抱。正忙碌于重新在伦敦的生活时，他接到母亲去世的消息，凯瑟琳享年46岁。他匆忙赶返纽斯台修道院，在她的尸体旁守了一个晚上。一位婢女恳求他回房休息时，他拒绝了，并说："在这个世界上，我只有一个朋友，而她去了！"他在为死于1808年11月而被埋葬在修道院的花园地窖中的纽芬兰种狗波茨瓦写的诔铭中，说过同样的话：

> 竖起这堆石头纪念一位朋友的遗骸；
> 我就只有一个朋友，他就躺在这里。

1811年8月，拜伦立了一份遗嘱，由他的堂兄弟乔治·拜伦继承修道院，指定了仆人们的遗赠物，同时直接走到他的埋葬处："我渴望我的躯体也被埋葬在纽斯台花园的地窖中，不举行任何葬仪，除了我的名字和岁数外，墓碑上不写铭文，我的忠犬不得从这座地窖中移走。这是我的遗嘱。"安排完了他的后事后，他又开始征服伦敦了。

伦敦之狮时期的拜伦（1811—1814）

他不费吹灰之力就结交了许多朋友，因为他在气质和风采上具有吸引力，谈吐迷人，文学和历史知识广博，对朋友的忠诚甚于对情妇。他住在圣詹姆斯街 8 号的豪华套房里，在那里接待过托马斯·穆尔、托马斯·坎贝尔、塞缪尔·罗杰斯、霍布豪斯等人，而他们也报之以欢迎之诚。通过罗杰斯和穆尔两人，他进入荷兰宫的名流群中。他在那里碰到了理查德·谢里丹，他正准备从政治界中退出来，但词锋依然犀利如昔。"他说话时，"拜伦回忆说，"我们屏息倾听，从下午 6 点直到凌晨 1 点钟，连哈欠都不打一个……好家伙！他很快就烂醉如泥。送他回家几乎成了我的义务。"

在这些民权派人士主张的刺激下，拜伦在自己的诺丁汉郡举起"路特派"反抗纺织工业的旗帜。1812 年 2 月 20 日，下院通过了一项宣告将任何被捕的反抗者处死的法案。2 月 27 日，拜伦起立发言反对。他以优异的英文预先写好了他的讲稿，他开始以一种作第一次演说期望的谨慎声调说话。他承认有些工人犯破坏大量财产的毁损罪，被捣毁的机器，从长远来看，也许是国家经济的一项利益。同时，厂商们把长期辛勤工作而获得一技之长的成千上万工人驱出工厂，突然使他们一无去处，以致无法养活家小，他们目前贫无立锥之地，而靠救济维持生活，他们的绝望和痛苦从他们的暴乱中可以窥知。演讲继续下去时，这位年轻的演讲者，因攻击战争为英国工人中前所未有的忧伤之源而失去了立场。上院的贵族们蹙额了，因而通过了这项法案。4 月 21 日，拜伦二度演说，指责不列颠在爱尔兰的统治，并呼吁大英帝国彻底解放天主教徒。贵族们赞扬他的雄辩，却驳回了他的请求，并贬斥他为一位政治上的无知者，对他的党无用。

他放弃了政治，决定用诗来辩护他的主张。在他发表第一次讲演后12天，《恰尔德·哈罗尔德的朝圣之旅》的前两篇公开发表了，几乎是空前的成功——第1版（500本）在3天内销售一空。这鼓励了作者的信心，他已找到了较辩论演说更持久的一种媒介。此时，他做了得意洋洋的评论：“我一早醒来，发现自己已名满天下。”他在《爱丁堡评论》上的旧仇家都赞扬他，感激之余，他送了一封道歉信给杰弗里，为他在《英国诗人和苏格兰评论》上对他的刺伤道歉。

此时，几乎每个家庭都欢迎他，几乎每位出色的女主人都邀约他，有上打的妇女倾慕他俊秀的面孔，徘徊在他的左右，希望用她们的各种媚态，捕捉住这只幼狮。她们不因他登徒子的声名而被吓走，而他的贵族头衔对那些不知道他负债累累的人似乎是一件珍贵的奖品。他享受着她们的注视，她们神秘焕发的容光早就使他神魂颠倒了。“在女人们前面，”他说，“有一些东西令我软酥酥的——一些奇怪的印象，没有与她们在恋爱中也是如此——我无法说明这些事，对性实在没有什么高论。”他长于怀疑，却一而再地拜倒在每个健美的女人的魅力之前。

他最早征服的是卡罗琳·拉姆夫人。她是贝斯区第三代伯爵的掌上明珠，20岁时嫁了墨尔本侯爵的次子威廉·拉姆。读完了《恰尔德·哈罗尔德的朝圣之旅》后，她决定要见见这位作者。但是，一见到他时，她就以“认识到他为一位危险人物”吓得立刻掉头而去。这种拒绝竟刺激了他，他们重逢时，“他恳求我准许他来看我”。他去了。她比他长3岁，早已做了母亲，但是她刻意装扮了一番——她是一笔巨大财富的女继承人。他又去了，以后几乎每日都去。忙于自己业务的丈夫，把他当作英国的意大利式大情人般来接待他。她对他越来越着迷，公开或打扮成一名书童的模样到他的房间，还写给他热情洋溢的情书。有时，他的情绪随她的变动，直到他提议和她私奔。但是，她的母亲和丈夫带她到爱尔兰时（1812 年 9 月），他知难而退，不久与牛津夫人鱼雁往返起来了。

在这些兴奋的事情中，拜伦锲而不舍地写出一系列有关东方的冒险、暴乱和爱情故事的优美诗篇。它们不佯装为伟大的作品，它们是浪漫的想象，是诗人在阿尔巴尼亚、艾比鲁斯和希腊旅行时的回声，它们不要求作者和读者花工夫去思考，但销售得很好。1813 年 3 月首先出版《异教徒》（*The Giaour*）一卷。不久，12 月出版《阿比多斯的新娘》（*The Bride of Abydos*），这卷一个月中就售完 6000 册。更好的是《海盗》（*The Corsair*）一卷（1814 年 1 月），这一卷在出书之日就卖掉 1 万本，打破了其他各卷的纪录。然后是 1815 年的《拉娜》（*Lara*）和 1816 年的《科林斯之围》（*The Siege of Corinth*）。出版商结算收入，送给拜伦一份版税，自负为一位贵族的拜伦，拒收对他的诗的一切报酬。

他构思这些大胆的故事时，却厌倦起自己无法无天的生活，直到他耗尽他的健康、享受的特权和钱财，而不可能追逐女人。他和霍布豪斯曾立誓避免结婚而成为精神和肉体的一名囚徒。此时，他怀疑婚姻不一定是一项阻止欲望的方法，如不节制欲望，非但可能扰乱个人，还会扰乱社会。他感到他也许为了稳定和宁静，或为了更有保障的收入，而终于放弃了自由。

安娜贝拉·米尔班克似乎符合他的所有要求。她美丽、有教养，是有一笔殷实财富的独生女。1812 年 3 月 25 日，在她的姑妈墨尔本夫人的家里初次邂逅她时，他就已留下了良好的印象："她的容貌娇小而有女人味，却不很端正。她有最细腻的皮肤。她的身材和她的高度十分协调，她具有朴素谦和的态度……十分令我欣赏。"他没有和她说话，因为各人都等着对方先拾起话头。但是，她也很有兴趣，因为在她的日记和信中，她花了一些时间来分析他的个性："精神矍铄……不做作，爱恨形于色……热诚而独立……据说，他是一位不信神的人，而我认为，那也许是他心智的通常特性之故。他的诗（《恰

尔德·哈罗尔德的朝圣之旅》）足可证明他有崇高的感受，他却贬抑
自己善良的个性。"这是一种颇有领悟的措辞，也许在她看来，设法
从他的感觉中挽救这个善感的人，释去他的羞怯感，同时附带地，从
那些因他的狼藉声名而发狂的妇女中俘虏这只伦敦的幼狮，虽然危险
却是何等有趣呢！

　　数月的时间过去了。在这期间，卡罗琳·拉姆夫人仍然主宰着局
面。接着，那种热情因爱尔兰海峡而冷却了。1812 年 9 月 13 日，拜
伦写给墨尔本夫人一封在他生命中指向一个致命方向的怪信："我发
现，我竟一直并至死不渝地爱着……一个我从来没有谈过很多话，却
时常出现在我眼前的人……要不是这档（拉姆）事件介入，这是我想
要娶的一个人……我指的这个女人是米尔班克小姐……我从没见过一
位如此令人尊敬的女人。"喜不自胜的墨尔本夫人告诉了她的侄女关
于拜伦的想法，并问她愿否考虑这个提议。10 月 12 日，米尔班克小
姐寄了一封信给大名鼎鼎的塔列朗：

　　　　因为相信他绝对不会让我有那种强烈的、足以让我对家庭
　　生活乐在其中的强烈依恋感，所以，我可能会采取任何可能会证
　　实——甚至间接证实——他的目前印象的手段来冤枉他。从我对
　　他行为的有限观察上看，我倾向于相信你的那些有利于他的有力
　　证词，而且，对于我不想回报他的感情这件事，我更愿意将其归
　　因于我自己感觉上的缺陷，而不是他人格的缺陷。做出这样的表
　　述时，我感受了真切的悲伤，因为它很伤人，但这之后，我必须
　　把我们之间交往的未来留给他作决定。我不可能有理由离开一个
　　让我感到光荣的、能够赋予人如此多的理性的快乐的熟人——除
　　非他不自知地被恐惧所蒙蔽。

　　对这位有学养而诚实的女士没有感到任何迫切需要的拜伦，对
这种拒绝处之泰然，首先就在奥克斯福德伯爵夫人，接着是弗兰西

斯·韦伯斯特夫人，同时从他同父异母的姐姐奥古斯塔·利的怀里找到了安慰。奥古斯塔·利生于 1783 年，比她同父异母的弟弟长 5 岁。她（1813 年）已与她的大表哥乔治·利上校结婚 6 年，而且生了 3 个孩子。就在这个关键的时候，她从剑桥郡的六里厎（Six Mile Bottom）的家来到伦敦，要求拜伦给予经济上的帮助，因为她的丈夫长期在赛马上输钱而导致家庭困难。拜伦不可能给她很多，因为他的收入不稳定，但是他以热诚的谈话来取悦她，而且发现她是一个有魅力的女人。

她当时 30 岁，并没有如巴尔扎克赞扬的女性的妩媚，因为她缺乏知识和爽朗的个性。但是，她亲切、随和，也许对她弟弟的声名有一点敬畏，愿意给他她所能给予的一切。她和他的长期分隔，加上丈夫的忽视，使她在情绪上很轻松。率然抛弃了道德禁忌的拜伦，认为与姐姐发生性关系并非不可以。后来的发展指出，他不久就与奥古斯塔·利发生了性关系。1813 年 8 月，他想带她一起去地中海航行。那个计划失败了。1 月，他带她到纽斯台的修道院。1814 年 4 月 15 日，奥古斯塔生下一名女婴时，拜伦写信给墨尔本夫人说："如果它是一只短尾猿，那一定是我的不是了。"这个孩子——梅度拉·利——自认为是诗人的女儿。5 月，他送给奥古斯塔 3000 镑以清偿她丈夫的债务。7 月，他和她在黑斯廷斯。8 月，他带她到他的修道院。

他与他同父异母的姐姐的感情愈陷愈深时，米尔班克小姐一封接一封地写信给他，信上日渐加浓的诚挚促使他在 1813 年 12 月 1 日的日记中写下：

> 昨天，安娜贝拉寄来一封动人的信，我回了她一封。我们之间是一段何等古怪的处境和友谊啊——都没有一丝爱情的火花……她是一位非常不平凡的女人，一点没有娇生惯养的习惯。在一位女继承人，一位 20 岁的女孩子——自己就是一位女贵族、一位独生女，一位有个性的女学者的身上，是很奇怪的。她是一

位女诗人——一位数学家、一位形而上学者。而且，十分仁慈，慷慨和温柔，毫不装腔作势。任何人有她的学识和她十分之一的幸福就会掉头而去了。

似乎她读过这篇惊人的赞辞，她在1814年的信中变得更加温柔了，使他相信她心中坦荡，要求他的照片，而且以"挚诚的"字样来签名。陶醉在她温情洋溢的书信中，他于8月10日写给她："我自认识你迄今一直爱着你。"她回答说她正因为陶醉在哲学、诗和历史中，不适合结婚。对这种挑逗的反应，他于9月9日，如在对弈中一般，心平气和地再度向她提出求婚。如果她再度拒绝，他计划和霍布豪斯一起到意大利去。她接受了。

他接近了命运的转折点：一方面害怕他会失去他已习惯了的友谊、性和观念上的自由，一方面希望婚姻能将他从纠缠不清的危险和可耻的关系中解救出来。他对朋友们解释说："当然，我一定要改正，彻底地改正……她是如此善良的一个人。"而对他的未婚妻说："但愿我能变好……我愿成为你喜欢要我成为的那种人。"她虔诚地接受了她的任务。1814年10月4日，她在写给埃米莉·米尔纳的信上说：

> 拜伦爵士的真正个性，不必要到广漠的世界中去寻找，只询问最接近他的那些人就可以了——他曾安慰过的那些不幸的人，他祝福过的穷人，和他作为最好的主人而依附他的人们。就他消沉的意志，我担心近两年来，我回答得太多了。我有一份宁静深沉的安全感——对上帝和人类的一份信心。

拜伦要前往在西汉姆（Seaham，靠近达勒姆）的安娜贝拉家，向她提议结婚的时间到来时，他的勇气消沉了。他滞留在奥古斯塔·利的家里，在那里写了一封信给他的未婚妻，要求解除婚约。奥古斯塔·利劝他毁掉这封信，把结婚当作一种不可避免的责任。10

月 29 日，他和霍布豪斯继续前往西汉姆，霍布豪斯在日记中记着："情人从来就很少不是性急的。"新郎发现新娘的家族很热诚，他以最佳的风度取悦他们，1815 年 1 月 2 日，带她踏上了结婚礼堂。

婚姻试验时期的拜伦（1815—1816）

婚礼完毕后，在一个阴暗的冬日，他们乘马车前往达勒姆近郊的霍那比去度蜜月。他此时快 27 岁了，她正好 23 岁。他过了 8 年多不负责任和几乎是荒淫的生活。根据穆尔的报告上说，他在拜伦的回忆录（1824 年毁掉）中见到，这位丈夫等不及到晚上就开始圆房了。他"在他们结婚当天的晚餐前，就让拜伦夫人躺到沙发上"。晚餐后，如果我们相信他的记忆的话，他问她是否愿意和他睡在同一张床上，补充说："我痛恨和任何女人睡在一起，不过，如果你做此选择，你有此权利。"他与她共宿，但他后来告诉霍布豪斯，在那个新婚的初夜，"他突然有一阵落寞孤凄的感觉，就离开了他的床"。次日，太太声称："他冷漠地和我相对，懊丧地说，'此时已太迟了，已经做了的，不能再挽回了'。"奥古斯塔·利的一封信递到了他手里，他让安娜贝拉听信上的称呼："最亲爱的，顶尖的和绝妙的人。"依照太太的记忆，她抱怨说："如果我早两年嫁给他，我就会免除他可能令他终生不能宽恕自己的那档子事了。他说他要告诉我，但那是另一个人的秘密……我问……如果——（奥古斯塔·利）知道了。他显得很害怕。"不过，安娜贝拉在这个时候似乎不怀疑奥古斯塔·利。

在霍那比 3 周后，这对新婚夫妇回到西汉姆与米尔班克家人住在一起。拜伦自我适应，与每个人，包括太太在内，都相处得很融洽。这样过了 6 周后，他开始渴望起伦敦的刺激生活和朋友们的欢笑了。安娜贝拉同意了。在伦敦，他们被安顿在皮卡迪利高地 13 号的豪华套房内。在他们到达的当天，霍布豪斯来看他们，拜伦恢复了他的风趣和幽默。"有 10 天时间，"安娜贝拉回忆着，"他比我曾见过的还要慈祥。"也许是为了感激，或是害怕寂寞之故，她邀请奥古斯塔·利和他们共度一些时间。奥古斯塔·利于1815年4月前来，一直逗留到6月。6月20日，乔治·蒂克纳（George Ticknor），美国西班牙文学史家，拜访这个新家，对拜伦的行为做出了一篇十分友善的报道。也就是那个时候，安娜贝拉的一位叔叔带着拿破仑在滑铁卢被击败的消息，愉快地走进来。"我对此深感遗憾。"拜伦说。

他重新拾起写诗的工作。1815年4月，他和两位犹太作曲家一起出版了《希伯来歌谣集》（*Hebrew Melodies*），由他们两人作曲，他填词。这本合作集子尽管定价很高，不久就卖掉了1万册。默里就诗篇单独出了一个单行本，销路也很不错。10月，拜伦完成了诗集《科林斯之围》，拜伦夫人替印刷商誊清了一份抄本。"安娜贝拉，"拜伦告诉布莱辛顿夫人，"具有我从未见过的强大的一种自制力……这种自制力在我身上产生了一种相反的效果。"

他对自己易怒的脾气稍感歉意。他卖掉了纽斯台的修道院，他和太太住进昂贵的公寓，在生活上十分奢侈。这笔买卖相当失败，拜伦发现自己受到讨款人的包围。1815年11月，一名执行官进入公寓，查封了一些家具，并威胁除非拜伦付清账单，不然就要在那里过夜。拜伦感到，安娜贝拉的富有父母应该支援他们。

他的忧愁甚至使他不再温柔。"如果有任何女人能使我对婚姻持久下去，"他告诉太太，"那就最好了。"然而，"我相信你会继续爱着我，直到我打你"。她表示对于他将学会如何来爱她这件事有信心时，他却重复着说："目前已太迟了。如果你两年前嫁我……但是，毁掉我将要得到的一切是我的命运。"在获得德鲁里巷剧院的管理委员会的一个职位后，他与谢里丹和其他人士常在一起痛饮作乐，还和一名女演员同床共枕。安娜贝拉请求奥古斯塔·利再度前来，协助她来制服他。奥古斯塔·利于1815年11月15日来了，痛责弟弟，却发现自己与安娜贝拉一样成了他暴怒下的牺牲者。"奥古斯塔·利十分怜悯她的弟妹。"

在那艰苦的几个月里，拜伦夫人正好身怀六甲。1815 年 12 月 10日，她生下一女婴，取名奥古斯塔·阿黛——后来，仅称阿黛。拜伦高兴了，显得很钟爱这个女儿，自然也就很喜欢她母亲了。"我的太太，"他在那个月告诉霍布豪斯，"是完美的典型——是最美好的生命。但是，记住我说的——毋结婚。"阿黛生下后不久，他重新恢复老样子。在一次发怒时，他将一只自他童年起就戴着的珍贵手表丢入壁炉中，然后用火钳把它捣碎。1816 年 1 月 3 日，依照安娜贝拉向她父亲的描述，拜伦走进她的房间中，以"十分亵渎的口气"大谈他和剧团里女人们的丑事。1 月 8 日，她邀请马修·贝利博士诊察拜伦的精神状态。他来了，观察这位受到管束的诗人，却拒绝提出意见。

显然，拜伦同意安娜贝拉带孩子一起住在她母亲米尔班克夫人——娘家姓氏为尼尔的莱斯特郡柯克比的尼尔宅邸一段日子。15日一早，拜伦还在熟睡时，她就带阿黛离开了。在沃本市，她停下来寄了一封奇怪却令人心动的忠告短函：

> 亲爱的 B：孩子十分健康，是旅客中最健康的一个。我希望你如意，并记住我的祈祷和劝告。不要将自己置于可怕的写诗这行上，也不要喝酒，更不要自弃于不法和胡作非为上去。虽然，我不由自主地写信给你，愿我能在柯克比听到你的佳音。阿黛爱你，还有我。

到了柯克比，她再度写信，幽默而热情地告诉他，她的父母期待见到他。同一天，她也写信给奥古斯塔·利（她仍然和拜伦在一起），信中附上米尔班克夫人建议她应该用 3 夸脱水冲淡拜伦的鸦片烟酊。

慢慢地，然后原原本本地，安娜贝拉告诉父母，从她的角度看拜伦是如何对待她的。惊骇之余，他们坚持她和丈夫分居。米尔班克夫人匆匆赶到伦敦，向曾观察过拜伦行为的一名医务检察员咨询，如果她能取得拜伦精神病的证据，这桩婚事就可无须拜伦的同意而撤销。

检察员报告称，他看不出这位诗人的精神病症状，却听到一些神经崩溃的说法，如拜伦在对埃德蒙·基恩的表演狂热喝彩时爆发痉挛症等。安娜贝拉写了一封信提醒母亲，不要将奥古斯塔·利牵涉在这件事情中，因为奥古斯塔·利是"我最信赖的朋友……我十分担心人们也许会认为她是分居的原因，那是一种残酷的不义之举"。

1816年2月2日，安娜贝拉的父亲，拉尔夫·米尔班克爵士写给拜伦合议离异的建议。诗人礼貌地回信说，他找不出给他写甜蜜信件的太太突然间180度大转变的理由。他写信给安娜贝拉，问她是否在自由意志之下同意她父亲的行为。她被他的信感动得"痛苦莫名"，但她的双亲不让她回信。奥古斯塔·利也写信希望她重新考虑，安娜贝拉回了信："拜伦爵士声称对这种婚姻生活难以适应，我只是在唤起他的心智，同时自结婚之时起，他曾经表示过如发现婚姻无法支持，还他自由的渴望和决定。"

1月12日，霍布豪斯去看拜伦。一路上，他听到伦敦社会上和文学圈中流传的一些街谈巷议，暗示拜伦对太太的残忍和不忠。下面引述霍布豪斯那天日记上的几个片断：

> 见到L（指奥古斯塔·利）夫人和乔治·B（拜伦，诗人的堂兄弟），从他们那里得知我害怕的事完全是事实，B（拜伦）确曾犯下专横——残忍——暴怒——和忽视，甚至告诉太太他和另一位女人同居……锁上门——拿出手枪……种种事情是真正伤害到她的罪恶。她（拜伦夫人）似乎相信他的确有罪——但是，他们要离异——何故要说他疯了呢……我听到这些事情时，L夫人走出来说，她的弟弟在房间内哭得很伤心——可怜的，可怜的伙伴……

> 我目前认为告诉拜伦我已改变我的意见……是我的义务。我告诉他，我那天在街上听到的一切时，他愕然了——他已听到他被指责为残忍，酗酒和不忠于妻子了——我让他知道更多我在早

晨时听到的一切——他懊恼得无以名状——说他被毁掉了，而且准备自杀……有时则说："不过，她曾一度爱过我。"有时则说，他高兴除掉这样一个女人——他说，如果我到国外去，他就立刻离婚。

大约此时，拜伦接到一张他为自己和太太买马车的 2000 镑账单。他身边只有 150 镑现款，无法偿还这笔债务，但以他那种不瞻前顾后的慷慨个性，他送了 100 镑给柯勒律治（1816 年 2 月 16 日）。

2 月 22 日，安娜贝拉来到伦敦，给了斯蒂芬·勒欣顿博士依他的判断足够供离婚开支的一笔钱。在那一周中，街谈巷议提到奥古斯塔·利夫人，并谴责拜伦的乱伦行为。拜伦认识到进一步拒绝合议分居会招致判决分居的结果，那样奥古斯塔·利无可避免地被毁掉了。3 月 9 日，他同意了，而且放弃由他太太的财产每年带来的 1000 镑收入，她同意每年付给他 500 镑。她公开承诺与奥古斯塔·利重续友谊，并维持那种承诺。她没有寻求离婚。

分居后不久，他赋了一首诗——《愿您平安，纵使成永诀——仍愿您平安》，送给了她。一群朋友——霍布豪斯、斯克罗普·戴维斯、利·亨特、塞缪尔·罗吉斯、霍兰爵士、本杰明·贡斯当——到他的套房去劝他忘记这段不幸的婚姻。一名不速之客——葛德文的继女克莱尔蒙特——带来了一位与他旗鼓相当的诗人雪莱的赞美，而且献出自己作为他创伤的镇痛剂。他接受了她的奉献，也打开了一连串的忧伤。1816 年 4 月 25 日，带着三名仆人和一名私人医生，他向奥斯坦德扬帆而去，从此没有再回过英格兰。

雪莱的青年时期（1792—1811）

珀西因为祖父比希·雪莱爵士"对三位太太处置得十分得体"而大加赞赏。尤有甚者，"他是一位彻头彻尾的无神论者，他将一切希望建立在泡影上"。比希爵士不寻常的"教"名取自他祖母侍婢的名字。他有一长串的家谱（如拜伦一样），他的谱系可追溯到诺曼征服者上。在那样卓越的门第中，一名雪莱因支持理查二世而被吊死，另一位则因为密谋杀害伊丽莎白一世被处死。比希爵士与第二位太太私奔，最后埋掉她而了事，又与第三位太太私奔，她是菲利普·西德尼爵士的后裔。她的财产扩大了丈夫的产权，并于1806年协助他取得从男爵爵位。他活到83岁，这让他的子孙们十分烦恼。他的长子是蒂莫西·雪莱，读完牛津进入国会，他在国会中隶属于温和自由的民权派。1791年，他娶了伊丽莎白·皮尔福为妻——一位风华绝代、脾气暴躁、信奉不可知论的女人。这一切都重现在她的长子身上。

珀西·比希·雪莱于1792年8月4日，生于以菲尔德市闻名的家族产业上——靠近萨塞克斯荷善的一栋宽敞的家宅邸第中。母亲在生下他后，又接连生了四个妹妹，最后又生了一个弟弟。珀西完全在妹妹群中长大，他也许从她们那里学到了一些温柔、兴奋和想象的习惯，而且身为长兄，他养成了一种强烈的责任感。

在伊顿公学时，因为替高年级学生义务劳动使他的自尊心受到伤害。除了划船外，他避免大多数运动。奇怪的是，他从来没有学会游泳。不久，他在拉丁文上有优异的表现，并因在功课上提供帮助，将欺负他的学生变成了朋友。他的课外读物包括许多神秘和恐怖的故事，但他也赞赏卢克莱修的《回返自然》（*De Rerum Natura*）的唯物主义、普林尼的《自然史》（*Natural History*）的科学、孔多塞的《心智进化一览表大纲》（*Sketch of a Tableau of the Progress of the Human Mind*）的乐观主义，此书作者和书名商务印书馆译作葛德文的《政治正义论》的哲学虚无主义。这本书，他后来写道，"把我的心智带向新奇、更为广阔的观点上，它确实影响了我的个性，我从熟读此书，变成了一个更聪明、更善良的人……我认为我有义务去履行"。

在16岁那年的假期里，他和时常到菲尔德市来玩的表妹哈丽雅特·格罗夫恋爱了。他们开始鱼雁往返，结果他们于1809年相互保证永世忠诚不渝。但是，他向她坦白承认他对上帝的怀疑，她将他不可知论的信拿给她的父亲看，她的父亲劝她放弃珀西。1811 年 1 月，哈丽雅特移情别恋威廉·赫利尔，雪莱写给他的朋友托马斯·杰弗逊·霍格一封值得拜伦称道的信："她不再是我的了，她如一位自然神教信徒般憎恨我，就如她原先的面貌一般。啊！基督教，我原谅了你最后、最严厉的虐待时，愿上帝（果真有上帝的话）轰掉我！……自杀是不对的吗？昨晚我伴着一支上了膛的手枪和一些毒药一起睡觉，却没有死。"

同时（1810 年），他从伊顿公学进入牛津。除了一两次例外，他避免性的尝试，当时那被大多数学生认为是步入成人期所必需的课程。他时常聆听研究生们的讲演，他们在拉丁文和希腊文上只比他略胜一筹。他不久就能作拉丁诗了，他从来不忘怀埃斯库罗斯。他的宿舍内散乱地堆置着书籍、稿本和业余科学的涂鸦。在一次实验中，他几乎炸掉他的房间。他相信科学能重塑世界和人类。他不关心历史，接受伏尔泰和吉本关于历史主要是人类罪行和愚蠢的记录的铭言。不过，他很喜欢读这两位怀疑大师的作品。他认为他从卢克莱修和《哲学》一书中已找到对宇宙之谜的答案了：宇宙是遵照必须律则的一组原子的舞台。接着他发现了斯宾诺莎，并解释斯宾诺莎为一位视物质和精神为一种神圣之物的两个方面的一元二元论者——一切物质中具有一种似精神的东西，一切精神的外面都有一种如物质的东西围裹着。

他贪婪地阅读。他的同班同学霍格描述他："随时一卷在手，在餐桌边，在床上，特别是走路时……不但在牛津……在大街上，而且在伦敦最拥挤的通衢大道上……都在阅读……我从来没有看到过如此贪婪阅读的一双眼睛了。"如果不是一边吃一边读的话，吃饭似乎对他是一种时间的浪费。如果只想让观念的吸收少分心的话，最简单的食物就是最好的食物。他尚未成为一位素食主义者，不过，一只口袋里装着面包，另一只口袋里装着葡萄干，对他似乎是一顿相当美的食物了。他爱吃甜食，喜欢在姜饼面包上加蜜，在白开水中掺点酒进去。

在牛津的日子，他给我们的印象就是一个瘦高个：满脑袋主张、理论和论点；衣着随便，头发蓬松；衬衫没有硬领，在喉咙处敞开着；面孔几乎娟秀得有些女性化，双眼很晶莹但游移不定；态度迟呆却很礼貌。他具有诗人的气质，每根神经都很敏锐，感觉新奇，易于接受混乱的观念，但对历史极端讨厌。他有诗人的道德规范，注重个人自由，疑忌社会制约。霍格报告说，他们在雪莱的房间中消磨了许多夜晚，彼此读诗和谈论哲学，诋毁法律和教义，交换一些意见直到凌晨2点钟，经常一致同意没有上帝，真是太奇妙了。

在那个主题上，这两个年轻的叛徒同意进行一次他们定名为《无神论的必要》（*The Necessity of Atheism*）的合作。那个词汇是为当时的文明社会排斥的。怀疑主义的士绅们自称为自然神论者，相对地称上帝为一种不可知的精神，其生命和精神承自自然。雪莱自己后来接受这种观点。但是，出于年轻人的勇气和不计后果之故，这两位作者以自称为无神论者作为对禁忌的一种挑战和唤起注意。这篇文章的论点是，既不是我们的感觉，也不是理性，更不是历史，显示有一位上帝的存在。感觉只显示物质依照法则在运动。理性拒斥一位造物主从无中创造出宇宙的理念。历史提不出神圣行为的例子，也没有一位神人在地球上出现过。两位作者没有署上他们的名字，但在书名页上题有一行字："由于证据不足，一位无神论者。"

1811年2月9日，牛津大学《前锋杂志》（*Herald*）刊登了这本小册子的一则广告。小册子于2月13日出现，雪莱立刻将这些小册子放在一家牛津书店的橱窗或柜台上。约翰·沃克牧师，新学院的研究员，看到了这种陈列品，要求书商全部毁掉，因此这些书悉数毁掉了。同时，雪莱将小册子送给许多主教和数位大学里的重要人物。其中一人将这本小册子带给大学院的院长和研究员。这群人于3月25日召唤雪莱到他们面前。他去了，他们给他看了这本小册子，问他是不是这本小册子的作者。他拒绝回答，并提出了思想和出版自由的请求。他受到翌日一早离开牛津的警告。听到此讯，霍格供认自己是作者之一，要求相同的处分。他求仁得仁。中午，一份学院的公报披露了雪莱和霍格"因为在回答一些问题上倔强顽抗"已勒令停学。私底下，院长托人带讯给雪莱，如果在这样的匆促中离校有困难，申请宽延数日应予照准。这封短简未受到重视。3 月 26 日，雪莱和霍格自负地坐在两轮马车的顶上前往伦敦。

雪莱的私奔（1811—1812）

他们住在波兰街 15 号的套房里。雪莱的父亲因为国会的一次会议而正好在伦敦，去到他们住的地方，要求他们放弃他们的观点。发现雪莱不为所动，他命雪莱如摆脱一位邪恶的影响者般摆脱霍格，回到家里，留在那里"受我指定的绅士的管束，倾听他的教导和指示"。雪莱拒绝了。父亲在愤怒和绝望中离去。他了解雪莱的才干，希望他接受国会中一个光荣的位置。霍格则到约克去学习法律。不久，雪莱的钱用光了。当时在伦敦克拉珀姆区芬宁太太的学校读书的妹妹们将私房钱送给他用。5 月，父亲软下来了，同意每年给他 200 英镑。

他妹妹克拉珀姆的同学当中，16 岁的哈丽雅特·韦斯特布鲁克是格罗夫诺广场一家酒馆殷实主人的女儿。她遇到珀西时，她对他的门第、流畅的语言、研究的范围及引人入胜的观点讶异不已。她不久就同意上帝已经死了，法律是多余的累赘。她以激动的心情读着他借给她的这些反叛的书籍。她邀请他到家里去。"我将大部分时间消磨在韦斯特布鲁克小姐的家里，"雪莱于 1811 年 5 月写给霍格，"她正在阅读伏尔泰的《哲学辞典》（*Dictionnaire Philosophique*）。"她的同学们发现她奇怪的朋友是一位无神论者时，她们就开始抵制她。她和他通信的证据被抓到时，她被开除了。

8 月初，雪莱向霍格报告称："她的父亲为了让她重回学校用最恐怖方法来虐待她。她征求我的忠告，我回答她要抵抗。同时，我试图修正韦斯特布鲁克先生的虚荣！在我忠告的结果下，她投入我的保护之下。"后来他回忆这种结果说："她显然地倾心于我了，而且害怕我对她不倾心……避免进一步的影响是不可能的，我答应我和她的命运结合为一体。"显然，他提议一种自由恋爱式的结合，她拒绝了；他提议结婚，她同意了。她的父亲不答应。8月25日，小两口儿私奔了，乘了一辆二轮马车到爱丁堡，在那里的苏格兰教会仪式下结为夫妻（1811年8月28日）。她的父亲屈服在既成事实之下，给予她每年200镑的年金。她的姐姐埃莉萨来到约克郡和她同住（雪莱自认在实际事务上一窍不通），负责处理这个新家庭的财务。"埃莉萨，"他报告称，"为了安全之故，将我们的公共钱财放在一些洞里，或她衣服的角落里"，"我们需要时就挖出来"。在埃莉萨的主持下，雪莱并不十分快乐，却享受着哈丽雅特的温柔和体贴。"我的妻子，"他后来写信给葛德文说，"是我思想和感受的合伙人。"

雪莱前往伦敦安抚他的父亲时，哈丽雅特和埃莉萨待在约克郡，霍格住在她们附近。雪莱老先生听到这段私奔的消息时，便停止了珀西·雪莱的津贴，现在他重新给予这笔津贴，不过，告诉儿子从此不准进入家门。回到约克，雪莱发现他可敬的朋友霍格企图勾引哈丽雅特。她对丈夫没有提起这档事，但是霍格坦白供认，并得到了宽恕，就离开了。11月，这三个人前往凯西克，雪莱在那里结识了骚塞。骚塞写道（1812年1月4日）："在他身上，我看到了自己的影子。他正是1794年的我……我告诉他，我们的不同是他才19岁，而我37岁。"雪莱发现骚塞温和慷慨，而且以愉快的心情读着这位长者的诗。几天后，他写道："我此时不认为骚塞如我过去认为的那样崇高了。在他的家里见他……他表现得很温和……是不得不承认的。他毕竟被这个世界腐蚀，被习俗感染了，我想到他以往的风采时就使我心情不宁。"

他在阅读葛德文的《政治正义论》一书时发现了一些安慰。他知道这位一度名满英伦的哲学家目前生活贫困落魄时，他写了一封表示崇拜的信：

> 我已将你的名字记在过往伟人的名单中。我深感遗憾你过去的光荣从我们这个地球上消失了。结果不然。你依然在人间，而且我坚信，正在筹划人类的福利。我正进入人类运作的舞台上，但是我的感受和我的理性与你已往的种种心心相印……我正当年轻，我勤奋地在哲学和真理中摸索……我到伦敦时，我会去找你。我深信我献给你的友谊不会使你认为是毫无价值可言的。
>
> 再见。我热诚地等着你的回信。

葛德文的回信遗失了。但是，我们从他 1812 年 3 月的信上，也许能判断出它的要旨："就我对你个性的洞悉上看，我想象它是一种非常可爱的特质的集合体，不是全无半点瑕疵的。从这个源头——你依然年轻，在某些基本观点上，你并不充分领悟到你是如此的——这些缺点会出现，而且时常是主要的缺点。"他劝告雪莱不要发表各种激烈的观点，如果他发表一些东西，不要印上他的名字。

雪莱因为保存一些稿本或一些私自印行的作品——他的第一本重要的作品《仙后麦布》（*Queen Mab*）——早就已经实施这种限制了。"这本书是我在 18 岁时写的——我敢说是在一种激烈的情绪下写的——但是……并不准备要出版。"1810 年，他依然对法国的哲学充满热情，他用伏尔泰的愤怒名言"可耻的不名誉！"作为他诗集的题献。他从沃尔尼的《毁灭，帝国革命沉思录》（1791 年）上借用了许多观念。

这首诗的开头是侍婢艾安西（Ianthe）睡着了。在梦中，仙后麦布从天上来到她身边，带她飞上星星，要求她从那种景致上默察地球的过去、现在和未来。一个接一个帝国——埃及、帕尔米拉、犹太、希腊、罗马……直到现在，一一在她面前出现。仙后勾勒出一位国王

（显然是摄政王子）的形象，他是"最贪婪者的一位奴隶"。她奇怪他享乐宴饮时却没有一个忍饥挨饿的受害人"举起手来把他从王座上推下来"，她补充上一句目前已出名的结语说：

> 有德
> 之人不命令，也不服从。
> 权力，像一场荒凉的瘟疫
> 污染它碰到的一切东西。

仙后也不喜欢商业和亚当·斯密所谓的"人类的和谐和愉快屈服于国家的财富"，"一切东西都可出售，甚至爱情"。她描述一位无神论者被焚死的事，这件事吓着了艾安西，仙后向她保证"世上没有上帝"来安慰她。亚哈随鲁，流浪的犹太人，进来了，严责创世纪的上帝因为一位女人的不智举动，数千年来惩罚几十亿男人、女人和小孩。（拜伦也许在此处替他的《该隐》一诗找到一些暗示，雪莱曾送给他私自印行的一册。）最后，仙后描述一幅绮丽的远景，爱情不受法律约束；监狱空空，也无此必要；妓女成了历史的陈迹；死亡没有痛苦。然后，她叫艾安西返回地球，去传播博爱的福音和对胜利不变的信心。艾安西苏醒过来——这是一首很有气魄的诗，尽管它有少年人的思想，有时有些夸张的体裁。无论如何，对于一个18岁的孩子来说，是一首了不起的作品。得到诗人的同意，《仙后麦布》于1821年发表时，英格兰的激进派人士将之当作他们的悲叹和梦想一般来加以欢迎。不出20年，盗印的图书公司共出版了14版。

在爱尔兰逗留时期（1812年2—3月），他在那里以大公无私的气概，同时为天主教和新教的运动而工作后，雪莱和哈丽雅特来到威尔士。为那里的贫穷所感，他们去伦敦替威尔士的慈善机构筹募基金。他利用此次机会向葛德文表达了敬意，葛德文和他甚为相投，两家之间此后经常你来我往。在再度回到爱尔兰和威尔士做了短期访问后，这小两口儿定居在伦敦。1814 年 3 月 24 日，为了保障将来的子女有合法的继承人地位，他们在那里重新结婚，这次是依照国教仪式举行的。之前，她生日那天，他对她朗诵一首诗，重新表明他的誓言：

> 哈丽雅特！且让死神解消一切人间的纽带；
> 但是，我们的岂是人间的……
> 道德和爱情；永不变的刚毅，
> 自由，奉献和纯洁！
> 我将神圣的生命献给你。

雪莱的私奔（1812—1816）

在整个流浪生涯中，雪莱似乎从来没有想到要去赚取自己的生活所需，也许是他接受了华兹华斯的"一位许身于诗国的诗人，应当从可能窒息他血液中的诗才的劳动或其他关怀中解脱出来"的观点。他看不出在他的共和国之下，权利平等的宣传和他努力取得他能继承的财产之间有什么矛盾之处。他靠销售"遗产继承状"给放贷者来增加收入。1813 年，他以可望获得的 2000 镑的遗产继承作担保而获得 600 镑的现款。

也许因为他孱弱的身体和不断发作的疾病，放贷者受到鼓励。他身体左侧经常痛楚（他的第二位太太报告），"使他的神经变得极其过敏，使他的生命观不同于那些沐浴在健康中的人们。在态度上十分文雅和坚忍，他却忍受着莫大的焦躁感或者可说是兴奋，而他忍受的毅力几乎经常在一种紧张的状态上"。

他认为他可以用素食来缓和他的痛楚。他从约翰·牛顿（John Newton）的《回返自然》（*Return to Nature*）或《素食养生法的辩护》（*Defence of a Vegetable Regimen*，1811 年）描写的实验证实他的看法。1812 年，他和哈丽雅特是公认的素食者。1813 年，他对她所称的"毕达哥拉斯系统"异常热心，他在《仙后麦布》一诗的注中插入了对每个读者的一个请求：

> 由于那是我们人类的希望中所珍视之故，我请求那些爱好愉快和真理的人对素食做一次公正的尝试！……不管这种实验在哪里尝试，采用素食和白开水的，在身体和心智上的病痛没有不减轻的。衰弱的机能慢慢变成力气，疾病变成壮健。

在《自然饮食的辩护》(*Vindication of Natural Diet*，1813 年）中，他追溯人类的邪恶冲动和大多数战争源自肉食之争，而且请求由商业和工业再回返到农业上：

> 就饮食的自然制而论，我们不应当从印度输入香料，从葡萄牙、西班牙、法国或马德拉……输入酒类。在这个伟大的改革中，应当采取领导立场的国家精神，应渐渐地转变为农业社会。商业和随之而来的一切邪恶、自私和腐化应慢慢地式微，只有更多的自然习惯才能产生更为温文的风度。

因素食主义和一连串奇异的连锁事件，他的第一次婚姻破裂。由于他对约翰·牛顿的赞佩，他邂逅了牛顿的嫂嫂约翰·博因顿太太，一位素食者、共和主义者。她满头白发，却风姿绰约，具有用两种语言来文雅地谈天的能力。1813 年 6 月，哈丽雅特生了一个可爱的女孩，雪莱替她取名为艾安西。那年夏天，他和她们母女及大姨子埃莉萨，搬到距伦敦 30 英里的布拉克内尔一处风景明媚的房产住下。之后不久，博因顿太太也在那里弄了一栋房子，在她的周围聚拢了一批法国移民和英国的激进派人士，他们对政府和饮食的观点取悦了雪莱。他经常留下哈丽雅特、艾安西和埃莉萨，到博因顿太太、她的朋友和她已婚的女儿群中分享乐趣了。

他和太太的关系出现了几次阴影。他似乎在她知识的成长上感到某种程度的迟滞：她将精力越来越贯注在孩子身上——对政治漠不关心。不过，他已养成过舒适生活和穿漂亮服饰的喜好，部分是为了她之故，他买了一辆昂贵的马车。正在这个紧要关头（1813 年 5 月 26 日），他接到了父亲的通知，除非他放弃他的无神论，并向牛津他就读的学院院长道歉，不然就不让他继承遗产，并停止一切经济上的援助。指望着成年时（1813 年 8 月 4 日）一笔为数不赀的遗赠，雪莱已将未来的收益做抵押而订立了债务契约。哈丽雅特和埃莉萨很痛苦，显然认为巴斯未尝不是一个适当的去处。雪莱拒绝放弃自己的主张，并继续光顾博顿太太的聚会。葛德文送讯说，他正面临被债权人逮捕的命运，而且暗示雪莱伸出援手。1814 年 6 月，哈丽雅特和孩子搬到巴斯。明显地，她指望丈夫不久到那里和她团聚。雪莱却去伦敦，在舰队街租了一间房间，设法替葛德文筹款，而且几乎每日到这位哲学家在斯金纳街的家中晚餐。他在那里邂逅了玛丽·葛德文。

她就是 17 年前因生育她而丧命、有才气却命运多舛的女权辩护人的孩子。玛丽青春的气息、灵敏的头脑、苍白而有思想的面孔及她对雪莱毫不掩饰的崇拜，对于这位只有 21 岁大的孩子诗人来说太具诱惑力。他又一次因怜悯和欲望而心动。他经常听到玛丽·沃斯通克拉夫特和她的不平凡的书，眼前就是她的亲生女儿，她在严厉的后母管束下并不愉快，经常独自一人坐在她母亲的墓旁。此时——雪莱感到——以她的敏感和智慧的双重遗传，具有比哈丽雅特更敏锐的头脑和精神。不出一个星期，他已处在他以前未曾体验过的苦闷中了。7 月 6 日，他向葛德文提出向他女儿求婚的事。这位惊愕的哲学家责备这个后辈"放荡"，禁止他进入这栋房子，并将玛丽置于她后母的管束之下。

不久，托马斯·洛夫·皮科克发现诗人在他的舰队街的房间中近乎精神错乱。"在他的要求下，我从乡下来拜访他时……无论我从故事或历史中曾读到的，没有一种描写可以比我发现他当时的情形更要可怕、狂乱、颠三倒四……和激动了。他的两眼满布血丝,他的头发和衣着凌乱。他抓起一瓶鸦片烟酊,说:'我从来不曾离开过这个。'"

纵然阻碍重重,雪莱安排和玛丽在她母亲的墓旁见面。他告诉她,哈丽雅特与一位瑞恩先生曾对他不忠诚过,以减少她的抗拒。他好几次否认哈丽雅特目前抚养的孩子是合法的(后来他声称是他的孩子)。哈丽雅特否认他的指责,雪莱的朋友皮科克、霍格、特里劳尼和他的出版商胡卡姆替她撑腰,葛德文后来驳斥此事。

雪莱写信给哈丽雅特(仍然在巴斯),要求她到伦敦来。她来了(1814年7月14日),住在她父亲的家里。诗人到那里探望她,发现她病得叫人担忧。他求她和他分居,她拒绝了。回到他的房间中时,他写给她一封热情的信,装出一些假惺惺的慈悲心肠:

我最亲爱的朋友:

诚因为我们之间的谈话已使我精疲力竭,并约定明天12时再和你见面,我仍然抑制不住写信给你。

你的保证令我安详而更加愉快……

就这点,亲爱的哈丽雅特,从我内心深处,我在感激你。这也许是我接受的许多祝福中最伟大的一次了,而依旧注定投入你的怀抱中。我焦急地盼望着黎明的曙光,以深挚而难以表达的憎恨注视着我自己的形象。我生活在来自你而从来没有欺骗的安慰和愉快的希望中。

我重复一遍(相信我,因为我是真诚的),我和你的柔情没有受到创伤:我想象这次的经验获得更深厚、更持久的感情,这次的经验对异想天开或无情就较以前更少暴露了。我们的关系并不是感情和冲动的一种。友谊是它的根基,在这根基之上,它扩大了,也成长了。你从来没有用你的全部感情来填塞我的心胸,并不是对我的污蔑……

我不更像是一位朋友吗?啊,何止是一位哥哥,你孩子的父亲，他是我们俩的亲骨肉……啊！

如果你在我见到你之前，要到银行去提款，胡卡姆会给你支票的。

再见了。带着我的小宝贝。我会因你之故一定永远爱她。

永远爱着你的

P. B. 雪莱

在 1814 年 11 月 20 日写给凯瑟琳·纽金特的一封信中，哈丽雅特提出了自己的说明：

……玛丽下决心要勾引他……她以谈论她的母亲来加强他的想象，而且每天和他一起到她母亲的坟边，直到有一天，她告诉他，她爱他爱得要死……为什么我们不能够住在一起呢？（玛丽问）我做他的妹妹，她做他的妻子呢？他蠢得竟相信这是可能的，就要求当时住在巴斯的我回来。你也许会猜得到在这种情形公开时我有何种感受了。之后，我整整躺了两个星期。我不能替自己做些什么。他恳求我活下去……我在你身边，敬爱的朋友，等待着我们另一个孩子降生到这个悲伤的世界中来。下月，我快要分娩。他却不在我身边。

H. 雪莱

葛德文在 1814 年 8 月 27 日给约翰·泰勒的一封信中说了一些详情：

我对他（雪莱）信任备至，我知道他易变的高洁情操，他是一个有妇之夫，与太太愉快地生活在一起已有 3 年……6 月 26 日，星期日，他陪玛丽和她的妹妹简·克莱尔蒙特到玛丽母亲的坟上去……似乎在那里勾引她，对我不忠实，并遗弃发妻……的激烈念头在他身上发作。7月6日，星期三……他疯狂地对我泄露他的计划，并征求我的同意。我告诫他……当时效果良好，他答应放弃他放荡的爱情……他们俩欺瞒了我。27日晚上，玛丽和她的妹妹从家里逃走了。次晨，我找到一封信，告诉我他们干了些什么。

简·克莱尔蒙特是玛丽唯一的一位异父异母的妹妹，是葛德文的第二任太太与前夫所生的女儿。起初取名为克拉拉·玛丽·简，她较喜欢别人叫她克拉拉，稍后变成了克莱尔或克莱瑞。生于1798年4月27日，此时她才年满16岁，正当及笄之年。有天赋而慷慨，善感而自负，在一位忧心忡忡而易怒的母亲的权威和负担过重、濒于破产边缘而吝于给她父爱的继父的管教之下，她感到焦躁不安。她恳求玛丽和雪莱带她和他们同行，他们答应了。1814年7月28日，这三个人从伦敦逃到多佛，再到法国。

8月20日，三人到达卢塞恩。在那里，雪莱没有发现给他的信，也没有从伦敦汇钱来。他口袋里只剩下28镑。他悲戚地告诉他的同伴，他必须赶回伦敦，解决他的财务问题。一番舟车劳顿，他们匆匆北赶。1814年9月13日，他们又回到伦敦。此后20个月，躲躲藏藏以避开债主，同时到处借钱以养活自己、玛丽、克莱尔蒙特和依旧拒绝见他却欢迎汇去现款的葛德文。同时，哈丽雅特生下第二个孩子查尔斯，玛丽生下她的第一个孩子威廉，而克莱尔蒙特也跳上了拜伦的床。最后，诗人的祖父去世，留给雪莱的父亲——当时的蒂莫西·雪莱爵士价值8万镑的财产。雪莱此时已是法定继承人，他的父亲并不如此想。雪莱提出放弃他的权利，以交换终身享有每年1000英镑的年金。这种要求得到同意了，雪莱保证每年将200镑给哈丽雅特。1816年5月4日，玛丽、威廉和克莱尔蒙特再度前往多佛和法国。9天前，拜伦已"踢去他脚上的英格兰的灰尘了"。

拜伦和雪莱的瑞士假期（1816）

　　两位诗人分别选择瑞士作为他们的避风港，日内瓦作为他们的行动中心。雪莱一伙人于 5 月 15 日到达，寄宿在郊区塞奇隆。拜伦和他的随从们则住在奥斯坦德的一辆他花 500 英镑买的豪华轿式大马车里。那是仿照拿破仑曾使用过，并在热纳普俘获，作为滑铁卢战役战利品一部分的轿式大马车而订造的。车内有一张床、一间书房和餐厅的各种设备。拜伦对战场和战场上的遗物作了一次特别巡礼，也许是在布鲁塞尔的那晚，写成《恰尔德·哈罗尔德的朝圣之旅》第 3 篇中特别值得记忆的第 21 到第 28 节。

　　5 月 25 日，拜伦住进安格勒特大饭店，位于日内瓦中心北方 1 英里处。旅馆登记员要求他写上他的年龄，他写了"100 岁"。克莱尔蒙特到达后正急切地要登记时，发现了这件事，送给他一张便条，同情他的岁数，同时建议安排一次会面。5 月 27 日，他在汽船登陆处邂逅了雪莱、玛丽和克莱尔蒙特，这是两位诗人的初次会面。拜伦已读过《仙后麦布》一诗，赞赏它的诗意，就它的政治观点却礼貌地保持缄默。期望一位 24 岁的青年了解贵族政治的功效显得太过分了——虽然在继承的权宜措施这点上他们也许观点一致。最后，雪莱承认在诗艺上拜伦是他的前辈。

　　7 月 4 日，雪莱在日内瓦湖南岸，距日内瓦 2 英里处的孟泰雷格莱市租了一栋房子。7 月 7 日，拜伦租下步行 10 分钟就可到雪莱处的迪奥达第别墅。他们联合起来租了一艘小帆船，这两家时常一起在日内瓦湖上扬帆，或者在迪奥达第别墅做彻夜畅谈。6 月 14 日，拜伦建议每人写一则鬼故事。他们尝试了，除了 19 岁的玛丽写出了 19 世纪的名著之一——《弗兰肯斯坦》，又名《近代的普罗米修斯》外，其余的人都坦认失败。该小说于 1818 年出版，有雪莱写的一篇序文。除了许多优点外，该书揭露了直到目前仍聚讼纷纭的两个问题：科学能创造生命吗？科学能保持其创造善与恶的权力吗？

拜伦也建议他和雪莱乘着他们的小船做一次环湖之游，在历史名胜处泊岸参观，特别是那几处因卢梭的《新爱洛漪丝》一书而扬名的胜迹。雪莱同意了，虽然他仍然没有学会游泳。6月22日，他们带着两名船夫出发，费了两天的时间到达萨伏依公国内的梅里叶。他们徘徊在小说中朱莉被放逐的圣普劳克斯，那个可能在石块上刻着她名字的地方。接着他们再度航行，遭遇到一阵骤然而起的暴风雨，一个接一个的巨浪冲上船头进入舱内，几乎使船倾覆。拜伦后来回忆这个情景时写道："我脱下外套，他也脱下了他的。我抓住一支桨，告诉他，我认为……我抓住他时，如果他不挣扎的话，我可以拯救他……他以非常冷淡的语气回答说，他没有被救的念头，我有足够自救的时间，并恳求不要麻烦我。"

暴风雨停息了，诗人们上岸休息。次晨一早，他们游历锡伦要塞和弗朗索瓦受到洛桑公爵囚禁（1530—1536）的堡垒。在克莱伦斯市——雪莱手中拿着卢梭的小说作为指引——两位诗人走遍作为法国浪漫主义的一处圣地而成名的地方。6月27日，他们在洛桑的乌契港（Ouchy）停泊。晚上，拜伦写了《锡伦的囚徒》一诗（"The Prisoner of Chillon"），而且草拟了《恰尔德·哈罗尔德的朝圣之旅》诗中有关卢梭的各节。6月28日，两位诗人访问了吉本在那里曾写出《罗马帝国衰亡史》的洛桑公爵的家。7月1日，两位流浪者回到孟泰莱格莱和迪奥达第。以后两个星期中，拜伦写作《恰尔德·哈罗尔德的朝圣之旅》的第3篇，克莱尔蒙特替他誊写，她认为那是一生中几次愉快的时光之一。

不幸的际遇如影随形，这是克莱尔蒙特的命运。她对拜伦的公然挚爱引起非议。舆论指出，两位诗人和两姐妹过着杂交的生活。有些好想象的人称拜伦和雪莱为魔鬼的化身。一位在瑞士旅行的英国女士见到拜伦在斯塔尔夫人的科佩沙龙出现时竟晕了过去。也许这种非议与拜伦决定终止与克莱尔蒙特的关系有关。他要求雪莱不要再让她去迪奥达第别墅。此时正怀着拜伦的孩子的克莱尔蒙特请求准她做最后一次访问，却被劝阻了。

7月24日，雪莱带着克莱尔蒙特和玛丽到萨伏侬的沙莫尼克斯做一次旅行。他们在那天未能实现意图，而于次日到格雷斯。返回瑞士后，他们停留在蒙坦威尔一座查托斯修道院内。他在游客签名簿上用希腊文写下："我是一位人类的热爱者，一位民主人士，一位无神论者。"不久，拜伦在同一地方停留时，他划去了无神论者（*atheos*）一词，生怕此词在英格兰被用来对付雪莱。结果正如拜伦所料。

8月29日，雪莱、玛丽和克莱尔蒙特返回英格兰。拜伦交给雪莱《锡伦的囚徒》和《恰尔德·哈罗尔德的朝圣之旅》的第3、第4两篇草稿，送给出版商约翰·默里。雪莱因忙于照顾玛丽和克莱尔蒙特，只带回去《对智慧美的礼赞》和颂歌《勃朗峰：写于查蒙尼克斯谷中的几行》。这首颂歌几乎与蜿蜒着的山坡流泻到格雷斯的冰溪同样莫测高深。雪莱发现他的印象既多又杂乱，他不能给予任何清楚的表达。有时，他认为巍然耸立的山峰正发着华兹华斯的自然神的呼声，他跌回到全人类审判前的一阵无比冷漠的死寂感上了。

《对智慧美的礼赞》也表示出受到华兹华斯的一些影响，但是雪莱的"不朽的讽示"不久消失了。他奇怪世界上为什么有黑暗与光明、邪恶与善良的对比。他梦想人类也许尚未受到广漠深邃的唯美意识拯救，及在思想和功业与肉体和形象上对美的追求之故：

> 我誓言，奉献我的力量
> 给你和你的——我岂没有信守誓言？
> ……却没有快乐缀上我的眉梢
> 岂不与你将世界从黑暗奴役中
> 释放出来有关吗？
> 你啊！永恒的爱啊，
> 请给予这些字不能表达的意义吧。

最后，华兹华斯、拜伦和雪莱，要从自然中找到一位仁慈的朋友的意图，在大自然的宁谧之前失败了。华兹华斯向国教屈服，拜伦和雪莱则绝望以终。

拜伦在威尼斯衰朽（1816—1818）

1816年9月，霍布豪斯从英格兰前来，与拜伦一起做了一次阿尔卑斯山的扩大游历。10月，他们越过阿尔卑斯山进入意大利。他们在米兰受到适当的接待，教育良好的意大利人尊敬拜伦为英格兰最伟大的诗人，并感激他明显地厌恶奥地利统治伦巴底的态度。他在拉斯卡拉剧院租了一间包厢。司汤达在那里见到他，欣喜若狂地描写他："我被他的一双眼睛慑住了……在我一生中，我从没有见过更漂亮、更富于表情的任何事物了。纵然在今天，如果我想到一位伟大的画师应给予一位天才的表情时，这颗高傲的头颅立刻出现在我的眼前……我永远忘不了他脸上的神圣表情，它表现了权力和天才的肃默神情。"

诗人和朋友于1816年11月16日到达威尼斯。霍布豪斯为了匆匆参观就离开了他，不久去了罗马。拜伦则在圣马可广场附近的一条边街上租了一个房间，而且勾引了房东的太太玛丽安娜·塞加蒂作情妇。但他仍找出时间完成了《曼弗雷德》（*Manfred*）一诗，并于1818年9月开始写《唐璜》诗稿。在这部诗中，从忧郁、浪漫和任性的沉思写到嬉闹、幽默和现实的讽刺。

当然，曼弗雷德又是拜伦的化身。此时，乔装为住在一座哥特式堡垒里的一位忧郁的厌世者了。感到"缠绕着我灵魂上的一阵强烈诅咒"，并反复沉思着他的种种原罪，他从阿尔卑斯山上的兽窝中召唤来一群巫婆，并向她们要求一件礼物——遗忘。她们回答称，遗忘只与死亡同来。他爬上少女峰（Jungfrau），并在一棵如闪电般的松树中看到了他自己的象征——"濒临一块顽石旁的一根光亮树干，给人一种快要腐朽的感受。"他有意从一座峭壁上跳下寻死，一名猎户阻止了他，领他到山上的一间茅舍，奉上一杯温暖的酒，而且询问他绝望的理由。把这杯酒当作血液的曼弗雷德以被认为是一种乱伦的坦白的文字来回答：

> 我说这是血液啊！这纯洁温暖的溪流
> 流动在我祖先的血管里，和我们的，
> 我们在年轻时，有我们的心思，
> 我们不应爱时，却彼此深爱着；
> 血液流走了；但依然升起，
> 染红层云，断绝我的天堂路。

他羡慕猎户的自由和健壮的生命，临危益厉却朴质无华，希望：

> 愉快的晚景和一座宁静的坟墓，
> 绿草皮上放着十字架和花环
> 以子孙的爱作为诔铭；
> 这点我已看见——然后，我看见里面
> 它已无关紧要——我的灵魂早已灼伤。

他给了猎户金子后，就走了。利用他不熟悉的科学，他召唤阿斯塔特，他从她的身上看到了被禁止去爱的人。他祈求她原谅他——"阿斯塔特，我的爱，对我说话啊！"——这是拜伦式感情和情操高度奔放的一种方式。如《格利佛游记》中的拉格奈格人的大逆不道罪一般，他被谴责为不朽，并认为这是最可能的刑罚。他乞求她用她的神秘力量，赐给他一份死亡的礼物。她安慰他说："曼弗雷德，明天结束你的世俗生命。"一名随侍的女巫赞扬他的勇气："他操纵着自己，痛苦地克服他的意志。如果他和我们在一起，他将是一个了不起

的精灵。"在拜伦的作品中，弥尔顿的撒旦又在这里出现了——对次
日黄昏，准备将他争回到基督怀抱中去的修道院长，曼弗雷德回答为
时太晚了，而且加上：

> 这是地球上
> 生命的一种程序，在青年时期
> 却已衰老，未到中年已如枯木，
> 并无如战死的暴力。

曼弗雷德朝他最后集合点出发时，修道院院长哀叹道：

> 是这么一个高贵的人；他
> 有形成光荣与善良的
> 良好的能力；
> 如果经过悉心地糅合。

好像要刺激这个世界去思索，对它最难以洞悉的怀疑此时已坦
然招认了似的，拜伦把《曼弗雷德》送到英格兰，而默里于1817年
6月16日将之出版。一周后，伦敦一家报纸的一篇评论呼吁停止对
拜伦的一切同情，他"已将曼弗雷德赋予他自己的个性特征……曼弗
雷德已自我放逐于社会之外，对一位放逐者我们的同情还有什么根据
呢？他已经违反最大叛乱罪之一了。他已经犯下乱伦罪"！

1817年4月17日，拜伦离开威尼斯与在罗马的霍布豪斯盘桓了
一月。他因参观各地的博物馆而耽误了他的行程，但他看到了古罗马
的大堆遗迹，并游览了庞贝古城。"我成为废墟中的一件毁物。"拜伦
借恰尔德·哈罗尔德之口说。5月28日，他回到了威尼斯。

12月，在多次尝试后，他成功地将纽斯台修道院及其土地卖了
9.45万英镑。他通知他在伦敦的银行家道格拉斯·金奈尔德，偿清诗

人的一切债务，并从剩余的款子中每年汇给他 3300 英镑。除了这笔收入外，他此时同意收受他的诗集的应得报酬。荷包充足了，他买下大运河上豪华的莫塞尼戈宫。他和 14 位仆人、2 只猴子、2 头大型猛犬和 1 名新交的情妇——玛加丽塔·柯尼，当地一位银行家的漂亮太太——住在里面。他不是一夫一妻制的信徒，自吹在威尼斯有过 200 名情妇。1817 年 1 月 20 日，他告诉金奈尔德："晚上我有时出去，总是恣纵在情欲中。"1818 年 5 月 9 日，他写给这位银行家："我拥有一个妓女世界。"仲夏时，他已不复有两年前司汤达描述的神圣了，他已发胖，头发转成灰色，看起来要比他的 30 岁年纪苍老一点。雪莱和拜伦再度重逢时，发现他这副模样，惊讶不已。

雪莱家长（1816—1818）

1816 年 9 月 8 日，雪莱、玛丽、他们的孩子威廉、孩子的瑞士籍保姆埃莉泽·福吉和克莱尔蒙特一行抵达英格兰。除了雪莱外，其他的人都来到巴斯。他赶到伦敦，期望在那里收到父亲汇来的 500 英镑汇款，因为一无所有，他就不能履行给予绝望的岳父 300 英镑的承诺。葛德文大怒。雪莱逃到巴斯。

在那里，9 月 26 日和 10 月 3 日，玛丽接到同母异父的姐姐范妮·葛德文措辞温和的两封信。范妮 1794 年生于法国，是船长伊姆利和玛丽·沃斯通克拉夫特的私生女。葛德文娶她的母亲时，她由葛德文收养。尽管养父很和蔼，她在他第二任妻子克莱尔蒙特太太的照顾下并不快乐。她的信表达了一颗温驯的灵魂，勇敢地背负起不幸的命运，不责备任何人，却怯生生地渴望着愉快。玛丽曾对她有过姐妹的情谊。但是，自从玛丽和克莱尔蒙随着雪莱去后，范妮就失去了应对后母的援助了。这对私奔者返回英格兰时，他们不稳定的经济状况使他们没有勇气邀请范妮和他们同住。10 月 12 日，雪莱带给玛丽和克莱尔蒙关于范妮来到斯旺西，独自隐居在一家旅馆的房间里用鸦片烟自杀的消息。

复仇女神对雪莱毫不怜悯。在返回英格兰的途中，他曾问起法律上还是他的太太的哈丽雅特的情况。他得悉她住在她父亲那里，每年有 400 英镑的固定收入。11 月，他想去看她，但消息传来，她已失踪了。1816 年 12 月 12 日，《泰晤士报》上报道说，她的遗体两天前在海德公园内的九曲湖（the Serpentine Lake）中发现了。

为了获得由哈丽雅特所生的孩子——女儿艾安西和儿子查尔斯的监护权，雪莱匆忙办完他与玛丽婚姻的合法化手续（1816 年 12 月 30 日）。他提出抚养孩子的请求，在大法官厅经过 3 个月的拖延后，玛丽向他保证，她会"非常愉快地接受那两个心肝宝贝"——哈丽雅特的孩子——由她来悉心照顾。但是，哈丽雅特的父亲和姐姐则以雪莱是一位信誓旦旦的无神论者，及遗弃发妻而与一名未婚妇人私奔为理由来抗议雪莱的申请。这种人，他们辩称，不可能以适合英格兰生活方式的态度来抚养孩子长大的。法庭不准许从神学观点来论辩，但承认其他的理由，决定驳回雪莱的请求（1817 年 3 月）。不过，法庭批准他有作为养父母的权利，他同意每年付出 120 镑作为他们的生活费。

丈夫在伦敦缠讼时，玛丽则照顾 19 岁的克莱尔蒙特，她于 1817 年 1 月 12 日生下一女，取名为阿兰歌娜。自从离开瑞士，克莱尔蒙特给拜伦的信都没回音，雪莱的倒是有回信的。想到拜伦决不会知道孩子的出生时，这位母亲悲痛欲绝。雪莱请求拜伦的指示，特别小心强调阿兰歌娜的漂亮。拜伦同意照顾并抚养这个孩子，要是把她带到他那里去的话。玛丽因生产她的第二个取名为克拉拉·艾弗瑞娜的孩子（1817 年 9 月），使事情弄砸了。母亲和孩子都身体孱弱。不久，大人们一致同意，这个家庭需要的是意大利的温暖气候、天空和果实。1818 年 3 月 11 日，他们横渡至法国，乘着马车，开始长途跋涉到米兰去。

在那里，雪莱送给拜伦一封邀请信，要他来看阿兰歌娜。担心此行可能导致与克莱尔蒙特旧情复燃，拜伦拒绝了。他反而建议，她的保姆应带孩子到威尼斯，如果收养计划证明为满意，孩子的母亲从此就可以随时去探访阿兰歌娜。克莱尔蒙特勉强同意了。拜伦发现小女孩十分可爱而逗人喜欢，他带她进入他的家中，但阿兰歌娜被他豢养的动物和妾侍们吓住了。拜伦不久请理查德·霍普纳——不列颠的领事，和他的太太带孩子到他们家抚养。

听到这个消息，雪莱和克莱尔蒙特（留下玛丽和孩子们在卢卡）来到威尼斯，发现阿兰歌娜受到合理的照料。拜伦热诚地接待雪莱，带他乘平底船到丽都，而且邀请他和他的全家及克莱尔蒙特和阿兰歌娜，随心所欲地待在拜伦在埃斯特的卡普奇尼别墅中居住。玛丽带了孩子从卢卡赶来，但克拉拉·艾弗瑞娜在路上病了，死于威尼斯（1818 年 9 月 24 日）。10 月 29 日，逗留了一个月后，他们辞别了阿兰歌娜，前往南方的罗马。

雪莱的巅峰时期（1819—1821）

在他抵达罗马（1819 年）与他和拜伦在比萨重逢（1821 年）之间，雪莱生命中的伟大事情就是他的诗。以前曾闪现过高洁的火花，如《仙后麦布》一诗中随时见到的，及如稍后在《奥济曼第阿斯》（"Ozymandias"，1817 年）——一首思想精简、有惊人力量的十四行诗中表现的。《尤金尼亚山丘中偶拾》（"Lines Written in the Euganean Hills"，1818 年）一诗就缺乏集中的思想和精雕细琢的格律。《接近那不勒斯时沮丧中偶拾》（"Lines Written in Dejection near Naples"，1818 年）一诗，太顾影自怜，得不到安慰。一个人是不应当轻露他的忧愁的。但是此时，在短短的 3 年中，他出版了《解放了的普罗米修斯》（*Prometheus Unbound*）诗集;《西风颂》（"Ode to the West Wind"）、《致云雀》（"To a Skylark"）和《云》（"The Cloud"）诸诗，及《心之灵》（*Epipsychidion*）和《阿多尼斯》（*Adonais*）等诗集。我们不提及诗剧《倩契》（*The Cenci*，1819 年），雪莱虽有些成就，却想以一则乱伦和谋杀的阴沉恐怖政事，与约翰·韦伯斯特和其他的伊丽莎白时代的雅各宾派的戏剧家们争雄。

依照作者的序言，《解放了的普罗米修斯》一诗是 1820 年在罗马的卡拉卡拉古浴场的浴池上写成的。他以《倩契》来向伊丽莎白时代挑战。现在，他更鼓舞起勃勃雄心向希腊的诗人们挑衅了。在戏剧《解放了的普罗米修斯》中，埃斯库罗斯已揭示这位"先知"为一位背叛的泰坦神，因为泄露给人类太多有关智慧树的知识，被用铁链拴在高加索境内的一块石头上，受了圣神的命令，鹰不断去啄这位英雄的肝。依照传说，在这部戏剧失传的部分中，宙斯动了怜悯之心，就把普罗米修斯释放出来。雪莱的"抒情诗剧"（他以此来称呼它）描写宙斯为一位顽固的旧式波旁皇族，就人类的不幸和地球的越轨应负其应负的责任。普罗米修斯以一位牛津大学肄业生的那种热诚来摧毁他，并召唤了一些主教来为上帝送葬。接着，泰坦神哀叹不幸的灾祸时咒道："我愿任何有生命的事物都不再遭受到痛苦。"他回到了他选择的任务上——将智慧和爱情带给全人类。欢欣的地球之灵向他欢呼："就智慧和仁慈来说，你更像上帝。"

整个第一幕，台词清晰动人，随侍诸神的唱词洪亮有力，间或点缀着精美的隐喻和抑扬顿挫的优美调子。但是，台词，有神论或无神论的，并不是诗的精华。台词引起听众过分的混乱时，颂歌就显得可厌，而抒情诗失去它们的诱惑力，无止境的美就变成无聊。雪莱的许多诗，虽感情澎湃却缺乏宁静感。我们读下去时，我们意识到这些诗中的一些弱点——哀伤太多，鼓舞太少，太多感伤和缠绵的情态和句子。这是用来雕饰一首抒情诗，却减缓一出戏剧的风格的——顾名思义，戏剧应随动作而运动，一首"抒情诗剧"在语词上就是一种矛盾。

对照之下，《西风颂》（1819 年）一诗令我们雀跃，因为它的动人情感简练成 72 行诗句。在这首诗中，雪莱的丰富韵律不产生重叠的现象，情态层叠，但是围绕着一个观念，即：我们讨厌的冬天过后，接着就是百花齐放的春天。这种经得起时间考验的隐喻不断出现在雪莱的诗中。他的希望和梦想的世界眼看着在经验开始之前毁于一旦时，它支持着他。他祈祷着，他的理念如风前飘零落叶般下坠时，也许通过"他的诗的活泼魔力"而保存和流传下去。结果就是这样。

那首快要臻于炉火纯青之境的《颂诗》，是正好有一天（雪莱告诉我们），"在靠近佛罗伦萨的阿诺附近的一个森林中，当时正好有一阵大狂风……蒸发掉倾盆而下的秋雨时，构想并写成的"。他为什么要离开罗马呢？部分是因为他想要使自己隔离起来，更清楚一点的是他和玛丽感伤年仅 4 岁的威廉的死亡（1819 年 6 月 7 日）。夫妻二人对 9 个月中连续失去两个孩子的事，从没有完全复原过来。虽然，雪莱只有 27 岁，他的棕发间却已有了灰发。

将威廉在罗马的英国公墓下葬后，这家人就此迁至来亨。徘徊在那里的一座花园中，每当他走近时，见到群鸟惊惶飞散的情形，如任何一位诗人一般，雪莱就感到神伤。有一只鸟，它起飞时的婉转鸣声，特别令他神往。回到房里，他以值得回味的六步格韵，填了《致云雀》的第一节。那些活泼的诗句丝丝符合韵律，每一行都有温馨的感受和具体的思想。

1819 年 10 月 2 日，雪莱一家迁到佛罗伦萨，玛丽在那里生下她的第三个孩子，立刻取名为珀西。在佛罗伦萨，克莱尔蒙特找到了一个女管家的职位，终于解除了雪莱对她照顾的责任。1820 年 10 月 29 日，他们全家住进比萨特里帕拉兹，他也许在那里经历了一生中最奇怪的冒险事业。

尽管雪莱经常病痛缠身，他对性的敏感度却毫不逊色。他发现，一位女人不仅漂亮而且身世不幸时，对他就有加倍的吸引力。伊密莉亚·维维亚尼的家世很好，在强制之下，被送进比萨附近的一座女修道院中去保护她的贞操，直到替她找到一位有钱的适合丈夫。雪莱、玛丽，有时还有克莱尔蒙特，一起去看她，三个人都被她古典的容貌、谦和的态度和充满自信的淳朴迷住了。诗人把她理想化，使她成为他白日梦中的目标，而且写进了《心之灵》中，该诗 1821 年用笔名发表，里面有一些绝妙的句子：

> 我绝未想过，在我死前，看到
> 这般完美的青春美人。伊密莉亚，
> 我爱你；这世界没有什么借口
> 隐藏那份出自它的卑微爱情。
> 我们俩原是同母所生的一对孪生兄妹啊！
> 也许，我的心灵借给另一个人，
> 可能是她和你的一位妹妹的束缚
> 将两束光融汇成一道永恒！
> 然而，如果一为合法，另一为真，
> 这些名字，这般亲爱，不需点染，诚如原初，
> 我离你多么遥远。啊，我！
> 我非你：我是你的一部分。

因此，狂喜得难以自制——

> 情人，妹妹！天使！命运之御者
> 在无垠而没有星光的路途上！啊，太迟了
> 我的爱！啊！太快受到我膜拜
> 在不朽的原野上
> 我的灵应当最先膜拜你
> 在一个神圣的地方呈现一份神圣。

显然，这位 28 岁的青年是处在一种偏向理想化的状况中，我们的法律和道德的确不能节制我们的激情。如果一个人是一位天才或一

位诗人，他一定从行为或艺术中寻找发泄和疏解。在这种情形上，病况就会被震荡在荒谬和优异之间的一首诗的治愈或赎救中了：

> 这天到了，你将与我同飞……
> 一艘船此时正浮沉在港中
> 一阵风正吹过山之眉。
> 带他们到蔚蓝的爱琴海中的一座岛上。
>
> 这是一座存在于天国、空气、地球与海中的小岛，
> 摇晃着，悬在澄碧的宁静中……
> 这座小岛和房子是我的，我立誓
> 你成为这孤寂中的女主人。

在那里，她是他的爱人，而他是她的——

> 我们的呼吸交融，我们的胸紧贴
> 我们的脉搏相和；我们的唇
> 用语言以外的其他雄辩，腐蚀
> 燃烧在中间的灵魂，沸腾
> 在我们最内层细胞的源泉，
> 我们生命深处的源泉，混淆
> 成感情的晶莹……
> 我喘息，我下沉，我颤抖，我瘫痪！

这可能就是"真正的雪莱吗"？可怜的玛丽，专心在她的宝贝珀西和自己的梦想上，一度无视这些冗长的陈述。这种异象消逝，伊密莉亚出嫁了，使玛丽的丈夫成为"一个恶魔"（根据她的说法）。雪莱后悔他的调子如此优美，而玛丽以母性的理解力去滋润他的孤寂。

他听到济慈过世时（1821 年 2 月 23 日），他又写出更好的诗篇。他也许不太关心《恩底弥翁》（*Endymion*）一诗，但是《评论季刊》以"野蛮的批评"来评价济慈的毕生努力令他十分震怒，他召唤他们共同的缪斯鼓舞他写出一阙得体的挽歌。6 月 11 日，他写信给他在伦敦的出版商："《阿多尼斯》一诗已完成，你不久就可收到它。它为了迎合读者，绝少雕砌，也许是我作品中最完美的一首了。"他选择了近来拜伦在《恰尔德·哈罗尔德的朝圣之旅》中使用、更为优美的诗韵中最难的斯宾塞式（Spencerian）的诗，作为该诗的格式。他像一位雕刻家那样精雕细刻来写这首诗。但是，严格格律的要求，使这 55 节诗有一点雕琢的气氛。该诗假定一篇评论杀死了济慈，而哀悼者问："该隐的诅咒，燃烧在戳穿你天真的胸膛之人的头脑中吗？"但是验尸的结果，显示济慈死于严重的肺结核。在最后一节中，雪莱欢迎自己的死亡，作为与这位不朽死者的一种重聚的祝福：

> 一个活着，景物已全非；
> 天堂的光世世永照，地球的阴影消逝；
> 生命，如一个虹彩的玻璃圆顶，
> 缀满白色的永恒光彩
> 直到死神踏它成碎片——死亡
> 倘使你愿意与你寻找的同在……
> 为何踌躇，为何掉头，为何萎缩，我的心啊？
> 你的希望先你而去；从此地的种种事情上，
> 它们分开了；你此时该走了吧……
> 这是阿多尼斯的呼唤！啊！快去吧
> 不再让生命分开死神能缀合在一起的……
> 我来自漆黑、恐怖、遥远之处；
> 同时，在天堂的最内层处化为灰烬
> 阿多尼斯的灵魂，如一颗星，

永恒居处的一缕烽烟。

济慈也许用他令人难以忘怀的几行诗来应和：

死了似乎较以前更充实
午夜时无痛地停止生命，你将你灵魂流向外界时，
就是那样一种狂喜。

拜伦的爱情与革命（1818—1821）

在他们的最后一次聚晤中，雪莱留下了许多有关拜伦的记忆——
他优雅的风度、坦诚的谈吐、慷慨的神态及他与陪伴他的女人和娼妓
恣意淫乱的满足感。"与他有染的意大利女人也许是月光底下最可悲
的女人了……拜伦与这群女人中最下等的一类——他的仆人从街上招
呼来的那一类很熟悉。他准许父母们为他们的女儿和他谈价钱……但
是，他是一位伟大的诗人，我认为他的泱泱大度便是证明。"拜伦十
分清楚他抛弃的英国道德和风尚。英国的法律已不保护他，而他也拒
斥英国的法律。他曾于 1819 年告诉一位朋友："我对我在威尼斯所过
的生活已经厌倦，很高兴能抛弃掉它。"在特雷莎·圭乔利的帮助下，
他成功了。

1819 年 4 月，特雷莎从罗马到威尼斯访问时，他们初次相遇。
她时年 19 岁，娇小、可爱、虚荣，受过修道院的教育，心地善良，
有感情。她的丈夫亚历山德罗·圭乔利伯爵，58 岁，已结过两次婚，
而且经常一心扑在事业上。当时的意大利上层阶级正流行一位妇人可
有一位绅士仆从追随左右，经常在她周围赞美、取悦或护送她，获得
亲吻她的手作为补偿的机会——倘使他们能够谨慎，而丈夫又心有旁
骛或厌倦时，还可有其他进一步行为的一个时期。有时会有决斗的危
险，但有时丈夫会感激这种帮助，知趣地让出他的时间来。所以，这

位女伯爵自由自在地投入这位面孔俊美、谈话风趣、妩媚的跛脚的英国人的怀中。或者，照她后来的说法：

> 他高贵，漂亮的容貌、声调、风度，他身上各种的妩媚，使他如此不同，如此超越了我迄今为止遇见的任何一个人，他不留给我最深刻的印象几乎是不可能的。自那晚起，在我留在威尼斯的往后这段期间，我们天天见面。

那些无忧无虑的欢乐的日子，在伯爵带特雷莎回到拉韦纳后就终止了。拜伦给了她一些许诺，如 1819 年 4 月 22 日所记的："我向你保证，你是我最后的激情。在我认识你之前，我感到对许多女人有兴趣，但从来没有只对一个女人有过。现在，我爱你，世界上再没有一个女人值得我去爱了。"就我们所知，他信守了诺言。

6 月 1 日，坐着他的"全副装备的拿破仑式车子"，他离开威尼斯前往拉韦纳，成为一位追寻但丁遗物的游客。特雷莎欢迎他，伯爵也很满意。拜伦写信给朋友说："他们在这里使爱情滋长。"他获准带特雷莎到拉米雷（La Mira，威尼斯南方 7 英里处），他在那里有一栋别墅。在那里，韵事更不受到阻止，甚至连特雷莎的痔疾都不能阻止。阿兰歌娜也加入他们的行列，使得这个团体令人欣羡。汤姆·穆尔翩然来临，此时从拜伦处接到《我的生命与冒险》（*My Life and Adventure*）的稿本，该稿在作者死后引起了一阵很大的骚动。

拜伦从拉米雷带特雷莎到威尼斯，她在那里和他一起住在莫塞尼戈宫。她的父亲在那里找到了她，而且——禁止拜伦同行——带她回到拉韦纳。到达拉韦纳时，特雷莎一病不起，伯爵匆忙又把她的情人请回来。拜伦来了（1819 年 12 月 24 日），在流浪了一些日子后，以一位付房租的房客身份，住进伯爵的宫殿的三楼上。他带来了两只猫、六只狗、一只獾、一只秃鹰、一只温驯的乌鸦、一只猴子和一只狐狸。在这样复杂的生活中，他写了许多《唐璜》诗篇、一些韵文、在威尼斯共和国不能上演的戏剧，一出更值得上演的关于萨达纳帕鲁斯的戏剧。1821 年 7 月，《该隐：一桩奇谭》（*Cain: A Mystery*）一稿，使他的名字在英国引起憎恨。

这部戏一开始就出现亚当和夏娃。该隐和既是妹妹又是太太的阿达，亚伯和妹妹兼太太的齐拉，正在准备向耶和华奉献牺牲和祈祷。该隐问了他的父母一些拜伦在学校时就很迷惘的问题：上帝为什么要发明死？如果夏娃吃了智慧果，上帝为什么将这棵禁果树种在伊甸园中如此明显的一个地方？为什么期望智识的欲望被说成是一种原罪呢？仅仅为了处罚夏娃的贪吃，万能的神为什么命令所有的活物以操劳作为他们的生命、死亡作为他们的命运呢？什么是死呢？（没有人曾见过）其余的人去做这天的事时，该隐不屑地留下来在沉思。卢西弗（掌闪电者）出现了，如在弥尔顿的诗中一般，控制了全场，自负地自称——

> 敢注视全能独裁者的
> 永恒面孔，而告诉他——
> 他的邪恶，并不算好的那些
> 人中的一人。

阿达回来，央求该隐到田里和他的亲戚们一起工作，他已经疏忽他当天应该做的工作，她替他做了这份工作。此时，她邀请他和她做爱一个小时，然后休息。卢西弗以描写做爱为一种再生的诱惑来嘲笑她，而且预言，未来的辛苦、动乱、生老和病死所要肆虐的无所大众，归根究底，都是因为她的子宫……该隐和亚伯准备他们的祭坛去了，亚伯奉上他初生的羊，该隐则奉上水果。但是，祈祷时，再度问起为什么全能的神准许邪恶存在。亚伯供奉的羊消失在直升入天国的熊熊火焰中……该隐的祭坛被一阵狂风吹垮，将果子散落满地。愤怒中，他想毁掉亚伯的祭坛。亚伯抵抗，该隐打他，亚伯死了。亚当责骂夏娃为原罪的主要源泉。夏娃咒该隐，阿达替他求情："不要骂他，母亲，他是我的哥哥、我的丈夫。"亚当命该隐离开他们，不准再回来，阿达陪该隐一起被放逐。由于亚伯无嗣，一切人类（拜伦结论）都是该隐的子孙，都遗传着发泄暴乱、谋杀、战争等神秘本能的特性。

《该隐》一诗有时似乎是一篇没有读过《传道书》的无神论学童的一种蔑视上帝的散文。不过，有时这出戏剧几乎具有弥尔顿式的力量。沃尔特·司各特是《怪谭》这出戏剧受题献之人，他称赞这部作品。歌德则说："它的优美是这个世界上独一无二的。"在英格兰，出版遭受到一阵激烈的批评和恐怖……此处好像是另一个该隐，不，是一名可怕的谋杀者——抹杀了已经维系了近一千世代的信仰。默里警告拜伦，他的作品正在使他的读者人数急遽下降。

对该隐的忠实妻子阿达的描写，给了拜伦个性上另一个温驯因素的证明。但是，他对阿兰歌娜和她母亲的处置显示了较为冷酷的一面。这个一度快乐的孩子，此时4岁，由于与父母分居而落落寡合，她感到霍普纳夫妇渐渐对她厌倦。拜伦派人去接她到拉韦纳。不过，他不想要她和他同住。一再寻思后，他将她（1821年3月1日）送进距罗马12英里的巴尼亚卡瓦洛的一座女修道院中。他认为，她在那里可以有人陪伴，不会妨碍他的行动，而且可以接受一些教育。这是一座天主教的修道院，并不令他烦厌。相反，他感到意大利是一个即使"在通奸中的女人都是一位虔诚的天主教徒"的地方，一个女孩子在这样一种环境中长大，没有宗教信仰是一种悲剧。毕竟，如果一个人一定要成为一名基督徒，最好诚心诚意地接受使徒的教义，而成为一名天主教徒。"这是我的愿望，"他于1821年4月3日写道，"阿兰歌娜应成为一名罗马天主教徒，我认为那是最好的信仰。"阿兰歌娜准备结婚时，他愿意给她4000镑的财产，这样她就不难找到一位丈夫了。

这是拜伦的权宜措施。但是，这个消息传到克莱尔蒙特那里时，她激动地抗议，要求雪莱将这个孩子带回到她的身边。雪莱赶到拉韦纳，看看阿兰歌娜是如何被安排的。他于 1821 年 8 月 6 日到达那里，受到拜伦热情的接待。他写给太太的信上说："拜伦爵士健康良好，看到我甚为愉快。他已……完全康复，过着与在威尼斯时截然不同的生活。"拜伦告诉他，政治状况不久迫使他迁到佛罗伦萨或比萨，他会带阿兰歌娜和他同行，这样她就会接近她的母亲了。雪莱对此很满意，将注意力转到会直接影响他的一些事情上去了。

雪莱得知阿兰歌娜的保姆埃莉泽（她 1821 年被解雇）告诉霍普纳夫妇，雪莱与阿兰歌娜的母亲曾发生过秘密的性关系。克莱尔蒙特在佛罗伦萨曾生过他的孩子，而他立即把孩子送到弃婴收容所。而且，雪莱和克莱尔蒙特曾无耻地对待玛丽，雪莱甚至打过玛丽，使她怏怏不乐。这位受惊的诗人立刻写信给玛丽（8 月 7 日），要她写信给霍普纳夫妇，公开指责这些荒唐的杜撰。玛丽照办了，但是先把信送给雪莱求得他的同意。他将信给拜伦看，显然要借助他将信交给霍普纳。雪莱发现拜伦知道这些谣言，而且显然相信这些谣言时而感到失望。这份珍贵的友谊开始冷淡，拜伦从拉韦纳迁到比萨，而将阿兰歌娜留在修道院中时，其冷淡更趋严重。

这种改变是混合爱情和革命的结果。1820 年 7 月，特雷莎的父亲——鲁杰罗·甘巴伯爵从居里的教廷获得特雷莎与丈夫分居的同意状，并以她与父母同住为条件，由丈夫支付她一笔定期赡养费。她立刻搬走了。仍然住在奎乔利宫廷的拜伦，变成了甘巴家的一位常客。他很高兴发现甘巴和他的儿子彼得罗是一个秘密组织烧炭党（Carbonari）的领袖。这个组织策划推翻奥地利在北意大利的统治、教皇在中部意大利的统治及波旁皇族在那不勒斯对两个西西里王国——南意大利和西西里——的统治。拜伦在《但丁的预言》（The Prophecy of Dante，1819 年）中，曾经大声呼吁意大利人起来使自己从哈布斯堡或波旁王朝的统治下解放出来。1820 年，奥地利密探怀疑拜伦出钱购买军火交给烧炭党组织，并在拉韦纳贴出暗杀他的悬赏令。1821 年 2 月 24 日，烧炭党的起义失败，其领袖们从奥地利、教皇或波旁王朝统治的意大利地区逃走。甘巴伯爵和他的儿子逃到比萨，在拜伦的劝告下，特雷莎不久也和他们会面。1821 年 11 月 1 日，拜伦也到了那里，定居在阿诺的卡萨·朗弗兰西。雪莱早已替他在那里租下了豪华的套房。现在，他们的友谊要接受最后的试炼了。

对照

两位诗人此时都已发展到成熟的阶段。年长的这位仍然有一些《唐璜》的章节要写，这些诗以辛辣的笔触讽刺英格兰。《审判的异象》（"The Vision of Judgment"，1821 年 10 月）也是一首无情的讽刺诗。但是，骚塞先出版的《审判的异象》（1821 年 4 月）因称拜伦为英国诗坛上的"撒旦"派领袖而激起了反驳，拜伦用趣味和技巧来歼灭他。在这些最后的作品中，他已从浪漫自怜的《恰尔德·哈罗尔德的朝圣之旅》的忧郁中抽身而出，朝更古典的理性姿态和幽默上发展——但仍未见谦和的态度。他的书信——特别是给默里的那些——表现一种较成熟的情操，因为在那些信中，他尖锐的词锋已因严格的自我节制有所缓和，犹如他已发现了谦和打开了通向智慧的大门一般。

关于他的诗他是谦和的。"在知识阶层上，我决不将诗或诗人排列于较高的层阶上。这也许看起来有点装模作样，但这是我真正的意见……我较喜欢行动的天才——战争、参议院或科学——甚于那些做白日梦者的一切投机取巧的作为。"他赞扬雪莱为一位人物，却认为他的诗是幼稚的狂想。他渴望被评断为一位人物犹过于一位诗人。他对自己的形象有一种痛苦的意识。他喜欢骑着马散步，因为他的左脚会分散对他俊脸的注意力。就营养来说，他的一生是介于饮食过量和过度减肥之间的一种循环。1806 年，他 5 英尺 8 英寸半高的身材重194 磅；1812 年，他瘦到 137 磅；1818 年，他又胖到 202 磅。他对在性方面的成就很自负，并将这方面的数字告诉他的朋友们。他是一位性情中人，时常发脾气或失去自制。他的智力超群却不稳定。"当拜伦思想的铃铛，"歌德说，"他是一个孩子。"

在宗教上，他开始时像一位加尔文派教徒，在《恰尔德·哈罗尔德的朝圣之旅》中，他以旧派新教徒的精神说教皇制就像"巴比伦的娼妓"。二十几岁时，他读哲学，如斯宾诺莎一样，较喜欢休谟，而且宣称："我不否认任何事物，但对每件事都怀疑。"1811年，他写信给一位劝诱他改宗的朋友说："我对你的不朽没有什么可做的。"10年后，他写道："灵魂不朽，对于我来说，是不容怀疑的。"在意大利时，他和那里的气候和人民打成一片，开始思考天主教的一切了。祈祷的钟声响起来时，他渴望着分享此时笼罩着每个人的那份宁静气氛。"我时常希望，我要是一名天生的天主教徒多好。"直到最后（1823年），如在童年时一般，他大谈宿命和上帝。

在青春期失去了他的宗教信仰，在文学或哲学中，找不到道德的系留处，他就没有了足以供他抵抗刺激的感受、情绪或欲望的支点。他的自由自在和灵活的智力，找到了屈从的理由，或他的脾气没有时间给予理由展示社会抑制的智慧。显然，他抑制了他同性恋的倾向，用温暖和忠诚的友谊来满足它们。但是，他屈服于他姐姐的妩媚，而在《恰尔德·哈罗尔德的朝圣之旅》中，他大胆地说出他的爱：

> 一只柔酥酥的乳房
> 它对他的约束力，其纽带的坚强
> 甚于教堂对他的以往一切的联系。

因为逾越了英国社会准许的恣纵，或不能以优雅的态度隐藏这些行为，因而遭到英国社会的指斥，他向不列颠的"伪善"和"伪善的口吻"宣战。他讥讽上层阶级为"由两个有权的部落——厌烦者和受厌烦者——形成的"。他谴责工厂主对劳工的压榨，有时他呼吁采取革命手段：

> "上帝拯救国王吧！"
> 如果他不拯救，我怀疑人类是否还愿长此下去。
> 我想我听到一只小鸟在唱
> 人民渐渐地更会坚强……
> 而民众
> 最后都厌于模仿约伯……
> 我欣然说，"呸"，
> 我岂会不领悟到，革命
> 才能将这个地球从乌烟瘴气中挽救出来。

不过，再思之下，他觉得民主政治不再有什么吸引力。他不信任群众，害怕革命带来比国王或国会还要糟糕的独裁制度。他看到由一个出生贵族血统的人来统治的一些德行，而且渴望一个清净、理性、有训练和有能力的贵族政治出现。他从来不忘记自己就是一位爵爷，不久就抑制了任何平等地位的主张。他知道在社会关系上，距离可以增加观念上的吸引力。

他对拿破仑的观点随着事物而改变了。直到波拿巴自行加冕为国王，并以各种头衔来尊荣自己，拜伦视他为一个国王和群众之间最杰出的折中。即使有那些小丑的举动及那些对西班牙和俄国的侵略行为，拜伦仍为拿破仑祈祷打赢欧陆上各王室的联盟。他鄙视这位被打败的国王不自杀而是禅位的举动。但是，拿破仑从厄尔巴岛回来时，诗人复为他对抗联盟的胜利而祈祷。6 年后，听到拿破仑去世的消息时，他喟叹道："他的覆亡是我脑袋上的重重一击。自那个时期起，我们是笨蛋的奴才。"

他是错误和德行的一种不可理解的混合。他愤怒时，可以做出粗鄙和残酷的事。通常他彬彬有礼，能体谅也能慷慨。他对贫困中的朋友毫不犹豫地施舍。他转移给罗伯特·达拉斯价值 1000 英镑的版权，另外 1000 英镑使弗朗西斯·霍奇森免于破产的噩运。他在整整 4 年中几乎每日都要见到他的特雷莎·圭乔利。在 900 余页的篇幅中，描写他为一位真正的天使。他远比柯勒律治更要像一位"受折磨的大天使"，他的肉体有遗传上的缺点，以胆大妄为和多产的诗篇来阐明和求得补偿，而且以强烈的反抗思想使歌德称他为"我们这个世纪中最伟大的'文学'奇才"。

对照之下，雪莱是历史性片语指陈的"无效的天使"。不完全是无效的。谁能说由他的魔咒式诗篇散布的叶子，没有埋下宗教容忍、妇女解放、科学在科技和哲学上的胜利、参政权的扩大及使 19 世纪成为一个"奇妙世纪"的国会的改革的种子呢？

雪莱实在是一位人类的天使。他外貌出众，为屈服于生理上的需要，至少搞了两次私奔，更不必说他与伊密莉亚·维维亚尼的韵事了。他的身体瘦弱、有病，背部经常痛楚。当然，对外在和内在的刺激，他出乎寻常地敏感，甚至过于拜伦。回忆一下他给克莱尔蒙特的信（1821 年 1 月 16 日）："你问我从哪里寻找到我的乐趣——风、光、空气和一朵花的芬芳就能影响我不能自己的情绪。"

跟我们一样，他特别喜欢自己。他向葛德文坦白（1812 年 1 月 28 日）："我的自我为中心似乎是无止境的。"在接受玛丽·葛德文并要求太太哈丽雅特退居到妹妹身份的这件事上，他如任何凡夫俗子一样完全受自己的欲望支配，在解释哈丽雅特在哲学和观念上不及玛丽与他契合时，更使他自己表白无遗。他对自己的诗是谦逊的，自认不及拜伦。在友谊上，他终生忠诚并能体谅别人。拜伦在向默里报告雪莱的死讯时写着："你残酷地误解了雪莱，他无疑是我相知的人中最善良、最不自私的一个人。"霍格报告说："这位诗人性情易变，经常忘记约会和承诺，不管在什么时间和地点，经常会进入沉思的状况。"一般人都认为他不务实际，但是他不太容易在金钱事务上受骗，未经一番长期的挣扎，他是不愿放弃遗产继承权的。

他过分紧张，以致不能成为一位很理性的思想者；太缺乏幽默感，以致不怀疑自己的观念。他经常的诱惑就是他的想象力，比起他为逃避现实而沉迷在白日梦中的理想国的种种可以理喻的改革来，现实似乎太可怕、太粗鄙了。他主张不要国王、律师和教士。在一个仍然以狩猎占优势的社会上，却改宗为素食主义者，并将性爱从一切法律的束缚中解放出来。他从人类的本质或人类生理的过去史实上，看不到有任何障碍存在。"雪莱相信，"他的可爱的遗孀说，"只要人类不愿有邪恶存在，邪恶就不存在……这个观念，他以炽烈的热情……激赏着。"除了理想化希腊外，他几乎忽视了历史，就是对希腊，他也忽视了奴隶制的存在。

因为我们忘了死亡不曾允许他成熟，所以夸大了雪莱的简朴；因为他们的早凋，拜伦和雪莱就成了我们的浪漫诗人，是英国浪漫运动的神。若他们活到60岁，他们也许就会变成保守的人民，也许在历史上就要比他们在浪漫时期中死去，而为他们争得的地位略差一筹。

事实上，28岁时，雪莱早已冷静到一种相当谦和的程度了。1820年，他写了一篇名为《改革的哲学观点》（"A Philosophical View of Reform"）的相当有分量的文章，该文于一年后发表。"诗人和哲人，"他宣布，"是世界上不认其为存在而存在的立法家。"在许多荒谬中，诗人们的想象酝酿了新观念，可及时刺激起人们去实验和精研。哲人们带给社会问题冷静的理性习惯和经年的参悟。就如拜伦和这个时代的每个人一般，雪莱被英格兰工厂中工人的状况，及马尔萨斯控制人口增加而任工资由供需律来调节——由失业的人数去竞争少数工作机会——的残酷方法而激怒了。他因为新教和天主教未能适用基督精神到贫富的关系上而公然指斥这两种宗教。他提议用征收富人重税的方法来终止国债的年息所加于一般大众的沉重税赋负担。他指出1689年至1819年，人口的增加已改变了有投票权者和无投票权者之间的比例，使国会的选举操纵在极少数人手里。实际上，人民根本就没有参政权。他宽恕根深蒂固的贵族政治，因根植于法律和时间上的缘故（也许着眼于未来的雪莱家族之故吧），他认可财富温和的移转手段。但是，他鄙视日趋兴起的工厂主、商人和财阀们的金元政治。他唾弃马基雅维利政府免于道德约束的主张："政治只有根据道德的原则而作为时，才是健全的。事实上，它们是国家的道德。"他主张"由一个国民会议来治理的一个共和国"，但是，如他的导师葛德文一般，他反对暴乱的革命。他为法国大革命辩护，赞扬拿破仑执政，批判拿破仑称帝，为法国在滑铁卢的失败悲叹。

雪莱的《诗辩》（*Defence of Poetry*）写于 1821 年，直到 1840 年才找到一位出版商。这位自我放逐的诗人，在此处扬弃了哲人，宣扬诗人们才是"世界上最高的立法者"。他曾在《解放了的普罗米修斯》的序言里表达了这种温和的意见："我们这个世代的伟大作家们——我们有理由认为，是一些呼吁改变我们的社会状况，或凝聚这种意见的辩护人和先驱。心智上的云层正在放出它聚拢的闪电，而制度和意见之间的平衡目前正在恢复，或有待于恢复。"现在，他加上："我们处于一个在知识成就上值得记忆的世纪，我们居住在这些哲学家（康德、费希特、黑格尔、谢林和葛德文）和诗人（歌德、席勒、华兹华斯、柯勒律治、拜伦、雪莱）等中间，可说超越自最近一次为文明和宗教自由而进行的全国性斗争的任何一人的成就之上的。"

比较起来，雪莱低估了科学开始担当重铸观念和制度的任务。他反对让科学进步，科学只是改良的工具，摧毁文学和哲学的发展。所以，"不能减轻的计算功能的运作"，进一步增加了少数狡猾之徒的资产，及财富和权力的集中。

雪莱对他第二任岳父葛德文有财务上的不满，还波及了他的哲学。重新发现了柏拉图时（他翻译过《论文集》和《离子》两篇文字），他对精神的解释从自然的观点进入本质和生命的观点。他此时已怀疑理性的无所不能，并对无神论失去了热诚。他快接近 30 岁时，他不再攻击超自然的信仰。此时，他认为——十分像年轻时的华兹华斯——本质是一个无所不在的内在灵魂的外在形象。那里也许还有一种不朽的存在：到他死时，在个人身上的这股精力，变成永不消灭的另一个形象。

比萨诗篇（1821—1822）

拜伦到达比萨时，他几乎忘却他的性史，不过，如在《唐璜》的海黛插曲中偶然理想化的记忆则为一种例外。在比萨时，特雷莎·圭乔利与拜伦住在一起，其亲昵程度却不如从前，他大部分时间消磨在他的朋友和雪莱的朋友们中间。他每周为他们安排聚餐、讨论，十分怡然自得。雪莱也出席，在论辩中，他礼貌却很坚定地坚守立场，在开始喝烈酒之前就溜之大吉。特雷莎为了充实她宁静的生活，与玛丽·雪莱成为朋友，并阅读历史以迎合玛丽的智识兴趣。拜伦不赞成特雷莎的阅读，较赞成女子应以貌胜于智的观念。

他几乎已忘却阿兰歌娜。克莱尔蒙特恳求玛丽·雪莱到佛罗伦萨，加入她到拉韦纳的计划，去诱拐女儿，带她到更适宜的气候和更广阔的生活领域。雪莱拒斥这种计划。接着传来消息说，1822 年 4 月 20 日，5 岁的阿兰歌娜在修道院中死于疟疾。这桩事对雪莱与拜伦之间的友谊造成了一些影响。在这年初春，雪莱写信给利·亨特说："拜伦爵士个性中的特殊癖性使我发现我与他的亲密友谊……令我无法容忍。我的挚友，因此，我要向你坦诚吐露我的衷曲。"

他设法隐藏他的不快，他曾劝拜伦邀请亨特来比萨编一份新杂志《自由》（*The Liberal*），这是拜伦和雪莱计划用来抵制保守的《评论季刊》的。拜伦送给破产的亨特 250 英镑，亨特和家人从伦敦搭船，希望于 1822 年 7 月 1 日到达来亨。雪莱答应去接他。

表面上，那一年的前 6 个月是两位诗人一段愉快的时光。他们几乎每天一同骑马出去，在一个手枪俱乐部比赛打靶，雪莱与拜伦的枪法几乎不相上下。"我的健康，"他写信给皮科克说，"较前稍佳，我的忧虑稍微减轻。不过，无以弥补囊中羞涩。然而，它正日趋枯竭，十分像它的主人，更像福图内特斯的荷包，时常空空的，却也不完全囊空如洗。"1月，拜伦的岳母去世，留给他的财产每年可带给他3000英镑的额外收入（尽管他与太太分居）。有了钱，他在来亨替自己订造一艘宽敞的游艇，指定约翰·特里劳尼为船长，命名该艇为玻利瓦尔号（Bolivar）以纪念南美的革命家，而且邀请雪莱和他的新知爱德华·威廉姆斯、托马斯·梅德温及甘巴家人在夏天来临时做一次海上旅行。雪莱和威廉姆斯共有一艘84英尺长、8英尺宽、以80镑代价建造的小帆船。特里劳尼命名它为唐璜，玛丽替它改名为艾丽儿。

　　期待着一次夏日航行，拜伦订下靠近来亨的迪普别墅。雪莱和威廉姆斯则为他们的家人在距来亨北边40英里处，拉斯佩齐亚湾沿岸租下靠近勒里奇的卡萨马尼。1822年4月26日，雪莱和威廉姆斯将他们的家人迁到卡萨马尼，等待着他们的帆船交货。

雪莱的祭物（1822）

　　只有某些具有诗人气质的人，才会选择这样寂寞的一个地方，或这样荒凉的一个环境作为度假的去处。卡萨马尼大得足可容纳两家人，但是，它设备不齐，快接近破落的边缘。它三面受森林包围，正面则临大海，海浪有时直拍大门。"狂风在我们初到时欢迎我们"，玛丽·雪莱后来回忆道，而"土著比这个地方还要狂野。如果我们搁浅在南太平洋中的一座岛屿上，我们也不会比这里更感到自己已远离在文明和幸福之外的。"

　　5月12日，艾丽儿从热那亚到达。曾在海军中服役过的威廉姆斯和仍然不能游泳的雪莱十分喜欢这艘帆船，有许多个中午或黄昏沿着海岸扬帆。雪莱从来不曾如此愉快或如此健康过。有时，女人们加入他们的行列。但是，玛丽又怀孕了，经常有病，同时因为她的丈夫不愿让她看到她父亲诉苦的信而快快不快。

在家中或在船上时，雪莱写出他的最后一首诗《生命的胜利》（*The Triumph of Life*），该诗在他最后一次航行时删减至544行。诗中没有一丝胜利的气氛，因为描述一列不同的人物类型，全都失败和腐朽，匆匆走向死亡。在82行中，卢梭的鬼魂冉冉升起，说明文明的愚昧，指出历史上的名人——柏拉图、恺撒、贡斯当、伏尔泰和拿破仑——同样疯狂地追求财富或权力。而且建议，作为唯一的逃避之途的，便是回返到朴素和自然的生命上。未到30岁，在1822年6月18日想到要自杀之后，雪莱写信给特里劳尼说：

> 假如你遇见任何科学方面的人物，能制造氢氰酸或烈性查仁油基，而你如果愿意替我弄到少量这种东西，我将感激不尽，没齿难忘……我愿为此药物付出任何代价……我不必告诉你目前我没有自杀的念头，但是我坦白承认，掌握进入永恒安息处所的金匙对于我来说是一种幸福。

也许是要照顾他罹病的太太，雪莱从佛罗伦萨请来克莱尔蒙特，在卡萨马尼消磨一个夏天。她于6月初到来，正好帮助玛丽度过一次几乎送命的小产。6月22日，雪莱正濒临神经崩溃的边缘，做了一个极其恐怖的噩梦，使他尖叫着从自己的房间跑到玛丽的房间去。

7月1日，利·亨特和家人已到达热亚那的消息传到他们那里，并正准备搭乘当地的一艘客船离开热那亚到拜伦那里。雪莱决定立刻和威廉姆斯乘着他们的艾丽儿前去迎接。玛丽有出乱子的预感。"我两次三番叫雪莱回来……他远去时，我失声痛哭。"

艾丽儿于7月1日中午离开卡萨马尼，当晚9时安全抵达。雪莱兴高采烈地欢迎亨特，但得知托斯卡纳当局下令甘巴家立即离开他们的辖区时不禁又沮丧了。拜伦决定追随特雷莎，正计划不久离开来亨，到热那亚和她在一起。不过，拜伦同意尊重他与亨特的合议，而且让亨特家人暂住他在比萨的卡萨朗弗兰西套房。雪莱陪他们到比萨，见到他们安顿了后，7月7日再回到来亨。

　　7月8日，星期一，他整个上午花在为卡萨马尼的家人采购上。威廉姆斯督促他快一点，以便乘着当时正吹向勒里奇的顺风扬帆。罗伯茨预测那天中午有一阵暴风雨，劝告他们迟一天启碇。威廉姆斯则督促立刻开船，雪莱同意了。约1点半时，艾丽儿载着雪莱、威廉姆斯和一名年轻的水手查尔斯·维维安从来亨起航。

　　约莫当晚6点半，一阵挟带着雷、风和雨的暴风雨，降到拉斯佩齐亚湾，数百艘船匆匆入港。在卡萨马尼，暴风雨十分严重，三位妇人焦急地守候着，以两位丈夫会在来亨等暴风雨过后再回来的结论来安慰自己。然而，星期二、星期三、星期四过去了。"那些时刻的真正痛苦，"玛丽后来写道，"超越最有想象力的人历来描写的一切虚构的故事之上。我们的孤居，附近村落居民的野蛮本质和我们直接面临的狂涛怒海，所有一切结合起来每天带给我们一种莫名其妙的恐怖。"星期五，接到了亨特寄给雪莱的一封信，其中几行带给等待中的妇人们恐怖的消息："请告诉我们，你们是如何到家的，据他们说，你们在星期一起航后遇到了坏天气。我们心急如焚。"简·威廉姆斯和玛丽坐了一天车赶到比萨。午夜时，她们到达卡萨朗弗兰西，发现拜伦和亨特都在，而且证实雪莱和威廉姆斯在星期一离开来亨。他们坐了整夜车子，于7月13日，星期六凌晨2点到达来亨。在那里，特里劳尼和罗伯茨企图以艾丽儿可能被吹向科西嘉或厄尔巴来安抚她们。拜伦命令罗伯茨利用玻利瓦尔去搜索来亨到勒里奇间的海面和沿途海岸。特里劳尼则陪同玛丽和简沿着海岸线对失踪人们的遗物或消息做了一次无用的搜查。他留在卡萨马尼陪着哀伤的妇人们直到7月18日，然后离开做进一步的查访。7月19日，他回到她们那里，尽量以平静的语气，向她们说出她们丈夫的尸首于7月17、18两日已被冲上维亚雷焦附近的海岸。他带了玛丽和简赶到比萨，拜伦让她们住卡萨朗弗兰西的豪华套房，但是，她们住进附近的公寓。玛丽写给一位朋友说："拜伦爵士对我十分友好，时常和古西奥里一起来看我们。"

尸体已经被土著埋入沙中。托斯卡纳法律禁止将这种掩埋的尸体掘出来或再掩埋。但是，特里劳尼知道雪莱太太希望雪莱的遗体埋葬在罗马他们的儿子威廉的遗体旁边。他说服托斯卡纳当局准许挖掘，条件为遗体当场在岸上焚化掉。这些尸体已经残破得几乎不能辨认，但是，在一件外套的一只口袋里找到了一卷索福克勒斯的作品，在另一只口袋中找到了一卷济慈的诗。

8月15日，拜伦、亨特、特里劳尼及一名检疫官和一位英国官员森莱队长，如一队兵士般站在焚化威廉姆斯遗体的旁边。次日，在厄尔巴对面的一个地点，雪莱的遗体被挖掘出来，在拜伦、亨特、特里劳尼和一些附近村民面前焚化。特里劳尼把香、酒和油丢进熊熊的火中，并念着咒文把这些灰撒给"他膜拜的神祇"。拜伦不忍看下去，就入水朝玻利瓦尔号游艇游去。3小时后，除了一颗心外，几乎整具尸体已化为灰烬。特里劳尼不惜灼伤一只手，从火中抓出这颗心。装了骨灰的一口棺材带到了罗马，下葬在古老的新教徒公墓附近、埋着雪莱的孩子威廉遗体的一座新公墓边。雪莱的心脏由特里劳尼交给亨特，再由亨特交给玛丽。她于1851年去世时，这颗心的灰烬发现在她的《阿多尼斯》诗册中。

拜伦的转变（1822—1824）

1822年9月，拜伦和甘巴家从比萨迁到阿尔巴洛，热那亚的一个郊区。自从离开英格兰，他就身体、心智和心情所做的数度变迁已使他厌腻了，甚至开始对特雷莎的爱也厌腻了。他犀利的眼睛和不屑的神情已撤去了生命的薄纱，很明显，已不再激起他对理想或奉献的真实感。他是当时最出名的诗人，但他并不对他的诗自负。恰尔德·哈罗尔德的悲欢现在似乎缺乏男子气，而《唐璜》的慧黠嘲讽使作者和读者赤裸在一个幻灭的世界中。"一个人，"他目前感到，"应该为人类做些诗以外的事情。"在热那亚，他问他的医生："哪一种毒药最好、最快？”

　　希腊提供给他一个救赎的机会。希腊于 1465 年臣服于土耳其，在外族人的统治下昏沉了。拜伦在《恰尔德·哈罗尔德的朝圣之旅》中（第 11 节，73—84 行）曾呼吁她起来反抗：“受压迫的人们！岂不知道要解放自己必须揭竿而起吗？”希腊已于 1821 年反抗了，但她没有武器，没有钱，没有统一的领导，她向她曾传播其丰富遗产的各国呼吁援助。希腊方面已派遣一个委员会到伦敦筹募基金，该委员会派出代表到热那亚，向拜伦提出建议，希望利用他的部分财富，以扩大他曾鼓舞过的革命。1823 年 4 月 7 日，他告诉密使们，他随时听候希腊临时政府的召唤。

　　他转变了。他此时行动起来了。嘲笑的态度屈服于专诚的奉献，诗韵搁置在一旁，罗曼史从韵律中变成果断的决心。在替亨特家，特别是特雷莎留下部分钱后，他将剩余的财产悉数奉献给希腊革命。他通知他在伦敦的代理人卖掉他在英格兰的所有财产，并将所得的钱送给他。他以半价卖掉玻利瓦尔游艇，而且租了一艘英国船赫克勒斯号，载他、彼得罗·甘巴和特里劳尼，一些大炮和弹药，及一些可供 1000 人用上两年的医药用品到希腊。特雷莎·圭乔利拼命挽留他。他感激地婉拒了她，并因得知她和她的父母已获准重返拉韦纳的家而感到安慰。他告诉布莱辛顿夫人：“我有一种我将要死在希腊的预感。我希望死亡发生在战斗中，因为对一个十分悲惨的生命，那是一种最好的结束。”

　　1823 年 7 月 16 日，赫克勒斯号驶离热那亚前往希腊。经过令人气愤的耽搁后，船终于（8 月 3 日）在伊奥尼亚群岛中最大的亚各斯托良岛上的塞法罗尼亚港停泊了。这里距希腊仍然还有 50 海里远，拜伦在那里逗留几个月后有点不耐烦了，他希望加入在米索伦基最具鼓舞的希腊领袖们中间。但是，马尔科·波查里斯在行动中遭到杀害，米索伦基落在土耳其人手中，而土耳其战舰控制了所有通向希腊本土的西边通路。12 月初，亚历山德罗斯·马夫罗科扎托斯王子收回米索伦基。29 日那天，拜伦离开了塞法罗尼亚。莱塞斯泰·斯坦厄普上校，在英格兰筹募资助革命资金的希腊委员会的代理人，在米索伦基写道："所有的人期待着拜伦爵士的到来，如等待救世主降临一般。"经过数度冒险和迟延后，这位年轻的救星于 1824 年 1 月 4 日抵达米索伦基，从王子和追求美景的人民那里接受了一次盛大的欢迎。

马夫罗科扎托斯委任他支付费用和粮秣的任务，并统率一支由 600 苏利奥特人（Suliotes）——一半希腊、一半阿尔巴尼亚血统的好战野蛮人——组成的队伍。他们的相貌鼓舞不起他的兴趣，而且他知道希腊革命家们，在政治情操高过军事情操的领袖们的领导下，分裂成许多敌对的派系。不过，他很高兴受命一个积极的任务，并迫不及待地分配了援助品，都是看在马夫罗科扎托斯的面子上，他一周给予 2000 英镑以维持米索伦基人的粮食和士气。同时，他住在镇北靠近海岸的一栋别墅里。"那是我历来所见的，"特里劳尼说，"最阴森沼泽的边缘上。"苏利奥特人毫无纪律而且好作乱，渴望得到他的钱甚于他的领导才干，这位少年英雄想要战斗的希望必须等到纪律和士气恢复之后才行。不善于等待的特里劳尼到别的地方找寻冒险的机会了。只有彼得罗·甘巴留在拜伦身边，他看到他在炎热、忧郁和满是毒气的空气下倒下去时，焦急地照顾着他。

2 月 15 日，拜访斯坦厄普上校时，拜伦突然间面色苍白，倒在地上，痉挛着，不省人事，并口吐白沫。他恢复了神智，被带回到别墅。医生们聚集在他身边，用水蛭来替他放血。水蛭取出时，流血却不能立刻停止，拜伦因失血过多而晕倒了。2 月 18 日，他的苏利奥特人的队伍又暴动了，威吓着要侵入他的别墅，杀尽每一个在那里的外国人。他从床上起来，安抚他们，但是他要领导他们去对抗在莱潘托的土耳其人的希望破灭了，随之而去的是他多彩多姿的英雄式死亡的梦想。从奥古斯塔·利寄来的一封信，附着他女儿阿黛的一张照片和安娜贝拉对孩子的习惯和脾气的描写，带给他一点安慰。顷刻间他的两眼闪着光辉。一切寻常的事都抛诸脑后了。

4月9日，他和彼得罗骑马外出。他们回去时碰到一阵倾盆大雨，拜伦在那晚上得了寒热病。11日那天，他的病情恶化，他走向床边，感到有气无力，发现他已不久于人世了。在弥留的最后十天中，有时他想到了宗教。但是，"说真的，"他指出，"我发现在这个世界上，知道什么是该信的、什么是不该信的，同样很困难。诱使我顽固地死去的理由之多，犹如要我今后活得如一位自由思想者的不相上下。"他的主治医生朱力阿斯·米林根博士记录道：

> 怀着无尽的歉意，我必须写出来。他在弥留之际，我几乎没有离开过他的枕边，我绝没有听到他提起过什么宗教，甚至连一句都没有。有一瞬间，我听到他说："我要恳求怜悯吗？"经过一段长时间的沉默后，他补充说："算了，算了，绝不示弱！到死要做一位大丈夫。"

同一位医生引述他的话说："不要把我的躯体送到英格兰去。让我的骨头在这里腐朽，葬我在第一个转角上，不要铺张或做些无聊的事。"

4月15日，另一次痉挛后，他准许医生们再次为他放血。他们放出了两磅血，两小时后，再放一次。他死于1824年4月19日。这次极不必要的验尸显示了尿毒症——血液中积储了应当从尿中排出去的毒素。没有梅毒现象，但很多证据证明——不断放血和强烈泻药是致死的最后原因。最多的一次——710克，超过常人的界限。也许历年来性欲过度和暴饮暴食与毫无节制的禁食交错相循，弱化了身体上抗拒紧张、焦虑和瘴气的能力。

直到5月14日，死亡的消息才抵达伦敦。霍布豪斯将这个噩耗带给奥古斯塔·利，两人都瘫痪了。霍布豪斯接着转到拜伦的秘密回忆录的问题上。穆尔已经把这些备忘录以2000金币的代价卖给默里了，他不顾他的首席顾问威廉·吉福德的警告，有意要拿到报馆发表，这些备忘录据霍布豪斯的话说："如果发表了，最适合婊子阅读，却使拜伦爵士蒙上永远洗不清的污名。"默里和霍布豪斯提议毁掉这些稿本，穆尔抗议，但是同意让拜伦太太来决定，她说要烧掉，就照办了。穆尔归还默里 2000 金币。

拜伦的老仆人弗莱彻坚称他的主人在死前刹那间，曾表示要葬在英格兰的意愿。希腊当局和民众抗议，但是，他们毕竟以尸体在抹上香料前取出部分内脏而满足了。保存在 180 加仑酒精中的尸体于 6 月 29 日运抵伦敦，向威斯敏斯特教堂当局提出让尸体葬在那里的诗人角（Poets' Corner）的请求，却遭到了拒绝。7 月 9 日和 10 日两天，准许群众瞻仰棺材中的遗容，群众很踊跃，名流却极少，一些高官准许他们的空马车参加 7 月 12 日至 15 日将尸体从伦敦运至诺丁汉去的行列。克莱尔蒙特和玛丽·雪莱从窗口见到送葬的行列经过。再前进一程，灵车经过一辆载着卡罗琳·拉姆的敞篷马车，她的丈夫骑在前头，知道死者的名字，但直到几天后才告诉他的太太。7 月 16 日，诗人被葬在靠近纽斯台修道院的一座村庄哈克诺尔托卡德教区教堂，他祖先的墓窖中，靠近他母亲的身边。

生存者

曾围绕在拜伦身边的那群人，大部分活到历史的下一个纪元之中。最快过世的是彼得罗·甘巴，在护送了英雄的尸体到伦敦后，他重返希腊，忠心耿耿地献身于革命，1827 年在那里死于热病。卡罗琳夫人听到她的丈夫告诉她拜伦的尸体曾从她身旁经过时，就生病了，她曾在一本小说《格勒纳玛》（Glenarvon，1816 年）中讽刺过他，这时她说："我非常遗憾，我曾说过不敬他的话。"她比他多活不到 4 年就死了——依照拜伦的遗嘱，奥古斯塔·利继承他留下来的全部遗产（约 10 万镑）。这些钱大部分用来清偿奥古斯塔·利丈夫和儿子的赌债，她 1852 年死于贫穷。拜伦夫人一直到死，还为这个先天上的邪恶断送了她婚姻的人保持着几许温馨。"只要我活着，"她写道，"我主要的困难也许是不要太怀念他。"他们的女儿阿黛——她在成长时拜伦曾许下愿望，将来嫁给洛夫莱斯伯爵二世——在赛马上输了一笔财产，由她的母亲解救了她的经济上困扰，但由于失去了希望和健康，和他父亲一样，活了 36 年就死了（1852 年）。拜伦夫人借各种社会服务来填补她孤寂的生命，死于 1860 年。

约翰·卡姆·霍布豪斯以激进派姿态进入国会，晋升至国防大臣（1832—1833 年），获颁从男爵爵位，死于 1869 年，享年 83 岁。特雷莎·圭乔利在拜伦死后，重返丈夫身边，但不久又分居了。她与拜伦的跛脚朋友亨利·福克斯和拜伦的崇拜者法国诗人拉马丁（Lamartine）有过短暂的韵事。她在姿色逐渐衰退时，以 47 岁的年纪，又嫁给了多金而和蔼的布瓦西侯爵。他依照一则略带偏见的英国笑话，得意洋洋地介绍她为"贱内，拜伦的前情妇"。侯爵去世时，她接受招魂术，与拜伦和她亡夫的灵魂聊天，称："他们现在住在一起，成了最好的朋友。"她死于 1873 年，享年 72 岁，生前她还写过几本书，把拜伦描写为一位几无瑕疵的天才和绅士。克莱尔蒙特死于 1879 年，享年 81 岁，至死怀着拜伦为"具有虚荣、愚蠢和各种可怕的弱点，是历来仅见的集上述缺点于一身的人"的看法。

玛丽·雪莱尽管受了此创伤，对阿尔贝（Albé，拜伦的朋友替他取的诨号）保留了一种较好的印象。得知他的死讯时，她写道："阿尔贝——可爱、无情、谜样的阿尔贝——离开了这个荒凉的世界了！愿上苍赐我早死！"她将 27 年余生的大半光阴消磨在编辑亡夫的著作及写一本十分流畅的作品。

几乎每位批评者都贬斥雪莱的诗为一位不成熟青年的不成熟作品时，利·亨特是唯一敢挺身赞扬雪莱的人，一直忠于他青年期的激进主义，写过不利于拜伦的回忆录，活到 1859 年。托马斯·杰弗逊·霍格在忘却了各种醉心追求的事物后，娶了威廉姆斯的遗孀简，和她共度他 35 年的余生。二流作家中最杰出的要算爱德华·约翰·特里劳尼了，他在比萨进入雪莱的生命中，当时两人都 30 岁。雪莱已近终点，特里劳尼却还有 59 年好活。但是，这位"游侠……黝黑、英俊和留着胡髭"（亨特以此来描写他），已经冒过许多险，到过许多国家。虽然拜伦使他成为玻利瓦尔游艇的主事人，而使他学到大部分爱情的是这个"态度和蔼，嘴上无髭的孩子"——雪莱。见到拜伦安然抵达而蛰伏在米索伦基后，他追求自己的命运，期望死于希腊的独立运动中。他眼见希腊解放了，又拾起他浪迹天涯的本事，活到 1881 年，葬于他在 1822 年购置于罗马的英国公墓中靠近雪莱遗灰的坟墓中。

第九章 ｜ 英格兰的邻邦

（1789—1815）

苏格兰人

自 1707 年英格兰与苏格兰合并时起，他们在不列颠的统治下，享受着岛内的迁移和贸易的自由。但是，却从未因在一个遥远的国会下院中，苏格兰的 180 万人只有 45 名代表，对抗 513 名代表 1016.4 万人的英格兰和威尔士的人口，而和政府和谐地相处过。就苏格兰的代表人数，15 名是由每个自治区中总数 1220 位选举人选择的成员组成的自治和腐化的镇议会指定的。余下的 30 名代表则由农村郡县，依据限于有势力的地主的参政权而选出的。1.4 万居民的比特郡有 21 位选举人，全部郡县共有 2405 位选举人。大部分成功的候选人都由有势力的旧贵族和大地主选出。1748 年，封建制度已在苏格兰绝迹，但贫穷依旧，由于贪婪和不平等是人类的天性。渐渐地，如英格兰一样，苏格兰接受代表政府制是可能建立在一个爱好传统、却太困扰在日常需要，以致不能获得最好的政府组织——在全国性问题上做明智的抉择所需的知识和经验的民族中。

宗教组织则要强于国家。安息日是膜拜和悔罪的一天，牧师讲亚当的堕落、人类的邪恶和上帝的报复。聚会所在教义和道德上的要求要比他们非国教的牧师们严厉。大卫·迪恩斯（David Deans）在《密特劳西人的心》（*The Heart of Midlothian*）一书中证实，一个去跳舞的女孩将被打入地狱。

不过，苏格兰在许多方面超前于英格兰。它有公立学校的组织：每个教区要求设立一所学校，男童和女童一起在那里接受阅读和算术训练。因为这个训令，父母每季要替每位学生付出两先令，另外付两先令学生才得学习拉丁文。穷人家的孩子则由教区给付，教区太分散不能让学生聚集在一起时，一位旅行教师轮流把一些课程带到各个地区。教师职务是严格属于该教区牧师的，而且有协助传播神学的职责，因为年长者们发现，加尔文教义是维持治安的一种便宜措施。有相当可观数量的大胆人士，在法国大革命之前一世代就已酝酿苏格兰的启蒙运动并一直继续下去，虽受到抑制，却一直进入拿破仑世纪中。

苏格兰为其设于圣安德鲁斯（1410 年）、格拉斯哥（1451 年）、阿伯丁（1494 年）和爱丁堡（1583 年）的各大学而感到骄傲。这些大学自认在许多方面优于牛津和剑桥，一些近代的学者承认这种自许。在医学教育上，爱丁堡大学是这方面的翘楚。《爱丁堡评论》创于 1802 年，一致同意是大不列颠最卓越的期刊，而勇敢的自由主义律师托马斯·厄斯金（Thomas Erskine，1750—1823 年）在伦敦律师界几乎压倒群侪。不过，值得一提的是，压制思想自由的时间到来时——特别是思想自由偏爱于法国大革命时——没有一位英国的法学界人士可与苏格兰人匹敌。另外，爱丁堡和格拉斯哥的知识界继续偏向于曾保护过大卫·休谟、威廉·罗伯逊、詹姆斯·鲍斯韦尔、罗伯特·伯恩斯、亚当·斯密等人的自由。据说，不仅是学生，甚至连整个爱丁堡的知识分子，在杜格尔特·斯图尔特讲哲学时，都在做笔记。

斯图尔特今天在苏格兰以外几乎已被遗忘了。但在爱丁堡，一座设立来纪念他的小型古典庙宇是最堂皇的纪念碑之一。他追随托马斯·里德（Thomas Reid）研究休谟可怀疑的结论和大卫·哈特莱的机械心理学到常识的探究。他拒斥形而上学为一种探测本质心智的虚荣意图。斯图尔特提议以耐性和精确观察心智的过程，不假借心智自我说明的归纳心理学来取代形而上学。斯图尔特是一个机智而品格高超的人，他就机智、幻想和诗的功能提出了精确的说明（他的国家仍然是情歌的一个源泉，一些令我们的青年喜爱的温柔调子就来自苏格兰的河岸和斜坡）。

詹姆斯·穆勒——一位善良而博学的人，虽然他用教育过分凿伤了他的儿子。父亲是一位鞋匠，他在爱丁堡大学争得希腊文方面的荣誉。毕业后，他去伦敦从事危险的新闻工作，结了婚并育下一子，他替儿子取了个他的国会议员朋友约翰·斯图尔特的名字。1806 年至1818 年，他写了一本《英属印度史》（*History of British India*），内容生动，批评失策之处殊为独到，促使在印度的政府做了重大的改革。

同时（1808 年），他遇到杰里米·边沁，热心地接受了道德、政治习惯和观念应依照它们促进人类快乐的能力做判断的功利主义的设计。在精力和理念的驱策下，穆勒自认为了解不列颠的边沁做使徒。他替《大英百科全书》第 4 版（1810 年）、第 5 版（1815 年）、第 6版（1820 年）各版再版时选述《论政府》、《法理学》、《监狱改革》、《教育》、《新闻自由》等论述，赢得广大的发行和影响。这些短论，加上他在《威斯敏斯特评论》的投稿，在导致 1832 年的《选举法修正案》的运动上汇成一股巨流。在这种风气之下，不列颠的激进派从全面革命转向由一个政府基于广大的参政权和功利哲学的进步改革了。在《政治经济学的要素》（*Elements of Political Economy*，1821 年）一书中，穆勒反对让人口的增长超过资本的增长，同时提议对"自然增值"课税——土地价值不劳而获的增值。在《人类心智现象的分析》（*An Analysis of the Phenomena of the Human Mind*，1829 年）中，他寻求解释由观念联合的一切心智上的运作。而于 1835 年，他去世前一年，他发表了《论麦金托什文集》（*A Fragment on Mackintosh*）。

詹姆斯·麦金托什爵士继续苏格兰人的英格兰教育。在阿伯丁和爱丁堡大学获得了思想的工具后，他迁移到伦敦（1788 年）。不久，他对群众起义攻占巴士底狱的消息震惊不已。1790 年，他愤怒于埃德蒙·伯克在《法国大革命的反思》（*Reflections on the French Revolution*）中的仇视态度。1791 年，他以《高卢人的民主政治辩护》（*Vindiciae Gallicae*）一文来答复那种历史性的诽谤。这位 26 岁的哲学家，从大激变的早期阶段中，看到了人道主义哲学的崇高呼声和成果。同时，受到威胁的君主政体并不如伯克设想的是受试炼的传统的智慧和经验，而是随意的制度，不能预见的事情和杂凑事物的杂乱残渣：

> 现存的每个政府（美利坚合众国除外）都是偶然形成的……当然不能认为这些偶然的政府应凌驾于经过思维的作为……之上。人类学倒不必去容忍理性不受敬重的古代，对理性引发行为的新奇事物不必畏缩，此其时矣！人类的权力……借生产改良政府的艺术和增加人类的一般愉快，应当在历史上揭示一个新世纪的开始，此亦其时矣。

大革命从哲学家们的理念中衰退至恐怖人物的混乱独裁上时，麦金托什修正了他的法则，使自己调整到侵犯他的社会力上。他的《自然法和国际法》（"The Laws of Nature and of Nations"，1799 年）的讲演，以一种讨好伯克的方法，讨论社会组织如何产生、在个人的发展上影响行动的习惯和获得一切人类内在状况的良知上判断。所以，一个受文明熏陶的成年人不仅是自然，也是教育的一种产物——在最后几年中，麦金托什根据最初的研究和文献，写了一册《英格兰革命史话》（*History of the Revolution in England*，1832 年）。

我们从这些例证上可以判断，苏格兰的文明在 18 世纪转入 19 世纪时，不是依赖于其过去的光荣上。农业欣欣向荣，特别是在低地地区。在那里，纺织机也很忙碌，罗伯特·欧文正打开了人类合作的新远景。格拉斯哥自负于它的科学家们，爱丁堡则有大批律师、医生和牧师们成为时代的先锋。在艺术方面，亨利·雷伯恩爵士的人像画使他成为苏格兰的雷诺。在文学方面，鲍斯韦尔出版了《塞缪尔·约翰逊传》；而在特威德河上的阿伯茨福德沉思着古代的敌人，哼着轻快的调子和写作闻名世界的小说以偿付自己部分债务的，是大名鼎鼎的司各特及像他那样的绅士们。

沃尔特·司各特在脾性上非常适合于成为不列颠文学浪漫潮流中的一位领袖，因为他自诩为苏格兰边界上酋长的后裔，他们的争执和战争是他在童年时听到的具有鼓舞性的民谣。不过，他的父亲是一名爱丁堡的律师，母亲则是爱丁堡大学药学教授的女儿。他 1771 年出生在那里，兄弟姐妹共 12 人，其中 6 人，如那时的普遍现象一般，都夭折了。他 18 个月大时，患上流行性的小儿麻痹症，致使他的右脚永远地跛了。类似拜伦的残废，也许使得司各特与这位年轻的诗人在道德和信仰上，维持了一种牢不可破的友谊。

在爱丁堡的旧学院研修 5 年后，司各特在父亲的手下开始 5 年法律学徒的生涯。1792 年，他经准许成为苏格兰律师公会的一名律师。他与夏洛特·夏庞蒂埃的婚姻（1797 年）及得自他父亲的一笔遗产（1799 年），给了他一笔可观的收入。他参加社交应酬，结交了许多有势力的朋友。通过他们，他于 1806 年被任命为爱丁堡大学的一名职员。薪水和亲戚们的一些遗赠使他变得疏懒，不久终于完全放弃了他的法律事务，而专心于他的文学嗜好。

一次偶然的机会，司各特遇到了罗伯特·伯恩斯，一位托马斯·珀西的《古英诗遗篇》的爱好者，而且熟悉戈特弗里德·毕尔格的抒情诗。特别是一首《勒诺尔》（"Lenore"），重燃起司各特青年时期对古代不列颠民谣的兴趣。1802 年至 1803 年，他出版了三大卷《苏格兰边界的吟游诗》（*The Minstrelsy of the Scottish Border*）。在这些生动故事的刺激下，他亲自尝试创作，并于 1805 年出版了《最后一位吟游诗人的叙事诗》一书。它的销量在英诗历史上是一个里程碑。他于

1807 年到伦敦，发现自己成了沙龙中的宠儿。他决定以文学为职业，而且几乎变成了事业，同时拿他的时间和金钱，开始在写作、绘画和出版上做一次危险的投资。

在柯勒律治的《克里斯塔贝尔》押韵八音节的对句中，他替他的苏格兰传说和历史中摄人心神的爱情和战争、神秘和超自然的浪漫故事，找到了一个便捷的媒介。他利用这个新领域创作了《玛密恩》（*Marmion*，1808 年）、《湖上夫人》（*The Lady of the Lake*，1810 年）、《洛克比》（*Rokeby*，1813 年）和《诸岛君主》（*The Lord of the Isles*，1815 年）。他不求成为一位伟大的诗人，迎合一般大众的喜好。他的读者们屏息静气地从武士到仙女到英雄式的争斗一直追随着他，他们热情地唱着如下述这种没腔没调的歌词："噢，年轻的洛金瓦尔（Lochinvar）从西方走过来了，一路行经的广漠边界上，他的神驹是第一等的。"1813 年，拜伦出版了《异教徒》和《阿拜多斯的新娘》两卷诗集，及 1814 年的《海盗》和《拉娜》两卷。司各特看到他的读者离开边界而向往东方的神秘和绝望的厌世上，他认识到这位纽斯台修道院的年轻爵士在诗韵和空间上都要胜过阿伯茨福德的地主。1814 年，以《威弗利小说集》一书，他从诗转到散文，并开创了一个新的境界。

这是最适当的一个时机。1802 年，他投资到詹姆斯·巴兰坦——在凯尔索的一位印刷业者——的印刷业务上，将他的印刷厂迁移到爱丁堡。1805 年，他成了詹姆斯和约翰·巴兰坦的印刷和出版公司的一位隐名合伙人。自此而后，他安排他的作品，无论由谁出版，都让巴兰坦印刷厂印刷。用他赚来的钱和利润，司各特于 1811 年购下靠近梅尔罗斯的阿伯茨福德的地产，并将产业由 110 英亩扩大到 1200 英亩，并在旧农舍的地址上，盖起设备豪华且装潢富丽的一座城堡，那里目前是苏格兰的名胜之一。但是，1813 年，这家巴兰坦公司濒临破产边缘，部分是由于出版司各特的各种图书而亏本，他以向富有的朋友举债和拿出他作品的收入，亲自负起使巴兰坦家免于破产的厄运。1817 年，这家公司挽救过来了，而司各特也成了文学史上的小说名家之一。

《威弗利小说集》一书于 1814 年用笔名出版，赚了约 2000 镑之多——其中大部分收入不久花在阿伯茨福德的地产上。司各特隐去他的作者身份，感到一位大学职员写小说卖钱似乎有点不妥。他文思泉涌，下笔很快。他在 6 星期内写了《盖伊·曼纳林》（*Guy Mannering*，1815 年）一书。1816 年，写了《古物商》（*The Antiquary*）；1816 年至 1819 年以《我的地主的故事》（*Tales of My Landlord*）这个通称，他呈给读者一系列令人神往的苏格兰风光——《老死》（*Old Mortality*）、《密特劳西人的心》、《拉墨摩耳的新娘》（*The Bride of Lammermoor*）和《蒙特罗斯的传说》（*The Legend of Montrose*），从其中一册上赚了一大笔钱。司各特经常到苏格兰、英格兰各地和邻近的岛屿上游历，他自称为一位古物商甚于一位小说家，他能给予他的故事一种地方色彩和方言味道，颇受苏格兰读者喜爱。《伊万贺》（*Ivanhoe*）、《修道院》（*The Monastery*）和《修道院长》（*The Abbot*），全部完成于 1820 年，以中世纪的英格兰作为背景，不完全如苏格兰故事中的情节那么写实。1825 年，司各特冒险到中世纪的东方，而在《护身符》（*The Talisman*）一书中，他以十分阿谀的笔触来勾勒萨拉丁（Saladin）的形象，致使虔诚的苏格兰人开始怀疑作者正统思想的纯正度。乔治·艾略特（George Eliot）被问到最先动摇她基督教信仰的是什么，她回答说："沃尔特·司各特。"

那群在青年时期激赏过这套《威弗利小说集》的人，现在太热衷于近代的思潮，而不能再去欣赏它们了。但是，纵使匆匆地读其中的一本——《密特劳西人的心》吧——会使我们重新意识到，历 10 年的时间，每年能创作这样一本书的人，一定是他那个时代的奇人之一。我们了解他在阿伯茨福德扮演封建从男爵的角色（他于 1820 年被授予武士爵位）。不过，仍与所有善良和淳朴的人见面。他是那个世纪大名鼎鼎的作家——从爱丁堡享誉到圣彼得堡（那里普希金敬仰他）。但是，听到自己被比拟为莎士比亚时，他乐得心花怒放。他的诗和小说是浪漫运动中的重要代表，虽然他只有少许浪漫主义的幻想。他参与过重振中世纪的方法，然而他请求苏格兰人放弃他们过去暴乱的封建理想，使自己慢慢地适应使两个民族融合为一的联合王国的统治。他年老时，他许身于不列颠宪法上承认的保王党的爱国运动。

同时，为他印刷书的巴兰坦家族和为他出版书的阿奇博尔德·康斯太布尔双双濒临破产的边缘。1826年，他们将剩余财产交给法庭，沃尔特爵士身为合伙人，成为巴兰坦家债务的负责人。此时，欧洲终于知道《威弗利小说集》的作者是阿伯茨福德的爵士。法庭准他保留他的家和几英亩田，及他在爱丁堡大学职员的薪俸，但他的其他一切资产全部被没收。然而他仍能过着舒服的生活，他继续一本接一本地写小说，希望用他赚来的钱抵消他的债务。1827年，他出版了一本巨著《拿破仑的一生》，一名才智之士称这本书为"十大卷的亵渎"。该书几乎剥夺了这位科西嘉人的每一种德行，却博得不列颠人的喜悦，也稍微抵偿了作者的部分债务。

他剩余作品的性质反映了他的草率和不安。1830年至1831年，他患了几次中风。恢复之后，政府指定了一艘木造快速帆船载他到地中海的阳光下做一次航行，但新发作的中风使他瘫痪，人们匆忙将他送回家去，好让他死在他所爱的阿伯茨福德（1832年）。另一位出版商，罗伯特·卡德尔接过了他遗留下来的债务（7000镑）和版权，并从中赚了一笔钱，因为沃尔特·司各特的小说到世纪末一直脍炙人口。华兹华斯认他是"他那一世代最伟大的人物"。

爱尔兰人

1800年，爱尔兰约有455万人，其中315万人是罗马天主教徒，50万人是圣公会教徒，90万人属于其他各种小教派。天主教徒于 1793 年被给予了投票权，于是成了大部分文职位置上的合格人选，但他们仍然受阻于最高职务、司法职务和爱尔兰的国会之外，因此仍由在新教徒的候选人中选择合适的人来统治天主教的爱尔兰。国王或大臣们指派一位新教徒总督作为全爱尔兰的首席行政官，并准他领导整个官僚组织——而且在相当的范围内，还包括爱尔兰的国会，结果是贿赂、分赃和鬻爵之风盛行。

直到 1793 年，爱尔兰的全部土地由不列颠或爱尔兰新教徒拥有。1793 年后，少数天主教徒获准可购买土地，其余的是耕种小块土地的佃农及农田或工厂中的劳工阶级。租金和什一税都以严厉的手段征收，结果绝大部分爱尔兰农民过着毫无希望的贫苦生活。他们太穷、太缺乏刺激，以致买不起在英格兰使农作物产量大增的新机器，爱尔兰的农业一成不变。"最大的地主住在英格兰，他们不劳而获，从爱尔兰搜刮他们所能得到的。"在都柏林的工厂区，贫穷甚至比在农村还要糟糕。爱尔兰的工业因高额关税等政策发展迟缓。1812 年，雪莱看过都柏林工厂工人的状况后写道："直到目前，我对人类悲惨的情况所知诚为有限。"

爱尔兰的天主教徒和其他的人口一样，都要付出什一税去支持爱尔兰的国教教会。但是，除此之外，他们还自愿奉献，以维持他们的天主教教士。他们从前的财富都被剥夺精光。罗马教会自然支持爱尔兰人的独立运动，结果赢得天主教民众的忠诚爱戴。此地的社会反叛者通常是一位信仰上的保守者，如托马斯·穆尔这种自由主义者，虽然他们或许与如拜伦这种怀疑论者作朋友，却从来未公开脱离他们的天主教正统。

在 18 世纪后半叶，领导爱尔兰反抗运动的是一位新教徒。亨利·格拉顿与另外两位爱尔兰人——伯克和谢里丹——属于同一教派，他相信雄辩理性的权威。以此种武器，他取得了一些虽然有限却极有意义的胜利：取消《甄选法案》（*The Test Act*），该条例规定申请加入国教是成为国会会员资格的先决条件；撤除在爱尔兰贸易上的高压限制；承认（如他别具匠心地叙述的）只有英格兰的国王，在爱尔兰国会的同意下，才能替爱尔兰立法——即爱尔兰的法案不再需要获得大不列颠国会的批准。不过，格拉顿设法为爱尔兰的天主教徒争取到爱尔兰国会的全部合法资格时，他却倒下去了，爱尔兰依旧是一个受新教政府统治的天主教国家。

西奥博尔德·沃尔夫·托恩（Theobald Wolfe Tone，1763—1798年）延续了这场战斗。如格拉顿一般，作为都柏林三一学院的一名毕业生，他到伦敦修习法律。返回后，他协助筹组联合爱尔兰人社（the Society of United Irishmen，1791年），该社的目的是使新教徒和天主教徒在追求社会和政治改革上共同合作。托恩付出了全部感情和精力推动这项工作，他安排了一次天主教会议，其行动纲要吓得爱尔兰的国会通过了1793年的《救济法案》——爱尔兰天主教徒享有参政权。

托恩并未就此满足。1794年，他与威廉·杰克逊进行磋商，威廉·杰克逊秘密地代表当时领导着法国与不列颠作战的公安委员会。杰克逊受到侦查并遭逮捕，托恩逃至美国，再转到法国。他在那里说服委员会的拉扎尔·卡诺，批准法国人入侵爱尔兰的计划。拉扎尔·奥什将军受命指挥，托恩在其麾下成为一名高级副官，于1796年12月15日统率46艘战舰和1.4万大军向爱尔兰扬帆。这支远征军在英国海岸不远处遇到一场暴风雨，几乎全军覆没。托恩幸存，带了一支少数人员组成的远征军协助爱尔兰。这支队伍被不列颠俘虏。托恩被判处绞刑，他在监狱中割断喉咙自尽（1798年11月）。

同时，爱尔兰人对英国统治的愤怒演变成全面反叛。不列颠首相皮特有意用安抚的方法平息这场运动，他准许波特兰公爵为内务大臣（包括爱尔兰事务在内），任命坦率承认同情爱尔兰人的费兹威廉伯爵二世——威廉·温特伍斯为爱尔兰总督。在3个月的任期中（1795年1—3月），对天主教徒做了皮特认为比明智的措施还要多的让步，他被撤职了，而爱尔兰人的抵抗变成了公开的战争。有一个时期，爱尔兰的新教徒和天主教徒一起攻击外人的统治。但是，在阿尔斯特，新教徒占大多数，因为害怕叛乱成功会将阿尔斯特置于天主教的统治之下，他们不久变合作为反对。1795 年 9 月，阿尔斯特的新教徒组织了奥伦治社（the Orange Society），加入黎明童子会（the "Peep of Day Boys"），焚烧和捣毁天主教徒的住宅和教堂，好几百个天主教徒恐惧大屠杀而逃离了阿尔斯特。越来越多的新教徒脱离了联合爱尔兰人社。剩下来的天主教徒拿起武器，控制了几个郡，进而攻击在都柏林的政府城堡。在爱尔兰国会中的格拉顿，想借提议给予天主教徒进入国会的资格以求得和平。这个提案因牵连到将爱尔兰国会提早变成一个天主教的权力而遭到绝大多数议员的驳回（天主教徒此时已有投票权）。不列颠的将军要求并得到了援军，便宣布戒严法。接连好几个星期，这座一度熙来攘往的首都变成了仇恨和杀戮的地狱。计算尸体的结果，证明胜利在政府这边。1798 年秋，叛乱已被压制。

　　皮特知道镇压不是解决的方法，而在爱尔兰受到压抑的不满情绪已变成不列颠的一个致命危险。1800 年，英格兰已经与法国开战 7 年，在战争期间，她因法国大革命带来的大混乱而占了上风。不过现在，拿破仑带给法国秩序和军队的声威。他正在建造一支舰队，不久就会向不列颠的海上霸权挑战。一个心怀叛意的爱尔兰经常蠢动在叛乱边缘上，每日诱惑着拿破仑率领大军横渡英伦海峡。天主教徒联合起来，大部分爱尔兰成为威胁不列颠侧翼的一支敌对武力。皮特感到，一定要找出一些方法使爱尔兰人民与不列颠联合起来，受制于一个国会和国王的统御之下。要做到这点的话，皮特提议给予爱尔兰及所有英格兰、苏格兰和威尔士的成年男性天主教徒全部参政权——投票权和担任公职的资格。准许天主教徒进入在伦敦的联合国会，并供给背叛的牧师、天主教教士和国教的牧师以政府薪水。在此安排下，宗教不可能变成革命的动乱原因，而是国家统一和大众满足的一支力量。

　　这个具有政治家风范的计划，早于拿破仑与天主教教会取得谅解前一年提出，却遭到反对。爱尔兰天主教徒怀疑这是爱尔兰继续受英格兰统治的一个圈套，爱尔兰的新教徒抗议屈居于胜利的爱尔兰天主教徒的统治之下——也许就是报复和土地征收，而爱尔兰国会不愿意消失。皮特希望，与英格兰联合的结果——包括在帝国各地的自由通商——最后如与苏格兰的和谐一般，有益于爱尔兰的经济和重新团结爱尔兰为一个整体。爱尔兰的大多数天主教徒也许曾受到不列颠绝大多数新教徒的干扰和控制，借着大量撒钱、提供闲差、贵族头衔及爱尔兰商人的支持，爱尔兰国会终于被说服而投票决定解体（1800 年 8 月 1 日）。自此时起，直到 1921 年，爱尔兰受制于不列颠国会，它有 4 位神职和 28 位世俗贵族在上院、100 位议员在下院中，代表爱尔兰在那里行使职权。

皮特的显著成功却因不能得到国王同意他的设计而暗淡。他提议实施在新的"大不列颠和爱尔兰联合王国"中完全解放天主教徒政治上的束缚时，乔治三世基于他的加冕曾宣誓他只保护英格兰国教为理由而拒绝同意。皮特对他施加压力时，国王的精神错乱又有复发的迹象。皮特屈服了，同时感到受了伤害，辞去首相的职务（1801 年 2 月 3 日）。天主教的解放运动就此搁置一旁，一直等到 1829 年始再提起。

大部分爱尔兰的领袖认为，他们受到欺骗，皮特从来没有要履行承诺的意图。抵抗联合王国的行动重新燃起。1803 年，罗伯特·埃米特（Robert Emmet）领导了一次势单力孤的叛乱，使他成为爱尔兰历史和歌谣中最受爱戴的人物之一。他生于都柏林（1778 年），是总督一位私人医生的最小的儿子。撤除了毕业生名册中的名字以抗议官方审判他们的政治观点时，他是以荣誉资格即将从三一学院毕业的一位毕业生。他加入联合爱尔兰人俱乐部，他的长兄托马斯是最高会议的秘书。托马斯劝告他不许用革命的非常手段，但罗伯特前往法国，寻找接近拿破仑的机会，请求法国人的另一次援助。不能说服拿破仑，埃米特重返都柏林，搜集武器并征募同志，计划对都柏林来一次袭击。他知道政府已发现他的阴谋并下令逮捕他时，他组织了一支 160 人的临时队伍，朝堡垒出发了。在路上，他们碰到了爱尔兰的首席法官基尔瓦登爵士，这群激动的暴民当场杀死了他和他的侄子。意识到他的阴谋已败露时，埃米特逃亡了，暂时躲藏在威克洛山中（Wicklow Mountains）。他冒着被发现的危险，尽量靠近他的未婚妻萨拉·柯伦（Sarah Curran，天主教运动的新教徒辩护者、约翰·柯伦的女儿）的家附近。埃米特被发现、逮捕，被判叛国罪而处决了。他向陪审团的演说是爱尔兰雄辩的古典作品之一：

> 我在离开这个世界之前只有一个请求：沉默就是慈悲。不要替我写诔铭，因为知道我动机的人此时不敢为它们辩护，不要让偏见或无知中伤它们。让它们和我安安静静地安息吧，我的墓不必作任何铭记，我的记忆任它们遗忘掉，直到另一个时代，另一批人能对我的个性赋予公正时为止。我的国家在诸国中独立时，那时，唯有到那时，再写出我的诔铭吧。

第十章 | 皮特、纳尔逊和拿破仑
（1789—1812）

皮特与大革命

小皮特于 1783 年担任首相和财政大臣。聚敛和支配王国内金钱的人便是不列颠帝国的大臣和联合政府的保护者。

他几乎享有一个不列颠人所能享有的各种好处。他出生于一个卓越的家庭，接触世界政治、享有稳定的财政，吸收他卓越的父亲查塔姆伯爵的谈吐和随从的良好风度。他接受最好的家庭教育，大部分直接得自他父亲本人。他 21 岁进入国会，24 岁时负起英格兰的政务。他以他的矜持、博学和逻辑，甚于他的辩才、稳重和锐利的眼光、公共财政的知识和操纵术，来服众。他阅读并敬重亚当·斯密的《国富论》，他接受斯密的自由企业和自由贸易的哲学。身为一名贵族，却支持繁荣中的商业和工业的中产阶级在国会和政策上有更充实的代表权之要求，用他们的流动财富，他与拿破仑作战，贵族阶级则以他们在不动产土地上的财富，提供意见、外交术和议定书。他设置一个还债基金以偿还国债，直到战事花去可能征收到的每个先令，国债则渐有减少。虽然他利用"中产阶级的腐化"帮助他爬起来，他在终止中产阶级的腐化上很有气魄，但是徒然无功。他支持毁谤的案子由法官移转给陪审团审理的措施——保护新闻业揭发官员的不检行为。他支持威廉·威伯福斯长期反对奴隶贩卖的运动。拿破仑击败他，并瓦解他的斗志，但击败拿破仑的是他重新改组、资助和鼓励下的不列颠。

不列颠国王几乎与法国的执政一样有一个头痛的问题。乔治三世除了解放天主教徒的政策外，几乎每件事都听从皮特的忠谏。这位老迈的国王随时都会精神错乱：1788年至1789年他精神错乱过。精神错乱时，威尔士王子总是徜徉在王座的附近——王子是辉格党的偶像和查尔斯·詹姆斯·福克斯的朋友，他只有在嗜酒如命这点上与皮特一致。一度乔治三世进入弥留状态（1787年），虽然后来他还是复原了，却仍孱弱和优柔寡断。此后，通常政事在无可奈何的情况下悉数交由皮特处理。

这位年轻的政治家执掌政权时，英格兰正开始从美洲殖民地的混乱战争中复苏。不列颠在军事上面临了一个虽接近破产却胜利的法国，一个在查理三世统治下正在繁荣和启蒙的西班牙，和在叶卡捷琳娜二世的统治下扩展领土、正组织强大的陆军并吞半个波兰，而计划平分介于与约瑟夫二世之间的土耳其的俄国，此时似乎是一蹶不振了。目前，英格兰的安全有赖于两个条件：她的海上控制和欧陆上政治力量的制衡。如果对方在这种制衡上占优势，只要关闭不列颠物资的大陆市场，就可摆布英格兰。约瑟夫二世之死（1790年）缓和了东边的威胁。叶卡捷琳娜犹豫不决。法国大革命宣布要让所有君主政体完成立宪，否则就摧毁它们时，皮特正从国际事务转入内政上。日复一日，惊人的消息从海峡那边传过来：巴士底狱被巴黎市民捣毁；封建权利受到抑制，教会财产被一个没有信仰的政府充公；一大群女人拥进凡尔赛宫，迫使路易和安托瓦内特回到巴黎，置于民众的监督之下。

起先，皮特并不如他上层阶级的朋友们一般惊惶失措。毕竟，英格兰早已有了一部宪法，是法国名流们称颂和羡慕的。法国的骚动毋宁是值得感激的：法国秩序大乱，重组其政治制度时，英格兰正可以和平地解决内部问题。贵族阶级颤抖时，不列颠的知识分子——葛德文、华兹华斯、柯勒律治、骚塞、柯珀和伯恩斯却欢欣了。1789 年11 月 4 日，一个纪念 1688 年光荣革命的团体在一名功利主义的传播者理查德·普赖斯（Richard Price）的鼓励下成立，它送给巴黎的国民会议一份贺词，表达希望他们"给予法国的这种光荣典范能鼓励其他国家主张天赋人权"的理想。这份贺词由该学会的主席——斯坦厄普三世——威廉·皮特的连襟署名。普赖斯的贺词以小册子形式在全英格兰流传，几乎呼吁立刻革命：

> 　　起来吧，爱好自由的朋友，为自由辩护的作家们！时代是光明的。你的努力不会白费。试看，各王国在你的告诫下，从昏睡中苏醒了，挣脱掉它们的枷锁，向它们的压迫者要求正义了！试看，你点燃的火把——在解放了美洲后——闪耀到了法国，在那里汇成熊熊火焰，使极权专制变成灰烬，并温暖、照亮了欧洲！颤抖吧！你们这群世界上的压迫者！听着，你们这群奴隶政府和奴隶阶级制度的支持者……你们现在不能再将这个世界压制在黑暗之中了……恢复人类的权利，同意改正腐败……在他们与你同归于尽之前。

这是埃德蒙·伯克不能忍受的，他不再是在国会前为美洲殖民地的解放运动而呼吁的那位激烈的演说者了。他此时已 60 岁，已将自己约束在一大批产业上，并恢复了他青年时期的信仰。1790 年 2 月 9日，他在下院开始了一场辩论，也结束了他与查尔斯·詹姆斯·福克斯的友谊：

> 　　我们目前的危险……来自无政府状态：一个危险正领导着由对一种成功的错认和暴力的赞扬，而进入对过分非理性、不节制、剥夺人权、充公财产、掠夺、残忍、血腥和独裁式民主

政治的模仿。在宗教方面，危险不再来自褊狭，而是来自无神论——一种污秽、反自然的邪恶，一个人类的一切尊严和安慰的敌人——似乎在法国，经过漫长的一个时期，浸浸乎变成一个派阀，得到颂扬并被效忠。

1790 年 11 月，伯克发表《法国大革命的反思》一书。他以"致巴黎一位绅士"的书信方式写了一封 365 页的长信。他公然驳斥普莱斯博士和纪念大革命学会。他感到，牧师们应该留心他们的业务，即宣布基督教的德行，而不是政治改革。德行抵于物质的心，便是人类本质邪恶的趋势，改革只改变邪恶的表面形式，因为它们影响不到人类本质的改变。普选是利用蒙骗的一种诈欺，赞成或反对的人数不会影响到权力的分配和决定。社会秩序对个人安全是不可少的，但是如果每个人都可自由地违反他不喜欢的任何法律，则社会就不能存在。贵族政体是有利的，因为它让一个国家受制于有训练和精选的人物。君主政体是好的，因为它有助于秩序和自由的调和，困难中给予心理上的统一和历史上的延续。

在这次历史性的公然驳斥两个月后，伯克发表了《致法国国民会议会员的一封信》（"A Letter to a Member of the National Assembly of France"）。在这封信中——更详细的是《致一位贵族的一封信》（"A Letter to a Noble Lord"，1796 年）——他提出了保守主义的哲学基础。没有一个人，不管如何卓越和博学，能在有生之年获得所有那些复杂、精致和持久而由经验具体化的传统，及了解社群、国家或种族在过去几千年进行的历史实验，而成就其一己的知识和智慧。"如果一切道德义务的践履和社会各种基础赖以维持的，都能对每个人说明其理由，并示范其所形成的原因"，那么文明就不可能产生了。所以，宗教对知识浅薄却陶醉在自由主义理性中的青年们，难以用三言两语说清楚——直到他们有了不少人类本质的体验，并见过原始本能的力量——他们将不会感激宗教在帮助社会控制人类先天的个人主义之上的贡献。"如果我们抛开了……曾是我们人类文明的一大渊源的基督教，我们就会发现我们的原始性（完全是我们的本能反应）……我们就会担忧……某些粗暴、恶毒和早期的迷信就会取代宗教的地位。"同样地，对一个理性未周而羡慕其邻居财产的年轻人，解释一个有异常能力的人不必经过长期的训练去获得一种社会上有用的技巧，或刺激他去践履这种技巧也是困难的，除非准许他保留赚到的部分当作他孩子们的礼物。进一步来说，人类社会不仅是人群在空间上的一种联合，它也是人群在时间上的一种连续，即死者、生存者或未出生者，世世代代血肉的延续。那种延续在我们中间根植之深，甚于我们在地球上某一部分的联合，它可以随着越过边界的移民而持续下去。这点如何能对满怀个人野心和一知半解的自傲感，乃至厚颜无耻地随时准备要断裂家族纽带或道德束缚的孩子们，说清楚呢？

伯克替一个垂死中的世界所作的挽歌却得到不列颠的保守派领袖们的欢迎，具有成熟判断的人们视这三本出版物为一份对社会和政治哲学的卓越贡献。柯勒律治在他的最后几年中，对它们的热爱犹如他一度对大革命的狂喜一般。"我想象不出，"他于1820年写道，"伯克的作品中提到的时间、事情，有哪一样是没有价值的……我不能增加或删除其中任何一个字。"

其中有两个英国人起而为大革命辩护：詹姆斯·麦金托什爵士以《高卢人的民主政治辩护》，托马斯·潘恩以《人权》，两书均于1791年出版。大革命当时才两周年，但是它已完成了它的基础工作——给予法国一部自由主义的宪法，终止封建特权，确立言论、新闻和集会自由，征收教会财富以挽救濒临崩溃的国家，大革命的过度摧毁尚未到来。在这种环境下，麦金托什可能回答伯克说，大革命是对一个不公正和无能的政府的合法抗议。潘恩可能辩称，不应当忍受传统而去否认其他一切改革的努力的，大革命主张的权利是一个近代国家的正当宪章。

但是，潘恩还不止于此。他要求由共和政体来取代君主政体和贵族政体，严峻地征收累进所得税以重新分配集中的财富，并用此所得税以扫除失业和贫穷、普及儿童教育、给予老年人抚恤金。他用卢梭的词汇重述了人类的权利：

一、人生而自由、平等。因此，民事上的区别只能以公共利用才可成立。

二、一切政治上联合的目的，是在保存人类不可剥夺的权利，这些权利是自由权、财产权、安全权和抗拒压迫权。

三、国家是一切主权的必要来源，任何个人或任何组织，非经国家明确表示，无任何权威可言。

《人权》一书在几个星期内就销了 5 万册，这也许指出 1791 年英格兰激进运动的势力了。带有激进派思想的学会勃兴，如宪政咨询学社、伦敦联谊社、苏格兰人民之友和纪念大革命学社。有些学社寄给法国大革命致敬文，其中两个学社协助分送潘恩的书。

皮特已观察到，也很困惑。私底下，他对潘恩的书印象颇深。"潘恩不是傻瓜，"他对他的侄女说，"他也许是对的，但是如果我照他所要的去做，明天就有数千盗匪在我手边，而伦敦已成为焦土了。"他发布缉拿潘恩的一道命令，潘恩逃到法国，他受到缺席审判，被判为叛国罪（1792 年 12 月）。

英国有许多理由不随法国一起闹革命。他们 1642 年有过法国那种 1789 年的大革命。他们在法国人之前有过知识分子的暴动：自然神论腐蚀正统信仰早于法国的启蒙运动前发生过，1726 年伏尔泰来到英格兰，已经被不列颠的镇静所吸引了。卫理会运动使某些不满现状者变成虔诚的信徒。国教教会相当自由，而且没有弄到足以令俗人羡慕和仇视的财富。封建制度已经不存在，也没有封建税可言。大部分农民拥有他们所耕种的土地。中产阶级已进入国会，在国策上极力发言，首相时常支持其要求。工人们受到雇主和立法者的虐待，有些已起而暴动，但军队还可以镇压他们，而法官吊死了他们的领袖。英法开战时，爱国情操将阶级仇恨变为民族主义的狂热。大革命变成改革，而且弥漫至整个19世纪。

同时，法国大革命已从立法演变成"九月大屠杀"，她的军队已在瓦尔密击败普鲁士和奥地利的军队（1792年9月20日），大革命的热情已蔓延到莱茵河上的日耳曼。美因茨和达姆施塔特的市民已经抛弃封建统治，建立了一个人民的政府，由于害怕支持君主制的军队入侵和惩罚，已派出密使到法国要求保护。经过一场辩论后，法国政府发布了最有革命性的一道敕令（1792年11月19日）：

> 国民议会，在全法国人的名义下，宣布敝国政府愿将友爱和援助给予所有希望恢复他们自由的民族，并责成执行机构通知各将领必要的命令，俾援助并防卫将要或可能因为自由之故而受到骚扰的民族和市民。

这种鲁莽而慷慨的宣布使每个欧洲的君主政体蠢蠢欲动。大不列颠政府因法国军队进入比利时，及法国要求荷兰开放斯海尔德河给一切贸易之用，更是吃惊不小。这条可航行的河流，有270英里长，发源自法国东部，蜿蜒流经比利时（紧临安特卫普）进入荷兰境内，分成两条支流，流入北海。荷兰得《威斯特伐利亚和约》的准许，已关闭两条支流供一切贸易之用，因此厚于不列颠而薄于比利时。安特卫普呈萧条状态，阿姆斯特丹则欣欣向荣。1792年11月27日，法国政府知会英格兰关于其迫使斯海尔德河出口开放的决议。皮特答复称，不列颠受1788年的条约约束，负有保护荷兰免于任何外力攻击的义务。又有甚者，由于莱茵河也经过荷兰境内的支流流入北海，由法国控制荷兰意味着法国人控制莱茵河的出入口，也就控制了不列颠从莱茵河抵达中部日耳曼的贸易。1792年12月31日，不列颠政府通知法国：

英国绝不会同意任法国逞其所欲——而且假不实的自然权利为借口，自称为唯一的审判者——擅自舞弄撤销权，取消经神圣的条约所确立，并受列强同意保护的欧洲政治体系。敝国政府坚持已奉行一个世纪以上的格言，也决不容忍法国，以直接或间接的方法，自命为低地国家的主权者，或欧洲权利或自由的仲裁人。

1793 年 1 月 21 日，法国政府砍了路易的头。23 日，这条消息传抵伦敦，乔治三世震惊，大多数英国人民也惴惴不安。1 月 24 日，不列颠政府命令法国大使肖夫兰侯爵离开英国。2 月 1 日，法国对英、荷两国宣战。

乔治三世欢迎这场战争，相信战争会团结这个国家。皮特担忧这场战争，付出了全部精力。他召开导致第一次联盟的协商（1793 年），由不列颠、葡萄牙、西班牙、撒丁、那不勒斯、奥地利、普鲁士和俄国参加。他向王国内的每个阶级和团体附征重税，并一再资助给他的盟国。他紧抓法律以对付任何防卫法国或大革命的宣传。他终止新闻自由，并于 1794 年停止保障每位被逮捕者尽早审判或迅速释放的《人身保护令状》，政治疑犯此时可以拘留而不审判（法国亦同）。在一次反战示威发生后，《聚众骚动法》（*The Seditious Meetings Act*，1796 年）禁止除在政府批准和控制下的 50 人以上的聚会，批评不列颠宪法者被放逐到澳大利亚的植物湾 7 年。卓越的激进人士——约翰·霍勒斯·图克，语言学者；约翰·泰尔伏，柯勒律治早期的朋友；鞋匠托马斯·哈代，伦敦通讯社的创办人——都被控叛国罪而接受审判（1794 年 5 月），由托马斯·厄斯金辩护，并全部获得释放。

不列颠的上层阶级发现自己在花费不赀的美洲殖民地叛乱后不久面临另一次革命时，这些审判正泄露了他们感受到的痛苦。有千年之久的国王和贵族的世界似乎即将崩溃，农民焚毁封建堡垒和地契，城市民众囚禁皇族并割下几百名贵族的脑袋。这种种情况，使许多不列颠人感到，是无神论的法国哲学家们和他们的英国模仿者——葛德文和潘恩影响的结果。现在，无神论的法国军队随时会攻占荷兰和莱茵省，不出一两年，他们也许要侵犯英格兰。只有1500万人口而没有一支常备军的不列颠，如何能在战争中击败拥有2800万人口和一支强大军队的法国呢？

皮特全部了然于心，他想到金钱尤甚于人，人可以用钱来收买，如果不能在英格兰买到，那么就能在奥地利、普鲁士和俄国买到。英格兰有钱，每天有来自商业、工业、土地、殖民地、借贷等方面的收入，每种消费物资，及各种赋税。这些岁入可装备一小支军队，抵抗未必会发生的侵略，它们还可维持不列颠忙碌的工厂。英国报纸的爱国情操和漫画家们是首屈一指的，他们在思想上团结一切可团结的力量。总而言之，英国可以建造、装备大量舰只和足够的军备，去控制海洋、封锁每个法国港口、截获在海上的任何一艘法国船只、兼并任何法国殖民地入不列颠帝国的版图。每一个月，海军在巨型舰只的建造、海员的训练和培养上，日渐茁壮。它培养了历史上最伟大的海军司令之一。

纳尔逊（1758—1804）

纳尔逊家族（Nelsons）最初是尼尔森家族（Nielsens），属于盎格鲁维京的东支（East Anglian Viking stock），也许霍拉肖具有航海的血统。他生于1758年9月29日，临海的诺福克郡的伯纳姆索普。他的父亲是教区牧师，母亲是首相罗伯特·沃波尔的亲戚。他的哥哥莫里斯·索克令船长1770年被任命为理智号战舰的舰长。霍拉肖12岁时，恳求并获准在他手底下服务。此后，这名男孩的学校就是海洋。

他的身体并不健壮，时常生病，但是他决定抓住每一个教育、发展和荣誉的机会。他在不同的船只上完成各项任务，不断冒着生命危险，按部就班地擢升，20岁时成为木造双帆船辛金布鲁克号的船长。

他虚荣也很能干，从不怀疑他有朝一日能够到达权力和名誉的顶峰。他无条件地服从他的上司，他们也不吝啬地奖励他的部属。他为不列颠先奉献了一条臂膀，接着是一只眼睛，最后是他的生命，他的高傲如同他高高耸立起来的纪念碑。

他天性敏感，随时准备匍匐在美丽、优雅和温婉的女人脚边。以阿尔伯玛号船长的身份，1782 年在魁北克省，他几乎不顾他的事业而离开岗位，回到城里向前晚上给予他温暖的一位女人求婚，一名果断的朋友阻止了他。1787 年，他担任巡洋舰博里亚斯号的舰长，赋闲在西印度群岛中的安提瓜岛，娶了弗兰西斯·尼斯贝特夫人，一位有一个富有的叔伯的漂亮年轻的寡妇。他带她回到英格兰，安置她在一处不大却很舒适的宅邸，并和她在乡下消磨了一段愉快恩爱的时光。与法国开战时，他被任命（1793 年）为阿伽门农号舰长——海军高效率的舰只之一，奉命加入胡德爵士的地中海舰队，并顺便携带一个通知给威廉·汉密尔顿爵士，驻那不勒斯的不列颠公使。他送达了这个通知，还邂逅了汉密尔顿夫人。

艾玛（汉密尔顿夫人的闺名）1761 年生于威尔士的一家铁匠店，年轻时曾用她的肉体来赚取面包，19 岁时已生下两个私生子。在那一年，她成了沃里克伯爵的二公子查尔斯·格雷维尔的情妇。他重新替她取名艾玛·哈特，教给她成为一名贵夫人的艺术——唱歌、跳舞、弹大键琴，雍容地入室、应对和倒茶。他除了她的灵魂以外，重新装扮她的一举一动后，带她去见乔治·罗姆尼，罗姆尼为她画过 30 幅人像。格雷维尔有机会娶一位女继承人时，他必须替他的漂亮情妇找到另一张床，她此时已爱上他了。所幸，他的叔伯威廉·汉密尔顿爵士，一位无嗣的鳏夫，当时在英国。他富有，是乔治三世的一位义兄弟、英国科学院的一名评议员、赫格莱那作品和古典艺术的杰出收藏家。汉密尔顿发现艾玛合他心意，同意将她从侄子手中接过去。返回那不勒斯后，他寄给艾玛一封邀请信，邀请她到那不勒斯完成她的音乐教育。她接受了，以为查尔斯·格雷维尔不久就会跟她而去。结果他没有去。

威廉爵士给了她和她的母亲在不列颠使馆中的四间房子。他以奢侈的享受和老练的赞美来安慰她，他替她安排音乐和意大利语的课程，他毫无怨言地为她付账单。她写给格雷维尔思念的信件，恳求他前往；他吩咐她"听从威廉爵士"。他的信稀少了，简短了，终于没有了。她变成威廉爵士的情妇，因为她喜欢爱情仅次于奢侈的生活。此外，她举止谦和、谨慎，热衷慈善，成了修女、国王和王后的知交。她坐下来供拉斐尔·门格斯、安杰莉卡·考夫曼和维吉·勒布朗夫人画她的肖像。因为喜欢上了她，威廉爵士娶她作妻子（1791年）。法国对英格兰宣战时，她变成一位积极而热情的爱国者，努力使那不勒斯维持与英格兰的联盟关系。

1794年夏天，纳尔逊奉命封锁卡尔维（Calvi，当时掌握在法国人手中的一座科西嘉海港）。他攻下了这座碉堡，但战斗期间，一颗子弹落在他身旁，四散飞扬的沙土进入他的左眼。伤愈合，他的眼睛从此失明。

那次胜利在整个事件中不算什么，因为以后两年中的战事极不利于英格兰。拿破仑进入意大利，驱散撒丁和奥地利的联军，迫使撒丁、奥地利和那不勒斯离开第一次联盟国，并接受与法国的和平条件。1796年10月，西班牙被不列颠在西印度的行动激怒了，对英格兰宣战。如果西班牙舰队加入法国在地中海的行动，地中海对不列颠就不安全。1797年2月14日，一支由15艘军舰组成的不列颠舰队，在当时地中海舰队司令海军上将约翰·杰维斯爵士的率领下，在葡萄牙海岸西南端、圣文森特角外30海里处，遭遇到由27艘船舶组成的西班牙舰队的拦截。纳尔逊正坐镇船长号，指挥这艘战舰及其他船舶直扑敌方舰队的后翼，并亲自率领人员登上敌舰，俘获了圣·约瑟夫号和圣·尼古拉斯号。这批西班牙军舰装备差，操作不善，炮手训练不精，一艘接一艘地投降，让英国打了一场十分漂亮的胜仗。杰维斯被封为圣·温森侯爵，而纳尔逊被授予了巴斯武士的爵位。不列颠海军再度称霸地中海。

1797 年 7 月，纳尔逊——此时为一名海军少将——被派去攻夺加那利群岛上的圣克鲁斯城。因为是保障他们与美洲贸易上的要冲，此城被西班牙顽强地防守着。这场战役遭到意想不到的顽强抵抗，加上风浪恶劣，使不列颠的登陆船艇几乎不可能迫近，有些撞碎在岩石上，有些被西班牙的巨炮轰碎，这次突击以失败告终。纳尔逊右肘中弹，这只手臂无可奈何地被锯掉了。纳尔逊被送回家，在他太太的照顾下疗养。

每次想到海军总部会将他——只有一只手臂和一只眼睛——列入永久残废者名单时，他就会烦恼。他恳求一项新的任务。1798 年 4 月，他受命为英王陛下战舰前锋号的海军少将，加入圣·温森爵士巡行在直布罗陀附近海面的舰队中。5 月 2 日，他受命指挥防线上的 3 艘战舰和 5 艘木造双帆船，在土伦外面监视。拿破仑利用那里的海港碉堡作掩护，正在准备一次秘密的远征行动。5 月 20 日，纳尔逊的小舰队被一场暴风雨吹打得破损不堪，不得不退至直布罗陀去从事整修。这批战舰重新回去监视时，纳尔逊得知，这支法国小舰队在天黑的掩护下，已经驶离土伦，朝东方驶去，目的地不详。他即开始追踪，根据不实的线索花了不少冤枉时间，补给罄尽，暂避入巴勒莫港补充粮秣及整顿他的舰队。他通过汉密尔顿夫人的调解及与那不勒斯政府的交涉，使与法国处在和平状态中的那不勒斯政府对这种破坏中立的举动未予以制止。

他的战舰恢复正常，纳尔逊重新率领它们搜寻拿破仑的舰队，终于在亚历山大港附近的阿布吉尔岛找到了。此时，他再度冒了各种危险。1798 年 7 月 31 日晚上，他命令他的军官们将全部舰只部署妥当预备黎明时的海战。"到明天这个时刻，"他说，"我要得到一项贵族的爵位，否则便是威斯敏斯特的教堂墓地———一位英雄的最后归宿。"在战斗中，他如往常一样身先士卒。一块炮弹的破片击中他的前额，他被拖至甲板下面准备捐躯，但伤势并不严重。不久，纳尔逊头上裹着绷带，又回到甲板上，守在那里直到不列颠大获全胜。

　　危险的"小班长"显然已壮大时，皮特又与俄国、土耳其、奥地利、葡萄牙和那不勒斯组成了第二次联盟。那不勒斯的皇后卡罗琳娜（Maria Carolina，被送上断头台的玛丽·安托瓦内特的妹妹），高兴地看到她的混乱王国再度结合在哈布斯堡王朝和天主教教会这边，与她忧闷的国王斐迪南四世准备为纳尔逊胜利归来的残破舰队举行一次盛大的欢迎仪式。舰队于 1798 年 9 月 22 日停泊在那不勒斯港。汉密尔顿夫人见到这位负伤的司令时，冲向前欢迎他，昏厥在他的怀里。她和丈夫带他到沙萨广场上的使馆，并尽量使他安适。艾玛毫不掩饰她的迷恋，这位饥渴的英雄在她的微笑和照顾下对她倾心了。他 40 岁，她 37 岁。她不再令人神魂颠倒，她近在咫尺，而且已成为他生命中仅次于战争的荣誉。威廉爵士此时已届 58 岁之年，只沉醉在艺术和政治上，聪明地接受这种局面，也许还有松口气的感受呢。1799 年春天，纳尔逊已担负大部分艾玛的费用。不列颠海军总司令部决定给予他最高荣誉和一大笔赏金，并准许他适当地休息后，再去支援其他的海军司令。他以留下来保护那不勒斯，阻止正在蔓延的革命为由，将之推诿了。

　　1799 年下半年，汉密尔顿由阿瑟·佩吉特接替不列颠驻那不勒斯公使的职务。1800 年 4 月 24 日，威廉爵士和艾玛离开那不勒斯前往来亨，他们在那里与纳尔逊会合。此后，他们从陆路赶到不列颠海峡，再渡过海峡到英格兰。全伦敦市欢迎他，但舆论谴责他恋着另一个人的太太。纳尔逊夫人前来使丈夫改邪归正，并要求他自动离开艾玛。他拒绝时，她离开了他。1801 年 1 月 30 日，艾玛在威廉爵士的宅邸生了一名女婴，替她取名霍雷希亚·纳尔逊·汤普森，意指为"纳尔逊种下的结晶"。在那个月中，纳尔逊当时已晋升为海军副总司令，出发接任他的又一个任务——攻夺或摧毁丹麦舰队。他回来后，正当《亚眠和约》期间，他住在萨里的默顿的宅邸上，汉密尔顿一家成了他的上宾。1803 年 4 月 6 日，威廉爵士去世，死在他太太怀里，同时执着纳尔逊的一只手。之后，继承了每年800英镑的遗产，汉密尔顿夫人和纳尔逊住在默顿，直到他受到召唤去追求他伟大的胜利和死亡。

特拉法尔加角（1805）

皮特辞卸他的首相职务时（1801年2月3日），决定支持他的朋友亨利·阿丁顿作为他的继承人。阿丁顿具有皮特的厌战倾向。他指出战争得不到国人的拥护，特别以出口商为最。他看出奥地利在马伦戈兵败后，如何蓄意解散第二次联盟的意图。他看出将金钱资助这样优柔寡断的盟邦是毫无意义的浪费，他决定当面子能保全时立刻终止这场战争。1802年3月27日，他的代表与拿破仑签订了《亚眠和约》。有14个月之久，炮声沉寂了。但是，拿破仑在意大利和瑞士扩张他的势力，而英格兰拒绝放弃马耳他，终止了这段宁静的日子，对垒于1803年5月20日恢复。阿丁顿委派纳尔逊指挥并筹组一支舰队，他的任务十分简单：侦查出法国舰队的主力，就地歼灭至片甲不留。同时，拿破仑在布洛涅、加来、敦刻尔克和奥斯坦的军营、海港及军火库，补充人员和物资，并建造数百艘船只，准备载他的军团渡过英伦海峡去征服英格兰。阿丁顿挣扎着应付这次挑衅，但是他犹豫不决、不能指挥，同时国内的防御组织呈混乱现象。他的党派支持他的人数从270人降到107人时，他表示愿意辞职。1804年5月10日，皮特二度拜相。

皮特立即与俄国、瑞典和奥地利组成第三次联盟（1805年），并给予他们从提高25%的税收中得来的金钱补助。拿破仑命令他的海峡雄狮班师回法，以给予奥地利另一次教训，而且下令给他的海军副总司令皮耶·戴·维尔纳夫，要他准备法国海军最精良的战舰去对付纳尔逊，以一战结束不列颠的海上控制权。

纳尔逊的旗舰胜利号上有703人，平均年龄22岁，有些十二三

岁，少数几人只有 10 岁。约有半数是强制征募来的，许多是被判决
到海军服刑事判决罪的囚犯。他们的薪资极低，依据表现，他们可分
到从截获来的船舶或仓库中得来的财物。上岸离去的绝少，因害怕脱
舰罪。为迎合这些人的需要，一船船的妓女被带到船上去。在布雷斯
特，某一清晨，309 个女人和 307 个男人一起在水中载浮载泳。这批
征兵经过严格的训练后，学会使自己适应环境，通常以他们的工作和
勇气为傲。据说，纳尔逊颇孚众望，因为他决不处罚，除非在不得已
的情况下，但也先表示出显然的歉意。因为他知道一名海员的辛苦，
他在战略或指挥上也很少有失误，因为他亲冒敌人炮火的危险，因为
他要使船上的人相信，他们决不背弃他或英格兰，也决不会失败。这
就是纳尔逊的奇迹，使这批受刑的人拥护他。

　　1803 年 7 月 8 日，他的 11 艘战舰驶入地中海上宽阔的土伦港，
维尔纳夫和他的舰队受到要塞内护航的大炮掩护。法国海军司令稍
后接到拿破仑的新命令：撤离土伦，往直布罗陀突围，航向西印度群
岛，与在那里的另一支法国小舰队会合，攻击在那里遭遇到的任何不
列颠武力。纳尔逊的舰队驶至撒丁港口的水面时，维尔纳夫逃离土
伦（1805 年 3 月 30 日），全速驶向美洲。纳尔逊稍后追赶他，于 6 月
4 日抵达巴巴多斯。听到这个消息，维尔纳夫回头驶入大西洋，与 14
艘由西班牙船舶组成的小舰队，在海军司令弗德里科·德·格拉维纳
的统率下，在科鲁尼亚实施联合作战。

　　拿破仑的修正命令又要他驶向北方，加入另一支法国在布雷斯特
的舰队，企图在纳尔逊从西印度群岛回来前，攫夺到英伦海峡的控制
权。但是，维尔纳夫的战舰在加勒比海巡弋后，已不具备面对面战斗
的条件。8 月 13 日，他率领他扩充后的舰队全速驶向南方装备精良、
防御严密的加的斯港，开始在那里重整战舰和人员。8 月下旬，一支
由海军副总司令卡思伯特·科林伍德统率的不列颠小舰队负责监视维
尔纳夫的任务。纳尔逊于完成来回横渡大西洋的壮举后，认为他和他
的人员也需要整编和休息。他获准和他的情妇在默顿休息几个星期。

9月28日，他和他的舰队及科林伍德一起在加的斯外的海域上，不耐烦地等着法国舰队出来一战。

拿破仑又改变了他的训令：维尔纳夫驶离加的斯，设法避开不列颠舰队，前去与约瑟夫·波拿巴合作，加强法国对那不勒斯的控制。10月19日和20日，这位颇不情愿的海军司令率领他的33艘战舰离开加的斯，前往直布罗陀。20日，纳尔逊看见了它们，立刻命令他的27艘船只备战。他在那天夜里写给汉密尔顿夫人的一封信上说：

> 我至爱的艾玛，我胸中的亲爱朋友，讯号告诉我们，敌方的联合舰队正在驶出港口。海面平静无浪，所以明天之前他们不会到达。愿战神赐我万事成功，我愿以我的名字起誓，愿我爱得超过我自己生命的你和霍雷希亚永远温馨甜蜜……愿万能的上帝赐我们战胜这批家伙，使我们获得和平。

在战斗当天的日记上，他写着：

> ……愿伟大的主……赐予我的国家，并为了全欧洲的福泽，一次伟大、光荣的胜利，愿没有任何失误污损这次胜利，并愿人性接踵着胜利成为不列颠舰队的主要特征。至于我自己……我献上我的生命给造我的上帝。愿他的祝福使我忠诚地为我的国家服务。我将自己和托付我防卫的正义交给他。阿门！阿门！阿门！

敌方的舰队于1805年10月21日，在加的斯南方不远处的西班牙海岸上特拉法尔加角外海遇上了。维尔纳夫从他的旗舰布桑托尔号上发出讯号给他的战舰，形成南北向一线纵队，左舷对准驶近的敌舰。这批战舰发现自己成为以两列纵队朝东北向前进的不列颠武力的目标时，他才勉强地完成了这一部署。上午11时35分，纳尔逊从他的旗舰上发出一道有名的讯号："英格兰期望人人尽忠职守。"讯号火速传给他的舰队。11时50分，海军上将科林伍德指挥着15艘战舰，命令他的旗舰皇家主权号，直接朝海军司令格雷维那的第一艘和第二艘巨型战舰圣安那和福努格沃之间的缺口驶过去率先攻击。借助这个行动，他的人员处在两艘西班牙战舰的舷侧开火的位置上，而它们无法还击——那时的战舰前后只设计少数炮位，甚或没有设置。不列颠的炮手还有一个额外的有利情势：他们可以用燧石发火装置点燃大炮，这种方法比法国人用火柴来引燃大炮的方法要快上两倍，火力因战舰的晃动而更为集中。科林伍德的小舰队的其他舰只依照他的方法穿过敌舰防线，然后散开，集中攻击格雷维那的舰队，法国海军的士气因之低落。在这条战线的北端，法国战舰勇敢地抵抗纳尔逊愤怒的攻击，有些士兵死去时高呼："国王万岁！"然而，如在阿布吉尔一样，不列颠水手凭着在驾驶术和射击上卓越的训练和技术打了胜仗。

一名射手从敬畏号的中桅上朝纳尔逊射出致命一击时，胜负已经很分明了。这位海军上将不仅如往常一样身先士卒，由于拒绝取下挂在他胸前的英格兰颁赠给他的功绩勋章，而冒了更大的危险。弹头穿进他的胸部，撕裂了他的脊椎骨。他的忠诚助手托马斯·马斯特曼·哈迪上尉背他进入甲板下面的安全处，比蒂医官证实纳尔逊自信只有几小时生命的判断。他神志继续清醒了4个小时，足够他知道他的舰队已打了一场大胜仗。敌舰19艘投降，不列颠的则全部没有投降。他的最后遗言仅是："照顾我心爱的汉密尔顿夫人，哈迪，照顾可怜的汉密尔顿夫人。"接着："吻我，哈迪。此刻我很满足。感谢主，我完成了我的任务。"

全部纳尔逊的战舰，在纳尔逊临死时的命令下停航，躲过了他预见的飓风，并及时抵达英国，让水手们享受举国庆贺他们胜利的盛会。这位英雄的尸体，泡在白兰地酒中延长腐烂的时间，直立在一口棺材里运到英格兰，并接受了最盛大的葬仪。哈迪上尉交给汉密尔顿夫人她死去的情人的诀别信。她当作唯一的慰藉而珍藏着它。在信尾上，他写着：

啊，忧愁悲痛的艾玛，

啊，光荣愉快的纳尔逊。

他的遗嘱将他的全部财产和政府的酬劳留给他的太太，不包括在默顿的房子，那房子由艾玛·汉密尔顿保留。担忧这点财产——加上来自她丈夫的年金——不能让她过着舒适的生活，他在战斗当天，在遗嘱上加了一条附录："我留下艾玛·汉密尔顿夫人，作为国王和国家的一项遗产，愿他们给予她充分的供应，以维持她那种身份的生活。"在他垂死的几个小时里，据司各特报告，他要求他的国家也应该照顾"我的女儿霍雷希亚"。国王和国家漠视这些要求。艾玛于1813年因债务被捕，不久即释放，逃到法国躲开她的债权人。1815年1月20日，她在贫困中死于加来。

海军司令格雷维那在一次光荣的抵抗后，乘着他的旗舰逃至西班牙，但是负伤过重，不出数月即死了。维尔纳夫的指挥并不明智，却战斗得十分勇敢，如纳尔逊一般身先士卒，毫不瞻前顾后，他在他的人员几乎全部阵亡后才投降。他被带到英格兰后，被释放了，回到法国。不愿见到拿破仑，他于1806年4月22日在雷恩的一家旅馆中自杀。他的最后一封信向他的太太请求原谅他的遗弃，并感谢命运，他没有留下子嗣去"背负他的姓氏"。

特拉法尔加角是历史上最重要的战斗之一。它决定了不列颠一个世纪之久的霸权。它终止了拿破仑将法国从不列颠舰队沿着她的海岸封锁线上解放出来的机会。它迫使他放弃侵入英格兰的念头，这意味着他在陆上的战斗花费愈来愈昂贵、愈昂贵却愈战斗。他想以奥斯特利茨大捷（Austerlitz，1805年12月2日）来消除特拉法尔加的耻辱，但此战导致耶拿、埃劳、弗里德兰、瓦格拉姆、博罗季诺、莱比锡和滑铁卢诸役。制海权占了上风。

纵然如此，熬受过上百次危机而欣见特拉法尔加角胜利的皮特，同意拿破仑奥斯特利茨大捷可媲美之说。经受内政和外交上一连串危机的折磨后，他从伦敦隐退至巴斯去休养调息。他在那里接到居于联盟国枢纽地位的奥地利再度崩溃的消息。这个消息给了已经被白兰地加倍销蚀的病体致命的一击。1806 年 1 月 9 日，他被带回到他在帕特尼的家中。就是在那栋房子里，他担任了大不列颠的首相。他于 1806 年 1 月 23 日，以 47 岁的年纪，在那栋房子中逝世了。在那 19 年中，他协助指引了他的国家迈上工业、商业和海上霸业，而且娴熟地改良了英国的财政制度。但是，他既不能抑制法国大革命，也没能阻遏拿破仑的霸权在欧洲危险的扩张。对英国十分珍贵的欧陆势力平衡就此消失，辛苦地压制下去的国内言论、集会和新闻自由，因战争延续了 12 年，仍见不到息战的信号而不耐烦了。

英国的世纪（1806—1812）

篇幅不允许我们详述继任皮特的 4 位部长的职务。除了福克斯的一年任期外，他们的精力发泄在个人和党派的问题上多过政治才干和政策上，而他们在国际上的影响则每况愈下：由繁荣降至贫穷，由进取变为延宕。

短命的"人才内阁"（1806—1807 年）则由当时任外交部长的查尔斯·詹姆斯·福克斯的努力安排跟法国谋和而辉煌起来。他变幻不定的一生，可由一位勤奋的自由主义者——他接受法国大革命，甚至拿破仑——的古怪历史的能力上表露出来。很不幸，他掌权时，他的体力和智力已因不知节制的饮食消耗殆尽。他送消息给塔列朗（1806年 2 月 16 日）：一名不列颠的爱国志士带着暗杀拿破仑的计划到外交部，并补充说，这名笨蛋正受到密切的监视。这番举动漂亮地打开了谈判的途径。拿破仑感激这种姿态，但是他因战胜奥地利而意气昂扬，不列颠也因纳尔逊在特拉法尔加的胜利而志得意满，所以双方都不愿做筹备和平所需的让步。福克斯以向国会提议终止奴隶贩卖上的成就较为卓著，由威廉·威伯福斯和其他上百位人士经过几十年的奋斗，这种措施变成了法律（1807年3月）。那时，福克斯已经去世了，享年57岁。不列颠的政治陷入一片混乱。

不过，对于波特兰公爵威廉·凯文第希·彭汀克内阁（1807—1809年）的主要人物们，这绝不是一句公正的话。乔治·坎宁，外务大臣，派遣一支舰队轰炸哥本哈根（1807年）。卡斯尔雷子爵罗伯特·康宁，国防部长，派遣一支亲自征召的远征军，意图攻占安特卫普（1809年）。这两位大臣，才干和进取心上旗鼓相当，彼此对各人的主管业务交相指责，决斗了一场，结果坎宁受到轻伤。在内忧外患、交相夹攻之下，波特兰内阁全体辞呈了。

斯宾塞·珀西瓦尔出任首相时（1809—1812年），亲眼见到了不列颠经历19世纪最低潮和痛苦折磨的双重不幸。1810年秋，拿破仑的大陆封锁政策已完全伤害到不列颠的工业和商业，以致数以千万计的不列颠人失业、几百万人濒临饥饿的边缘。混乱引起革命暴动，路特派的织工们开始于1811年捣碎机器。1810年，不列颠对北欧的出口赚了770万英镑；1811年，他们只赚150万英镑。1811年，英格兰与美洲有第二度战争的趋势，因为她出口至美国的贸易额自1810年的1130万英镑，降至1811年187万英镑。同时，每个不列颠人的税赋不断在升高。1814年，他们的负担威胁到不列颠的财政制度和她在海外通货信用的崩溃。饥饿的不列颠人呼吁降低国外进口谷类的进口税，农业区的不列颠人反对这样一种动议，因为这将削减他们产品的价格。拿破仑以出售出口执照给法国的谷类生产者，来缓和英格兰的叫喊（1810—1811年）。他需要现金供他作战的经费。拿破仑的大军于1812年向俄国推进时，英格兰知道如拿破仑胜利则意味着加强关闭欧陆上所有港口，以对抗不列颠，而且意味着拿破仑更严密地控制大陆对不列颠的运输。全英格兰正注视着，担忧着。

乔治三世是一个例外。他因最后一次陷入聋、盲和精神错乱状态中，已不关心这些事务。他最疼爱的女儿阿米莉亚之死（1810年11月）是最后一次打击，使他与外界的一切联系全部中断。目前，他完全生活在自己的世界中，那里没有叛乱的殖民地，没有福克斯这种角色任部长，没有粗鲁、嗜杀的拿破仑。他一定在这种状况中找到了某种满足，因为他的健康改善了，他多活了十多年，在较 1810 年至 1812 年还要糟糕的战后不景气期间，过着优游惬意的生活，语无伦次地纵情谈个没完。他的声望因他的疾病而提高。他受饥挨饿的百姓怜悯他，也带着几分迷信的想法：岂不是上帝安排他精神不正常而令他摆脱俗务的吗！

1812 年 5 月 11 日，在下院的休息室中，首相珀西瓦尔被一名破产的经纪人约翰·贝林罕射死。贝林罕觉得他的商业是因政府的政策而毁灭的。6 月，利物浦伯爵组织了一个新的内阁，由于策略和环境的奇迹使然吧，这个内阁延续到 1827 年。同年 6 月，美国向英国宣战，拿破仑的 50 万大军越过涅门河进入俄国。

第三部

拿破仑与欧陆

《御座上的拿破仑》（安格尔，1806 年）。1804 年，拿破仑将终身的执政制变为世袭的帝国，同年 12 月 2 日在巴黎圣母院举行有教皇亲自为他祝圣的加冕典礼。

第一章 | 伊比利亚半岛

葡萄牙（1789—1808）

法国大革命的消息传到葡萄牙时，葡萄牙人正在努力恢复中世纪时的太平社会。在此以前，蓬巴尔侯爵曾费尽心机地采取激烈的手段，试图使葡萄牙在文化、法治方面能与路易十五的法国、查理三世的西班牙并驾齐驱。比利牛斯山脉阻挡了法国与半岛之间思想的交流，另一方面因为西班牙一再意图吞并其兄弟之邦，也使西班牙的思想无法传入葡萄牙。在两国境内的宗教裁判所，也好像是耸立皇宫门口的狮子一般，对任何怀疑古老教义的思想，都怒目而视，加以排斥。葡萄牙的基层民众也是维护旧社会的。他们思想简单，大多目不识丁，如农民、工匠、商人、士兵等。他们盲目地接受世代相传的信仰，宗教的传奇抚慰着他们的痛苦，宗教的奇迹激起了他们的敬畏，宗教的仪式感动了他们的心灵。社会的上层人士是典型封建宗主和习俗的代表，他们也是葡萄牙的大地主。最后是那位怯弱的玛丽亚王后和她的儿子约翰。约翰初为摄政，后来登基为王。他们两人都忠诚地保护教会，因为他们认为教会是维护道德、社会秩序和君权神授说不可或缺的支柱。

不过，在这些维护旧信仰的哨兵群中仍潜伏了少数的异端人士，他们大都是学者、兄弟会会员、科学家、诗人、商人、少数官员，甚至有两三个贵族。他们已经厌倦了旧社会的束缚，暗自心仪哲学的思想，他们也对代议政体、自由贸易、自由集会、自由出版、自由思想的理想向往不已。他们渴望加入世界心智的潮流。

法国大革命的消息虽然迟迟才传入葡萄牙，但仍使这群小心翼翼的异端人士，这些民众、显贵和宗教法官大吃一惊，张口结舌。对于他们来说，这不啻是一个振奋人心或恐怖绝伦的启示。有些冒失的人居然公开庆祝，如葡萄牙的兄弟会即欢欣赞扬此件大事，葡萄牙驻巴黎大使（他可能读过卢梭或是听说过米拉波）对法国国民会议大加颂扬，葡萄牙外交大臣还容许官方公报对攻占巴士底狱一事致贺词，法国书商也在葡萄牙公开出售《1791年革命宪法》一书。

但是，1792年巴黎暴动推翻了路易以后，玛丽亚王后也兔死狐悲，感到自己的大位岌岌可危，于是让位其子。这位未来的约翰六世把愤怒的矛头指向了葡萄牙的自由主义分子。他希望警察首长对所有兄弟会会员、知名外侨、提倡革新政治的作家，均加以严密监视、逮捕或驱逐。自由人士的领袖席尔瓦被捕入狱，有自由主义倾向的贵族被驱出宫廷。当时葡萄牙诗坛的泰斗——博卡热（Manuel du Bocage）因为写了一首反对专制的十四行诗，也于1797年锒铛入狱。他在狱中以翻译奥维德和维吉尔的作品谋生。1793年，法国政府处决路易一事激怒了葡萄牙，于是它随着西班牙加入了对抗法国的圣战，而且派了一支小舰队加入英国在地中海的海军。1795年，西班牙单独与法国媾和，葡萄牙要求以类似的条件和解，但法国认为葡萄牙只是英国的殖民地和属国，因此拒绝了谈和的要求。两国从此纷争不息，葡萄牙也拒绝加入拿破仑大陆封锁的联盟。拿破仑征服半个欧洲后，终于将战矛指向这个小小的国度。

在葡萄牙的军事和政治背后，是其不稳定的经济结构。与西班牙一样，葡萄牙的财政全都依赖由其殖民地运入的贵重金属来维持。他们用这些金银珠宝，而不是用本国的产品来偿付进口货物的开支、装饰皇上的宝座、增加富人的财富、购买奴隶和奢侈品。当时中产阶级尚未兴起，尚无人利用进步的农业技术和科技来开发自然资源。海权转移到英国手中后，葡萄牙必须逃避英国海军或与英国妥协来获取黄金。可是西班牙不惜与英一战，并且倾全国财力建立了一支在任何方面——除了士气和训练——均为第一流的海军。后来西班牙在很不情愿地与法国海军合并后，在特拉法尔加角惨遭大败，从此只好依靠法国的保护。而葡萄牙为了免于被法国和西班牙吞并，只好依赖英国的保护。葡萄牙各大据点立刻充斥着具有企业精神的英国人，他们到处开设和经营工厂，英国货也成为葡萄牙进口贸易的大宗，英国人也开始喝着葡萄牙波尔图来的葡萄酒。

这种情况惹火了拿破仑，也挑起了他的野心。葡萄牙与英国贸易，将使拿破仑禁止英货进入大陆市场，以逼迫英国求和的计划完全落空，于是他有了征服葡萄牙的借口。同时，征服了葡萄牙，更能约束西班牙遵守法国的政策。再说，臣服的西班牙又可给拿破仑家人另一个可以坐上的王位。因此，正如我们所知的，拿破仑游说西班牙与法国共同入侵葡萄牙，葡国王室乘坐英舰逃往巴西。1807 年 11 月 30 日，朱诺将军率领法西联军没有遇到任何抵抗便进入了里斯本。葡国自由派人士纷纷涌进新政府，他们希望拿破仑能合并葡萄牙，并为他们制定代表制政体的新宪。朱诺表面上听从他们，私底下却嘲笑他们的主张。1808 年 2 月 1 日，他宣称："布拉甘扎（Braganza）王朝已经崩溃。"然后，他自己越发像一个国王了。

西班牙（1808）

这时，西班牙仍然停留在中世纪，甘愿故步自封。这是一个醉心神教的国家，人民蜂拥前往庄严巍峨的大教堂，或不远千里参拜神龛。教士与日俱增，人民追求着上帝赦免的慰藉或敬畏着宗教法庭的惩罚。圣体的庄严行列行经街道时，人民纷纷长跪膜拜。总而言之，西班牙是一个信仰虔诚的国度。信仰把上帝带入了每个家庭，信仰管教了子女，维护了贞操，并给予人们在人生——这个累赘的考验历程——结束之时升入天堂的希望。在西班牙，即使再过一代，博罗仍然发现："此地一般的民众极为愚昧无知。"至少在莱昂这种地方，"店铺中仍旧出售着驱除撒旦和魔鬼、灾祸的印好的符咒，而且生意还很兴旺呢！"拿破仑虽然和教会订立了协定，但他的思想是受过启蒙运动洗礼的，因此他也说过："比起俄国，西班牙农民接受的欧洲文明更为贫乏。"可是，如拜伦告诉我们的：西班牙农民是"如高贵的公爵一般洋洋自得"。

　　教育几乎只限于中产阶级和贵族人士。识字代表着一种特殊的身份，甚至一般绅士也很少有读书的。其实，统治阶层并不信任出版和文字。无论如何，以西班牙当时的经济情况而论，也不需要受过教育的大众。固然有些商业城市如加的斯、塞维利亚已十分繁荣，甚至1809年拜伦还认为加的斯"是欧洲最美丽的城市"。有些工业中心也已经崛起。托莱多仍以出产刀剑闻名于世。可是，境内崇山峻岭遍布，只有1/3的土地可以利用来耕种获利。道路和运河稀少，维护困难而且不善。地方和省级税目繁多，阻挠贸易甚巨。因此，国内谷物自产还不如输入便宜。西班牙农民为贫瘠的土地围制，因此他们宁愿悠闲终日、自得其乐，也不愿冒险辛苦耕种。城镇的居民则认为与其终年劳苦尚不得温饱，不如走私以图暴利。税收的负担较诸收入一天比一天重。日渐庞大的官方机构、无孔不入的警方、腐败的中央政府都在巧立名目、征收税金，给西班牙加上了沉重的经济负担。

　　西班牙虽然面临着这些困难，国家元气仍然不曾损伤。斐迪南、伊莎贝拉、菲利普二世与委拉斯开兹、牟里罗一脉相传的传统，及西班牙在美洲和远东帝国的广布与潜在的财力，仍然支撑着国本。西班牙的艺术成就仍然可与意大利和荷兰并驾齐驱。维兰纽瓦和他的继承人、助手，正开始在马德里建造普拉多美术馆，以收藏绘画、雕刻等国宝。在这里收藏的伟大作品中，包括戈雅惊心动魄的杰作。他将战争的血腥和野蛮表现得淋漓尽致。他爱西班牙，可是他讨厌她的国王。在洛佩斯所作的戈雅画像里，后人仍可清楚看出这位艺术巨匠坚毅而忧郁的气质。

西班牙文学在天主教学术和启蒙运动的双重影响下，一直蓬勃发展，直到内乱外侮消耗了国家的元气才衰颓。一位耶稣会会士马斯德于 1783 年至 1805 年，断断续续地出版了《西班牙文明史》。这本书引经据典，交织文化史和一般史实成一体，完成了完整连贯的文明史。略伦特（Juan Antonio Llorente）曾为西班牙宗教裁判所 1789 年至 1801 年的大法官。1809 年，约瑟夫·波拿巴任命他将宗教裁判所的活动写成历史。他为了安全，特意在巴黎以法文写作。查理三世时代散文和诗歌花团锦簇的盛世，在他死后并没有完全消失。霍维利亚诺斯（Jovellanos）仍然是自由主义政治和教育方面的喉舌。莫拉廷（Moratin）也仍然以喜剧称霸舞台，因而赢得了"西班牙的莫里哀"的头衔。在自由战争（1808—1814 年）期间，奎塔纳和加列戈神父也写出了大量慷慨激昂的诗歌来鼓吹革命，抵御法国人的入侵。

大多数的知名作家都倾心于法国政治和思想的自由主义色彩，这种风气直到两国敌对时才改观。他们和兄弟会会员一样都已经被"法国化"了。他们哀悼西班牙一度生机所寄的国家议会如今在王权的压制下雄风不再。他们为大革命欢呼喝彩，他们喜欢拿破仑，以为他将刺激西班牙由封建贵族、中世纪教会和无能政府的桎梏中解放出来。听吧！一位西班牙史学家正以雄浑有力的歌声唱出了这个垂死王朝的挽歌：

> 1808 年，正当波旁王朝步向灭亡之时，西班牙的政治社会情势可以综述如下：贵族，尤其是宫廷人士，对国王已无敬意。政治腐败不堪，徒为个人恩怨、利害关系左右。上层阶级毫无体国

之心，只以私欲为念，一般民众尚对斐迪南王子存着一丝期望，其实此人心胸狭窄，一切表现均为虚伪矫诈，而知识分子受到《百科全书》学者及法国大革命的重大影响。

在前面关于拿破仑的章节里已描述了西班牙王朝崩溃的经过。查理四世纵容皇后玛丽亚·路易莎和她的情夫戈多伊干涉朝政并独揽大权。太子斐迪南设法逼迫查理禅位，接着戈多伊派和斐迪南派之间起了内战，马德里近郊立刻一片混乱。拿破仑乘这个混乱的时机，想把西班牙置于法国的统治之下，并将西班牙划入大陆封锁范围内。于是，他派缪拉率军进入西班牙，名为维持秩序。1808 年 3 月 23 日，缪拉进入马德里，并在 5 月 2 日这富有历史意义的一天平定了民众的起义。同时，拿破仑邀请查理四世和斐迪南共同到法国邻近西班牙的巴约讷跟他会面。他一方面恐吓太子将王位还给父王，一方面又劝父亲让位给拿破仑任命的人选。拿破仑将承认天主教为西班牙的国教，并加以保护。然后，拿破仑要求其兄约瑟夫·波拿巴前来接任西班牙王位。约瑟夫·波拿巴满心不愿地来了，他接过了拿破仑制定的宪法，满足了西班牙自由人士的大部分要求，但他也要求他们必须和已受节制的教会和平相处。波拿巴悲哀地登上大位，拿破仑则高兴地带着吞并西班牙的喜悦回到了巴黎。

他忽略了西班牙民众和威灵顿。

亚瑟·韦尔斯利（1769—1807）

1809 年以前，他并不叫威灵顿，1798 年以前，他和循道宗的创始人同名，即卫斯理，可是他和这个教派毫无渊源。他 1769 年 5 月 1 日（在拿破仑出生前 105 天）生于都柏林，为加略·韦尔斯利第五子。父亲为莫宁顿的首任伯爵，在爱尔兰首府北方拥有一片产业。12 岁那年，他进入伊顿公学就读，可是经过了"不光彩的三年"后，被召回家中。我们也找不到事实证明当时他运动比读书高明多少。他自己都否认他说过"滑铁卢战役是在伊顿的运动场上打赢的"。这句名言其实不知出于何人。在家庭教师的教导下，他稍有进步，但他母亲仍然难过地说："对我们亚瑟这个笨儿子我真不知道怎么办才好！"所以，她干脆把他送到军中。17岁那年，他进入了在昂热的皇家骑兵学校。在这里，贵族子弟除了学习数学和一点点人文知识外，大部分课程是骑术和剑术，培养他们将来做个军官。

他逐渐崭露头角。然后，也许是通过家庭背景或金钱的收买，他获得了爱尔兰副总督侍从武官的职位，并代表特里姆地区进入爱尔兰下院。1799年，他升任陆军中校，并在约克公爵进攻佛兰德斯一役中，统率三团军队。这次不幸打了败仗，他回来以后，对战争、征途的泥泞、贵族将领的无能等十分厌恶，忽然兴起了弃武从文的念头。他其实喜爱小提琴甚于军旅生涯。接着他抱病很长时间，连他的哥哥都认为他无望，对他不存期望。不过，26岁那年，在霍普纳（John Hoppner）为他所作的画像里，可以看出他像一位诗人，也和诗人拜伦一般英俊。他也像拜伦一样，曾经向一位贵妇人求婚，遭到了拒绝，从此到处逢场作戏。1796年，他前往印度，在其兄理查麾下任上校职。理查当时已是韦尔斯利侯爵，先是担任马德拉斯省省长，后来担任孟加拉省省长。他曾经为大英帝国开拓并征服了一些印度的属地，威灵顿（这位未来的公爵当时把自己的名字拼作Wellesley）在这些战役中也赢得了一些战功，获利颇丰，因此于1804年受封为爵士。回到英国后，他在英国国会取得一个席位，并再度向帕克南小姐求婚。1806年，她同意了。可是两人婚后生活并不美满，最后终于领悟到两人应分开生活。她为他生了两个儿子。

他继续步步高升，如今他不再是凭借财势来买官了。他已经以思考严密、表现卓越为人所知。皮特死前不久曾特别提到他，认为此人"做任何事情前，都会提出所有可能的阻碍。但是一旦开始做，就毫不推三阻四，一定全力以赴"。1807年，他在波特兰公爵爱尔兰总督任内担任他的首相。1808 年，他被晋升为陆军中将。6 月，他即奉命率领 1.35 万人将朱诺及法军赶出葡萄牙。

8 月 1 日，他率领大军在距里斯本北方 100 英里的蒙德古湾登陆。在这里，他获得了 5000 名葡萄牙联军士兵的增援，并接到作战大臣的通知，告诉他 1.5 万人的援军已经起程，不过 58 岁的达尔林普尔也将随着来接替联军的统率大权。可是，威灵顿已经拟定了战略，同时他不喜欢听人使唤。于是，他决定不再等候这 1.5 万名援军，径自率领 1.85 万名兵士向北方攻去，想与朱诺作一决战，来决定他俩的命运。法军因为久驻京城，沉迷于欢乐，军容不整，而朱诺竟贸然率领 1.3 万名兵士出京迎接英军的挑战，结果在里斯本附近的维梅鲁大败（1808 年 8 月 21 日），伤亡惨重。这次战役结束后，达尔林普尔才赶到葡萄牙。他接掌了统率权，停止追击，并于 9 月 3 日和朱诺签订了《辛特拉条约》（Convention of Cintra）。根据这个条约，朱诺率占领葡萄牙所有城镇的法军向英军投降，英军则同意法军残余部队可不受阻挠地安全撤退。对志愿返回法国的法军，英军同意供给交通船舶。威灵顿觉得，英军仅以一次战役就恢复了葡萄牙的自由，即使英军稍作礼让，也值得了。因此他在条约上签了字。

事后，华兹华斯和拜伦难得异口同声地反对这个"最愚蠢不过的举动"。因为，这些获释的法军只要能够走路，不久又将征召入伍与英国及其盟国作战。威灵顿因此被召回英国接受调查庭的质询。他倒不见得为回国受质询而难过，因为他一直不喜欢受达尔林普尔的管辖。令人难以相信的是，他讨厌战争。即使他日后已战功彪炳时，他还是说："相信我！只要经过一天的战争，你就会向上帝祷告，别让你再去打一个钟头的仗！"调查庭似乎相信了他的说法，即《辛特拉条约》由于劝阻了法军做进一步的抵抗，挽救了成千英军和盟军的生命。然后他回到了爱尔兰，等待着另一次更好的时机来报效国家和建立他的英名。

半岛之战（1808—1812）

西班牙国王波拿巴眼前困难重重。他努力在一小撮自由分子之外，争取更广泛的支持。自由派人士赞成把富有教会的财产没收，但约瑟夫·波拿巴早已因为他没有信仰的名声受尽阻挠。他知道，打击教会的每个措施，如今只会进一步燃起对他外族统治的反抗。被拿破仑击溃的西班牙军队现在重整旗鼓，零星聚合，虽然军容不整，但是士气高昂。在秋收春耕之间，农民反抗异族的游击战也间歇不断。而法军驻地散布西班牙全境，疲于奔命，法军将领争功邀宠，彼此不和，在巴黎的拿破仑根本无法统一协调西班牙的战略。据马克思说，拿破仑到现在才发现："西班牙即使亡国了，社会上仍充满了民族的精神，每个角落都汹涌着反抗的怒潮……西班牙并没有抵抗的中心，但也可以说到处都是抗敌的中心。"法军一支主力在拜兰（Bailén）大败后，一部分主要的西班牙贵族也加入了革命，因此把民众对他们的怨恨转移到侵略者身上。由于教会积极地支持抵抗，抵抗运动已没有自由主义的色彩了。相反，抗敌的胜利反而巩固了教会和宗教裁判所的势力。不过，省级的军政权中仍有一些自由主义人士，他们派遣了代表参加在加的斯的全国议会，参与了拟定宪法的过程。如今，伊比利亚半岛上抗敌运动四起，到处弥漫着希望和虔诚的气氛。此时，波拿巴正怀念着昔日在那不勒斯的日子，拿破仑正在苦战奥地利，而威灵顿——一位具有新派思想的人物——正准备由英伦再度南下，为西班牙回到中世纪助一臂之力。

穆尔爵士在拉科鲁尼亚去世时（1809 年 1 月 16 日），曾劝谏英国不要再费尽心力保卫葡萄牙。他认为法国人迟早要执行拿破仑的命令，让葡萄牙成为法国的属国。再说，英国如何能运输和补给足够的大军，来和驻西班牙 10 万名能征惯战的法军一决雌雄呢？可是，在爱尔兰的威灵顿如今静极思动，亟待有所表现。他告诉战争大臣：只要让他独力统率 2 至 3 万名英军，不受干扰，再加上当地的援军，他便能保住葡萄牙抵挡 10 万名以下法军的攻击。英国政府相信了他的话，1809 年 4 月 2 日他率领 2.5 万名英军抵达里斯本。他后来形容这批英军是一群"地上的残渣……一伙坏蛋……一些只为有酒喝而从军，除了用鞭子无法管束的乌合之众"。可是，他们在面临杀敌或被杀的选择时，都能奋不顾身，拼死一战。

苏尔特元帅已料到了英军的入侵，他已率领 2.3 万名法军——一群终日酗酒没有文化的可怜家伙——沿海岸直下波尔图，同时另一支法军在维克多元帅的率领下，也由西面沿着塔古斯河来攻。威灵顿曾经详细研究过拿破仑的战略，他决定在法军两位元帅会师进攻英军据点里斯本之前，先发制人，进攻苏尔特。于是，他率领 2.5 万名英军和由贝雷斯福德（未来的贝雷斯福德子爵）率领的 1.5 万名葡军，赶到杜罗河波尔图的对岸。1809 年 5 月 12 日，他渡河袭击苏尔特后方。法军措手不及，仓皇后退，共损失了 6000 人马及所有的大炮。威灵顿没有乘胜追击，因为他必须赶往南面阻止维克多的进攻。可是，维克多已经得到了苏尔特大败的消息，退回塔拉韦拉，在当地会合约瑟夫·波拿巴的援军。法军现共计 4.6 万人，而与法军对峙的威灵顿军包括 2.3 万名英军和 3.6 万名葡军。1809 年 7 月 28 日，两军在塔拉韦拉展开了激战。葡军不久即不支逃出战场，威灵顿则奋战不懈，屡次击退法军的攻势，最后维克多损失了 7000 人及 17 门大炮后无功而退，英军也损失了 5000 人，但是守住了阵地。英国为嘉奖威灵顿身先士卒，特别封他为威灵顿子爵。

不过，战争大臣对他的支持逐渐减弱了。1809 年拿破仑取得瓦格拉姆大捷，1810 年 3 月他和奥地利公主结婚，结束了英奥的联盟。俄国这时还是法国的盟国。在此形势下，法国在西班牙又多出了 13.8 万人的兵力。同时，马塞纳元帅统率着 6.5 万人的大军，正准备出师西班牙，下定决心要攻克葡萄牙。英国政府因此通知威灵顿，一旦法军入侵西班牙，他可以撤军回国，而不致遭受处罚。

这是威灵顿一生事业的关键。固然上级准许他自行撤退，可是无论如何，这将是他人生记录上的污点，除非他将来再立下大功来洗雪这次失败，但是未来是不可预期和依靠的呀！于是，他决定以全部人马、一生的事业，甚至个人的生命再次孤注一掷。他命令全军在里斯本北方由塔古斯河经托里什韦德拉什到海岸构筑一条 25 英里长的碉堡防线，等待法军的进攻。马塞纳先攻克了西班牙重镇罗德里城，开始了征葡之役。然后他率领着 6 万人马，越过边境进入葡萄牙。1810年 9 月 27 日，威灵顿率领 5.2 万名联军（英军、葡军、西军）在布塞古（Bussaco，科因布拉的北方）迎战马塞纳。在此役中，威灵顿损失 1250 人，而马塞纳损失 4600 人。不过威灵顿知道，他不能和马塞纳一样等待援军，因此他撤退至托里什韦德拉什防线，一路命令实行坚壁清野战术，等待马塞纳大军粮食耗尽，自然无功而退。这个战略果然奏效。1811 年 3 月 5 日，马塞纳领着饥饿疲惫的大军回到西班牙，并将统帅权让给了马尔蒙。

　　威灵顿的大军经过一个冬天的训练和休憩后，率先进攻西班牙。1812 年 7 月 22 日，他率领 5 万人马进攻马尔蒙驻扎在萨拉曼卡附近的 4.8 万名法军。在此大战中，法军伤亡 1.4 万人，联军损失 4700 人，马尔蒙不支而退。7 月 21 日西班牙王波拿巴已率领 1.5 万名兵士离开马德里前来增援马尔蒙，在途中得知马尔蒙大败的消息后，不敢再回到京城，直接奔向巴伦西亚与絮歇元帅的法军主力会合。宫中文武百官及 1000 名"法国化"的西班牙人也狼狈地跟随他。8 月 12 日，威灵顿进入马德里，当地民众对拿破仑宪法一直不存好感，因此见了英军雀跃不已。威灵顿后来写信给一位朋友说："我正在一群欣喜若狂的人民当中。但愿上帝能一直这么保佑着我，让我能为西班牙争取独立。"

　　然而，上帝此刻忽然拿不定主意了。马尔蒙依赖着布尔戈斯的坚固防线整顿军备。威灵顿前往将他团团围住，约瑟夫·波拿巴由巴伦西亚率 9 万大军前来解围。威灵顿因此不敌，于 1812 年 10 月 18 日沿萨拉曼卡和罗德里城撤退，沿途损失了 6000 名士兵。约瑟夫·波拿巴再度进入马德里，民众郁郁不乐，但是中产人士十分高兴。这时，拿破仑正在莫斯科冒着刺骨的寒冷，苦战不已。西班牙，正如欧洲的其他地区，在等待着这场以大陆命运为赌注的结果。

结果

即使在这个半岛战争的停顿期间，也可以看出一些结果来了。从地理的观点而言，最重要的结果是：由于西班牙和葡萄牙国力日衰，南美的殖民地纷纷脱离这两个国家而独立，开始了它们独立光耀的历史。而在塔古斯河以南的西班牙境内，也已没有法军的踪迹。在军事方面，威灵顿已证明了法军无法占领葡萄牙的想法，他们甚至连保全西班牙都有问题，否则便要冒着失去莱茵河以东的危险。就半岛战争对社会的影响而言，民众的抵抗虽然群龙无首，但是农民和教会显然已居于领导地位。在政治方面，地方上的军人政权重新取回了旧日部分自治的权力。每个政权都自组军队，铸造货币，各行其是。有些地区甚至单独与英国媾和。更具意义的是：各个地方政权都派遣代表参加全国议会，来草拟西班牙的新宪法。

全国议会自从法军入侵后流亡各地，第一次集会是 1810 年在莱昂岛。法军撤退后，议会迁到了加的斯。1812 年 3 月 19 日，当地颁布了以自由主义为宗的宪法。由于大部分代表是虔诚的天主教徒，《第十二条条文》特别宣称："西班牙的宗教将永远是由使徒传递的罗马天主教。政府将以明智公正的法律加以保护，并禁止其他任何宗教。"不过，宪法废止了宗教裁判所，并对宗教社团的数目加以限制。在其他方面，议会以中产阶级 184 名代表的意见为依归。这些人大都自称"自由主义人士"，这是历史上第一次有人使用这个名词来表示个人政治的倾向。在他们的领导下，1812 年的西班牙宪法并不逊色于 1791 年的法国宪法。

此宪法承认了王室的地位，并尊奉当时流亡国外的斐迪南七世为正统的王位继承人。不过，宪法规定：国家的主权属于全民，并由人民选出的代表行使主权。换言之，主权并非国王的财产。国王为宪政君主，必须遵守法律。同时，国王无论增添法律条文或缔结条约，都必须取得国家议会的同意。国会为一院制。新议会的成员每两年由全国成年男子中选出。选举共分三阶段：教区、地区、行省。全国法律划一，法律之前人人平等。司法机构应独立于议会和国会之外。此宪法明令废止刑讯、奴隶制度和封建制度。言论及出版文字如非涉及宗教禁忌，享有绝对的自由。此宪法规定未开垦公地应分配给穷人。

　　在当时西班牙的情势下，在宗教传统下，能制定此部宪法诚属不易。此部宪法思想开明进步，看样子西班牙这时已经进入 19 世纪了。

第二章 | 意大利及其征服者
（1789—1813）

1789 年的意大利

在这个时期，意大利并不是一个国家，而是一片战场。全国因地域偏见和语言不同，变得四分五裂，根本无力团结一致，抵御外侮。而那不勒斯以北，由于得天独厚，阳光普照，土地肥沃，由阿尔卑斯山或亚平宁山蜿蜒而下的溪流贯穿全境，也因此使此地成为外族税吏觊觎的"福土"，他们终年你争我夺，烽火不息。

1713 年的《乌得勒支条约》将米兰、曼图亚、那不勒斯、撒丁及它们的附属地区划归查理六世。从此，意大利的大部分地区为奥地利哈布斯堡王朝统治，或在其势力的笼罩之下。半岛西北部的萨伏依、皮埃蒙特则由撒丁国王统治。1734 年，以那不勒斯和巴勒莫为中心的两个西西里王国在一位老练的战士和国王的统治下，即在后来西班牙的查理三世手中，成为波旁王朝的领土。查理三世就任西班牙国王以前，他将那不勒斯地区赏与其子斐迪南四世。斐迪南四世娶了奥地利公主卡罗琳娜为妻。斐迪南事事受王后控制，因此那不勒斯又落入了奥地利的势力范围。1780 年，女王特蕾莎死后，她的儿子统治着伦巴底、托斯卡纳、摩德纳等地。她的几个女儿分别嫁给那不勒斯、帕尔马的统治者，因此萨伏依、皮埃蒙特和撒丁岛也成了奥地利的保护国。这时，意大利的独立地区唯有威尼斯、卢卡、圣马力诺、热那亚等地。换句话说，意大利如今南北分别为奥地利的哈布斯堡王朝和西班牙的波旁王朝分割，教皇国横亘其中，幸亏两个王朝互相牵制，加上意大利人信仰虔诚，他们把教皇看作意大利统一的唯一象征。由于这些因素，教皇国才能依旧属于教皇。

以当时的情势而论，奥地利治理意大利北部极具绩效。在伦巴底，封建宗主和教会团体与一般民众一样，必须缴纳赋税，他们的特权已被大大削减了。政府关闭了成百的修道院，将它们的收入用于发展教育或救济贫困。1764 年，贝卡里亚的学术性巨作——《罪与罚》刺激了司法程序的改革，废除了刑讯，使刑法更合乎人道。1765 年至 1790 年，在托斯卡纳这处往日美第奇家族的土地上，利奥波德大公建立了"可能是欧洲当时最好的政府"。首府佛罗伦萨，在权力和思想变幻无常的波涛里，始终保持着文明堡垒的地位。

威尼斯——富足、腐化、美丽的威尼斯——如今（1789 年），其主权国家的地位显然就要结束了。她的东部疆土早已被土耳其人吞并，不过她统治着阿尔卑斯山至帕多瓦、的里雅斯特港和布雷西亚之间的地区。名义上她是一个共和国，实际上她是一个故步自封的贵族政体。当地政府不图振作，欺凌百姓，行政效率极差。威尼斯拥有基督教国家最精明的间谍，却毫无国防可言。这个地区已成为欧洲的游乐场，供人取乐，唯有凭着风情万种的女郎来安抚敌人。威尼斯北面为奥地利，西面为奥地利的属国伦巴底，只要法国一日不加以保护，威尼斯立刻就会被奥地利吞噬。

教皇国位于托斯卡纳和波河的南方。她的版图起自罗马涅、费拉拉、博洛尼亚、拉韦纳，然后向南到"边界"即靠近亚得里亚海的各个城市如里米尼、安科纳、乌尔比诺，然后越过亚平宁山脉，经过翁布里亚的佩鲁贾、斯波莱托、拉丁姆的奥尔维耶托和维泰博，最后止于罗马。这片历史悠久的版图是 754 年法兰克王丕平（Pepin）及 774

年查理曼大帝"赠送"给教皇的。在特伦特会议（Council of Trent，1545—1563年）中，教皇又赢得另一场重大的胜利，正如俗世的国王统治诸侯一般，教皇获得了对各国主教的统御权，教廷统治着各地的教会，教廷也是中央集权的。

不久，由于科学的进步和哲学的侵略，教会在西欧领导阶层的支持逐渐减弱，造成了教廷的危机，教皇的势力逐渐衰弱。教皇除了遭到新教君主的反对外，也遭到一些天主教国家君主，如奥地利的约瑟夫二世、那不勒斯的斐迪南四世公开的反对。甚至在教皇各邦内，一小群怀疑宗教的人士也正悄悄兴起，削减了人民对教会的向心力。1768年，波拿巴二世写道，教廷"已经成为人人诅咒的对象。其国内人民生活困苦不堪，民生凋敝，内部的财政毫无系统，信用极差"。波拿巴是一个不信仰宗教的人，他的观点或许有成见。可是，1783年威尼斯大使也报告说："教廷内政杂乱无章，教皇国正逐渐衰颓，威信一落千丈。"人民虽然生活贫苦，夏日疾疫猖獗，教会对罗马人情欲的放纵、四旬斋节前的狂欢，倒是十分纵容。因此罗马人还可以勉强容忍，在意大利的艳阳下，连教士都松懈了。

存亡之秋的两位教皇都是信仰虔诚、品格高洁的人。庇护六世不辞艰苦前往奥地利，但仍然不能使约瑟夫服从教廷。他彬彬有礼，风度翩翩，却不能避免阿维尼翁为法国吞并，自己还成为阶下囚，死在督政府的监狱里。庇护七世竭尽全力恢复天主教在法国的地位，后来也被拿破仑长期监禁，最后终于战胜了下台的法皇（1814年）。

位于教皇国南方的西班牙波旁皇族，随着加埃塔、卡普阿、卡塞塔、那不勒斯、卡普里、索伦托等城市的繁荣，都变得富有了。可是意大利的繁荣也到此为止。佩斯卡拉、阿奎拉、巴里、布林迪西、塔兰托、克罗托内均有古风，令人怀想起米洛（Milo）、恺撒、腓特烈二世，甚至令人想起毕达哥拉斯这位哲学家。但是，在这些城市里，骄阳炙人，苛捐杂税繁多，人民不堪其扰，他们唯有在信仰中寻求慰藉。税吏由这里越过了海峡到西西里岛（由雷焦、卡拉布里亚到对岸的墨西拿）。这两座城市虽然贫困，却保存着腓尼基人、希腊人、迦太基人、罗马人、汪达尔人、穆斯林、诺曼人、西班牙人的遗迹。最后税吏停留在巴勒莫，在这里他们用搜刮来的钱财侍奉着皇后嫔妃、巨商、盗贼、圣徒，供应他们挥霍所需。1759 年，8 岁的斐迪南四世继承的便是这片如画江山。现在他已经长大成为一位俊美的运动健将。他喜爱运动和游乐，不爱权力的重担，大权因此落入皇后卡罗琳娜手中。

卡罗琳娜在首相兼情夫阿克顿爵士的指导下，使那不勒斯由亲西班牙转变为亲奥地利，1791 年后又变为亲英国。当时国内农民一贫如洗，封建贵族仍然搜刮不已，宫廷、政府和司法机构腐败不堪，赋税极高，都落在下层阶级的身上。由于贫困，城市的民风鄙野，秩序混乱，盗贼横行，全靠众多的警察及精于制造奇迹、故弄玄虚的教士来遏阻他们。如往日一般，教会对肉体的罪恶宽容有加。总之，这些是穷人唯一的奢侈享受了！在狂欢节，第六戒好像不该加于人性的约束似的。

政治腐败如斯，王后居然还妄想赶上俄国的叶卡捷琳娜女皇。她羡慕后者能有许多哲学家任其使唤或拜倒膝下。因此，她也聚养艺术家、学者和教授。可是她或许不知道，"比起任何意大利城市，那不勒斯当时有更多具有现代思想的知识分子"。巴黎人民攻占巴士底狱的消息传来以后，他们许多人都对未来怀着默默的憧憬和希望。

意大利与法国大革命

在一小群自由主义人士的鼓吹下，意大利的知识分子对法国的重大变革已有了心理准备。米兰的贝卡利亚和巴里尼，那不勒斯的塔努奇、杰诺韦西和菲兰杰里，西西里的卡拉乔里都曾经在散文、诗歌、法律和哲学上阐扬新说。以理智和中庸为圭臬的法国国民大会如今通过的一些议案，就是受了他们的影响。在托斯卡纳，连利奥波德大公都为革命欢呼，他认为这是全面改革欧洲可贵的先声。

1796 年，拿破仑以革命将领和继承人的姿态，冲进意大利，如狂野的秋风，将撒丁岛和奥地利的军队扫出了皮埃蒙特和伦巴底。当时几乎所有人都夹道欢迎他。他们认为他是一位率领法军来拯救意大利的意大利人。有一段时期，帕维亚、热那亚、维罗纳虽有抵抗，他仍能够势如破竹，意大利各城市都好像是无条件赠送的礼物，纷纷落在他手中。1797 年 7 月和 8 月，他将米兰、摩德纳、雷焦艾米利亚、博洛尼亚及瑞士的一小部分领土，合并成为南阿尔卑斯共和国，并为这个共和国制定了类似法国革命时期的宪法。

在他统治意大利北部早期，自由主义的作风的确安抚了渴望独立的人士。高官厚爵，虽有名无实，也驯服了地方的领袖。他们深知：在这群豺狼割据的欧洲大陆，不得不接受一位保护意大利的主人。而这位主人虽然有些苛捐杂税，虽然会掳掠一些艺术品，但他说得一口漂亮的意大利语。而且，法律公正开明，不是比别人要好得多吗？可是法国革命政府反对教会的趋势及以后压制教会的立法，却消除了意大利人的好感。对于意大利民众而言，宗教比起这种压迫教士、有"九月大屠杀"气息的政治自由要珍贵得多了。

1792 年 1 月 13 日，法国一名外交官遭受罗马暴民的攻击，伤势严重，次日即告不治身亡。教皇庇护六世由于奥地利约瑟夫二世颁布《宽容敕令》（1781 年）已受到了打击，如今面临新危机。法国政府正大肆没收教会财产，并于 1790 年 7 月 12 日颁布《教士法令》（*The Civil Constitution of the Clergy*）。庇护六世从小接受正统的思想，崇尚传统，因此他曾经指责法国大革命，支持各国受到威胁的君主来镇压革命政府的行动。但是，1797 年 2 月 19 日，在胜利的拿破仑的威胁下，在《托伦蒂诺条约》中，他被迫将法国境内教皇的属地阿维尼翁和罗纳河以东的领土割让给法国，又将费拉拉、博洛尼亚、拉温纳等城市割让给新兴的南阿尔卑斯共和国。

1797 年 12 月，一群罗马暴民杀害了法国迪福将军。当时贝尔蒂埃将军继拿破仑（当时在埃及）统率意大利的法军，便用这个时机入侵罗马，并建立了由法国统治的罗马共和国。庇护六世提出抗议，反而被捕，他继续反抗，结果被辗转递解，1799年8月29日死在瓦朗斯督政府的监狱里。对历史无知的人还以为教皇制度从此就结束了。

这种情势给那不勒斯的斐迪南四世制造了三个机会：一、考验阿克顿爵士组织的新军；二、表现他对教会的忠诚；三、他可以乘机取得教皇一块领土作为酬劳。这时纳尔逊正为汉密尔顿夫人神魂颠倒，滞留那不勒斯。他同意以海军登陆来助斐迪南一臂之力。斐迪南四世于是命令奥地利马克将军统率大军，然后他随军轻易夺占了罗马（1798年11月29日）。当地的法军早知道他们并非那不勒斯军的对手，已迅速撤出了罗马城。

逃亡的主教在威尼斯选举新教皇时，斐迪南的军队正在品评罗马的美女和艺术品，不料一位卓越的法军将领尚皮奥内正率领着新锐的法军由北方杀来。1798年12月15日，尚皮奥内在卡斯特拉那打败了马克散漫的那不勒斯军，马克大败而逃，法军乘胜追击，直逼那不勒斯，攻占了这座城市，城中的知识分子欣喜万分。法军于1799年1月23日在此成立了帕尔瑟诺佩亚共和国（Parthenopean Republic）。斐迪南带着王后，汉密尔顿爵士带着他的情人逃到纳尔逊停泊在巴勒莫港的旗舰上。

可是这个新共和国的寿命不到5个月，尚皮奥内及其主力不久奉命北上驱逐奥军，1800年他战死在当地。鲁福大主教在英将富特的协助下，又为斐迪南组成了新军。那不勒斯民众讨厌法军这些无神论者，他们协助斐迪南再度占领了那不勒斯。法军在那不勒斯海军将领卡拉乔洛的协助下，躲藏在海港的两座碉堡里。鲁福和富特答应法军，如果他们投降，可以不受阻挠地撤回法国。法军同意了这个条件。但在能履行此协定前，纳尔逊舰队载送斐迪南王室一行，已由巴勒莫抵达。纳尔逊接掌了统帅权，他不顾主教的反对，命令舰炮轰击法军堡垒。法军只好无条件投降。卡拉乔洛准备逃走时被捕，在为纳尔逊舰上一军事法庭草率审判后，在旗舰拉密内尔瓦上被吊死（1799年6月29日）。国王和王后复辟后，大捕自由派人士，并将他们的首脑人物一一处以极刑。

拿破仑治理下的意大利（1800—1812）

在从埃及回来的9个月中，拿破仑一直努力使法国人民接受他对政治自由所下的定义：定期举行其结果必然是赞成开明专制的公民投票。正当法国人已厌倦自由和民主之时，意大利人在奥地利复辟政权的统治下，却烦躁不安，渴望民主和自由。那位原籍意大利的伟大法国人，究竟什么时候再回到意大利，把奥地利踢出去，给意大利一个自己的政府呢？

然而，拿破仑执政一向工于心计。他从容不迫，因为周详的准备是他战略的首要原则。他终于来临时，比起1796年的一击，更是精彩：他越过并直下阿尔卑斯山，将奥军截成两段，直取奥军主力后方，然后缩小包围圈，将奥军及统帅一一擒拿，最后奥地利只好将威尼斯以西的意大利疆土都割给了法国（1801年）。拿破仑将他的战利品变成了与1797年类似的模样，一为以米兰为首府的南阿尔卑斯共和国，一为热那亚的利古里亚共和国（Ligurian Republic），成为两个由意大利人统治的法国保护国。教皇国这时仍可不受干扰，因为拿破仑不再是反对天主教的异教徒，他正在和教廷商议协定。1801年3月18日，他又取得那不勒斯斐迪南四世的允诺，禁止英国货物进入那不勒斯港。纳尔逊这时正忙着攻打哥本哈根（1801年4月2日），见此情势也无可奈何。意大利在这些杰出的成就后面，见到了一双巧妙的"意大利手腕"，他们极为高兴。

然后，这双手慢慢地抓紧了权力。1802年1月，南阿尔卑斯共和国的454名代表集会于里昂，通过了拿破仑拟订的新宪法。塔列朗经授意在会中提议选举拿破仑为新意大利共和国总统，众代表欣然同意。可是，1804 年拿破仑自封为法国皇帝以后，意大利总统的头衔又显得不太相称了。1805 年 5 月 26 日，拿破仑在米兰接过了旧日伦巴底王尊贵的王冠，成为意大利（北部）王。他引入了《拿破仑法典》，又以富有的省份来补助穷困的省份，使人人都有平等受教育的机会。他答应使"我的意大利子民……成为全欧洲赋税最轻的人民"。他离开意大利时，留下了他钟爱的养子欧仁，以表达他对意大利的关怀，并代表他行使政务。

在未来的 8 年里，这个新王国（主要在伦巴底地区）享有了民生乐利、政治昌明的局面。这段日子是令意大利人怀念的。政府并不想挂出民主的招牌，拿破仑根本不相信民众有足够的能力去明智地选举他们的领袖或决定政策。他指示欧仁应网罗经验丰富、能力卓越的行政人才。他们果然竭尽所能，热心尽职。他们组织了极具绩效的官方机构，他们从事规模广泛的公共工程，修筑道路、运河、公园、住宅、学校。他们改进了环境卫生，革新狱政和刑法。他们消除文盲，鼓励音乐和艺术。而税收由 1805 年的 8200 万法郎升至 1812 年的 1.44 亿法郎，不过其中部分是由于战费引起的通货膨胀，部分是由于将集中的财富再行分配，以增进公众的福利。

同时，法皇继续使意大利"拿破仑化"。1802 年 9 月，他将皮埃蒙特并入法国。1805 年 6 月，热那亚政府在他的诱惑下主动要求将利古里亚共和国并入法国。1805 年 9 月，他吞并了帕尔马、皮亚琴察、瓜斯塔拉等公国。1805 年 12 月，在奥斯特利茨一役结束后，奥军几乎全军覆没。他又游说奥皇弗兰茨二世将威尼斯割让给欧仁的新王国。1797 年，拿破仑曾出卖了威尼斯，如今他补偿了这不光彩的行为，威尼斯人感激万分。1807 年，他访问该城时，全城通宵达旦狂欢庆祝。1808 年 5 月，他占领了奥地利属地政绩最佳的托斯卡纳大公国。拿破仑因其妹夫巴乔基治理卢卡颇有贤名，特别命令他前来托斯卡纳。在巴乔基贤明宽大的政策下，佛罗伦萨成了文学艺术的中心，回到了美第奇时代的盛况。

　　1806 年 3 月 30 日，拿破仑宣布派其哥哥波拿巴为那不勒斯王，并派遣他率领法军去赶走桀骜不驯的斐迪南四世和他专横跋扈的王后。法皇似乎为这位温和的波拿巴留下了最困难的任务，而且好像没有认真计算执行时的困难，便要评价他的成果。约瑟夫·波拿巴是一个文质彬彬的人，他喜爱与知识分子为友，也喜欢略识诗书但又不因学问而减少魅力的女人。拿破仑觉得抱着这种生活态度的人是永远不可能治理国家的。那么他为什么还派给约瑟夫这样的任务呢？实在是因为拿破仑的王国比兄弟还多，同时他除了近亲外，又不信任任何人。

　　那不勒斯的中产阶级早已在封建制度下蠢蠢欲动，他们欣然接受了波拿巴王。可是一般老百姓视他为窃国贼和异端，不欢迎他的来临。波拿巴只得硬起心肠，采取严厉的手段来减少他们的抵抗。王后已经将国库的所有财富带到西西里，一支英国舰队又封锁着各个港口，杜绝了海上贸易。法军虽然战胜了，但待遇微薄、军心动摇，波拿巴于是向他弟弟乞求一些周转的财源，拿破仑却要他命令那不勒斯为其自由付款。波拿巴最后向荷兰银行家借了一笔款项，同时课征国民税金，无论贵族、平民、教士都必须纳税。他又将拿破仑最欣赏的财政专家罗德勒子爵由巴黎请来掌理财政，不久财政状况即告稳定。其他经验丰富的官员在王国各个地区建立了免费的学校，在各省建立学院。政府废止了封建制度，将教会的土地收归国有，再售予农民及人数日增的中产阶级。同时，政府依照《拿破仑法典》，根据当地环境，稍做增减以制定法律。政府整顿司法，简化繁琐的程序，改革狱政和刑法。

　　1808 年 6 月 10 日，正当约瑟夫·波拿巴已逐渐成功地赢得了民心，他却奉命坐上另一个更为艰险的王位——成为西班牙国王。拿破仑如今再没有兄弟可用了，他只好任用妹妹卡罗琳的丈夫缪拉为那不勒斯王。

　　缪拉主要以他炫耀夺目的衣着及勇猛善战的战绩闻名于世，但是我们也应该赞扬他重建那不勒斯政府的功劳。他除了没有耐心外，具备了农民所有的美德。他适合从事磨炼筋骨的艰苦工作，而不适合诡诈的外交活动或极需深思远虑的政务。他虽偶尔逢场作戏，可是不失为一位忠实的丈夫。在他认为拿破仑行事已近疯狂前，他对这位专横的妻兄一直忠心耿耿。他抱怨拿破仑经济封锁政策破坏了那不勒斯的经济，我们可以了解他的苦衷何在。然而，也许正是由于他急躁的个性，他的政府在短短 4 年的统治时期完成了许多大事。他们完成了税政的改革，成立了国家银行，偿付了政府的债务（大部分由出售教会财产来偿付），废止了国内的关税，建设重大的公共工程。约瑟夫·波拿巴和缪拉治理那不勒斯总共不及 8 年，但改变了那不勒斯政治、经济、社会的基本面貌，因此 1815 年斐迪南四世复辟后，几乎保留了所有法国人的革新措施。

最令缪拉得意的措施是他组织训练了 6 万人的大军，他希望以此武力统一意大利，成为第一位意大利国王。不料，1812 年，他毫无准备地被召回法国，加入了妻兄征俄的行列，远离了意大利的阳光，也远离了统一意大利的梦想。

国王与教皇

拿破仑觉得他已采取了重大的步骤，使意大利由一个地理名词变为一个国家。他在北方成立了南阿尔卑斯共和国，在南方成立了那不勒斯王国，可是在他远征埃及时，奥地利人已经结束了一年前才成立的罗马共和国。教皇国又取回了历史悠久的古都及大部分疆土。1800年 3 月 13 日，主教会议选出了新教皇庇护七世。如今几乎所有的天主教徒都仰望他来坚定地维护教皇"世俗的权力和领土"。

拿破仑觉得庇护七世颇为通情达理，庇护七世愿意和巴黎协商政教关系，他为拿破仑称帝前来祝福。不过这些教皇国是 754 年由法兰克人之王丕平赠送给教皇斯蒂芬的。有人说，这些领土并未真正由所谓"君士坦丁之赠"（Donation of Constantine）的正式文书赠送给教会。774 年，查理曼大帝认可了"丕平的赠送"，可是他"干涉教皇国的政务"，而且"认为他自己是基督教国家的领袖，教皇必须听命于他，即使在宗教事务上，也要服从他"。拿破仑也有类似的想法。他已经下定决心贯彻大陆封锁政策，禁止英国货物的输入，来报复英国对法国的封锁，但是教廷坚持对所有国家开放港埠通商。尤为甚者，教皇国是分割南北意大利的界线，而如今在有生之年统一意大利已成为拿破仑的最大心愿。他曾告诉约瑟夫·波拿巴："这是我首要固定的政纲。"为了配合此政策，法军已于 1797 年占领安科纳，此为亚得里亚海的一个战略港口，为控制南北交通要道的枢纽。1805 年 11 月 13 日，正当拿破仑与奥地利和俄国大战前夕，庇护七世在教廷人士的怂恿下，一反常态，语气转趋强硬。他对拿破仑发出了挑战："我们认为有权要求阁下退出安科纳，如果阁下拒绝，我们甚难与阁下政府保持良好友善的情谊。"拿破仑在奥斯特利茨大战前夕在维也纳接到此最后通牒，他对教皇利用这个时机甚为愤怒，因此以牙还牙，以强硬的口吻答复教皇："阁下固然是罗马之主，但我是她的国王。"像查理曼大帝一般说了这些话以后，他像恺撒一般率军前进，在奥斯特利茨全面击溃了俄奥两军。

一年后（1806 年 11 月 12 日），拿破仑于耶拿大败维也纳，他接着在柏林要求罗马将英国人逐出罗马，并要求教皇国加入"意大利邦联"。他说他无法容忍"在意大利王国和那不勒斯王国之间"存在着"一些战时英军可能占领的城堡和港埠，它们将危及意大利各邦人民的安全"。他限庇护于 1807 年 2 月前答复。庇护拒绝了这个要求，仍然让英国官员留在罗马。拿破仑由泰尔西特凯旋后，再度要求教皇将英国代表逐出罗马，教皇再度拒绝。8 月 30 日，拿破仑威胁将夺占"边界"各邦，教皇大为惊恐，终于同意对英国关闭港埠。拿破仑进一步要求教皇和他站在同一条战线上，共同抵抗法国的敌人，庇护拒绝了这个要求。1808 年 1 月 10 日，拿破仑命令米奥利斯将军——当时佛罗伦萨的法军统领——进军罗马。

从那天起，政教之间又兴起了一次历史性的冲突。2月2日，米奥利斯率军攻占奇维塔韦基亚港，次日进入罗马，包围了教皇宫殿及元老院驻地奎里纳尔山（Quirinal）。从那时起一直到1814年3月，庇护成了法国的犯人。1808年4月2日，拿破仑下令将教皇国"边界"各邦并入意大利王国，从此在意大利王国和那不勒斯王国之间——在约瑟夫·波拿巴和欧仁之间——有了一条通行的走廊了。

一年过去了，其间拿破仑忙着处理西班牙的事务。1809年5月17日，拿破仑再度占领维也纳，他在此地宣布将教皇国并入法兰西帝国，并结束教皇世俗的权力。6月10日，教皇褫夺拿破仑的教籍。7月6日，拉代将军率领法军直趋教廷，命令教皇自行选择让位或放逐。庇护只携带着每日祈祷书及一具十字架，便随着捕快进入了一辆等待的马车，沿着意大利海岸经热那亚至萨沃纳。在那里他被监禁，不过当局对他十分礼遇。1812年6月，拿破仑公布了一个绑架教皇至英的阴谋，又将教皇迁至枫丹白露。1813年2月13日，教皇与拿破仑签订了新协议，3月24日他又宣告他的签名无效。他住在皇宫似的"牢"中，生活俭朴，甚至亲自缝补衬衫。他在枫丹白露经过了1812年和1813年的变局。1814年1月21日，拿破仑本人也面临成为囚犯的命运，他于是将教皇送回了萨沃纳。4月，联军攻占巴黎，俘获拿破仑后，他们通知释放教皇。这时，庇护七世已因近年来心理和生理的折磨，形容憔悴。5月24日，他回到罗马。几乎全城的人都出来热烈欢迎他，赞美他。罗马的年轻人抢着为他换马，争夺替教皇驾车回奎里纳尔山的殊荣。

拿破仑的行政官员在治理教皇国的短暂期间，靠着当地自由人士的协助，费尽苦心，迅速有力地改变了当地经济和政治的景象。他们结束了封建制度、宗教裁判所，关闭了500所宗教机构，让5852名神父和修女得到了并不自在的自由。他们黜除了贪官污吏，引进了主计制度。他们修建并保护道路，盗匪因此几乎绝迹。他们清理市街，装设路灯。他们疏浚了罗马市东南部的蓬蒂内沼泽（Pontine Marshes），并加以开垦。他们宣布信仰自由，犹太人可由犹太区自由迁出，兄弟会会所也蓬勃发展。医院大量增加，他们革新了狱政，成立学校，并充实学校人员，又在佩鲁贾增设了新的大学。他们继续挖掘古物的工作，并任命卡诺瓦管理放置这些古物的博物馆。然而，另一方面他们征收赋税的严苛，也是罗马人未曾经历过的，罗马壮丁都必须入伍服役，商人对限制与英贸易则时有怨言。大多数民众不满法国人骤然改变了传统体制，也因为听了法国人对待教皇的传闻而愤恨法国人。如今连无神论者也开始敬爱这位教皇了。"民众如今怀着悔恨的心情，怀念着往日教皇温和、纵容的统治。"

拿破仑这么一位精明的君主，居然会犯了囚禁教皇的错误，实在令人愕然。他与教皇议和，教皇亲来加冕，这些事实在已大大帮助了拿破仑，使他和全欧洲的天主教徒建立了友谊，甚至欧洲所有的君主都可能正式承认他的地位。但是，他后来对待教皇的方式疏远了所有的天主教徒和许多新教徒。拿破仑想拿教皇作他的政治工具，结果反而加强了教皇的威望。法国天主教教会一向是"高卢化"的，即反对教会的，如今也对教皇表示尊敬和效忠了。前任教皇曾因政治压力，将耶稣会会士驱出，1814 年，温和但坚定的庇护七世恢复了耶稣会。同年，教皇重新取回了世俗的权力。由于成为囚徒的教皇始终默默抵抗、毫不妥协的毅力，教皇的精神号召力量也增强了。拿破仑在两次下台期间也曾承认低估了教皇："我一直以为他是一个软弱的人……我对他过分了些，我错了，我看得不清楚！"可是庇护七世从不曾低估拿破仑，他对拿破仑的许多作为表示钦佩。当他前日的狱吏如今成为阶下囚时，他表现了温柔敦厚的胸怀。拿破仑的母亲曾向教皇指称英国人在圣赫勒拿岛虐待其子，庇护为此还请求康萨尔维红衣主教为这位下台的仇人斡旋。教皇比国王多活了两年，他死于 1823 年，神志恍惚濒危时，仍喃喃念着："萨沃纳，枫丹白露。"

战争之后

战争是历史戏剧的火光道具，在他们的背后是男女之间的爱和恨，人民生计的艰苦冒险，科学、文学、艺术的成功和失败及对信仰的无限渴望。

意大利人也许不是负责的爱人，但他们勤奋努力地繁衍种族，使这块金色半岛上布满了他们的同类，因此战争的功用之一便是削减孳生不息的群众。教会认为无后之罪更甚于通奸，因为教会要以人多势众来解除异端的武装。教会因此对着爱神微笑，它并不会为狂欢节的放纵披上清教徒的外衣。意大利女人几乎个个婚前都是处女之身，因为她们很早就结婚，同时婚前的家规十分严格。可是既然婚姻往往是财产的结合，婚后一个女人可能还要去找一位中古骑士般的侍从或情夫，但她仍然受人尊敬。如果她有两名或三名情人，那么大家才会认为她是"稍微野了点"。不过以上这些都是拜伦说的，他总认为每个女人都是容易到手的。也许他只是指威尼斯，因为那里爱神维纳斯似乎特别得意。司汤达在《帕尔马修道院》（*Chartreuse de Parme*）中也是这般描述米兰。

虽然米兰道德风气颓废，但在雷米萨夫人看来，当地的生活是枯燥无味的。她觉得那里"简直毫无家庭生活可言，夫妻形同陌路人，妻子完全由情人来照顾"。斯塔尔夫人一向在男人中谈笑风生，不让须眉，可是她不喜欢当地的男人，因为他们独占了谈话的时间，而且他们的言语又是那么肤浅乏味。她认为"意大利人懒得费心思考"。不过意大利人可以提醒她，教会不喜欢"听得见的"思想。同时，大多数人和教皇有同样的想法，他们认为有一个大家一致服从的教义，又能由阿尔卑斯山那头引来财富的宗教，对意大利应该是最最有利的思想体系了。即使如此，仍然有少数私下怀抱自由思想的人，也有相当可观的政治异端存在。阿尔菲耶里在法国政府没收他的财产前，曾经写文章颂扬革命。成百的意大利人也曾为巴士底狱的陷落鼓掌称庆。意大利也有男女并容的文社如阿卡迪亚学社，过去以博学闻名的秕糠学会 1812 年也再度成立。1800 年，一位女子坦布罗尼甚至当了博洛尼亚大学的希腊文教授。

在意大利各大学，科学和医药的研究蓬勃发展。1791 年，博洛尼亚大学的加尔瓦尼（Luigi Galvani）证明，如果将青蛙腿部的肌肉与一块铁相连，再将其神经与一块铜片相接，将会产生电流使肌肉收缩。1795 年，伏特（Alessandro Volta）在帕维亚大学发明了伏特电池，即蓄电池。他的成就震惊了全欧洲。1801 年，拿破仑特别邀请他来到巴黎向研究院发表他的研究成果。11 月 7 日，在一群包括拿破仑在内的听众面前，他宣读了论文《论电流和电子流之同》。1807 年，罗兰多（Luigi Rolando）公开了他在脑解剖方面所做的划时代研究。"不用脑袋的"意大利为欧洲引来的革命比法国大革命的影响更深远广泛。

意大利戏剧如今一蹶不振，因为意大利人自然而然地会转声为歌，转戏剧为歌剧，民众因此涌往歌剧院，观赏即兴喜剧风格的歌剧。思想稍微前卫的人去观赏阿尔菲耶里所写的戏剧。他在剧中公开宣扬他对暴政的痛恨及他对意大利由异族统治自求解放的渴望。他几乎所有的戏剧都是在法国大革命前写成的，他慷慨激昂的论文《论暴政》作于 1777 年，1778 年初版于德国巴登，1800 年又在意大利出版。此文已成为意大利哲学和散文的经典之作。1799 年，在他多灾多难人生的尾端，他写成了《反法国人士》（*Misogallo*）一文，呼吁意大利人民揭竿而起推翻所有的异族统治，统一全国。此为马志尼、加里波第意大利复国运动的先声。

意大利人天性外向、热情奔放，他们的语言节奏优美如歌，个个具有音乐的天分，因此诗才横溢。在这个短暂的年代——即使将阿尔菲耶里归属在过去，利奥帕尔迪（Leopardi）划归于未来——仍然有上百的诗人登上了诗坛的高峰。其中最得意的是蒙蒂（Vincenzo Monti），他对任何有利可图的题目都会赋诗加以歌颂。1793 年《法国大革命一瞥》(La Bassevilliana) 一诗卫护宗教,反对法国大革命,因此赢得了教廷的欣赏。1806年在《塞耶凡涅拉诗人》一诗中他歌颂拿破仑解放意大利的功绩,因此这位征服者任命他为帕维亚大学教授。拿破仑下台后,他又发现了法国人的缺点和奥人的优点,大加宣扬。不过经历这些抉择和变迁,他始终歌颂宇宙的美丽。1810年,他越过这些素材翻译了《伊利亚特》。他并不懂希腊文,只是将一散文译本写成诗歌而已,因此福斯科洛(Ugo Foscolo)称他是荷马译文的大翻译家。

福斯科洛诗才卓越,但命运坎坷。他是一个感性的诗人,但却不善于逻辑思考。他耽于情欲,到处留情,到处流浪,思想变幻不定,终日缅怀往日而终。可是他自始至终语言造诣精到,显然他抛弃了韵律,视其为外表的饰物,他极重视文体的完美性,他一生力求创造个人独特完美的语言音乐。

他生在两个世界中——希腊和意大利中间伊奥尼亚群岛的赞特岛上,是希腊母胎里的一颗意大利种子。在赞特岛住了15年以后,他前往威尼斯,他品评了这个动乱的城市的美景,爱上了威尼斯颓废没落的魅力,也因此对虎视眈眈的强邻奥地利产生了厌恶。拿破仑如一阵狂涛由尼斯来到曼图亚时,他欣喜若狂。他高歌颂扬这位阿科莱的英雄是解放者拿破仑,可是这位不顾原则的救星将威尼斯交给了奥地利。福斯科洛写了一本小说《奥提斯最后的几封信》(1798年),表达他对拿破仑的愤怒——是一位威尼斯人维特给他一位朋友的最后几封信,他倾诉着自己一方面被情敌打败失去了爱人,一方面又因条顿巨人而失去了心爱的威尼斯。

奥军再度出发进攻北意大利时,福斯科洛加入法军,在博洛尼亚、佛罗伦萨、米兰等地英勇作战。他还在拿破仑准备进攻英国的部队中担任上尉一职,这个计划失败后,福斯科洛弃刺刀而就笔墨。他回到意大利,出版了他最好的著作《墓石颂歌》(1807年)。在这文体古雅、情感浪漫的300余页的创作里,他力陈墓碑的好处,碑文能使我们追思、效法伟人，他称赞佛罗伦萨的圣十字教堂妥善保存了米开朗基罗、马基雅维利、伽利略的遗骨。他在书中问道：一个历史悠久，产生过无数思想巨擘、英雄豪杰的民族，一个产生过无数哲学、艺术和诗歌巨作的民族，怎么如今会甘心情愿地侍奉异族的主人呢？他颂扬伟人遗风的不朽，认为这是国家民族精神的根源。

1814 年至 1815 年，奥人再度成为北意大利的主人。福斯科洛不愿接受奥人的统治，他宁愿流浪到瑞士，后来再到英国。他以教书、写文章来维持生活。1827 年，他穷困潦倒，死于英国。1871 年，他的遗骨被运回佛罗伦萨，埋葬在圣十字教堂，葬在一个终于自由的意大利。

“在意大利，”拜伦曾说（他喜爱意大利），“一个人必须是个情人、歌手，或懂得欣赏歌剧，否则他就什么都不是了。”意大利歌剧，尤其是威尼斯和那不勒斯派歌剧，除了短期曾受到格鲁克和莫扎特的挑战外，始终执欧洲乐坛之牛耳。现在（1815 年）再过几年，罗西尼（Rossini）引人入胜的旋律和狂风暴雨般的曲调，就要风靡全欧洲，甚至乐坛圣地维也纳也要为他疯狂。皮契尼（Piccini）经过了在巴黎与格鲁克争霸的几年后，回到了那不勒斯。他由于同情法国大革命而遭到软禁。拿破仑征服意大利后，他再度受邀请前往法国（1798年），不过两年后在法国去世。帕伊谢洛（Paisiello）身兼作曲家和指挥家，他在圣彼得堡、维也纳、巴黎，在斐迪南、约瑟夫·波拿巴、缪拉统治下的那不勒斯，都曾享有盛名。契马罗萨和萨利耶里曾为维也纳的乐团指挥。契马罗萨在此地创作了他最有名的歌剧《秘婚记》（*Il Matrimonio Segreto*，1792 年）。1793 年，斐迪南召他回那不勒斯，担任乐团指挥。法军占领那不勒斯时，他兴高采烈地欢迎他们。斐迪南复辟后，他判这位作曲家死刑，后经人说情，减轻为驱逐出境。契马罗萨于是离开了那不勒斯去圣彼得堡，途中在威尼斯去世（1801年）。当时，克莱门蒂正游历各京城，创作和演奏钢琴曲，正在编写《弦歌进阶》（*Gradus ad Parnassum*，1817 年），以教导各地启蒙的年轻钢琴家。

　　1797 年，帕格尼尼在日内瓦开始了他在管弦乐团中任小提琴手的漫长生涯。他热爱音乐，较诸任何他所爱的而且为他的音乐心动的情妇，他更忠于小提琴。他发掘了这种乐器的最大潜能，使小提琴技艺达到了前人未有的复杂变化。他创作了 24 首随想曲，其旋律展开的怪异风格往往使人瞠目结舌。巴乔基任命他为皮翁比诺（Piombino）的音乐总监（1805 年）。可是他根本无法长留一处，他到处旅行演奏，乐团所到之处，观众和财富滚滚而来。1833 年，他终于定居巴黎。他曾以 2 万法郎送给贫困潦倒的柏辽兹，并鼓励他写成《哈罗尔德在意大利》（*Harold in Italy*）。帕格尼尼工作辛劳，游乐毫无节制，体力日渐衰退。他决定离开这个人才济济、革命暗潮汹涌的大都会，离开这个喧哗的京城。1840 年，他在尼斯去世。除了随想曲外，他留下了 8 首协奏曲及许多首奏鸣曲来考验后世小提琴家的才艺。小提琴的艺术直到今天才慢慢由他诡异的风格回到往日的路线。

卡诺瓦（1757—1822）

　　意大利艺术，尤其是建筑，曾一度名满全欧。当年全欧都向教皇纳贡，佛罗伦萨、威尼斯、米兰、罗马、那不勒斯富而且独立。如今，意大利战乱连年，政争不息，已鲜有热心公益的人士来重振往日艺术的光辉了。不过，当地仍然建造了一些特殊的建筑。如 1806 年至 1833 年米兰卡尼奥拉的帕契拱门，1792 年威尼斯塞尔瓦的费尼斯剧院，1795 年莫瑞里在罗马所建的布拉斯奇宫（Palazzo Braschi）及其典丽的阶梯，1810 年至 1812 年尼科利尼在那不勒斯所建圣卡罗剧院富丽堂皇的正面。这一时期并无值得后人记住的出色绘画。赫库兰尼姆出土的艺术品影响了意大利雕塑家，他们抛弃了巴洛克怪异的风格和洛可可华丽的格调，转而追求古典雕塑的优雅气质和朴实的线条。其中，雕刻大师卡诺瓦留传的作品直到今日仍令人叹为观止，其作品栩栩如生，令人难忘。

卡诺瓦生于威尼斯阿尔卑斯山脉下的波萨尼奥（Possagno）。父亲和祖父都为雕刻师，他们善于雕刻神坛和宗教纪念碑。1760 年，其父去世后，他的祖父将卡诺瓦带回家中，后来又引进工作室。这个小孩工作的热忱引起了一位阿梭罗贵族法里叶的注意，法里叶于是出钱供卡诺瓦至威尼斯习艺，这位少年以第一件著名作品《奥菲斯和尤莉迪丝》（*Orpheus and Eurydice*）来回报法里叶。1779 年，他获得法里叶的同意前往罗马。在这个艺术中心，他研习古代的艺术作品，而且逐渐赞同温克尔曼对希腊艺术的见解，即希腊艺术企图通过完美的形体和线条来表现至美。从此，他致力于复兴古典风格。

他在威尼斯的朋友游说政府，在未来 3 年里寄赠给卡诺瓦 300 杜卡特的年金。这笔赞助并未使卡诺瓦骄纵自大或改变路线。他毫不掩饰地模仿古典作品，有时的成果甚至与古人不分轩轾。1800 年，他所作的《珀尔修斯》（*Perseus*）和《拳击师》（*The Pugilist*）一般被公认为现代创作中唯一可与世界古典名作共同陈列于梵蒂冈博物院中的两件作品。他所作的《忒修斯杀人马怪》（*Theseus Slaying the Centaur*，1805 年）为一座庞大的大理石雕刻群像，如今陈列在维也纳昔日的皇家花园里。如不是其肌肉和情感表现稍为夸张，极易被人误认为古代的作品。卡诺瓦性情温和，表达柔和的情感最为逼真，如柏林国家画廊的《赫柏》（*Hebe*）即为此中佳作。此作品描绘宙斯和赫拉的女儿、青春的女神赫柏为众神斟酒的情景，生动地捕捉了女神温雅高贵的动态。

在 1805 年丰收的一年里，卡诺瓦开始雕塑他最知名的作品——罗马波吉斯画廊的《胜利者维纳斯》（*Venus Victrix*）。他说服了拿破仑的妹妹波利娜为这尊肉感的雕像做模特儿。她当时 25 岁，正在身材最为美好的巅峰。不过据说，这位艺术家只以她的脸部为范本，雕像的衣着和四肢则凭着自己的想象、梦境和记忆。他花费两年的时光完成了这个作品，然后公开供大众和同行评赏。大家对这座雕像光彩焕发的美丽和楚楚动人的仪态赞赏不已。这不再只是抄袭古人的习作了，而是表现一位活在当代的女人，而且依她兄长的看法——一位当时最美的女人的雕像。卡诺瓦将其作为礼物呈献给后代的人们。

1802 年，拿破仑邀请卡诺瓦由罗马前来巴黎。教皇庇护七世刚刚与这位执政签署了协定，他也劝卡诺瓦前去巴黎，即使只为了做另一个征服法国的意大利人也值得。他为拿破仑所作的几尊胸像中，最令人欣赏的一座是现在陈列于昂蒂布海角的拿破仑博物馆。这位年轻的军人呈现着哲学家沉思的神态。奇怪的是，最为人所知的是一座全身塑像，卡诺瓦先以石膏塑成，回罗马以后再以一块卡拉拉大理石雕刻而成。1811 年，此雕像运往巴黎，并安置在卢浮宫。不过，拿破仑不喜欢这座雕像，因为在其右首的胜利天使像似乎正展翅从他身旁飞走，后来此像被包装运走。1816 年，英国政府购得此雕像，赠给威灵顿。如今这座 11 英尺高的拿破仑像矗立在威灵顿伦敦巨宅阿普斯利大厦的楼梯口。卡诺瓦于 1810 年又回到巴黎，为玛丽·露易斯制作一尊雕像，结果不十分令人满意。拿破仑在这位艺术家离去时，仍然赐赠巨款用以修缮佛罗伦萨大教堂，并负担圣路加学院的经费。拿破仑下台后，教皇任命卡诺瓦领导一个委员会，负责将法国掳掠至巴黎的艺术品物归原主。

这时，他已是意大利雕刻界的领袖，欧洲也只有年高德劭的乌东（Houdon，1741—1828 年）声名超过他。拜伦一向希望意大利超过法国，曾经说过："欧洲、全世界，只能有一位卡诺瓦。""卡诺瓦已入伟人之林。"他正和大卫的情况一样，靠着当时兴起的古典主义的浪潮，取得了艺术界的领导地位。两人都受过拿破仑的资助。可是欧洲不可能长久以模仿古人而自满，不久便兴起了浪漫主义，色彩和情感逐渐战胜了线条和形式。卡诺瓦的声名逐渐消退了。

卡诺瓦谦恭有礼，信仰虔诚，乐善好施，而且没有同行相嫉的通病，能够欣赏别的艺术家的优点，这些是有口皆碑的。因为他工作辛劳，罗马污浊的空气和雕刻大纪念碑的工作都损伤了他的身体。1812

年，他离开罗马，回到故乡波萨尼奥，想过安静的生活，呼吸清新的空气。1822年10月13日，他在故乡去世，时年64岁，当时全意大利同声哀悼。

再见吧！意大利！

在这段时期，法国人在意大利的功过如何评价呢？法国人在大革命时，愤慨激昂地振臂高呼，以本身的毅力和行动争取了自由。他们因此为这个久经外族统治、民族意识麻痹、不思振作的意大利树立了榜样，也激励了意大利人。法国人改变、冲击了政府和人民的旧有关系。法国人带来了《拿破仑法典》，此法典虽然严苛，但明确清晰，因此促进了统一、安定了社会，并在一群长久为阶级分隔、对法律漠视的人民中建立了法律的平等。拿破仑和手下的行政官员切实改进和疏通了政治的管道，提高了行政效率。他们从事大批公共工程，美化市容，开辟大路和公园，清除街道，疏浚运河和沼泽，建立学校，结束宗教裁判所，鼓励农业、工业、科学、文学与艺术。新政府保护人民的宗教，但不容许宗教再镇压异端，宗教团体也必须向国家财政贡献税金。不过，不信宗教的拿破仑也曾拨款修缮米兰大教堂。政府同时全面改革和简化法律程序，禁止刑讯，拉丁文也不再是法庭规定的语言了。在此期间（1789—1813年），约瑟夫·波拿巴和缪拉在那不勒斯、欧仁在米兰福泽广照，如果他们是意大利人，必然早已赢得人民的爱戴。

这幅安康景象的反面是征兵、课税及技巧高明的搜刮行为……拿破仑肃清盗匪，他自己却大肆掠夺艺术品。他眼光高明，可能即使在遍地都是艺术珍品的意大利也很难找到这么懂得欣赏艺术的人。关于征兵，在拿破仑看来，这是维护这个新国家内部秩序和抵御外侮最合理公平的办法。他曾说："意大利人应该牢记，武力是国家的支柱。因此，在城市里懒散悠闲的青年现在应该不要再害怕战争的劳苦和危险了。"其实，意大利人原本是接受征兵的，可是意大利的壮丁发现：他们四处奔波，只为了保护拿破仑或法国的利益。1803 年，6000名意大利士兵被调往英伦海峡，预备参与可能的英伦之役。后来，法国人又把 8 万名意大利人从阳光普照的故乡拖出来，去体会俄国的平原、积雪等风光并与哥萨克骑兵打仗。

纳税是爱国的表现，这句话意大利人也不会同意。因为意大利人辛劳的成果不仅用于保卫、治理和美化意大利，还要用来协助拿破仑应付庞大不稳的帝国的经费。拿破仑一方面命令欧仁"窃取"意大利的钱财，另一方面希望他赢得民心。在这个小小的王国里，1805 至1812 年，税收由 8200 万法郎涨到 1.44 亿法郎。大陆封锁政策又剥夺了意大利工业的英国市场，否则意大利人还能勉强忍受这些税收。同时，进出口关税只对法国有利，更使意大利在与德、法贸易中大为不利。

所以，甚至在奥地利人回来以前，意大利就已厌倦了拿破仑的保护。他们觉得：不但艺术杰作被搜刮，生产的财富也大量流入法国，只是为了拿破仑可以侵略英国和征服俄国。这不是他们的诗人期望的结果。他们承认教皇的官吏贪赃枉法，但他们更不喜欢法国官吏对待庇护七世的粗暴态度，他们也因为拿破仑下令监禁庇护七世而不悦。最后，他们甚至对仁慈的欧仁也失去了好感，因为拿破仑许多不得人心的命令是通过他来执行的。因此，莱比锡之役后，拿破仑败象初露（1813 年），意大利人已不愿再支持欧仁援救拿破仑。如今，依赖异族的武力和政府解救意大利的努力失败了，唯有等待本国的文学、政治家和武力来统一全国，争取意大利的自由。

拿破仑虽有诸多失算之处，但他早已料到治理意大利的这些困难。1805 年——他加冕为意大利王的这一年——他曾对列纳说：

> 法国和意大利的联合只是短暂的现象。不过，为了让意大利各邦习惯生活在共同的法律下，也必须这么做。热那亚人、皮

埃蒙特人、威尼斯人、米兰人、托斯卡纳人、罗马人、那不勒斯人，他们彼此勾心斗角……当然，罗马由历史上的意义看来，应该是意大利的首都，要使罗马成为意大利的首都，必须限制教皇的权力，只许他管理宗教的事务。我现在还不能好好考虑这个问题，以后我要深入研究……所有的小国都会习惯同样的法律，习俗和举止一致后、敌意消除后，才有统一的意大利。不过这应该还要有 20 年的时光吧！到那时谁知道会有什么情况呢？

我们不能每件事都相信布里埃内，不过拉斯·卡斯（Las Cases）也曾引证拿破仑在圣赫勒拿岛说过同样的话："我已在意大利人的心中树立了颠扑不破的原则，即意大利早晚要完成复兴的使命。"

意大利终于完成了使命。

第三章 │ **奥地利**
（1780—1812）

开明的专制君主（1780—1792）

1789 年，奥地利是欧洲一个泱泱大国，以其历史、文化和国力傲视群雄，当时奥地利帝国幅员广大，面积远超过奥地利本土。她的国名本来的意思是"南风女神"（Auster），这个字正好表达出条顿民族强壮的体魄和善良温和的天性。他们很懂得生活的艺术，他们也和意大利人一样热爱音乐。他们原是凯尔特人的一支，耶稣降世前不久为罗马人征服。虽然事隔 2000 年，他们似乎仍然保存着一些凯尔特人活泼的个性和慧黠。他们在文多博纳（Vindobona）建造了罗马文明的前哨来抵御入侵的野蛮民族，这个城市就是后来的"Wien"（德语的维也纳），也就是今日的维也纳。在这里，公元 170 年，罗马的哲学家国王马可·奥勒留，在灵光一现间，逐退了马科曼尼人。在这里，查理曼大帝设定了帝国的东疆。在这里，955 年，奥托大帝建立了东王国以抵御马扎尔人。在这里，1278 年，哈布斯堡家族的鲁道夫建立了他的帝国，这个王朝一直延续到 1918 年。这时，哈布斯堡家族统治下的奥地利已将邻近的施蒂里亚、卡林西亚、卡尼奥拉、蒂罗尔、波希米亚、特兰西瓦尼亚、匈牙利、波兰的加利西亚、伦巴底及西班牙的属地比利时划入版图。拿破仑于1797年初敲维也纳的大门时，当时欧洲人知道的奥地利帝国就是这样一个分散四方的国土。

在特蕾莎统治期间，哈布斯堡王朝达到了巅峰。这位个性顽强的女王与当时的叶卡捷琳娜二世、腓特烈大帝鼎足三分，各自称雄一方。她在腓特烈大帝狡诈手段的欺骗下，失去了西里西亚。从此，她率领人民及盟军和他缠斗不休。在这场斗争结束后，她还在有生之年把16个儿女中的5位送上了王位：约瑟夫（约瑟夫二世）在维也纳、利奥波德在托斯卡纳、阿马利亚在帕尔马、卡罗琳娜在那不勒斯、安托瓦内特在法国。她很不情愿地将奥地利交给了长子约瑟夫，因为她对他反对传统的态度和从事的改革，一向不太放心。而且她有先见之明，她相信人民对她的爱戴坚定不移，他们喜欢旧有的制度，如果他们传统的信仰和生活有所变动的话，他们断然不能适应。

约瑟夫果然遇到了一些令他手足无措的问题，他母亲的判断似乎得到了证明。他1765年至1780年与其母共同主政，后来又亲自当政十多年。他解放农奴而使贵族大为震惊，他与伏尔泰的哲学"眉来眼去"，他容许新教徒的信仰自由，他找庇护六世的麻烦，这些行动也使天主教徒感到愕然，文武百官也不支持他。因此，他在晚年时不得不承认几件事：一、农民由于突然不受贵族的束缚，他们反而糟蹋了自由的权利；二、他已经瓦解了经济；三、他造成了匈牙利和比利时上层社会的叛变，这种情况甚至已威胁到帝国本身的生存。他用意甚佳，可惜他缺乏可行的具体方案，只是颁布了无数空洞的法令来治理帝国。腓特烈大帝批评他道："他第一步还没踏出去就想跨出第二步。"他临死之际（1790年2月20日）对此次改革操之过急十分悔恨，也为保守人士故步自封、抗拒革新的举动而感到遗憾。

他的弟弟利奥波德具有和他一样的理想，但做事从容不迫，个性稳健。他被任命为托斯卡纳大公时才18岁，但他已经知道小心翼翼地使用大权，他网罗意大利贤明之士（贝卡里亚即为其中之一）。他们熟悉公国的民情和国家的潜力。借着这些人才的协助，他的政府成为欧洲各国的模范。他哥哥去世、他登基为王时，他已有 25 年治国的经验了。他废除了约瑟夫·波拿巴时代的一些法令，同时缓和了一些改革的政策。但是，他深知，一个开明的专制君主有责任提高国民的教育水准和生活水准，因此继续从事革新。波拿巴未经思考地贸然进攻土耳其，他将那些部队召回，而且稍稍地动用了这批武力，便说服比利时回到奥地利的怀抱。他承认匈牙利国会和宪法具有与奥地利平等的地位，因而安抚了匈牙利贵族。他把波希米亚古代帝王的王冠还给布拉格来取悦波希米亚人。他还接受邀请，在圣维塔大教堂加冕。他了解一个政府的体制和本质只要能维持，皇冠并不是最重要的。

同时，他不愿听从流亡的法国贵族和欧洲诸王的要求，与法国革命政府作战。他虽然同情他妹妹安托瓦内特的处境，但是他担心与法交战将使他失去尚未驯服的比利时。然而，路易和王后逃亡到瓦雷纳被发现，被带回巴黎，又过着恐怖的日子时，利奥波德终于忍耐不住向友邦提出大家联合控制法国局势的建议。普鲁士的腓特烈二世与利奥波德在皮尔尼兹（Pillnitz）会面，共同发表宣言（1791 年 8 月 27 日），威胁将干涉法国的革命。可是不久路易接受了革命宪法（9 月 13 日），使他们两人大为难堪。但是混乱仍然有增无减，再度威胁到国王和王后的生命。

他于是命令奥地利全军动员，法国国民会议要求他解释动员的原因。但在这项要求被送达皇帝前，利奥波德驾崩了（1792 年 3 月 1 日）。他的儿子，也就是继承人弗兰茨二世，年方 24 岁，他拒绝了法国的最后通牒。4 月 20 日，法国向奥地利宣战。

弗兰茨二世

上面这件事的前因后果一向依据法国的说法。可是，奥地利的看法如何？他们会有什么感觉呢？当时，他们听说玛丽·安托瓦内特——她的美丽曾使佰克为她舌灿莲花——被巴黎人骂为"奥地利人"，巴黎的暴民把她软禁在土伊勒里宫，国民大会又废除她王后的头衔，还把她监禁起来。他们也听到了"九月大屠杀"的故事，还听说王后所爱的朗巴尔公爵夫人头被砍掉放在枪尖上，在王后面前展示通过。他们听说她头发全白，被放在死囚车上，通过高声辱骂的群众，开往断头台处死。由于这些血淋淋的事实摆在眼前，奥地利人无须激励即已热血沸腾，纷纷聚集在年轻的国王的领导下，决心和那些法国的刽子手作战。弗兰茨是一个心地和善但才智平庸的国王，他所选的将领也是无能的庸才，因此战事节节失利，奥地利领土不断丧失，最后还将首都沦于敌手，任他们摆布。不过，这些事情都没有关系，这些败绩反而使奥地利人民更加敬爱他。他的子民认为他是上帝派来的真命天子，是经罗马教皇祝福、世袭相传的正统君王。他们相信，他将能保护奥地利人民，抵御入侵的野蛮人，有一天他也一定能击败那个科西嘉的魔王。弗兰茨二世废止了伯父和父亲制定的每项自由主义的法案，他恢复了封建税和徭役制度，他反对任何由独裁走向宪政的措施。他的行动曾一度使人不满。不过，他在奥斯特利茨和普雷斯堡战役后，再度回到了敌人一度蹂躏掠夺的首都，人民已忘记了他一切不得人心的措施。他们夹道迎接他、赞美他，对他效忠。在这以后多事的 8 年里，奥地利人民只见到恶人的胜利，只见到他们上帝指派的国王屈辱地被敌人欺侮，但他们相信天道不远，有一天他必定会向奥地利的敌人报仇，恢复昔日的权势和荣耀。

梅特涅

辅佐弗兰茨二世，使奥地利达到全盛时期的功臣是梅特涅（Klemens Wenzel Lothar von Metternich）。他 1773 年 5 月 15 日生于莱茵河畔的科布伦茨。他是梅特涅王子的长子，他的父亲为奥地利派驻特里尔、美因茨、科隆选帝侯兼大主教宫中的代表。这个孩子名字中的前两个字即取自这些神职君主的名字。无论是在年轻时迷恋伏尔泰的日子里，还是做首相后纵横捭阖的岁月中，他都是一个忠心虔诚的教徒。他名字中的"Lothar"使人想起 17 世纪的欧洲曾经有过一位同名的古人统治过特里尔。有时他在名字里加上"威涅堡柏林丹"，表示他家 8 世纪以来祖传的产业。梅特涅的家产面积广达 75 平方英里，因此使他有资格在名字里加上"冯"（von，贵族符号）。生长在这样的家庭里，他显然不会赞成革命或领导革命的。

他从一位家庭教师那里接受了适合他身份的启蒙教育。这位教师引导他接触法国启蒙运动的思想。后来他进入斯特拉斯堡大学，不久巴士底狱事件也在这里引起了一些余波，于是他转到美因茨大学学习财产、判例的科学和法律。1794 年，法国政府认为科隆是法国逃亡贵族的大本营而占领了这座城市，梅特涅家中所有的产业几乎都被"国有化"。全家只好逃难到舒适的维也纳。这时身材魁梧、文质彬彬的梅特涅开始追求考尼茨小姐，并赢得了她的芳心。她就是那位曾使奥地利哈布斯堡王朝与法国波旁王朝通婚的政治家的孙女。梅特涅从他的新娘子那里学到了闪烁其词、假仁假义的外交手腕。不久，他就能胜任狡诈掠夺的外交工作了。

1801 年，28 岁时，他被任命为萨克森的首相。在这里他邂逅根茨（Friedrich von Gentz），后者在此后 30 年里成为梅特涅的顾问和发言人。他为梅特涅"保持现状的革命"的说法提供了最动听的说辞。这时，梅特涅为了依随旧时代的习惯，也找了一位情妇，即巴格拉基昂。她才 18 岁，是我们后面提到的一位俄国将军的女儿。1802年，她为他生了一个女儿，这个女儿获得了他发妻的接纳。1803 年，维也纳因满意他的表现，提升他到柏林奥使馆任职。他在这 3 年里曾遇见了沙皇亚历山大，并与他建立了亲密的友谊，这段关系维持到他们共同推翻拿破仑为止。奥斯特利茨战役后，拿破仑希望奥地利派遣一位考尼茨家人出使法国，当时的外交部长施塔迪昂伯爵将此职务委派梅特涅。1806 年 8 月 2 日，这位 33 岁的考尼茨女婿到达巴黎。当时，拿破仑绝没有想到这就是推翻他的人吧！

此后，在战与和之间，梅特涅和拿破仑展开了9年的斗智，最后这位外交官和将军合作打了胜仗。为了在拿破仑咄咄逼人的眼神下稍作喘息，同时觉得自己名门闺秀的发妻言语无味、貌不惊人，他勾搭上了当时巴黎市长、朱诺将军的夫人洛尔·朱诺。不过，他并没有忘记来此的目的，他必须负责洞悉拿破仑的心意、探知他的目标，而且尽其所能变法国的方针为奥地利所用。拿破仑和梅特涅惺惺相惜，十分钦佩对方。1806年，梅特涅写信给根茨，称拿破仑为"欧洲唯一果断实际的人物"。拿破仑也发现此人心智敏锐，不逊于自己。同时，梅特涅仔细观察塔列朗（当时法国的外交大臣）而受益匪浅。

他在巴黎度过了约3年的大使生涯。他曾暗暗怀着欣喜，看着法国大军陷在西班牙。他曾意图隐瞒奥地利重整军备的事实，可是被拿破仑识破。1809年5月25日，他离开巴黎，与在前线的弗兰茨二世会合，他们共同目睹了奥军在瓦格拉姆的败绩。施塔迪昂伯爵因战场失利，引咎辞去了相位，弗兰茨于是将此职位给予梅特涅。1809年10月8日，他开始了39年漫长的首相和外交大臣的生涯。当时他才36岁。

1801年1月，朱诺将军在妻子的书桌里发现了几封梅特涅的情书。他差点把她勒死，而且发誓要向这位神气的大臣挑战，在美因茨决斗一场。后来还是拿破仑把将军和夫人派去西班牙才结束了这场风波。这件绯闻并没有影响到梅特涅的声名、婚姻及在奥地利政府的地位。他后来还安排拿破仑与奥地利公主玛丽·露易斯之间的婚事。他听说这次法奥突然恢复亲善激怒了俄国，十分高兴。他还注意到，在对立的欧洲大国之间，紧张的情势正不断扩张。于是他盼望着计划着，在法俄鹬蚌相争时，奥地利能重获失土，重新恢复往日在列强杀伐声中奥地利保有的崇高地位。

维也纳

在战争的城墙后面住的是爱好和平、和蔼可亲的维也纳人。这里是日耳曼人、匈牙利人、捷克人、斯洛伐克人、克罗地亚人、摩拉维亚人、法国人、意大利人、波兰人和俄国人的大熔炉。城中共有 19 万人，绝大多数是天主教徒，他们信仰虔诚，不时前往斯蒂芬大教堂膜拜城市的守护圣徒。此地街道大多狭窄，但也有几条宽广平整的林荫大道。一连串庄严的建筑汇集在宫殿似的美泉宫，这里住着皇室，政府的重要机构也集中此地。"蓝色"多瑙河挟带着全城的繁华与欢乐缓缓流过。沿岸的草地公园是市民驾驶马车兜风和漫步的好地方。在城门外的维也纳森林，林木葱郁，花草芬芳，小鸟的歌声鸣啭欢迎着爱好田园之乐的人们。

总之，维也纳人是柔顺老实的民族。他们不像巴黎人。后者不管有没有革命，总是较为浮躁。他们厌恶婚姻生活，厌恨贵族，猜疑他们的国王，甚至怀疑上帝。维也纳也有贵族，但他们在宫中跳舞、作乐。他们尊重老百姓，一点儿也不势利眼。虽然在拿破仑实干的战士面前他们不堪一击，但他们慷慨赴死。中上阶层的人士因供应军需品，借款给被封建制度弄穷的贵族或给屡战屡败的政府，因而致富。他们真正具有强烈的阶级观念。

劳工阶级也渐渐形成。1810 年，维也纳周围有 100 多家工厂，雇用了 2.7 万名男女工人。他们的工资足以温饱而无虞。早在 1811 年，就有人抱怨炼油厂和化工厂造成了空气污染。商业正欣欣向荣，维也纳邻近亚得里亚海的里雅斯特港，多瑙河直通黑海，沿岸城市众多（包括布达佩斯），成为维也纳的广大腹地。1806 年以后，由于拿破仑禁止英国货物进入大陆，并控制了意大利，奥地利工商业遭受了严重的打击，许多家庭因而失业，一贫如洗。

财政主要被犹太人控制。农业和大部分工业都操纵在他们手里，因此他们成了理财专家。有些犹太银行家家宅的壮观几可与埃斯泰尔哈吉家族抗衡，有些人甚至与国王成为挚友，还有的被尊为国家的救星。约瑟夫·波拿巴二世为表扬几位爱国的犹太银行家，特别赐给他们爵位。这位国王特别喜欢到金融巨子阿恩施泰因家中做客，因为他喜欢和这位银行家美丽的妻子讨论文学和音乐，她就是多才多艺、谈吐高雅的范妮·伊特兹格。她在维也纳的沙龙一度闻名遐迩。

政府大权操纵在贵族手中。他们能力平庸而操守不正。边沁在1817年7月7日的一封信中，曾为"奥地利政治的道德已荡然无存"一事感叹，也为找不出一个"好人"而绝望。无论在军队或政府中，平民都不可能擢升至主管的地位，因此军人和公务员没有冲劲，不想卖力或冒险以求升官。基层的士兵都是无所事事只好从军的，或者偶然征召入伍的，不然便是强迫服役的乞丐、激进分子和罪犯。相对地，每个法国军人都有可能爬到统帅的地位，甚至有机会封爵成为贵族。相形之下，难怪奥军屡次和法军对阵，都溃不成军了。

军队、警察和教会维持着维也纳的治安。哈布斯堡王朝仍然反对宗教改革，他们忠于天主教，而且仰赖那些训练精良的教士来检查出版物及培养基督徒子女君权神授的信仰，他们以信仰的希望来抚慰穷苦受难的人。在斯蒂芬大教堂和卡尔大教堂，歌声悠扬，香烟袅袅，会众共同祈祷，人们在弥撒中提升了性灵。他们这些仪式清涤人心的效果，也正是新教徒巴赫和不信仰宗教的贝多芬在音乐里追求的境界。宗教的游行队伍定期在街边演戏，以唤醒民众对殉道者和圣徒的记忆及对维也纳大慈大悲圣母的纪念。天主教带来了恐怖的地狱景象以约束人心，呈现了圣徒受难的惨状，但这个宗教抚慰人心的效果，却也是不逊于其他宗教的。

教会负责中小学教育。维也纳、因戈尔施塔特、因斯布鲁克等地的大学都由博学的耶稣会会士担任教职。政府对出版界的控制十分严苛，所有提倡伏尔泰思想的文字都被挡驾在国界或城门口外，因此维也纳很少有异端人士。特蕾莎曾经企图消灭兄弟会，但有些会员幸免此难，不过他们不再激烈地反对教会干政，因此即使虔诚的天主教徒也能接受他们的思想。他们也不再鼓吹激烈的社会改革，如今连皇上都愿支持他们的理想，因此虔诚的天主教徒莫扎特同时也是兄弟会会员，连约瑟夫·波拿巴二世也加入了这个秘密组织。另一个较为激进的秘密社团，前耶稣会士韦斯豪普特 1776 年创立的先觉会（The Illuminati）也得以幸存，不过已是日薄西山了。利奥波德沿袭他母亲的先例，禁止秘密结社。

教会教导人民忠于国家、行善行仁、遵守社会规范、节制情欲，颇具成效。1804 年，斯塔尔夫人曾报道说："你找不到一个乞丐，慈善机构的组织健全，行善不遗余力，由任何一件事都可以看出这是一个信仰虔诚的贤明政府。"男女关系在平民中还算保守，但上层阶级放肆多了，男人皆有情妇，女人皆有情夫。塞耶告诉我们，贝多芬对"当时维也纳的一种普遍现象，即与未婚女子同居，俨然夫妻"表示看不顺眼。不过，一般家庭气氛和谐，父母仍能维持他们的权威。人们举止文雅，并没有革命的意图。因此，贝多芬于 1794 年 8 月 2 日写道："我相信，奥地利人只要有黑啤酒喝、有香肠吃，他们绝对不会造反的！"

典型的维也纳人喜欢消遣作乐，而不爱从事改革。只要身有分文，他们一定及时行乐，他们会去看罗杰这位"烧不着的西班牙人"。如果钱再多些，他们便去玩撞球或保龄球。维也纳市内市郊咖啡屋林立，这些是穷人爱去的地方。上层阶级的人士则去花园洋房式样的啤酒屋。阔老爷也可以在赌场里撒下大把的钞票。他们也可以参加化装舞会，如到可以容纳数百对共舞的雷杜德大厅。甚至在施特劳斯以前，维也纳的男女就与舞结下不解之缘了。保守而优雅的小步舞已为华尔兹取代。男士们可与另一半拥舞，带着她转个痛快，享受其中刺激的乐趣，由这种旋转的动作产生了华尔兹的舞名。教会表示不满，可是原谅了人们。

艺术

维也纳剧院林立，从富丽堂皇、专演古典戏剧的舞台到在临时舞台上收 2 便士的独幕剧的小剧场，应有尽有。最古老的定期剧场是凯恩特奈尔托剧院（Kärntnerthor），为市政厅于 1708 年所建。剧作家兼演员施特拉尼茨基，以意大利的丑角为蓝本，塑造了汉斯沃斯特（Hanswurst）这个嘻嘻哈哈的小丑。通过他，日耳曼人见到了自己可笑的怪癖。1776 年，约瑟夫·波拿巴二世大力支助布格剧院，在这座有着古典式正面的建筑里演出了古今最杰出的戏剧。不过，最豪华的戏院当数希卡内德于 1793 年建的维也纳剧院。此人曾为莫扎特的《魔笛》作词，并出演剧中帕帕杰诺一角。他利用当时各种所知的机械装置来配合演出。剧中景色的壮观，即使真实的事物相形之下也大为逊色，常使观众叹为观止。贝多芬的《费德罗》即在此剧院首次公演，更为希卡内德增添了不少光彩。

在维也纳，当时只有一种艺术的成就和光彩可与戏剧颉颃。它不是建筑，因为自 1789 年后，奥地利巴洛克式建筑已步入下坡。它也不是文学，因为教会加重了诗才双翼的负担，使它无法任意翱翔，格里尔帕策（Grillparzer）的时代也还没有降临。斯塔尔夫人说，在维也纳，"人们不大读书"，每天的报纸足以满足他们对文学的需求。《维也纳时报》（*Wiener Zeitung*）和《维也纳杂志》（*Wiener Zeitschrift*）都是一流的。

不用说，维也纳首屈一指的艺术成就是音乐。在奥地利和日耳曼，家庭即是文明的源泉和城堡。对于他们而言，音乐与其说是职业音乐家借以维生的技能，毋宁说是家庭业余的消遣艺术。几乎每个受过教育的人家中都有乐器，有些还能随时组成四重奏。人们偶尔订票去听一场音乐会，但公开演奏大多数是不收门票的。虽然如此，维也纳音乐家仍多如过江之鲫，由于僧多粥少，大都潦倒不堪。

他们究竟如何能活下去呢？多半是接受邀请到私人家中演奏，或将曲子呈献给富有的贵族、教士或商人（有的预先谈好了酬劳）。也幸亏两个世纪以来，爱好音乐、演奏音乐、赞助音乐，已成为哈布斯堡王朝的传统，因此音乐才能在维也纳发扬光大。约瑟夫二世、利奥波德二世都热心推动和鼓励音乐。鲁道夫大公既是贝多芬的学生，也是他的保护人。埃斯泰尔哈吉家族世世代代也鼓励音乐。我们曾经见到：约瑟夫王子请海顿担任埃斯泰尔哈吉宫（匈牙利的凡尔赛宫）管弦乐团的指挥，曾达 30 年之久。他的孙子米可罗·尼可劳斯·埃斯泰尔哈吉王子则聘请贝多芬为他家的管弦乐团作曲。利赫诺夫斯基王子不仅支持贝多芬作曲，还成为他的好友，有一段时间还请他住进宫中。波希米亚世家的罗布可维兹王子与鲁道夫大公、金斯基公爵共同支持贝多芬作曲直到他与世长辞。此外，我们还得加上希维顿男爵，他不仅给予音乐家经济上的援助，更重要的是他费尽心思，为音乐家寻找工作或寻求津贴：他介绍海顿进入伦敦的社交圈，他接受贝多芬呈献的第一乐章。他在维也纳组织由 25 位贵族人士组成的音乐协会，以沟通作曲家、出版家和听众之间的感情。可以说，部分是由于这些人的努力，历史上最不得人缘的作曲家贝多芬才能冲破难关成为 19世纪的乐坛泰斗。

第四章 | 贝多芬

（1770—1827）

在波恩度过的少年时代（1770—1792）

贝多芬于 1770 年 12 月 16 日出生，其时波恩是科隆选帝侯的所在地。科隆是莱茵河西岸公国之一，拿破仑在其地"世俗化"以前，由天主教总主教治理。他们热爱世俗活动，经常资助有才华的艺术家。波恩有 9560 人，其中绝大多数都仰赖选帝侯的产业为生。贝多芬的祖父在选帝侯的唱诗班做低音歌手，父亲约翰·范·贝多芬是唱诗班的男中音。贝多芬这支家族是接近卢万村庄的荷兰后裔。荷兰字"van"意指本源地，并不像德文"von"或法文"de"表示有爵位封号和财产的贵族阶级。祖父和父亲都有酗酒的习惯，贝多芬多多少少也承袭了这种习惯。

1767 年，约翰·范·贝多芬娶年轻的寡妇马格达莱纳为妻，她是埃仑布赖特斯泰因一位厨师的女儿。马格达莱纳在当了母亲后，由于温柔慈祥和怡然自得的态度，极为她举世闻名的儿子喜爱。她生了 7 个孩子，4 个在幼年即夭折，长大成人的只有路德维希·范·贝多芬、卡斯帕·卡尔·贝多芬、尼古劳斯·约翰·贝多芬。

贝多芬父亲的唯一收入，是任"选帝侯宫廷男中音"所得的 300

弗罗林，全家住在波恩的贫民区内。年轻的贝多芬居住的环境和他接触的人群，自然无法把他造就成上流的绅士，贝多芬依旧是粗野而具有叛逆性格的孩子。贝多芬的父亲为了使儿子成为神童以改善家庭状况，或威胁，或利诱这个 4 岁大的男孩，每天（偶尔在晚上）花许多时间练习键盘琴或小提琴。显而易见，这个男孩对音乐并无内在自发的欲望，因而他父亲督责甚严，经常使贝多芬默默地饮泣。日复一日，虽然折磨依旧，但男孩已渐渐喜爱这种给他带来无数痛苦的艺术。1778 年 3 月 26 日，8 岁的贝多芬和另一个学生在一场公开的音乐会上演奏，此次演奏所得的报酬数目不详。总之，他父亲受此鼓励，即聘请教师指导贝多芬，使贝多芬能更上一层楼，得窥音乐的堂奥。

除此以外，贝多芬几乎未受过正式教育。我们已知贝多芬入学时，学了够用的拉丁文，信函中杂以拉丁文的幽默笔触，读来令人兴趣盎然。贝多芬无师自通了法文（当时的世界语），而且能以法文清晰地写作。无论何种语言，他都未学会正确的书写，同时也很少为标点符号的用法烦心过。贝多芬阅读涉猎的范围，自司各特的小说至波斯的诗文这类有益的书籍，而且随手抄录优美隽永的小品文。仅有的娱乐在手指上，他深爱即席演奏，在此技巧上只有阿卜特·福格勒（Abt Vogler）能和他媲美。

1784 年，玛丽亚·特蕾莎的幼子——马克西米利安·弗兰茨受任为科隆选帝侯，定居波恩。马克西米利安生性仁慈，酷爱美食与音乐，遂成为"欧洲最肥胖的人"，同时组成了有 31 件乐器的管弦乐团。14 岁的贝多芬在合奏中弹奏中提琴，列名为"宫廷乐团副风琴手"，年薪 150 古尔登。1785 年，选帝侯接到报告，描述贝多芬为"才能卓越……行为良善恬静，生活困苦"。

虽有种种迹象显示贝多芬在性方面的放纵，但是这个年轻人良好的品行与渐露的才气，使他获得选帝侯的允许与赞助而游学维也纳学习作曲。抵达不久，即为莫扎特接待，莫扎特聆听他的演奏，给了适度的赞赏，使贝多芬大失所望。显然，莫扎特认为他弹奏的乐曲早就一再地预习过。贝多芬疑心莫扎特有这种想法，要求为莫扎特在钢琴上弹出变奏的主题。莫扎特对这个青年想象力的丰富与弹奏时的稳健无误，极为讶异，对他友人说："留意这孩子，总有一天他会成为全世界瞩目的中心。"这个故事已是家喻户晓了。莫扎特似乎给贝多芬上了几课，由于莫扎特的父亲利奥波德 1787 年 5 月 28 日的去世，及贝多芬母亲濒死的消息传来，终止了他们两人昙花一现的关系。贝多芬匆忙赶回波恩，他母亲过世时，他正侍疾床侧（7 月 17 日）。

贝多芬父亲的男中音嗓子不能唱了，写信给选帝侯诉说他已一贫如洗，希望选帝侯施以援助，结果未能如愿，倒是家中在唱诗班的另一个乐手解了困境。1788 年，贝多芬教伊里诺和他的弟弟洛伦兹弹奏钢琴，以增加家庭收入。这两兄弟有教养的富孀母亲，对待年轻教师与她的孩子一视同仁，如此滋生的友谊，稍微能把贝多芬个性上的棱角锉平。

仁慈的伯爵斐迪南·冯·瓦尔德斯坦是一名音乐家，也是选帝侯的密友。瓦尔德斯坦是贝多芬家庭的一大助力，当他得知贝多芬的穷困时，不时接济金钱，却伪装选帝侯所赠。过了不久，贝多芬献给他一首钢琴奏鸣曲（作品 53 号 C 大调），上题伯爵的名字。

贝多芬目前需要比以往更多的援助，他意志消沉的父亲整日耽于饮酒，一度为公众唾弃而被捕，费尽了万难才营救出来。1789 年，贝多芬还未满 19 岁，即成为法定的家长，承担起照顾两位弟弟的责任。

11 月 20 日，选帝侯下令免除约翰·范·贝多芬的职务，他200 "帝国元"（*reichsthaler*）的年薪之半，照样付给他，另一半付给他的长子。贝多芬在选帝侯的管弦乐团中仍任首席钢琴手与次席风琴手，以赚取微薄的收入。

1790 年，胜利的浪潮席卷伦敦，海顿在回维也纳的途中驻足波恩，贝多芬呈给他近作清唱剧，极得海顿的赏识。也许选帝侯风闻其事，有人提议准贝多芬至维也纳数月，师事海顿，期间仍支领原来任选帝侯音乐家的薪金，即蒙选帝侯的首肯。此恩赐很可能是冯·瓦尔德斯坦伯爵为贝多芬争取到的。瓦尔德斯坦在贝多芬的纪念册上留下了临别赠言："亲爱的贝多芬，为了实现你长久珍视的愿望，在维也纳停留时，守护莫扎特的精灵正哀哀地哭泣，悲悼她挚爱的亡故……你要不懈地努力，务必从海顿的手中把莫扎特的精神接过来。你的朋友瓦尔德斯坦敬上。"

1792 年 11 月 1 日，贝多芬离开了波恩、父亲、家庭与朋友。法国革命之师占领了波恩，选帝侯流亡美因茨。终其一生，贝多芬未再见到波恩一面。

进步与悲剧（1792—1802）

贝多芬初抵维也纳，发现维也纳充满了音乐家，全为了赞助人、听众与出版商而钩心斗角。每位新人的到来，都引起他们的侧目。这位来自波恩的青年，并无任何优点能消除他人的疑惧。贝多芬矮小结实、肤色深黑，埃斯泰尔哈吉公爵称他为摩尔人，因为他脸有麻子，上下前齿交互重叠，鼻阔而扁，眼睛深陷，头颅像颗"子弹"，戴顶假发，姓氏前且冠以"van"字。贝多芬生就一幅不讨人喜欢的样子，无论是公众或他竞争的对手，都不欣赏他的仪表。非常稀罕的是，贝多芬在此地连位知己朋友都没有。

不久，贝多芬父亲过世的消息传来（1792 年 12 月 8 日）。这样一来，贝多芬平分父亲微薄的年金就发生了问题，他请求选帝侯继续此项年金。选帝侯却以加发双倍的年金以为答复，又告诉贝多芬说，为了他两位弟弟的学业，他另外可获得 3 升的谷物……（其时卡尔和约翰已移居维也纳）。贝多芬感激之余，即下了决心。1793 年 5 月 22 日，贝多芬在朋友的纪念册上，引用席勒的戏剧《唐·卡洛斯》（*Don Carlos*）中的话："我并不邪恶——我的错误只是血气方刚——依然年轻是我的罪恶……即使狂野不驯的感情可能导致我心入歧途，我的心仍是善良的。"贝多芬决心"尽可能的行善，热爱自由甚于其他，纵使在帝王面前，也不否认真理"。

贝多芬尽量克制花费至最低限度，以 1792 年 12 月来说：房租 14 弗罗林、钢琴租金 6 弗罗林，每餐 12 十字币（*Kreuzer*[1]，合 6 美分），三餐带酒需 6.21 弗罗林，在另一份备忘录上记载贝多芬不时付给海顿 2 个格罗申（*Groschen*，奥地利的一种青铜币，属于辅币）。显然，海顿授课仅要求极少的报酬。有时学生谦恭地接受指正，但课程继续下去时，海顿越来越无法接受离经叛道的贝多芬——全不按正统的法则作曲。1793 年底，贝多芬离开了年事已高的教师，每周 3 次到约翰·乔·阿尔布雷希特贝格尔那里学习对位法。同时贝多芬每周 3 次向伊格纳兹·舒潘兹格学拉小提琴。1795 年，贝多芬觉得阿尔布雷希特贝格尔已无法再教他什么，即申请入维也纳歌剧院指挥萨列里的门下，学习声乐作曲。萨列里对贫寒的学生向不收费，贝多芬因而免费受业。这 4 位教师与贝多芬格格不入，认为贝多芬是一位极难教的弟子，经常有泉涌不绝的观念，痛恨他所学的拘泥形式的音乐理论。我们能想象得到，"音乐之父"海顿听到贝多芬乐曲呈现出的不规则与嘹亮的声音后，不寒而栗的样子。

或许由于贝多芬不从流俗，到了 1794 年，贝多芬的演奏已为他博得维也纳最令人感兴趣的钢琴家的名声。其时，钢琴已赢得与大键琴颉颃的战役。1768 年，约翰·克里斯蒂安·巴赫开始在英格兰独奏钢琴，莫扎特采用钢琴，海顿于 1780 年也继踵前人。由于钢琴在强弱音之间，和断音、延音之间具有令人耳目一新的适应性，克莱门蒂特地为钢琴作了协奏曲。贝多芬淋漓尽致地使用钢琴与他本身的能力（特别在他的即兴曲上），没有任何刊印的符号能阻碍贝多芬的风格。贝多芬不绝如缕的观念、变幻无常的狂想、林林总总的处理方式

---

[1] "Kreuz"德文意思为"十字"，该币通行于南德、奥地利、瑞士等地。

与困难，都是永无休止的。

要当一位钢琴家，首先要得到音乐赞助人的青睐。在希维顿男爵家中的晚间音乐会中，节目结束后，主人挽留贝多芬，敦请他另外演奏巴赫的《遁走曲》作为晚间的祝福。卡尔·利赫诺夫斯基公爵——维也纳首屈一指的业余音乐家，非常器重贝多芬，因而固定邀请贝多芬参加他每周礼拜五的音乐会，偶尔款纳贝多芬留宿。贝多芬因为无法适应公爵的进餐时刻，宁愿住进附近的旅馆。贝多芬有爵位的赞助人中最热心的是罗布可维兹公爵，他是优秀的小提琴家，几乎将所有的收入花在音乐和音乐家上，多年来虽偶有龃龉，仍一直帮助贝多芬。贝多芬要受同等看待的要求，也被愉快地采纳。帮助过贝多芬的贵族，他们的夫人欣赏贝多芬傲岸的独立，借书信的往返求教于贝多芬，在信上接受斥责，也允许这个贫穷的单身汉在信上的调情。她们的丈夫收受贝多芬的献乐，并适当地给予回报。

截至目前，贝多芬的名气仅止于钢琴师，声名已远播至布拉格和柏林。1796 年，他使约翰·克雷默在演奏过后宣布："在我们失去了莫扎特以后，他就是来慰抚我们的人。"为赞扬所鼓舞，贝多芬在笔记上写道："鼓起勇气来！即使身体有缺陷，我的精神仍支配一切……这年要决心成为技巧高超的人，所有的事都需要完成。"

1797 年，从未谋面的拿破仑首先闯入贝多芬的生活。这位年轻的将军把奥地利人自伦巴底逐出，率领大军越过阿尔卑斯山脉后，即兵临维也纳城。奥地利首府如惊弓之鸟，尽其所能以枪炮和赞美诗仓促作成防卫。海顿写下奥地利的国歌——"国王，我们仁慈的弗兰茨国王万岁"，贝多芬为另一首战歌配乐——"我们是伟大的日耳曼人民"。这些士气高昂的歌曲，后来证明是抵得上若干军团的，可惜并未感动拿破仑，奥地利终于获得屈辱性的和平。

一年后，贝纳多特将军至维也纳就任新法国大使，在阳台上升起法国革命军的三色旗，使市民大受震撼。坦白表示过共和观念的贝多芬，公开宣布他对波拿巴的仰慕，人们经常见到贝多芬受到法国大使的款待。怂恿贝多芬作曲向拿破仑致敬的，显然是贝纳多特的主意。

为了企求更亲密职务的任命，贝多芬于 1799 年把第 13 号作品《悲怆奏鸣曲》（*Grande Sonate Pathétique*）献给利赫诺夫斯基公爵，以答谢他接受或希望的恩赐。公爵给贝多芬 600 古尔登由他自由支配，"直到适当地任用你以前"以为答复。这首奏鸣曲开端是简单的，犹自莫扎特一脉相承的谦逊而来，然后进行至艰深与复杂错综的部分，如与《钢琴奏鸣曲》或《热情奏鸣曲》几乎挑衅性的庞杂与剧烈比较起来，它的后面部分似乎也是朴实无华的。1800 年的《第一交响曲》和 1801 年的升 C 小调《月光奏鸣曲》（*Moonlight Sonata*）更为容易，对于弹奏者的眼手而言，应可游刃有余。这首驰名的《月光奏鸣曲》曲名，并非贝多芬所取，贝多芬原称之为《幻想奏鸣曲》（*Sonata quasi Fantasia*）。他并无意使这首曲成为一首情歌，事实上，这首曲是献给女伯爵茱莉亚·圭恰尔迪的，她是贝多芬幻想曲中可望而不可即的女神，幻想曲却为另一场合所作，与女神风马牛不相及。

音乐史上最奇特与引人注目的文件之一，是秘密的《海利根施塔特遗书》（*Heiligenstadt Testament*，写于 1802 年）——生前并无人知，在贝多芬死后才在文件中找到——唯有通过与贝多芬特性的率直对照，才可理解。贝多芬年轻时拥有许多使人愉悦的特质——心境愉快，富有幽默感，喜爱研究，乐于助人。很多贝多芬的波恩朋友，如老师聂费、学生伊里诺·范·洛伦兹、资助人瓦尔德斯坦伯爵，即使在贝多芬对生命越来越感到悲痛时，热爱他之情依然未减。然而在维也纳，贝多芬疏远了一个又一个朋友，几乎到完全孤独的地步，但他们一听到贝多芬垂死的消息，全回到他身边，各尽所能来减轻他的痛苦。

贝多芬早期的环境，使他烙上难以磨灭的创伤。他决不会忘记，也不会原谅艰苦而焦虑的贫困，或眼见他父亲自安于失败与酗酒时所感到的屈辱。经年累月的悲哀，使贝多芬因饮酒引起的健忘症更为严重。在维也纳，贝多芬的身材（5 英尺 5 英寸）意味着睿智，却无幸运的面貌，头发浓厚而且蓬乱竖直，浓密的胡须长到凹陷的眼眶，有时在刮脸以前已长到半英寸长。1819年，贝多芬叫道："天啊！一个人有像我这样不幸的脸孔时，那是多么痛苦的事！"

身体上的缺陷可能是日后成就的激励，但在维也纳的最初几年，缺陷使他心灰意冷，不注重服饰、身体、居室环境与举止。1801年4月22日，他写道："我是不整洁的人，或许我拥有唯一天才的特质是我的东西并不总是排列得井然有序。"贝多芬的收入够请佣人，但时隔不久他就和佣人争吵，所以很少佣人待得久。贝多芬对地位低的人唐突粗率，对高贵的人时亦逢迎，但常表现出骄傲甚至傲慢无礼的态度。在批评对手时他不留情面，而回报他的，自然是他们一致的厌恶。贝多芬对学生很严格，对有些学生授课则分文不取。

贝多芬是厌世者，认为每个人根本上都是卑贱的，可是又天真地原谅那令人头疼的侄子卡尔，喜爱貌美的学生。贝多芬对大自然怀着一份无法对人类表达的情感，他常抑郁寡欢，不管有没有酒，也常有一时的欢乐。贝多芬时有刻薄的幽默感（如信函14、22、25、30号所示），遇有机会则语涉双关，也取些得罪朋友的绰号，要他开怀大笑比淡淡的微笑还容易。

在烦忧的岁月中，因生活痛苦，贝多芬试着从这个世界隐退。在1801年6月29日的信中，贝多芬对年轻时的朋友弗兰兹·韦格勒（Franz Wegeler）说：

> 最近三年来，我的听力越来越弱，可能由于我的腹部引起，甚至在我离开波恩时，腹部即不适，在维也纳更是每况愈下，屡为腹泻所苦。而极度缺乏活力，使我痛楚不堪……这就是到去年秋天为止我的情况。有时我觉得沮丧。我必须承认，我过的是悲惨的生活。几乎有两年不涉足社交场合，正因我发觉我无法对人们说：我是聋子。如果我的职业是另一种，我可能会正视我的缺陷，但对于我现在的职业来说，它是可怕的灾难。只有上帝知道

我的后果为何，我诅咒过我的造物主和我的存在……请你不要把
我的情况告诉他人，甚至对伊里诺·范·洛伦兹，也不要透露。

1802年的几个月，贝多芬在哥廷根的小村庄海利根施塔特度过，
显然他希望自硫黄浴获益。贝多芬在附近的森林中漫步时，看见不远
处有牧羊人吹着笛子，因贝多芬听不到笛音，只有管弦乐这样大的乐
音，才能让他听到。其时，除了演奏和作曲外，他也担任指挥。那个
牧羊人吹奏出贝多芬无法谛听的笛音，这件事隐含的意义，使他大为
绝望。贝多芬回到房间。1802年10月6日，他写出了为人熟知的《海
利根施塔特遗书》——一种精神的意志与生命的辩解。

虽然贝多芬冠上"给我的弟弟卡尔·贝多芬"，他仍小心翼翼地
把文件藏好以避开他人的耳目。以下节录文件重要的几行：

　　啊！你们认为，说我是恶毒、冥顽不灵或是厌世的，这是多
么大的误解，你们不知我表面上如此的秘密原因。孩提时代始，
我的心智即近于温柔良善的情感，甚至热切地想完成伟大的功
业。但是6年来，我是无望了，为冷酷的医生激怒……最后不得
不正视宿疾的进展……生来具有热情活泼的性情，甚至对社会的
变迁敏感。很早我就强迫孤立自己，在孤独中生活，有时我设法
忘掉这些事情，但失聪的经验使我伤心欲绝。我不能告诉别人说
话大声点，或请他们大声喊叫，因为我是聋子。我如何能承认，
在我身上应比别人更完美的感官，竟然有缺陷。我无法说出，因
此我应和你们兴高采烈地周旋时，你们反而看到我迟疑却步。原
谅我！别人站在我身边，倾听远处的长笛音时，我却一无所闻，
那真是莫大的耻辱！这件事使我进入绝望的边缘，此外我想结束
我的生命——支持我的只有艺术。啊！离开尘世似乎不可能，除
非我已谱出所有我感觉出的乐曲。上帝！你透视我内在的灵魂，
你应知道人类的爱与行善之念，是在我心深处。有朝一日，你们

读到我写的，你们知道错怪我了……我的弟弟卡尔和——我死时如施密特医生仍在人世，以我的名义陈述我的病情，而且附上此文件和病历。如果可能的话，这个世界在我死后，会体谅我的苦处。同时，我宣布你们两人是我所值无几的财产继承人。我但愿你们生活得更好，没有我的忧虑。推荐德行给你们的孩子，只有德行而非金钱，才可获致幸福。这是我自身的经验，也只有德行在我悲哀时支撑我，我并未以自杀终止我的生命，除了艺术外，也应归功于德行。永别了！要彼此相亲相爱，在我加速朝向死亡前进时，我很高兴。

在边缘空白处，贝多芬写道："在我死后，才可阅读与执行。"

这不是自杀的宣告书，却糅合了无望与果决。贝多芬接受并克服他的困境，除了他自己，贝多芬带给世人所有在他自身内寂然无声的音乐。就在此时——1802年11月，在海利根施塔特，贝多芬写出D大调第二交响曲，曲中全无怨尤哀伤的音符。在他内心独白后一年，写出第三交响曲《英雄交响曲》（*The Eroica*）而进入他第二个最具创造性的时期。

英雄的岁月（1803—1809）

博学的音乐学家们将贝多芬的创作生涯划分为三个时期：1792年至1802年，1803年至1816年，1817年至1824年。此种分野很值得怀疑。在第一时期，贝多芬的作品暂时带有莫扎特和海顿简单而静穆的风格。在第二时期，贝多芬对演奏者在拍子、灵巧和力度上更为苛求。他探究轻柔与剧烈气氛的对比，纵情于变奏的创作与即兴的技巧上，这些均循着起首与展开的原则。贝多芬更易奏鸣曲和交响曲的风格，把原来女性化的纤美伤感变为男性的刚强果决。贝多芬仿佛要表现这种转变，把小步舞曲置于第三乐章上，伴着诙谐曲欢乐跳跃的音符，以嘲弄命运。贝多芬发现音乐能抚慰遭遇的不幸，他孜孜不倦于音乐的创作，使他肉体的死亡只是永恒生命偶然的插曲而已。"我演奏和作曲时，我的痛苦……很少能妨碍我。"贝多芬不再能以耳朵听到自己的曲调，但以音乐家不可思议的能力，把想象中的乐音变为点与线的墨迹，而自刊印的曲谱上用眼睛悄无声息地听出了音乐。

几乎所有这个时期的作品都是古典的，在后代的管弦乐的曲目上都可找到。1803 年，为小提琴家乔治·布里奇沃特所作的 47 号作品《克莱采奏鸣曲》(*Kreutzer Sonata*)，是题献给巴黎音乐学校小提琴教师鲁道夫·克莱采的。克莱采认为这首曲子与他的风格相左，似乎从未公开演奏过。

贝多芬认为交响曲中，1803 年至 1804 年谱成的《英雄交响曲》是他最得意的作品。这首曲原先是献给拿破仑的，世人大半都知道这个故事。纵然贝多芬有贵族朋友，而且明智地献乐给他们，但贝多芬终其生，坚定不移地拥护共和政体。他对波拿巴 1799 年至 1800 年僭取法国政权与立宪，大为喝彩，认为尽责的政治指日可待。然而 1802 年，拿破仑与教会签了协定，此时贝多芬已萌生悔意，他写道："每件事恢复到昔日的轨迹。"至于对拿破仑的献乐，让目击此事的斐迪南·里兹来说这个故事：

在作这首交响曲时，贝多芬心中只有拿破仑。当时拿破仑是第一执政，极为贝多芬推崇，喻他为罗马最伟大的执政官。我和几位贝多芬的知友，看到桌上《英雄》乐谱的手稿，在扉页的最上方有波拿巴的字样，最下方写着路德维希·范·贝多芬，此外别无文字……我是第一个带给他拿破仑称帝的消息，结果贝多芬勃然大怒："这么说来，他也跟一般人没有两样，现在他必会蹂躏所有的人权以满足野心，他将凌驾其他人而成为暴君。"贝多芬走向桌子，拿着乐谱扉页的上半，一撕两半丢到地上。首页改写过，交响曲更名为《英雄交响曲》。

这首交响曲出版时，名称是《英雄交响曲，为纪念一位伟人而作》。

1805 年 4 月 7 日，在维也纳剧院首次公演此曲，不顾听觉的缺陷，贝多芬亲自指挥演奏。贝多芬指挥的风格与他的性格相契合——激动、苛求、"夸张"。在最弱音时，他的身子整个伏了下来，为桌子遮掩；乐音逐渐增强时，他缓缓起身，不停地打着拍子，直到最强音时跳了起来，好像希望漂浮在云端。这首交响曲被抨击为"奇特激烈的转调"、"可厌的开始"与"过于冗长"。批评家建议贝多芬恢复到早期简朴的风格。贝多芬畏缩退避，继而愤愤不平，企图更正此种说法。

贝多芬向命运另下赌注，他试图染指歌剧。1805 年 11 月 20 日，贝多芬指挥《莱奥诺拉》（Leonore）的首度公演，但拿破仑军队已于 11 月 13 日攻克维也纳，弗兰茨国王和朝中显贵仓皇遁走，人民也无闲情逸致来欣赏歌剧。公演时虽在寥寥落落的观众中，传来法国军官疏落的掌声，还是失败了。有人告诉贝多芬，歌剧太冗长，编排又笨拙。贝多芬修正删剪后，再度于 1806 年 3 月 29 日推出，再次失利。8 年后，维也纳国会议员汇集此城，歌剧更名为《费德罗》做第三度尝试，结果仅获有限的成功。贝多芬所作的乐曲，适合于比声乐还有更大弹性或音域的乐器，然而歌手急于打破新的樊篱，唱不出高昂的乐节，最后他们群起反对贝多芬。这出歌剧偶尔在今日上演，舞台的两侧书有作曲者的名字。贝多芬对这出歌剧所做的修正，如今已成为绝响了。

从艰苦而未获得报酬的经验中，贝多芬创作了一首又一首的杰作。1805 年，贝多芬创作了作品 58 号 G 大调第四号钢琴协奏曲，大为音乐鉴赏家眷爱，仅次于第 5 号协奏曲。他以作品 57 号 F 小调奏鸣曲庆祝 1806 年，其后此曲命名为《热情奏鸣曲》，另外增加 3 首四重奏（作品 59 号）题献给驻维也纳的俄国大使安德烈亚斯·拉祖莫夫斯基伯爵。1807 年 3 月，贝多芬的朋友或许为安慰他歌剧的失利，为他举办慈善音乐会。音乐会中，他指挥 1 号、2 号、3 号交响曲和近作作品 60 号降 B 大调第 4 号交响曲。我们无法想象听众如何忍受一次聆听这么多的交响曲。

1806 年，米可罗·尼可劳斯·埃斯泰尔哈吉公爵委托贝多芬为他夫人受洗日作弥撒曲。贝多芬于 1807 年 9 月 13 日到埃斯泰尔哈吉公爵在匈牙利艾森斯泰特的别墅，弹奏作品 86 号 C 大调弥撒曲。曲终时，公爵问他："我亲爱的贝多芬，这回你又创作了什么？"贝多芬解释这个问题时，明显地表现出不满的样子，而在邀请期届满之前，离开了别墅。

贝多芬有两首目前是举世皆知的交响曲：C 小调第 5 号交响曲和 F 大调第 6 号《田园交响曲》，使他 1808 年声名大噪。几年来，似乎这两首曲子的创作同时进行，但气氛的经营大异其趣。第 5 号交响曲是沉思默认，而第 6 号交响曲是欢愉喜悦的。这两首交响曲于 1808 年 12 月 22 日适时地一同首次公演。经常重复地演奏，即使对于资深的音乐爱好者而言，也会使吸引力大为减少，我们不再为"命运敲打着门"或鸟鸣于林而感动。也许我们喜悦的凋逝，意味着音乐教育的缺乏，以致无法欣赏音乐的雅趣，诸如：主题对比和展开的逻辑法则、对位法的和谐一致、相异乐器演奏时的针锋相对、管乐器和弦乐器的相互呼应、乐章的气氛经营、全曲的方向和结构等，都无法领略。人类的心智可以用不同的方式塑造——有的以感情，有的以理念。对于黑格尔来说，要了解贝多芬就如同贝多芬（或任何人）要了解黑格尔一样不易。

1808 年至 1809 年，贝多芬谱出作品 73 号降 E 调第 5 号钢琴协奏曲，即为人熟知的《国王》（Emperor）协奏曲。在所有作品中，这首是最动人、最华美不朽的，令人百听不厌。曲中的活泼灿烂、洋溢欢乐的创作，永无休止的感觉与喜悦的源泉，都使我们有一种难以言宣的感动。在这首协奏曲中，一个人自明显的灾祸中胜利地站起来，写出较《第九交响曲》更为嘹亮的合唱，更具信服力的《欢乐颂》。

或许《国王协奏曲》和《田园交响曲》的欢乐气息，反映出贝多芬日渐好转的境遇。1804 年，鲁道夫大公聘他为钢琴教师，教授弗兰茨国王的幼子，两人的友谊于焉开始。鲁道夫经常协助这位越来越谨慎的共和主义者。1808 年，威斯特伐利亚国热罗姆·波拿巴曲意逢迎贝多芬，请他担任卡塞尔皇家唱诗班和管弦乐队的指挥，贝多芬同意年俸 600 金币就任斯职。贝多芬显然对他日益失聪的耳朵仍寄予厚望。朋友听到贝多芬和卡塞尔的磋商，提出抗议，认为不忠于维也纳。贝多芬回答说，他在维也纳辛劳了 16 年，还得不到一个有保障的职位。1809 年 2 月 26 日，大公送给贝多芬正式的协议，载明贝多芬依然留在维也纳，保证年薪有 4000 弗罗林，其中鲁道夫付 1500，罗布可维兹公爵付 700，金斯基伯爵付 1800。除此之外，贝多芬可保有其他赚来的钱。贝多芬接受这个条件，留在维也纳。1809 年，"音乐之父"海顿辞世，贝多芬因而承继了海顿的冠冕。

情人

在经济略有基础后，贝多芬开始寻找妻子。很久以来他觉得需要一位终身伴侣，根据贝多芬的朋友韦格勒的说法，他在波恩"总是处在恋爱中"。1801 年，贝多芬向韦格勒提起："一位可人的女孩，她爱我，我也爱她。"这位女孩通常是指贝多芬 17 岁的学生茱莉亚·圭恰迪女伯爵，可是她嫁给了加伦贝格伯爵。1805 年，贝多芬满怀希望地追求孀居的约瑟芬·冯·戴姆女伯爵，贝多芬寄给她一封热情洋溢的信：

> 在此信中我郑重地允诺，短时间内，我将站在你面前，对我自己和对你都是值得的。只有你，才能使这事有价值——我指的是，借着你的爱建立我的幸福……挚爱的约瑟芬！我对其他女孩不感兴趣，只有你，你的一切和你个人的特质——约束了我所有的感觉……所有我情绪的力量——对你……你使我希望，你的心

永远为我跳动——我的心仅能……停止……为你跳动……它不再
跳动时。

显然，这位夫人另有所爱，两年后贝多芬请求见她一面，却未获
得回音。

1807年3月，贝多芬对玛利·比戈夫人大献殷勤，结果她的丈
夫提出抗议。贝多芬写了一封致歉函，信上的称呼为"亲爱的玛利，
亲爱的比戈"，并说："我主要的原则之一，是决不与他人的妻子牵连
着除了友谊以外的关系。"

1809年3月14日，贝多芬可能在弗莱堡写信给格莱兴施泰因男
爵说：

> 现在你可助我找一位妻子，确实你可能在找——找到一位
> 漂亮的女子，也许她有时对我的和声发出了叹息……如你真的找
> 到，请预先通知我——她必须是迷人的，因为我不能爱不美的女
> 孩，否则我宁愿爱我自己。

这封信好像是贝多芬所开的玩笑之一。

贝多芬和特雷莎·马尔法蒂的恋情是更为正经的，她是一位著名
医生的女儿，也是贝多芬的学生。1810年5月8日，贝多芬写信给特
雷莎，就内容看来，俨然是她的心上人。5月2日，贝多芬十万火急
地通知在科布伦茨的韦格勒，到波恩找出并送来贝多芬的洗礼证书，
因为"我听说我实际上比现在的年龄还大"。韦格勒照办之后，贝多
芬并未致谢。7月，斯蒂芬·冯·布朗宁写信给韦格勒说："我相信他
的婚姻计划是触了礁，所以虽然麻烦了你，他也不觉得有谢你的必
要。"到贝多芬40岁，他认定生于1772年，而受洗证书记载他的出
生年为1770年。

在贝多芬过世后，有3封信在上锁的抽屉里发现，这些情书缠绵

热情，在历史上极负盛名。3 封信都没寄出，信上未书收信人、年月、地址，到现在仍是秘密。首封信日期为"7 月 6 日清晨"，谈到贝多芬兴奋的三日之游——从维也纳赶到匈牙利一个不知名的地方，去会晤一位女孩，以下是一些片断：

> 我的安琪儿，我的一切，我自己……除了因死亡，因不苛求样样事物，我们的爱是否能天长地久，永远不渝——你不完全属于我，我也不完全属于你，你能改变现状吗？天啊！看大自然的美景，以命中注定的事来安慰你自己——爱是苛求每样事物……不久我们就要见面……我心有千言万语要对你说——很多时候我觉得意犹未尽，毕竟言语并非万能——快活起来——依然是我真正唯一的宝贝，我的一切都是属于你的……
>
> 你忠实的路德维希

第二封信短了一点，日期是"7 月 6 日，礼拜一，黄昏"。结尾是"上帝！这样的接近，又这样的遥远！我们的爱是否真正是天国的华厦，坚定一如苍穹"。第三封信：

> 虽然我躺在床上，我的思绪飞向了你，我不朽的挚爱，我有时高兴，有时悲凄，想知道是否命运在垂青我们，只有完全和你在一起，我才能活得下去，否则我根本不想活——我决定离开你外出远游，直到我飞回你的臂弯说我真正回到了家，我将思念你的灵魂升华至精神之域……啊！上帝！为什么要和所爱的人离别，而我在维也纳的生活是悲惨的——你的爱顿时使我成为最欢乐和最不欢乐的人。就我的年龄来说，我需要安稳静谧的生活……平静下来，只有冷静考虑我们的存在，才能获得共同生活的目的——平静——爱我——今天——昨天……我含泪地渴望你——我的生命——我的一切……别了——啊！继续爱我——不

要冤枉你所爱的 L

　　永远是你的，永远是我的，永远互相属于彼此。

　　她是谁？无人知悉。权威专家的说法也莫衷一是。主要是无法在哥西迪亚·葛伦伯和特雷莎·冯·布伦斯维希两位女伯爵中认出是哪一位，舍此之外，其他人都不必考虑。显然这位夫人是已婚的，果真如此，贝多芬在追求她时，淡忘了他向比戈承认的高尚原则。然而，这些信并未寄出，没有人受到伤害，唯一受益的可能是音乐而已。

贝多芬与歌德（1809—1812）

　　1809 年，奥地利和法国战端重启。5 月，法国炮轰维也纳城，宫中廷臣和贵族走避一空，贝多芬躲在地窖内避难。维也纳城终于臣服，战胜者向平民征年收入的 1/10 之税，富人收税 1/3。贝多芬付了税后，在隔了一段安全的距离，向巡弋的高卢人挥动他的拳头，叫道："假如我是将军，了解战略如我在作曲方面认识的对位法那样清楚，我一定会给你们好看的！"

　　1809 年至 1815 年，贝多芬的精神相当愉快。几年来，贝多芬多次走访富商兼艺术和音乐资助人弗兰兹·布伦塔诺。弗兰兹不时借钱给贝多芬，助他渡过难关。弗兰兹的妻子安东妮卧病在床，在此期间，不止一次贝多芬静悄悄地走进来，弹奏着钢琴，以他自己的语言和安东妮交谈，然后不留一言地离去。有一次也是这样的场合，贝多芬弹着琴，忽然有双手按在肩头上，使他大为诧异，转过头，贝多芬看到一位年轻貌美的女孩（其时正 25 岁），双眸由于聆听他的演奏而闪耀着喜悦的光芒，或由于听到了贝多芬自己谱曲而唱出歌德歌颂意大利的著名抒情诗《你熟悉此地否》。她是伊丽莎白·布伦塔诺，通常被称为白蒂娜，是法国和日耳曼成名作家克里蒙斯·布伦塔诺（Clemens Brentano）的妹妹。日后白蒂娜也写出许多风靡一时的著作，不着痕迹地将传记和杜撰之事糅合在一起。她是我们刚刚谈到的故事，和以后在弗兰兹家中的舞会发生的插曲的权威。白蒂娜听到贝多芬与人交谈，不仅见解深刻而且非常优雅，有条不紊，虽然有时可在信札上见到，但是一般认为他不具有此种特质。1810年5月28日，她热心地写信给歌德提到贝多芬，白蒂娜认识歌德，不仅是她和歌德在法兰克福的家人相处和睦的关系，而且由于白蒂娜探视过在魏玛的歌德，以下是著名信中的节录：

> 我看到我现在向你提到的他时，我浑然忘却了整个世界……我现在希望告诉你的也就是贝多芬，他使我遗忘了世界和你……他高视阔步地走在人类文化的前端，我们能够赶得上吗？我很怀疑，但假如他可活到……在他的灵魂中，谜一样的事物充分发展时……那么，他的确会以天国知识之钥，置于我们手上……
>
> 他自己说过："我睁眼时，我必会叹息，因为我所见的和我的宗教信仰背道而驰，我蔑视这个世界，这个世界不知音乐比酒和哲学有更高的启示。酒在我创作历程上可激发灵感，而我是罗马酒神，我为人类榨出荣耀的美酒，使他在精神上醺然欲醉……我不担心我的音乐——它能永垂不朽。凡能了解我音乐的人，必能免于他人所受的悲惨痛苦……音乐是智识和感官生活的媒介。我愿和歌德谈论此事，他能了解我吗……而歌德提到我……告诉他，听听我的交响曲，他会说我关于音乐是步入更高智识世界精神入口的话，是对的。"

白蒂娜告诉歌德贝多芬神采飞扬的样子，进而补充道："即刻复信让我高兴，这样贝多芬也知道你欣赏他。"歌德于1810年6月6日复信道：

> 我心爱的孩子，你的来信很令我高兴，你煞费苦心地为我

描绘出在成就与奋斗上一个伟大而完美的本性……我不否认我了解你迫不及待的叙述，相反，我宁愿承认我的本性，和你多方面描述中可认出的本性契合。也许常人认为必有矛盾，但是一个人拥有如此优异的能力，平凡的门外汉应予尊敬……代向贝多芬致意，告诉贝多芬，为了和他结识，我可牺牲一切……你也可说动他一游卡尔斯巴德，那里我几乎每年都去，又有最多的空闲聆听高见、向他讨教。

贝多芬不能到卡尔斯巴德。1812 年 7 月，这两位当时无出其右的艺术家，在特普里兹不期而遇。歌德拜访贝多芬的寓所，在他写给妻子的信中，描述他对贝多芬的初步印象："我还没有见到比贝多芬更具活力、诚挚和自我为中心的艺术家，我非常了解他对世界的态度是多么的不凡。"7 月 21 日和 23 日，歌德和贝多芬共度晚上时光，歌德写道："贝多芬欣悦地演奏着。"在他们并肩散步中，一个故事我们耳熟能详：

> 整个宫廷的王公显贵，包括皇后和公爵朝他们走来，贝多芬说道："挽住我的手臂，他们一定会让路给我们，并不是我们要让路给他们。"歌德不以为然，当时的情景使他甚为尴尬。他放开贝多芬的手，脱帽站在一旁，而贝多芬交叉着双臂，笔直地朝公爵走去，仅微微地侧了下帽子，而公爵站开让路给贝多芬，而且愉快地向贝多芬打招呼。走过去后，贝多芬站住脚步伫候歌德。歌德在这群人经过时，向他们鞠躬。贝多芬说道："我等候你是因为我敬重你，你值得尊敬，但你未免太有礼了。"

这是白蒂娜所写关于贝多芬的记载，她又说："此后贝多芬跑到我们这里，告诉我们所有的事。"我们没有看到关于歌德的记载，或许我们也应该对下面的故事存疑，即歌德和贝多芬谈话当时，歌德因路人向他们致敬而中断交谈，感到不胜其烦，贝多芬告诉他说："阁下不要为他们烦心，也许他们是向我致敬的。"

这些故事听起来是暧昧可疑的，但这两位天才摘述他们的会面，使这两个故事也有其可信之处。8 月 9 日，贝多芬写信给莱比锡的出版商布赖特科普夫和哈特尔，说道："歌德心仪宫廷的气氛，甚于成为一位诗人。"9 月 2 日，歌德写信给卡尔·策尔特，说道：

> 我在特普里兹结识了贝多芬，他的才华令我惊异。不幸的是，他具有狂放不羁的性格，他不完全错在误认这个世界是可憎的，而是无法以他的态度使这个世界更为舒适宜人。他是可恕的，也是可悯的。因为他的听觉已离他而去，听觉影响他本质中音乐的部分，也许较社会的部分为小。他注重简洁的本性，可能因听觉的丧失而更为苛求。

最后的胜利（1811—1824）

无论贝多芬到什么地方，总是不断地作曲。1811 年，他的第 97 号作品（降 B 大调钢琴、小提琴、大提琴三重奏）定稿。贝多芬题献给鲁道夫大公，《大公三重奏》之名即此。这首三重奏是贝多芬作品中最灿烂、清晰与无瑕的作品之一，很少人不为它的丰富内容困惑，其结构形式几乎是庄严优美。贝多芬最后一次登台演奏是 1814 年 4 月，以钢琴弹出这首古典作品。因为贝多芬耳聋日趋严重，手脚无法配合音乐的意念，最强的音节完全淹没弦乐器的声音，而最弱的音节又悄不可闻。

1812 年 5 月，拿破仑在俄境集结 50 万大军作困兽之斗时，贝多芬第 7 号交响曲正付梓。虽然这首曲很少为人演奏，现在似乎较第 5 号和第 6 号交响曲更受人欢迎。曲中有忧郁的挽歌，为逝去的伟绩与幻灭的希望低回不已。有对往日钟爱恋人的款款深情，也有为了解与和平的探索寻觅。它的送葬进行曲是对拿破仑在莫斯科的惨败无心谱成的《1812年序曲》。1813年12月8日，首度公演日，也是拿破仑势力在日耳曼和西班牙瓦解的日子。这首交响曲热烈地被接受，有一段时期令这位垂老悲观的贝多芬大为振奋。就他来说，继续完成的杰作，必有如济慈在《希腊古瓮颂》所写的"无调的小曲"一般。

第8交响曲脱稿于1812年10月。1814年2月27日首度演奏，观众反映不很热烈。此时，作曲者已松弛下来，准备游乐一番，这与一国的命运，每日系在战争的成败上的心境不一致。但是现在我们可以高高兴兴地演奏洋溢欢乐的谐谑曲，曲中一再出现的停顿显然在奚落最新发明的节拍器。

贝多芬作品中最成功的，要算是《维多利亚战役》，1813年12月8日在维也纳献演以庆祝威灵顿在西班牙大败法军的战役。奥地利首府屡次为所向无敌的拿破仑屈辱，这个消息带给他们迟来的满足感。现在贝多芬备受关注，有人说这首音乐几乎是不应得到成功的，战争是恶。此乐曲的乐旨和成功，使贝多芬名扬于1814年维也纳国会的显要。作曲者利用这个机会为自己举办慈善音乐会，也情有可原。皇宫因胜利而装饰得富丽堂皇，贝多芬得到许可使用宽敞的大厅，他以私人名义邀请国会贵族，有6000人参加，因而贝多芬得以藏匿实际的收入，以为他未来和侄子生活的保障。

1815年11月11日，贝多芬的弟弟卡尔过世，留下微不足道的财产给贝多芬，指定他与遗孀为8岁大男孩的共同监护人。1815年至1826年，贝多芬不断在信中或在法院里为了对侄子在行动、教育、灵魂上的控制，而与守寡的特雷莎进行冷酷无情的竞争。特雷莎曾陪嫁一些嫁妆和一栋房子，后来因自甘堕落与他人私通，她向丈夫承认，而卡尔也宽宥了她。但贝多芬永不原谅，认定她不适合再养育卡尔的后人。我们不必深究这场长期疲惫的争执与可鄙的细节。1826年，小卡尔在母亲和叔叔之间左右为难，一度企图自杀未果。贝多芬爱之深、责之切，但最后自认失败，小卡尔恢复自由身后即从军去了，他自己自然能照顾得了自己。

1817年，贝多芬步入创作生涯的最后时期。长久以来，贝多芬在政治上是一位革命家，现在他公开抨击音乐古典的形式，乐意接受音乐中浪漫主义的运动。他并不赋予奏鸣曲与交响曲严谨的结构，使情绪和个人的表达更为奔放自由，不受过时规则的约束。

这种狂放不羁的精神，在法国借着卢梭和大革命表现出来，日耳曼借助狂飙运动，在年轻歌德的《少年维特之烦恼》、席勒的《强盗》、蒂克和诺瓦利斯的诗篇、施莱格尔的散文、费希特和谢林的哲学中俯拾皆是。这种精神初传至贝多芬，而在他自然的诉诸情绪和个人尊严的主张上，寻到沃土。在艺术上，如在政治上一样，古老的法则、习俗和约束全部崩溃，结果使个人毅然脱离旧规则、约束、形式的羁绊，而可自由自在地表达出自己的感情和愿望。

贝多芬讥讽平民为驴子、贵族为骗子，他们的习俗和繁琐仪节，与艺术的创作毫不相干。贝多芬拒绝追随前人的窠臼，甚至如创造过悦耳动听的巴赫、亨德尔、海顿、莫扎特、格鲁克所创的乐型。贝多芬自己革命，甚至做他自己的暴君，创作出《欢乐颂》，而以这首曲子作为预期死亡时的独立宣告。

在贝多芬创作的第二和第三时期，三首钢琴奏鸣曲是过渡的桥梁，这三首奏鸣曲曲名本身即是叛逆。因为厌烦意大利人在语言和音乐上凌驾他国，日耳曼提议在音乐符号和乐器上使用德文以代替意大利文。如此一来，庄严优美的钢琴，应舍弃表示强弱音的钢琴，而易名为槌子键琴，因为钢琴音调是由小琴槌敲击琴弦而发音的。贝多芬立即接受这个观念，在1817年1月13日写信给乐器制造商西格蒙·斯坦纳（Sigmund Steiner）说："以槌子键琴代替钢琴——可一劳永逸地解决这件事。"

钢琴奏鸣曲中最为人称道的是第二首，即作品106号降B大调"钢琴与槌子奏鸣曲"，完成于1818年至1819年。贝多芬告诉车尔尼

（Czerny）说这首是他自诩为钢琴曲作品中最得意的一首，贝多芬的说法也一再为后代的钢琴家证实。曲中似乎对老年、疾病和孤疾表达出逆来顺受的郁悒气氛，实际上，这首钢琴奏鸣曲是艺术克服沮丧的一大胜利。

为了进一步去除消沉感，贝多芬写下了第9号交响曲。1818年，贝多芬开始构思交响曲的同时，着手创作《弥撒曲》。《弥撒曲》是为了鲁道夫大公升任奥尔米茨总主教，在就职典礼上演奏的。《弥撒曲》于1823年首度完稿，但已是就职典礼后的第三年了。

贝多芬急于增加储蓄，以在迟暮之年能生活无虞而且遗赠给侄子卡尔，想出售《弥撒曲》在出版前预约的复本，他向欧洲各国王室申请，要求自每份复本上取费50金币。应允的复信姗姗来迟。1825年底，已有十国答允：俄罗斯、普鲁士、法国、萨克森、托斯卡纳、戈利岑和拉齐维尔亲王和法兰克福的卡西里亚协会等。

对于《弥撒曲》，一般人认为它长时期的孕育和结束形式的奇特交换，实有其可取之处。偶尔对神祇的亵渎，中断贝多芬一向有的天主教信仰，在这首曲中却无迹可寻。礼拜仪式的每一时刻均以谐和的音乐诠释，垂死的人绝望的祈祷也清晰可闻，乐谱手稿上的信条，系出自贝多芬的手笔，开头写着："至高无上的上帝，上帝决不遗弃我。"音乐强而有力，似与基督徒谦逊的表现不合。乐曲的每一部分洋溢着虔诚专注之情与整曲中持续不变的庄严神圣感，使《弥撒曲》成为伟大而有瑕疵的灵魂，向渺不可知的上帝做最终与适切的奉献。

1824年2月，贝多芬完成了第9号交响曲，曲中贝多芬力图表达出最终的哲学——愉悦地接受个人的命运——打破所有古典规则的束缚。这位急躁的音乐帝王以他自负的能力，牺牲了古老尊奉的定则，推崇新崛起的自由之神而为之狂喜不已。祭坛一座座地倾圮，主题犹如大厦的石柱应是耀眼触目，但除了深奥难以索解的观念外，主题全都隐没不现，乐句似是过度的突出与反复，偶尔有轻柔或静谧的时刻，也为突如其来的强音掩盖，犹如对一个狂乱与冷淡的世界投以盛怒。一位权威的学者认为，事实并非如此，曲中丰富的内涵显然令人困惑，"形式却是异乎寻常的简单，精致的细节似乎使人目眩神迷，其实它纯粹是精心构思直至合理的结尾，某些观念一如形式本身一样的简单和自然"。

也许这位作曲家审慎地放弃了传统的努力，而赋予永久形式于人类美或隐晦不明的旨趣上。贝多芬坦承放弃这个念头，而遨游嬉戏于无边的想象中，尽情利用艺术的富源，最后他重拾年轻时敏锐的挑战能力，而将席勒的《欢乐颂》融汇入音乐中，此颂歌非仅止于欢乐而已，还是反对专制残暴的喜悦战争——

> 以大无畏的精神与君王对抗，
> 即使以财富与鲜血为代价！
> 除高贵的德行外，冠冕一文不值，
> 谎言欺世者全须处死！

贝多芬在创作巅峰的经典之作，现在已经完成，他渴望有机会呈献在世人面前。但在此时，罗西尼于 1823 年，已使奥地利人如醉如痴，维也纳的听众倾心于意大利的旋律，当地主办人没人敢孤注一掷地把两首困难的曲子如《弥撒曲》与《合唱交响曲》择期公演。

柏林一位戏剧演出人愿意演出这两曲，贝多芬正要同意之时，以利赫诺夫斯基家族为首的爱乐团体，听到维也纳最杰出的作曲家不得不到敌国的首府公演最负盛名的近作时，大为恐慌，同意贝多芬可在卡特涅梭尔剧院演奏。经过艰苦的交涉，1824 年 5 月 7 日，音乐会终于在座无虚席的剧院演出，节目为：一首序曲《献堂乐》，《弥撒曲》的四部分，压轴的是《第 9 号交响曲》，在日耳曼合唱团洪亮的歌声中结束。合唱团歌手因唱不出指定的高音符，而略去不唱。《弥撒曲》庄严肃穆地为观众接受；而《交响曲》反应热烈，全场欢声雷动，历久不衰。贝多芬背对听众站在剧台上，听不到喝彩声，只有转过身来才看到听众的反应。

剧终（1824—1827）

贝多芬因从音乐会收入的 2200 弗罗林中，仅分到 420 弗罗林，而和申德勒发生口角，贝多芬指责他们欺骗他，结果申德勒等人离开了贝多芬。现在除了侄子偶尔探视他外，贝多芬完全孤独了。在这段岁月中，贝多芬写下了 16 首四重奏中的最后 5 首。

1823 年戈利岑公爵愿付给贝多芬要求的报酬，只要题献给他一至三首四重奏。贝多芬同意每首代价为 50 杜卡特。作品 127、130、132 号三首和作品 131 号、135 号为贝多芬最后的四重奏，由于不可思议的奇特气氛而享誉乐坛。贝多芬在作品 130 号写下了较为简单的终曲，于 1826 年私下演奏，除了演奏者发觉第四乐章无法胜任外，公认能取悦听众。被抵制的乐章即是目前的作品 133 号《伟大的遁走曲》，一位研究贝多芬的学者大胆地诠释为能表达出作曲者最后的哲学：生活与现实是由不可分割的对立物，善与恶、喜悦与悲伤、健康与疾病、出生与死亡组成，智慧则是贯穿其中无法避免的生命本质。五首四重奏中，最为人赞赏而贝多芬也视为最出色的是作品 131 号升 C 小调四重奏，完成于 1826 年 8 月 7 日。有人说："神秘的幻想，最完美地被表达。"近日再度聆赏听来似乎是女巫的悲号哭泣，或是受到致命伤的动物发出的哀怜呻吟声。作品 135 号是五首四重奏中的最后一首，在最后乐章中表达了一句箴言：必然是这样的吗？回答为：必然是这样的！

1826 年 12 月 2 日，贝多芬为剧烈咳嗽所苦，请医生来看病。两位曾为他治过病的医生拒绝前来，结果请来了瓦乌希医生，诊断后证实为肺炎。贝多芬终于卧病在床，他的弟弟约翰来探望他，侄子小卡尔则带着他的祝福投身军旅。1 月 11 日，瓦乌希医生与马法提医生会诊，瓦乌希开了冷冻混合饮料的处方来帮助病人入睡。贝多芬很喜欢加点酒类在饮料中而且常"滥用处方"。水肿和黄疸病慢慢恶化，尿液不能排出而必须自体内导出，贝多芬已动了两次手术来导出体内液体而把自己比喻为"间歇泉"。

贝多芬决心不动用银行存款（总数有 1 万弗罗林），那是他为小卡尔储蓄的。面对急遽增加的支出，贝多芬于 1827 年 3 月 6 日写信给伦敦的乔治·斯马特爵士：

> 我会有怎样的结果？在我恢复失去的力量和能再度笔耕前，我靠什么过活？……我求你尽可能地说动爱乐协会实现以前为我举办慈善音乐会的决议，我没有气力再多说一句话了。

爱乐协会赠给贝多芬 100 镑，作为音乐会收入的预付金。

3 月 16 日，几位医生都认为贝多芬不久于人世了。医生和约翰请贝多芬同意招来一位牧师。他说："我渴望请来。"贝多芬已全然忘怀自己曾和上帝抗争过。他在 3 月 14 日的信中表示已准备接受"上帝以他非凡的智慧"颁布的旨意。3 月 23 日，贝多芬以驯服的态度接受了最后的圣礼仪式。他的弟弟后来提到这个临终的人向他说："我很感激这最终的圣事。"在仪式过后不久，贝多芬向申德勒说："演出结束了。"显然他所指的是生命本身而非宗教仪式，这句成语在古典的罗马剧场使用，以宣布戏剧的结束。

贝多芬经受 3 个月的痛苦后，于 1827 年 3 月 26 日辞世。在他安息前片刻，一道闪电照亮了整个房间，紧接着雷声轰隆。贝多芬为雷声惊醒，举起右臂对着风暴挥动紧握的拳头。不久，他的痛苦停止了，我们永远不会知道他临终的姿势所代表的含义。

验尸报告揭露了使贝多芬生活和脾气阴郁的内脏疾病：肝染病而萎缩，耳道为脂肪堵塞，听觉神经退化。"他常埋怨头部、消化器官、腹部与黄疸病引起的痛楚，这些痛楚和许多信札表现的深沉沮丧，都是由于肝与消化器官同时发炎引起。"或许贝多芬热衷散步与户外空气，缓和了这些疾病，给了他一生中最无痛楚的时辰。

贝多芬的丧礼有 3 万人参加，扶柩者中有钢琴家胡梅尔、小提琴家克罗伊特尔、舒伯特、车尔尼等，杂在擎火炬的人中。墓碑上仅镌刻着贝多芬的名字和他诞生与安息的日期。

面对大革命的风暴，玛丽·安托瓦内特在危机中表现得比她的丈夫更为坚强、有主见。

上 | 面对国内紧张的局势，路易十六认为大革命会自生自灭，他还在不断以狩猎、制锁、做泥瓦匠等个人爱好自娱自乐。

下 | 1789 年 6 月 20 日，三级会议由于选举权的问题陷入僵局，第三等级集合宣誓如不制定新宪法，他们决不离散。

上 | 1789 年 10 月，在人民的压力下，路易十六从凡尔赛迁回巴黎土伊勒里宫，却成为革命运动的人质。

下 | 国民公会对路易十六以叛国罪进行审判，1793 年 1 月 18 日将其判处死刑。21 日，路易十六在巴黎革命广场上了断头台。

路易十六被处决后，玛丽·安托瓦内特被单独监禁在康西格里。1793 年 10 月，她被交付革命法庭审判，两天后被送上断头台。

农民领袖雅克·卡特利诺。1789 年爆发的大革命在充满宗教激情和经济落后的法国西部并没有受到多少欢迎，还发生了农民和保皇党的反革命叛乱。

欧洲各国的君王决定干预法国大革命，奥普联军越过边界，迅速向巴黎挺进。这时，危机的情况唤醒了法国人的民族觉悟，人民纷纷志愿参军，诞生了著名的《马赛曲》。

上 1792 年 9 月 20 日，法国军队在瓦尔密阻挡住普鲁士军队；同时，新的国民公会召开，宣布废除君主制，建立共和国。

下 记者德穆兰原本有口吃，但大革命爆发后，他突然成为一名雄辩的演说家。后因反对救国委员会控制经济和实行恐怖政策，被罗伯斯庇尔送上断头台。

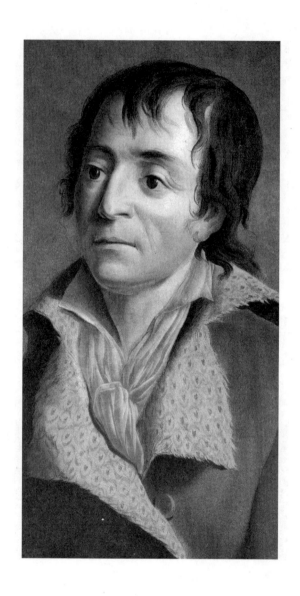

法国政治家、医生和新闻工作者马拉，是大革命时期最激进的山岳党的主要代表人物。

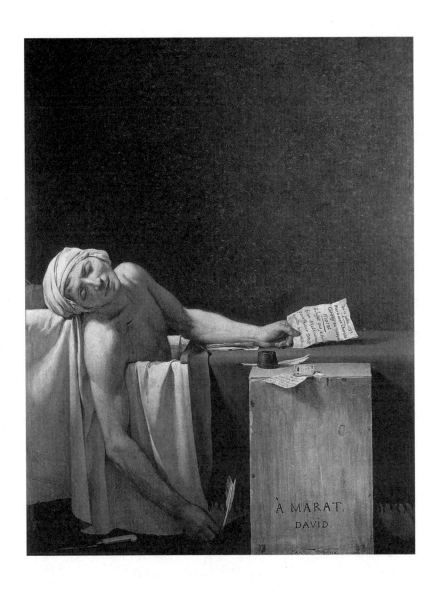

1794 年，一个年轻的吉伦特派支持者科黛，以请求保护为名进入马拉的房间，把正在为治疗皮肤病而沐浴的马拉刺死。

山岳党是法国大革命期间国民公会的激进派议员集团。在 1794 年至 1795 年发生的热月政变中，许多山岳党人士不是被处决，就是被清除出国民公会。

雅各宾派领导人罗伯斯庇尔虽然年轻，但很快就在议会中崭露头角。1794 年 6 月 4 日，他当选为救国委员会主席，实施激进政策，但很快就被政敌送上断头台。

法国外交官和浪漫主义作家夏多布里昂，他对当时的青年影响至深。

英国女作家玛丽·沃斯通克拉夫特深受法国大革命的影响，主张妇女应获得平等的教育机会和社会地位。

原籍瑞士的法国女作家斯塔尔夫人主持的沙龙是当时知识界名流的聚会场所，颇有名望。拿破仑登基后，在她的周围形成了一个自由派反抗中心，这使拿破仑十分恼怒，她被逐出法国。

上 | 1793 年 4 月，拿破仑写下《博凯尔的晚餐》，极力主张联合日益激进的雅各宾派和围绕国民公会的共和派共同行动。

下左 | 1796 年，法军征战意大利，并在阿科莱打败奥地利，拿破仑把胜利的旗帜插在了阿科莱桥头。拿破仑一战成名。

下右 | 1795 年，拿破仑结识了一位迷人的黑白混血美女约瑟芬，那时的她已是两个孩子的母亲，并有过很多风流韵事。次年 3 月，他与她结婚。

上 | 1798 年，为了切断通向印度—英国财富的来源的道路，拿破仑远征埃及，整个尼罗河三角洲被
迅速踏平。

下 | 1798 年 8 月，法国舰队在尼罗河一战中被英国彻底摧毁，拿破仑被困在了埃及。为了退回法国，
拿破仑进入叙利亚，但在阿卡镇为英军所阻不得不向埃及撤退。

西哀士原为五人督政府中的成员，但他深信只有军事独裁才能防止王朝复辟。1799年，他协助拿破仑发动了推翻督政府的雾月政变。

雾月政变后，执政府成立了，3位执政拿破仑、西哀士和迪科就职，然而此后法国的主人是拿破仑了。

1782 年诺斯内阁倒台，英国国王乔治三世经历了一段最暗淡的时期，小皮特出任首相。他采取团结政策，才将政局稳定下来。

美国革命使英国蒙受沉重的损失，为了削减赤字，小皮特改革税制、开征新税；在外交上，与普鲁士和荷兰结盟，抑制法国的势力。

上 《运草马车》（康斯太布尔，1821 年）。康斯太布尔的大多数作品注重光与色的因素，真实地再现了英国农村的自然面貌。

下 英国浪漫主义画家特纳笔下的威尼斯。特纳特别注重团块的总体光色效果，画面结构更加灵活。

《共眠的亚当和夏娃》，威廉·布莱克为弥尔顿的《失乐园》所配的水彩画。

TRANSACTIONS

OF THE

ROYAL SOCIETY OF EDINBURGH.

VOL. III.

EDINBURGH:

PRINTED FOR T. CADELL, IN THE STRAND, LONDON;

AND

J. DICKSON, AND E. BALFOUR, EDINBURGH.

M DCC XCIV.

1794 年的《皇家学会汇刊》扉页。皇家学会是大不列颠最早的科学学会，也是欧洲最早的学会之一，极大地促进了科学思想的发展。

物理学家本杰明·汤普森推翻了那种认为热是物质的流体形式的理论，建立了现代热理论，并推广了瓦特蒸汽机的应用。

英国医生爱德华·詹纳是牛痘接种法的创始人。

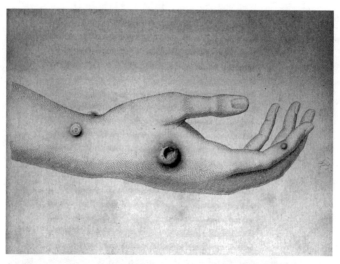

上 | 18世纪天花在欧洲肆虐，导致大量人口死亡。

下 | 詹纳医生正在给小男孩接种。经过许多周折，牛痘接种法得到公认并传播到全世界，使天花的病死率大为下降。

出生在英国的美国作家托马斯·潘恩，被后人称为"英国的伏尔泰"，他的著作对美国革命产生了巨大影响。

英国哲学家边沁是功利主义最早的、主要的阐释者，他认为人类受苦与乐这两个至高无上的动机支配。

英国女作家简·奥斯汀善于寓道德教育于怡情悦性之中，被认为是她那个时代最敏锐的观察家和最犀利的分析家。

英国浪漫主义时期的大诗人华兹华斯，被誉为"大自然的祭司"，其作品的主要主题是人与大自然的关系。

身穿阿尔巴尼亚民族服装的英国诗人拜伦，他的名字既是最深刻的浪漫主义忧郁的象征，又是追求政治自由的象征。

英国浪漫主义诗人雪莱，一生都在热烈地追求"美妙的人类的爱"和改善社会的目标。

上 | 1793 年，小皮特正在下议院演讲。面对欧洲大陆的紧张局势，奥、普、西、荷、英组成了第一次反法联盟，而此时，法国革命政府组织人民进行全面战争。

下 | 英军将领威灵顿公爵，在对拿破仑的战争中，起初在西班牙半岛战争时期建立战功，并最终在滑铁卢战役中打败拿破仑。

英国海军统帅纳尔逊，曾在尼罗河战役（1798 年）和特拉法尔加战役（1805 年）两大关键性战役中击败法国海军。

特拉法尔加战役的海战场景。

《特拉法尔加战役》（特纳，1824 年）。特拉法尔加战役不仅永久打破了拿破仑入侵英国本土的计划，而且确立了英国海军长达 100 多年的优势。

在特拉尔加战役中，纳尔逊在英国军舰胜利号上被敌方枪弹击中阵亡。

法军占领西班牙遭到人民的抵抗，1808年5月2日马德里爆发起义，这幅画描述的是起义者正在攻击拿破仑的雇佣军马穆鲁克。

虽然马德里的起义被镇压，但在法国军事力量薄弱地区的反法起义到处取得胜利，并坚持进行着独立战争。

《农神食子》（戈雅，1819—1823 年）。法国入侵西班牙，将战争变成一场残暴的屠杀，使西班牙乃至全欧洲进入了历史上最痛苦、最混乱的一段黑暗时期。

i

imaginist

想象另一种可能

理
想
国
imaginist

文明的故事

THE STORY OF CIVILIZATION

拿破仑时代（下） II

The Age of Napoleon

〔美〕威尔·杜兰特　阿里尔·杜兰特 著

by Will Durant, Ariel Durant

台湾幼狮文化 译

上海三联书店

第五章 | 日耳曼与拿破仑
（1786—1811）

神圣罗马帝国（1800）

普鲁士的爱国者，也是伟大历史学家的特赖奇克（Heinrich Von Treitschke）认为："自从路德的时代以来，日耳曼从没有像现在（1800 年）这样，在欧洲占据了如此显赫的地位，我们的国家拥有伟大的英雄和诗人。"我们可能将胜利的腓特烈二世列于败灭的拿破仑之下，但是无疑地，歌德和席勒，从爱丁堡到罗马，在诗和散文上闪耀了无与伦比的光辉。而日耳曼的哲学家，从康德经费希特、谢林和黑格尔到叔本华，慑服了从伦敦到圣彼得堡的欧洲人的心灵。这是日耳曼的第二次文艺复兴。

假如国家的定义是一群人生活在共同的政府和法律之下的话，那么日耳曼像 16 世纪的意大利一样，并不是一个国家。1800 年的日耳曼是一个约有 250 "国"的松弛联结，每一"国"各有法律和税收，很多"国"有自己的军队、币制、宗教、风俗和服装，有些"国"所讲的方言甚至连半个日耳曼世界都无法了解。不过，它们所写的文字是相同的，这使它们的作家潜在地拥有 1/3 欧洲大陆的读者。

附带地，我们应该注意到，如同文艺复兴中的意大利，这些国家的独立允许一种不定型的多样性、一种刺激性的竞争及一种人格、实验和思想的自由。而这些，在一个中央集权化的大国中，可能早已被压制。日耳曼的这些依然如此深具魅力、绝无仅有的古老城市，如果也和法国诸城对巴黎的关系一样的话，不是早就失去其生动性和个性了吗？而且假如日耳曼的所有这些地区组成了一个联合国家的话，那么这个物产丰富、人口众多的欧洲核心国，不早就无法抵御地占领了全欧洲了吗？

只有在一点上，日耳曼诸国的独立才受到限制：他们全是神圣罗马帝国的一分子，神圣罗马帝国在 800 年始于教皇加冕为国王的查理曼——为日耳曼人所熟知，就像他们自己的法兰克·查理大帝一样。1800 年，这个帝国对日耳曼诸国有了个令人目眩的改变。最显著的是 9 个选举国王的"选帝国"（electoral state）：奥地利、普鲁士、巴伐利亚、萨克森、不伦瑞克–吕内堡、科隆、美因茨、汉诺威和特里尔。其次是 27 个由天主教高级教士统治的"圣国"（spiritual land），仿佛是千年前濒临灭亡时的西罗马帝国主教统治城市的复活：萨尔茨堡的总主教管辖区，明斯特、列日、维尔茨堡、班贝格、奥斯纳布吕克、帕德博恩、奥格斯堡、希尔德斯海姆、福尔达、施派尔、雷根斯堡、康施坦茨、沃尔姆斯、吕贝克等的主教辖区。王侯统治 27 国，包括黑森–卡塞尔、黑森–达姆施塔特、荷尔斯泰因、符腾堡、萨克森–魏玛、萨克森–哥达、不伦瑞克–沃尔芬比特、巴登、卡尔斯鲁厄等地在内。50 座城市是帝国直辖城市（*Reichstadte*），是自治的帝国自由城市：汉堡、科隆、美因河的法兰克福、不来梅、沃尔姆斯、施派尔、纽伦堡、乌尔姆等。选帝侯、"帝国骑士"（Imperial Knight）以及其他代表，在他们国王的召集下，从这些地区或日耳曼的其他区域来到雷根斯堡参加帝国议会。1792 年，选帝侯选了奥地利的弗兰茨二世来领导神圣罗马帝国，而且以一种奢华的仪式来加冕他，吸引了日耳曼各地的著名人士来到美因河上的法兰克福。他成了这个历时久远帝国的最后一位国王。

1800 年，这个曾经一度是感人且慈善的机构几乎完全失去了它的效能和用途。它是封建制度的遗迹，每一部分由一个采邑领主统治，而臣属于一个中央权力；而中央权力由于分子国在人口、财富、世俗主义和军事力量上的成长而削弱。这个"神圣"王国的宗教统一因宗教改革、"三十年战争"和"七年战争"而结束。1800 年，北日耳曼是新教，南日耳曼是天主教，而它们对法国的启蒙和莱辛时代的开化已失去部分的热诚。宗教衰微时，由于教条政治或社会的因素，逐渐兴起的民族主义必定团结一个社会，以对抗其组成分子离心的利己主义。

由普鲁士领导的新教北日耳曼和由奥地利领导的天主教南日耳曼的分裂导致了可悲的结果：未能在 1805 年的奥斯特利茨或 1806 年的耶拿团结一致地抵抗拿破仑。在这些打击之前，奥地利对帝国议会早已不加理会，其他各国纷纷起而效之。1788 年，100 位合格的王侯会员中仅有 14 位，50 位合格的城主会员中仅有 8 位服从帝国议会的召唤。决议成了不可能达成。在坎波福尔米奥（Campoformio，1797 年）和吕内维尔（Lunéville，1801 年）的条约中，拿破仑强迫奥地利承认法国在莱茵河左岸（或两岸）的统治权，神圣罗马帝国的富饶地区，包括施派尔、曼海姆、沃尔姆斯、美因茨、宾根（Bingen）、特里尔、科布伦茨、亚琛、波恩和科隆在内，转移于法国的统治之下。1801年的神圣罗马帝国，正如伏尔泰所言（亦为一般人接受）既不神圣，也不罗马，更非帝国。没有一个重要成员国承认它的权威或教皇的权威。在这些混乱中，某种新形式的纪律和协调必须被计划接受或强迫接受。拿破仑接受了这个挑战。

莱茵邦联（1806）

这条伟大的河流有时被视为珍藏着建筑上瑰宝的奇伟景致、历史性记忆的一道画廊，也是经济上的天然恩赐：灌溉丰饶的土壤，将每个城市与其他 12 个在文化和产品贸易上互相匹敌的城市联结起来。

商业和工业在河两岸生长时，封建制度在此失去了它的效用和尖牙。但在这流畅的繁荣中，四个问题恶化了：统治阶层中享乐主义的盛行，官僚政治的腐败，分裂性的财富集中，及军事崩溃而招致征服者。

　　开拓莱茵诸国新道路的是法国和奥地利：答应以新的财产来补偿那些由于奥地利承认法国在莱茵河左岸统治权，而丧失土地的日耳曼著名人士。这些失去产业者要求复产的喧闹使法国和奥地利在拉施塔特召开集会（1797年12月16日）。一些不相干的王侯建议教会的主权应该"世俗化"——用易解的言词来说，从统治中的主教转移到失去产业的俗人手中。由于难以一致，集会提议将此事移至下次神圣罗马帝国的帝国会议中再做讨论。但一直搁置着，直到拿破仑从埃及回来，在法国掌握政权，在马伦戈打败奥地利，与奥地利、普鲁士、俄国订立条约。由此，1803年2月25日，一个帝国会议的代表团发出了一项法令，一致同意命名为"帝国委员主要决断"，草草地重改西日耳曼的地图和统治方式。几乎所有统治中的主教都失去了产业。普鲁士平静地接受教会统治的减少，奥地利虽曾哀伤，却无能为力。

　　新的统治者了解到奥地利不可能、也不会愿意给他们军事保护，而且他们（多半为天主教徒）也不期望普鲁士新教徒的保护。于是一个接一个地，这些重划的国家转向了武力至上、身为天主教徒的拿破仑。1805年12月30日，美因茨的总主教选帝侯达尔贝格在慕尼黑会见了刚从奥斯特利茨打胜仗归来的拿破仑，邀请他接受这些重新组织过的公侯国的领导权。这位忙碌的国王花了半年的时间来做决定。他认为：以法国一个国家若擅取1/3日耳曼为保护国，将会再度激化英国和俄国的敌对，而且招致其他国家的仇视。1806年7月12日，巴伐利亚、符腾堡、巴登、黑森－达姆施塔特、拿骚、贝尔格和其他许多国家联合组成莱茵邦联（*Rheinbund*）。8月1日拿破仑同意将其纳为保护国。虽然主要组成分子国在内政上保留独立自主权，但在外交政策上，它们同意服从他的判断，而且设置坚强的军事力量供其支配。它们通知弗兰茨二世和帝国议会，声明它们不再为其会员国。8

月6日，弗兰茨二世正式宣布神圣罗马帝国解散，放弃帝国的称呼，只保留奥地利国王。哈布斯堡王朝的光辉消失了，而一位新的查理曼——从法国来的统治者——在西日耳曼滥施威权了。

邦联在做出一系列让步的同时，得到了《拿破仑法典》（包括封建税和教会什一税的废止在内）、宗教礼拜的自由、法律面前平等、法国地方行政长官的管理体制，却有一个较诸从前更难贿赂、训练有素的司法部。这个结构的主要缺陷是其仰仗外力，而且只有在外国的保护比其国内的牺牲更重要时，才能继续存在下去。1809年，拿破仑要日耳曼子弟前去和奥地利战斗时，邦联显得不自然了。1812年，他驱使成千上万的日耳曼子弟前去和俄国战斗，而且要求庞大的军费支持时，邦联似乎是贪图小利而蒙受大害了。1813年，邦联日耳曼人被征召前去和普鲁士日耳曼人战斗时，邦联只不过是等待一次法国的重大逆运，然后将这整个脆弱的建筑物放在这位筋疲力尽的科西嘉人的头上罢了。

此时，拿破仑对法国的新边境安排了一个双层安全保障。这对于他来说，是一项胜利。莱茵河的西区已并入法国，而东岸的富庶地区（甚至延伸至易北河）现在也与法国有联系，而且依赖法国。1813年，拿破仑在莱比锡战役失败之后，邦联瓦解了，却留给了俾斯麦（Bismarck）一个纪念，而拿破仑的意大利统一也留给了马志尼、加里波第和加富尔一个启示。

拿破仑的日耳曼诸省

科隆的北方有两个地区，虽为莱茵邦联的成员，但因为战争而完全属于拿破仑，为他或他的亲戚统治：贝格大公国是他的妹夫缪拉，威斯特伐利亚王国则是他的弟弟热罗姆。缪拉擢升到那不勒斯（1808年）时，拿破仑借行政长官来统治全国。年复一年，他介绍法国的管理法、税法和法律。已经萎缩的封建制度结束了，直到这个地区成为繁荣的采矿和冶金中心，工业和商业都有发展。

威斯特伐利亚更是变化多端，领土更大。她的西端是克莱弗公国（始为亨利八世第四任妻子的封地），由此向东伸展经过明斯特、希尔德斯海姆、不伦瑞克和沃尔芬比特到马格德堡，经过帕得博恩到卡塞尔（首府），穿过鲁尔河、埃姆斯河和利珀河，到达萨勒河和易北河。

热罗姆于1807年登上王位，当时年仅23岁，对享乐较权力更有兴趣。拿破仑希望责任能使他成熟、稳定，寄给他一些感人至深的劝告书信，可是这被财政榨取阻遏，热罗姆发觉在收入上很难满足他哥哥的要求及他自己奢侈的宫廷生活方式的享受。即使如此，在拿破仑征服的创造时期，他在提倡改革上和拿破仑合作得非常有效。拿破仑的格言之一即为："人们无权决定未来，只有法律决定国家的命运。"因此他给了威斯特伐利亚一部法典，有效而且相当诚实的管理、宗教自由、司法部、陪审团制、法律面前平等、相同的税制及定期审查所有政府部门的体制。

一个国家的议会由一次有限的投票选出，100位代表中的15位选自商人和制造业者，15位则自著名学者和其他知名人士之中选出。这个会议无权立法，但能批评由国家议会对立法提出的议案，而这种劝告经常是被接纳的。

基本的改革是经济上的。封建制度结束了，自由企业开放其所有领域给有雄心的人。道路和水道加以保养和改善。内部通行税取消了，度量衡在全王国内统一。1809年3月24日的法令规定，每个自治村须对其穷人负责，命令其供给他们工作和粮食。于是纳税者开始抱怨了。

文明的威斯特伐利亚是日耳曼诸国中最进步的一国。早在福尔达的修道院图书馆以古典手稿来培育文艺复兴思想时，它已经培养了理智的生活。希尔德斯海姆已有莱布尼茨，而沃尔芬比特有莱辛。现在热罗姆国王有他的图书馆员，即条顿族哲学的创始者格林。1807年，在拿破仑的邀请下，缪勒——当时的历史学泰斗——放弃了他在柏林皇家史料编纂官的职位，来到威斯特伐利亚当国务卿及国家教育的总监（1808—1809年）。威斯特伐利亚在当时有五所大学，经由热罗姆重整为三：哥廷根、哈雷和马尔堡。其中之二声名响彻全欧。我们看到柯勒律治直接从下斯托威到哥廷根。一年后，被日耳曼思想迷得晕陶陶地回到了英国。

　　与这些恩赐相对的是严重的罪恶：课税和征兵。拿破仑要求他的每个属国给予他的政府、他一天比一天更加奢侈的宫廷和他的军队的开支一项充实的奉献。他的论据非常简单：假如奥地利或其他反动的力量打败或者罢免他的话，那么他曾经带给他们的这些恩赐就会被夺去。基于同样的理由，为军事训练提供健儿及必要的牺牲生命的义务——在他保护下的诸国要和法国共同分担。直到1813年，热罗姆的臣民刚毅地忍受了下来，毕竟，惩罚是未知的，而晋升是依据功绩，任何一位士兵都可能成为一位军官，甚至一位元帅。但是，1813年，威斯特伐利亚送了8000名年轻子弟到西班牙、1.6万名到俄国，以供拿破仑驱使，而从西班牙生还的只有800名，从俄国生还的只有2000名。

　　威斯特伐利亚的东北方是汉诺威选帝侯的领地。1714年，它的选帝侯膺任为英国国王乔治一世，而汉诺威就成了英国的一个属国。而当时的选帝侯是乔治三世，他使它成为大不列颠辖下的一个支点。因此他让汉诺威的一些大地主统治这个省份。"那是为了日耳曼中最独占的贵族政治的利益。所有有价值的地位……全由贵族垄断……他们小心地不让课税的重担落在自己的头上，而让公民和农民奉献大部分。"封建制度复活了，而被几乎是一种家庭中主人与仆人之间的关系缓和。当地的政府诚实无欺。

　　1803年，英国重燃战火，拿破仑命令他的军队和行政官控制汉诺威，防备英军的登陆，并排拒所有英货的进口。法军遭遇了少许的抵抗。1807年，忙于处理更大事务的拿破仑，将汉诺威附属于威斯特伐利亚，而置于热罗姆国王负担颇重的策略之中。汉诺威人祈祷重回英国的怀抱。

和汉诺威相反,汉萨同盟的城市(Hanseatic cities)汉堡、不来梅、吕贝克,却是繁荣和骄傲的安息所。同盟本身很久以前便不存在了,但在法国控制下的安特卫普和阿姆斯特丹的衰落,使其多数贸易转移到了汉堡。位于易北河河口的这个城市——1800 年自夸其拥有11.5 万人口——似乎是专为海上贸易和进口货物的迅速再装载而设计的。它由商人和资本家控制,但由于某种程度的技巧和公平,他们的垄断令人能够忍受。拿破仑渴望将这些商业城市纳诸其统治之下,禁止它们买卖英国输入品,而且借着他们的贷款帮助他负担军费。他派遣布里埃内和其他人去阻止英货流入汉堡,贪婪的前国务卿因全然漠视而致富。终于,拿破仑将这座大城市置于其统治之下(1810 年),但大为市民所恼,他们组织秘密社团去暗杀他,并且日复一日地图谋他的灭亡。

萨克森

威斯特伐利亚的东方和普鲁士的南方是一个日耳曼国家,她的市民称她为萨克森,法国人称她为"萨克斯"(Saxe)。她曾经一度从波希米亚伸展到波罗的海,在大不列颠,她曾遗留下"Sexes"的名字,最近遭到"七年战争"的破坏。如今是一个扩展到易北河的左右两岸,从路德的维腾贝格,到德累斯顿——日耳曼的巴黎的繁荣的选帝侯领地。

在先是选帝侯腓特烈·奥古斯都三世(1768—1806 年),后来是国王腓特烈·奥古斯都一世(1806—1827 年)的长时期统治下,加上如母亲般滋养她的易北河的恩赐,很快恢复了她的繁荣。德累斯顿再次沉浸于洛可可式的建筑,宽广的大道和美观的桥梁,西斯廷圣母[1]

---

[1] 意大利皮亚琴察的西斯廷圣母教堂中拉斐尔画的圣母像。今在德累斯顿的皇家美术馆。

和迈森陶器的欢乐之中。这位年轻的统治者虽然不是一位出色的政治家，却深思熟虑地治理其王国，小心翼翼地使用税收、偿还国债及在弗莱堡发展了一所著名的矿业大学。德累斯顿的对手——莱比锡——重新开始其一年一度的书籍展览会，在这里，从欧洲各处而来的出版者提供他们最新的出版物，而日耳曼昌盛的文学引导了理智的行列。

"公正者"腓特烈·奥古斯都加入普鲁士和奥地利企图控制法国革命的阵营，而分担了 1792 年在瓦尔密的挫折。他的堂弟路易的受刑给他带来了很大的困扰，但他很乐意参加 1795 年与法国的和谈。拿破仑大权在握时，腓特烈和他保持良好的关系，而拿破仑尊他为受他的人民爱戴的一位开明专制君主。然而，1806 年拿破仑的军队逼近耶拿时，腓特烈就处于一种进退维谷的境地：拿破仑警告他别让普鲁士军队通过萨克森，而普鲁士坚持并入侵，结果选帝侯投降，而且让他少数的军队加入普军的阵容。胜利的拿破仑相当仁慈地和腓特烈谈判：要求 2500 万法郎的赠款，命令他改称为萨克森王，让他当华沙大公国的首脑，强迫普鲁士割让斯普里河西岸的科特布斯及周边地区给萨克森。北方和东方处于波兰之间，西方是威斯特伐利亚，南方则为萨克森，普鲁士于是被已向拿破仑宣誓的国家所包围。普鲁士步日耳曼其他国家的后尘而臣属于拿破仑的法国，似乎只是时间问题而已。

普鲁士：腓特烈的遗产（1786—1787）

腓特烈二世大帝去世时，普鲁士王国是由勃兰登堡选帝侯的领地，西里西亚和更远的波美拉尼亚公国，东普鲁士诸省——包括柯尼斯堡、弗里德兰和梅梅尔，1772 年从波兰得来的西普鲁士，及数个在西日耳曼包围的领土，包括东弗里德兰、明斯特和埃森等组成。腓特烈死后，普鲁士又增加了领土：波兰第二次瓜分（1792 年）中的托伦和但泽地区，波兰第三次瓜分（1795 年）中的华沙和波兰心脏区，

1791 年的安斯巴赫、拜罗伊特和曼斯菲尔德，1797 年瑞士的纳沙泰尔等地。拿破仑解除普鲁士这项兼并的任务时，普鲁士似乎下定决心要吞并全部的北日耳曼了。

使普鲁士势力的扩张成为可能的人是腓特烈大帝的父亲。腓特烈·威廉一世，除了训练他的儿子和他的人民沉默地忍受痛苦之外，还留下了最好的军队，及一个由普及教育、普遍课税和普遍兵役紧密组成的国家，普鲁士成为适合一位好战国王胃口的一道佳肴。全欧、全日耳曼、全普鲁士看到这位食人的君王，他专制、高傲的贵族军官，及他身长 6 英尺的高大步兵时，全都战栗了。"别长高，"一位母亲警告他的儿子说，"否则你将被征召入伍。"

向这样的军队和国家，腓特烈大帝加入被伏尔泰磨炼的个人天才和根植于骨子里的禁欲主义。他将普鲁士由一个只堪与萨克森和巴伐利亚匹敌的小王国，变为一个足与日耳曼世界中的奥地利抗衡的国家，而且成为阻挡多产的斯拉夫族再度抵达他们易北河旧有边界的持续压力的最强屏障。对内，他建立了一个以正直闻名的司法部，一个逐步取代贵族以为国家官吏的行政组织。他开创言论、出版和礼拜的自由，在他的保护之下，"日耳曼的学校制度取代了教士教育极深的精神呆滞"。他是那个时代的一个能哄骗伏尔泰、教导拿破仑的男人。"伟大的腓特烈，"1797 年拿破仑说道，"是一位我乐意在任何事上，在战争、行政上商谈的英雄，我曾研习他军中生活的戒条，他日常的书信是我的哲学课程。"

在他的成就中有若干的缺陷。在他的战役中，他抽不出时间来使普鲁士的封建制度到达莱茵河流域诸国曾到达的更加人文的水准，而且他的战事使他的人民处于一种贫穷和精疲力竭的境况。普鲁士在他死后的衰微，他是该负部分责任的。腓特烈二世和他无子的叔父趣味相反，他喜好女人和艺术更甚于统治和战事。他在与第一任太太婚姻存续期间包养了一个情妇，她为他生了 5 个孩子。他和他的太太于 1769 年离婚，另和弗雷德里克·露易斯结婚，她为他生了 7 个孩子。而在这次婚姻中，他说服了他的宫廷牧师让他和平民女子朱莉·冯·福斯缔结鸳盟（1787年），她两年后去世；然后是女伯爵索菲·邓霍夫（1790年），她为他生了1个儿子。他抽时间去拉大提琴，欢迎莫扎特和贝多芬的访问，创立一所音乐学院和一所国家剧院。他负担经费，颁布了包含许多宽大要素的新法典。他进行一项宗教改革，准许他最喜爱的革新理性论者约翰·冯·沃尔纳（Johann von Wöllner）发布一项宗教令，结束宗教信仰自由，创立一种检查制度，驱逐了许多柏林的作家。

他的对外政策采取防御措施。他不愿继续他前任的攻击姿态，藐视百年来的先例，企图和奥地利建立友谊以为朝向日耳曼和谐和安全的一个主要步骤。他不喜欢法国大革命，满足于君主政体（他的人民也如此）。他派遣部分军队参加了在瓦尔密所打的败仗（1792年），但是他很高兴带回那些生还者去为他在波兰的第二次瓜分中出力。1795年，他与法国签订《巴塞尔和约》（*Peace of Basel*），这使他得以在第三次瓜分中自由地取得华沙。

姑且不论他的学识，他使他的国家在财富和势力上衰微。早在1789年，米拉波在长住柏林之后，预言道："普鲁士君主政体的结构使其不能应付任何的灾难。"陆军的纪律日趋松弛、骄慢无礼，官僚政治已因腐化和阴谋而不振，国家的财政一片混乱，近乎破产。"唯有经历战争，才能暴露出这个一切活动因旧有声威的魔力而麻痹的、隐蔽时代的内部腐败。"

普鲁士的崩溃（1797—1807）

多情的国王去世了，照顾这个病态国家的重担落在他儿子腓特烈·威廉三世的肩上，历经拿破仑、梅特涅，他将国家继续维持至1840年。他意志薄弱、感情温和，因之他能延续如此长久的时间，众人皆感讶异。他有着一个好公民所具有的一切美德：合作、正义、仁慈、谦和，忠于婚姻，热爱和平。他解放所有王室土地上的农奴。1793年，他和梅克伦堡-史特雷利茨公国的露易丝结婚，她年方17岁，美丽而具有热烈的爱国心，不久就成了全国的偶像。她依然是欢乐的主要源泉，但他似乎将所有的灾难引入其中。

这个新世纪带给了他一个接一个的危机。1803年，法国攫取了汉诺威，它的中立性曾为普鲁士保证。于是，陆军的年轻军官们喧嚣着，即使不发生战争，也要与法国绝交，但腓特烈·威廉保持他的和平。法军闭锁了威悉河和易北河的河口，伤害了普鲁士的贸易，但腓特烈主张忍耐。露易丝王后恳求战争，穿着印有她名字的军服，骑在马背上游行，在未曾败北的陆军中燃起火焰。斐迪南王子，国王的表兄，渴望得到一个表现他勇气的机会。年迈的不伦瑞克公爵提议领导普鲁士陆军，布吕歇尔将军——滑铁卢的未来英雄，支持他。腓特烈·威廉默默地对抗他们。1805年，奥地利向拿破仑挑战，寻求普鲁士的帮助，但国王不愿意。

但法军在前往奥斯特利茨途中，穿过普鲁士的拜罗伊特时，腓特烈·威廉的耐心消失了。他邀请俄国的亚历山大在波茨坦开会，在那里，他们宣誓，就在腓特烈大帝的坟墓处，并肩抵抗拿破仑，帮助奥地利。亚历山大的军队进军南方，不幸败北。正当普鲁士的军队动员时，战争结束了。亚历山大逃回俄国。拿破仑给腓特烈·威廉一个宽大、折中的和约（1805年12月15日和1806年2月15日）：普鲁士割让纳沙泰尔、克莱弗、安斯巴赫给法国，但以接收汉诺威作为报答。为了得到这个垂涎已久的奖品，腓特烈·威廉同意所有普鲁士港口对英货的封锁，和法国签订一个攻守同盟。英国向普鲁士宣战。

向复仇女神挑战，拿破仑开始组织莱茵邦联——它包围西日耳曼地区中的普鲁士省份。得到拿破仑秘密地将汉诺威呈献给英国的消息，腓特烈·威廉和俄国订立一个秘密同盟（1806年7月）以防御法国。8月1日，拿破仑将整个西日耳曼纳入其保护之下。8月9日，腓特烈·威廉动员他的一部分军队。9月4日，他重新打开普鲁士港口对英货的贸易。9 月 13 日，他命令他的军队进入萨克森。由于萨克森军队的加入，在不伦瑞克公爵的领导下，他的将官统率 20 万人。拿破仑认为这是对两个条约和一个同盟的违反，狂怒的他命令已驻扎在日耳曼的军队集中在同盟国的前方和侧翼。他本人则匆匆赶至前方，在同一天，即 1806 年 10 月 14 日，指挥耶拿和奥尔施泰特两地对普鲁士人和萨克森的歼灭战。

此事从法国方面来看，已如上述。从普鲁士方面来看，即是它历史中最黑暗的悲剧之一。腓特烈·威廉和他的政府、家属一齐逃入东普鲁士，并尝试从梅梅尔继续他的统治。拿破仑则从柏林的国王宫室中对欧洲大陆发号施令，并宣布"封锁大陆"（Continental Blockade）。他的军队将普人赶出波兰，在弗里德兰打败俄国人，而护送拿破仑至泰尔西特，在那里他和亚历山大签订和约。于是，腓特烈·威廉获悉必须接受屈辱的条件，借此普鲁士的继续生存将被允许。必须割让易北河西岸的所有普鲁士土地给法国，并将三次瓜分中普鲁士所有窃取的地区归还波兰。必须接受并供应法国士兵在普鲁士的占领开支，直到完全付清 1.6 亿法郎的战争赔款为止。由于 1807 年 7 月 9 日签订的这个条约，普鲁士失去了它之前拥有土地的 49%，及之前所拥有的 975 万人口中的 525 万人。在 1806 年至 1808 年之间的这几年中，占领部队的费用和赔款的支付耗去了普鲁士的全部收入。凝视着这个惨遭破坏的国家，部分日耳曼人预言：这种情况再也不会在日耳曼历史中重演。

普鲁士的再生（1807—1812）

在日耳曼人的特性中有一个坚强的核心——由于几个世纪来处于外族和好战民族之间艰苦生存而变得坚固——即能骄傲地忍受失败，并伺机反击。当时就有像施泰因的卡尔男爵、哈登贝格、沙恩霍斯特、格奈泽瑙诸人，无时无刻不在思索如何拯救普鲁士。那些上百万在旧奴隶制度束缚下绝望的农奴——假如他们从屈辱的负荷中获得解放，而且被欢迎加入在土地上或城市中的自由企业的话，他们对普鲁士的经济可能会倾注些怎样的活力呢？而现在正被一个遥远的中央政府统治着的这个国家，在轻视商业的贵族控制下无精打采的城市——在自由的激励下探索，他们在工业、商业和财政上，可能发展出怎样的鼓舞进取精神呢？革命的法国已经解放它的农奴，而且繁荣了，但是它将这些城市置于巴黎的政治保护下，为什么不先在暗中对征服者下手，解放农奴和城市呢？

施泰因的卡尔男爵就这么想。施泰因是他家族的祖城，位于兰河（the River Lahn）上，此河在科布伦茨北方注入莱茵河。他不是男爵，而是自由人，属于帝国骑士，曾宣誓保卫他的所有地和王国。他并非出生在施泰因而是在附近的拿骚（1757 年 10 月 26 日），父亲是美因茨选帝侯的御前大臣。他 16 岁进入哥廷根大学的法律政治学院攻读。在那里，他研读孟德斯鸠，像孟德斯鸠一样钦慕英国宪法，而且决心成名。他在韦茨拉尔的神圣罗马帝国法庭和雷根斯堡的帝国议会进行法律见习。

1780 年，他进入普鲁士文职部门，从事威斯特伐利亚制造品和矿坑的管理工作。1796 年，他已赢得沿莱茵河所有普鲁士省份的经济管理的主要地位。他的工作能力和他建议的成功使他于 1804 年奉召前往柏林作国家的贸易部长，在一个月之内，他受命援助财政部。拿破仑已在耶拿粉碎普鲁士陆军的消息传到首都时，施泰因成功地将普鲁士财政部的文件转移到梅梅尔，而由于这些财源，腓特烈·威廉三世得以负担他流亡政府的经费。或许是战争的刺激和种种的不幸激化了国王和他的部长的脾气，1807 年 1 月 3 日，国王以施泰因"为一个倔强、无礼、顽固和不服从的官吏，他恃才而骄……依情绪和个人的憎恶和怨恨而行动"而罢免他。施泰因回到他在拿骚的家。6 个月之后，在听到拿破仑推荐施泰因成为一个行政官时，国王把内政部长的职位赠给了他。

1807年10月4日，他就任新职，而10月9日，他已为国王准备了数百万农民和数以百计的普鲁士自由主义者长久以来祈求的宣言。第一条十分适度地宣布"我们诸国的每位居民"有权购买和拥有土地，但是这个权利到目前为止一直拒绝给予农民。第二条允许任何一位普鲁士人从事任何合法的工业或商业。因此，与在拿破仑统治下一样，事业开放给任何家系的有才能者，阶级障碍从经济上除去。第十条禁止任何加重农奴制度的行为。第十二条则宣称"从圣马丁节开始，在我们全部的国家中，终止一切农奴身份……将只有自由人"。许多贵族反抗此敕令，而在1811年之前，它一直未曾彻底地执行。

1808年，施泰因和自由主义者辛苦地将普鲁士从具有几乎无限权力的封建男爵或退休的军官或税务长官的统治中解放出来。1808年11月19日，国王，也是一位改革的支持者，发布一项《市政法令》。据此，城市将由当地议会选出自己的官吏来统治，但是大城市不在此例，其市长由国王指派议会选出的三人中的一人担任。健全的地方政治生命于此开始，使日耳曼杰出卓越的市政管理日臻成熟。

在重建普鲁士的工作上，施泰因并不孤独。沙恩霍斯特、奥古斯都·奈特哈特和哈登贝格亲王共同辛勤地重建普鲁士陆军，利用种种策略以逃避拿破仑的规限。这项工作的进展可由施泰因于1808年8月15日写给一位普鲁士军官的信中看出，此信落入法军之手，被刊登在9月8日的《导报》上。其中的部分是这样说的：

> 愤怒在日耳曼人心中日渐高涨，我们必须培养它，并感动人民。我非常希望我们能和黑森、威斯特伐利亚联系，而且我们应为必定发生的事件做准备，我们应该寻求和有活力、友好的人们保持关系。因之，我们能使这样的人民和其他人接触……西班牙诸事留下一个鲜明印象，它们证明了我们早已应该怀疑之事。这些消息如果审慎地散布开来将会有用，我们认为法国和奥地利之间的战争是不可避免的。这将是决定欧洲命运的战争。

拿破仑在即将为西班牙一个主要战役而离去时，下令腓特烈·威廉开革施泰因。国王仍在梅梅尔，迟不听命，直到他被警告：法军将继续他们在普鲁士领土的占领直到他服从为止。1808年11月24日，施泰因再度被罢免。12月16日，拿破仑从马德里发布一道命令，将其放逐，没收他的所有财产，并下令只要他被发现在法军控制的任何地区，他将遭到逮捕。施泰因逃入波希米亚。

他对普鲁士的损失，因哈登贝格被任命为国家大臣（1810年）——实际为首相，而获得补偿。他曾是政府的一员，重组过财政部，商议过1795年的和约，分担过1806年失败的责任，曾在拿破仑的坚持下被罢免过（1807年）。现在，他已60岁，拿破仑温柔地全神贯注于他的新皇后时，哈登贝格曾经说服国王首先召集一个贵族议会（1811年），然后（1812年）是具有咨询能力的国家代表议会，以其为国王的针砭和激励，而将其移向君主立宪政体。作为一个法国"哲学"的崇拜者，哈登贝格征用教会财产，强调犹太人的公民平等（1812年3月11日），征收贵族的财产税和商人的利润税，结束同业公会的垄断，确立事业和贸易的自由。

普鲁士于1807年至1812年的快速重建显示了日耳曼特性中一种丰富的潜力。在敌对的法军眼下，在普鲁士较弱的国王的统理下，非贵族的施泰因和哈登贝格着手重建一个被打败、占领和破产的国家，而在6年中，将其提升为一个强有力而且值得自豪的国家，使其于1813年成为"解放战争"（War of Liberation）中实至名归的领导者。每一阶层都努力地加入工作：贵族出来领导陆军，农民接受征召，商人献出他们大量的利润给国家，文人和学者向全日耳曼民族呼吁新闻、思想和礼拜的自由。1807年，在由法军管治警务的柏林，费希特发表了著名的《告日耳曼民族书》（"Addresses to the German Nation"），要求受训练的少数人引导普鲁士人民走向道德净化和国家更新。1808年6月，在柯尼斯堡，某些大学教授组织了一个"道德和科学同盟"（Moral and Scientific Union），后来成为著名的"道德同盟"，致力于普鲁士的解放。

其时，施泰因正徘徊在放逐、贫困及随时被捕或被杀的危险中。1812 年 5 月，亚历山大一世邀请他加入圣彼得堡的帝国法院。他去了，在那里，他和他的主人等待着拿破仑的到来。

第六章 | 日耳曼民族
（1789—1812）

经济

　　1800 年的日耳曼是一个具有阶级意识的民族，接受阶级区分，将它当作社会秩序与经济组织的制度，仅有极少数的人拥有非世袭的贵族头衔。"在日耳曼，"斯塔尔夫人记录道，"每个人都保持他在社会中的阶层和身份，好像那是他已确定的职位一样。"就大体而论，日耳曼是较法国人更具有耐力的民族。

　　法国大革命鼓舞了文学，但在工业上影响轻微。日耳曼富有天然资源，但封建制度的持续和封建男爵的权力，使中部和东部国家延缓了一种商业和制造业阶级的兴起，而这一阶级若由一种自由和无阶级差别经济的刺激，将会从土壤中挖掘出丰富的煤和金属供给工业。贸易获助于富庶的河流——莱茵河、威悉河、易北河、萨勒河、美因河、斯普里河、奥得河，但诸国的分裂使道路短、少、坏，沿途还有强盗和封建通行税。贸易因同业公会的管理、高税及地理上各色各样的度量衡、币制和法律而受阻。

　　直到 1807 年，日耳曼的工业遭到由最新机械所制造的英货的竞争，英国享有工业革命领先 30 年的利益，它禁止输出新工业技术或熟练的专技人员。具有两面性的战争，孕育了供人民衣食、使人民丧命的工业，同时滋养了国家的经济。而 1806 年之后的"大陆封锁"，多多少少排拒英货，帮助了大陆工业的成长。采矿业和冶金术在西日耳曼，尤其是杜塞尔多夫和埃森及其附近，发展了起来。1810 年，在埃森，克虏伯（Friedrich Krupp）创始了金属制品的综合体，此举武装了百年的日耳曼。

尽管有这些人，企业家依然被贵族和国王认为是潜在的奸商而遭受歧视，商人和制造业者被禁止和贵族通婚或购买一处封建地产。金融业者如胡格诺派教徒、犹太人和其他人，虽被允许贷款给贵族或皇室，但 1810 年他们建议普鲁士仿照英国和法国设立一个国家银行，以低利发行国家公债，因此而让国家债务帮助负担国家的经费时，国王和贵族一致认为，如此将会置王国于银行家的掌握中。普鲁士拒绝由资本家的经纪人来控制国家，宁可选择由一个军事阶级和普鲁士贵族政治来领导。

信仰者与怀疑者

如同在"三十年战争"中一样，普鲁士在宗教上仍然分裂。腓特烈大帝与奥地利和法国的多次战争，为其延长的悲剧的重演。假如腓特烈输了，新教徒可能已从普鲁士消失，如同在 1620 年之后它从胡斯的波希米亚消失一样。

在新教的北方，新教牧师接管了天主教主教的财产时，他们成为仰赖新教王侯的军事保护者，承认他们是该地新教教会的领袖。因此，不可知论的腓特烈成为普鲁士教会的领袖了。在天主教国家中，奥地利、波希米亚及几乎所有莱茵邦联的主教，假如他们自身不是统治者的话，也需要同样的保护，因而陷入政府权力的附属中。他们大多数不太注意教宗的公告，但绝大多数定期在他们的布道上朗诵保护他们的政府当局的法令。因此，在拿破仑保护下的日耳曼诸国的主教，不管是新教还是天主教，都要在他们的布道上朗诵他的行政规则和军事告示。

此种教会的臣属产生了相异——几乎矛盾的结果：虔敬主义和理性主义。许多日耳曼家庭有一种较政策更强、较仪式更深的虔信传统，他们发觉在家庭祷告中较教士的雄辩或职业性的宗教信仰制度更富启示。他们越来越多地否定教会，而在秘密团体中，秘密而热诚地做祷告。更热烈的是一群自豪的神秘论者，他们珍爱雅各布·伯麦（Jakob Bohme）等先知的圣传，主张或寻求直接会晤上帝，体验已解决人生中最深、最苦问题的启发。特别令人难忘的是，忍受了数世纪宗教迫害的无言的英勇事迹，摩拉维亚派教徒的不隐遁、不宣誓的修道士和修女，为天主教的波希米亚所逐，而散布在新教的日耳曼各处，深深地影响其宗教生活。斯塔尔夫人曾见过他们之中的一些人，为他们婚前的守贞、财产的共享及为他们每个死去的人选择的墓志铭——“他生于这样的一天，而在这样的一天，他回归他的祖国”——感动。芭尔贝·朱莉·冯·克吕德纳（1764—1824 年）是斯塔尔夫人最喜爱的神秘论者，她献身于他们的宗派，她如此深具魅力地宣道，普鲁士的露易斯王后和俄国亚历山大沙皇，深受其影响，除了财产共享之外。

与神秘主义者相反的是怀疑论者，他们已经吸入法国启蒙运动的气息。莱辛发掘并部分出版了《匿名的残简》（*Fragmenteeines Ungenannten*，1774—1778 年），而放任了日耳曼的开化。在此书中，赫尔曼·赖马鲁斯（Hermann Reitmarus）表达他对《新约》四福音史实性的怀疑。当然，每个时代都曾有过怀疑论者，但是他们之中绝大多数懂得沉默是金的道理，因此它的蔓延就被地狱之火和警察抑制。但是现在它已进入兄弟会会员和玫瑰十字会（Rosicrucian）的分会、大学，甚至修道院。1781 年，康德的《纯粹理性批判》一书辨明了一种理性神学的困难，在日耳曼的知识分子中引起骚动。在他之后 30 年中，日耳曼哲学致力于摒拒或隐蔽康德怀疑的工作，而某些明敏的组织者，如施莱尔马赫获得了国际声誉。根据米拉波（1786—1788 年曾三度访问日耳曼）的记载，那时几乎所有的普鲁士新教牧师曾秘密地摆脱他们的正统信仰，进而认为耶稣是一位宣称世界末日迫近的可爱的神秘论者。1800 年，一位草率的评论者叙说宗教在日耳曼已死，而"当一名基督徒已经不再是时尚了"。乔治·利希滕贝格（Georg Lichtenberg）预言道："所有对上帝的信仰就像对育婴室的精灵的信仰一样，这一天将会来临。"

诸如此类的记事被情绪性地夸大了。宗教怀疑影响了少数的教授和一些二年级学生，但是它几乎不曾感动日耳曼的群众。基督教的教条依然使人们的依赖感诉诸超感力，即使知识分子也倾向于请求超自然的助力。新教的宗教集会以强力的赞美诗温暖了他们自己的心灵。天主教会依然给奇迹、神话、神秘、音乐和艺术提供一个庇护所，为经年在哲学和性的风暴及浅滩中，做智力航行而精疲力竭的心灵，提供一个最终的港口。因此博学的学者如施莱格尔、多才的犹太人像门德尔松的女儿，终于在圣母教堂寻求温暖。信仰总是恢复，而怀疑依旧。

日耳曼的犹太人

信仰已经衰微，因为容忍成长了。知识增长时，它溢出了教条保存的无知栅栏。对于一个受过教育的基督徒而言，以一个 18 世纪前因政治因素而钉死于十字架的理由，而去憎恨一个现代的犹太人，那已经是不可能的了。或许他曾在《圣马太福音》中读过：一群为数众多的犹太人，他们挚爱的传道者在他死前的几天进入耶路撒冷时，是如何以棕榈树叶铺满他经过的道路。无论如何，奥地利的犹太人由约瑟夫二世，莱茵河西部地区由法国大革命或拿破仑，普鲁士则由哈登贝格而解放。他们很高兴地走出犹太人居住区，成为有能力的工作者、忠诚的市民、热心的学者和有创造力的科学家。反犹太主义残存在未受教育者之间，但在知识阶层中它失去了宗教的光环，而必须以经济和智力的对抗和以残留在挣扎的穷人中的犹太习俗为生。

在歌德所在的法兰克福，基督徒和犹太人之间的敌意特别强烈，而且持续很久，因为那里的中产阶级感到犹太人在贸易和财政上竞争的活力。平静地生活在他们之间的是梅耶·阿姆歇·罗斯柴尔德，他贷款给囊中羞涩的王侯，如黑森－卡塞尔的王子们，或作为英国代理商之一，以资助被挑战的国王对抗拿破仑的方式，建立了史上最大的银行大厦。然而，拿破仑于 1810 年由《拿破仑法典》保证坚持给予法兰克福的犹太人完全的自由。

马卡斯·赫兹（Marcus Herz）是犹太社会的代表人物，从他身上我们得知，犹太人不仅是财富的追求者，也能成为科学、艺术的追求者和赞助者。他生于柏林，1762 年移居柯尼斯堡，康德和其他的自由主义者曾劝当地的大学收纳犹太人。赫兹注册为一所医学院的学生，但是他听康德讲课的次数就和他上医学课几乎一样多，而他对哲学的强烈兴趣使他成为康德最喜爱的学生。医学院毕业后，他返回柏林，不久在医学和哲学上获致声名。他在医学上的演讲和示范吸引了一群卓越的听众，包括未来的国王腓特烈·威廉三世。

他因和亨丽埃塔——她那个时代中最美的女人之一——的婚姻感到既高兴又悲哀。她使他的家成为堪称巴黎最好的沙龙。她热诚地款待其他的犹太美女，包括门德尔松的女儿杜洛丝亚·施莱格尔、外交官兼作家瓦恩哈根·冯·昂斯的未婚妻。犹太人和基督徒贵族群集在这三位美丽女神的周围，基督徒很高兴地发现她们并非徒具外貌，而且兼有思想，更具诱人的大胆。米拉波出席这些集会和马卡斯讨论政治，更常与亨丽埃塔思考微妙错综的问题。她享受着基督徒贵族给予的赞赏，并与教育家洪堡发生"暧昧的关系"，然后是和哲学宣教师施莱尔马赫。其时，她鼓励杜洛丝亚——已和西蒙·维特结婚，并有两个小孩——离开她的丈夫和家，而与施莱格尔同居，起初当他的情妇，然后成为他妻子。

犹太人和基督徒的这种自由混合产生了双重效果：它削弱了基督徒的信仰，因为他们发现基督和他的十二使徒曾欲使他们的宗教成为一个改革的犹太教，而忠于古神殿（Temple）[1]和《摩西律法》（*Mosaic Code*）；它削弱了犹太人的信仰，因为他们知道忠于犹太教，在朋友和地位的追求上将会是一个严重的障碍。在双方的阵营中，宗教信仰的衰微腐蚀了道德和律法。

道德

行为准则建立在对一位善意和恐怖之神的信仰上，它倾听每个人的哀诉，凝视每个人的行动和思想，不忘记任何事，并永不放弃判断、惩罚或宽恕的权力和威力。一位爱神和复仇之神，以它中世纪的方式主宰着天堂和地狱。这个阴郁或许又不可或缺的教条，依然存于大众之中，帮助了教士、普鲁士贵族、将军和家长管理他们的信徒、农民、军队和家庭。周期性的战争、商业上的竞争及家庭纪律的需要要求：青年服从和勤勉，女孩迷人的谦逊和家庭学艺，妻子耐心的奉献，丈夫和父亲严厉的控制能力等习性的形成。

一般的日耳曼人在本质上是善良的，至少在酒店里。但是，他们觉得在妻子、小孩、竞争者和佣人面前装出严肃的神情是明智的。他们工作认真，也如此要求在他们负责下的众人。他们尊崇传统为智慧的源泉和权威的支柱，旧习俗使他们能以一种节省和舒适的思考之巧用来处理他们每天的工作和事务。他们视他们的宗教为一种神圣的继承，而感激它在养成他们孩子的礼仪、规律和平稳上的帮助。他们排斥混乱了法国的法国大革命和日耳曼青年的"狂飙运动"，而视之为对已建立的关系——在家庭和国家的秩序和稳定上为必需之物——的威胁。他们虽将妻子和孩子置于从属的地位，但在他们日常的生活

[1] 犹太人在古耶路撒冷所建立三座庙宇中的第一座。

中，他们可能是仁慈而情深的，而且他们毫无怨言地工作以照顾他们身心的所需。

没有太多抵抗，他们的妻子接受了这个地位，因为她们同意家庭需要一只严厉和稳固的手。在家中，服从她们的丈夫和规律，她们被承认是指导的权威，而且往往从她们的孩子那里得到终生之爱的报酬。她们满足于当"孩子辩护的母亲"，而在土壤的征服和种族的延续上鞠躬尽瘁。

但是尚有其他的意见。1774 年，西奥多·冯·希佩尔（Theodore von Hippel），先于玛丽·沃斯通克拉夫特 18 年，出版了《论婚姻》（*On Marriage*）一书，为女性的自由辩护。他反对新娘服从的誓言，婚姻应该是一种合伙的关系，而不是从属。他要求女性的完全解放如瑞典的克丽斯蒂娜、俄国的叶卡捷琳娜、奥地利的玛丽亚·特蕾莎。假如完全的解放不能于法律中制定，则"人权"（Right of Man）应该更诚实地称为"男人权"（Rights of Men）。

日耳曼并没有听从他。但是，在法国大革命和激进文学在日耳曼普及的刺激下，18 世纪末和 19 世纪初突然出现了一群渴望解放的妇女。在光辉上，唯有 18 世纪的法国可匹敌。在恶行上，却无人能凌驾之。文学上的浪漫主义运动反映于中世纪的抒情诗人，理想化的女性不再是像得墨忒耳那样的一位母亲，或是像玛利亚那样的少女，而是一束拥有肉体美和活泼心智的令人醉狂的花束，带着些花边新闻而完成诱惑。我们已经指出，亨丽埃塔·赫兹和杜洛丝亚·门德尔松，及卡洛琳·米凯利斯（Caroline Michaelis，一位哥廷根东方语学者的女儿，她是一位革命寡妇，嫁给施莱格尔，而后与他离异，与哲学家谢林结婚）。福斯特夫人对共和政体的热衷，堪与其夫媲美，她离弃他而与一位萨克森外交家同居，写了一篇政治小说《沙达夫家庭》（*The Seldorf Family*），在莱茵省引起一阵骚动。"在智力上，"洪堡写道，"她是那个时代中最卓越的女性之一。"拉赫尔·瓦恩哈根（Rachel Varnhagen）的沙龙经常是柏林外交家和知识分子的出入场所。布伦塔诺，我们看到她飞舞于贝多芬和歌德的四周。还有那些有教养却不太革命的女性：女公爵露易丝、卡尔布夫人、施泰因夫人，较在魏玛的歌德更加明亮。

在日耳曼一些较大的城市中，妇女的解放自然伴随着一种道德约束的松弛。腓特烈二世在情妇方面，已创新例，但其继任者斐迪南王子更是有过之而无不及。因爱而结合的婚姻有所增加。歌德在衰老的过程中，从魏玛斜视柏林上层的欢乐生活，但他在卡尔斯巴德疗养地喝矿水时，他采纳了新的道德律。那里的妇女骄傲地展示着卡巴鲁斯和约瑟芬 1795 年在巴黎已开风气之先的新时尚。

政治上的不道德和性的松弛不相上下。贿赂成为外交上一种最令人喜爱的工具，而一种渴望的贪污同样润滑了天主教和新教国家的官僚政治。商业似乎较政治更为诚实，中产阶级即使和开放的妇女结婚，也远离沿着斯普里河的嬉乐。而其时，无论如何，大学正源源地将受过部分教育的青年的活力，注入日耳曼人的生活和道德中。

教育

教育现在成为日耳曼首要关心之事与成就，其兴趣等于因对拿破仑的反叛而引起的战争。费希特的《告日耳曼民族书》（1807 年）虽仅有极少数听众，却表示正在成长中的时代的信念：在这些年，快速的投降与民族的屈辱已经破坏日耳曼的精神时，唯有各阶层的教育改革方能使日耳曼步出享乐的追求，而进入对国家需求的严肃奉献中。1809 年，洪堡被任命为普鲁士的教育部长。他全身心投入他的工作，在他的领导下，日耳曼的教育体系开始了一番整修，不久就成为欧洲最好的了。来自 12 个国家的学生进入哥廷根、海德堡、耶拿和柏林诸大学中学习。教育推及各阶层，并在学科和目标上拓宽，虽然宗教被强调为品格的支柱，法学教师却使民族主义成为日耳曼学校的新宗教——如同拿破仑使其成为法国学校中的新神一样。

　　日耳曼的大学要求并接受一种活力的测验，因为其中的多数大学正苦于年代太久而陷入僵化的境地。海德堡大学于 1386 年，科隆于 1388 年，爱尔福特于 1379 年，莱比锡于 1409 年，罗斯托克于 1419 年，美因茨于 1476 年，图宾根于 1477 年，维腾贝格则于 1502 年创立。现今它们全都处于窘迫和贫困之中。柯尼斯堡大学创于 1544 年，因康德而享盛名。耶拿大学创于 1558 年，因席勒、费希特、谢林、黑格尔、施莱格尔兄弟和诗人荷尔德林而成为日耳曼的文化之都，那里的教授曾在欢迎法国大革命的程度上，几乎和学生不相上下。哈雷大学（1604 年）在三种意义上，是"第一所近代的大学"：它宣示本身思想和教学自由，也不要求教师做宗教正统的誓言，它为科学和近代哲学腾出位置，成为一个有创作能力的学问的中心和一所科学研究的工厂。哥廷根大学迟至 1736 年开始创立，却于 1800 年成为"欧洲最伟大的大学"，仅有荷兰的莱顿大学堪与比拟。"所有日耳曼的北部，"1804 年正在那里漫游的斯塔尔夫人说，"充满着欧洲最有学问的大学。"

　　洪堡如同文艺复兴时期的弗朗西斯·培根，是著名的解放心灵之一。他出身贵族，然描述其为："曾经是一种必要，但现在是一种不必要的罪恶。"他依据历史研究而下了如此的结论：几乎每个制度，即使它已变成不完善或妨碍物，曾经都是仁善的。"是什么使自由存在于中世纪？是采邑制度。是什么在野蛮人的世纪中保存了科学？是僧院制度。"这是他 24 岁时写的。一年后（1792 年），他以预言家的智慧判断法国 1791 年制定的新宪法。他认为，它包括了许多令人钦佩的建议，但是法国人民易激动又热情，所以将不可能实行它，而且会把他们的国家转入混乱。几十年后，和一位语言学家漫游于莱比锡的战场——1813 年拿破仑曾在此处吃败仗，他叙述道："王国和帝国，如我们此地所见，毁灭了，但是一首好诗却永远持续。"可能他想起了品达，他曾经翻译过品达格外难懂的希腊诗。

　　作为一个外交家，他失败了，因为他过分为改革的观念所迷，不能使其自身专心于瞬息的政治。不惬意于公共领域，他回到一种几乎孤独的研究生活。他为哲学所迷，并从事文字的冒险工作。他对政府解决社会问题的效果不抱信心，因为较佳的法律也将为人类不变的天性破坏。于是，他做了如下结论：对于人类来说，最好的希望是倚靠少数人的发展，他们的社会奉献，对于青年来说——即使是沮丧的一代，将是一座灯塔。

因此，42 岁时他走出他的隐退所，出任教育部长。1810 年，政府任命他创立柏林大学。在那里，他成就了一项至今仍影响着欧洲和美国的大学的改变：教授的遴选不过于依据他们的教学能力，而主要是他们科学或学问上的名声或志愿。柏林科学院（创于 1711 年）、国家天文台、植物园、博物馆及图书馆被合并于这所新大学。在这里，来了哲学家费希特、神学家施莱尔马赫、法律学家萨维尼和古典学者奥古斯都·沃尔夫。他的《关于荷马的绪言》（*Prolegomena ad Homerum*，1795 年）一书以启发的意见惊吓了希腊主义者：荷马并不是一位诗人，而是歌者的继承人，拼凑成《伊利亚特》和《奥德赛》。在柏林大学，巴松·乔格·尼布尔讲演《罗马史》（*Römische Geschichte*，1811—1832 年）。他排斥李维的前几章并非历史而是传奇，因而震惊了教育界。此后，不仅在哲学方面，而且在古典学问、语言学、历史学各方面，日耳曼都引导着世界。而它在科学上的至尊也已悄然来临。

科学

在日耳曼，科学曾因与哲学过于密切而受阻，它曾被视为哲学的一部分，与学问、历史学共同包括在"知识学"（*Wissenschaftslehre*）一词中。这种与哲学的联合损害了科学，因为其时的日耳曼哲学是一种理论逻辑上的运用，它骄傲地高翔于由实验的研究或证明之上。

在这个时代中，有两位将科学的殊荣带给日耳曼的人：卡尔·腓特烈·高斯（Karl Friedrich Gauss）和亚历山大·洪堡。高斯生于不伦瑞克的一家农舍，其父是一位园丁、砖匠和运河工人，他不赞成教育，以为那是通往地狱的通行证。虽然如此，卡尔的母亲注意到他对数字的喜爱和天分，于是俭省再俭省地送他进学校，而后进大学预科。在那里，他在数学方面的神速进步使其师为他谋得一次谒见不伦瑞克的查理·威廉·斐迪德公爵的机会。公爵深受感动，负担起这个男孩在不伦瑞克的卡罗利纳学院 3 年课程的学费。因而，高斯进入哥廷根大学（1795 年）。他在那里度过一年后，他的母亲由于完全无法了解儿子的学业及以数字和图解自娱的情形，于是请教一位老师：他儿子是否有成功的希望。回答是："他将成为欧洲最伟大的数学家。"这位母亲在去世之前，可能已听过拉普拉斯的叙述：高斯已证明了这个预言。现在其名与阿基米德、牛顿并列。

我们不僭望去了解，更不解明数字理论、虚数、二次残数、最小平方法、微积分的这些发现。据此，高斯将数学由牛顿时代变为一种几乎新的科学，它成为我们这个时代的一个科学奇迹的工具。他对谷神星（Ceres，第一颗小行星，发现于 1801 年 1 月 1 日）轨道的观察，使他有系统地陈述一种决定行星轨道的新式和快速的方法。他从事将磁学和电学的理论置于数学基础上的研究。对于所有相信唯有能以数学术语叙述者方为科学的科学家来说，这是一项负担和天惠。

他本人如同他的工作一样有趣。他重整一项科学时，他依然是一个谦逊的典范。他并不急于公布他的发现，因此直到他去世之后，这些荣誉并未归于他。他接他年迈的母亲和他的家人住在一起。97 岁时，她全盲了，他充当她的护士，而不允许任何人侍奉她。

这个时代的另一位日耳曼科学的英雄是威廉·洪堡的弟弟亚历山大·洪堡。从哥廷根毕业后，他进入在弗莱堡的矿业专科学校，因地下植物的研究而扬名。在拜罗伊特当矿业指导时，他发现地球磁力在岩石矿床上的作用，创设一所矿业学校，并改善工作环境。他跟瑞士的索绪尔（H.B.de Saussure）学习山的构造，跟帕维亚的伏特学习电的现象。1796 年，偶然地他开始了科学发现的漫长旅行（堪与达尔文的《小猎犬》媲美）。他的成果使他成为——据当时的双关语所言——"欧洲仅次于拿破仑的最著名的人"。

他和他的植物学家朋友邦普兰从马赛起程，希望伴随在埃及的拿破仑。情势使他们转向马德里，在那里的意外赞助鼓励了他们向南美洲的探测。他们于 1799 年起航，在特内里费岛——加那利群岛中最大的岛屿，做了一次 6 天的停留。在那里，他们攀登上匹克山，目击了一场流星雨，它导致洪堡研究这类现象的周期性。1800 年，从委内瑞拉的卡拉卡斯出发，他们花了 4 个月的时间研究沿着奥里诺科河的热带草原和雨带森林的植物和动物的生活，直到他们到达这条河和亚马逊河的共同发源地。1801 年，他们不辞辛劳地从卡塔赫纳（哥伦比亚的一个海港）穿过安第斯山脉到波哥大和基多，而攀登海拔 18893 英尺的钦博拉索峰（Mount Chimborazo），创下了一项世界纪录，此纪录保持了 36 年之久。沿着太平洋的海岸旅行到利马（Lima），洪堡测量了洋流的温度，现在以他命名。他观察水星的运行。他对海鸟粪进行化学研究，了解它有当肥料的可能性，于是送一些海鸟粪到欧洲进一步分析，就这样开始了一项南美洲最富的输出品。这位不屈不挠的研究者，在几乎到了智利时，转向北方，在墨西哥待了 1 年，在美国稍做停留，于 1804 年踏上欧洲的土地。这是历史上最丰硕的科学旅行之一。

洪堡在柏林几乎停留了 3 年，研究大批的笔记，而写下了他的《自然外观》（*Ansichten der Natur*，1807 年）。一年后，他移往巴黎，以接近科学的记录和援助。在那里，他住了 19 年，享受着法国主要的博学之士的友谊及沙龙的生活和文学。他是尼采所说的"悦人的欧洲人"之一。他以一位地质学家的冷静，目击通称为国家兴衰的那些表面的骚动。他于 1814 年伴随腓特烈·威廉三世到伦敦访问凯旋的国王们，但他主要还是从事发展旧科学或创造新科学。

他发现（1804 年）地球的磁力强度从南北极到赤道渐次减弱。

他以某种岩石的火成岩起源、山的构造、火山的地理分布状态等研究充实了地质学。他对支配大气运动的原理提供了最早的线索，从而阐明了热带风暴的起源和方向。他做了气流和洋流的最佳研究。他首先制定地理上的等温线——联结一年平均温度相同的地区，而无视于它们纬度的不同。绘图者惊奇地看到，在洪堡的地图上，伦敦虽与拉布拉多一样偏北、辛辛那提虽与里斯本一样偏南，却有着相同的平均温度。他的《植物地理的试验》一书开始了生物地理的科学——这是对植物的分布受自然界的地形环境影响的研究。这些及其他上百的贡献，虽然外表谦逊，但其影响是宽广、持久的，它们以《洪堡和邦普兰于新大陆赤道地区之航》之名出版了 30 册（1805—1834 年）。

终于他在他的工作上耗尽了他的财产，于是他接受了一个有薪职务，当普鲁士宫廷的御前大臣（1827 年）。他在柏林发表公开演讲——后来形成他的许多册《宇宙》（Kosmos）中的要旨（1845—1862 年），这在欧洲人的眼界中是最著名的书籍之一。其序文以一个成熟心灵的谦逊态度说道：

> 在一个活动生涯的晚期，我奉呈一项工作——它尚未确定的影像漂浮在我的脑海里已有约半个世纪之久——给日耳曼人民。我经常以为它的实现是不可能的，但是每当我想放弃这项工作时，我又——虽然可能有欠考虑——重新开始这项工作……引导我的主要推动力是去理解自然物体的现象、它们一般的关系，及表示自然是一个为内在力量牵动和鼓舞的伟大整体的热切努力。

1849 年被译成英文时，该书几达 2000 页，包括了天文学、地质学和地理学，显示了一个充满着意想不到的事物、有生气的自然世界，但为数学的定律及物理和化学的规律支配。然而，这广布的景象并非由一个无生命的机械产生，而是由与生俱来的无穷的活力、扩展力、创作力的生命产生的、巨大景色中的一物。

洪堡自身的活力是令人鼓舞的。他刚定居在柏林，就接到沙皇尼古拉一世的邀请，请他带领一支科学探险队前往中亚（1829 年）。他花了半年的时间收集气象的资料和研究山的构造，途中在乌拉尔山脉发现了钻石矿。回到柏林后，他利用他御前大臣的职位改善教育制度，并援助艺术家和科学家。他正从事《宇宙》第 5 册的写作时，死神降临了。他享年 90 岁，普鲁士以国礼葬之。

艺术

在日耳曼，时代对科学和艺术并不有利。当前或未来的战争消耗了热诚、激情与财富。私人赞助的艺术很少而且寥落。在莱比锡、斯图加特、法兰克福，尤其在德累斯顿与柏林的国家画廊展示杰出的作品，但由拿破仑搜刮到卢浮宫。

然而，在此骚乱中，日耳曼艺术产生了一些值得纪念的作品。巴黎在纷乱中雀跃时，柏林大胆地矗立了勃兰登堡门。朗汉斯（Karl Gotthard Langhans）以刻有凹槽的多利安式柱与沉重的山形墙设计，似乎宣了巴洛克与洛可可式的死亡，但这个庄严的建筑主要显示了霍亨索伦家族（Hohenzollerns）的强权及他们不让敌人进入柏林的决心。然而，拿破仑于 1806 年进入，苏联于 1945 年进入。

雕刻的进展顺利。这是重要的古典艺术，依赖线条（自古以来）避免色彩，它的精神不同于巴洛克的不规则与洛可可的多趣性。丹内克为斯图加特博物院凿刻了一尊《萨福》（Sappho）和卡图卢斯的《伴鸟的少女》（*Cirl with the Bird*），为法兰克福的贝斯门博物院雕了一尊《阿里亚德涅》（*Ariadne*），为魏玛的图书馆刻了尊席勒的半身像。沙多在罗马向卡诺瓦学习后返回出生地柏林。1793 年，以一尊立于勃兰登堡上长着翅膀的胜利女神，驾驭着 4 匹马牵拉的罗马二轮战车雕像，吸引了全首都居民的注意。他为斯德丁雕了一尊腓特烈大帝站在战阵中，以他的双眸火焚着敌军，但有两卷厚书在他脚下以证其为一名作家，他的横笛被遗忘了。较柔和的是一对露易丝王后与弗雷德里克公主，半埋在皱褶的披肩里，手挽着手。王后以其美貌、狂热的爱国心和死亡激励了艺术家。根茨献给她在夏洛滕堡一座阴郁的陵墓，在那处安息之所劳赫为她雕了一座匹配其躯体与灵魂的坟墓。

日耳曼的绘画依然受困于"贫血"，新古典主义企图活在赫库兰尼姆与庞贝的余烬里、莱辛与温克尔曼的论说里、孟斯与大卫苍白的脸上及考夫曼与无数蒂斯贝因人的罗马幻想中。但是，外来的漂染在日耳曼历史或特性上并无滋养之根，这个时代的日耳曼画家摒弃新古典主义，重返基督教，超越宗教改革及其对艺术的敌视与漠不关心。而且，在英国的前拉斐尔派很久以前，听从如瓦肯罗德与施莱格尔的召唤；在拉斐尔后，朝向以不疑信念的单纯与欢乐来作画、雕刻与作曲的中古艺术，因而崛起了以拿撒勒人闻名于世的画家学派。

绘画的领导人是奥韦尔贝克（Johann Friedrich Overbeck）。他生于吕贝克，以老式商人家庭不屈的审慎与来自波罗的海的迷雾伴着他度过 80 年的岁月。他被送到维也纳学习艺术时，发现那里新古典主义的滋养满足不了他。1809 年，他与朋友普弗尔建立"圣路加兄弟会"，将艺术献给久已存在于丢勒（Albrecht Durer）时代（1471—1528 年）的弥新信念来誓言复兴艺术。1819 年，他们移民到罗马，试着研究佩鲁吉诺与其他 15 世纪的画家。1811 年，他加入科内利乌斯，稍后加入了菲利普·伊法特、高登豪斯与卡罗斯费尔德。

他们在品奇欧山（Monte Pincio）上圣伊希多罗一个遗弃的修道院内，像吃素的圣人一样度日。"我们过着真正隐居的生活，"奥韦尔贝克稍后回忆道，"早晨我们一齐工作，中午我们轮流准备午餐，不外是汤与布丁，或一些可口的蔬菜。"他们相互推崇对方的作品。他们略过圣彼得大教堂，认为包含太多的"异端"艺术，宁愿到古老的教堂，到圣约翰拉特兰大圣堂的修道院与圣保罗大教堂墙外。他们为研究西诺莱利而旅行到奥尔维耶托，为杜乔·第·博尼塞纳（意大利画家，锡耶纳画派创始人）与马尔蒂尼而到锡耶纳，最重要的是为研究安杰利科到佛罗伦萨与菲耶索莱。他们决心避免人像的描绘或任何为装饰目的的绘画，而且恢复拉斐尔时代以前绘画的目的为激励基督徒的虔诚与基督教教义有关的爱国心。

他们特别的机会于 1816 年来到。其时，罗马的普鲁士执政官巴托尔迪委托他们以约瑟与门徒故事的壁画装饰他的别墅。拿撒勒人哀悼壁画取代了涂在帆布上的油画，如今他们研习化学以制造可使色彩耐久的表面，到目前为止他们已成功地使其壁画从罗马移走而装置在柏林国家画廊内，成为普鲁士首都最值得骄傲的财富之一。但老迈的歌德听到这些喜讯，指责它们为 14 世纪意大利风格的仿制品，正如新古典主义者模仿异端艺术一般。拿撒勒人忽视那些批评，在科学、学问与哲学渐渐腐蚀远古的信念时悄悄地离开了布景。

音乐

音乐在繁盛时是日耳曼的骄傲，凄凉时是它的安慰。1803 年，斯塔尔夫人抵达魏玛时，发现音乐几乎成为受教育家庭日常生活的一部分。许多城市有歌剧团体，而且自格鲁克以来，他们努力逐渐不依赖意大利的作品与抒情调。曼海姆与莱比锡有驰名欧洲的管弦乐队。器乐崛起，公开与歌剧颉颃。日耳曼有伟大的小提琴家如施波尔（Louis Spohr），著名的钢琴家如胡梅尔。腓特烈二世大提琴拉得极好，参加四重奏，有时加入管弦乐队。斐迪南王子是一个多才艺的钢琴家，只因他皇家的出身阻碍了与贝多芬、胡梅尔匹敌。

日耳曼有一个音乐大师几乎可为任一种乐器的教师、作曲家与演奏家而驰名欧洲，即福格勒。他很早就赢得风琴家与钢琴家的声誉，小提琴无师自通，并发展出一崭新的指法体系，非常适合他纤长的手指。被送往意大利跟着马蒂尼神父学习作曲时，他反抗一个又一个老师，后来在宗教方面获得转变，在罗马受到赞扬。返回日耳曼后，他在曼海姆创立一所音乐学校，然后在达姆施塔特，最后在斯德哥尔摩创立音乐学校。他反对意大利教师教授艰难的作曲法，应允较迅速地完成。莫扎特与其他人当他是江湖骗子，但稍后给予他很高的评价，不在其为一个作曲家，而在其为教师、演奏家、风琴制造者与男子汉。他以风琴家的身份旅游欧洲，赢得了无数听众，赚取了无数报酬，也改进了风琴。他改变了风琴演奏的形式，赢得了与贝多芬在即兴演奏上的竞赛。他是 12 位著名学生——包括韦伯与梅耶贝尔尊崇的老师。他去世时，他们像哀悼父亲那样哀悼他。1814 年 5 月 13 日，韦伯写道："6 日，我们深爱的大师福格勒突然被死神攫走……他将永远活在我们心中。"

卡尔·韦伯是两度结婚的弗兰茨·安敦·韦伯众多子女中的一位。在安敦的众多女儿与甥女中有两位出现在这些书卷中：阿洛伊西亚为莫扎特的初恋和著名的歌手，而康斯坦茨成为莫扎特的妻子。儿子弗里茨与爱德蒙跟着海顿学习，但卡尔·韦伯显露不出多大的希望，使安敦告诉他："卡尔，你可成为你喜欢的任一种人，但你绝成不了音乐家。"韦伯喜欢绘画。但在弗兰茨·安敦指挥的大部由其子女组成的剧乐团的四处漫游中，韦伯在音乐上的教育由一位挚爱的教师霍伊施凯尔重新开始。在他的教导下，这个男孩很快展现出一种才能，震惊并报偿了他的父亲。1800 年，时年 14 岁，韦伯开始作曲，而且公开演奏。然而，一阵又一阵的刺激在韦伯的性格上产生了一些影响：他变得烦躁不安、神经兮兮、容易激动，而且善变。他为他的友人塞尼费尔德发明的平版印刷术迷惑，因而有一阵子他疏忽了音乐创作，跟随父亲到萨克森的弗赖贝格从事商业规模的平版印刷。1803 年初，他遇到福格勒，再度激起狂热，成为福格勒的学生，接受严格的学习及练习日课。福格勒对他的信心激励了他。如今他进展极速，在福格勒的推荐下，充当布雷斯劳的乐队领班。当时他年仅 17 岁，他接受了，带着生病的父亲前往西里西亚首都。

这个年轻人不适合这个不仅需要多种的音乐才能，也需娴熟处理各种人际关系的职位。他交到挚友，也树立了宿仇。他花费过于大手大脚，斥责不能胜任的人过于尖刻，而且饮酒过于鲁莽。误以一杯硝酸当酒，他喝了一部分。他的喉咙与声带受到永久性的损伤，他再也不能唱歌，说话非常吃力。一年后他丧失了工作，以授课来养活自己、父亲与一位姑母。他几乎丧失了勇气。就在那时，符腾堡的欧仁公爵在他的西里西亚－卡尔斯鲁厄，给他们三人房子住（1806 年）。拿破仑夺取普鲁士的领土与财源而毁灭了公爵，韦伯为了供养三人，不得不暂时忘却音乐，在斯图加特充任符腾堡的路德维希公爵的秘书。这位公爵是一位狂欢、放荡与不实的爵爷，韦伯在他的影响下堕落了。他对歌手兰恩生出热诚的爱慕，失去她时也失去了他的储蓄与健康。他被柏林的一个犹太家庭——贝尔家（梅耶贝尔的双亲）——自放荡中救出。婚姻使他清醒，但恢复不了他的健康。

在"解放战争"中，他为克尔纳的军歌配乐赢得了令誉。战争后他加入另一场运动——对抗意大利歌剧：他撰成《自由守护》（*Der Freischutz*，1821 年）当作独立宣言对抗巡回与胜利的罗西尼。它首次于 1821 年 6 月 18 日，滑铁卢一周年纪念日演出。在爱国心的羽翼上它被捧得很高，从来没有一出日耳曼歌剧如此成功过。此歌剧自《鬼故事》（*Gespensterbuch*）中撷取主题，与保护"自由射手"的仙子嬉戏。在那些格林童话中，日耳曼获得仙子很大的帮助。不久（1826年），门德尔松提供他《仲夏夜之梦》的序曲。韦伯的歌剧标志了浪漫主义在日耳曼音乐上的胜利。

他希望以《欧丽安特》（*Euryanthe*）继续他的成功。此剧 1823 年在维也纳首演，但罗西尼刚刚征服维也纳，韦伯较为精致的音乐缺乏诱惑力。此次失败，加上日益恶化的健康，使他非常沮丧，以致几乎两年未再作曲。后来查尔斯·肯布尔任科芬花园剧院经理，提供他1000 英镑，帮助他编歌剧，并前来伦敦指导。韦伯热忱地在这个工作上卖力，并勤勉地学习英文。在抵达伦敦时，他不仅能阅读，说得也很流利。在首演时（1825 年 5 月 28 日）《奥伯伦》获得成功，为此这位欢乐的作家当天晚上向他的妻子描述：

今晚我得到我一生中最大的成功……我进入剧院时，屋子爆发出狂热的掌声，声震屋宇。帽子与手帕在空中挥舞。表演结束时，我被召往台前……一切都进行得极好，围绕着我的每个人都很愉快。

但以后的演出没那么受欢迎。1826年5月26日，一场为韦伯而举行的音乐会是一次可悲的失败。数日后，这位沮丧而倦怠的作曲家卧病在床，遭到剧烈的肺结核打击。6月5日，他去世了，远离家乡与亲人。

剧院

几乎每个日耳曼城市都有一间剧院，因为人们在白天受到现实的困扰，入夜后想在想象中轻松一下。一些城市——曼海姆、汉堡、美因茨、法兰克福、魏玛、波恩、莱比锡、柏林，有定居的剧团。其他城市仰仗巡回剧团，并为其偶尔来访搭建临时舞台。曼海姆剧院在艺人与演出方面，柏林在接待与薪资方面，魏玛在古典戏剧艺术方面享有盛誉。

1789年，魏玛有6200人，许多人从事公职与充任贵族从仆。一段时期镇民支持一家剧团，但1790年此剧团因故而终。查理·奥古斯公爵都接收剧团，使剧院成为朝廷的一部分，说服顾问官歌德来经营，除主角外朝臣扮演各种角色。为此他们从飘荡的"明星"中引介一位男主角或女主角。因而伟大的伊夫兰来到魏玛，而骄傲的施罗德的声音、姿态与媚视，差点使歌德与夏洛特·冯·施泰因分手。施罗德扮演伊菲革涅亚，后来令人惊异地转型为一个出色的喜剧演员，甚至愿意饰演滑稽角色。歌德训练演员以高卢风格念对白，这种风格虽具有单调的缺陷，却有明晰的优点。公爵强烈支持此方针，并恐吓要在公爵厢房中当场斥责任何发音的错误。

魏玛剧院着手一项雄心勃勃的节目单，范围自索福克勒斯与特伦斯到莎士比亚、卡尔德隆、高乃依、拉辛与伏尔泰，甚至到腓特烈与施莱格尔的戏剧，并以席勒的《华伦斯坦》（*Wallenstein*，1798 年）来达到值得夸耀的胜利。席勒来自耶拿，在魏玛定居，在歌德的怂恿下成为剧团骨干之一。如今（1800 年），这个小小的剧院使魏玛成为上千爱好戏剧的日耳曼人的目标。席勒死后（1805 年），歌德对剧院失去了兴趣。公爵在他情妇的怂恿下，坚持剧团以一条狗为明星演出戏剧插曲时，歌德辞去了他经理的职位，而魏玛剧院就此自历史中消失了。

两位演员主宰着日耳曼舞台。伊夫兰匹敌塔尔玛的胜利，而德弗里恩特重演了埃德蒙·基恩的事业与悲剧。生于汉诺威，伊夫兰 18 岁时不顾双亲的反对，离家加入在哥达的一个剧团。仅仅两年，他在曼海姆的一出席勒的《强盗》剧中担任主角。这一激进的时期屈服于成功及对法国移民的同情上。他很快成为保守派的偶像。在事业上历经艰辛后，他接受歌德的邀请到了魏玛（1796 年），并以中等阶级的喜剧取悦朝廷的观众，但他对悲剧的角色如《华伦斯坦》或《李尔王》处理得不好。他编了几出剧，他的幽默与情感赢得大众的掌声。1798 年，他达到了他野心的目标——他被任命为柏林国家剧院的经理。

在他死前不久，他雇了一位演员德弗里恩特，这个人带给日耳曼舞台浪漫时期的一切感伤与悲剧。德弗里恩特的法国姓氏是他的胡格诺教徒遗产的一部分。他是一位柏林布商在两次婚姻中所生的三个儿子中，最小的一个。在襁褓时，他母亲去世了，留下他不幸地生活在人口众多的家庭中。他退隐入阴郁的孤独中，仅以其英俊的脸庞与乌黑的头发自慰。他自家庭与学校出走，但被捉回。他父亲每次尝试着使他成为布商，但德弗里恩特令人气恼地证明其不能胜任，因而被放任去追寻自己的喜好。1804 年，时年 20 岁，他加入莱比锡的一个剧班当一名小角色。一次由于"明星"的生病，他突然被推入一个主要的角色。发现一个醉酒流浪汉的角色十分投合他的趣味时，他表演得极好，他似乎命中注定要投身终身喜爱杯中物的流浪演员的事业中。最后，1809 年在布雷斯劳，他没在《法斯塔夫》(*Falstaff*) 剧中，却在席勒《强盗》中的卡尔·莫尔身上找到了自己。他倾注所有他习得的人类罪恶、压抑与怨恨入此角色中，他演活了强盗首领，并在身体的每一动作中、脸部表情的变化中和愤怒双眸的闪烁中找到发泄。布雷斯劳从未见过如此鲜明或有力的角色，仅有基恩在伟大演员的时代中能够达到如此高深的程度。只要请求，所有的悲剧角色都是德弗里恩特的。他扮演李尔王，完全沉溺于那个智慧与疯狂的脆弱混合体，因而有一晚在演出途中崩溃了，必须送他回家或送他到喜爱的酒馆。

1814 年，伊夫兰时年 55 岁，来到布雷斯劳，与德弗里恩特同台演出，并感受到他的力量与技巧，要求他加入国家剧院。"值得你去的唯一地方是柏林。那地方我确切感觉到——很快就要空了，它为你保留着。"9 月，伊夫兰去世。下一个春季，德弗里恩特取代他的位置。在那里，他尽情演戏，活在盛名与美酒中，与霍夫曼在剧院不远的酒馆中交换着故事，度过欢乐的时光。1828 年，受到盛名之累，他接受挑战在维也纳演出。他神经崩溃地返回柏林。1832 年 12 月 30 日去世，享年 48 岁。三位有天分的甥儿，都冠上他的名字，继续他的艺术直到 19 世纪末。

戏剧家

在施莱格尔精巧地翻译莎士比亚后（1798 年后），日耳曼舞台为伊丽莎白时代的剧本提供了新居。当地戏剧家，在莱辛与克莱斯特 (Kleist) 之间，纷纷朝向中等阶级共同喜好的事物，而他们受欢迎的成功消失在时光的瓦砾里。韦尔纳将神秘主义匆匆展现在舞台上。科策布以他的戏剧取悦了一代，甚至在魏玛超过歌德与席勒。除了被暗杀之外，他如今成了一个褪淡的记忆。日耳曼人以怜悯之心怀念克莱斯特，并尊崇他的文笔。

　　1777 年生于奥得河的法兰克福，科策布在性情和地理上近于斯拉夫族人。像善良的日耳曼人一样，他在军中待了 7 年，但稍后感伤那段浪费了的年月。他在当地大学研习科学、文学与哲学，但在宗教与科学上丧失了信心。他向一位将军之女求婚，却又战栗于婚姻的念头。他前往巴黎，然后至瑞士，在那里他幻想着买一座农场，过有规律的生活以平复内心的纷扰。重返文学时，他写了一出未完成的历史悲剧《吉斯卡尔》（*Robert Guiskard*）。1808 年，他在魏玛推出一出喜剧《破罐》（*Derzerbrochene Krug*），此剧被后一代评为恒久的古典剧。在魏玛停留一阵子（1802—1803 年），他自仁慈老迈的不可知论者维隆德处赢得友善的激励。维隆德听了几段《吉斯卡尔》后，告诉这位青年剧作家他保留了"埃斯库罗斯、索福克勒斯与莎士比亚的精神"，而且他的天才注定要"在日耳曼戏剧发展上，填补甚至席勒与歌德都未曾填补的空隙"。这足够毁灭 25 岁的索福克勒斯。

　　他前往伦敦定居，感受到它的狂热，无助地沉思着与日耳曼唯心主义者哲学密不可分的怀疑主义：若我们对由我们的理解方式来到我们意识的世界认识不多，我们绝对发现不了真理。唯有一事可以确定：哲学家、科学家、诗人、圣人、乞丐、疯子，所有的人很快命定归于尘土，或存于少数生者渐渐褪色的记忆中。克莱斯特丧失勇气面对、接受与享乐即使不确切熟知的现实。他推断到他的天才是幻觉，他的书稿全属虚无。在愤怒、失望中，他烧毁了陪伴他的稿件，尝试着加入拿破仑在英伦海峡聚集的军队。1803 年 10 月 26 日，他写信给他姐姐，对她他也许爱得过分：

　　　　我即将告诉你的也许令你伤心，但我必须，我必须去做。我再次仔细想过，否决并烧毁我的作品，如今结局已来临。上天不给我名望——世俗中最伟大的。就像一个任性的孩子，在他之前我抛弃剩余的一切。我不配拥有你的友谊，而没有你的友谊我活不下去，我选择死亡。镇静点，尊贵的人啊！我将在美丽的战斗中死去。我已离开了此国的首都，浪迹到北海岸，我将参加法国军队，军队很快就要对英国开战，我们的毁灭正潜藏在海的那一边。我欢欣壮丽之墓的远景。你，吾爱，将是我临终时的所思。

他的日耳曼人身份引起了怀疑。在普鲁士大使的坚持下，他被逐出法国。其后不久，法国对普鲁士宣战，1806 年拿破仑摧毁了普鲁士军队及几乎整个国家。克莱斯特在德累斯顿寻求庇护，但法国军人在那里以间谍嫌疑的身份逮捕他，他在狱中度过 6 个月。返回德累斯顿时，他加入一个作家与艺术家的爱国团体，并与亚当·缪勒合作编辑一份定期刊物，为该刊物他投了几篇他最好的论文。

1808 年，他写了一个悲剧剧本《潘丝席丽亚》（*Penthesilea*）。此剧女主角是个亚马逊女王，在赫克托耳死后加入特洛伊人，在特洛伊人对抗希腊人时她前去刺杀阿喀琉斯，为他所败但爱上了他，然后（根据亚马逊妇女的法律，每个人必须在战场上征服她的爱人以证明自己）以一支箭刺穿阿喀琉斯，纵狗群攻击他，并加入畜生中将他撕成数块，吮他的血，然后颓然死去。此剧是酒神狂热的一个回响，此狂热欧里庇得斯在《酒神的女伴》（*The Bacchae*）中提及——在尼采之前，不受希腊人强调的希腊神话与人物的一面。

无疑，为拿破仑无情瓦解普鲁士所激怒，这位诗人离开他的悲伤，而成为呼唤日耳曼加入自由之役的众多呼声之一。1808 年底，他写出了一个剧本《赫曼的战斗》（*Die Hermannsschlactht*），借着叙述公元 6 年阿米尼乌斯横扫罗马地区的胜利，以求激励胜利无望的日耳曼人的勇气。克莱斯特爱国心的狂热再次促使他神经过激：赫曼的妻子图斯内尔达引诱日耳曼将军文提狄斯与她约会，然后导引他到野熊致命的拥抱中。

1809 年至 1810 年是克莱斯特天才的巅峰期。他的诗剧《海尔布隆的小凯蒂》（*Das Kathchen von Heibronn*）在汉堡、维也纳与格拉茨上演获得成功。1810 年他刊行的两册短篇故事，显示他也许是歌德时代中最优秀的散文作家。其后他的精神衰退了，也许由于他健康的崩溃。某种奇特的痛苦缘分引他与一位不治的女病人沃格尔结交，最后并谈起恋爱。他写给她的信显露了在疯狂边缘的心灵。"我的吉蒂，我的一切，我的城堡，牧场，我生命的全部，我的婚礼，我儿的洗礼，我的悲剧，我的名誉，我的护守天使，我的知识天使与爱的天使！"她回答道，若他爱她，应杀死她。1811 年 11 月 21 日，在万塞湖河堤边，靠近波茨坦，他枪杀了她，然后自杀。

　　浪漫派在他沉溺于感情，在不受控制的强度中，在想象力中及在风格的辉煌中达到了最高峰。他似乎有时具有法国风格远甚于日耳曼风俗，反对歌德，而与波德莱尔（Baudelaire）或兰波（Rimbaud）称兄道弟。他几乎证实了歌德无情的见解："古典派是健康的，浪漫派是病态的。"让我们睁眼瞧瞧。

第七章 | 日耳曼文学
（1789—1815）

革命与反响

　　拿破仑时代的日耳曼文学被青年反叛的天性、狂飙运动的持久浪潮、英国浪漫主义诗歌与理查森小说的回响、莱辛与稍后歌德的古典传统、美国殖民地的成功叛变、法国启蒙时代的异端，尤其是法国大革命的每日冲击及末期时拿破仑崛起与没落的戏剧影响。许多受过教育的日耳曼人阅读一些法文——伏尔泰、狄德罗与卢梭的作品，而较少数的人感受爱尔维修、霍尔巴赫与拉梅特里的刺激。法国哲学有助于结交统治者如腓特烈大帝、奥地利约瑟夫二世、不伦瑞克的斐迪南公爵、萨克森－魏玛的奥古斯都公爵，只要通过这些人，那些作家就可在日耳曼文明上崭露头角了。法国大革命刚开始时似乎是启蒙时期哲学的合理发展：愉快地终结封建制度与阶级特权，活泼地昭告宇宙人权，振奋地解放语言、出版、崇敬、行为与思想。这些理念——许多在日耳曼独立地发展——以新闻的双翼或革命的军队渡过莱茵河，横扫欧洲的心脏地区，甚至抵达遥远的柯尼斯堡。

　　因此，日耳曼心灵的陶冶者与日耳曼文学的创造者在最初三年欢迎法国大革命。共济会、玫瑰十字会、光明派，欢呼法国大革命为他们长久迫切等待着的黄金时代的曙光。农夫策划反叛特里尔与施派尔市的封建贵族、帝国骑士与主教团。汉堡的中产阶级赞许大革命为商人对抗自大的贵族的起义。克劳普斯多克是一个住在汉堡的年迈诗人，在自由节日朗读他的诗篇，并喜悦地在他的诗句中狂喊。学者、记者、诗人与哲学家一致爆发出赞美歌。福斯（Johann Voss），荷马的译者；缪勒，历史学家；根茨，没有上任过的外交官；荷尔德林，诗人；施莱尔马赫，神学家；从康德到黑格尔的哲学家——全对大革命连祷歌颂。福斯特（曾陪伴库克上尉环游世界）写道："看到哲学深植于脑中，实现于国内极感光彩。"每一处，日耳曼人，即使皇族显贵（如亨利王子，腓特烈大帝仅存的兄弟）忘形之余也赞美革命的法国。在此忘形之时，日耳曼文学在长久蛰伏于宗教的争吵之后，将大革命归之于腓特烈的胜利，在 30 年间（1770—1800 年）跃升为极富活力、多变与光辉，可与英法成熟的文学颉颃。速度惊人的复苏在唤起日耳曼摆脱法国之轭，在政治、工业、科学、哲学方面达到历史上最辉煌的世纪上，扮演了它的角色。

当然，这种欢乐的情绪不能持久。事件来自对土伊勒里王宫的攻击、"九月大屠杀"与恐怖、国王与王后的监禁与处死。接着法国占领了日耳曼领土，不断征集金钱与人员以付帝国保护与散布自由的军费。一年接着一年，日耳曼对大革命的热忱衰微了，护卫者（除了康德）一个接着一个变为觉醒的怀疑论者，一些人变为愤怒的敌人。

魏玛

在大革命与拿破仑的冲击下，魏玛宫廷一群灿如明星的天才为日耳曼人的才智充当智识之锚。奥古斯都公爵本人即为善变的才能与情绪的混合体。一岁时他承袭公爵领地，18 岁时（1775 年）成为实际的统治者。他自家庭教师获得一般的教育，而自管理的责任、情人的任性、战争与狩猎的危险中得到更深的教导。不亚于他修习处所的是他母亲的沙龙，在那里他遇到了诗人、将军、科学家、哲学家、神职人员与实业家，还有一些最有教养但不失女人味的日耳曼妇女，她们以机智和魅力增添她们的智慧。"啊，我们拥有女人！"里希特（Jean Paul Richter）说，"每件事在此皆成叛逆性的大胆，妇女已婚不具有任何意义。"

1772 年，魏玛女公爵（她本人即为可喜美德的典范）邀约学者、诗人与小说家维兰德前来教导她的儿子奥古斯都和康斯坦丁，他以谦逊与能力完成了他的责任，并留在魏玛直至去世。法国大革命来临时他 56 岁，他欢迎大革命。但在 1789 年 10 月的《宇宙宣言》（*Cosmopolitan Address*）中，他要求法国国民会议防卫暴民的统治：

> 国家正遭逢自由的狂热，使巴黎人——世上最有礼的人民——渴求贵族之血……人民迟早会醒悟，难道看不见革命正被 1200 名渺小暴徒牵着鼻子走，而不是被一国之君统治着……然而你们不会比我更深信贵国不该长久忍受如此恶政，政府最完善的形式该是行政、立法、司法的分权与均衡，人民拥有在秩序下共存的对自由不可废弃的权利，每人须依其收入比例缴税。

1791 年，他写道：他从未料到他政治正义的理想在路易身上几可实现。1792 年 1 月处死君王之事使他转为反对大革命，恐怖时代使他生病。那年稍后他出版了《合于时宜的忠告》（*Words in Season*），此书达成一些适度的结论："应继续不断教诲，直到人们倾听，人类唯有更为理性与道德才能更为欢乐……改革不应自法令而应自个人始。欢乐的条件在我们的掌握之中。"

赫尔德——魏玛四人组的最后一位定居在魏玛，也是最先一位过世——赞扬大革命直至王后上了断头台，之后他以大革命为人性理想残酷的流产而予以抛弃。在他最后几年中他恢复了希望，他感到，大革命标志了一种进步，仅次于欧洲历史上的宗教改革，它结束了封建对人身的统属正如宗教改革结束了罗马教皇势力对人心的统治。如今世人不再重视出身与阶级，不论在何处出生，能力可自由发展创造。然而，此进步使欧洲牺牲极大，赫尔德尔很高兴此尝试发生在法国而不在他深爱着的日耳曼，在那里人们不会很快激起热情与狂热，但那里恬静的勤奋与涵容的学识将会以温柔而稳定的扩散之光引导青年苗壮成长。

席勒在戏剧、诗歌、历史与哲学激奋地冒险后，来到了魏玛（1795 年）。浪漫于幻想，苦恼于敏感，他并不喜爱年轻时待过的符腾堡。他以尊崇卢梭及撰写革命性的剧本来发抒抑郁。卡尔·莫尔——《强盗》（1781 年）一剧中的英雄，抨击人剥削人，除了为马克思增加学识外一无所遗。更具革命性的是席勒的第三部剧《阴谋与爱情》，它揭露了不劳而获特权阶级的腐败、奢华与凶猛的占享，赞扬日耳曼中产阶级稳定、容忍与生产性的生活。在大革命前的剧本中最好的一部《唐·卡洛斯》（1787 年）中，时年 28 岁的他，对穷人的愤怒并不及对掌权有潜力的贵族感兴趣。他借波萨侯爵之口召唤菲利普二世为"子民之父"："让欢乐自你丰饶的羊角中流出……让人心在你广袤的帝国里成熟，在上千君王中，成为一位真正的君王。"

自青年到中年，席勒从激进主义转向自由主义。他发现了古希腊，对它的剧作家留有极深刻的印象。他阅读康德，并以哲学晦涩其诗。1787 年他拜访魏玛，被当地女子激奋，而由维兰德与赫尔德安稳之（歌德其时在意大利）。1788 年，他出版了《尼德兰叛乱史》，并以历史验证其哲学。1789 年，在歌德向萨克森-魏玛公爵的推荐下，席勒被任命为耶拿的历史教授。那年 10 月，他写给一位朋友："为单独的国家而写是不足取的理想，对于一位哲学家来说这样的樊篱难以容忍……历史学家仅为在文明进展上具有重要因素的国家而激奋。"

大革命的消息抵达耶拿时，席勒正喜于中年增多的收入与见解、公众的接纳与容忍的了解。他与歌德的交往越过 12 英里的空间与 10

岁年龄的鸿沟，有助于诗人自歌德处留存了施政的散文与繁荣的保证，有助于席勒了解人类天性在历史上改变得太少而不能使政治革命为穷人谋福利。他同情1789年在凡尔赛被捕的国王与王后。1791年国王被拘留在瓦雷纳，1792年自其监禁的王宫被逐出。不久，革命议会一致授给吉勒斯先生"法国公民"的头衔。一周后"九月大屠杀"宣示了武装群众的统治。12月，路易被审。席勒开始写小册为其辩护，在他完成之前，国王上了断头台。

歌德嗤笑他朋友政治信念的变迁，但他本人也远离年轻时的信念。1775年他接受邀请，时年26岁，离开法兰克福，定居魏玛，成为奥古斯都公爵的常任诗人与好色的同伴。在此之前，他恣情与各类妇女玩乐。以后12年中他沉浸于政治与经济的现实生活中，迅速成长起来。《少年维特之烦恼》一书的浪漫作者自枢密顾问身份上消失，他看到了欧洲历史上新的时代于1792年在瓦尔密成形。那年，大革命无秩序的衰颓导引他下结论说，接触过哲学的"开明暴君"，与受过教育与怀有善意的当地统治者（如魏玛公爵）的缓慢改革，将使人民受到更为严重的损失，动荡不安的社会环境则会加速革命的爆发。他的《威尼斯语录》（*Venetian Epigrams*）中的一文于1790年初表示了他的恐慌：

> 让我们的统治者及早自法国的不幸接纳警告吧。
> 但是，低阶层的人啊，你们应接纳更多的警告。
> 伟人走向毁灭，但谁保护着人民，
> 激狂的暴民成为我们的暴君时？

他大为激赏拿破仑以夺取权力、订立宪法、准许人民享有偶尔的平民决议，而不太干涉一个果断、能干的政府来结束大革命的混乱。他欣赏这位科西嘉人不因1807年爱尔福特谄媚地接待他而改弦，此次会面的报道大大增添了诗人顾问的国际声望。

一些浪漫的战栗留存于他鉴赏与品味古典的沉稳发展。《浮士德》第一部（1808 年）是一个爱情故事的中古"寓意剧"。而《选择的姻亲》，似乎因新生代求偶互相吸引远甚于双亲的财力或法律的联系的不断上升，而为之呼吁辩护。甚至已达 70 岁后，成为哲学家的顾问继续骚扰年轻女子。但他在意大利对古艺术的研习、在科学上不断滋长的兴趣、阅读斯宾诺莎、日渐衰颓的体力，造成了他准确的判断与宽广的识见。这种改变被记述入他的自传内（1811 年），此书非常客观地看待它的英雄。浪漫的日耳曼为易感的瓦肯罗德与诺瓦利斯、爱好自由的施莱格尔、疯狂的荷尔德林与安死者（自杀的克莱斯特）煽动，愤怒于他对法国大革命不断增高的批评，而几乎没注意到他也曾指责统治阶层。在日耳曼解放战争期间，他发现怨恨拿破仑与法国极为困难。他对埃克尔曼解释道：

> 我如何能——对于我来说文化与野蛮各有其重要性——又受恩于它？有一段时期国仇一起消失，在某种程度下，我们凌越众国之上，对邻国人民的祸福感同身受。

在日耳曼，他那一代从未原谅他，也很少读他的著作。那一代对席勒的评价在他之上，宁愿要科策布而非任择其一。歌德的戏剧很少在魏玛上演，他的出版商悲叹他的作品销路奇差。然而一位英国人，拜伦爵士 1820 年说："歌德是自伏尔泰死后迄今现存于欧洲的第一位文学人物。"他不读康德的书，但他是当时最睿智的人。

文学

日耳曼从未如此忙碌于写作、印刷及出版报纸、定期刊物、书籍。1796 年，塞尼费尔德在慕尼黑，因在一块石头上刻画他母亲的洗衣表而偶然发现了一种以后称之为平版印刷术的方法。他发现不同颜色的字和图可在平坦的石块或金属版上被刻出或浮出（如镜中般反转），由此无数的复本可被印出。从此，自戈雅、安藤广重（Hiroshige）至柯里尔（Currier）、艾甫斯（Ives）及毕加索产生了无数印刷品。

报纸非常繁多，小型，具有党派性，须经过检查。《大众日报》（*Allgemeine Zeitung*）1798 年成立于图宾根，后迁到斯图加特，然后到乌尔姆，再至奥格斯堡、慕尼黑，以逃避当地的警察。《科隆日报》（*Kölnische Zeitung*）于 1804 年建立，先为爱国的天主教派，再转为拿破仑派。柏林、维也纳、莱比锡、法兰克福、纽伦堡在大革命前已有日报，今日仍在发刊。定期刊物极为丰富。我们注意到其中最优异的一份，《大众音乐日报》（*Allgemeine Musikalische Zeitung*），由布赖特科普夫与哈特尔的公司在莱比锡 1795 年至 1849 年发行。最辉煌的是《雅典娜》（*Athenäum*）杂志，1798 年由施莱格尔兄弟成立。出版商有无数位。每年他们产品的展览使莱比锡书展成为当年的文学盛事。

作家中的一个特别阶级，精细地划归为政论家，以他们强有力的党派性兼深刻地讨论时代的基本问题而赢得广大的影响力。根茨欢呼巴士底狱的陷落，但接触了洪堡怀疑性的心灵后冷静了下来，并阅读、翻译伯克的《法国大革命的反思》。在普鲁士文职中崛起而在军事部中任一名顾问时，他领导一次文学运动以对抗人权、自由与平等、人民统治、出版自由等理念。他并不满足于拿破仑压服大革命。他攻击拿破仑为一个军事主义者，其征服摧毁了——根据大多数外交官的看法——欧洲的和平、秩序及稳健所赖势力的均衡。他成为敦促普鲁士王领导十字军对抗拿破仑最富于雄辩的呼声，而威廉三世踌躇时根茨便效命奥地利（1802 年）。拿破仑在奥斯特利茨征服奥地利人后，根茨在波希米亚避难，但 1809 年他返回维也纳，推动新的战争以对抗拿破仑。在维也纳的国会中，他为梅特涅的秘书与副官，支持他粉碎每个自由发展的战后外交。他又老又病地活过 1830 年的叛乱，临死仍深信他为人类的利益贡献不小。

格雷斯（Joseph von Görres）是更敏感的人，他一半属于意大利人。生为天主教徒，他脱离教会转而支持大革命。法国征服莱茵河左岸时，他也出了一份力，赞扬拿破仑将神圣罗马帝国变为莱茵邦联。他以"罗马自由了"的口号欢呼法国占领罗马。但法国军队的自大、法国行政官的勒索，引起了年轻革命者的愤怒。1798 年他建立了一份日报《红叶》（Das Rothes Blatt），展现共和主义者热爱大革命但不信任法军的呼声。他认清了拿破仑攫夺法国政府是大革命的终结，及拿破仑本身对权力的危险欲求。他成了家，并暂时离开政治。日耳曼发端解放之战时，格雷斯以一份报纸《莱茵河快报》（Rheinische Merkur）加入运动。但拿破仑迁移后，胜利者尽可能地加强政治上的复古时，格雷斯非常激烈地攻击他们，使他必须避难到瑞士，在那里他处在极端的贫困中。其他的显赫人物也忽略了他，在悲伤的悔恨中他重返天主教堂（1824 年）。巴伐利亚的路德维希一世在慕尼黑任命他为历史教授而使他自贫穷中奋起。在那里他写了四部《基督神秘主义》（Christliche Mystik，1836—1842 年），他以想象的学识抚慰他的白天，以恶魔的景象加黑他的夜晚。他去世后 34 年，"格雷斯集会"成立（1876 年），以继续他对基督教堂历史的探讨。

散文被浪漫派把持，但一位作家躲开他们而成为难以定论与奇特的人物。里希特 1763 年生于拜罗伊特。他自祖父库恩取得圣名，直到 1793 年他仍是单纯的日耳曼人。他的父亲是教师与风琴家，在萨勒河旁的约迪兹为一间教堂的牧师。在那里里希特度过了最初 13 年欢乐的生活，单纯的乡村让他摆脱了一切经济上的忧虑与神学上的风暴。一家搬到史瓦哲巴赫时，在同样宁静的河边，他享有着邻居牧师的图书馆，牧师看出了这位男孩的潜能而非他的疑惑。里希特的父亲在那里去世（1779 年），留给众多子女有限的口粮。20 岁的里希特进入莱比锡的神学院，但读得越多，信仰反而减弱。他不久退出，并以卖文为生。1783 年，他 20 岁时出版作品，直至 1789 年再度出版，这两次出版了以同情增添尖刻机智的系列讽刺文。1793 年他以"让·保罗"（Jean Paul）的笔名——那是因为对卢梭的挚爱而取的——出版《不可见的小屋》一书。这本书取悦了少数读者，后由于他伤感的小说《赫斯珀洛斯》（*Hesperus*，1795 年）而增加了读者。夏洛特·冯·卡尔布是席勒之友，邀请这位崛起的作家到魏玛，因喜欢他而成了他的情人。在那里他开始了四卷小说《提坦》（*Titan*，1800—1803 年），书中的真正英雄为法国大革命。

在大革命最初的几年中他热切地为它辩护，但指责马拉以暴徒统治腐化它，并赞扬科黛为另一位贞德。他欢迎拿破仑攫取权力为秩序必要的恢复，他不自禁钦羡这位 30 岁的青年，仅以钢铁的意志与锐利的眼神压制其部属高岸的身躯。8 年后里希特非常乐意看到全欧洲被此人合并，他可将一座大陆纳在他的脑海与手心中，并自柏林与莫斯科为法国立法。但在内心中让·保罗是一名共和主义者，在每次军事胜利中察觉到另一次战争的种子。他怜悯被征召的青年与哀伤的家属，并辩称道："只有人民才应决定战争，因为只有他们采摘它痛苦的果实。"他以最锐利之箭射向出卖军队给外国君王的统治者。他要求免于审查的权利，要求政府外的权力应直率地显露政府的缺点与探索进步的可能性。

1801 年，38 岁的让·保罗娶了一位太太。1804 年，他在拜罗伊特定居下来。经过一些生活上的体验后，他写了一本有关教育的书《拉维那》（*Levana*），为主张自由教学的名著之一。他刊出一连串小说与论文，其中一些由卡莱尔赞赏地译出。写实讽刺与浪漫情感的混合使他赢得了比歌德或席勒更多的读者。他死于 1825 年，留下关于灵魂不朽的未完成的论文。

他作为日耳曼一流作家的声望直至 19 世纪依然存在，后流传到美洲，朗费罗（Longfellow）是他的狂热者之一。即使在日耳曼，如今少有人读他的作品，但几乎每个日耳曼人都记得他著名的隽语，指向日耳曼哲学，并比此书更精简地总结拿破仑的时代："上帝给予英国海上的帝国，给予法国陆上的帝国，而给予日耳曼空中的帝国。"

其他两位小说家赢得广大的读者。恩斯特·西奥多·威廉·霍夫曼（他1813年迷于莫扎特，将名字中的"Wilhelm"改为"Amadeus"）是日耳曼人中最不凡、多艺者之一。他绘画、作曲与指挥、上演一场歌剧《女水神》（*Undine*）、制定法律、撰写神秘与浪漫的故事——激发了奥芬巴赫（Jacques Offenbach）的《霍夫曼故事集》（*Tales of Hoffmann*，1881年）。在生活上，不在学问上，独特的是沙米索（Adelbert von Chamisso）。生为法国贵族，他自大革命中逃开，在日耳曼接受大部分的学校教育，投入普鲁士军团，并参与耶拿之战。1813年，他写了一篇寓言《彼得·史雷米勒的寓言》，讲的是一个人出卖他的影子给撒旦的奇异故事。以一个成名的植物学家的身份，他伴随科策布做环游世界的科学之旅（1815—1818年）。他在一度出名的《环游世界》（*Reiseum die Welt*）中记录了他的发现。他将余生分别花在充任柏林植物园园主与写浪漫诗上。海涅赞扬这些诗，而舒曼将沙米索的诗序《男女恋情》编成乐曲。

诗人成群，许多诗人仍为日耳曼人珍视，但他们具有音乐与情感的字句很难转到其他语言、地方或时代上。其中可悯的为荷尔德林，他的诗感以其心智来说极为敏锐。在图宾根研究神职时，他与黑格尔发展出一种富有激励性的友谊，黑格尔其时正对基督教发生怀疑。法国大革命的消息激起了这位年轻人欢乐的幻想。他阅读卢梭，写出一篇《自由颂》（*Hymn to Liberty*）。1792年，他认为他看见了正义与高尚的美丽曙光。战争爆发时，他致其姐妹的信中说："请为法国人民——人权的斗士——祈祷吧！"法国大革命在流血中遭到挫折时，他仍紧紧抱持着他的梦想说：

　　我爱人类——当然不是我们时常遇到的那种堕落、卑屈、游手好闲的人。我热爱人们伟大而美好的希望，甚至腐败的人也不例外。我热爱未来的人类……我们活在一个万事万物均致力于改进的时代中。这些启蒙的种子，这些心中的愿望与朝向教育人类的努力……将产生丰硕的果实。这就是我的愿望与活动的神圣目标——播撒这些将会在另一代结果的种子。

对过去他也怀抱着梦想。如济慈一样，他热爱古希腊的英雄与神祇，并着手写一篇关于希腊一位革命家的散文史诗《希佩里翁》（*Hyperion*）。他前往耶拿，拜费希特为师，学着敬佩康德，并参观此时正在希腊化的魏玛诸神。席勒为他找到担任卡尔布之子家庭教师的职位。1796 年，他在美因河的法兰克福银行家戈特哈德家中找到待遇较优厚的家庭教师职位。银行家的妻子非常欣赏他的诗，不久他即与她坠入爱河，但也因此被解雇并被迫离开该城。热恋的狂欢与放逐的结果导致他心理失常，此时（1799 年）他写了《恩贝多克利之死》（*Der Tod des Empedokles*），虽未完成却被列于诗的杰作中。历经数年，他到处流浪，以求谋生并寻找文章的主题。他要求席勒推荐一个希腊文学的讲师职位，但席勒认为他太不稳定，不足以胜任教职。在波尔多任家庭教师时，荷尔德林接到戈特哈德夫人去世的消息，他马上抛下工作，离开法国赶回日耳曼。祖国的朋友发现他已病入膏肓，于是照顾他（1802 年）。他一直活到 1843 年，而他的诗久已为人所忘，甚至他自己，直到 1890 年才再度受到大家的注意。里尔克（Rainer Maria Rilke）和格奥尔格（Stefan George）对他喝彩。目前鉴识家将他列在仅次于歌德和席勒的地位。

尚有许多人创作诗歌。克里斯汀·克尔纳之子小克尔纳曾帮过席勒不少忙，将自己、笔和剑投入为脱离拿破仑的解放战争，他大声疾呼以唤醒日耳曼人武装起来，1813 年 8 月 26 日他战死沙场。阿恩特在他 91 年的人生中经历了三次革命。由于他在《历史的尝试》（*Versuch einer Geschichte*，1803 年）中以写实的笔法描述封建制度，波美拉尼亚的封建制度得以废除。接着因在《时代的精神》（*Die Geist der Zeit*，1806 年）一书中高呼反拿破仑的口号，而被迫逃难到瑞典，

躲避耶拿的胜利者。1812 年他应施泰因之邀，到圣彼得堡协助激发
俄国人民的士气，以抵挡法国的入侵。1815 年后，他在普鲁士致力
于打击保守派的反动，曾短时遭监禁。1848 年，他被选为法兰克福
国会议员。大革命平息后，他将全部精力奉献于诗的创作。天主教贵
族艾兴多夫曾写一些至今仍能感动我们的简易抒情诗，如《吾儿之
死》。下面所写的，甚至对于一位异国无神论者而言，也能感受到那
种音乐而引起共鸣、羡慕那种希望：

> 远处敲着钟声，
> 深夜迅即降临，
> 灯火隐约燃着，
> 你的小床已铺妥。
> 唯野风不断地吹
> 在房子四周怒吼，
> 我们坐在屋内，孤零零，
> 时听外面的风声。
>
> 仿佛是你，试图
> 轻敲房门，
> 好像是迷路的小孩
> 倦然归来。
>
> 我们这群可怜的傻子！
> 我们流浪，战栗着
> 遗弃于黑暗中——
>
> 但你早已觅得归宿。

浪漫的狂喜

　　日耳曼全盛时期的大多数出色的作家皆以呼吁自理性中解放直觉，自智慧中解放感情，自年龄中解放年轻，自家庭与国家中解放个人，而震撼当代。今日我们很少人读他们的作品，但在他们的时代里，这些都是火舌，公然向索然无味的哲学及在效用、习惯、禁忌、命令和法律方面限制自我发展的社会桎梏挑战。

　　这种反抗的原因，起自有朝气的年轻人对父母、兄弟、姐妹、师长、讲道者、警察、文法家、逻辑学家、道德家加诸其身上的束缚及与生俱来的愤懑。哲学家费希特不是已证明过，我们每个人的根本实体是他个人有意识的自我吗？倘若如此，除了其对个人的效用外，宇宙对于我们毫无意义可言，我们每人均可公正地参与批评所有的传统、禁制、法律或信条，并要它提出加诸于人的理由。一个人可能战战兢兢地屈服于神发出或由披上神祇外衣的教士发出或确认的戒条，但是由狄德罗、达朗贝尔、爱尔维修、霍尔巴赫、拉梅特里等人贬为非人性的宇宙法则的上帝，现在的地位又如何呢？

　　此时，不但有值得夸耀并具有解放性的启蒙思潮，又有大革命加入行列。阶级区分不见了，那些一度发布法令并逼人服从的领主现在拼命逃窜，因此阶级之间再也没有障碍，也没有可怕的传统撑持法律。现在，人人皆有自由争取任何职位或权力，并可参加竞选公职，以试试自己的运气。事业之门为有才干、有力气的人大开。在过去的历史文明中，个人从未如此自由——可自由选择其职业、事业、配偶、宗教、政府和道德规范。如果宇宙仅有个体存在，则国家、军队、教会、大学不是特权阶级用来恐吓与控制、组织与瓦解、统治并课税、聚集并屠杀其余受教者的阴谋吗？在诸多束缚下，天才罕有成就。然而，一位天才不是抵得上一打教师、将军、主教、国王或100名群众吗？

　　然而，在新近获得自由解放的人群中，许多敏感人士觉得，理性已为自由付出太高的代价。理性曾攻击旧式的宗教，旧式宗教充满着圣徒故事、芳香的仪式、动听的音乐、具有调停功用的圣母玛利亚及救世主基督。但理性也去掉了这种崇高幻想，代之以面色忧郁、寻求物质的芸芸众生，漫无目标地走上毁灭之路。理性也毁掉男女老幼每日与神接触的层面，代之以只讲物质的男女众生，机械般地、愚蠢地日渐走向充满痛苦、堕落和永劫不复的死亡之谷的一幅景象。虽然不为三段论法所容，但想象力有其权利在，我们把自己想成控制物质的灵魂，而非机器操纵灵魂，可以说是顺理成章之事。感觉不但具有其权力，而且比智力更能探索至真理的境界，尽管贫穷、到处流浪、充满疑惑的卢梭也许比天资聪慧的伏尔泰具有更聪明的感受。

日耳曼人知道、也听过卢梭和伏尔泰两人的名字，但他们选择了卢梭。他们读过《爱弥儿》和《新爱洛漪丝》，但较不喜欢《哲学词典》和《康迪德》。他们仿效莱辛，把浪漫派的莎士比亚捧得比古典派的拉辛还高。他们喜好《克拉丽莎》、《项狄传》和麦克弗森的《莪相》更甚于法国的哲学家和艺术评论家。他们拒绝布瓦洛为古典风格订下的规则。他们对强调明晰和中庸感到愤怒，这些与对东方世界和无限者的向往格格不入。

日耳曼的浪漫主义崇拜的是真理，但对使人生蒙上阴影的"科学真理"加以猜疑。克里蒙兹·布伦塔诺和艾奇姆·阿尔尼姆两人合著《幼童奇异号角》（*Des Knaben Wunderhorn*，1805—1808 年）一书中的神话和寓言，极受好评，被格林兄弟收入其《保姆与侍婢》（*Kinder und Hausmrchen*，1812 年）一书中，也在他们的脑海中留下美好的印象。这些描述孩童时代并能得到全民族和个人共鸣的诗作，是善良的日耳曼人灵魂中的一部分，也许是其"潜意识"的自我的一部分。

假使想象力的遗产是继承自大革命前中古时期的罗马天主教信条，那么浪漫的精神可追溯至长满青苔的古老教堂、不可动摇的信念及建造那些古老教堂的艺匠；可归功于那些使神进入人类日常生活，并使对人生厌倦的个人主义者与群体融合为一的祷告、圣诗与教堂钟声；也可归功于那些其生活就是使基督教更加成为一篇神圣史诗的圣徒；更可归功于使未婚少女睿智的天真及已婚妇女对家庭、国家和民族的奉献神圣化的圣母玛利亚。这些当然都是一种中古世纪的虔诚与惊怖、遭受迫害的异教徒与疑神疑鬼者两者的热烈混合。然而，这也是促使日耳曼浪漫派主义者的狂热臻于高峰的原因，也是使其中有些人在精疲力竭、悔恨交织之余，走到圣坛前并投入教会怀抱的道理。

情感之声

日耳曼浪漫主义几乎影响了日耳曼生活的各个方面：贝多芬、韦伯和门德尔松的音乐，霍夫曼和蒂克的小说，费希特和谢林的哲学，施莱尔马赫的宗教和施莱格尔、门德尔松等人的宗教信仰。特别是领导日耳曼文学运动的 5 个人。而值得我们纪念的是那些富有浪漫主义色彩的女子，她们吸引这几位文人或与他们分享喜悦与痛苦、充当其智慧的伴侣，她们的行为当时简直震惊了法兰克福至奥得河的保守妇女们。

这个运动肇端时期的灼灼之星是瓦肯罗德。他身体羸弱、生性害羞、对现实与理性感到焦虑，但能自宗教中寻得慰藉，从艺术中得到喜悦。在他看来，艺术家的构想与运笔技巧具有神般的创造才能。他心仪达·芬奇、拉斐尔、米开朗基罗、丢勒等人，因此通过其所写关于这些人的随笔来表达他的新宗教观。在哥廷根大学和埃兰根大学，他获得蒂克的支持，这位热心的同学为他朋友的著作试拟了一个有趣的书名《一位爱好艺术的兄弟的呕心之作》。该书以这个书名于 1797年出版。瓦肯罗德讽刺莱辛的理性主义和温克尔曼的古典主义，几乎有如嘲笑日耳曼中产阶级对艺术的喜悦无法彻底了解一般，他鼓励艺术家与工匠以共同的美艺家（artisan）之名，恢复中世纪的兄弟之爱。瓦肯罗德 24 岁时因染患伤寒去世。

他的朋友蒂克终其一生从事感情对理智、想象对现实的冒险。他与瓦肯罗德一起研究伊丽莎白女王时代的戏剧与中世纪的艺术，并为巴士底狱的陷落而欢呼。异于瓦肯罗德的是他富有幽默感及对戏剧的鉴赏力，他认为生命就是许多神、国王、王后、主教、武士、城堡、大教堂和卑微的兵卒玩的一种游戏。大学生涯结束后，他返回故乡柏林，并于1795年至1796年出版了一部三卷本的小说《罗维利亚的故事》，该书以理查森的书信形式写成，生动地详述一名青年以基督教神学代替了基督教伦理后，在性与智识方面的徘徊。他根据费希特的知识论下结论说：如果自我是我们唯一确实认识的实体，它应是道德的主宰与法律的教师：

> 我思故万物在，我思故美德存……其实，欲望是我们生存的大秘密。诗、艺术，甚至宗教，是欲望的伪装。雕刻家的作品、诗人的文采、精心之作的绘画等，不过是美感享受的入门……
>
> 我怜悯那些常对人类本性的邪恶喋喋不休的傻子。这些盲目的家伙，他们把祭品献给一位无能的神，而它的赠予无法满足人类的心灵……不，我已立誓献身于一位更高贵的神，天地万物在它之前屈服，它本身兼容各种感觉，它是狂喜、爱情、万事万物……唯有在路易莎的怀抱里，我才了解爱情的真谛。如今我对艾美莉亚的记怀似乎已很朦胧，远在天际。

上面一席话较《卡拉马佐夫兄弟》（*The Brothers Karamazov*，1880年）早了85年，等于伊凡·卡拉马佐夫所说他死后可能出现的非道德世纪的可悲预言："若无神的存在，一切皆可为所欲为了。"然而，罗维利亚在去世前还是回归了宗教，他解释说："最鲁莽的自由思想家，最后成为一位神的崇拜者。"对于罗维利亚而言，这真是及时的转变，因为在这次忏悔不久后，他就在一次决斗中丧生了。

《罗维利亚的故事》是一位青年在成熟前获得解放的自夸。1797年，他出版一本短篇小说《愚蠢的艾克哈特》（*Der Blonde Eckhert*），此书大获施莱格尔兄弟的赞赏。在他们的恳邀之下，他搬到当时浪漫主义的大本营——耶拿。然而，蒂克还是于1801年移居到奥得河的法兰克福一位朋友家中。他一度献身于翻译伊丽莎白女王时代的戏剧，然后又以才气焕发的评论编纂与他同时代的诺瓦利斯和克莱斯特二人的作品。1825年至1842年，他步莱辛的后尘，担任德累斯顿剧院惹人嘲笑的剧评兼经理达17年之久。他在那里写的坦率随笔为他带来了不少敌人，但也使他在日耳曼文艺批评界的地位仅次于歌德与施莱格尔。1842年，从未听过有关《罗维利亚》一书的普鲁士国王腓特烈·威廉四世邀他至柏林，活得比《罗维利亚》一书久的蒂克欣然接受，余生皆以文学支柱的地位在普鲁士首都度过。

诺瓦利斯的寿命不足以使他从他年轻时代的思想中清醒过来。就文学而言，出身贵族使他占有优势：他的父亲是萨克森盐厂厂长，也是普鲁士内阁中的哈登贝格亲王的堂弟。诺瓦利斯诗人的真名为哈登堡，"诺瓦利斯"是他的笔名，也是他13世纪的先人的真正名字。他的家族隶属于虔信派教徒的赫仁护特（Herrnhut）社区，他固守他们强烈的宗教倾向，但是到头来他寻求天主教与新教的调和，以为迈向欧洲一统的进阶。19岁那年，他进入耶拿大学就读，与蒂克、席勒、施莱格尔等人交情深厚，并可能选过费希特的课——当时费希特的课程正自耶拿至魏玛闪烁着光芒。

在维滕贝格大学待了一年后，他即追随父亲在图林根的阿恩施塔特地区从商。在格林根附近邂逅了苏菲亚，他为她的美貌与人格倾倒，并向她的双亲表示要娶她为妻。1795年，他与苏菲亚正式订婚，当时她年仅14岁。不久，苏菲亚患了肝病，进行两次手术，使她更加羸弱，1797年即与世长辞。诺瓦利斯从未自这位爱人过世的悲痛中痊愈。他最有名的诗集《夜之颂》（*Hymnen an die Nacht*，1800年）即是对苏菲亚的忧郁追忆。1798年，他与夏庞蒂埃订婚，但这次订婚最后也没有结局，肺结核加上悲伤啃蚀了这位诗人的健康。1801年3月25日，诺瓦利斯去世，年方28岁。

他过世后还有一部小说《海因里希·冯·奥弗特丁根》(*Heinrich von Ofterdingen*，1798—1800 年)，强烈表白企盼宗教的宁静。他一度赞誉歌德的《威廉·迈斯特》写实而健全地描述一个人的发展，现在他斥之为对世俗工作的无聊适应加以理想化了。他自己小说中的主角是一位历史人物，是《尼伯龙根之歌》(*Nibelungenlied*) 的真正作者，一位致力于追求蓝色花朵的加拉哈 (Galahad)[1]，蓝花象征通往无限领悟的死亡转变。海因里希说："我渴望看到这朵蓝花，它时常深植我心中，使我胸中毫无其他杂念。"一度在闻名的《基督教欧洲》随笔中，诺瓦利斯将中古时代理想化为曾使欧洲实现旧梦——在一个宗教信仰下的政治统一（甚至为宗教法庭辩护）。他认为由教会来抵抗唯物主义的科学和世俗哲学是明智之举，从此观点而言，启蒙运动对于欧洲人而言是一种悲剧性的挫折。死神向他招手时，诺瓦利斯舍弃了所有俗世的目的与欢乐，并梦到一个没有病痛与悲伤、爱心永不终止的来世。

施莱格尔兄弟

奥古斯都·施莱格尔与腓特烈·施莱格尔是一对杰出的兄弟。虽然两人在性情、意中人、学问和信念方面迥异，但最后在梵文与哲学方面一致。他们出生于汉诺威一位新教牧师家中，在青春期成了神学者，而二十岁时变成异教徒。奥古斯都在哥廷根大学时，一方面因着迷于维吉尔作品译者海涅的讲演与人格而研究语言的转生，另一方面着迷于莎士比亚作品译者兼民谣《雷诺》作者毕尔格对伊丽莎白女王时代学问的研究。5 年后，腓特烈步其哥哥的后尘，进入哥廷根大学。他最初研读法律，后来徜徉于文学、艺术和哲学之间。他成熟得相当快，1796 年在耶拿与其兄会合，两人携手创立文艺协会。1798 年

---

[1] 亚瑟王传说中的圆桌武士之一，因其忠洁与高贵而寻获圣盘。

至 1800 年，该协会是日耳曼浪漫运动的代言人与最高指导。诺瓦利斯与施莱尔马赫投稿，蒂克加盟，费希特与谢林以其各自的哲学来助阵，而围绕在此圈子外的是若干富有浪漫自由思潮的才女。

由于腓特烈在取舍思想方面较他人敏捷，他成为其伙伴的智慧先驱。1799 年，他发表一部小说《鲁辛德》（*Lucinde*），该书成为领导攻击陈旧教条与繁缛禁忌的一面红旗。就理论而言，该书（如同雪莱的《诗辩》）为诗人有权做人生的诠释者与导师辩解。例如：诗人对追求财富的轻蔑有多明智——"这种不断的努力与奋斗永不休止的目的安在？勤奋和实用是死亡的守护神。"他也公开褒扬"喜悦与爱情的神圣福音"，亦即指没有婚姻枷锁的爱情喜悦。1800 年，腓特烈企图拜访彼时在哥廷根大学执教的哥哥时，汉诺威当局立刻送去一份令人为难的命令给该校校长："如果施莱格尔教授那位以作品有不道德倾向而声名狼藉的弟弟到贵校的话，请不要准他停留片刻，如你能暗示他尽快离开，则不胜感激之至。"

启发腓特烈写成《鲁辛德》一书的女子是卡洛琳·米凯利斯。她生于 1763 年，1784 年嫁给一位大学教授，但婚姻生活并不美满，直到丈夫死后方获得自由。此后若干年中她因才貌出众，过着愉快的寡居生活。奥古斯都尚在哥廷根大学求学时，即与她坠入情网，并向她求婚。她以自己长他 4 岁为由，婉拒了他。1791 年，奥古斯都到阿姆斯特丹担任家庭教师时，她开始经历了一连串的奇遇，其中之一是意外地怀孕了。她在美因茨加入一个革命组织，后来被捕，直到受父母保释并到莱比锡生产。不料在那里遇到了奥古斯都，他再度向她求婚，两人于 1796 年成婚。他收养了她的孩子，一家人迁居耶拿。

在耶拿，她受的教育、她的活泼和伶俐谈话使她成为自由分子中最受欢迎的女主人。威廉·洪堡称赞她是他遇见的最聪明的女子。歌德与赫尔德则专程自魏玛前来，与她一起吃饭，共度欢愉的时光。而彼时与哥哥同住的腓特烈也替换其兄，与她坠入爱河。他将她化为他小说中的鲁辛德，对她大加赞美，无法以言语表达对她的热情。此时，奥古斯都对她热情已减退至普通的体贴礼貌，便动身至柏林讲学（1801 年）。在那里他与已离婚的苏菲亚·贝恩哈迪相恋，进而同居。返回耶拿后，他发觉妻子卡洛琳迷恋着谢林，欣然同意与她离婚。卡洛琳于是再嫁给谢林（1804 年），并与他厮守至死（1809 年）。谢林后来虽然再娶，多年后仍然感受到卡洛琳对他的影响。"纵使她不是以真正的她对待我，我也要哀悼她，为这位已不在世的聪明绝顶的人物悲恸，这位具有男性活力与最敏锐智力的奇女子兼备了最温柔、最女性化的爱心。"

足以与卡洛琳媲美的是杜洛丝亚·施莱格尔，其娘家姓名为布兰德尔·门德尔松。为取悦她那位名气响亮的父亲，她于 1783 年嫁给银行家西蒙·维特。他们育有一子菲利浦·维特，后来成为杰出的画家。有了万贯钱财后，她对钱毫不在乎，投身于当时更不稳定的哲学界，并成为柏林的瓦恩哈根沙龙的知识权威者。腓特烈在那里与她邂逅，两人立即坠入情网，而醉心于理念的她发觉他在理念中摸索。他当时年仅 25 岁，而她已 32 岁，但这位善变的作家为这位已过而立之年的妇女的万种风情倾倒。她并没有倾国倾城的美貌，但她对他智慧的钦佩历久不衰，她能陪伴他度过对哲学与语言学的探索，对他一心一意，两人虽然争吵，但白头偕老。西蒙·维特发觉妻子已经变心，遂于 1798 年与她离婚。此后，她心满意足地与腓特烈同居，于 1802 年陪他到巴黎并受洗，改名为杜洛丝亚，直到 1804 年成为腓特烈的合法妻子。

此时，腓特烈之兄奥古斯都已成为欧洲大陆最著名的讲师，且在从事莎士比亚作品的伟大译述方面成就斐然，使这位伊丽莎白女王时代的大文豪之名在日耳曼如在英国一般享有盛名。虽然奥古斯都被称为"日耳曼浪漫主义学派之父"，但他有许多古典的思想与个性：有条理、清晰、均衡、稳健，确定目标后循序渐进。他多年中在各城市发表的"论戏剧文学"的讲学，就表现这些古典特质而言，更是无人能出其右。他对莎士比亚的评论极富启发性，有时甚至俨然批评他心仪的诗人。1817年，威廉·黑兹利特写道："奥古斯都这些演说是迄今对这些戏剧的最佳评论……我们承认有点嫉妒……这些评论居然由一位外国评论家来说明我们英国人对莎士比亚的信任。"

1804年，正在日耳曼游历以寻找新书题材的斯塔尔夫人以年薪1.2万法郎说服了奥古斯都，陪她到科佩当她子女的家庭教师，并充当她的参考百科全书。后来，他曾与她游历意大利、法国和奥地利，再陪她返科佩，直到1811年瑞士听命于拿破仑而命令他离开瑞士。此后，他前往维也纳，却意外地发现弟弟在该地讲述"中古时代是欧洲信仰与统一的黄金时代"。

维也纳是日耳曼的天主教首都，腓特烈与杜洛丝亚早于1808年改信天主教。多年前她曾说："这些圣者的画像与天主教音乐如此感动我，因而使我下定决心，如果我有朝一日信主，我定要信天主教。"腓特烈将自己的改信天主教归于对"艺术的偏好"，天主教在许多方面——鼓励想象力的发挥、感觉的表现、美感的追求——似乎是浪漫情操天生的盟友与必备的条件。而理性主义者在遭受神秘的打击与人类必死命运的羞辱后，已对推理感到厌倦。而对自我无安全感而生性孤独的个人主义者，则转向教会寻觅公共的避难所与慰藉所在。身为最聪明的理性主义者、最激烈的青年个人主义者与最鲁莽的叛徒的腓特烈，于是背弃了伏尔泰、路德与加尔文，转向中古欧洲与中古时代无所不能的教会。他为令人鼓舞的神话已被枯寂的科学替代而悲叹，并声称"所有现代艺术最贫乏的即是艺术家没有神话"。

腓特烈之所以更重视神话，也许是受他研究印度文学与神话故事的影响。他研究印度神话故事始于1802年，地点在巴黎，他写了一篇博学而富有发展性的论文《论印度人的语言与智慧》（1808年）而达于高峰，该篇论文也参与了奠定印欧语言的比较语言学基础的工作。1811年，腓特烈与其兄在维也纳短暂聚首时，大概曾与其兄讨论过他一生中在这方面的研究。讨论的结果令奥古斯都回忆起与海涅在语言学方面的合作，于是重拾这方面的研究。施莱格尔兄弟对梵文研究的合力贡献，是他俩毕生最充实、永恒的成果。

腓特烈为自己在维也纳的文化与政治界，赢得相当明显的地位。他在奥地利政府中获得一席秘书职位，并协助撰写反拿破仑的宣传文章，路德维希大公即曾发布此文作为 1809 年反拿破仑活动的一部分。1810 年和 1812 年，他在维也纳发表有关欧洲历史与文学的出色演讲。在这些演讲中，他解说自己的文学批评理论与学识，并对浪漫主义做有历史系统的分析。1820 年，他出任右翼的天主教刊物《康柯狄亚》（*Concordia*）的编辑，由于他在该刊中放弃了他以前在耶拿时强烈维护的信念，导致他与兄长奥古斯都永远的疏远。1828 年，他在德累斯顿发表最后系列的演讲，翌年即在该地过世。杜洛丝亚珍惜对他的追思，在思想与行动方面步其后尘，直至 1839 年去世。

奥古斯都比腓特烈和杜洛丝亚夫妇长寿。1812 年 5 月，他与斯塔尔夫人重逢，并带她经奥地利、俄国至圣彼得堡，再前往斯德哥尔摩。在那里，通过斯塔尔夫人的影响力，他被任命为瑞典王储贝纳多特的秘书，并与他在 1813 年对拿破仑战役中并肩作战。由于他的贡献，他被瑞典政府封为贵族。1814 年，他在科佩与斯塔尔夫人重聚，此后一直伴着她，直到她去世。此时，他对她已尽了相当的情分，于是在波恩大学担任文学教授（1818 年）。他恢复研究梵文，创立一份梵文刊物，编辑并发行《薄伽梵歌》（*Bhagavad Gita*）与《罗摩衍那》（*Ramayana*）的原文，并为创立一套《印度文学丛书》（*Indische Bibliothek*）花了 10 年的苦工。他于 1845 年去世，享年 78 岁，身后遗有他不辞辛苦将莎士比亚作品译成德文的珍藏，而他的许多演讲使柯勒律治在研究日耳曼哲学时，在文学人物盛事与思想方面收获颇丰。他的一生真是多彩多姿。

第八章 | 日耳曼哲学
（1789—1815）

我们现在研究康德及其后继者的唯心主义哲学遭遇到的双重障碍：一是我们现在对"观念"（ideal）一词的先入为主观念是指德行优越；另外，在科学与工业的时代里，我们习于只想到我们认知的事物，而极少想到认知本身的过程。在希腊哲学中，不同的派别各有源头，如德谟克利特以原子为出发点，而柏拉图以思想为起点。在现代哲学中，培根强调世界的知识，笛卡儿从思考的自我着手，霍布斯将万物归纳为物质，将万物归纳为精神。康德主张哲学的主要工作是研究思想形成的过程，此点构成了日耳曼哲学的特色。他承认外在客体的实在性，但坚持我们永不能客观地认识外在客体，因为我们认识外在客体是靠认知的器官及认知的过程才变成思想。因此，哲学的"唯心主义"主张除思想外，万物皆不为我们所知，所以物质是一种精神的形式。[1]

---

[1] 科学历史学家辛格（Charles Singer）则说："知觉是根本的论据，即人视为当然之事。好像在法官之前，科学必须叙述现象事实的部分，这种经验的叙述本身即是、而且是科学的唯一任务。"

费希特（1762—1814）

·激进者费希特

正如文学史上的情形一样，费希特本人比其作品更饶富趣味。其著作由于不断受到思想与形式潮流的冲击而失色，但研究一个人通过生命的摸索找到其出路，是哲学中的一部活教材，也是一幅塑造性格与改变思想过程的生动的画面。

费希特 52 年的人生中，充满了多彩多姿的美好经验。他的父亲是萨克森的丝带织工。母亲希望他将来成为牧师，他个人也同意，于是在当地受过地方教育后，他即被送到耶拿攻读神学。然而，他愈读神学，愈感到迷惘与怀疑。一位乡村牧师送给他一本《辩驳斯宾诺莎的错误》（*Refutation of the Errors of Spinoza*），费希特深为书中的错误所迷，于是认定自己不适合当牧师。然而，他还是在神学院完成了学业。毕业后，他几乎一文不名，于是自耶拿步行至苏黎世，去找一个家庭教师的职位。在那里，他与乔汉娜·芮恩相恋，两人正式订婚，但他俩商量好——直到他在经济上能独立自主才成婚。

他搬到莱比锡当家庭教师，研读康德的《纯粹理性批判》，并为之着迷。他前往柯尼斯堡，面呈康德《启示批判试论》（*Essay toward a Critique of All Revelation*，1792 年）一书。这位老哲学家不理睬费希特借款的要求，却为他的论文著作找到了出版商。未料印刷厂未印出作者的姓名，一位批评家将此书归为康德作品时，康德才指出作者姓名并对此书大加赞赏，费希特立刻被接纳入颇不"平静的哲学同仁"中。然而，他与这些人处得并不好，因为他在其论文中表示，虽然天启不能证明神的存在，但若要人类接受并遵守道德规范，则必须将道德规范归之于神。

在康德的推荐下，费希特在但泽找到一个报酬不错的家庭教师的职位。而他的未婚妻此时终于同意拿出积蓄供他使用，两人于 1793 年结婚。同年，他以匿名方式出版两本有力的短论集，而使 1793 年格外显著。在《欧洲君王恢复思想自由》(*Restoration of Freedom of Thought by the Princes of Europe*) 一书中，他首先盛赞某些开明君主，并严责那些阻挠人类思想进步的君王。他也感伤继腓特烈大帝崩殂后的镇压浪潮。改革优于革命，因为一次革命可使人类恢复到野蛮；不过一次成功的革命却可使须花 1000 年的改革在半世纪内达成。然后，封建制度仍风行于日耳曼大部分地方时，费希特向他的读者说道：

> 不要怨恨你们的君王，怨懑你们自己。你们不幸的原因之一是，你们过分高估这些人物，他们的思想已被无活力的教育、纵情和迷信歪曲了……他们就是鼓吹镇压思想自由的人……向你们的君主大声喊叫说，你们的思想自由永远不许被剥夺……
>
> 黑暗时代已过……别人以神的名义告诉你们，你们是地球上的牛群，生来是要任人差遣，为许多位居高位者效犬马之劳，是他们的财物；你们不是他们的财产，更非是神的财产，你们属于自己……现在你们可质问想统治你们的君主，他凭什么权力想统治你们？如果他回答凭继承，你们可反问，你的第一个祖先如何获此权力……其实君王的权力得之于人民。

第二本论文集《论纠正公众对法国大革命的批评》(*Essay toward the Correction of the Public's Judgment on the French Revolution*) 则更激进。封建的特权不应世袭，这些特权在政府的同意下方存在，因而应随政府的便利而终止。教会的财产也是如此：教会财产通过政府的准许与保护方能存在，国家需要或想要它时，也可将其收归国有。法国国民议会如此做了，而且证明为名正言顺。此文至此结束。

唯有注意到费希特以匿名的方式出版这些言论，我们方能了解他何以赢得耶拿大学哲学讲座（1793 年 12 月）的邀函。当时，奥古斯都公爵仍是魏玛与耶拿逍遥自在的领主，而监督这所大学教职员的歌德尚未认定法国大革命是浪漫主义的弊病。如此，费希特于 1794 年的复活节期间开始在耶拿授课。他是一位富有说服力的老师，也是灵活的雄辩家。他将情感注入哲学中，并将形而上学捧得高高在上，但他的急躁脾气完全没有学者气派，反而有制造知识混乱之虞。

他最早的 5 篇讲义于 1794 年出版为《论学者天职的演说》(*Some Lectures on the Vocation of the Scholar*)。这些讲演的主题是国家将在未来消失，使人类获得真正的自由，简直与葛德文一年前出版的《政治正义论》同样富有无政府主义色彩：

> 政治团体并非人生的绝对纯粹目标，而不过是成立一个理想社会的可能手段。由于所有政府的最终目的是走向多余的境地，因而国家有不断迈向废止的趋势。我们可能必须长期等待，但总有一天所有政治组织不再是必要的。

这种期待由于难以实现，因此很合君主们的胃口。费希特再以毗斯迦（Pisgah）的观点补充说明："社会的最终目标是社会每个成员完全平等。"这真是与卢梭起共鸣，费希特也并不否认这种一脉相承的关系："愿卢梭安息，天佑其在天之灵，因他已燃起许多人的希望火花。"预定 1796 年在耶拿会师的浪漫主义叛徒，对这种达到乌托邦社会的召唤大表欢迎。腓特烈·施莱格尔在致其兄的函中写道："当今最伟大的形而上学者是一位颇孚众望的作家。你可自他论法国大革命的名著中看出此点。而他在《论学者天职的演说》中富煽动性的口才与席勒的雄辩不同。费希特的所有公开生活似乎显示，'这是一位大丈夫'。"

·哲学家费希特

深使浪漫主义者着迷的这位形而上学家究为何物？形而上学的中心论题为：个人自觉的自我是所有实体的中心与要旨，而自我的本质是意志，自我的意志是自由的。没有比这个更能讨浪漫主义者欢心了。然而，此事不像腓特烈·施莱格尔的《鲁辛德》那般简单。费希特在出版《全知识基础论》（*Foundation of the Whole Science of Knowledge*，1794 年）一书后，发觉有阐明的必要（1797 年），于是又写了《再绪》（*Second Introduction*）和《新陈述》（*New Presentation*），但这使其说法显得更荒诞。关键字本身需要加以解释，知识意指研究知识的主要部分或精华——精神——用另一个冷僻的字眼即是"知识论"（epistemology）。

费希特先将哲学家分为两种。其一为"独断论者"或"实在论者"，他们认为所有经验与所有"事实"都是精神的知觉表象。因此，一切我们所知的实体是认知精神的一部分。他反对实在论，因为在伦理上它被迫成为一种机械似的决定论，而决定论使意识成为多余并破坏了责任与德行——事实上，自由意志是我们最贴切、最强烈的信念之一。费希特进一步驳斥说，以物质为出发点的哲学不能解释意识，而且此种哲学显然不足取。而哲学的主要问题即涉及称为意识的这种神秘实体。

因而费希特以自我（或本我）为出发点。他承认有一个外在世界，即通过我们的认知认识的外在世界。而这些认知凭其过程——通过记忆与目标解释知觉，将客体转换成精神的一部分（因而一个字就如声音一样，与那种以经验、环境和目的来解释的文字迥然不同。而就感觉来说，一场风暴不过是一种混乱而无意义的混杂信息落在各种感官上，但由认知通过记忆、环境和愿望，一场风暴即成为有意义行为的刺激物）。费希特下结论说：我们必须假定一个外在客体或"非我"作为我们引发外在感觉的原因，但此"客体"由认知、记忆和意志来解释，是一种精神的构成概念。就此而言，主体与客体都是自我的一部分，而自我以外的世界就不得而知了。

这些仅是费希特哲学的一面罢了。在认知的自我背后是希望和意志的自我。"自我是一种刺激体系，自我的本质即是倾向或冲动。""我们整个思想体系视我们的冲动与意志而定。"（费希特这里的思想接近斯宾诺莎的"欲望是人的本性"，并导向叔本华的"意志与表象的世界"的观点。）这种永不休止的意志并非似乎囿于机械决定论的客观世界的一部分，因此意志是自由的。这种自由意志是人类的本质，因为它使人成为明辨是非的道德行为者，并自觉遵守道德律。

费希特接着将康德对天文与道德体系的赞美，发展成一种新神学。这种新神学假定有一种统治、支撑宇宙及人类性格与社会的道德律。最后，他将这种宇宙的道德秩序认同为神，换句话说，宇宙的每个角色必须恪尽其责，以维持整个宇宙。自由人的目标与职责即是与此神圣的道德秩序融洽调和。这种宇宙道德秩序并非是人而是一种过程，在人类道德的发展中表现出来。"人类的天职"即是与此神的秩序和谐相处。这些让人忆起斯宾诺莎，但就另一方面而言，费希特也令人想起黑格尔——个体的自我或精神生命有限，但它是整个有意识的自我不朽的一部分，而有意识的自我就是绝对的自我、理念或精神。

在费希特的哲学中，我们感觉到一个人的焦虑摸索，他已丧失了遗传的宗教信念，却为自己和他的读者或学生在信仰与怀疑之间寻找中庸之道而奋斗。1798 年，在《基于我们对神统治宇宙的信仰》（*On the Ground of Our Belief in a Divine Governance of the World*）一文中，他再度面临此难题。他重申其以神为宇宙的自然道德秩序的观念，但他承认为了使其概念与信心显得生动，有些人可能赋神以人格。然而，他又说将神想象为我们未来的欢乐赖它赐予的暴君，等于崇拜一位偶像，而那些崇拜这位偶像的人应称为无神论者。

一位匿名的批评家指责此篇论文为非宗教，其他人于是加入攻击费希特的行列。萨克森政府将能弄到手的费希特论文全部没收，并向魏玛政府提出诉讼，控告政府准许无神论者在其管辖区内被公然聘为教授。在魏玛教育委员会试图礼貌地答复萨克森人民以平息此事时，本非和平主义者的费希特发表两小册论文公开辩护其书（1799 年），一本是《请大众公断》。魏玛教育委员会认为这本《请大众公断》是对它处理此事的挑战，此时费希特也听到了一则谣言，说魏玛教育委员会将要求耶拿大学评议会公开谴责他。费希特申论表示，公开谴责他将违反学术自由，于是致函魏玛枢密院说：万一评议会发表对他的谴责，他将辞职。他还说，如果此事发生，其他若干位教授已同意与他一起辞职。魏玛教育委员会发布敕令给耶拿大学评议会（席勒与歌德也同意），要求该会谴责费希特。然后，该会接受费希特的要挟与挑战，将他解雇。该校学生曾提出两份陈情书请求撤销敕令，但他们的请求被驳回。

1799 年 7 月，费希特夫妇移居柏林，在该地他们受到腓特烈·施莱格尔、施莱尔马赫和其他浪漫主义人士的热烈接待。这些人感受到费希特想象力的浪漫主义情趣及其哲学英雄式的自我论。为节省开支，费希特（与其不情愿的妻子）接受施莱格尔的邀请，与他和布兰德尔·门德尔松·维特同住。这位善变的哲学家喜爱这种群体生活，因此提议将其扩大。他写道："如果我的计划实现，施莱格尔兄弟、谢林和我们将成为一个家庭，住一栋较大的房屋，只需要一名厨子。"然而这项计划并未实现，原因是卡洛琳·施莱格尔与布兰德尔合不来。在社会主义乐园中，个人主义是条毒蛇。

然而，费希特直至去世仍带有社会主义者色彩。1800 年，他出版一本短文集《封闭的商业国家》（*The Closed Commercial State*）。他在其中表示，外贸与货币管制使较富有的国家剥削了较贫穷的国家的金属财富。因此，政府应该控制所有外贸，并持有所有可流通的金块和货币。握有这种力量后，国家应向每个人担保供给生活费，并均分国家物产。而个人必须交给国家稳定物价及决定其工作的职务与性质的权力，以为回报。

不可思议的是，与此偏激论调同时出现的一册宗教短论《人类的天职》（*The Volation of Man*，1800 年），将神描述为宇宙的道德秩序，并提升为一种崇拜的狂喜：

我们的信念……我们对职责的信念，是对上帝、上帝的理智和上帝的真理的唯一信念……那种永恒的意志无疑是宇宙的造物主……因为他是永生的，我们也获得永生。

崇高而不朽的意志！无以名之，不囿于任何思想……你最为天真烂漫、忠实与淳朴的心灵知悉……

在你面前，我蒙住面孔，捂着嘴巴……你究竟如何，你的存在似乎为何，我永远无法知道……你使我认识在有理性动物的世界中，我的职责为何。如何认识的，我不知道，也无须知道……在沉思你我的这些关系中……但愿我将在宁静的祝福中安息。

费希特显然依赖公开演说及出版这些演说词来维持生计，但他愈来愈趋向信仰基督教并热爱日耳曼。1805 年，他应邀就任埃尔兰根大学的哲学讲座。拿破仑军队进入日耳曼（1806 年），迫使他再寻找一个较安全的职位时，他正在埃尔兰根大学建立新的名望。他进入东普鲁士，并在柯尼斯堡教课一段时日。不久，拿破仑军队逼临附近的弗里德兰，迫使他再度迁居，这次迁往哥本哈根。1807 年 8 月，由于厌倦到处流浪的生活，他起程返回柏林。在那里，他将哲学搁置一边，把全部精力投入协助这个支离破碎、饱受屈辱的民族恢复自尊与精神。

·爱国者费希特

1807 年 12 月 13 日至 1808 年 3 月 20 日的每个星期日，费希特在柏林学院的圆形剧场发表演说，这些演说词后来出版为《告日耳曼民族书》。在这些演说中，费希特热烈呼吁其同胞恢复自尊与勇气，并采取行动以摆脱那些挥舞着军刀、志得意满的普鲁士军人特权阶级、不人道的《泰尔西特和约》（*Peace of Tilsit*）、拿破仑残忍地瓜分普鲁士王国等事给他们带来的悲惨状况。当时，法国士兵正在其占领的柏林维持治安，法国密探检查每则演说。

《告日耳曼民族书》是费希特最生动的遗产，至今仍令人感觉到他由哲学家变为爱国志士的亲切感。在这些演说中，他将理论逻辑的学识游戏搁置一旁，面对普鲁士最黑暗年代的悲惨现实。他的演说对象不仅是普鲁士，而且是全日耳曼人。他们分散的公国几乎不能算是一个国家，但这些公国的人民使用相同的语言而且需要相同的激励。为给他们带来团结，他提醒他们有关历史和著名的胜利——在政治、宗教、文学与艺术上的成就。他更摒弃英国人生活与理论中的无希望的唯物论、法国启蒙运动与大革命的宗教性破坏力等，来使他们团结一致。他得意地谈到较早以前日耳曼的商业都市，丢勒所住的纽伦堡，富格尔家族所住的奥格斯堡，及汉萨同盟足迹遍全球的公民。费希特告诉他的学生与国人，目前的失败须从过去辉煌的历史观点来看。一个国家为另一个国家蹂躏不可能持久，日耳曼人民在其民族个性中有身心、意志方面的才略，足以战胜目前的困境。

如何超越目前的困境呢？费希特回答说应以全面的教育改革来完成：以政府的财政与强迫力，将教育普及至每个日耳曼小孩；将教育目标自商业的成功，变为道德承诺；不再谈论革命，只有一种革命，即心智的启蒙与人格的净化；儿童的才能必须以裴斯泰洛齐（Pestalozzi）之法加以培养，他们必须被导向以达到国家确定的目标；国家必须由受过教育、有奉献精神的人来领导，它不应握于军队手中，而是民族意志的指导及行动指挥，每位公民必须是国家之仆，而国家必须是万民之仆。"至今，绝大部分的国家岁入……用在维持一支常备军"；教育儿童的工作一向留给教士负责，这些教士"在凡人肉体死亡后，利用神作为将自我追寻引入其他世界的手段……如此的宗教……的确应该与过去的岁月一起埋葬"。这种宗教必须由一种基于有教养的公共责任感的道德意识宗教以代之。

费希特认为要产生这种新类型的人，学生必须"与成人社会隔离"，而"组成一个隔离的、自足的社会……除了以学习来发展心智外，这个团体还教授体操……农事和各种手艺"：

由于与消失中的过去腐败隔离，在工作与学习中学生将受激发，创造出一种人类社会秩序应有的形象，完全与理性法则一致。学生对事物的这种秩序是那么热爱，因而要他不想要它，或他失去教育的指引时，不全心全力地推展它，简直不可能。

那是一个壮丽的梦想，令人忆起柏拉图的共和国，并预测到社会主义预言家将会为未来数世纪激发起希望的火花。它对当时几乎毫无影响，并在激发反抗拿破仑的民族热诚上毫无地位（虽然此点曾被夸大）。但费希特所想的远超过仅将法国人逐出普鲁士，他试图为改善人性找寻一条出路，而人类史即由或善或恶的人性构成。无论如何，它是一个崇高的梦想，对教育胜过遗传的力量，也许太过自信了，并可能导致被集权国家误解或滥用的可悲结果。但是，费希特说："我只想为那种希望而活，我不能放弃……去劝服一些日耳曼人……唯有教育可拯救我们的希望。"

他自埃尔兰根迁往哥尼斯德，然后是哥本哈根、柏林，艰苦的跋涉已使他的身体屡弱下去。完成《告日耳曼民族书》后不久，他的健康就崩溃了。他前往特普里兹疗养，身体部分复原。1810年，他出任新职柏林大学校长。普鲁士发动解放战争时，费希特呼吁其学生热烈响应这种爱国行动，其学生几乎全部投笔从戎。费希特之妻自愿充任护士，结果患了致命的高烧。他白天照顾她，晚上则在柏林大学讲学，后来他感染此病。她幸免于死，他却于1814年1月27日去世。5年之后，她葬在他的身旁——纵使只有毛发与遗骨——象征他们一直是，现在再度是两位一体。

谢林（1775—1854）

费希特承认一个外在世界的存在，但他大部分哲学不提它，除非是一个由知觉加以净化的外在世界。谢林是贵族出身，却欣然接受自然，并将之与精神综合一起，置于其中有神存在的共同境界里。

　　他是符腾堡一位有产路德教派牧师之子，在图宾根神学院就读，曾宣誓要当牧师。在该地，他与荷尔德林、黑格尔组成一个活泼的学术偏激派三人小集团，他们庆祝法国大革命、重新为神下定义，并将斯宾诺莎、康德和费希特的哲学融汇成新哲学。谢林另写一首诗，题为《享乐主义者的信条》（"The Creed of an Epicurean"）。任何人都可从谢林年轻时代的这些作品中预测，他年老时必定相当保守。

　　和费希特、黑格尔一样，他曾担任多年的家庭教师。1795 年，年仅 20 岁的他出版论文《自我为哲学之原理》（*The I as Principle of Philosophy*），该书立即引起费希特的注意，并使他在 23 岁时应邀至耶拿教授哲学。有一段时日，他颇为自满，自视为费希特的门徒，并认为精神是唯一的实体。但在耶拿，后来在柏林，他加入浪漫主义团体，并使肉体得到短暂的狂喜：

　　　　我再也受不了，我必须再活一次，必须让我的本性自由发挥——那些先验的理论尽其全力改变我时，我的这些本性几乎被剥夺殆尽。但我现在也应承认，我内心怦怦跳动，热血在血管中汹涌……除此之外，别无宗教信仰，我喜爱形状姣好的双膝、丰满的酥胸、纤细的腰、最甜美香浓的花朵，我的一切愿望完全获得满足，能获赐最甜蜜的爱情。如果我必须要有宗教信仰（虽然没有宗教信仰我也能过得欢乐），我的信仰必定是天主教，就像从前教士与俗人住在一起的那段日子……在神的殿堂里每日都有狂欢。

　　如此热爱有形实体的谢林，居然使当年崇尚理想主义而在耶拿及后来前往柏林的费希特感到惊愕，那是很自然的事。在《自然哲学体系的初稿》（1799 年）与《先验观念论体系》（1800 年）中，谢林视哲学的主要问题为物质与精神之间的显著对立，认为物质产生精神或精神产生物质的想法均行不通。他下结论（好几次谈到斯宾诺莎的思想）说，解决这种僵局的最佳办法是将精神与物质视为一个复杂而统一的实体的两个属性。"事实上，所有仅基于纯粹理性的哲学是，也将是斯宾诺莎学说。"但谢林认为，这种哲学由于太过于逻辑性，以致丧失活力。"就斯宾诺莎学说而言，一种自然的动态论概念必须使斯宾诺莎的学说产生实质的改变……严格说来，斯宾诺莎学说，如同皮格马利翁的雕像般，可视为需要赋予一种精神。"

为使这种二元式的一元说更易为人理解，谢林提议，视力量为物质与精神两者内在的本质。在物质与精神中，我们不知道这种力量为何，但因为它在自然中的成形过程愈趋细微——自传达运动的神秘性，经分子之间的相吸或互斥，植物的敏感性，或变形虫那摸索、紧握的伪足，至猩猩的敏捷智慧与人类有意识的理性。因此我们可下结论说，基本的实体，一种无所不在的神，本身既非物质也非精神，而是两者结合为一种难以置信的形式与力量的综合体。于此，谢林不但讲哲学，也在作诗，而华兹华斯与柯勒律治两人在他身上找到一种为那些被科学压抑与渴望神者建立一种新信念而奋斗的共同精神。

1803 年，他离开耶拿至刚成立的维尔茨堡大学授课。他继续写哲学论文，但缺乏他的《自然哲学》（Naturphilosophie）一书的活力。1809 年，他那位富有激励性的妻子卡洛琳过世，她似乎带走了他一半的活力。他 1812 年再娶，并不顾一切地写作，但 1809 年后即无作品出版。此外，此时黑格尔已成为无可匹敌的哲学界的拿破仑。

晚年，谢林从神秘主义中找到慰藉，在慈爱的神与"张牙舞爪"的自然之间，及在科学的宿命论与显然为道德责任所需的自由意志之间，存在的明显对立中，找到了超自然的解释。他自雅各布·伯麦接受一种观念，即神本身即是善与恶之间的战场，所以自然游移挣扎于秩序和混乱之间，而人的本性中也有一些非理性的成分。最后（谢林向他的读者保证），所有的邪恶将被击败，神的智慧甚至能将人类的愚蠢与罪恶变为善。

眼看着黑格尔一人集所有哲学荣耀于一身，谢林早已不舒服了。其后，他比黑格尔多活 23 年，而那时"年轻的黑格尔派哲学家"将其大师的辩证法遗著分割成为共产主义等派系。1841 年，腓特烈·威廉四世国王召他至柏林大学开哲学讲座，希望他的保守主义能成为激进派浪潮的中流砥柱。但谢林无法吸引听众，他一筹莫展，并为自哲学到革命之间接踵而至的一连串事件感到惊讶不已。

即使如此，华兹华斯已将谢林的泛神论注入其庄严的诗歌中，而柯勒律治除了许多例外，也将"康德派哲学革命的成就与最重要的胜利"归之于他。在谢林去世半世纪后，身为生机论改革者的亨利·柏格森（Henri Bergson）称誉谢林为"历史上迄今最伟大的哲学家之一"。黑格尔若还在世，定有异议。

黑格尔（1770—1831）

约 1816 年，叔本华曾写道，阅读康德的作品"读者不得不认为暧昧不明的不一定毫无意义"。他认为，费希特与谢林即占了康德作品暧昧不明的不该占的便宜。但叔本华继续说：

> 体现全然的谬妄、堆砌一大堆毫无意义、夸张言词的荒唐的最佳写照，只有在疯人院方可见到，而黑格尔集其大成，使它成为有史以来最美丽迷惑的工具，其结果将使后代子孙难以置信，并将成为日耳曼的愚蠢纪念。

·怀疑者的进展

上面这首哀悼歌出版（1818 年）时，乔治·威廉·腓特烈·黑格尔正好在世，声誉正隆，他之后还活了 13 年。黑格尔出生于斯图加特一个沉浸在神秘主义与虔诚的中产阶级家庭。为送乔治至图宾根神学院攻读神学（1788—1893 年），父母拿家产去抵押。诗人荷尔德林当时正在该学院，谢林于 1790 年前来，他们都悲叹师长们的不学无术，并礼赞发生大革命的法国的胜利。黑格尔显示了对希腊戏剧的特别喜爱和对希腊人爱国心之赞赏，预示了他自己最终的政治哲学：

> 对于希腊人而言，他对祖国和国家的观念即是他所为之卖力的无形、更高尚的实体……与此观念相较，他自己的个体简直不算什么，他追求的是其国家的持久与持续……他永远未曾想到替自己祈求永存或永生。

在神学院获得神学位后，黑格尔拒绝当牧师。为此，他的双亲感到失望。他在伯尔尼一位拥有丰富藏书的贵族家中充任家庭教师以维持生计。在该地，及后来在法兰克福，他阅读修昔底德、马基雅维利、霍布斯、斯宾诺沙、莱布尼茨、孟德斯鸠、洛克、伏尔泰、休谟、康德、费希特等人的作品，他脆弱的基督教信仰如何能抗拒怀疑论者如此的密集阵势？一位充满活力与天生反叛精神的年轻人，于是沉湎在异教的狂欢中。

1796 年，他写了《基督传》（*Life of Jesus*），但直到 1905 年才出版。该书部分是黑格尔的门人大卫·施特劳斯所著《基督传》的稿件，因为施特劳斯后来即以此书用来对基督的福音故事展开全面的抨击。据黑格尔称，耶稣基督是约瑟夫与玛利亚的儿子，他驳斥有关基督的奇迹，将它们解释为自然的现象。他形容基督是为个人的良心辩护而反对牧师的教条，他以被钉在十字架的耶稣下葬为结束，丝毫未提及复活之事。他对神下了定义而且坚持到底："神本身就是纯理性，没有任何限制。"

1799 年，黑格尔的父亲去世，留给他 3154 弗罗林的遗产。他写信给谢林，请他帮忙找一个有好图书馆和好啤酒的城镇安居。谢林建议他搬到耶拿与他同住。1801 年，黑格尔迁居耶拿，并获许在耶拿大学担任助教，由他的 11 名学生支付他薪水。过了 3 年的这种生活，他被任为特别教授。一年后，在歌德的关照下，他获得生平首次的薪饷——100个银币。他始终未成为受欢迎的老师，但在耶拿，如同后来在柏林，他激发了数名学生对他的特别情谊，使他们能从他文字粗略的外表深入到他思想的神秘活力。

1801年，他着手撰写一篇有意义的评论，但未完成，也未付梓，该篇即是《论日耳曼政体》（*On the Constitution of Germany*）。放眼看，他忆起了使文艺复兴时代的意大利陷入分裂状态并受到外国强权觊觎的许多小公国。他也想起马基雅维利呼吁日耳曼需要一位强有力的君主来统一这个分崩离析的国家。他对神圣罗马帝国不寄予信心，并预言它的早日瓦解。"日耳曼不再是一个国家……一群人唯有它的成员团结一起、共同维护它的财产的完整，才能自称是一个国家。"他呼吁统一日耳曼，但他又说："这种事情从未凭梦想就可达成，而是要诉诸武力的……人民……必须在一位征服者的力量之下，团结成一个国家。"

他可能没想要招来拿破仑。1805年，拿破仑在奥斯特利茨大败奥军与俄军时，黑格尔可能开始怀疑这个人是否注定不仅要统一日耳曼，而且要统一欧洲。翌年，法国军队逼近耶拿，整个欧洲的前途似乎危在旦夕之际，黑格尔看见拿破仑骑马经过耶拿（1806年10月13日），于是写信给他的朋友尼特哈默尔说：

> 我看见法国国王——世界的中心人物——骑马出来侦巡这个城市，看见如此一位大人物就在这里，单枪匹马，却有一股威震世界、君临天下的气概，真令人神往……唯有他这种英杰才能自星期四到星期一有这么大的成就，谁见了他不生崇拜之心……但愿法军一帆风顺。

翌日，法军奏捷，部分法国士兵却避开拿破仑的耳目，开始在耶拿掠夺，其中的一群闯入黑格尔的寓所。瞥见一名下士制服上的十字荣誉勋章，黑格尔心中不禁希望这位杰出的士兵会对一位日耳曼学者稍存敬意。这些入侵者只喝了一瓶酒就走了，但掠夺之风的蔓延吓得黑格尔藏身于耶拿大学副校长办公室。

1807 年 2 月 5 日，黑格尔的房东太太克瑞丝蒂娜·布克哈特生下一子，恍惚的黑格尔承认是他的私生子。萨克森—魏玛公爵难以资助耶拿大学时，黑格尔认为这正是去尝试另一个城市、另一位女性和另一种工作的良机。2 月 20 日，他离开耶拿，成为《班贝格人日报》（*Bamberger Zeitung*）的编辑。在此动乱期间，他出版了《精神现象学》（*Phänomenologie des Geistes*，1807 年）。似乎没有人曾想到此书后来会成为他的杰作，甚至没想到此书是自康德至叔本华之间，哲学上最艰巨、最早的贡献。

由于厌烦于其论文被官方检查，黑格尔离开班贝格（1808 年），到纽伦堡担任一所大学预科的校长。他埋头苦干，不但教书而且管理学校，但他内心渴盼的，还是在一所著名而有偿付能力的大学中，觅得一份有安全感、较适合他的职业。1811 年 9 月 16 日，年已 41 岁的黑格尔与纽伦堡一位参议员年仅 20 岁的千金玛利·塔克结婚。结婚后不久，克里丝蒂娜·布克哈特突然造访，并带来了黑格尔年方 4 岁的儿子路德维希。他的新婚夫人欣然收养了这个男孩，解决了令黑格尔尴尬的问题。

因梦想在柏林寻得一职，黑格尔于 1816 年应海德堡大学之邀，成为该校第一位哲学教授。他的班上最初仅有 5 名学生，但在学期结束前增加到了 20 名。在该地，他出版了《哲学百科全书》（*Encyclopedia of the Philosophical Sciences*，1817 年）一书。此书比他 1812 年的《逻辑学》（*Logik*），在柏林的知识分子心中与政府那里获得更高的评价。不久，普鲁士教育部部长邀请他到柏林，填补费希特过世（1814 年）所遗的哲学讲座之缺。年已 47 岁的黑格尔和他讨价还价，直到薪资能补偿他长久以来的等待。除了 2000 银币的年薪外，他还要求补助在柏林的高价房屋租金与物价，补偿他所买的旧家具现在必须蚀本卖出，补助他与妻儿前往柏林的旅费，甚至他希望有"定量的农产品"。这些条件全被接受后，1818 年 10 月 22 日，黑格尔就任柏林大学新职，直到去世。在这 13 年中，他的讲义是众所周知的乏味，但后来证明极富有意义，于是越来越吸引听众，几乎欧洲每个国家都有学生慕名而来，甚至还有欧洲以外的国家的学生前来听讲。于是，在康德过世后的欧洲史上，他替最完整、最具影响力的思想体系赋予了形态与规则。

·逻辑学是形而上学

他从逻辑学着手，但此逻辑学不是我们现代所谓的推理规则，而是指古代和古典的意义，即万事万物的原理、基本意义与运作，如我们使用地质学、生物学或心理学分别指地球、生物或精神的意义与运作。因此，对于黑格尔而言，逻辑学即研究一切事物的意义与运作。一般而言，他将运作的研究交给科学去做，如同科学将意义的研究留给哲学去做一样。他试图分析实体的原理或逻辑，而不分析推理的词句。他称这些原理的根源为神，如同以前的神秘主义者把神性视为与道（Logos）——宇宙的理性和智慧——同一。

具有认知力者，以研究客体在空间、时间与其他人记忆和认知的客体的关系，而了解其特殊含义。康德曾为这些关系分别取了 12 个范畴的名称，主要是：单一性（unity）、杂多性（pluralitye）与全体性（totality）；实在性（reality）、否定性（negation）和限制性（limitation）；因果性（cause and effect）、存在和非存在（existence and nonexistence）、可能性（contingency）和必然性（necessity）。黑格尔又加了许多：定有（determinate being）、限制、多样、牵引和反斥、同和异……人经验中的每个客体皆为一种由这些关系交织而成的复杂体。譬如，这张桌子有特殊的地点、寿命、形状、强度、颜色、重量、气味、美观，如果这些特殊关系不存在，该桌子不过是一种朦胧分离感觉的混合体罢了！有了这些关系，这些感觉即成为一个统一的认知。通过明显的记忆与目标的认知即成为一种理念。对于我们每个人来说，宇宙就是我们的感觉——外在或内在——由概念联系而成的认知或理念，然后与人的记忆融汇一起，受人意志的支使。

概念并非即是物，而是了解的方法与工具，是塑造感觉，使之呈现出意义的方法与工具。这些概念是构成每个人曾经体验过的感受、思想，或事物的原理和逻辑、结构和道理。这些概念的综合即构成黑格尔脑海中的逻辑、理由和宇宙理性。

纯有（pure Being）是人了解经验最简易、最普遍的概念，适用于一切客体或概念，无特定对象。这种基本概念具有的普遍性即为其必然性：缺少可资辨别的外形或记号，它就无法代表任何存在物或理念。事实上，纯有的概念，即等于其相反的概念，即非有（Nonbeing）或空无（Nothing）。因此，纯有与非有随时都融汇一起，凡过去不融汇的即附着于有，其不定限性或纯粹性也被摈除。不论多么不相称，有与非有在一起就成为某物。此种神秘性的生成（Becoming）就是第三概念，是最有用的概念，因为缺少了它，万事万物就不能发生或生成。其他的概念都是从看似冲突的概念综合而成的。

这种黑格尔式的变戏法——以融汇的方法创造了宇宙（如亚当与夏娃）——使人忆起了中古时代的观念，认为神从虚幻中创造了世界。可是黑格尔辩称，他的概念并非是事物，而是孕育事物的方法，是使事物的行为让人易于了解、大部分可预测或可控制的途径。

他要求我们稍为修正矛盾原理（在古老的逻辑学原理中，矛盾原理相当的神圣），即A不能是非A的想法。很好，然而，A可能变为非A，如水可变为冰或水蒸气。据黑格尔所了解，一切实体都处于生长的过程中，而非巴门尼德（Parmenidean）式的存在静止世界，而是赫拉克利特式的动态形成世界。万事万物都在流动。在黑格尔的脑海里，一切实体、思想、事物、历史、宗教、哲学都不停地演化，其变动非基于两种差异的自然选择，而是依内在矛盾的变化与分解，然后迈向更复杂境界的现象。

　　这就是有名的黑格尔式（以前为费希特式）正、反、合的辩证法（表面意思即指交谈法）：一个概念或情况原包含有其反面的概念，首先是孕育它，继之与之搏斗，然后与之合并，结果造出另一种短暂的外形。一次合逻辑的讨论会遵循揭示、对抗和一致的辩证结构过程。合理的评议——凭经验去衡量概念和欲望的过程也应如是。如斯塔尔夫人坚称的，打断是交谈的生命，但如果反驳不中肯而且未获得解决，则打断反成为交谈的致命物。将对抗加以吸收便是智慧的秘密，亦是胜利的完成。真正的综合既不驳斥正面，也不拒斥反面，而是设法兼容并蓄。马克思主张，资本主义包容了社会主义的种子，相对的经济组织形式必须在战争中冲突而死，社会主义必定会得胜。

　　黑格尔是黑格尔派哲学家中最道地者。他将上述的概念进一步加以"演绎"（deduce），以说明前面的概念其矛盾化解后必定产生下个概念。他将其论辩加以组织，设法把其作品依三个一组的方式加以区分。他把其辩证法不但应用到实体，而且用到概念中：在政治、经济、哲学和历史中一再出现矛盾、冲突和融汇的过程。就中古的观点而言，他是一位现实主义者：宇宙比其单独部分中的任何一个更真实，人包括一切死者生者；国家比其公民更真实、更重要，而且活得更久；美具有不朽的力量，它制造毁灭也创作韵律，虽然像保罗使徒的拿破仑已作古，而且或许爱神阿佛洛狄忒式永不复活；最后，这位冲动的哲学家列出他认为最真实、包含最广、最强有力的概念，即遍及万事万物和思想的绝对理念，或称涵盖全宇宙的理性、结构或法则，或称君临一切的道。

·精神

　　《精神现象学》写于耶拿，正当法国大军逼近该城之际。该书于1807年出版，正是法国大革命之子以毫无怜悯之心对普鲁士蹂躏之时。一切证明，在从君主政治通过恐怖手段摸索前进到另一个君主统治的历史中，人类的精神已在迈向自由的道路上迷失了自己。黑格尔于是尝试研究人类精神的各种现象，如感觉、认知、感受、意识、记忆、想象、欲望、意志、自我意识和理性。也许在研究的漫长道路尽头，他可觅得自由的秘密。他不但对此研究计划毫无惧色，还准备进一步研究在社会、国家、艺术、宗教和哲学中的人类精神现象。他的追寻研究成果是他的名著、雄辩、暧昧、挑战和气馁，但对马克思、克尔恺郭尔（Kierkegaard）、海德格尔（Heidegger）和萨特（Sartre）诸人产生了影响。

　　难题始自"精神"（*Geist*）一词，这个精神一词使"ghost"、"mind"、"spirit"和"soul"几个字都笼罩上暧昧的疑雾。通常我们将"Geist"一词翻译成"mind"，但在《时代精神》（*Zeitgeist*）一书中，我们则译之成"spirit"。如果"Geist"一词是指"mind"，则它并非指心理活动之外的一种分离的实体或实存物，而是指心理活动本身。独立的"心智力"（faculties）是不存在的，只有经验变成行动或思想的真正活动。

　　黑格尔曾为"Geist"一词下了许多定义，其中之一是把它与意识视为同一物。当然，意识是神秘中的神秘，因为就像要器官去解释经验一样，器官根本不可能自我诠释。然而，意识是我们所知最贴切、最特殊的现象。属于精神之外的物质，似乎比较不那么神秘，却较不直接为人所知。黑格尔同意费希特的说法，认为我们认知的客体是客体成为我们主体的一部分后方为可能，然而黑格尔倒从未怀疑外在世界的存在。我们认知的客体是另一位显然赋有精神的个人，则意识就对抗而言，便变成为自我意识。此时个人的自我于是诞生，而且很不舒服地发觉，竞争便是生命的交易。我们这位强硬的哲学家说，于是"每个人""便下定决心要毁灭杀死对方"，直等到两者之一愿意屈服或死亡（潜在的、终极的，不过很少是清楚的）。

　　此时，"自我"依赖经验，仿佛知道为了生命的考验必须坚强起来。一切自我将感觉变成认知，将之储存于记忆中，再变成理念的复杂过程，皆用于启发、润饰、欲望，而欲望便是意志的构成物。自我是欲望的焦点、连续和综合，知觉、理念、记忆、思虑，就像四肢，是自我寻求生存、欢乐或权力的工具。如果是一种激情，不论是好或坏，那么欲望都变得更强烈了，但激情不应不分青红皂白地加以定罪，因为"世界上的大事莫不在激情之下完成"。激情可能导致痛苦，但只要有助于目标达成的则无妨。人生并非追求欢乐，而是追求完成。

意志（欲望）是自由的吗？是自由的，但并非指不受因果原动力或法律限制的自由。意志是均匀分配的自由，因为它与实体的法则和逻辑相匀称。自由意志，指为悟性和理性开导的意志。不论国家或个人，唯一真正的解放必须是一种智慧的成长。智慧则是指融会贯通、运用自如的知识。最高度的自由是指概念的知识及其在自然基本过程中的操作，加上与绝对理念（神）的融合与和谐。

人通过三种方法可达到这种悟性和自由的极限：艺术、宗教与哲学。最初在《精神现象学》，进一步在《论美学》（*Vorlesungen über Aesthetik*）中，黑格尔试图将自然与艺术史纳入其三个一组的体系公式中。他偶然从建筑、雕刻、绘画和音乐中获得了惊人的知识，而且对柏林、德累斯顿、维也纳、巴黎、荷兰等地的艺术收藏非常熟悉。他觉得艺术是一种不凭理智、而凭直觉的精神行为（意指直接的、强烈的、持久的认知），代表一种通过感官媒介的精神状态。他把艺术分成三大时期：（1）东方期，建筑试图通过庞大寺庙，如在埃及、印度等地，支持精神生活和神秘的幻想；（2）希腊罗马古典期，通过完美的雕刻形式来表达理性、平衡与协和的理想；（3）基督教的浪漫期，通过绘画、音乐和诗歌，试图表现现代人的感情和渴望。黑格尔发现第三期已出现了衰败的种子，他声称，艺术史上迄今最伟大的时期已日薄西山矣！

黑格尔晚年为宗教感到苦恼与疑惑，因为他发现宗教的历史性功用是塑造人格并维持社会秩序。但他对理性太热爱，因而不能献身于神学的摸索、圣徒的狂欢和苦痛，及对个人之神的恐惧和崇拜。他努力使基督教的信念能与黑格尔式的辩证法趋于一致，但他心不在焉，而受他影响最深的弟子，把他的神诠释为宇宙的非人格法则或理性，称不朽为人一生在地球上残余的、也许永无止境的影响物。

在《精神现象学》一书最后，黑格尔道出他真正热爱的哲学。他的理想是圣人，而非圣徒。在满腔热忱下，他主张：人类悟性未来的发展是无限的。"宇宙的本性并不具有可永远抵抗得住智慧的勇敢努力，宇宙最后必定会豁然开朗，将它本身的奥秘和财富完全摊开在意识的眼前。"然而，早在这个高潮时刻来临之前，哲学将会认知真实的世界并非是人接触或看到的世界，而是赋予世界以秩序和高贵的关系和规律，是那些使星星、太阳转动的不成文法则，是构成世界的非人格精神的法则。黑格尔宣誓愿意为这个绝对的理念或宇宙理性贡献一切，也将在其中找到他崇拜的他的自由和宁静的满足。

·道德、法律和国家

1821 年，黑格尔推出另一部大部头著作《法哲学原理》（*Outlines of the Philosophy of Right*）。在德文里，"权利"（*Recht*）是一个很高雅的字，涵盖维持家庭、国家和文明生存的道德和法律。在这部洋洋大观的著作中，他对道德和法律有详尽的阐述，后来这部书对他的国人产生深远的影响。

黑格尔此时年已迈入六十大关，已习于安稳和舒适，他渴望在政府机构里谋得一官半职。他很快就向自然的保守观屈服。自他崇拜法国和拿破仑，政治情势已发生了急剧的变化：普鲁士已怒而拿起武器攻打仓促逃离俄国的拿破仑大军，而且在布吕歇尔的领导下奋斗，推翻了篡位者。如今，普鲁士已在腓特烈大帝的胜利大军和封建君王的基础上自立起来，在付出胜利代价，已贫穷得民不聊生、受社会秩序混乱和革命的希望与恐惧之苦的人民当中，成为稳定支柱。

1816 年，正在耶拿大学担任哲学讲座的雅科布·弗里斯（Jakob

Fries）出版了名为《论日耳曼联邦与日耳曼的政体》（*Von Deutschem Bundund Deutscher Staatsverfassung*）的论文集。他列出一套改革的计划，日耳曼政府一见大为震惊，立刻颁布卡尔斯巴德国会谕令。弗里斯因此被革教授之职，并被警察宣布为亡命之徒。

在《法哲学原理》一书中，黑格尔用了该书序言的一半斥责弗里斯是一位头脑简单的危险人物，并对弗里斯所谓"在一个被真正社会精神统治的民族中，执行公共事务的人应该从最底层的人民中选出"的说法大加挞伐，斥之为"肤浅思想的代表"。黑格尔抗议说："根据这种观点，伦理世界应该被那些喜怒无常者取代。利用简单低级的方法，将理性和智慧交托给感情的做法，等于省略理性的思考，放弃受思辨指导的知识。"愤怒的黑格尔进一步利用这个机会对那些不成熟的哲学家大骂一顿，以泄其胸中的怒气，因为他们常随兴之所至编织美梦或建造完美的国家。为了对抗这种天真的想法，他发表了一个原则，以为其哲学的坚强基础，即"合乎理性的必定是真实的，而凡是真实的，也必定是合乎理性的"（是事情的逻辑性使然，是情势使然）。日耳曼的自由主义者斥责弗里斯是投机取巧者，是复古政府的"桂冠哲学家"。黑格尔继续说，文明需要道德和法律。正因为如此，生活才像是一位公民的生命，才像是活在社会里，除非社会限制自由以提供保护，否则即无法生存。道德必须是一种共同的保证，而非是个人的喜怒好恶。法律之前的自由是具有建设性的力量。不受法律束缚的自由不可能存在于自然界中，也因此在社会中具有破坏力，其情形如法国大革命一样。依习惯订立的道德律——在社会进化过程中发展出来的伦理判断——对个人自由所加的限制，可以说是社会为求持续生存而采取诸多措施中最古老、最广泛、最久远、影响最深入的措施。由于这些限制规则大都由家庭、学校和教会传递，这些机构成为社会的根基和主要工具。

因此，以爱情为基础的婚姻是最愚蠢不过的。就传宗接代而言，性欲固然有其生物学的道理，但就两人一生管理财产与管教子女而言，性欲却无功效。婚姻应该是一夫一妻制，离婚应该不容易。家产应夫妻两人共有，但应由丈夫管理。"妇女在家庭中有其实质地位，应全身心地投入照顾家庭。"

教育不应（如裴斯泰洛齐和费希特两人主张的）盲目崇拜自由和玩乐，纪律是性格的主干。"惩罚孩子并非基于公正，而是吓阻他们运用蹈入自然罗网的自由，并将一般概念灌入他们的意识和意志中。"

我们也不应盲目崇拜平等。唯有在我们每个人是一个人，而非他人的工具的意义上，我们才是平等的。但显然，我们在体能与智力方面是不平等的。最好的经济制度是在此制度下，有卓越才能者受鼓励以发展其本身，并有相当的自由将新观念变成能生产的实物。财产应该是家族私人所有物，因为若无优厚的报酬，卓越才能者就没有发展的动力。

就将野蛮人改变为文明人而言，宗教是一种理想的手段，可使个人与整体联结一起：

> 由于宗教是国家的统合要素，将团结感注入人的内心深处，因而国家应规定每个国民隶属一个教会。而事实上，也只能隶属一个教会，因为——一个人信仰的内容全视其个人的思想而定——国家不能干扰教会。

教会应与国家分离，但应将国家视为"至高无上的崇拜"，在这种崇拜中，将个人与整体统一的宗教目标就可能在世界上近乎实现。

国家是人类至高的成就，是保护与培养人民的社会工具，负有将社会秩序与人类与生俱来的个人主义加以调和，并调节内部团体之间猜忌的冲突的艰巨任务。法律是文明人的解脱之道，因为它使文明人免于许多不公平与危难的忧虑，以为他同意不将这些不公平与危难加在其他人身上的回报。"国家是具体自由的实体。"因此，为将混乱转为有秩序的自由，国家必须有权威，有时候必须使用武力。警察将是必要的，在危机四伏时，征兵制度也是必需的。但是如果国家治理良好，这种国家可称为理性的组织。我们可就这种意义来论国家和宇宙，即"合理的是真实的，而真实的是合理的"。这并不是乌托邦，因为乌托邦是不切实际的。

这是不是1820年普鲁士的理想化？不尽是。与普鲁士不同，黑格尔的国家假设施泰因与哈登堡的改革完全成功。它呼吁组成一个有限的君主政体和立宪政府，崇拜自由、解放犹太人。它指斥专制政治，将之解释为："在任何情况下，没有法律存在，一个君主或一个暴民的意志即是法律，或代替法律，而唯有在合法、立宪政府中，统治权才是观念性的要素。"黑格尔全然反对民主政治：普通的公民知识贫乏，不足以选择有才能的统治者，或厘定国策。黑格尔接受1791年法国革命性的宪法，该部宪法呼吁成立君主立宪政体。在此政体下，人们有权投票选举国会议员成立国会，但无权选举统治者。一个依选举产生的君主政体"是最坏的制度"。因而，黑格尔主张，政府应由拥有财产的人选出的两院制立法机构、专司行政的部长级内阁及一位世袭的君主组成，而这位君主具有"最后决定权的意志"，"国家发展成君主立宪政体是现代世界的成就"。

若说这种哲学具有复古思想，是不公平的。就法国与美国政体研究的结果，我们发现这种哲学其实与蒙田、伏尔泰、伯克、麦考莱、身为拿破仑顾问的贡斯当、托克维尔等人富有理性的保守主义，不谋而合。它为个人的思想自由与宗教容忍留有余地。我们必须站在它产生的时代与背景来判断其哲学：我们必须想象自己身处于拿破仑时代结束后的欧洲大动乱中——经济破产、不景气及试图恢复法国大革命前的旧制度的各国反动政府——去了解一位思想家，因其年事太高而无法在思想方面有大胆的表现，太称心如意而不敢享受革命的狂喜，或冒着以没有经验的理论家或暴民统治的危险来更换旧政体。黑格尔在《法哲学原理》一书中的败笔是他写的序言太草率，但就整本书而言，其结构是严谨的，其思考也是周密的。年老的黑格尔完全是被弗里斯的辩才及民众对他的热烈反应吓住的。他立刻叫来警察。对"政府终于注意到这种哲学"一事，他并不懊悔。年纪大的人应该保守，不应冒险。

·历史

黑格尔的弟子必定很爱戴黑格尔，因为他死后，他们熟读他的笔记，为他的讲义添加注解，将其遗作有秩序地整理，并以黑格尔之名出版了四部遗作：《美学》（*Aesthetics*）、《宗教哲学》（*Philosophy of Religion*）、《历史哲学》（*Philosophy of History*）和《哲学史》（*History of Philosophy*）。这些都是其作品中最易解的著作，原因也许是因为它们不像其他的著作因其思想和文体的复杂性而显得晦涩难解。

"在研究历史中唯一与哲学有关的是理性的概念：理性（指事件的逻辑与法则）是世界的主宰，因此世界历史是一个理性的过程。"于此，真实的是理性的——是其前项的逻辑与必然结果。黑格尔常以宗教的口吻谈到他的主宰理性，但他拿斯宾诺莎与牛顿比较来替主宰理性下定义："理性是宇宙的本质，即依据理性与在理性之中，所有实体才存在"。逻辑的概念即是了解操作关系的基本工具，构成"所有事物的复合体、本质与真理"。

如果历史的运转是一种理性的表现，即一种万事万物天生的法则表现，那么即使反复无常的事物，也一定有某些规则可循。黑格尔认为规则存在于事物运转的过程和结果中。历史中的理性过程，有如逻辑中的理性过程，是辩证性的：每个阶段或情况（正）都含有矛盾（反），再经过一段挣扎，最后臻于合。因而，专制政治试图压抑人类对自由的渴求，这种渴求发展为叛乱。他们"合"的结果即是立宪的君主政体。然而，在历史背后，是否有一种冥冥的主宰呢？如果这意味着有一种有意识、至高无上的力量指引所有因果，使之迈向一个既定的目标，答案是否定的。但如果随着文明的进步，事情益形复杂，系肇因于精神欲使人类逐渐接近他追求的目标——有理性的自由——

的动机，则答案是肯定的。人追求的不是无法律的自由——虽然人类的智慧发挥最大效果时，这种境界可能有实现的一天，而是通过法律的自由。因此，国家的演化对自由有利。迈向自由的进展不是持续性的，因为在历史的辩证法中，有矛盾需要化解，有对立要融合，有异变要通过时代的特性或杰出人物的工作以导向中心点。

这两种力量——时代与天才——即为历史的工程师，这些因素一起发挥作用时是令人无法抗拒的。黑格尔相信英雄与英雄崇拜，因此启发了卡莱尔的灵感。天才并不尽然是善良之士，虽然认为他们尽是自私的个人主义者也是错误的。拿破仑并非是纯粹为征服而征服，不论他自觉与否，拿破仑是欧洲迈向统一与一致的代理人。但是除非他能（不论他是自觉与否）表现并符合时代的精神，否则一位天才也无用武之地。"这种人能洞察时代的需要——其发展已经成熟。这就是他的时代与世界的真理所在。天才可以说是排行第二，早已为未来时代孕育而成了。"倘若天才诞生于如伽利略、富兰克林、瓦特等人的时代里，即使他带来不幸，他也将是成长的力量。天才并非生来要享乐的。"世界的历史并非是一座欢乐的剧院。欢乐的时代就是世界历史的空白期，因为欢乐就是调和的时代，此时反命题停摆"，历史沉睡。

将历史解释成进步的过程有一个大障碍，因为文明可能死去或完全消失。可是，黑格尔并不是一位傻到会让这种事发生，使其辩证法讲不通的人。他将人类的过去（如上所述者）分成三个时期：东方期、希腊罗马期和基督教期，在这顺序中他发现其中也有进展的过程：东方赐给一个人以绝对统治的自由。希腊罗马赐给特权阶级以使用奴隶的自由。基督教的世界则赐给人以灵魂，并为全人类寻求解脱。奴隶的交易违背历史潮流，但此冲突在法国大革命中得到解决。黑格尔于约1822年突然对法国大革命唱出赞美诗，特别是大革命的最初两年：

　　法国的政治情况完全违背了思想与理性，特权阶级比比皆是，道德与精神都已丧失殆尽。变化必须剧烈，因为不但当时的政府不负起改变的工作，当时宫廷人士、教士和贵族也都反对……权利的观念提出其主张后，旧有的不平架构当然抵抗不住其攻击。权利的观念是一种光荣的、心灵的曙光。所有有思想的人一齐欢腾。全世界充满了热心。

乌合之众的暴行使曙光灰暗了下来，血迹清洗完毕后留下来的是辉煌的进步。黑格尔的胸襟涵盖寰宇，因此在他看来，法国大革命对日耳曼的贡献很大，如《拿破仑法典》的引入、封建特权的消灭、自由的范围扩大、财产权的普遍……总而言之，在历史哲学的最后几页中，黑格尔对法国大革命的分析，证明受惊的保守派人士黑格尔并未完全拒斥其年轻时代的理想。

法国大革命居然反对宗教，在黑格尔看来可以说是一大错误。"宗教是理性的最高贵、最理智的杰作。认为传教士发明了宗教，以欺诈民众而自己图利的说法可以说很荒唐。"因此，"摆脱宗教而假装发明并实施政治命令，同样是愚蠢的"。"宗教是国家自我定义具有真理的所在……因此，神的概念成了民族性的基础。"

相反，"完美的精神表现之外形即为国家"。一个充分发达的国家，"是一个民族生活具体要素如艺术、法律、道德、宗教、科学的基础与中心"。受宗教拥护与辩护的国家于是变得神圣化了。

为了渴求创出一套可用一个基本解释公式加以统一的哲学体系，黑格尔将其辩证法逐项应用于每一门学问。他死后，他的弟子特别为其历史哲学又加了一部《哲学史》。在该书里，黑格尔主张：有名的古代宇宙分析体系遵循的顺序，基本上与"逻辑"概念的演化相吻合。巴门尼德强调存在与稳定，赫拉克利特强调形成、发展与变化。德谟克利特所见的是客体物质，柏拉图所见的则为主体观念，亚里士多德提供的是综合。就像每一个概念与每一代一样，每一体系都包含前一体系，并与之合而为一，因而只要充分了解最后的体系，即可了解全部的体系。"每一代生产的知识与精神创造物由下一代继承。其所继承者即构成它的灵魂和精神实体。"由于黑格尔的哲学算是诸多哲学想象力中最新颖的,因此,根据作者的看法,黑格尔的哲学包含了所有以前的伟大哲学体系的基本观念与价值,而且就历史和理论而言,也是集大成者。

·逝世与酬报

有一段时间,黑格尔的时代几乎接受他对自己的评价。虽然他的脾气冷酷,他的文章深奥难解,他的学生却继续增加。库辛(Victor Cousin)与米什莱、海贝格(Heiberg),分别从法国和丹麦来到日耳曼,看他平衡有关其概念的宇宙。1827年,他在巴黎受到人民致敬,在回家的路上,也得到歌德的致敬。1830年,他的信心因激进运动和革命动乱的散布而动摇,他斥责这些运动和动乱,并于1831年发表声明,呼吁推翻代表民主已在英格兰兴起的《改革法案》(*Reform Bill*)。他重新改写他的哲学,使之可让新教牧师接受。

他感染霍乱,于1831年11月14日于柏林去世时,不过61岁,而且看起来身体还很硬朗。如他自己所愿,他的遗体葬于费希特的墓旁。他的弟子分成两派,针锋相对:一派称为"黑格尔右派"(Hegelian Right),由艾德曼、费歇尔和罗森克兰兹领导;另一派称为"黑格尔左派"(Left),由费尔巴哈、施特劳斯、鲍尔、马克思等人领导。"右派"的学问较好,但对《圣经》的高等批判愈加剧烈后,开始式微。"左派"则扩大其对宗教和政治正统的攻击,将黑格尔视神与理性为同一物,解释为自然、人类和历史都制于不可变与非人格法则。费尔巴哈引用黑格尔的话说:"唯有神对他自己在人身上的地位有所了解后,人方能了解神。"宇宙的理性唯有在人类身上方能表现出来,只有人能想到宇宙的法则。主要通过黑格尔的著作了解其师的马克思,将概念的辩证法改变用来解释经济史,他认为阶级斗争代替了英雄成为进步的主要原动力,社会主义也成为马克思式的资本主义及其内在矛盾的综合。

叔本华的讽刺情绪横扫哲学界时，黑格尔的声望暂时消退。历史的巨轮往前迈进时，历史上的哲学家消失了。在日耳曼，黑格尔学说似乎已经消失，然而在英国，得到了约翰、爱德华、格林、麦克塔格特、博桑基特等人之助而复活。黑格尔学说在英国消失后，又在美国恢复了。也许对黑格尔崇拜国家的附和，为俾斯麦及希特勒的出现铺了路。此外，克尔恺郭尔、雅斯贝斯、海德格尔、萨特等人从《精神现象学》一书中发现，在一个显然缺乏上帝的指引的世界中，人与人之间已发生强烈的竞争。因此，黑格尔成了存在主义的教父。

总之，在日耳曼历史上，歌德、贝多芬、黑格尔等人的时代成了最辉煌的时代。在文艺复兴和宗教改革的时代里，日耳曼曾经达到或近乎达到最高峰的境界，但"三十年战争"已把日耳曼民族的经济和知识生活毁灭殆尽，也使日耳曼的精神丧失了希望达100年之久。民族的天生毅力，其妇女的坚忍耐性，其艺匠的技术，其商人的企业，其音乐的力量及深度，都已为日耳曼做好准备，以迎接并一改英国的莎士比亚及其浪漫诗人，一改法国的启蒙运动和大革命，使之适合日耳曼的旨趣和性格。她——日耳曼，把伏尔泰中和成歌德和维兰德，把卢梭改为席勒和费希特。她以解放战争回应拿破仑，而且清除一切道路障碍，以准备迎接19世纪日耳曼民族的各方面成就。

文明是一种合作，也是一种敌对。因此，最好每个国家都有其各自的文化、政府、经济、服饰和诗歌。欧洲精神之所以那么微妙和五花八门，今天的欧洲之所以蕴藏着无穷尽的魅力和遗产，原因就在于欧洲文明的结构与表现方式是五彩多姿的。

第九章 | 大陆边缘各国
（1789—1812）

瑞士

　　瑞士由于和法国比邻而居，与其命运息息相关，法国惊天动地的剧变也在这块人间乐土引起了骚动。瑞士的新派人士听到法国大革命的消息，十分高兴，认为这代表着自由的理想就要实现了。当时最负盛名的史学家缪勒宣称在欧洲历史上，自罗马帝国沦亡以来，1789年7月14日是最值得庆祝的一天。雅各宾派得势后，他写信给一位朋友说："你一定和我一样，也替国民会议惋惜吧！大家都被美丽的言词迷惑了，理智的人反而曲高和寡。你可能也体会到，正因为他们想要太多的自由，结果丧失了所有的自由。可是无论如何，他们的理想已常留在每个人的心坎里，这次大会总有一些值得称道的地方。"

　　拉阿尔普曾为沙皇亚历山大的老师，他把自由主义的理想灌输给沙皇。1796年，他回到祖国瑞士，和奥克斯等瑞士革命人士组成了瑞士俱乐部，致力于推翻统治瑞士各邦的贵族阶级。拿破仑第一次意大利战争后，也注意到了瑞士这些革命的火花。当时，瑞士贵族统治者庇护并协助在境内的法国流亡人士，从事反对革命的活动。于是，拿破仑建议督政府：要对付这些反革命的分子，可以在瑞士找到不少的帮手。督政府也清楚，在法国和日耳曼王侯的冲突中，瑞士的战略价值极为重要。督政府派军进入各邦，合并了日内瓦，推翻了各贵族政权。然后靠着当地革命人士的热忱支持，成立了法国保护下的赫尔维蒂共和国。

新政府分裂为三派：雅各宾"国家主义派"（Jacobin "Patriots"）、温和派（Moderates）、邦联派（Federalists）。他们争吵不休，钩心斗角。最后，他们害怕如此下去终会导致战乱，请求拿破仑（当时仍为执政）为他们制定新宪法。1801 年，拿破仑订立了《马迈松宪法》（The Constitution of Malmaison）。根据这个宪法，瑞士成为法国的保护国。"这个宪法仍有瑕疵，可是就当时瑞士的情势而言，已是尽善尽美了。"然而内部仍然纷争不息，最后邦联派推翻了共和政府，组织了新军，同时打算恢复贵族统治。拿破仑因此出面介入，他派遣 3 万名士兵重新把瑞士置于法国的控制之下。这回，交战各派又要求拿破仑出面斡旋。于是拿破仑拟定了《调停法案》（Act of Mediation），各主要党派一致赞成。这个法案结束了赫尔维蒂共和国，瑞士邦联就此诞生。今天邦联政府的形态大体上一如往日，只是过去瑞士还必须遵照调停法案的规定，每年按一定比例摊派法军的兵源。《调停法案》虽然增加了瑞士兵源的负担，但不失为一部优良的宪法。瑞士各邦因此尊称拿破仑为"自由的重建者"。

瑞士山川壮丽，但只给予天才一个小小的舞台，观众寥寥无几。好多瑞士作家、艺术家、科学家到其他的大地方旅游，去寻找灵感，发挥所长。菲斯利（Johann Füssli）旅英从事艺术。德康多（Candolle）旅法，他对植物的说明与分类更为先进。裴斯塔洛西留在国内，他教育方面的实验使全欧洲为之侧目。他认为，抽象的观念除非以具体的事物加以陪衬，否则青年学子无法了解。同时，以团体活动及共同朗读的方式来教育儿童最容易收到效果。根据这些原则，裴斯塔洛西于 1805 年在伊韦尔东（Yverdun）创办了一所寄宿学校。有十几个国家的教师慕名而来，这所学校的教育原则也影响了欧美各国的基础教育。费希特也把裴斯塔洛西的教育原则列入了他的强国计划中。

缪勒花费了 22 年（1786—1808 年）来撰写他的巨著《瑞士邦联史》（*History of the Swiss Confederation*），虽然以他用功之勤，但只完成 1489 年以前的历史。这部巨著的内容、文体都堪称为经典之作。由于这部杰出的著作，时人把他和罗马的史学家相比，称他是瑞士的塔西佗。在缪勒的笔下，中世纪的瑞士城邦成了理想的国度。他的著作和光荣的战绩一样，建立了民族的自信。他这本书中威廉·退尔（William Tell）的传奇，便是席勒名剧的素材。1810 年，缪勒 58 岁了，这时他开始撰写《世界通史二十四本》。后来受读者的邀请，他到了日耳曼，跟随天主教的美因茨选帝侯，后来就任奥地利首相，最后当了威斯特伐利亚教育总监。他去世后，法国女作家斯塔尔夫人哀悼他说："我们简直无法想象，一个人的头脑怎么容得下这么多的史实、日期……他去世了，我们都觉得好像不只是一个人离开了我们。"

瑞士人致力于历史，名声仅次于缪勒者为西斯蒙弟。他爱慕法国名媛斯塔尔夫人，随侍其左右，颇有中古骑士之风。他生于日内瓦，大革命时逃难至英，又转至意大利，日内瓦局势平静后才回来。1803 年，他谒见了斯塔尔夫人，伴随她到意大利，后来又常到她科佩的沙龙。在这段期间，他的作品很多，但都保持了严谨忠实的风格。他的《中世纪意大利共和国史》长达 16 卷。曼佐尼、马志尼、加富尔等意大利复兴运动领袖都多多少少受了这本书的影响。他 31 卷的巨著《法国史》（*Histoire des Français*）写了 23 年之久。这部巨著一度与法国史学家米什莱的巨著齐名。

1818 年，他到了英国。当地经济情况的凋零残破，使他大有所感。1819 年，他出版《政治经济的新原则》，这本书充满了先知先觉的卓越见解。他认为由于发明日新月异，英国的生产速度大为增加，但是大众的购买力停滞不前，这两者的差距即为英国经济萧条的主因。购买力的落后，主要原因又在工资过低。因此，只要经济制度不改变，消费力迟滞的危机永远会存在。

西斯蒙弟的解决方案十分极端，一时语惊四座。他主张施政的主要方针在于维护人民的福利，对工会不利的法律应该废止，工人应有免于失业的保障和免于剥削的权利。国家、全人类的利益不容许社会上"利欲熏心人士的榨取，而因此牺牲掉。富人应该遏制自己的贪欲"。西斯蒙弟的理论实开马克思主义的先河，但他是反对社会主义（当时即称为共产主义）的。

瑞典

瑞典人对法国大革命，至少对革命的早期，应该会表示好感才是。理由是：在整个 18 世纪的瑞典启蒙时代里，瑞典的思潮始终和法国和谐一致。国王古斯塔夫三世的母亲是倾向法国思潮的开明人士，他自己又崇拜伏尔泰。可是，古斯塔夫对民主政体并不敢恭维。当时，地主和贵族嫉妒传统的王权，古斯塔夫认为唯有强有力的王权才足以防止贵族夺权。他认为当时法国的国民会议形同地主阶级的联合。同时，这个机构和法王路易的冲突使他觉得所有的王权受到了严重的威胁。因此，古斯塔夫虽然开明，却自告奋勇统率了第一次联盟，对抗法国革命政府。可是，他自己忙着救出路易时，一些瑞典贵族正在阴谋刺杀君主。他于 1792 年 3 月 16 日遇刺，3 月 26 日驾崩。此后瑞典政治陷入了纷乱不安的局势，直到 1810 年情势才告平静。

古斯塔夫四世也是命运坎坷。他加入了对抗法国的"第三联盟"（1805 年）。拿破仑因此找到了借口，掠夺了瑞典在大陆的最后据点——波美拉尼亚和施特拉尔松德。1808 年，俄军踏冰越过波的尼亚湾进逼斯德哥尔摩。瑞典被迫割让芬兰以谋和。国会罢黜了古斯塔夫四世，贵族于是重新掌握政权。他们以王叔为新王，是为查理十三。他这时已 61 岁了，形同傀儡，受人摆布。查理无子，因此必须挑选一个继承王位者。国会看上了拿破仑的大将贝纳多特，于是请求拿破仑准许他为瑞典王位的继承人。由于贝纳多特的妻子曾为拿破仑的未婚妻，现在是拿破仑长兄约瑟夫·波拿巴的小姨子。拿破仑忖度她在瑞典必可成为一股亲法的势力，所以同意了瑞典的请求。于是 1810 年，贝纳多特改名为查理·约翰，继任为瑞典皇太子。

瑞典人身处乱世，然而在教育、科学、文学、艺术各方面仍然与世界潮流齐头并进，毫不落后。乌普萨拉、图尔库、隆德各大学为当时欧洲数一数二者。贝采利乌斯（Jöns Jakob Berzelius）为近代化学鼻祖之一。他严密地分析了 2000 种左右的化合物，订立了一个原子量表。这个表远比道尔顿的正确可靠，即使和 1917 年世界化学界公订的原子量表相比，也只有微乎其微的差异而已。许多化学元素都是他最先分离出来的。他修正了拉瓦锡的化学元素表。他对电化学变化所做的研究，堪称后世的典范。由此他发展了二元论，把化合物中的元素区分为正电性或负电性。他于 1808 年出版的教科书，及从 1810 年开始出版的《年报》（*Jahresbericht*），在后来的二三十年里成了化学家的宝典。

瑞典诗坛也是人才济济，他们可以分为两派，互争短长。传灯派（the Phosphorists）[1] 由其刊物《传灯》（*Phosphorus*）而得名。他们发扬了日耳曼浪漫派诗人的神秘色彩。另外一派为哥特体（Gothics），他们的诗歌以歌颂英雄史迹为主。特格纳尔（Esaias Tegnér）开始文学生涯时为哥特派诗人，但待其境界渐广后，他似乎已经包容了瑞典所有诗派的风格。他生于 1782 年。当最伟大的"传灯人"——法国大革命——在全欧洲散布其光芒势力时，他才 7 岁。拿破仑放逐到赫勒拿岛时，他才 23 岁。但他在后来短短的 31 年中，声誉如日中天。1811 年，他以《司维亚》（*Svea*）一诗获得瑞典皇家科学院奖。这首

---

[1] 即浪漫派。"Phosphorus"希腊文意为"带着光芒"。

诗痛责瑞典时人未能维持祖先的风俗习尚。他加入了"哥特协会"（the Gothic Union），而且讥评传灯派为浪漫主义的末流。30 岁时他出任隆德大学的希腊文教授，42 岁任韦克舍主教，43 岁那年（1825 年）出版了瑞典文学史上最负盛名的诗集《福利斯乔甫斯传奇》（*Frithjofs Saga*）。该诗取材自冰岛的歌谣传统，有些批评家认为这部史诗太过雕饰——特格纳尔显然无法摒弃教堂颂歌的风格，然而，其诗文采灿烂，受到了狂热的欢迎，甚至国外也佳评如潮。1888 年，已有 21 种英译本和 19 种德译本。特格纳尔写了这本诗集后，似乎也心力交瘁了。他的身体从此坏下去，但偶尔也写诗，还作了一首诗献给韦克舍一个已婚女子。他本来是思想开明的人，如今变为死硬的保守派，不时和国会里少数的自由派人士展开激烈的争辩。1840 年他中风，接着就神志不清了，但在这段时期，他仍然写出了许多好诗。1846 年，他于韦克舍去世。

这时查理十三也已病入膏肓，皇太子查理就任监国，负起治国的大任。他不久就面临对祖国或对瑞典——他的第二祖国效忠的抉择。国家正和组成国家的每个人一样，是具有侵略性的，对喜好的事物，想要加以夺取。瑞典对邻近的挪威正存着这般心情，垂涎不已。可是丹麦自从 1397 年以来即拥有挪威的主权，于是瑞典皇太子暗示拿破仑，如果法国同意瑞典合并挪威，瑞法两国的友谊必将更为巩固。但丹麦是法国最忠实的一个盟友，所以拿破仑拒绝了瑞典的要求。1812 年 1 月，拿破仑再次夺取了瑞典的波美拉尼亚。拿破仑的理由是，波美拉尼亚进口英国货品，违反了法国大陆封锁的政策。当时俄国也对这个政策置之不理，于是皇太子查理转而求助于俄国。俄国同意瑞典合并挪威，瑞典也承认芬兰为俄国的一部分。1812 年 4 月，瑞典俄国签订了同盟协定，并对英国货物开放港埠。

这便是瑞典的局势。当时，拿破仑正在征服莫斯科途中，在德累斯顿大宴诸王侯！

丹麦

丹麦人听到巴士底狱陷落的消息后，并不欣喜若狂。他们早于1772年就废除了农奴制度，禁止刑讯，改良法律，整顿法界和警界。他们也早已整肃政风，消除了贪污舞弊的现象。他们也早已实施宗教自由的政策，鼓励文学艺术的发展。丹麦人认为在阶级的冲突和政治的变动中，他们的皇族是一股安定的力量。法国路易虽然和丹麦王一样，支持开明、改革的措施，仍然受到巴黎民众的攻击，最后还被革命法庭处死。丹麦人民听到这个消息后，同意国王的看法，即法国的疯狂举动实在不足取法。因此，拿破仑虽然阻遏了革命，但他恢复了法国的治安，丹麦人对他的态度不久就转为同情了。丹麦人因此也不肯加入对抗拿破仑的联军。

不但如此，丹麦政府还反对英国海军检查船只的举动，不许英国海军登上开往法国的船只搜寻违禁品。1799年至1800年，英国海军曾经好几次登上了丹麦船只，一个英军司令还曾将数名抗拒搜查的丹麦商人俘虏，拘禁在英国港口。1800年8月，沙皇保罗一世邀请普鲁士、瑞典、丹麦的国王，共同组成了"第二次武装中立联盟"（Second League of Armed Neutrality），约定共同抵抗英军对中立国船只的骚扰。[1] 1800年12月16日至18日，这四个波罗的海强权签署了共同公报，以为共同遵行的依据。条文如下：

> 1. 中立国船只应有在交战国各港口航行的自由。
> 2. 中立国船只载运的敌方货物，除违禁品外，不得加以搜索。
> ……
> 5. 统率帝国船只舰队的舰长，如声明无载运违禁品，不得加以检查。

---

[1] "第一次武装中立联盟"成立于1780年，结束于1793年。

拿破仑对这个协定十分高兴。俄皇保罗一世于是邀法国共同进攻印度，以驱逐英国在印度的势力。这时英国觉得这场斗争已到最后关头了，中立国和法国海军的联合势力必定结束英国海上的霸权，而这种霸权为阻止法国进犯英国的唯一手段。英国政府最后决定，丹麦和俄国海军中有一个必须加以俘虏或摧灭。由于先攻俄军势必使英海军舰队背后受敌，所以决定先攻丹麦为上策。

1801 年 3 月 12 日，英舰队在帕克爵士的率领下离开了雅茅斯驶往哥本哈根。帕克奉命通知丹麦退出武装中立联盟。如果丹麦坚持不肯退出，英军即将丹麦海军生擒或全歼。海军上将帕克这时 62 岁了，已显现出老年人谨慎小心、步步为营的习性。这种性格与 42 岁的副司令、海军中将纳尔逊格格不入，纳尔逊开始便不甘受命于帕克。

英舰队于 3 月 17 日抵达日德兰半岛，小心翼翼地向北航行，绕过半岛的斯卡格拉克海峡，然后南进至卡特加特海峡的海湾至西兰群岛，然后穿过瑞典赫尔辛堡和丹麦赫尔辛厄狭隘的海峡。在此他们遭到了克隆堡炮台的轰击。英舰队避过了炮击，再向南进入松德海峡，其南面即为丹麦最狭隘的海峡，在那里丹麦海军展开了布防。16 艘军舰由南至北成一字排开，每舰配置 20 至 64 门炮，在舰队和碉堡的重重屏障下，哥本哈根遥不可及。

帕克上将麾下的军舰比纳尔逊率领的体积稍大，吃水量也较深，因此他觉得如以这支部队进入这个水浅的海峡，恐怕有触礁全军覆没的危险。纳尔逊于是离开了圣乔治号，坐镇大象号，率领 21 艘较小的战舰进入海峡，与丹麦海军和炮台正面对阵。由于双方短兵相接（1801 年 4 月 2 日），几乎每一发炮弹都造成了双方的伤亡。丹军勇猛一如往昔，英军也阵容严整，发挥了训练的功效，弹无虚发。这场战役中每艘战舰几乎都濒临覆亡的边缘。纳尔逊处境危急万分，因此帕克上将发出了著名的"三十九号"旗令（Signol NO.39），命令纳尔逊脱离战场撤入松得海峡。一则英方记载说，纳尔逊故意把他瞎掉的眼睛对准望远镜，收看这个信号。不过纳尔逊本人发誓说，他绝没有看到撤退的旗号。因此，他仍奋战不已。

这个"大赌注"终于赢了。丹麦战舰接二连三地瘫痪了，沉没了。纳尔逊提议停火，获得了丹军的同意。于是，纳尔逊战争与外交双管齐下（像拿破仑一样），登岸和丹麦的监国、皇太子弗雷德里克讨论和平的条件。早先太子已接到了沙皇保罗一世被杀的消息（1801年3月23日），武装中立联盟已面临土崩瓦解的局面了。弗雷德里克终于答应退出联盟。英国政府通过了纳尔逊的谈判协议，纳尔逊因此赢得了另一场胜利。从这时到1805年，他一直以此光荣战绩闻名于世。1805年，英国又征召他出来挽救英国海上的霸权，建立了著名的特拉法加战功。

丹麦保全了国土主权的完整，英国如今也和其他大陆国家一样，与丹麦为友了。当时，英、俄控制着丹麦的邻近海域，而半岛兵力薄弱，法国就在邻近地区巡逻。后来的6年，这个小小的王国在这两大势力之间尽量维持着中立的地位，一般说来，丹麦倾向拿破仑，拿破仑一再要求丹麦表明亲法的态度，使丹麦大为不悦。拿破仑订立《泰尔西特和约》后，照会丹麦政府，坚持要丹麦与英国断绝贸易关系，而且丹麦海军必须与法国合作。

英国政府正像1801年一样，毫不迟疑地接受了这个挑战。英国派遣了一支庞大的舰队，带了2.7万名军人，进入丹麦水域（1807年7月26日）。英军宣称完全是为了和平的目的而来的，然而英国外相坎宁警告政府，拿破仑有意把丹麦海军作为小型舰队的一部，将来登陆苏格兰或爱尔兰等地。7月28日，坎宁命令驻丹麦的英使通知丹麦皇太子：丹麦必须和英国联盟，并将丹麦海军置于英国调度之下。他强调此事有关英国的安全。皇太子拒绝了英军的要求，并准备与英国一战。英国战舰于是包围了西兰，英国陆军也把哥本哈根团团围住。哥本哈根遭受了陆上海上的炮击（1807年9月2—5日），情况惨烈之至。9月7日，丹麦全部的战舰，18艘大战舰（配置74门以上炮）、

10 艘侦察舰、42 艘小艇全部投降。然而丹麦人奋战不已，并与法国结盟。这场战争直到 1813 年才停火。

丹麦人历经了两次战乱，但在科学、学术、文学、艺术各方面仍有意义深远的贡献——有些还是战争的影响刺激而启发的！奥斯特（Hans Christian Oersted）发现了固定于轴上的磁针会自动转向，而与带电流的物体形成 90 度的直角。"奥斯特"这个字于是进入了欧美的语言，用来代表量度磁场强度的单位。奥斯特经过了 30 年的试验，创立了电磁学。

葛隆维（Nikolai Grundtvig）89 年的人生是多彩多姿的。他是一个开明的神学家，是主教、哲学家、史学家，也是教育的改革者。他为北欧传奇和英国古代文学的研究开了路。他的歌谣、赞美诗和一首史诗至今在北欧仍受到大众的喜爱。

在这个充满戏剧性的时代里，丹麦的戏剧界呈现一片蓬勃的气象。上演的喜剧针对社会上的虚情假意加以嬉笑怒骂。海贝格的《彭斯和凡斯这两家人》（*The Vons and the Vans*）一剧讽刺时人的阶级观念，因而得罪了不少人，他最后不得不避难巴黎。后来他在法国塔列朗任内服务于外交部。身后留一子，小海贝格也是著名剧作家，在后来的二三十年里成为丹麦剧作界的领袖人物。

这个时代的丹麦文学界至少可以举出两位国际知名的诗人。他们取材广泛，境界深远，不受国界和语言的局限。巴格森（Jens Immanuel Baggesen），其人风采超俊，文体高雅。他年轻时的习作，奥古斯滕堡公爵十分激赏，特地馈赠旅费，送这个年轻人到日耳曼和瑞士游历。巴格森见到了维兰德、席勒、赫尔德、克劳普斯多克这些日耳曼的名作家。他醉心于卢梭的浪漫主义，因此法国大革命的消息使他欣喜若狂。当时康德思想正为日耳曼哲学界带来一股新气象，他也浸潜其中，心醉不已，还将康德的名字中的伊曼纽尔加在自己的名字里。他后来追溯自己心灵和肉体的漫游，写成了《浪游诗人的迷宫》（1792 年）一书，这本书的韵味、隽永几可与英国小说家斯特恩媲美。回到丹麦后，他仍对魏玛和巴黎多彩多姿的生活怀念不已。1800 年至 1811 年，他又去了巴黎，亲眼看见了拿破仑把追求自由的理想的法国变为崇尚秩序的社会，把共和国转变为帝国。1807 年，《心灵与自我》一诗问世。他以慧黠、锐利的笔触剖析着自己彷徨的心情：一方面崇尚古典主义的理想——秩序、真理、中庸，另一方面醉心于浪漫主义对自由、想象、欲望的歌颂。1811 年，他受聘为基尔大学的教授。两年后，他和丹麦的大诗人欧伦施莱厄（Adam Gottlob Oehlenschläger）展开了一场论战，双方后来因此筋疲力尽。

欧伦施莱厄少年的生活比一般人要欢乐得多。他的父亲是皇宫的总管，因此花园成了他玩乐的地方，大厅成了画廊，图书馆成了教室。他本来想做一个演员，可是他的朋友奥斯特怂恿他入了哥本哈根大学。1801 年英国炮轰丹麦海军和首都时，他正在丹麦。当时，挪威哲学家史代芬（Henrik Steffens）正在丹麦传播日耳曼浪漫主义的思想，欧伦施莱厄也受到了他的影响。他终于在《诗集》（Digte，1801 年）中建立了自己的风格，奠定了丹麦浪漫主义文学的基石。

1803 年，他的《诗作》（Poetiske Skriften）出版，收集了许多主题相同的小诗，这些诗将耶稣的一生比喻成自然生生不息的四季。这本诗集出版后，浪漫主义运动更进新境。国教（丹麦国教为路德教）指责这本诗集为泛神主义，为邪门歪道。但是，丹麦政府奖赐他旅费去游历日耳曼、意大利和法国。他邂逅了歌德，并可能从他那里得到了启示，对自己浪漫主义主观意识过强的倾向和情感泛滥的趋势稍作抑制。1807 年，他从北欧神话中取材写成了《北方诗集》（Nordiske Digte，1807 年），这本诗集记载北欧雷神托尔的游历。他又写了一出关于哈康·亚尔的剧本。这是一位 970 年至 995 年统治挪威的君主，他兴兵阻止日渐得势的基督教，结果失败了。欧伦施莱厄 1809 年回到哥本哈根，这时大家已公认他是丹麦最伟大的诗人了。

他乘着盛名之便，出版了一连串急就章的作品。巴格森于是公开指责这些作品是粗制滥造的二流货色，一场争辩就此展开了。欧伦施莱厄本人几乎不置一词，反而是他的朋友替他激烈地辩解。他们向巴格森挑战，以古人正式辩论的方式明辨是非。不久，欧伦施莱厄又出版了《赫尔格》（*Helge*）等，巴格森十分满意这些作品，他说，"犯罪的亚当"已迷途知返了，可喜可贺。1829年，欧伦施莱厄由特格纳尔加冕为桂冠诗人。1849年11月4日，他70岁生日那天，丹麦诗人送给了他"丹麦诗坛之父"的荣誉。

在欧洲艺坛上，丹麦也出了一位雕刻大师。他名声鼎盛的时期，除了卡诺瓦外，没有人能和他抗衡。托瓦尔森（Bertel Thorwaldsen）在哥本哈根学院得到了留学的奖学金，1797年他定居罗马。当时罗马艺术界仍奉温克尔曼的学说为圭臬，认为希腊雕刻为艺术的极品。托瓦尔森获得了卡诺瓦的青睐。他于是跟随卡诺瓦，依照希腊或罗马人的服饰、造型，来雕刻异教神祇及名人的塑像。1817年，他仿照安提诺乌斯沉思状制作拜伦的半身裸胸像。后来他继卡诺瓦之后，成为新古典主义雕刻界的领袖。他的名声远近皆知。因此，1819年他由罗马返回哥本哈根小停时，经过维也纳、柏林、华沙等地，好像胜利还乡一般，民众夹道欢迎。1819年，他为了纪念1792年保卫路易而英勇殉难的瑞士卫兵，表彰他们忠烈的事迹，作一雕像。后来阿洪（Lucas Ahorn）由砂岩雕凿出来的巨作《琉森之狮》（*Lion of Lucerne*），便是以他的雕像为模型。他再度离开丹麦去罗马时，哥本哈根人抱怨不已。1838年他返乡时丹麦人引以为荣，狂欢庆祝。这时他已为自己"雕"出一笔财富来了，他拿出部分给一家博物馆[1]来陈列他的作品，其中最突出的一件作品是自塑像，这个塑像把作者的痴肥形态老老实实地呈现出来，因此倒不能算是古典主义典型的作品了。他去世于1844年，死后葬在他博物馆的花园里。

---

[1] 即丹麦国立博物馆。

波兰

波兰由于贵族阶级骄纵自大，独断独行，又因农奴制度积弊已深经济停滞，国家的根本早已动摇。因此，1772年、1793年、1795年和1796年，俄国、普鲁士、奥地利三度瓜分波兰，波兰已无力抵抗。事实上，波兰这个国家已经不存在了，波兰文化仍然灿烂辉煌，文学艺术仍然大有可观，波兰民族仍然连绵不绝，始终满腔热血，决心要争自由。波兰除了一小部分日耳曼人在西部，少数犹太人在华沙和东部外，绝大多数为斯拉夫人。波兰人信仰天主教，这个宗教一直在苦难里抚慰着他们，鼓舞他们的信心，天主教在庙堂已成废墟之际，还维持了社会秩序。因此，波兰人都是狂热的天主教徒。异教的信仰，他们认为是叛国的行为，任何违背他们国家观念的事都不肯容忍。有些犹太人虽然经商致富，地位提高了，但波兰人中也仅有受良好教育、中正和平的才可能把这些犹太人看成自己的同胞一样。另外那些穷苦的犹太人，他们虽然是为着救世主的信仰而受尽迫害，但承受了犹太贫民窟的苦难命运、受尽折磨之后，他们实在不敢奢望有一天救世主会降临世上拯救他们。波兰对这些犹太人更谈不上有兄弟的情感了。

拿破仑在奥斯特利茨一役大败奥地利和俄国后，波兰的基督徒、犹太人大吃一惊，等到拿破仑在耶拿和奥尔斯泰特击溃普鲁士军，他们更是惊讶得目瞪口呆了。1806年，拿破仑已经坐镇柏林，向半个欧洲发号施令。他惩治了瓜分波兰的侵略者，现在他正要进军俄国。波兰人盼望着他会在途中宣称波兰是一个自由的国家，为波兰推选国王、制定宪法，然后答应以法国的强大国力来保护波兰。这件事可能吗？波兰的领袖人物联袂晋见拿破仑请愿，拿破仑恭送他们回国，还谦恭有礼地向波兰保证：目前他愿尽全力来协助波兰，但波兰的独立自由还要看俄国战役的结果来决定。

科希乌斯科为波兰志士中从事革命最为不屈不挠者。科希乌斯科当时警告国人不可对拿破仑寄予奢望："他只为自己打算。他不喜欢别的国家强大，尤其讨厌民族独立的精神。他只是一个暴君而已，唯一的目的就是满足自己的野心。"拿破仑于是派人问科希乌斯科究竟有什么期望，这位波兰领袖答复说："我们要有像英国一样的政府，农奴必须解放，波兰的国土必须由但泽到匈牙利，由里加到敖德萨。"

当时波兰人已经组织了一支小小的军队，将普鲁士人驱出华沙。拿破仑1806年12月19日进入波兰首都时，民众欣喜若狂，夹道欢迎。早些时候，波军已在意大利为拿破仑效命疆场，现在波军也踊跃地加入法军，期望能在拿破仑的统率下，与俄国人一战。而波兰女士的高雅、美貌或许更使法皇倾心吧！瓦莱夫斯卡女士最初便是怀着为国效命的心情，献身拿破仑的，最后她深深地爱上了他。冬天在俄国的艾劳（Eylau），气候酷寒，法军几乎全军覆没，她仍然随侍拿破仑。后来他继续前进，预备击溃弗里德兰的俄军，瓦莱夫斯卡女士才回到华沙来。

1807年7月9日，签订了《泰尔西特和约》，拿破仑强迫腓特烈·威廉三世放弃了波兰中部的所有权。这个协定第5条还承认新华沙大公国为独立主权的国家，由萨克森王治理。7月22日，拿破仑以法国宪法为蓝本制定了这个公国的宪法，建立了法律面前人人平等、宗教自由、征兵、重税、出版检查等制度。天主教会置于国家的管辖之下，但是政府将以天主教为波兰人民的国教并加以保护。这个宪法赋予犹太人所有的公民权，但是他们的婚姻、置土都必须经政府法定认可。拿破仑早已料到与沙皇亚历山大必有一场殊死战，因此他制定波兰宪法时，多方迎合波兰人的心意。这样，波兰人才会对法国支持到底。

这件事拿破仑的预计大致是正确的。直到1814年拿破仑已没有能力保护波兰时，波兰才放弃了对他的支持。在这以前的生死决战里，波兰全国上下一致支持拿破仑，拿破仑麾下的波兰军队奋战不懈，至死方休。后来法军遭到了有史以来最大的军事挫败从俄国归来时，贝尔齐纳河上的一座桥塌了，许多波兰人因此被淹死。有些波兰人载沉载浮之际，还大喊着："吾皇万岁！"

欧洲的土耳其帝国

奥斯曼帝国时代政治、艺术、文学的辉煌成就如今已成了过眼云烟。但是，1789年的土耳其仍勉强控制着埃及、幼发拉底河以东的近东地区、小亚细亚、亚美尼亚、希腊、保加利亚、阿尔巴尼亚、塞尔维亚、多瑙河的侯国瓦拉几亚和摩尔多瓦等地。这些地方并不是拿破仑的，他在《泰尔西特和约》中让给了亚历山大，这些残山剩水其实也是土耳其所有。苏丹的帝国由于经济萧条，道德败坏，国势日衰。他们纵容土耳其的阿里帕夏压榨百姓，而中央政府丝毫不加干涉。阿里帕夏在阿尔巴尼亚的高压统治如拜伦描述的，是众所皆知的。最后，阿里帕夏聪明反被聪明误，竟然阴谋反抗帝国政府，苏丹马哈茂德二世派人把他暗杀了。

塞尔维亚人始终为独立而奋斗，他们的帕夏颇得人望，却为土耳其近卫军杀害。1804年，塞尔维亚志士卡拉乔治建立了共和国，并由民选大会选出参议院。马哈茂德苏丹派遣大军在贝尔格莱德镇压这个新成立的共和国（1813年），卡拉乔治和成千的跟随者逃到了奥地利。后来奥布瑞诺维奇又领导二次革命，劝服了苏丹，接受妥协的方案，让塞尔维亚获得了宗教、教育和贸易的自由。奥布瑞诺维奇又政治暗杀双管齐下，处决了他的对手卡拉乔治，日渐巩固了他的势力。后来他又从苏丹得到了世袭的权力。1830年，塞尔维亚实质上已是一个独立国家了。

希腊从1452年起就已沦于土耳其人之手，奥斯曼帝国长久的统治使希腊人已渐渐遗忘了古希腊的光荣史迹。再者，希腊人历经法兰克人的征服、斯拉夫人的移入，他们的血统、民族历史、语言已经互相混杂，最后民间的语言已和柏拉图时的希腊文大不相同了。不过，学者、诗人、爱国志士都尽可能来保存正统的希腊语文。在 395 年至 1452 年的 11 个世纪里，希腊人统治拜占庭帝国，并在学术、哲学和艺术上一直有丰硕的贡献，这些光荣史实他们也尽力维护，加以宣扬。法国大革命又勾起了希腊人旧时的回忆，拜伦在《恰尔德·哈罗尔德的朝圣之旅》一诗中大声疾呼：难道希腊人不能重获自由吗？许多希腊人都有同感。里加斯·菲拉伊奥斯（Rhigas Pheraios）为瓦拉几亚人，生于塞萨利，定居于维也纳。他曾写了一首希腊形式的《马赛曲》，并广为流传。后来组织"朋友会"（hetairia），主张希腊人和土耳其人应在自由、平等的原则下共同生活。1797 年，他带着 12 箱的宣言，起程前往希腊，在的里雅斯特港被捕，后在贝尔格莱德殉难。另一"朋友会"成立于敖德萨，并散布至希腊本土，对希腊革命风气的助长有不小的功劳。伊兹密尔（Izmir）一个希腊人科瑞斯于 1788 年旅居巴黎。他致力于希腊语言的净化，使其合于古代的典范。法国大革命的消息使他欣喜万分。在匿名的诗歌、文章及他编辑的希腊古典名著里，他一再鼓吹共和，反对教权。但他还是提醒人们，革命的时机尚未成熟。不过革命 1821 年就爆发了，1830 年希腊终于解放。

　　我们评价土耳其政府，往往要通过时间、空间、语言和偏见的重重烟雾。即使这样，我们还是看得清楚，比起 1800 年前的其他欧洲政权来，土耳其并不见得是最残酷的政权。拜伦看到几个罪犯的首级挂在土耳其皇宫宫门两旁示众，不禁惊慌失措（1810 年 5 月 21 日）。其实，法国大革命断头台上的男女应该比同时期苏丹斩首的人要多得多。在土耳其，大部分财富落在少数人手里——正和别的地方一样。土耳其人虽然好战，但他们也有哲学家、文学家的气质。他们凡事都听天由命，知道埋怨也改变不了命运。他们认为，除了金子外，美丽的女人经过适当的管教、打扮后，也是世上的珍宝。因此，他们有能力的话，就会尽量多蓄妻妾——能干的人不是更应该子孙满堂吗？土耳其人文学和艺术的佳作始终连绵不断，诗坛济济多士，清真寺的建筑也是灿烂辉煌。1800年的伊斯坦布尔应该是欧洲最美丽的城市吧！

但是，土耳其的政治局面江河日下，一蹶不振，经济衰颓，军容散漫。相反，土耳其的敌人军力、物力日渐强大。土耳其的首都是欧洲地图上兵家必争之地，所有欧洲基督教国家都垂涎不已，想要把这颗明珠据为己有。俄国叶卡捷琳娜二世这时已将势力伸入黑海，又从鞑靼人手中夺取了克里米亚。如今，她带着伏尔泰的祝福终日梦想着：有朝一日能在君士坦丁为孙子举行加冕典礼。

这就是赛利姆三世27岁登基苏丹时的欧洲大势（1789年）。赛利姆三世受过良好的教育，与法国大使友谊甚笃。他曾派密探驻在法国，向他报告西欧的政情、思潮和习俗。他深知，土耳其的制度非经彻底的改革，不足以抵御外侮，于是他和叶卡捷琳娜在雅西（Jassy）缔和（1792年），承认俄国对克里米亚及德涅斯特河、布格河两河的主权。然后他着手建立奥斯曼帝国的新政——其重心在于民选市长和代表。他在西欧的协助下，创办了航海、工程等学校，逐渐建立了新海军。他本来计划从俄国收回失土，但是由于拿破仑征服埃及，进攻土耳其、阿卡而告取消。1798年，他加入英俄联盟对抗法国。1802年和平恢复了，但是战争耗费庞大，民怨四起，地方首长、不法官吏起而叛变，反对新宪。1807年，赛利姆三世退位，但仍难逃暗杀的命运。局势混乱了一年，拥护他的人复又得势。1808年，他的外甥马哈茂德二世继任苏丹，统治土耳其达31年之久。

基督教各强权或以武力，或以金钱，争相夺取对帝国政府的控制。可是任何一方都不容许敌手控制博斯普鲁斯海峡，因此土耳其的国家地位才得以幸存。1806年，亚历山大一世派军进入摩尔多瓦、瓦拉几亚，将这些省份据为己有。拿破仑驻土大使促使赛利姆出兵抵抗，于是，土耳其向俄国宣战。1807年，拿破仑在泰尔西特出面调停，达成的停火协议却屡遭破坏。后来，亚历山大决定要全力对拿破仑作战，才从南部阵线撤军。1812 年 5 月 28 日，即拿破仑离开德累斯顿赴集于波兰大军的前一日，俄土签订了《布加勒斯特和约》（*The Peace of Bucharest*），俄国放弃多瑙河侯国的主权。此时，法国 40 万联军正预备越过涅曼河，进军俄国。亚历山大也已集结了所有的兵力，准备与敌人一战了。

第十章 | 俄国

（1796—1812）

背景

1816 年，法国政治家塔列朗写道："欧洲最强大的国家本来应该是法国和奥地利。但是，自从上个世纪以来情势大变，北方已崛起了一个强国，其气势逼人，开疆拓土，进展神速。我们看着这个国家最近掠夺侵占的举动，不禁不寒而栗，觉得这些只是更多侵略的前奏而已，到了最后，恐怕要吞并万国，独霸天下才罢休吧！"

幅员广大也可以造就历史。放眼纵观世界大地图，从波罗的海的加里宁格勒，即康德所说的柯尼斯堡，到太平洋的堪察加半岛，从北极海到里海、喜马拉雅山、蒙古、中国、日本，中间这片广大的空间就是俄国了。俄国疆域之广，地图即足以说明。我们不妨听听斯塔尔夫人对俄国的赞叹。1812 年，她曾由维也纳乘车到圣彼得堡，她说：

> 俄国太大了，万物在里面都显得无影无踪。你看不见乡间的房子，也不见人迹。你简直以为经过的地方，居民刚刚全部离开了呢……乌克兰平原土地肥沃，但住家可不见得舒服……居民寥寥无几，大块的麦田好像是无形的手开垦出来的。

鞑靼人曾在这块土地上掳掠抢夺，以杀人为乐。他们走了，可是同样的人还会来的。当地人对他们记忆犹新，因此还是拥挤地住在分散的村落里。俄国人也承袭了鞑靼人几分强悍粗野的个性，但历经艰苦折磨已大大收敛了。这里的生活艰苦，物竞天择，不够坚强的毫不留情地被自然淘汰了。要土地，要女人，只有拼命努力的人才有成功的机会。有些人在彼得大帝手下成了军人、水手。彼得大帝的后继者又引进了冒险成性的日耳曼人和聪明伶俐的捷克人，来开拓俄国的大平原。叶卡捷琳娜二世扩充军力，她的大军在野心勃勃的大将率领下，向南推进。所过之处，鞑靼人、土耳其人望风逃窜。他们征服了克里米亚，以胜利者的姿态在黑海上航行。亚历山大一世时，俄国仍继续扩张，占据了阿拉斯加，在旧金山附近设置了碉堡，甚至在加利福尼亚州建立了殖民地。

俄国在欧洲的领土，气候不适合人类居住。这里没有崇山峻岭的屏障，来抵挡北极的严寒或赤道的酷热。在这样的环境里，民性吃苦耐劳，他们似乎只要有饭吃、有时间，任何不可能的任务都有信心达成。他们的性格有残暴的一面——因为他们的人生充满了痛苦。他们有过虐待囚犯、屠杀犹太人的劣迹。之所以有这些野蛮的行为，部分也是因为他们的记忆里充满了仇恨和变幻吧！这种性格倒也不是根深蒂固，不可转变的。社会日渐巩固，安全感日渐加强后，他们也变得彬彬有礼，也有恻隐之心了。他们也像卡拉马佐夫兄弟一样，开始内省，悔恨自己为何这么嗜杀成性，为何这般罪孽深重。他们也会怀着长远的悲戚，看着动荡不安、不可理解的世界。

宗教缓和了他们的迷惘，也驯服了他们的野性。东正教的教士正和天主教神父早年在西欧一样，扮演着"精神支柱"。宗教的神话或故作神秘，或揭明真理，或危言恐吓，或柔言抚慰。宗教神秘、善变的力量巩固了法律的威势。沙皇深知这种神教的力量维持了社会的安定，维持了工人的耐性，宣扬了为国牺牲的英雄精神，无论战时或平时，宗教都是不可或缺的。因此，沙皇给高阶层教士的待遇十分优厚，低阶层的教士也不愁衣食，这样他们便会贡献心力，效忠沙皇。沙皇也不干涉宗教界的政治言论——只要他们仍忠于国家，只要不引起政治的骚动。叶卡捷琳娜二世、亚历山大一世时，兄弟会曾以谨慎的态度提出改革政治的主张，沙皇也只是视若无睹，不曾加以钳制。

俄国贵族享尽了封建宗主的特权。他们几乎控制了农奴的每件事。封建主可以贩卖农奴，也可以把他们租给城市的工厂做工。封建主可以囚禁农奴，可以加以鞭笞，也可以把农奴交给政府送到西伯利亚坐牢、做奴工。还好，农奴的生活虽然悲惨，有些事仍可以放心。奴隶卖掉时很少会把他的家庭拆散的。一些贵族还让农奴受教育，通常是培养农奴的技术，以便在主人的产业工作，也有受更广泛教育的。1800 年，一个农奴据说管理着 500 架织布机的工厂。这种情形在舍列梅捷夫（Sheremetev）家族的产业中较为常见。据 1783 年俄国人口调查报告，全国人口为 25 677 058 人。12 838 529 人为男性，其中 6 678 239 人为私人拥有的农奴（同时有一个男农奴必定还有一个女农奴）——居然超过人口的半数。这是俄国农奴制度的鼎盛时期。叶卡捷琳娜时代情况更为恶化，亚历山大一世本来有心改革，最后也不了了之。

同一篇调查指出，把在城市里工作生活的农人也算进去，俄国 94.5% 的人口为农村人口。俄国城市发展缓慢，1796 年才有 130.1 万城市人口。俄国贸易极为发达，不断成长，尤其滨海地区，运河沿岸更是繁荣。敖德萨这时已成为繁华的海上贸易中心。大部分工业分布在乡村的店铺和家庭，城市工厂的发展要缓慢得多。商人的地位日渐提高，他们对赋税常有怨言，而贵族阶级可以免纳赋税。这两个阶级常常争斗不休，劳工阶级和雇主的冲突反而少得多。

俄国社会的阶级界线泾渭分明，有法律明文规定，可是等到经济成长、教育普及后，这些分野就淡多了。彼得大帝以前的统治者认为学校引进了西欧偏激、渎神的邪说，十分厌恶学校。彼得仰慕西方文化，成立了航海、工程等学校供贵族子弟就读，又成立神学院培养教士，设立 42 所以科技教育为中心的初级学校。除农奴外，任何阶级的子弟都可以就读。1795 年，舒瓦洛夫（P.A.Shuvalov）创办了莫斯科大学，有两所预科学校，分别供贵族和平民就读。叶卡捷琳娜受 18 世纪法国哲学家的影响，更广设学校，倡导女子教育。她准许私人设立出版公司，因此 18 世纪俄国 84% 的书籍都是她在位时出版的。1800 年，俄国的知识分子已成为一股势力，就要在国家的政治史上扮演重要的角色了。1800 年有些商人、商人之子也已经成了社会名流，还有入朝为官的。

虽然主教和教士一再教诲大众：罪人须受尽地狱中硫黄烈焰之苦，但是现在除了朝中少数人以外，俄国的道德风气和礼仪水准要比西欧低落。俄国人可能是因为把别人都看成同在悲惨世界的难友吧，待人和气热忱，使人有宾至如归之感。但是，他们可能还记得"我不杀人，人必杀我"的时代吧！俄国人的灵魂深处还是翻腾着野蛮天性的。俄国人受挫折时，都是喝得酩酊大醉来逃避现实，贵族也是一样。作家的命运往往坎坷不平，处境艰难，动辄得咎，好几个都是嗜酒如命，英年早逝。对于下阶层人士来说，欺诈、撒谎、顺手牵羊的行为正如家常便饭，对付残酷凶暴的主子、老奸巨猾的商人、巧取强夺的税吏，任何诡计似乎都算是正当的。女人个个坚强无比，比起男人绝不逊色。她们工作的辛苦、作战的勇猛，和男人不相上下。机遇凑巧时，她们治理国家也不让须眉。彼得大帝以后，哪个沙皇会比叶卡捷琳娜二世的治绩更为辉煌呢？人民所得增加后，通奸案件也直线上升了。在俄国很少能看到干净的地方，尤其在冬天更不可苛求。可是，俄国人又喜好泡在滚烫的浴池里，死命地按摩身子，这种癖好倒是别的民族少有的。上至王公贵族，下至科员农奴，贪污舞弊蔚然成风。1820 年，法国大使写道："没有国家贪污会这么猖獗了。可以说贪污已成了有组织、有系统的行为，恐怕找不到一个官吏是钱买不通的了。"

虽然从有些情况看得出来，俄国人打躬作揖的背面，野性犹存，但是叶卡捷琳娜宫廷追求逸乐、雅致之风极盛，仅次于路易十五和路易十六的凡尔赛宫。宫廷之中说的是法语，想法和法国贵族也差不多。法国贵族像利涅王子都觉得生活在圣彼得堡和在巴黎一样怡然自得。法国的文学作品在这个北方的首都是家喻户晓的。在此地，意大利歌剧演唱的方式，观众捧场的热烈，都和维也纳、威尼斯一样，并无差别。俄国豪门世家的女士，也懂得如何高引柔荑，如何娥首高昂，表现出高雅的仪态。她们也懂得如何以各种方式来取悦男人，与法国旧日的伯爵夫人相比，她们不遑多让。涅瓦河上的节日更是多彩多姿，法国塞纳河畔的庆典比起来要黯然失色多了。夏天从涅瓦河上可以看见太阳仍然伫留在傍晚的天空，俯视着河畔金碧辉煌的宫殿，似乎也舍不得此情此景而流连忘返。

保罗一世（1796—1801）

在宫廷文化的鼎盛时期，君临万民的却是一个鲁莽愚蠢的人。保罗是叶卡捷琳娜二世之子，生性多疑，好猜忌，视权力如禁脔。除此以外，他母亲的性格和才华在这代已经完全消失了。

他8岁时，知道了亚历克谢·奥尔洛夫，即他母亲的情夫葛里格里·奥尔洛夫之兄，曾主谋杀君，杀了保罗的父亲沙皇彼得三世。这个发现不啻晴天霹雳，使保罗终生难忘。照正常的王位继承次序，保罗应该继承彼得三世的王位。可是叶卡捷琳娜把他搁置一旁，独掌大权。后来保罗的第一任妻子得到了他的默许，图谋废除叶卡捷琳娜而立保罗为沙皇。叶卡捷琳娜发现了这个阴谋，还强迫保罗夫妇认罪。女皇后来立保罗为继承人，可是他始终惶恐不安，害怕终有一天要被连根除掉。他的妻子更是终日恐惧，后来生产出一名死婴，因而去世。

他的第二任妻子费奥多罗芙娜生了一个儿子（1777年），即亚历山大。叶卡捷琳娜一度想撇开保罗，立亚历山大为继承人。这念头她从未付诸行动，但是保罗动了疑念，因此猜忌起自己的儿子。1783年，叶卡捷琳娜把卡特契纳的产业赐给保罗，此地离圣彼得堡30里的路程。保罗在那里训练自己的军队，他学他父亲，照腓特烈大帝的练兵方式，教军队正步走。叶卡捷琳娜怀疑他正在计划着另一次叛变来取代自己，因此派了奸细监视他，他也派了奸细反监视。1796年，保罗终于登基。他一直认为王位是他的，长久以来，他变得神志恍惚，晚上总觉得遇到了彼得大帝的鬼魂。他已42岁了，心智也几乎到了崩溃的边缘。

他一时大发慈悲，颁行了几道仁政。他释放了一批犯人，如偏激的思想家诺维科夫（Novikov）和拉第斯契夫（Radishchev）、波兰的爱国志士科希乌斯科等人，他们都是犯了叶卡捷琳娜的猜忌而入罪的。保罗看到莫斯科医院的情形，大为震惊，于是下令彻底整顿，结果新莫斯科医院成了欧洲最好的医院之一。他整顿并稳定了通货，降低了关税，打通了国际贸易的渠道，又开放新运河，供国内通商。

但是，他又一股脑儿下了许多命令给军队，诸如纽扣要擦亮、制服要修补、假发要擦粉等。他下诏规定臣民服装的形式，凡是法国大革命后传入欧洲的衣饰、式样一律在禁止之列，违者重办。1800年，他禁止国外出版的书籍进口，对国内新书的出版也多加阻挠。他遏抑了专横的贵族，却把生活本来较舒适的53万名国有农奴转让给私人地主。他袒护地主，主张"可以随主人高兴"对顽劣叛逆的农奴严加处理。军队本来对他忠心耿耿，现在对他严酷的监视和无理的管束也讨厌起来。

他的外交政策随心所欲，朝令夕改。他取消了叶卡捷琳娜派遣4万人的大军对抗法国革命政府的计划。他恨拿破仑将马耳他、埃及据为己有，于是联合土耳其、英国对抗拿破仑。他说服了苏丹，准许俄国战舰通过博斯普鲁斯和达达尼尔海峡。他的海军夺取了伊奥尼亚群岛，并登陆那不勒斯王国帮助他们赶走了法国势力。可是一旦英国拒绝把马耳他交给他及承认他是马耳他骑士团选出的大公，保罗退出了抗法的联盟，和拿破仑眉来眼去了。一旦拿破仑回以友好姿态，保罗就全面禁止了对英贸易，没收了英国在俄国的货物。他还和拿破仑商议组织联军，要把英国从印度驱出。可是外交情势并不能尽如所愿，国内也由于他要求烦琐严苛，慢慢不再顺从。这时保罗大发雷霆的时候也多了，微乎其微的过失也会遭到他的严加惩处。不同意他政纲的贵族都被赶出莫斯科，军官执行命令稍有怠慢就被流放到西伯利亚。尤其他的儿子亚历山大，更是他生气、侮辱的对象。

贵族和军官联合起来图谋推翻保罗，参加的人越来越多，本尼格森将军得到了外务大臣帕宁伯爵的支持，又把统率京师驻卫军和警察的帕伦伯爵争取过来。他们最后终于获得亚历山大的同意，但他提出条件，不得对父亲有任何伤害。他们知道到时就以"既成事实"来辩解就可以，所以姑且答应了亚历山大。1801 年 3 月 24 日早晨 2 时，帕伦领着同党及一队军官闯入米哈伊洛夫斯基宫（Mikhailovsky Palace），制服了侍卫。国王犹作困兽之斗，他们围住了保罗，将他勒死。几个小时后，他们通知亚历山大说他现在已是俄国的沙皇了。

君主的教育

亚历山大一世在俄国受民拥戴的程度，绝不逊于拿破仑在法国，这是多年沉醉在拿破仑彗星传奇中的人很难想象的。他和朋友、敌人一样，都是在法国启蒙运动里长大的，因此他开明的思想缓和了君王传统专制独裁的作风。当时最伟大的将军（亚历山大是沙皇，不是将军）无法完成的功业，他完成了——他率领大军由京城出发，横越欧洲大陆，直逼敌人的首都，终于克敌制胜。胜利的一刻来临时，他不骄不矜。他在全世界的将领、天才面前表现了最佳的绅士风度。这么一位至善至美的楷模会是俄国来的吗？不错，不过这是在一位瑞士人的指导下，浸潜于法国文学和哲学多年而有的成果。

他的教育过程值得大书特书，如有像色诺芬那样的人复出，定可以用来再撰写一本《君王的教育》(Cyropaedeia)，谈谈君王的年轻时代和君王所受的教育。他所学甚为繁杂，接受了多方不同甚至互相冲突的思想、观念。祖母叶卡捷琳娜二世对他关心备至，但经常忙碌，不在他身边。她把亚历山大从其母亲身边带开，传授他开明专制的原则。她喜欢伏尔泰、卢梭和狄德罗的思想，也常以他们的话教导亚历山大，但她后来抛弃了这些原则、观念。亚历山大从小睡在塞满干草的羊皮垫子上，把窗户打开，很少睡觉，这八成也是叶卡捷琳娜的主意。所以气候对亚历山大几乎没有影响，他身体"十分健康，精力充沛"。然而，他还是48岁就驾崩了。

1784年，叶卡捷琳娜由瑞士延聘拉阿尔普为亚历山大主要的老师。拉阿尔普是法国哲学家和大革命的忠诚信徒。他教了亚历山大9年，兢兢业业，把亚历山大引入法国历史和文学的宫墙。皇太子的法语已是尽善尽美，思想方式和法国一般人也差不多（相反拿破仑法语说得不太好，他的想法像文艺复兴时代的意大利人）。一个保姆已教了亚历山大英语，穆拉维约夫传授他君王的礼仪。数学、物理、地理都有专门的教师。正教大祭司桑姆波斯基教导他基督教的伦理思想，即"应把所有人类看作邻居般去爱，才是替天行道"。这群老师以外，我们也许还应该加上伊丽莎白。她于1793年16岁那年，奉叶卡捷琳娜之命嫁给了亚历山大，改名为阿列克谢耶芙娜，应该是她教导了亚历山大与女士相处的道理。

这种教育方式可以造就学者、绅士，但对俄国至高无上的统治者不适合。法国大革命后来的发展，吓得叶卡捷琳娜丢掉了伏尔泰、狄德罗。她辞退了拉阿尔普（1794年），于是拉阿尔普回到瑞士领导革命去了。亚历山大突然发现宫廷、卡特契纳的现实生活，与哲学的论辩、卢梭的理想毫不相干。俄国面临的问题太错综复杂了。亚历山大可能因为不再有拉阿尔普乐观的思想鼓舞他，也可能仍在悲痛祖母的去世，他沮丧极了。1796年，他给好友科丘别伊伯爵写了一封信：

　　我简直烦透了目前的处境。这个地位就我的性格来说太过于绚烂了，安详宁静的一生对我倒是比较合适的。我不习惯宫廷的生活，在这些人中间我感到十分不舒服……他们偏偏都位居高位。总而言之，虽然我今天地位显贵，但我知道自己不是这样的命，更不该坐上未来等着我的高位。我发誓一定要想个法子摆脱这些……政府现在一团糟，贿赂、舞弊触目皆是，各个机构管理极差……皇上对这些根本不管，只想向外扩张。照这样子下去，我还能够推行政务吗？更不要说革新，消除积弊了。在我看来一个天才都做不到这些，更别说平凡如我者了。

　　我通盘考虑之后，才做了以上所说的决定。我打算让贤（什么时候还不敢说）。然后和妻子住在莱茵河畔，过个普通老百姓的生活，交交朋友，研究自然，终了此生。

　　亚历山大运气不错，有 5 年的时间来适应环境。他慢慢领略到俄国社会里有些建设性的因素：俄国人受基督教教义长久的熏陶，培养了理想主义及贡献牺牲的精神，培养了互相扶助、不计私利的精神；与鞑靼人、土耳其人长年争战，培养了勇敢刻苦的精神。此外，斯拉夫民族感情丰富，想象力丰富，一个意境高洁、自成一格的文学时代即将到来。俄国疆域辽阔，历史悠久，这也培养了俄国人深藏心中的国家荣誉感。1801 年 3 月 24 日，亚历山大这位诗人、"准"隐士，突然接受了时代的挑战，登上王位。这时，他已了解了俄国的理想，体验了俄国民族的风格。他意志坚强，见识深远，号召着俄国人迈向伟大的前程，就要建设俄国为欧洲的霸主。

年轻的沙皇（1801—1804）

　　亚历山大并没有把弑君的帕宁和帕伦立刻罢黜。他畏惧他们的声势，而且自己也不算清白。他还需要帕伦的警力来维持莫斯科的秩序。英国海军击溃丹麦海军后，已威胁到俄国的海域，因此亚历山大也需要帕宁对付英国。武装中立联盟瓦解了，英国也不再与俄国为敌。1801年6月帕伦被免职，9月帕宁也辞职了。

亚历山大登基首日，就下诏释放成千的政治犯。不久，保罗的亲信、执行恐怖政策的特务也被驱逐了。3月30日，他召集12位"忠诚信实的大臣"，组成了"永久议会"（Permanent Council），对沙皇的立法、政务提供建议和批评。他重用了一些思想开明、主张变革的贵族，有些还是从放逐中召回来的。科丘别伊伯爵任内务大臣，诺莫西尔特索夫为国务卿，斯特罗加诺夫伯爵为教育大臣，主张联俄以求波兰独立的波兰志士恰尔托雷斯基王子（Prince Adam Jerzy Czartoryski）任外务大臣。各部会首长组成国务院，为另一个咨议机构。亚历山大又从瑞士召回拉阿尔普为顾问，协助沙皇拟定政纲（1801年11月）。这个行政系统之下设贵族参议院，有立法、司法之权。参议院的敕令（ukases，相当于拿破仑政府的 senatus consulta，即《罗马法》中参议院通过的立法），除非沙皇否决，不然即有法律效力。地方政府官员仍由中央派任。

这些制度和拿破仑的帝国宪法大致相同，不同的是俄国并无民选的下议院，而且农奴仍然存在，没有参政的权利。亚历山大当政初期，左右都是开明积极、学识渊博的有志之士，但他们正如拿破仑所说，"仍为现实的情势左右"。这个国家90%的人都是强壮但目不识丁的农夫，他们除了自己的村庄外，不会关心其他的事物。俄国必须维持政治、经济的秩序，必须解决生产、分配的民生问题，必须应付关系民族存亡的国防问题。在这样的情势下，"人权"显得只是一个大而无当、虚幻缥缈的抽象名词。亚历山大本人也受制于强大有力的贵族阶级，他们有自己的组织，控制了地方的农业、司法、警察及农村的工业，俨然自成一个系统。农奴制度行之已久，已成为社会根深蒂固之物，沙皇也不敢轻易加以攻击，唯恐社会秩序因此崩溃，王位不保。亚历山大曾接过农民的申冤，而且"多次严惩犯罪的主人"，但他终究不能援引这些个案前例，来拟就解放农奴的计划。亚历山大二世时，才解放了农奴（《解放宣言》前两年）。1812 年，拿破仑由俄战败归国后，他对亚历山大不能解放农奴这件事并没有攻击，他告诉科兰古："亚历山大太开明了，对于俄国人来说，他太过民主了。俄国这个国家需要大刀阔斧、强悍有力的统治者，而亚历山大只适合巴黎人……他对女士殷勤体贴，对男士谦恭有礼……他绝佳的风度和周到的礼仪，倒是很吸引人的。"[1]

　　虽然限制重重，亚历山大仍然略有进展。他设法让 47 153 名农奴自由。他下令修订法律条文，使其系统分明、连贯一致，没有语意晦涩的现象。他在诰令中说明他的用意："法律统一后，人民的福利才立下了根基。我相信目前的各种措施可以为国家带来幸福的岁月，但唯有法律才能保障这些措施永远实行。因此我从登基首日，便已致力调查本国法律的情况。"他规定起诉、审判、判刑都必须依一定法律程序进行。政治犯不得秘密审判，应由普通法庭处理。新法废除了秘密警察、严禁刑讯（保罗也曾下令禁止，可是终其一朝，刑讯不曾真正废止），赋予自由公民迁徙和出国的自由，外国人进入俄国也方便多了。亚历山大又邀请 1.2 万名流亡国外的人士归国。出版检查制度仍旧存在，但如今隶属教育部。上谕也恳请检查当局要对作家采取宽容的措施。外国书籍进口的限制取消了，但外国刊物仍被禁限。1804 年的法令又规定，大学的学术活动在大学评议会的管制下，享有完全的自由。

　　亚历山大知道，任何革新的措施如得不到广大民众的了解和支持，不可能蓬勃地展开。1802 年，他命令诺莫西尔特索夫、恰尔托雷斯基王子、莫拉米奥夫协同教育部重新组织公共教育的系统。1803年 1 月 26 日的立法，划分全俄国为六大教育区，规定每区至少设一

---

[1] 这些对亚历山大的看法，出自一个十分了解他但不该敬爱他的人。一些近代的法国历史学家认为亚历山大的开明论调是矫揉造作，非出于至诚。他们认为他的外交政策充满了诡诈欺骗的伎俩，只是用甜言蜜语加以遮掩而已。这两种观点形成了对比。

所大学，每省（*guberniya*）至少设一所高等学校，每县治所在地至少设一所县立学校，每两教区至少设一所初等学校。除了已有的莫斯科、维尔纳、多尔巴特等地的大学外，又在圣彼得堡、哈尔科夫、喀山设立大学。但是贵族仍然维持私人的教师和学校供子弟就读，正统的犹太教拉比还认为学校是魔鬼摧毁信仰的工具，要求犹太家长加以抵制。

亚历山大治下的犹太人

叶卡捷琳娜二世已将"犹太移置区"犹太人的处境大为改善了。所谓"犹太移置区"即指俄国境内犹太人获准居住的区域。1800 年，这个区包括波兰被俄国占领的地区，南俄的大部分地区，包括基辅、车尔尼戈夫、叶卡特琳诺斯拉夫 [1]、克里米亚等地。犹太人不准在此区域外永久居留。1804 年，犹太人口约 90 万人。他们在此区内享有公民的一切权利，如出任官职；但仍有歧视的情况，如犹太人想进入商界，必须缴纳两倍的税金。非犹太籍商人指称，犹太人如不加以限制，自由参加竞争，势必打垮别人。1790 年，莫斯科商人曾请愿控告犹太人"以低于正当的价格出售外国货，造成了本地商人严重的损失"。同时，乡下酒店也讨厌犹太人的竞争，所以政府想尽对策限制犹太人，只准他们留在城市，不可到乡下。1795 年，叶卡捷琳娜下令犹太人只能在城里登记居留及取得公民权。

1802 年 11 月，亚历山大任命数名官吏组成了"犹太人生活改善委员会"，研讨犹太人的困难，并呈进改善的方案。委员会邀请了"卡哈"（*Kahal*）——办理犹太人自治、赋税的行政委员会——派代表到圣彼得堡和政府商讨犹太人的困难。委员会向这些代表报告了解决方案，代表商议多次后，要求延迟 6 个月答复，这样他们才可以由

---

[1] 即今日的第聂伯罗彼得罗夫斯克（Dnepropetrovsk）。

卡哈获得更详细的指示和更广泛的授权。但是委员会不答应，径自将提案送给了卡哈。委员会拟议规定犹太人不得拥有土地，不得经营酒类。卡哈反对此案，请求至少延缓20年实施，犹太居民经济上方可适应。委员会拒绝了。1804年12月9日，沙皇同意颁布《犹太法案》。

法案规定了犹太人的权利，但限制他们只能住在城市里。所赋予的民权广泛具体。法案保证犹太人可进入俄境任何公立学校、大学预科和大学。犹太人可自己设立学校，但俄文、波兰文、德文三种语言必须任选一种列入课程，并作为法律文件的规定语言。犹太社区可以自行选举拉比和卡哈，但拉比无权将人逐出教会，卡哈必须负责收缴赋税。政府欢迎犹太人在"移置区"内特定地区购买无主的耕地，以农为生。他们也可在皇家的土地定居，在前几年政府还免除他们的赋税。

然而，1808年1月1日以后，任何犹太人既不得在乡间租赁土地，开设旅馆、酒店……也不得在乡间贩卖酒类，或以任何借口居住乡间。这等于说——6万名犹太人要携家带眷离开乡间的家，流浪天涯。成百上千的请愿书涌至圣彼得堡，恳求延迟这个集体迁徙的计划，连许多基督徒都加入了请愿的行列。

科丘别伊伯爵禀告亚历山大：拿破仑正打算在巴黎召集西欧拉比的参议大会（*Sanhedrin*），来拟订方案以求犹太人的全面解放（1807年2月）。于是，亚历山大下令将此意见纷纭的计划暂缓执行。他过去一直想以开明专制的作风，使西方刮目相看。他和拿破仑在泰尔西特（1807年）和爱尔福特（1808年）的会面可能又勾起了旧日的志向。1809年，他认为："犹太人贫苦不堪，离开目前居所后绝无谋生之计，也很难在新环境里定居，政府也无力安顿他们。"因此他指示属下，这个迁移方案不宜实施。后来拿破仑入侵俄国，战事已在眉睫之际，亚历山大不禁暗自庆幸，当初幸亏不曾实行此法案，犹太人对他的敬爱和对国家的忠诚，才能至今不变。

俄国的艺术

对名人显贵、珍奇异宝，都能了如指掌、如数家珍者，当数利涅王子。约1787年，他形容圣彼得堡是"世界上最美的城市"。1812年，斯塔尔夫人也评价这座城市为"世上最动人的城市之一"。彼得一世嫉妒巴黎的名声，那时就已开始装饰新都圣彼得堡。叶卡捷琳娜二世建造了不朽的宫室来抚慰遗弃的情夫，这些雕梁画栋诚然要比她的爱情更为持久。亚历山大一世继承皇家的志业，守卫这些面对涅瓦河的宫殿。这时正是欧洲的新古典时代，沙皇、女沙皇都忘记了俄国建筑的本来形式，转而追求罗马的艺术风格。他们远至意大利、法国访求建筑和雕刻大师到俄国来，以这些古典的艺术杰作增加了斯拉夫民族的荣耀。

冬宫1755年由拉斯特里（Bartolomeo Rastrelli）开始建造，1817年由科夸伦吉（Giacomo Quarenghi）与罗西（C.J.Rossi）完工，为全欧首屈一指的皇家建筑。凡尔赛宫与冬宫相比，简直是小巫见大巫，黯然失色。冬宫有15英里长的走廊，2500个房间，名画成千，大理石柱更不计其数。第一层就有2000名仆役。在一翼有铺稻草的畜舍，母鸡、鸭、猪、羊聚集其中。

亚历山大在泰尔西特与拿破仑会面后，更深有所感，觉得不仅要与拿破仑在争权夺利势力范围上互争长短，首都的宏伟壮丽也要胜过法国。于是他延聘法国和意大利的建筑师，以他们的艺术背景和技术辅佐国内热忱吃苦的建筑师。当时西方艺术家仍奉希腊、罗马作品为圭臬，但是他们也到罗马废墟以外的地方，如意大利南部，希腊文明的遗迹像赫拉神殿（近萨莱诺湾的帕埃斯图姆）去寻找灵感。这些建筑和万神殿同样年代久远，同样瑰丽奇美。俄国新古典主义的狂热，更因多利安式圆柱呈现的雄浑之美，增添了新意。

不过，亚历山大的"帝国风格"[1]建筑最引人注目的一面是俄国

---

[1] 帝国风格的建筑形式特异，一般均为政府建筑，其特征为注重室内装饰。

建筑已逐渐脱离了拉丁文化的影响，自成一格。叶卡捷琳娜二世时代顶尖的建筑师是三个意大利人——拉斯特里、里纳尔迪、科夸伦吉。亚历山大一世手下的主要建筑师虽然受法国的影响，却已是三个俄国人了，即托蒙、莫洛宁克西、萨哈罗夫。意大利人罗西是在亚历山大晚年才居于领导地位的。

当时，圣彼得堡商界、金融界的地位日渐提高。亚历山大为了表示对他们的赞赏，1801 年委派托蒙设计建造股票交易中心。这位雄才大志的建筑师由希腊神殿得到了灵感，平地矗立起一座巨大无比的艺术圣殿来，与当时巴黎的布龙尼亚股票交易所齐名于世。莫洛宁克西的杰作是喀山圣母大教堂，这座大教堂 1801 至 1811 年建于涅瓦河畔，供奉喀山圣母。这座教堂的柱廊呈半圆形，精美之至，圆顶呈三层重叠，这种风格显然是仿效贝尔尼尼和米开朗基罗的名作，否则也是受了近代巴黎苏夫洛万神殿的影响。萨哈罗夫的海军本部评价更高。这栋建筑物是为海军设计的，许多的石柱、少女立像柱、浮雕带、高耸的尖塔构成了 1/4 英里长的海军建筑物。与这栋艺术圣殿交相辉映的是参谋本部，为亚历山大死后罗西建于宫门广场的。

蒙特佛兰德（Ricard de Montferrand）受尼古拉一世之命，建造了一根纪念柱，为亚历山大时代的巅峰杰作。这根纪念柱一柱擎天，高耸云霄，可能是受了巴黎旺多姆纪念柱的影响。俄国人以这个纪念柱向亚历山大呈致了永远的敬意——这位沙皇以武力征服了法国，对法国艺术的崇拜也始终如一。

罗马征服了希腊，承袭了希腊的艺术传统，而法国艺术家又向罗马顶礼膜拜。如今俄国雕刻家又向法国人执弟子之礼。本来俄国东正教的东方色彩十分浓厚，一向对肉体抱着恐惧的态度，视其为撒旦的工具。由于这种宗教的影响，俄国人大都对须毫毕现的雕刻避之唯恐不及。直到后来叶卡捷琳娜二世崇尚西方文明，启蒙时代瑰丽奇特的异教风格也因此随之传入俄国。俄国人一向在宗教和肉欲之间挣扎、彷徨，如今才逐渐打破了对肉体的禁忌。法国的法尔科内仰慕叶卡捷琳娜的名声，1766 年到俄国从事雕塑，1778 年才离俄。他划时代的作品为《圣彼得大帝塑像》，铜人铜马高耸空中。值得一提的是，他为艺术挺身而出，强调艺术的目的是表现力、真、美，不应受到任何限制。

1757 年，美术学院创立于圣彼得堡。一年后，吉莱来校教授雕塑艺术。他的学生谢德林被送往巴黎研究雕刻的技巧。谢德林表现卓越，所作的《维纳斯》雕像竟与其模型——他法国老师达勒甘所作的《浴袍》（*Baigneuse*）——不相上下，就是他为萨哈罗夫的海军本部大门雕刻的少女立像柱。吉莱的高徒里辈分最小的是马尔科斯（Ivan Markos）。马尔科斯曾在罗马和卡诺瓦、托瓦尔森共同研习艺事，他的作品除了呈现他们古典主义崇尚古人形式的风格外，当时浪漫主义的情绪正逐渐取代古典主义，他也将之糅合在作品中。他雕刻了一些哭泣的大理石雕像，评论家很不满意，说他的作品只适合放在公墓里。

由于美术学院深受法国的影响，俄国的传统画风已大大改变了。1750 年以前，俄国画坛全是宗教作品，或是以蜜、水、胶混合颜料画成的圣人像，或是画在木板上的壁画。叶卡捷琳娜二世对法国艺术特别偏爱，她从法、意进口作品、延聘画家，不久便在俄国掀起了仿效法国的风气。油画取代了壁画，帆布的画面取代了木板，世俗生活取代了宗教的题材，他们画起史事、人像、风景，甚至日常生活来了。

保罗和亚历山大在位时，四位画家已达到炉火纯青的境界。博罗维科夫斯基（Borovikovsky）可能受了 1800 年在圣彼得堡作画的维吉·勒布朗的启示，专门以宫廷的年轻女子为题材，画了许多风情万种的坐像。她们明媚凝思的眼睛、丰满迎人的胸脯、流动轻盈的长裙，尽入画中。在为叶卡捷琳娜二世老年时所作的画像里，他把她无邪、朴实的一刹那表现了出来，这种表情和平日贪于情欲、如狼似虎的女沙皇简直判若两人。他也留下了一幅名为《戴帽的无名女士》的人像，作者毫不留情地把画中人的沮丧神情表现出来，主人公一般被认为是当时为逃避拿破仑而环游欧洲的斯塔尔夫人。

阿列克谢耶夫（Feoder Alekseev）本来是被派到威尼斯研习装饰的，归国时却成了俄国首屈一指的风景画家。1800 年，他以莫斯科为主题，作了一系列的画。后来拿破仑大军逼近首都时，罗斯托普钦将军（当时莫斯科的守将）为了防卫俄国，纵火烧掉了 1/3 的莫斯科，今天如果想要知道这个都市的本来面目，阿列克谢耶夫的画就是最好的向导。

小谢德林为前面提过的雕刻家之子。他热爱大自然，这似乎比女士更能为他的慧笔带来灵感。1818 年，他被送往意大利学习艺术后，爱上了那不勒斯和索伦托的阳光、海湾、海岸、森林。看了他送回首都的风景画，一定会更觉得圣彼得堡的凄冷了。

基普仑斯基（Orest Adamovich Kiprensky）为当时俄国画家中已臻大师境界的一个人。他是一个女奴的私生子，女奴的丈夫收养了他。他后来成了自由人，因缘际会进了美术学院。他早年的人像作品十分杰出，有一张以继父为题材，作于 1804 年，那时他才 22 岁。他在画像里把俄国人强壮的体魄和坚毅的性格表现得淋漓尽致。他的画像也正是俄国大将苏沃洛夫和库图佐夫（Kutuzov）的写照，是这种性格在 1812 年至 1813 年领导着俄国人长驱直入巴黎。[1] 基普仑斯基这么年轻就具有艺术的慧眼和大师的技巧，能表现出俄国人的民族性格，真令人难以相信。与这幅画风格迥异的是他为俄国大诗人普希金画的人像，画中人面貌俊美，多愁善感，探索思考的神情，似乎几十部不朽的名著正在脑中孕育着。他为骑兵军官达维多夫画的全身像（1809 年）也是风格独特。画中人服饰鲜艳夺目，神采飞扬，手扶剑柄，俨然要以此剑为天下执法。他 1813 年为巴枯宁（Aleksandr Pavlovich Bakunin）年轻时所作的画像，又是另一番意境——一个世

[1] 苏沃洛夫，俄土之战统帅；库图佐夫，俄法之战统帅。

纪后的哲学家巴枯宁（Mikhail Aleksandrovich Bakunin）和此巴枯宁的关系不得而知。前者以不同的"真理"和马克思分庭抗礼，创立了俄国的虚无主义。基普仑斯基本人也富于叛逆的精神，他同情 1825 年的"十二月党"（Decembrist）叛变，因而成了社会的叛徒，亡命佛罗伦萨。他曾应当地沃夫兹画廊的请求创作一幅自画像。1836 年，他在意大利去世，后代的俄国人公认他是当时最伟大的画家，但这已是他身后之事了。

俄国文学

俄国文学在叶卡捷琳娜时代曾大放异彩，但也在这个时代凋零衰落。叶卡捷琳娜醉心西方文化，很少有君王像她那般痴迷狂热。她垂青启蒙运动，许多当时的思想界领袖公开奔旗下，她用巧妙的手段网罗了伏尔泰、狄德罗、格林在法德以他们的三寸不烂之舌为俄国声援，这也是历史上罕见的。启蒙运动的神祇，随着法国大革命的爆发，在叶卡捷琳娜眼中立刻成了断头台的教父，被抛弃了。俄国宫廷仍然说着 18 世纪的法语，可是俄国作者开始郑重宣扬俄语的优美。据斯塔尔夫人说，有些作家甚至"用聋、哑这些字来形容不重视俄语的人"。一场激烈的争辩爆发了，而且逐渐演变成全国的论战。一方仰慕西方的文学宗师，模仿西方的生活方式；另一方维护本国的道德规范、风俗习尚，主张采用国内的题材、语言、文体。这种"亲斯拉夫"运动的主要精神在于肯定俄国民族智慧和风格的价值，这种运动自有其源头，也是合乎时代的需要而生的。这种运动为 19 世纪潮涌而来的俄国文学大师开辟了康庄大道。拿破仑和亚历山大的战争也激扬了这种民族的自觉。

亚历山大其人一生象征这两种文化的冲突。他心思细致，能欣赏体会自然、艺术、女人、自我的美感。他能探悉艺术双重的奥秘，知道赏心悦目的事物和高风亮节的情谊，都似过眼云烟，唯有艺术的奇迹能使它们不朽。他知道现实生活本身是没有意义的，唯有艺术能从其中提炼出真理来，照亮人心。这位日耳曼凯瑟琳（叶卡捷琳娜二世的闺名）的长孙在崇尚法国文化的宫廷中长大，又受了拉阿尔普的教导，成了标准的绅士，仪态教养比起任何法国人都不逊色。卡拉姆津（Karamzin）等人努力引入幽雅成熟的法国文化，充实俄国的语言和习尚的举动，亚历山大当然赞同。他和拿破仑的友谊（1807—1810年）加强他西化的倾向，但是和拿破仑的冲突触引了他的乡土情怀，他转为和西斯可夫这些"亲斯拉夫"运动的人在一起了。沙皇倾向哪一边时，他就以金钱、闲差、奖章、礼物等来奖赏哪一方的作者。他下令政府出版对文学、科学、历史有重大贡献的作品，他赏赐作者金钱，请他们翻译亚当·斯密、边沁、孟德斯鸠的作品。卡拉姆津有意写一部俄国史，可是怕写作途中有三餐不继之虞，沙皇得悉此事，立刻每年赐给他2000卢布，还命令财政部负责出版的经费。

卡拉姆津的父亲为伏尔加河下游辛比尔斯克省（Simbirsk，即今之乌尔雅诺夫斯克）的鞑靼地主。他受过良好的教育，曾经学习德语和法语，后来游历德、法、英、瑞士各国，语言能力已能从容应对。他回国后创办了《莫斯科月刊》（*Moskovsky Zhurnal*），这个杂志最受欢迎的一栏是他撰写的《一个俄国旅人的信》（"Letters of a Russian Traveller"）。他的文体轻快优雅，不仅描述所见的景色，还将览物之情娓娓道来。卢梭的影响和俄国人多愁善感的个性都溢于言表。他在1792年出版的小说《可怜的丽莎》（*Poor Lisa*）中，描写一个乡村女子遭到诱奸、遗弃然后自杀的故事。由于这本小说，卡拉姆津浪漫主义的风格更为明显了。这个故事并非源于真人真事，但丽莎跳水的池塘成了俄国青年爱情的朝圣之地。

卡拉姆津的每类文学作品几乎都享有盛名。他的诗是十足浪漫主义的韵味，博得了广大读者的喜爱。他的文学批评把"亲斯拉夫"主义的人都吓了一跳。在他旅游列国的耳朵听来，俄文的批评词汇似乎不是佶屈聱牙，便是字义不精确，或是不够悦耳。他引进了法文和英文的词汇，取而代之。西斯可夫指责他是卖国贼。卡拉姆津坚持立场，终于赢得最后的胜利。他净化了俄语，扩展了俄语的词汇，也使俄语成为音乐的语言，为后世的文学家普希金、莱蒙托夫（Lermontov）留下了纯净敏锐的语言工具。

卡拉姆津的成功还有另外一个原因，即他言行一致。他果真写成了第一部真正的《俄国史》（*History of Russia*），长达 12 卷。他靠着政府的资助，除了睡眠外，所有醒着的时间都用来努力写作。他从以前的史籍找寻资料，采精去芜而成巨著。他加入了情感的笔调，使前人冰冷的记事充满了生气。他的文体流畅明朗，使这段漫长的故事生色不少。前 8 卷问世时（1816—1818 年），共印了 3000 本，在 25 天之内销售一空。在这部史书里，他认为俄国民族长期与无情的气候、野蛮民族的侵略奋斗，等到民族强大、势力扩张后，又必须制定法律，维持社会秩序。在他看来，对这样的民族，君权至上的政府最为适当。整本书洋溢着忠君的思想，他的书因此无法和伏尔泰、休谟、吉本的史学巨作抗衡。可是这本书成了后来诗人和小说家取材的宝库，如普希金在这里找到了戈杜诺夫（Boris Godunov）的故事。这本巨著和把拿破仑驱出莫斯科的战绩一样，激励了民族的自信。因此，宣扬民族精神成了 19 世纪俄国文学和音乐突出的一个主题。

在这个文治辉煌的"亚历山大春天"里，如果说卡拉姆津是俄国的希罗多德，克雷洛夫便是伊索了。他是一个穷苦军官的儿子。他的喜剧大概受了军营生活的影响，对白流利，嬉笑怒骂，词锋异常锐利，对现实的批评针针见血。最后他终于被迫缄口不言，退出了文坛，从事实际的行业。他先后当过家庭教师、秘书、纸牌玩家和赌徒。1809 年，他出了一本寓言，这本书描写的人类，引得所有识字的俄国人哈哈大笑，但他们不知道自己也是作者嘲弄的对象。有些故事正像在其他的寓言集一样，仿效早期的寓言作家，特别是模仿拉封丹。大多数故事都是以抑扬格写的，节奏缓慢，每行诗长度不等。克雷洛夫用字通俗，借了狮子、大象、乌鸦和其他动物哲学家的口，来诠释一些老生常谈的道理。像其他作者一样，他发现了做大寓言家的窍门：智慧往往在无知农民的话语中，寓言的至高境界在探索人类虚伪表皮背后的真我。克雷洛夫揭露了人类的罪恶、愚蠢和丑陋，认为读读讽刺的文章，与在牢中一月同样可为我们的良师。可是读者往往想不到这些故事就是嘲讽自己，所以大家还是争先恐后购买这本小书。在这个文盲遍地、识字能力足以引以为傲的国度里，这本书 10 年里居然卖出了 4 万本。克雷洛夫不时重弹此调，1809 年至 1843 年又出了 9 本寓言故事。政府觉得他的故事一般来说不偏激，感激之余便给了他一个图书馆员的工作以便维生。他也就心满意足，安守本分，懒懒散散地过日子。75 岁那年，一天他因为吃了太多的松鸡肉，去世了。

亚历山大与拿破仑（1805—1812）

他们两人同样以武力，而且几乎同时夺得大权。拿破仑 1799 年 11 月 9 日执政，而亚历山大 1801 年 3 月 24 日登基。掌权时间的相近缩短了两者疆域的阻隔，他们就像斗室中两股敌对的力量，不停地扩充。在奥斯特利茨他们兵矛相见，在泰尔西特缔结和约，就这样把欧洲撕成两半。他们为了争夺土耳其成了对手，每一方都想取得君士坦丁堡这把欧洲的钥匙，入主大陆。因为波兰是东西兵家必争之地，法俄都不停地讨好波兰。1812 年至 1813 年的法俄之战实为霸权属谁的关键，甚至还可能决定印度的主人。

亚历山大 1801 年即位时，还是个 24 岁的年轻人，就面临着喧哗疯狂的国际舞台和一群老奸巨猾的强权人物。他的外交方针始终摇摆不定，但他还是不停地扩张疆土。俄国和土耳其时战时和，1801 年至 1803 年，他并吞了格鲁吉亚和阿拉斯加。1802 年，俄国、普鲁士结盟。1804 年，俄国与奥地利结盟，1805 年与英国结盟。1804 年，他的外交部长奉命拟定了瓜分奥斯曼帝国的计划。他曾称赞拿破仑执政的政绩，然而拿破仑将当甘公爵[1]草率处死后，亚历山大又对他大加鞭伐。他加入了奥地利、普鲁士，以一场惨烈的大战来讨伐这篡位的拿破仑（1805—1806 年）。不久他又和拿破仑在泰尔西特会面拥吻（1807 年），他们还取得了协议，同意两国能各得到一半的欧洲，应该很满足了。

双方离开泰尔西特时，都自信在外交上赢得了一场胜利。拿破仑敦劝沙皇舍弃英国而与法国结盟，并希望俄国执行大陆封锁政策，抵制英货。而亚历山大自从俄军主力在弗里德兰之役瓦解后，国力空虚，因此协议可免敌人入侵灭亡俄国。同时，他现在已没有后顾之忧，可以腾出手来对付瑞典和土耳其。拿破仑的军队和政府上下都为他这次军事外交的胜利喝彩，然而亚历山大回到圣彼得堡时，他的家庭、贵族、宫廷、教会、商界和老百姓，几乎每个人都十分震惊。他们想不到他竟和一个天字第一号的强盗、无神论者签订了一个丧权辱国的和约。因此，罗斯托普钦伯爵还必须写文章替沙皇辩解，说《泰尔西特和约》只是暂时性的停火协定而已，还说与拿破仑之战只是时机未到，一定会再爆发的，到那时一定要战到拿破仑灭亡为止。

商人十分清楚，和约签订后俄国必须执行大陆封锁的协定，因此他们也加入了反对和约的行列。俄英之间的贸易是商业界蓬勃发展的主因，一旦两国贸易受到禁止，他们许多人要倾家荡产，国家经济也将土崩瓦解。事实上，俄国政府 1810 年就已濒临破产了。

亚历山大失去了信心，统治变得严酷了。他恢复了对言论和出版的限制，废止了革新的计划。政府中自由派的官员如科丘别伊伯爵、恰尔托雷斯基王子、诺莫西尔特索夫辞职了，其中两人还离开了俄国。俄国保守派的气焰日益高涨。1809 年，沙皇为了对抗保守势力的冲击，起用了斯佩兰斯基伯爵。他言论激烈，甚至主张沙皇应置于

---

[1] 当甘公爵为波旁公爵独子，他死后法国孔代家族即告灭绝。有人诬告当甘公爵图谋叛变，拿破仑不仔细查证，遽然即令将其处死，这一鲁莽行为在国外引起一片抗议之声。

宪政之下。沙皇任命他为参询国事的顾问。

斯佩兰斯基伯爵生于 1772 年，为一个乡村教士之子。他对科学甚为喜爱，在一次圣彼得堡的学术研究会上，他的作品获得了沙皇的青睐，因而被擢升为数学和物理学教授。1802 年，他在科丘别伊伯爵属下任职于内政部。他工作辛勤，呈上的报告极有见地，因此沙皇提拔他督导俄国法律的修订。1808 年，亚历山大第二次会晤拿破仑时，曾携斯佩兰斯基同行，说他是"俄国唯一头脑清楚的人"。据野史记载，亚历山大问他关于拿破仑治下各国的评价时，他的答复鞭辟入里："我们以人才取胜，而他们以制度见长。"回到圣彼得堡后，他益得沙皇赏识，日渐得势，君臣惺惺相惜，一致认为俄国政府非做全面的改革不可。

斯佩兰斯基打算终止农奴制度，不过他也承认 1809 年不可能达到这个目标。可是他也许想起了施泰因在普鲁士类似的措施，想加以效法。他建议先下令准许所有百姓购买土地，下一步即可举行选举，城镇里有产业的人都有权投票选出当地的议会，这个议会有权控制城镇的财政、任命官吏并选出区议会及向区议会呈递议案。区议会有权任命区内的官吏、起草区内行政的议案，并向圣彼得堡国会派出代表、呈递议案。只有沙皇有权制定法律，但国会有建议新法令之权，以供沙皇裁定。国会和沙皇之间设立一个咨询委员会，由沙皇任命委员，协助他处理行政和立法的事务。

亚历山大大致同意这个计划，可是国内人士起而阻挠。贵族觉得地位动摇了，他们不信任平民出身的斯佩兰斯基，他们控告他偏袒犹太人，是亲法派。他们又在亚历山大面前大进谗言，说斯佩兰斯基野心勃勃，意图操控沙皇。政府官吏也加入攻击斯佩兰斯基的阵营。这主要是因为他力请沙皇下了一道命令（1809 年 8 月 6 日），规定高级行政人员必须具备大学学位或通过严格的考试。反对派人多势众，亚历山大心意也动摇了，最后竟然承认，就当时的国际情势而言，国内政府经不起大刀阔斧的改革实验。

亚历山大和拿破仑的关系恶化了。拿破仑娶了奥地利公主。1811年1月22日，拿破仑并夺了沙皇之妹的公公的奥尔登堡大公国。拿破仑解释说公爵不肯禁止英货进口，就要以此作为补偿。拿破仑还在俄吞并的波兰领土附近建立了华沙大公国。亚历山大也不高兴这件事，他害怕拿破仑随时会让一个仇视俄国的波兰复兴。最后，他决定对贵族、商人让步，以使全国上下团结一致。

他知道俄国商人、官吏仍在进口英国或英国殖民地的货品。他们伪造文书证明这些货品来自美国，以求合乎进口的条件。对这件事亚历山大故作不知，有些货品因此还从俄国流入普鲁士等国。拿破仑由俄驻巴黎使节，向沙皇严词抗议。亚历山大却于1810年12月31日明令准许英殖民地商品进口，还降低其关税，同时提高法国商品的关税。1811年2月，拿破仑致沙皇书信，语多怅叹："阁下已不再视我为友，法俄联盟在全欧及英伦三岛眼中，已不复存在矣！"亚历山大没有回信，却在西部前线各据点动员了24万大军。据科兰古说，沙皇早在1811年5月就已决心与法国一战，沙皇曾说："拿破仑可能会打败我们的，而且胜算极大。但他那样也不得安宁……我们有广阔的国土可以后退……我们要让天气，让冬天来和敌人作战……即使退到堪察加半岛，也绝不割让一寸国土。"

圣彼得堡的英国外交官，他宫廷里的施泰因等普鲁士流亡人士过去一再禀告沙皇，拿破仑的目的是征服全欧洲，沙皇现在总算相信了。沙皇政治革新的计划曾使他和国内大多数名门世家大为疏远，现在亚历山大为了团结国内力量，只好放弃改革。他觉得连平民恐怕都没有接受革新的准备呢！1812年3月29日，他将斯佩兰斯基免职，又将之驱出宫廷，驱出圣彼得堡。他逐渐只听从阿拉克切耶夫伯爵的话了。4月，他和瑞典签订条约，承认瑞典对挪威的主权。他秘密命令驻节南方的使节向土耳其求和，连瓦拉几亚、摩尔多瓦的主权也放弃了。所有俄国军队必须待命，防范拿破仑的入侵。5月28日，签订了俄土和约。

亚历山大知道自己正在孤注一掷。在这些紧张忙碌、国事繁重的日子里，他已经慢慢转向了宗教，以求精神的寄托。他祈祷，天天研读《圣经》。他觉得他在主持正义，必能得天之助，这个想法使他欣慰不已，使他坚强起来。他把拿破仑看成邪恶的化身，看成利欲熏心的暴民头子，无餍地追求权势。只有他亚历山大，有虔信上帝的子民及天赐的广大国土为后盾，才能遏止这个到处掳掠的恶魔、挽救欧洲的独立、恢复其亘古的秩序、把万邦从伏尔泰的邪说里带出并重归耶稣信仰。

1812 年 4 月 21 日，他率领政府要员，在百姓的祈祷声中，离开圣彼得堡，启程南下俄属立陶宛首府维尔纳（4 月 26 日）。在那里，他率领大军，等待着拿破仑。

第四部

拿破仑的升沉

《雾海上的漫游者》（弗里德里希，1818 年）。弗里德里希是德国浪漫主义绘画的先驱。他以广漠而孤寂的风景画，表现了人在大自然面前孤独而又崇高的地位。

第一章 | **执政府**

（1799.11.11—1804.5.18）

新宪法

·执政官

1799 年 11 月 12 日，临时执政官——拿破仑、西哀士和迪科，借旧议会的两个委员会之助，在卢森堡宫会商重建法国。西哀士和迪科是以前五人执政团的执政官，已在该处拥有寓所。拿破仑、约瑟芬、欧仁、奥尔唐娜和他们的幕僚则于 11 月 11 日迁入。

政变的胜利者面临的是一个经济、政治、宗教和道德紊乱的国家。农民们担心一些返回的波旁皇族的人会废止他们的所有权利，商人和制造业者眼看他们的兴隆遭到港口封锁、道路荒芜、公路抢劫的威胁，资本家不愿投资于一再被颠覆的政府公债。如今，人们强烈要求厉行法律、建设公共工程及救济贫穷时，国库却仅有 1200 法郎可供支配。宗教界继续采取对立立场：法国 8000 名天主教教士中，有 6000 人拒签《教士公民组织法》，而且暗中或公然反抗政府。退出教会的公共教育虽有堂皇的文告和计划，却在荒废没落中。社会秩序的主要支柱——家庭，已被离婚的自由，被普遍、草率的结婚及反孝道动摇。曾在 1789 年昂扬的爱国心和勇气显示的为公众服务的精神，渐渐消失于人民厌倦革命和战争、怀疑每个领导者和对自己希望的怀疑中。于是产生一种情况，即不要政治手腕而要政治才能，不要盛大会议中的悠闲的民主辩论而要独裁政治（马拉预见此事而且竭力主张）——同时结合远大展望、客观思想、不停努力、明辨的机智和领导的决心。这种情况注定了拿破仑脱颖而出。

在他们的初次会议中，迪科提议由这位 30 岁的将军主持会议。拿破仑则安排由他们三人轮流主持，并建议由西哀士领头策订新宪法，以安慰西哀士。这位上了年纪的理论家退回他的书房，并听任拿破仑（迪科顺从之）颁布法令，谋求获得行政的秩序、国库的偿债能力、党派之间的容忍，及从遭到强行篡夺权力滋扰的人民获得一段信任的期间。

这位主裁执政官的首次举动，就是收好戎装而选择毫不夸张的平民服装，他将成为舞台的主人。他宣布他的意图，一俟成立新政府，就跟英国和奥地利媾和。早期他的雄心显然不在迫使英国投降，而是要安定和强化法国。这时的他，被皮特称为"革命之子"——革命的产物和保障者，革命经济利益的巩固者。不过，他也明确表示他想成为革命的终止者——内部纷争的平息人，繁荣和平的缔造者。

他反对递解 38 个被认为危害公共安全者出境（1799 年 11 月 17日），以取悦资产阶级：他们的经济支持对他的权力是不可缺少的。这是极端的独裁政治，激起的不满超过称赞。不久他修改法令，改为在省境内放逐。他废除 20% 至 30% 的充公税，这种税是五人执政团对中等阶层课征的全部收入，他废除将杰出的公民作为人质看管以便在他们的地区有反政府的罪行时，向他们罚款或加以放逐。他邀请旺代天主教徒的领导者来开会，提供友好的保证，并与他们签订暂时停止宗教战争的休战协定（12 月 24 日），以安抚该地的天主教徒。他命令 1793 年前奉献的天主教堂，除旬日外，恢复日日做礼拜。12 月26 日或其后不久，他召回放逐中的胜利革命党派的受害者：前国民会议的自由主义者，包括拉法耶特；被排除的公安委员会委员，如巴雷尔；共和 12 月 18 日政变放逐的保守者，如卡诺，他回到军部工作。
拿破仑将公民权利归还给行为良好的贵族和爱好和平的亲戚逃亡者。
他终止助长仇恨的庆典，如庆祝路易处死、吉伦特党的放逐和罗伯斯
庇尔的败亡。他宣告不以任何一派——雅各宾派、资产阶级或保王党
的利益，而以全国的代表身份统治，他声称：以一党的利益为统治，
迟早必受控制于该党。他们永远无法使我这么做，我是属于国家的。

　　所以，除了妒忌的将军和坚定不移的激进的雅各宾派人外，几乎
所有的法国人民都来看他。早在 11 月 13 日，舆论已决定性地转向他。
普鲁士大使在那天写给他政府的报告中说："先前的每次革命，激起
大量的不信任和恐惧，这次迥然不同，我本人可以作证，它已鼓舞起
每个人的精神和唤起最生动的希望。"11 月 17 日，巴黎证券交易所
的股值跌至 11 法郎，20 日升至 14 法郎，21 日升至 20 法郎。

　　西哀士向其他执政官提示他的《共和八年宪法》（*Constitution of
the Year VIII*，共和八年即 1799 年）计划时，他们马上看出这位前革
命的促成者已丧失了许多对第三等级的赞美，该阶级曾促成他撰写
10 年前出版的煽动性的小册子。如今他深信没有任何宪法能长期支
持一个政府——如果两者是根植在无知的诉诸情感的群众顺利的愿望
中。当时法国几乎没有中等学校，而新闻界是热烈的党派性的媒介，
曲解而非报道一般人心。他的新宪法旨在保护国家，以免一头是普遍
的无知，另一头是专制的统治。他成功了一半。

　　拿破仑修正了西哀士的建议，但接纳了大部分，因为他也无意于
民主。他并未掩盖他的意见，认为人民尚未具备能力以明智地决定关
于候选人和政策。他们太容易被个人的诱惑力、雄辩的口才、购得的
刊物或心向罗马的教士左右。他认为人民会觉察到他们无法胜任对付
政府的问题。如果总复决投票时，将新宪法提请他们决定可否通过，
他们就心满意足了。此时西哀士将他的政治哲学重新陈述于一句基本
格言中："信任应源于人民，权力应来自政府。"

　　他先从对民主政治略表敬意开始。凡年满 21 岁以上的法国人应

投票选举其中 1/10 的人为公社名士议员（*communal notables*），这些人应投票选举其中 1/10 的人为县名士议员（*departmental notables*），县名士议员应投票选举其中 1/10 为国家名士议员（*national notables*）。民主止于此：地方官员须从公社名士议员中委派——非选举，县级官员从县名士议员中委派，国家官员从国家名士议员中委派。一切委派均由中央政府为之。

中央政府由五个部门组成：(1) 国务会议，通常由国家元首指派 25 人，授权提出新法律。(2) 护民院，由 100 位护民官组成，被授权讨论所提的法令议案，并提出劝告。(3) 立法机关，由 300 人组成，被授权对所提法令议案决定是否通过制定法律——但不予讨论。(4) 元老院，通常由 80 个心智成熟的人组成，被授权废止它判为不符宪法的法律，指派护民院和立法机关的成员，为其本身从国家名士议员中吸收新分子，并接受由大选举人指派给它的新分子。(5) 大选举人。

这是西哀士为国家元首提出的约章，但拿破仑拒绝该约章及其说明。他明白在这些职位中，正如西哀士继续说明的，他只是一个未经他参与或同意而通过的法律的执行人、一个接待代表团及外交家，及主持正式仪式的有名无实的首领。他觉得没有这种执行仪式的才能；反之，脑海中充满了决心为要求秩序和指导，及不间断的国家尽速变为法律的建议。他告诉西哀士："你的大选举人是一位无为的国王，这种摆架子无所事事者（*rois fainéants*）的时代已经过去了。有才智有热诚的人甘愿以 600 万法郎和在土伊勒里宫的一座寓所的代价，[1] 来忍受这样的呆滞生活？任命扮演的人而不扮演他本人吗？这是无法接受的。"他要求有权创制法律、颁布法令及不仅从国家名士中，而且从任何他发现才俊之处任派中央政府官职。他的政治、经济、社会建设方案需要 10 年保证任期。他不希望被称为带有普鲁士意味的"大选

---

[1] 指土伊勒里宫 1871 年被焚。

举人"，而希望被称为第一执政，此称号带有古罗马的韵味。西哀士看到他的宪法落入君主政体，但得到元老院院长职位和赚钱的地产作为补偿。他和迪科辞执政官之职，经拿破仑请求（1799 年 12 月 12 日）由康巴塞雷斯取代为第二执政，勒布伦取代为第三执政。

认为他们两个只是顺从的官吏或许是一项错误。他们都是具有真实能力的人。康巴塞雷斯曾任下五人执政团下的司法部长，如今担任拿破仑的法律顾问。他统辖元老院和国务会议（第一执政不在时）。在策订《拿破仑法典》方面，他扮演主要角色。他虽以备置豪奢的膳食而有些自满骄人，但他冷静深思的气质常使第一执政免于急躁的错误，他警告拿破仑不可和西班牙敌对，及避免俄国成为集体坟场——勒布伦曾是莫普的秘书，致力于防止波旁王朝的破产。他曾参与制定国民会议和督政府的财务法律，如今他从空无所有的国库开始，帮助创立新政府的财源。拿破仑很欣赏这两个人的才干，他成为国王时，他命勒布伦为大司库，康巴塞雷斯为首席法官，他们都对他忠实到底。

虽然他坚信法国的情况需要及早决定并迅速实施政策，在他的第一年，拿破仑仍向国务会议提出他的建议，听他们攻击和辩护，并积极参与讨论。这对于他来说是一个新角色，他惯于命令而非辩论，他的思想常常优于言词，但他学得很快并在会议内外辛苦地工作，分析问题并觅得解决方法。他还只是一个平民执政官，容许自己被压制。会议的领袖们，如波塔利斯、罗德勒、蒂博多，都是才能卓越之士，非听命行事者，而且他们的回忆录记下了执政官在那一时期的卓越贡献。请看罗德勒说的话：

> 每次开会期间均守时，延长开会五六个小时……常常问："那公平吗？""那有用吗？"……使每个问题受到正确的详尽的分析，获取关于以往法理学的资料，如路易十四和腓特烈大帝……的法律。如国务会议参与者不比前一天知道更多——不由他那里

获得知识，至少由他强制他们做研究获得知识，则绝不休会……使他超越他们全体的特点是他的专心的力量、弹性和恒久性。我从未见过他疲倦。我从未发现他的心智缺乏灵机，纵然身体疲乏时……从没有人比他更专心在手头的工作上，更花时间在必须做的事情上。

·部长

除了准备制定法律以统治法国外，拿破仑专注于更困难的行政工作。他将该工作分给八个部，选他能找到的最能干的人为部长，不拘其党派或其过去，有些是激进的雅各宾派，有些是吉伦特派，有些是保王党。在某种情况下，他容许个人的钟爱支配实际的判断。他命拉普拉斯担任内政部长，但不久他发现这位伟大的数学家和天文学家"将无限小的精神带入行政"，他就将他调入元老院，并将该部长职位给予兄弟吕西安。

内政部长的基本而且几乎不可能完成的任务，是恢复公社或自治区的偿债能力和活力，作为政治体的基础组织。

拿破仑在1799年12月25日致吕西安的函中说明他们的情况：

> 自1790年以来，3.6万个地方团体就像3.6万个孤女。作为旧封建权利的继承人，他们（公社）已被国民公会或督政府的地方自治受托人忽视或拖欠债务……新班底的市长、估税员、市政顾问只不过意味着新式抢劫而已：他们盗取了僻路、小径、森林，抢劫教堂，窃取公社财产……如果这个制度再延长10年，地方团体的遭遇将如何？除债务外他们将一无继承，将破产到请求居民周济的地步。

这是拿破仑在文学的心情下所言，所以有些夸大，如果真是这样，可能就已促成公社像巴黎一样选择他们自己的官员了。至于较小的公社，据最近历史学家评断，革命已揭露只有很少的村民被施以良好的教育及培植正直感和公益心。常常当地挑选出来的统治者，如那些从巴黎派出的一样，结果证明是无能、贪污或两者兼有，所以拿破仑不理会公社自治的请求。他退回到罗马执政制度或前波旁王朝的监督官制度，宁愿派任（或请内政部派任）每一行政区一位行政长官，每一郡一位次行政长官及每一公社一位市长。每位被任命者对其长官负责，最后对中央政府负责。所有如此任命的行政长官都是经验丰富者，而且大部分很有能力。在任何情况下，他们使拿破仑的权力得以传达。

行政事务（总行政组织）在拿破仑时期的法国，可能除古罗马外是历史上最不民主、最有效率的。人民反抗该制度，但结果证明它是可抵御他们贪得的个人主义的一种矫正法。复位的波旁王朝及其后的法兰西共和国都保留了，该制度使法国经过一个世纪政治和文化的动乱保持隐藏的、基本的连续性。1903年旺达尔写道："今天法国生存于拿破仑遗留给她的行政结构中和民法下。"

比较紧急的问题是国库的复原。经执政官勒布伦推荐，拿破仑请戈丹出任财政部长，他曾拒绝五人执政官下的该职位，博得有能力和诚实的名声。他的就职为新政府保证获得财政界的支持。丰富的贷款援救了这个国家：一位银行家出借50万法郎黄金，而不要求利息。不久国库有了1200万法郎用以支付运作费用，及养活和满足衣衫褴褛、长期未发饷的军队（永远是拿破仑最为关怀的）。戈丹立即将课税和收税权从地方官员转至中央政府，地方官员在这些手续上的贪污已恶名昭彰。1800年2月13日，戈丹将各种财务机构并合为一个法国银行，借出售股份以筹资本，并授权发行纸币。不久由于银行的仔细管理，它的钞票跟贵金属一样受欢迎与可信赖。该银行不是一个国家机构，它依然属于私有，但它由政府岁入支持并部分管制，而且国库长巴尔贝·马波士加入财政部以保护、管理该银行的国家基金。

最令人不愉快的治理，是罪行的防止、侦察和处罚，及保护政府官员以免被暗杀。富歇正是干这个工作的人，他具有丰富的经验。而且，因为他是保王党标明为复仇对象的弑君者，他只能倚赖保护拿破仑为对抗波旁王朝复位的最强障碍。戈丹珍护银行家，而富歇使激进的雅各宾派同意第一执政为真正革命之子——保障平民以御贵族和教士，保障法国以御反动力量。拿破仑不信任而且惧怕富歇，因此保持单独的间谍组织，其责任包括监视警察总监。拿破仑1802年就小心翼翼地监视富歇，1804年使他复职，留用他到1810年。他欣赏富歇要求资金时的温和，并假装没有看见这位狡诈的总监以从赌场没收的钱和妓院的捐献，供作他组织的部分资金。独立的宪兵队不断监视街道、店铺、办公处所和居民家，也许分享被监视者之所得。

个人违抗警方、法律及国家的辩护——纵然是刑事犯，在法国并不像英国那样获得很多注意，但有些由一个有效的不受贿赂影响审判的司法制度保障。拿破仑派法学家阿巴立默（André Joseph Abrimal）掌理这个行政部门时说："公民，我不认识你，但据说你是法官中最诚实的人，所以我请你担任司法部长。"不久法国就遍布许多不同的法院，大小不一的陪审团、执法官、监守官、检察官、原告、公证人、辩护人……

保护国家以御外国的责任，归于贝尔蒂埃将军领导的作战部、戴克雷斯领导的海军部及不屈的塔列朗领导的外交部。塔列朗当时45岁，他以礼貌的优雅、智力的敏锐和道德的堕落闻名于世。我们上次看到他在战神广场庆典中庆祝神圣弥撒。不久，他写信给他最近结交的女友弗拉奥女伯爵菲耶尔说："我希望你感觉出昨天我对什么神祷告和宣忠贞之誓。只有你才是我崇拜的上帝，而且将永远崇拜。"他有一个女伯爵生的儿子，但他悄悄参加她的婚礼，就像新娘看不见的施予者一样。他对女性美的爱好自然随伴着对法郎的欲望，钱是美女赖以生活的依靠。因为他拒绝基督教的道德观和天主教的宗教信仰制度，他调节他的口才以配合赚钱的目标，并博得卡诺绝妙的恭维：

塔列朗带有旧政权的所有恶习，未能获得新政权的任何德行。他没有固定的原则，他更换原则如同更换衣衫似的，而且根据潮流采取原则——哲学流行时他是哲学家，如今则是拥护共和政体者，因为这是必要的摇身一变。明天如果有利可图他会宣称是一个绝对的君主主义者。我无论如何不要这种人。

米拉波同意说："为了钱，塔列朗会出卖灵魂——他也许是对的，因为他会以石易金。"

不过，塔列朗的长袖善舞也有其限度。暴民将国王与王后逐离土伊勒里宫并建立无产阶级专政时，他未向新主人致敬，而是乘船赴英（1792 年 9 月 17 日）。在那里他受到冷暖兼有的接待：普里斯特利、边沁、坎宁和福克斯热烈地接待他，记得他参与革命的贵族冷淡地接待他。1794 年 3 月，英国人的容忍性消失，命令塔列朗于 24 小时内离境。他航行到美国，靠他的所有权和投资的收入逍遥自在地过活。1796 年他回到法国，并于 1797 年 7 月成为督政府下的外交部长。以这个地位，他用不同的方法增加他的财富，以致在英国和德国的银行储存 300 万法郎。他预见督政府的垮台，于 1799 年 7 月 20 日辞职，并安心地等待拿破仑召他复出。这位执政官没有等很久，1799 年 11 月 22 日塔列朗又出任外交部长。

拿破仑发现他作为新贵的统治者和衰微的国王之间的中间人很有价值。在整个革命期间，塔列朗保持旧贵族的衣着、礼貌、言词和思想：态度从容温文（尽管他的脚稍跛），泰然自若，具有诡谲的机智，知道需要时用隽语伤人。他是一位勤奋的工作者和精明的外交家，能以有礼貌的优美措辞改述他的率直主人的鲁莽坦率的话。他有一个原则，那就是"永不迅速做决定"——这对于一个不完美的人是一个有益的箴言，好几次他迟延发送急件使拿破仑得以撤回危险的决定。

不论在任何旗帜下，他都要丰富地过活，悠闲地勾引及采集名花野草。这位执政官问他如何积储了这么一大笔财富时，他坦白地回答:"我在共和雾月 7 日买进股票,3 天后售出。"这只是开始而已,在他复职的 14 个月内,他又增加了 1500 万法郎。他根据内幕消息利用市场,从夸张他对拿破仑的影响力的列强处收集消息。执政府结束时,他的财富估计为 4000 万法郎。拿破仑发现他背叛而无法替换。他附和米拉波,用一个在法文比在英文中较少臭味的词"丝袜中的污秽"称呼这位温文的跛子。拿破仑本人获得法国的国库和法国,是不屑收受贿赂的。

·宪法的接受

新宪法于 1799 年 12 月 15 日随附讨好性的声明颁布时,遭到许多批评。该声明说:"这部宪法建立在真正代议政府的原则上,建基在神圣的财产、平等和自由权上。革命已迅速达成原先促发它的目标,已完成了革命。"这些是大话,但拿破仑似乎认为是正当的,因为该宪法考虑到选举的第一阶段中一般成年男性的选举权。它规定了更多的职位从投票人直接或间接选出的名士中派任,它认可农民和中产阶级拥有因革命之故而购得的所有物。它认可废除封建税及缴纳教会之税。按理论和人情,它制定法律之前人人平等,及就业——政治的、经济的或文化的资格人人平等。它建立强有力的中央政府以管制犯罪,终止混乱、贪污及无能的行政,保卫法国以御列强。它造定既成的事实——在自然限度中实现的目的,建立于稳定政府中的一种社会组织的新形式、有效的行政、国家的自由及持久的法律,以终止革命。

依然有抱怨的,激进民主主义者感到在这《共和八年宪法》中他们已被忽视——该宪法表现的代议政府是对中产阶级伪善的革命投降者。几个将军怀疑为什么天命选中那个微不足道的科西嘉岛人,而不选他们中的一人登上政治最高位。"没有一个将军不图谋推翻我。"天主教徒抱怨该宪法认可革命中没收的教会财产。叛乱再度在旺代发生(1800 年)。保王党恼恨拿破仑巩固他的地位,而不请路易十八恢复波旁王朝的统治。因为保王党控制大部分报纸，他们发动一项运动反对接受新政权，拿破仑以他们接受外款支援为理由，要求73家法国现有报刊中的60家停止出版，作为答复（1800年1月17日）。激进的报刊也被减少，而《导报》成为政府的官方机关报。新闻记者、作家和哲学家责难对新闻自由的攻击。这时斯塔尔夫人放弃了扮演妇女顾问的希望，开始有力地终身攻击拿破仑为压抑法国自由的独裁者。

拿破仑以《导报》为传声器，为自己辩护。他未曾摧毁自由，自由已被战时对集中化政府的需要粉碎，已被激进的雅各宾派作弊选举粉碎，已被暴动群众的专政及督政府时代的一再政变粉碎，剩余者已陷入政治贿赂和道德败坏的泥淖中。他压抑的自由，是目无法纪的群众、偷盗杀人的罪犯、说谎的宣传者、收受贿赂的法官、盗用公款的财务人员、垄断商人的自由。对于突然从宗教的教导、阶级统治、王室专制解放出来的社会混乱的唯一补救方法，难道马拉未曾拥护——公安委员会未曾实施——独裁政治，而置凭本能行事的紧急性和群众的暴行于不顾吗？目前必须获得某种纪律以重建自由先决条件的秩序。

农民不需要这种争辩以决定他们是否支持该宪法，他们有土地，而且暗中赞许任何压制激进的雅各宾派的政府。城市的无产阶级不顾对立的经济利益，与农民的意见一致。廉租公寓的人民——工厂的工人、店员、贩夫走卒，那些曾为面包和权力而作战的过激共和主义者，对曾使他们起伏及让他们完全失去希望的革命已失去信心；有一个魔力仍然使他们激动——战争的英雄和意大利的征服者绝不比督政府的政客差。至于中产阶级——银行家、大商人、小商人，如何能拒绝这位已完全接受财产与企业自由神圣不可侵犯性的人？有了他，他们才赢得革命、继承法国。直至1810年，他都是他们的人。

由于相信绝大多数人会支持他，拿破仑将新宪法提请公民投票（1799年12月14日），我们不知这次复决投票是否像以前或此后的许多次类似投票一样被操纵、约束。官方的计算是3 011 107票赞成该宪法，1562 票反对。

有了这些赞成者为后盾，拿破仑和他的家人及副官们从拥挤的卢森堡宫迁至辉煌宽敞的土伊勒里宫（1800 年 2 月 19 日）。随行 3000 名士兵，将军骑马，部长乘客车，国务会议议员乘四轮六座马车，第一执政乘六匹白马曳行的轿式大马车，行列场面浩大。这是许多公开炫耀例子中的第一个，拿破仑希望借以加深巴黎民众的印象。他向他的秘书解释说：

> 布里埃内，今晚我们终于将在土伊勒里宫入寝。你比我幸运，你不必出洋相，而以自己的方式去那里。可是我必须在行列中行进，这使我憎恶，但这是吸引人们注意必要的……在军中，简朴是适当的，但在大城市中、在王宫中，政府的首长必经尽一切可能吸引注意，仍得小心翼翼。

除了一个扰乱性的标语外，仪式还是很成功。那个标语写在拿破仑进入皇宫的庭院前所经的一所卫兵房上，他可能已看到大幅题字。（1792 年 8 月 10 日——法国的王室废止了，而且将永不恢复。）他们走过一度表现波旁王朝财富的房间时，国务顾问罗德勒对拿破仑说："将军，这是使人悲哀的。"拿破仑回答道："是的，就像光荣一样。"他选了一间仅陈设着书本的宽敞房间供他与布里埃内工作用。带他去看国王的卧室和床铺时，他拒绝使用，宁愿与约瑟芬睡。不过那晚并非全无骄傲，他跟他的妻子说："来吧，我的小混血儿，躺在你主人的床上。"

执政府的战役

拿破仑建立了内部的秩序，制定了可望经济复兴的条例，但法国依然受 1792 年 4 月 20 日开始的战争的敌人的包围。法国人民渴望和平，但拒绝放弃革命期间并吞的领土：阿维尼翁、比利时、莱茵河左岸、巴塞尔、日内瓦、萨伏依及尼斯。这些并吞的领土，几乎全被包括在法国人称之为他们国家的"天然疆界"内，而拿破仑宣誓就职时，曾保证保障这些疆界——莱茵河、阿尔卑斯山脉、比利牛斯山及海——视为恢复古高卢国疆界必要的。此外，法国占领了荷兰、意大利、马耳他岛和埃及，他愿放弃这些掠取的土地作为和平的代价，还是他会迅速排除任何协商放弃这些有利的获得物的领袖？在以国家主义为荣、充满战争意味的政策中，法国人的特性与拿破仑的特性结合在一起。

1800 年 2 月 20 日，几乎被所有的逃亡者和保王党视为法国合法统治者的路易十八，致函拿破仑建议避免这种命运：

先生：

　　不论他们的表面行为如何，像你这样的人从不会激起恐慌。你已接受一个显赫地位，我感谢你这么做，你比任何人都知道应具备多大的实力与势力以确保一个伟大国家的幸福。拯救法国以免她受伤害，你就满足了我内心的第一愿望。使她的国王复位，后代将会心怀大德。你对国家永远是非常必要的，使我不能借酬以高官厚禄以清偿我一家人和我自己的受惠。

路易

拿破仑不回复这个恳求。他怎么能将王位归还给曾应允他的忠实追随者，随同他的复位、恢复革命前旧状的人呢？解放了的农民或教会财产的购买者会遭到怎样的结果？拿破仑会遭到怎样的结果？每天阴谋除掉他的保王党已宣告，他们将处置这个没有身家门第竟敢做国王的暴发户。

1799 年圣诞节，即公民投票已认可他的统治之后一日，拿破仑写信给英国国王乔治三世：

我遵奉法国人民的意志，出任本共和国最高职位，在担负我的职责时，理当亲自函告陛下这个事实。

8年来，已扰乱了每个地区的战争不应结束吗？我们没有办法达成协议吗？两个欧洲最文明的、超过其安全与独立所需的强而有力的国家，怎么会允许牺牲他们的成就、他们的内部繁荣、他们家庭的幸福，而梦想虚幻的伟大呢？他们怎么会不视和平为他们最大的光荣和最大的需要呢？

因陛下统治一个自由的国家，唯一目的是使其幸福，因此对上述观念谅有同感。

务请陛下相信我初次提出这个问题，诚心诚意欲对高贵的和平做实际的贡献……每个文明国家的命运有赖于终止扰乱全世界的战争。

乔治三世认为一国之君不宜回答一介平民，他授权格伦维尔爵士回复，格伦维尔致塔列朗一封措辞严厉的函件（1800年1月3日），指责法国侵略并称必须使波旁王朝复位作为和平的先决条件，除非是波旁王朝，否则英国不与法国谈判。拿破仑致奥地利国王弗兰茨二世之函，从奥地利首相图古特男爵那里接获类似的回复。也许这些文字的反对不可全部置信，拿破仑深知政治家视武力大小权衡字句。实际情形仍然是奥军重占北意大利而且抵达尼斯，而法军被英国和土耳其围困在埃及，正接近投降或毁灭的地步。

克莱贝尔，这位勇敢显赫的将军、失败的外交家，盼不到解救，公然与他部下失去斗志。德塞将军奉他的命令，与土耳其人及当地英国指挥官在埃尔阿里什签订条约（1800年1月24日），让法军安然有秩序地离开，带着他们的武器、行李和"给予战败军队的恩惠"，乘土耳其人供给的船只回法国。同时法军应将曾保护欧洲人以防止埃及人叛乱的堡垒交给土军，英国政府下令拒绝接受撤退条件并坚持法军放下武器以战俘身份投降时，这些堡垒已被放弃。克莱贝尔拒绝这么做，并要求归还堡垒，土军不同意并进攻开罗。克莱贝尔带领 1 万名士兵，在赫利奥波利斯平原迎战土军。他以几句话重振起部队的热情："在埃及你们仅有脚下的土地。如果后退一步，你们就完了。"交战两天（1800 年 3 月 20—21 日），土军激昂的勇气屈服于法军的训练有素，重振的胜利者回到开罗，再等待来自法国的援助。

在英国统治地中海期间，拿破仑无法赴援。但对 71 岁的老将梅拉斯已率领 10 万名奥地利精兵胜利地经过北意大利推进至米兰一事，他必须有所作为。拿破仑派马塞纳阻挡他。马塞纳被打败，为他的部队在热那亚要塞找到避难所。梅拉斯留了一支部队将他围困在那里，增派分遣队保护阿尔卑斯山的隘口，以防止法国的攻击，并沿意大利的里维埃拉推进，直到前锋抵达尼斯（1800 年 4 月）。形势对拿破仑颇为不利：那个他 1796 年开始征服伦巴底的城市，如今已落入曾被他打败的国家手中——而他有名的意大利军队的较佳部分，太自信地分开了，正在埃及无助而绝望地损耗着。这是拿破仑接受的最直接的挑战。

拿破仑把行政工作放置一边，再度挂帅，筹集金钱、部队、物资，提高士气，准备补给品，研究地图，给将军们下达指令。他将莫罗将军——他的军事敌手中最直率者，交给莱茵军团并下达残酷的指令：越过莱茵河，穿过克鲁格元帅的奥地利师团，然后派 2.5 万名士兵越过圣哥特哈德隘口（St.Gotthard Pass），以增援拿破仑答允在米兰附近等待援军的后备军团。莫罗英勇地执行大部分任务，但感到（也许是正确地）处于险地，他只能为他的长官拨出 1.5 万人。

在这位历史上最伟大将军的所有战役中，1800 年的这次战役是计划最微妙而实施最拙劣的一次。在他的直接指挥下仅有 4 万人，大部分都是未经战争磨炼的新征之兵。他们驻扎在第戎，本来可能已向南越过滨海阿尔卑斯山至尼斯对梅拉斯发动正面攻击，但他们人数太少而且无经验。纵然梅拉斯战败，他会有一条经北意大利至设防良好的曼图亚的撤退保护线。拿破仑建议率领其部队和装备越过圣伯纳德山隘进入伦巴底，与等待莫罗增援的士兵联合，切断梅拉斯的交通线，击败保护该线的奥地利分遣队，并于该英雄的军团从里维埃拉和热那亚赶返米兰时，捕捉处于混乱中的该军团。然后消灭该军团，最好是围住它，阻止其撤退，逼迫其将军——遵守一切礼貌——放弃所有北意大利。南阿尔卑斯共和国，拿破仑最初战役中引以为自豪的被征服者，就会再度效忠法国。

1800年3月17日，拿破仑吩咐布里埃内将一幅意大利的大地图摊开在地板上。"他躺在这上面休息，希望我也这样。"他将红头钉插在某些点上，黑头钉插在其他的点上。移动大头钉成各种不同的组合后，问他的秘书："你认为我将在何处击败梅拉斯……就在斯克里维亚（Scrivia）河的草原上。"同时，他指向圣朱利亚诺。他知道他孤注一掷——他所有军事和政治的胜利——在一次战斗中，但他的自负鼓励他。"4年前，"他提醒布里埃内，"我不是曾带领一支弱兵驱逐赶在我前面的大群撒丁人和奥地利人，而且重惩意大利？我们将再这样来一次。现在照耀我们的太阳，跟昔日照耀阿科莱和洛迪两地的太阳一样。我信赖马塞纳。我希望他在热那亚支持下去。不过万一饥饿逼使他投降，我必定夺回热那亚和斯克里维亚草原。那时我将何等愉快地返回我亲爱的法国！"

他做好长期规划，但未疏忽微不足道的细节。他计划路线和交通工具，从第戎至日内瓦，乘舟渡湖至维那夫，骑马、骡，或乘马车、游览车，或步行至马蒂尼。从那里再到圣皮埃尔，然后攀越有时仅3英尺宽的30英里长的山路，沿着常为大雪掩盖的绝壁，时时刻刻易遭雪块、泥土、岩石崩落的侵袭，最后进入瓦莱达奥斯塔。在该路线的每一站，拿破仑都备有食物、衣服及交通工具供应士兵。有几处尚备有木匠、马鞍修理匠及其他工人做修理工作，而且途中每个士兵被检查两次是否装配妥善。他与住在山顶教堂招待所的修道士换取面包、干酪和酒以犒赏士兵。虽有这些准备，仍有许多短缺之事，那些年轻的征召兵员似乎已产生一种被老兵沉默的勇气激起的耐性。

拿破仑于 1800 年 5 月 6 日离开巴黎。他刚消失，保王党、激进的雅各宾派及波拿巴家人就开始计划如他不胜利返国就取而代之。西哀士及其他人讨论卡诺、拉法耶特和莫罗担任新的第一执政的资格，拿破仑的兄弟约瑟夫和吕西安则表示自己绝对有权继承王位。卡杜达尔（Georges Cadoudal）从英国回来（6 月 3 日），激起保王党（Chouans）叛变。

实际征服圣伯纳德山隘始于 5 月 14 日。"人与马一个接一个地沿着羊肠小道前进，"布里埃内回忆说，"炮被卸下，枪支则置于挖空的树干，用绳子拖曳……到达绝顶……我们就坐在雪上向下滑。"骑兵都下了马，因恐他们无经验的马滑倒可能连人带马一起摔死。一天通过一个师，5 月 20 日完成了通行，而后备军团在意大利安然无恙。

拿破仑留在马蒂尼——日内瓦湖和该山隘之间的一个可爱的中途站，直到看到最后一包补给品发送。然后他骑马至该山隘底和山顶，向补充他军粮的修道士道谢，随即身裹重裘滑下山坡，5 月 21 日与在瓦莱达奥斯塔的军团会合。拉纳已击败途中遭遇的奥地利分遣队。6 月 2 日，拿破仑进入米兰，再度征服米兰的奥地利卫戍部队。意大利人民像以前一样欢迎他，南阿尔卑斯共和国得以复国。征服者召开米兰的教阶组织会议，向他们保证他对教会的忠贞，并告诉他们他一回到巴黎，就谋求法国和教会之间的和平。后部确保无虞后，他一无拘束地详细构思他的作战战略。

两个指挥官违背了一项战略的主要原则——不可过度分散现有的部队，以致无法迅速重新集结。梅拉斯与他的主力部队驻在亚历山德里亚城，留置卫戍部队在热那亚、萨沃纳港、盖维、阿克维、都灵、托尔托纳及其他法军可能攻击点。从尼斯退回与他会合的后卫兵团，被絮歇及逃离热那亚的马塞纳所部 2 万名法军袭击。从伦巴底越过亚平宁山脉进入利吉里亚的 7 万名奥军中，梅拉斯如今仅能获得 4 万人以迎战拿破仑。这些人中有一部分他派去重夺皮亚琴察，作为主力部队万一打败时逃往曼图亚必要的通路。拿破仑也冒险分开他的部队：

他留下 3.2 万人在斯特拉代拉以保卫皮亚琴察。留 9000 人在泰西诺，3000 人在米兰，1 万人沿波河和阿达河部署。他为了封锁梅拉斯部队逃脱的所有道路，牺牲了部队的集结。

他的将军们齐心协力以免拿破仑一无准备面临大战而身陷绝地。6 月 9 日，拉纳率领 8000 人从斯特拉代拉出发，遭遇到攻击皮亚琴察的 1.8 万人的奥军。在卡斯泰焦损失惨重的交战中，虽然拉纳浑身浴血，依然领先奋战不懈，法军终被击退。但一支 6000 人的法国生力军及时赶到，得以在蒙特贝洛附近反败为胜。两天后，他最心爱的将军之一，德塞从埃及抵达，拿破仑大为振奋："德塞在军事才能上也许与莫罗、马塞纳、克莱贝尔相埒，但在品格的完美方面超越他们。"6 月 13 日，拿破仑派他率领 5000 人南下赴诺维，调查一项谣言，说梅拉斯及其部下正逃至热那亚。在那里英国舰队可能已使他们脱逃，或以食物和物资增援。6 月 14 日决定性的战斗来临时，拿破仑的大军更少了。

地点是梅拉斯选择的。靠近马伦戈，一个亚历山德里亚至皮亚琴察路上的村庄，他看到一块巨大的平原，在那里他可以集结他依然可掌握的 3.5 万人和 200 门炮。但是，拿破仑抵达该平原时（6 月 13 日），他未发现梅拉斯打算冒险走出亚历山德里亚的迹象。他将维克托将军的两个师和拉纳将军的一个师，及缪拉的骑兵和仅有的 24 门炮留置在马伦戈。他本人带着他的执政官近卫军转往沃盖拉，准备在那里会见从他分散的部队前来的参谋官。他到达斯克里维亚时，发现该地春潮泛滥，以致前进缓慢，并在加罗福洛塔留宿。这是一次幸运的延缓，如果他继续行进至沃盖拉，他就永不能及时到达马伦戈下达免于覆没的命令了。

6 月 14 日一早，梅拉斯命令他的军队推进到马伦戈平原，打开一条通往皮亚琴察的生路。3 万人奇袭维克托、拉纳及莫罗的 2 万人，法军虽有一贯的英雄主义，但还是在大量杀伤的炮火前被逼后退。拿破仑被远处的炮声惊醒，派信差将德塞从诺维召回。他本人则赶往马伦戈。在那里他的近卫军的 800 名手榴弹兵投入战斗，但无法阻止奥军，法军继续撤至圣朱利亚诺。梅拉斯急欲再向国王保证，便传信至维也纳宣告胜利。同样的报告也在巴黎散播着，民众惊恐万状而保王党大为雀跃。

他们没有考虑到德塞。在前往诺维途中，他也听到了炮声。他立即将他的 5000 人折返，循着炮声迅速挺进，下午 3 点钟抵达圣朱利亚诺，发现他的同僚将军们正劝告拿破仑进一步后撤。德塞抗议，他们告诉他："战斗已失败了。"他回答说："是的，战斗已失败，但这只是 3 点钟，还有时间赢得另一场战斗。"他们让步了，拿破仑组织新的攻击线，并策马在部队中巡行以恢复他们的斗志。德塞领头行动，自身暴露，中枪而落马，临死吩咐副手："隐藏死讯，以免使部队气馁。"他的士兵们得知消息，反而奋勇向前，要为首领报仇。纵然如此，他们遭遇到几乎不可动摇的抵抗。拿破仑有见于此，令凯勒曼以其骑兵全力赴援。凯勒曼率军猛攻奥军侧翼，切之为二，其中 2000 人投降，代理梅拉斯外出时指挥的扎克将军被俘，缴佩剑给拿破仑。梅拉斯从亚历山德里亚城被召回时，为时已晚无法影响结局，他回到司令部时伤心欲绝。

拿破仑无法高兴。忠实的德塞之死，他引为个人的重大损失，深感哀悼，还有许多其他的军官随同 6000 名法军战死在马伦戈。8000 名奥军同日死于该地，不足以引以为慰，就死亡人数占交战人数的比例来说，奥军尚小于法军（限于通信困难，使拿破仑未悉在德塞结束其一生的同一天，他的前任指挥官克莱贝尔在开罗遭暗杀）。

6 月 15 日，梅拉斯鉴于他的残余军队绝不能恢复战斗，要求拿破仑订休战协议。条件很苛刻：奥军须撤离全部利吉里亚和皮埃蒙特，明乔和曼图亚以西的全部伦巴底，他们须交给法军投降区的一切堡垒，奥军须被容许给予特殊的礼遇离开，但礼遇程度仅与交给法军的堡垒成比例。梅拉斯屈服于这些条件，使一切战利品毁于一旦，并呈请奥地利国王批准该协议。6 月 16 日，拿破仑亲自致函弗兰茨二世，要求所有前线均停战。那封信的若干段似乎出自于和平主义者的口气：

> 贵我两国兵连祸结。无数人已不再……无数失去亲人的人祈祷父亲、丈夫、儿子返回家园……这种不幸是无可补救的：但愿它至少使我们得到教训，避免可能延长战争的一切！为此期望，我拒绝接受先前要求的失败，特再致书陛下，祈求结束欧洲的不幸。
>
> 在马伦戈的战场上，哀鸿遍野，1.5万人丧生其间，我恳求陛下俯允人道的呼吁，不使两大勇敢国家的子孙为了莫名其妙的利益之故而彼此屠杀。
>
> 最近的这次战役，充分证明了并非法国威胁势力均衡。日复一日的事实，证明英国在威胁势力均衡——英国独占世界的商业和海洋，以之能独立对抗俄国、瑞典、丹麦、法国、西班牙、荷兰……的联合舰队。
>
> 我认为适宜向陛下建议者如下：
>
> 1. 所有部队一律休战。
>
> 2. 按尊意双方秘密或公开派谈判人员至明乔和基耶塞之间的某处商定保证较小列强安全的方法，并阐明《坎波福尔米奥和约》中意义不明的条款……

奥皇无动于衷。显然，这位年轻的征服者欲巩固他的获得物。但并无迹象显示，对人类生命的尊敬曾阻碍他的活动。也许这位执政官和奥皇都未停止行动而自问法军或奥军在意大利做什么。图古特男爵签订条约由英国承诺给予奥地利一笔新的补助金，以换取不单独签订和约，从而解决了此事。

同时，拿破仑采取各种手段，于7月18日参加神圣的赞美弥撒，弥撒中米兰的教阶组织感谢上帝驱走奥军。非教士的俗人则游行庆祝胜利以表示对这位胜利者的敬意。"布里埃内，"他问他的秘书，"你听到不绝于耳的喝彩声吗？对于我来说，那声浪如同约瑟芬的声音一样甜美。我为这样的一个民族所爱是多么高兴，多么光荣！"他仍然是一个意大利人，爱她的语言、热情、美丽、花圈状的果园、宽容的宗教、和谐的仪式和超凡的曲调。他也深为 7 月 3 日他夜返巴黎的次日早晨集聚在土伊勒里宫群众的喝彩感动。法国人民开始认为他是上帝的宠儿。他们狂饮光荣之酒。

而路易十八，身为波旁王朝的法国和哈布斯堡王朝的奥地利之间几个世纪不和的继承者，对克服旧仇的新胜利自然难以漠不关心，也许这位年轻的征服者尚可说服拥护波旁王朝而非自为帝王。因此，1800 年夏天的一日，他再度致书拿破仑：

> 将军，你一定久已相信深受我的尊敬。如果你怀疑我的感激，就请决定你的报酬和酬庸你的朋友。至于我的原则，我是一个法国人，凭身份也凭道理行事。
>
> 不，洛迪、卡斯蒂廖内、阿科莱的胜利者，意大利和埃及的征服者，岂能宁要空虚的名声而不爱真正的光荣。但你正失去珍贵的时间。我们可以确保法国的光荣。我之所以说我们，因为我需要波拿巴的协助，而没有我，他也一无办法。
>
> 将军，欧洲在注视你，光荣在等待你，而我对使人民重获和平已不耐烦。
>
> 　　　　　　　　　　　　　　　　　　　　　　　路易十八

拿破仑迟至 9 月 7 日始予答复：

先生：

> 大札敬悉。承蒙惠赐佳评不胜感激。阁下必须放弃返回法国的任何希望，否则势必尸横遍野。牺牲阁下私人的利益，以求法

国的和平幸福……必将名垂千古。对尊府的不幸，我并非无动于衷……我颇乐意尽可能使阁下的退隐生活愉快安宁。

路易十八的信来自他在俄国的临时避难处，也许1800年7月沙皇保罗一世从拿破仑那里收到几乎改变历史过程的一项礼物时，他就在场。1799年之战，约6000名俄军被法军俘虏。拿破仑向英、奥提议以他们交换法军俘虏，但遭拒绝。因为法国不能合法利用这些人，又发现供养他们费用浩大，拿破仑命令他们全部解除武装，换上新制服，并不要求任何回报而将他们送还沙皇。保罗宣布与法国友善并形成对抗英国的武装中立第二同盟以还报之。1801年3月23日，保罗遭暗杀，列强恢复奥斯曼帝国以前的状况。

这时，奥皇拒绝亚历山德里亚休战协定，并派8万人由贝勒加德将军率领坚守沿明乔之线。法军将奥军驱出托斯卡纳，并攻击在巴伐利亚的奥军。1800年12月3日，莫罗率6万人与6.5万名奥军交战于河汉林登（Hohenlinden，慕尼黑附近），取得决定性的胜利：俘获2.5万名奥军。奥地利政府鉴于维也纳在莫罗掌握中的事实，签订总休战条约（1800年12月25日），并同意与法国政府商订单独和约。一回到巴黎，莫罗就受到欢呼喝彩，以致惹起拿破仑的反感情绪，因为莫罗是保王党和激进的雅各宾派用以取代拿破仑作为国家元首的最得人望的候选人。

危害拿破仑生命的阴谋并未终止。1800年初，在马迈松拿破仑的书桌上发现一个酷似他平时使用的鼻烟盒，内含毒物。9月14日和10月10日，几个激进的雅各宾派被逮捕，他们被指控图谋杀害拿破仑。12月24日，卡杜达尔从布列塔尼派出3个保王党人，用定时炸弹对付送该执政官和其家人前往歌剧院的一群人。22人被杀，56人受伤——没有一人是拿破仑的随员。他泰然自若，继续前往歌剧院。但一回到土伊勒里宫，就下令彻底调查，处决被囚的激进的雅各宾党，并拘留或放逐130多名嫌疑犯。富歇相信是保王党而非激进的雅各宾党干的，拘捕了其中100人，并将其中2人斩首（1801年4月1日）。拿破仑的行动过激而不顾法律，但他觉得他是在作战，必须使蔑视法律者有所畏惧。他越来越敌视激进的雅各宾党，而对保王党日益宽大。

1800年10月20日，他建议副官们将那些被容许返回法国的人的名字从逃亡名册上除去，并可收回他们被充公而尚未被国家出售或拨充政府使用的财产。此时约有10万名逃亡者，他们中的许多人提出返国的要求。因为充公财产购买者抗议，拿破仑使4.9万人的名字从名册上删除，即容许逃亡者中的4.9万人返国，并随时做更多的除名工作，希望此举会减少外部反对，并增进欧洲的普遍和解。保王党为之称快，激进的雅各宾派为之忧伤。

这个和平方案的主要步骤是法奥两国的谈判人员在吕内维尔（南锡附近）的会议。拿破仑不派塔列朗而派他自己的兄弟约瑟夫去那里辩论法国的立场，而约瑟夫圆满完成任务。他采取的每一步骤都由这位坚定不移的执政官支持，每当奥人拖延时，他就扩大他的要求。最后，鉴于法军将要吞并几乎整个意大利，并直叩维也纳的大门时，奥地利谈判者最终让步，签订了他们所谓恐怖的《吕内维尔和约》（1801年2月9日）。奥地利承认比利时、卢森堡及从北海至巴塞尔的莱茵河左岸土地为法国领土，批准法奥和约，接受法国对阿尔卑斯山与那不勒斯之间、阿迪杰河与尼斯之间意大利的宗主权，及对巴达维安共和国（荷兰）和赫尔维蒂共和国（瑞士）的保护权。"奥地利完了，"普鲁士大臣豪格维茨写道，"它如今单靠法国建立欧洲的和平。"巴黎证券交易所一日内上涨30点，而巴黎的工人宁要胜利不要选票，高喊"波拿巴万岁！"以庆祝拿破仑在外交和战争方面的成就。不过，《吕内维尔和约》的签订，也许是战争而非外交的成就，是骄傲超过谨慎的胜利，其中埋藏着许多战争的种子，终成滑铁卢之战。

其他的谈判带来更多的权力。与西班牙缔结的协定（1800年10月1日）使法国取得路易斯安那，与那不勒斯国王缔结的《佛罗伦萨条约》给予法国厄尔巴岛及拥有中意大利的那不勒斯，封闭与英、土通商的那不勒斯港口。法国对圣多明哥——伊斯帕尼奥拉岛西段的要求，导致拿破仑与意志力方面跟他匹敌的一个人的冲突。卢维杜尔（L'Ouverture）于1743年生而为黑奴。48岁应属谨慎的年龄时，他领导圣多明哥的奴隶进行一次成功的叛乱，首先取得该岛法属部分的控制，继之控制西属部分。他统治力很强，但发现难以恢复解放黑奴的生产秩序，他们似乎因炎热之故宁愿闲散度日。卢维杜尔容许许多以前的地主返回他们的农场，并建立近乎奴役的工作纪律。理论上，他承认法国对圣多明哥的主权。但实际上，他终身擅用总督的头衔，并具有提名继任者之权——很像不久前拿破仑在法国所为的。1801年，第一执政派查理·勒克莱尔将军率2万人要求归还法国在圣多明哥的权力。卢维杜尔英勇作战失败，死于法国监狱中（1803年）。1803年，全岛落入英国人之手。

英国舰队在英国商业、工业、民族特性的持久支持下，始终是拿破仑成功的主要障碍。海峡的保护，使英国免除战争的直接破坏；无可匹敌的海上贸易、殖民地的获得物和岁入、工业革命的优势，使她富足。因而英国有足够的财力支援大陆盟邦的军队，并不断试图推翻拿破仑。商人和制造业者同意乔治三世、保守党、逃亡者及埃德蒙·伯克的意见，即让波旁王朝恢复法国王位是重获旧政权舒适稳定的最佳方法。不过，英国有一个有力的少数派，由福克斯、辉格党、激进工人及雄辩的文人领导，反对说继续战争会扩展穷困、引起革命，拿破仑已是一项既成的事实，寻求一项与该常胜军的暂时协定的时机已经来临。

此外，他们辩说英国支配海洋的行为已为自己制造敌人，而为法国制造朋友。英国海军将领们声言为封锁法国，英国船员应有权登上中立国的船只搜查并没收运往法国的货物。俄国、瑞典、丹麦和普鲁士愤恨这些措施侵犯其主权，于是组成武装中立第二同盟（1800年12月），并计划抵抗英国人。摩擦升级时，丹麦人占领了汉堡（该处已成为英国通往中欧市场的主要门户），普鲁士人则攻占乔治三世的汉诺威。最近联合反对法国的一半欧洲大陆，如今转而反抗英国。因为法国已控制莱茵河口和左岸，英国的货物大半被排挤出法国、比利时、荷兰、日耳曼、丹麦、波罗的海诸国及俄国的市场。意大利封闭与英国通商的港口，西班牙要求对直布罗陀拥有主权，拿破仑正建立一支陆军和舰队以备进攻英国。

英国发动反攻，时来运转颇有收获。一支英国舰队在哥本哈根港摧毁了丹麦舰队（1801 年 4 月 2 日）。沙皇保罗一世已被亚历山大一世取代，他的法国政策被废止，指责拿破仑侵犯埃及，承认英国从法国夺取马耳他岛，并与英国签订条约（1801 年 6 月 17 日）。武装中立第二同盟渐趋没落。不过英国的经济挫折，法国军队在布洛涅的日益增强，及奥地利虽有宝贵的补助金而竟告崩溃，使英国倾心于和平。1801 年 10 月 1 日，英国的谈判使者签订初步协议，保证法国将埃及让给土耳其，及英国在三个月内将马耳他岛移交给圣约翰骑士团，法国、荷兰、西班牙须恢复被他们占领的大部分殖民地，法国应从中部和南部意大利撤走全部部队。经过 7 周的争论后，大英帝国与法国签订了等待已久的《亚眠和约》。拿破仑的代表带着批准的文件抵达伦敦时，快乐的群众在"法兰西共和国万岁！拿破仑万岁！"的欢呼声中簇拥着他的马车前往外交部。

法国人民深深感激这位年轻人，年仅 32 岁，光荣地结束了十年战争。全欧洲早已承认他的将才，如今明白他的明智和坚定在外交方面也表现得卓越不凡。《亚眠和约》只是开始而已。1802 年 5 月 23 日，他与普鲁士签订和约。5 月 24 日与巴伐利亚，10 月 9 日与土耳其，10 月 11 日与俄国签订和约。将近 11 月 9 日——共和周年纪念，他预备以和平节日庆祝之。这天，他愉快地宣告他的工作目标："本政府信守其愿望和诺言，未曾屈服于危险的非常的事业的欲望之下。其责任在恢复人类的宁静，并借强固持久的关系，聚合欧洲大家庭以担负决定世界命运的任务。"这也许是他一生中最美好的时刻。

改造法国（1802—1803）

"在亚眠，"拿破仑在圣赫勒拿岛说，"我真挚地相信我自己和法国的命运已安排妥当。我将专心从事国家的行政，而且我相信能创造奇迹。"此话听来试图解除十数次战役的紧张。就在签订《亚眠和约》的第二天，驻巴黎的普鲁士大使卢凯西尼向国王报告称："拿破仑决心将战火立即吞没毁灭的一切金钱资源变为农业、工业、商业和艺术的利益。"他继续说，拿破仑热心地谈论"要完成、开放运河，建造、修理道路，疏浚港口，美化城镇，捐助教堂和宗教机构，提供公共教育"……实际上在战争再度掌握对建设的优先权（1803年5月16日）之前，他已沿着这些方针做了许多进展。课税合理，极少玩弄手段及残酷地收税，而且税收投入政府合约中有助于保持工业兴盛和劳动力运用。在英国解除封锁后，商业迅速扩展。宗教界为拿破仑与教皇之间的协定欢欣鼓舞，教育机构开始建立全国性的教育制度，编成法典并强制实施，行政达到近于公正的完美境界。

巴黎再度如在路易十四统治下一样，成为欧洲旅游的热门地。数以百计的英国人，忘记了英国报纸上恣意嘲骂拿破仑的漫画，冒着崎岖的道路和波涛汹涌的海峡的艰险，瞻仰这位蔑视、镇压既定强权的小巨人。几位国会议员被引见给他。1802年8月，福克斯也晋谒拿破仑，他长久以来致力于英国和法国之间的和平。外国人惊讶于拿破仑执政后如此迅速地达成繁荣。1800年至1803年，成为"法国历史上最佳最辉煌的一页"。

·拿破仑法典（1801—1804）

拿破仑回忆说："我真正的光荣不是我赢得的40次战斗，因为我在滑铁卢的失败摧毁了这些胜利的记忆……无法摧毁、永垂不朽的，是我的民法。""永垂不朽"并非哲学用语。这部法典的确是他最伟大的成就。

无穷尽的恶行技巧周期性地逼使社会改进，并策订保护其本身的方法以免暴乱、抢劫和欺骗。查士丁尼曾于 528 年试过，但由他的法学家草拟的《民法全集》（*Corpus Iuris Civilis*）是现存法律的协调整合，而非连根拔起的改变社会的一种新法律结构。对于法国而言，各省的法定个体状态使问题增多，因而某一地区的法律不能假定适用于另一地区。杜埃的墨林和康巴塞雷斯曾于 1795 年向国民公会提出新统一法典的大纲，但革命政府无暇做此工作，面对一片混乱，它颁行了千条草率的命令，留待平静时再整理成调和一致。

拿破仑与奥英两国的和解给他这样一个机会，不过为时甚短。1800 年 8 月 12 日，4 位执政官授权特龙谢、包塔利斯、帕莱曼纽、马勒维尔草拟调和一致的民法国家法典的新计划。他们于 1801 年 1 月 1 日提出的初步草案，由拿破仑送请法庭的法官们评判。3 个月后呈交给拿破仑，再由国务会议的立法委员会在包塔利斯和蒂博多的领导下审查之。经过这些严厉的评审后，由国务会议全体经 87 次开会商讨，逐项采纳该法典。

拿破仑主持其中 35 次会议。他否认自己没有任何法律知识，他从同僚康巴塞雷斯的明智和法律学识中获益甚多。他谦虚地参加讨论而受该国务会议的喜爱，而且可能使人对他后期的作为大感意外。他们为他的热心和决心鼓舞，而欣然附和他的意见，将开会时间从上午 9 时延至下午 5 时。他在晚上再召集他们开会时，他们就不大热心了。有一次，在一次夜间会议中，几个议员困倦欲睡，拿破仑以友善的口气唤醒他们："别这样，诸位先生，我们还不足以获得应得的薪俸。"依旺达尔判断，若非拿破仑不断的催促和友善的鼓励，永远无法完成这部法典。

提出这部法典供护民官讨论时，法学家和国务会议的辛劳几乎前功尽弃。该国会依然热衷于革命，责难该法典为出卖爆发革命的初衷——返回丈夫凌驾妻子和父亲凌驾子女的独裁统治，及中产阶级控制法国经济。这些指控大部分是有理的。该法典采纳并应用革命的基

本原则：言论自由、信仰自由、企业自由及法律面前人人平等，人人
有权受陪审团公开审判，终止封建税及缴纳教会之税，从国家购买充
公的教会或君主财产的合法性。但遵从罗马法——该法典接受家庭为
道德规律和社会秩序的单位和堡垒，并重建旧体制中的父权以赋予家
庭的权利基础：父亲被授予对妻子财产的全部控制权，对他子女的全
部权利直至他们成年；单凭他的话就可使他们下狱；他可阻止年龄在
26 岁以下的儿子或 21 岁以下的女儿结婚。该法典违反法律之前平等
的原则，规定关于工资的争论中，雇主的话（其他同等的事物）应被
视为与被雇者对立。1803 年 4 月 12 日，恢复该革命对工人协会的禁
令（除纯粹社会目的外）。同年 12 月 1 日后，规定每个劳工携带一本
记录他以往经历的工作册。拿破仑同意该法典恢复法国对其殖民地的
奴役。

　　该法典代表历史的反动，从自由的社会趋向家庭和国家的高压权
力和控制。制定法律的领导者都是上了年纪的人，吃惊于革命的过度
作为——任意反对传统，轻易离婚，放松家庭束缚，容许妇女道德放
纵和政治暴动，鼓励无产阶级独裁，纵容"九月大屠杀"和裁判的恐
怖。他们决定制止被认为扰乱社会和政府的事件，而在这些事件中，
拿破仑急于稳固在他控制下的法国，坚定支持这些意见。国务会议同
意他的意见，即关于第 2281 条民法的公开辩论应有一个限度及早日
终结辩论。护民官和立法机构赞同，1804 年 3 月 21 日该法典正式称
为《法兰西民法》（*Code Civil des Français*）——俗称《拿破仑法典》，
成为法国的法律。

·1801 年协定

　　即使这样，拿破仑仍不满意。他从自己的天性中知道人的精神倾
向于法律的是何等微小。他曾在意大利和埃及见过人类依自己的愿望
多么接近兽性、多么恋旧，留恋凶暴和无拘束的过去生活。这是历史
的奇事之一，它防止了活生生的爆炸物粉碎社会组织。是警察压服了

他们吗？这不可能，因为警察既少又相隔甚远，而且潜在的无政府主义者隐藏在每一等公民中。那么，是什么抑制了他们呢？

拿破仑本人是一位怀疑论者，推断社会秩序最终有赖于人类对超自然力的天然的、小心培养的恐惧。他变为视天主教会为曾发明的控制男女的最有效工具，控制他们对经济、社会和性的不平等的抱怨或默默承受，及控制他们对不适合人体的圣诫的公开顺从。不可能在每个角落派驻警察，而神灵却无处不在。基督教是多么崇高的构想！就其传播和作用而论，是多么无与伦比的组织！就老师、丈夫、父母、主教、国王来说，是多么珍贵的支持！拿破仑推断革命的混乱和暴乱最主要是由于它的弃绝教会。他决定一俟拔除惊悸的激进的雅各宾党和禁欲的哲学家之毒牙，就恢复教会团体。

1800 年，法国的宗教处于紊乱的不断变迁中，这与革命遗留的道德混乱有关。在各省的许多少数派——也许在巴黎是多数派——对教士的呼吁已变得漠不关心。从农民至百万富豪，无数的法国人曾从政府那里购得没收教会的财产。这些人被逐出教会，并以不友好的眼光视那些告发他们的人为收赃者。那时，法国有 8000 名活跃的教士，其中 2000 人是支持宪法者，他们曾宣誓效忠于 1791 年主张没收的宪法。另 6000 人反对革命，拒绝宣誓，并力图废止该宪法，而且有进展。非移居的贵族和中产阶级，致力于使宗教恢复为财产和社会秩序的保卫工具。这些人中有许多——革命的世家后裔——送子女进教士和修士教导或管理的学校，相信他们比不穿长袍的俗人老师更知道如何栽培出彬彬有礼的儿子和端庄淑静的女儿。宗教在社会和文学中渐趋时髦，不久（1802 年）夏多布里昂（Chateaubriand）的"庄严颂词"成为该时代的谈话资料。

为了寻求对他无根的统治的援助，拿破仑决定赢得天主教会精神和组织上的支持。这些措施终于安抚了叛变的旺代，取悦于各省，并使 6000 名教士加入他的精神宪兵队。此举将获得教皇道德和精神影响力之助，减弱路易十八使波旁王朝复位的主要论据，减少天主教的比利时、巴伐利亚、奥地利、意大利及西班牙对法国和拿破仑的敌意。"所以，我一得到权力，我……重建宗教。使它成为我建国的根基和基础。我视之为健全的原则和善良的德行的支持物。"

此事遭到巴黎不可知论者和罗马红衣主教的反对。许多传教士不愿认可和容忍离婚，或放弃对法国教会被没收财产要求权等任何协议。许多激进的雅各宾派力言承认天主教为国教，由政府保障和补偿，无异于放弃他们认为是新近革命的主要成就之一——政教分离。拿破仑威吓红衣主教，暗示如果他们拒绝他的建议，他也许仿效英国的亨利八世，使法国的教会完全脱离罗马。他设法安抚怀疑论者，说明他将使教会成为维持内部和平的政府工具。但他们担心，他的提议将变成从革命退向君主政体的另一步。他绝不原谅拉朗德，"因为拉朗德与罗马法庭开始谈判时想要将他列入无神论者的名录中"。

这些事情于1800年11月6日在巴黎开始，连续经过8个月的探讨，红衣主教们是经验丰富的外交家，但拿破仑已闻悉教皇急于达成协议，因此坚持有利于自己对言归于好的教会控制权的每个条件。庇护七世一再让步，因为该计划试图结束法国教会的10年灾祸，让他废除许多藐视教皇权威的主教，使他能借助法国的仲裁，免受已占领他的首都的法军之扰，并将1797年让给法国的公使馆（费拉拉、博洛尼亚及拉韦纳——通常由教皇的使节统治）归还给罗马教皇。最后，经延至清晨2时的会谈后（1801年7月16日），罗马教会和法国政府的代表签订了左右他们的关系达一个世纪之久的协定。拿破仑于9月批准该协定，庇护七世于12月批准。不过，拿破仑签约附有条件，即他以后可能作"调整，预防可能因该协定的文字技巧而产生的较严重的不便"。

该历史性的文件保证法国政府承认天主教为执政官及大多数法国人民的宗教，并供以经费，但没有确定天主教为国教。法国人完全信仰自由，包括新教徒和犹太教徒。教会撤回对被没收的教会财产的要求权，但政府同意付给主教们年薪1.5万法郎，及付较少额的薪水给教区的教士们作为补偿。如同路易十四统治时一样，主教须由政府提名，他们须宣誓效忠国家，但在教皇批准之前，他们不得担任工作。所有"合乎宪法"的主教须辞去他们的职权，所有正统的主教予以复位，正式开放教堂做传统的礼拜。经过再三辩论后，拿破仑就某一要点对教会让步——接受遗产权。

为安抚怀疑的批评家中比较友善者，拿破仑片面将121条《组织条例》加入该协定，以保障国家支配法国的教会。未经政府的明确许可，教皇的敕书、提示、使节、大会或全国宗教会议的颁令不得进入法国。公证结婚是宗教结婚的法定先决条件，所有攻读天主教圣职的学生须予讲授1682年波舒哀（Bossuet）的法国《天主教条例》（*Gallican Articles*），该条例确定法国天主教会脱离教皇绝对权力统治的合法独立。

该协定如此修改后，于1802年4月8日提交国务会议、护民院及立法机构讨论。此时尚未处于拿破仑恐怖统治，他们公开热烈地反对该协定，认为其出卖了大革命和启蒙运动（该协定基本上合于1791年宪法）。在护民院中，法国革命哲学家沃尔尼伯爵与第一执政就该协定做激烈的辩论。而立法机关选迪皮伊为会长，他是强烈反对教权的论文《一切崇拜的起源》（*L'Origine de Tous Les Cultes*，1794年）的作者。拿破仑将该协定从国会讨论中撤回，并等待适当的时机。

下一次提名护民院和立法机构的人员时，许多批评者未再被元老院任命。同时，拿破仑将该协定的情节和内容传布于公众，正如他期盼的，人民呼吁批准。1802年3月25日，拿破仑因与英国签订和约而声望大增。地位加强后，他再度将该协定提交国会。护民院通过该协定，反对者仅7票而已；立法机关赞成者228票，反对者21票。4月18日，该协定成为法律。复活节时，在圣母院的庄严典礼中，《亚眠和约》和该协定在革命者的叹息中、军方的嘲笑中及人民的欢欣中正式宣布。一幅讽刺画在军营中流传，描绘拿破仑被溺死在圣水盆中。一首讽刺的短诗说："为了做埃及国王，他信《古兰经》。为了做法国国王，他信福音。"

　　拿破仑坚信他表达了法国大多数人的愿望，虽然减弱他在上层的力量，但加强了在底层的力量，而引以自慰。他使圣职人员复职，但因他任命主教及付给他们和约3000个教士的薪水，他估计能以经济的束缚掌控他们。他认为教会将成为他的工具之一，会歌颂他的光荣、支持他的政策。不久，他注意到新的教义问答中应教法国孩子："尊敬国王就是尊敬上帝"，及"如果他们未能对国王尽其责任……他们就是在反抗上帝建立的秩序……会使他们自己受到永远的惩罚"。他虔诚地参加弥撒，不过尽可能简短，以表达他对圣职者的谢意。

　　在这些胜利的时期中，他坚信已赢得整个天主教世界。实际上，法国圣职人员从未忘记他们土地的丧失，憎恨他们受国家薪水的束缚，更期盼教皇支持对抗他们私底下认为是异教徒的统治者。按法律他们是主张限制教皇权力者，在感情上他们却变成教皇至上论者。国王剥夺了庇护七世的千年来由教皇保有的土地时——更甚者，罗马教皇被逐出罗马，囚于萨沃纳和枫丹白露时——法国的圣职人员和民众奋起保卫他们的教宗和教条，而拿破仑发现神话和文字的力量大于法律和刀剑的力量时，为时已晚。

光荣之路

　　在拿破仑的事业和胜利中，他必须永远防御对他权力和生命的挑战。法国的保王党相当安静，因为他们希望说服拿破仑最安全的途径是使波旁王朝复位，并给他一个坐领干薪的职位以为报答。他们鼓励冉丽斯夫人之类的作家，她的历史爱情故事《拉瓦利埃小姐》（Mademoiselle de La Vallière）描写路易十四时法国的愉快情景。他们利用拿破仑的秘书布里埃内的秘密尊王主义，并通过他，企图劝诱约瑟芬投到他们这边。这位爱好享乐的混血儿已饱经政治刺激，她怕拿破仑如不改变路线，就会寻求君权，就会跟她离婚而改娶一位更可能替他生一嗣子的女人。拿破仑设法以情爱来减轻她的恐惧，并禁止她干预政治。

他认为对他权力的主要威胁并非来自保王党或激进的雅各宾派，而是来自将军们的妒忌，他们领导着他的权力最后必须仰赖的军队。莫罗、皮舍格吕、贝纳多特、马拉、马塞纳已公开表露他们的不满。在莫罗做东的一次宴会上，一些军官当众指责拿破仑为篡位者，德尔马斯将军称他为"罪犯和怪物"。莫罗、马塞纳、贝纳多特对拿破仑草拟一项要求，请他以巴黎的政府及其附近地区为满足，将法国的其余地方分区配给他们并赋予几乎绝对的权力。不过，他们中没有一人愿允诺将这个建议呈交第一执政。贝纳多特统辖位于雷恩的西部军团，一再濒于叛变，但失去勇气。"万一我遭到严重的失败，"波拿巴说，"将军们将是首先背弃我的。"

我们必须以军事密谋为背景，解析拿破仑于1802年5月4日在国务会议中发表的反黩武演说：

> 在教士之前……在硕学鸿儒之前，武力低首……除非由于50年的浑浑噩噩……而野蛮化，军事政府永不会在法国生根。如果我们从其他关系中析论之，就会了解军人除武力外不知其他的法律，使一切顺从武力，看不到其他的事物……反之，文人仅注意普遍的利益。军人的特性在专横地决定每件事，文人的特性在于将每件事提出讨论、推理及探求真相。这些事往往是虚幻骗人的，但他们在推究讨论时使之暴露……我毫不犹豫地决定高位当然属于文人……而"真正的"军队是国家的。

拿破仑因深受不安全感的苦恼和永远想要取得权力，向他的知友提议，他进一步改进及美化法国的计划，需要比已授予他的10年任期更长的时间。1802年8月4日，元老院宣布"×年（1801年）新宪法"，新宪法将元老院人数自40人增至80人——所有新人由第一执政提名，并使他成为终身执政。他的崇拜者提议也授予他选择继承人的权力时，他特别谦虚地推辞说："世袭继承违背民权的原则，在法国是不可能的。"但元老院辩论该提案后，以 27 票对 7 票赞成该提案，这错误的 7 票借改该决议为一致的意见，以掩饰他们的错误。拿破仑和蔼地接受该荣誉。8 月 17 日，所有登记为法国公民的成年男子被要求投票决定两个问题：应否使拿破仑成为终身执政？应否容许他选择他的继承人？结果 3 508 885 票赞成，8374 票反对。也许，正如其他公民投票一样，政府有鼓励投赞成票的方法。巴黎证券交易所对此投票有所不满时，揭露了有产阶级的情绪：拿破仑成为终身执政的前一天，交易股值的指数是 7，现已迅速升至 52。

地位巩固后，他将周围之人做了一些变动。他选了一小群人成为他的枢密院，他的权力无可置疑时，除了供他自由利用的元老院咨询机构外，他可由枢密院颁布法令。他将护民官的人数自 100 人减至 50 人，并规定他们此后辩论须保持机密，他解除聪明但不可靠的富歇警察总监的职位，并将警务部并入克劳德·雷涅（Claude Régnier）管辖下的司法部。发现布里埃内在利用他的职位致富后，他开除了布里埃内（1802 年 10 月 20 日），此后信赖克劳德·梅纳瓦尔的忠实服务。后来布里埃内的回忆录反对拿破仑，而梅纳瓦尔的回忆录赞成，两者都不可靠。不过将两者综合以观，仍不失为这位后 10 年驰骋欧洲的小巨人的最精确的记载。

也许是 1802 年的公民投票使马伦戈和亚眠的种种胜利锦上添花，毁灭了拿破仑的节制和明智。失去这些，天才濒临疯狂的边缘。他为使自己达到权力的顶峰，找到具有说服力的理由。南阿尔卑斯共和国的领袖们集中于米兰，请他帮助草拟宪法时，他提议在此宪法中三个选举团——地主、商人和专门职业团体供职人员——选一委员会，授以权力以任命立法机关、元老院和国务会议的成员，由这些人选立总统。1802 年 1 月，代表们在里昂开会，批准该宪法，并敦请拿破仑——他们视他为在法国落难的意大利人——担任这个新国家的第一任总统。他从巴黎来到意大利向他们发表演说，并于 1 月 26 日，经口头表决，这位法国的第一执政成为意大利共和国的元首。全欧洲都不知接下来会发生什么。

他将皮埃蒙特并入法国时，警报发生了。那个"山脚"1798 年曾被法国占领，该地位于拿破仑允予保护的"天然边界"之外。但如果归还给撒丁，可能成为法国及其在利吉里亚和伦巴底的保护领地之间的敌对障碍。1802 年 9 月 4 日，拿破仑宣布皮埃蒙特为法国的一部分。

在瑞士，他已找到许多条通往意大利的道路，他不能过于大胆地行进。那些坚定不屈的州县，人们数世纪来视自由比生命更可贵，会使任何敌人付出惨重的征服代价。不过，他们大致欢迎 1789 年的理想，并于 1798 年变成法国保护下的赫尔维蒂共和国。此举遭到大地主的强烈反对，他们利用农民为士兵，在伯尔尼建立独立的共和国，并向以洛桑为中心的亲法的共和国挑战。双方派代表寻求拿破仑的支持，他拒绝接待伯尔尼的代表，该代表向英国求援，英国送钱与武器给该寡头政府的执政者。拿破仑派军队援助拥护共和政体者（1802 年 11 月）平定了伯尔尼的叛乱。拿破仑以《调停法案》安抚了双方（1803 年 2 月 19 日），该法案制定瑞士邦联为 19 个独立的州，每州都有自己的宪法，全都在法国的保护之下，全都有义务派一部分军队加入法国军队。据英国人的证言，该法案"受到各方的赞同，而且无疑在各州中深受欢迎"。

虽然如此，英国政府依然视这些连续的行动——在伦巴底、皮埃蒙特和瑞士——为法国影响力危险的扩张，严重扰乱了欧陆势力平衡。拿破仑派往检查开罗、雅法、耶路撒冷及阿卡防务的霍拉斯·塞巴斯蒂亚尼伯爵呈给法国政府的官方报告，在 1803 年 1 月 30 日的《导报》上发表，激起了更深的愤恨，伯爵估计"6000 人就足以……征服埃及"。该文使英国人怀疑拿破仑打算再次远征埃及。英国政府感到不能再考虑撤出马耳他岛和亚历山大城，这两个地方如今对防护在地中海的英国势力是不可缺少的。

另一次拿破仑影响力的扩张也使英国大为震动，《吕内维尔条约》规定：莱茵河以西各公国的日耳曼统治者，因承认法国对该地区的主权而丧失 4375 平方英里的可课税的领土，应以该河流以东诸侯的领土补偿之。20 个日耳曼贵族派代表至巴黎力陈他们的要求，普、俄加入逐鹿。塔列朗因此又发了一笔财。最后，使数世纪来受天主教主教管辖的城市脱离宗教，而完成大部分的分配。在这个过程中，拿破仑的目的是提高莱茵邦联为法国与奥、俄之间的缓冲国。奥地利抗议说，小国的改组将证明是瓦解神圣罗马帝国的另一步。事实果真如此。

被拿破仑扩张武力控制激怒，英国的统治阶级自问战争也许不比这样的和平花费少！制造业者抗议法国控制莱茵河，使法国成为英国与最赚钱的欧洲市场贸易的决定者。商人抱怨《亚眠和约》结束英国对法国的封锁，而法国对与法国工业竞争的英国产品，则严令禁止进口。贵族指责该和约，认为它是对法国大革命不荣誉的投降。几乎所有党派都同意必须保有马耳他岛。同时，英国新闻界在新闻记事、社论和漫画中丑诋拿破仑。拿破仑向英国政府抗议，英国政府告诉他英国新闻界是自由的。拿破仑吩咐法国新闻界以牙还牙。

在政府之间的函件中，语气变得日益恶劣。英国大使惠特沃斯爵士唐突地通知拿破仑，在法国政府对自《亚眠和约》以来所做的扩张主义的行动提出满意的解释前，英国不离开马耳他岛。1803 年 3 月 13 日，在法国与外国显要的大聚会中，拿破仑如战斗似的面对惠特沃斯，指控英国破坏和约及武装准备作战。惠特沃斯对这种违反外交常规的行为非常恼怒，此后宁愿与塔列朗交涉，因为塔列朗知道如何礼貌地润饰事实。4 月 25 日，惠特沃斯奉英国政府的命令，提出最后通牒：法国必须同意英国至少保留马耳他岛 10 年；法国必须撤离荷兰、瑞士和意大利，必须补偿撒丁国王在最近战争中对皮埃蒙特的损失。拿破仑嗤之以鼻，惠特沃斯要求并获得他的通行证，双方准备开战。

拿破仑知道英国控制海洋，可随意夺取法国的殖民地，因此将路易斯安那以 8000 万法郎售给美国（1803 年 5 月 3 日）。英国在技术上虽仍处于和平中，却命令其海军扣押可能遭遇的法国船只。1803 年 5 月 16 日，两国正式宣战，并延续 12 年之久。

从这个痛苦的时刻开始，行政官身份的拿破仑退出历史，而将军身份的 34 岁的拿破仑，将他的热情专注于战争。他命令逮捕在法国土地上发现的一切英国人。他吩咐莫尔捷将军，在汉诺威王朝的乔治三世将汉诺威变为军事基地前，立即夺取之。让他极感愤怒的是，想到 10 年冲突期间，英国以经费供给反对法国的欧洲大陆军队，封锁了法国的港口，抢去法国的船运和殖民地，而且在所有军事活动中，英国一直得以免受攻击。他甚至想过设法渡过那该死的海峡，使那些商人和银行家亲身触及战争。

他命令他的将军们沿布洛涅、敦刻尔克和奥斯坦德海岸集结 15 万人和 1 万匹马，命令他的元帅们在布雷斯特、罗什福尔和土伦集聚并装备有力的舰队。准备驶往作战时，须觅路穿过英国船舰网，至布洛涅附近百万工人已为他们准备妥善的海港。在这些海港中，工人们预定建造数以百计的各种各样的运输舰。他本人一再离开巴黎，巡视军营和船坞，标注工作进度，以激励士兵、水手和工人，因为他的出现对于他们似乎是一项目的和胜利的保证。

在海峡中，英国战舰保持警戒，而沿英国海岸，在多佛尔、迪耳及其他各处，10 万名爱国者日夜保持警戒，决心拼死抵抗侵犯他们神圣海岸的任何企图。

大阴谋（1803—1804）

1803 年 8 月 21 日夜晚，一艘赖特舰长麾下的快速战舰，在不妥协的保王党领导人卡杜达尔的领导下，将 8 个法国人从英国运过海峡。他们在诺曼底的毕维尔（Biville）附近的多岩石的悬崖处登陆，那里有跟他们联盟的土著，将他们用绳子拉上去。12 月 10 日，赖特舰长又从英国载送第二批谋叛者至毕维尔，其中包括逃亡贵族阿尔芒·波利尼亚克。1804 年 1 月 16 日第三次横渡时，该舰长载送了朱尔斯·波利尼亚克及法国的逃亡将军皮舍格吕和赖若莱斯。皮舍格吕经过革命军领导的胜利后，曾阴谋恢复波旁王朝，被发现后逃至英国（1801 年）。所有这三组人均取路前往巴黎，他们躲藏在保王党人家里。卡杜达尔后来自白，他打算绑架拿破仑，如果拿破仑反抗，就杀掉他。我们可以相信"英国政府以 100 万法郎的汇票资助卡杜达尔，使他能在该首都组织叛乱"，但并无证据显示英国政府同意暗杀。

阴谋者延迟行动，期待路易的弟弟阿图瓦伯爵在巴黎加入他们的行动，准备取代拿破仑，但他没有来。此时（1804 年 1 月 28 日），皮舍格吕造访莫罗，请他合作。莫罗拒绝参加使波旁王朝复位的任何企图，但提议如果拿破仑被除去，则以他为法国的统治者。大约此时，贝纳多特给雷卡米耶夫人一份 20 位将军的名单，他宣称这些人是忠于他的，而且渴望恢复"真正的共和国"。"我可以坦白地说，"拿破仑在圣赫勒拿岛回忆道，"1803 年 9 月至 1804 年 1 月的这几个月，我坐在火山上。"

1 月 26 日，一个名叫凯雷勒（Querelle）的保王党人在三个月前被捕，不久即将处决，泄露了该叛乱的细节以换取减刑。由于他的导引，克劳德·雷涅的警察于 2 月 15 日找到并逮获莫罗，2 月 26 日逮获皮舍格吕，2 月 27 日逮获波利尼亚克兄弟，3 月 29 日逮获卡杜达尔。卡杜达尔骄傲地承认他计划解除拿破仑的权力，并期待一位法国王子与他在巴黎见面，但他拒绝说出这个阴谋中任一同党的名字。

这时，一个名叫德雷克的英国间谍已在慕尼黑或其附近集合另一群叛乱者，打算在莱茵河西岸法国的新地区起事反抗拿破仑。如果我们可以相信梅纳瓦尔的话——"英王的枢密院的命令责成法国的被逐者致力于莱茵河西岸，违者剥夺其生活津贴，并有一项规则决定配给每位军官和士兵的薪额。"拿破仑的间谍向他禀报这些情况时，他断定伦敦阴谋者等待的波旁王子就在这些亡命者中。在他们中无法找出阿图瓦伯爵的下落，但在巴登选区的莱茵河以东约 6 英里的埃滕海姆（Ettenheim）小镇中，拿破仑的密探发现一人，除了间或往斯特拉斯堡做可疑的访问外，生活相当安静。

此事报告给拿破仑时，他断定这位 32 岁的当甘公爵是阴谋废除他的领导人。凯雷勒的泄密及最近在巴黎的逮捕行动，使一度无畏的将军陷入激奋——也许是恐惧和愤怒促使他决定要永除后患。他下令奥登勒将军率军前往埃滕海姆逮捕当甘公爵，并押送至巴黎。1804年 3 月 14 日夜里，捕获该公爵，并于 3 月 18 日囚之于巴黎之东 5 英里处的樊尚堡。

3 月 20 日，拿破仑命令一个由 5 个上校和 1 个少校组成的军事法庭前往樊尚堡，审讯这个被指控受薪于英国、武力反抗本国的公爵。同时，他派他的特别警察长萨瓦里将军前往监视该囚犯和审讯。当甘承认他从英国当局收到钱，并希望领军进入阿尔萨斯。该法庭判他叛国罪，并处以死刑。他请求面见拿破仑，法庭予以拒绝，但建议上书拿破仑请求宽恕。萨瓦里不准该建议，并下令执行死刑。

此时，拿破仑及其最接近的圈子，在约瑟芬的别墅马迈松辩论该公爵的命运。1814 年，塔列朗是波旁王朝复位的随伴，此时却劝告处决以迅速终止保王党的希望和阴谋。忆及他在革命时的记录，万一波旁王朝复辟，他为他的财产，也许为他的生命担心。巴拉斯写道，他"希望……在拿破仑和波旁皇族之间血流成河"。三人执政团中最冷静、最遵法的康巴塞雷斯主张延缓。约瑟芬跪在拿破仑身旁，恳求免当甘一死，她的女儿奥尔唐娜和拿破仑的妹妹卡罗琳支持她的恳求。

那晚某个时候，拿破仑派乌格斯·马雷从马迈松带信至巴黎，往见国务顾问皮埃尔·雷亚尔，命他前往樊尚堡亲自审问该公爵，并将结果报告至马迈松。雷亚尔接到信，但因白天的辛劳而精疲力竭，在他房里睡着了，而未在 3 月 21 日清晨 5 时前赶到樊尚堡。当甘已在凌晨3时在监狱刑场被枪毙。萨瓦里显然认为他已为主人做了该做的事，便策马赶往马迈松报告拿破仑此消息。拿破仑退入他的私人寓所，将自己锁在里面，拒绝他妻子入内的请求。

保王党和王族痛斥之。他们惊骇于一介平民竟敢杀死波旁皇族。俄国和瑞典的内阁向位于雷根斯堡的神圣罗马帝国的议会提出抗议，并建议对法国入侵巴登一事进行国际调查。该议会不予答复，而且巴登的选帝侯拒绝触怒法国。沙皇亚历山大一世令驻巴黎大使要求对死刑的执行做解释，塔列朗针锋相对地答复："假如英国计划暗杀保罗一世时，已知阴谋的发起人潜伏在一箭之遥处，难道不尽速捕捉他们吗？"威廉·皮特深以死刑执行的消息为慰，他说："波拿巴……自从上次宣战以来，对自己所做的危害大于我们施之于他的。"

法国本身的反应比许多人期盼的要温和。夏多布里昂辞去外交部中一个较次要的职位，但镇定的外交部长塔列朗于3月24日——当甘处死后三天——举行舞会时，20个旧法国贵族和全欧洲法庭的代表都参加。这事件之后3个月，人们心中显已淡忘。不过，富歇通常是一位锐利的观察者，他评论死刑的执行说："这不仅是一项罪行，这是一项愚蠢的错误。"

拿破仑也许感到一些悔意，但他从不承认，他说："这些人想要使法国陷于混乱，而且想要消灭我以破坏革命……当甘是一个像其他人一样的谋叛者，必须以谋叛者对待之……我必须在不断迫害和一次决定性的打击之间做选择，而且我的决定是毫无疑问的。我已使保王党和激进的雅各宾派永远闭口无言。"他要让他们知道他是"不可戏弄的"，他的"卑微的家世"也是不可戏弄的。由于某种理由，他认为已使保王党的阴谋者感到死亡的恐怖，他们如今可以看出波旁皇族的家世保全不了他们。事实上，已不再有夺取拿破仑生命的保王党的阴谋。

遇有已在巴黎逮捕的谋叛者的案子，他以比较小心、公开的方式亲自处理，审判公开进行，而且容许新闻界详细报道。虽然布里埃内曾反对处死当甘，但拿破仑请他参加审判，并给予他一份诉讼程序的报告书。皮舍格吕未等至受审，4月4日被人发现自己用领巾勒死在牢房中。在其他案件中，罪行已被承认或已明显无疑。但关于莫罗的案子，仅证实他曾公开反对拿破仑，对皮舍格吕等人的计划知情不报。1804年6月10日，法庭宣判：19个谋叛者被判处死刑，莫罗被判两年监禁。卡杜达尔死于6月28日，死时并无悔意，余下的18个人，拿破仑赦免了12个人，包括两个波利尼亚克。莫罗问他的刑罚可否改为放逐，拿破仑同意，虽然他预测莫罗会继续图谋陷害他。莫罗乘船赴美，在那里住到1812年，回欧帮助俄军在德累斯顿与拿破仑作战（1813年8月29日）。9月2日他受伤而死，葬于俄国。

拿破仑称帝（1804）

拿破仑觉得奇怪，为什么他不得不在经常的暗杀威胁下做他的工作，而一再联盟对抗法国的统治者：英国的乔治三世、奥地利和神圣罗马帝国的弗兰茨二世、普鲁士的腓特烈·威廉三世及俄国的亚历山大一世——他们的至高权力可望维持至寿终正寝，他们的权位有秩序地转移而且可信赖他们自然或指定的继承人。这绝不会是因为他们将他们的政策和职位提交民主的管制之故，他们未曾这么做。显然，他们安全的秘密在于他们的"合法性"——经数代、数世纪形成习惯的民意认可的继承规则。

拿破仑梦想获得绝对神圣的权力，乃至成为时代的代表。他感到他渴望完成的工作需要稳定和连续的绝对统治。试看——恺撒，他如何将罗马法和文化带至高卢，如何将日耳曼人驱过莱茵河，如何赢得大将军（总司令）的称号，难道他就没有做这些吗？如果恺撒得免暗杀，他可能完成什么？试想奥古斯都在他41年的帝权中，得免恺撒已结束的平民的纷乱，受到使空谈居于天才之下的明智的元老院的支持，完成了多少成就。拿破仑，这位意大利之子、古罗马人的崇拜者，渴望如此不受限制的连续权力及作为国王享有的选择和训练一个继承人的特权。

但他也想到，而且常谈到查理曼在 46 年的统治中，曾带给高卢秩序和繁荣，曾将《法兰克法律》作为一种教化力，传入日耳曼和意大利，博得——或命令——教皇的尊崇，难道他拿破仑未曾做这些事吗？难道他未曾在法国恢复宗教以阻止革命放纵的异教的暴乱吗？难道他不应像查理曼一样得到终身的皇冠吗？

奥古斯都和查理曼这两位伟大的重建者，对民主没有信心，他们不愿使他们的审慎判断、远大的计划和政策，遭受一帮头脑简单的腐败代表的酷评和不得要领的辩论，恺撒和奥古斯都知道米洛和克洛狄乌斯买选票时代的罗马民主，他们无法在愚钝群众的要求下统治。拿破仑见过 1792 年的巴黎民主，他感到他无法在激奋群众的要求下决定、行事。是使革命结束的时候了，以巩固它的基本收获，终止纷乱、焦虑和阶级战争。

以执行死刑惩戒了保王党徒后，如今他准备接受他们的要求——法国在情感或心理上未准备自治政府的来临，某种强制的统治是绝对必要的。1804 年，雷米萨夫人说："某些与政治有点亲密关联的人，开始主张统治权——法国感到有绝对权力的必要性。政治的谄媚者和真诚的革命支持者，鉴于国家的安宁有赖于一个人，讨论执政官政府的不稳定。渐渐地，所有人的思想再度转至君主政体。"拿破仑同意他们的意见。他跟雷米萨夫人说，"法国人"爱好君主政体和它的一切排场。

所以，首先他给予他们这些排场。他为执政官、部长及政府的其他人员定做官服，用天鹅绒使服饰鲜明，部分原因是为了资助里昂的制造商。拿破仑选了 4 位将军、8 个副官、4 位地方首长和 2 位秘书（梅纳瓦尔曾请求协助）帮忙直接送达。执政官采用媲美皇室的繁杂成规和礼节。雷米萨伯爵负责这一仪式，而他的妻子雷米萨夫人领导陪伴约瑟芬的 4 个贵妇。穿制服的侍仆和华丽的马车增添了规定的正式生活的复杂性。拿破仑在公开场合遵守这些形式，但私底下马上就避入他单纯的私人方式中。不过，他同意宫廷的欢宴、化装舞会，正式莅临歌剧院，在那里他的妻子可展示使人想起最近不幸死亡的另一位奢侈王后的礼服。巴黎迁就他正如他迁就约瑟芬一样，毕竟这位年轻的统治者在创造恺撒式的胜利外，兼具奥古斯都的治国之才，难道不可让他有一些炫耀和矫饰吗？大将军变成国王似乎是很自然之事。

　　说来奇怪，法国许多团体听到即将加冕的谣言并不愤慨。约有120万人曾从政府那里买到没收教会或逃亡者的财产，他们明白除非阻止波旁王朝复位，否则他们的所有权并不安全，他们明白对此种不幸之事的最佳防御在于拿破仑权力的永恒性。农民也这样推论。无产阶级则意见分歧，他们依然喜欢大革命，因为有大量的工作。但他们享受到执政官政府带给他们的稳定的就业和良好的工资时，他们的喜好减退了。他们不能免除对光荣成就的日益崇拜，对可能显赫超越任何与法国竞争的帝国的迷醉。中产阶级怀疑帝王们，但这位愿成为国王的人一直是忠实有效地站在他们这边的人。受罗马法教育的律师们，几乎全都赞成将法国转变为帝国，恢复奥古斯都和从涅尔瓦至马可·奥勒留的哲人国王的工作。即使保王党，如果他们不能拥有一位血统可靠的波旁皇族，也会认为在法国恢复君主政体是向前迈进一步。圣职工作者，虽然知道拿破仑的虔敬行为是出于政治考虑，但仍然感谢他恢复教会。在巴黎之外，几乎所有阶级都相信，唯有稳固的君主政体才能控制在文明的外壳下为患的个人主义的热情和阶级区分。

　　但也有反对的声浪。巴黎，这个曾经造成大革命并在身心上深受其害之地，对将革命连同它的多多少少的民主宪政一起安葬，不能没有一些可闻的或秘密的悼惜。残存的激进的雅各宾党的领袖们，明白在这预料的变化中，他们的处境相当危险。投票决定处死路易的人，知道拿破仑轻视他们为弑君者。他们必须依靠富歇保护他们，但富歇可能再次被免职。希望分享拿破仑权力的将军们，诅咒这位从科西嘉来的傲气十足的年轻人黄袍加身的运动。哲学家和学院的著名学者，悲悼其中一人正打算将民主淹死在帝国的公民投票中。

即使在亲近的人中，也情绪不一。约瑟芬非常反对走向帝国的任何行动。拿破仑一旦称帝，就会更渴望一个继承人，因而更渴望离婚，因为无法从她那里盼到一个，她的华服和钻石的灿烂的世界就会随时破灭。拿破仑的兄弟姐妹久已促请他离婚，他们恨这个混血、淫荡的女人，恨她是他们权力之梦的障碍。如今他们支持走向帝国的运动，作为排除约瑟芬的一步。拿破仑之兄约瑟夫策订论据如下：

> 卡杜达尔和莫罗的阴谋促使我们决定宣告世袭的头衔。由于拿破仑担任定期的执政官，一次奇袭就可推翻他；担任终身执政官，就会有谋杀的行动。他采用世袭制作为防御物，则杀死他尚不足以成事，必须颠覆整个国家才行。这一事实为趋向世袭制事情的本质，此为不可避免之事。

议员、元老、护民官及政府中的其他人提议顺从拿破仑的愿望，而且因简而易明的理由：同意只不过减少他们的辩论自由——此自由已退化，反对则可能牺牲他们的政治生命，早些顺从可能赚得优厚的酬报。1804 年 5 月 2 日，立法团体通过一项三重动议："（一）拿破仑·波拿巴应被任命为法兰西共和国国王。（二）国王的头衔和君权应由他家族世袭……（三）应注意完整地保护人民的平等、自由和权利。"5 月 18 日，元老院拥拿破仑为帝。5 月 22 日，法国的登记投票者经个别签名投票，以 3 572 329 票赞成、2569 票反对，认可此既成事实。卡杜达尔在囚房听到这个消息，说："我们为了给法国一位国王而来这里，我们现已给她一位国王。"

第二章 | 新帝国
（1804—1807）

加冕（1804.12.2）

拿破仑心满意足地迅速进入帝王之途，甚至在公民投票之前，他已开始（1804 年 5 月）仅用他的首名签署函件和文件。不久，除了在正式文件中外，他将签名减为一个简单的"N"字母。一段时间之后，那个骄傲的姓名首字母就出现在纪念碑、建筑物、衣服和马车上。他开始不再称法国人民为"公民们"，而称为"我的臣民"。他期盼从朝臣们那里得到更多的尊敬，从部长们那里得到更迅速的赞同。不过他以可怕的沉默表示厌倦塔列朗贵族化的方式，并带有一些兴趣地接受富歇不恭的机智。感谢富歇在搜查谋叛者工作中给予的帮助，拿破仑使他重任警察总监（1804 年 7 月 11 日）。拿破仑提醒他曾投票赞成处死路易，以图压制富歇的独立思想和言论时，富歇回答说："一点不假。这是我有机会为陛下执行的第一次服务。"

这位国王陛下尚缺乏一件事：他未像其他的君权一样为全国宗教信仰的最高代表承认。毕竟在中世纪的神权理论中有一件重要的东西：对一个优越的天主教民族，由一位声言为上帝的使者的教皇替他们的统治者涂油，表示这位统治者实际上已被上帝选中，因而须凭着

神圣的权威说话。还有什么思想更有助于统治？这种涂油的仪式尽管
是基于历史，不也会置拿破仑与一切欧洲的君权处于同一阶层上吗？
因此，拿破仑指定他的外交官一项任务，即说服庇护七世做史无前例
的旅行来巴黎为大革命和启蒙运动之子加冕，这象征着天主教会对大
革命和启蒙运动的胜利。而且，拥有一位欧洲最英勇的战士作为新防
卫同盟者，对教皇陛下不也有益？一些奥地利的红衣主教斥此观念为
十足的亵渎神圣之事，但一些狡黠的意大利人认为这不仅对宗教，对
意大利也将是一项十足的胜利。"我们应置一个意大利家族于法国的
皇位上以统治那些野蛮人，我们应该向高卢人报复。"教皇也许比较
现实。他将同意，希望使这个忏悔的国家再次皈依天主，并重获被法
军夺去的教皇领地。

　　拿破仑对仪式所做的准备工作，如同准备大战一样仔细。旧政权
的加冕礼被研究、采用及扩大。行列如舞步创作者那样计划，每个动
作均予定时。为宫廷贵妇设计新衣，制造饰物者集于约瑟芬周围，同
时拿破仑吩咐她戴国库和她自己的珠宝，不顾他母亲和兄弟姐妹的抗
议，他决定让她跟他一样加冕。杰克·路易·大卫将把此事绘为这个
时代最伟大的画，他请约瑟芬和她的侍从预演每个动作和姿态。诗人
们被付酬以庆祝此事。歌剧院准备可叩动教皇心弦的芭蕾舞，作好安
排以用部队保护主要街道，用执政官近卫队在君权与神权真正结合典
礼时列队于圣母院的中部。同时，邀请其他国家的王子和显要莅临。
群众从城市、郊外，从各省、海外涌来，并指望在这大教堂中或行经
路线上占有一个有利的位置，店主们希望获得一等财富，确实也发了
一笔财。工作和壮观的场面使人们心满意足。

　　和蔼的庇护七世于11月2日至25日，悠闲地经意大利和法国
的城市参加典礼，并与拿破仑会于枫丹白露。从那时直至加冕，国
王对教皇除顺从外极尽优礼，国王并未敬畏到承认任何超级权力的
地步。巴黎的人民——当时最怀疑宗教的——视同奇观似的欢迎教
皇。士兵护送、教士引导教皇至土伊勒里宫，在那里他被引至弗洛

阁的一间特殊寓所。约瑟芬迎接他，并把握机会告诉他未曾与拿破仑按宗教结婚仪式结合，庇护答允在加冕礼前补救这一点。11 月 29 日至 30 日晚上，庇护七世使他们再度结婚，约瑟芬心里感到踏实了。

12 月 2 日清晨，12 队行列离开不同地点集合于圣母院，他们来自法国各城市、陆海军、立法议会、司法部、行政团、荣誉社团、学院、商会等代表团。他们发现大教堂几乎挤满了应邀观礼的平民，但士兵们为他们开路到达指定的位置。上午 9 时，教皇的行列起程离开弗洛阁：庇护七世及其侍从，罗马教廷的红衣主教及高级官员，乘坐由精选的雄壮马匹曳引的装饰华丽的马车，全由持十字架乘骡的主教引导，到达大教堂。他们下车，按正式的序列步上台阶，进入本堂并穿过直立不动的成列士兵之间的通道到达指定位置——教皇登上祭台左边的宝座。同时，从土伊勒里宫的另一处，皇家的人马也起程了：首先是巴黎市长马拉元帅和他的幕僚，接着是陆军的几个特别杰出的团，然后是乘坐马车的政府官员，然后是载送波拿巴兄弟姐妹的马车，然后是标有一个"N"字母的皇家马车，由 8 匹马拉着，载送身穿紫丝绒袍、袍上缀有珠宝和金子的国王和珠光宝气的皇后，她这时处于不稳固的显赫的巅峰，"她的脸部化妆良好"，虽然已 41 岁，"看来仅似 24 岁"。接着还有 8 辆马车，载送宫廷的贵妇和官员。所有这些马车抵达大教堂花了一个小时之久。在那里，拿破仑和约瑟芬换上加冕礼袍，并登上祭台右边的位置，他坐上皇座，她坐上在他下面五阶处较小的后座。

教皇登上祭台，拿破仑上去跪在他面前，约瑟芬继之，他们都被涂油并祝福。国王和皇后走下来，来到端着皇冠的凯勒曼将军所站之处。拿破仑取皇冠戴上。然后，约瑟芬虔敬地、羞怯地跪在他前面时，他——"带有一种显著的爱怜之意"——将钻石的皇后冠戴在她饰有珠宝的头上。这一切对于教皇来说并不感到惊讶，因为已事先如此安排。[1] 接着，这位有耐心的教皇吻拿破仑的面颊，并宣读宗教仪式的套语、唱弥撒曲。他的助理拿给他一本福音书，拿破仑将手放在书上，背诵依然确认他为革命之子的誓词：

> 我誓必维持本共和国领土的完整，尊敬、实施本协定的规则和信仰自由；尊敬及实施法律之前的平等，政治及公民的自由，国家财产出售的不可变更性；除依据法律外，不加重义务，不课税；维持荣誉社团的机构；仅依据法国人民的利益、幸福和光荣统治。

3 点钟，仪式结束。各组人员在大雪纷飞下，经过欢呼的人群，返回原地。和蔼的教皇迷于巴黎的景色和希望谈判有利，在巴黎或附近滞留 4 个月，经常现身于阳台上，为跪着的群众祝福。他发现拿破仑彬彬有礼，而且有耐心地负担对他的长期款待。1805 年 4 月 15 日，他返回罗马。拿破仑继续他的帝国事业。他如今跟其他统治者一样神圣，深信他能不屈不挠地面对即将联合消灭他的列强。

第三次同盟（1805）

1804 年底，除英国、瑞典和俄国外，所有欧洲政府都承认拿破仑为法国国王，有些国王称他为"兄"。1805 年 1 月 2 日，他再度向乔治三世提和，并改称他为"先生仁兄阁下"：

> 先生仁兄阁下：
> 　　我应天承运，由元老院、人民及军队劝进登上法国皇座，首

---

[1] 1816 年 8 月 15 日，拿破仑致书圣赫勒拿岛的拉斯·卡斯说："在我加冕前的某个时候，教皇……同意不亲自将皇冠放在我的头上。他也免除了圣餐礼……'拿破仑，'他说（对要庇护坚持此点的主教），'也许不是一位信徒，这个时候无疑会来临的，届时会恢复他的信仰。'"

感需要者即是和平。

贵我两国正徒损繁荣，而且可能争斗数世纪之久，然我国政府是否正当地履行最神圣的责任，且眼见徒然大量流血而无明确的目的，能不愧疚？我不以采取主动为耻，我认为我已充分证明……不惧战争……和平为我衷心愿望，然战争从未使我的声誉受损。余祈求陛下勿丧失赐世界以和平之乐。这是抑制愤怒、倾听人道和理性呼唤的最佳时机。如失去此良机，对我倾全力未能终止的战争何时是了……

阁下希望以战争获取什么？某些欧陆强国的同盟……从法国夺取其殖民地？对法国，殖民地仅是次要目标，而阁下岂不已拥有比所能保持者更多的殖民地……

这个世界甚大足供贵我两国生存其间。如双方有决心克服一切困难，则理智的力量足使我们能克服之。无论如何，我已尽到我坚信正当及重视的责任。希望陛下相信我所言的真诚，并极愿为阁下证明。

拿破仑

我们不知一些和平意向的私人保证，可能已随附此项建议。无论如何，该建议并未使英国改变置安全于欧陆列强的平衡上，及鼓励弱国对抗强国的策略。乔治三世尚未接受"兄弟"的称呼，不函复拿破仑，但 1805 年 1 月 14 日，他的外交大臣马尔格雷夫致函塔列朗，坦白说明英国的和平条件：

吾王陛下极愿接受再度为其臣民获得和平利益的第一个良机，但此和平应以符合其各邦的永久安全和重大利益的原则为根据。吾王陛下深信此目标仅能由安排始能达成，此项安排应同样提供欧洲未来的安全和安宁，及防止曾困扰欧洲大陆的危险和灾祸的重演。

　　因此，吾王陛下感到在他有时间与结盟的欧陆列强联络前，尤其与已提出最强有力的证据，证明其智慧和良好的意见，及对欧洲安全和独立深具兴趣的俄皇联络前，不可能比较坚决地回答待其作复的问题。

　　威廉·皮特为当时的英国首相。他身为英国的新财政堡垒，代表几乎英国唯一从战争获利的商业界。他们因法国控制莱茵河出口和航线而蒙受重大的损失，但他们因英国控制海洋而获利。这不仅遏制了大部分法国的海上竞争，也使英国能任意夺取法国和荷兰的殖民地、发现法国船舰。1804 年 10 月 5 日，英舰扣押了几艘运银前往西班牙的大型西班牙帆船，这些银子本可使西班牙清偿欠法国的债务。1804 年 12 月，英国向西班牙宣战，西班牙将其舰队听由法国处理。除此以外，英国由于卓越的外交家和深谋远虑的补助金，逐渐将富于人力、乏于金钱的欧陆列强争取到自己这边。

　　亚历山大一世不确定他是不是一位自由主义的改革者和仁慈的专制君主，或一位应天命主宰欧洲的军事征服者。不过，有几点他是清晰无疑的：他要吞并属于土耳其的瓦拉几亚和摩尔多瓦，使其西部边界圆满无缺。因此，就像占有凯萨琳一样，他热望征服土耳其、控制博斯普鲁斯海峡和达达尼尔海峡，并适时控制地中海。他已占有伊奥尼亚群岛。但拿破仑曾占领这些岛屿，如今渴望重获。他仍然渴望征服埃及和地中海，他曾谈到并吞土耳其和东方的一半。现有一位势均力敌、贪得无厌者，总有一方必须让步。因为这些及其他的理由，亚历山大不愿看到英国和法国议和。1805 年 1 月，他与已经和英国联盟的瑞典订立同盟。7 月 11 日，他与英国签约，规定付给俄国每年 125 万英镑的补助金以支持一支 10 万人的军队对抗法国。

　　普鲁士国王腓特烈·威廉三世与拿破仑谈判了一年，希望汉诺威省并入普鲁士的领域，该省于 1803 年被法国占领。拿破仑同意，条件是与法结盟保证普鲁士支持法国维持新态势。想到沿岸凶猛的英国战舰，腓特烈甚不高兴。1804 年 5 月 24 日，他与俄国缔结同盟，采取联合行动对抗法国推进威悉河之东。

奥地利甚感犹豫。如果加入新同盟，就会首当法国的攻击。奥地利与法国地理上更接近，也感到拿破仑扩张力继续推进的压力：1802 年 1 月，拿破仑成为意大利共和国的总统；1802 年 9 月，法国吞并皮埃蒙特；1803 年 2 月，瑞士归顺为法国的保护国；1804 年 5 月，拿破仑取得国王的头衔，同时继续推进；1805 年 5 月 26 日，拿破仑在米兰接受伦巴底的铁皇冠；6 月 6 日，拿破仑接受热那亚总督的请求将利吉里亚共和国并入法国。奥地利人不禁问道：这位新的查理曼大帝何时止步？他岂不能——除非大部分欧洲联合阻止他——轻易地首先吞并教皇领地，然后吞并那不勒斯王国？那么还有什么会阻止他占有奥地利岁收不可缺少的美好的威尼斯？英国提供新补助金，俄国答允如遇法国攻击即支援 10 万精兵时，奥地利的心情即是如此。1805 年 6 月 17 日，奥地利与英国、俄国、瑞典、普鲁士结盟，第三同盟遂告完成。

奥斯特利茨之役（1805.12.2）

对抗 5 倍力量的同盟国，法国仅有黑塞、拿骚、巴登、巴伐利亚、符腾堡迟疑的支持，及荷兰和西班牙舰队的合作。拿破仑从各地区筹钱、征兵，并编成 3 个军团：（一）莱茵军团，由达武、缪拉、苏尔特和奈伊率领，向马克将军率领的奥军主力挑战。（二）意大利军团，由马塞纳率领，迎战路德维希率领的一支奥地利军团向西的攻击。（三）拿破仑的无敌军团，目前集于布伦四周，但能突然攻击奥地利。他希望迅速占领维也纳，逼使奥地利单独签订和约，使其欧陆盟国不能动员，并使英国陷于无助和被围困的境地。

这位年轻的皇帝恨英国为其致命伤和他梦想的主要障碍。他称英国为"背信的英国"，并斥责英国的金钱为法国祸患的主要来源。他夜以继日制订无数个计划，想要建立海军以终止大英帝国的海洋支配权。他投注资金与工人在土伦、布雷斯特等处的海军，兵工厂，考验12位舰长，以觅出一位能领导成长的法国海军走向胜利的海军总司令。他认为已找到此人，那就是拉图什·特拉维尔，并极力以进攻和击败英国的想象激励他。"如果我们控制英伦海峡6个小时，我们将是世界的主人。"但拉图什·特拉维尔死于1804年，拿破仑误将法国海军的指挥权托付给维尔纳夫。

维尔纳夫曾在征埃及的惨败中渎职，曾有既犯上又怯懦的迹象。他对控制英伦海峡6个小时的可能性没有信心，一直逗留于巴黎，直到拿破仑命令他赴土伦就职。他的命令既微妙又复杂：率其舰队出海，让纳尔逊以英国主力舰队追逐他，引他越过大西洋到西印度群岛，在那些岛屿中躲避他，并尽速返回英伦海峡。在那里，法国、荷兰和西班牙的分遣舰队会加入攻击英国船舰，时间长到足以在纳尔逊从加勒比海返回前让法国陆军乘千艘船只越过海峡抵达英国。维尔纳夫圆满地完成了其任务的第一部分：他引诱纳尔逊至美洲，摆脱他后赶返欧洲。但一抵达西班牙，他判断他的船舰和人员绝对无法击败英国的海峡护卫军，反而寻求友邦加的斯港的保护。拿破仑在计划受挫后，下令维尔纳夫找出纳尔逊的舰队，冒万险向英国的海洋控制权做孤注一掷的挑战。

然后，皇帝骤做决定，离开该海峡，调10万大军向东南行进至莱茵河并越过该河。全法国在不安的希望中注视拿破仑命名的无敌军团的路线，而在其旅行计划中的每座城镇祝福它百事顺遂。几乎在每座教堂，圣职工作者呼吁年轻人响应号召从军，他们从《圣经》中证明拿破仑如今是在上帝的直接指导和保护下，该协定这么快就产生了好的结果。拿破仑协同努力，令沿线提供2万辆马车，以帮助士兵加速通过法国。他本人与约瑟芬驰往斯特拉斯堡。约瑟芬如今完全处于既不安又虔诚之中，她的命运岌岌可危。他承诺在数周内成为维也纳之主。在斯特拉斯堡，他留下她托请雷米萨照顾，自己赶往前线。

像往常一样，他的战略是分离和征服，防止奥军集结在奥军期待的俄国游牧部队来援之前，摧毁或使其不能出动。然后乘胜击溃俄军，逼使其欧陆敌人至少暂时议和。莱茵军团不顾阴沉的白昼和下雨的黑夜，不顾泥泞和大雪，思虑周详并急速达成该战役中的分内工作，此事可说明拿破仑的成功在于其麾下元帅者的支持。一周机动运用兵力后，马克将军的 5 万人发现他们在乌尔姆被达武、苏尔特、缪拉和奈伊的炮兵、骑兵和步兵三面围住，而且后有宽阔的多瑙河不容撤退。被围困的奥军粮尽弹绝，士兵威胁说除非容许投降否则叛变。马克终于投降（1805 年 10 月 17 日），3 万人被俘，押往法国。这是战争史上花费最少而最彻底有效的胜利之一。拿破仑无阻地进入维也纳时（11 月 12 日），弗兰茨二世和一些从乌尔姆来的幸存者向北逃去，加入接近的俄军。

这次胜利很快就被维尔纳夫的坏消息破坏了。维尔纳夫遵照指示，迎战纳尔逊，这对双方都是一次殊死战。纳尔逊在特拉法尔加角获胜（1805 年 10 月 21 日），但受伤极重，维尔纳夫战败自杀。拿破仑郁闷地将争夺英国制海权的一切希望搁置一旁，除了在陆上打许多次胜仗逼使欧陆列国随法国关闭他们的英货市场直至英国商人逼迫他们的政府求和外，似乎别无通往胜利之路。

拿破仑留下莫尔捷将军和 1.5 万人镇守维也纳，自己于 11 月 17 日出发回到他的部队，并使他们备战打击向南进军的两个俄国军团：一个军团由勇敢的库图佐夫率领，另一个由沙皇亚历山大亲自率领。1805 年 12 月 2 日，俄军与法军交战于奥斯特利茨，摩拉维亚的一个村庄。在战斗前，拿破仑对他的军队发布一篇文告：

将士们：

俄军出现在你们之前为乌尔姆的奥军报仇……我们所占的阵地是难以克服的，而他们正行进以转过我军的右边，这样就会对我军暴露侧翼……

我将亲自指挥各营。如果你们以一贯的勇气使敌军溃乱，我将避免接近炮火。不过万一有片刻不能确切掌握胜利，你们将会看到你们的国王身先士卒暴露于危险中，因为胜利不可悬而不决，尤其今日国家荣誉所系的法军荣誉正濒于危险之时……我们应该征服这些痛恨我们的英国雇佣兵。

此次胜利将会结束此次战役，然后我们将能转回我们的冬季军营，在那里有正在法国组织的新军加入我们，然后我缔造的和平将会受到我的人民、诸君和我自己的尊敬。

他的第一个战术就是夺取一座小山，使他的炮兵得以扫射移往侧面攻击其右的俄国步兵。那座小山已被库图佐夫的最勇敢之士兵占据，他们退出，重新编队，再度作战，最后被拿破仑的预备队击败。不久，俄军在小山下的平原上行进时，法国炮兵杀死俄军 1/10 的兵力，中间队伍惊逃而散开，大军零乱地分成两半，一端由达武和苏尔特的步兵对付，另一端由拉纳、缪拉和贝纳多特的各营对付，同时拿破仑派其预备队完成压倒性的击溃。8.7 万名俄奥联军投降了 2 万人，包括几乎全部的炮兵，1.5 万人死亡。亚历山大和弗兰茨率领残兵逃入匈牙利，而他们的吃惊的盟友腓特烈·威廉，谦卑地求和。

在这大规模的毁灭战中，7.3 万法军及其盟军死伤 8000 人。久已习惯于死亡景象的疲惫的生还者，狂热地向他们的领袖欢呼。在 12 月 3 日的公报中，他宣称："我们国家的幸福和繁荣必需的一切完成时，我就领你们回法国。在那里，你们将是我最亲切关怀的对象。人民将欢欣鼓舞地欢迎你们，你们则高喊——对'看英雄'的人民，只需说：'我曾参加奥斯特利茨之战！'即可。"

绘制地图者（1806—1807）

威廉·皮特接到奥斯特利茨的捷报时，他已濒临死亡。看到墙上挂着的欧洲地图，他要求取下来。"卷起那个地图，"他说，"这十年中，将不再需要它。"拿破仑同意，并重绘地图。

他先重绘普鲁士和奥地利的地图。塔列朗被召至维也纳，以外交辞令说出帝国的意愿。塔列朗劝拿破仑给予奥地利宽大的条件，假如她与法国缔结同盟，可断绝英国补助金与奥地利政策的关联，并可在与普鲁士和俄国冲突时，给予法国一些支持，即使仅是地理上的支持。拿破仑怀疑这种同盟的脆弱性，宁愿使奥地利衰弱到不可能再向法国挑战，并借一项轻易的和约，劝诱普鲁士离开俄国投向法国。同时他容许亚历山大率领他的残兵返回俄国，不予追击。

依照在舒伯鲁的奥地利皇宫玛丽亚·特蕾莎会议室中签订的条约（1805 年 12 月 5 日），拿破仑要求普鲁士解散其陆军，割让安斯巴赫的侯爵采地给巴伐利亚，割让纳沙泰勒公国给法国，并接受与其征服者的强力同盟。腓特烈·威廉期盼汉诺威省得以归还，拿破仑乐于允诺，以阻止普鲁士的亲英情绪。

与奥地利签订的《普雷斯堡条约》（*Treaty of Pressburg*，1805 年 12 月 26 日，拿破仑不在时签订）十分残忍。它曾因侵犯巴伐利亚而处于敌对状态，如今规定它将其蒂罗尔、福拉尔堡及南日耳曼的土地让给巴伐利亚、巴登和符腾堡。国土扩大后，巴伐利亚和符腾堡变成王国，巴登则成为与法国联盟的大公国。为了赔偿法国在战争中人员、金钱和物资的损耗，奥地利将其在意大利的一切领地，包括威尼斯及其腹地，转让为法国的保护领地，并同意赔偿法国 4000 万法郎——其中一部分，拿破仑很高兴得悉，已于最近从英国运达。此外，拿破仑命令他的艺术鉴赏家将一些从奥地利皇宫及美术陈列馆精选的图画和雕像送至巴黎。这位征服者按罗马的方式，将一切土地、金钱和艺术品的进贡，视为合法的战利品。最后，他命令在巴黎的旺多姆广场建立一个凯旋柱，外涂一层从奥斯特利茨俘获的敌炮上取得的金属。

塔列朗签订这些条约，但因其建议被拒深感失望，开始运用他的影响力——并非总是叛国的——对抗拿破仑权力的进一步扩张。他后来为自己辩白说：他以对拿破仑的伤害作为为法国服务，但他使两者都受到伤害。

1805年12月15日，拿破仑离开维也纳，与约瑟芬在慕尼黑相会。在那里，他们促成欧仁（已被任命为意大利总督）和巴伐利亚国王长女奥古斯塔公主的婚姻。在结婚前，拿破仑正式认欧仁为义子，并答应他意大利王位的继承权。这是一项政治联姻，以巩固巴伐利亚与法国的联盟。但奥古斯塔爱她的丈夫，并在他的义父垮台后协助保全他的性命。

拿破仑偕皇后继续前往巴黎，他得到如此正式的庆贺和大众的欢呼，以致雷米萨夫人怀疑："是否可能不被如此过度的赞颂冲昏头？"实际事实有助于使他清醒。他发现他不在时，不良的管理使国库接近破产，奥地利的赔款援救了国库。他仍然必须与危害他生命的阴谋斗争，因为1806年2月20日，他从当时的英国首相福克斯得到消息：他应加强警戒，因为一个刺客为了一笔数目不多的钱企图行刺拿破仑。福克斯已将此人拘留，但可能尚有其他为钱行刺的爱国者。那时英法两国尚处于交战状态，首相的行动是遵从基督的和武士的道德。1806年1月1日，法国在个别的和集体的屠杀中，恢复基督的格列高利历。

5月2日，经四个月的行政休养恢复后，拿破仑向立法机构朗读他的《1806年国情报告》。该报告略叙军队的胜利和盟邦及地域的获得；描述法国农工业的兴隆；宣布秋天在卢浮宫开工业展览会——法国历史上的创举；提及建造或修理港口、运河、桥梁及3.35万英里长的道路——其中有些越过阿尔卑斯山；讲述进展中的大建筑——胜利圣堂、证券或股票交易所（该交易所使金钱消散于艺术中）及凯旋门；结束语保证法国正开始寻求的东西——"国王所欲的并非是征服，他已详述军事光荣的地位……改进行政，并使其成为人民持久幸福和日益繁荣的根源……这是他力求的光荣。"

绘制地图的工作继续进行。1806年7月12日，这位难以置信的皇帝如收受礼物那样接受另一个帝国，这是由巴伐利亚、萨克森、符腾堡、威斯特伐利亚等王国，巴登、伯尔尼、黑森－达姆施塔特、法兰克福、符兹堡等大公国，安哈尔特、阿伦堡、梅克伦堡－什未林、拿骚、奥尔登堡、萨克森－科堡、萨克森－哥达、萨克森－魏玛等国，及6个小侯国组成的帝国。这一敌友的不平凡的结合系由美因茨前总主教达尔贝格采取主动（据梅纳瓦尔说）。在他的领导下，各邦元首要求置于拿破仑的保护下，保证派兵（总计6.3万人）参加他的军队，宣告脱离神圣罗马帝国，并组成莱茵邦联。也许条顿区域的新发展方向已被法语在他们之间的扩展而减弱。知识的共通几乎是国际性的。普鲁士自然反对法国的无限增强，但奥地利因战败无依，不得不接受此改变。由于16个诸侯和其国家的撤出，极大减少了神圣罗马帝国的原有版图，弗兰茨二世放弃了（1806年8月6日）伏尔泰称之为"非神圣、非罗马、非帝国"的一度庞大的政治结构元首的头衔和特权，此后即以奥地利国王弗兰茨一世的头衔自满。

　　此刻是法兰西帝国，不久是《拿破仑法典》，有效地从大西洋扩展到厄尔巴岛，其范围包括：法国、比利时、荷兰、莱茵河以西邻界诸邦、日内瓦及教皇领地之北的几乎全部意大利。这位曾经羡慕查理曼的人，显然已步其后尘"将法律带给西方"。不过从大西洋至厄尔巴岛，深思的人怀疑：高卢人与条顿人的兄弟之谊能持续多久？

耶拿、埃劳、弗里德兰（1806—1807）

　　1806年8月15日，法国庆祝圣拿破仑日和拿破仑37岁的生日。这个国家，雷米萨夫人写道（常吹毛求疵）："处于极平静的状态中。皇帝遭到的反对日益减少。一个健全、稳定、严格的政府，平等对待所有人而公正无私，节制权力的行使和权力架构的方式；严厉实施征兵，但人民的怨言依然微弱不强，当时法国人尚未消失光荣的情绪。"首先，英国首相福克斯和俄国的彼得·奥伯利尔伯爵各为该国展开和平协商。

普鲁士却走向战争，与法国的勉强结合，结果造成很大的损失：英国和瑞典向她宣战，英国海军封锁了她的海港并夺取她海上的船舰，她的经济蒙受损失，人民诧异他们的国王为什么要结成这样有害的联盟。普鲁士的元老政治家眷恋腓特烈大帝当年的显赫而预期依然顽强的卓越军队，及沙皇亚历山大正准备再与法国交战的兵力，他们告诉犹豫的腓特烈·威廉三世，唯有与俄国的持久联盟始可免遭拿破仑鲸吞。美丽而多情的露易丝皇后，喜欢英俊优雅的亚历山大，称拿破仑为"怪物"，并轻视她丈夫怕那个"卑贱的小鬼"。她穿上帅气的上校制服，在阅兵场策马经过以她的名字命名的一团人时，全国人都向她热烈欢呼。国王的堂弟路易·斐迪南王子渴望一场战争作为通往皇座的光荣之途。

1806 年 6 月 30 日，腓特烈·威廉向亚历山大保证普鲁士与法国的条约，决不妨碍 1800 年与俄国签订的条约。他于 7 月惊悉拿破仑已接受莱茵邦联为其保护国，其中包括若干以前由普鲁士占据的区域而且多半依然在其影响范围中。再者，普鲁士驻法大使报告，其长官波拿巴正秘密地提议将汉诺威交还给英国作为和平代价的一部分，汉诺威曾被允诺给予普鲁士，国王感到被出卖。8 月 9 日，他命令普鲁士军队动员。8 月 26 日，拿破仑命令——或容许——处决纽伦堡的一个名叫帕尔姆的书商，因为他发行一种鼓吹反抗法国的小册子，此事更引起了普鲁士的注意。9 月 6 日，腓特烈·威廉致沙皇函，保证参加攻击这个"混世魔王"。9 月 13 日，英勇的福克斯去世，拿破仑后来说："这是对我事业致命影响的因素之一。如果他活着，就已缔造了和平。"英国的内阁返回殊死斗争的政策，而亚历山大拒绝了奥伯利尔与法国签订的暂时协议。9 月 19 日，普鲁士致法国最后通牒，说除非所有法军在两个星期内撤至莱茵河以西，否则普国即将宣战。当时统治西班牙的狡诈的大臣戈多伊向普鲁士表示友善，并令西班牙人服兵役。拿破仑从未忘记时机来临时，就在西班牙建立一个比较友善的政府，并决定如此做。他勉强地离开巴黎，偕同约瑟芬和塔列朗驰往美因茨，再度面对战争的局面。

拿破仑已失去了战斗的趣味，因为他必须跟约瑟芬在美因茨分手时，患了精神分裂。也许他已明白不论他如何常冒皇位和生命之险从事战争，胜利永不会为他赢得可接受的和平。雷米萨夫人描述她丈夫向她报道的情景说：

> 皇帝派我夫去请皇后，不久他就陪同她转回。她哭泣着。皇帝为她的眼泪激动，久久紧抱着她，几乎无法跟她道别。他极受感动，塔列朗也深受感动。皇帝一边紧抱着爱妻，一边伸出另一只手走近塔列朗，接着立即展开双臂将他们两人抱住。他对雷米萨说："很难离开我最爱的两个人。"他说这话的时候，情绪激动得不能自制，竟哭泣起来，几乎立即引起一阵痉挛，而使他呕吐。他被扶到椅子上，饮了一些橘花水，但又哭了足足一刻钟。他终于控制住自己，突然站起，握握塔列朗的手，最后拥抱一下爱妻，并跟雷米萨说："马车备好了吗？传唤扈从，我们走吧。"

他必须赶快，因为他的战略有赖于在俄军抵达前线前，以其最佳部队打击普军。普军尚未集结：前面是霍恩洛厄的腓特烈·路德维希王子统率的 5 万人，后面是腓特烈·威廉，也就是那 15 年前誓灭巴黎的高雅的不伦瑞克公爵率领的 6 万人，加上并不积极地来援助他们新王的约 3 万汉诺威人，一共 14 万人。拿破仑有 13 万人，他们虽然匆忙地集结但熟练于机动运用，从未经历失败，拉纳、达武、奥热罗、苏尔特、缪拉和奈伊沉着自信地领导他们。拉纳和奥热罗在易北河的属国萨勒和伊耳姆两地之间的平原萨尔费尔德擒住一师普军。普军不惯于法军的快速机动而被击溃，路易·斐迪南被杀（1806 年 10 月 10 日）。

法军猛攻他们中的 5.6 万人，并在耶拿附近遭遇霍恩洛厄军团。

耶拿那所知名大学席勒最近曾执教过，一年后，黑格尔又在那里以一种新哲学使举世迷惑。拿破仑将他的部队部署成复杂的网状阵，使拉纳和苏尔特率领的各师得以进攻敌军的中央和左翼，而奥热罗之师得以攻击右翼，缪拉的骑兵则猛烈冲入纷乱的普军中，使之溃散而逃离战场。战斗中，他们遇到被达武卓越领导的法军在奥尔施泰特击溃的不伦瑞克公爵的败兵，公爵本人在该处受到致命之伤。这天（1806年10月14日），普军伤亡2.7万人，被俘1.8万人，而且几乎丧失了全部炮兵。拿破仑于当晚送快报给约瑟芬："我们遇到普军，普军已不再存在。我一切无恙，紧紧地拥抱你。"次日，奈伊、苏尔特和缪拉追逐逃亡者，俘获2万多人。达武和奥热罗直奔柏林，迅即攻克。10月27日，拿破仑进入普鲁士首都。

他首先的行动之一，是从普鲁士和其盟国征集1.6亿法郎以补偿法军的损失。此外，规定柏林供应衣食和药品给占领军，命艺术品侦察队将柏林和波茨坦的最佳图画和雕像速送巴黎。拿破仑本人在巡视波茨坦时，将腓特烈大帝之剑据为己有。

1806年11月21日，他从柏林颁布一道历史性的命令：来自大不列颠或其殖民地的船只，不得进入法兰西帝国的任何港口，包括汉萨同盟的诸邦在内；大不列颠或其领地的商品，不得进入法国所辖或其盟邦的任何领土；不列颠人不得进入那些土地。发现他的一切军事胜利均不能劝诱英国谈和，而且知道英国将对从布雷斯特延伸至易北河的所有海岸（1806年5月）的法国的控制区施以封锁，拿破仑企图重施故伎：英国将被拒于欧洲大陆之外，因为英国舰队不让法国及其盟邦从事海上贸易。也许，拿破仑希望借此方法可迫使英国商人和制造业者谋求和平。

这个计划有许多弱点。摆脱英国竞争的欧洲大陆制造业者会提高他们产品的价格，消费者会因缺少他们惯用的英国产品而感到忧伤。走私和贿赂势必盛行（拿破仑任命为汉堡公使的布里埃内，就已借出售走私品而积聚财富，拿破仑不得不再次将他免职）。俄国仍然与英国结盟，英国的商品可越过俄国边界进入普鲁士和奥地利，每天都有大量的英国商品涌入仍然被普军占有的但泽港。

虽然普军已被击溃，拿破仑已是柏林的独裁者，但他的军事处境比他的经济更有燃眉之急。大部分波兰被俄奥两国占有，波兰的爱国志士哀恳拿破仑解救他们光荣的国家脱离屈辱的束缚。但是 8 万名配备良好的俄军，由莱文·本尼希森伯爵率领驻扎在维斯图拉，正准备向侵扰的法国挑战。渐渐从耶拿战役复原的法军，不急于应战，他们不惯于波罗的海地区的寒冷，眼看严冬即降而恐惧万状，渴望返回家园。同时，一个代表团从巴黎来到柏林，表面上为了庆贺拿破仑的辉煌胜利，实际上是求他谋和返回法国，因为法国人已明白每次拿破仑的胜利意味着追求更多的胜利，而每次都冒着一切危险。他告诉代表们他此时不能停止，对俄国的挑战必须应对，而且除非俄国被劝诱或强迫加入针对英国的封锁计划，否则针对英国的封锁将会失败。他命令军队进入普属波兰，未遇直接抵抗。1806 年 12 月 19 日，拿破仑在欢呼中畅行无阻地进入华沙。

从依然渴望自由否决权的贵族，到依然遭受痛苦的农奴，所有阶层视拿破仑为使波兰脱离俄、普、奥三国瓜分状态，再度成为一个主权国的奇迹创造者。拿破仑以赞美之词回应，夸奖他们的国家、英雄和妇女（她们说法语如同说她们自己诱人的带丝音的母语一样迅速），并与瓦莱夫斯卡女伯爵有肌肤之亲。在此事前后，他对她极尽吸引讨好之能事，就像他早期致约瑟芬的信一样谦卑、热情。瓦莱夫斯卡不理他（据说），直到一批波兰贵族联名上书请她牺牲自己，借以感动拿破仑以恢复被三度瓜分的祖国的完整独立。这提醒她埃斯特当年不因爱情而为救民献身亚哈随鲁。"我们多么希望能对你的伟大和我们的好运做同样的赞语！"约瑟芬要求容许她从美因茨前来相会时，拿破仑以波兰道路崎岖为借口，吩咐他的妻子："回巴黎去……要开朗快乐，也许我不久就会回到那里。"

他与瓦莱夫斯卡一起过冬，希望俄国人会等到来春才来扰乱他。

但他派勒费弗尔元帅率军前往占领但泽港时，本尼希森率领几乎全部所属的 8 万人越过维斯图拉在勒费弗尔的纵队接近托伦时集中攻击之。信差赶回通知拿破仑，他率领 6.5 万人兼程北上，1807 年 2 月 8 日在埃劳（柯尼斯堡之南）进行了一场损失最惨重的战斗。俄国炮兵优于法军，老迈的奥热罗受伤而眩晕，请求解除指挥职，宣称他无法再清晰地思考。缪拉的骑兵突破敌军的阵线，但俄军重整队伍并坚守阵地直至夜晚。本尼希森下令撤退，遗留战死或伤残的 3 万人在战场上，但他向沙皇报告他已赢得一场光荣的胜利。沙皇在圣彼得堡做大弥撒庆祝。

法军虽胜，但死伤 1 万人，残存者怀疑如何能抵抗那些强壮的斯拉夫人的另一次进攻。拿破仑此时也有了不寻常的忧郁心情，日后致他于死命的病弱的胃已经隐隐作痛，挫低他的锐气。他从未忘记那个难熬的冬季在芬堪斯坦（Finkenstein）军营中瓦莱夫斯卡对他的悉心照顾。不过，他仍然每天操劳，为他的部队定购衣食和药品，督导军事练习，从疲惫的人民和不情愿的盟邦征集兵员，及发布法国政府的政令。沙皇亚历山大一世和腓特烈·威廉三世于 1807 年 4 月 26 日会于巴滕施泰因，签订一项协议，计划在下次战斗摧毁法军后瓜分非法属欧洲。

拿破仑残缺不全的军队获得增补，因万物成长的春天而精神振作后，派另一支分遣队去夺取但泽港，获得成功。本尼希森也已重建各营，奉亚历山大的命令向柯尼斯堡进军。本尼希森向前进军，不过途中他让所属的 4.6 万人在弗里德南休息。1807 年 6 月 14 日（马伦戈周年纪念日）清晨 3 时，他们被炮声惊醒，那是鲁莽但从未战败的拉纳将军率领的 1.2 万多名法军所发的掩护弹幕。俄军立即发炮还击。如果没有增援部队，拉纳的冒险就可能已招致失败。拿破仑以其全部兵力向前冲进，而且团团围住普军，只留下阻止后撤的阿勒河未围。到上午 5 时，法军获胜，普军眼见战争绝望，抢舟或渡水逃生，遗尸 2.5 万具在战场上。法军损失 8000 人，但他们已对那时唯一能应战的俄军赢得一场决定性的胜利。俄军和普军逃至泰尔西特，而遭法军追杀者无数，以致亚历山大容许其将军们要求休战。拿破仑同意休战，留下萨瓦里将军坚守并统治柯尼斯堡，他本人则前往泰尔西特与颓丧的奥王和受到惩戒的沙皇议和。

泰尔西特（1807.6.25—7.9）

在柯尼斯堡东南约 60 英里的泰尔西特，敌对的两军隔涅曼河和平地彼此相望，而"在他们之间发生一种友善的谅解"。敌对的两国君主却由亚历山大建议，在停泊于河中筏上的帐幕中心怀戒惧地相会。双方君主乘舟划至筏上，拿破仑先抵达（如法兵预期的），而有时间走过帐幕迎接另一边的亚历山大。他们相互拥抱，两军高声喝彩。"这真是一幅美丽的景象。"目击者梅纳瓦尔说。

每方皆有友善的理由：拿破仑的军队不宜（在数量或装备上，或后方安全上，或可望从吁求和平的法国获得的支援上）入侵空间和人力几乎无限的不详的土地，而亚历山大厌恶他的盟邦和他部队的软弱，担心在他所属的波兰或立陶宛省内的叛乱，及激烈卷入土耳其和他的部队的纠纷中，而乐于在着手击败一个从未被战胜的人（除了在阿卡外）之前先喘一口气。而且，这位一直在逐鹿欧洲的法国人并非是沙皇的皇后描述的"怪物"和"野人"，而是一位逗人喜爱的彬彬有礼的人，他的款待虽不多言但颇老到熟练。初次会议后，亚历山大迅即同意在泰尔西特城拿破仑安排的宽敞住处举行进一步会谈，那里也接近他自己的寓所。他们常在一起进餐，有时候与普鲁士国王，后来与普国王后一起进餐。有一次，沙皇以学生自谦请教拿破仑治国之道，并同意他说路易十八（当时住在库尔兰）缺乏君主所需的一切品质，而且"是欧洲最微不足道的人物"。

他们都认为对方可爱而易受骗。经过显然友善的协商后，他们签订了不仅一项条约，而且是一项盟约。俄国应保持其目前领土的完整，但将终止与英国的合作，而且将联合法国维持欧洲大陆的和平。经秘密协议，俄国可以随意从瑞典取得芬兰，而法国可以随意攻占葡萄牙，该国已成为战时英国的前哨。亚历山大保证从中斡旋促成英法之间一项满意的和平，如果失败，就与法国携手以封锁和战争对抗英国。这项保证使拿破仑欣喜万状，因为他重视俄国在封锁方面的合作超过任何地域的获得。

拿破仑不拟牺牲这些协议，而从事与俄普奥三国的殊死战，因此将恢复波兰瓜分前边界的不切实际的想法搁置一边，而以普属波兰的部分建立法国保护下的华沙大公国自满。他为这个 200 万人的新国家草拟一部宪法（1807 年 7 月 22 日），该宪法废止奴隶制，订定法律之前人人平等，规定在陪审团前公开审判，规定以《拿破仑法典》为立法和司法的基础；废止自由否决权、封建税及无所事事的议会，立法权归属于名士组成的上议院和 100 个代表组成的下议院。行政首长暂时由萨克森国王担任，他是前波兰统治者的后裔。以其时地观之，这是一部开明的宪法。

拿破仑对沙皇宽大，但对曾与法国断盟而与其敌人携手的普王残忍。规定腓特烈·威廉三世放弃易北河以西的所有普国领土，其中大部分重组为贝尔格大公国和威斯特伐利亚王国。除但泽成为法国镇守下的自由市外，几乎所有的普属波兰归属华沙大公国。残存的一半普鲁士须断绝与英国贸易，如经要求须对英国参战，而且须由法军占领直至付清沉重的赔款。腓特烈·威廉当初不想作战，他被这些条件惊得目瞪口呆。露易斯皇后几乎可以说是这场战争的罪魁祸首，她从柏林赶来（7 月 6 日）恳求拿破仑，用辩论、香水、笑容和眼泪以软化他的要求。他请她坐下以平息她的雄辩（坐在椅上甚难雄辩），并说总得有人为战争付出代价，那为什么不让听她吩咐发动战争、撕毁条约的政府付出代价呢？他有礼貌地拒绝了她的恳求并送她离开，于次日命令塔列朗按原先策订的缔结条约。露易丝皇后返回柏林，伤心欲绝，3 年后就香消玉殒，仅 34 岁。

7月9日，国王们分手离开，双方都感到得到便宜：亚历山大得到俄国西陲的安全，并可自由处理芬兰和土耳其；拿破仑得到贝尔格和威斯特伐利亚及不安定的休战。几年后，他将"列强的聚会"阐释为"外交家之间同意的欺诈手段，它是马基雅维利之笔与穆罕默德之剑的结合"。次日，他起程返回巴黎，受到民众的赞美，他们感谢他带来和平远甚于他带来的胜利。1807年，他向立法机关所作的国情报告，是他最骄傲的报告之一：奥地利受到惩戒，普国受到惩罚，俄国由敌对转为联盟，新国土加大了本帝国，俘获敌军12.3万人，而一切损失均由战败的侵略者赔偿，无须在法国加重课税。

大封群臣时，他宣布擢升塔列朗为贝内文托公爵。这使这位贪婪者增加了12万法郎，但规定他辞外相职，因为按外交礼节，阁员的地位低于公爵。这项措施缓和了一项困难的情势，因为拿破仑已不信任这位杰出但行动秘密的外交家，但又不愿将他免职而使他变为敌人。事实上在几次主要的谈判中，拿破仑继续利用他折冲樽俎。塔列朗教会了他的继承人尚帕尼关于其新职位的权术和诡道后，在瓦朗赛买了一座豪华庄园，在其中悠然享受岁月。那座庄园部分是用拿破仑的钱购置的。

8月15日，宫廷举行庆祝会庆祝拿破仑的胜利，重温这个伟大君主国的豪华：国王和部长们穿正式礼服，贵妇们穿晚礼服、佩戴珠宝，参加音乐会，观看芭蕾舞和歌剧，参加酒会。4日后，他废除护民官院——因为有少数护民官多年来敢于反对他的观点和政令——借以表现他增大的王权。他为了缓和此次打击，任命几个无害的护民官担任行政职位，并将其他的大部分护民官纳入立法机构。该机构如今已获得讨论议案和表决权。依然健在而回国的逃亡者，在圣热尔曼近郊的一座重新兴旺的皇宫中，赞扬拿破仑不亚于高贵的出身。"为什么他不合法呢？"他们彼此相问，使之合法继承王位，法国将完美无缺。他很少再如此深孚众望、有权力和心满意足。

第三章 | 庞大的领域
（1807—1811）

波拿巴家族

拿破仑由于领地增多而加重了负担，因为许多增加的地区在种族上、语言上、宗教上、风俗习惯上和特性上均属不同，不能期盼他们盲从外国的统治而缴纳税金予巴黎及送儿郎参军。在治理难驾驭的法国时，他能选谁明智而忠实地统治这些公国？他可以信赖几个将军治理一些小地区，他派贝尔蒂埃为纳沙泰勒公爵，缪拉为贝尔格和克利夫斯大公爵。不过他的将军中大部分是惯于发号施令，未受统治的迂回微妙的训练，他们中有几位像野心勃勃的拿破仑一样，妒忌他的至高权力，不登皇座绝不满足。

拿破仑转而求助于自己的兄弟，因为他们表现出一种血肉相连的忠诚，具有某种程度的天赋力量，共同出力赢得执政官政府和帝国。他也许夸大了他们的能力和潜力，因为他有一种强烈的家庭感，尽量满足他们分享他的财富和权力的日增的期望。他往往厚赏他们，但期盼他们协同他的政策——尤其是厉行欧洲大陆的封锁，他希望借此封锁促使英国趋向和平。或许，他们的合作也可能是朝向结合全欧洲在一部法律和一个元首（两者均属他自己的）下的一步，并以此增进普遍的繁荣、终止王朝或国家主义的战争。

他先启用他的哥哥约瑟夫，因为在与奥英的谈判中，约瑟夫曾为他服务，表现良好。康华里在亚眠与约瑟夫打过交道后，曾描述他为"心地善良但不很能干的人……明达、谦逊、举止高雅……正直和坦率……他与第一执政的近亲关系，也许对内政部长塔列朗具有的杰出的狡猾手段和钩心斗角的精神可以有所抑制"。约瑟夫爱财正如拿破仑爱权力一样。早于1798年，约瑟夫已能在巴黎附近的孟特方丹购置高价的地产，在那里以君主般的慷慨款待朋友、作家、艺术家和来访的显贵。他渴望他的弟弟指定他为帝权的继承人，拿破仑使他成为那不勒斯——南意大利的国王时（1806年3月30日），他表露不满。被废黜的波旁皇族斐迪南四世借英国舰队之助坚守西西里岛，而他的王后玛里亚·卡罗利娜领导一次叛乱，企图使他恢复大陆的王位。拿破仑派4万人，由马塞纳和雷涅率领，不计任何代价镇压此叛乱。他们如命行事，其残暴凶猛遗留数代痛苦的回忆。约瑟夫试图以温和亲切的政府博得他臣民的忠诚，但拿破仑警告他"一个统治者必须以使自己被害怕而非以被爱确立地位"。最后的评断尚佳：

> 约瑟夫对我虽无所帮助，但他是一个很好的人。约瑟夫爱我极真诚，我不怀疑他愿为我做一切事。不过他的德行仅适于私人生活。他的性情温和善良，具有才识，总而言之，是一位很和蔼可亲的人。他执行我托付他的重责时，常尽其所能，他用心良善。因此，主要的错误全在于我，是我提升他超越他的本分。

拿破仑的弟弟吕西安生于1775年，具有拿破仑式的雄心及想要控制一切的轻浮天性。在某一方面来说，拿破仑的执政官政府得归功于他，因为他当时身为五百人院的议长，拒绝将放逐篡夺者的要求付诸表决，并动用军队解散议会，保全了拿破仑的政治生命。后来，他认为他哥哥谋求王权稍嫌草率，拿破仑派他担任驻西班牙大使，而使他离开政治舞台。在那里，他运用一切方法聚财，不久他比拿破仑还富有。回到巴黎，他拒绝拿破仑替他安排的政治婚姻，而娶他自己选择的对象，并回意大利居住，在整个"百日王朝"的惊涛骇浪中，他回到巴黎帮助他哥哥。他奉令撰写了关于查理曼的长篇史诗。

二弟路易也有他自己的心意和脾气——兼有一些能力和信念，使他不安于受他哥哥的约束。拿破仑支付他的教育费，带着他以随从副官的身份前往埃及。在那里，路易大玩女人染上了淋病，而又过于急躁不待完全治愈。1802 年，在约瑟芬的催促下，拿破仑劝不情愿的路易娶不情愿的奥尔唐娜为妻。路易是一个粗野的丈夫，奥尔唐娜是一个不快乐、不忠实的妻子，多少有点受他义父的钟爱而宠坏了。她生（1802 年 12 月 5 日）第一个男孩拿破仑·查理时，就有闲言闲语说第一执政是生父，这个不公平的怀疑随附拿破仑和奥尔唐娜的一生，拿破仑收他为义子，并怜爱地称他为"我们的太子"或王储，为闲言提供了一些证据，不过这个男孩 5 岁时就夭折了。奥尔唐娜伤心欲绝，精神为之暂时错乱。1804 年，她生下第二个儿子拿破仑·路易。1808 年生的第三个儿子查理·路易·拿破仑·波拿巴，后来成为拿破仑三世。

1806 年 6 月 5 日，拿破仑派他那个令人烦忧的弟弟为荷兰国王。比起爱他的妻子，路易更愿意爱荷兰人民。他知道荷兰的繁荣多么依赖与英国及其殖民地的贸易。发现荷兰人破坏对英国的大陆封锁时，路易拒绝检举他们。拿破仑坚持己见，路易固执不让。法军进入荷兰，路易逊位（1810 年 7 月 1 日）。拿破仑将荷兰并入法国，置于他直接统治之下。路易退隐于格拉茨，成为散文和诗的作家，1846 年死于意大利的来亨。[1]

---

[1] 拿破仑因于圣赫勒拿岛时，向拉斯·卡斯陈述意见："路易一到荷兰，就想今后以荷兰人自居最佳，他完全加入亲英派，促进走私，并因而私通我们的敌人……我还能怎么样？我应将荷兰弃与敌人吗？我应设立另一个国王吗？不是所有的国王都以同一种方式行事吗？因此，我将荷兰并入本帝国，这在英国产生了最不利的效果，而对……我们的不幸一无帮助。"

1810 年，奥尔唐娜与路易分居，并从拿破仑处得到每年 200 万法郎的孩子赡养费。除这些孩子外，她因与弗拉奥伯爵通奸而于 1811 年又生了一个。不过，雷米萨夫人告诉我们，奥尔唐娜具有"天真无邪的性情……真实、善良、全无邪恶之念"。拿破仑第一次逊位后，她随同其母住在马迈松，在那里她受到沙皇亚历山大的注意。她与路易十八同餐，使拿破仑主义者大为惊慌。拿破仑从厄尔巴岛返回时，她为他充任女主人。他再度逊位时，她秘密地给他一件价值 80 万法郎的钻石项链，后来拿破仑死于圣赫勒拿岛时，在他的枕头下找到这串项链，由蒙托隆将军交还奥尔唐娜，使她得免穷困。她死于 1837 年，葬在鲁依尔她母亲的遗体旁边。在那段艰苦的日子中，每个人都饱经沧桑。

幼弟热罗姆·波拿巴将他的一生活动和妻子分隔于两个半球中。他生于 1784 年，16 岁时应召服役于执政官警卫队，在决斗中受伤，被迫离开而改服役于海军。年轻时他生活荒唐，纵情玩乐，常向布里埃内借贷，布里埃内则将未偿还的借款记入拿破仑账下。热罗姆在布雷斯特时曾向拿破仑索取 1.7 万法郎，拿破仑函复他：

> 来函已悉，少尉先生。我期盼闻知你在巡洋舰上勤学不懈，你应将此职业视为大展宏图的途径。纵然壮志未酬身先死，我也将引以为慰，但如果你活到花甲之年，对国家一无贡献，而且未留任何值得尊敬的名声，则还不如未生。

热罗姆在西印度群岛离开海军，旅游至巴尔的摩，并于 1803 年 19 岁时，在该地娶当地商人之女伊丽莎白·帕特森为妻。他带她返回欧洲，法国宫廷拒绝承认这门婚姻，因为双方均未成年，拿破仑不容她进入法国。于是她转赴英国，并在那里生了一个儿子，名叫热罗姆·拿破仑·波拿巴。她返回美国，并从拿破仑那里得到一笔津贴，后来她的孙子查理·约瑟·波拿巴曾任西奥多·罗斯福的美国海军部长。

热罗姆受命统辖一支法国陆军，因 1806 年至 1807 年的战役中攻占几个普军堡垒而声名大噪。拿破仑命他为威斯特伐利亚——取自普鲁士、汉诺威及黑森－卡塞尔合成区的国王，以奖励他。为了使他具有高贵的气质，拿破仑为他另娶符腾堡国王之女凯瑟琳公主。1807年 11 月 15 日，拿破仑致函给热罗姆，语气极富立宪君主的精神：

> 随函附上贵王国的宪法一部。该宪法包含我放弃一切征服权利的条件，及我对贵王国已获得的一切要求的权利。你必须忠实地遵守此宪法……别听信那些人说你的臣民习于奴役以致对你的恩惠不感谢。在威斯特伐利亚王国中，有比他们要你相信的更多的才智。你的王位除非基于一般人民的信任和爱好，否则就永不能稳固地建立。日耳曼的舆情急切要求的，是无世袭职位但具卓越才能者对你的恩惠和任用应有同等的要求权利，及废除农奴制度的每一遗迹，或废除最高统治者与最低阶层臣民之间的封建阶级组织的遗迹。《拿破仑法典》公开审判及采用陪审团制的利益条项，将是你政府的主要特色……就你王权的扩张和巩固来说，我重视这些措施的影响甚于最受人称颂的胜利。我要你的臣民享有日耳曼人迄今未悉的自由、平等和繁荣……这样的统治方法，将是你和普鲁士之间的屏障，比易北河、堡垒和法国的保护更为坚强。

热罗姆才 23 岁，仍然过于年轻，不能体会此忠言。他缺乏统治所需的自制和冷静的判断，纵情于铺张和奢华，待他的大臣如下僚，采取他自己的对外政策，使必须顾及全欧洲的哥哥大为苦恼。拿破仑在莱比锡的关键性战斗中失败后（1813 年），热罗姆无法保持他的臣民忠于帝国的宗旨，他的王国遂告崩溃，他逃返法国。滑铁卢之役中，他英勇地支持他的哥哥，后来逃至符腾堡托庇于他岳父的保护下。他寿命甚长，曾任他侄儿拿破仑三世统治下的上院议长，幸运地死于另一帝业鼎盛之时（1860 年）。

欧仁是一个较好的学生。他母亲嫁给拿破仑时，他是一个 15 岁大的可爱少年。最初他怨恨这个鲁莽年轻将军的闯入，但不久就对拿破仑的情爱和关切甚具好感。拿破仑，这位旋风似的征服者，以他为随从副官，带往意大利和埃及以讨好他。他得知母亲的不贞时，他对他们两人均表同情，他的眼泪挽回了他们的婚姻。自此以后，继父和继子之间的忠实结合永未破裂。1805 年 6 月 7 日，拿破仑使欧仁成为意大利的总督，但鉴于他加在这个 24 岁年轻人身上责任的重大，留给他一纸良言：

> 我们将意大利王国的政府托付给你，证明你的行为已获得我们对你的尊敬。不过你还年轻，不了解人心的邪恶，因此我向你谆谆劝告要谨慎缜密。我们的意大利臣民比法国公民虚假。你能保持他们的尊敬和使他们幸福的唯一方法，就是别使任何人得到你完全的信任，永不告知任何人你对大臣们和你宫廷的高级官员们的真正看法。虚伪作假，到了比较成熟的年龄自然就会，此事不可掉以轻心，必须使之适合你自己的目的……
>
> 如非处于意大利总督的地位，你可夸耀是一个法国人，但如今你必须忘记这点，而且除非意大利人相信你爱他们，否则你将视为自己的失败。他们知道没有尊敬就没有爱。学习他们的语言，常常出入他们的社交场合，在正式集会中，挑选他们出来使其获得特殊礼遇……
>
> 愈少说话愈好，你未受足够良好的教育，没有充分的知识以参加正式的辩论。要学习倾听，记住缄默每每与知识的炫耀同样有效。别在各方面模仿我，你需要更多的自制自检。别常主持国务会议，你经验太少无法成功地主持……无论如何，别在那里发表演说……否则，他们会立即看出你没有能力讨论正事。只

要君主保持缄默，他的权力就难预测，除非他知道自己是这里
最能干的人，否则绝不要谈话……最后一句话：无情地惩罚欺诈
行为……

欧仁满足了国王的愿望。由于大臣们的帮助，他整顿了财务，改
进了行政事务，建设道路，采用《拿破仑法典》，并以他一贯的勇气
和日增的技能领导意大利陆军。深感愉快的国王于 1807 年访问他，
并利用这一机会颁布《米兰敕令》，以严厉的规定回答英国规定中立
国船只在驶往欧洲大陆前须先停靠英国港口的敕令。欧仁尽其所能实
施恼人的大陆封锁法。他在所有战争及几次逊位期中，始终对拿破仑
忠心耿耿。他死于 1824 年，距他继父之死仅 3 年。司汤达的《帕尔
马修道院》一书中一再表明意大利对他开明统治的追怀。

拿破仑也赠予姐妹们领土。埃莉萨和她顺从的丈夫费利切·巴
乔基被授以皮翁比诺和卢卡公国。她统治这些公国成效卓著——供给
公共土木事业基金，赞助文学和艺术，鼓励帕格尼尼。拿破仑使她成
为托斯卡纳的大女公爵，她在那里继续推行她的独裁仁政。她故于
1809 年。

波利娜·波拿巴是拿破仑视之为她那个时代最美丽的女人，她不
耐将她的美色局限于一张床上。17 岁时（1797 年），她嫁给查理·勒
克莱尔将军。4 年后——也许为了避开她的轻浮，拿破仑吩咐她在对
卢维杜尔的战役中，伴随她的丈夫去多米尼加。勒克莱尔因黄热病死
于该地，波利娜扶柩返欧，她的绝代美艳因病而减色。1803 年，她
嫁给博尔盖塞·卡米洛王子，但不久就通奸，卡米洛转求安慰于一个
情妇。拿破仑请他和她的舅舅费斯克红衣主教来谴责她。"告诉她，
据我看来，她已不再如过去那样漂亮，而且 5 年后她将更不漂亮，然
而她会守规矩，而且终生受尊敬。"未受惩戒，波利娜与王子分居，
并将她的家大方地开放为最放荡的交际之地。拿破仑使她成为瓜斯塔
拉（意大利的艾米利亚省内）女公爵，但她宁愿留在巴黎的宫中。拿

破仑为她的容貌、作风及善良的性情所迷，容忍她的逾越，直到有一次在镜中看到她嘲弄地模仿他的新皇后玛丽·露易斯。他将她放逐至意大利，不久她就掌握了一所罗马的文艺沙龙。后来（我们将会见到），在拿破仑处于困境时，她施以援手。1825年，她与她的丈夫破镜重圆，并死于他的怀抱中。他曾说过："毕竟，她是世界上最仁慈的人。"

卡罗琳几乎和姐姐一样美丽，而在最后的日子中，所受的伤害要大得多。据说她的皮肤光泽如粉红色之缎，"她的臂、手和脚完美无缺，就像波拿巴家族的所有成员一样"。17岁时，她嫁给缪拉，这时他已经在意大利和埃及战役中成名。由于这些勋绩，及在马伦戈的卓越的表现，他被任命为贝尔格和克利夫斯大公爵。他在他的首都杜塞尔多夫忙碌时，卡罗琳留在巴黎，并与朱诺将军过于亲密，以致拿破仑将朱诺遣往波尔多。缪拉返回巴黎拉回他的妻子，但战斗是他的爱癖，危险是他的嗜好。他经常赴前方不在时，卡罗琳接管他们的公国的行政，而且治绩良好，以致除了他华丽的服装外，人们并不怀念缪拉。

位于这群快活的兄弟姐妹之上的，是他们坚定的、不受迷惑的、不可毁灭的母亲莱蒂齐亚。她与他们甘苦共尝，祸福与共，骄傲忧伤兼而有之。1806年，拿破仑尊56岁的她为皇太后，给予每年50万法郎的津贴。他供给她一所在巴黎的华宅和许多仆从，但她依然过她惯常的俭朴生活，说富有时须节约以防破产。她被称为"太夫人"（Madame Mère），但未享有、觅求政治影响力。她伴同她的儿子去厄尔巴岛，又随他返国，她满怀焦虑并默祷着注视百日王朝的全过程。1818年，她恳求列强将他释离圣赫勒拿岛，因为他病情严重不可能危害他们，未获答复。她以惯常的坚忍承受拿破仑、埃莉萨和波利娜及几个孙儿女之死。她死于1836年，享年86岁。

家庭计划之所以无效，一半因该计划非基于受治民族的需要，一半因每个统治者（除欧仁外）均是个人主义者，各有自己的主意和愿望——尤以拿破仑为最。他首先想到他自己的权力，并定下远较已无作用的封建制度为优的法律，但因财政和军事的榨取而限制、减弱了这些法律。虽然他摧毁了封建制度，但他建立了他自己的另一套——想到他兄弟姐妹们拥有他赐予的领地，因而规定他们须做顺从的诸侯，战时须为他的需要征兵，平时为他征税。他为这种状态的构想辩护说，几乎所有如此统治的领土，都是在列强迫使他从事的战争中所征服的，因此应受战争法的约束，而他们幸得法国的最新法律和一位开明君主的仁慈统治。至于他的家庭，他在圣赫勒拿岛伤心地将这个事件简括说明：

> 无疑，我的家庭对我支持不力……关于我性格的力量所言已多，但就我的家庭而论，我过于软弱，而他们深知。我反抗的最初风暴过去后，他们的坚持和固执常常得胜，而且随心所欲地对付我。我在这个方面犯了大错。如果他们每人共同推动我托付他们统治的群众，则我们已一起进军至两极，一切已落在我们身后，我们已改变了世界的面貌。我没有成吉思汗的好运，他有4个儿子，只知忠实地为他服务，不知其他的竞争。如果我使我兄弟中的一人为王，他立即以为自己"蒙上帝恩赐"为王，此套语竟已变得如此具有感染性。他不再是我可信赖的中尉，而是一个更须提防的敌人。他的努力不在支持我，而是使自己独立……他们实际上视我为障碍物……可怜的人！我战败屈服时，他们的废位不由敌人要求或甚至提及"这是自动的"，而他们之中没有一人现在能激起一项深孚众望的运动。在我的辛劳庇护下，他们得以享受皇族的欢乐，我独个儿承担重荷。

拿破仑征服的公国数量太多，只能将战略上较次要的属地赐予他的将军或其他随从。贝尔蒂埃元帅获得纳沙泰勒省，康巴塞雷斯成为帕尔马王，勒布伦成为皮亚琴察公爵。从意大利的其他区域割出12

个小公国，富歇成为奥特朗托公爵。最后，拿破仑希望将意大利的零星地区并为一个国家，并使它成为法国和他的朝代领导下的欧洲邦联中的一个部分。假如所有这些部分深以他们的差异为荣，并珍惜他们的地位，能以整体感抛弃这些持续的谬见——并愿让远方的外来强国写下他们的法律、管理他们的贸易，那就好了！

半岛之战（1807.10.18—1808.8.21）

1807 年，几乎全欧洲大陆均服从柏林敕令。奥地利于 1807 年 10 月 18 日加入大陆封锁，教皇抗议但终于在 12 月 12 日签约。土耳其虽不愿意，但可由俄法两国继续合作而使之服从。葡萄牙与英国联盟，但西部与历史上受波旁王朝控制的西班牙接界，因此保证实施封锁，而且（似乎）军事上在拿破仑的掌握中。也许，国王一味想着实行某事只要经西班牙进军即可——使葡萄牙服从，不顾英舰控制其海港和英国代理商控制其贸易。

1807 年 7 月 19 日，拿破仑通知葡萄牙政府必须封闭港口拒纳英国货物，但遭拒绝。10 月 18 日，法军 2 万人（大部分是新征之兵），由朱诺率领，越过毕达索亚进入西班牙。这支军队受到人民和政府的欢迎，因为人民希望拿破仑使国王免受某个奸臣的束缚，而该奸臣则希望拿破仑酬谢他的合作，让他在葡萄牙的瓜分中分享一杯羹。

光辉的西班牙的开明时代已随查理三世之死（1788 年）而结束。如今他花甲之年的儿子查理四世志大才疏，又欠活力。在戈雅的名画《查理四世及其家庭》中，显见国王爱好饮食甚于思考，而王后玛里亚·路易莎颇具大丈夫气概。但她是一个女人，不满意她顺从的丈夫，而与戈多伊亲近，她将他自御林军军官提升为首席大臣。西班牙人民在性方面是欧洲最守道德的，为此暧昧关系深感愤慨，但戈多伊未受抑制，梦想征服葡萄牙，为他自己创造一个纵非王国，但至少一个属于自己的公国。他用计诱取拿破仑的援助，并设法忘记 1806 年他曾对普国的计划对法作战积极示好。拿破仑支持戈多伊的希望，并于 1807 年 10 月 27 日，在枫丹白露签订征服及占领葡萄牙的协议。西北部及波尔图预定为西班牙王后的属地，南部的阿尔加维及阿连特茹省预定为戈多伊的属地，中部剩余之地及里斯本，在另行通知前，置于法国的管制下。该条约第 13 条加注："订约双方自当均分葡萄牙的岛屿、殖民地及其他海上领地。"秘密条款规定 8000 名西班牙步兵和 3000 名西班牙骑兵须于朱诺的军队经西班牙进军时加入。

葡萄牙王族未能抵抗该联合武力，乘船逃亡巴西。11 月 30 日，朱诺进入里斯本，征服葡萄牙一事似乎完美无缺。为了偿付他的作战费用，他强使他的新臣民赔偿 1 亿法郎。部分为了如遇英国远征葡萄牙时协助朱诺起见，也许具有更大的目的，拿破仑增派三个军团进入西班牙，置于缪拉的统一指挥下，并吩咐他占领马德里附近的战略要地。

西班牙政府的意见不合，使拿破仑坐收渔翁之利。23 岁的王子（或嗣子）斐迪南怕戈多伊阻碍他登上王位，参与推翻最受喜爱者的阴谋。戈多伊发现此阴谋，逮捕斐迪南及其主要支持者（10 月 27 日），并提议以叛国罪审问他们。两个月后，得悉逼近的缪拉可能会纵囚，戈多伊先释放他们，并准备偕国王和王后逃至美国。城市的民众随即叛变（1808 年 3 月 17 日），俘虏了戈多伊，并将他囚入地牢。昏乱的国王让位与他的儿子。遵照拿破仑的命令，缪拉率法军进入马德里（3 月 23 日），释放戈多伊，并拒绝承认斐迪南为国王。查理撤销他的逊位，西班牙呈现一片混乱景象。塔列朗敦请拿破仑登上西班牙王位。

拿破仑把握——也许是制造——这一机会。他邀请查理四世和斐迪南七世与他在巴约讷会晤，希望恢复该政府的秩序和稳定。国王于 4 月 14 日抵达，斐迪南于 4 月 20 日抵达。拿破仑设宴款待这位年轻人和他的顾问埃斯科伊基斯，判定这位年轻人在情绪和理智上都太不成熟，不能控制大众的热情并保持西班牙与法国有益的同盟。他将此结论透露与埃斯科伊基斯，埃斯科伊基斯勉强地将此事告知斐迪南。这位王子力言他保有他父亲放弃的王权。他派信使至马德里告知他的支持者，他在拿破仑的权力面前无能为力。这些信使被截住，所携信件则被送呈国王。虽然如此，斐迪南的处境仍传抵首都。消息散布说查理四世、王后和戈多伊已于4月30日抵达巴约讷，目前统治马德里的缪拉已奉令送国王的弟弟、幼子和女儿赴巴约讷时，增加了大众对拿破仑企图结束西班牙的波旁王朝的怀疑。1808年5月2日——西班牙历史上久已庆祝的一日——愤怒的群众集聚在王宫前，试图阻止王子和公主们离去，并以石投掷保卫王家马车的法国士兵，据说其中若干士兵被碎尸万段。缪拉命其部队向暴民开火直至驱散。依据戈雅着力描绘纪念的一幅情景，情况确属如此。叛乱在马德里虽已平息，但蔓延于全西班牙。

暴乱的报告送抵在巴约讷的拿破仑时，他召唤查理和斐迪南至面前，在有意的盛怒中，谴责他们由于无能而让西班牙陷于无秩序中，作为法国的盟邦已非常不可靠。斐迪南的父母对儿子大加辱骂，指控他意欲弑亲。拿破仑命这位受惊的年轻人于当晚11点前退位，如果他拒绝，就将他交与他的父母以叛国罪下狱并审判。斐迪南终于让步，将王位归还他的父亲。渴望安全与和平而非权力的查理将王位献给拿破仑，拿破仑将该王位让给他弟弟路易，路易拒绝，又让与热罗姆，热罗姆感到不很能胜任这个危险的职位，最后让与约瑟夫，实际上他是被命令接受的。查理、玛里亚·路易莎和戈多伊被送至马赛，在有人看守的幽闭中生活。斐迪南和他的兄弟被给予充足的收益以安抚他们，并委托塔列朗在他瓦朗赛的庄园中供给他们舒适安全的住所。拿破仑感到做了一笔划算的买卖后，悠闲地慢慢骑马返回巴黎，沿途人们欢呼他为欧洲的无敌之主。

曾希望为西班牙王的缪拉，愤慨地前往接替约瑟夫为那不勒斯王。约瑟夫在巴约讷停宿一晚后，于1808年6月10日进入马德里。他已习惯于那不勒斯，在严肃敬神的西班牙，他不久就怀念在意大利时那种稳定南意大利人普遍热情的生活的愉快。他带给西班牙一部由拿破仑匆忙设计的半自由主义的宪法，颇能表现《拿破仑法典》的精神，但接受天主教为西班牙唯一合法的宗教（如查理四世曾坚持的）。约瑟夫极力做受人欢迎的统治者，许多西班牙的自由主义者支持他，但贵族保持疏远的态度，教士谴责他为秘密的自由思想者。而民众吃惊地发现，拿破仑以一个对西班牙文几乎一字不识，而且完全缺乏时代的领袖气质之人取代他们教会保佑的朝代。

愤慨之感逐渐增长，接着迅速扩展，从皱眉而诅咒，从诅咒而反叛。农民纷纷组队就地起义，以旧武器和利刃武装起来，使家家为兵工厂，人人为诱陷者，任何法国人离开营房或脱队即被视作目标。面对法国的骑枪，西班牙教士高举十字架。他们斥责约瑟夫为"路德教徒、共济会会员、异教徒"，并召集教友"为上帝、圣母和圣约瑟夫"起义。民众的狂热如沸如腾，导致如戈雅在名画《战争的灾难》中描绘的锯切、阉割、钉死在十字架、斩首、绞死、刺刑等结果。西班牙军队重新组织并加入起义，他们的联合军队击败分散的、人员不足的法国卫戍部队，他们的领袖有时以谋略战胜受地形不熟及部队数量、装备和训练不足所限的法国军队。1808 年 7 月 20 日在拜兰（科尔多瓦东北），两师法军误以为被优势敌军包围而投降，这是历史上最屈辱的失败之一，2.28 万人成为战俘，被拘留于卡夫雷拉小岛上，其中数以百计的人因饥饿或疾病死于该地。由于失去主要的军事支持，约瑟夫和其残余的士兵从马德里撤至距该首都东北 170 英里处沿埃布罗河部署的防御线。

这时，英国政府深信朱诺在里斯本逐渐减小的军力不再能从西班牙获得增援，派阿瑟·韦尔斯利爵士（未来的威灵顿公爵）率一支舰队和一个军团前往葡萄牙。1808 年 7 月 1 日，他使部队在蒙德古河口登陆，不久即有葡萄牙的步兵加入。耽于愉快安适的生活而不能保持部队良好状态的朱诺，率领他的 1.3 万人从里斯本出战在维米罗的韦尔斯利的 1.9 万人（1808 年 8 月 21 日），遭到惨败，溃不成军。葡萄牙后与英国联盟，法国侵入半岛似乎完全失败。

　　拿破仑在西部各省做胜利的巡视后，1808年8月14日返回巴黎时，发现他传统的敌人在庆贺法军的挫败，并已准备与这位现在可予击败的毁人之国者做另一次联盟。奥地利驻法大使梅特涅一面与拿破仑谈和，一面计划战争。渴望解放的普鲁士出色的首席大臣施泰因于同年8月在写给一位朋友的信中说："法奥之战不可避免，此战将决定欧洲的命运。"拿破仑的间谍截获此信，拿破仑阅后表示同意。他在写给弟弟路易的信上说："战争将暂缓至春天。"

　　拿破仑在思考。他是否应该率领他不败的无敌军团前往西班牙，镇压叛乱，将韦尔斯利逐回他的兵舰，封住封锁中的葡萄牙空隙，并冒着奥普两国趁他的最佳部队远赴千里之外时起而袭击之险？在泰尔西特的亚历山大答应西班牙缠住他时阻止他的这种攻击，但沙皇会在压力下遵守诺言吗？拿破仑邀请他来爱尔福特会谈，他将在这里授以一列灿烂夺目的政治星章使他深受感动，并使他固守诺言。

冠盖云集爱尔福特（1808.9.27—10.14）

　　拿破仑如同准备战争般仔细地准备此会议。他邀请所有隶属的国王和公爵率随员盛装赴会。人数众多以致塔列朗在出版的回忆录中占了3页位置以列记他们的名字。拿破仑不仅偕同家人也偕同大部分将军赴会，同时他要求塔列朗复出协助尚帕尼，使筹备工作和效果合乎礼仪。他命雷米萨将法国喜剧的最佳演员——包括塔尔玛——及演出法国传统悲剧所需的一切道具运至爱尔福特。他说："我希望俄皇……被我权力的景象弄得眼花缭乱而茫茫然。因为没有能轻易促成的谈判。"

　　拿破仑于9月27日抵达爱尔福特，并于28日骑马至5英里外迎接亚历山大和他的俄国随员。拿破仑除了明确表示他是主人，他在已成为法兰西帝国一部分的日耳曼城市中，一切安排均为了取悦沙皇。

亚历山大未为奉给他的礼物和谀词所骗,他也伪装一切友善的姿态。他对拿破仑诱惑的抵抗,受到塔列朗支持。塔列朗秘密劝他支持奥地利,不要支持法国,辩说欧洲文明的中心是奥地利而非法国,此文明(依塔列朗的看法)拿破仑正在摧残之。他说,"法国""是文明的,但其君主则否"。而且,增强法国怎会对俄国有利?拿破仑求娶亚历山大之妹安娜以增强同盟关系时,塔列朗劝沙皇不要同意,狡诈的沙皇以皇后负责此事为理由拖延答复求婚。他使塔列朗的侄儿娶库尔兰公国继承人迪诺女公爵为妻,以酬报塔列朗。塔列朗后来为他的叛逆行为辩护说因为拿破仑鲸吞列国的欲望不仅必定会使欧洲因战争而民穷财尽,而且导致法国的崩溃和被瓜分。他声言他对拿破仑的背叛是忠于法国。但此后他的作风到处遗留恶名。

会议上,萨克森-魏玛公爵邀请他最著名的臣民来爱尔福特。9月29日,拿破仑在新到达者的名单中见到歌德的大名,请公爵为之安排与这位诗人哲学家会晤。歌德很高兴地莅临(10月2日),因为他认为拿破仑是"世界上所曾见到的最伟大的人",并十分赞成将欧洲联合在这样一位首脑之下。他发现国王与塔列朗、贝尔蒂埃、萨瓦里和达鲁将军一起吃早饭。塔列朗将这有名的谈话写入他的回忆录中,声称为切切实实的回忆(陪同歌德的一位魏玛之官吏费利克斯·缪勒所做的报告仅略有不同):

> "歌德先生,"拿破仑说,"很高兴见到你……我知道你是日耳曼的首席诗人。"
>
> "陛下,您误解了……席勒、莱辛、维兰德定为陛下熟知。"
>
> "我承认我几乎不知道他们。不过,我读过席勒的《三十年战争》……你们多半住在魏玛,这是最著名的日耳曼文学家聚会之地!"
>
> "陛下,他们在那里享有较多的保护。不过目前魏玛只有一个人名闻全欧,那就是维兰德。"

"但愿一见维兰德先生。"

"如果陛下愿让我邀请他，我确信他马上会来。"

"你是塔西佗的倾慕者吗？"

"是的，陛下，我很钦佩他。"

"哦，我不钦佩他，不过我们改天再谈。请写信邀维兰德来这里。我将去魏玛还拜他，公爵已邀我去那里。"

歌德离开那房间时，（据说）拿破仑对贝尔蒂埃和达鲁评说："就是这个人！"

几天后，拿破仑在大群名士中招待维兰德，也许他已恢复他的记忆，他像文学批评家般讲话，完全自信的知识：

"维兰德先生，在法国我们非常喜爱你的作品。你是《阿迦通》（Agathon）和《奥贝隆》（Oberon）的作者。我们称你为日耳曼的伏尔泰。"

"陛下，此比拟如予辩明，为过奖之词……"

"维兰德先生，请告诉我为什么你的《第欧根尼》、你的《阿迦通》和你的《佩雷格里纳斯》以历史中夹传奇、传奇中夹历史的模棱两可的体裁撰写。像你这样的卓越不凡的作家应该明确区分每种体裁……不过我怕在这个话题上说得太多，因为我在班门弄斧。"

10月5日，拿破仑驰骋约15英里至魏玛。在耶拿狩猎，并在魏玛戏院观看《恺撒之死》（La Mort de César）后，宾主即参加舞会，此处布置的富丽和妇女的魅力使他们迅即忘记了伏尔泰的诗句。不过，拿破仑退至厅角，并请来歌德和维兰德。他们带来其他的学者。拿破仑特别跟维兰德谈论两个他最喜爱的课题——历史和塔西佗：

　　一部良好的悲剧应视为卓越人士的最有价值的学校。从某一观点来看，它胜于历史。在最佳的历史中，很少产生影响。人在孤独时仅受轻微的影响，聚集在一起时，受到较强烈持久的影响。

　　我向你保证那位你常常引述的历史学家塔西佗从未教给我任何事情。你能找出一位更大的、有时更不公正的人类的毁谤者吗？他在最简单的行为中找寻犯罪的动机，他企图证明国王为最大的坏蛋？他的编年史不是一部帝王史，而是罗马监狱记录的摘要。那些编年史老是论及控告、囚犯和在沐浴时割开血管的人……这是一种多么复杂的风格！多么含糊不清……难道我不对吗，维兰德先生？不过……我们并非来这里谈塔西佗的。瞧，沙皇亚历山大舞跳得多么好！

　　维兰德并未被压服，他勇敢有礼地为塔西佗辩说。他指出："斯维都尼亚和戴奥·卡修斯叙述罪行远较塔西佗为多，文体柔弱无力，而且没有比塔西佗之文笔更厉害的。"他勇敢地向拿破仑暗示："依据他的天性的特征，人们会相信他可能只爱共和国……但他提及很乐于调停……帝国和自由的帝王时，人们觉得，在他看来，统治的艺术似乎是世界上最美丽的发现……陛下，如果说在塔西佗笔下，专制君主受到严厉抨击是真的，毋宁说他描述善良诸侯的形象使他们流芳千古更属真实。"

　　聚集在旁的听众听到这个有力的反驳极为高兴，拿破仑则有点羞赧不安。"我的争辩对手太强了，维兰德先生，你对于你有利的论点一无忽视……我不愿说我被击败……我难以同意你的说法。明天我回爱尔福特去，我们将继续我们的讨论。"我们未获关于另一次舌战的报道。

　　10月7日，大部分访客返回爱尔福特。拿破仑力劝歌德搬来巴黎居住："在巴黎你会发现你观察人物的范围较大……有大量的资料供你作诗。"10 月 14 日，国王颁赠荣誉勋章给歌德和维兰德。

这时，俄法两强的外交大臣已草拟一项协议，重订他们的盟约，并保证任何一方如遭攻击即相互援助。亚历山大可随意夺取瓦拉几亚和摩尔多瓦，但不能夺取土耳其，拿破仑可在沙皇的支持下进军西班牙。该盟约文件于 10 月 12 日签订。两天后，两国国王离开爱尔福特，他们并骑驰骋了一会儿，分手前，他们相互拥抱，并约定再会晤（他们并未会晤）。拿破仑回到巴黎，比他来时较少自信，但决定率领他的无敌军团去西班牙，使哥哥约瑟夫重登上他不受欢迎的王座。

半岛之战（1808.10.29—1809.1.16）

这是一次典型的拿破仑式战役：快速、凯旋、徒劳无益。拿破仑感觉到法国人民日益反对他的征战不已。他们同意他说的东线的战争是由共同图谋使大革命无效的政府引起的，但他们感到他们的血快流尽了，而且他们特别怨恨在葡萄牙和西班牙的费用。他了解那种心情，并恐惧他正失去对国家的掌握力，但正如他在回想时指出的，"听任该半岛牺牲于英国的奸计，波旁皇族的阴谋、希望和要求下，是不可能的"。只有将西班牙与法国紧紧地结合在一起，它才不会落入经葡萄牙或加的斯来临的英军的掌握。不久英国就会囊括葡属或西属美洲的金银，以其资助反法新联盟，这样势必会有更多的马伦戈战事、奥斯特利茨战事、耶拿战事……只有边境严密封锁英国的货物，才能迫使伦敦商人谈和。

拿破仑留下几个屯兵以御奥地利或普国突袭的堡垒，命令 15 万人的无敌军团越过比利牛斯山，而与约瑟夫的 6.5 万人联合并聚集于维多利亚。他本人带着已拟妥的作战计划，于 10 月 29 日离开巴黎。西班牙军企图包围约瑟夫的部队，拿破仑命他的哥哥避免战斗，让敌军推进至展开的、单薄的半圆形中。约瑟夫行近维多利亚时，国王部署他的一部分部队以攻击西军中坚，西军溃散。另一个法国师占领了布尔戈斯（11月10日）。其他部队，在奈伊和拉纳的率领下，在图德拉击败梅尔齐率领的一支西班牙军团。西班牙人发觉他们的士兵和将军无法对付拿破仑和他的无敌军团，再度四散逃入各省，而拿破仑于12月4日进入马德里。他的部队中有些人开始抢劫时，他将其中两人公开处决，阻止了抢劫事件的发生。

拿破仑离开在强力镇守和戒严法下的该城市，在离城3英里处的查马汀宿营。他从那里发布（12月4日）一连串的敕令，包括一部西班牙新宪法。条款中一些显示他依然是"革命之子"：

> 自本法令发布日起，封建权利即在西班牙废止。一切私人的束缚、一切独占权……一切封建的专利权……均予废止。凡遵从法律者，可不受限制地自由发展其事业。
>
> 废止调查法庭，因其与统治权相抵触。其财产应予没收归属西班牙政府，作为发行公债借款……的保证品。
>
> 鉴于各种修道会的数量已增加过度……西班牙的修道院……须减至目前数量的1/3……将同一修道会的若干修道院并为一个……以减少之。
>
> 鉴于最阻碍西班牙内部繁荣的制度是分隔省界的关税制度……存在于省与省之间的界线应予废止。

只有军事统治才能对固守的贵族、修道的圣职人员，及长期习惯于封建的领导和安慰的教条的民众，厉行此宪法。那种统治权是不稳固的。韦尔斯利在葡萄牙仍然是胜利的，而且只要无敌军团一旦被召回对付挑战的奥地利，他就可能进犯西班牙。而且，穆尔爵士率领的2万名英军已于12月13日离开萨拉曼卡，并向东北进军，旨在击败在布尔戈斯附近的苏尔特之师。拿破仑对此挑战迅速反应，他率领一支劲兵北上越过瓜达拉马隘口（Guadarrama Pass），希望攻击穆尔纵队的后卫，现在他终于将与那些一直受海洋保护的英国人一较机智和武力。在仲冬时期越过瓜达拉马隘口，较之 1800 年跨越阿尔卑斯山，对他的部队是更为严厉的考验，他们受苦、抱怨几乎至兵变的地步，但拿破仑不肯放弃追击。穆尔获悉他来，怕受困于两支法军之间，就调转部队向西急行军，越过 250 英里的崎岖的、大雪掩盖的地带朝科鲁尼亚前进，在那里他可以逃进英国舰队。

1809 年 1 月 2 日，在阿斯托加，拿破仑已逼近他们。但从两处传来令人不安的消息使他止步不进：在奥地利，路德维希大公正在积极准备战争；在巴黎，塔列朗和富歇正在促成一项以缪拉取代拿破仑的计划。拿破仑将追逐穆尔的任务留交苏尔特，兼程赶返法国。苏尔特在拿破仑走后，就放慢了步伐，直到大部分英军已上了船才抵达科鲁尼亚。穆尔率军英勇殿后，以保卫最后阶段的登船行动，他受了重伤，但直到完成登船行动才死。"当时我如有时间追赶英军，"拿破仑悲叹说，"就不会放走他们一兵一卒。"他们不仅逃脱，而且卷土重来。

富歇、塔列朗与奥地利（1809）

拿破仑 1 月 23 日抵达巴黎时，发现了在大众的不满情绪中酝酿的阴谋。前线士兵的来信，向无数法国家庭透露西班牙的反抗运动正在重新形成而且勇敢坚决，韦尔斯利的部队已扩增，他不久将发兵再度将约瑟夫逐离马德里。显然战争会继续下去，而法国的子弟将年年被征服兵役，以迫使西班牙人接受一个反对他们有力的教会及与他们的荣耀和血统完全不同的政府。法国的保王党不顾拿破仑安抚他们的措施，重新实施废除他的阴谋，6 个阴谋参与者被捕并于 1808 年枪毙。另一位阴谋者夏多布里昂，虽有他哥哥雷涅（René，当时法国最受称赞的作家）的呼吁哀恳，仍于 1809 年 2 月被处决。几个激进的雅各宾派为同一目的的相反理由而策划。纵然在帝国政府中，不满拿破仑的情绪也在增长中。丰塔纳（Fontanes）尚谨慎地表示，戴克雷斯却公开表示："皇帝疯了，完全疯狂了，他将毁灭他自己和我们全部。"

　　警察总监富歇因揭发暗杀的阴谋，博得拿破仑的称赞，但他日益怀疑他主子的政策及在不可避免的崩溃中他自己的前途。他感到被打败但仍高傲的奥普两国政府，与表面亲法的俄国政府迟早会再结合，受英国资助而对陷于困窘的法国发动另一次猛攻。而且，拿破仑在将来的战斗中可能丧失生命，难道他就不会像不久前一枪打死站在他旁边的将军那样遭到枪杀吗？他无嗣而暴死就不会陷法国于混乱而使法国无法抵御仇敌吗？也许可说服塔列朗拥立缪拉登上因拿破仑被俘或死亡而留下的皇位。1808 年 12 月 20 日，富歇和塔列朗同意以缪拉为他们拥立的对象，缪拉也表同意。欧仁风闻这个计划，告知莱蒂齐亚夫人，她将消息转告她在西班牙的儿子。

　　拿破仑愿宽恕富歇而不愿宽恕塔列朗。富歇的劝告常常是属于拯救性的，而塔列朗曾建议处决当甘和占有西班牙，而且亚历山大日益冷淡的态度也与塔列朗有关。1809 年 1 月 24 日，在国务会议中见到塔列朗，拿破仑按捺不住长期隐藏的愤恨，破口大骂："你竟敢坚持说你对当甘之死一无所知？你竟敢坚持说你对西班牙之战一无所知……你忘记曾书面劝我处决当甘吗？你忘记在你的信中曾劝我重采路易十四的政策（安置他自己的家属于西班牙的皇位上）吗？"接着，拿破仑向塔列朗挥舞着拳头，喊道，"要明白这点：革命万一爆发，不论你在革命中担任什么角色，你将是首先被打倒者……你是丝袜中的污秽。"说完，国王匆匆离开房间。塔列朗一边一跛一跛地跟着他出去，一边对议员们说："这么伟大的人竟一点礼貌也没有是多么遗憾！"次日，拿破仑免去他的掌礼大臣之职并停支薪水。不久，他如往常一样懊悔他的发怒，并对塔列朗继续出现在宫廷中不表反对。1812 年，他仍然说："他是我们所曾拥有的最能干的大臣。"塔列朗不放过任何加速拿破仑垮台的机会。

　　奥地利在从事其本分工作。举国上下，不论贫富，似图渴望解脱拿破仑加在其身上的难堪的和平，仅弗兰茨一世对抗议军费正使该国破产一事犹豫不决。塔列朗致函鼓励他："无敌军团陷于西班牙，法国的舆论强烈反对战争，拿破仑的地位岌岌可危。"迄今犹豫不决的梅特涅，也表示奥地利进攻的时机已来临。拿破仑警告奥地利政府如果继续备战，他只好不计一切招募另一支军队。奥地利继续备战。拿破仑请求亚历山大警告他们，沙皇传话警告之，其语意可阐释为劝告延期发动。拿破仑从西班牙召回两个师，征召 10 万新兵，并下令从莱茵邦联取得 10 万兵员，该邦联深恐奥地利万一打败拿破仑，危及其生存。1809 年 4 月，拿破仑麾下有了 31 万人。7.2 万法军和 2 万意军混组成一支独立部队，保护欧仁抵御由约翰大公率领派至意大利的奥军。4 月 9 日，路德维希率 20 万人侵入巴伐利亚。4 月 12 日，英国与奥地利签订新盟约，保证给予更多的补助金。4 月 13 日，拿破仑向他担心的宫内僚属宣称"两个月后，我将逼使奥地利消除军备"后，就离开巴黎赴斯特拉斯堡。4 月 17 日，他抵达位于多瑙河旁多瑙沃特的大军本部，并发出部署其部队的最后命令。

法军在阿本斯堡和兰茨胡特赢得几次小型会战（4 月 19—20 日）的胜利。在艾克默耳（4 月 22 日），达武元帅在拿破仑自己率领的师团攻击敌军中坚时，对路德维希大公的左翼发动锐不可当的攻击。损失 3 万人后，路德维希退入波希米亚。拿破仑挥军进抵维也纳，经过艰难英勇的争渡至 3000 英尺宽的多瑙河右岸后，于 5 月 12 日进入维也纳。路德维希重组部队，挥师至该河左岸的艾斯令（Essling）。拿破仑设法重渡该河，希望在一次决定性的会战中击败路德维希。但多瑙河正值洪水泛滥，冲掉了主要的桥梁，不得不遗留部分法军和许多军火。5 月 22 日，拿破仑的 6 万人发现自己与 11.5 万名奥军对阵。损失了 2 万人（包括爱将拉纳），拿破仑命留下的 4 万人尽一切方法重渡过多瑙河。奥军损失 2.3 万人，但全欧洲相信此会战为拿破仑的惨重失败。普俄两国急切注视其后果，准备一有令人鼓舞的消息，就扑上来打击这个长久困惑封建君主们的讨厌的暴发户。

在意大利，欧仁的命运在局势的悬而未决中飘摇不定。他的米兰虽有他温和的统治，已因人民日益不满拿破仑对待教皇的方式而不安全。欧仁带着非常惶恐的心情率军向东迎战约翰大公。4 月 16 日，兵败于塔利亚门托（Tagliamento），若非约翰闻知拿破仑在艾克默耳得胜，而折返妄图援救维也纳，情况可能更糟。欧仁冒着丧失意大利之险增援他的义父，也挥军北上，及时与他在瓦格拉姆会合。

在艾斯令被击退后，拿破仑增强兵力和大炮，建筑新桥跨越多瑙河，并将距左岸仅 360 英尺的罗贝岛强化为兵营和兵工厂。7 月 4 日，他再度挥军渡河。眼见众寡悬殊，路德维希向北撤退，拿破仑追击之，18.7 万名法军及其盟军部队与 13.6 万名奥军及其盟军交战于瓦格拉姆，此为历史上最惨烈的战斗之一。奥军奋勇作战，有时几近胜利，但拿破仑在人力和战术上的优越使局势改观，嗜杀的路德维希在丧失 5 万人的两天（1809 年 7 月 5—6 日）后，下令撤退。拿破仑丧失 3.4 万人，但尚留下 15.3 万人，而路德维格仅留下 8.6 万人。优劣之差现为二比一。这位沮丧的大公要求休战，拿破仑欣然同意。

拿破仑与瓦莱夫斯卡夫人定居于舒伯鲁，并欣然获知她已怀孕。现在谁还能说约瑟芬没有为他生孩子是他的错？瓦莱夫斯卡夫人年迈的丈夫温柔地宽恕她明显的不贞，他邀她返回他在波兰的家园，并准备承认这个孩子是他自己的。

和平协商稽延 3 个月，一半因路德维希不能说服他哥哥弗兰茨一世关于无法组织进一步的抵抗力一事，一半因弗兰茨国王希望普俄两国赴援。拿破仑给予亚历山大加利西亚一部分，并允诺不恢复波兰王国，促使他拒绝求援。9 月 1 日，沙皇通知奥地利他不拟与法国断绝关系。奥地利谈判使者仍然坚不让步，直至拿破仑下最后通牒才软化。10 月 14 日，他们在法国世仇哈布斯堡家族的皇宫中签订《舒伯鲁条约》。奥地利割让印维尔特耳（Innviertel）和萨尔茨堡二城予屡屡遭它们侵犯的巴伐利亚。加利西亚省的一部分归属俄国，其中部分归属华沙大公国以局部归还波兰瓜分中被奥地利夺取的领土。法国取得费姆、伊斯特里亚、的里雅斯特区、威尼斯朱利亚、克罗地亚的部分、卡林西亚的大部分和卡尼奥拉。奥地利一共失去了 350 万人口，必须赔偿 8500 万法郎。拿破仑视这笔赔款为他的正当报酬，6 个月后他娶奥地利女大公为新娘，得到更佳的战利品。

婚姻和政策（1809—1811）

1809 年 10 月 15 日，拿破仑离开维也纳，并于 26 日抵达枫丹白露。他向至亲和亲近的顾问说明他决心离婚。他们几乎一致赞成，但直到 11 月 30 日，他才鼓起勇气向约瑟芬透露他的意愿。他虽有不轨的行为（这种行为在他看来似乎是风尘仆仆的斗士的正当特权），但仍然爱她，婚姻的破裂将使他为之痛苦数月。

他知道她的缺点——懒惰，精神不振，只知道悠闲地化妆，在衣着和珠宝饰物方面过度奢侈，不能抗拒推销饰物者。"她不计价钱，悉数购买向她推销的一切。"她债台高筑，常达到使她丈夫大发雷霆的程度，他将女推销员赶出她的房间，叱责她，并付清债务。他每年给她 60 万法郎供她个人开支，另给她 12 万法郎供她布施，因为他知道她是一个情不自禁的施予者。他纵容她爱好钻石，也许因为钻石使 42 岁的她依然娇媚动人。除了上天给予女人控制男人的智慧外，她一无智力，是一个纯感情的人。他告诉她："约瑟芬，你心肠极好而头脑愚蠢。"他很少和她谈政治，而她坚持要谈时，他很快就忘掉她的见解。不过他很感激她拥抱的美妙温暖，感激她性情的永远柔和，感激她的优雅有礼，这种特质使她得以达成皇后的许多职责。她爱他如醉如痴，而他亦是。斯塔尔夫人责备他不喜欢女人时，他简单地回答："我喜欢我的妻子。"安托万·阿尔诺对"这个最温和最怠惰的混血儿支配最顽固最专制的男人"一事极感惊异。"他的决心，使天下男人对其畏缩，竟不能抗拒一个女人的眼泪。"正如拿破仑在圣赫勒拿岛所说，"我常常不得不屈服"。

她久已知道他渴望有一个亲生的嗣子作为他统治的合法或公认

的继承人，她知道他担心如果没有传统的权力转移，则他的被俘、死亡或重病就会导致小派系和将军们疯狂争夺至高权力，而在这片混乱中，他正在建设的井然有序、繁荣兴隆、强大有力的法国，就会土崩瓦解而陷入像他1799年拯救的那种恐怖中——红色或白色恐怖。

最后，他告诉她两人必须分手时，她昏了过去，人事不知很久。拿破仑将她抱入她的房中，喊来他的医生科维萨尔，并请奥尔唐娜帮忙安抚她的母亲。约瑟芬拒绝同意有一周之久。于是，欧仁于12月7日从意大利抵达，说服了她。拿破仑尽其温柔之能事安慰她。他告诉她："我将永远爱你……但政治不谈感情，只谈理智。"她得以拥有马迈松的别墅和田园的全部权利、皇后的头衔及一笔丰厚的养老金。他保证将永远是她孩子们的慈父。

12月16日，上院应允帝后双方的离异请求后，颁发一道离婚宣告。1810年1月12日，巴黎总主教宣布他们的婚姻作废。许多天主教徒怀疑按教规宣告无效的妥当性，在法国大部分地区，民众不赞成此分居，许多人预言从此经常随附拿破仑的好运将转落到其他幸运儿身上。

政治已胜过爱情，拿破仑开始寻求一位不仅会生孩子，而且有助于法国及他的统治的有着皇室血统的配偶。11月22日（要求约瑟芬离婚之前8天），拿破仑命他驻圣彼得堡的大使科兰古向亚历山大提出正式请求，求娶他16岁的妹妹安娜·帕夫洛娃。沙皇知道他母亲不会赞成这一结合，因为她曾称拿破仑"那个无神论者"，但他迟不答复，希望从拿破仑那里得到一些波兰的租借地作为交换物。拿破仑不耐磋商谈判，而且怕遭拒婚，一方面梅特涅暗示奥地利会欣然接受求娶玛丽·露易斯女大公，遂照梅特涅的暗示行事。康巴塞雷斯反对此计划，预测这样会结束与俄国的联盟并导致战争。

玛丽·露易斯刚18岁，并不漂亮，但她碧蓝的眼睛、粉红的面颊、褐色的头发，及温和的性情、单纯的趣味，很合于拿破仑的需要，一切迹象保证她目前的纯洁和未来的生育能力。她受过相当好

的教育，懂数种语言，擅长音乐和绘画。自幼被教以憎恨她的求婚者
为欧洲最用心不良的人，但她也学知一位公主是政治的商品，她对男
人的爱好必须置于国家的利益之下。毕竟，这位有名的恶人定可使一
位渴望较宽阔世界的受保护的女孩，从单调的例行工作中获致兴奋的
转变。

1810 年 3 月 11 日，露易斯在维也纳正式嫁给拿破仑，当时他不
在场，而由贝尔蒂埃元帅代表。重演 1770 年时玛丽·安托瓦内特的
结婚行列，随行 83 辆轿式大马车和普通马车，经过 15 个白天和讲究
仪式的夜晚，她于 3 月 27 日抵达贡比涅城。拿破仑已安排在那里接
她，但由于好奇或表示礼貌，他驾车至附近的库尔塞勒迎接她。一见
到她——还是听他自己说吧：

> 我很快跨出马车吻她。这可怜的孩子记牢了一篇冗长的讲
> 词，预备跪着向我背诵……我问过梅特涅和南特主教能否与玛
> 丽·露易斯在同一屋顶下度此良宵。他们解除我的一切疑虑，并
> 向我确切保证她此刻是皇后而非女大公……我仅跟她的卧房隔了
> 一间图书室。我问她在她离开维也纳时，他们告诉她些什么。她
> 天真地回答我她父亲和拉赞斯基夫人曾指导她如下："你一跟他
> 单独在一起，就必须按他的话行事。你必须同意他向你要求的一
> 切。"她是一个可爱的孩子。
>
> 塞居尔先生警告我，为了礼貌之故避开她，但我既已结婚，
> 一切都是对的，于是叫他滚开。

这对佳偶于 4 月 1 日在圣克劳德经公证结婚，并于次日在卢浮宫
的大厅经宗教式婚礼而结合。几乎所有红衣主教都拒绝参加此仪式，
因为教皇未曾宣告与约瑟芬的婚姻无效，拿破仑将他们放逐至各省。
在其他方面，拿破仑非常快乐。他发现他的新娘在肉体上和社交上均
令人喜爱——谦逊、顺从、大方、和蔼，她从不学习爱他，但她是

一位令人愉快的伴侣。作为皇后，她从未达到约瑟芬那样的受大众欢迎，但公认她象征法国对欧洲敌对皇室的胜利。

拿破仑并未忘记约瑟芬，他一再去马迈松访问她，以致玛丽开始表示不悦。于是他不再去看她，但他频频去函慰问，几乎每封信都称之为"吾爱"。1810 年 4 月 21 日，她从诺曼底的纳瓦尔回了信：

> 非常感谢你没有忘记我。我的儿子刚带来你的信。读之不胜激奋……字里行间无一处不使我为之泣下，但都是甜蜜的眼泪……
>
> 我离开马迈松时曾写信给你，此后也常想修书一诉衷曲！但我意识到你不做答复的理由，又怕缠扰不休……
>
> 要快乐一点，要如你应得的那般快乐，这是我发自内心的话。你也已给予我应得的一份快乐，而且是一份极强烈感受到的快乐……再会吧！朋友。谢谢你，我将永远爱你。

她以华丽的服饰和款待宾客宽解心胸，聊以自慰。他每年津贴她 300 万法郎，而她耗用 400 万。她 1814 年去世后，一些未清付的账单送至厄尔巴岛向他追索。她在马迈松收集了一室艺术品，并不计费用地招待来宾。人们重视她的邀宴仅次于拿破仑的。塔利安夫人——如今是肥胖的年已 40 岁的希迈公爵夫人——来访，她们一起回想当年身为督政府名媛时的日子。瓦莱夫斯卡女伯爵来访，她被隆重接待，并与约瑟芬共同悲悼她们失去的爱人。

拿破仑得到两年时间的快乐和相对的和平。《舒伯鲁条约》扩大了他的国土，充实了他的国库，刺激了他的欲望。他并吞教皇领地（1809 年 5 月 17 日），并使约瑟夫重登马德里的王座。1810 年 1 月，世敌瑞典与法国签订和约，并加入大陆封锁。6 月，由于拿破仑的诱引，瑞典接受贝纳多特为瑞典王位的法定继承人。12 月，拿破仑将汉堡、不来梅、吕贝克、贝尔格公国和奥尔登堡并入法兰西帝国。他急于封闭一切对英国贸易的大陆港口，使他在仇敌的眼中成为贪得无厌的征服者，益增对不可不信之神的负欠。

国内事务安宁可慰，法国既兴盛又壮丽，唯一的微波就是富歇因凌驾他的权力而遭永远免职。萨瓦里继他为警察总监，而富歇退隐至普罗旺斯地区计划复仇。国外事件不很顺利。荷兰诅咒禁止与英国通商。以教皇为荣的意大利，渐渐失去对拿破仑的耐心。威灵顿正在葡萄牙建立一支军队，企图侵入西班牙。在莱茵河的另一边，政治独裁者统治下的日耳曼诸邦在抱怨苛捐杂税，只等待帝国铸成大错使他们得以回归较合意的主人身边。

玛丽·露易斯已怀有孩子，快乐的国王在计算她临盆之日。这件大事即将来临时，他为之安排传统上欢迎一位波旁皇族诞生的一切仪式和典礼。正式宣告如生女则放 21 响礼炮，生子则放 101 响礼炮。这次的分娩非常痛苦，胎儿欲以脚先光临人世。科维萨尔医生告诉拿破仑母亲和孩子必须牺牲一个，拿破仑吩咐他不计一切拯救母亲。另一位医生用仪器使胎位转正。玛丽有一会儿接近死亡。孩子终于头先出现，母子均安（1811 年 3 月 20 日）。101 响礼炮声将消息传遍巴黎，整个法国起而响应，而且欧洲很少有人妒恨他的幸福。大陆欧洲的所有统治者向这位慈爱的父亲和已正式宣布的"罗马王"致贺。如今，拿破仑在其一生中，首次勉可感到安心，他已建立了一个王朝。这个王朝在他希望中会像历史上任何王朝那样的辉煌、仁爱，乃至可能统一欧洲。

第四章 | 拿破仑其人

外观

　　在 1796 年格罗为他作的画像里，拿破仑一手掌大旗，一手剑出鞘，身披彩带，衣饰上缀着官方的徽章，红棕色的长发在风中飞扬。双眼、额头、嘴角显着沉着坚定的神态。但这样理想的人物似乎太不真实了，我们切不可如此描绘他，格罗比他 27 岁的画中主人公只小 2 岁，据说曾亲眼见他将这面军旗竖于阿科莱镇（Arcole）的桥上。不过这幅画像可能出于崇拜拿破仑的狂热情绪——才子倾慕英雄——而成的作品吧！然而，两年之后，盖兰（Guérin）所作的拿破仑画像，表现了大体相同的神采：长发及肩，披覆于前额，隆角峥嵘，额下的眼神严肃而坚毅，直挺的鼻梁正像他坚定的意志，紧闭的双唇正如他不移的决心。不过，这只是这个人性格的一面而已——军人性格的呈现。他也有轻松的一面。有时他会调皮地拉拉秘书的耳朵，他对年幼的"罗马王"表现出狂热的父爱，这时就不完全是军人的那股神态了。1802 年，他已不蓄长发，仅剩下一小撮在凹下去的前额摇荡。40 岁以后，他身躯已嫌臃肿，有时还把手搁在挺出的腹部上。他经常背着手，尤其是散步时。这个动作成了习惯，假面舞会时总是因此让人把他认出来。他的双手肤质细致，十指纤长，与众不同。他自己也颇以秀丽的手足自豪。拉斯·卡斯虽敬仰他如神明，却不自禁地嘲笑这双"漂亮滑稽的手"。

身为大将，他身材却异常得短小，仅 5 英尺 6 英寸，因此他全赖炯炯的眼神震慑下属。卡普拉拉红衣主教来谈判教廷协同时，必须戴着"一副绿色的大眼镜"以缓和拿破仑灼灼逼人的注视。旺达姆将军也害怕拿破仑凛人的双眼。他坦白承认："这个人有一股魔力，这连我也说不出原因。我对上帝、魔鬼甚至都不恐惧，但在他面前总是像小孩一样，战战兢兢。他能使我赴汤蹈火，在所不辞。"拿破仑大帝面呈菜色，然而脸上的肌肉随着情感、思想的流转常起变化，整张脸因此显得明朗活泼。以他的身材而论，他的头嫌大了些，但倒是方头大耳，十分匀称。他的肩膀宽阔，胸脯结实，可以看出体格甚为健壮。他衣着朴素，不似其将领的华衣华服。他多角形的帽子像一张叠着的鸡蛋饼，上面除了一枚三色的帽章别无饰物，[1] 他常穿一件卫队上校的制服，外面罩着灰色的外套。腰带上别着鼻烟盒，偶尔也会使用。他喜爱及膝的短裤、丝质的长袜，不喜欢长裤。他从不佩戴珠宝，可是鞋子镶有丝边，系着金色的带子。他的服饰正如他晚年的政治哲学，属于路易十六以前的法国。

他"极其注意整洁"，喜欢洗温水浴，有时浸在水中达两个小时之久。他可能觉得温水浴能够消除精神紧张和肌肉酸痛的毛病，对他在土伦感染奇痒的皮肤病可能也有治疗的效果。他在颈、头、脸上搽一种酒精和香油混合的香水。他饮食"十分节制"，酒类以水调淡后饮用，正像古代的希腊人。午餐往往只花费 10 至 15 分钟。作战时他看时机不定时进餐，往往仓促之至，有时引起消化不良。尤其在军务繁忙之际，如博罗季诺、莱比锡战役时，消化情况更为恶化。他深为便秘所苦。1797 年又加上了前列腺肥大症，这病据他说已以抽血

---

[1] 1969 年 4 月 23 日，拿破仑的一顶帽子在巴黎拍卖，以 3.084 万美元成交。

治愈。梅纳瓦尔曾说："我从来没见过他生病。"可是他接着说："他有时有吐胆水的现象，但从没有其他的症状……有一段时期，因为山中刺骨的空气，他小便不顺畅，他担心膀胱有了毛病，后来证明这没有什么好担忧的。"不过，有充分的证据显示，拿破仑晚年深为前列腺肥大症所苦，有时因小便频繁痛苦不堪。他精神压力沉重，有时（如1806年在美因茨）竟会造成痉挛，有些类似癫痫，但一般公认他没有癫痫的症候。

关于拿破仑的胃，就没有一致的看法了。1816年9月16日，他告诉拉斯·卡斯："我从不头疼或胃疼。"梅纳瓦尔证实了这一点："我从没听过他喊胃疼。"可是布里埃内记载，曾不止一次看见拿破仑为胃疾而痛苦，甚至"我必须随侍他入寝室，经常还得搀扶着他"。1806年在华沙，他经过一阵剧烈的胃疼后，曾预言自己终会病死于和其父相同的疾病——胃癌。1821年，为他验尸的医生也认为他有胃病的症状，还有成癌的倾向。有些学者认为他除了患这些病，还可以加上淋病、梅毒，还暗示一些后遗的症状直到他去世仍然存在。

他一直不肯服药治病。身为将领，他见多了受伤的将士，因此承认外科有其必要。可是对药物的副作用，他深怀戒心。生病时他宁可节食，饮食麦茶、柠檬茶、泡着橘叶的水及激烈地运动来多出汗，听任身体自行痊愈。拉斯·卡斯告诉我们："皇帝记得他1816年以前不曾吃过药。"可是这时的拿破仑有故意遗忘事物的习惯，不可轻信其言。在往圣赫勒拿岛途中，他对诺森伯兰的医生谈到他对医生的看法："各位先生，我们的身体本来就是为生存生活特别铸造的一部机器，身体的构造组织都是在配合完成此目的，这是身体天生的性能。所以应该让身体自行发挥本性，让其自行调节功能。这比起各位把身体塞满了药物而麻痹其作用，一定要更有效。"他总是不厌其烦地以医药无用为题来调笑他亲信的医生科维萨尔。最后，连这位医生也同意，就整体而论，医药的确利少弊多。拿破仑也曾戏谑地问他最后一任医师安托马尔基：在上帝最后审判时，将军和医生谁将负起大多数人死亡的责任？

在莫斯科焚城以前，他虽然有病在身，浑身仍充满了从不懈怠的精力。在他手下为官绝非只是坐坐办公室的等闲差事，简直是宣判了慢性死亡。许多官吏本来自视颇高，但是为了配合他的工作步调，五六年之后往往精疲力竭，佝偻而退。他任命的一位官吏，因不必驻节巴黎而暗自庆幸，因为在巴黎——"我到月底就会疲于奔命，呜呼哀哉了。他已弄死了波塔利斯、克雷泰。连特雷亚尔这么健壮，也差一点儿完蛋。他忙得排尿有了困难，别人也差不多。"拿破仑也承认属下死亡率甚高。他说："躲在地方上某个偏僻角落离我远远的人，真是有福了。"有一回他问塞格尔，他死后别人会怎么说。塞格尔答道：举世将会同声哀悼。拿破仑纠正他："才不是呢！他们会深深地松一口气说：'谢天谢地！'"

他使别人精疲力竭，自己也体力透支。这种强烈的动力不是身体可以支持的。他把一周的工作节缩为一天，因此他 20 年内就已创造了一个世纪的历史和功业。他早晨 7 点开始工作，也规定秘书随时待命。他随时会呼唤布里埃内："来，我们开始工作吧！"他常会对梅纳瓦尔说："今晚 1 点或早晨 4 点，请来这里，我们一起办事。"一星期有三四天他亲自主持咨议院院会。他曾告诉阁员雷德尔（Roederer）伯爵："我永远都在工作，我吃饭时工作，看戏时工作，甚至半夜也会起床工作。"

我们也许会认为，他日程紧凑、工作紧张必定会造成失眠的现象。可是布里埃内肯定地说：皇上睡眠甚好，晚上睡 7 个小时，下午小睡片刻。拿破仑曾对拉斯·卡斯夸口，"任何时间，任何场所"，只要想休息，他都能安然入睡。他解释说：他把许多不同的事物排列在脑海里，就好像放在一个有几个抽屉的斗柜里一样。"我不想做某件事时，就把装这件事的抽屉关上，然后打开装另一件事的抽屉……想睡觉时我便把所有抽屉关上，马上就睡着了。"

心智

歌德认为拿破仑具有世上仅见的伟大才智。阿克顿爵士也有同感。梅纳瓦尔一向景仰才智英名兼备的主人，认为他拥有"人类最高的智慧"。才华横溢的泰纳一向对拿破仑的作风激烈反对，可是他对国王经常劳于心智而历久不衰的能力大加赞叹："从来没有人能具备如此深切周密的心智。"我们得承认：在一生从事军政实际工作的人当中，如拿破仑心思细致、有条不紊而又能过目不忘者，诚属罕见。他签名时总爱自称"法兰西研究院院士"。他曾向拉普拉斯表示，由于情势使然，他远离了科学家的事业而深以为憾。说此话时，他可能认为这些增加人类知识的人，比起开疆拓土之士，评价要高些吧！[1] 然而他经常指责研究院崇尚玄理，他认为这些人误以为自己的思想即为人生的真相。他们用这套解释宇宙万物，还想训示拿破仑如何治理法国。其实拿破仑的申斥不无道理。他也有浪漫性格之人的缺点，或有大而无当之处，可是日日与现实生活接触，使他崇尚实际。他活跃的心灵思想活动并非玄想，他部分的政事生活也是他治国平天下的利器。

他心思灵敏，有尖锐的感觉。他善察弦外之音，他的眼睛能够穿透表面的现象，抽丝剥茧，归纳出事物的重点。他好奇勤问，博览群书，图籍、历史无不涉猎研读。他经常视察工厂和农庄。因此他兴趣的广泛、历史地理知识的广博，常令拉斯·卡斯惊叹不已。他依目标的性质和重要性对事物做选择性的记忆，而能过目不忘。换句话说，他知道该保留些什么在脑海里。他的思路井井有条：他的目标有先后之分，也有整体局部之分。因此他的观念、行动、政策也有清晰的章法，循序而行。他要求属下的报告和意见不得徒为辞藻华丽、漫

---

[1] 法朗士（Anatole France）说过："拿破仑如果的确深具慧根，就应该深锁阁楼，写下四部巨作。"也就是说，他会成为另一位斯宾诺莎。

无边际的空论，不得只是令人起敬但大而无当的理想。他要求其中必须指出确定的目标、具体的事实根据、实实在在的评估及合理预期的结论。然后他凭自己的经验、目的，将这些报告加以研究、审察、分类，最后据此下达的指示都简洁肯定。在历史上我们再也找不出一个从参谋计划到政策执行，如此有条不紊的政府了。在拿破仑的统治下，法国崇尚自由的热潮已为崇尚秩序的专制政府取代了。

拿破仑擅长鉴往知来，他对行事可能的结果和敌人的计划行动，常能一一料中。他说："我事前仔细思考。看起来每个变局我都能从容应付，其实这是因为我行动前已深思熟虑……我经常能够料及未来的变化，并不是受鬼神的启示告诉我该说些什么或做些什么，这些全是我自己思考的结果。"他以这种态度来计划马伦戈、奥斯特利茨战役的每个细节。他不仅预测可能的结果，还预测达到目标所需的时间。即使在他功业的巅峰时期（1807 年），他仍正视目标，不为幻想所惑。他仍然预先估计可能面临的障碍、困难、变化，然后处处防范。他曾说："在做作战前的策划时，没有人会比我更战战兢兢了。对可能发生的任何漏洞，我都如临大敌般审慎研判。"如果发生了任何意料不到的紧急事件，他的第一件措施便是不论何时——不论白天或夜晚——立刻全力处置。他对布里埃内有一条不变的指示，即"有好消息，不必叫醒我，这种事并不紧急。但有不利的消息，请立刻叫醒我，因为这种事片刻也耽搁不得。"他知道不论如何深谋远虑，仍然可能遭遇一些不可预料的事。不过他以有"半夜两点钟的决心"，而颇为自豪。即使半夜醒来，他仍然能够保持头脑的清晰，立即做出正确的判断。他时时刻刻防范着突发的事件，也不断提醒自己"成功到一败涂地往往只是一步之差而已"。

他对人的判断正如对事一般，观察入微。他不信任人的外表和言谈，他认为人直到老年，人品才会浮现于外表。至于言谈固可表现内心，但也可以掩饰内心。他不时自观自省，由对自己的观察，他推论人类的行为思想莫不是出自自利的动机。虽然许多人忠心耿耿地崇拜他（上自德塞将军、拉纳、梅纳瓦尔、拉斯·卡斯，下至那些至死犹高呼吾皇万岁的士兵），他却无法体会到世上会有忘我无私的奉献行为。他在每句话、每个行为后面，看到的是不停驱策每个人的自我——强者的野心、弱者的恐惧、女人的虚荣或诡计。他找出每个人欲念的所在或他们致命的弱点，因势加以利用操纵，来达成自己的目标。

虽然他老谋深算，但以我们后知后觉的现在看来，他在观察人物、预测事物方面，仍然犯了许多错误。他早该知道约瑟芬连一个月的妇道都无法坚守，他早该知道娶了玛丽·露易斯并不能保证与奥地利从此邦交和睦。他以为在泰尔西特和爱尔福特时，已使沙皇亚历山大心悦诚服，殊不知沙皇在塔列朗的教导下，风度高雅地欺骗了他。1802年，他冒失大胆地伸展势力至皮埃蒙特、伦巴底、瑞士，因而加深了英国的敌意。这个举动是一大昏招。他把众兄弟放在他们大脑承担不起的大位上，是另一错失。他以为莱茵河联邦的日耳曼各小国，一旦分离时机来临，便会心甘情愿地接受法国的统治。他在公开的文件里暴露了征服土耳其的企图，这些都是失误之处。他自己也承认在西班牙耗损了法国的大军。此外，进攻一望无垠的俄国，冬天来临时仍滞留不归，都是他一生的败笔。他自己也说，他虽然高人一等，但仍受制于"情势"，仍为不测之风云、疾病，仍为本身有限的能力限制。他说："我构思了许多方案，却从未能完全随我的意愿完成一个方案。我虽然掌着大舵，我的双手虽然孔武有力，但浪涛总也是更为凶猛狂烈。其实，我从来不曾做过自己的主宰，我永远为情势左右。"

除了情势，他还受制于自己的幻想。在他的内心里，一方面敏锐的观察力启发了理性的思考判断，一方面浪漫的情绪，甚至迷信的念头笼罩着想象，理智和想象永远交战不已。他经常注意星相和预言。去埃及时，他带着许多科学书籍和许多言情、奇幻的小说，如卢梭的《新爱洛漪丝》、歌德的《少年维特之烦恼》、麦克弗森的《莪相》。后来，他说《少年维特之烦恼》曾读过7遍。他最后的结论是"想象力统治了宇宙"。大军陷于埃及之际，他还终日梦想征服印度。苦战于叙利亚之时，他还幻想着要以寡敌众，攻克君士坦丁堡，然后以凌驾当年苏莱曼（Suleiman）的气概所向无敌，直逼维也纳。其声势日增后，以前小心翼翼的性格也改变了。他忘记了歌德"人当知自己能力所限"的警语。他无止境的成功违反了天命，超过了人类的极限。到了最后，他终于被困在茫茫大海的一块礁石上，孤苦无助，郁郁不乐而终其一生。

性格

以自我为中心是所有生物的本性，拿破仑的傲气也源于此。年轻时，他在科西嘉对抗仇家。后来在布里安，他对抗不同阶级和种族同学的自大作风，他因自卫养成了自负的性格。不过，这并不是自私自利，他热爱、崇敬母亲，他喜爱约瑟芬及她的子女，他钟爱幼子"罗马王"。他虽然有时不耐烦兄弟姐妹们的行为，刺伤了他们的自尊，但他是爱他们的。可是他逐渐建立了丰功伟业，他的傲气也逐渐随着权势和责任加强了。他赞赏、敬爱德塞和拉纳等将领，失去他们他曾深深哀痛，不过他把所有军事的胜利都归功于自己。到了后来，他已视自己和国家为一体。随着疆域的扩张，他越发自大狂傲了。

他的傲气，或说自负吧，有时竟沦为虚荣、夸张功业。"布里埃内，你也会不朽的！""将军，为什么呢？""你不是我的秘书吗？""告诉我亚历山大有哪些了不起的事迹？""唔！还可以！"1806 年 4 月 14 日，他写信给欧仁："意大利子民一定十分了解朕，他们一定知道他们所有的脑袋加起来，还不如朕小指头上的多呢！"在许多场合都可以看到"N"字母的纹章，偶尔还可见到代表约瑟芬的"J"，拿破仑大帝觉得必须炫耀宣扬自己，才能巩固他的权力和统治。

1804 年，约瑟夫曾为继承王位一事力争不已。拿破仑对罗德勒说："权力是我的情妇。我努力奋斗征服了她，绝不容许别人从我身旁把她抢走，甚至向她求爱也不可以……几个星期前，我做梦也想不到会讨厌他（约瑟夫），现在我可绝不原谅他。我表面还会和和气气的——可是他已经躺在我情妇的身边了！"（他说的这些话，过分贬低了自己。他虽然是一个善嫉的情人，可是也容易宽恕别人。）"我爱权力正好像音乐家爱小提琴一样。"他的野心欲望与日俱增，从不满足。他梦想着：有朝一日，要步着查理曼大帝的后尘，统一西欧，连教皇国也要吞并；然后踏着君士坦丁大帝的足迹，由法国、米兰而席卷君士坦丁堡，最后建造古典式的拱门来纪念他的丰功伟业。后来他又发觉欧洲太小了些，只是一座"小丘"而已。于是，他思量着征服印度，直追亚历山大大帝。这对于他及百万大军，都不是轻而易举的工作，但他们都会获得荣誉作为报酬。即使死于战场，仍是值得的。"死算得了什么！然而生于战败中，生于耻辱中，不啻是一日百死。""我为后世而生。"争取光荣成了他唯一的目标。这个目标的确令人陶醉，有 20 年之久，法国上下都以"光荣"为唯一目标。

他意志坚定。为求达到目标，不论千辛万苦，必超越前进，绝不终止。然而到了最后，他已无豪情壮志，已沦落至令人怜惜的地步。由于他无止境的欲望和野心，他生活有方向，每天循此目标，全力以赴。他曾说在布里安时"即使无事可做，还是常觉得时不我予，一分一秒不能浪费"。1805 年，他在给热罗姆的信上这么写着："我有今日，完全因为我坚强的意志、性格、努力和胆识。"果敢的确是他战略的要素之一。他经常在意想不到的时间地点，以快速果断的行动，突击敌军。"我的方针是，不管任何细节，一直冲向目标。"但直到 20 年后，他才真正了解，在政治上直线往往是两点之间最长的距离。

有时，情绪也会影响、歪曲他的思考和判断。他个性急躁，权势日张后，更是动辄发怒。他的血管里流着科西嘉人的狂躁和野性。虽然他尽量克制自己的怒气，但左右亲信，上自约瑟芬，下至孔武有力的保镖鲁斯坦，一向都战战兢兢，唯恐激起他的怒火。他对颠三倒

四、因循苟且、平庸笨拙的行为最无法忍受。发脾气时，他会当众斥责大使，在主教面前说脏话，甚至脚踢哲学家沃尔尼的肚子。实在没有发泄的对象时，便踢着火炉中的木块。可是他的脾气来如风，去也如风。有时他把这当作政治棋盘上的一招，虚张声势而已。在大多数情况中，他过了一天甚至一分钟，就会设法补救。他很少表现出残暴凶狠的模样。事实上他是一个和蔼风趣的人，只是经历了无数艰苦、无数征战，他已经没有丰富的幽默感了。他根本没有空闲享受悠闲的喜悦、宫廷的闲聊及沙龙的高谈阔论。他终日忙碌，强敌虎视眈眈，帝国的重任落于双肩。要一个终日奔波的人文文雅雅，实在不容易。

他耗费太多的精力在征服半个欧洲的事业上，已经没有余力来从事男女之间的游戏。他一向怀疑许多性的欲望是环境教育培养的，而不是生而皆有的本能。"世上的一切，都是上一代传递下来的，即使这些大家以为是原始自然的感觉，也是得自后天。"依照法国波旁王朝的传统，他本来也可以后宫粉黛三千，但他只在征战途中，临幸过数名情妇而已。凡能亲侍枕席一夜的女人，莫不以为自己已成不朽之身。但拿破仑往往粗鲁地很快就结束一桩感情，谈到新近的伴侣，他往往毫无眷念之情，反多恶评。他的不忠使约瑟芬往往悲痛忧伤，但他向她解释（如果雷米萨夫人所言属实）：这些偶然的"出轨"是无法避免的，是情势所需的，也是合乎时潮的，因此体贴的妻子应该谅解。她哭了，他安慰她，她于是又原谅了他。除此以外，他虽然身负重任，转战南北，仍尽量地做一个好丈夫。

和玛丽·露易斯结婚后，也许害怕因为不忠会失去奥地利的友谊，据我们所知，从此他郑重地接受了一夫一妻制。见到她生产时的痛苦，他对她更是忠心不贰。他一直喜爱儿童，还特别立法给予儿童特别的保护。如今幼年的"罗马王"成了他希望的寄托，成了他最钟爱的宝贝。他仔细教养儿子，希望他有朝一日继承大位，做一个英明的君王统治法国，对一个统一的法国发号施令。在夫妻之爱和父子之情里，他庞大的自尊更加满足了。

他终日忙于政事，根本没有空闲结交朋友。此外，友谊意味着两人之间的义务权利相同、地位大致平等。而对于拿破仑而言，他很难以平等的地位待人。他有忠心耿耿的仆役和虔诚信实的部下，有些人牺牲生命为他，也为自己争取荣耀，但无一人曾以他为知友。欧仁喜爱他，然而那是喜爱父亲的心情，而非友情。布里埃内（他的话不见得可靠）追述往事，提到 1800 年曾听到拿破仑说：

> 友谊只是虚名而已。我无法和别人建立友谊。我甚至连自己的兄弟都不喜欢。约瑟夫是我哥哥，照习惯，照规矩，我也许还喜欢他些。迪罗克[1] 我也还喜欢。我知道我并没有真正的朋友。只要我今日的地位不变，我要多少虚情假意的朋友就有多少。但是让女人去烦恼这些情感的事吧！这是她们的事，我们男人应该心肠硬些，抱定宗旨，否则便谈不到打仗或治国了。

拿破仑这些话，听起来有些斯多葛派哲学的韵味，可是和他一生的经历并不相吻合。德塞、迪罗克、拉纳、拉斯·卡斯等人始终对他忠心耿耿，为他奉献牺牲。同样地，布里埃内也曾证实，"拿破仑在战场之外，心地慈祥，感情丰富"。梅纳瓦尔随侍拿破仑 13 年之久，他也同意这个看法：

> 我本来以为他一定好冲动，喜怒无常。可是我发觉，他有耐性，不计小过，为人随和，并非是严苛不近人情的。他喜欢喧闹，与大伙儿作乐。有时他会表现出一种温煦的神态……因此我对他不再畏惧。看了他对约瑟芬的和悦和深情，看了下属对他忠心不贰的感情，看了他和执政、大臣之间的融洽，看了他对待士兵的亲切态度，我不再害怕他了。

---

[1] 皇宫的大元帅，1813 年战死于包岑。

显然可见，他认为有违大原则时，就会硬下心肠。原则许可时，他也会宽容原谅，一切凡以原则为依归。他送许多人锒铛入狱，可是我们也读到过不少关于他的爱心的报道。马松（Frédéric Masson）的历史巨著上就有不少现成的例子。他曾改善布鲁塞尔监狱的情况，可是1814年法国狱政的黑暗与他政府一般的行政绩效无法相比。他曾见成千上万的人战死沙场，仍然大肆攻伐。但我们也听说过，他经常停下来抚慰受伤的士兵。拉纳将军1809年受重伤而奄奄一息，据贡斯当说，拿破仑前往"探望拉纳归来，用早餐时，竟看见他眼泪掉了下来"。

他的慷慨，他的宽容，应不容置疑。他一再原谅贝纳多特和布里埃内。卡诺、谢尼埃曾和他敌对许多年，可是一旦因贫困向他求援，他立刻予以帮助。他困居圣赫勒拿岛时，仍想尽借口替那些1813年或1815年遗弃他的人辩护。只有一向不友善的英国人，是他永远厌恶的。他觉得皮特全身上下只有市侩的无情气息。他对哈德逊·洛男爵的评语也许过分了些，对威灵顿他根本起不了好感。他对自己的评语不无几分道理："我想自己应该是一个本性善良的好人。"有人说："奴才眼中无英雄。"可是，贡斯当，这位随侍拿破仑14年的仆役，回忆往事时，充满了对拿破仑"发自肺腑的敬爱"。

拿破仑一向言语直截了当，不加修饰。因此接受旧时代教养长大、注重风度仪态的人往往无法忍受他的举动。他笨拙的行动，他偶尔粗鲁的谈吐，往往引发他们的嘲笑。他不懂得如何使人自在，他似乎也不在乎这些。他重视实际，所以不愿意为外表的形式而烦恼。"我不喜欢'礼仪'这个语意含混的字眼。这只是傻子想把自己提高到智者地位的一种方法而已……'趣味高雅'这类古典的词汇对于我来说毫无意义。我向来也不关心'风格'的好坏。我只重视思想是否坚实有力。"可是，私底下他还是赞赏一般上流人士温文尔雅、体贴怡人的仪态。对这些聚集在福布区中的沙龙里嘲笑他的贵族人士，他希望能得到他们的赞赏。其实，"高兴时，他也有风度动人的独特的一面"。

他对女人评价不高，这可能是由于他不懂得欣赏女人心思细微的一面。他曾对夏庞蒂埃夫人这么说："你穿那件红衣服真难看。"他根据女人的生育能力来评定她们的优劣，因此与斯塔尔夫人反目成仇。有些女人对他的粗鲁也曾伶俐地加以反击。有一次他向着谢弗勒斯夫人惊呼："我的天呀！你的头发好红呀！"她回答说："也许你说对了！不过这还是第一次有男士会这样对我说话呢！"他曾告诉一位出名的美人："某某女士，我不喜欢女人也在政治圈里混。"她反驳说："将军，你说得很对！可是在一个她们保不住脑袋的国家，她们想知道一点原因，也是很自然的心理呀！"尽管拿破仑不解温柔，朝夕与拿破仑相处的梅纳瓦尔曾说过："拿破仑仍有一股吸引女人的、不可抗拒的魔力。"

他喜欢说话，有时几近唠叨，却言之有物。他经常邀请科学家、艺术家、演员、作家共同进餐。他亲切的态度，对各行各业的了解，妥切适当的评语往往使他们惊奇不已。雕塑家伊萨贝、数学家蒙日、建筑大师方丹、演员塔尔玛都曾记下了谒见拿破仑的情景，他们异口同声地认为拿破仑的谈吐"优雅、亲切、有趣"。他喜欢说话，可是不喜欢动笔。他心思敏捷，往往无法及时记下心中的念头。他写字速度极快，经常所有人，包括他自己，都无法看懂他的笔迹。因此他一般只口授机宜，目前已公开的拿破仑书信就有4.1万余封，未曾公开者更不计其数。由此可知当他秘书的这份荣誉实在和判处苦役无异。布里埃内1797年就任此职，幸亏1802年解职，因此才能活到1834年。他每天早晨7点就必须至拿破仑处，整天工作，终夜待命。他通晓数国语言，有自己独特的速记方法，因而才能赶上拿破仑通常的速度。

梅纳瓦尔于1802年继布里埃内任秘书，工作更为辛苦。据他自己说："因为我什么速记都不会。"拿破仑很喜欢他，不时和他开开玩笑，梅纳瓦尔也几乎天天精疲力竭。然后拿破仑会叫他去做个温水浴消除疲劳。在圣赫勒拿岛，拿破仑回忆说："我几乎把可怜的梅纳瓦尔累死了。有一段时间，我于心不忍，特意调他至玛丽·露易斯那里，做些闲差事。"1806 年，拿破仑授权梅纳瓦尔再聘一名助手费恩，费恩始终跟随拿破仑，无论大小战役，都曾随侍左右。梅纳瓦尔虽然多了一名助手，1813 年终于从"钟爱他的主人"身边逃开时，已是孱弱不堪了。两人地位虽不平等，但主从情深，彼此始终互相关怀敬爱。

将军

拿破仑在布里安所受的军事教育，部分地造成了他的体格、心态、性格和事业。在那里他养成了在何时何地都能舒坦自如的习性。养成了在任何时刻，无论白天或夜晚，都能清晰思考的习性。在那里他学到了如何分别理想和现实，学到了如何无条件地服从，来日如何果断坚决地统御领导。他也学到了如何判断地形，观察其是否适合大军的行进或掩蔽。他也学习如何观察敌军的动态，以便加以打击，如何迎敌于仓促之中而能沉着应付。他也擅长鼓舞士气，以光荣勉励他们，以使他们忘却死亡的痛苦，使大军视为国效命是崇高甜美之事。在拿破仑看来，一国的存亡，要看其国民是否甘心情愿为国效命，是否具备保家卫国的能力。因此战争实为科学的科学。拿破仑曾说："战争艺术的领域浩瀚无边，涵盖一切学问知识。"

因此，他对有益国防科学的知识，莫不涉猎研习。他研读史籍，以通晓个人及国家的习性。他对古希腊罗马、中古、现代欧洲的历史了如指掌，往往使属下大为惊奇。他曾一再深入研究亚历山大大帝、汉尼拔、恺撒、古斯塔夫斯二世、蒂雷纳元帅、萨伏依的尤金、腓特烈大帝等名将的战史。他训示部属"应以这些名将为楷模，并应抛弃任何与这些伟人原则相违的战略战术"。

他由军校进入军中，由士兵高升为万军的统帅。也许他是由吃苦耐劳的母亲那里承继了领导统御的天分吧！他从那里学到了领导的秘诀，即领导者如能以身作则，担负起领导重任，大多数人均愿服从领导，而不愿负领导之责。拿破仑勇于负责，一经下定决心，即不顾后果、勇往直前，以冒险的精神赢得了一场又一场的赌注，然后又将更多的生命再作孤注之一掷。尽管他输掉了最后一场，可是这时已证明他是世上最杰出的将军了。

他的战略以争取和鼓舞军心为首要之务。他十分注意直属军官的背景、性格和志愿。他常与士兵相处，谈论他们往日的光荣战功，垂询他们的家庭状况，听听他们的牢骚。他召集近卫军，幽默地称他们是"牢骚军"，因为他们老是在埋怨，但他们为他战至最后一兵一卒。他有时会以讥诮的口吻谈论士兵，在圣赫勒拿岛时，他曾说："士兵是训练来供人杀戮的。"可是对待奥斯特利茨阵亡将士的遗孤，他视如己出，抚养他们。他的军队比法国任何阶层的人都要敬爱他。因此，依威灵顿的判断，在战场上只要拿破仑亲自督阵，即可抵得上4万大军。

他对军队的精神训话，是他重要的战略一环。他说："战争的成败大半视士气和思想而定。"自从恺撒训勉士兵，然后渡鲁比孔河背水一战以来，史上将领能使士兵五体投地甘心效命的，除拿破仑外别无第二人。布里埃内曾依拿破仑口述，撰写过几篇闻名的布告。布里埃内告诉我们，士兵往往"并不了解拿破仑说些什么。可是这并没有关系。他们跟随他，即使赤着脚，后援不继，仍然士气高昂"。有几次训话，他向大军说明作战计划。他们一般都能了解，因此更能耐苦耐劳、长途跋涉，以期能突击敌军或以寡敌众。他说："最优良的士兵并非善战者，而是善于行军者。"在1799年的布告里，他训勉大家："士兵的主要美德是忠诚和守纪，其次方为勇敢。"他经常宽容下属的过失，然而一旦风纪松懈，他当机立断，严加处置。进攻意大利时，由于督政府补给和薪饷延误甚久，他曾纵容士兵稍作掳掠，以济不足。可是打了一次胜仗后，他立刻下令禁止掳掠的行为，同时不遗余力地严格执行，全军立刻听命。梅纳瓦尔说："在维也纳、柏林、马德里等城市，都有近卫军及其他部队的士兵，因为掳掠受审处决。"

　　拿破仑曾以一条数学公式说明他部分的战略原则："军力的强弱，正如动力学中运动量的幅度，是以体积乘以速度来衡量的。因此，快速行军可以提高士气，增强克敌制胜的效果。""军以胃为动力"——食粮补给为大军动力这句格言一般人以为出自拿破仑，其实并无根据。他真正的主张应该是军队以脚力战胜敌人，他的座右铭是"行动和速度"。他不依赖碉堡阵地为屏障，因此他如果看见了 1939 年的马其诺防线（Maginot Line），必然会大笑不已。远在 1793 年，他就说过："停顿在阵地后面的一方必定是常打败仗的一方。"1816 年，他又说过同样的话。拿破仑战略的要点如下：待敌方兵力分散、阵线延长之时，加以痛击，利用山川掩护大军的行动，夺占战略高地，以便重炮对平原轰击，选择步、炮、骑兵便于展开之地为决胜的战场。集中兵力——经常以快速行军为之——对敌方远离中坚的阵地，以优势兵力加以痛击，使敌军无法增援。

　　军事将领的最后一关考验为战术，即战场布局和调度的技巧。拿破仑在不危及安全的条件下，总选择最适合综观战场的处所，以便督战。由于拿破仑必须督导战术方案的执行，同时他必须随时因应战场的变化改变战术。一切都必须由拿破仑全神贯注亲自指挥，因此他的安全有关大局，极为重要。部下极为关切他的安全，他本人倒未必十分重视。情势需要时，如在阿科莱镇之役，他也会奋不顾身，暴露于炮火中。据历史记载，曾经有好几次，他督阵之处左右均为敌所杀，可见他处境的危险。由督阵之处，由层层的传令兵士，他将命令下达步、骑、炮兵的指挥官。这些传令兵又火速驰回，将各线的战情报告拿破仑。他认为：在战场上，士兵的价值主要视其位置的优劣和机动性的强弱而定。此处，他的着眼点仍是集中大军和重火力向某一点攻击，最好是进攻敌方的一侧，以期造成局部的混乱，而导致全军的崩溃。"在任何战役里，即使最勇敢善战的军队，在竭尽全力仍无进展后，都会兴起逃走的念头，此为决定胜负的一刻……两军作战，正如两个起了冲突的人，千方百计想吓倒对方。对方心生恐惧时，应该把握时机，给予致命的一击。任何人经历多次战役后，应即不难体会出何时才是决定性的一刻。"拿破仑尤其善于把握这种战局的关键时刻。部下阵脚不稳时，他都能立即增援或改变战术，这就是马伦戈一役转败为胜的原因。1812 年以前，他的词汇里是没有"撤退"这个字的。

他在战争中找到了一种阴森森的快感，这对于有大将之才的人来说，是最自然不过的事了。我们曾听说过他认为文官比武官优越。在宫中，他置文官于武官之前。文武官员有所争执时，他经常站在文官一边。可是他不能隐瞒别人，而自己也深深了解的一件事是他以攻城略地为乐。他曾说："危险中自有乐趣。"他也对约米尼承认过他"喜爱战争刺激的味道"。看着千军万马随着自己的意愿，奔进沙场、改变了版图、决定了历史，在他看来是最快活的事。他一向认为每场战役都是因抵抗外侮而引起的。可是据布里埃内说，他自己也坦白承认："我的权势建立在我的光荣之上，而我的光荣建立在战功之上。一旦我不能创造新的光荣、新的战功，我的权势就马上衰微了。征战使我得有今日，也只有征战才能维持我今日的地位。"布里埃内对拿破仑一向有偏见，我们不能太相信他。拉斯·卡斯对拿破仑的崇敬仅次于上帝，也曾记载他说过（1816 年 3 月 12 日）类似的话："我希望建立一个世界帝国，为达到此目的，我需要无限的权力。"

他是否真的如敌人所说的，是一个"屠夫"呢？据说他征召 261 万名法国人入伍，其中 100 万人为他丧生。他是否曾经为这般的屠杀牺牲而良心不安呢？在呼吁各强权谈判和平时，他曾提到自己不安的心情。据说他看到埃劳战场中横尸遍野，不禁怆然泪下。可是，时过境迁，谈起往事时他告诉拉斯·卡斯："我督阵过许多全军存亡在此举的战役，然而我心情平静。我指挥过不少我军必定伤亡上万的行动，然而我不曾落下一颗眼泪。"作为大军的统帅，也许他必须安慰自己说：这些青年横尸于野，英年早逝，只是时空里一些微不足道的误差而已。而且，如果他们不效命疆场来追求荣誉，他们不是只能默默而终其一生，没有什么光荣了吗？

即使他有这些借口，他总觉得他是战争的受害者，而不是挑起战争的罪人。他觉得他大动干戈完全是为了自卫；他觉得联军都把他看作"革命之子"、波旁王朝的篡夺者，因此他们一再发誓要把他赶下王位。许多学者也同意拿破仑的看法。如兰克、索雷尔、旺达尔，难道他不是一再提议言和，而一再遭到拒绝吗？他说："我征服别的国家，只是为了保卫自己。欧洲各国从来不曾终止对法国、对法国的理想、对我本人的战争。反对法国的联盟时时都存在，只是有时秘密，有时公开而已。"而且，他登基时曾发誓维护法国的自然疆界，假如他将此疆界拱手让人，对法国上下将怎样交代呢？"大家总是谴责我野心勃勃，才引起了这些战争。但是，难道这都是我心甘情愿的吗？这些不都是情势所迫引起的吗？——不都是落伍的过去和进步的未来之间的冲突吗？"经过了志得意满的头几年后，他经常有一股沮丧的感觉，觉得不论得到多少胜利，只要一次关键性的大败一切都要付之一炬，那时他就将沦于敌人之手，任他们摆布。因此，他极愿意拿一半的江山来换取和平——不过必须依据他开出来的条件！

我们来下个结论吧！《泰尔西特和约》（1807 年）及进攻西班牙（1808 年）以前，拿破仑居于守势。从此以后，为了使奥地利、西班牙、普鲁士和俄罗斯屈服，为了贯彻大陆封锁政策，他不顾法国国力的衰竭、不顾欧陆人民心存怨恨，又挑起许多战争。事实证明他是一个极为优秀的政治家，但他抛弃了政事去追求战争的荣耀和刺激。身为将军他得到了法国，也以将军之身失去了法国。他的优点也是他的致命伤。

统治者

他身为文人政府的领袖，但不曾忘却军人的习性。他仍然保持着将领的作风，除了在咨议院之外，他不喜欢别人反对他或与他争辩。他曾说："自我服行公职以来，就一向居于发号施令的地位。由于环境的因素和自身的性格，自我掌权以来，我就不愿屈居他人之下。我除了遵从自己创制的法律，不容许任何其他法律来限制我。"1800年，一群将领图谋赶他下台时，他曾强调他的政府是文人形式的政府。但1816年他辩称："总而言之，为了治理国家，必须拿出军人的作风。只有马靴和马刺才能治理国家。"他深深了解法国人心里的想法，他知道他们矛盾的双重理想——自由和秩序。因此，他一方面宣称爱好和平，另一方面夸称自己是一个军事天才。他把执政时代的一些民主作风逐渐变成帝国时代的王权政治，最后他掌握了至高无上的权力。《拿破仑法典》的最后一部分——刑法（1810年），已恢复了中世纪严刑峻法的作风。然而，他治理国家，如在战场上一样，文采斐然。因此，他曾预言：在人类的记忆里，他的文治将比武功更为光辉灿烂。他的法典更是历史性的巨著，较之战略、战术（与今日的战争已无关）更能传之久远。他期望成为当代的恺撒，更希望成为查士丁尼一世。

　　在统治帝国的3680个日子里（1804—1814年），他仅有955天驻跸巴黎。可是就在这些日子里，他重建了法国。1808年以前，只要留在国内，他必定亲自主持一星期两次的咨议院会议。拉斯·卡斯（也是其中的一员）说，当时"没有人曾缺席"。拿破仑工作勤奋，一心一意推展政务。有时凌晨3时即起，开始一天的工作。他对僚属的要求也如待己般严格。他们随时必须就本身职司呈上详细确实的最新报告。他依他们报告的是否迅速、确实、妥切、严谨来考核他们。每日政府各部门呈核的文件，他一定当天阅毕，方才结束一天的工作。他恐怕是史上耳目最聪敏的统治者了。

　　他选拔第一流人才赋予重任，如塔列朗、戈丹、富歇。他们虽然傲气凌人，但他重用他们。至于其他一般性的事务官，他宁愿用二流人才，他们不会有许多异议或提出己见——他没有时间去和他们讨论。他宁可担负风险和责任，信任自己的判断来做事。他要求任职的官吏不仅对法国，也对他宣誓效忠。他们为他个人的魔力、他志趣的宏伟迷醉，大都欣然同意这个条件。他说："我建立了大家效法的榜样，我有功必赏，我开拓了光荣的领域。"他选择僚属的这种方法，却有不利的后果，渐渐地左右都成为唯唯诺诺的奴婢，很少敢对他的看法表示异议。到了最后，除了敌国的力量以外，没有任何事物来克制他的自大，来阻遏他仓促的举动。1812年，科兰古的劝谏是少之又少的例子了。

他对属下一向不假颜色。他惩罚严苛而奖赏迟缓，但对特殊的功绩，往往立即奖励。他认为不应该让幕僚部属以为自己的职位已稳若泰山。他们如有一些不安定的恐惧感，会更加勤奋努力。他没有必要禁止他们结党，甚至他们过去如有一些不名誉的过失，他也不加追究。因为利用这些弱点，他可以约束他们，使他们忠于职守。他用人往往到他们不堪胜任为止，然后他会赏赐重金年俸，让他们退休，有时还会突然颁与爵位。有些部下并未能侥幸残存至老。维尔纳夫在特拉法尔加角战败后即自杀以逃避拿破仑的苛责。人们抱怨拿破仑严苛，他并不十分在意。他认为，"政治家的心肠必须放在大脑里"。他不能让情感阻挠了原则的实施。在治理帝国时，个人的牺牲是微不足道的，除非他是拿破仑！他认为自己不重视个人的风采仪态，不以此用人。"我只喜欢对我有用的人——而且只是他们还有用时。"这句话也许过于夸张了点。约瑟芬成了他事业阻碍以后的很长一段时日，他仍然喜欢她。当然他像大多数人一样，必要时也会撒谎。也像大多数政府的领袖一样，他会捏造战功来激励民心士气。他曾手持铅笔，细心研读马基雅维利的著作。在滑铁卢，他的坐车中曾发现《君主论》，上面眉批详尽。他认为任何有助于达到目标的事物都是"善"。不用等待尼采来引导他，他已超越"善恶的分野"，以"追求权力的意志"为唯一的指针。因此尼采称他为"现实主义家"，认为他是法国大革命的产物中唯一有益世人的成果。拿破仑曾说："强者即善，弱者即恶。"他也叹息说:"约瑟夫太善良了,因此成不了大事。"可是他还是喜欢约瑟夫。

这些观点是他在科西嘉时代及战场上体会出来的。与这些观点类似,也是他一再重复的论点是自利和恐惧为唯一打动人心、驾驭人心之物。多年来,他以这两种情绪统治人民和部属。1800 年,他命令埃杜维尔将军前往旺代镇压当地的叛变。他派人指示埃杜维尔将军应该"选择最顽劣的两三座城镇加以焚毁,以示警惕"。他由经验体会到,"以你目前面临的情势看来,气势汹汹的严苛处置反而是最合乎人道的,软弱温和的手段反而不合人道了"。他训令执法国人员判刑应从严。他曾告诉富歇:"警政之道,在于不轻易惩罚。然而,不惩罚则已,否则必须用严刑峻法。"他建立庞大的警察侦探力量,置于富歇和雷涅两人管辖之下。他又组织秘密警察,其职责在协助——及监视——富歇和雷涅。他们有权检查报刊、沙龙、出版物,找出反对拿破仑的言论,禀告皇上。拿破仑说:"君王者应对所有事物心存猜忌。"1804 年,法国已经成为一个警察国家了。到了 1810 年,法国已建立了许多小型的巴士底狱和国家监狱。政治犯不需要经过法院的正式程序,仅由命令即可予以拘留。不过,法皇也有大发慈悲的时候,他曾多次赦免罪犯,甚至宽宥图谋杀害他的人。他也曾下令减轻法庭的判决。1812 年 12 月,他对科兰古说:

> 人们以为我严苛,甚至冷酷不近人情。这样最好!这样我就不用再去设法建立这种名声了。我坚定果断,却被误认为无情。不过因为人们有这样的想法,如今社会上才得到安静太平。既然如此,我也不怪他们那么想了……可是科兰古,你看!我也是人啊!不管人们怎么说,我也总有起恻隐之心的时候,我也有感情——不过是帝王的感情罢了。贵妇人的眼泪不会打动我的心,但是人民的疾苦会使我难过。

　　他当然是一个独裁君主，有时开明，有时则专横不顾后果。他对拉斯·卡斯坦白说过："朕即国家。"他有一些严苛的政策，我们可以解释为一般政府在战乱时控制经济、剧院、出版物常用的手段，还可以原谅。拿破仑辩称：由1791年法国大革命后的放纵混乱时期到执政时代，帝国时代重建秩序，在这段艰苦的递嬗时期里，他不得不采取专制的手段。他记得罗伯斯庇尔、马拉在法国家庭和国家系统濒临解体之际，也曾主张为了恢复法国的稳定和秩序，必须诉诸独裁政体。他觉得他并不曾摧毁民主制度。1799年他推翻的是一个由贪污、冷酷、无所不为的政客组成的富人专政政权。他剥夺了群众的自由，可是这种自由曾导致暴民横行、道德没落，这种自由几乎毁灭了法国。如今只有恢复专制、集中权力，才能使法国重新成为健全、独立的文明国家。

　　拿破仑觉得，他已忠诚地维护了革命的第二个目标——平等。在1810年以前，他的确做到了这一点。他维护、发扬了法律之前人人平等的理想。他所建立的平等是机会的平等，而不是成就和能力的平等，这是不可能实现的。社会给予所有人教育、经济、政治的机会，不论上智下愚，均有同等的机会发展自己的潜能。人人机会平等的理想或许是他对法国最为深远的贡献了。他几乎完全消除了政府贪污的现象，单单此项成就即足以使他不朽。他不驰骋沙场时，便鞠躬尽瘁地处理国事，他实在足以为所有政治家的楷模。事实上，他重新缔造了法国。

　　可是，他为什么失败了呢？因为他的抱负远超过了能力的范围，幻想左右着野心，野心又控制了他的性格和思想。他早该知道，各国的强权绝对不会容许法国长久地统治半个欧洲。他成功地领导着莱茵邦联的日耳曼走出封建时代，进入19世纪。然而，邦联各国传统、语言、风俗、信仰迥异，互不相容，因此将这块四分五裂的土地结合成永远的邦联，不是他能力所及，也绝非当时任何人可以胜任的工作。他征服了大半个欧洲，这块版图自莱茵河起至维斯图拉，经布鲁塞尔至那不勒斯止。其间王国林立，包括荷兰、汉诺威、威斯特伐利亚、汉萨同盟诸城邦、巴登、巴伐利亚、符腾堡、伊利里亚、威尼斯、伦巴底、教皇国、两个西西里王国。光列举这些地区的名称，便可知治理此地区的不易。他到哪里找到这么多精明能干的人来统治呢？他们必须征收赋税、治理人民，最后还要这些地区派出子女和英、奥作战——他们和英、奥其实比和法国更亲近！再说，拿破仑又如何去把这多出的44个行省和法国的86个行省合为一体呢？他如何能使这1600万骄傲倔强的人民和法国2600万自负善变的法国人共冶于一炉呢？这个工作固然十分壮观，可是注定要失败的。因此最后幻想击败了理智。这位精通数国语言的一代人杰反而弄巧成拙，重心摇摇欲坠。这位伟大的独裁者追求权力的坚强意志，终于被根深蒂固的民族性击溃了。

哲学家

然而，当幻想闭上了双眼，他也能和法国、埃及学术院里的硕儒谈玄说理，坐而论道。他虽未苦心思虑以整理出任何的思想系统来解释一个似乎无任何常理的宇宙。然而，他思想落实，常能看出"理论家"的偏颇之处。他们往往误认思想为真实的人生，没有历史和生物学的知识，便建起空中楼阁来。他曾试用拉普拉斯等科学家从政，结果十分失望，然后他下了结论："跟哲学家是做不了什么事的。"不过，他支持科学的研究，鼓励历史的探讨。他在圣赫勒拿岛时曾说："我儿必须多读历史，并体会其中教训，因为历史才是真正的哲学。"

理论家不用具备历史知识而能高谈阔论的唯一领域是宗教。可是，拿破仑觉得只有逻辑学家才为如"神存在吗"这类问题去伤脑筋。受历史熏陶的真正哲学家应该问：宗教，虽然长久受人驳斥嘲讽，为什么仍然存在呢？而且在每一个文明里，宗教都扮演着重要的角色呢？为什么伏尔泰即使怀疑宗教，仍然说：即使神不存在，我们还是必须发明一个？

拿破仑早在 13 岁就失去了对宗教的信仰。不过他有时会表示希望有信仰，因为"我想宗教必定会给我一种纯真的喜悦吧"！有一个家喻户晓的故事是这样的：在他前往埃及途中，他听到了一些科学家怀疑宗教的谈话。他于是指着天上的星星，质问他们："各位，你们尽可在此高谈阔论，可是请问这些是谁创造的呢？"不过，他的观点往往随着时间而改变，我们不难找出他对宗教等问题前后矛盾的说法。同时我们容易忽视说话时的时间。其实，我们年轻时誓言维护的见解，到了 50 岁哪个有思想的人不会摒弃呢？而对中年"成熟"的观点，哪个有思想的人到了 80 岁不觉得可笑的呢？拿破仑一向相信，物质世界中或其背后必有神灵在焉。但对神灵的本质和目的，他承认他一无所知。在圣赫勒拿岛时，他下了结论："每件事物都证明神是存在的。可是我从何处来、我是谁、我将到哪里去，这些问题就不是我能够回答的了。"有时，他的论点又像一个崇尚物质的进化论者。他曾说："万物皆为物质。""人只是较为高等，更会思考的动物而已。""灵魂并非不朽的。如果它真正不朽，我等灵魂在生前应该已经存在了。""我如果信仰宗教，我将信仰太阳。因为太阳滋养万物，它才是世上的真神。""宗教如在洪荒未辟前已经存在，我便会相信宗教。但读了苏格拉底、柏拉图、摩西思想后，我不再信仰任何宗教。信仰完全是人发明的。"

可是人们为什么发明宗教呢？拿破仑回答说：为了安抚贫苦的人，防止他们杀害富人。因为人生而不平等，随着科技的进步和分工的愈加精细，人更加不平等。在文明社会里，上材上智必定会脱颖而出，为人提拔重用并受到优厚的待遇。至于其他运气不好的凡人，社会需要开导他们，让他们接受此报酬和财产不平等的现象，接受其为自然界不可避免的现象。因此，他们就会心平气和地接受命运。如何才能做到呢？告诉人们，这是上帝的旨意！"对于我来说，宗教显示的并非神性、人性集于一身的玄秘，而是社会秩序的奥妙。没有报酬和财产的不平等，社会便无法存在。而没有宗教，这种不平等的状态即无法维持……社会一定要让穷人相信，世上一定有贫有富，这是神的旨意。可是来世永生将会有不同的分配方式。""由天堂的观念，宗教引入了一种平等的意识。由于这种意识，富人逃过了被穷人屠杀的厄运。"

假设以上所说成立的话，启蒙运动攻击基督教，法国大革命阻挠传布教义，都是错误的举动了。"今日法国思想的混乱是道德沦亡的结果，全是信仰丧失，以往遵循的原则（信仰）为人否定的后果。"拿破仑或许为了这个原因，也是为了政治的因素，恢复了法国天主教教会"精神督察"的地位。当然，这种新的政教联盟对于他而言，并不表示他愿意遵行十诫，他自己仍然不时违反戒律。但是他付钱给僧侣，命令他们向厌倦了混乱、渴慕秩序的一代法国人传道。大多数父母师长也乐于借助宗教的信仰来教育子女。建立于宗教信仰和孝道上的这种道德规范正是遏制年轻人放荡不羁本性的最有效的利器，因为这种规范源自上帝，承受上帝的庇护。上帝是全知全能、无所不在的，他监视着世人的一举一动。对恶人他将予以永恒的惩罚，对善人他将赐予永生的福泽。一般来说，统治阶层赞赏这种教育方式，因其培养的人民，必定会接受能力和财富的不平等，认为这是必然的现象。同时，旧有贵族阶级高雅的仪态洗涤了他们的铜臭气息，因此也有存在的理由了。拿破仑又建立了新贵族。在这代，革命的喊声低沉了，革命藏起了枪管。

拿破仑对婚姻的观点接近穆罕默德，即婚姻的功能是繁衍旺盛的后代。但其先决条件为男人必须不受婚姻的限制，忠实的妻子应该受到保护。结婚虽然不必一定举行宗教仪式，仍应正式庄严，以强调婚姻的义务。夫妻应该同床共寝，因为这"对婚姻有重大的影响，可以保障妻子的地位，维持丈夫对妻子的依赖，巩固两人的亲密关系，因而保存了婚姻的道德"。拿破仑在决定离婚前，一直遵行这个古老的习俗。

但是，丈夫即使有一个忠心耿耿的太太，还是不够的。"我觉得一个人应该只有一个合法妻子的这个观念十分可笑。这样她怀孕时，男人就好像根本没有太太似的。"多妻制总比离婚和通奸好。两人结婚 10 年后，就不应该离婚。女人只准离婚一次，而且离婚后 5 年内不得再婚。丈夫通奸，除非携情妇登堂入室与发妻同居屋檐之下，否则不构成离婚的理由。丈夫不忠时，他应该向妻子忏悔，然后罪行就可以一笔勾销了。妻子通常会十分生气，但会原谅他，然后两人又和好如初，妻子因此往往还取回一些优势。可是妻子不贞，情形就不一样了。她忏悔、认错固然很好，但谁知道有些什么留在她的心里或肚子里呢？"因此她不能也不可能取得丈夫的谅解。"（可是他自己曾原谅约瑟芬两次。）

他看女人，一向抱着穆罕默德的观点，因此他不易为女色所惑。"我们一向对待女人太过优裕，因此往往败事。我们让女人和我们平起平坐，是大错特错的。东方国家认为女人是男人的财产，在这方面，他们真是比我们有脑筋、有见解。事实上，自然使女人天生要成为我们的奴隶……自然把女人给了男人，让她为他生儿育女……正好像果树属于园主一般，她应该是他的财产。"

这些观点十分落伍（也和生物学的论点违背。其实雌性通常是统御的一性，雄性往往是恭谨谦卑地侍奉衣食，有些甚至自身沦为雌性的食物）。因此我们宁可相信拉斯·卡斯的话。他安慰我们，拿破仑所说的不过是开玩笑，表示男人的勇武而已；或只是他身为军人，梦想母胎能有壮丁源源而来的心理作祟而已。可是，拿破仑的想法是和科西嘉所有雇佣兵头目的观念完全吻合的。《拿破仑法典》也坚持男人对妻子及她的财产有绝对的控制权，认为这是维持社会秩序必要的步骤。1807 年，他在给约瑟夫的信上写道："我一直认为女人是为男人而生，而男人是为国家、家庭、光荣、名誉而生的。"弗里德兰血战（1807 年 6 月 14 日）次日，他拟定一个计划，决定为失去母亲而亲族无力抚养的女孩在伊考恩设立一所学校：

在伊考恩的女孩子应该学习什么呢？首先应该教导她们遵行宗教中最严谨的规范……我们教育这些女孩的目标不在于教她们思考，而在于教她们相信。女人通常大脑薄弱，思想不稳……她们时常自怨自艾……这些只有宗教才能开导她们……我希望此地出来的并非千娇百媚的女子，而是德行贤淑的女子。她们必定会引人倾慕，这是因为她们持身高洁，心地善良，而不是因为她们言词慧黠，可爱动人……此外，这些女孩应该学习写作、数学、初级的法文……一点点历史、地理……不要掌握拉丁文……她们应该学着做所有妇女的工作……除了校长外，任何男人都不准留在校内，甚至园艺也应该由女人来做。

拿破仑有坚定不移的政治哲学，他认为既然人生而不平等，大多数的"脑筋"必然只在少数中，他们将以枪管或言论来统治大多数人。人人平等的乌托邦只是弱者安慰自己的神话而已。无政府主义者高喊脱离法律和政府的束缚，那只是思想幼稚、一厢情愿的幻想。民主政治只是强者用以掩饰其少数统治形态的游戏和花招而已。法国事实上一度曾面临在世袭贵族统治和商人阶级统治两者之间做抉择。因此，"在国际，在革命时期，贵族政治永远存在。摧毁了贵族阶级，第三阶级中有钱有势的家族立即又会形成新贵族。如果将新贵族打倒，工人和群众的领袖又立即形成新贵族"。"合理的民主政治只限于供给每人公平竞争，去争取成就的机会。"拿破仑宣称他已做到了这点，他给予人民在各行各业平等公平的发展机会。不过他也曾做出一些违反此原则的事情来。

关于革命，他的观点则有些闪烁不定。"集体犯的罪行，谁也不会受到惩罚。"同时，"从没有不恐怖的革命"，因为暴民要发泄他们原始狂野的情感。"革命是社会风气重新和改革的真正主因。"然而一般而言（1816 年他下了结论），"革命是人类最大的苦难之一。引发革命者往往即身受其害者，革命带来的所有益处往往不足以补偿身处革命中遭受的痛苦"。

他认为王朝政体优于任何政体，沙皇亚历山大曾怀疑世袭君主的制度是否完善，但拿破仑不赞成沙皇。他维护王位世袭制度（指他自己的王朝）："世袭制比选举制更可能产生贤明的政府领袖。"在世袭君主的稳定政府下，比起人人自由、听其自然的民主政府，人民较为幸福。"在太平年代，人人均能得其所哉，自得其乐。在小店铺里的补鞋匠，他的乐趣并不逊于王侯，而士兵也能和大将一样的快乐。"

他的政治理想是以巴黎为"世界的首都"统御全欧，形成一个欧洲邦联。在这个欧洲邦联里，货币、度量衡等制度及基本的法律都将统一通行，旅行和通商不必受到政治疆域的障碍。1812年，拿破仑到达了莫斯科。那时他以为只差和亚历山大订立和约这步，就可以实现多年以来的梦想了。可是他低估了各国国情不同而造成的离心力。不过，他知道欧洲的统一不可依赖理性的说服，势必要以优势的力量强迫这代来完成，这个见解应该是正确的。然后那时虽然还会有战争，已经是"内战"了。

近晚年时，他有些彷徨，不知道自己是自由自在、随心所欲的主人，还是受某些宇宙力量任意摆布的工具。如果我们认为：凡相信人不论自己如何选择，其成败、健康、一生的事业早已为某些无形的力量决定者即为宿命论者，他显然不是一个宿命论者。一个决定论者相信：一个人过去的经历，各种因素的组成决定了他未来的一举一动，决定了他所有的决定、思想、行为。从这个定义来看，拿破仑显然也绝非决定论者。然而他一再谈到"命运"——大势，事物的主要趋向。这种趋向，人类的意志或可使其部分改变，但其主要的本质出于事物的本性，不可能改变。有时他认为自己意志坚强，足以阻遏或改变潮流——"我一向能以意志改变和创造命运。"可是他缺乏自信，又说过相反的话："我依顺大势。我没有自己的意志。我任事物自然发展。"即依事物本性的必然趋势而行事。"人越伟大"，即权势越高，"越没有自由的意志"。即加诸于此人的外在力量愈为繁多，愈为强大。"我们的一切完全看环境及事物的大势而决定。我是人类最大的奴隶，我的主人是事物的本性。"有时，他中和了这些矛盾摇摆的观点，又会骄傲地认为自己是命运的使者、代理人——命运即决定万物趋向终点的事物本性。"命运驱使我朝向不可知的目标前进。目标没有达到以前，我是不可侵犯、不可阻挡的。"他认为自己随着潮流前进。可是，"命运借着我的手达成使命后，连一只苍蝇都可以毁灭我"。他觉得他和伟大壮观但危险的命运已形成一体。因此，自负的心理、环境的因素驱策着他不停前进，因为"命运必须实现"。

他像我们一样，常想到死亡的问题。他有时也会有赞成自杀的念头。年轻时，他认为自杀是每个人最后保有的权力。不过 50 岁那年他加了一句注脚："这要看他的死是否对别人无害。"他不相信灵魂是不朽的。"除了留在世人心中记忆外，并无任何不朽之物……生而无荣耀，不曾留下一丝生活的痕迹，就是白活了一生。"

他究竟是什么人？

他是一个法国人吗？若不是因缘际会，他无论身材、思想、性格都不像一个法国人。他外表近乎严谨的罗马人，而不似明朗的高卢人。他缺乏法国上流人士的轻快、优雅、幽默、慧黠，也没有他们高雅动人的风采。他的兴趣不在于享受人生，而在于征服全世界。他法语说得不是很好，直到 1807 年还带点外国口音。他的意大利语则流畅自如，他在米兰似乎比在巴黎更自在些。有时，他表示他不喜欢法国人的性格。拉斯·卡斯告诉我们，"皇上对国人轻浮、善变的个性曾一再这么评论：法国人都是浮躁、爱挑毛病的……法国人喜欢变化，因此任何形式的政府在这里都难以持久"。

他经常谈起他热爱法国——可是语气并非十分肯定。他讨厌别人称他为"科西嘉人"，"我希望做个道道地地的法国人"。"世上最高贵的头衔是生为法国人。"可是，1809 年他把"他热爱法国"这句话真正的含义告诉了雷德尔伯爵："我只钟情一人，我只有一位情人，那就是法兰西。她与我同床共寝，她对我忠心不贰。她为我倾其所有，抛头颅、洒热血，毫不吝惜。我即使需要 50 万大军，她也能全数贡献。"他爱法国正如小提琴家爱小提琴一般，把它当作能随心意弹奏立即共鸣的乐器。他一再猛烈地拨弄琴弦，直到所有的弦因为过度绷紧、突然全部断落才罢休。

他是不是一个"革命之子"呢？联盟各国都这么称呼他。他们的意思是他继承了革命时期的罪孽，因为他继续一如往日地排斥波旁皇族。可是他自己已一再宣称结束了革命时期：他不仅结束了暴动混乱，也结束了民主的姿态。固然他保持了革命时期的一些措施，如解放农民、自由贸易、法律之前人人平等、人人平等发展才能的机会及保护自然疆界的决心。在这些方面，他称得上是"革命之子"。可是他自封为终身执政，继而称帝，结束了出版的自由，与天主教会握手言和，建造了许多新的巴士底狱，赞成贵族制度。这时他不再是革命之子了。在他征服的土地上，他许多方面的作风仍然像一个革命之子。他结束了封建制度，关闭了宗教裁判所，终止了教会对人民生活的控制。他引进了法典及几丝启蒙运动的光芒。然而，他把嫁妆送给了这些国家以后，随后又送入了他任命的新王。

虽然他不愿意别人叫他"科西嘉人"，可是大家仍然这么称呼他。这样的称呼正确吗？他其实只有在对家族的忠诚、对战争的爱好及保卫法国抵御外侮的狂热这些方面，像一个科西嘉人。此外，他没有科西嘉人结党好斗的习性。他曾研读启蒙时代的著作，也使他脱离了故乡中世纪天主教的影响。他具有科西嘉的血统，受过法国式的教育，而在每方面是典型的意大利人。

现在，回答了这些问题之后，我们还是最终同意司汤达和泰纳的看法，即拿破仑像是意大利文艺复兴时代的一位雇佣兵领袖，而科西嘉孤立的地理位置、当地世家好斗的民风及连年的战争进一步塑造了拿破仑此人。他是博尔吉亚，但有博尔吉亚两倍的头脑。他是当代的马基雅维利，但只有马基雅维利一半的谨慎，却有他百倍的毅力。在伏尔泰的影响下，他养成了怀疑宗教的习性。在革命时期，在人人必须诉诸阴谋狡诈以求生存的环境里，他锻炼得精明能干。在法国知识论战的气氛里，他培养了敏锐的心智。文艺复兴时代人士的所有特征，他一一具备：一个艺术家、军人、哲学家、独裁者。他的意志与目标一致，他的思维敏捷尖锐，他的行动直截了当，声势逼人，然而不知适可而止。去除了这个重大的缺陷，他将是史上最为多才多艺、均衡发展的一位大政治家、大军事家。托克维尔曾说：拿破仑不以德行见长，但已入伟人之林；拿破仑虽不知中庸之道，已入智者之林。善哉斯言！同时，他说：史上如拿破仑者，千古难得一见。此言应是不虚。

经济

拿破仑虽出身行伍，却深晓经济为家庭的命脉、文化的下层土壤、国家的强弱的所系。一般而言，他虽偶尔忍不住有控制经济的欲望，但他赞成自由企业、公开竞争及私有财产。当时，傅立叶等人倡导集体生产、分配的社会主义，拿破仑丝毫不加理会。他坚信在任何社会里，少数的有才者终将统御大众，吸引大部分的财产。同时，不平等的报酬可使人们安于劳苦，这是共产的思想无法取代的。坦白地说，"因为饥饿，世界才生生不息"。再说，公有财产制度易于使人流于怠惰。"私人拥有财产者，必然关心自己的产业，因此，经常保持清醒，以求实现其目标。"而公共财产，本质上即不易有所作为，容易导致懈怠。其原因在于："个人企业是本性的结果，而公有企业是公益心的产物，但世上具备公益心者实寥寥无几。"因此他对各阶层人士，无论贫富，都敞开大门，供给其一展长才的机会。在他早期和中期的统治期间，法国各阶层安和乐利，和平相处，人人就业，政治稳定。"人尽其才之后，没有人会去推翻政府。"

拿破仑的首要方针为：若立于良好的农业制度之上，政府财政必然稳定。他亲理万机，细微必察，以期能贯彻这一原则：保护关税，维持稳健的财政措施，维持良好的道路运河系统来安定农民的工作情绪，鼓励他们购置土地，扩大开垦面积。最后，这些健壮的农夫将成为军队的来源。从前法国许多农夫是佃户或长工，但 1814 年，50 万农民已达到耕者有其田了。当时旅游法境的一位英国女性曾描述：当地农民的富足生活是欧洲其他农民不能相比的。这些耕田的人视拿破仑为其田契的活生生的保障，因此对拿破仑忠心耿耿。等到他们的儿子纷纷入伍，田地荒芜了，这种感情才改变。

工业也是拿破仑施政的重点之一。他视察工厂，查询生产过程及产品，关心工人，管理人员，这都是他的重要政务。他希望使科学为工业引用。他举办多次工业展览会——1801 年在卢浮宫，1806 年在老兵广场（Place des Invalides）巨大的帐幕下。他设立工商学院，奖励发明家和科学家。1802 年，法国科学家在巴黎近郊运河的小船上，以一具粗陋的引擎，从事了蒸汽推动的实验。其成就虽不足以服人，却推动了未来进一步的研究。1803 年，富尔顿（Robert Fulton）提出一项计划，建议将蒸汽用于航海。拿破仑将此草案转交国家研究院。经过两个月的实验，以不合实际遭到否决。比起当时的英国，法国工业发展较为缓慢，市场不广，资金、机器均不及。但 1801 年，雅凯（Joseph Marie Jacquard）推出了新式的织布机。1806 年，法国政府购买此机器并加以推广。此后，法国纺织工业已足以与英国竞争。1800 年，里昂的丝织业仅有 3500 架织布机，1808 年已增至 10 720 架。1810 年，某个纺织业巨子雇用的工人已达 1.1 万人。同时，为了应付英国糖、棉花、靛青的禁运，法国化学家由甜菜中提炼糖，由大青中提炼染料，生产的麻布品质优于棉布，甚至能由土豆制造白兰地。

拿破仑循各种途径来协助工业界。他实行关税保护政策，执行大陆封锁。他以优厚的贷款协助他们度过财政难关。他扩张帝国疆土，开拓法国商品的新市场。他从事公共建设，以补助就业的不景气。这些工程有些是为了纪念拿破仑及其大军的光荣事迹，如旺多姆圆柱、圣马德莱娜教堂、旋转凯旋门、星凯旋门。有些是军事的防御工事或设施，如瑟堡的碉堡、壕沟和关口。有些是公共建筑，但具有艺术风味，如股票交易所、法国银行、邮政总局、奥狄翁剧院，甚至典雅的谷酒市场也在此类（1811 年）。有些为辅助农业的工程，如清除沼泽地。有些为交通、贸易工程，包括开辟巴黎的新街道，如里弗利街、卡斯提里列路、和平大道及沿塞纳河两公里的河堤（如奥谢堤）。更重要的是一些交通工程，包括法国境内 3.35 万英里的新道路及无数的桥梁，如巴黎的奥斯特利茨桥和耶拿桥。此外，他疏浚河道，拓展法国壮观的运河系统。他开辟运河以连接巴黎、里昂，连接里昂、斯特拉斯堡和波尔多。拿破仑还开辟连接莱茵、多瑙、罗讷等河的运河，由此连接威尼斯、热那亚为一线。然而未及完工，拿破仑下台了。

工人挖掘运河，树立纪念凯旋的拱门和从事生产均不得罢工，他们也不得组织工会以谈判改善工作环境或提高工资。不过，拿破仑政府一直注意使工资足以应付物价。面包店、肉店和制造商置于政府的管制之下。尤其在巴黎，他要求生活必需品必须随时充分供应。直到拿破仑统治晚期，工资始终较物价涨幅为大。因此，无产阶级能享受到一般富足的生活，也同声赞美拿破仑的功绩，他们较一般中产阶级更为忠诚。对中产阶级的自由人士，如斯塔尔夫人和贡斯当宣扬的自由，他们根本不予理会。

然而，民间仍有值得抱怨之处，不满之声仍偶尔可闻。自由企业的发展使聪敏能干之士逐渐富有，有些人开始觉察到：在自由的环境下，平等凋零了。政府自由放任的态度使财富集中，半数的人民无法享受到发明的果实和文明的芬芳。1808 年，傅立叶出版《四种社会运动的理论》，此为空想派社会主义的第一部经典之作。他主张：凡不满目前工业结构组织的，应联合组成合作社（*phalanges*），每社由 400 家组成，共同居住在一座共同建筑里。每个成员每个工作日应下田耕作（集体耕作制），从事家庭或社区工业，部分时间从事休闲或文化活动。每个成员应从事不同的工作，并不时变换工作。每个成员均可公平分享合作社的产品和利润。每个公社应有一个社区中心、一所学校、一个图书馆、一个旅社、一家银行。这种主张影响了两半球的许多理想主义者，如波士顿附近的布鲁克农场（Brook Farm，由霍桑等人创立）即为此类型的乌托邦式合作社区。不过，由于人类天生个人主义的因素影响，许多合作社不久就夭折了。

拿破仑本人并不喜欢资本主义。他说美国人"以赚钱为至高荣耀"，"只是商人而已"。他扩展通商运输的管道并善加维护，他提供财经协助、稳定金融，这些都刺激了贸易的发展。然而，他力行大陆封锁，其条例繁琐，因此阻遏了贸易。最后，他屈于民怨，1810年至1811年发给特别执照，以便对英国输出货品，并进口糖、咖啡及其他外国商品。这些执照均加以收费，因此在发照过程中，时有滥用人情和贪污舞弊的事件发生。在法国，工业成长后，小本商人较大批发商处境为佳。农业、工业、交通业扩展后，商店中货品堆积的盛况为前朝未有。闹区市街布满鲜艳的花束。然而，大的商港如马赛、波尔多、南特、勒阿弗尔、安特卫普、阿姆斯特丹日渐衰微。于是，商人开始反对拿破仑及他的封锁政策。

他最伟大的政绩是金融政策的成功。说来奇怪，他年年征战，然而直到1812年，战争所费并不及收益之多。他将惹起战争的责任归之于敌人，击败对方后，便索取巨额赔款和名家艺术品作为教训他们的学费。他将搜刮所得部分由个人控制，当作额外资产。1811年，他曾夸称在土伊勒里宫的地窖存有3亿金法郎。他使用这笔基金解除国库的困窘，扭转股票市场的风险，从事公共工程或地方建设，褒奖特别的功绩，赏赐著名艺术家和作家。最后，用来支付秘密警察的开支。所余者足以准备下一场战争，并使法国的税收远低于路易或革命时期。

泰纳说："1789年以前，农田所有人收入100法郎者，必须付给封建主14法郎、教会14法郎、政府53法郎，自己仅能保有18或

19 法郎。1800 年以后，他不必再付税给封建主或教会，对中央政府几乎不用纳税，只需付 25 法郎给地方或行省当局，本人留下 70 法郎。"1789 年以前，每个手工工人要利用 20 至 39 个工作日来付税；1800 年后，只需 6 至 19 天。"由于无恒产者几可完全免税，直接税大致全部由有产业的公民负担。"不过，仍有许多"相当公允"的间接税或货物税，民众须平等缴纳。因此，穷人还是较富人负担重。及至帝国晚年，军费已入不敷出，税率物价上升，于是民怨四起。

法国银行成立于 1800 年。当时为私营，但 1805 年发生财政危机，拿破仑于是重组法国银行。当时，他正在马伦戈为政治生命而苦战，一群投机商人在乌夫拉尔的领头下取得了军需的供应权。由于经营不善，他们请求法国银行给予庞大的贷款。为了筹款，法国银行征求国库的同意发行本票，视同货币发行。这些本票却不为商业交易接受，面额贬至票面额的 90%。公司和银行因此面临破产的噩运。拿破仑回到巴黎后，立即以奥地利的部分赔款挽救了银行，但他坚持以后银行必须"置于政府的控制之下，但为适度的管束"。1806 年 4 月 22 日，他任命一个总裁和两个副总裁督理行务。此外，由股东选出 15 位监事。这种新型法国银行在里昂、鲁昂、里尔开设分行，由此为法国政府和经济开始了漫长的服务生涯。

对供应军队和政府物资的商人，拿破仑一向不甚尊重。他认为每个合约商必定会抬高价目，有些人甚至会以高价卖出劣货。因此，他指示下属必须对呈递的账目严加审核，有时甚至躬亲其事。他告诉布里埃内："所有的合约商、供应商都是坏蛋……他们积财千万，纸醉金迷，令人厌恶。但我的弟兄没有面包，没有鞋子。对这种事我无法忍受。"1809 年在维也纳，有人向他告状，指称军队购置的装备和衣服不合规定。他于是下令调查，结果发现合约商出卖货品时，图获非法的暴利。他下令组成军事法庭审判，并将罪犯处以极刑。说情者想尽办法来拯救他们，然而拿破仑坚持不予免刑，仍旧执行原判。

即使最不友善的批评家也承认，一般而论，拿破仑统治的前 13

年里，法国享受了史上未有的繁华。拉斯·卡斯本为流亡人士，后蒙赦免，并颁予爵位。1805 年，他旅游 60 个行省后归来报道说："法国历史上，从未有任何时代国力如此强盛，如此繁华，政治稳定，人民安乐。"1813 年，内政部长蒙塔利韦子爵宣称长期富足的原因是"封建制度、特权阶级、世袭财产、宗教势力已受管束……财富的分配已较为公允，法律明晰而简洁"。1800 年法国人口约为 2800 万人，1813年已增至 3000 万人。这似乎并不是如何壮观的成就，但是如此高的增速如果延续至 1870 年，拿破仑的侄子就将有 5000 万大军（即使不以复利计算）来对抗俾斯麦日耳曼的挑战了。

教师

我们曾经读到过：拿破仑身为执政时，为了维持革命后法国社会的秩序安定，曾制定民法。为了保持政府和人民传统宗教的和平与合作，他签订了宗教协同。除了这些教育民众的方法外，他又提出第三种方案，即重组法国的教育制度。"所有社会制度中，学校应为最有成效者，学校对其指导抚育的青年有三种影响的途径。一为通过师长，一为通过同学，一为通过校规。"他相信法国大革命时，法律秩序之所以不行，其原因之一为在当时生死攸关的纷争里，无法建立一个适时的教育制度，以取代先前天主教制定的制度。当局曾经拟定过冠冕堂皇的方案，然而此方案因无财力、无时间，未能实现。初级教育只好委托神父修女，而其他教师赖家长和社区接济，仅能糊口而已。公立二级学校勉强维持二级的教育，但只能传授历史、科学知识，无暇顾及品格的培养。拿破仑由政治的角度来看公共教育制度，他认为其功能在于培养有才智但服从的公民。他曾毫不讳言地说："我训练教师，主要目的是掌握指导政治、道德、舆论的工具……如果民众长大成人后还不知应拥护共和或专制，不知应信奉天主教或不信宗教，那么国家永远不成为国家，国家的基石不稳，将不时变动不安。"

他恢复了与教会的情谊后，也允许半教会的组织，如基督徒教育兄弟会从事初级教育，允许修女教导富家女子，但是他不允许耶稣会士再进入法国。不过，他倾慕耶稣会教师团体奉献自我的精神和严谨的组织。1805 年 2 月 16 日，他写道："当务之急为设立如古时耶稣会般的教师团体。"布里埃内记得："我随侍时，常听他说，所有学校、学院及公共教育组织都必须军事化。"1805 年，拿破仑指示下属："如果国内所有校长、教授能由一个首领或数人，如将军或耶稣会的会长加以管辖"，如果规定每人必须经历不同的低阶职位，方能充任高一层的职位，"那么教师的规范就可以建立了"。同时，教师最好独身不娶或晚婚，"直到他拥有适当的地位和收入……足以维持家庭"。

一年之后，1806 年 5 月 10 日，弗朗索瓦奉立法院临时敕命："在帝国大学名下成立一个机构，负责全国教育。"这个新大学（巴黎大学成立于 1150 年，1790 年为革命政府关闭）不仅为各种学术——神学、法律、医药、科学、文学——的研究场所，而且为法国二级教育师资唯一的培育场所。各行省应择一至多个城市设立中等学校，其课程应包括古典语言、文学、科学等。其经费由县负责，但所有教师必须大学毕业。每位教育人员必须经历所有低阶职务，并对上级，如士兵对军官似的，一向服从，方可升任高阶职位。为了鼓励法国青年接受大学严谨枯燥的训练，拿破仑设立 6400 个奖学金，接受人必须尽忠教职，并允诺 25 岁后才可结婚。他们的最高奖励为"光明的远景，有希望成为国家最高元首"。拿破仑告诉弗朗索瓦："这些只是开始，我们会做得更多更好。"

1810 年，他恢复师范学院，归属为大学的一部分。他选拔优秀学子，接受军训生活。他延聘拉普拉斯、拉格朗日、贝托莱、蒙日等大师为教授。此为拿破仑得意的措施。他期望到 1813 年，法国各学院的教师将由此学院的毕业生充任。在各学院课程中，科学课程已逐渐多于古典课程。这奠定了法国知识分子的风格。科技学院建于革命时期，此时改制为军事学院，教导自然科学以实用于战场。一些地方学院侥幸逃过了拿破仑军事化的措施。私立大学申请执照，并接受大学定期检查，仍能继续存在。控制稍为缓和后，外来教授也可使用大学讲堂讲授特殊课程，学生也可自由听课。

这个知识金字塔的顶端是法国国家研究院。法兰西学院 1793 年废止，1795 年恢复为国家研究院的第二部，拿破仑以身为研究院一个成员为荣。但是，1801 年，道德政治部门打算讨论治国之道时，他命令谢古伯爵："告诉第二部，我不许任何关于政治的讨论存在。"当时研究院中有许多拥护启蒙运动和革命运动的死党，政府恢复天主教地位之事，他们都出言嘲讽或暗自悲悼。卡巴尼斯、特拉西曾使用"观念学"（ideology）一词来指对思想形成过程的研究。拿破仑认为这些心理学家、哲学家只知沉迷于主义、陶醉于推理，而不知体验洞察人生和历史的真相，因此称他们为"理论家"（ideologues）。这些知识分子著书立说，传播其思想，在他看来是优良政治的阻碍。"文笔优美、口才流畅的人往往只有肤浅的判断能力。"他哥哥约瑟夫统治那不勒斯时，他提醒约瑟夫："你与文人的来往太频繁了。"1807 年 7月 18 日，拿破仑对沙龙里喃喃议论的知识分子，有一番这样的评论："我看学者、文人都好像卖弄风情的女子。我们应该常去探访她们，和她们谈天。可是，千万别从这般的女子中选择妻子，也别从这些文人中选择大臣和阁员。"

1803 年 1 月 23 日，他重组研究院，将其分为四部，删除了道德和政治部门。第一部他最为重视，以研究科学为主。其 60 名研究员中包括了勒让德尔、蒙日、比奥、贝托莱、拉普拉斯、拉马克、圣希莱尔、居维叶。第二部有 40 位研究员，致力于语言和文学的研究。这个部取代了旧日的法兰西学院，并负起完成编纂《大词典》（Dictionnaire）的工作。此部成员有年轻的诗人德利尔（Delille）、知名的剧作家谢尼埃、年轻的历史学家基佐（Guizot）、浪漫派作家夏多布里昂、哲学家沃尔尼、特拉西和比朗。第三部有 40 名研究员，从事古典、东方历史、文学、艺术的研究。郎格莱斯（Louis Langlès）

专攻波斯、印度学。他的研究曾促使东方语言学院于 1795 年成立。维卢瓦松（Villoison）曾发现亚历山大学者对荷马的评注，他的研究影响了沃尔夫。后者因而发表创见，主张"荷马"不是一人，而是多人。第四部艺术学院包括 10 位画家、6 位雕刻家、6 位建筑家、3 位浮雕家、3 位作曲家。在此地，雅克·路易·大卫、安格尔、乌东大放异彩。

拿破仑尽管对"理论家"不表欣赏，他仍衷心支持研究院，一心一意使其成为王朝的点缀品。每名院士每年可从政府那里支领 1500 法郎的年薪，每部之长可支 6000 法郎。每年二三月每一部门须就所做的研究呈报皇上。拿破仑对此制度十分得意。因为如梅纳瓦尔说过的，"由对文学、艺术和科学的全面研究，可以看出人类的智慧不曾在其不断进步的过程中停止，绝无倒退的现象。""不断"两字固值得商榷，但不容置疑的是：在拿破仑的统治下，科学、学术得以重整，这些学者因而才能在未来半个世纪里领导着欧洲的知识界。

军人

接受教育后，即征召入伍。法国大革命以来，战祸连年，血流成渠，劳民伤财。1793 年的征兵树立了史上的先例，即战争不再是王侯雇用佣兵所玩的游戏了。法国已任命平民为军官，甚至大将。虽然各国迎头赶上尚有一段时日，战争已成为全民全国之间的冲突。卢梭早已规定：全民选举的结果之一必然是全国皆兵，也就是说，有投票的权利即有服役的义务。路易以前的法国只是一些自大的地区组合的国家而已，并无民族意识来团结全国人民。然而，1793 年，面临着欧洲各王朝的威胁，为了保存共和政体，法国人面临着共同的忧患，从此团结起来了。全国上下一心，采取了这项重大的措施。如今他们了解全民皆兵以成大军，为法国当务之急。于是开始了征兵制。法国人民士气高涨，为古今少见。封建王侯的职业军人纷纷溃败，见此情势，这些国家也纷纷推行征兵制度。从此，战争成为全民之间竞相残杀的斗争。战争的动机不再是维护王朝的荣耀，而是保存民族的光荣。

1803 年，拿破仑眼见《亚眠和约》破裂，法国与另一联盟的大战不可避免，于是公布了新征兵法：所有 20 至 25 岁的男子均须接受征召。但有许多人获得免役：年轻的已婚男子、就学的僧侣、鳏夫或离婚男子有子女者、已有兄弟征召者、孤儿中的老大等。不过，应召者须付钱找人代替。最初，拿破仑认为最后这条规定不够公平，但后来他同意了，主要理由是深造的学子应继续求学，以便将来任官职。

法国政府每年一再强调，为祖国牺牲是"高贵甜美的光荣"。在拿破仑胜利的欢欣气氛里，法国人民忍耐着接受了这句口号。然而，1808 年法军初露败象，成千的家庭痛失夫君、儿子，开始有了反抗的现象，逃避兵役者人数倍增。1814 年，拿破仑已征召了 261.3 万法国人入伍，约 100 万人战死或病死，另外 50 万是由盟国和属国征募而来的壮丁。1809 年，拿破仑敦请沙皇亚历山大调停法英的不和，他说世界和平之后，征兵制即可结束，然而这个希望也落空了。法国战败的敌人似乎又从坟墓里爬出来，一次又一次地组织新联盟，一再发动战争。拿破仑只得将法令规定的 5 年役期延长，同时征召未及龄役男入伍。1813 年，他已召集 1815 年次的役男。最后，法国父母们再也忍耐不住了，"推翻征兵制"的呼声响遍了全法国。

以这种征兵方式组成了拿破仑既钟爱又引以为荣的"大军"。他颁给每军一面色彩绚烂的军旗，由一个勇武青年带入战场，领导鼓舞着同胞。他倒下时，另一个青年立刻冲上前去，扶起军旗，再度勇往直前。这样，拿破仑激励了大军的军魂。这面军旗常成为每军军魂的标记，它历经百战，在胜利游行时，在前面引导着生还的战士。最后，它将悬挂在老兵疗养院里，那时虽已破损不堪，却是胜利的神圣象征。除此之外，几乎每军都有独特的名称和制服，著名者如骑兵团（*Hussars*）、步兵团（*Chasseurs*）、炮兵团（*Lancers*）、龙骑兵团

（*Dragoons*）。他们分驻在布雷斯特、尼斯、安特卫普、波尔多各地。除了这些，最后是 9.2 万名禁卫师，环侍国王左右，随时效命。任何入伍士兵均有选入禁卫兵的机会，甚至还可能成为拿破仑的 18 名大将之一，运筹帷幄。

战争的后果实在无法估计——在生物、经济、政治、道德各方面都有重大的影响。据过去的统计，法国在这些战役里共死亡 170 万人。最近的统计已将此数字削减为 100 万人。即使如此，在法国的母亲能补偿这些损失以前，由于大批青年的阵亡，法国有数十年之久国力不振。经济方面，战争的刺激、法国港口遭英国封锁、军事的需要，都加速了工业的成长。政治方面，战争巩固了各个地区的统一，巩固了对中央政府的效忠。道德方面，由于战祸连年，欧洲人逐渐习惯了大规模的战争，对野蛮人入侵以来仅见的这些屠杀景象，也逐渐麻木不为所动。各国领袖在前线、在后方，甚至在京城，都抛弃了十诫。拿破仑在 1809 年给贝尔蒂埃将军的信上写道："战争即为是非的仲裁。只有刀剑才能创造万物。""总而言之，政治本身即含有军事的性质。"无武力即无国家。

为了灌输给法国人这种武德的观念，拿破仑诉诸他们爱荣誉的情感。争取光荣形成了举国的热潮，导致了法国人的团结和服从。因此，拿破仑才会说："革命政府的战争升华了法国人民的情操。"他借着联盟的帮助，使法国人 10 年来为他陶醉疯狂。1810 年，缪塞正在法国，我们可引用他的话来描述法国当时的气氛：

　　在这个万里无云的晴空下，到处闪耀着光荣的标志，到处闪烁着剑光，这个时代的青年便呼吸着这样的空气。他们十分明白，他们的命运是牺牲流血，但他们又相信缪拉是永远不可能战败的。他们又亲眼看见皇帝在枪林弹雨中，冲过桥梁而毫发不伤，因而他们不禁怀疑他是否已成金刚之身！而且，即使流血牺牲又算得了什么？身披着紫袍，死亡看起来是何等美丽，何等高

洁，何等荣耀啊！死神借走了希望的色彩，死亡收割了许多正在
孕育的稻谷。因此，死亡也变得年轻了，在法国老年已不存在
了。法国的摇篮和墓园都手持盾牌，全副武装。老年的长者已不
复可见，法国如今只有战死的英骸或万人瞻仰的英雄。

此时，拿破仑在前线的士兵却偷窃、赌博、买醉来忘掉心中的
恐惧。他的大将依官位大小也做出不同程度的舞弊行为。马塞纳积攒
百万钱财，苏尔特也不甘落后。平易近人的约瑟芬、和蔼可亲的约瑟
夫、勇武善战的吕西安、拿破仑母舅费斯克大主教都投资经商，专门
出售劣级品给法军，因而也获利甚丰。拿破仑本人则善于夸张掩饰伪
造战情。他一面搜刮战败国的金银珠宝和艺术珍品，一面却思索着如
何振兴法国的道德风气。

道德与风俗

大革命的爆发打破了政治和父母的权威，赶走了宗教信仰，法国
人民一时人欲横行。地方各省情况尚可，首都的风气则败坏颓废。法
律的中心在罪恶的渊薮里挣扎奋斗。如今拿破仑自己虽目无法纪，但
他认为要复兴法国、培养正常知足的民性、确保他成功地治理法国，
稳定道德与风俗是先决条件。因此，他表示：对政府内部、政府人民
之间的事务往来，他将严加督察，任何不法事件将予以严惩。对社会
上、舞台上不够端庄的服饰，他都不假以颜色。他曾谴责弟弟吕西
安、妹妹埃莉萨客串演戏时过于暴露。在一次晚间的社交场合里，斯
塔尔夫人身穿低胸晚礼服，他见了很不顺眼，便直截了当地批评说：
"我想你一定是自己喂奶的吧？"塔列朗的情妇塔利安夫人为督政府
时代的名女人，她曾以其臀部和胸部领导着当时的世风，后来远离首
都。拿破仑坚持塔列朗必须明媒正娶，以正名分。约瑟芬也和风流韵
事告别了，她的衣帽供应商惊慌之下，把账单价格削减了一半。拿破

仑还制定新法，赋予丈夫与罗马人几乎相同的管束妻子的权力。从此，法国人牺牲了个人自由，然而家庭恢复了教化的机能。

这种新纪律付出的部分代价是为这个时代染上了几分晦暗严肃的色彩。男女和人民革命时代放荡欢愉的气氛不见了，人们如今体验着中产阶级的严谨和劳动阶级的劳苦。波旁王朝时代，阶级的界限划定了阶级的分野，稳定了社会的结构。如今，由于"发展才能的机会平等"，各阶层之间建立了可供援升的阶梯，赤手空拳的年轻人纷纷争相竞逐，要爬上险阻的权力金字塔，于是法国呈现出一片无止无休的竞争热潮。除了这些小小牺牲以外，在拿破仑的治理下，诚如他感觉到的，道德重回法国，中上层社会恢复了法国大革命前崇尚礼仪的风气。

他觉得不管政府如何尽力达成人人机会平等的目标，但由于天赋环境的差异，最后必然会产生一些阶级的分野。但为了避免长此以往产生的只是一些富人的新贵族，他于1802年建立了荣誉勋位。由政府选拔在军事、宗教、法律、科学、学术各方面的杰出之士授予勋位。选拔的方式，正如日常生活一样，是半民主方式的，男士均有候选资格，女士则不予考虑。接受荣誉勋位者必须宣誓忠于自由平等的主张。不过，不久拿破仑便将荣誉勋位分等，他依他们功绩、声望、任期的不同授予不同的勋位。每级勋位均由政府发给年金：大将5000法郎，统领2000法郎，军官1000法郎，武士250法郎。又为使他们与众不同，每个成员颁授绶带或十字勋章佩戴。有些部属或许觉得这些漂亮无用的小装饰品看来很滑稽，但拿破仑答复说：饰物较权力更容易服人，"诉诸人的荣誉感，他便会百依百顺"。

国王又采取另一个步骤，创造了新的贵族阶级。1807年，他制定"皇家贵族"制度，将爵位赐予亲戚、将领、某些行政官吏及杰出的学者。在10年里，他制造了31位公爵、452位侯爵、1500位伯爵、1474位子爵。塔列朗成了贝内文托王子，富歇成了奥特兰多公爵，约瑟夫忽然升为选帝侯，路易成了警察统领，骑兵将领缪拉出人意料地成了海军大将，达武元帅被重新命名为奥尔施泰特公爵，拉纳为蒙特贝洛公爵，萨瓦里为瑞皮格公爵，勒费弗尔为但泽公爵，拉普拉斯、沃尔尼成了侯爵，拿破仑的姐妹都一步登天成了公主。每个头衔附带着一套光彩夺目的礼服和一份年金，有时还有一份丰厚的产业。这表明拿破仑显然违背了共和的初衷——所有的爵位均为世袭。在拿破仑看来，这些新贵族只有拥有可以传宗接代的产业，才能维持他们的地位与权势，也才会拥护统治者。这些新贵族不久便恃着权位和衣饰，到处炫耀，洋洋自得。其实，拿破仑更抢先一步，他身边早已簇拥着内臣、掌马官等皇家侍从及成百的仆役了。约瑟芬也有成群的侍女，并赐予她们由波旁王朝或前朝取来的头衔，俨然一派皇后的架势了。

可是，拿破仑仍不满足，又转向残余的旧贵族，使尽解数笼络他们，诱惑他们进宫。他曾召请许多旧贵族回到法国，来调和当时雅各宾党革命的激烈气焰，并期望因此建立新旧法国之间的道统。最初他似乎并不可能达到这个期望，回国的这批流亡人士指斥拿破仑出身低微、侥幸篡国，他们反对他的政策，讥讽他的一言一行，取笑朝廷新贵。可是，随着节节胜利，拿破仑的声势提高了。法国而今强盛富裕，即使路易十四时代也不能相比。这时，旧贵族改变了清高的态度，流亡人士的子女、年轻一辈欣然接受了官职，为新贵拿破仑效命。贵妇人也前来随侍约瑟芬。最后，一些名门世家如蒙莫朗西家族、孟德斯鸠、塞格尔、格拉蒙、诺艾利斯、蒂雷纳也前来效命，为拿破仑皇朝增添了不少光彩。他们也得到了回报，恢复了部分被没收的产业。及至拿破仑与玛丽·露易斯成婚，新旧法国似乎已完全和解了。不过，这大半是表面的现象。革命的新生儿女并不欣赏这些世家高傲的态度、威仪，军方人士一直醉心于革命的理想，看着他们的偶像居然和世敌拱手作揖，不禁时有怨言。而这些贵族对这些想取代他们地位的新人——这些高大的将军、敏感的知识分子、野心勃勃的拿破仑家人，内心也是鄙视的。

拿破仑害怕这窝猛狮会因此水火不容，时起龃龉，或者甚至会公然大动兵戈。为了防患于未然，他特别重视上下尊卑的礼仪。他委派一些专家参考波旁王朝的典式，制定礼仪规章，以使在任何场合，君臣一举一动均可合乎规矩。这些专家完成了任务，成就了一部800页的巨著，无论哲学家或侍卫都须研读此书，从此朝廷人物成了衣衫华丽、言词空洞的最佳代表。宫廷中人经常玩牌戏，但由于拿破仑禁止以金钱作为赌注，牌戏失去了实在的价值。宫中常有演戏、音乐会、庄严的典礼、盛大的舞会，绅士淑女或以华服争奇斗妍，或以才智各显所长。宫中平静的时候，皇上的亲信左右常随着帝后前往圣克劳德、朗布依埃、大小特里阿农别墅。如果运气更好的话，他们去枫丹白露。在这些地方，度假可以不必拘泥礼仪。大家在游猎中温暖了血液。

没有人比拿破仑更厌烦皇家的礼节，他总是尽可能避免这些繁文缛节。他曾说："礼仪是王者的监牢。"他曾对拉斯·卡斯说："我是因实际需要才维持威严的态度，实行一套庄严肃穆的制度，换句话说，制定节仪。不这样的话，可能每天都会有人拍我的肩膀呢！"至于国家仪式也有其道理在，"政权初创时，一定要懂得如何使百姓目眩神迷，为之心折。一停止震慑人心，政府就要垮台了"。"排场之于权力，正如仪式之于宗教一般重要。""天主教壮观的仪式比起其崇高的教义，不是更容易激起感情的回响吗？想要鼓起群众的狂热，必须先吸引他们的目光。"

有史以来，宫廷的时尚总会向下传播，为社会中上阶层效尤。博学多闻的拉克鲁瓦曾说："督政府时代上流人士的时髦风气不到10至12年便影响了全法国，造成一个注重礼仪、文雅、教养的社会。"

此现象在里昂、波尔多等地极为显著，巴黎更是不用说了。据斯塔尔夫人说，当地"文士聚集，平日交谈莫不是以咬文嚼字为乐，一时蔚为风气"。据拉斯·卡斯的记载，拿破仑"对法国首都人士特有的风雅有公允的评价"，他说："巴黎才子之多，格调之高，为他地少有。"巴黎咖啡屋成百林立，文士喜好聚集一堂，促膝而谈，品茗论道，或谈天下事或卖弄才智。人人怡然自得，看着眼前的大千世界变幻不停的物象无可奈何地消逝。在恐怖时期，讲究美食的饭店都销声匿迹。在督政府下，他们重新开张，如今又开始了对法国人口味和荷包的统治。布里亚·萨瓦兰（Anthelme Brillat Savarin）的不朽之作《厨房里的哲学家》（*La Physiologie du Goût*），其中丰富的资料传说即是在执政和皇朝时代收集的。此书出版时，正是拿破仑去世前一年（1826 年）。

语言的风格、服饰的式样也在改变。公民、女公民的称谓又为革命前的先生、女士取代。时髦的男士又复古穿起马裤、长丝袜，及至帝国衰微时，长裤又大行其道。女士们抛弃了督政府时期的希腊式服装，又复古穿起长裙、紧身胸衣，袒胸露肩的衣服仍然十分开放。拿破仑不喜欢这种式样，可是约瑟芬赞成。最后，她秀美的双肩、裹紧的胸脯终于胜利了。

国王乐于见到法国恢复以往的社交生活，因此他赞成化装舞会。当时巴黎盛行的沙龙，他并不反对。这些沙龙成了政治家、作家、"理论家"的庇护所，他们在此评论拿破仑政权日渐专制的作风。他的兄弟约瑟夫、吕西安也经常大宴宾客，他们的谈话当然支持拿破仑，对约瑟芬则颇有微词。富歇、塔列朗也有他们的"法庭"，不过，那里的言论十分温和。在福布住宅区旧王朝的人士也聚在气氛严肃的晚会里，严酷地声讨拿破仑这家人。斯塔尔夫人还维持着她著名的沙龙，继续着 15 年来对抗拿破仑的战争。冉丽斯夫人在外流亡 7 年后，也回到了法国。她开沙龙，写作，替拿破仑辩护，与波旁王朝的人士、雅各宾党、斯塔尔夫人、朱丽叶·雷卡米耶夫人分庭抗礼。

雷卡米耶夫人

雷卡米耶夫人美丽动人，她丈夫慷慨大方，因此，雷卡米耶沙龙曾轰动一时。她 1777 年生于里昂，取名为朱丽·贝尔纳，朋友都称她朱丽或朱丽叶。她天生丽质，即使后来年已 70 岁、双眼全瞎，脸孔身材仍楚楚动人。女性的风韵魅力——平易近人、善体人意、温柔体贴、风度高雅、心思灵巧等，她都具备了。除此以外，她若即若离的风味更使成百男士为她倾倒。但据我们所知，她始终洁身自爱。1793 年，16 岁那年，她嫁给雷卡米耶。他当时已 42 岁，是位多金的银行巨子。他欣赏她的美丽，听着她的歌声，看着她细致的双手在钢琴和竖琴上倾诉情怀，他即已心满意足，无复他求。他钟爱雷卡米耶夫人，照顾她无微不至，他出钱帮助她做沙龙的女主人，甚至怀着慈父般的溺爱心情，放任她到处征服男人——只要她自己不被征服。而且，显然他也不见得一定坚持享用婚姻的权利。

1798 年，他购得内克巴黎的寓所，此屋位于勃朗峰街（Rue du Mont Blanc）。这时 21 岁的朱丽叶遇见了 32 岁的斯塔尔夫人。两人萍水相逢，从此结为知友，即使情场为敌，她们也不曾反目。朱丽叶知道了这位年长她数岁的女士以沙龙吸引了当时顶尖的政治家和作家时，她也大为心动。于是，1799 年她开放新宅，定期接待巴黎政治文化社交圈内知名的男女人士。内政大臣吕西安无时无刻不向她求爱，他说他对她的爱情即使海枯石烂也永不磨灭。她曾将他热情的情书取示其夫，他劝她虚与委蛇，以免雷卡米耶家的银行得罪了这些新贵。拿破仑最后派吕西安出使西班牙，这才扑灭了他的烈焰。拿破仑曾说，朱丽叶为"王者的秀色"，说不定他也垂青这位美人呢！除了社交，她还别具用心，想在政治上显露头角。她丈夫曾劝她谨慎小心，因为她父亲在执政政府中位居邮政总监，身份不同。可是，雷卡米耶夫人仍与保王人士蒙莫朗西来往。反对拿破仑的将领如贝纳多特、莫罗，及一些对拿破仑日益专制的作风不满的人士，她也加以接待。

这正是她最明艳照人之时，当时的大画家都以为她画像为荣。雅克·路易·大卫以当时流行的女神风姿为她作像——她斜靠榻上，希腊式的长袍微披身上，手臂和足部裸露。雷卡米耶先生觉得大卫并不曾捕捉住其妻恬静和秀美的神态，于是请大卫的学生——吉拉德，与其师比个高下。吉拉德果然青出于蓝，也因此使大卫从此怨恨他。

　　1802年，朱丽叶偕其母游历英国。因为她一代美人的名气，而且她反对拿破仑，当时英国显贵如威尔士王子、贵妇人如德文郡女公爵都以上宾之礼接待她。她返回法国不久，其父贝尔纳因明知巴黎保王人士与旺代叛党秘密勾结而知情不报，为当局所捕，有处死的可能。他的女儿大为惊慌，于是请求贝纳多特至拿破仑处求情，恳请释放，拿破仑最后答应了赦免他，但罢黜其官职。朱丽叶也承认："政府罢免他，不能说是不对。"

　　1806年，她丈夫同法国银行商议贷款100万法郎，来挽救他破产的危机。主事者转请拿破仑裁定。结果拿破仑从马伦戈归来后，发觉银行本身也问题重重，因此驳回了雷卡米耶贷款的请求。雷卡米耶出售了蒙布那路的屋子，朱丽叶出售了金银珠宝，过着朴实的日子，毫无怨言。1807年1月20日，她母亲去世，这个打击使她精神濒临崩溃。斯塔尔夫人听到这个消息，特邀请她到瑞士科佩的城堡稍作休养。雷卡米耶先生此时正全心全意振兴事业，于是答应了她的要求。7月10日她抵达科佩，从此开始了一生最风流浪漫的时期。

　　男士接踵而来拜倒在她的石榴裙下，其中包括斯塔尔的情人贡斯当。她喜欢大家倾慕她的风采，因此并不曾拒人于千里之外，但她始终卫护着自己的城堡。有些人愤而指责她玩弄男人的感情，冷酷无情。贡斯当就充满怨恨地写道："她戏弄着我的幸福、我的生命，上帝诅咒她。"可是，贡斯当也是爱情不专、玩弄感情的人！而在德阿布朗泰斯女公爵的记忆里，朱丽叶是一个十分纯洁的女子：

　　　　将来很难再找到像她一样的女人了——一个名士争相与之交
　　往的女人，一个任何男士都会一见倾心的美人。所有人都渴望获
　　得她的爱，但她始终纯洁无玷……她即使正在欢乐中，也愿意随

时放弃自己的欢乐，安慰失意的朋友。世人只知道雷卡米耶夫人是一位名女人，但有幸结识深知她的，都知道她是一位得天独厚的杰出女子，她是自然女神在心情和悦时创造的完美典范。

1807 年 10 月，朱丽叶与普鲁士奥古斯都王子即腓特烈大帝的外甥，坠入情网，已至如胶似漆的地步。她写信给丈夫，请求解除婚约。雷卡米耶回信提醒她，他 14 年来一直与她共享家财、钟爱她，如今她却要在他力图解除财政困境的时候抛弃他，这样做对吗？她于是回到巴黎，回到了丈夫身边，奥古斯都王子只好借着鱼雁来往，以慰寂寥。

雷卡米耶经济情况逐渐好转了，这时朱丽叶也由母亲处继承了一笔产业。于是她恢复了沙龙，也恢复了反对拿破仑的态度。1811 年，拿破仑对斯塔尔夫人的厌恶已到了极点。蒙莫朗西因前往拜访斯塔尔夫人而被放逐。这时，朱丽叶不顾斯塔尔夫人的忠告，想碰碰运气，她坚持要与斯塔尔夫人在科佩共度一天。拿破仑正因西班牙、俄国战事不利的消息情绪不稳，一怒之下，禁止她进入巴黎周围 120 英里的地区。他第一次下台后（1814 年 4 月 11 日），她回到了巴黎，重开沙龙，还接待威灵顿等联军将领。拿破仑不久由厄尔巴岛逃出，不费一兵一卒又重取巴黎。雷卡米耶只好预备逃离首都，但奥尔唐娜答应保护她，她留下来，暂时保持了沉默。拿破仑第二次下台后（1815 年 6 月 22 日），她又宾客盈门了。她之前结识的夏多布里昂这时又进入了她的生活圈，在他们奇妙戏剧性的来往里，她享受了人生的第二春。

法国的犹太人

法国领导群众解放了心智。同时，由于启蒙运动的影响，人们逐渐不再从宗教的角度来诠释历史。出于这些原因，在法国的犹太人也最先获得了自由。通过对《圣经》的研究人们得知，耶稣这位受人爱戴的传道者虽对犹太法利塞教徒有所微言，但他始终忠于犹太教义。从《福音书》各章中也可看出，曾有成千的犹太人拥戴耶稣、聆听他的道理，他进入耶路撒冷时也曾受到成千犹太人的欢迎。因此，难道只因为一位大祭司、几个拉比要求处死耶稣，只因他们的罪，整个犹太民族就要受到惩罚吗？固然人们面对着犹太人奇特的服装和语言，本来就看不惯，加上经济状况的差异，两种民族更是格格不入。即使有这些情况，敌意现在已逐渐消失了。路易免除犹太人的特别税时，即不曾遭遇民众的反对。1789 年，米拉波曾写了一篇条理分明、见解独特的文章，呼吁全面解放犹太人。1789 年，格雷瓜尔（Abbé Grégoire）以《犹太人生理、道德、政治的重生》一文获得梅斯皇家科学文艺协会（Royal Society of Science and Arts）奖。因此，1791 年 9 月 27 日，立法会议授予法国犹太人完全的民权，似乎只是人权宣言必然的结果而已。1796 年在荷兰、1797 年在威尼斯、1798 年在美因茨，革命大军所过之处，犹太人也随之获得了政治的自由。拿破仑所向披靡，他的法典也到处被自动奉行、实施。

军人传统上是鄙视商人的，拿破仑也怀着这种态度处理犹太人的问题。1806 年 1 月，由奥斯特利茨战役归来，驻军斯特拉斯堡途中，他接获人民的请愿，请求他协助解决阿尔萨斯农民经济的困难。固然突来的革命使他们不必再受封建主的驱役，但他们同时也发现失去了维持生计的工作和土地。他们曾经向当地银行——大部分为犹太人——申贷巨款，用来购买提升他们自身的自耕农所需的土地、农具与种子。银行界供给了资金，不过利息高达一分六厘，这样的利率在借方看来才值得冒冒风险，现在有些农民却无力偿付利息或贷款。拿破仑接到报告，许多农民即将倾家荡产，除非他出面干涉。同时有人警告当局，阿尔萨斯的基督徒已准备大动干戈，对付犹太人的暴动似乎已迫在眉睫了。

返回巴黎后，拿破仑立即召集参议商讨此事。有些人主张采取严苛的手段，有些人则指出马赛、波尔多、米兰等地的犹太人与当地居民相处得十分融洽、受人尊崇，如果因此剥夺了法国境内所有犹太人的权利，大家一起受到惩罚，显然不公平。拿破仑最后采取了折中方案。他裁定：在某些省份，犹太债主应延迟一年讨回债务。同时（1806 年 5 月 30 日），他邀请全法国知名犹太人士聚集巴黎，共同商议犹太人与基督徒共同的问题，并讨论如何使犹太人口散布于全国，不要集中数地，及如何使犹太人进入更多的行业。他授权各省省长选派犹太人代表与会，"一般而言，所选代表令人极为满意"。

1806 年 7 月，犹太各教区的犹太领袖、宗教长老聚会于巴黎，共计 111 人。拿破仑将他们安置于市政厅，共商大计。拿破仑及其阁员提出一些问题，请他们答复：犹太人是多妻制吗？犹太人可与基督徒通婚吗？拉比认为他们可以独立于政府法律之外，裁决离婚吗？犹太人是否认为敛财合法？这些犹太领袖想出了一些拿破仑喜欢的答案：犹太社会禁止多妻制；离婚唯有经民庭判定后才算合法；与基督徒通婚是容许的，敛财是违背摩西律法的行为。拿破仑随后派遣莫莱伯爵赴会告诉他们，他对此次会议十分满意。这位伯爵本来一向敌视犹太人，但这次的讲话十分生动自然，他说："诸位都是世上最古老民族后裔的代表，看到这群贤才俊秀聚会于斯，谁能不大为感动呢？如果古人复生，亲逢此盛会，他岂不是要认为自己正置身于圣城的围墙之内吗？"不过，他说，此会议大部分由民间领袖组成，因此皇上希望大会议案应再获得宗教界的认可确定。因此，皇上主张各位应于巴黎召集"犹太大会"商讨此等事宜。犹太人大会为以色列民族最高的拉比议会，耶城圣殿倒塌之后，犹太民族散居各地，自从公元 66 年以后，从来没有召开过大会。犹太领袖都欣然同意这个建议。10 月 6日，他们向欧洲主要的犹太圣堂送出了拿破仑的请帖，邀请他们选出代表到巴黎"共聚一堂"（Sanhedrin，在希腊文中意为坐在一起），来此商议如何缓和犹太人与基督徒之间的纷争、如何使犹太人融入法国的文化并享受法国文化的精髓。这些犹太领袖随请帖附上一纸堂皇的通告：

一个伟大的时刻即将来临了，这是我们祖先几个世纪来，甚至我们自己从来不曾预期见到的伟大时刻。我们现在决定于10月20日，在当今最强大基督教帝国的首都，在其不朽君王的庇护下，召开犹太大会。全世界到时都将瞩目巴黎，这不朽的时刻将为亚伯拉罕分离的后代带来自由和昌盛。

犹太大会并没有能够达成这些热切的期望。邀请函发出8天后，拿破仑大军在耶拿与普鲁士军展开了大战。整个秋天，他驻军日耳曼或进军波兰，他击溃了普鲁士，建立了华沙大公国，玩着政治或战争的游戏。整个冬天他留在波兰整军经武，埃劳一战和俄国平分秋色，最后在弗里德兰大败俄军，在泰尔西特和亚历山大缔结和约（1807年）。他根本没有时间召开犹太大会。

1807年2月9日，大会终于开幕。45位拉比、26位民间领袖聚集一堂，聆听演说，并通过了上次犹太领袖拟议的答复。他们进一步建议所有犹太人应该停止对基督徒敌视的言行，以所在的国家为自己的祖国，接受征召保卫地主国，避免敛财的行为，应逐渐打入农业、手工艺和艺术。3月，大会将决议上呈远方的拿破仑，然后便散会了。

直到一年之后，即1808年3月18日，拿破仑才公布了处理犹太人的最后方案。此方案确认犹太人享有宗教的自由，除阿尔萨斯、洛林两省外，犹太人可享有完全的公民权利。在上述两省未来10年内，银行界须接受某些限制，以缓和社会经济的危机及种族的不和。他取消妇女、未成年人和军人的债务。法庭对拖延利息的罚金有权削减或取消，并可决定债务人是否可暂缓偿付。所有未曾得到省长执照的犹太人不得从商。今后犹太人不得再移入阿尔萨斯。1810年，国王加上另一条规定：每个犹太人须加冠家庭姓氏。如此期望不同种族融为一体，和平相处。

此方案并不是十全十美，但身为君王，拿破仑万事须亲自过问，日理万机，问题泉涌而来，难免有差误之处。阿尔萨斯的犹太人觉得，他们因为这个不公平的方案受到了伤害。但法国其他各地的犹太人都接受此方案，视其为缓和局势的唯一合理方案。同时，在他为威斯特伐利亚拟订的宪法里，宣称在此王国内，犹太人和其他公民一律平等，享有完全的公民权利。法国的危机过去了，犹太人从此进入文学、科学、哲学、音乐、艺术各领域，滋润、创新了法国文化。

第六章 | 拿破仑与艺术

音乐

身为欧洲的主宰，拿破仑根本没有时间欣赏音乐。我们很难想象他会静静坐在费多大剧院里陶醉在音乐中。不过根据记载，在土伊勒里宫曾经举行过音乐会。我们也能确定，在约瑟芬寓所安排的音乐会，他曾亲临欣赏。不管如何，当时埃拉尔、普莱耶尔都以制造名琴闻名遐迩，上流人士的家庭都有一架，可见音乐风气鼎盛。许多贵妇人经常举办音乐会。据龚古尔兄弟（the Goncourts）说，在这些社交场合里，宾客谈笑风生，颇有昔日封建宗主庭园盛会之风。日耳曼人欣赏音乐，往往不说一句话。法国人则不管音乐，以谈天为乐。

拿破仑喜爱歌剧超过管弦乐。他没有声乐的造诣和素养。不过身为君王，他必须偶尔前往观赏歌剧，以供万民瞻仰，如此才合乎王者的身份。他一直因为文明的首都——巴黎，没有与其声誉相称的歌剧院而引以为憾。直到拿破仑的侄子和加尼耶（Charles Garnier）时，才建立了一座辉煌的歌剧院（1861—1875 年所建），成为歌剧路最壮观的建筑。巴黎虽有这点儿瑕疵，但在他治理法国期间，巴黎仍然创作、演出了数百出歌剧。喜歌剧大师博耶尔迪厄的《白夫人》（*La Dame Blanche*）40 年内曾上演了千次。拿破仑尤其喜爱意大利歌剧，他欣赏其轻快的旋律和曲折的情节。他特别偏爱帕伊谢洛（Giovanni Paisiello）的作品，因此还邀请他前来督导巴黎歌剧院和音乐学院。1802 年，帕伊谢洛来到巴黎，那年他已经 65 岁了。他在巴黎只作了一出歌剧《地狱之后》（*Proserpina*，1803 年），可是观众的反应冷淡。于是，他退而创作弥撒曲和经文歌。1804 年，他回到了约瑟夫和缪拉统治下的那不勒斯，那里的观众才真正和他情投意合。

比较之下，拿破仑和斯蓬蒂尼就投机多了。他 1803 年到法国，以历史为题材，歌颂新王朝的光荣，因此拿破仑对他十分欣赏。他最出名的歌剧《灶神庙护火少女》（*La Vestale*）当时找不到上演的剧团，约瑟芬还亲自出面设法帮助此剧的上演。其新奇和热闹的舞台效果，加上爱情的故事，使这出歌剧成了歌剧史上历久不衰的作品之一。拿破仑下台后，斯蓬蒂尼又转而作曲庆祝波旁王朝的复辟。

凯鲁比尼（Cherubini）自革命时代起即已执巴黎歌剧界之牛耳。拿破仑时代他仍称霸一方。然而，法皇偏爱轻快的歌曲旋律，对凯鲁比尼庄严典雅的作品不十分欣赏，很少奖励他。这位作曲家 1805 年 7 月应邀至维也纳演出，可是 11 月拿破仑就攻占了这座城市。拿破仑在舒伯鲁宫举行的晚间音乐会常常邀请凯鲁比尼前来指挥。但他不是完全乐意的。他回到法国，成了希迈王子城堡的上宾。（希迈王子曾娶塔利安夫人，提高了这个女人的地位。）拿破仑由厄尔巴岛回来后，百忙中仍抽空授予凯鲁比尼荣誉勋位的武士一职。但是，这位严肃的意大利人，只有在路易十八的统治下，才获得适当的赏识和丰厚的俸给。1821 年至 1841 年，他是巴黎音乐院院长。下一代的作曲家没有不受到他影响的。1842 年，他以 82 岁的高龄去世。这时，在时间的万花筒里，他已几乎为人无心地遗忘了。

建筑与雕刻

在鼓励艺术、保护艺术方面，拿破仑的成就可以与路易媲美。像路易一样，他希望借艺术宣扬法国的光荣事迹和法国的伟大壮丽。他盼望艺术家能使他在人类的记忆中永垂不朽。他的艺术眼光谈不上高明，这倒也适合一个从小寄身军旅的人。不过，他尽量提供历史上的佳作和真迹，以供艺术家临摹。他不仅把艺术品视为可以议价的商品而到处搜集，或看作胜利的表征而到处搜刮。他也把艺术品当作法国博物院中画家模拟的范本。《美第奇的维纳斯》来自梵蒂冈，鲁本斯的《抬下十字架》来自安特卫普，牟里罗的《圣灵怀胎图》来自马德里……甚至圣马克的铜马也跋山涉水来到法国。1796年至1814年，拿破仑由意大利送回来506件作品，其中249件拿破仑下台后还给了意大利，248件留在法国，9件不知所终。靠着这些掳掠而来的作品，巴黎取代了罗马成为西方艺术的首都。随着法国疆域的扩张，从各行省都流入了战利品。拿破仑于是在南锡、里尔、图卢兹、南特、鲁昂、里昂、斯特拉斯堡、波尔多、马赛、日内瓦、布鲁塞尔、蒙彼利埃、格勒诺布尔、亚眠等地建立了博物馆，以收藏艺术品。他任命德农管理这些收藏，以卢浮宫的艺术品为主。德农曾随国王转战南北，尤其在埃劳之役时，拿破仑还曾亲自将他由炮火横飞的高地抢救到安全的地区，这种恩惠他永远不会忘记的。

拿破仑在艺术各科部举办竞赛，订立奖额丰厚的鼓励制度。他恢复了罗马奖制度，在罗马重新成立了法国学院。他常常宴请艺术家，在席上他喜欢扮演艺术评论家，甚至在出征途中举行这类的宴会。在他眼中，画家是颂扬他功绩最力的，建筑家能帮助他将巴黎建设成为最美的都市，而且使拿破仑时代成为史上最辉煌的时代的，才是第一等的艺术家。他因此曾聘请雕刻名家创作了15座新的喷泉，来装饰巴黎的广场。

在绘画方面，他的趣味倾向古典。在建筑方面，他仰慕古罗马宏伟的风格。他重视建筑的雄浑高伟而非浮雕的典雅或细部的华美。因此，他任命维尼翁（Barthélemy Vignon）设计光荣殿（Temple of Glory）来纪念大军的功绩时，他特别规定应以大理石、铁、黄金为建材。此工程耗费不赀，施工艰巨。1809 年开工，到拿破仑崩溃时仍未完工。后来的法国统治者直到 1842 年才将其完成，并奉献给抹大拉的玛利亚，此由玛利亚命名为圣马德莱娜教堂。可是法国人并不习惯这样的建筑。巴黎无论是其虔诚的时候或其欢愉的气氛，都与这座教堂森严的外观不太相称。它的廊柱宛若前进的大军，而不像感谢主恩、深深忏悔、热爱世人的圣徒。股票交易所也同样的宏伟壮观。此建筑 1808 年由布龙尼亚开始建造，1813 年由巴尔完工。在别处，财神再也找不到这般壮丽的住宅了。

当时最得宠幸的雕刻大师是拜西埃（Charles Percier）和他的搭档方丹。他们合作将结构迥异的土伊勒里宫和卢浮宫联合起来，他们建造了卢浮北宫，修建整理了两宫的外部，并用宽阔的阶梯联结各层。他们仿照罗马的塞维鲁斯拱门的风格和比例设计了旋转凯旋拱门。香榭丽舍大道一端的星拱门更是典雅壮观，此门为查尔格林于 1806 年开始兴建，拿破仑下台时才刚刚完成地基，直到 1837 年才完工。三年后，拿破仑的骨灰在游行行列的拱卫下，浩浩荡荡胜利地通过这座门，送往荣军院的棺柩。这座拱门以罗马君士坦丁式拱门为蓝本，但是部分由于拱门上的大理石浮雕，它青出于蓝，其富丽胜过原作。在拱门的左侧是科尔托（Jean-Pierre Cortot）所雕的《拿破仑登基》，在右侧是吕德（François Rudé）所作的《马赛人》（1833—1836 年完成），生动地表现了革命时期勇武的气魄。这座浮雕是 19 世纪雕塑艺术的巨作之一。

雕塑，这项艰难的艺术，在拿破仑崛起前就已颇有成果，在拿破仑治理下更加发扬光大。乌东活到 1828 年，他曾经为拿破仑作一座胸像，现藏于第戎博物馆。这位艺术家也因此作品赢得了一个荣誉勋位。拿破仑一向以当年罗马皇帝的丰功伟业来比拟自己，这回他想起图拉真的战功曾被雕成不朽的历史，于是他也任命贡杜安和列佩尔将奥斯特利茨战役呈现于浮雕。他们以一片一片的铜块制成了此作品，成回旋状镶在旺多姆广场的圆柱上。1808 年，肖代（Antoine Chaudet）以夺自敌军的大炮，雕成了拿破仑的像，放在此圆柱的顶端，胜利的傲气如此"高"扬，真是难得一见的景象。

在这个时代，次要的艺术如木器、内部装潢、地毯、刺绣、陶瓷、玻璃、雕刻、玩偶，在革命时期已经完全消失，在督政府时代逐渐恢复旧观，在拿破仑时代开始大放光彩。塞夫尔又开始生产上好的瓷器。家具流行坚实牢靠的"皇家式样"。伊萨贝为当时名人所作的小肖像，惟妙惟肖，为史上同类作品中的上上之作。希纳尔（Joseph Chinard）为约瑟芬、雷卡米耶夫人所作的红褐色的胸像清新可喜，雷卡米耶夫人的胸像更是精巧。她露着一半的胸脯，这对于一位决心要保持一半贞洁的女子来说，真是再恰当不过的了。

画家

绘画界正呈现一片欣欣向荣的景象，因为整个国家也正是一派富强的气象，人们已有余力来欣赏和鼓励艺术。拿破仑对艺术家的奖赏尤其优厚，因为他自己正对着千万的观众表演，尽力赢得他们的掌声。他希望借着艺术的甜言蜜语，更能吸引观众长远的注意力。他一向倾慕罗马奥古斯丁时代及法国路易时代的成就。因此他认为艺术应奉古典艺术的信条为圭臬，即线条、秩序、统一、对称、和谐、理智、节制。不过，他是一个敏感、想象力丰富、情感热烈的人，这种个性也使他能够欣赏当时兴起的浪漫主义。浪漫主义力图打破传统和规律，反对附和古人，鼓吹解放个人的情感，崇尚创新、想象和神秘，强调色彩的表现。这些特色拿破仑也颇为心仪。因此他以古典作风的大卫为宫廷画师，但对感情洋溢的作品，如普吕东牧歌情调的绘画、格罗狂热的色彩也有几分爱好。

大卫似乎是自然而然地跟随了拿破仑。当时拿破仑自称执政，有一段时间对一些代民众发言的人十分宽容，他发出的命令仍以立法院的名义行之，以表示恭敬谦虚。1799年政变后，大卫前往晋见这位凯旋的科西嘉人。拿破仑称他是法国的阿佩莱斯，因此立刻赢得了大卫的心。可是拿破仑对他专门以古代历史为题材，微微地表示不太同意：难道近代——或者当今之世——就没有值得名垂千古的人物作为绘画的题材吗？"不过，"他接着说，"请照你自己的心愿去做吧！你的画笔将赐予任何你选择的题材盛名和荣誉。你所作的每一幅历史画，都可以获得10万法郎。"这句话十分动听。1801年，大卫以《拿破仑越过阿尔卑斯山》一画签订了和拿破仑的合同。他画了一位英姿勃发的将军，双腿俊美，坐骑威武，似乎正驰骋在岩石的山脊上。这是当时最杰出的创作之一。

大卫曾赞成处决路易，因此如今看见拿破仑称帝，恢复了皇家的一切排场和声势，他必定吃了一惊。然而他仍旧前去参加登基大典，这壮观的场面克服了他的政治主张。于是他经过三年断断续续努力的工作，完成了纪念此盛典的巨作《拿破仑登基》（1807年）。画中有100位左右的角色，甚至当时并不在场的莱蒂齐亚夫人也有荣与焉。人物的描写十分写实，只有卡普拉拉大主教抱怨大卫脱掉了他的假发，把他画成了秃头的模样。此外，众人皆大欢喜。拿破仑仔细地欣赏了半个小时后，举起帽子向这位艺术家致敬，说道："很好，好极了，恭喜你。"

大卫不仅是官方的宫廷画师，也是当时法国艺术界的盟主。名人都慕名而来求他作画像，如拿破仑、庇护七世、缪拉。甚至卡普拉拉大主教也来了，当然，这次戴着假发。他的弟子，尤其是吉拉德、格罗、伊萨贝、安格尔，虽然风格和他已有歧异，仍然散播了他的影响。直到1814年，法国卢浮宫里的年轻艺术家仍以大卫为宗师，并不以文艺复兴时代的大师为范本。这使来访的英国人大为惊奇。一年后，复辟的波旁王朝将他逐出法国。他于是前去布鲁塞尔，为人画像而获利颇丰。1825年，他度过了77年充实的人生，与世长辞。

大卫众多的弟子中，我们且把安格尔留待后面来谈。我们也可以恭敬地经过吉拉德和格罗线条、色彩分明的人物画，但几度风格变迁的格罗要使我们驻足良久。他曾在米兰构思和描绘着《阿科莱桥上的拿破仑》。可是也是在这里，这位古典派大卫的门生不久就为浪漫主义迷醉了。拿破仑为了奖励这位崇拜他的格罗，特别委派他军职，使他能够亲眼见到战争的景象。然而正如晚年的戈雅一般，他看到的大多是战争的悲惨残酷，而非两军交锋壮观的场面。在1804年《雅法的疾疫》（*The Plague at Jaffa*）这幅画里，他画出了拿破仑轻抚兵士伤口的情景，然而他也画出了男女老幼在这种盲目丑恶的命运中，恐惧无助的神态。在1808年《埃劳之役》（*The Battle of Eylau*）一画中，他并不描绘战争的场面而表现了死伤遍野的战场。他欣赏鲁本斯温暖的色调，他也将一股血肉真实的活力融入作品中，因此激起了拿破仑时代以后法国浪漫主义的潮流。后来，他觉得他已背叛了流放异国的师傅，又想重新捕捉古典主义安宁的气氛，可是他失败了。在一个举世为雨果、柏辽兹、杰里科、德拉克洛瓦疯狂的时代里，他迷失了，为人遗忘了。他变得多愁善感，郁郁不乐，从此失去了以往的活力和对生命的热爱。1835年6月25日，64岁那年，他离开家，走向梅东恩，在塞纳河的一条支流里投河自尽。

普吕东进一步地推展了浪漫主义。他追求理想的美，不以写实为重心。他喜欢以女神为题材，他尊柯勒乔为师，与拉斐尔稍有歧异。他和大卫一样，主张画面应以线条为主，不过他更认为没有色彩，线条将毫无生气可言。他只有在追求女性时，才洋溢着阴柔的气质。他的创作文静柔美，表现着对爱欲的敏感。因此任何的缺陷在这种温雅的形体下，似乎都值得原谅了。他是父母12个儿子中最幼者，幼年在克卢尼时，为贫苦所困，不能顺利发展。幸而当地的僧侣看出了他绘画的天分，建议一位主教出钱协助他至第戎学习艺术。他在当地进步神速。20岁那年，他与一位心中的女神结婚。但这位女神不久就变成了咆哮的悍妇。后来他取得一笔奖学金，离开妻子前往罗马。他起初以拉斐尔为师，后来转而模仿达·芬奇，最后他完全归依了柯勒乔的画风。

1789 年，格罗与妻子迁往巴黎。不久他就陷入法国大革命的骚动里。这时人们根本没有时间，也没有心情来欣赏爱神丘比特或普赛克。他仍然不改初衷，继续画出了许多美神和爱神来。他的笔法纤丽，似乎怀着无限怜爱，拿画笔轻抚着画中人物的肌肤。他为人制作账簿、小人像、商业插图，勉强维持生活。经过了 10 年困苦的生活，他终于接到了督政府的任命，创作《智慧之神下凡》一画。这幅作品立刻吸引了当时的拿破仑。虽然第一执政后来只钟爱大卫一人，只偶尔对普吕东稍作奖赏，约瑟芬却曾经请他画像，此作品即为今日卢浮宫中的约瑟芬像。在此时，他因不堪一夫一妻制的痛苦折磨，终于和妻子分手了。

他直到 1808 年 50 岁那年，才真正赢得了世人的称誉。那年他在《普赛克之劫》（*The Rape of Psyche*）表现了对爱欲的幻想。为了平衡这种情感，他又创作了《正义和复仇声讨罪恶》（*Justice and Vengeance Pursuing Crime*）。拿破仑十分欣赏这幅画，把荣誉勋位颁授给他，并赐予索邦的房产。这位为爱饥渴的画家，在隔邻找到了另一位艺术家迈耶。她成了他的情妇、管家和老来的安慰。1821 年，迈耶显然在宗教的罪恶感压迫下自杀而死。他遭到这个打击后，从此萎靡不振。1823 年他也含恨而死。他由大卫回到了华多的画风，因此推动了浪漫主义。他死时正是浪漫主义方兴未艾之际，却没有人注意到这位画家的去世。

戏剧

拿破仑十分熟悉法国的古典戏剧，对古希腊的剧艺也有相当的了解。他认为高乃依比拉辛懂得诠释英雄的气概和高贵的人格。他说：

"好的悲剧使我们日有长进。最高境界的悲剧是伟人的学校，发扬和培养欣赏悲剧的素养，是王者的责任……如果高乃依生在我的时代，我会封他为王侯。"国王不喜欢喜剧，他并不需要取乐。塔列朗曾表示他同情宫中的娱乐总管雷米萨先生，因为他必须替这位"无法取悦的人"安排娱乐的活动。这位无法取悦的人对法国剧团和他们的明星却是十分慷慨的。他出钱大力资助他们，他把塔尔玛请到他的宴会上，又把乔治小姐请到他的床上去。

1807 年，拿破仑限制巴黎的剧场为 9 所。他重新立下法规，使法国剧院——当时以至今日法国剧团的所在地——几乎成为法国唯一有权演出古典戏剧的场所。1812 年 10 月 15 日，拿破仑在莫斯科焚城后的废墟中，仍然抽空为法国剧院制定详细的规章，也就是直到今天仍然遵行的规章。他因此大大鼓舞了法国剧团的士气，在帝国时期，他们进行了许多历史上最杰出的演出。拿破仑为了补充法国剧院的不足，又将建于 1779 年而 1799 年毁于大火的奥狄翁剧院仿照古典建筑予以重建。土伊勒里宫也建立了一个宫廷剧场，许多富豪的家中也不时演出水准极高的戏剧。

塔尔玛在革命时期即已成名，在拿破仑时代他达到了成就的巅峰。他的个性孤傲，情感强烈，因此他一定会觉得不太容易掩饰本性去扮演其他的角色吧！可是他精通了这门艺术的不二法门。他学习着控制和协调一举手一投足的动作、脸部肌肉表情的变化、音调的抑扬顿挫。他学习适当地表演所扮演角色的情感、思想，如疑惑、惊讶、意愿等。观众往往一再去观赏他同一角色的演出，以能欣赏他精微细致的艺术。他已抛弃了旧时舞台上夸张的习惯，他吟诵韵体诗就好像朗读韵诗一般自然，他不喜欢矫揉造作。不过他能像情人一般温柔，也能如同罪犯一般狂戾。斯塔尔夫人看了塔尔玛演出的《奥赛罗》以后，如置身在剧中恐怖的情景中。1807 年，她写信给塔尔玛："在你的艺术范畴里，你是举世无双的。你的才华横溢，演技超群已臻于化境，真是前无古人了。"

拿破仑也心仪这位伟大的悲剧演员。他曾赏赐塔尔玛丰厚的奖金，替他还债，常常邀请他共进早餐。有时国王谈起戏剧，竟至忘我的境界。他常引经据典，说明某些角色适当的演法，因此有时还让外交使节和将领伫候良久。看完了《庞培之死》（*La Mort de Pompée*）的那个早晨，他告诉塔尔玛："我不太欣赏你的演技，你用手势用得太多了。其实王者是不会轻易使用手势的。他们深知一举一动即如敕令，眼神一扬即可置人于死地。所以他们不会用太多的动作。"据说塔尔玛由这个意见受益匪浅。总之，他直到晚年还是法国舞台上的君王。

在拿破仑看来，法国舞台还有一位皇后。迪谢努瓦小姐面貌平庸，可是身段曼妙。因此，据大仲马说："她对艾吉赫这个角色特别喜爱，因为她可以几乎全身裸露显示她的身段。"除此，她还有"善于表达深沉的柔和、甜美的悲哀，各种情感的声音。看过她在《玛丽亚·斯图亚特》（*Maria Stuart*）中演出的人，直到今天仍然认为她胜过拉谢尔小姐"。她以悲剧见长，她的演技几乎与塔尔玛分庭抗礼，通常都是选择他们两人搭档演出。另一位女演员乔治小姐，是一位纤弱的美人。当初剧团派她演这些吃力的角色，如拉辛的《伊菲革涅亚》中的克吕泰涅斯特拉时想必是踌躇了一阵子吧！第一执政迷上了她的声音和身材，如宗主权的封建诸侯一样，他不时召她入宫演出。这段露水姻缘过了一年就结束了，可是她和塔尔玛一样，不论拿破仑胜利失败，始终对他忠心耿耿。拿破仑下台后，她也失去了法国剧院的职位。直到浪漫主义戏剧兴起，她才回到了舞台。

拿破仑相信，在他的治理下，法国剧团已提高了法国戏剧的水准，达到了前所未有的境界。这是有几分道理的。他有好几次为了炫耀剧团的剧艺和增加自己的光彩，不惜花费大笔金钱，命令剧团前来美因茨、枫丹白露为皇室演出。或者在爱尔福特、德累斯顿，在"众多君王的前面"演出。即使在路易十四时代，戏剧也不曾有过如此瑰丽灿烂的局面。

第七章 | 反对拿破仑的文学

检查制度

拿破仑对文学的兴趣不及对舞台浓厚。他十分留意法国剧院的节目内容，他也发表戏剧评论。法国剧院抛弃了伏尔泰，重新演出高乃依和拉辛，大半是出于他的主张。但他欣赏文学的能力就没有如此高明了。他爱读小说，常带着许多小说——大部分是浪漫言情的故事——随战南北。在圣赫勒拿岛的餐桌谈话有些是很好的文学批评，由这些可以看出他对荷马、维吉尔、高乃依、拉辛、拉封丹、塞维尼、伏尔泰、理查森、卢梭等人的了解。可是他无法领会莎士比亚，"读他的戏剧，根本无法终卷。这些作品糟透了。没有一处比得上高乃依或拉辛的"。（莎士比亚的法文翻译本的确十分糟糕，不合原作意旨。）

正如一般从政、从商的人士，拿破仑对高谈政治和经济的作家从不欣赏。他认为他们只是一些雕琢字句的人，几乎没有对现实或对人类天性和能力的正确判断力。他坚信他比他们更了解法国人民的需要，他们需要廉明有为的政府、合理中庸的税制、私有自由的企业、供需无缺的市场。劳工需要就业和工资的保障，农民需要拥有私人的田产。人民希望法国在国际上具有举足轻重的地位。如果人民遂其所愿，他们就不会再坚持要以口舌之辩，继之以算人头的方式决定法案或选举公职人员。在他尽力达成这些目标时，也追求自己的权力和光荣，绝不容讲坛上或执笔的大爷干涉纷扰。如能以奖额、年金或政治的甜头让他们安静，这些镇静剂不可吝啬施予。此外，任何干扰执政或皇上清静的人，都必须禁止他们公开出书或摒绝于巴黎或法国之外。1802年，拿破仑写道："在一个混乱因素已经潜在的社会里，如果毫不限制出版自由，必定马上又将陷入无政府的状态。"

拿破仑为了监视舆论，特援督政府先例，授权邮政局长开启私人信函，检录不利政府的言论，再将摘录的内容呈送他本人或转交巴黎邮政总局的黑函处。他指示其私人图书馆员以下事项："摘录当日杂志的政治言论"，于"每日5至6时"呈送他本人；每隔10日，将最近10日出版的书籍或小册做"分析"呈送皇上；每出戏剧在初演48小时后，应将此剧的内容及政治倾向分析报告上级。同时该员应于"一星期（10日）的第一日及第六日5时至6时之间，将值得注意的广告和招贴的说明呈上。该员对各二级学校、文学集会、教堂的言论行为，凡认为可能与政治和道德风气有关的，均应尽其所知，呈报上级"。

1800年1月17日，拿破仑又援督政府先例，命令当时法国73家报纸中的60家停止发行。至年终只有9家幸免于难，他们均为言论缓和者。他曾说："三家敌对的报纸比起一千把刺刀更为可怕。"此外，《导报》定时为拿破仑的政策辩解。因此，当时一位文士曾将此政府喉舌改名为"撒谎者"。有时拿破仑还亲自执笔，甚至撰写书评。虽然他不署名，但文中权威式命令的口吻透露了作者的身份。如：

　　我希望阁下函知《论坛日报》、《公开报》、《法国公报》等报编者——这些应为读者众多的大报——明告他们……革命时期已经过去，如今法国只有一个政党。我绝不容许任何报纸的言行违抗我的利益。他们如敢刊载任何有一丝毒素的文章，那个大好的早晨就有人叫他们闭嘴。

1800年4月5日，检查制度扩及戏剧。官方的理由是：私下的言谈也许无甚危害，然而同样的言论假借历史名人之口，再由知名的演员极其生动有力地在舞台上表现出来，其影响则可观。再加上观众之间情感的互相激荡，加上个人不加深思、感情用事，因而此言论往往有雷霆万钧的影响。在此检查制度下，任何含有批评王朝、赞扬民主成分的戏剧均不得公开演出。《恺撒之死》一剧，由于演出时观众为布鲁图攻击独裁的演说喝彩，而被剔除于剧目之外。

最后政府控制了所有出版的文字。"只有获得政府信任者方可出版。一个以文字公之于世的人正像一个对大众集会演说的人一样。"他可能会散播煽动的言论，因此应视为潜在的纵火犯一般看待。因此，每个出版商在印刷某书以前，必须将草稿送请检查。他必须同意删除某些不利言论，或同意以当局建议的章节取代，方可取得出版许可。甚至在检查通过、书籍出版后，警察首长仍可以没收出版物，甚至加以完全销毁而不必顾及此举给作者和出版商带来的损失。

在这个心灵的牢狱里，文学挣扎奋斗以求生存，其中最值得歌颂的是一位女士的努力。

斯塔尔夫人（1799—1817）

·拿破仑的报复

公安委员会曾将她驱出法国，督政府减轻其刑，改为驱出巴黎。督政府垮台那天，她就赶回了首都（1799年11月22日），并在高级住宅区福布圣热尔曼的格勒内勒街定居下来。新上台的执政府，即拿破仑——对她的归来不曾表示异议。

不久，她即开设一个新沙龙，此举一半因为"在巴黎谈天……我认为是莫大的赏心乐事"，一半是因为她也想左右风云。她不认为这种角色不适合女人。如果一个女人（如她一样）既有财富又有头脑，扮演这种角色是十分恰当的。她一向认为其父内克为法国大革命的幕后英雄，身为他的女继承人，她绝对有资格从事政治。恰好1789年，其父曾贷予政府2000万法郎，政府至今未曾偿还。因此她也决心要替父亲和家庭索取这笔款项。她理想中的政体（正如其父的）是君主立宪政体。在此制度下，众人享有出版、宗教、言论的自由，而富人应受政府的保护，免受穷人的威胁。她认为她抱持这种主张是忠于1789年至1791年国民议会的革命精神。她厌恶弑君的行为，因此福布区的这些日日祈求波旁王室复辟的贵族邻居也成为她沙龙的客人。不过，她的沙龙聚会是以贡斯当为中心的。贡斯当全力拥护共和政体的主张，而且身为护民官之一，他对拿破仑任何由执政跃身为国王的企图都全力反对。斯塔尔夫人也接待第一执政的兄弟，因为拿破仑逐渐专横的作风使他们也不太自在呢！

的确，巴黎文教界、政治界大多数知名之士都曾成为她晚会中的宾客，他们来此热切地打听政界的最新内幕或倾听夫人谈笑风生。自从杜德芳夫人以来，论谈吐从未有如斯塔尔夫人者。泰塞夫人曾公开说："我如果身为皇后，我会命令斯塔尔夫人与我畅谈终日。"她自己曾写道："法国所有的人都觉得谈天是生活中的必需品。说话在此地不是像别处一般，只是沟通的媒介……谈话是人们乐于演奏自娱的一种乐器。"

她并非自始即反对拿破仑，如果布里埃内所说不假的话，我们可知她在执政时代早期还写过几封恭维的信给第一执政，甚至毛遂自荐，愿为他效力。然而，他对她讨好的举动，拒之千里之外。同时，他扩张了检查制度，他对知识分子从政采取鄙视的态度，他认为女人只能生儿育女，只是迷人的玩物，不可委以大计。这些态度刺伤了斯塔尔夫人，她因此也以牙还牙。他称她的客人为"理论家"，她则称他为"畏惧思想的人"。后来她怨恨日增，更称他为"马背上的罗伯斯庇尔"、"王位上的中产贵族"。

1800 年 5 月 7 日，她在一小群崇拜者的随行下，迁居至科佩避暑。在前一天，拿破仑也离开巴黎，横越阿尔卑斯山前往马伦戈攻击奥军。后来斯塔尔夫人坦白道出了当时她的感想："我希望拿破仑大败而逃，要阻止他日渐专横的作风，这几乎是唯一不得已的途径了。"不过，她不久也厌倦了科佩和勃朗峰街的生活。她本来就赖谈天为生的，同时"除了巴黎，别处再也享受不到纯粹法国人谈天的情趣"。于是，这年秋天她搬回了巴黎。不久，她身旁又围绕着一群天才横溢的人士，他们热衷的题目便是拿破仑的独裁作风。拿破仑曾抱怨"她带着一只装满箭的箭壶。他们佯言她不谈政治也不谈我。可是每个常去看她的人都不太喜欢我了"，这究竟是怎么回事？他后来在圣赫勒拿岛时回忆当年："她的家几乎成了反对我的军火库。到那里去的人，都受封成了她十字军的武士。"可是他也承认："那个女人教导人们思考不曾想起或已经忘怀的念头。"

他觉得自己身负力挽法国于狂澜的重任。为了建立法国的有能政府，为了领导法国战胜虎视眈眈的联军，他有权要求，甚至必要时强制全国上下一心、群策群力，保卫法国的新共和国，保卫法国的自然疆界。而这个女人聚集联合了一群保王人士和雅各宾派激进分子来反对他，实令仇者大快。她的父亲与拿破仑也有同感。为了她一再攻击这位年轻的独裁者一事，他曾谴责其女。他告诉她：战时或危急之秋，必须采取一些独裁的手段。但她回答说自由比胜利更为可贵。贝纳多特反对拿破仑，她加以鼓励。贡斯当在护民院中发言反对拿破仑侵犯立法权，他有数篇讲稿即出自她手。她和拿破仑都十分自负，目中无人。因此，法国对于他们而言是太小了些，无法同时容得两人一展身手吧！

1801 年春天，拿破仑在给其兄约瑟夫的信中写道："斯塔尔先生如今已潦倒不堪，处境甚为可怜，而他太太还在举行晚宴舞会呢！"约瑟夫将这些责备的话转达了斯塔尔夫人。她立刻前往协和广场探视，结果发觉他已奄奄一息。她于是随侍病榻。1802年5月，她离开巴黎前往瑞士，携丈夫同行。他在途中就去世了，后来葬于科佩的公墓。从那年起，她变得情绪不稳，开始染上了鸦片瘾。

·作家

她是当时最伟大的女作家，也是除了夏多布里昂外，法国当时最伟大的作家。1800年以前，她曾写了15本书，今天多已不为世人所知。1800年，她的主要著作《论文学》（*De la Littérature*）问世。然后分别于1803年、1807年出版了《黛芬》（*Delphine*）和《科琳娜》（*Corinne*）两部小说，从此闻名全欧洲。1801年至1803年她为出版其杰作《论日耳曼》（*De l'Allemagne*）冒险奋斗。死后尚留下两部大作——《法国大革命抒感》（*Considération sur...la Révolution Francaise*）和《十年流放》（*Les Dix Années d'Exil*）。所有列出的作品都是她呕心沥血的巨著，有些厚达800页。斯塔尔夫人努力地工作，专心地恋爱，狂热地写作。她向当时的巨人——拿破仑——挑战，直至老死仍奋战不懈。最后他倒下了，她也终于悲哀地胜利了。

《论文学》探讨一个广泛、超乎常人能力的主题，即"我意图探讨宗教、道德、法律对文学的影响，及文学对宗教、道德、法律的影响"。此书洋溢着18世纪的精神——倡导思想自由，认为个人、国家为对立的体系，道德和知识始终在进步。书中没有大而不当的幻想，全书鼓吹教育、科学、知识普及后的光明远景，充满了对理性的信念。她认为进步的先决条件为心智脱离政治的钳制。心智自由以后，文学才能将人类日积月累的文化遗产传播和传递。诗歌和艺术基于想象力，而想象力又不论古今是一般敏锐和丰饶的。因此，我们不能企求诗歌、艺术能和哲学、科学一般，时时在进步。在文明的历程中，诗歌和艺术往往先于科学和哲学。因此，伯里克利时代先于亚里士多德，中世纪先于伽利略，路易十四时代的艺术成就先于启蒙时代知识的扩张。由于自然的灾害和政治情势的变迁，心智的进化并非连绵不断，它也时有倒退的现象。可是，即使在黑暗的中世纪，科学、科学方法仍有所进展，哥白尼、伽利略、培根、笛卡儿等人才辈出。在每个时代，哲学都代表着智识遗产汇积的成果和精华所在。因此她想，或许有朝一日，哲学日积月累的成就将臻于成熟的境界，足以涵盖万端的事物。那时哲学便可取得和"过去天主教一般的地位了"。她为"哲学启蒙"所下的定义是：依理性以观万物。她对理性生活的信念直到晚年才稍有动摇，她始终坚信"知识的胜利（光明的胜利）永远在促进人类的进步和伟大"。

但是，她申论道（读了卢梭和伏尔泰的书之后），知识的成长还不够。知识只是了解万物的一个因素，另一个为感性。除了敏锐的心智外，必须有敏锐的肉体感官。没有感性，灵魂只是一台死死板板接收感觉的死机器而已。有了感性灵魂才得以与其他生物共鸣，与他们共享苦乐，体验肉体深处的灵性，发现物质世界后的神性。由此观之，在多雾的北国产生的浪漫文学，即德、英、北欧文学，阳光灿烂的南国孕育的古典文学，即希、意文学，其地位应不分轩轾。《裁相》一诗和荷马史诗应可相提并论，而《少年维特之烦恼》应为当时最伟大的小说。

以上的观点，拿破仑年轻时或许同意，但这位作者对政治与文学关系的见解，必定使拿破仑觉得不安。她认为在民主政治下，作家、艺术家易于趋附大众趣味。在贵族政治下，他们只为一小群中坚分子写作，思想易流于矫揉造作，形式易流于僵化。极权政治鼓励科学和艺术，希望借此增加政府的权力和光彩，但极权政治不支持哲学和史学的研究。因为他们见解深远广博，不利于独裁政体。民主政治刺激了文学，阻碍了艺术。贵族政体提高了水准，但抑制了创意和情感。极权政府限制了自由，阻碍了创新，钳制思考。法国如果是立宪的政府，便得以兼顾社会秩序和个人自由的需要——法国能一面享有民主政治的冲击，一面在法治下，一切又可得到明智的节制。

总而言之，对于一个 34 岁、百万家财的女人而言，能有此杰作的确不同凡响。当然，在这 600 余页里有些错误。心智逾越其能力范围时，难免要冒着摔跤的危险，虽然因此也会多摇落一些果实。夫人对历史文学稍嫌概念模糊。她认为爱尔兰人是日耳曼人，把但丁看作二等的诗人。可是，她为自由主义的政府、合理的基督教义等理想而大声疾呼，通篇均可见灵心慧语。她认为统计学的发展可促成明智达理的政府，政治训练可教育人们服行公职。这些可说是先知先觉的想法。她又以先知的口吻预言："道德的进展必须赶上科学的进展。因为一旦人们的力量增强，防止人们滥用权力的约束力也必须加强"，"18 世纪的所有思想，此书无一不曾涉及讨论，而 20 世纪的所有思想也无一不已在本书中略见雏形"。

在这本书中，她也倾诉了她一向耿耿于怀的怨气："整个社会都站在一条线上来对抗一个想在艺术思想方面与男人齐名的女子。"但现在她遇到一个例外的情况。正如她 21 年后所说的："1800 年春天，我出版了《论文学》一书，因为这本书的成功，我恢复了对社会的好感。我的客厅又是高朋满座了。"贡斯当大声反对独裁时曾有一批人畏惧，离开了沙龙，如今这些胆小鬼又忏悔腼腆地回来了。土伊勒里宫的"小班长"（指拿破仑）不得不承认，他终于遇见了一位和他的胆量势均力敌的对手了。

1802 年 8 月，内克将《国家政治财政论》一书送给执政勒布伦，此书为他晚年对政治和财政的看法。此书并不以拿破仑的独裁作风为非，反视其为暂时必须容忍的罪恶。但他对军人集权的现象提出警告，对新政府财政过度依赖战费赔偿一事也表示忧虑。最后，他建议制定一部较自由开放的宪法，可以为拿破仑"护国"。勒布伦将此书出示拿破仑。他此时已半居国王的地位，当然讨厌这种削减他权力的意见。他相信必定是斯塔尔夫人引导着其父的笔杆，因此下令禁止她留在巴黎，实际上是想借机关闭她制造是非的沙龙。但他忘了她仍能说，仍能写。她在日内瓦度过了 1802 年至 1803 年的冬天。12 月她出版了《黛芬》后，又立刻成了巴黎的热门人物。当时此书代表了一个女人和时代奋斗历程的片段。因此，具有文学和政治意识的人莫不人手一册。

黛芬是一个善良的女子，渴望爱情却害怕屈于情欲。除此个性不同外，她其实是斯塔尔夫人本人的化身。利昂斯是一位爱慕黛芬的漂亮贵族男子。但他因为听信了关于她名誉的谣言，不敢亲近她。他不能因为娶她为妻而毁了自己的社会地位。他后来娶了马提黛。她的母亲是一个工于心计的坏女人，巧言令色。虽然她是穿裙子的女人，但巴黎人都晓得她是在影射塔列朗。他为了报此一箭之仇，曾评论此书中人物道：其中角色有两位是男扮女装的。一位是他本人，另一位则是斯塔尔夫人。黛芬失恋之后，隐退修道院中，在院长的催促下，竟许愿终身守贞。后来，利昂斯发现了她的无辜，他便想和冷冰冰的元配离婚，向她求爱，可是又怕违反了天主教不得离婚的教规而毁了一生的事业。幸亏有赖作者的生花妙笔，让马提黛牺牲了事。利昂斯于是引诱黛芬私奔，并使之屈服在他的情欲下，不久又将她遗弃，自己参加了流亡人士的团体，结果被捕判处死刑。黛芬仍爱着这位心狠的爱人，急急赶去救援，却刚好见着枪决的场面，她也倒地而死了。

此书情节不合常情，正是典型的浪漫派小说。作者借此书发挥她的思想，她讨论离婚是否合法；斥责天主教人士的顽冥不化（她继承了新教的信仰）；研究女人反抗双重标准的道德权利；讨论阶级的荣誉、规范与个人的良知相较孰轻孰重等问题。巴黎的知识分子欣然同意她的见解，但拿破仑正转向以天主教为拯救法国心理道德混乱的良方，因此不喜欢斯塔尔夫人的理论。1803 年 10 月 13 日，他下令禁止她进入巴黎 120 英里以内的地区。

她于是转向，前往日耳曼。她的德文虽无法与人流利交谈，但已足够阅读。此时为何不去欣赏维也纳音乐的精华，见见魏玛的知名人士和柏林的皇族呢？于是，她携儿子奥古斯都、女儿阿尔贝蒂娜、两名仆人及贡斯当共往。贡斯当对她怀着柏拉图式的爱慕，现在已成了她的骑士随从。11 月 8 日，他们由梅斯越过莱茵河，进入德境。

·游客

在法兰克福，她对那里的第一印象并不好。男人似乎都稍嫌臃肿，他们活着只为吃，吃了只为吞云吐雾。他们靠近时，她连呼吸都难受。这个骄傲的女人居然无法体会烟斗的乐趣，日耳曼人也觉得奇怪。歌德的母亲写信告诉歌德："她像石磨一样，我真受不了！我尽可能躲着她，只要她在场的地方，我都不去。她离开了，我连呼吸都自在些。"

斯塔尔夫人携着随从急忙前往魏玛。这里的空气有了诗歌，纯净清新。作家、艺术家、音乐家、哲学家为城中的主体。查理·奥古斯都公爵、其妻露易斯夫人和其母阿马莉夫人以贤明开放的作风领导着政府。这些人都有良好的教养，他们抽烟分场合而且几乎每个人都熟谙法语。许多人都读过《黛芬》一书，更多的人知道她和拿破仑的争斗。同时，每个人都注意到她囊中多金，出手大方。他们举办宴会、演剧、舞会，盛待她，他们召请席勒为她朗诵《威廉·退尔》剧中的情节，他们聆听她吟唱拉辛的名剧。歌德当时正在耶拿。他本想借口感冒溜之大吉，但是公爵请他无论如何必须前来魏玛。他来了，极不自在地陪着夫人谈话。她警告说她打算出版他的谈话，他于是提高了警觉。她也发现他已不再是维特了，已由热情的爱人变成了死板的主教了，她很失望。他与她多持异议，想让她伤伤脑筋，"我坚持不同的意见，常使她为之气馁。不过，这时，她也显得最为和蔼可亲，此时也才看出她心智的灵敏、口齿的伶俐"。她回忆当时"我运气不错，歌德、维兰德说得一口好法语，席勒则勉勉强强"。她提到席勒时怀着朋友的感情，提到歌德则充满敬意。他和拿破仑是唯一使她了解自己能力有限的两人。她的口齿、思路灵敏快捷，席勒和她谈话往往穷于应对，为之心折。他在给朋友的信上写道："真是魔鬼作祟，我去见了这位法国的女哲学家。她是世上精力最旺盛的人，随时准备与人一争长短，口若悬河，滔滔不绝。但她是女人中教养风度、心智灵性最佳者。她如不是真正言语有味，我才不会被她吸引呢！"停留了3个月，她起程往柏林时，魏玛终于舒了一口气。

经历了魏玛明艳的气候，她感到柏林的雾令人心情萧索，日耳曼浪漫主义的领袖不是去世了，便是已不在柏林。哲学家都深锁于远方大学的宫墙里——黑格尔在耶拿，谢林在符兹堡。斯塔尔夫人只能见到国王、王后、施莱格尔，后者语言和人文广博的见解使她如沐春风。她邀请他共同回到科佩，教导奥古斯都。他同意了。在这最不适宜的时机，他爱上了斯塔尔夫人。

在柏林她收到了父亲病重的消息，于是立即赶回科佩。可是，还未抵达即接到了父亲去世的噩耗（1804年4月9日）。与拿破仑斗争，她不曾屈服，而这个打击却使她悲痛逾恒。父亲始终是她道义、经济上的支柱。在她眼中，他永远是对的，永远是善良的，没有一个爱人可以取代他的地位。她写了《内克先生行谊》（*Monsieur Necker's Character and Private Lift*）一书颂扬父亲。同时开始其名著《论日耳曼》，以抒哀思。她继承了父亲大部分的产业，如今她每年的收入已达12万法郎。

12月，她前往阳光灿烂的意大利。她带着三个子女——奥古斯都、阿尔贝蒂娜、阿尔贝。施莱格尔也同行。他发现她对意大利艺术的知识浅薄之至，于是也当起了她的老师。在米兰，一位更好的向导加入了他们的行列，他就是正在写作《中世纪意大利共和国史》这部巨著的西斯蒙弟。他也爱上了斯塔尔夫人——是爱上了她的智慧，还是钱财？然后，他像施莱格尔一样，发现她对平民丝毫不曾认真过，他才死心。他们共同游历帕尔马、摩德纳、博洛尼亚、安科纳，最后抵达罗马。约瑟夫一向倾慕夫人，早已为她准备了介绍信，引见当地名流。贵族人士奉她为上宾，但她觉得这些王子和公主并不如谦恭有礼的主教有趣。这些主教深于世故，他们十分清楚她的著作、财富及她跟拿破仑的对抗。他们并不介意她的新教信仰。在罗马，人们热烈欢迎她，作诗奏乐迎接她进入当地阿肯迪亚学院。此情此景成为她描述《科琳娜》开端的素材。

1805 年 6 月，她回到科佩。不久，又为一群爱人、朋友、学者、外交官——维也纳的埃斯泰尔哈吉王子、拿破仑国务会议中的何谢特（Claude Hochet），甚至一位君王巴伐利亚选帝侯包围。科佩比巴黎任何沙龙都出名。瑞士作家邦施泰滕（Charles-Victor de Bonstetten）写道："我刚从科佩回来，在那种文采缤纷的环境里，我完全没入了，十分疲倦。在科佩，人们一天使用的才智要超过许多国家整年使用的。"这里人才济济，足够彩排整出的戏，斯塔尔自己便曾在《安德洛玛克》（Andromaque）和《费德尔》（Phèdre）中担任主角。有些客人认为她的演出仅次于巴黎舞台的巨星。不时有音乐演奏或诗歌朗诵。一日三餐，座无虚席，有时一次竟有 30 位宾客同聚一堂，15 名仆役终日忙碌，情人可携手漫步花园，在此人们也建立了新的友谊。

斯塔尔要求她的情人们服从效忠，他们日久也心力交瘁、心灰意冷了。她这时也狂热地爱上了巴朗特，他 23 岁，而她已 39 岁，但他很快就因她的热情而疲倦了。他逃到远处。在《科琳娜》一书中，奥斯瓦尔德即影射他迟疑畏缩的态度。这本小说如今也已近完成，需要找一位法国出版商，因此要通过拿破仑警察的审查。巴朗特的父亲，当时的勒曼省省长，请富歇放心。因为斯塔尔夫人这些年来言行一向"谨慎含蓄"。于是，她获准在欧塞尔度过 1806 年的夏季，此地离巴黎 120 英里。她在当地购买一座别墅。是年秋天，她获准往鲁昂过冬。在这些城市，有些朋友前来拜访。当时，拿破仑大军困于天寒地冻的北方，艰苦奋战。有些斯塔尔夫人的朋友曾说希望拿破仑大败。拿破仑的秘密警察打开了斯塔尔夫人的信件，将这些内容禀告拿破仑。12 月 31 日，他愤怒地写信给富歇："你绝对不得让斯塔尔夫人那只母狗接近巴黎，我知道她离那里不远。"（1807 年春天她曾偷偷溜进巴黎一段时间。）大战前夕，军书如檄之际，他仍致函富歇（4 月 19 日）：

这里有一封信，它只是我知道斯塔尔夫人许多事情中的一件而已。这封信你看了就会知道我们法国有着一位多"好"的女人……看这个婊子变得越来越丑陋，实在忍不住心中的愤怒。这群丑陋的家伙早已蠢蠢欲动。如果他们运气好，我一死，他们就会干起来。他们的勾当想你警察厅早已知道，我就不告诉你了。

5月11日，他又写信给富歇：

斯塔尔这个疯女人给我写了一封6页的长信，不知胡说些什么……她告诉我，她已在巴黎邻近的蒙莫朗西置产，因此她认为这样应有权住在巴黎。我得再告诉你，让这个女人老存着一线希望，等于是毫无根由地折磨她，何必如此呢！如果我把她两个月来在她住所的所作所为详细地告诉你，你一定会大吃一惊。说真的，我虽然离开巴黎1500英里，我知道的比警察部长都多呢！

1807年4月25日，斯塔尔夫人只好不情愿地回到科佩。她虽然对贡斯当时冷时热，但他依旧忠心耿耿。旅行途中，贡斯当转道前往多勒侍奉卧病的父亲。她抵达科佩后，委托施莱格尔通知贡斯当，如果他不前来科佩，她马上自杀。贡斯坦知道这是女人典型的恐吓方式，不是天鹅濒死的哀歌而是水妖惑人的吟唱。然而，他还是忍受了，沉默地忍受她的斥责。他已经很早就对她没有爱情了，但"对一个只会猛吞鸦片来回答的人"，如何能告诉她真相呢？6月10日，雷卡米耶夫人来访并长住了一段时间。斯塔尔夫人为她的风仪倾倒，决定继续活下去。

警方终于准许《科琳娜》出版。1807年春天，此书出版后广受欢迎。因此，在拿破仑6月14日弗里德兰的大捷声中，作者还有此事足以告慰。官方的书评不佳，但成千读者为之陶醉，异口同声称赞。这是一个浪漫迷人的故事，间接穿插着枯燥过时的说理，讨论着意大利的景色、性格、宗教、风俗、文学、艺术。男主角"男性气息的面孔"（其实他是一个无胆懦夫）或女主角眼中"圣洁的光芒"今日也不会风靡读者了，因为今日意大利的文学艺术较之本国文化甚至更为人熟知。然而 1807 年，介绍意大利的作品尚未泛滥成灾。浪漫小说正展开双翅，浪漫的情愫正挣扎着要脱离家庭双亲的控制、经济的束缚及道德的禁忌。有人正开始为女权而呼吁。《科琳娜》包含了所有这些引人入胜的因素。一位婉转低唱、拨弄琴韵的美丽女诗人代表了这种情调。正值花样年华的科琳娜正像斯塔尔夫人："印度的围巾围绕着乌溜溜的鬈发，玉腕柔美，人间少有，身材稍嫌健硕。"此外，她的谈吐"自然、风趣、有力、高雅、甜美、兼而有之"。说来奇怪，拿破仑一向不喜儿女之情，困于圣赫勒拿岛时，却拿起了这本小说，居然读至终卷方才罢手。

·了解日耳曼

斯塔尔夫人除了从事推翻拿破仑的艰巨工作，除了接待一群天才、雅士之外，她现在加上了为法国诠释日耳曼的细腻工作。其实，新生的《科琳娜》还在跟屈服于拿破仑的出版界做生死奋斗时，她就已悄悄地定下了一个庞大的计划，她要一谈莱茵河那边的那块土地。为了郑重其事，她起程做另一次中欧之旅。

1807 年 11 月 30 日，她离开了科佩。同行者有阿尔贝、阿尔贝蒂娜、施莱格尔及侍从欧仁[1]。在维也纳，他们欣赏了海顿、格鲁克、莫扎特的音乐，可是她没有提到贝多芬。在奥地利的 5 个星期里，有 3 个星期她和一位奥地利军官奥唐奈鱼雁传情，她愿送他钱财，向他求婚，最后却失去了他。她于是又写信给贡斯当，表达她无尽的爱意——"我的心肝，我的生命，只要你愿意，正如现在一般，我的一切都是你的。"但他向她借了些钱就满足了。在特普里兹、皮尔纳，

---

[1] 非拿破仑的义子欧仁。

她会见了狂热反对拿破仑的政论家根茨。拿破仑得知她曾与这些人晤面后，认为她一定在意图破坏他7月签订《泰尔西特和约》后的和平局面。在魏玛已见不到歌德和席勒（1805年去世了），她前往哥达和法兰克福。然后，她忽然病倒了，十分憔悴，于是匆匆回到科佩。

或许这点"人寿有尽"的启示也促成了她转向神秘主义。施莱格尔对她的思想转向也有所影响，但她大部分是受了苦行主义者克吕德纳（Julie von Krüdener）、风流倜傥的韦尔纳的影响，他们1808年都曾在科佩小住。那年10月，座上客已大半为德国人，交谈几为德语。启蒙运动崇尚的理智在这里已为神秘的宗教经验取代。斯塔尔夫人在给奥唐奈的信上这么写道："世上除了信仰，除了爱，全是虚假。其他的比生命本身甚至更不可捉摸。"

怀着这般情绪，她写出了《论日耳曼》。1810年，此书已近完成。她希望出版时能在巴黎，于是她谦恭地写信给拿破仑，告诉他"8年的流放苦难改变了性格，命运多舛教导了忍耐顺从"，她说她打算前往美国，她请求发予护照并希望获准暂留巴黎。结果护照准予发放，巴黎小停不准。不过，1810年4月，她全家及施莱格尔迁至布卢瓦附近的克洛蒙，以便督导在图尔三卷草稿的印行工作。8月，她又迁至邻近的福斯（Fossé）。

出版商尼科勒将头两卷的校样呈送巴黎检查。他们删除一些无关紧要的句子后，准予出版。尼科勒于是印行5000本，并先行分送要人。但6月3日，一向同情斯塔尔夫人的警察部长富歇辞职，继任者瑞皮格公爵萨瓦里十分严苛。9月25日，雷卡米耶将第3卷校样送请检查，并呈送约瑟芬皇后整套校本，附作者私函一封，请转呈皇上。萨瓦里显然已得到了拿破仑的同意，判定此书不利于法国和皇帝，于是他命令出版商停止印行，10月3日，他对斯塔尔夫人发出严厉的通知，令她立刻遵守诺言，前往美国。10月11日，一队宪兵进入印刷厂，捣毁字版，并带走此书印好的部分。这些书后来被捣碎制成了纸浆。官方还索取原稿，斯塔尔夫人只好交出，唯有其子奥古斯都秘密保存了一本原作。这位女作家赔偿了出版商所有的损失，便匆匆逃回科佩。

《论日耳曼》出版于1813年。此书将拿破仑时代日耳曼文化的每一层面以了解的眼光，做一写实的总览，语多简洁而深入中心。在这个喧扰的时代里，一个被琐事缠身、爱人围绕的女人居然能够找到闲暇，具备精力和才识来从事如此重大的事业，实在令人惊叹！这是由于她深受瑞士世界主义的熏陶，又与一位日耳曼名门荷尔斯泰因男爵成婚，她继承了新教的信仰，再加上她厌恶拿破仑的这些因素，她对日耳曼宽容有加，尽可能忽视其缺点。她宣扬日耳曼的优点，借此迂回攻击拿破仑的专制。在法国人面前呈现的日耳曼，是一种感情丰富、温柔敦厚、富于宗教情怀的文化，而法国当时文教界过于偏重理智、怀疑宗教，此他山之石正可以攻己之错。

说来奇怪，她却不喜欢维也纳。其实，维也纳人和她一样，耽于游乐而又暗自悲哀。他们在醇酒闲谈中放荡着，然而爱情的易逝、拿破仑的节节胜利，使他们又悲伤不已。维也纳信奉天主教，到处洋溢着南欧音乐和艺术的气氛，人们只是像孩童般地信仰，不爱思索其哲理。而她属于北方的新教，思想和感情深沉，常在哲学的思考中挣扎反侧。维也纳没有严肃的康德，只有轻快的莫扎特。没有激烈的争辩，没有慧语的火花，只有朋友、爱人、父母子女纯真的喜悦。人们在草地公园上漫步，望着多瑙河悠闲懒散而去。

但她对日耳曼人也有微言："火炉、啤酒、烟草围绕着所有老百姓，没有人想逃出这种炽热浓密的空气。"她对日耳曼人单调无味的衣着、男人安于家室的态度及对权威绝对服从的态度表示可惜。"日耳曼比起任何其他地方，阶级的分界更为明显……每个人死守本阶本位……似乎这是他已成定局的地位了。"在法国社会里，贵族、作家、艺术家、将军、政治家相聚一堂而互切互磋的情景，她在日耳曼只能憧憬了。因此，"贵族无思想，知识分子无现实的人生经验"，统治阶层封建主作风犹在，知识分子则沉迷于空中楼阁的幻想。这里她引用了里希特的名言："海上的王国属于英国，陆上的王国属于法国，空中的王国则属于日耳曼。"她并加上了一段中肯的评语："现代人们扩张了知识的领域，但如不能具备实事求是的精神、坚忍的意志来辅佐知识，那只有徒然使人性更为软弱而已。"

她仰慕日耳曼的大学，誉为世上首屈一指者，但她对子音极多的德语很是不满。她讨厌德语句子的结构和长度，因其将决定语意的动词置于句尾。因此谈话中无法打岔，而她认为打岔为谈话的生命，巴黎沙龙独有的活泼而文雅的辩论，她在日耳曼根本无法找到。这点她认为一部分是由于没有国都让全国的文士、才子聚集一堂，一部分是由于日耳曼男人吸烟谈天前，总把女人遣离饭桌。"柏林的男人很少谈话，除了两人彼此说说话。当地由于军事的气氛，他们有些粗鲁，不会顾及在女士面前的仪态。"不过，在魏玛，女士都有教养、有风情，军人都注重风度，公爵则深知他的诗人正为他树立历史性的地位，因此也注重仪态。所以，她又说："在文明世界，日耳曼文人在许多方面都是最出众的一群。"

然而，我们的向导不太能够欣赏日耳曼诗歌和散文的精微奥秘。她习惯了法国明朗清澈的文体。日耳曼条顿民族的深沉，她觉得是卖弄书袋，故作隐晦。但是她站在日耳曼人一方，参加了浪漫主义反抗古典规范和束缚的革命。她认为古典的风格以希腊和罗马的古人著作为根基。相反，浪漫主义是脱胎于基督教教义情感，在中世纪早期的北方抒情诗歌、骑士传奇、神话和民谣中蔓延成长。大体而论，两者的分野在于：古典主义认为真实重于自我，而浪漫主义认为自我应重于真实。

出于这个原因，虽然日耳曼哲学晦涩，她仍喜爱。因为，日耳曼哲学像她一样也强调自我。这些哲学家体验了心智的重要，认为它比任何科学革命的成果更为奇妙。她反对洛克和孔狄亚克的心理学理论。他们将所有知识都化为感官的感觉，因此所有观念都只是外物的反映而已。她认为这种思想终将沦为唯物论和无神论。在本书最长的一章里，她简述着康德《纯粹理性批判》的要旨：康德恢复了心智的地位，使其又成为了解"真实"的重要一环。康德视自由意志为决定行为的主因，良知为道德的要素。她觉得，康德以这些命题"坚定地分开了心智与感觉的王国"，基督教义由此也建立了哲学基础而成为有效的道德规范。

夫人虽然自己犯了第六诫，可是她坚决相信无道德文明便无法延续，而道德规范绝不可脱离宗教而独存。她认为谈论宗教是否合理是叛教的行为，宗教是"痛苦的慰藉，穷人的财富，死者未来的希望"，这点拿破仑和男爵夫人倒是一致同意。因此，她欣赏日耳曼活跃的新教而不喜欢法国上流社会假装虔诚的天主教。日耳曼圣堂，家中和街上回荡的雄壮圣歌，她听了感动不已。而法国人关心股票，把上帝留给穷人侍奉的作风，她则大表不悦。她赞成摩拉维亚兄弟会以《圣经》为信仰唯一指引的教义。最后一章里，她呼吁人们应"虔信"上帝，不必问其根由——内心应随时感到万能上帝的存在。

总而言之，如撇开时代和作者个性产生的偏差不论，《论日耳曼》应为当时的杰作之一。从《科琳娜》至康德的介绍实为一种令人兴奋的进步。拿破仑应了解，一个不体谅政府困难的女人，能有此种论点实属难能可贵。他应加以轻微的赞许，便可减轻此书中不利他的言论，这样才是明智之举。她曾强烈反对检查制度，但如禁止法国人阅读此书，那只是徒然增其声势而已。她在书中多处贬抑法国、褒扬日耳曼，但也多处以法国的优点来暴露日耳曼的缺点。有百余页的篇幅表达出她对归不得的祖国的热爱。她也稍微涉及深奥的题目，但她的对象是法国广大的读者，意在促进国际的了解。她呼吁文化应该交流互惠，这种思想对拿破仑联合莱茵邦联与法国的努力应有所助益。她通达事理，珠玑通篇可见，全书充满令人深省的观念与思想。正如卡莱尔、柯勒律治不久之后将日耳曼介绍给英国所做的工作一样，她为法国介绍了日耳曼的本质。歌德曾说："我们应该视此书为一台强而有力的机器，它在自古即分割两国的偏见长城上，造成了宽广的裂口。因此，莱茵彼岸，以至将来海峡彼岸的人都将更了解日耳曼，我们日耳曼人一定也能因此对西欧有更大的影响。"她的确是一位"好欧洲人"。

·不完美的胜利

斯塔尔夫人一生的巅峰之作如今只好深锁隐藏在科佩的密室里，胎死腹中。她对此事的悲痛感触，身为作家的人都能深深体会。如今，她发现住宅四周围绕着拿破仑的密探。还有些仆人接受贿赂，打她的小报告。任何胆敢拜访她的朋友都被登记下来，拿破仑将惩罚他们。从前在革命时期，她曾救助他们生命、财产的一些知名之士，如今也小心翼翼，不敢亲近她。

不过，有两件事是值得告慰的。1811年，她结识罗卡。他当时约23岁，曾服务军旅，任职少尉，因受伤以致永远成了跛子，当时正为肺痨所苦。他爱上了英雄气概十足的斯塔尔夫人，她当时已45岁了。她貌不惊人，妇德未必完美，但才高八斗，囊中多金。罗卡俘虏了她，两人还曾生了一个儿子。斯塔尔夫人欢欣地落入了新情网，这段情似乎挡住、延缓了老年的来临。另一件堪以告慰的事是她一直盼望着能够去瑞典或英国，在那里可以找到人出版她如今只能秘密保存的著作。可是她无法通过拿破仑势力范围内的各国而抵达瑞典。最后，她决定携带原稿，秘密取道奥地利，上行越过俄国至圣彼得堡，再转往斯德哥尔摩。瑞典的贝纳多特王子将会帮助她出版此书。对于她而言，抛弃她知名的家园，离开母亲的墓园（她如今已原谅她母亲了），离开父亲的墓园（她始终认为他是政经界的圣哲），实在不是一件容易的事。1812年4月7日，她为罗卡产下一子，送到一个奶妈处安置后，1812年5月23日她躲过了各路奸细的耳目，带着女儿阿尔贝蒂娜、两个儿子、老情人施莱格尔、新情人罗卡，动身前往维也纳。她希望在奥地利首都取得前往俄国的护照，然后前往圣彼得堡，晋见那位英俊、勇武、开明的沙皇。凑巧的是，6月22日，拿破仑也率领 50 万大军，越过涅门河进入俄境，但是他希望见到一位战败、求饶的沙皇。

这次旅途所见，斯塔尔夫人记载于《十年流放》一书中。如今我们回想当时种种世事奇妙的巧合，不得不感叹这位饱经风霜的女子，究竟有多大的勇气，居然越过了无数障碍，穿过一个当时一般认为是野蛮民族的国度，到达俄属波兰的日托米尔（Zhitomir）。她只比拿破仑的大军早到 8 天而已。她由此地又匆忙前往基辅，再转往莫斯科。然后居然不顾危险，停留在俄国首都，游览了克里姆林宫，倾听教堂的钟声，访问当地科学和文学的知名人士。直到拿破仑到达的前一个月，她才离开莫斯科，经过诺夫哥罗德前往圣彼得堡。途中各城镇的人们视她为共同抵抗侵略者的重要战友，热烈欢迎她。她恭维沙皇是欧洲自由主义的希望，两人一心一意计划着支持贝纳多特做法国未来的国王。

9 月她抵达瑞典，并促成了贝纳多特加入联盟，对抗拿破仑。在瑞典停留 8 个月之后，她渡海前往英国。伦敦推崇她为欧洲第一女士。拜伦等名人都来向她致敬。拜伦的出版商默里欣然同意为她出版延误良久的大作。1813 年 10 月，《论日耳曼》终于推出。后来，联军于莱比锡大破拿破仑，进军巴黎至路易十八复位时，她仍留在伦敦。1814 年 5 月 12 日，她匆匆渡过英伦海峡，经过了 10 年海外的漂泊，恢复了她巴黎的沙龙。在此，她款待来自各方的显贵——亚历山大、威灵顿、贝纳多特、坎宁、塔列朗、拉斐德。贡斯当如今又随侍左右，雷卡米耶夫人又见昔日风姿。斯塔尔夫人促请亚历山大不要忘记他拥护自由主义思想的言论。于是亚历山大、塔列朗在她的催促下，劝告路易十八应顺应立宪潮流。于是，这位复辟君主以英宪法为蓝本，"赐予"其复归的臣民一部两院宪法。孟德斯鸠终于实现了他的理想。但夫人不喜欢"赐予"这个字眼，她认为国王应承认主权在民。1814 年 7 月，她胜利骄傲地回到了科佩，但也逐渐感到死之将至了。

斯塔尔夫人虽有惊人的精力，但因长年的流浪、奋斗，甚至为了最后的胜利奔走，已是筋疲力尽、骨瘦神消。不过，她仍然忠心耿耿，照顾病危的罗卡，安排女儿和布罗伊公爵的婚事，同时开始创作她最后的作品《法国大革命抒感》。第一部分为内克的所有政策辩解，第二部分则对拿破仑大肆攻伐。在她看来，拿破仑夺取政权后，一举一动都朝着专制迈进。他发动战争是为自己的独裁找借口。斯塔尔夫人在司汤达之前，更早在泰纳之前就已把拿破仑比喻成"十四五世纪意大利的独裁者了"。拿破仑曾浏览并接纳了马基雅维利的权术思想，但对国家没有相对的热爱。法国不是他真正的祖国，只是他的踏脚石而已。他鼓励宗教并非虔敬地接受上主，只是利用宗教以为争权的工具。男人女人对于他而言并非有灵性的动物，只是工具而已。他并非残杀成性，然而为了胜利，即使血流成渠，他也不会为之动容。他具有雇佣兵的残忍，他没有绅士的风度。而且这个鄙夫，头戴皇冠，居然还自居为所有言论、思想和自由最后的避难所——沙龙——的法曹和监督。他不是革命之子，如果是，他只是弑父的逆子。

斯塔尔夫人虽痛恨拿破仑，不过她得知有人正计划杀害下台的皇帝时，她将此阴谋立刻通知拿破仑的哥哥约瑟夫，而且自愿前往厄尔巴岛保护这位落难的对头。因此，拿破仑特写信向她道谢。他由厄尔巴岛归来，不费吹灰之力重取法国时，连她也禁不住称赞他的勇敢："我不会大声疾呼反对拿破仑的复辟。他为了夺回王位的所作所为都是合乎常情的。他由戛纳至巴黎的进军是历史上最伟大的勇敢行动。"

滑铁卢之役后，她由政治圈完全退出了。她不喜欢看见外军占领法国，也不喜欢看着旧贵族争先恐后地抢回土地、财产和权利。不过，路易十八将内克借予国库的款项 2000 万法郎归还一事使她十分高兴。1816 年 10 月 10 日，她与罗卡秘密结婚。10 月 16 日，两人虽然都有病在身，仍然回到巴黎。斯塔尔夫人又开放了沙龙。这是她一生最后的一段光荣时刻。巴黎的知名之士皆为座上嘉宾。威灵顿来自英国，布吕歇尔、洪堡来自普鲁士，卡诺瓦来自意大利。夏多布里昂在这里开始了和雷卡米耶夫人的牧歌恋情。但斯塔尔夫人的健康状态每况愈下。不久，皇家人士开始由政治生活中清除革命的影响。这时，她对复辟更加失望了。这是她从来梦想不到的事。在《法国革命抒感》一书中，她认为行政立法大权同集于一身即为独裁。因此，她坚持的理想是主权民有，而由全民选出的国民立法大会来代行使主权，但这些希望都落空了。

她并未能亲眼见到《法国大革命抒感》出版。她饱受情绪的纷扰和药物的戕害，如今只有一再加重鸦片的剂量来换取睡眠。最后，健康终于支持不住心灵的重担而崩溃了。1817年2月21日，她蒙路易十八某大臣召见。上楼梯时，她忽然摇摆着倒下了。此次脑中风，使她瘫痪了。她卧病在床有3个月之久，身体无法移动但还能说话，全身上下痛楚不堪。她要求女儿主持沙龙。她告诉夏多布里昂："我一向情绪激动，多愁善感。我一生爱上帝，爱父亲，爱自由，至死不变。"1817年7月14日，她长辞人世，这天正是攻克巴士底狱的纪念日。她死时尚未满51岁。4年之后，拿破仑，她最大的敌人也去世了，还不到52岁。

麦考莱曾说，她是"当时最伟大的女人"，"在法国文学史上她是卢梭、夏多布里昂中间最伟大的作家"。我们同意他的看法。她的著作以理想崇高、范畴广博见长，而非以文字取胜。她的思想广博有余，精深则尚嫌不足。她和她的敌人拿破仑有许多相同的性格：精力充沛，不畏艰苦的勇气，凌驾万物的气势，爱好权势，不容异己，但她缺乏他注重实际的态度。从她的小说里可以看出，她的想法和拿破仑的政治野心相比，显得天真幼稚。我们且听他困处孤岛时对她盖棺定论的评价："斯塔尔夫人的家成了反对我的兵工厂。许多到那里去的人都成了她发动战争、攻击敌人的武士……无论如何，她的确是一位才华横溢、与众不同的女士。她将会名垂百世的。"

贡斯当（1767—1816）

　　拿破仑狂飙的一生中有两位贡斯当。一位是随从维利·贡斯当，他记录了这位伟大的独裁者的私人言行，成卷的回忆录否定了"奴仆眼中无英雄"这句俗语。另一位是本杰明·贡斯当，他生于瑞士，曾游学各城市，最后浪迹法国。他的一生充满了拖欠的债务、遗弃的情妇和朝秦暮楚的政治经历。本来这样的人不值得在此提及的。然而，他多次的冒险有幸为历史作证，多少知名女人曾为他魂萦梦牵。同时，他善于剖析自己的弱点，文笔流畅细腻，毫不虚伪，读了他的文章之后，我们甚至也开始明白了自己的弱点。

　　他头 20 年的生涯记载于《红札记》（*Cahier Rouge*）中，后 20 年记载于《阿道夫》（*Adolphe*）这本小说里。1804 年至 1818 年的生活记载于《生活随笔》中，他的足迹遍及巴黎、科佩、魏玛、伦敦各地。书中包括他对历史、文学、心理学和哲学引人注目的片段。仅有《阿道夫》是他在世时出版（1816 年，伦敦），《生活随笔》、《红札记》是到 1887 和 1907 年才出版的。这些零星的札记，加上当时众多关于贡斯当的记载，构成了今天我们所知的贡斯当。

　　他出身于瑞士一个日耳曼贵族世家，其系谱可远溯至 800 年以前。不过，我们在此除了谈谈他的父亲外，倒不需要追根究底。他的父亲本身终日忙于享乐，根本无暇去管教儿子的放荡行径。贡斯当男爵为荷兰议会属下瑞士军中一名军官。他英俊潇洒，博学多闻，伏尔泰与其为友。1767 年初，他娶一名法国新教徒尚迪厄为妻。她当时 25 岁，而他已 40 岁。10 月 25 日，她在洛桑生下了本杰明·贡斯当，一个星期后她就去世了，成为受贡斯当一生不正常行径之害的第一个女人。他父亲将他随意地托付给许多教师教养过。第一位教师以打骂、好言哄骗双管齐下，教导贡斯当在幼年时即精通希腊文。不过，这些体罚伤害了贡斯当的健康，因此他又换了一位家教。这位教师居然带他至布鲁塞尔的花街柳巷冶游。第三位教师为他奠定了音乐的素

养，但不曾教导贡斯当读书，全靠他自修。他一天往往读书 8 到 10
个小时，因此视力受到了无法复原的伤害。他博览群书，也因此永远
失去了对宗教的信仰。他曾在埃朗根大学一年，又转至爱丁堡大学。
在这里，他亲自体验了苏格兰启蒙运动的余晖，但他染上了赌瘾。他
一生不治行检，除女色外，赌为戕害他最深的。在巴黎、布鲁塞尔浪
迹几年后，他最后定居瑞士，为了证明异教较基督教优越，开始了宗
教史的写作。

　　贡斯当早年生活糜烂，他的情妇一个接一个，赌场也是一个接一
个。1785 年，他父亲安排他寄居巴黎的让·巴蒂斯特·苏阿尔家中，
这是一位博学而和蔼的文学批评家。他对待贡斯当十分亲切，据贡斯
当说：

> 　　他们那一群人十分喜欢我。我的思想当时还不够坚实，漏洞
> 百出，但时有隽语的趣味。我读书不专，但比起当时年轻一辈的
> 文人略胜一筹。我性格与众不同，这些都引人注目……现在回想
> 当时所说的话，回想我目中无人的骄态，真不知他们是怎么容忍
> 我的。

　　1787 年，他邂逅了他所谓"第一位我认识的智慧超群的女人"。
泽利德——伊莎贝拉·范·杜伊尔——为鲍斯韦尔在荷兰时苦苦追求
的名女人。她拒绝了鲍斯韦尔等人的求爱而和哥哥的家庭教师结婚。
1787 年，她正无可奈何、郁郁不乐地和他住在纳沙泰湖附近的科伦
比叶（Colombier）。她前往巴黎督导她的小说《卡利斯特》（*Caliste*）
出版时，与贡斯当邂逅。她当时已 47 岁了，但在这位 19 岁的浪子眼
中，她风韵犹存，体态诱人，才艺不凡。贡斯当一向以思想成熟为
豪，在她面前却显得只是少年轻狂、言谈幼稚。贡斯当后来说："我
仍热烈地怀念在一起的日子，我们饮着茶，无所不谈，兴致总是那么
高昂。"她回到科伦比叶后，他也在附近的洛桑住下来。她的丈夫以

为两人年岁差距甚大，因此误认两人的交往仅是友谊而已。她热心地教导贡斯当，他从她那里了解了女人的狡猾和男人的谎言。"我们讥笑、咒骂人类，大家为对方妙语醉心不已。"

他的父亲终于打断这场有些许学术意味的爱情游戏。他把贡斯当送到不伦瑞克公爵处。这位公爵不久即将领军对抗法国大革命。贡斯当在宫中担任典礼官。宫廷礼仪之暇，他落入了女伯爵克拉姆的温柔陷阱，与她结婚（1789 年 5 月 8 日）。不久他就觉得做丈夫不及浪子有趣。他说，米娜（克拉姆）喜欢"狗、猫、鸟、朋友、情夫"超过合法的伴侣，因此诉请离婚。离婚后，他恢复了自由之身。不久，他又对马伦霍尔兹男爵的妻子哈登贝格产生了感情。她不肯委身做贡斯当的情妇。不过，她愿意和男爵离异，然后和他结婚。想到另一次婚姻的可怕，贡斯当逃回了洛桑（1793 年）和科伦比叶，于是泽利德又开始了她的教育。他现在已经 26 岁了，她觉得他应该远离多彩多姿的生活，安定下来。她对他说："如果你认识了一位活力充沛的年轻女子，她也能和我一般爱你，同时不比我笨的话，我会有这个度量说：'去找她吧！'"令她惊而气愤的是，他居然不久就找到了一位精力充沛的年轻女郎。

1794 年 9 月 28 日，在尼永至科佩途中，贡斯当邂逅了 28 岁的斯塔尔夫人。他"跳"上了她的马车，开始了一场 15 年充满海誓山盟、眼泪、情话的爱情喜剧。他从不曾见过比她更智慧过人、意志坚强的女人，而她的热情更为少见。他经过了放荡无度的少年时期，已无个人风骨可言，由于荒唐淫乱的生活，他已失去了天生的活力。面对着斯塔尔夫人的气势，他孱弱不堪一击。他轻易地赢取了斯塔尔夫人，但也是打了败仗。虽然她接受他成为情人，还让他相信他是阿尔贝蒂娜的父亲，但她也不知何时哄骗他签署了永远效忠的誓约。这卖身契，加上他积久的债务，在即使两人都已带着不同的伴侣上床后，仍然束缚着他的身心。此誓约如下：

我们誓言为彼此奉献此生，我们要郑重宣告我们两心相系，永不分离。我们将安危与共，永不贰心。我们愿尽所能，坚固此情此意。

我愿郑重宣告谨以至诚，誓守此盟誓。世间万物除斯塔尔夫人珍贵情爱外，均不足珍惜。四月来与夫人共度晨昏，世上再没有比我快乐的人了。此生我若能使她欢享青春年华，老年共同安享余年，与红粉知己厮守终生，将是此生莫大乐趣。若无斯塔尔夫人，世事于我全为虚幻。

贡斯当谨誓

1795年，他随她前往巴黎。他们抱持同样的政治立场，拥护督政府，对拿破仑政变的现实视为必然的趋势而接受。后来他接受拿破仑委派为护民院一员，从此他成了他自己和她的代言人。可是等到第一执政逐渐显示了独裁的趋势，这对情人立刻同声反对。她在沙龙里，他在第一次演说里（1800年1月5日），都大声疾呼不可限制护民院议事的自由。他以口才雄健，一时闻名遐迩，可是一等到护民院定期更迭时（1802年），他立刻被人取代了。可是这对情人仍然奋战不已，拿破仑只好将他们通通赶出了巴黎。

贡斯当陪她回到了科佩。两人的感情显然已冷淡多了，变成了柏拉图式淡泊的情绪。他告诉自己："我需要女人，但斯塔尔女人味不够。"他建议两人结婚，但她拒绝了，她说这样做会牺牲她的社会地位及女儿的婚姻前途。不久，1802年9月，她爱上了乔丹。她邀请他共同前往意大利，她愿代他付一切费用，并向他誓言："我深爱君，愿为君忘记一切。"可是，乔丹拒绝了她的追求。1803年4月，贡斯当离开科佩前往巴黎30英里外的曼福利叶（Mafliers），他已在当地置产。这年秋天，斯塔尔夫人冒着触怒拿破仑的危险，举家迁往曼福利叶的乡居。拿破仑得悉此事后，通知她必须遵守远离巴黎120英里的放逐规定。她只好转往日耳曼。贡斯当为执政的严酷而激愤，又怜悯斯塔尔夫人，于是决定陪她前往。

路途艰苦，他一路照料他们一家。到了魏玛后，他十分高兴，而且定居下来写作其宗教史。1804年1月22日，他开始记日记。第一篇的笔调轻快："我刚到魏玛，我希望多留一段时间。这里有图书馆，有合乎我口味、言之有物的朋友，最重要的是有安静的工作环境。"从另几篇日记中可以看出他这段时间里心灵的进展：

　　1月23日：今天写得不多，效率不佳。但见到了歌德，不虚此日。此人心思细腻、自负，可说是多愁善感。他是一个杰出的人才，相貌清秀，体态略嫌孱弱……晚餐后与维兰德小谈——他冷静有如智者，轻逸又似诗人，有法国人的气质……赫德像一张柔软温暖的床，躺上去可以做着愉快的梦……

　　1月27日：缪勒和我谈起他写作世界史的计划……他遇到一个有趣的问题，根据我们对此问题答案的决定，人类的演进将显现完全的相背：如果创造，则是坠落；如果未创造，则是改善。

　　2月12日：再读歌德《浮士德》第一部，日耳曼人认为此书深奥无比，可是我倒比较喜欢。

　　2月26日：访歌德……

　　2月27日：与席勒夜谈……

　　2月28日：与席勒、歌德共进晚餐，如歌德这般轻逸、文雅、雄健、广博的人诚属不可多得。

　　2月29日：明日赴莱比锡。离开魏玛，不能不凄凄焉！这里的3个月真是高兴：我读书，生活安定，没有烦恼。我还能不满足吗？

　　3月3日：前往莱比锡博物馆……当地图书馆藏书8万册……我为什么不干脆留此工作呢？

　　3月10日：购一批德文书，共计6路易。

在莱比锡，他离开了斯塔尔夫人，前往洛桑与家人小聚。他一到达即得知她父亲的死讯——"这位内克先生，这么好的人，正直、慈爱、无瑕，他对我真好！今后谁来指引他的女儿呢？"他立刻赶到日耳曼，想婉转地告诉她这个坏消息。他知道她必因丧父而哀痛逾恒，于是陪着她回到科佩，并陪伴她直到她振作起来。

她最需要他的这段时光，他却渴望离开她。他希望自由自在地发展政治和个人的事业，而不必受她的利益牵连。他觉得他因成为她反抗拿破仑的副官，而毁了自己的政治前途。在1806年4月的日记里，他分析着自己的矛盾心情："我始终想跟斯塔尔夫人分手，可是每一回这么想，第二天早晨又会变了心意。她激烈和冒险的作风使我受苦受难，终日身处险境。我们必须分手……这是我安安稳稳过日子的唯一途径。"一个月以后，他的日记记载着："这个晚上真难受，我们有一场不经思考、残忍狠毒的争吵。不知是她还是我疯狂了！这样下去怎么办？"

正如许多无法处理人生的作家，他写下自己的故事来舒展心中的郁闷。他的小说虽经细密修饰，但仍明显有自传的痕迹。他一方面厌恶斯塔尔夫人的专横、侮辱，另一方面为自己迟疑不决、意志薄弱而生气。他在15天之内（1807年1月）写下了19世纪第一本心理小说，多达100余页。这本书剖析心理的细致超过许多同类的作品，对男人女人都做了无情的描述。

《阿道夫》追溯主人公漫无目的的年轻时代、零星杂乱的教育历程、草率的感情、对书本的热爱，这些也使他失去了对宗教的信心，使他玩世不恭、愤世嫉俗、体验了人生的荒唐。他几度情海漂泊，最后结识了爱乐诺，把他这段风流生涯带入了悲剧的高潮。她是一个抛弃家庭、名誉、前途，去做某公爵情妇的贵妇人。但是社会往往以法律和风俗来约束不合社会规范的欲望，来建立社会的稳定和秩序。如果有人违反这些保护社会的规范必遭排斥。阿道夫发觉大家对这种女人往往口诛笔伐——对男人就要优厚多了。他对爱乐诺因此起了怜悯之心，他倾慕她的勇气。不久这些情感很容易地转变成了爱情，或许下意识里是满足他再一次征服的自尊心吧！可是他不再热情奔放，已能冷静地控制自己时，她却完全屈服了。她离开公爵及其财富，住在简陋的房子里，想只靠阿道夫的津贴生活。可是，他对这座投降的城堡的兴趣日益低落了，她对他却更为痴情。他想要与她一刀两断，她斥责他，他们大吵，最后分开了。她离开了他后，贫困交迫，又失去了生活的意志，日渐憔悴了。他最后回到她身旁，这时她已奄奄一息，终于死在他的怀里。

贡斯当尽力不使书中情节显示出这些人物是科佩的居民。他的女主角像一个波兰人，个性柔顺，最后失意而香消玉殒。不过，所有熟识本书作者的人都看得出，阿道夫就是贡斯当，爱乐诺就是斯塔尔夫人。有9年之久，贡斯当不肯将这本书出版。但虚荣心往往麻痹了谨慎，他曾经将草稿的全部或部分朗读给朋友欣赏，最后还念给斯塔尔夫人听。到完结时，她已经昏倒在地上。

这时，哈登贝格又回到了他的身边，为他的生活短暂地加入了活力。她已经和第一任丈夫离婚，如今又开始厌倦了第二任丈夫——泰尔特子爵。于是她和贡斯当又燃起了旧日情焰。1808年6月5日，他们结婚了。但贡斯当为了安抚斯塔尔夫人，不久又回到科佩去服侍她，哈登贝格也回到日耳曼。直到斯塔尔夫人找到了新情人罗卡（1811年），贡斯当才获得了自由。他和哈登贝格定居哥廷根，同时利用当地的大学图书馆，重新开始了宗教史的写作。此后的两年应该是他一生最幸福的时光。

但幸福和他似乎没有多大的缘分。1813年1月，他由纳尔博纳伯爵处得到拿破仑在俄国惨败的消息，他感到拿破仑下台的日子已不远，于是他不安于室的本性又发作了。在日记里他问自己："难道我要一直袖手旁观吗？"节节胜利的联军将拿破仑赶回莱茵河畔时，贡斯当也到了汉诺威，晋见了贝纳多特。在贝纳多特的怂恿下，他写了小册子《征服的本质》，把法国的崩溃归罪于拿破仑的独裁作风。

1814 年 1 月，这本书出版时，正是联军向法境推进的高峰。由于此书，他成了联军领袖的宠儿。满怀着东山再起的热望，他随联军进入了巴黎（1814 年 4 月）。

他前往斯塔尔夫人重开的沙龙，却发现她对他已全无兴趣。既然哈登贝格仍然留在日耳曼，他在日记中宣称他爱上了雷卡米耶夫人——尽管他一直嘲笑她半推半就，实则不可侵犯的战略，他私下对布罗伊伯爵透露，他愿意牺牲一切来换取雷卡米耶夫人的肉体。她一直忠于波旁王朝，她知道拿破仑已由厄尔巴岛逃出的消息，而且已在戛纳登陆时，她十分担心自己的安全。因此，她怂恿贡斯当在《巴黎日报》（1815 年 3 月 6 日）上撰文呼吁法国人民起来反抗"篡国贼"，他说："拿破仑答应为法国带来和平，但是他的名字就是战争的信号。他答应给法国胜利，可是有三次，在埃及、西班牙、俄国——他曾弃甲而逃，抛弃大军，他是一个懦夫！"雷卡米耶夫人在毫无斗志的贡斯当胸中已点燃了一股破釜沉舟的豪情壮志。3 月 19 日，他在《论坛日报》上宣告世人，他随时愿为复辟的国王殉难。可是，当晚路易十八就逃往根特，第二天拿破仑就进入了巴黎。贡斯当藏匿在美国大使馆内，拿破仑通令大赦，贡斯当于是又露面了。3 月 30 日，约瑟夫向他保证拿破仑一定不咎既往。4 月 14 日，拿破仑召见他，并请他撰写一部以自由宽容为主旨的宪法。拿破仑曾对草稿大加修改，然后明令公布以为法国政府的新宪法。贡斯当一时风光之至，得意忘形。

6 月 20 日，正当他为皇后读着《阿道夫》时，萨瓦里前来通报两天前拿破仑在滑铁卢全军溃败。7 月 8 日，路易回到土伊勒里宫，贡斯当呈上了言词卑下的求情书。国王认为他虽然文笔甚佳，但只是思想幼稚、误入歧途的少年而已，于是出乎众人意料地原谅了他。全巴黎都不屑与贡斯当为伍，并拿他的名字（意为善变）来开玩笑。他写信给雷卡米耶夫人，说他原谅她"毁了"他的事业、前途、名声和幸福。10 月，他前往布鲁塞尔，回到了耐心的哈登贝格身边。1816

年年初，他们共同渡海赴英，出版了《阿道夫》一书。9月，他带着新著回到巴黎，又跃入了政治圈，开始了生命中新的一章。

夏多布里昂（1768—1815）

·年轻时代

与夏多布里昂同时代的法国人公认他是当时最伟大的作家。1849年，圣伯夫也说"他是现代文学的大师"。另一位博学的人法盖（Émile Faguet）于1887年左右写道："夏多布里昂时代是法国文学史上培利叶德（Plélade）以来最伟大的时代。"他忘记了中间的伏尔泰。也许因为他和夏多布里昂时代相近，才有这种评论吧！的确，他统治法国文学的年代仅有伏尔泰可与之分庭抗礼。正如伏尔泰的崛起代表哲学战胜了宗教，夏多布里昂代表宗教战胜了哲学。不过，在有生之年他又看见怀疑宗教的风潮复生。一股思潮都是轰轰烈烈地延续一段时期后，又将逐渐衰颓而产生相反的潮流，而隔几代后又再行复兴的。人间物极必反的规律正是这种现象的主要原因。

他曾说："我这场人生戏剧可分成三幕。由童年到1800年，我是军人、游客。从1800年到1814年经历执政、帝国时代，我致力于文学创作。由复辟到今天（1833年），我过着政治生涯。"不过，还应该有第四幕的完结篇（1834—1848年），这时人们虽然还记着这位演着三重角色的主角，但除了少数好心的女士外，大家对他的印象已经模糊了。在时光的烟雾里，他已慢慢消逝。

"我的名字最初是'Brien'……然后变成'Briand'。11世纪初，布里昂家族在布列塔尼取得一座重要城堡，这座城堡成了夏多布里昂男爵世家的所在地。"不过，这个显赫的家族逐渐没落，到他父亲时，只剩下了城堡和祖先的光荣回忆。夏多布里昂的父亲于是前往美洲，创下了小小的事业，回来后他娶了伯德为妻。她为他生了好几个小孩。由于负担沉重，他的性格因此变得内向沉郁。这种性格传给了他最小的，也是唯一为人怀念的儿子。母亲终日劳累而且多病，但由于信仰的虔诚，她安于劳苦。1768 年 9 月 4 日，她在邻近英伦海峡的圣马洛生下了夏多布里昂。在他以前，她有 4 个小孩不幸夭折。他后来谈到这件事时说："自从我出世以后，我逐渐了解到人生没有比生产更大的痛苦了。"他的妹妹露西尔体弱多病，两人同病相怜，相依为伴，因此两人终身对婚姻不感兴趣。从英伦海峡弥漫而来的雾气，终日拍打海岛家园的海潮，造成了他忧郁的性格，但这些景色也成了他甜美的回忆。

9 岁那年，全家迁至在孔堡的产业，并因此获得公爵的头衔，夏多布里昂也成了子爵。他前往邻近都耳求学。负责该校教导的神父在他母亲的请求下，尽力引导他未来走向神职。他们为他奠定了古典文学的根基。不久，他就能翻译荷马和色诺芬的作品。"在都耳的第三年，偶然的机会……我读到了未经删节的《贺拉斯》。我由他忽然发现了异性神秘的魅力。可是我以前除了母亲、姐姐之外，不曾接触过任何异性……一方面情欲煎熬，一方面我又恐惧着地狱的阴影……这种感觉折磨着良心和肉体。无知纯洁的我就这么一直和原始的情欲及恐怖的迷信搏斗着。"他从没有和别的异性来往过，由于他对异性的倾慕，他在心中塑造了一幅女性的完美意象。他终生追求这个理想的意象，这或许因而也阻碍了他正常的发展吧！

第一次圣餐将要来了，他却不敢将心中秘密的情欲向接受他忏悔的神父承认。最后他鼓起了勇气去做时，神父友善地安慰他、赦免他。这时他感到了"天使般的喜悦"，"第二天，我获准参加了这个庄严动人的典礼，这是我在《基督教的精神》一书中提到的一景，但其中的气氛实非笔墨可以形容的……圣坛上的圣体就好像身旁母亲一般的真实……我觉得心中似乎燃起一线光芒。我怀着虔敬的心情微微颤抖着"。3 个月后，他离开了都耳学院。但是，"这些默默无名的老师常留在我的记忆里"。

但是，他阅读逐渐广泛后，对信仰也产生了疑惑，他对宗教的热情也逐渐冷淡了。他向双亲坦承他并没有服行圣职的心志。17 岁那年，他前往雷恩学院接受两年教育，预备在布雷斯特海军任职。1788年，20 岁那年，他到当地报到，接受测验。可是他对海军的生活和纪律十分害怕，又回到了孔堡父母的身旁。然后，或许为了缓和他们的不满，他同意前往迪兰学院，接受神职的训练。"其实我只是想利用时间，因为我根本不知道将来要做什么。"最后他加入陆军担任军官。他随侍路易游猎，也见到巴士底狱被攻占的一幕史实。他同情革命，但 1790 年革命政府废除了所有贵族和封建权利后，他的思想又改变了。他的军团投票赞成加入革命军后，他辞职了。依赖着父亲死后遗留的一笔中等收入，他鼓起勇气，于 1791 年 4 月 4 日前往美国。他说他当时想发现一条贯穿北美北极的西北通道。"当时我是一个狂热的自由主义者。"

1791 年 7 月 11 日，他抵达巴尔的摩，骑马至费城和华盛顿总统共同进餐，华盛顿觉得他的宏伟计划很有趣。然后他前往奥尔巴尼，雇了两名向导，买了两匹马，然后意志高昂地向西前进。沿途壮丽的景色使他叹为观止，在夏日的艳阳下，山川湖泊浑然一体。在这些旷野和自然艺术的杰作里，他逃避了文明的纷扰，怡然自得。他将一路的所见所闻记载在日记里，加以润饰后写成了《美洲之旅》（*Voyage en Amérique*）一书出版。在这些札记中，已可看出他文字秀丽生动的风格：

> 原始淳朴的自由，我终于找到你了！我像眼前飞过的鸟儿尽情遨游，除了有时要寻找阴影的庇护外，我没有一丝不自在。我正如上帝创造时一般的纯洁，我是自然的主宰。我越过大泽，越过河川，溪中的居民一路伴我，陆上的野兽向我敬礼，空中的万民为我歌颂，我路过丛林，树木都低下梢头。我们不朽的标记是刻在社会人的额头上或刻在我的额头上呢？你们这些人，把自己关在城市里吧！去屈服于繁文缛节的约束吧！去！额头流着汗，

赚取你的面包或吞食穷人的面包吧！去为了一句话，为了主人，自相残杀吧！你们自管去怀疑上帝的存在或迷信地崇拜他，而我将独自遨游，我要和自然一般自由，我要在自然中崇拜上帝，他点亮了太阳的火焰，他手臂一击便启动了大千宇宙的运行。除了他，我没有别的主宰。

这段文字包含了浪漫主义所有的表征：自由，大自然，与万物为友，对城市文明的鄙弃，对人类为争面包、争权力自相残杀表示厌恶，崇拜自然中的神，除了上帝的律法，不受任何拘束等。在此书中，夏多布里昂已背弃了原有的宗教信仰。此外，他的许多描述只是出于幻想，并不符合实情。美法两国的批评家不久就发现书中有许多错误、夸张、不可思议的疑问。但从文学的观点来看，这些都无关紧要。这是一篇所有女性、许多男性读了都深为感动的散文。自从卢梭、贝尔纳丹以来，从无如此华丽的散文作品。在他笔下，自然显得何等光彩艳丽！文明显得何等滑稽可笑！他不久又将以生动的文笔来歌颂美洲印第安人是"伊甸园"的主人，是智慧的长老。歌颂泛神教是道德和艺术的母亲，是人类救赎的根源，因此推动了浪漫主义。在《阿达拉》（*Atala*）、《勒内》中，夏多布里昂歌颂了印第安人；在《基督教的精神》中，他歌颂了泛神教。

这位诗人探险家骑马穿越纽约州，受到奥农达加印第安人的款待，在尼亚加拉瀑布附近夜宿在大地母亲的怀里，他听到了瀑布震耳欲聋的吼声。第二天他失神似的站在冲入末端的大河旁，"我身不由己，只想投身其中"。为了由下游一观瀑布的奇景，他沿着石坡攀缘而行，却不幸失足，跌断了一只手，幸亏印第安人施救才脱险。他沮丧极了，竟然打消西北行的美梦转而南行，行至俄亥俄河。从这里开始，他的叙述就大有问题了。他告诉我们：他沿着俄亥俄河至密西西比河，然后至墨西哥湾，越过千山万水，到达佛罗里达。后人比较了路程、交通工具、时间，认为不能相信他的描述。同时认为书中花草的描写也和一百年后这个地区的风景、植物大不相同。但是，一个世纪的时间，由于垦殖、开矿、地壳的变动，也可能会改变生物环境的。

夏多布里昂在米诺族印第安人处住了一段时间后，又动身向西北行，到了今日伊利诺伊州的奇利科西。他在当地英文报刊上看到了路易逃亡到瓦雷纳（1791 年 6 月 22 日）被捕的消息。他担心囚禁的国君性命会旦夕不保，"我对自己说'回法国去吧'！就这样突然结束了旅程"。1792 年 1 月 2 日，经过 9 个月的异国漂泊，他又回到了法国。此时他才 22 岁。

·发展

他已经几乎把家产挥霍一空。身处这个仇视子爵的国度，战争和"九月大屠杀"的前夕，他前途茫茫，自身不保。他的姐姐建议他靠婚姻取得一笔财富，而且为他找到了一位嫁妆不算微薄的 17 岁新娘维涅。他们 1792 年 2 月 21 日成婚。几十年来，他经历多少风霜、多少情场波折，维涅始终对他忠心不贰。她仰慕拿破仑，但在夏多布里昂与拿破仑 20 年的敌对中，她对自己的丈夫忠心耿耿。过了许多年后，他终于爱上了她。他们婚后住在巴黎，靠近他的姐妹露西尔和茱莉。他将妻子的一部分财产投资于教堂产业，结果在革命政府没收教会产业时损失了，有一部分则在赌场上挥霍一空。

1792 年 4 月 20 日，法国立法会议向奥地利宣战。法国流亡贵族组军加入奥地利，以图推翻革命政府。夏多布里昂并不想真正反对革命，但觉得有义务加入贵族同伴的行列。于是，在巴黎贵族大批入狱、遭受屠杀的前夕，他离开了妻子、姐姐，赶到科布伦茨，加入流亡贵族的行列。他后来参与了攻击蒂永维尔（1792 年 9 月 1 日）的行动，不幸失败，他也因大腿受伤而光荣退伍了。由于不能通过动乱的法国回到妻子身边，他前往奥斯坦德，路程大半都靠徒步，然后设法到达泽西岛，在一位叔父的照顾下，他身体逐渐复原了。1793 年 5 月，他渡海前往英伦。

在英国他尝尽了贫苦的滋味，虽然"我有些不正常的性格，我还是摆脱不掉喜爱自由的浪漫思想"。他能安于现况。他拒绝接受英国政府给予法国流亡贵族的津贴，他给私人及在寄宿学校教授法文，勉强维持生计。这时，他爱上了一位学生——艾甫斯，她的父母希望他和艾甫斯结婚，他只好承认自己已是有妇之夫。同时，他的妻子和姐姐茱莉，在法国已锒铛入狱，他的长兄、大嫂及大嫂英勇的祖父马尔塞布都已上了断头台（1794 年 4 月 22 日）。他的妻子、姐姐，直到罗伯斯庇尔下台、恐怖时代结束，才获得自由。

妹妹露西尔早就注意到他在文字方面颇有天分，因此，鼓励他以写作为业。在英国的几年，他开始撰写一部规模庞大的散文史诗《纳奇兹人》（Les Natchez）。在 2383 页的篇幅里，他倾诉着浪漫的梦想，歌颂着美洲印第安人。然后，怀着成为名哲学家的热望，1797 年他在伦敦出版了《论古今革命的渊源》。就一位 29 岁的年轻人而言，这是不凡的成就。全书结构虽然松散，然而引经据典，广博宏大。夏多布里昂认为，革命是历史上定期的现象，常循着叛变、骚动、独裁的常轨而进行。古希腊人黜其国君建立共和，然后又为亚历山大统治。罗马人黜国君建立共和，然后又为众"恺撒"统治。在这本书里，在 1799 年政变两年以前，夏多布里昂已预言了拿破仑的出现。他说，历史为一个周而复始的循环轨道或同样轨道的重现而已。历史或稍有变化，纵有新瓶装旧酒的现象，但不论如何动乱，人性永远有善有恶。世上并无真正的进步。知识的确在成长，但利用知识的是永远不变的本性。启蒙时代的思想家相信"人类具有无限的良能"，这只是幼稚的幻想。不过（许多读者都为这个结论大吃一惊），启蒙运动成功地破坏了基督教思想。经过这个政治稳定但知识战争的时代，我们年轻一代的宗教思想不可能再恢复旧观了。那么，什么宗教将取代基督教呢？恐怕再也没有了（这位年轻的怀疑论者这样下结论）。文化、政治的不安有朝一日必将毁灭欧洲文明，欧洲将回到洪荒未辟前的野蛮时代。现在的野蛮民族将崛起创造文明，而他们经过了辉煌灿烂的年代也将再遭遇革命，又回到野蛮的时代。

这本书使夏多布里昂在流亡贵族人士中声名大噪，但震惊了那些觉得贵族阶级和宗教应该共生死的人。他们的不满影响了夏多布里昂，以致他后来的作品大部分都是为此书赎罪。

不过，现在他正为了母亲的死大为悲恸。1798 年 7 月 1 日，他接到了姐姐茉莉由法国寄来的信：

> 亲爱的弟弟：我们刚刚失去了最慈爱的母亲……她不知为你的错流过多少眼泪，在这些守本分的人看来，你的错真令人痛惜。我们希望你知道，我们希望你能张开眼睛，放弃无益的写作。但愿我们的祈求感动上苍，让我们重逢，让我们同在一起共享天伦之乐。

夏多布里昂接到这封信时，附着的一封信却报告了茉莉的死讯。后来在《基督教的精神》的前言里，他将后来作品思想的改变归因于这些噩耗。"这九泉之下的两声呼唤，这死的信息诠释着死的信息，大大地打击了我，我从此变成了基督徒……我哭泣，我相信了。"

我们难免怀疑一个人岂会如此突然戏剧性地转变了信仰。但如果我们不拘泥于字面的意义，他的转变是真诚的。这个过程可能是缓慢的，他可能由不信宗教逐渐体会到基督教的美，然后体会到其助人为善的宗旨，最后肯定了基督教的价值。认为虽然基督教有小小的瑕疵，但值得个人的信仰，值得大众的支持。但夏多布里昂既为诗人又为哲学家，他也许用了一个文学的比喻将这个缓慢的过程归因于瞬间的灵悟吧！在这世纪末的岁月里，朋友丰塔纳的信也影响了他。丰塔纳在信中描述法国正因道德沦亡而衰颓不振，因此人们越来越渴望回到教堂和神父身边。依丰塔纳的判断，这种精神的饥渴不久就将造成天主教信仰的复兴。

夏多布里昂于是决心成为此复兴运动的喉舌。他由艺术道德的观点而不由科学哲学的观点来为基督教写作、辩护。他想，虽然我们年轻时听的那些动人的故事大半只是传说，而非史实，然而它们吸引并启发了我们，它们多多少少教导了我们去遵行这些希伯来的戒律。而在这些规范的基础上，建立了社会秩序和基督教文明。这些信仰协助人们克制了不合群的欲望，忍受了不平等、罪恶、痛苦、死亡，如今人们却要把这些信仰夺走，这岂不是莫大的罪恶吗？夏多布里昂在晚年的回忆录中表现了他好疑的天性，但也写出了他对宗教的信仰："我的本性不容易相信任何事物，甚至我自己，轻视一切事物——华贵、凄惨、人民与国王。不过，我的理智克制了这种本性，命令它向真正美好的事物，如宗教、正义、人类、平等、自由、荣誉而顶礼膜拜。"

1800 年初，丰塔纳促请夏多布里昂返回法国。这时，丰塔纳正是第一执政眼前的红人，他愿保证这位年轻流亡贵族的安全。而拿破仑也正在思量如何恢复天主教思想。一本申论基督教美德的好书诚然可以帮助他应付雅各宾派必然的攻击。

1800 年 5 月 16 日，夏多布里昂回到妻子和露西尔的身边。丰塔纳将他引入了聚集在美丽而弱不禁风的博蒙特女伯爵家中的文人团体。她父亲蒙默里伯爵曾经做过路易的外交大臣，后来死在断头台上。她不久成了夏多布里昂的情妇。在他的乡居，在她的鼓励下，他完成了《基督教的精神》。不过，因为这本书的旨趣和当时知识分子怀疑宗教的风气大相歧异，夏多布里昂认为出版的时机尚未成熟。因此 1801 年，他只摘录其中 100 余页在巴黎出版。在书中他真诚虔敬地歌颂基督教的德行，赞美浪漫的爱情。因为这本书，他立刻成为巴黎文教界的热门人物，也成了女士的偶像，更成了复出的天主教人士的宠儿。

他把这本书命名为《阿达拉》或《两个野蛮人的沙漠之恋》（*The Loves of Two Savages in the Desert*）。最初的地点在纳奇兹印第安人居住的路易斯安那，故事的叙述人是双眼全瞎的老酋长谢克塔。这位酋长叙述他年轻时被敌人部落俘虏的经过，如何被判焚死，如何被一位印第安女郎阿达拉所救。他们一起逃走，越过沼泽丛林，越过山川河流。由于朝夕相处，共同患难，他们落入了情网。他想达到情欲的巅峰，但她拒绝了——因为她在母亲垂危时已立下了终生守贞的誓愿。后来他们遇见了一位老传教士。他也赞成她守贞的意志，他嘲讽爱情只是一场酩酊大醉，他说：婚姻是痛苦的归宿，比死亡还要恐怖。阿达拉在灵肉之间挣扎（如历史上的许多人物一般），最后只好服毒解脱。谢克塔意志消沉，但传教士开导他说死亡是从人生快乐地解脱：

> 虽然我已度过多少岁月……我从不曾遇见一人不会被幸福的幻想愚弄，从没有见过一颗没有暗藏创痕的心。表面宁静的心情正好像佛罗里达平原的天然水井，表面清澈无比，但你看向井底啊……你却发现一只大鳄鱼，一只井水滋养肥壮的大鳄鱼！

夏多布里昂对阿达拉葬礼的描写——神父、异教徒携手为她的遗体覆土——成了浪漫主义文学家喻户晓的一景。这个情景也引发了吉罗代·特里奥松的灵感，1808年创作了拿破仑时代最伟大的绘画之一《阿达拉的葬礼》，全巴黎的人看了都不禁落泪。1801年的法国仍然盛行古典传统的风格，因此这本小说并没有赢得一致的好评。书中文学语言的华丽，利用爱情、宗教、死亡这些自古用来激动人心或年轻男女的主题，自然大千世界的变幻替人间的喜怒哀乐伴奏，这些技巧引起了某些评论家的嘲讽。但夏多布里昂淳朴的语言、文体恬静的节奏、花草树木的形姿声色、山川河流构成的生动背景，也获得了众人的赞美。这时的法国人心正适合接受宗教和贞节的礼赞，拿破仑也正在与教会和解缔盟。现在，似乎是出版《基督教的精神》最佳的时机了。

·基督教的精神

1802 年 4 月 14 日，即公布教廷协同的同一周内，五卷本的《基督教的精神》问世了。1865 年，勒迈特（Jules Lemaître）写道："在我看来，《基督教的精神》为法国文学史上最成功的著作。"丰塔纳在《导报》撰文，对此书大加赞美，溢美之词无以复加。1803 年，此书印行第 2 版，这版是奉献给拿破仑的。从此以后，这位文学家觉得：除了拿破仑以外，他已是天下第一人了。

这本书对基督教，这个在希腊罗马时代以后创造、孕育欧洲文明的宗教，指出了其外在独特的表征和内在生生不息的精神。夏多布里昂告诉我们，基督教表现了对人类需要和痛苦的关心和了解，基督教对艺术产生了各种启示，基督教为道德和秩序提供了坚固有力的支柱。由此论点，他进一步否定了 18 世纪启蒙运动的思想。他认为基督教的教义和传统是否可信可靠只是枝节问题，真正重要的问题应该是：基督教是否真的对西欧提供了无法估计的贡献，是否真正为西方文明不可或缺的支柱？

比夏多布里昂注重理论逻辑的人，可能会以与天主教教义分离的革命后法国的道德、社会和政治没落衰颓的景象为始。但夏多布里昂是感情型的人，他认为他比起伏尔泰这些致力"击毁"宗教专制"耻辱"的启蒙家，将更容易为大多数法国人接受。这种假设完全正确。他自称"反哲学家"（anti-philosophe），他比卢梭更积极地反对理性主义。斯塔尔夫人为启蒙运动辩护，他还曾加以辩驳。因此，本书以打动读者感情作为开始，得到了情感的共鸣才辅以理智的说服。

他首先开门见山，揭示了他对三位一体的信仰，即上帝为创造宇宙的圣父，上帝为救赎世人的圣子，上帝为启迪庇护世人的圣灵，他认为三位一体的奥秘是不易以凡人的心灵去理解的。不过，我们并不需要顾虑这些教义是否真实、合乎理智。最重要的是，如果没有对全知全能上帝的信仰，人生将如同无情的挣扎，罪过和挫折无法救赎，婚姻成为脆弱的结合，老年只是一段阴沉的肉体分解的过程，死亡成为龌龊而不可逃避的痛苦。教会的圣礼——洗礼、告解、圣餐、坚信礼、婚配、涂油礼、按手礼，将我们成长、凋零这些痛苦的过程升华为精神的成长历程。在教士的导引下，在庄严的典礼中，促进了心灵的提升。个人在这些圣礼中与强大坚定的信徒结为一体，与救赎世人的慈爱耶稣，与慈爱世人无玷的圣母，与全知全能、赏罚分明、慈悲为怀的上帝结为一体，我们渺小的形体因而获得了力量和支柱。有了信仰，人由最大的苦难中解脱了——他不再是活在一个没有意义的世界里，不再过着无意义的生活。

夏多布里昂接着把异教哲学家倡导的美德和基督教的教义加以对照比较：前者为坚毅、节制、谨慎，其目的是个人的修身，后者为信、望、爱——这些教训升华了人生，强化了社会的伦常。死亡只是再一次的新生。他又比较了两者的历史观：哲学家视历史为个人团体奋斗、挫折的写实，而基督教视历史为人类克服本性、原罪，去博爱世人的心路历程。我们不愿认为天空只是岩石和尘土偶然堆积而成的自然现象，那样虽然连绵不断却毫无意义，虽然美丽却无声息。我们宁愿相信穹苍昭示着上帝的荣光。我们注视着鸟兽飞禽的秀美时，观察着这些生生不息、美丽迷人的形体时，我们怎么可能不会觉得内中存在着上帝的意旨呢？

谈到道德，一件痛苦的事实似乎明显地摆在夏多布里昂眼前：道德规范必须得到上帝的护持，否则必因人性的堕落而崩溃。任何起自人类而不起自上帝的规范，都不能具备足够的权威，来克制天生不合群的人性。畏惧上苍之心为文明的起源，敬爱上帝则为道德的目的。同时，父母师长神父必须将对上帝敬爱畏惧的心理代代相传下去。没有宗教传授子女的父母，没有教义支持的教师必将发现：他们未经神启的教训，根本无法对抗自私、情欲、贪婪等衍生不息的势力。最后，"没有天国的期望即不可能有道德"，也就是说，世上有德者的苦难必定有来世的补偿。

夏多布里昂又指出，欧洲文明几乎完全归因于天主教教会——由于她支持家庭、学校，由于她宣扬基督教美德，由于她检束清除了横行的迷信和风俗，由于她的告解制度有助于清涤人心，由于她鼓励启发了文学、艺术，欧洲文明才得有今日。中世纪舍弃了对真理漫无目的的探索，追求至上的美感，因此创造了哥特式教堂的杰作，这些建筑要远胜过万神殿。异教文学虽然有益心智，却戕害德行。因此，《圣经》比荷马伟大，先知的教训比哲学家更能启迪人心。最后，耶稣的一生和训诫，其感人肺腑影响广及之处，是哪一本小说能相比的呢？

显而易见的是，只有经历法国大革命动乱时期或饱尝人世风霜的人，这些在感情上已倾向于宗教的人，对于他们，像《基督教的精神》这样的书才会有感召力。夏多布里昂的朋友哲学家儒贝尔就曾说过：他信仰天主教是为了逃避革命时期难以忍受的恐怖环境。读者对书中幼稚目的论的教训也许会觉得可笑吧，如"鸟显然是为了我们的耳朵而歌唱的……虽然我们对他们残酷不仁，但它们必须服从天命，因此不得不以歌声陶醉我们"。但是，这些读者也都为本书文体的典雅、韵律陶醉。因此，他们对夏多布里昂的论点，如：用希腊三女神解释三位一体，或引用马尔萨斯对人口膨胀的隐忧为神职独身制度辩解。即使书中部分论理稍嫌薄弱，但他的文笔引人入胜。同时，大自然在带来几次地震、洪水、狂飙之后，居然还听到夏多布里昂在赞颂她的可爱，想她也会受宠若惊的吧！

然而他真的信仰宗教吗？据说，1801 年以至晚年，他已不奉行复活节仪式，如告解、圣餐，这是教会对信徒最起码的要求了。西斯蒙弟曾记载 1813 年和他的一次谈话：

> 夏多布里昂看出欧亚两洲的宗教都呈现出普遍的衰微现象，他将这些瓦解的征兆喻作恺撒时代多神教的局面……他由此下了结论：欧洲各国将随宗教的消失而灭亡。听到这么开放的言论，

我大吃一惊……夏多布里昂谈论宗教……他认为宗教为维持邦本必需的。他也认为大家必须有信仰。

60年来他内心一直怀着对宗教的疑惑，难怪他永远不能克服如在《勒内》一书中描写的年轻时的悲观思想。晚年时，他曾说："我的出生实在是一个错误！"

·勒内

《基督教的精神》为浪漫主义运动在宗教文学方面的主要著作。这本书虽然未对爱的理想多加阐扬，但对信、望的更生拟定了方案。它颂扬中世纪的诗歌艺术，因而刺激了哥特式建筑的复兴。这本五卷的巨著最初不仅包括《阿达拉》，也包括《勒内》，后者于1805年出版。这本40页的小书歌颂了悲观的情绪，反映了流亡贵族的消沉，也倾诉了夏多布里昂少年时代对姐姐的迷恋。这本书为成千描写悲哀失望情绪的著作提供了灵感和范本。

勒内是一位年轻的法国贵族。他离开法国，和纳奇兹印第安人住在一起，想要忘记一段乱伦的爱情。他的继父谢克塔告诉了他阿达拉的故事，在谢克塔催请下，他也说出了自己的故事："我在父亲面前一向畏缩胆怯，只有在妹妹阿梅利身旁才满足自然。"可是他发现对她的爱近乎乱伦时，他投身巴黎的人海——"广瀚的人野"，想忘怀自我来脱离情欲的纷扰。或终日坐在会众稀少的教堂里，祈求上帝助他解脱情爱的罪孽和生命的魔障。他向高山原野寻求宁静，然而到任何地方他都驱不散对温柔可爱的阿梅利的思念。他为向她示爱的念头而痛苦、煎熬、羞耻。最后他决心自杀。阿梅利知道了他正在立遗嘱的消息，猜到了他的企图。她立刻到巴黎找到了他，狂热地拥抱着他，"在我的额头上盖满了热吻"。他们在一起三个月，享受着快乐的时光。然后，她忏悔了，她留下安慰他的信和她的财产，进入一所修道院。他去找她，恳求和她见一面，但她坚决不肯再见他。她宣誓守贞时，他进入了教堂，跪在靠近她的地方。他看见她俯首在圣坛前，他听见她祈祷："仁慈的上帝，请别让我再从庄严的床上起来，请以你的恩典覆盖我那不曾沾染我罪孽的哥哥。"他们从此不曾相见，这时他又起了自杀的念头，但最后决定忍受更大的痛苦活下去。"我在痛苦中找到了一些慰藉（这段话成了浪漫主义式悲哀的典范）。我怀着一些暗自的喜悦，发现悲哀并不像快乐是一种容易消散的感觉……悲哀的情绪终日留在心头，我的心情完完全全沉湎在空虚、痛苦的感觉里。"他厌倦了文明世界，于是决心去美国，遗世而独立，过着印第安人淳朴的生活。一位传教士责备他不该自我消沉，督促他回到法国，服务人群，以清涤自己的罪恶。可是，"不久，在路易斯安那的法国人与纳奇兹印第安人的大屠杀中，勒内和谢克塔都死于难中"。

这个故事娓娓动人，只是情节有悖常理，感情过度夸张。可是人们已有 20 年没有抒发情感的机会了，在革命的悲惨时代里，流泪是危险的，动辄得咎。人们的苦难也不是眼泪可以表达的，如今，革命结束了，生命有保障了，情感也可以自由宣泄了，眼泪也可以流下来了。悲哀的勒内和 30 年前的维特相互辉映，成了夏多布里昂独特风格的表征。1804 年辛涅科尔（Senancour）笔下的奥伯曼（Obermann）也是同一类型的人物，而拜伦的《恰尔德·哈罗尔德的朝圣之旅》继承和表现了同一典型的人物。不过，拜伦不曾表示过他受了夏多布里昂的影响，夏多布里昂还因此责备这位英国诗人。这本小书使下一代的世人染上了世纪病（mal de siècle）——典型的"时代病"。这本小书也可能成为成千上万悲剧故事的范本。这种体裁的主角一般叫作"叙述者"（un romancier），可能浪漫主义运动就是由这个字得名的吧！在未来的 50 年里，这本小书大大影响了法国的文学和艺术。

·夏多布里昂与拿破仑

拿破仑曾评论道："《基督教的精神》是一部'金、铅'之作，但金的成分占绝大多数……夏多布里昂的天分造成了这本书的不朽和伟大。"对于拿破仑而言,这本著作与教会协同的立场完美地"协同一致"。他特地召见作者,赞誉他是国之瑰宝,并任命(1803 年)他为罗马大使馆一等秘书。这位作者以谦虚而骄傲的口吻记载了这次召见的情景:"我没有从事公务的经验,对外交事务也完全不熟悉,但这些他认为都无关紧要。他相信有些头脑不需要实习,即能通达事理。"不久,他就携情妇赴罗马任职,她到罗马不久即永别人世(11 月 5日),她临死前还叮嘱身旁的夏多布里昂应该回到妻子的身边。

他不久成了教皇的上宾,也成了大使——红衣主教费斯克(拿破仑的母舅)的眼中钉。他向人埋怨说这位出名的作家已越俎代庖,行使了大使的职权。大使不是能够容许这种行为的人,于是他请求撤换这位属员。拿破仑召回夏多布里昂子爵,任命他为瑞士一个小共和国瓦莱的代理公使。夏多布里昂返回巴黎稍做考虑,可是当甘公爵处死的消息一传来,他立刻递上了请辞外交使命的报告。他事后曾说:

> 我敢离弃拿破仑等于已将自己置于与他同等的地位。他因不忠,使他与我为敌。而我因忠心耿耿,使我与他为敌……过去我对他仰慕,我认为他不仅仅改朝换代而且变革了整个社会,因此我亲近他。然而,我们个性不同,不投机处十之八九。他如果有心枪毙我,我也会毫不迟疑地杀死他。

他并没有遭受任何伤害。由于妻子卧病在床(在没有情妇时,他是爱她的),妹妹露西尔去世(1804 年),他脱离了政治生活。不过,不久他找到了一位情妇屈斯丁。1806 年他又想换一位新情人诺爱依。诺爱依开出了条件,要他前往巴勒斯坦的圣地一行。他离开了威尼斯的妻子,前往科孚、雅典、士麦那、君士坦丁堡,到达耶路撒冷。回程时,他经过亚历山大港、迦太基、西班牙,1807 年 6 月回到巴黎。在艰苦的旅途中,他表现出了勇敢和坚毅。同时,他也为两本新书费心收集了大批资料。《戴克里先时代的殉道者》(*Les Marytrs de*

Dioclétien，1809 年）和《巴黎至耶路撒冷游记》（*Itinéraire de Paris á Jérusalem*，1811 年），这两本书更使他声名远播。

在写作这些书期间，他继续攻击拿破仑（拿破仑当时正在泰尔西特谈判和约）。1807 年 7 月 4 日，他在巴黎《信使报》登载了一篇文章。表面是关于暴君尼禄和史学家塔西佗，但也能自然地引申到拿破仑和夏多布里昂的关系上：

> 在一片死沉沉的气氛里，除了奴隶的桎梏声、告密者的谄媚声，听不到一丝声息。众人在这个暴君之前战栗，得其恩宠和招其怨恨是同样的危险。这时这位历史大师出现了，他身负着为全国口诛笔伐暴政的重任。尼禄的张狂并不足道，因为塔西佗已在这个帝国出现了。他在恺撒骨灰旁默默无名地长大，但公正的上天已将万世宗师的荣耀赐予这个无名的幼童。史家的角色虽然光荣，但经常也是危险的。不过，有些圣坛，如荣誉的祭坛，即使为人遗弃，仍要做更多的奉献……有利可图的事往往并不足以传诵千古。仁义之举可见的后果往往是苦难、牺牲，不过我们死后，这颗丹心仍能永远跳动，我们的芳名仍能传诵千古，一时的挫折又算得了什么呢？

拿破仑由泰尔西特归来以后，立即勒令这位新塔西佗离开巴黎，同时下令《信使报》不得再刊载他的文章。夏多布里昂更加热烈地为出版自由辩护。他退隐至曾在夏特列的瓦莱—奥克斯—洛普购置的房屋。在此地，他全心全意地准备出版《迪奥克列田的烈士》，删除了书中可能误解为诋毁拿破仑的章节。1809 年，他的哥哥阿尔芒因为替流亡的波旁王子传令给巴黎的奸细，不幸被捕。夏多布里昂写信给拿破仑，为哥哥求情。但拿破仑认为信中的语气傲慢，而将它投入火中。阿尔芒受审定罪，于 3 月 31 日被枪决。处刑后一会儿，夏多布里昂才赶到。他永远忘不了当时的情景：阿尔芒横尸于地，脸上身上布满了弹痕，"一只刽子手的狗舔着他的血、他的脑浆"。这天正是1809年的耶稣受难节。

他回到清幽寂静的山谷，撰写《墓中回忆录》来舒缓和埋葬悲哀的情绪。1811年起他开始撰写回忆录，作为旅游、调情、政治生涯之余的调剂（中间时断时续）。1841年，他完成了最后一章，但生前始终不肯出版，因此他称此书为《墓中回忆录》。书中思想前卫，情感纯真，文体动人。书中描述拿破仑崩溃后，属下争先恐后、列队向路易誓言永远效忠的丑相："'罪'靠着'恶'进入——塔列朗先生走进来，富歇先生扶着他。"在语气悠闲的字里行间也可以读到自然的描述（文字之美可以媲美《阿达拉》和《勒内》），也可以读到生动的时事记载，如莫斯科焚城。书中到处洋溢着丰盈的情感：

> 大地是迷人的母亲，我们来自她的子宫。幼年时她拥抱着我们，她的胸脯盈满着蜜和奶。我们长大后，她供给我们清醇的水源、丰盛的五谷和果实，毫不吝惜……我们死后，她又敞开胸脯，以绿草花朵覆盖我们的躯骸。同时，她偷偷地把我们转化为大地的部分，再生为新颖、秀美的形体。

书中不时可见哲学的玄思，通常是严肃、沉郁的："历史不过是同样事件的重复，只是人物时有变迁而已。"这些回忆是夏多布里昂的不朽之作。

他静居乡野，直到1814年。那年，联军节节胜利，已经进逼法国的边界。夏多布里昂有些担忧，他想：这些联军的进展会不会如1792年一样，引起法国人民奋不顾身的抵抗呢？于是，在拿破仑节节败退、背水一战之时，阿尔芒被处死5周年那天，夏多布里昂写了一本铿锵有力的小册子《拿破仑和波旁王朝》（*De Buonaparte et Des Bourbons*），散发全法国。他肯定地告诉法国人民："大家可以看到上帝正站在联军的前头，坐在诸王的会议厅里。"他一一数说拿破仑的罪状——处死当甘、卡杜达尔，"折磨、杀害皮舍格吕"，囚禁教皇……由这些"可以看出波拿巴的天性和法国格格不入"。他的罪孽不该由法国人承担。许多统治者曾压制言论出版的自由，但拿破仑变本加厉，他甚至命令报纸不惜牺牲真理，对他歌功颂德。歌颂他治国有道是抹杀事实，他只是建立了有系统的独裁，转赋税为搜刮，转征兵为屠杀。单单俄国一战就有 243 610 人历经苦难后战死。反观他们的统帅，衣食饱暖，却背弃兵士，逃回巴黎。比较之下，路易十六显得何等高贵，何等仁慈！拿破仑 1799 年曾质问督政府："我离开你们时，法国何等蓬勃，如今你们究竟做了些什么使她变得如此呢？"如今夏多布里昂也用同样的口吻，质问拿破仑：

> 全人类都控诉你，以宗教、道德、自由之名要向你报复，你何处不散布悲哀凄凉？哪个家庭，即使默默无名的家庭，不遭受你的戕害？西班牙、意大利、奥地利、日耳曼、俄国异口同声地讨回他们惨遭杀戮的子女，讨回为你付之一炬的屋舍、城堡、庙宇……世人同声指责你是世上仅见的大罪犯……在世界文明的中心，在教化昌明的时代，你却妄图以野蛮人的剑、暴君的箴言治理百姓，交出你铁的权杖吧！从你废墟堆成的王位上滚下来吧！我们将像你抛弃督政府一般抛弃你。你看，你的崩溃为法国带来何等的欢乐！你想想人民这时幸福的景象！这就是你唯一的惩罚。

但是，谁来代替他呢？我们可以迎回一位生为皇胄、天性高贵的国王——路易十八——"一位见闻广博、思想开明、大公无私、不念旧恶的君王"。他回到法国，带着赦免所有旧敌的保证，"经历诸多苦难、动乱，我们又在正统君王父亲般的翼护下安宁生活了。这是何等的幸福甜蜜……法国同胞们、朋友们、难友们，让我们忘掉争吵、仇恨、错误，共同来拯救祖国！让我们在祖国的废墟上，紧紧拥抱在一起！让我们请求亨利四世、路易十四的子孙帮助我们！吾王万岁"！
后来路易十八曾说这本 50 页的小书可值 10 万甲兵，真是一点不假。

现在我们要离开夏多布里昂一会儿了。他的故事绝对还没有结束
呢！他还有 34 年的人生。他将要在复辟时代的政坛上左右风云，他
仍然情妇成群，最后在由绮年玉貌成为慈祥和蔼的老妇人——雷卡米
耶夫人的怀中结束了人生。写作《墓中回忆录》逐渐成了他主要的工
作。既然他的大敌已被囚禁在远方的海岛上，那里四面海水封锁，他
可以写写拿破仑的故事了——他共写了 456 页——不过，随着胜利，
随着时间，语气已缓和多了。他活到 1848 年，亲眼见到了三次法国
的革命。

第八章 | 拿破仑时代的科学与哲学

数学与物理学

拿破仑时代是历史上科学成就最为丰饶的时代之一。他本人为现代第一位接受科学教育的统治者。即使亚里士多德的学生亚历山大也应该不曾奠定过如此彻底的科学基础。在布里安军校教导他的圣方济会神父深知：要赢得战争，科学的用处大过神学。他们将数学、物理、化学、地质学、地理的知识倾囊相授。掌权之后，他恢复了路易十四对文化有贡献人士重赏的措施，他的奖赏多数授予科学家，由此可以看出他本人的教育背景。同时，他援先例也颁奖给外国科学家。1801年，他和研究院邀请伏特来法国展示他关于电流的理论。伏特来了，拿破仑曾三次出席他的演讲，并以一枚金质奖章颁授这位意大利物理学家。1808年，他颁奖给德维，嘉勉他在电化学方面的成就。虽然英法处于战争状态，德维仍前来巴黎受奖。此外，拿破仑定时邀请研究院的科学家见面，报告他们研究的成果和进展。1808年2月26日，在一次会议中，居维叶以研究院秘书的身份发言，口若悬河，俨然有布丰之风。拿破仑也为之动容，不禁觉得法国文章恢复了往日的黄金年代。

　　法国人以理论科学见长，因此法国人长于慎思明辨。英国人则鼓励应用科学，发展工业和贸易，致力富国，英法同时成为19世纪世界上分庭抗礼的两大霸权。19世纪初，拉格朗日、勒让德尔、拉普拉斯、蒙日已确定了数学的发展方向。蒙日与拿破仑终生为友，两人情感甚笃。他虽然为执政"堕落"成为皇帝而遗憾，但他宽容地忍受了，还同意成为帕路西子爵。可能两人私下都知道帕路西只是埃及的一处废墟吧！拿破仑被放逐厄尔巴时，他十分难过。这位流放君王戏剧性地回来时，他公开表示高兴。因此复辟的波旁王朝命令研究院将蒙日赶出去，他们照办了。蒙日1818年去世时，他在科学院的学生想前去参加葬礼，但为当局禁止。他们只好在下葬的第二天，组队前往墓园，在墓上献上花圈，尽了哀悼的诚意。

　　卡诺在梅济耶尔军校时曾受业于蒙日。他曾经在公安委员会任职。1797年9月4日的政变他仅以身免，从此他改行研究数学，在其中得到了安全和正常的生活。1803年，他出版《微积分学的分析》，后来的两篇论文更建立了欧几里得几何的基础。1806年，莫利昂（François Mollien）改革了他的老方法，将复式簿记引入了法国银行。1812年，一位蒙日的学生——彭赛利加入法军进攻俄国被俘，为调剂牢狱的生活，他创定了投影几何学的基本定理，当时才24岁。

　　数学为所有科学之母，也是科学的基本模式。所有科学均以计算开始，以求得方程式。物理、化学借着公式引导工程师重建世界，建造桥梁、庙宇甚至可以升华进入艺术的领域。伊泽尔省长傅立叶并不以一省之长而自满，他还想将热传导的过程化为精密的数学模式，在格勒诺布尔的一次划时代的实验里，他导出并使用了今日所谓的傅式数列微分方程（Fourier Series）——这个数列至今还是数学的重要一环，也是历史学家眼中的一大奥秘。1807年，他公开了他的发现，但至1822年才在《热的解析数》一书中正式说明其方法和结果。这本书有人称为"19世纪出版的最重要的著作之一"。傅立叶写道：

热的效能遵守一定的法则，唯有依赖数学的分析才能发现此法则。我们以下学说的目的即在证明这些法则。本文将热能扩散的物理现象转化为微积分问题，其中参数均已经实验设定……由以上的研究，明显可见在数字的抽象科学和自然现象之间，有关系存在。

吕萨克（Gay Lussac）研究不同高度对地球磁性和气体扩张产生的效果，这些实验更是引人注目。1804年9月16日，他乘气球上升至23 012英尺的高空。1805年至1809年，他曾将研究结果向研究院报告，因为这些研究，他成为气象学的一位先驱。后来他继续了拉瓦锡和贝托莱的工作，研究钾、氯、氢，把理论化学引用到工业和日常生活里。

拿破仑时代自然科学界最显赫的人物是拉普拉斯。他曾任内政部长，但政绩不佳，后被任命为咨议员，为当时咨议院中相貌最为俊美者，这点他也颇为自豪。1796年，他出版了《天文学史话》一书，以通俗而出众的文笔提出了宇宙的机械论，并以悠闲的笔调提出了宇宙起源的星云说。1799年至1825年，在5册的《天体机械说综论》中，以更为悠闲的口吻，他引用数学和物理学的知识，发现和证明了太阳系——也隐约地意味着所有的天体——都根据运动律和引力原则来运行。

由于星球常呈现出某些似乎不规则的现象，牛顿曾经承认他无法以一个系统一贯解释天体的现象。譬如说，土星的轨道一直在扩张，虽然缓慢，但如果不加节制，在亿兆年后，必将在无垠的太空里消失。而木星、月亮的轨道一直在慢慢地缩小，经过了无数时光，木星必将为太阳吸收，月亮则会进入地球，造成重大的灾难。牛顿因此认为上帝必须不时介入来矫正这些不正常的现象。可是许多天文学家驳斥这种悲观绝望的假说，认为并不合乎科学的原则。拉普拉斯则认为，由于有些不时矫正行星运动的力量存在，所以产生了这些不规则的现象，只要耐心些，一切都会自动恢复正常的——如木星花了929年的时光恢复正常轨道的运行。因此他认为，太阳系诸星球自始至终都将遵循着牛顿和拉普拉斯的定律运行，并不值得去怀疑。

这个观念虽然壮观但是令人沮丧——照这么说，世界是一部机器，先天注定要遵循着一个轨迹运转，永无止境。这个观念造成了长远的影响，使有些人也以机械论来解释心灵和物质。他与和气的达尔文一样，对破坏基督教的神学，都有贡献。拉普拉斯曾告诉拿破仑，上帝根本是多余的。拿破仑认为他的想法模糊不清，的确有时拉普拉斯也会怀疑起自己来了。在他繁星锦簇的一生中，他曾安静下来写了两本书——《概率分析》（1812—1820 年）和《概率论》。在大限将至的晚年，他赠给研究家同仁一句警语："吾所知有涯，吾所不知也无涯。"

医学

拉普拉斯的警语也可能出于一位医生口中，拿破仑也必然衷心赞同这句话。拿破仑一直不厌其烦地想说服他的医生，药物利少弊多，他想要他们相信，在最后审判时，医生比起将军要负起更多人死亡的责任。科维萨尔医生敬爱他，耐心听着这些嘲谑，安托马尔基医生却加以报复，在拿破仑死前，不停地开出泻剂让拿破仑服用，他该受拿破仑的笑骂！不过，由拿破仑曾赠予拉雷（Dominique Larrey）10 万法郎这件事来看，他对尽职优秀、品德高洁的医生仍然是欣赏感激的。这位外科医生曾随法国大军转战埃及、俄国、滑铁卢各地。他使用"飞行救护车"给予伤者迅速的救护，在博罗第诺一天曾做了200 例切除手术。他为世人留下了 4 卷的《战场手术杂记》（1812—1817 年）。

拿破仑选择科维萨尔为私人医生的确深具慧眼。这位法国学院的医学教授诊断时，考虑仔细周详，处方小心翼翼。他是第一位使用听诊协助诊断心肺疾病的法国医生。1760 年，他从维也纳奥恩布鲁格尔（Leopold Auenbrugger）《听诊新法》（*Inventum Novum ex Percussione*）的书中找到了这种方法。然后将这本 95 页的论文译成法文，加上自己的经验，扩充为一本 440 页的教本。1806 年，他又出版了《论胸腔肠胃疾病》，成为提倡病理解剖的前辈之一。一年以后，他成为皇家的家庭医生。不好应付的老板常说对医药毫无信心，但他全心全意地相信科维萨尔。拿破仑前往圣赫勒拿岛后，科维萨尔也隐姓埋名，退隐乡间。1821 年，拿破仑去世的那年，科维萨尔也忠心耿耿地与世长辞了。

　　他的学生拉埃内克使听诊的实验迈进一步。最初，他使用两个圆筒，一个放在病人身上，另一个放在医生耳中，因此医生可以用耳朵来"看胸腔"，可以不受杂音的侵扰，可以清楚地听见内部器官的声音，如呼吸、咳嗽、消化。拉埃内克使用这种仪器使他的研究更进一步。1819 年，他将研究成果简单地写成了《胸腹听诊研究》一书。这本书第 2 版（1826 年）曾有人评论为"有史以来研究胸腔器官最重要的论著"。书中对肺炎的说明，在 20 世纪以前，是医生奉为经典的杰作。

　　法国这个时代最突出的医学成就是给予精神病患者人道的待遇。1792 年，皮内尔（Phillippe Pinel）被任命为比塞特尔近郊一所著名精神病院的医学总监，这个医院是黎塞留创办的。皮内尔发觉这些监禁，此处及妇女疯人院的精神病患者，没有享受到法国大革命视为自然、大声疾呼的人权。为了怕病人伤害自己或他人，院方桎梏病人，更常见的是用放血或麻醉药来保持病人安静。每个人院的病人——不见得一定是心理不正常，有时或许只是家人或政府的眼中钉而已——他们被丢弃在病房里，在环境的感染下，心身逐渐衰微，结果产生了一群疯子，大众只有偶尔付些微的门票费，才能看到他们奇异的举动、呆滞的眼神，听到他们绝望的呼喊。皮内尔亲自前往国民会议，呼吁当局应尝试使用较为温和的疗法。他祛除了病人的桎梏，尽量减少使用放血或药物，让病人走出牢房，呼吸新鲜空气，增进身心的活力。他还命令警卫不得将病人视作受上帝秘密惩罚的罪人，而要把他们当作残废的人，只要耐心照顾，就可以逐渐改进。1801 年，他在不朽的著作《精神病的医学哲学观》一书中，提出了他的方案和观点。由书名我们可以看出皮内尔已经或至少努力追求希腊大医学家希波克拉底的理想，即集科学家的知识、哲学家的爱心和同情于一身。希波克拉底曾说过："医生是热爱智慧的人，他热爱世人，是上帝的同行。"

生物学

·居维叶（1769—1832）

居维叶虽然是一位身处天主教国家的新教徒，这位伟大的科学家在同行中却领袖群伦。正如拿破仑统治下的许多法国科学家，他在政坛上位居高位，甚至成为咨议院中的一员（1814 年）。波旁王朝复辟后，他保持了原来的职位。1803 年，他成为咨议院院长，受封为贵族。1832 年，他与世长辞时，全欧尊称他是古生物学和比较解剖学的始祖。生物学的研究（指达尔文）不久就将改变欧洲的心态，而居维叶奠定了这个巨变的基础。

他父亲是瑞士军团中一名军官，曾赢得功绩勋章，并在 50 岁娶得少妻。她以爱心管教居维叶，对他心理、生理的发展十分关切。她检查他的课业，督导他朗诵文史的古典巨著。居维叶当时已能对软体动物和虫类娓娓道来如数家珍。后来，他幸运地进入符腾堡公爵欧仁在斯图加特创办的学院，学校里 80 名教师教导着 400 名上上之选的学生。在这里他醉心于植物学家林奈的作品，不过，布丰的《自然史》永远是他心爱的著作。

抱着满怀的奖品，他毕业了，可是因为没有世袭的财产支持他继续求学，他在临近英伦海峡的费康（Fécamp）任家庭教师。当地出土的一些化石引起了他对地层的兴趣。他研究地层，当它们是史前动植物的活版。他发现收集自海中的甲壳动物外形与内部器官，变化万千。因此，他认为应该根据生物结构和变种来重新划分生物。他有强烈的求知欲，加上不懈的努力，不久成为生物和化石的大师。他的广博不仅为前人所未有，也是后来所罕见的。

巴黎知道了他的博学和他的研究。因此，他赢得了他未来的对手——圣伊拉里亚、拉马克的有力推荐，27 岁时（1796 年）他成为国立自然史博物馆比较解剖学的教授。31 岁时，他出版了法国科学的经典之作《比较解剖学》。33 岁时，他成为植物园的首席教授。34 岁时，他成为国家研究院自然科学部门的终身秘书（执行所长）。1802 年，他受命重新组织中等教育，四处奔波。

即使身负教授和行政的重任，他仍和一些学者合作，继续研究。他似乎下定了决心，要将保存在地层内或生活在陆上海上的每种生物和植物加以分类研究。1828 年至 1831 年的《鱼类自然史》对 5000 种鱼类做了描述，先前他的《四足动物化石研究》已创造了哺乳类化石学的根基。这本书还包括了居维叶对毛象的说明，是他为这种动物取名为"猛犸"（Mammoth）的。这种象的遗体发现于西伯利亚终年冰封的土地里（1802 年），由于保存良好，甚至狗还肯吃它解冻后的肉体。在其中一卷里，居维叶解释了他"器官相关"的学说。依照此原则，他认为可以凭一根骸骨的研究，而重新组合已经绝迹的生物：

> 每一生物个体自成独特系统，每一部分互相自然相应，共同达成一个固定目的，相互作用合作完成同一个目标。因此，凡一部分产生变化，必然引起其他部分的改变。依此类推，每个单独的部分都可告诉我们此生物其他部分的形状。因此……假设一种动物的内脏器官组织只适合消化鲜肉，其两颚的组成必然适合吞咽其猎物，牙齿必适合切割与吞咽肉类，四肢或动作器官必适合追逐拦截猎物，感觉器官必适合发现远方之猎物……依此类推，

由一个下颚、一块肩胛骨、一个骨节、一只腿或手骨或其他任何
个别的部分，我们可进一步描绘出此生物的牙齿，由牙齿再进而
描述其他部分。因此，任何深晓生物结构原则的人，由仔细研究
任一块骨头开始，可重新组合此块骨头所属的肢干。

1817 年，在另一本巨著《依结构分布的自然王国》中，居维叶
将动物总结分类为脊椎动物、软体动物、关节动物、辐射动物。他
认为，地层的巨变引起了生物界的大灾难，成百的生物因此突然死亡
灭绝，才形成了连续的生物层。至于物种的由来，他接受当时正宗的
观点，即每一物种为上帝特别创造，其变种是在上帝的指引下，为适
应环境而产生的变化，这些变化永远不可能成为另一种新物种。居维
叶死前两年，就这些问题曾经加入了一场著名的论战，这次论战歌德
曾评为 1830 年欧洲史上最重大的事件。居维叶当时论战的对手是圣
伊拉里亚。这位生物学家支持另一位一年前去世的伟大生物学家的说
法，即物种变化并无常道，其起源和进化都是自然现象。

·拉马克（1744—1829）

拉马克很容易赢得读者的喜爱，因为他少年时对抗贫困，壮年时
对抗享誉天下的居维叶，老年时又对抗瞎眼、贫困的厄运。而且，对
性情温和的人，拉马克留下的进化论学理，比起和蔼的达尔文提出的
残忍的物竞天择理论，要使人在感觉上愉快多了。

像大多数法国人一样，他拥有一个冗长的名字：让·巴蒂斯
特·皮埃尔·安托万·莫内，谢瓦利埃·拉马克。他是父亲的第 11
个儿子，其父颇具尚武精神，他替所有的儿子，除了最后一个，都找
到了军职。他送拉马克到亚眠一所耶稣会学院，希望他将来服行神
职。但拉马克羡慕哥哥们的刀枪和战马。他离开了学院，倾其所有买
了一匹老马，骑着它便上了日耳曼的战场。他作战英勇，但是因为军
营嬉戏时脖颈受伤，便因此可笑地结束了英雄生涯。他进入银行担

任行员，学习医学，邂逅卢梭，又改行转攻植物学。研究植物几年以后，他于1778年出版了《法国的植物》（Flore Française）一书。然后，在钱财将要一空时，他受聘担任布丰儿子的家庭教师，不过他也许只是为了有机会亲近这位年迈的哲人吧！1788年布丰死后，他屈就了巴黎皇家植物园看管植物标本室的工作。不久，法国大革命爆发，"皇家"这个字马上落伍了。在拉马克的建议下，此园重新定名为"植物园"。因为园中也收藏动物，拉马克将所有生物的研究定名为"生物学"（biologie）。

他对植物的兴趣又包括了动物。拉马克将脊椎动物留待居维叶研究，而专门以下等的无脊椎动物为研究的领域。他为这类动物创造了无脊椎动物的学名。1809年，他已达成了一些前人未有的创见。他不久在出版的《无脊椎动物系统》和《动物学总论》（Philosophie Zoologique）两本书中说明了这些观点。他不顾视力已日渐衰退，在大女儿及拉特雷耶的协助下，继续研究和写作。1815年至1822年，他出版了多卷的《无脊椎动物史》，提出了最终的分类和结论。从此，他两眼完全瞎了，也已家徒四壁。他一生勇往直前，足以令人敬仰；而他老年的贫困潦倒，却是法国政府的耻辱。

在他的"生物哲学"或对生物研究的"总论"里，开始时他先观察生命形态的无尽变化，并注意到其神秘的起源之间仍有差异。不过其分别极小，因此很难分别形态和功用相似的物种，也许根本不该加以区别。所以，拉马克下了结论（不知不觉地采取了阿贝拉尔的"概念论"）：所谓"种"只是一个概念，抽象的观念，事实上只有个体。我们把个体分成纲属目，虽然有助于研究，但只是用来作便利思考的工具，以便研究类似的物体而已。其实，每个事物都是绝对自成一格、与众不同的。

动植物为何会有不同的属性或种性呢？拉马克提出两个法则来答复这个问题：

第一法则：任何动物仍在发展中的，长久持续使用任一器官，将逐渐强化此器官，使其发展、扩大，其强化的程度与使用时间的长短往往成正比。凡任何器官缺乏利用，必将使此器官功能转弱，使其缩小，逐渐减低功能，最后消失无踪。

第二法则：任何因长期受环境影响，任何因某器官过度使用或废弃，而获得或失去的功能，如两性或母体产生此变化，此变化必将遗传给下一代，保留在自然中。

第一法则在日常生活中到处可见：铁匠的手臂日渐粗壮；长颈鹿由于想取食高处营养的树叶，脖颈变长；鼹鼠两眼全瞎是由于终日居住地下，用不着眼睛。拉马克此后将第一法则分成两个相辅相成的原则：器官改变，或因环境或挑战，或因器官本身的需要，正如血液、树汁流向需要的器官一样，动植物受了刺激也会做适应性的改变。此处拉马克回答了"动植物的变化因何而起"这个困难的问题。居维叶曾回答说：由于上帝直接的行动。达尔文会回答说：由于"无缘无故的变化"，原因不知。拉马克回答道："由于生物体的需要、欲望及适应环境的努力而产生了变化。"这个解释和当代心理学家强调意志能主动创造能力的说法是站在同一个立场的。

但是，拉马克的第二法则遭到了许多人的驳斥。有些人指出，犹太人割除包皮、中国人缠足都没有产生遗传的效果。当然，这些人只是吹毛求疵。他们并没有想到这些变化是外界的残害，而非出自内心的需要和自发的努力。有些反对意见则没有考虑到环境促成变种需要"长时间"。达尔文、斯宾塞在以上两个条件的限制下，赞成"后天培养的习惯"，即出生后培养的习惯或后天器官功能的改变可能会遗传下一代。马克思、恩格斯也假设有这种遗传的可能，因此他们梦想靠着较好的环境产生遗传因子优越的下一代。苏联有很长一段时间还将拉马克学说列为其教条之一。约 1885 年，魏斯曼（August Weismann）曾对这一学说大加驳斥，他宣称"胚质"（携带遗传因素的细胞）根本不受外围肉体的影响，也不受后天的影响。可是，自从在营养、肉体细胞、胚质细胞中都发现了染色体之后，这种说法又不可靠了。不过，实验报告一向都不利于拉马克的观点，只是近来在草履虫及其他原生动物中又找到了一些支持拉马克后天遗传论的证据。如果这些实验能够再延续一段很长的时间，我们也许可以找到其他肯定的证据吧！我们的实验室总有时不我予的缺点，但自然的实验室不会的！

何为心智？

心理学家一度认为心完全无自主的意志，只会对内在和外在的感觉做机械性的反应。他们和拉马克采取了一致的立场，强调生物的反应具有自主需要和努力的成分。这时科学和哲学的界线仍然不十分鲜明，因此这些内心的探险家喜欢使用"哲学"一词来总括他们的研究成果。当然，如以科学的方法——如特定的假说、仔细的观察、控制情况下的实验，以数学的模式表现求得的结论——来研究心灵和意识，则这些科学研究成果的"总论"应该也可以称作哲学，不过这个定义当时还未为人提倡。19世纪早期的心理学家自称为哲学家，因为他们是对科学无法探悉的事物做一尝试性的论说。

虽然拿破仑不喜欢"理论家"，但研究院教授的哲学和心理学，20年来仍是他们的天下。在那里拿破仑最讨厌的人是特拉西，他在拿破仑帝国时代传递了孔狄亚克感觉论的火把。1789年，他成为三级会议的代表，因而也参与撰写新宪法的工作。但1793年，眼见暴民的粗暴，眼见公安委员会的恐怖作风，他十分厌恶，从此便自政治退隐入哲学。在欧特伊郊区，他加入了簇拥在美丽的爱尔维修夫人身旁的小团体。他在这里受了孔多塞和卡巴尼斯偏激思想的影响。后来他成为研究院院士，并在研究心理学和哲学的领域中成了领导人物。

1801年至1815年，特拉西出版了《观念学的要素》一书。特拉西为观念所下的定义是：以孔狄亚克的感觉论为基础来研究观念，即主张所有的观念由感官的印象而来。他承认，如果用此学说来解释一般或抽象的观念，如美德、宗教、美或人，似乎有困难。即使研究这些观念，我们仍然必须"仔细追溯造成这些抽象观念的原始概念，我们仍然可以找出这些抽象观念根源的感觉"。特拉西认为，这种客观的研究将可取代形而上学，结束康德的时代。如果用这种方法仍然无法求得确定的结论，"那么，我们应该等待，不要妄下判断，我们应该拒绝解释任何我们没有真正了解的现象"。这种强硬的不可知论观点，使正在与教廷协商的不可知论者拿破仑大为不快。特拉西并未因此却步不前，他进一步将观念学（心理学）划入生物学的范围内。特拉西把"意识"解释为感官的感觉，"判断"为对事物之间关系的感觉，"意志"是"欲望"的感觉。唯心主义哲学家反驳说：并无法完全依赖感官，来证实外在世界的存在。他也承认：光依靠视觉、听觉、味觉的确无法完全认知外在的世界，但我们尚可借味觉、外物抗力给我们的感觉和动作的感觉，来体验到外界的存在。正如约翰逊博士所说的，我们只要踢踢石头，便可以回答这个问题了。

1803 年，拿破仑开始大加压制研究院。特拉西找不到讲台，也找不到出版商。因为得不到出版《评孟德斯鸠〈论法的精神〉》一书的许可，他只好将草稿寄给当时的美国总统杰斐逊。杰斐逊请人翻译了这本书，并于 1811 年匿名出版。特拉西活到 82 岁时，还出版了《论爱》（*De l'Amour*，1826 年），为老年平添不少光彩。

比朗以诠释感觉论开始了哲学生涯。他因文笔深奥晦涩而闻名遐迩。[1] 他以军人始，而以神秘主义者终。1784 年，他加入路易的禁卫军。1789 年 10 月 5 日和 6 日，他还参与了在凡赛宫保卫国王和王后的行动，抵御包围的"吃人般的娘子军"。然后，忍受不住革命时期的恐怖气氛，他回到贝尔热拉克（Bergerac）附近的家中。1809 年，

---

[1] 泰纳说："正因为他糟糕的文体，他成了名人……如果他不是这么难懂，我们也就不以为他有深度了。"

他被选入立法院。1813 年，他曾反对拿破仑的复辟，在路易十八的内阁里出任财政大臣。他的著作只是他政治生活里的"旁白"，但由于他的著作，他成为法国当时哲学界公认的领袖。

他以赢得 1802 年研究院主办的论文竞赛首奖一夕成名。他的论文《习惯和思想机能的影响》似乎追随孔狄亚克的感觉论，甚至和特拉西的生理心理学相似。他写道："人类对事物的了解和认知不过是中枢器官的习惯和反应综合而成。"他认为"每一感觉和印象都和脑中某块肌肉的活动配合"。可是，他逐渐脱离了心即为感官感觉的总和的观念。他觉得由人表现的专心和意志力，可以看出在心智活动中有一种主动和自发的成分，这不是仅以"感觉"就可以解释的。

1805 年，他出版了《论心智的要素》。此书主旨和拿破仑恢复宗教的措施和心意互相呼应，他因此离开观念学家的立场更遥远了。比朗由人类表现的意志力和努力来看，他认为精神不只是感官被动地、机械地反应作用，自我应是主动积极、充满意志力的。意志和自我应为一物。（1819 年，叔本华也强调意志，此主张在法国哲学中继续发扬光大，而由柏格森哲学集其大成。）比朗认为：决定人类行为的诸因素加上了主动的意志力，人才能"自由地"行动，否则人将只是可笑的自动机器而已。这种内在的力量自成一精神的实体，并非只是由感觉或记忆组合而成。这种内在的力量并没有物质或空间的成分。比朗申论道：其实所有的力量都是不具形体的，只有在对自我意志的体验中感到他们的存在。后来莱布尼茨由此论点进一步认为宇宙由无数单子组成，每个单子自成一种力量。意志、自我的重心，互相争战不已。

比朗过着政治和哲学双重的生活，加上每周在研究院参与居维叶、鲁瓦耶·科拉尔、安培、基佐、库辛热烈的学术讨论。或许这样的生活太劳累了，他的健康逐渐衰落，不久就面临了短短 58 年的生命终点。他由疲劳心志的哲学思考转向宁静的宗教信仰，最后皈依了助他超脱人世苦海的神秘主义。他曾说，人应从感官为主的兽性阶段，进步至有自觉自发意志的人性阶段，最后在上帝的爱和体认中忘怀自我。

保守思想的潮流

18世纪启蒙运动的思想家已经削弱了教会的威信和道德的力量。这些哲学家呼吁以"开明专制"来消除无知、无能、贪污、迫害、贫困、战争等人世的罪恶。对这些"梦想家"，19世纪初的法国哲学家的答复是：维护宗教的必要性，强调传统的智慧，强化家庭的权威，鼓吹法定君王的优点。他们强调：人们必须不时维护政治、道德、经济的堤防，来阻挡广大群众时时汹涌而来的无知、愚蠢、粗暴和野蛮的浪潮。

18世纪的哲学家呼吁抛弃信仰，崇尚理性;抛弃传统，崇尚知识。19世纪，有两人曾对这种思想声色俱厉地加以驳斥。一位是博纳尔，1754年出生于舒适的贵族家庭，在安定保守的环境中长大。后来革命爆发，他大为惊恐，性命受到了威胁，于是迁到日耳曼。他曾一度加入孔代王子反对革命的军队，但因为不满其军容不整、形同自杀的行动，他退隐至海德堡，用严谨的文笔继续这场战争。1796年他出版了《宗教与政治权力理论》，在这本书中他为君权至上、贵族世袭、家庭中的父权等传统精神辩护。他也极力主张：教皇在道德和宗教的事务上应有超越国君的统御权。督政府禁止此书的流通，可是允许他回到法国（1797年）。他谨慎了一段日子以后，又以哲学的论点开始攻击，他出版了《社会自然法析论》。他认为政府和宗教不可分离，拿破仑十分赞赏他的观点，邀请他在参议会中任职。博纳尔拒绝了，可是后来他又说拿破仑是受上帝之命来恢复真信仰的，终于接受了官位。

路易十八复辟后，他曾经担任过一连串的公职，也发表了一连串有浓厚保守主义色彩的文章。他的文章偏激但笔调死板。他反对离婚，反对"女权"，认为这将破坏家庭和社会的秩序。他贬抑出版自由，认为这将威胁政府的稳固。他为新闻检查制度和死刑辩护，还建议亵渎天主教仪式使用的圣器者应处以极刑。甚至有些保守人士也对他过度狂热的正统思想加以嘲笑，幸而有迈斯特尔不时和他鱼雁来往，使他大为鼓舞。迈斯特尔不时由圣彼得堡送来全力支持博纳尔的保证，更使博纳尔高兴的是：迈斯特尔在后来出版的著作里，以他出众的文笔，宣扬了道地的保守主义。

迈斯特尔1753年生于尚贝里。这是20年前华伦夫人教导卢梭爱情艺术的地方。尚贝里是萨伏依公国的首府，受撒丁国王管辖。但萨伏依人以法语为母语，迈斯特尔从小就法文文笔刚健有力，几可媲美伏尔泰。他的父亲是萨伏依议会的议长，他本人于1787年也成为其中的一员，因此他们维护现状和传统，实在不仅是基于哲学的理由。在政治上他是父亲的儿子，但在感情上迈斯特尔酷似其母，她传下了对天主教教会狂热的忠诚。他受教于修女和神父，后来并入都灵一所耶稣会大学，因此他对教会的感情永远不变。后来他一度醉心于互助会的思想，不过以后他完全接受了耶稣会士的观点，即国家应置于教会之下，而教会应由教皇统御。

1792年9月，法国革命军进入萨伏依，11月将这个公国并入法国。这场价值、阶级、权力、信仰的剧变不啻晴天霹雳，迈斯特尔大为震惊。他怀着满腔的怨恨，笔下也从此变得狂热炙人。他带着妻子逃到洛桑，在此地担任撒丁国王埃曼纽尔四世的侍从。他喜欢到附近洛桑斯塔尔夫人的沙龙。可是，他觉得在那里遇到的知识分子，如贡斯当，都感染了18世纪声名狼藉的怀疑风气。甚至聚集洛桑的法国流亡贵族也为伏尔泰着迷。这些人居然不知，正因启蒙运动反对天主教，削弱了宗教对道德、家庭和国家的支持力量，因而法国的秩序架构才完全崩溃。迈斯特尔对这些人的无知十分诧异。但他已非壮年，无法披甲上阵抵抗革命，便决定用一支笔和异端人士和革命人士战斗。他文笔尖酸辛辣，一时闻名于世。在那个时代，论及对保守思想的诠释，除了埃德蒙·伯克外，几无出其右者。

1796年，他经由纳沙泰勒的出版商出版了《论法国的现状》（*Gonsidérations sur La France*）。他承认路易的政府的确懦弱无能，摇摇欲坠。他也承认法国教会需要革新。但是人们如果急遽草率地改变国家的形式、政策和方针，正足以表现出他们对国家根基的奥妙的无知。他相信一个政府如果缺乏传统和历史的根基，缺乏道德和宗教的支柱，是绝对无法长久生存的。法国大革命杀害了国王，没收了教会财产，已粉碎了国家的基石和支柱。"没有一件滔天大罪曾经有过这么多共犯的……每一滴路易的血，都会使法国血流成渠。法国反对宗教，反对社会秩序，再加上后来弑君的恶行，全国因为共同犯了这些不赦的罪恶，恐怕400万人都要以生命来抵偿吧！"不久，他又预言（1796年）"法国的国王将由众国来派任"。

1797年，撒丁王召迈斯特尔回到都灵，但不久拿破仑就攻陷了都灵。这位哲学家又逃到威尼斯。1802年，他被任命为驻节沙皇亚历山大宫中的撒丁大使。他以为这项职务为期短暂，因此将家人留在国内，不料一直到1817年才回国。在这段形同放逐的岁月里，他只好以写作来埋葬烦恼，忍受不耐烦的情绪。

他的主要著作《政治体系起源法则》出版于1810年。他推论人类的各种体制起源于善性和恶性（合群性和不合群性的）的冲突，同时也由于人类需要持久有系统的权威力量来支持团结的本能、对抗自私的本能，以求维持公共秩序、保障团体的生存，才产生了这些体制。人的本性具有权力欲、占有欲，除非加以管教约束，否则人人都有可能成为暴君、罪犯、强奸犯。有些圣人哲人或许能以理智控制自己罪恶的本能，但对于大多数人而言，他们的德行并不足以控制本能。如果让每个所谓的成年人都只以理智来判断事物（这种理智通常并没有丰富的经验来巩固，因此十分脆弱，只是欲望的奴隶），等于牺牲社会秩序来换取自由。这种不经节制的自由将成为放纵，造成社会不安，因而影响团结，无法同心协力抵御外侮或杜绝内部分崩的趋势。

因此在迈斯特尔看来，热情澎湃的启蒙运动是天大的错误。他将这个运动比成一个少年，年方弱冠，就梦想或从事全盘重建教育、家

庭、宗教、社会和政府的方案。伏尔泰正是这种自以为全能型的代表
人物。他"终其一生，无所不谈，但没有一回是深入事物内部的"。
他一直"太专心教导世人"，因此"只有极少的时间去思考实际的问
题"。如果他谦虚地研读历史，以一个百代过客的心情，由人类的经
验中求取教训，他也许就会了解：超然出世的时间比起人的思想，更
能做我们的良师。一个观念最佳的考验是它在人生和历史中有多少实
际的成效。任何悠久根深蒂固的传统和制度，在不曾衡量得失以前，
不宜轻言废弃。读了历史，伏尔泰也就会了解：由于教会长久以来教
育青年，才能建立西欧的社会秩序。因此，打倒教会权威的运动徒然
造成道德、家庭、社会、国家的全盘崩溃。法国革命的破坏和毁灭是
盲目的启蒙运动必然的结果。"本质上，哲学即为破坏的力量"，因为
哲学信赖理性，而理性是稀有的。哲学依赖知识，而知识一般是利己
的。人类由政治和宗教的传统权威下解放，其后果必定危害国家以至
于整个文明。"因此这代正眼见史上仅有的惊天动地的大斗争：一场
天主教教义和哲学崇拜之间的生死大决斗。"

　　既然人生苦短，人类无法考验传统智慧的优劣，他应该学习和接
受传统的指导。直到他已近老年，才能开始了解传统真正的意义。当
然，实际上他永远不可能完全了解传统。他应该对任何改变法制和道
德规律的建议都加以怀疑。他应该尊重公认的权威，因为他们代表传
统和民族经验的判断，也代表上帝的声音。

　　因此，君主政体——世袭、君权至上的政体——是政府的最佳形
态。它代表了最悠久、最普遍的传统，它维护了社会的秩序、传统的
延续、团体的安定和国家的强盛。反观之，民主政体由于领导人物和
思想时常更迭，定时受一般愚民个人好恶的节制，这种政体唯有导致
不安、混乱和轻率的实验，最后终于会早夭而亡。

　　1802 年至 1816 年，他好整以暇地完成了最著名的著作《圣彼得
堡之夜杂记》（1821 年）。这本书陈述着他一些片断的哲学思想。他
认为科学证实了神的存在，因为由科学的发现，我们可看出自然界

中壮观宏伟的秩序，间接启示了人们相信一个宇宙神灵的存在。同时，我们信仰上帝，也不可为恶人有时的得意或好人的不幸而忧惶终日。上帝让祸福，如同雨水和阳光一样，同样地落在善人和恶人身上，不分彼此。因为他不愿终止自然的法则。有时，他曾因我们祈祷而感动，并改变了法则。此外，多数的灾难都是对我们过失和罪恶的惩罚。每种疾病和痛苦，都是惩罚我们、我们祖先或团体中的某些污点。

既然如此，我们应该维持死刑，维持对某些罪的死刑，甚至我们应该赞成宗教裁判所的刑讯。我们应该尊重刽子手，而不该是排斥他。他的工作也正是上帝的工作，是安定社会所必需的。罪恶不绝，惩罚不可一日或缺。同时，"借着惩罚才能够清涤人心，在以社会的不安来作为罪恶的报应中，正可见出上帝永恒的爱心"。

"战争是神圣的，既然这是宇宙的公法"——是上帝一向允许的。即使野生动物也遵循此法则。"每隔一段固定的时间，一位凶神便会下凡，来清除成千的生物。""我们可以把人类看作一棵树，而有一只无形的手不停地在修剪，这对这棵树通常是有益的……大规模的流血往往和众多的人口有关。""由蛆蛹到人类，毁灭的伟大定律永远适用。大地，饮着鲜血，其实正是一座巨大的神坛。每一生物必须不时向它牺牲供奉，这种牺牲是永无止境、永无限制的，甚至到万物毁灭死亡、自己死亡为止。"

我们如果说：生活在这样的宇宙里，我们将无法衷心感动而去崇拜造物主。迈斯特尔会回答道：我们还是必须崇拜神，因为所有的国家和人民都崇拜他。这个传统历史悠久，遍及四海，因此其中必然包含了人类无法理解也无法驳斥的真理。最后，他说：如果哲学真正地"爱智"，那么哲学应该臣服于宗教，哲学的论辩应该只是为证明信仰而做。

1817年，撒丁国王重新回到了都灵的王位，他将迈斯特尔从俄国召回国内。1818年，他任命迈斯特尔为首相和参议。在这两年里，这位严肃的哲学家写出了最后一本著作《论教皇》(*Du Pape*)。此书于他 1821 年去世前不久出版。迈斯特尔曾经赞扬君主制度，认为这种制度才能保护社会，防止民众自私的本能危害社会。但这个论点引起了另一个难题：如果一位君王，像沙皇或拿破仑，也和民众一样，自私自利、爱好权势，那怎么办呢？迈斯特尔的这本书便是对这个问题的一个肯定答复。

迈斯特尔毫不迟疑地回答说：所有君主应该自动地服从一个更久远、更伟大、更明智的权威。他们应该在宗教和道德的所有事务上，服从教皇的裁决。教皇的权威是由上帝之子赐予使徒彼得一脉相传的。在欧洲各国正力图由狂暴的革命，由拿破仑的暴政中恢复正常的时刻（1821 年），各国的领袖应该回顾历史，想想当年天主教教会是如何驯服、约束了日益众多的野蛮民族，如何因此拯救了残存的罗马文明。他们应该回想：天主教教会如何由各主教的统御，建立了社会的秩序和系统健全的教育。由于当时的君主一致尊重教皇在道德事务方面的主权，教会在此基础上经过了黑暗的中世纪，缓慢地建立了欧洲文明。"国家除非借助宗教的力量，否则无法产生任何文明"，因为唯有靠着人们对全知全能上帝的敬畏，政府才能控制人性中自私的倾向。文明总是随着宗教而生的，而宗教的消失也总是导向文明的死亡。因此欧洲的君主应该在宗教和道德的事务上，重新承认教皇的主权。他们应该把教育从科学家手中取出，交还给神父。因为提高科学的地位只会使人民粗鲁野蛮，恢复宗教则带来国家和灵魂的宁静。

不过，万一教皇也是自私自利，也利用每个时机夺取现世的利益呢？迈斯特尔早已有预备好的答案：在信仰和道德的事务上，教皇是以耶稣创立的教会的正式领袖的身份而发言的，因此他受着上帝的指引，他必定是完美无瑕的。因此，在教会自称为天主教信仰不可分的一环的前半个世纪，迈斯特尔已经向世人宣布教皇是十全十美的。听了这些话，连教皇自己都吓了一跳。迈斯特尔宣称教皇拥有政治的权力，更令教会尴尬，因此梵蒂冈也觉得应该克制一下这位教皇至上的拥护者了。

欧洲的保守人士，除了对他最后的观点及其他可以一笑置之的偏激言论不表赞同之外，一般对他能为保守主义辩护而喝彩。夏多布里昂、博纳尔、拉梅内、拉马丁都予以好评。甚至拿破仑也同意他的某些观点，如路易的仁慈，弑君的不当，革命的偏激，理智的脆弱，哲学家的自鸣得意，宗教的必要性，传统和权威的价值，民主政治的弱点，世袭绝对君权的优点，战争在遏制生物繁殖的价值等。

至于反对拿破仑的各国国王，他们从迈斯特尔直言无讳的哲学里，也找到了为何必须推翻这个科西嘉暴发户的理由，因为他继承了威胁全世界君权的革命。当然，他们永远不曾，也永远不会把这个私底下的理由告诉他们的臣民。就是因为这个理由，一般民众凭着天赋人权——其实凭着暗杀和屠杀——要求分享社会的公益，许多马拉、许多罗伯斯庇尔、许多巴贝夫控诉这些君主无情地剥削民众时，这些君王和贵族居然还不顾危险，愿意接受治理国家的负担和琐事。也正是基于这个理由，欧洲的正统君王才会联合起来，努力把历史悠久的体系带回到他们的国家和人民，甚至带回到野蛮、罪大恶极、弑君、背弃上帝、神人共弃的法国。

第九章 | 远征莫斯科
（1811—1812）

大陆封锁

1812 年法俄之战的导火线，是俄国拒绝继续遵守拿破仑于 1806 年 11 月 21 日在柏林敕令中宣布的大陆封锁。拿破仑的这项敕令是：封锁欧陆海岸、港口，遏阻英国货物输入；迫使英国撤销始于 1806 年 5 月 16 日对所有法国辖区的封锁，包括由布雷斯特到易北河的港口；终止英国阻挠法国的海上贸易；收回英国强占的法国殖民地；阻止英国经济上援助欧陆各国与法国作战。

大陆封锁是如何进行的？ 1810 年，英国曾因此遭受严重的经济不景气。1806 年至 1808 年，即拿破仑颁布柏林敕令后两年，英国出口额由 4080 万镑跌至 3520 万镑，进口原棉减少 95%。国内谷物价格在 1807 年至 1808 年一年内，每 28 磅谷物由 66 先令涨至 94 先令。同时，外贸减少，工资下降，失业增加，暴动罢工随之而起。英国工业须依赖瑞典的铁，船业依赖俄国的木材。但 1807 年英国与瑞典及俄国盟友——法国作战，这些资源即告中断。英国以保护其余外贸市场制衡封锁政策，1805 年至 1811 年英国对葡萄牙、西班牙、土耳其的贸易增加 4 倍，法国则倾全力进攻半岛地区。

封锁政策历久不衰，英国情况恶化。1801 年至 1811 年，英国对北欧的输出下降 20%，贸易逆差造成金币外流。英镑的国际价格下跌，反对党领袖格伦维尔和格雷要求不惜任何代价造成和平。1811 年，即拿破仑与俄国战争前一年，拿破仑的大陆封锁政策予英国致命的打击。

大陆封锁对英国不利，相形之下则对法国有利。法国港口，如勒阿弗尔、南特、波尔多、马赛陷入萧条。波尔多和马赛两城要求归附波旁家族。法国国内贸易因无英国竞争，金币回笼、资金充足，及政府充足财力的贴补而告兴隆。其中以拿破仑封锁大陆市场尤为刺激贸易成长。1806 年至 1810 年，法国纺织工业增长 4 倍，法国工业革命因而加速。法国占领区内的工业因就业充分和政治稳定，加速生长，法国人认为假如拿破仑战争胜利，法国在生产和世界贸易上或许会超越英国。

大陆封锁对法国国内贸易和工业有利，但对臣属拿破仑"大陆体系"（Continental System）下的国家外贸不利。汉萨同盟城市、阿姆斯特丹、汉堡、不来梅、吕贝克等遭受双重封锁，而瑞士、北意大利及莱茵河西部地区，因拿破仑制度的推展而趋繁荣。远东工业低度开发地区尤其是俄国因大陆封锁无法售其产品至英国，怨言日甚。

大陆封锁根本错在剥夺了人类寻其所得的自由。由于禁令之故，欧洲沿岸城镇、港口的居民更愿不惜冒险走私英货入口。从反面来看，销路良好的大陆生产国，则埋怨他们丧失了英国市场。在荷兰，大商家啧言纷纷，迫使拿破仑的弟弟荷兰国王路易致函俄皇亚历山大，强烈反对拿破仑最无情的敕令。

拿破仑为压制日趋严重的反抗，征用 20 万海关职员，数千名或公开或隐蔽的代理人及无数的士兵，侦查、逮捕、惩罚违反封锁禁令者，并没收其非法所得。1812 年，汉堡海关法庭在 18 天内判处 127 人徒刑，有些是死刑，但很少执行。没收的货物售予法国财政部，部分公开焚毁，让人围观。

拿破仑为缓和敌意、增加收入、减轻赤字，于 1809 年开始出售许可证，通常每张值 1000 法郎，进口对法国工业或法国士气有帮助的英国货品，而以咖啡、糖或金币兑付。英国早就实施类似的措施，1807 年至 1812 年英国曾不顾本国禁运法案，出售 44 346 张许可证，而拿破仑至 1811 年 11 月 25 日只出售 494 张许可证。俄皇亚历山大曾说，拿破仑要求俄国全面排斥英货时，曾默许英货流入法国。

总之，大陆封锁虽不负人望、措施失当、实施困难，但在 1810 年，似乎还算成功。英国濒临破产边缘，甚至不惜以革命获得和平。法国同盟虽然怨言四起，依然拳拳服膺。法国除了消耗人力和时间在伊比利亚半岛从事战事外，可算是臻至前所未有的繁荣时代。法国人虽短缺自由，却无钱财匮乏之虞，并享有无与伦比的胜利的光荣。

法国的不景气（1811）

拿破仑正计划聚集财源、扩充军备、提高士气，与距离遥远、缺乏了解、幅员辽阔的俄国作殊死战时，法国的多边经济突然地，似如恶魔附身般地全面瓦解，银行倒闭、失业增加、罢工迭起，贫穷、暴乱、饥饿随之而来。

要说明当时不景气的缘由并非易事，1811 年法国的经济危机是人类遭遇的空前浩劫。一位史学家将之归于两点主要原因：(1) 法国纺织工业无法获得原料和资金。(2) 吕贝克银行倒闭。法国纺织厂织布原料依赖国外，法国政府采取保护政策，对每项原料进口征收重税，以致货源短缺、价格上扬，法国厂家无力担负全部原料以维系工厂作业，也无法支付法国银行贷款日趋增加的利息，厂家们被迫进一步裁减员工。吕贝克银行一倒闭，汉堡、阿姆斯特丹银行纷纷关闭，巴黎银行也遭波及。1810 年 10 月，法国 17 家银行倒闭，11 月增至 41 家，至 1811 年 1 月有 61 家银行倒闭。资金不足、银行贷款利息过高，迫使各公司裁员、停工。法国各城市遍布失业工人，出售私物，沿街乞钵，有些人甚至自杀。在诺尔区成群失业者，在乡村掠夺农家、攫取食物，在城市打劫市场、仓库，在马路、河川拦截旅客、抢劫食物，法国似乎又回到1793年的混乱局面。

拿破仑下令严惩破坏社会秩序的罪犯，而且派遣军士阻止罢工暴乱，设立免费供应食物站。8月28日，拿破仑下令运送5000万磅小麦和3万袋面粉至灾情严重的地区。同时终止大陆封锁政策，允许外国谷类进口，提高与法国工业竞争的外国货品关税，筹划政府贷款，使公司恢复生产、增加工人就业。拿破仑在加强这些革命性措施后，更于1812年5月宣布小麦的最高价格，但这项措施失败，因为农人们在未能获得他们索取的价格以前，不肯将货品运至市场。还有私人救济协助政府平定全国骚乱。当时旅居法国的美国科学家拉姆福德伯爵，发明以豆类做"拉姆福德肉汤"，不仅提供植物性蛋白质，而且解决了面包荒。

拿破仑准备进军俄国之际，这项经济危机对他的勇气是一次考验，或许会使他丧失信心和决心。但拿破仑福星高照，1812年的丰收使面包价格下跌，失业工人至少可糊口求生。银行复业，新银行成立，贷款恢复，资金复活，工资发放给工人，半年后或许有购买力，市场供应充裕。如今，拿破仑可倾全力发动战争，加强因人性和国家需要而遭失败的封锁。

备战（1811—1812）

法俄两国动员人力，聚集兵力，更迭外交，准备作战，双方各自喻为和平守护者。拿破仑任命贵族科兰古为驻俄大使。科兰古于1807年11月抵达圣彼得堡时，发现亚历山大已不再是1801年见到的那样一位缺乏自信的年轻领袖，而是一位风度翩翩、温文尔雅、言语亲切的沙皇。亚历山大沙皇承认个人喜爱拿破仑，并致力遵守《泰尔西特和约》，但要求法皇在认为合理的状况下略为删改。

波兰导致法俄分裂。1807 年，拿破仑建立法国傀儡政权华沙公国，沙皇反对此举，转向波兰贵族示好，允许波兰复国，并给予内部自治权，唯要求波兰承认俄国宗主权和外交管辖权。这封信落入拿破仑手中，他勃然大怒，于 1811 年 2 月召回驻俄大使科兰古，易以雅克·劳（Jacques Law），即后来的洛里斯东侯爵。

亚历山大于同月敦请奥地利与之联盟，攻击波兰境内拿破仑的势力，并允以摩尔多瓦一半土地及全部瓦拉几亚为报酬，奥地利拒绝。拿破仑在圣赫勒拿岛为他的波兰政策辩护："我绝不会只为荷兰贵族谋利而与俄国作战，至于释放农奴，我决不能忘怀向波兰农奴阐释自由时，农奴们说我们当然非常喜欢自由，但是谁供给我们食物、衣着、房屋呢？"换言之，任何仓促的变革都将令农奴陷于无望之中。

科兰古于 1811 年 5 月带着沙皇赠送的礼品，返抵巴黎，他企图尽力说服拿破仑有关亚历山大的和平旨意，并警告拿破仑，法国征俄必然会因气候和空间因素而失败。拿破仑认定科兰古是因与沙皇交好而捐弃前念。拿破仑放弃和解的希望，同时怀疑俄国会引请普奥叛变，派大军进逼普鲁士边区，恐吓普王腓特烈三世于 1812 年 3 月 5 日与法国订盟。依据盟约，普鲁士提供 2 万名军士，增援法军征俄，并补给法军驻扎普鲁士时的军粮，这些军粮由普鲁士积欠法国的赔偿中扣除。3 月 14 日，奥地利被迫与法签订类似盟约。4 月，拿破仑向土耳其苏丹提议签订盟约，扩大土耳其与俄国之间的圣战，土、法携手进军莫斯科；如果战争胜利，奥斯曼土耳其政府将收复多瑙河区各公国，并全面控制克里米亚和黑海。苏丹拒绝这项建议，因为拿破仑在埃及和叙利亚攻击土耳其之事记忆犹新，甚至在《泰尔西特和约》中法国曾坐视不顾亚历山大进犯土耳其。苏丹于 1812 年 5 月 28 日与俄国签订和平条约。4 月 5 日，亚历山大与瑞典签订互助条约。4 月 18 日，与英国签订和平同盟。5 月 29 日，亚历山大宣布全面开放俄国港口。这些行动实际上等于废除大陆封锁，向法宣战。

随着外交方面的冲突，双方展开前所未有的整军工作。亚历山大在这方面的工作较拿破仑单纯，他只需唤起俄国人的情绪，动员俄国力量。俄国人的情绪其来有因，俄国在抵御无宗教信仰的蛮族入侵时，已经自然激发了情绪。这股爱国热情由反对《泰尔西特和约》而臻为极力支持沙皇。无论他至何处，百姓围绕着他，吻其皮靴或乘骑。如此沙皇得以扩大军队，命令人们备战，并在沿杜味拿河和聂伯河之地布置大军 20 万人，这条大河使俄国与立陶宛和被瓜分的波兰分隔。

拿破仑的动员较复杂，首要的困难是 30 万名法军和 12 名法国将领被困在西班牙。为了防止威灵顿由伊比利亚半岛越过比利牛斯山进攻法国，他甚至还要扩充更多的军力。拿破仑曾希望重回西班牙，重演 1809 年的胜利，但目前必须就放弃西班牙、葡萄牙、大陆封锁，或放弃与俄联盟和大陆封锁政策两者择其一。"我比任何人都清楚，西班牙是我们的致命伤，我们至 1500 英里外作战时，必须先解决西班牙。"

拿破仑从 1810 年开始秘密增加在但泽的法国卫戍部队，并尽可能在秘密的情况下，加强法军在普鲁士的军力。1811 年 1 月，他要求当年应征兵士入伍，并将之部署在沿易北河至奥得河的日耳曼海岸，以防止俄国由海上发动侧面攻击。同年春天，拿破仑下令莱茵邦联准备派遣他们允诺参加作战的军士兵额。8 月，拿破仑详细研究俄国地势，并决定 6 月为发动攻击的最佳时刻。12 月，他筹组间谍网渗透入俄或至俄国附近。

1812 年 2 月，法俄双方动员完毕。法国应征入伍的兵士名额急遽下降，30 万名应征入伍士兵中，8 万名没有报到，而且在应征兵士中数千名是罪犯。许多新兵逃亡或者不甘心服役，在战况紧急时，这些都是不可信赖的危险分子。在以往战役中，新兵可以由皇家卫队老兵处获悉光荣的事例和类似长辈的鼓励，如今当年的袍泽若非战死，即留驻西班牙，否则就是除了回忆之外，已老迈不堪之兵。新兵不再有团结一致、朝气蓬勃的国家来激励他们。拿破仑向其臣民、军士呼吁，视法俄之战为一场西方文明反斯拉夫野蛮民族扩张的圣战，但是多疑的法国人早已闻悉类似的话题。拿破仑尝试唤醒其将领，但无人相信，他们反对战争，认为战争将导致悲剧。大部分将领因功俸愈发富有，仅企望拿破仑让他们沐浴在和平的温馨中。

一些拿破仑的副官敢于直言谏议。科兰古虽然一直忠心耿耿地追随拿破仑，并担任御前掌马官至 1814 年，但他警告拿破仑与俄战争的危险性，而且斥陈拿破仑为"满足其个人私欲"而招惹战争麻烦。一度因谋叛被驱逐御前，而后又被召回的富歇也上言拿破仑，法国将因气候无法击败俄国，而且拿破仑因统一世界的梦想，征俄也是不利的。拿破仑解释其梦想仅在缔造一个欧洲，为欧洲创造现代律法，统一货币、度量衡及上诉法庭。而这些均归拿破仑治理。但拿破仑现在怎能将这支由他苦心召集、装备的史无前例的庞大军队，遣返回国，从此低调行事呢？

这支军队确实庞大，拥有 68 万名兵士，包括 10 万名骑兵、官员、仆役、妇女不计算在内。在全军之中，法国人不及半数，其余征自意大利、伊利里亚、奥地利、日耳曼和波兰。军队中将领有勒费弗尔、达武、乌迪诺（Oudinot）、奈伊、缪拉、维克托、奥热罗、欧仁、波兰最后一位勇敢国王的侄儿波尼亚托夫斯基王子等 50 位将领。他们分散于各部队及至俄国途中的各个据点，每位将领获有特别指令，带领他们的兵士于某时到达某地。

装备和准备工作浩繁异常，所需要的才智、耐力、资金较以往更多。事实上，后勤状况对战争的初期和末期有决定性的影响。战事必须等到草原能够充分供应马匹时始能开启，同时由于俄国实施坚壁清野，饥饿的法军在归程时，期望到斯摩棱斯克（Smolensk）寻找粮秣。除了失败之外，拿破仑设法预测一切。他准备在韦瑟尔、科隆、波恩、科布伦茨、美因茨及其他军事聚结地点储藏武器配件、修护器材、食物、衣服、药品等。同时在远征军中，数百部车辆也配有类似的装备。拿破仑了解由何处购得这些货品和如何付款。他知道贩卖者的奸诈，一旦发现商人索价过高或出售劣品即予枪决。

究竟拿破仑如何兑付这些货品款项、运输和仓租费用及军士薪金呢？拿破仑采用征税、贷款、向法国银行和私人银行借款。拿破仑由他在土伊勒里宫地窖中私人所有的 3.8 亿法郎中，取出数百万。他尽量避免浪费，并责备其所爱而已离异的前妻约瑟芬像女皇一样挥霍，赞誉玛丽·露易斯皇后节省。拿破仑后来说："征俄之役是我指挥的战役中最美满、最技巧、最机智、最有条理的一次。"

拿破仑是否适合指挥这次战役呢？或许他较当时任何人适合，但就此役而言，并不十分恰当。当时拿破仑已 43 岁，就军营生活和战场职责而言，已属老迈。我们可推测拿破仑遭受类似在博罗季诺和滑铁卢困扰他的胃痛、排尿不畅及痔疮。虽然在个人方面，拿破仑依然正直、仁慈，是露易丝的好丈夫、孩子们钟爱的父亲，但任职 8 年之后已变得缺乏耐性、专断、易怒，并高估自己的精神和政治力量。但有许多地方不然，他以适当的幽默驳斥科兰古的批评，并原谅其兄弟和将领们许多大的过失。有时他自己变成一位现实主义者，他的秘书告诉我们："拿破仑思虑时，我常常听到拿破仑以这种口吻说明立场：'弓张得太大了。'"但由于他极少受挫以致缺乏眼界和自我约束，他告诉纳博纳："毕竟至莫斯科的遥远之途是通往印度之径。"

1812 年 5 月 9 日，他离开圣克劳德进军莫斯科。拿破仑毕生所作所为皆为赌注，而征俄是他最大的一场赌博。

莫斯科之途（1812.6.26—9.14）

露易斯曾劝说拿破仑让她伴随远行至德累斯顿，并邀其双亲在当地会晤，以便她能与家人再次相聚，拿破仑同意并认为同时邀请鲁普士威廉三世及其他皇室、贵族始为明智。拿破仑大军由美因茨东行穿越莱茵河西区时，沿途各地郡主待之以凯旋的队伍。他进军萨克森时，各地军队尾随跟从。大军离德累斯顿仅数英里时，奥古斯都王亲往会师，并护送入京城。拿破仑大军于 5 月 16 日午夜前一小时抵达。街上的人群手持火炬，高呼欢迎，礼炮齐放，教堂钟声四鸣。

5 月 18 日，梅特涅随同奥皇和皇后[1]抵德累斯顿，玛丽·露易斯激动地拥抱她父亲，欢愉之情舒缓了她对这年的不祥预兆。不久普鲁士国王和王后随后到达。但由于普奥与法传统敌视，这种表面上的友善协定似乎并不协调。亚历山大暗自确信，普奥两国正祈祷法国战败。位居主人的奥古斯都王以歌剧、戏剧、打猎、焰火、跳舞、欢迎会方式表示日耳曼人对拿破仑的崇敬，以缓和他们的政治气氛。拿破仑在表面上也适度轻松地度过了 12 天。

5 月 28 日，拿破仑出发与驻守在维斯图拉的托伦的军队会合，命令将领们至涅门河岸与之会师。此河位于华沙大公国与俄国之间。拿破仑亲乘一辆备有油灯、桌子、文具、地图和书籍的车子，这些用具每晚送至拿破仑的营帐内。他就地拟订隔日计划，交由其幕僚转达给各将领。自远征莫斯科迄返为止，拿破仑旧幕僚梅纳瓦尔、新幕僚费恩及侍从贡斯当沿途伴随。6 月 23 日，他抵达涅门河，经过勘查，未见敌人踪迹，搭建了三座浮桥。6 月 24 日至 26 日，20 万大军渡河抵达科夫诺（Kovno，今考那斯），几乎在同时，约 20 万法军渡河深入泰尔西特，5 年前拿破仑曾与亚历山大沙皇在此地签订生死盟约。

亚历山大此时在距科夫诺 57 英里的维尔纳，领有数支军队：北方有苏格兰籍的巴克莱亲王，率领 15 万部众；南方有格鲁吉亚的彼得·巴格拉季昂亲王率领的 6 万部众；东方有亚历山大·托尔马索夫率领的 4 万部众。这些军队虽然无法与拿破仑的 40 万大军抗衡，却井然有序地退却，并烧毁、破坏或疏散有用的贮备，尽量不留给拿破仑的部队。另一支由齐加哥夫将军率领的 6 万精兵，由于土耳其和约，从南部出发，但是他们还在几天的路程之外。

6 月 24 日，莱文·本尼生伯爵举办田间舞会，亚历山大应邀以

---

[1] 这是弗兰茨二世的第三任妻子——摩德纳的玛丽亚·卢多维卡。

贵宾的身份参加。席间，差使禀告亚历山大，法军已渡过涅门河进入俄境，亚历山大闻风不动声色，宴会结束返回司令部后，发布命令要求各地军队尽量聚集，但无论如何要退至内地。法国进军较预料迅速，俄国军力无法聚集，却井然有序地退却。

6月26日，沙皇要求拿破仑在立刻撤出法军的条件下重新召开谈判，沙皇本人对这项建议缺乏信心，与巴克莱的军队离开维尔纳前往维捷布斯克（Vitebsk）。由于维捷布斯克将领们坚持不适合在当地决定军事策略，沙皇转赴莫斯科，并呼吁国民有钱出钱、有力出力，支援危难的祖国。俄国民众热烈响应，沙皇受到鼓励，返回圣彼得堡。

6月27日，拿破仑与其主力军开始由科夫诺到莫斯科的550英里长征。他们抵达俄国首日即遭受严酷考验，日热夜寒，一场骤雨淋湿了所有物品。每位士兵随身携带5日的口粮，他们为了节省存粮或增加补给，不理会拿破仑的禁令，掠夺乡村田舍。6月28日，大军抵维尔纳，在拿破仑到达前已尽情地掠夺。拿破仑原企望当地人视其为"解放者"欢迎他，结果有些波兰人和立陶宛人确实如此，但也有些人憎恶抢劫，以冷酷的沉默态度待之。当地一位代表要求拿破仑保证恢复波兰王国，但拿破仑恐怕影响其政府和军队中的普鲁士人跟奥地利人，而未置可否，反而要求请愿者待他征俄凯旋后再商议。

拿破仑曾希望在维尔纳攻取或击溃一支沙皇军队，但巴克莱及其军士亡命维捷布斯克时，拿破仑大军却因过度疲乏而无法追赶。士兵们费时两周才恢复军纪和士气。拿破仑的心情因一再的失利而转恶，他派遣兄弟热罗姆率领精兵追击南方的巴格拉基昂亲王，未获成功。他率军归队时，拿破仑怒责其领导不力、进军迟缓，撤除其职位，并遣其回威斯特伐利亚宫廷。

7月16日，拿破仑亲率重新整备的大军，由维尔纳向东北的维捷布斯克做250英里远征。拿破仑计划在维捷布斯克逮捕巴克莱，但聪明的巴克莱已在往斯摩棱斯克途中。拿破仑无法继续追击，因为他已令援军及补给品至维捷布斯克与之会合，况且这些补给延误到达。部分拿破仑的将领劝告他就地扎营过冬，不要在大雪来临前，试图完成进军莫斯科并回到维捷布斯克。拿破仑不以为然，他认为维捷布斯克不易构筑工事和防守，当地耕地过分贫瘠，无法供养军旅。延迟进军莫斯科做决定性战役将让俄军得隙招募装备更多部队，在路上袭击法军或封锁维捷布斯克，因此唯一使亚历山大屈服的方式是攻占俄国首都。

拿破仑在维捷布斯克驻扎 15 天后，于 8 月 13 日率军出城，希望一举擒获在斯摩棱斯克的巴克莱。该地位于聂伯河旁，土壤肥沃，人口稠密，工商业发达，巴克莱和巴格拉基昂亲王早已聚集军力严阵以待，决心抵抗法军，至少要阻止法军的前进。

法军于 8 月 16 日抵达。由于长期行军，精力消耗殆尽，军士因死亡和逃亡仅存 16 万人。但法军的攻击依然锐不可当，至 8 月 17 日深夜，或因俄国人绝望而纵火，或因法军炮火所致，该城一片火海。这多半是拿破仑的军事杰作，他问其掌马官科兰古："你认为这种景色是否美丽？"科兰古答说："长官，可怕。"拿破仑说："哼！记得罗马国王曾说过：'一个敌人的尸体总是好闻的。'" 8 月 18 日，拿破仑交付外交部长乌格斯·马雷一项提高巴黎人士气的报告："我们不花一兵一卒，即占领斯摩棱斯克。"据后来一位英国历史学家估计，此役法军损失 8000 人至 9000 人，俄军约 6000 人。法国的损失无法弥补，而俄军退入有利的城镇，再募集士兵。

亚历山大沙皇接受俄国将领的献议，于 7 月 20 日决定派库图佐夫为联军统帅。库图佐夫曾在多次战役中表现卓越，享有盛名。他现年 67 岁，懒散、动作缓慢、体态痴肥，出征时必须乘坐马车或被抬至营帐附近指挥。他曾在战场失去一目，另一目受伤，好色且对女人粗鲁，但在 50 年戎马生涯中习知战争艺术，为众望所归。他出任后规避作战，令俄军加紧退却，引起每个人甚至拿破仑对他的失望。

拿破仑想放弃追击。他在俄国中心斯摩棱斯克构筑工事过多，须维持与西欧的军事补给。如今拿破仑发现自己处于预料之外的境地，大军因种族派系而混乱，纪律荡然无存。拿破仑觉得进军比较安全，因为唯有害怕敌军攻击才会团结，他告诉奥拉斯·塞巴斯蒂亚尼将军："大军现在不能停憩，只有行动才能使之团结。也许有人会走在最前面，但是不会停止，也不会回头。"因此，在8月25日深夜——攻占斯摩棱斯克一星期后，拿破仑离开了这里。炎热，尘土飞扬，军队前往21天路程以外的维亚茨马和莫斯科。缪拉和他率领的骑兵打头阵，冲锋陷阵穿梭俄国后卫部队，以提高士气。拿破仑后来叙述缪拉：

> 他在敌人面前非常勇敢，可谓世界上最勇敢的人，他奋不顾身的勇气使他深入危险之中。他头戴羽毛，就像教堂顶楼一样，由于衣饰显著成为敌人的目标，但他由敌军中退出，哥萨克人赞扬他惊人的勇敢。

9月5日，大军进逼离莫斯科仍有75英里的博罗季诺时，法国先遣部队到达山顶，眺望山下平原情势，忧喜参半。他们发现数以百计可能藏有大炮的俄国堡垒。在稍远处靠近卡拉莎河和莫斯科河汇流处，聚集有成千上万的俄国军士，也许库图佐夫决心在此防守。

一直到9月6日双方元首皆准备作战，是夜寒冷、潮湿，几乎没有人睡得着。清晨2点拿破仑发布通令，传达给各路军士："士兵们！注意你们期待已久的战争，现在胜利全赖你们了，你们一定要战胜，胜利能让我们获得过冬的营区，并让我们早日返回祖国。"是夜，依照俄军将领库图佐夫的命令，随军的牧师将从斯摩棱斯克城焚烧之际抢救出来的圣像携至营区。士兵们跪下祈祷，虔诚地随着牧师祷告"天主恩慈"。库图佐夫下跪亲吻圣像。

就在这时，拿破仑的侍从送上露易斯的信及他们一岁大儿子的照片。信中提到法军在西班牙萨拉曼卡遭威灵顿痛击而惨败的消息。拿破仑是夜费时指示部署次日的战事，他辗转难眠，为习惯性的便秘苦恼，尿液变色，腿肿，脉搏虚弱、跳动不规则。除了这些痛楚外，在战役中他依然活跃，第一天往返前线各军时，他就更换了三匹坐骑。

拿破仑共有 13 万疲惫的军士，俄将库图佐夫率领 11.2 万人，法军有 587 门大炮，俄军有 640 门。直至 9 月 7 日，这群恐惧、仇恨、屠杀、濒死的大军，仍以英雄主义和不屈不挠的精神作战，好像欧洲命运就掌握在他们手中。巴格拉基昂率领一支俄国敢死队。科兰古在此役中为阻止俄军，丧失其亲爱的兄弟。欧仁、达武、缪拉出生入死约百次。奈伊在战役中获得拿破仑颁赠的莫斯科亲王头衔。而大家似乎都不太重视的胜利消息整天传递着。夜晚来临，俄军缓慢退出战场时，法军虽掌握全局，但拿破仑认为距离确定的胜利仍然遥远。库图佐夫向亚历山大报告一个令人骄傲的消息，使圣彼得堡和莫斯科的教堂可向他们的天主送上一首赞美诗。是役法军伤亡共 3 万人，俄军 5 万人。

9 月 8 日，库图佐夫想重新布置战场，但他获悉损失情况后，发觉不能再做类似牺牲，于是恢复退却战略，并一直沿用到底。9 月 13 日，库图佐夫下令退出莫斯科。14 日，朝向不确定的新地点出发。

同日，拿破仑率领残余的 9.5 万大军抵达莫斯科城门。从科夫诺进军以来，这已是 83 天了。莫斯科驻军司令米洛拉多维奇（Miloradovich）将军一边退却一边要求停火，拿破仑答应停火，并等候使者求降，但不见人来。他入城时发现，除了几千名低下阶层人士和部分妓女外，所有市民逃跑一空。拿破仑携有一大堆俄国银行伪造发行的纸币，俄国人拒收，纸币不得已焚毁。法国搜索全城，掠夺皇宫，抢劫当地人民财产，搜刮酒和俄国人的传家宝，后者在退却之时，一个接一个地注定失落。

9 月 15 日，拿破仑入克里姆林宫，等候亚历山大求和。是夜，莫斯科开始焚烧。

火烧莫斯科（1812.9.15—19）

拿破仑对被焚毁的莫斯科的美景感到奇异，他告诉拉斯·卡斯："从任何角度看，它足以与欧洲任何国家的首都媲美，而且有凌驾之势。"莫斯科为俄国最大的城市，既为圣城，又是信仰中心，有 340 座教堂，高矗的圆顶衬托着天空，五彩缤纷。大半教堂为石造，因此逃过此次火劫。但 1.1 万户木造住宅被烧毁，其中用防火材料盖的 6000 户房子也不能幸免。

法军入城时看见一些火烧地区，即赶往扑灭，但新火势又起，而且蔓延迅速，使 15 日的夜晚光亮如同白昼。负责护卫拿破仑的侍从从火光中惊醒，唤起拿破仑。拿破仑命令随军消防队参加救火后，回床再睡。16 日清晨，缪拉和欧仁担心火苗可能燃及军队贮存在克里姆林宫的火药库，请求拿破仑撤出莫斯科。拿破仑虽不情愿，仍与他们一起退至郊外一座皇宫，驿车随之载出档案和装备。18 日，火势熄灭，莫斯科城焚毁三分之二，拿破仑回到克里姆林宫。

谁该对火烧莫斯科负责？在俄军撤退前，莫斯科市府当局曾释放囚犯，或许是这批囚犯在掠夺时放火，或许是法军搜刮时不小心所致。9 月 16 日，拿破仑接到许多报告，莫斯科城内到处有人手持火把，故意纵火。拿破仑下令逮捕纵火者并处以极刑。这项命令实施后，一名俄国宪兵在克里姆林宫的一个角楼放火被捕时声称，他是按令行事。经过拿破仑亲自审讯，被带至乡下枪决。部分被逮捕的俄国人证实，莫斯科市长罗斯托普钦伯爵（Rostopchin）在离城时曾下令烧毁该城。

9 月 20 日，拿破仑致函亚历山大：

> 美丽、壮观的莫斯科已不存在，罗斯托普钦将之烧毁。我们逮捕了 400 名纵火者，他们都表示按照市长和警长的命令行事。这些人已被枪决。3/4 的房屋被烧毁，这种暴行毫无用处，是否

想剥夺我们的补给品？这些补给品贮存在火烧不到的地窖内，此外放火焚毁几个世纪的成果及世上最可爱的城市之一是多么轻率的行为！我简直无法相信，依你的原则、同情心及是非观念，竟下令做出这种不值得的暴行。

　　我与阁下作战毫无敌意可言，无论在最后战役前后，只要收到你的简函，我即停止进军，并愿放弃从莫斯科所获的战利品。如果阁下不惦念一些老交情，请你好好保存这封信，无论如何你必须同意我在报道莫斯科发生的事件时是正确的。

　　亚历山大没有回信，不过他写信给负责向他禀告莫斯科焚烧的俄国军官，俄皇询问焚烧莫斯科一事是否损及库图佐夫军队的士气。这位官员回称，俄军唯一恐惧的是俄皇与拿破仑和谈。据悉，俄皇曾说："告诉我勇敢的部下，我只剩下一兵一卒时，仍将身先于贵族和农民，倘若我朝运至此，我将蓄胡远走西伯利亚啃马铃薯，也不会签订丧国辱民的条约。"

　　俄国人为沙皇的决心欢呼，因为莫斯科的陷落和焚烧已伤及他们的宗教信心。俄国人尊莫斯科为他们信仰的庇护所，视拿破仑为缺乏道德的无神论者，都认为他潜在的蛮习焚烧了莫斯科，他们责怪亚历山大与这种人结交。他们有时恐惧这位恶魔也会焚烧圣彼得堡，并屠杀百万名俄国民众。有些贵族认为拿破仑随时可鼓励农民争取自由，希望与他妥协，让他离开俄境，但大部分围绕亚历山大的人竭力坚持抵抗，围绕在旁的盟友施泰因、阿恩特、斯塔尔夫人及12位流亡者每天恳求他。当战斗持续进行时，亚历山大发觉自己不但是国家的领袖，也是整个欧洲和基督文明的领袖，他拒绝回复三封拿破仑要求和平的信件。数周后，俄国贵族发现拿破仑并无进一步行动的迹象，开始了解到库图佐夫按兵不动的睿智，并改变作风，加入长期抗战。莫斯科皇宫再度出现珠光宝气的淑女和戎装华丽的官员，轻歌曼舞，好像没发生过战争一样。

莫斯科大火被扑灭后，拿破仑命令手下不分种族照顾残存的伤患和饥民，并将莫斯科市民们留下的粮食平均分配。他回复附庸国信使递送的信件及询问，他后来曾夸口他逗留在莫斯科时，虽然他的信使平均每天都有一位，但不曾有人在途中被敌人阻拦。拿破仑重新组织、装备军队，并不时出操保持战斗力，但经过长期行军，士气已无法重振。在莫斯科的法国音乐家和演员为他举行音乐会及演出戏剧。有时他也会起草详细的命令，要在巴黎喜剧院重新准备行动。

一个月后，拿破仑仍未获得亚历山大只字片语，他抱怨说："我每次都击败俄军，但却未获得任何地方。"那年9月，气温像10月一样冷，寒冷即将提前来临，最后拿破仑放弃寄望沙皇的回音或库图佐夫的任何挑战，他明白往后情形对他愈来愈不利，只好痛下决心空手或者带着一些安慰性战利品，回到斯摩棱斯克、维尔纳、华沙。什么样的胜利能够洗刷这种失败的耻辱？

归途（1812.10.19—11.28）

法军仍有一线希望，库图佐夫在距莫斯科西南90英里的卡卢加屯备粮秣。拿破仑欲向此地进军，迫使俄军为保护粮秣出战。如法军获得决定性胜利，俄国贵族或许会迫亚历山大乞和。此外，卡卢加系通往斯摩棱斯克的另一途径，可免于穿越博罗季诺的苦痛，在博罗季诺法军曾损失许多士卒。命令下达后，法军即准备撤出莫斯科。

10月19日，拿破仑军队——5万名士兵和5万名非战斗人员开始列队撤出莫斯科。手拉车装载了20天的粮秣，届时部队可抵达斯摩棱斯克，拿破仑下令当地准备好新鲜的补给品，其他驿车装载病患、部分贵重纪念品及拿破仑日益减少的金币。

法军在距卡卢加以北25英里的马罗雅罗斯拉夫（Maloyaroslavets）与库图佐夫军队相遇，10月24日发生剧烈的战斗后，俄军退出卡卢加的防御。拿破仑知其军队装备无法长期围攻，极不情愿地决定大军经博罗夫斯克和摩萨克退至博罗季诺。他们沿夏天曾走的途径折回，但是现在，库图佐夫像恶魔一般带领军队与法军平行前进，并一直避免被发现，而且不时派遣悍勇的哥萨克骑兵支队袭击法军侧翼。幸灾乐祸的农人则向离开 60 英里长行军线太远的军士射击。

拿破仑虽受严密的保护，但多次面临险境。在途中，信使带来消息，巴黎政府面临严重分裂的危机，附庸国变乱四起。10 月 26 日，撤离莫斯科后一星期，他征询科兰古是否可以立即返回巴黎，镇压并解决因失败而产生的不满，同时招募一支新军加强普鲁士和奥地利内法军的防御力量。科兰古劝他回去。11 月 6 日，消息传来，法军将领马莱于 10 月 22 日推翻法国政府，并赢得当地显贵的支持。10 月 29 日，马莱被免职、被射杀。拿破仑决心回去。

大军撤退时，天气转坏。10 月 29 日大雪纷降，不久即凝结成厚厚的一层，景致优美，令人目眩。入夜天气更冷，大雪凝结成冰，许多马匹滑跌。有些马匹因体力消耗殆尽无法爬起，而不得已被放弃，队伍中饥饿士兵将之杀死食用。大半军官则细心照顾坐骑而得以残存。拿破仑有时与贝尔蒂埃将军乘御座，但一天总有两三次或较多次依照梅纳瓦尔的劝告与士兵一起步行。

11 月 13 日，军队进入斯摩棱斯克时，仅存 5 万人。他们发现拿破仑为其预定的衣食因哥萨克袭击及自己人盗用而损失大半，同时有上千头指名给军队的公牛被卖给商人，商人再转手时，战士们非常生气。他们为剩余物资而争斗，并以武力强取市场上可以攫取的货品。

拿破仑希望让兵士在斯摩棱斯克获得长期的休息，但消息传来，库图佐夫率 8 万不愿撤退的俄国兵士逼近。拿破仑仅能召集 2.5 万名士兵与之交战。11 月 14 日，拿破仑率领部分军队撤向克拉斯诺耶（Krasnoe）。其选择至维尔纳的路线与夏天不同，15 日达武随之撤出。奈伊于 16 日跟进。这条道路峻峭，并覆盖冰雪。马匹在俄国冬天不善于行，时常滑落山崖，经数次拯救不成，上百位士兵放弃努力，认为死亡是生命的一种慈悲，许多人默然接受。一位老兵回忆："在整个途中，我们被迫跨过尸体或快死的人。"因为怕滑落山崖，无人肯乘骑，连拿破仑都步行，没骑马，一如他们之中少部分的人在12年前越过阿尔卑斯山赴马伦戈时一样。对于上年纪的拿破仑和老兵而言，这几天似如几年之久。从这里可以看出，拿破仑很可能曾要求随侍医生给他一颗致命毒药随身携带，以便万一他被捕或其他理由想死时服用。

11月15日，他们抵达克拉斯诺耶，但无法休息，因为库图佐夫率兵全力逼近。拿破仑吩咐军士朝奥尔沙进军。欧仁领头，击退零星部队，拿破仑和达武随进。经过三天的冰上行军，他们到达奥尔沙，并焦急地等候着奈伊带领的第三支法国军队。

此时，奈伊就像在博罗季诺时一样为军队的救星。奈伊为后卫队司令，领有7000名士兵，护卫军队在退却时免受库图佐夫的包抄袭击。经过十余次战役，11月15日奈伊率其部众进入斯摩棱斯克，发现当地只有达武死去的部卒遗留下的微薄粮食时，感到震惊。为了求生，他们即刻赶往克拉斯诺耶，拿破仑又背信不在当地。库图佐夫以猛烈的炮火封锁他们的去路。11月18日至19日，奈伊在黑夜掩蔽之下领军沿着冻结成冰的小溪越过聂伯河，途中损失部分人马，一路与哥萨克人奋战，并渡过冰冻沼泽地，11月20日抵达奥尔沙。拿破仑及其侍卫部队以食物和赞扬欢迎这位饥饿的英雄，拿破仑拥抱奈伊，称他为"勇者中的勇者"，稍后并说："我在土伊勒里宫地窖贮有价值4亿法郎的黄金，我宁愿以它换取再见一次奈伊元帅。"

法军摆脱库图佐夫缓慢的大军后，经过四天匆忙的行军，在别烈津河再度面临困境。法军于11月25日抵达此地时，发现齐加哥夫将军已带领2.4万名兵士北上，而维特根施泰因率领3.4万精兵急急南下，只剩下两面受敌、秩序混乱、被领袖放弃援救的法军。

并非全是坏消息。拿破仑不久获悉两支援军来到。由东布罗夫斯基将军率领的一支波兰军队，以三对一的优势抵抗齐加哥夫，并阻延俄军的前进。11月23日，由乌迪诺元帅率领的一支8000人的队伍，在齐加哥夫意料之外的情形下，虏获一支军队，而且率领残余部众准备抢占鲍里索夫河右侧或南流的别烈津河西岸的渡桥。但俄国已摧毁这处唯一的渡河桥梁。

消息传来时，疲惫不堪的拿破仑正率领 2.5 万名士兵和 2.4 万名非战斗部队靠近河边，希望在此能阻止库图佐夫的进一步追击。库图佐夫的部队由于逃亡、疾病、死亡，也有损失，在卡卢加出发时带领的 9.7 万名兵士如今仅剩下 2.7 万名，现在他们离拿破仑的后翼还有 40 英里。因此假如拿破仑能够渡河的话，还有时间渡过。

拿破仑希望复现，派维克托元帅率领一支部队向北阻止维特根施泰因，又派奈伊率领另一支部队与乌迪诺会合，阻止齐加哥夫再渡河。拿破仑一直保留当年横渡涅门河时搭桥的工程人员为其幕僚，如今他要求这些人员在别烈津河寻觅可搭设两座浮桥的地点。他们在鲍里索夫以北 9 英里处的斯图汀基（Studenki）找到，并与助手们在冰冻的水里工作两天，浮冰冲击他们，有些人淹死。至 26 日下午 1 时，一座桥搭好，军队开始通过；2 时另一座桥搭好，武器及其他重装备陆续通过。拿破仑和将领候至大半兵士抵达西岸后方渡河，维克托留下率领一支军队保护约 8000 名正在撤退的非战斗人员。在最后一次撤退行动尚未完成时，俄军加强攻击两岸，但被维克托、乌迪诺和奈伊击退。拿破仑尽力在数千名求生者的混乱中指挥过河、抵抗。一座桥坏了两次，数百人淹死，同时维特根施泰因向最后渡河的数千人射出密如骤雨的炮弹。拿破仑为阻延维特根施泰因的兵力和库图佐夫的追击，于 11 月 29 日下令工兵破坏这两座桥，遗下数百名企求渡河的非战斗部队人员。总之，横渡别烈津河的撤退行动是历史上最伟大的战事之一，是 6 个月中最富幻想及判断错误的战事中最英雄的一段插曲。

残余部队继续向西挺进时，不幸的事件接二连三地发生，气温再度降至零下，但也有一点好处——他们得以在冰上行军，缩短了到维尔纳的路途。对哥萨克及怀有敌意农民的恐惧感减退时，脱队人数增加，军纪瓦解。

拿破仑发现如今他已丧失往日的荣耀，便听从缪拉劝告返回巴黎，以免法国再度陷入革命。在摩罗德齐诺（Molodechno）获悉有关马莱事件的细节时，篡位虽已平除，但拿破仑利用幕僚手法使这个松散政府长久对拿破仑缺乏信心，甚至认为他已被摧毁或死亡，雅各宾派与保王党、富歇与塔列朗皆阴谋废除拿破仑。

拿破仑为恢复法国人的信心及显示其地位，于 12 月 5 日从斯摩哥尼（Smorgonie）颁发柏林 29 号敕令。此与往昔不同，它几乎说明整个真相。文中说，法国每役皆胜，占据沿途各城，也曾攻下莫斯科，然而无情的俄国冬季摧毁大半计划，造成只适合文明气候开化的法国人的痛苦和死亡。这份公报承认法军损失 5 万人，但又自负地提到奈伊避免库图佐夫及横渡别烈津河的英雄事迹，而不提悲惨的一面。公报似乎在警告敌人，说：“殿下健康状况极佳。”

然而拿破仑也有其忧虑的一面，他告诉科兰古：“我只能从土伊勒里掌握欧洲。”缪拉、欧仁和达武同意他的看法。他将军队大权移交缪拉，并嘱其在维尔纳准备粮秣和兵力。12 月 5 日夜晚，拿破仑离开斯摩哥尼，返回巴黎。

次日向 46 英里外的维尔纳出发时，部队余下 3.5 万名兵士。据一位劫后余生者说，当时气温降至零下 30℃，寒风刺骨。12 月 8 日，抵达维尔纳，饥饿的士兵们混乱一团地拥向供应所，践踏许多食物。12 月 13 日，部队渡过科夫诺时只剩余 3 万人，6 月渡过尼姆及泰尔西特时，有 4 万人。在波森（Posen）的缪拉担心王位不保，于 1813 年 1 月 16 日将统帅权移交欧仁，本人迅速返回那不勒斯。彼时欧仁年 30 岁，年轻有经验，耐心地领导残余部众至易北河边，等候养父前来指挥。

拿破仑离开斯摩哥尼时，乘坐三辆马车中的第一辆，每辆车皆配有雪橇，由两匹马拖拉，第二辆载着拿破仑的朋友和助手，第三辆由波兰骑兵组成的护卫队乘坐。拿破仑与负责更换马匹的科兰古和译员温绍维茨共乘一辆。拿破仑本人佩带两支手枪，并告诉他们说："在紧急情况时，宁愿杀我不要让我被俘。"拿破仑怕被俘或被暗杀，便乔装自己，与科兰古更换衣服。科兰古回忆说，在通过波兰的路上，"我一直是伟大的远征者，而皇帝只是我的秘书"。

拿破仑一行夜以继日地奔向巴黎，在华沙逗留最久，拿破仑以名言"由崇高至卑贱仅一步之差"告诉法国代表普拉特，使普拉特感到惊异。他希望再访瓦莱夫斯卡伯爵夫人，但科兰古劝阻，可能提醒他，他的岳父也是国王。科兰古说："从华沙到德累斯顿，拿破仑不停地赞扬露易斯皇后，并以真情、朴实的语调诉说其家庭生活，令人愿意听。"

在德累斯顿，拿破仑和科兰古卸下雪橇，解散波兰卫士，并改乘一辆法国大使馆提供的四周封闭的车子。经过 13 天马不停蹄的奔驰，于 12 月 18 日抵巴黎。拿破仑直赴土伊勒里宫，让宫中侍卫送消息通知露易斯，午夜前他"奔向皇后卧榻，双臂拥抱着她"。他差人送信给约瑟芬报平安。他见到被封为"罗马王"的婴儿时，心中感到慰藉。

第十章 | 厄尔巴岛
（1813—1814）

至柏林

拿破仑匆忙踏过雪地、穿越各城、支撑其岌岌可危的王位时，全欧似乎又回到 18 世纪的紧张局面。旧疆界在列强毫无根据的理念中变得支离破碎。米兰人哀悼其子弟被拿破仑召往俄国而一去不回，准备罢免他们不在位的国王——慈祥和蔼的欧仁；罗马人敬爱其被囚禁在枫丹白露、憔悴多病的教皇，祈祷他回到罗马教会；意大利王侯和老百姓怀疑野心勃勃的缪拉，会因其私心在合法的波旁王室前屈服。奥地利已为战争瓜分，并屈服于苛刻的和平条款，渴望地等候梅特涅以外交手段，将其从被迫与传统敌人所订的联盟中解放。莱茵邦联则梦想繁荣，因为他们投降的子孙不必再向外国人或拿破仑付债。普鲁士因现在不受欢迎的盟邦夺去其大半领土和资源之故，期待其掠夺者因巨大灾害而毁灭，这是等待已久的良机。普鲁士如今念及费希特的号召，听取被放逐的施泰因的呼吁，驱逐监视他们的法军及榨取他们血汗的法国索取赔款者，在腓特烈的领导下，坚强、自由地站起来，成为日耳曼自由的堡垒。

在这些同族叛变之余，更惊人的消息是俄国不仅击败被认为所向无敌的科西嘉人，将法军逐离俄土，并越过边界追赶至华沙大公国，而且请求这个欧洲心脏地区加入圣战，推翻曾使法国成为欧陆暴政的篡位者。

1812 年 12 月 18 日，溃败的拿破仑返抵巴黎，亚历山大也离开圣彼得堡。23 日，沙皇返抵维尔纳，与库图佐夫及其部队庆贺胜利。俄军在袭击撤离法军的途中，也遭损失，10 万人死亡，5 万人受伤，5 万人行踪不明。亚历山大当众赞扬他们的将领，私下却怀疑其领导。沙皇告诉罗伯特爵士——假如我们可以相信罗伯特爵士——"其对付敌人所为是出于不得已，由于处境的缘故。除其本人外他确实获胜。我将不再弃军不顾，因为我不愿将之交付如此将领而使之陷入危险。"尽管如此，他还是赠予了精疲力竭的库图佐夫俄国最高军事勋章——圣乔治大十字勋章。

亚历山大为实践其预言，深信在某些地方受神力的鼓励和支持，不顾将领们的劝阻，亲任联军最高统帅，号令向西界进军。他绕过波兰对面的科夫诺，沿涅门至陶洛金，驻守当地的普军将领约克允许俄军进入东普鲁士。自圣彼得堡起即伴随亚历山大的施泰因，鼓励他按预期目标行军，普鲁士人一定欢迎他。沙皇宣布赦免曾与他为敌的普鲁士人，并呼吁普国国王和人民参加他的十字军。普王腓特烈·威廉三世在法国鹰旗和俄国熊旗之间左右为难，拒绝约克的提议，自柏林退至布雷斯劳。亚历山大越过东普鲁士，受到人们热烈欢迎的高呼："亚历山大万岁！哥萨克万岁！"

沙皇在接近普鲁士与波兰边界时，差人送信给波兰国王，允以大赦、立宪，成为俄皇的一个王国，显然是由于俄奥之间的秘密谅解，在华沙的奥军将领奥王子施瓦岑贝格撤军至加利西亚。波兰政府迎接亚历山大，1813 年 2 月 7 日沙皇未遇抵抗，进入波兰首都。华沙大公国即告夭折，整个波兰成为俄国的附庸。普鲁士希望收复 1795 年丧失的波兰领土。沙皇迅速向腓特烈·威廉三世保证，将很快补偿相当于其丧失的土地，同时再度呼吁普国国王和人民与之合作对抗拿破仑。

普鲁士人一直在等待这种号召。他们是一个自负的民族，仍旧怀念腓特烈。国家主义精神因法国的迅速扩张和西班牙革命的成功而加强。中产阶级人士极力反对大陆封锁及为偿还法国赔款所征的高税。普鲁士的基督徒热爱其教会，忠实其教条，各派皆不信任拿破仑，视他为无神论者，并联合谴责拿破仑对待教皇的方式。"道德联盟"（*Tugenbund*）呼吁全部日耳曼人联合防御其共同祖国。普王借口防卫普国，抵抗亚历山大入侵，允许其臣子重建、扩充普军。1月，俄军攻占马林堡。3月11日他们在毫无抵抗的情形下进入柏林。爱好和平的普王被迫决定在布雷斯劳颁布《告全国国民书》，3月17日，呼吁以武力起而反抗拿破仑：

> 勃兰登堡人、普鲁士人、西里西亚人、波美拉尼亚人、立陶宛人！你们知道过去7年来你们忍受的。如果我们不能光荣地结束这场战争，你们即将面临悲惨的命运。想想过去的选帝侯、伟大的腓特烈时光，回忆你们祖先在他们的领导下战斗得到的恩惠，及他们为自由意志、国家荣誉、独立、商业、工业、学识付出的热血，看看我们坚强的盟友，俄国人、西班牙人、葡萄牙人、瑞士人、荷兰人的英勇事迹。
>
> 这是最后决定性的战斗，关系我们的独立、繁荣、生存。除了光荣和平或慷慨就义外别无选择。
>
> 我们有信心等待结果，天主及我们的坚定目标将为我们带来胜利，保证达到光荣和平，回到幸福的时代。

普国各阶层人士皆响应国王的号召。教士们，尤其是基督徒，要求发动圣战反对异教徒。在这些人中，像费希特、施莱尔马赫等教师遣散学生，告诉他们说现在不是学习而是行动的时刻。黑格尔仍置身"战争"外，但歌德对经过其身旁向他致敬的军队祝福。诗人如申肯多夫、乌兰、吕克特等在诗篇中叙述国民和人们的情操。有的诗人投笔从戎，如特奥多尔·克尔纳等为国捐躯。被放逐至俄国的恩斯特·莫里茨回国，用他《什么是日耳曼人的祖国》的歌曲协助唤起日耳曼精神。在那场"解放战争"中，一个新的德国诞生了。

然而任何一个濒于危难的国家都不能只依赖志愿兵来求生存，腓特烈·威廉三世向其同胞呼吁的当天下令征兵，要求 17 岁至 40 岁男士皆须服役并不得觅人代替。1813 年春天开始时，普国已有 6 万名后备军准备入伍。俄国的几支大军，为数约 5 万名也整军备战。亚历山大和腓特烈·威廉，率领 11 万大军开始着手作战，这场战争将决定拿破仑的命运和欧洲的结构。

他们两人明白这支军队是不足的，于是寻求与能提供人力、经费的国家结盟。奥地利目前仍愿为法国的忠实盟友，因为奥地利担心参加新联盟，会首先遭到攻击，而且弗兰茨记起他有个女儿在法国。贝纳多特亲王曾许诺予亚历山大 3 万名兵士，但他已将大半军士派往征服挪威。英国在月底保证捐助联军 200 万英镑，俄国开放港口进口英货，不久联军设于易北河的仓库已屯有足够的战争资源。

库图佐夫于 4 月 28 日在西里西亚去世以前，仍劝告俄国人返国，亚历山大令巴克莱继任库图佐夫指挥俄军，而本人保有最高统率权。如今他开始实践西进，即拿破仑希望完成的东进，攻入敌国、击败敌军，占领敌京、迫敌臣服、签订和约。

至布拉格

同时，拿破仑正在法国争取不再热衷其战果的法国人的支持，现在法国几乎每一家要出一个小孩去服役。中产阶级曾支持拿破仑，视其为保护者，如今却视拿破仑为保王党，较波旁王室更专制，并打算驱逐他。教士们不信任拿破仑，将领们企求和平，他本人也倦于战争。拿破仑此时已大腹便便、疾病缠身、年华不再、心智衰退、意志薄弱，不再溺于战果、渴望战争、热衷政府事务。在举国低荡之际，这个倦怠的人如何能募集人员和财力摧毁敌人？

自负提供了拿破仑这一战的力量。他认为沙皇缺乏信心，将领迷恋美丽的舞女，俄国人因为害怕而邀腓特烈军队加入哥萨克部落。法国叛变的军官建议领导瑞典的军队攻入法国本土，这些人的勇气与战技绝无法与法军相提并论。爱国的情操防卫着这些难以克服的、保护欧洲最优秀文明的天然边界。拿破仑于1812年12月极力唤起民族优越感，欧洲只有一个敌人——俄国。

所以，拿破仑征税、借贷、捐出私人财产。他下令1813年次役男提前入伍，1814年次役男接受训练，并动员卫戍师部队赴国外作战，拿破仑曾保证这些卫戍师只在国内服务，并订购军火、衣服、武器、马匹、粮食。拿破仑安排教导新兵行军、作战的艺术和技巧，使这些受过训练的战士能在指定地区扎营，命令下达后即可在指定时间、地区聚集。至1813年4月中旬，他组成一支22.5万人的军队。他赴前线时，派玛丽·露易斯摄政，由他的秘书梅纳瓦尔辅佐。拿破仑于4月15日离开巴黎，会合在美因茨和厄尔巴岛的军队。

欧仁率领征俄的残余部众向南，并在日耳曼境内法国据点召集兵士以加强军力。贝特朗将军由南部北上，有这些可靠部众布防左右两翼，拿破仑率领在美因茨的军队前进。5月2日靠近莱比锡的吕岑，遭遇由俄皇监督、维特根施泰因指挥的盟军。法军现有兵士15万人，俄军5.8万人，普军4.5万人。也许拿破仑为鼓舞新兵士气、刺激战斗心，亲自在前线冲锋陷阵。马尔蒙元帅提及"拿破仑奔驰在战况最恶劣之处，这或是他毕生得意的胜利"。盟军俯首称臣，由迈森、德累斯顿率军撤退，但是战胜的法军损失2万人，较联军多8000人。忧虑贪婪的萨克森国王腓特烈·奥古斯都一世决定派1万名兵士加盟法国，拿破仑因而稍感安慰。5月9日，萨克森首都德累斯顿成为拿破仑的战地司令部。

拿破仑忧虑奥地利将会加入盟军以图重新夺回北意大利，派遣欧仁至米兰，重整军队，并监视意大利革命分子。他本人于5月18日离开德累斯顿，希望对在离德累斯顿东 30 英里的包岑之地重编的盟军，获得较决定性的胜利。他令奈伊在其周围半圆内进军，以他率领主力从正面攻击时，从后方包抄。奈伊行动迟缓，他加入战斗时，被拿破仑击溃的联军已丧失 1.5 万名士兵后退至西里西亚。拿破仑挺进至奥得河，释放在格洛高的法国部队，并加以收容。因恐惧法国大革命而逃亡的罗杰·德·达马愤怒地写道："法兰西帝国遭遇危机，却获得胜利。"

此时，拿破仑可沿奥得河挺进，并解救其他部落以增强军力，但他听从梅特涅的提议，由奥军调停和平的安排。拿破仑的将领贝尔蒂埃、外交官科兰古担心联军将以无穷的资源发动长期作战，对抗分裂的、国库匮竭的法国军队，皆鼓励拿破仑接受。拿破仑虽怀疑这是一个计谋，但希望停火能让他有空征募新军，加强骑兵力量。同时，他担心拒绝将使奥地利加入联军阵线。经过两个月，6 月 4 日在普莱斯维茨（Pleisswitz）安排停战，后延至 8 月 10 日。拿破仑撤军至德累斯顿，下令增补军力，他本人则前往美因茨与玛丽·露易斯相聚，也许她能够说服其父亲继续遵守盟约，因为她是这个盟约的人质。此时梅特涅托词为防备联军，扩大奥军的兵力与补给。

这些国家充分利用停战。联军欢迎贝纳多特率领 2.5 万人加盟。随行的有莫罗，莫罗曾因涉嫌与阴谋推翻拿破仑组织有密切关系，而被迫移居美国，如今他以熟悉拿破仑战略秘诀为联军工作。他强调一点，拿破仑指挥大军时，避免与之争战，但在他离去时可以攻之。联军较喜爱卡思卡特爵士，因为他于 6 月 15 日捐赠联军 400 万英镑，而只要求联军保证未经英国同意，不得与拿破仑缔和。

6 月 27 日，联军接受奥地利调停，同意三方面应派交涉代表至布拉格拟订和约。拿破仑派纳尔博纳和科兰古交涉，希望亚历山大会喜欢科兰古和纳尔博纳的机智而愿意和谈。无论从哪方面看来，由科兰古和梅特涅所给拿破仑的条件，对拿破仑在面对远征俄国、波兰失利，普鲁士背叛情形下，是很合理的。条件中要求拿破仑放弃占领的普鲁士土地及对华沙公国，包括汉萨同盟国、波美拉尼亚、汉诺威、伊利里亚、莱茵邦联的要求，拿破仑可以回到法国并保留其自然疆界。但建议中有一项严重缺憾，即英国拥有附加要求的权利，任何和平没有英国同意不得签字。

拿破仑向在布拉格的联军要求这些条件的官方证实。8月9日，他才收到回音，并附有梅特涅的警告，拿破仑必须在8月10日以前将回音传至，否则会议和休战将于当夜失效。拿破仑做有限度的接受，但未能在梅特涅所提的会议和休战终止时刻前送达布拉格。8月11日，奥军加入联军反对法国，战火重燃。

至莱茵河

联军经过大肆扩充和补给后，目前约有49.2万名兵士、1383门炮。拿破仑得到他期待的来自丹麦的新军，这支部队有士兵44万人、大炮1200门。联军分为三支："北军"由贝纳多特统领，集中在柏林；"西里西亚军"由骁勇的布吕歇尔指挥，驻守布雷斯劳四周；最大的一支"波希米亚军"由施瓦岑贝格率领，集结在布拉格。他们形成半圆，围困拿破仑于德累斯顿。这三支军队分别进军巴黎，拿破仑则派乌迪诺领左军抵御贝纳多特，奈伊主"中军"监视布吕歇尔，他本人则率右军在途中以防施瓦岑贝格从波希米亚倾巢出动的大军。情势不利于法国，而且事实上法国似乎注定要失败，拿破仑不能集中其精锐的意大利部队一次对付一个敌人，因为如此将顾此失彼，两支敌军即可免于拿破仑及其变化多端的战略，而进军巴黎。

8月12日，布吕歇尔展开1813年秋季攻势，由布雷斯劳向西进攻奈伊驻扎在萨克森和卡茨巴赫的部队。奈伊的部众在毫无戒备下被击溃，也许严格地说，是惊慌而逃。拿破仑迅速从格尔利茨率领近卫军和缪拉的骑兵，重整奈伊部队，并亲自指挥，力挽颓势，歼灭布吕歇尔军6000人。但同时施瓦岑贝格在北方领20万大兵突击法军设在德累斯顿的司令部。拿破仑即停止追击布吕歇尔，领军 10 万回援。在 4 天内行军 120 英里，但见奥地利几乎占据萨克森京城附近所有高地。8 月 26 日，由老侍卫队与新侍卫队组成的军队，高喊："吾王万岁！"冲破敌军阵线，勇猛作战。缪拉领导其过去英勇的骑兵作战。经过两天的战斗，施瓦岑贝格下令退兵，留下 6000 名死伤、被俘的人。拿破仑本人在浓密的炮火中亲自指挥一些炮兵。

亚历山大与其新宠莫罗在一个暴露的高地观望这场战斗，一枚炮弹炸断莫罗双腿。几天后莫罗躺在沙皇怀中去世，并高叫："我，莫罗被法军射中，死在法军之中。"

旺达姆追击退败的奥军，拿破仑因剧烈的胃痛而没有随军出发。结果大军误入陷阱，7000 名兵士于 8 月 28 日向施瓦岑贝格的一支部队投降。不久，奈伊于 9 月 6 日在登纳维茨（Dennewitz）的一次战役中，损失 1.5 万名士兵。拿破仑悲见其胜果化为云烟，下令参院征召 1814 年次新兵 12 万人及 1815 年次新兵 16 万人，这些新兵还太年轻，需要几个月训练。同时在波兰战役中洗练的 6 万俄军加入沙皇军队。10 月 8 日，原先支持拿破仑的巴伐利亚军队，加盟联军。

联军声势愈来愈大，现在他们要围攻莱比锡，并决定在此役中使联军压制拿破仑的策略。10 月，由布吕歇尔、莱文·本尼生、贝纳多特、施瓦岑贝格、符腾堡的欧根及其余将领领导的 16 万大军集中于城市。拿破仑率领北方、中央及南方的 11.5 万大军，分别由马尔蒙、麦克唐纳、奥热罗、贝特朗、凯勒曼、维克托、缪拉、奈伊及波尼亚托斯基亲王率领。在以前的战场中，极少有如此多的军事天才和不同的国家聚集一起，就像日耳曼人所称的——国家的战斗。

拿破仑在其部队后方一个明显处指挥 1813 年 10 月 16 日至 19 日三天的战斗行动。根据他自己的说法，10 月 18 日法国仍居上风，但萨克森军队加盟联军并将枪口倒向法军时，引起法军惊慌失措，而开始失利。次日莱茵邦联部队哗变，加入联军。拿破仑眼见其部队确因弹尽援绝，招致巨大损失，只好下令退兵，越过普莱斯河和埃尔斯特河。大半的军队安全渡过，但一些部众正撤退时，一名疯狂的工程师炸毁埃尔斯特河上的一座桥，许多人淹死，英勇善战并被拿破仑任命为战地司令官的波尼亚托斯基亲王也在此罹难，随拿破仑在莱比锡作战的 11.5 万大军只有 6 万人到萨勒河，数千人被俘。12 万留在日耳曼堡垒内的法军已不是法国的了。这些退却至萨勒河的法军获得衣食补给品后，向西朝哈瑙的美因茨出发，并于当地击败一支奥地利和巴伐利亚的军队。经过两周的逃逸后，于 11 月 2 日抵达莱茵河的美因茨，并越河返回法国。

转折点

拿破仑似乎在复原前即瓦解。不算在日耳曼境内不能动员的法军，现在他的军队是 6 万败兵，精疲力竭地在莱茵河杂陈。"一群短缺武器、衣衫褴褛的乌合之众，携带着伤寒病菌，沿途传染。"各地传来令人失望的消息。在意大利，欧仁尽全力召集了一支 3.6 万人的军队，但如今遭到横过阿迪杰河的 6 万名奥军的沉重打击。在那不勒斯，缪拉计划加盟联军以保全王位。在尼德兰，国内叛变分子得到比洛普军之助，使奥伦治家族复位。热罗姆由威斯特伐利亚出奔。胜利者威灵顿从西班牙越过毕达索亚，于 10 月 7 日入法国，12 月围攻巴约讷。

法国本身似乎也告分裂，丧失西班牙，中断与德、意的贸易导致法国经济危机，工厂关闭，银行破产。10 月，亚巴克银行倒闭，影响一连串银行破产。股票市场从 1813 年 1 月的 80 点跌至 12 月的 47 点。成千名失业者徘徊街头，或待在家里，或从军以获得食物。老百姓反对进一步征兵，中产阶级反对提高税收，保王党高喊"路易十八"，所有各阶层要求和平。

拿破仑于 11 月 9 日抵达巴黎，受到郁郁寡欢的皇后及满怀喜悦的儿子的迎接。他着手筹组 30 万军队作为战争或和谈的先决要件。

他派遣工程师修筑到前线的道路，重整城墙，建筑堡垒，准备至必要时摧毁河堤，或破坏桥梁以遏制敌军的前进速度。他为骑兵征调马匹，命令边界的大炮等武器编入步兵。群众因贫穷而抵制征税使公共收入减少时，拿破仑动用更多的私人存款。整个国家以怀疑和恐惧注视着拿破仑，既羡慕其精力恢复迅速，又佩服其才智，又担心隔年的战事。

联军在冬季来临前，在莱茵河旁犹豫不决。11月9日派人从法兰克福传给拿破仑一项未署名、非正式的和平提议：法国保留其自然边界——包括莱茵河、阿尔卑斯山及比利牛斯山，但是必须放弃这些以外的地区。12月2日，拿破仑通过外交部长科兰古给予官方同意书。但荷兰革命粉碎法国在莱茵河口的控制权，联军协助革命并拒绝了拿破仑的自然疆界。12月5日改发《法兰克福宣言》："联军不与法国作战，最高统治者希望法国强大、茁壮、幸福……列强保证法国拥有其国王时代没有的土地。"

不需要对国王与人民做太多分化工作，参议员和众议员即公开反对拿破仑，要求立宪、保证自由。12月21日，联军渡过莱茵河进入巴黎。12月29日，参议员上书保证效忠、拥护拿破仑。但当天波尔多的一名保王党党员莱内向众院宣读报告，批评拿破仑政府的"过失"和"暴行"，并赞扬波旁王朝的统治，庆贺联军"希望让我们留在本国国土之内，而且阻止20年来伤害全欧人民的野心活动"。众院以223票对31票同意将莱内的报告付印。是夜，拿破仑下令会议结束。

1814年1月1日，众人派代表团向拿破仑问候，拿破仑极端愤怒并疲倦地回答：

> 我们必须将敌人驱离国境时，就不是要求我立宪的时刻。你们不是国家的代表，只是各邦的代理，我才是人民的代表。到底王位是什么？是用丝绒盖的四块镀金木头？不！王位是人，也就

是我，只有我才能拯救法国，不是你们。如果我听从你们，我会主动投降，而不是等敌人强迫我那么做，你们在三个月内将获得和平，而我将死。

待这些受惊的代表离去后，拿破仑派经过选择的参议员，去说明他的政策及和平倡议，而且仿佛是在历史的评判席前一样，谦逊地供认：

> 我不怕承认我令战事拖延太久，我曾有伟大的计划，希望法国成为世界帝国。我错了，这些计划与法国人口不成比例。我早该让他们全都武装起来。现在我了解，一个进步的社会及一个道德、社会福利都在进步的国家，是无法全民皆兵的。
>
> 我应对过去因幸运而犯的错误忏悔。我一定要达成和平，我要依照环境需要达成。这项和约只令我一人受辱，是我欺骗了自己，是我咎由自取，不是法国，法国没有任何错误，她已为我流血，她不曾拒绝为我做任何牺牲。
>
> 绅士们！向你们主管的各部门宣布，我将决定签订和约，我将不再要求法国人为我和我的事业流血，但必须为法国及维持法国的领土奋斗。告诉他们：我只要他们将敌人赶出我们的领土。告诉他们：阿尔萨斯、费朗什孔泰、纳瓦尔、贝阿恩正被侵犯。告诉他们：我召集法国人是要维护自由。

1月21日，拿破仑命令其手下从枫丹白露释放教皇庇护七世，并安排其返回意大利。1月23日，他召集国家防卫军的军官在土伊勒里宫开会，向他们介绍皇后及不满3岁、英俊的"罗马王"，并要求防卫军好好保护他们。他再度指派玛丽·露易斯代理他的职位，其兄约瑟夫任帝国中将并协助皇后管理行政事务。24日，他通知缪拉率8万军队穿过联军防线，越过阿尔卑斯山，解救正在意大利受困的欧仁。当天他向妻子告别，离开巴黎，加入重编的军队，率部向入侵法国者进攻。

至巴黎

他们再度向聚集线挺进，这次他们眼光注视着巴黎，施瓦岑贝格谨慎地偷偷向法国进军。他率领 16 万大军在巴塞尔渡过莱茵河，在伯尔尼君主的默许下，违反瑞士的中立立场，迅速穿过瑞士，攻下未曾设防的日内瓦，出乎意料地深入法国西方 100 英里，并急忙朝北向南锡进军，以便加入布吕歇尔或与之会师。拿破仑下令法军放弃在意大利及法国东南部的零星战斗，转向北拦截施瓦岑贝格的军队，或至少拖延其进军，但欧仁为奥军所缠，苏尔特必须以全力对付威灵顿。

同时，布吕歇尔及其"西里西亚军队"的 6 万名精兵，越过美因茨的莱茵河、曼海姆及科布伦茨区，未遭抗拒，直赴南锡，当地统治者和百姓视他与普鲁士军队为拿破仑暴政的解放者。贝纳多特失去继承拿破仑的希望，则在莱比锡后离开联军，1814 年 1 月 14 日力使丹麦割让挪威予瑞典，尔后他和军队加盟布吕歇尔向巴黎前进。

拿破仑留守在法国东部的军队，不敢与布吕歇尔或施瓦岑贝格的军队对抗。奈伊从南锡向西——莫尔捷从朗格勒、马尔蒙从梅斯——退却，等候拿破仑来临。

拿破仑自己坐镇距巴黎 95 英里马恩河畔沙隆的新司令部，领有 6 万名新兵，加上莱比锡战役由奈伊、马尔蒙、莫尔捷率领的 6 万名残余部众，共 12 万名兵士抵御布吕歇尔和施瓦岑贝格的 22 万大军。拿破仑的政策是不让联军联合，避免与施瓦岑贝格作战，阻止或拖延他们向法国进军，而以蚕食的方式吞并各支部队，避免与主力交战。1814 年的战役是拿破仑最成功的策略之一，但是因为缺乏增援，也是最错误的战役之一。布吕歇尔也犯了许多错误，但他是所有反对拿破仑的将领中，意志最坚定、才智最高的一位。施瓦岑贝格较谨慎，这或因其个性，或为亚历山大沙皇和弗兰茨二世在其部队的缘故。

开始的一些胜利给予拿破仑过分的信心，他于1814年1月29日虏获正在午餐或午睡的布吕歇尔的兵士，击溃其部众，并几乎俘虏布吕歇尔本人。布吕歇尔大军退却，而拿破仑没有追击，因为他自己的军队也损失4000人。他也迅速撤退，因为一名普兵持刀向他冲来，幸好古尔戈及时将这名鲁莽的家伙打死。拿破仑为他当年接受科学教育和军事训练的著名学校和城镇受战争破坏而感到悲伤，他答应在驱逐入侵法国的敌人后，重建这些地区。

他无暇过多感伤怀念，施瓦岑贝格迅速支援布吕歇尔，使拿破仑的4.6万人2月1日在拉洛提耶尔几乎突然地被奥、普、俄联军包围。拿破仑别无选择，只有作战，于是他亲自指挥作战。此役差不多平分秋色，但这项损失对法军不利，拿破仑率领法军退至特鲁瓦。施瓦岑贝格夜以继日，小心谨慎地挺进，布吕歇尔与之分头前进，并决定按自己的途径和步伐，由马恩河赴巴黎，同时奥军沿塞纳河前进。联军军官们对胜利充满信心，他们约定下周在皇宫会师。

拿破仑允其受创的军队休息一周后，下令维克托和乌迪诺率领部分军队拦截施瓦岑贝格，他本人领军6万人抄捷径，穿越圣克劳德沼泽地区至尚博贝尔，他们在此赶上布吕歇尔后卫。马尔蒙领导法军于2月10日获得一场决定性胜利，一天后他们在蒙米拉伊遭遇另一支布吕歇尔的军队。拿破仑和布吕歇尔都坐镇军中，马尔蒙又获得胜利。2月14日，双方主力在沃尚发生激烈战斗，拿破仑再度获胜。4天内，布吕歇尔损失部众3万人，拿破仑押解8000名俘虏至巴黎游行，恢复当地人们的士气。

但施瓦岑贝格将乌迪诺和维克托几乎击退至枫丹白露，一场全面性攻击即可使奥俄军队及其两位国王，在一天内进至巴黎。拿破仑闻悉此消息后，大为震惊，留下马尔蒙对付布吕歇尔，亲率7万人南下。他2月18日在蒙特罗击败由维特根施泰因率领的联军，在南基建立据点，令维克托及乌迪诺从后方、侧翼攻击施瓦岑贝格。奥地利将领发现三面受敌，向拿破仑提议停战。拿破仑同意停火，但联军必须保证法兰克福的约定——法国保有自然疆界。联军认为要求他们退出莱茵河的建议是一个侮辱，拒绝交涉提议，并于3月9日在肖蒙决定延长联盟20年。施瓦岑贝格领10万名军士退往特鲁瓦。

拿破仑领军4万人小心地追赶，同时他获悉布吕歇尔已在整编，并再度领军5万人向巴黎进攻。他留下乌迪诺、麦克唐纳和热拉尔骚扰施瓦岑贝格，自己率领部众自塞纳河回防马恩河，并与马尔蒙及莫尔捷会师，希望在埃纳河诱捕布吕歇尔，因为这是普军退至苏瓦松唯一的桥梁。但两支5万人的联军由北逼向苏瓦松时，当地司令官大惊，弃城捐桥投降。布吕歇尔大军在渡桥后将桥焚烧，并与援军会师，使部队达到10万人。拿破仑率5万人追击，克拉奥内一役并无决定性的发展，但3月9日至10日双方经过两天的激烈战斗后，法军失利。

虽然拿破仑于3月13日击败另一支由兰斯率领的普军，并接受群众的热烈欢迎，但已于事无补。他将马尔蒙和莫尔捷留下对抗布吕歇尔，自己马不停蹄地穿梭于敌军中。3月20日，拿破仑突然率领残余部众2万人，在奥布向拥有9万精兵的施瓦岑贝格部队进攻，经过两天的英勇奋战，他承认失败，并越过奥布寻觅一个供其疲惫不堪的军队休养的场所。

拿破仑再度濒临绝境。精疲力竭使他脾气更加暴躁，叱责随他出生入死的将领。这些将领忠告拿破仑，法国人已倦于这种荣耀心和同情心，他无法再获得增援。他留驻巴黎的政府，甚至他哥哥约瑟夫都请求他不惜任何代价寻求和平。

拿破仑在绝望之际，决定以幻想的战略孤注一掷，他留下其最杰出的将领尽力阻止联军前进。他本人则带领为数有限的军队向东进军，拯救被囚禁在沿莱茵河岸德国堡垒中的法军，将这些久经战事的部队编入战斗部队，切断联军交通、补给线，突击其后卫，迫使他们停止前进。巴黎人士受其勇气鼓舞，加强防御，抵抗入侵的联军。为了万全之策，他令约瑟夫在情况紧急、非投降不可之际，将政府、玛丽·露易斯与"罗马王"迁至卢瓦尔河之后的安全地区。在这里，所有堪用的法军能聚集起来做最后抵抗。

拿破仑率领受创的残众东行之际，联军逐渐突破法军防线，并迈向最后的胜利。弗兰茨二世留守第戎后方，不愿见其女儿受辱，腓特烈·威廉三世一反往昔的宽宏大量，认为他可以为其军队被摧毁、国家遭分裂及个人被放逐而报复。亚历山大既骄傲又紧张，对每日的屠杀并不快乐，他认为他已洗刷了莫斯科被攻占的耻辱及将欧洲由科西嘉人疯狂的权力中解救出来。

3月25日，马尔蒙和莫尔捷在离巴黎100英里的拉费尔不顾死活地向联军进攻，以阻止其前进。联军人数较法军多一倍，但法军奋不顾身，使亚历山大本人在短兵相接时，下令停止这种不公平的屠杀，并高喊："我要保全英勇者！"战斗结束后，联军交还法军将领们的马匹和宝剑。马尔蒙和莫尔捷退返巴黎，准备防御首都。

布吕歇尔和施瓦岑贝格于3月29日抵巴黎城外郊区。大炮声、农民逃亡入城的情景，使市民惊慌。1.2万名军士颤抖，有些士兵以叉子协助残余部队防御首都。约瑟夫自拿破仑命令下达后，一直请求摄政皇后离城，如今她同意，但艾格隆拒绝，一直到战事逼近感到惊慌时才同意。

3月30日，7万名联军发动最后攻击。马尔蒙和莫尔捷率部众2.5万名士兵尽全力防御，巴黎城池的坚固情形出乎俄皇意料。从荣军院来的老兵、科技学院来的学生、工人及其他自愿人士都加入防御。约瑟夫注视他们奋勇抵抗，一直到发现大势已去，并可能造成城破人亡为止。虽然亚历山大也许表现得怜悯、慈悲，但哥萨克不受控制，布吕歇尔也不禁止普军全力报复。约瑟夫将其权力交予高级军官，自己加入玛丽·露易斯及在卢瓦尔河的布卢瓦的法国政府。马尔蒙经过一日浴血保卫战后，发现毫无道理继续作战，于1814年3月31日下午2点宣布弃城投降。

当天早上稍后，亚历山大、腓特烈·威廉三世率领 5 万名军队正式进入巴黎。人们以无言的抗议来欢迎他们，但沙皇表现得非常有礼，并一再致敬以缓和他们的敌意。仪式完毕后，他找出在圣弗洛伦廷街的塔列朗，征求他关于如何安排有秩序地改变法国政府的意见。他们同意重新召集参议员并制定宪法、组织临时政府。4 月 1 日，参议院集会，编纂宪法，保证维护基本自由权力，并指定临时政府，选塔列朗为总统。4 月 2 日，参议院宣布放逐拿破仑。

和平

联军包围巴黎的消息于 3 月 27 日传给拿破仑时，他在距巴黎 150 英里的圣迪济耶。次日，他派军出发，当天下午收到急电："如果想阻止首都沦陷，皇帝必须立即出面，刻不容缓。"拿破仑离开在特鲁瓦的军队，抱病马不停蹄地回去。3 月 31 日，他在巴黎附近告诉科兰古："我将在国家防卫军和军队之前率先士卒，我们将重做这些事情。"他获悉当天已签订降约，这些已太迟时，非常震惊。他派遣科兰古赴巴黎，希望这位"俄国人"能说服亚历山大拟定妥协的办法。拿破仑害怕自己进城会被捕，于是乘骑前往枫丹白露。是晚，他接到科兰古回信："我被拒绝了。"4 月 2 日，他获知被放逐。他想了一会儿，屈服是多么愉快的事，他说："我不要坚持王位，我身为军人，对变为一个平民毫无怨言。"但在拿破仑的天才领导下，仍有 5 万名军士，更密切地团结在一起。他吩咐在埃松河（the River Essonne，塞纳河的支流）边扎营，等候进一步的命令。这支防御巴黎的残余部众由马尔蒙指挥。

4 月 3 日，拿破仑巡视在枫丹白露皇宫的皇家侍卫队。他告诉他们："我已牺牲很大地向亚历山大提出和平，他却拒绝。我将在几日内攻击在巴黎城内的亚历山大，我依靠你们。"这些士兵起初没有回答，但拿破仑问道："我对吗？"他们回答："国王万岁，巴黎万岁！"

乐队奏起过去的革命歌曲《离别歌》（*Le Chant du Départ*）和《马赛进行曲》。

　　将领们都怀疑。拿破仑与他们私下开会时发现，他们反对波旁王室复辟，又怯懦驱逐联军撤出巴黎。4月4日，奈伊、乌迪诺、蒙赛和勒费弗尔径自进入拿破仑的房间，告诉拿破仑，因为参议员已决定将他放逐，所以他们无法追随他攻击联军和临时政府。拿破仑回答说即使没有他们，他也可以领导军队。奈伊反驳说："军队将服从他们的将领。"拿破仑询问他们所求为何。奈伊和乌迪诺回答："退位。"拿破仑表示要有条件退位，将王位传其子，由玛丽·露易斯摄政。他派科兰古、麦克唐纳、奈伊前往巴黎，传递他的建议。他们在途中至埃松营区处停留，与马尔蒙商议，并惊异地发觉他已与施瓦岑贝格私人交涉有条件投降。4月4日至5日晚，马尔蒙率领1.1万名兵士越过城界，完全接受施瓦岑贝格的宽大条件。4月5日，联军将领通知科兰古决定不与拿破仑进一步协调，除非他无条件退位。同时他们派军包围枫丹白露，以防止拿破仑逃脱。

　　亚历山大宽宏大量，保护巴黎以免被劫，并礼貌地拜访玛丽·露易斯、约瑟芬和奥尔唐娜。亚历山大劝服其友军与他签订《枫丹白露条约》，给予拿破仑一座地中海小岛作为一所大监狱，仰视意大利天空，并从法国获得收入。这项条约的主要内容是：

　　　　一方是拿破仑皇帝陛下，另一方是联军各国、奥皇陛下、俄皇陛下及普王陛下，依各自名称约定：

　　　　第一款，拿破仑皇帝陛下、继承者及其后裔，必须放弃其对法兰西及其他国家的主权要求。

　　　　第二款，拿破仑皇帝陛下及其皇后玛丽·露易斯，在其有生之年得永葆他们的头衔，彼之母亲、兄弟、姐妹、近亲，无论居住何处，将可保留皇族头衔。

　　　　第三款，拿破仑皇帝陛下所选的隐居地厄尔巴岛，在彼有生之年，享有独立主权并拥有统治和所有权。

　　除此之外，拿破仑皇帝每年并可获得 200 万租税，皇后享有法国岁计中 100 万的继承权。

　　拿破仑于 4 月 13 日签约，并签署首次退位，然后联军签约。拿破仑曾希望被放逐至科西嘉岛，但他知道那里决不容许成为革命基地，厄尔巴岛是他第二个选择。联军不许玛丽·露易斯伴行。她在枫丹白露曾设法与拿破仑同行，但联军拒绝这项要求，拿破仑也不赞成。4 月 27 日，她和其子不情愿地前往维也纳。

　　拿破仑也许曾说服玛丽·露易斯不要跟他去，因为他曾决定自杀。如前述，拿破仑征俄返国时，随侍医生曾给他一小瓶毒药。4 月 12 日至 13 日夜，他吞下毒药，但药似乎已失效。拿破仑虽感到奇耻大辱，但又复原。以后他又准备写一本有关他一生故事的传记，歌颂其"勇敢"的行为。

　　4 月 16 日，他写给约瑟芬的告别书中说："不要忘记，一位不曾忘记你，也绝不会忘记你的人。"她于一个月后，即 5 月 29 日去世。4 月 19 日，他向他的男仆贡斯当及他的马穆鲁克骑兵队私人侍卫鲁斯坦告别。20 日，他向追随他至最后的老卫队发表告别书：

　　　　亲爱的士兵们！我向你们告别，20 年来我们在一起，你们的作为已让我无法再有所求。我一直知道你们勇往迈向胜利之路……你们及仍然效忠的勇士使我继续从事内战，但法国将会不愉快，应忠于你们的新王，服从你们的新将领，不要背弃我们钟爱的国家。

　　　　不要为我悲伤，我知道你们这样做时，我将会快乐。我也许会死……如果我继续活下去，将是增进你们的光荣，我将撰写我们完成的伟大事情。

　　　　我不能拥抱你们全体，但我拥抱你们的将领。来，佩蒂将军，我衷心为你祝福，将鹰旗拿来（侍卫队的军旗），让我也摸一下，啊！亲爱的鹰，望我这吻会让我们最后的子孙欢呼！别了，孩子们，我最虔诚的祝福将与你同在，不要忘记我！

400 名侍卫愿随他至厄尔巴岛。

他与贝特朗将军踏上马车，贝特朗伴随他至死。为了保险，他由俄、普、奥、英四国联军军官伴行，为了安全，由一小支法军护送。他通过普罗旺斯时需要保护，因为当地极端天主教分子及部分保王党在他路过时攻击、侮辱他。至奥尔贡（Orgon，靠近阿尔勒）时，他发现自己的肖像被吊起，并被群众攻击，而且命令他说"国王万岁"，而他像路易一样遵从去做。为了安全，他向奥地利和俄国官员借制服和外衣穿。4 月 26 日，他发现波利娜妹妹在勒鲁克等他。她放弃法国的里维埃拉和罗马的邀请，留在一所小农舍。她写信给费利斯·巴乔基："皇上将很快通过这里，我希望看到他并慰问他……我不爱他因他是一位君主，但他是我哥哥。"因为他丢人的乔装，她拒绝拥抱他，他将衣服丢开，沐浴在她的爱护中 4 个小时。

4 月 27 日，他前往弗雷瑞斯。4 月 28 日，他上了大无畏号英舰，接受 21 响礼炮，并驶往厄尔巴岛。此后 9 个月他试图忠于和约。

第十一章 | 滑铁卢
（1814—1815）

路易十八

  路易十八是路易十七的叔叔，路易十六的弟弟，路易十五的孙子。1791 年 36 岁时，他显然对其为普罗旺斯伯爵很满意。路易十八本人潇洒、和蔼、爱好赞助文艺，并为酒馆女主人提供许多谈话资料。路易十六 1791 年企图逃离法国时，伯爵也作此打算，并成功地与其兄弟阿图瓦在布鲁塞尔会合。当路易十七被囚，悲伤过度，精力耗尽，1795 年 10 岁之际一命呜呼时，伯爵成为法国的合法继承人，并号路易十八，法国大革命与拿破仑时代他自认为法王。革命与拿破仑影响力日愈扩张时，他不得不更移居所，由日耳曼至俄国转波兰，1811 年抵英，受英国政府的保护和英国宪法的尊重。

  1814 年 4 月 14 日，法国参议员在塔列朗的领导下，颁布下列决议：

    为了配合临时政府提议及七人特别委员会报告，参议员将法国临时政府交付阿图瓦阁下，并尊为法国三军统率，直至路易·斯坦尼斯劳斯·格扎维埃登基法王并接受宪章条款。

这部由参议院拟订的宪法要求大赦残余革命分子，禁止封建私斗，废止教会什一税，确定国家财产（由教会和逃亡者没收的），维持众议员和贵族院，尊重个人自由和民治权。

路易十八对这项请求甚表欢迎，但对其他条件仍有困惑，要求考虑。4月24日，他离英赴法。5月2日，他在圣乌恩表示将遵守宪法中大半的规定，但拒绝人民的统治权，因为此与其王权来自上帝的恩赐矛盾。他提议"授予"法国人及参议员"特许"而非宪法。参议员由国王选出，立法机构成为众议院，由每年付300法郎以上税金的人选出，这两院控制政府税收和开支。两院乐于掌管财政，接受特许状。国王保证合作，波旁王朝于1814年6月4日复辟。

在法国王室变迁时，盟军依照1814年5月30日签订的第一次《巴黎和约》，将法国恢复至1791年的边界，并给法国尚贝里、阿讷西、米卢斯、蒙贝利亚尔。法国将部分重要殖民地让予英国、西班牙，承认奥地利在意大利北部的统治权，并同意即将召开的维也纳会议——有关法国1792年占领土地的决定。

路易十八在土伊勒里宫定居后，觉得他有权轻松，并享受归还的财产。他视1814年为"我统治的第19年"。路易十八当时59岁，慈祥、有礼、懒惰、呆笨、痴肥、痛风，不像一位国王。他本人屈从宪法，较拿破仑统治更顺从选举、演讲、党派和新闻的自由。酒馆内盛行讨论文学和政治。斯塔尔夫人得意洋洋地恢复她在巴黎的沙龙，以娱乐国王。

人们沐浴在新政权的经济成就。路易十八非常明智，保留着《拿破仑法典》、司法、行政及经济的结构。人们赞誉拿破仑寻得莫利安这么高能力、完美的财政部长时，路易十八找到了约瑟夫·多米尼克·路易男爵，他立即提出改善财政状况的切实方案，并抵制各种财政上的投机行为。

国王在其朝廷中尽力缓和两个集团的更迭，在其任职初年，绝少对曾在拿破仑时期服务的人报复。除了达武外，国王的高级军官都自由地与波旁朝廷中有名望的保王党员交际。下级贵族，如曾倾向拿破仑的雷米萨先生和夫人，也赶往重新整修的圣地朝拜。塔列朗讽刺波旁王室"未曾习知，也未曾忘却任何事"。对阿图瓦也许是正确的，他是一位天性善良、面貌姣好、但愚笨骄傲的人，但对路易十八并不恰当。拿破仑在圣赫勒拿岛宣称，大半法国人将迅速接受新的旧制度，就好像非常容易接受长久以来的旧习惯而无法更换。

然而不满及争执的成分仍有。教会拒认与政府之间所订有关宗教事务的协定，坚持恢复革命前的权力，尤其是教育上的权力。国王下令周日和假日要有严肃的宗教仪式，除了药店和药商外，所有店铺须全天关门，不准酬付工人和货运商薪水。不承认天主教教义将遭到危险。大半困扰是教会显然合理地要求归还他们在革命时期被没收的教会财产。要履行这种要求不可能不引起成千上万的农民和中产阶级的反叛，因为他们向国家购得这项所有权。这些购置者担心被剥夺一部分或全部。许多农民和忠贞的中产阶级人士想，如果能免除战争，他们或许会欢迎拿破仑回来。

一小撮积极分子坚持革命原则，并暗中重振这项原则。这群雅各宾派受到新政体严厉的压制，他们希望拿破仑回来，为了要推翻波旁王室，也许被迫再度成为革命之子。在军中，他们使许多人接受这种希望。高级官员为国王的温柔笼络，官员们发现贵族恢复把持高位，他们晋升希望渺茫，他们渴望回到过去的岁月，当时只有在战场或战时才能获得高官。路易十八企图裁减 1.8 万名官员和 30 万士兵来平衡预算，几乎这些被遣散的人都须设法寻找糊口之处，他们陶醉着回想拿破仑，他曾将荣誉与死亡等观，甚至死亡似乎是一桩荣誉。

军队的不满是为这位具有魔力的浪子启开回国之门的最大力量。加上农民恐惧被剥夺财产、恢复封建税，厂商遭遇英国倾销，除了在教士严格控制下的正统天主教外，各方均不满。国王于 1814 年底解散议院，直至 5 月才恢复。穷人私下怀念灿烂辉煌的拿破仑法国。这些似乎都虚无缥缈，但消息传抵厄尔巴岛，唤起了受伤未死、被俘斗士的精神。

维也纳会议（1814.9—1815.6）

维也纳会议在欧洲历史上是一次著名的政治集会。会议主要成员为重要的战胜国，包括俄罗斯、普鲁士、奥地利和英国；同时还有来自瑞典、丹麦、西班牙、葡萄牙、教皇国、巴伐利亚、萨克森、符腾堡等地的代表；战败的法国因狡猾的塔列朗代表列席而并入计算。会议过程显示出两项不甚相称的原则，即武力较谈判有效，精神较物质更易获胜。

俄国首席代表沙皇拥有强大的军力和动人的仪表，在安德烈亚斯·拉祖莫夫斯基伯爵（贝多芬的赞助人）和卡尔·罗伯特·内塞尔罗德伯爵的协助下，沙皇提出俄国接收全部波兰，作为俄国领导联军从涅门河、施普雷河的胶着状态，到塞纳河的胜利的代价。波兰代表恰尔托雷斯基亲王期望波兰统一，以为迈向独立的踏脚石，因而支持这个建议。

普鲁士的正式代表是国王腓特烈·威廉三世，但实际出席为哈登贝格亲王和哲学家洪堡。他们要求给予英勇的"前锋"将领布吕歇尔和战死的普鲁士人适当的报偿。亚历山大同意，只要普鲁士放弃要求往昔占据波兰部分的主权，即将全部萨克森给予腓特烈·威廉，作为其国王（正禁锢于柏林狱中）将萨克森军队交予拿破仑指挥的惩罚。施泰因认为这是一个非常绅士的解决办法。

奥地利宣称，她为联军决定了这场战争，因此她应该分享胜利的硕果。将奥地利逐离波兰是无法忍受的，而且由普鲁士并吞萨克森将破坏欧洲南北的势力均衡。梅特涅尽力容忍，迂回巧妙地使奥地利不变为二流强国。奥皇弗兰茨二世协助外交部长款待各国贵宾，战争已使他的财政陷入破产边缘，但他冒险以美酒和香槟灌醉其客人，并用尼德兰的佳肴来迷惑他们。皇宫大厅几乎夜夜狂欢，男女演员、歌手和音乐家应邀来取悦权贵及其侍从。贝多芬的《维多利亚之战》（*Die Schlacht von Vittoria*）轰动全市。仕女名媛们刻意打扮，并在孔萨尔维红衣主教允许的限度内，尽力展露身段。地位显赫者不难找到情妇，较低微的贵族们则到风月场合寻花问柳，城里尽流传着关于沙皇私情的闲言闲语。

亚历山大赢得女人的青睐，在外交上却遭败绩。梅特涅在弱国代表们中争取同盟反对他，梅特涅辩称，正统的原则禁止俄皇和普王有关并吞萨克森的建议。弱国代表同意这种看法，但他们如何与在其西疆驻扎 50 万部队的俄国谈原则呢？梅特涅向英国代表卡斯尔雷爵士呼吁，英国对俄国伸及波兰、与合并萨克森的普鲁士结盟，不会感到不安吗？这将对东西之间的势力均衡产生什么影响？卡斯尔雷辩称，英国正与美国交战，不能冒险与俄国发生冲突。

梅特涅最后只好转向塔列朗。塔列朗对梅特涅很愤怒，因为梅特涅曾将法国列入次等强国，并将法国自"四强"秘密会议中除名，而且将各国代表举行的首次联合会议延期到 1814 年 11 月 1 日。塔列朗与被驱逐会外的代表同病相怜，不久即成为他们的发言人。在获得支持后，他开始称法国依旧是一流的强国，准备征集补给一支 30 万人的军队。梅特涅或将之视为威胁，或视之为一个可能的承诺，请塔列朗助其抗俄。塔列朗获得路易十八的同意，同时英美缔结和约使这两位外交家又争取了卡斯尔雷。1815 年 1 月 3 日，法、奥、英成立三国同盟（Triple Alliance），互助维持势力均衡。俄国面对这个新联盟，不再要求全部波兰。普鲁士因再度获得托伦和波森，同意只取 2/5 的萨克森。塔列朗颇受赞誉，并夸口其外交，将法国从战败的乞怜者变为主要强国。

经过几近 9 个月的折中交易后，与会显赫人士根据 1815 年 6 月 8 日的《维也纳会议条款》（*Act of the Congress of Vienna*），重新分配欧洲的土地，根据过去的原则战胜者得拥有其能占据的土地。英国保有马耳他岛作为她在地中海的前哨,她又将伊奥尼亚群岛设为保护国以防卫亚得里亚海域和东地中海(此外归还),保留了在战争中占取的部分法属和荷属殖民地,特别是今斯里兰卡和好望角。她重新控制汉诺威,并与尼德兰新王国取得密切谅解。尼德兰王国现拥有荷兰与比利时两地,控制莱茵河出口。

波兰遭受一次新瓜分,但情况略有改进。普鲁士获得波森、但泽附近区域。奥地利得到加利西亚。华沙大公国易名为波兰王国,臣属沙皇,拥有自治宪法。

普鲁士战后获得俾斯麦希望的结果:她除占有 2/5 的萨克森外,接收瑞典的波美拉尼亚与吕根、威斯特伐利亚大半土地、瑞士的纳沙泰勒。如今日耳曼邦联取代了拿破仑莱茵邦联的优势。萨克森保留过去领土的 3/5,并恢复了王位。奥地利除了获得会前的土地,增加萨尔茨堡、伊利里亚、达尔马提亚、蒂罗尔及意大利北部的伦巴底─威尼斯王国。教皇国归还教皇,托斯卡纳改由哈布斯堡─波旁家族统治。最后,为向基督教致意,会议谴责奴隶交易。

1814 年 12 月至 1815 年 1 月,会议考虑建议与拿破仑进一步谈判。当然——某些代表提出——那个易于激动的人,决不会长久安于当厄尔巴小岛的君主,而这座小岛又不幸靠近意大利和法国。若他逃脱,将会引起何种灾难?大会收到各种不同提议,要求派军至厄尔巴岛逮捕拿破仑,将他放逐到较远而且安全的孤立处。塔列朗和卡斯尔雷同意,沙皇亚历山大反对,问题耽搁下来。

3 月 7 日清晨,会议濒临结束时,梅特涅被一项"紧急"消息唤醒。奥地利驻热那亚领事通知梅特涅,拿破仑已自厄尔巴岛逃出。与会代表在接获通知后,同意将会议的闭幕延期,并留驻维也纳直至达成某些联合行动协议。3 月 11 日进一步消息指出,拿破仑在昂蒂布附近登陆。3 月 13 日,大会经由"八人委员会"(Committee of the Eight),宣布拿破仑违法,人人可诛杀之,而不必畏惧受法律制裁。大会已完成议程,代表们也已离开,但直至 6 月 19 日,大会获知拿破仑已于前日在滑铁卢惨败时，大会仍处在会议状态中。之后大会才宣布正式结束。

厄尔巴岛

拿破仑于 1814 年 5 月 3 日抵达厄尔巴弗拉约港（Portoferraio）。次晨登陆，在人群中接受镇民热烈的欢呼，他们以为拿破仑带来数百万法郎花费。8 天前他们还视其为疯狂的好战者，吊"死"他的肖像。他们护送他至如今已呈现皇宫气派的总督官邸。以后的 9 个月，他是统治 86 平方英里和 1.2 万人的国王。也许他相信统治的手法一半是夸炫，因此他仍采用皇室装扮，包括制服、近卫军、侍从、仆役、乐师、100 匹良驹和 27 辆马车。5 月 26 日，400 名旧卫队前来效劳，成为一支小规模军队的核心。不久，他集合约 1600 名军士，200 名志愿军来自法国，其他来自意大利或科西嘉，准备击退任何企图伤害这位令人既恨又爱的国王。为了进一步防御，他坚固港口，组织舰队，包括具备武装的一条双桅帆船"无定向"号和四艘小型舰艇。

他如何在财政上负担这些及他为改善这座岛屿所做的公共设施和事业呢？《枫丹白露条约》中允予他由法国获得一笔年金，却付之阙如。幸好，拿破仑携有 340 万法郎的金银，每年并能征收 40 万里拉的赋税及其他收益。半年后他开始怀疑，若待此年以后，将如何支付开销。

就其花费方式而言，他曾一度颇为快乐。5 月 9 日，他写信给玛丽·露易斯说："我于 15 天前抵此。并已有一处漂亮住所……我的健康状况极佳，此地环境宜人，未得悉关于你及你一切安好的消息……再见，我爱。代我一吻我子。"

他的另一位儿子及其母亲——忠心耿耿的瓦莱夫斯卡女伯爵曾为其早期访客，船员和市民误将她视为皇后，以皇室礼节欢迎，使拿破仑恼怒，因为他希望妻子和"罗马王"来岛伴他。他在瓦莱夫斯卡的照顾下休息了一两天，然后亲切地以国事为由将她送走。或许玛丽·露易斯风闻到一些夸张的谣言。

10月，他母亲和妹妹波利娜前来与他同住。波利娜给他珠宝，并请求他原谅缪拉的不忠。莱蒂齐亚夫人除给予慈母的关怀和温馨外，交付他全部积蓄。虽然她们眷念动人的意大利生活，仍然陪伴着他。

我们可以想象在几个月过后他是如何的厌倦，因为这座小岛能给予他性格和理想的范围和力量太小。他设法借着身体活动避免倦怠，但几乎每天一些来自大陆的消息增加他的焦躁。在维也纳侍候玛丽·露易斯的梅纳瓦尔，曾通知他有关大会讨论将他移往一个较安全的地区，并称大会可能将于2月20日结束。其他消息告诉他军队的不满情绪、农民的恐惧、雅各宾派的煽动及加强天主教信仰。1815年2月，巴沙诺公爵乌格斯·马雷经由弗勒里送他一则消息，证实所有这些报告。

拿破仑受到这些消息的刺激后，激动地期望：与其囚禁而死不如英勇而死，他将这种念头告诉其母，并征询意见。她怀疑现在让他去，以后将永不再见，说："让我暂为人母再表示意见。"她知道他已孤注一掷，就告诉他说："去吧！我的孩子，完成你的使命。"

拿破仑觉得须赶快行动。再过段时间，将无法负担这些必要而又忠心的千余名法国人。情况演变使他企图夺回王位，并卫护着，传给他那位如希腊神话中的阿多尼斯般美好的儿子，且将他训练成一位国君。联军已解散会议，并各自领军返国。或许分开后，他们会公开吁求和平。漫长黑夜依旧，拿破仑小型舰队或能在黑暗中避过侦察，他将再度重踏法国领土。

他尽量不露痕迹地筹备，仍不失远见、谨慎。他令禁卫军及800名身躯特别高大的步兵——共1100人，整备行装，于2月26日傍晚登舰，向未指明地点做数天航行。尽管如此，他们推测驶往法国，为之欢欣鼓舞。

他在约定好的傍晚，拥抱着母亲和妹妹（她们将迅即前往意大利的朋友处），会合其小军团登上无定向号与其他 5 艘船，在黑暗中悄然出航。风向对他们不利，有时舰队因无风动弹不得，有时又将他们吹离岸太近了，他们担心被识破、停航及含辱入狱。他们沿意大利海岸向北行驶 3 天后，转西穿过热那亚和法国的里维埃拉。途中拿破仑起草一份宣言，能写字者将之抄成数百份复本，以便至法国分发：

法国同胞们：

　　我在放逐期间，耳闻你们的哀叹祷告：你们向往自己选择的政府，唯有它是合法的。我已渡海，重拾我的权力，也是你们的权力。军士们，你们财富、阶级、荣誉及你们子女的财产、地位、荣誉的最大敌人，就是那些迫害你们的外国王公。胜利将全速迈进，鹰旗将飘扬教堂尖塔，甚至在巴黎圣母院的塔顶。你们将成为国家的解放者。

不可思议的旅程（1815.3.1—20）

这支小舰队载着"皇帝和他的财富"，于 3 月 1 日黎明出现在昂蒂布角。午后不久，1100 人开始登陆胡安海湾（Golf Juan），有些人跃入浅水涉渡上岸。拿破仑最后登岸，并下令在海边至昂蒂布通往戛纳道路间的一个橄榄园中扎营露宿。他派遣一小群人至戛纳，他购买马匹和食物，他从厄尔巴岛携带了 80 万金法郎。他令另一群人前往昂蒂布，说服当地的守军加盟，遭当地指挥官斥责，并囚禁信使。拿破仑拒绝离去，并企图解救他们，他决心不耗一弹占领巴黎。

他发现在昂蒂布不受欢迎。路人获知在露天下的桌旁研究地图的小个子就是拿破仑时，反应并不热烈。当地饱经战火、征兵和双重封锁，所以不愿重蹈覆辙。昂蒂布市长检视入侵者，并告诉拿破仑："我们正开始幸福和安宁，你将破坏这一切。"拿破仑后来在圣赫勒拿岛上回忆这件事，告诉古尔戈说："我将不会告诉你这些话怎么打动了我，也不会告诉你加予我的痛苦。"一位路过的信差报告他，从巴黎到戛纳的军队和百姓都支持他，只有东南省区的人民反对他，这使他恢复部分信心。

拿破仑非常了解这种情况，他忆及 11 个月以前在奥地利的惨痛经验，决定走向返回巴黎的道途。为避免重陷血战的危险，他放弃从戛纳经土伦、马赛、阿维尼翁到巴黎这条易行、多为平坦的大道，他选择从戛纳到格拉斯、迪涅、格勒诺布尔和里昂的山路。格勒诺布尔以南地区人烟稀少，卫戍部队不仅人数少，而且以反波旁著名。山路仍覆盖着冰雪，老侍卫队员和士兵窃窃私语，却无人背弃他。

因此，3 月 1 日至 2 日午夜，这 1100 人踏上前往戛纳途中。其中约 60 个人有能力购买马匹，但为保持速度和友谊，他们步行于满载行装的坐骑旁。拿破仑通常坐在马车里。队伍中间一些警卫看守着拿破仑的黄金。彪悍的科西嘉人担任后卫。

在格拉斯，他们将大炮留下，因为在覆冰的山路中大炮是一个大难题。拿破仑的老兵惯以行军克敌，稳定了其他人的步伐。3 月 5 日，他们抵达加普，大部分人在 4 天中已步行 150 英里。至距离格勒诺布尔以南 20 英里的拉穆瑞（La Mure），他们遭遇首次严重的挑战。

驻扎在格勒诺布尔的陆军第五师指挥官接到巴黎的命令要求逮捕拿破仑，并派遣 500 人的军队阻止叛军接近。敌对双方靠近时，拿破仑令部队放下武器。他屹立前方走向逼近的军队。临近时，他止步并慎重告诉他们说："第五师弟兄们，我是你们的皇帝，你们还认识我吗？"他掀开军衣说："你们任何人如果想杀皇帝，我就在这里。"整个部队一齐放下武器，齐声高喊："皇帝万岁！"队伍因此解散了，士兵们欢欣地围绕在拿破仑四周，争着想触摸他。他以亲切的口吻与之交谈，然后回到自己的部队，告诉士兵："一切均已解决，10 天之内我们将至土伊勒里。"

是夜，他们抵达格勒诺布尔。数百名农民和贫民聚集欢迎他，他们发现一个城门已关闭时，便将之捣毁，让这支军队进入。拿破仑嘱咐精疲力竭的部属好好休息至次日中午后，自己则走入三多藩旅馆（Inn of the Trois Dauphins）。市长、市政官员，甚至军事将领都前来致意。次日早晨，他接见一个要他宣誓效忠宪法政府的代表团。他深知格勒诺布尔是革命的前线，并一直渴望自由。他告诉他们，他将摒弃过去的专制主义并答应改革。拿破仑承认曾僭取过分的权力，使原先的防御战变成几乎耗竭法国元气的侵略战。他保证使法国成为一个代议政府，符合1789年和1792年的原则。他告诉他们说，现在他最热衷的愿望是使他儿子成为开明法国的一位杰出、宽厚的领袖。

3月8日下午，他下令部队拔营行军，他在格勒诺布尔多停留一天，对那些接受他领导的城镇发布训令，但他只答应将及时协助他们迈向和平的胜利。3月10日，他赶上部队，领着他们向里昂前进。

此时拿破仑潜逃的消息已经传抵路易十八处。起初他并不惊慌，深信逃犯不久将被截阻。但军队继续挺进，至反波旁王朝著名的格勒诺布尔时，路易十八于3月7日发布敕令，警告市民协助缉拿这名讨厌的罪犯，并送交军事法庭审判处刑，任何帮助他的人将受到相同的惩罚。国王召回已退休的奈伊，要他率军抵抗拿破仑。奈伊同意，但他誓言将拿破仑装铁笼带回之事可能只是传说。奈伊匆忙向南，接管驻扎在贝桑松的军队，要布尔蒙·路易将军和勒古布的将领率军前往至日内瓦西北的龙斯勒—骚尼尔会合。他对这班召集来的6000名士兵发表激昂的演讲，激发他们的勇气。他说："不错，这位从厄尔巴岛逃出的人企图做一桩愚事，但这将是拿破仑的最后一次行动。"可是他的部队没什么反应。

3月10日，里昂向拿破仑欢呼。当地制造业因大陆封锁期间，产品得以进入除了英国以外的欧洲市场而告繁荣。他们不喜欢那些回到城镇，表现得像未曾发生过大革命一样的亡命者。基于这种怨恨，也为了自身的理由，当地雇员表示支持拿破仑，其中许多人是狂热的雅各宾派。部分地下活动涌至表面，欢迎拿破仑并希望他能领导他们回到 1789 年。内陆农民为其荒地战栗，也寄望拿破仑镇压教士活动恢复土地国有化，并重新分配领地。卫戍部队士兵们则渴望着去掉刺刀上的红徽章。

于是，里昂开启城门。拿破仑领军入城时，保王党逃逸，中产阶级微笑，工人和士兵欢呼。市政官员、法官，甚至一些军事将领皆前来表示效忠，拿破仑允予立宪政府及和平政策。他再向巴黎行军时，除了贵族军官外，整个卫戍部队加入军队。如今有 1.2 万名士兵为他作战，但他仍期望不花一枪一弹赢得胜利。他写信给玛丽·露易斯，答应在 3 月 20 日（他们的儿子 3 周岁生日）抵达巴黎，并告诉她如果她能尽快到巴黎会合他将会多么快乐。他非常诚挚地写短笺给奈伊，好像他们之间的友谊从未有过阴影，他邀请他到马恩河畔沙隆参加会议，并保证像博罗季诺会战后一样，待之以莫斯科亲王之衔。

3 月 14 日，奈伊仍在龙斯勒-骚尼尔，他集合部队，宣读足以使他丧命的声明："士兵们，波旁王朝的目标已永远消失。法国选择的合法王朝即将重新登基。这就是，我们的统治者拿破仑皇帝，此后他将统治我们神圣的国家。"士兵们持续雷动地高呼："皇帝万岁！奈伊元帅万岁！"他提议领导他们加盟拿破仑的军队，他们同意，3 月 17 日拿破仑在奥沙发现他们。18 日，拿破仑接见奈伊，双方重修旧好。此后，无人敢阻挡朝向巴黎的行军。

17 日傍晚，路易十八穿着皇袍现身于波旁皇宫联合议会前，宣布决心抵抗拿破仑。他说："我已为国民幸福努力。60 多岁的我，能有比护卫法国而死更好的结局吗？"他下令动员所有效忠皇室的军队。一些从令的部队主要是他的近卫军，正规军反应很慢，而且没有干练领导者领导或激励他们。保王党开始再度迁徙。

斯塔尔夫人的酒馆谣言不绝，连她也想逃亡。3 月 19 日，《论坛日报》登载一篇贡斯当撰写的文章，重申支持路易十八和宪法政府。当晚他便藏匿起来。

路易十八本人拒绝迁移，一直拖到 3 月 19 日，拿破仑到达枫丹白露，并可望于翌日抵达巴黎的消息传来时方才离开。晚上 11 时，路易十八及家人离开土伊勒里往里尔。那座城市保王分子势盛，但无疑国王偶尔会想起那位于 1791 年踏上类似的路程、并以人民的罪人被带回的兄弟。

3 月 20 日，一些效忠拿破仑的人士悉知土伊勒里不再由国王及其近卫军控制后，满怀欢欣地入城，并布置王宫迎接拿破仑。是日，他那支日益庞大的部队朝目标迈进。拿破仑本人留驻枫丹白露至下午 2 时，指示任务及训令，并可能玩味徘徊于那些曾目睹许多历史的宫殿，包括现已被消除和雪耻的退位。晚间 9 时左右，他由贝特朗和科兰古陪伴抵达巴黎。抵达土伊勒里，他们一行几乎未被人注意。当地一群亲友得意忘形，将他高举送至楼上。他接受一连串的拥抱，直至精疲力竭、不知所措地站在他们面前，热泪盈眶。奥尔唐娜出来时，拿破仑叱责她曾收受亚历山大好处，她辩护时他又软化，将她揽入怀里说：“你知道我是一个好爸爸……可怜的约瑟芬过世时你也在场。在我们的许多不幸中，她的死令我心痛。”

拿破仑就如此结束了这趟不可思议的行程，在多数伙伴徒步的陪同下，20 天内完成了从戛纳到巴黎的 720 英里路程，并遵守不发一弹重新征服法国的诺约。目前的工作是要恢复国内和平、团结，组织新政府，准备面对要遣送他回原来的小岛或更远的小岛，或处死他的俄、普、奥、英 50 万大军。

结束即开始，1815 年 3 月 20 日，拿破仑开始其“百日王朝”。

重建

地位不合法、外敌联合、人民不团结，使他重组政府、军队和理想国家的工作倍加困难。与 1799 年一样，他再度使用武力或以武力威胁，夺取一个合法成立的政府。虽然他以武力夺回曾被武力夺走的政权，但他在退位时已正式交出权力，议会将王位交给路易十八，他以合法的权力接受，而且并未打算就此作罢。在联军及相当多的法国人心中，他是一个僭篡者。

现在，他的外敌较之1813年至1814年的大规模战役更加联合对抗他。参加维也纳会议的许多国家一致视其为违法。不仅俄、普、奥、英等国保证，各派遣15万大军参加战役驱逐拿破仑，瑞典、新成立的日耳曼邦联，甚至小国瑞士都允诺提供人力和财力驱逐他。

他谦虚地向他们提出磋商不流血解决办法，但没有回应。他吁请其岳父奥皇弗兰茨二世代向联军说项，也没有回音。他写信给皇后恳求帮助软化她父亲，但她显然从未收到消息。3月25日，联军宣称并非对法宣战，但绝不会与拿破仑谈和，以免他有意或无意领导法国从事另一场动摇欧洲秩序基础的战争。

法国也未团结对抗联军。数千名保王党仍留在法国，为出走的国王抗辩并组织防卫。3月22日，数百名保王党欢迎国王自巴黎出奔至里尔，但对他前往根特再度接受英国势力的保护，则感悲伤。法国南部保王党人势盛，足以控制波尔多和马赛。西部热衷天主教的旺代再度武装反抗拿破仑，他们视他为迫害教皇的无神论者、弑君的雅各宾党的同路人、窃自教会财产的保护人。1815年5月，他派遣2万名部队镇压这种激烈的暴动。以后，他常哀叹这些部队若非因此丧失，则可在滑铁卢中获胜。

在对抗内部敌人时，拿破仑可获得一些群众的支持，虽然这些人并不完全同意他的观点和个性。军人最支持他，视他为缔造胜利、获得胜利者（除了波尔多和旺代外）。国内下层人士如农民、无产阶级及城市市民都准备追随他，但他们希望他能避免战争，并不再崇拜他而令他大胆骄傲。城里仍有许多雅各宾党人，只要他宣布效忠革命，便愿摒弃敌意。他接受他们的支持，却不允诺介入他们与商人、教士的战争。

他推崇中产阶级为社会道德秩序的基础，自"九月大屠杀"后，这已成为他政治哲学的中心，但他们未给予支持和援助。中产阶级重视企业、贸易和出版自由，不重视投票或言论自由。他们畏惧激进分子，希望将选举权限于有产阶级。他们选出众议院，并决心维护议会的权力，限制国王或国王的权力和政策。新闻从业人员、作家、科学家、哲学家等知识分子，中产阶级上层人士都明确表示：他们将以各种方式对抗拿破仑重建王权的任何企图。

这位受到挑战的英雄，本身的目标和意愿也告分裂。他依旧努力工作，注意每件事，发布命令，有时一天口授 150 封信。但过分警觉使他脆弱，因为这表示他对新将领、议会、国家，甚至他自己，所能依赖的多么少。6 年后令他丧命的疾病已开始摧残他，痔疾使他焦躁不安、感到羞辱。他已不能像在马伦戈和奥斯特利茨时那段日子里长久工作，他已丧失往昔清晰的头脑、稳健的决心和乐观的胜利信心。他开始怀疑他的运势。

抵达巴黎的当晚，他选择一位新大臣，因为他急需帮助。他对革命期间"胜利的创造者"卡诺准备助其对抗敌人，非常高兴。他发现卡诺已 62 岁，年龄太大，不适合作战，派他为内政部长，因为他能令所有人信服。但拿破仑没有用同样的理由任命现年 56 岁的富歇为警察部长，所有的人都怀疑、畏惧他，他组织一个私人间谍网，与各方保持秘密关系。拿破仑可能将旧日的办公室给他以便监视，没有人怀疑富歇的能力。在随后大半复杂的情况中，他保持极清楚的观察力和很高的士气。富歇在他的《回忆录》中记载："在我眼里，国王是一位精疲力竭的演员，他不能再表演了。"他还替拿破仑服务，但他预测到 3 月底，"他无法再支持三个月以上"。

第二步工作是组织军队。路易十八认为除了维持国内秩序外，不需要整军。因此他停止征兵，并将兵力削减为 16 万人。拿破仑于 6 月恢复征兵，但这些幸运的青年尚没动员，战争已因滑铁卢而结束。他动员国民军，许多人拒绝，15 万人从令。将这些部队与其他志愿军跟现有的军队合并，6 月他已拥有 30 万部众。他将大半部队驻扎在北部，要他们等待进一步的命令。同时，他恢复 1813 年和 1814 年的征收工作以便为新军筹备粮秣及物资，他秘密从其偏爱的敌人——英国进口枪炮。他不能再起用以前所有的将领，因为有些人已投靠路易十八，但他仍有奈伊、达武、苏尔特、格鲁西、旺达姆等人。他研读关于道路和地形的地图及敌军动态的报告，并筹划即将来临的战役中各个重要部分。他最擅长，也最高兴做这种计划。

第三步工作最令他不快。虽然他已掌握政权，但仍要获得民众的支持。除了保王党外，几乎所有阶层都要求他忠于宪法、保护言论出版自由，并对民选议会负责。这违反他的本意，因为他久已习惯专制统治，并认为像他这样贤能而且用心良苦的专制者，较采用人数表决的议会对国家有利。尽管如此，他仍采用怀柔姿态。4月6日，他派贡斯当起草一部宪法，既能取悦自由分子也不致束缚王权。他知贡斯当曾激烈撰文反对他，但他了解贡斯当是一位精练的文体家，而且头脑灵活。贡斯当怀着忐忑不安的心情前来，他获悉只要他厘定一部能使拿破仑及斯塔尔夫人感到满意的宪法，才安下心来。他工作一星期，每天都向拿破仑呈报成绩。4月14日，他将成果提交国会。

这部宪法主张采用君主立宪制，世袭君主具有充分的行政权，但须向由统治者提名的贵族议院，及由人民经代议会选出的600名立法的代表议院负责。最特殊的条款是废除国家监察制度，保障信仰和出版自由。在这种相当传统的方式中，国王和他的律法学家觉得，他们已集民主政治、贵族政治和专制王权的大成。

拿破仑在接受这一切后，坚持新宪法并不向人民表示废止他过去的统治，而是向人民提出附加条款，重申帝国时代即已存有的自由权利。贡斯当及自由派顾问虽抗议，但仍屈从。4月23日，附加条款交付合格选民票决。保王党人拒绝投票，许多其他人士也弃权。票决结果，155.245万票赞同，4800票反对。拿破仑下令人民于5月26日在大校阅场集合，参加一个大规模的正式纪念会，庆祝宪法的颁布和新纪元的开始，并为开拔的部队祝福。大会延至6月1日举行，拿破仑摆出一副皇室的气派，身着皇袍，加冕御乘由四匹马牵拉，前导是他那些贵为帝国亲王的兄弟。与会群众对这种明日黄花的格调深感不快。新宪法到底怎么了？

法国人持着一些怀疑和漠不关心的态度接受，自然会有很多人怀疑这部宪法的真诚或永久性。拿破仑对这点看法不同。据拉斯·卡斯言，拿破仑认为怀疑他的诚意是不公道的：

> 我从厄尔巴回来已为一个新人。他们却不相信，他们无法想象个人精力足以改变本身个性，并向环境屈服。而我已证明并提出同样的保证。是谁忽略了我是一个贯彻始终的人？我将如同过去辉煌时代的专制方式一样，真诚地成为和平宪法的君主。

但是，忠于拿破仑并往往可资信赖的古尔戈引述拿破仑的话说："我为宪法而浪费珍贵的时间是一个错误，主要是因为我打算一旦获胜，就叫他们（代表们）卷行李走。"

他计划战后才召集议会，届时他可以胜利来说服他们。但现年58岁的拉法耶特从隐退田野中复出扮一角色。坚持拿破仑离开巴黎会合部队之前，召开代表议院议会。拿破仑屈从，代表议院于6月3日召开，并立即选皇帝的死敌朗瑞奈为主席表示他们的态度。6月7日，拿破仑便装前往波旁王宫，以谦和的态度向两院议员发表演说，全部代表们都向新宪法宣誓，并向皇帝效忠。

6月12日凌晨3时左右，巴黎一片死寂，拿破仑赴前线。

最后之役

·1815 年 6 月 15 日：比利时

拿破仑的作战计划依据联军的数量、分配、将领、位置及可预知的战略情报。联军延迟西进，以便俄军有时间参加作战。但拿破仑快速挺进，在俄军未抵莱茵河前便已决定胜负。

6月1日，普军12万人由73岁的布吕歇尔元帅率领，集结于比利时那慕尔（Namur）附近。向北至布鲁塞尔附近，威灵顿公爵已胜利完成在葡萄牙和西班牙境内的任务，率领一支为数9.3万人的杂牌军。它包括英国、荷兰、比利时和日耳曼等国的新兵，大多数只会一种语言，对于英军统帅确是一个难题。威灵顿须以本人的决心和经验来弥补他们的训练不足。只要端视一下劳伦斯对他的画像——高傲的姿态、俊美的身材、冷静而稳健的观察力，便说明了当时的情形：倦怠多病的拿破仑，在6月18日遭遇的与他年龄相仿但身体较年轻的对手。

拿破仑留下部分军队护卫巴黎及交通道路。他在北军团（Armée du Nord）中拥有12.6万人对付布吕歇尔和威灵顿的21.3万人。他当然希望在这两支军队会合前，先击败一支。然后经过休息整编，再解决另一支军队。联军之间的主要通路是由那慕尔经松布雷夫至卡特勒布拉，由此向西经接通法比边境大道至沙勒罗瓦，向北经由滑铁卢至布鲁塞尔。拿破仑的首要目标是夺取卡特勒布拉，然后封锁衔接联军两支部队之间的道路。

他指示北军团的三个纵队于6月14日在正对沙勒罗瓦的桑布尔河结集。他亲率其中一队，并令三个纵队于6月15日凌晨3时左右，渡河入比境。他们遵命，轻易地从普鲁士守军中夺取沙勒罗瓦。但就在同时，布尔蒙·路易将军倒戈投向联军，并将拿破仑的计划透露给布吕歇尔麾下的军官。这位警觉的"前锋"已猜知这项计划，并派一部分军队赴松布雷夫，他本人于15日凌晨4时与他们会合。

拿破仑现在将他的军队分为三支，格鲁西统率右翼，奈伊领左翼，另有一支由德鲁埃统率的后备部队驻扎在沙勒罗瓦，视情势需要增援格鲁西或奈伊。格鲁西受令向东北进至松布雷夫抵抗布吕歇尔，奈伊则奉命北进夺取卡特勒布拉，并尽可能防止威灵顿与布吕歇尔会合。拿破仑与格鲁西同行，期望与布吕歇尔决战。

迄今被誉为"勇者中的勇者"的奈伊，于6月15日和16日遵守谨慎的策略，却严重破坏了拿破仑的计划。他自沙勒罗瓦北进，将普鲁士军队赶出戈斯利（Gosselies），但因害怕与威灵顿大军相遇而停止前进。他派一支骑兵分遣队向前侦察卡特勒布拉的情况，报告传来当地没有敌军。他领军3000人前往占领，认为此数已经足够。但他看见卡特勒布拉已被带着4000名士兵和8门炮的萨克森-魏玛的伯恩哈德亲王占领时，奈伊退回戈斯利，等待进一步的指示。伯恩哈德传信给威灵顿，要他带领主力进驻卡特勒布拉，以免奈伊的主力不久围攻。

6月15日午后3时，威灵顿在布鲁塞尔获悉拿破仑大军进入比利时。他相信拿破仑会依照惯例发动侧击结束会战，于是将兵力部署在比利时首都附近备战。当晚，他和麾下许多军官——"喜好美女的勇士们"——参加里士满公爵夫人举办的舞会。午夜左右，接到卡特勒布拉情况紧急的消息，他沉着地下令军官们准备当天清晨开拔。他本人为不扰乱舞会，不动声色地留下并跳舞到凌晨3时。

· 6月16日：李格尼

约6月16日午后2时，拿破仑的参谋总长苏尔特元帅致送最后命令给奈伊：

> 皇帝派遣我通知你，敌军已在松布雷夫与布莱依之间，集结一支部队。午后2时30分，格鲁西元帅将以第二和第四两军团对敌发动攻击。陛下的意图是：你应向你正面的任何敌军发动攻击，在你猛烈地击退他们后，你应转向并会合我们以包围敌军。

布吕歇尔率领他所有的8.3万人部队抵抗法军，午后3时左右各路同时在李格尼镇附近开始发动攻击，格鲁西的右翼由旺达姆指挥，中间由热拉尔领导，左翼的骑兵由格鲁西亲自统率，而拿破仑指挥7.8万人分三路作战。不久，即明显看出勇敢的布吕歇尔并不容易打发，但如果法国被击败，整个的战役便告结束。3时15分，拿破仑恳求奈伊："如果你积极行动，普军便会失败。法国的命运操在你手中。因此不可稍微延缓已经指示你的行动，并转向圣阿曼和布莱依，加入那场可决定大势的胜战。"

但奈伊也陷入困境。午后3点，威灵顿领大半军队至卡特勒布拉。由于苏尔特使联络中断，拿破仑并不知情，仍下令给沙勒罗瓦的德鲁埃，命他带领预备部队迅速向北攻击布吕歇尔右翼。德鲁埃快抵达李格尼时，信差带来奈伊的紧急命令，要他兼程赶往卡特勒布拉增援，对抗威灵顿的优势兵力。德鲁埃认为奈伊的情况较紧急，将部队开往卡特勒布拉，结果发现奈伊在经过一场厮杀并丧失两匹坐骑后，已放弃逐退威灵顿的打算。

李格尼会战持续了6个小时的屠杀，双方不分上下。一位普鲁士军官事后回忆，"人们相互砍杀，好像受到私人恩怨刺激"。像圣阿曼和拉海耶这样一座安宁的村落，现在却在拼命肉搏战中被双方轮流占领。李格尼烽火连天，夜幕低垂开始降雨时，拿破仑下令老侍卫队攻击普鲁士的中间部队。雨势转急，普鲁士军中间部队开始溃退，布吕歇尔继续抵抗，从坐骑上跌落，被人送离战场。法军过度疲竭，无法追击普军。普军朝北退向瓦夫尔（Wavre），弃下1.2万名伤亡者。拿破仑本人几乎用尽最后精力。如果威灵顿能够及时自卡特勒布拉抵此，将不会有滑铁卢之战。

·6月17日：大雨

对拿破仑也一样，倾盆大雨使17日不可能有重要的战役。遍地泥泞，在这片稀烂不平的泥浆地上，怎能拖曳或安装火炮？这种情形正符合拿破仑心意，早上7时他接获奈伊的消息，奈伊称威灵顿占领着卡特勒布拉，并暗示唯有全部法军才能击溃他。拿破仑的回复或是他暧昧的措辞，使奈伊较原来更迷惑："保住你在卡特勒布拉的阵地……如果不可能……立刻通知我，我将随即行动。如果……那里仅有后卫队，发动攻击并夺取阵地。"而那里的不仅只有后卫队，奈伊拒绝恢复攻击。威灵顿获悉布吕歇尔挫败后，将部队撤至圣让高地，并将他的指挥部撤至滑铁卢附近。

拿破仑指示格鲁西领 3 万人，于 6 月 17 日全天追击普鲁士军队，并尽可能防止他们与威灵顿会合。他自己亲领李格尼会战后残余的 4 万部众，赴卡特勒布拉与奈伊会合。他在下午 2 时左右抵达，得知威灵顿不在时，气馁地高喊着："我们失去了法国！"他下令追击，并亲自带队，同行还有奈伊和德鲁埃，但一场大雨使他决定终止追击。晚上 9 时，他浑身湿淋淋地骑马走了一两里路，回到盖劳就寝。此时雨已停，他疲惫不堪的部队则露宿在潮湿的地上。

·6 月 18 日，星期日：滑铁卢

清晨 2 时，布吕歇尔传信给威灵顿，保证由比洛将军率领的一支普鲁士军团在破晓时离开瓦夫尔，与他会合共抗法军，另两支普鲁士军团稍后也将跟进。拿破仑对这些许诺一无所知，上午 10 时，他令格鲁西继续追击布吕歇尔至瓦夫尔。

拿破仑原计划在上午 9 时开始行动，但他麾下的炮兵军官们劝他等至泥土开始干燥后再行动。同时，威灵顿已将部队驻扎至圣让高地南面，拥有 7 万人和 184 门炮。拿破仑有 7.4 万人和 266 门炮。两位统帅麾下都有在历史上已赢得或是将在这次会战中赢得一席地位的将领：不伦瑞克的腓特烈亲王（那位在瓦尔密战败并在奥尔施泰特受创的公爵的儿子）、多恩伯格、阿尔滕、肯普特、萨默塞特、乌克斯布里奇、希尔、庞森比、皮克顿等都在威灵顿的麾下，坚强得像他的言词一般，骄傲如公爵。布吕歇尔手下还有汉斯·齐腾、柏希等人。至于法国，则有奈伊、格鲁西、旺达姆、热拉尔、康布罗纳、凯勒曼、雷耶、洛博和拿破仑。

拿破仑经年累月地餐宿匆忙。帝王和战场的高度紧张的生活，及最近借美食弥补创伤，使他开始崩溃。6 年后的验尸报告指出，他的

各种器官起码有半打以上失调或异常。如今在滑铁卢，即使遭受痔疾折磨，他也得骑行数小时。他患有膀胱结石，排尿困难使他经常不定时如厕，也许促成他父亲死亡的癌症已开始摧残他。这些生理失调使他精力、勇气、耐性和信心不如从前。"我不再有最后胜利的情绪……我觉得幸运已背弃我。"尽管如此，为了培植他们的信心，他告诉忧虑的将领说："如果我的命令能够圆满执行，今晚我们将夜宿布鲁塞尔。"

将领们对情况已看得更清楚。苏尔特劝他令格鲁西带领 3 万人尽快向西并参加攻击，但拿破仑反让他们浪费时间往北追击布吕歇尔至瓦夫尔。据推测，他可能希望如果普鲁士军队转西协助威灵顿，格鲁西可攻击其后翼。根据以后的看法，威灵顿也犯下同样严重的错误，将 1.7 万名部队留守布鲁塞尔附近，防卫法军侧翼攻击他通往海岸的主要道路。

上午 11 时，拿破仑下令军队对敌军中间部分——由凶悍的苏格兰和英格兰部队组成——发动攻击。奈伊率领所有骁勇善战的士卒，但英军屹立不动。各个山头后隐藏的炮火使受惊的法军死亡惨重。午后 1 时左右，拿破仑在战场西南方的观测所，发现东边远方有一大批部队向战场移动。一名日耳曼俘虏告诉他，这是比洛普鲁士军团的辎重车队，前来协助威灵顿。拿破仑派洛博将军带领一营人阻截普军，并传令格鲁西进攻比洛，然后回来协助法军主力部队对抗威灵顿。上午 11 时 30 分左右，格鲁西向北至让布卢（Gembloux）和瓦夫尔之间时，听见西边隆隆炮声。热拉尔将军劝他放弃追击布吕歇尔，以横过田野将其 3 万人增援拿破仑。格鲁西追上布吕歇尔部分军队，将他们击败，随即进入瓦夫尔，发现布吕歇尔已离去，便停顿下来。

当时是午后 4 时，滑铁卢会战达到高潮：这是一场屠杀，争执战略性据点，面对马匹冲击，闪避刀杀，摔死泥泞中。双方都有数千名逃兵，威灵顿花费一部分时间骑马在后方督战，恐吓逃兵归位。奈伊领军冲锋陷阵，丧失四匹坐骑。至下午 6 时，他接到拿破仑的命令，攻击圣拉海依。他达成任务，并以为在威灵顿最后防线找到了缺口。他请求拿破仑增援，向前推进。拿破仑对他的鲁莽前进大发雷霆，因为此时已没有适当的部队可前往增援而不危害全盘计划，但又觉得这个"可怜虫"不能被消灭，只好下令凯勒曼带领3000名骑兵支援奈伊。英军最后防线指挥官向威灵顿要求增援时，公爵回答无兵可派。据说这名军官回答说："好极了，长官，我们将战至最后一兵一卒为止。"英军战线似乎被击破，一队法国骑兵冲向前去分享胜利。英军军官古德上校下结论说："我恐怕一切都完了。"此时，汉诺威军团逃往布鲁塞尔，向大家高喊："会战结束，法军正逼近！"

但来的是普鲁士军队。比洛已击败洛博的抵抗，并迅速接近主战场。另两支普鲁士军团也正逼近。拿破仑发现他最后的机会在于普军加入战斗前击溃英军。他召集老侍卫队追随他做决定性攻击，一名法国逃兵将拿破仑的路线告诉威灵顿，并警告他："禁卫军将在半个小时内向您攻击。"就在这时，一名英军狙击手看见拿破仑。他说："长官，拿破仑就在那里，我想我能打中他。我可以射击吗？"公爵禁止他："不，不，军队的将领除了彼此射击外，尚有其他事情要做。"

稍后，法军认为他们获胜时，拿破仑禁卫军和奈伊听到3万名普军攻击法军的喊声，恐怖混乱四起。奈伊再度冲锋时，英军迅速移动，奈伊败退。威灵顿发现机会，骑马冲向坡顶寻找较好的视线，然后依约挥帽发动全面总攻击，鼓声、号角传递这个消息，右翼、中间和左翼的4万名英格兰、苏格兰、比利时和日耳曼部队易守为攻，奋不顾身向前冲。法军的士气受损、瓦解，四处逃散，甚至老侍卫队也掉转马头。拿破仑高喊下令停住，但他们在喧嚣声中没有听见，炮火烟雾使大地更加昏暗。拿破仑在混乱中无法分辨敌我，不得不向众人屈服，下令按操典方式撤退，但法军前方、侧翼皆遭受敌军绝对优势的攻击，已无暇顾及训练的队形。不论是否说出"各人设法自救"之言，它已成为溃散部队的箴言，他们不再是军人，只是普通的人。奈伊元帅在卡特勒布拉身心交瘁，在滑铁卢却是英雄中的英雄，他在溃败中失掉坐骑，迷惑地站着，脸被火药熏黑，制服破烂，几乎掌握胜利的手持着断剑。然后他与拿破仑加入 4 万人部众冲过道路、原野朝向热纳普、卡特勒布拉和沙勒罗瓦方向，越过桑布尔河，前往法国。

此役，拿破仑死伤 2.5 万人，8000 人被俘；威灵顿损失 1.5 万人；普鲁士损失 7000 人。这两位战胜者在拉贝尔联盟附近会合，威灵顿将追击任务交付热心的布吕歇尔。布吕歇尔年已老迈，不宜追击，将之交付在热纳普的格奈泽瑙，并在当地传送消息给他夫人："由于我友威灵顿配合，我已消灭拿破仑军队。"但他又写信给友人："我为部众担忧，因为代价太大。"威灵顿坦诚地向乌克斯布里奇说明整个事情："我已给予拿破仑赦免机会，现在他除了自杀外，别无选择。"

拿破仑在退却时加入一支比较有秩序的军队，下马与其他人一起步行。他为损失的部众悲叹，为本人不死而悲哀。

第十二章 | 圣赫勒拿岛

第二次逊位（1815.6.22）

他于 6 月 21 日上午 8 时左右抵达巴黎，后来他回忆说："我精疲力竭，已三天没吃没睡。"他前往爱丽舍宫恳求科兰古："我需要休息两个小时。"此时，众议院集会，要他逊位的情绪非常激烈。他获悉后，向友人提出法国需要暂时实行独裁，因为法国舆论混乱，而且需要一致行动以保卫法国及其首都，抵御联军企图控制该国或其政府。

巴黎人民获悉战败的消息后，许多人聚集在爱丽舍宫前高呼："皇帝万岁！"确定继续效忠拿破仑，并要求武装保卫巴黎。拿破仑闻后，对贡斯当说："你知道，我并非从这些人获得荣誉和财富。他们欠我什么？我发现他们贫穷，并让他们贫穷。假如我愿意，1 小时内这个反叛的众议院将不存在，但个人的生命不值此代价。我不愿做一个暴动的农民君主。我从厄尔巴来，并不是要使巴黎染满血腥。"

他逃离滑铁卢时，即已计划招募另一支军队，这次他的计划为 30 万人。6 月 22 日至 24 日，战败的残余部队在巴黎东北方 77 英里的拉昂聚拢并重组。6 月 26 日，格鲁西在一次光荣撤退后，领军 3 万人与其会合。然而，此时布吕歇尔集合战胜的部队向巴黎进兵，中途小心翼翼地绕道拉昂。威灵顿鉴于其部队受创颇巨，不愿与轻率鲁莽的普鲁士联合。不久他率军上路，也绕道拉昂。6月22日至25日，奥地利、巴伐利亚和符腾堡的军队渡过莱茵河，直捣巴黎。历史又重演了。

众议院经过热烈辩论后，断定抵抗联军不切实际，他们决定坚持要拿破仑让位。拿破仑的警察局局长富歇以熟练的手腕，致力达成拿破仑的下台。他在滑铁卢之役前即预言："皇上会赢得一两场战役，第三场将失利，此时我们又要开始统治了。"但富歇并未等待那么久。拿破仑的弟弟吕西安冲往众议院请求延迟时，富歇阻挠他，拉法耶特反问："拿破仑还未摧残足够的生命吗？"1799年的征服者吕西安现在也承认失败，他劝拿破仑以武力推翻议院，拿破仑拒绝。战争的失利削弱了他的意志，但也唤醒了他的美梦。尽管群集皇宫外的群众继续叫喊"皇帝万岁"，他仍向吕西安下令，于1815年6月22日二度让位，并对两院发表演说：

> 国家独立战争开启时，我依赖各方努力团结……及全国统治机构同意。情势对我已发生变化……我以个人作为法国仇敌的牺牲品。也许他们会忠于宣言，除了我以外别无所求。你们应为群众安全，及为我们剩余的独立部分团结起来……我宣布我子为拿破仑二世。

除卡诺悲泣外，所有拿破仑的部长都同意他退位。富歇欢欣鼓舞。

两院接受这项退位，不理会拿破仑以其4岁儿子（当时身在维也纳）为继承人的任命，而推选5位议员——富歇、卡诺、科兰古、格勒尼耶（一位默默无闻的将军）、维乃特（旧有革命会议委员）来充当新政委员，并组成临时政府。富歇被选为委员会主席，负责直接跟联军和拿破仑谈判。他担心会掀起一股支持拿破仑的民众叛乱，于是说服首都巴黎军事司令官达武劝拿破仑离开巴黎至马迈松退隐。6

月 25 日，拿破仑由贝特朗、古尔戈、拉斯·卡斯与蒙托隆陪同，前往马迈松。奥尔唐娜在当地热忱欢迎他参观他过世母亲的居所，拿破仑与奥尔唐娜在花园散步时，情意款款地谈及约瑟芬，他说："的确，她是我一生所曾见过的最慈祥的女人。"

如今，他一心一意想在美国寻求避难所。他要求贝特朗为他寻找几本有关美国的书籍，他曾读过亚历山大·洪堡所著的《新大陆热带地区旅行记》，他打算将余生献身科学。他决定前往美国研究从加拿大至合恩角的土壤、植物和动物。6 月 26 日，他要求临时政府准许他由罗什福尔（Rochefort）乘船至美国。富歇立刻命令海军部长："在罗什福尔准备两艘快船，载送拿破仑至美国。"当天，拿破仑兄弟约瑟夫、吕西安、热罗姆前往拜访拿破仑，并决定离开法国，约瑟夫决定到美国。也许他们带来母亲的消息，愿给他"她所有的一切"。拿破仑感谢母亲，但未接受其赠予。他仍有钱留存在银行家拉菲特处，拉菲特亲自到马迈松安排拿破仑的财政事宜。6 月 28 日，国家防卫军的一名军官来警告他普军迫近马迈松，并派军逮捕拿破仑。布吕歇尔确实下令一支游击队逮捕拿破仑，不论死活，并表示他个人认为，可视拿破仑为罪犯枪杀之。古尔戈获悉这种意图后，誓言："如果我发现皇帝落入普军，我一定射死他。"即便如此，拿破仑仍在极不情愿下才离开令他充满愉快回忆的马迈松。6 月 29 日，富歇授权贝克将军率领一小支军队，强迫拿破仑前往罗什福尔。

拿破仑接受奥尔唐娜的劝告，将她价值不菲的项链藏在腰带里。他向保护他的少许兵士告别。6 月 29 日下午 5 时，拿破仑乘坐一辆由四匹马拉的四轮车，在少数军队的护送下离开马迈松。数小时后，布吕歇尔的骑兵抵达。

第二次复辟（1815.7.7）

临时政府与议会辩论获得最有利的条件是与联军作战或交涉。假如他们坚持路易十八复辟，达武将率领其士兵与威灵顿和布吕歇尔对抗。议会代表们恐惧抵抗或战败将导致法国分裂，并促成他们自身的冲突。拿破仑残余的"北军"已无心再遭滑铁卢，他们装备不良，敌人又聚集在拉昂和巴黎之间。

路易十八获悉联军的奥尔良公爵路易·菲利普支持他复位，急忙由根特前往卡多—坎布雷茨。双方于6月25日在当地发表联合公报，允许修好并成立自由政体。议会对条约满意。6月30日，临时政府与联军签署巴黎投降草约，全部法军撤离，但联军须保证市民的财产和安全。7月7日，联军进入巴黎。7月8日，路易十八在香榭丽舍重登法国王位。塞纳河区的地方长官欢迎他，并首次以"百日政变"之词叙述拿破仑3月20日二度东山再起到国王复辟为止。

大半法国人的唯一想法是能实际解决拿破仑政权突然瓦解而留下的问题。然而，布吕歇尔叫嚣要派工程师炸毁纪念法国1806年战胜普鲁士的耶拿桥，并提议摧毁所有拿破仑的纪念碑。威灵顿和路易十八力促布吕歇尔放弃此念，但他仍固执己见，幸而沙皇亚历山大一世、腓特烈·威廉国王和弗兰茨二世国王率同俄、奥及皮埃蒙特军队抵达，令这位老爱国者息怒。

如今在法国境内，外国军队约80万人，所有给养均取自百姓并索取保护费，卡斯尔雷估计法国每天须负担占领军餐费175万法郎，此外各地区必须付出大量赔款。路易十八通知联军领袖，假如联军违背他们3月25日的告示，法国人将继续敌视其目标，他将离法赴西班牙寻求庇护。联军同意削减赔偿至5000万法郎，并辩称他们完全遵照战争法及拿破仑在普鲁士与奥地利的先例。

同样地，法国部分城市保王党发动"白色恐怖"，以向1793年和1794年屠杀保王党的"红色恐怖"分子报复。他们有借口。马赛的保王党示威要求路易十八复辟时，一些军士及本地卫戍部队仍旧效忠拿破仑，并攻击他们。司令官立即镇压，并设法领军撤离敌对的城市。但在途中数百人被从窗户和屋顶放出的冷枪击中。6月25日及次日，武装的保王党遍布城市，攻击效忠拿破仑者和暴乱分子。200 人牺牲生命，许多人死前仍高呼"皇帝万岁"。保王党妇女围绕着尸体欢乐起舞。在阿维尼翁，保王党员杀死所有效忠拿破仑的俘虏。1815 年 8月 2 日，他们逮捕被控诉在 1792 年以矛戟刺朗巴尔公爵夫人头的吉约姆·布鲁内，他躲藏在阿维尼翁一家旅馆内，被群众发现。群众将他打死，拖其尸体游街，并狂欢鞭尸，然后抛入罗讷河，男人女人欢欣舞蹈。在尼姆、蒙彼利埃和图卢兹也有类似情景。

这些野蛮的行为对宽大为怀的路易十八并无好处。但路易十八决不宽恕奈伊，因为他曾允诺不论死活都将拿破仑捉回，结果却投奔拿破仑，并造成许多人在滑铁卢死亡。奈伊于 7 月 6 日由巴黎逃走，乔装流窜各城镇，但被认出并逮捕。经过 161 位贵族组成的法庭审讯，被判叛乱罪。1815 年 12 月 7 日枪决，刑前他拒绝任何宗教祈祷仪式。

富歇和塔列朗现为路易十八的辅臣，虽为胜利者却不愉快。内阁中保王党视其为弑君者而规避之，并谏言国王放逐他们。路易十八为了妥协，于 9 月 15 日指派富歇出任萨克森大使。但 3 个月后，又将他召回，并将他从法国放逐。富歇不情愿地漂泊于布拉格、林茨、的里雅斯特等地，1820 年，带着满身罪孽，于迈入 60 岁之际死于的里雅斯特。

塔列朗在谋略和耐力方面均超过路易十八。路易十八以高乃依的台词评论他："他待我过好，我须毁谤他；他待我太坏，我须赞誉他。""他们既未习得任何事情，也未忘却任何事情。"塔列朗显然指的是 1796 年的波旁王室。但这不能算是指责路易十八，因为他已接受选举国会议员、欢迎拿破仑的将领，并保留拿破仑的法案。保王党的大臣们痛恨塔列朗不仅是弑君者、叛国分子，也是出卖祖国的人。最后路易十八向保王党屈服，于 1815 年 9 月 24 日放逐他。但塔列朗寿命很长，在路易十八的弟弟查理十世于 1830 年下台后，他又复位。1830 年至 1834 年，他以 76 岁的高龄出任驻英大使。上议院的伦登德里侯爵抨击塔列朗时，威灵顿加以袒护，自称曾与塔列朗在许多场合共事，从未遇见比他对保护自己国家的利益更有冲劲、技巧，对别的国家更诚实、正直的人。塔列朗获悉此事，泪盈满眶，没有任何事情可令他如此感动："我衷心感激公爵，因为他是世间唯一曾夸奖我的一名政治家。"塔列朗于 1834 年协助组织四国同盟后，于 1838 年去世，享年 84 岁。

1815 年 11 月 20 日，路易十八与联军签订第二次《巴黎和约》，拟订法国因允许拿破仑复位应得的惩罚。法国被迫割让萨尔、萨伏依及包括菲利普维尔、马林堡在内的四座边陲城镇，交还将领们掠夺的艺术品，并赔偿 7 亿法郎及 2.4 亿法郎的私人赔偿，及作为联军人员在 3 年至 5 年期间占领的生活费用。塔列朗拒绝签约，其继位者、外交部长黎塞留在抗议下被迫签字，然后高喊："我感到耻辱。"

投降（1815.7.4—8.8）

拿破仑由马迈松乘骑向南，至尼奥尔与其兄弟约瑟夫及军中伙伴古尔戈会合。7 月 3 日晚，抵达距拉罗契尔东南 13 英里的罗什福尔时，发现萨勒号和梅都斯号战舰正停泊在港中等待，但舰后有一小队英国战舰封锁港口，明显地禁止他们未经许可驶离港口。

拿破仑于 7 月 4 日询及萨勒号舰长，能否搭载他和一些友人航行赴美？萨勒号是否能穿过封锁？舰长告诉他，战舰准备妥善，也许能在夜晚冒险躲过英舰。但若要以高速越过封锁线，则须放弃许多战斗人员。拿破仑如今开始面临重大抉择，9 天之中他表现得犹豫不决，无法拿定逃亡计划，也不知应听从何人劝告才好。约瑟夫的面貌酷似拿破仑，愿乔扮弟弟，让英军扣留，以使穿着便服的拿破仑搭乘战舰，按预定航程出海。拿破仑拒绝伤害其兄。约瑟夫后来乘一艘战舰赴美。

拿破仑忘却他与英国 15 年的战争，现在幻想如果他自动投降，英国会以特殊囚犯待之，并许以相当之地，让他安详地过大地主的生活。7 月 10 日，他派拉斯·卡斯和萨瓦里询问贝尔罗风号舰长梅特兰是否收到拿破仑赴美的护照。当然，舰长没有收到。拉斯·卡斯又问，如果拿破仑向英国投降，英国人是否会以宽大的方式对待他。梅特兰回答说："他很高兴收容拿破仑并送往英国，但是他无权允诺他在英国会受到何种待遇。"

梅特兰与拉斯·卡斯、萨瓦里会谈之际或前后时刻，惊异地获悉其上司海军副部长亨利·霍瑟姆（当时在法国海岸西北处巡弋）的指示，称拿破仑在罗什福尔或附近之地，准备越洋赴美。指示中说："你可采用最佳办法阻止他乘船驶离……如果你幸运逮捕他，你须严加看管，并以最理想的速度送至英国港口。"

约 7 月 14 日，拿破仑获得警告，路易十八已下令博纳福将军前往罗什福尔逮捕他。博纳福尽量拖延时间。拿破仑如今困于三种抉择：向有充分理由恨他的路易十八投降；不顾英国封锁冒险突围；向梅特兰舰长投降，希望获得英国人的宽怀对待。他选择了最后一项。7 月 14 日，他写信给当时统治英国的摄政王：

国王阁下：

　　由于法国国内党派纷争及欧洲列强的不合，我决定结束个人的政治生涯，并像狄米斯托克利斯（Themistocles）[1] 一样，与英国人民生活在一起，我个人接受英国法律保护。我乞求我故人中，最有权力、最有决心、最仁慈的国王阁下，给予这种保护。

　　　　　　　　　　　　　　　　　　　　　　　　　拿破仑

拿破仑将信委托古尔戈，并要求他设法获准在下艘船将信带至伦敦。梅特兰同意，但搭载古尔戈的船由于检疫而被阻延很久，而且毫

---

[1] 狄米斯托克利斯，雅典最伟大的将军，公元前 470 年为雅典人民大会放逐，在希腊一个城市接着一个城市地被追击，终于向雅典的最大敌人——波斯请求并获得庇护和安全。

无迹象显示信将送达目的地。

7月15日，拿破仑及其伙伴被引至贝尔罗风号，并表示自愿向英投降，拿破仑告诉梅特兰："我登上你的船，是让我接受英国法律的保护。"舰长礼遇他，并答应他赴英。他未谈及霍瑟姆的信，但他警告拿破仑，他不能保证他在英国受到相当友好的接待。7月16日，贝尔罗风号驶往英国。

梅特兰在回忆时，对他的俘虏予以好评：

> 他的态度非常愉快、和蔼，他参加各项交谈，提及无数逸事，并尽力制造幽默，使出席者一团融洽。显然他们相当尊敬他，他在谈话时，表现得相当容易相处，以制造谈话者对他的好印象。

英国水手喜欢他，并以最高的敬意对待他。

7月24日，贝尔罗风号抵达德文郡岸，英国水道入口处托尔湾（Tor Bay）时，不久即有两艘战舰陈列军舰左右，拿破仑毫无疑问是一名俘虏。海军将领基思登舰，以简单的礼节欢迎他。接着古尔戈告诉拿破仑，他未能将信转给摄政王，而被迫交付基思，但他没提它。基思令梅特兰将舰驶往30英里外的普利茅斯港，贝尔罗风号待至8月5日。在这段期间，该舰成为英国人好奇的目标，英国南部各角落的男人、女人涌往普利茅斯，挤上船，等待拿破仑每日例行至甲板散步。

英国政府花费数日决定如何处置拿破仑。早先最主要的意见是：依据同盟正式宣言希望将他视为罪犯，因为在《枫丹白露条约》中，曾予宽大的优待，而他违反对条约的承诺，迫使欧洲陷入另一场牺牲惨烈的战争。显然，他罪该万死，如果只被囚禁，他该感激。目前的囚禁是使这位挑衅者无法逃脱或再作战。部分同情者可能是因为他主动投降，减少联军许多困扰。但这种同情，决不能容许任何逃逸的可能。所以，英国政府令基思通知犯人，此后须以离非洲西部约1200英里的圣赫勒拿岛为家。这是一个偏僻之地，但不得不如此，偏僻可以减少监视者对囚犯紧密的限制和冷酷的监视。英国同盟商议后，同意判决，仅坚持他们有权派代表至该岛参与监视工作。

拿破仑获悉判决时，几乎崩溃。他悲恸地抗议挣扎，但他发现大家沉默无言时屈服了。他得到一些恩惠，获准5位自愿的朋友伴随他。他提名他皇宫侍卫队长贝特朗将军，拿破仑在滑铁卢军营的助理蒙托隆伯爵和伯爵夫人，最忠实的护卫古尔戈将军，及最重要的拉斯·卡斯和他的儿子。每个人获准携带仆役及1600法郎。拿破仑带着9位仆役并设法携带相当数量的金钱。拉斯·卡斯皮带里藏着奥尔唐娜的钻石和项链，仆人的外衣藏有35万法郎。每个人都不准带剑，但基思将军接见拿破仑时，他坚持佩剑自卫，基思没有坚持。

8月4日，贝尔罗风号离开普利茅斯驶往朴茨茅斯，在此将船上的俘虏、他的侍从及他们的所有物转至另一艘大船诺森伯兰号。诺森伯兰号于8月8日驶往圣赫勒拿岛。

第十三章 | 结束

圣赫勒拿岛

8月8日至10月15日，自英国开始一次漫长旅行，习于快速行动和演说的拿破仑，几乎无法忍受这种沉闷。海军上将科伯恩爵士想缓和沉闷的局面，每天邀请拿破仑及其一两位同伴跟他和一些官员吃饭。然而，这些英国人晚餐费时两个半小时。开始饮酒时拿破仑很容易说服他们原谅他，他们称他为"将军"而不称呼他"皇帝"时，他避而不答，不过他称赞他们的礼貌。他的朋友建议打发时间的好方法是：让他向他们口述战争和统治的回忆。现在开始叙述，由奥马拉、拉斯·卡斯、古尔戈或蒙托隆记录。这些叙述在他死后由他们出版。在法国，拿破仑的声名之所以在这个世纪盛而不衰，这本书起了一定的作用。

人们在海上渴望陆地。即使拿破仑看见圣赫勒拿岛的岩岸，也必定感到高兴。一眼可看见小岛的大部分，小岛面积仅20英里，几乎全岛居民都住在港口都市詹姆斯镇（Jamestown）。这座市镇只有一条街道，人口5000人。一片崎岖不平的地区，上升至朗沃德（Longwood）高地。热带性气候，炎热、有雾、多雨，季节不规律，无法预测干燥和潮湿，土地荒废，耕作很难收获。对于一个生活行动需要大陆作为舞台的人，确实是痛苦的。

科伯恩上将为他和他的同伴们寻找临时住所时，他们仍旧在船上，英国政府已选择一幢大房子作为集体住宅。但整修工作此时尚未完成。上将为拿破仑和拉斯·卡斯父子寻找了一个可爱的住所，叫作"石南大厦"（the Briars）。主人威廉·巴尔科姆（William Balcombe），对于拿破仑的到来，觉得有趣。16岁和14岁的两位千金喜欢这种场面。她们会讲一些法语，喜欢游戏和唱歌，并变得非常喜欢拿破仑。他必须移居朗沃德时，年纪较小的女孩哭泣了。

这是一幢旧式的农场住宅，离詹姆斯镇约6英里，许多房间虽简单，但装设齐全。根据小拉斯·卡斯所做的精心安排，拿破仑拥有6个房间：一间接待客人的"大接待室"，一间客厅，一间卧室，一间书房，一间图书室和一间大饭厅。室内的墙壁糊有一层涂焦油的帆布，不过有很多窗子。拿破仑毫无怨言地接受他的套房，他对浴室尤其喜欢，形容为"在这不愉快小岛上一个闻所未闻的奢侈品"。拉斯·卡斯报道："皇帝对每件东西都满意。"农宅中其他的房间，分配给拉斯·卡斯和他的儿子，蒙托隆伯爵和他的夫人，古尔戈将军及拿破仑的医生奥马拉。大的普通房间，分配给拿破仑的仆人和他随员们的仆人。贝特朗将军、夫人及他们的仆人，住在通往詹姆斯镇路旁的一幢独立屋，这些仆人几乎不够他们使唤。

拿破仑在住宅5英里的范围内，可以自由活动——步行、爬山、乘马车，但走出朗沃德高地，就必须受到英国军队的监视。拿破仑及随员三餐由小岛总督每日供应，在有限的范围内他们可点食物。通常拿破仑在晚上8时以前吃得不多，8点以后他和随员们慢慢地吃晚饭，一直到他准备睡觉。

拿破仑自法国带来一批昂贵的银质餐具，经常使用。我们也听说有金质的刀子、叉子和汤匙。盘子多半是法国塞夫尔出产的瓷器。仆人穿着绿色和金黄色的制服，"服侍晚餐的高雅气氛及餐桌排列的整齐"，拉斯·卡斯印象深刻。

在朗沃德，仍旧维持土伊勒里皇宫的礼仪。拿破仑允许他忠心耿耿的朋友们率直地说话，但不得随便。他们总是称他"皇帝"，向他讲话时称"陛下"。收到的信件封面若写的是"将军"，就不拆开，访客必须称他"皇帝"，否则不予接见。

有许多苦恼和一些困难。老鼠在房里乱跑，甚至跑进国王的帽子里。他吃饭时，它们在桌脚钻动，跳蚤和臭虫不分阶级，一视同仁。拉斯·卡斯抱怨着："我们都被咬了。"每隔一天，有潮湿的雾气。有时停水，拿破仑怀念热水浴。经常不断的监视，不论距离多远、多有礼貌，往往促成一种隐居的纯洁，但过度的悠闲会让人加倍接受诱惑。不过在什么地方，一个囚徒有这么多供使唤的朋友、这么多的仆人、一匹马和一辆马车，及所有他可用的书呢？总之，这是一个囚徒可以忍受的监狱。尤其在逃离了以前的监禁，需要无数的经费和生命再度捕获他之后。直到哈德逊·洛（Hudson Lowe）爵士来临为止，一切事情进行得很合理。

哈德逊·洛爵士

哈德逊·洛爵士于 1816 年 4 月 14 日抵达，接替科伯恩爵士出任该岛总督。英国政府认为这项选择是郑重考虑过的：哈德逊爵士是一位尽责的官员，他会忠实地执行训令。他的训令是扩大对这个囚徒的"放任，只要这种放任与他的安全相合"。

他开始很好。他带来近 2000 本法文书，由拿破仑及其同伴们自由支配。他传话：听说朗沃德需要修理，不久会派人去。他认为他该拜访这位著名的囚徒，并要求前任总督科伯恩上将陪同。他也许不知道，拿破仑为避免游客和好管闲事者，曾经吩咐贝特朗：除了获得贝特朗允许和陪伴，不容许任何人探访他。哈德逊爵士和科伯恩上将未通报即要求会见，拿破仑回应生病，不能见他们。哈德逊爵士问何时可以再来，拿破仑回答明天。哈德逊爵士的自尊受创。

次日，他由贝特朗陪伴前来，拿破仑冷淡地接待他，列举一些遭受不舒适的待遇：哨兵站岗离他房子太近，而且有时在晚上自窗口窥视。没有英国官员伴随，他不能骑马越界。哈德逊爵士答应尽力改善。他离去后，拿破仑向他的同伴表示："从未见过一张如此像一个意大利刺客的面孔。"

哈德逊爵士的自尊多于幽默。他回到办公室后，传话给拿破仑的副官，拿破仑抱怨的那些限制为英国政府规定，他无权更改。他又表示：为了遵守政府训示，朗沃德与外界之间的一切通讯都必须经过他手，并由他加以检查。据拉斯·卡斯表示，这位总督拒绝转送署名"拿破仑皇帝"的信件。他发帖邀请贝特朗将军和"拿破仑将军"共进晚餐。拿破仑拒绝。

哈德逊爵士通知贝特朗，英国政府抱怨供养拿破仑及其随员51人的费用太高时，双方争执臻至高潮。英国政府曾允许每年为此支付8000英镑。第一年的实际费用为1.8万英镑。英国政府建议，未来费用超过8000英镑的，应由拿破仑支付。拿破仑表示：如果哈德逊爵士愿把拿破仑的信原封不动地交给巴黎银行人员，他就吩咐蒙托隆出售银器，并支付超额费用。哈德逊爵士不同意。拿破仑的家人表示愿意支付这笔费用，拿破仑辞谢，并表示他可以处理这件事。他们表示愿意来小岛与他一起生活，他制止他们说：他们受不了该岛的气候和偏僻。哈德逊爵士打算提高费用至每年1.2万英镑，以缓和情势，但讨论费用激怒了拿破仑。哈德逊爵士于1816年7月16日再度探访他时，据他对拉斯·卡斯的说辞，拿破仑断绝一切退路，叫喊："你愿让我告诉你，我们对你的看法吗？我们认为你能做每一件事。是的，每一件事……我将不得不抱怨——不是抱怨先前最坏的部长会议把我送到这个小岛，而是抱怨他们派你治理此岛。对我们，你是一种较这些可怕的岩石造成的所有不幸还要大的灾难。"拉斯·卡斯说："国王承认在他谈话时，他曾一再触怒哈德逊·洛爵士。""我怒不可遏，他们派给我一名较狱卒更甚的人！哈德逊·洛爵士实际上是一个刽子手……我必定是在大发雷霆，因为我觉得左脚小腿在颤抖。"

哈德逊爵士困窘不安地告辞，他们没有做进一步的会谈。

了不起的伙伴

在这种监禁的生活中最令人诧异的现象，是跟随拿破仑至圣赫勒拿岛的随员们对他坚定不移的忠贞，也许是为分享动人的名誉激励着他们的服务。但不论限制及思乡病，为争获拿破仑宠爱而起的口角，恶劣的气候及可厌总督而引起的苦恼，他们的持久性几乎使他们的服务纪录与英国古代亚瑟王的传说中那种服务相当，虽然因妒忌而晦暗，却是高贵的奉献。

其中最高贵的是贝特朗伯爵。在第一次征意战役中，他以拿破仑麾下一名军事工程师为人所知。远征埃及时，他率领一营军队参加"金字塔之役"。他在阿布吉尔湾战役中受伤。他在 1809 年的战役中所建的横跨多瑙河的桥梁，被拿破仑视为自罗马帝国以来最精良的工程。1813 年，他出任皇宫警卫长，在联军入侵法国退守的那段艰苦岁月里，仍旧效忠拿破仑，伴随他至厄尔巴岛。在"百日新政"时，他与拿破仑一起至罗什福尔，并与他乘船赴英国和圣赫勒拿岛。在该岛，他仍旧出任警卫长，查核访客，缓和怒火，维持拿破仑与总督之间的休战，并以宽恕的耐心忍受拿破仑勾引他太太的企图。[1]

他太太是一位法裔英国人，迪龙爵士的侄女，与约瑟芬有亲戚关系。她无法忍受离开巴黎的社交生活，孤独生活在圣赫勒拿岛。拿

---

[1] 贝特朗在 1821 年 4 月 26 日的日记上写着："皇帝回答（根据蒙托隆告诉贝特朗的话）：'……她拒绝做我的情妇，我很生气……我将永远不会饶恕安托马尔基医师——他在照料一个拒绝变成我情妇的妇人。'"不过，拿破仑说这话时，是在他死亡前的 10 天之内，可能已经记不清爱恋些什么人。同一天，贝特朗写着："他时常显得好像已经失去了记忆力。"

破仑逝世 5 个月后，贝特朗带她回法国。他在圣赫勒拿岛编纂三部日记，但拒绝出版。1949 年至 1959 年（在他逝世后 100 年），这些日记经整理出版。他葬于巴黎荣军院墓地，拿破仑遗骸旁。

爱尔兰的外科医师奥马拉几乎也做出同样的奉献。他在诺森伯兰号以船医的身份照顾拿破仑，用法语和意大利语与他交谈，同意他对医师们的意见。他非常爱慕拿破仑，要求英国政府允许他在圣赫勒拿岛上仍旧照顾拿破仑并获准。哈德逊爵士不赞成一名英国医师和一名法国囚犯如此亲密，他怀疑奥马拉阴谋协助拿破仑逃亡，坚持不论这位外科医师到何处，都得派一名士兵跟随。奥马拉抗议。洛爵士于 1818 年 7 月将他召回英国。1822 年，奥马拉出版《放逐中的拿破仑》（*Napoleon in Exile*），又名《从圣赫勒拿岛传来的声音》（*A Voice from St.Helena*），为这位逊位的皇帝恳求较佳的待遇。这部书销路很广，引起英国同情拿破仑的浪潮。书中有一些错误，因为是靠记忆撰写。不过，拉斯·卡斯为奥马拉陈述辩护，所有拿破仑身边的人对这位医师似乎都有佳评。

拉斯·卡斯伯爵的重大奉献及他撰写的《圣赫勒拿岛回忆录》（*Mémorial de Sainte Hélène*），使他在这座小岛中，成为仅次于拿破仑和哈德逊爵士的戏剧人物。他是一位较次要的贵族，他在孔代军中反对法国大革命，移居英国，参加一些亡命者的计划，试图在基伯隆进攻法国。登陆失败后，返回英国以教历史维生。他草拟一幅历史地图，后来获得拿破仑激赏，在法国革命历第 2 月的 18 日他冒险返回法国。他认定拿破仑是法国大革命的良药，寻找为他服务的每个机会，结果成为议院一分子。滑铁卢一役并未降低他对拿破仑的崇拜，他前往马迈松协助拿破仑，随拿破仑至罗什福尔、英国和圣赫勒拿岛。

在所有伴侣中，他仍旧最亲近拿破仑，对记录拿破仑的口述最热心。经历这位被放逐者的所有暴怒，他仍保持对拿破仑高度的评价。他记下拿破仑的每件事（但不包括错误），拿破仑像克伦威尔一样，不相信永存的坏处。他对拿破仑回忆和观察的报道，并不被认为是非常正确的。"皇帝口述非常迅速，几乎像平常说话一样快。所以我不得不创造一种象形写法。然后，我把这些话转述给我儿子。"或者，"我儿子记载皇帝口述时，我坐在他身旁……我经常将皇帝头一天的口述念给他听，然后由他校正，再口述"。然而，拉斯·卡斯用来表达他自己意见的话，和那些他认为属于拿破仑的话非常相似，使我们认为他关于拿破仑事略的报道，没有更生动直接的古尔戈日记来得公正。

渴望唤起欧洲了解拿破仑遭遇的困境，拉斯·卡斯用一块素绢写了一封信寄给吕西安。他托交给一位将返回欧洲的仆人带去，这位仆人被搜身，信件被发现。哈德逊爵士将拉斯·卡斯逮捕，没收了他的文件（包括和拿破仑的谈话），将拉斯·卡斯和他的儿子驱逐至开普敦（1816年11月25日）。从那遥远之地，他开始数年的流浪，通常在含有敌意者的监督之下，漂泊于英国、比利时、日耳曼等地。1818年10月，他向亚琛的联盟国协会呈递一封发自拿破仑母亲要求释放她儿子的请愿书，他自己则向俄罗斯、普鲁士、奥地利和英国的领袖们呼吁，没有回音。

拿破仑去世后，卡斯获准于1822年返回法国。他自英国政府收回被没收的草稿，并于1823年将它几乎全部发表在《圣赫勒拿岛回忆录》中。这部书成为当年文坛的大事。拉斯·卡斯和他的子女们因该书畅销而富有。他为促使拿破仑死亡的待遇而做的热情证言，在《拿破仑传奇》一书中成为一种延续的因素，使拿破仑三世享有较其伯父更持久的统治，并使小拉斯·卡斯在第二帝国中出任一名参议员。

其他伙伴们忌妒拉斯·卡斯成为拿破仑最亲近的人，特别是古尔戈将军。他有许多资本要求受宠，他曾经为拿破仑在西班牙、奥地利、俄国、法国等处作战，并曾在布里安救过拿破仑的性命。在被放逐者中，他表现最好，重友情、疾恶如仇，曾向蒙托隆要求决斗，并以妒忌的爱求宠于拿破仑，不容忍其他人受宠。拿破仑说："他爱我，像一个男人爱他的情妇一样。"为了恢复营地的和谐，拿破仑于 1818 年差他去欧洲，带信给沙皇亚历山大。正是为此，古尔戈的《圣赫勒拿岛未发表的日记》（*Journal Inédit de Sainte Hélène*，1899 年）最引人、最逼真地描述了圣赫勒拿岛的一切。

蒙托隆伯爵几乎不应遭古尔戈憎恨，因为在拿破仑四名随员中，他最有礼、最殷勤。他最骄傲的回忆是他 10 岁时，一位年轻的炮兵上尉波拿巴曾教他数学。以后他随着拿破仑的命运浮沉，并坚持伴随他至圣赫勒拿岛。他的夫人阿尔比尼·瓦萨尔曾两次离婚，并离开仍活着的丈夫回到他身旁，因此蒙托隆不十分相信她。在圣赫勒拿岛，有谣言说她曾帮拿破仑暖被。俄国驻詹姆斯镇代表曾经苛刻地记载："她虽然年老、放荡、肥胖，今天却是大人物的情妇。"她离开小岛时（1819 年），拿破仑哭了。蒙托隆本人停留到末了，他和贝特朗共同长期地守护这位垂死的囚徒，并被指为拿破仑遗嘱的共同受托人。他回到法国后，和拿破仑侄子一同坐牢 7 年，并协助他成为另一位皇帝。

了不起的独裁者

所有被放逐者的大敌是时间，其次是时间之子——无聊。这些人都惯于行动，熟悉死亡。现在，他们局限于照顾一位风云人物的身体和情绪。这个风云人物已从皇帝的宝座跌落，无奈地穿上囚衣，所有病情恶化，人性缺点显露。他说："我的情况可怕。我像一个死人，但充满生命力和求生欲。"这位英雄以往渴望有较多的时间来应付所选择的工作，或实行他的计划。现在他觉得时间沉重地压在他身上，欢迎黑夜为一种时间的止痛药。由于缺少活动，他发现难以入眠，由床至沙发或椅子，再到床上，设法摆脱知觉。

他几乎天天下棋，不过由于没有对手敢击败他，他对胜利感到厌烦。在放逐的头一年，他每天骑马走几英里路，但他注意到某位英国军官总注意他时，他不久就放弃这种运动。他每天看几个小时书。以前，他一直喜欢书，甚至在繁忙时，也要看些书。哈德逊爵士由自己的图书馆中挑选一些书送他。他成为研究亚历山大、汉尼拔和恺撒战役的专家。他反复阅读高乃依和拉辛的戏剧，有时和伙伴分担角色，高声朗诵。他喜欢英国文学，并要求拉斯·卡斯教他足够的英语，以便阅读这些作品，甚至讲英语。古尔戈报道："陛下往往用英语和我说话。"

　　他较其他囚犯有一点长处，他可以将现在淹没在过去中。他叙述法国和欧洲一半国家1796年至1815年的历史，由于他是一个主要参与者，几乎可以完全由记忆中回想出来。他对写作缺乏耐心，但他可以讲述。拉斯·卡斯显然曾建议：他向一两个随员口述记忆，每个日子都会有趣味和价值。现在，他也许在但丁的诗句中发现唯一的真理："在失意中回忆美好的时光是最大的痛苦。"对美好时光的回忆，可能会减轻目前的痛苦——即使目前的痛苦正在加深。拿破仑大叫："这是一个美好的帝国！在我的政府里，我曾统治8300万人——这是欧洲人口的一半。"

　　因此，他在诺森伯兰开始一种新独裁统治，以后沿用至圣赫勒拿岛，前后间歇维持4年。他首先对拉斯·卡斯叙述1796年在意大利的战役，他的迅速决定震惊了全欧，使他成为法国不可缺少的人物。拉斯·卡斯在哈德逊爵士动怒前逃亡后，拿破仑向古尔戈口述，而后向蒙托隆，对贝特朗口述较少。有时，一天内对其中两个人口述。现在，这些战士易剑为笔，墨水涌现纸上，为在再度波旁王朝化的法国及历史法庭中保全皇帝的记录和良好的名声。他们较他更早疲惫。他觉得，这是他保护自己，对抗演说者、新闻记者和漫画家的最后机会。这些人曾使他的敌人想象他为无情、残酷的食人魔。拿破仑知道笔录者对他们的工作缺乏动力，将原稿及其出版所得等权利，完全交付给他们。事实上，每份原稿出版后都为执笔者及其后裔带来了财富。

自然，作者竭力为这些辩护。不过，一般来说，个人在保护自己的生命时，这些著作的立场在期望中是公正的。拿破仑至此时已承认他在政策和指挥方面，曾犯严重的错误。"我和塔列朗争论是错误的，他拥有我缺乏的每样东西。如果我坦诚地允许他分享我的伟大，他会好好地为我服务，而且我会寿终于国王座上。"他承认，他过分低估征服西班牙和俄国的困难。"我由厄尔巴开始得太早，我应等待至会议散会、王侯们回家之时。""我还不清楚滑铁卢之役的损失。""我应死在滑铁卢。"

然而，这些因为他的回忆录几乎筋疲力尽的人，发现仍有精力记录他的谈话。当然，这是有趣的，因为在他这个时代，谁可与他在影响力和刺激方面相比呢？他非常健谈，对于任何话题皆有生动的逸闻趣事。就其坦率方面他是位哲学家，可以谈论由农业至宙斯的任何问题。他阅读历史非常广泛，使他以某种难以置信的能力成功预测将来："殖民地制度……是结束了。对每个国家——对拥有所有殖民地的英国和其他列强都是如此，它们什么也没留下。"波旁王族的权力不久将被法国人民推翻，日耳曼不久将继续它曾开始的统一。19世纪将是一个革命的世纪，法国革命的原则除了某些部分外，将会在美国、法国和英国胜利。同时，"它的光辉将由这三个国家照耀全世界。""古老的制度结束了，新的制度不经过长久激烈的动乱不会巩固。""俄罗斯的确是一个突起的强权，并以最大的步伐迈向统治世界。"他推测错误之一是："英国日益增长的王室权威……正迈向毫无阻碍地独断而绝对权力的道路上。"

最后，他检讨个人的政治生涯，十分恰当地概述如下：

> 我结束了无政府状态，清除了混乱。我扫除了革命，提高了某些国家威严，并安顿一些国王。我鼓舞各种竞争，奖赏各种功劳，而且扩大光荣的限度……独裁政府是绝对需要的。人们将说我剥夺自由？我可以证明放荡、无政府状态和最不合法行为仍旧

侵害自由。人们将谴责我酷爱战争？我可以说是首先受到攻击。人们将说我朝向世界君主政体……我们的敌人们引导我逐步走向这种决心。最后，我将因我的野心受到责备吗？无疑，我必须承认我有这种热情，而且程度不小。不过，我的野心是自古以来最高贵的一种，为建立、奉献帝国的理念，为人类的全部才能充分运用及完全发挥。历史学者在这也许会不由自主地感觉遗憾，这种野心不曾获得实现和赏识。这是用几句简短的话说明我全部的历史。

1821 年 3 月 9 日，他怀着对身后声望的幻想，缓和了失败的心情："在 500 年内，法国人幻想的都是我。他们将只谈论我们胜利战役的光荣。天主帮助任何敢谈说我缺点的人！"这是一种面对死亡的好方式。

最后的战斗

拿破仑仅 40 多岁时，多种身体内的疾病及缺乏运动使他衰老。哈德逊爵士坚持在拿破仑骑马超越朗沃德限制时，派一个士兵跟随他，这使这名囚徒愤怒而不再骑马，哨兵站在他室内可见之处，使拿破仑更有理由留在室内。同时，丧失延年益寿的兴趣，更加迫使他怠于活动。1818 年，贝特朗记载："自从他……起身到房外后，已经过100 天了。"拉斯·卡斯注意到：国王血液循环不良，脉搏跳动低到每分钟 55 次。

1820 年，他从事园艺工作，以军事的勇气和纪律对付各种问题。他征召全体部属参加工作，他们高兴地丢下旧日的例行撰文工作，参加锄地、运土、栽种、灌溉和除草。哈德逊爵士以一种新的亲善态度，致送这位囚徒植物和工具。这个灌溉良好的菜园，不久出产新鲜蔬菜，拿破仑愉快地享用。他的健康显著改进，但菜园产物耗尽、恶劣气候来临时，拿破仑又回到室内怠惰了。

不久，他的疾病复发，有12处之多：牙疼、头疼、皮疹、呕吐、赤痢、四肢发冷，他的溃疡恶化。同时，据他死后解剖显现的癌症，也已开始使他疼痛不断。这些身体上的苦痛影响他的情绪，甚至他的心灵。他变得忧郁、易怒和疼痛，自夸并重视他的尊严。易于发怒，却又很快宽恕；吝啬钱币，在遗嘱中却慷慨地赠与。1820年，他沮丧地描写自己：

> 我怎么倒下来了！我，曾活力无限，这个脑子从不休息的人！我坠入茫然昏睡，我必须用力才能睁开眼皮。有时，我惯于对我四五位秘书叙述不同的主题，他们记的和我讲的一样快。可是，当时，我是拿破仑。今天，我什么也不是……我是植物，不再活着。

他连续有几位医师，但无人久留以对他的症状做有系统的研究，或提供一种合适的养生之道。奥马拉医师是第一位，也是最好的。可是他逗留在圣赫勒拿岛的时间被削减，代替他的两位英国医师——斯托克和阿诺特都是好人，忍耐而尽责。但1819年9月21日，拿破仑的舅舅费斯克红衣主教介绍一位39岁的医师安托马尔基来到，使局面混乱。两位英国医师同意由他负责。安托马尔基一再跟拿破仑辩论他的问题，是将军还是医师杀人最多。拿破仑抱怨胃痛时，他得意、自信又无情。他开一服催呕剂放在柠檬水中，拿破仑痛苦地扭转身体，几乎死去，以为中毒了。拿破仑赶走了安托马尔基，并禁止他回来。但在一两天内，安托马尔基又拿着药物和小药瓶回来，国王虽然咒骂他，但也只有容忍他。

1821年3月中旬，拿破仑病倒在床，此后，很少起床。他遭受几乎不停的疼痛。安托马尔基和阿诺特一再使用小量的鸦片麻醉他。3月27日，他说："如果我现在结束生命，那将是一种极大的快乐。

有时，我渴望死去，我不怕死。"在他去世前几个月，他几乎吐出所吃的一切食物。

4月15日，他立下遗嘱，摘录如下：

> 一、我死为天主教徒，死于我所从出的怀抱……二、我希望：我的骨灰长眠在塞纳河畔，在我热爱的法国人民中间。三、我永远有理由喜欢我最亲爱的妻子玛丽·露易斯，直到最后片刻，我都为她保持最恩爱的情感。我恳求她照顾我儿子，以免他踏入环绕他幼年的陷阱……五、我的早死是由于英国寡头政治执政者的暗杀。

他须处理存在拉菲特那里的约600万法郎——包括530万法郎存款和利息。他相信，他约有200万法郎留给了欧仁。他在遗嘱中，以相当多的数额赠予贝特朗、蒙托隆、拉斯·卡斯；赠予他的仆役长马尔尚和秘书克梅纳瓦尔；赠予那些曾经侍候或帮助他的人，这些人，为数不少。没有人被遗忘，同时"以1万法郎赠予康蒂永军官，他曾被控从事暗杀威灵顿爵士受审，结果被判无罪。康蒂永有足够权利暗杀这位寡头政治者，因为他曾送我至圣赫勒拿岛毁灭我"。

他单独留些"给我儿的忠告"（1821年春）：

> 我儿不必为我的死而想报仇，他应由此获得教训。他不必常将我的成就牢记在心。他和我一样，永远是一位纯粹的法国人，他必须致力于和平的统治，如果他只想模仿我，并非出于绝对必要，再度重启战端，那他除了模仿外，将一无所是。要重新开始我的事业，一定要假定我一无所成，要完成它。另一方面将要加强基础力量，说明这座开工大厦的全部计划。像我这种工作，在一个世纪内不会做成两次，我曾被迫用武力约束、制服欧洲人。今天，人们一定会相信我曾挽救法国大革命于奄奄一息。我曾经

清除它的罪恶，并扶持它让人们赞赏，我曾以新理想激励法国和欧洲，这些新理想将永远不会被忘却。愿我儿使我的播种都开花，愿他把埋藏在法国土壤中一切繁荣元素向前推展！

最后准备处理他的灵魂。他曾费时地去接触宗教信仰，他似乎读过吉本的著作，考虑所有宗教对哲学家都是错误的，但对政治家，一切宗教都是有用的。他为赢得埃及，曾变为一个穆斯林；为控制法国，曾变成一个天主教徒。他曾对古尔戈表现单纯的现实主义评论说："尽情地说，每件东西都是物质，多少都有组织。外出打猎时，我解剖鹿，发现它们的内脏与人类一样。我看见猪的胃和我一样，并和我一样消化时，我心中暗想：'如果我有灵魂，它也有。'""亲爱的古尔戈，我们死亡，我们一起死亡。"3月27日，去世前六个星期，他对贝特朗说："我非常高兴没有宗教信仰，我发现这是一种极大的安慰，因为我没有恐怖的幻想，不惧怕未来。"他问道：我们如何以一位公正上帝的存在去调和邪恶者的幸福与圣贤的不幸？"瞧着塔列朗，他确是寿终正寝。"

他即将过世时，他开始发现信宗教的理由。他告诉古尔戈："只有一个疯子才会宣布：他将死去而不忏悔。一个人不知的、不能解释的，有这么多。"他觉得，宗教对爱国心是必要的一部分：

> 宗教形成我们命运的一部分。灵魂、法律和风俗结合在一起，组成神圣的整体，我们称它为祖国。我们永不应放弃它的利益。在宗教协同时期，有些老革命者向我谈到使法国尊奉新教时，我感到非常厌恶，好像他们要求我放弃法国人的身份，宣布我是一位英国人或日耳曼人一样。

所以，他决定谦虚地来配合法国人死亡的传统仪式。他找到一位当地牧师，安排每周日在朗沃德举行纪念弥撒。他轻易、舒适地恢复童年的信心，并以预言他在天堂受款待来娱乐友人和自己："我去看克莱贝尔、德塞、拉纳、马塞纳、奈伊等人，他们将会来见我，我们谈及我们与腓特烈、图伦内、孔代、恺撒、汉尼拔的职业。"

4月26日，他非常虚弱，首次无异议服从他的医生。当晚，他叫嚷了一会儿，提议给其子4亿法郎。据当时日夜陪伴他的蒙托隆回忆，4月26日清晨4点左右，拿破仑告诉他，"有一种奇特的感觉"，"我刚看到我美好的约瑟芬……她正坐在那里，我好像昨晚才见过她，她没有改变——一直那样，仍完全忠于我。她告诉我，我们正再度相见，她答应我永不分离，你看见她了吗"？

5月3日，他接受临终仪式。当天除阿诺特和安托马尔基外，又增加了两位医生，这四人同意给病人10粒氯化亚汞。"这剂特别大量的不合适药物引起了可怕的肠挛，使他丧失知觉，而且显示肠胃系统出血。"

他于1821年5月5日病逝，喃喃私语道："居军队首位。"

5月6日，安托马尔基在16位证人面前，包括7位英国外科大夫、贝特朗和蒙托隆，主持验尸。验尸结果立即显示，拿破仑致死的主因为：幽门溃疡性癌症——这是胃通往肠的一部分。一处溃疡穿破胃壁形成1/4英寸的洞并蔓延腐烂。安托马尔基曾诊定肝炎，肝脏虽较正常者大却无疾病症状。除了皮肤、腹膜处发现有脂肪素外，心脏也有，这或许会造成心跳不正常减慢。膀胱缩小并有几粒结石，这是肾脏不健全。也许正是这个造成国王经常排尿，也可解释他在博罗季诺和滑铁卢之役中缺乏精力的原因。没有检验报告有梅毒迹象，但生殖器短小，显然阳痿。

5月9日，一列相当大的队伍，包括哈德逊·洛爵士，护送棺木至朗沃德郊外格拉纽姆斯谷地拿破仑自选的墓地，棺木上覆盖他在马伦戈穿戴的斗篷及他生命标记、军装中最骄傲的部分——宝剑。他于当地安厝19年后，至法国重新爱戴他，而移陆返国。

家庭

拿破仑的母亲享年 86 岁，较拿破仑晚死 15 年。她毕生恪尽母职，婚姻波折，育有多子，有喜有悲，有满足有伤恸，有战栗有孤寂，有彷徨有希望。她曾见到其子女所有的胜利、富足和不幸。他们需要她时，她总随伴在旁。"谁知道我或许有一天要接济这些国王。"她克俭一世，并受其子（拿破仑）辱骂的罗马教皇的保护与尊敬。从波拿巴家系来看，她是最坚强，也是最稳健的一位。

她的长子约瑟夫喜爱书籍和金钱，与朱莉婚姻幸福，并为拿破仑钟爱、托付，并尽其有限才华为拿破仑服务。帝国瓦解后曾避难美国而后返欧，居于热那亚附近的宁静乡下。1884 年死于佛罗伦萨，享年 76 岁。

吕西安位列五人执政国之下，辅佐拿破仑推翻它之后，却反对拿破仑的独裁政治。他违背拿破仑的意愿结婚，放弃对权力的攫取，而成为天主教王子，航行美国途中为一艘英国船只虏获，被监禁在英国。百日政变期间他站在拿破仑一边，在议院中为拿破仑辩护。拿破仑第二次退位后，他逃逸罗马，1840 年死于维泰博。

路易·波拿巴在放弃荷兰王位与奥尔唐娜离婚后，曾住过波希米亚、奥地利和意大利，在他第三个儿子成为拿破仑三世前 6 年去世。

热罗姆在威斯特伐利亚享受王室的财富，在征俄一役的首月中表现得不像一位将军。后重登王位，1813 年将王位让于联军，滑铁卢一役英勇奋战，几乎是该役中最后一位离开战场的法国人。拿破仑第二次退位后，他流浪各国，1847 年返回法国。及其侄子当权，成为拿破仑三世统治下的参议院长，1860 年去世，享年 76 岁，一生多彩多姿。

埃莉萨·波拿巴·巴乔基是拿破仑三姐妹中年纪最长，也是最能干的一位。我们知道她是意大利阿提卡区托斯卡纳大公国一位成功的统治者。她哥哥显然无法抗拒联军时，她退至那不勒斯与她妹妹卡罗琳合作协助缪拉元帅巩固其王位。

缪拉在莱比锡为拿破仑领导骑兵后，回到那不勒斯，1814 年 1 月 8 日与奥地利订盟，并保证派兵参与联军攻击拿破仑，以换取奥地利支持他在那不勒斯的地位。联军拒绝认可这项约定。拿破仑从厄尔巴逃出时，缪拉不顾一切地呼吁所有意大利人与他共事，反对外国统治，为独立而战。1815 年 3 月 30 日，他的太太卡罗琳及其姐姐埃莉萨离开他并避难维也纳。5 月 2 日，缪拉在托伦蒂诺为奥军所败，逃亡法国，辗转至科西嘉，斐迪南四世恢复他那不勒斯的王位。滑铁卢战役后，缪拉成为一个亡国者，由科西嘉到卡拉布里亚，只有少数人跟随他。以后他被逮捕、审判，10 月 13 日被枪决。拿破仑在圣赫勒拿岛形容他愚蠢又不值得同情，"在敌人面前威风八面，在战场上勇冠三军，但是各方面的举止皆愚不可及"。

拿破仑亲戚中最饶富趣味的是他的妹妹博尔盖塞·波利娜，由于她被认为是当时最美丽的女人，注定在当时会制造快乐，也招惹麻烦。男人见了不忘，女人见了不原谅。她不太适合一夫一妻制度，但对于其首任丈夫查理·勒克莱尔将军而言，她似乎是一位可亲的太太。她丈夫在多米尼加染黄热病时，她照顾他，并分担他的苦痛。

1802年，查理·勒克莱尔病故，她返回巴黎，度过一阵守节时光。她有一头浓密的秀发，每天以5加仑牛乳洗澡，并开设沙龙，以其姿色和魅力诱惑别人的丈夫。拿破仑对之不满，速将之嫁给富有、俊美的博尔盖塞·卡米洛王子。

1805年在佛罗伦萨，卡诺瓦要求她做狩猎女神狄安娜的雕像姿态时，起初她有意答应，但她知道狄安娜已请求朱庇特赐予她永贞时，她置之一笑地拒绝，然仍被说服，摆出几近全裸的姿态，而使博尔盖塞画廊（Galleria Borghese）成为罗马访客最多的地方之一。博尔盖塞本人深知自己缺乏能力，转入拿破仑麾下，充当一名军官。波利娜以堕落自娱，伤害自己的健康，但并无明显的证据证明她染患梅毒。

这位堕落的女神也是一位仁慈的楷模。除了对约瑟芬之外，波拿巴家族（不包括拿破仑）全对她展开不停息的斗争。她为人慷慨，赢得许多人永久的友谊，甚至包括被其抛弃的情人。波拿巴家族中，她对拿破仑的忠心仅次于其母。1814年，拿破仑往弗雷瑞斯途中，她前往迎接并抚慰其苦恼的心境。不久随拿破仑到厄尔巴，她在那里权当女主人，以派对、游戏及生活乐趣使拿破仑与岛上的生活变得愉快。拿破仑作最后孤注一掷时，她送给他最好的项链。马尔尚设法将它送往圣赫勒拿岛。她获悉拿破仑的死讯时，她正计划前来该岛。她于44岁时死于癌症，只比拿破仑多活4年。她丈夫在她死前那年陪伴她，原谅她的罪行，在她死时为她合上双眼。

约瑟芬于1814年3月29日接受亚历山大沙皇的邀请，在访问马迈松途中患感冒而死。她的女儿奥尔唐娜在与路易·波拿巴离婚后，即先后受到神圣罗马帝国国王和俄皇的保护。她未能活见其子成为拿破仑三世。奥尔唐娜的哥哥欧仁一直到拿破仑一世退位时，始终对其继父（拿破仑）忠心耿耿。5天后他携妻隐退慕尼黑，受到岳父巴伐利亚国王热烈接待。他于1824年2月21日在当地过世时，仅43岁，各派系联合哀悼。

玛丽·露易斯不情愿地离开法国，在维也纳被视为一位从祭坛牺牲品中获救的清白公主，并容许她留下。梅纳瓦尔充当其忠实的王室侍从，而他也尽力阻拦一切企图使她背叛拿破仑的外来影响力。据梅纳瓦尔说，在5星期内，她接获其夫许多封信，苦于无法回信，但私底下盼望至厄尔巴伴随着他。她的父亲准备在维也纳举行一项联军聚会，却又担心她的健康，于是送她至爱克斯温泉（Aixles Bains）休息，并于1814年7月1日任命奈佩格伯爵至该地充任其私人助理。尽管他39岁而她只有22岁，由于朝夕相处，一切与拿破仑重聚的机会似乎消逝时，她接受他为其情人。1815年，维也纳会议赠予她帕尔马、皮亚琴察与瓜斯塔拉诸公国。奈佩格陪伴着她，共同治理这3个公国的政务。1817年，她生下一个女孩。拿破仑在圣赫勒拿岛也耳闻此事，但从未将她的画像从其朗沃德房间的墙上取下，而且我们知道拿破仑提及她总是很温和。拿破仑去世后她嫁给奈佩格，此后即忠贞不贰地和他一起生活，直到1829年奈佩格去世。1834年她再度结婚，1847年去世。衡量所有情形，她似乎是一位好女人，在历史上不应该受人唾弃。

她与拿破仑所生之子——"罗马王"、"幼鹰"（L'Aiglon）——撤离巴黎时被迫离开母亲，重新命名为赖希斯塔特（Reichstadt）公爵，一直住在维也纳宫廷，受哈布斯堡王朝传统的监护。他始终谨记其父的名望，梦想有一天拥有自己的王国，却不断地患病。1832年7月22日，他终于因肺结核病死于维也纳的舒伯鲁皇宫，享年21岁。

回国

即使拿破仑俊美的外貌在法国人的记忆中逐渐消失时，他本人的影像在人们的记忆与想象中也会显现出一种新的、生动的形态。时间弥补了过去的创伤，并改变了数百万人曾出征未归的地方——家庭、战场、商店，拿破仑时代的景象逐渐变得较记忆中任何世俗的历史更光辉、更英勇。

老兵们忆及他们辉煌的勋业，而忘记了"呻吟"。他们美化拿破仑的胜利，而不责备他的失败。他们对他的爱戴可能为其他任何统帅所不及，这位老兵成为其村庄的圣人，在成千的诗文、故事与歌曲中，被奉为神明。皮埃尔·德贝朗热（Pierre de Béranger）在《旧军旗》（Le Vieux Drapeau）与成百的叙事诗中，将拿破仑及其战役理想化。他犀利、凌厉地讥讽跋扈的贵族和渴求土地的主教，这使他1821 年和 1828 年被波旁王朝囚禁。雨果写了一首《柱颂》，歌颂旺多姆柱及其有关拿破仑历史的浮雕，1815 年被查禁，1833 年解禁。巴尔扎克在《战地医生》（Le Médecin de Campagne，1833 年）一文中生动地描绘一位骄傲的老兵，驳斥波旁王朝发布有关拿破仑已死的报道。相反，他坚持拿破仑仍然活着，而且被选作"军士之父，上帝之子"。司汤达在小说中不仅充满了对拿破仑的赞美，并于 1837 年出版的《拿破仑的一生》（Vie de Napoléon）一书的序言中，明示其要旨。其心中唯一剩余的热情是对拿破仑的爱，他称拿破仑为"自恺撒以来，史上所见的最伟大人物"。

拿破仑也许会接受这个评价，但对恺撒的评价不尽苟同。他始终相信法国终会归其统治，他在被放逐时安慰自己，希望法国人会后悔将他囚禁，而使法国重新对他效忠。他告诉奥马拉："我去世后，将有一场支持我的反动……我的成仁将使法国再度成为我的王朝……在 20 年时光消逝前，我死并下葬时，你将看到法国另一场革命的发生。"这两个预言都实现了。

所以，他口述回忆增强他的影响，而他们也做得很好。他向古尔戈所说的滑铁卢战役记事被偷带出圣赫勒拿岛，并于 1820 年在巴黎出版，拉斯·卡斯说这造成了一次动乱。1821 年至 1822 年，巴黎又发行了 6 册他口授的自传。有关这位帝王自身故事的书迅即畅销，并在促使这位已过世的人成为法国活力的"传奇"中扮演着重要的角色。

他的同伴变成他的信徒。奥马拉辩护，他于1822年英雄地对抗其最顽强不屈的敌人。拉斯·卡斯在1823年的作品中，使拿破仑变得完美无缺，成为英勇教条的"圣经"。蒙托隆详尽的报告到1847年才出现。古尔戈与贝特朗的作品在他们去世时才出版，但他们生动的证言增强了可信度。蒙托隆同时带回拿破仑的临终致儿书，指出一些品德，或许会改变别人对这位王者过去的印象：谨慎、温和、立宪统治、出版自由、世界大同政策。现在同时出现一句拿破仑最喜爱的忠告："让我子经常阅读、思考历史，这是唯一的真哲学。"

甚至在热爱他的同伴的证言中，这位伟大的国王在受监禁和疾病刺激期间，也因年老而犯错，但如今这些缺点因其军事胜利、行政治绩与思想敏锐而被忘却。事实上，拿破仑曾排斥大半的革命，以专制取代自由，以贵族政治取代平等，以惩戒取代博爱，但在人们重估的印象中，他又成为革命之子，曾受其重视和迫害的敌人——雅各宾派如今又聚集怀念他。拿破仑正在洗清罪恶的纪录时，代拿破仑而统治的波旁王朝有点不耐烦了。虽然路易十八本人明理，接受启蒙运动，但其王朝由保王党控制。这些人既贪婪又不宽容，他们要求旧地产与权势，并坚持政府须不受代议制度的干涉，以白色恐怖的缉捕、滥刑对抗异己分子。老兵们无法忘记奈伊的追捕与射杀。尽管面对这些，军队仍珍惜地怀念这位"小班长"，他曾在营火边与征召入伍的兵士们闲谈，也不因阶级偏见或官僚作风而不擢升他们，他塑造了使各国国王恐惧而法国人引以为荣的大军。农民们缅怀拿破仑曾保护他们对抗贵族和教士的剥削。无产阶级在他的统治下抬头，中产阶级聚集财富并得到社会的认可。数百万的法国人觉得拿破仑的独裁政体，保存了革命的本质：结束封建制度及其苛税，为各阶级中有才干之人打开升进之门；法律之前人人平等；司法机构根据明文规定全国统一的法律。

因此，在拿破仑去世20年内，他再生并再度支配人们的思想与想象。夏多布里昂写道："世界属于拿破仑，他在世时无法获得世界，死后却拥有世界。"1830 年的温和革命即得力于新波拿巴主义的情绪。随着查理十世的逊位，波旁直系告终。新王路易·菲利普为波旁系奥尔良公爵路易·菲利普·约瑟夫之子，约瑟夫曾自称菲利普·平等，赞成处死堂兄路易十六。新王曾得到波拿巴主义者的支持，他沿用皇家军队的三色徽章，并下令恢复拿破仑肖像立于旺多姆柱的顶端。

同时拿破仑的遗嘱出版，其中第二条似乎是皇帝最后的命令："我希望将骨灰撒于塞纳河畔，在我钟爱的法国人民的心中。"法国各地由缄默而骚动，全国呼吁道："带他回家！"让法国为这位英雄举行其应有的葬礼：让拿破仑的胜利（通常都这么说）补赎他悲惨地受监禁的耻辱。这项呼吁传至政府，外交部长梯也尔——有意记述拿破仑所有伟大的史迹，他于 1871 年被选为第三共和国首任总统——明确地建议其同侪，然后与他们联名上书国王：让我们请求大不列颠同意将拿破仑的遗骸送返巴黎。路易·菲利普同意，他知道参与其事将会获得法国人民的民心。内阁于是试探英国政府首脑人物的意思。英国首相帕默斯顿立即大方地答复："英王盼望这个迅速的答复可向法国证明，英国渴望消除拿破仑在世时英国与法国武力相对而造成的民族仇恨。"

国王命其子茹安维尔亲王前往圣赫勒拿岛携回拿破仑的遗骸。1840 年 7 月 7 日，王子在贝特朗、古尔戈、拉斯·卡斯及拿破仑的心腹马尔尚的陪同下，自土伦乘坐贝尔布尔号起航，他们一起可以鉴定尸体的真伪。10 月 8 日，他们抵达圣赫勒拿岛，经过许多的仪礼他们看到掘出的尸体，并经过确认，于 11 月 30 日携抵瑟堡（Cherbourg）。

此后，开始历史上最长的丧礼。棺木移至诺曼底人号轮，载送至塞纳河下游鲁昂的拉海耶谷。在那里，棺木被移送到一艘临时搭了一座小教堂的驳船上；在这座教堂下——每一角各由贝特朗、古尔戈、拉斯·卡斯和马尔尚护卫着——载棺木驳船以悠闲的状态往塞纳河上游而去，在沿岸的主要城镇停下庆祝。在库伯瓦（巴黎北 4 英里），棺木移往一辆装饰了的丧车上，它由兵士、水手及各界的显要的行列牵引着，经过讷伊，在凯旋门下，沿着香榭丽舍大道的两旁排列着鼓掌的群众。在那个酷寒的 1840 年 12 月 15 日深夜，遗体终于抵达了目的地，金碧辉煌的荣军院圆顶教堂。教堂的侧廊和中堂站满了数以千计的沉默观众，24 名水手负荷着沉重的棺木到神坛上时，茹安维尔王子向他的父亲——国王说道："陛下，我呈给您法国皇帝的遗体。"路易·菲利普回答道："我以法国的名义接受它。"贝特朗在棺木上放上拿破仑的剑，古尔戈加上拿破仑的帽子，安灵弥撒曲以莫扎特的乐曲唱出，拿破仑终于如愿以偿地将其遗体置于塞纳河畔的巴黎中心了。

回顾

拿破仑复活，我们，作者、读者也履行其预言——世界会悲痛、哀悼其死亡。他是一股无穷的力量，包容、爆发着精力，燃起炙热的火焰，可融化接近他的人。我们不曾在历史上发现有其他人的精力燃烧得如此强烈，如此持久。那种意志起初很犹豫、恐惧、忧郁，后来发现其武器及根源在于穿透人心和眼睛后，变得自信、鲁莽、傲慢、乱抓权力，直至上帝发现对他没有办法，才减少干涉，联合追他、逼他、逮他，并将他链在石上，直到他生命之火燃尽。这是历史上伟大的戏剧之一。

即使与他同时代的黑格尔，不受疆界限制，视他为一股世界力量——时势缔造的人物——化破碎为完整、化混乱为深刻的意义。这种时代精神——首先在法国，接着在中欧——是维持秩序，结束个人主义、滥用自由与破碎统治所必需的。从这个方面来看，拿破仑是一股进步的力量。他建立稳定的政治，恢复道德，训练坚强意志，推行现代化，诠释、编纂法典，保障生命财产，结束或减缓封建制度和农奴制度，协助工业，维持健全的通货，净化、改善行政与司法制度，鼓励科学、艺术（但限制文学创作和出版自由），兴建学校，美化都市，修建被战争破坏的设施。因其激励，欧洲在拿破仑15年的统治下向前推进半个世纪。

他当时并非最有力、最持久的一股力量。较有力的是工业革命，它先使大不列颠铁、金富足，有效地瓦解拿破仑的财政，并使欧洲足以主宰世界，更使美国资源富足，拯救、补给欧洲。仅次于工业革命，但较"革命之子"有力、持久的是1789年的法国大革命。它影响全欧以个人权力代替封建桎梏与规则，及在法国革命中最鲜明地提出在全球进行反饥饿行动的呼吁：渴望运动、生长、企业、信仰、思想、言论等自由，寻求获得机会、教育、健康、合法审判的平等。这些怀着敌意的欲望已开始支配着近代的人类历史：追求自由、危害平等成为19世纪欧洲与美国的循环论题，牺牲自由、追求平等成为20世纪欧洲与美国历史上最主要的趋势。杰斐逊认为，法国革命和美国革命带来过度的自由，解放个人自由主义至毁灭性的混乱状态，并容许较高能力者重复财富集中的危机。拿破仑颁订的纪律使法国在革命后免于政治、经济与道德上的紊乱。

1807年《泰尔西特和约》签订后，拿破仑滥发命令，政治才能被权力欲望蒙蔽，他不再代表当时的时代精神。他效法并结合当初他反对的欧洲专制君主，他羡慕、阿谀曾蔑视并密谋消灭他的贵族们，法国再度渴望自由、要求民主时，他成为一股反动的力量。

在拿破仑毕生中，另一件令人感到可笑的事是：他致力于为法国寻求自由暴动后的秩序，在他死后再度成为革命之子、专制主义及贵族政治之敌、暴动的象征、不断要求自由的温和发言人。1799年，机会与个性几乎将他塑造为一位史无前例的独裁者。1815年他被捕后，甚至在1821年他去世后，民众幻想他再度成为半个世纪中最具感召的自由者。很少有伟人在去世后仍保有生前的一切。

他是一位好战者吗？他该为那些密集的战争，那些战死沙场而成为孤魂野鬼的成千上万青年、那些失去丈夫的绝望妇女负责吗？听听他的自白——他坦承，由于接受军事训练及有效实施的缘故，他喜欢握有领导权。但他为了实行其他专长，如行政管理，借建立一套法律和道德的坚固结构而使杂乱无章的生活变为井然有序。他多么期望摆脱战争的纠缠，多少次他提议谈和，均遭到侮辱、驳斥！1796年和1800年，意大利视他为解放者而受到欢迎，而奥地利趁他在埃及时再度征服意大利，并趁他忙于进攻英吉利海峡时袭击他，普鲁士和俄国虽未遭受拿破仑的攻击，却参加了这次行动。他赴西班牙作战时，奥地利再度攻击他，在这种情况下，俄国竟违背援助法国的约定。俄国在《泰尔西特和约》签订时，曾保证遵守大陆封锁政策抵制英货，这是法国唯一能报复英国封锁港口和房获船只、殖民地的方式。即使在拿破仑其他敌人想和谈时，英国仍不断利用金银打击他，英国政府待他如罪犯，而不管他自愿投降及他经常以人道的方式礼遇在战场上被俘的敌人官兵。他的敌人决心摧毁他，因为他以努力、苦干，非以出身而获得一个王国。

这就是拿破仑的辩护。公正的英国史学家、正确的德国史学家、爱国的法国史学家（米什莱、朗弗雷、泰纳、勒费弗尔）一致谴责拿破仑是一位篡位者，乘路易被处死及腐败的五人执政团崩溃之际，攫取属于路易十八的王位。这种篡夺令人无法忍受，因为它扰乱欧洲所有国家珍视的政治稳定。他提议召开和平会议未被重视，因为他的要求令人难以接受，如承认法国统治瑞士、意大利及日耳曼莱茵河地区。他的战术诱使他不停作战，威胁欧洲生活的全部政治结构。他在胜利后要求巨额赔偿，以使全欧置于法国统治及拿破仑管辖之下，为战败国财政无法进一步抗拒。他们接受英国的援助相当合理。以占取法国殖民地使法国觉悟，是18世纪战争中政府的策略。像奥地利的天主教政府，可能同意一位无神论者管辖吗？这位无神论者曾无情地迫害曾献身给他、除虔诚之外别无武器的教皇。拿破仑在第一次退位后曾受到联军的善待，他违约逃离厄尔巴，并迫使欧洲花费数百万经费和数千人生命，制服、逮捕他。英国及其盟军辩称，为了不让他破坏欧洲和平而将他隔离。

真理很少是单纯的，通常一只左手，一只右手，双手并行。自从阿育王（Ashoka）以来，曾有国家在重要战役中承认敌国的主张比较公正吗？我们可寄望最好的是：劝服更多的男女，要求他们的政府将他们更多的争执提交国际法庭。但我们决不可期待任何国家将其认为生死之事提交裁决。自卫仍为生命的基本法则。

在这种限制内，哲学家可设法谅解。我们能了解，弗兰茨二世国王被拿破仑夺占大半领土，驱离其爱都，回到当地虽仍受到人民爱戴，却受到侮辱和掠夺。我们能了解，一位好天主教徒惊于高贵的教皇受到严苛对待，后来竟要求联军宽待囚禁迫害他的人。我们能了解，亚历山大沙皇不愿为拿破仑大陆封锁牺牲其国家贸易。我们能了解，英国决心防卫其国家安全依赖国外统治的势力均衡。而且我们能了解，法国保卫这位拯救其政府和道德免于自我毁灭的混乱，以辉煌的胜利开拓法国疆界，并带来空前荣耀的人。

不，这位动人者不只是一位谋杀和破坏的恶魔。他对权力的意志成为不受抑制的无穷梦想的导向。他是一位独裁君主，坚信他较其国民更了解何者对法国和欧洲有利。就其个人而言，他是一位宽宏大量者，易于原谅，私底下很温柔，与淫荡的约瑟芬离婚前曾犹豫了好几年。我们可以说，他的疾病和他的医生，俄国的撤退，死在圣赫勒拿岛，他在这一切里已遭受惩罚和赎罪。

他仍为那个时代著名的人物，除了他在权力上的自私及偶尔来自失败的自大外，多少有点高贵。我们在500年内不应再见到类似他的人。我们希望如此，然而在千年内能看到并经验一次权力和人类意志的限制是好的，而且也够了。

历史的教训

《自由引导人民》（德拉克洛瓦，1830年），德拉克洛瓦将神话的自由女神与现实的大众安排在一起，女神代表着革命的激情和自由的精神。

第一章 | 踌躇

　　每位历史学者的研究工作将近完成时，都会面临下述挑战：你的研究究竟有何用？在你的著述里，你发现唯一的乐趣是重述国家的兴衰、思想观念的升沉及帝王死亡的悲惨故事吗？有关人性，你知道的比那些难得打开书本而只从街谈巷议闻知的人所知的更多吗？你从历史中对我们目前的情形，可推演出任何解说吗？由我们的决断与政策，可推演出任何指引来吗？对一些惊人的顿挫与变革的交替，可推演出任何防卫之道吗？在过去的连串史实中，你发现若干规则而使你能预测人类未来的动态或一个国家未来的命运吗？有人认为"历史毫无意义"，认为历史不能教给我们什么，而且认为浩瀚无垠的过去只不过是错误的一再重现，而未来注定要上演一出更大规模的错误的悲剧，这是可能的吗？

　　我们不时有此感受，而且有无数疑虑袭击我们的勇气。一开始就碰到：关于过去，我们真正了解实情吗？或者历史不过是"一篇杜撰"，可以全然"相信"吗？我们对过去任何史实知识的了解永远是不完全的，可能还是不正确的。历史已被全然相反的证据与那些存有偏见的历史学者蒙上一层云雾，也可能被我们自己的爱国心与宗教信仰曲解。"历史大部分为猜测，其余则为偏见。"甚至历史学者虽想超越自己的国家、信仰、种族或阶级，但他在资料选择上及他用词遣字上的些微偏差，都会暴露他的私爱。"历史学者一直犯太过简化的毛病，他们从繁多的人与事中，只轻率地拣选易于处理的一小部分，对错综繁复的人与事他从未全然领悟与了解。"再者，我们从过去所得出的结论用以推论未来，由于世事加速度变化，这比过去任何时期也更具有冒险性。1909 年，夏尔·佩吉（Charles Péguy）即认为"自基督耶稣以来的世界变迁，还没有最近 30 年的变迁来得多"。现在有些年轻的物理学博士，更认为就他们所习的学科而言，自 1909 年以来的变化比此前整个有史时期还要多。每一年——有时在战时，乃至每一月——都有一些新的发明、新的方法或新的形势，迫使人们的行为与观念做新的调整与适应。尤有甚者，未来机运的因素，或者说自由的因素，似乎只看人的行为。我们不再相信：在未来，原子，极其微小的有机体，其反应一如过去我们所知的那样。电子，像英国诗人考珀笔下之神，迈进了神秘之途，其奇妙表演及一些怪行或情况，也可能弄乱国家的均衡等式。就像马其顿王亚历山大，他狂饮而亡时，使其新帝国也垮了；或者像普鲁士王腓特烈大帝，由于俄国一位继任沙皇醉心于普鲁士文化而避免了一场大难（1762 年）。

很显然，历史的编纂不能算是一门科学。它只能算是一种工业、一种艺术、一种哲学——搜集史实即工业，在混乱的资料中建立具有意义的系统即艺术，寻求透视与启迪作用则是哲学。"现在是卷起过去再来一景，过去是现在为求了解而摊开底片。"——或者我们也如此相信，也如此希望。就哲学而言，我们试想征诸整体而了解部分。就"历史哲学"而言，我们又试想征诸过去而了解现在。我们知道：在这两种情况中，只是给要求完美的人意见，全面透视是一种幻觉。我们并不了解整个人类的历史，在苏美尔人与埃及人之前，可能尚有许许多多的文明。我们不过刚从事发掘！我们必须由部分知识做起，而且我们必须对所有的可能性暂时感到满足。就历史而言，也和科学与政治学、相对论与一切法则一样，应持怀疑的态度。"历史讯笑一切企图强行将其纳入理论范式或逻辑规范之中。历史非难我们的通则，破坏我们的规条。历史是一个怪物。"不过，在这些限制之内，我们由历史中还可耐心地获知足够的真实情况，而尊重彼此的歧见。

由于人在太空时间中只是一瞬，是地球上的一个过客，是其本种的一个胚芽，是其本族的一个苗裔，是肉体、性格与心智的一个组合，是家庭与社会的一员，是某种信仰的信徒或怀疑者，是某一经济中的一个单位，是国家的一个公民，是军队中的一个士兵，我们都可在相关的题目之下——天文学、地质学、地理学、生物学、人种学、心理学、伦理学、宗教学、经济学、政治学以及战争——探询历史关于人性、行为与前途必须述说者究竟为何？欲将数百个世纪的历史浓缩在 100 页篇幅之内而做成结论，实在是极其危险的事，而且只有愚人才会如此。我们做了。

第二章 | 地球与历史

历史，在其错综复杂的情况下，我们姑且将其界说为：过去的事件与记录。人类史在太空中只占短暂的一小点，而历史的第一个教训就是戒惧。随时随刻都可能有一颗彗星因太接近地球而把我们这个小球体搞得天翻地覆、鸡犬不宁，可能地球上的人和生物都要被火焰或浓烟吞噬；或是含着笑脸的太阳，可能由于一个小碎片滑出了轨道——如同有些人认为的我们这颗行星当初形成时的情形一样——而撞向我们，使我们在狂乱的互相拥抱中结束一切悲愁与痛苦。在我们的有生之年，有遭受这些命运的可能，反而引用帕斯卡的话来鄙视宇宙，自我解嘲。帕斯卡曾说："宇宙与人相碰时，人类仍然比杀死他的宇宙高贵。因为人类知道他要死了，而他的胜方宇宙却一无所知。"

历史受地质的支配。每天海洋都在侵蚀陆地，陆地每天也在侵占海洋。一些城市没于水底，而沉没的大教堂永远敲着它们的丧钟。山脉在有规律的升沉中起伏；河川暴涨、泛滥或干涸，也可能改变水道；山谷变成沙漠，而地峡也变成了海峡。以地质学的眼光来看，地球表面上的一切都处于不停流动的状态，而人生活在其上，一如圣彼得步基督之后尘那样的不安全。

气候正如孟德斯鸠和巴克尔（Buckle）说过的那样严重，但它已不能再控制我们，而是限制我们。人类的才智往往可以克服地质上的难题：人类可以灌溉沙漠而且在撒哈拉装上空气调节器；人类可以铲平山冈或将山冈变成平地而遍植花木；人类可以建一座海上流动城市横越海洋，可以建造巨鸟飞行天空。但是，一次龙卷风可在一小时之内毁灭一座历百年而建立的城市；一次冰山倒塌可能摧毁或粉碎一个海上浮宫，而把成千的寻乐客送到极乐世界。若雨水太少，像在中亚细亚，会将文明埋于流沙中；若雨水太多，像在中美洲，又会将文明阻塞于沼泽薮地之间。若我们最适合居住的地带，气温平均提高20℃，我们就会恢复到昏睡不醒的蛮荒世界。在亚热带的气候中，一个有5亿生灵的国家，虽可以像蚂蚁一样繁殖，但若热度降低，可能再被从富有生气地区而来的战士征服。虽然人类世世代代建立起日渐成长的统治地球的能力，人类仍然注定要变成与草木同腐的命运。

地理是历史的母体，是历史的哺育之母和教养之家。地上的河川、湖泊，沙漠中的绿洲、海洋，引导游民定居于其沿岸，因为水是有机体生存的条件，是城市的生命，而且为运输与贸易提供廉价的通路。埃及是"尼罗河的赐物"，而美索不达米亚也是在"两河之间"及沿其支流两岸建立起绵延的文明。印度人是印度河、婆罗河与恒河之女。中国也受到几条大河的恩惠（像美国一样），每因其经常改道泛滥而肥沃了流经的土地，使其人民赖以维生，也使其人民因而烦恼。意大利的台伯河、奥诺河与波河的河谷首获开发。奥地利沿多瑙河而成长，德国沿易北河和莱茵河而成长，法国沿罗纳河、卢瓦尔河与塞纳河而成长。约旦古城佩特拉（Petra）和叙利亚古城帕尔米拉皆处于沙漠中的绿洲而获滋长。

希腊人繁殖太快而受到原有疆界的限制时，他们发现了地中海沿岸（柏拉图说"像青蛙围绕池塘"）和黑海沿岸的殖民地。从公元前480年萨拉米斯战争到1588年西班牙舰队的挫败为止的2000年期间，地中海南北两岸都是白人后代的竞逐之地。但1492年及以后，因哥伦布与达伽玛的航行引导人类征服大洋，地中海两岸人民的统治权也受到了挑战，热那亚、比萨、佛罗伦萨、威尼斯相继萎缩，文艺复兴开始衰落。大西洋沿岸的国家继之而起，最后伸展他们的霸权超过了半个世界。乔治·伯克莱约1730年曾说道："帝国采取了西进的政策。"它是否要继续横越太平洋，输出欧美工商业的技术到中国去，像其以前输送到日本一样？东方的富庶，加上西洋的最新科学技术，是否会带来西方的衰落？

飞机的进步或许再次改变文明的地图。贸易的路线经由河川海洋的越来越少，人与货将越来越多采取空运直接送到其目的地。像英法等国，势将失去其海岸线上的商业利益之便；像俄国、中国、巴西等国家，过去受到广袤内陆的阻隔远超其海岸线的便利，也将因采取空运而消除了往日的部分不利。今后濒临海岸的城市，势将因由海陆联运货物交易减少而无复往日之富。运输与战争上的海权最后由空权取代时，我们将会看到历史上一次根本性的革命。

因地理的影响，历史因素因技术的成长而消失。地形的特性与外貌，虽可以为农业、矿业和商业提供机会，但只有在领导者具有想象力与创始力、继承人的辛苦经营下，才有可能变为事实，而且唯有大家同心协力才能使一种文化超越无数的天然阻碍。是人类在创造文明，不是地球。

第三章 | 生物学与历史

　　历史是生物学的一个片断：人类的生活是海陆有机生物盛衰循环的一环。有时，我们在夏日沿森林漫步，会听到或看到成百上千飞的、跳的、爬的、游的、穴居的生物。走兽在我们走近时惊吓地狼奔豕突，飞鸟在我们接近时四散而逃，游鱼在我们接近时潜入水底。忽然我们可能领悟到：在整个星球上，我们人类属于多么可怕的少数，而就这些族类的行为来看，明显地我们即刻感到闯进了它们天予栖息的禁地。人类所有的记录与成就，不过是所有生灵的历史与透视。所有我们经济上的竞争，我们择偶的奋斗，我们的饥饿、爱情、悲伤与战争，与那些藏身于枯木落叶之下、水底或枝上的族类的觅食、争偶、斗争与痛苦，岂不相同！

　　因此，生物学的一些法则都是历史的基本教训。我们受到进化过程的支配，也受到为生存奋斗的优胜劣汰、适者生存的进化考验。假如我们有人避免了这种竞争与考验，那是因为有群体保护着我们，但这个群体本身又必须应付生存的考验。

　　所以，历史的第一个生物学上的教训是：生命即竞争。竞争不仅是交易的生命，也是生命的交易——粮食丰足时是和平的竞争，食物不足时是掠夺的竞争。动物互相吞食而心安理得，文明人则由适当的法律程序而互相消耗。合作真正增进社会的发展，但大部分把它视为竞争的手段或方式。在我们的团体中——家庭、社区、俱乐部、教会、党派、种族、国家——我们竞争是为了增强我们团体的力量以便与其他团体竞争。竞争的团体有其不同的竞争性质：有的贪得无厌，有的好勇斗狠，有的党同伐异，有的傲慢自夸。国家本身的扩大正是如此，他们用醒目的粗体字写下我们的性质，以大规模的手段实行我们的善与恶。我们贪得无厌、利欲熏心、好勇斗狠，因为我们的血液里留有千万年前的故事，当时我们的祖先为了生存必须从事追捕、战斗、杀生，而且因为恐惧他们近期捕不到其他野兽，故必须吃个饱。战争即是一个国家觅食的方法。战争促成合作只因为那是竞争的最后形式。除非各个国家变成一个更大的、更有效的保护团体的会员，我们势将继续表演狩猎时代个人和家庭的行为。

　　历史的第二个生物学上的教训是：生命即选择。在为食物或为配偶或为权力的竞争中，有的生物成功了，有的失败了。在为生存的奋战中，有些人在应付生存的各种考验方面，比其他人获得更佳的禀赋。因为"自然"（此处意指全部实体及其演化过程）未曾仔细读过美国的《独立宣言》或是法国大革命的《人权宣言》，我们生下来就是不自由、不平等的，如：我们受到生理上和心理上遗传的支配，也受我们团体的习惯及传统支配。在健康与体力上，在智能与品性上，各人禀赋不同。"自然"也视选择与进化的需要而施予不同的爱，一对完全相同的孪生儿，百天之内就呈现出差异，天地之间没有两粒豆子是完全相同的。

　　不平等不仅是天然的、天生的，而且随着文明的繁复而增长。遗传上的不平等引致社会的、人为的不平等，每项发明与发现均是奇才异能之士所为，或为其所攫，以至造成强者恒强、弱者恒弱。经济的发展出现了分工，才能之差异，使人对其群体具有不等的价值。假如我们清楚地认识我们的同僚，我们只要挑选30%这样的人并将其才能联合起来，就足可与其余所有的人相等。生命与历史，让人想起加尔文的上帝，正以一个极不公正的原则行事。

　　"自然"对我们乌托邦中自由与平等的联盟不禁窃笑。因为自由与平等是势不两立的仇敌，一方占胜时，另外一方即死亡。若人自由，他们天然的不平等就得像几何级数一样倍增，英美在19世纪的放任政策下正是如此。若防止不平等的增长，就必须牺牲自由，1917年以后的俄国正是如此。甚至压制后，不平等仍然增长。只有那些经济才能在一般水平之下的人，才渴望平等。那些才智高超的人则渴求自由，而结果总是才智之士得其道。平等的乌托邦就生物学而言，注定要受劫难，能够像仁厚的哲学家希望的那样接近法律正义与教育机会均等已是最佳的结果。一个社会里，一切有潜能的人准其发展与发挥作用，在团体之间的竞争上将有生存的优势。打破距离而加强国家之间的对抗时，这种竞争变得更加厉害。

　　历史的第三个生物学上的教训是：生命必须繁衍。各有机物、各变种、各团体，若他们不能大量繁衍再生，"自然"也不需要他们。"自然"极喜爱量，因为此乃作质的选择的必要条件。"自然"也喜欢大混乱，嗜好斗争，因为借此可以挑选少数幸存者。无疑，她对成千上万精子力争上游进入一个卵子而受孕的竞争也视为当然。她对种属比对个体更感兴趣，而使文明与野蛮之间无何分别。她对高出生率往往与文化低的文明为伍，而低出生率与一个文化高的文明为伴，也不在意。同时，她（指繁衍过程、变化、竞争、选择、生存等"自然"之道）乐于看到：一个生殖率低的国家定期地被一些生殖能力较强与富庶的群体欺侮。在恺撒时代，高卢人获得罗马军团的援助，曾力抗日耳曼人，本世纪他们又获得英美军团援助力抗他们。罗马覆亡时，法兰克人从日耳曼涌入而建立了高卢法兰西。假如此次英国与美国也覆亡了，法兰西，这个从19世纪以来其人口数量几乎停滞的民族，也势将再度被蹂躏。

　　假如人口太多而粮食供应不足，"自然"为恢复平衡，有三个办法：饥荒、瘟疫与战争。马尔萨斯于1798年在他著名的《人口论》

中解释说：如果没有那些定期的校正，生殖率势必远超过死亡率，而人口的成倍增长又必然使粮食的增产毫无意义。虽然马尔萨斯是一个牧师，是一个善意的人，但他指出：对穷人信用贷款或供应粮食的措施是鼓励他们提早结婚、盲目生殖，使问题更加严重。1803年，在《人口论》第2版中，他虽劝告人们除非为了传宗接代，应克制性生活，但他拒绝支持其他节育的方法。如果这种自我克制的劝告被接受的希望渺茫，他预测：未来人口与粮食之间的平衡，仍将和过去一样，势必依赖饥荒、瘟疫与战争来维持。

19世纪农业技术与避孕方法的进步，明显地驳斥了马尔萨斯的理论：在英国、美国、德国和法国，粮食的供应与生殖率并肩前进，生活水准的提高也延后了结婚年龄、减低了家庭的人数。消费者的激剧增加也是生产者的激剧增加：新的"人手"开发了新的土地，增加了更多的粮食。加拿大与美国新近的情况，出口了数百万蒲式耳的麦子，国内也未发生饥荒与瘟疫，似乎给马尔萨斯一个活生生的反驳。假如现有的农业知识到处皆能适用，地球上将能养活两倍现有的人口。

当然，马尔萨斯或将答称，这种解决办法只不过延缓劫难。土地的丰饶有尽之时，农业技术方面的每种改进，迟早总要被出生远超过死亡的情势抵消。同时医药、卫生设施与救济，使不宜生存的人也随其所愿增加，导致优生的目的付诸流水。对这点，有人又将以此作答：目前人口繁多而危及世界安全的国家，由于工业进步、城市建设、教育及生活水准的提高，在减少生殖率方面，将可能有像欧洲与北美一样的效果。在生产与生殖的均衡未到前，宣传避孕的知识与方法，是基于人道立场的劝导。理想的生殖应是健康者的一项权利，不是性冲动的一个副产品。

有无任何证据，证明节育是劣生学——实行生育控制的民族降低了其智慧的水准呢？认为知识分子实行节育多于贫民，会使教育工作者的苦心，在每一代中很明显地被盲目生殖抵消。但是，要知道我们所说的知识分子，大多数是差别教育、差别机会和差别经验的结果，没有证据证明这些知识条件是由种族的遗传而来的。即使博士的孩子，也必须受教育，而且经过青春期的谬见、教条和主义的注入。我们也不能说在贫困潦倒的穷人染色体中，一定没有多少潜能和异禀。就生物学的立场来看，在生育方面，体能活力可能比知识门第更有价值。尼采认为，在德国最优秀的血统是农民，从种族繁衍方面来讲，哲学家并非最适宜结婚生子的。

家庭节育计划在希腊和罗马历史中也曾充当过一个小角色。我们惊奇地发现，恺撒于公元前 59 年曾对子女众多的罗马人予以奖励，而且禁止无子女的女人在临产期骑马，禁止她们戴珍珠宝石饰物。奥古斯都在大约 40 年之后，重申此令，结果似乎并不理想。来自北日耳曼、希腊及犹太人的移民填补、改变意大利的人口结构时，上层阶级继续推广节育。很可能种族的改变，减抑了居民抵抗政府无能与外来侵略的能力与意愿。

在美国，盎格鲁－撒克逊族的低生殖率降低了他们经济上与政治上的权力。而且，罗马天主教家庭的高生殖率也预示着到 2000 年时，罗马天主教教会在美国的城市或各州政府中将有支配力量。同样的过程有助于天主教在法国、瑞士和德国复兴。伏尔泰、加尔文与路德的故土可能不久返回到罗马教皇的怀抱中。因此，生殖率像战争一样，可以决定基督神学的命运。正像 732 年穆斯林在图尔的挫败，避开了法国与西班牙以《古兰经》代替《圣经》的结局。所以，天主教徒优越的组织、教规、道德、忠诚与繁衍，可以抵消新教改革与法国的启蒙运动。世上难找像历史这样的幽默者。

第四章 | 种族与历史

在地球上，约有 20 亿有色人和约 9 亿白人。1853 年至 1855 年，戈比诺（Gobineau）的《人种不平等论》（*Essai sur l'Inégalité des Races Humaines*）一书出版时，很多白人非常得意，因为他在该书中宣称：各种族人在生理结构、心智能力与性格品质上，各自承袭了不同种族的禀赋（像个人一样），其中有一种族名叫"雅利安"（Aryan）的，天生比其他所有各族都优越。他说：

> 在这个星球上，人类完成的每一件伟大、高贵而辉煌有益的事，都是同出一源，在科学、艺术及文明方面，都是由一个胚种发展而成的……这粒种子只属一个家族所有，其不同的分支统治了宇宙中所有的文明国家……历史显示：一切文明皆起源于白种人，无白人之助，无一人能生存，而且只有一个伟大而辉煌的社会，才能保持创造此文明的种族的高贵血统。

有利的环境（戈比诺辩称的）不能解释文明的兴起，因为相同的环境（如土壤肥沃的河川），灌溉出埃及与远东的文明，但并未产生北美印第安人的文明，虽然他们都是居于沿各重要河流的、土壤肥沃的地区。文明也不是由制度产生，因为在各种不同的制度下都曾兴起文明，甚至在极端相反的制度下，如在埃及的专制制度下与在雅典的民主制度下。文明的兴起、成功、倾颓、衰亡全赖种族承袭的禀赋。文明的退化，这句话本身就是说远离了原来的宗氏、家系和种族。"只有在血统经过各种混杂之后，民族才退化。"这种情形，通常是与征服的蛮族通婚的结果。因此，美国与加拿大白人（他们未和印第安人通婚）比拉丁美洲白人优越（他们与印第安人通婚）。只有那些因自身血统弄乱而羸弱的人，才标榜种族平等，或者认为"四海之内皆兄弟"。凡具坚强禀赋而矫健的民族，都有种族意识，他们本能地不愿与外族人通婚。

1899 年，英国人张伯伦（Houston Stewart Chamberlain）把德国视为其故乡，发表了《19 世纪的基础》一文，该文把始创的民族由雅利安人缩小为条顿人。他说："真正的历史是从日耳曼人用铁腕强攫古代的传统之时开始。"但丁的脸型给了张伯伦强烈的冲击，被他认为是典型的日耳曼人形象。他认为自己清晰地听到了圣保罗（约死于 67 年）在致加拉西亚人（Galatians）书信中的日耳曼语调。他虽然不能十分确定耶稣是日耳曼人，但他相信，"谁坚持耶稣是犹太人，此人不是无知，就是不诚实"。德国的作家礼貌周到，不会反驳他们的客人：特赖奇克（Treitschke）与伯恩哈迪（Bernhardi）也认为德国人是现代各民族中最伟大的民族；瓦格纳又将此理论运用于音乐上；罗森伯格（Alfred Rosenberg）使德国人与那片热土都奋激起的"20 世纪的神话"；而希特勒基于此偏见，更鼓动德国人去屠杀一个民族，而且企图征服欧洲。

美国人格兰特（Madison Grant）1916 年在《伟大民族的逝去》一文中，把雅利安族的文明成就局限于其族的一支而称之为"北欧人"（Nordics）——包括斯堪的纳维亚人、黑海北岸的西徐亚人（Scythians）、波罗的海沿岸的日耳曼人、英吉利人和盎格鲁—撒克逊的美国人。这些金发、碧眼的"金发野兽"（blond beasts）中的某一支部落，由于北方冬天的严寒困苦，经横扫俄罗斯、巴尔干而进入南方昏昏欲睡的懒散民族的居地，在一连串的征服过程中，揭开有文字记录的历史的序幕。照格兰特说法，"萨卡人"（Sacae，或西徐亚人？）入侵印度开发了梵语成为"印欧人"的语言，而且建立起阶级制度，以防止他们与本土落后的民族通婚而致退化。辛梅里安人（Cimmerians）经高加索涌入波斯，弗里吉亚人（Phrygians）进入小亚细亚，亚加亚人（Achaeans）与多利安（Dorians）进入希腊与克里特，翁布里亚人（Umbrians）与奥斯坎人（Oscans）进入意大利。每个地方的北欧人都是冒险者、勇敢的战士和严守纪律的人，他们臣服或奴役了苟且、不安又懒散的南方地中海沿岸民族，他们与温和安静而沉默的阿尔卑斯族人通婚，乃产生了雅典人伯里克利的全盛时代与罗马的共和。少数通婚的多利安人又变成斯巴达人，也就是这个尚武好战的北欧阶级统治地中海沿岸的农奴。在阿提卡的北欧后裔却因通婚而羸弱了，导致在伯罗奔尼撒战争中雅典人被斯巴达人所败，希腊也被马其顿人和共和时代的罗马较为纯种的北欧人征服。

北欧人另外的扩张——从斯堪的纳维亚和北日耳曼起——由哥特人与汪达尔人征服了罗马帝国；盎格鲁人与撒克逊人征服了英格兰，并为其起一新名（英吉利）；法兰克人征服了高卢并为其命以己名（法兰西）。其后，仍是由北欧的诺曼人征服了法兰西、英格兰与西西里。北欧的伦巴底人追随他们的长髯祖先之后进入意大利，经过通婚，为米兰与佛罗伦萨带来生气，而引起文艺复兴。北欧的瓦朗吉亚人（Varangaians）征服了俄罗斯，一直统治该地到1917年。北欧的英吉利人则殖民美洲与澳洲，征服了印度，并在亚洲每个重要港口建立起他们的前哨站。

在我们这个时代（格兰特悲叹着），北欧种族日渐萎弃他们的雄长地位。1789年在法兰西无法立足，诚如卡米尔·德穆兰对他咖啡屋的听众所说的，法国大革命是本地高卢人反抗条顿族的法兰克人的叛乱，因后者在克洛维（Clovis，法兰克王，481—511年在位）和查理曼的领导下征服了他们。十字军战役、"三十年战争"、拿破仑诸战役、第一次世界大战拖垮了北欧后裔，使其子孙太瘦弱而没有欧、美、阿尔卑斯人与地中海民族的较高生殖率。据格兰特预测，到2000年左右，北欧人的统治权即将完全倾覆，而且由他们的倾覆，西方文明也将因新野蛮民族从海内外各地全面崛起而消失。格兰特聪明地承认：地中海沿岸的民族虽然在体力上比起北欧人与阿尔卑斯人都较差，但在智慧与艺术的成就上已证明是优越的，该族一定也会有希腊与罗马古典繁荣的光荣。不过，这可能仍应归功于杂婚太多而具有北欧人血统的关系。

种族理论的一些缺陷是显而易见的。中国学者会提醒我们：他们的祖先在历史上创造了最久远的文明——从公元前2000年直到现代，他们出现了无数的政治家、发明家、艺术家、诗人、科学家、哲学家、圣贤。墨西哥的学者可能指向哥伦布发现美洲前的玛雅（Mayan）、阿兹特克（Aztec）与印加（Incan）文化的堂皇建造物。印度学者虽然知道在耶稣前的1600年有雅利安人渗透到印北地区，但他能想起的可能是印南的黑达罗毗荼（Dravidic）民族曾产生了他们自己伟大的建筑家与诗人。马德拉斯（Madras）、马都拉（Madura）、特里奇诺波利（Trichinopoly）等地的庙宇属于世界上最引人注目的建筑，还有高棉人（Khmers）在吴哥窟建造的神塔，更是惊人。历史是色盲的，任何肤色的人都可以发展成一种文明（在任何有利的环境里）。

即使把人种理论局限于白人，仍有很多困难。闪米特人会想起巴比伦、亚述、叙利亚、巴勒斯坦、腓尼基、迦太基与伊斯兰的文明。犹太人会想起把《圣经》与基督教传到欧洲，而且把大卷《古兰经》送给穆罕默德。穆斯林可能列出一张统治者、艺术家、诗人、科学家和哲学家的名单，当西欧还在黑暗的中世纪进行摸索时，他们曾征服并治理从巴格达到科尔多瓦白人世界中的主要地区。

埃及、希腊与罗马的古代文化，明显地是由地理上的机会与经济、政治上的发展而产生的，不是由种族上的结构，而且他们文明中的绝大部分具有东方源流。希腊从小亚细亚、克里特、腓尼基与埃及取来艺术与文字。在公元前20世纪到前10世纪，希腊文化是迈锡尼人的文化，其中除部分源于克里特外，可能是由小亚细亚学习而来。当"北欧"的多利安由巴尔干到来时，到公元前1100年，他们摧毁了这个原始希腊文化的大部分。其后数世纪，只有在吕库古斯的斯巴达人，在塔勒斯的米利都人，在赫拉克略的艾菲索斯人，在莎孚的莱斯沃斯人，在梭伦的雅典人曾使历史上著名的希腊文明偶一重现。从公元前6世纪向前推，希腊人沿地中海两岸的都拉佐、塔兰托、克罗托纳、雷焦、卡拉布里亚、锡拉库萨、那不勒斯、尼斯、摩纳哥、马赛、马拉加等地散布其文化。从意大利南部的希腊人城市以及可能由伊特鲁里亚的亚洲文化带来罗马文明，从罗马又带来西欧文明，从西欧又带来南北美洲的文明。在公元3世纪及其后几个世纪中，各种不同的凯尔特族、条顿族或亚洲各族都曾蹂躏意大利而摧毁了古典的文化。南方人创造文明，北方人予以征服、毁灭，然后又借鉴并传播开去：这就是对历史的概要。

有人想借测量各人种大脑与面容或者与体重的关系，企图把文明与种族拉上关联，这是徒劳无功的。假如非洲黑人未产生伟大的文明，可能是由于气候与地理上的条件阻碍了他们，难道白种人在那种环境中定能表现较佳吗？多少美国黑人，虽然遭到无数的社会压抑，而在最近100年中，在专门职业、艺术、文学等方面，仍有很高的地位，这就是明显的例证。

在历史上，种族的任务与其说是创造的角色，不如说是准备的角色。各种各样的民族，在不同的时间由四面八方来到某一地区，他们彼此之间，或与本地居民血统、传统与生活方面互相混合，就像两个不同源的水塘一样，互相婚配融合。如此人种上的混合，经几个世纪以后，就可能产生新的类型，甚至新的民族。像英国人，就是由凯尔特人、罗马人、盎格鲁—撒克逊人、朱特人、丹麦人与诺曼人混合而来的。新的人种形成其自己独特文化的表现时，也就构成新的文明——新的生理、新的性格、新的语言、新的文学、新的宗教、新的伦理、新的艺术。所以，不是种族创造文明，而是文明创造种族：由地理、经济和政治的环境创造文化，而文化创造人的类型。与其说是英吉利人创造了英吉利文明，不如说是英吉利文明塑造了英吉利人。假如一个英国人不论到何处都带着英国文明，即使在廷巴克图（Timbuktu）[1] 也穿戴整齐赴宴，并不是他在该地从事新文明的创造工作，而是他觉得即使在该地，英国的文明也主宰着他的心灵。传统与类型如此不同，是环境影响的结果。北方民族在热带地方居住几个世纪之后，便养成了南方民族的性格，而由慵懒悠闲的南方北上的人民的子孙，他们也会发现，渐渐变成北方人心直口快的性格。

准此而论，美国文明仍在种族混合的阶段。在公元 1700 年与 1848 年之间，佛罗里达北部的白种美国人，主要是盎格鲁－撒克逊民族，在新英格兰的土地上，他们的文学却是古老英格兰的精华。1848年，美国门户敞开以后，欢迎所有白人。一个新人种的混合于焉开始，这新人种自然不是几个世纪就可以完成的。混合停止时，一个新的同质种族形态形成之时，美国可能会有自己的语言（与英文不同，就像西班牙文由意大利文转变来一样）、自己本土的文学和自我特征的艺术。这种种变化已经是隐然可见，或者说嘎嘎有声地进行。

种族的不相容，在人种的起源上有某些根本因素，但这些因素也可以说是因固有的文化不同而产生的，或者说是优越感——语言、衣着、习惯、道德与宗教。这种极不相容的情形，除了推广教育外，无他法可治。历史的知识会告诉我们：文明是合作的产物，几乎所有民族对其都有贡献，文明是我们共同的遗产和债务。具有开化心灵的人们，对待每一男女，即使是下层的，也会把他看成创造、献力这个文明团体的一分子。

---

[1] 西非洲蛮荒未开化之地。

第五章 | **性格与历史**

创建一个社会，不在观念，而在人性，而且人体的组织可改写国家的组织。然而什么是人体的组织呢？

我们可把人性界说为人类基本的倾向与情绪。最重要的基本倾向，可称之为本能，虽然我们承认：在人类的先天本质方面尚多可疑。我们试将人性做成下述一张"性格因素表"：

性格因素表

本　能		习　惯		情　绪	
积极 （肯定）	消极 （否定）	积极 （肯定）	消极 （否定）	积极 （肯定）	消极 （否定）
行　动	睡　眠	游　戏	休　息	轻　快	疲　乏
		工　作	怠　惰	活　力	迟　钝
		好　奇	冷　漠	热　忱	厌　烦
		主　动	迟　疑	好奇心	多　疑
		思　想	昏　睡	专　注	茫　然
		创　新	模　仿	果　断	认　命
		艺　术	凌　乱	美　感	困　惑
迎　战	败　逃	亲　近	隐　退	大　胆	忧　虑

（续表）

本 能		习 惯		情 绪	
积极 （肯定）	消极 （否定）	积极 （肯定）	消极 （否定）	积极 （肯定）	消极 （否定）
		竞　争	协　作	对　抗	友　善
		好　斗	腼　腆	气　愤	恐　惧
		争　雄	驯　服	骄　傲	谦　让
获　取	回　避	吸　收	抛　弃	渴　望	厌　恶
		积　蓄	花　费	贪　婪	挥　霍
		富　有	贫　穷	占有欲	不安全
合　群	隐　居	互通声息	孤　居	爱交际	沉默寡言
		寻求赞同	恐惧反对	自　负	害　羞
		慷　慨	自　私	和　善	敌　视
求　偶	拒　婚	性欲强旺	性别倒置	性幻想	性冷淡
		好　色	扭　捏	性　爱	戒　慎
父母关心	子女啃老	家庭和睦	子女反目	舐犊之情	子女怨恨

　　在上表中将一个人一般正常的"天性"（此处意指遗传）禀赋分为积极与消极本能各 6 项，其功能为保卫个人、家庭、团体或种族。积极的性格方面是积极的支配倾向，但是大多数的人均天赋两套本能——迎战或逃避（视情绪或环境而定）生活上的基本挑战与机遇。每种本能又产生各种习惯，而且每种本能随伴有各种情绪。这整个内涵即是人性。

　　然而在历史上，人性有多大改变呢？理论上，一定有所改变，天然的选择已经假定操纵于心理和生理上的变化。但就已知的历史，并未显示人类行为有多少改变。柏拉图时代希腊人的行为与近代法国人极为近似，罗马人的行为也与英国人相似。生活方法与生活工具虽有改变，动机与目的仍旧一致，如：行动或休息，需求或给予，战斗或回避，合群或隐居，求偶或拒婚，听从或怨恨父母的关心。在阶级与阶级之间，人性也无何不同，如：穷人几乎具有富人同样的本能冲动。只是穷人的机会较小或技能较低，无法实现其本能的冲动。历史上较明显之事，莫过于成者为王，败者为寇。

有史以来，人的进化是社会的，而不是生物的。比如在种属方面，其进化程序不是由遗传的变化，而大部分是因经济、政治、文化及伦理道德的革新，借模仿、习惯或教育的力量，个别地或一代一代地流传下去。一个团体的习惯与传统，与种属的类型与遗传因素相一致，也与个人的本能相一致，它们随时会做出调整，以适应那些典型的和不断重复的情况。但确实会出现新的情况，需要做出不墨守成规的新反应。因此，在较高级的有机生物中，进化需要实验与创新的能力——演进与变化的社会交互关系。因此，社会进化是习惯与种源交互作用的结果。

"伟人"、"英雄"、"天才"——这些具有开创精神的人物因为塑造历史而赢得其地位。他们并不如卡莱尔形容的如同神祇，但他们在那个时代和大地上成长，他们是历史事件的产物和代表，也是历史事件的经纪人与代言人。若无某种情况需要一种新的反应，他们新的观念将是不得时宜，也是不可能实现的。一个英雄崛起时，多是乘势应时，形势造成，若在承平之时他可能默默无闻。但他也不只是一个结果，历史事件通过他并环绕着他发生，于是他的观念与决定就成为历史的过程。有时，他的辩才，像丘吉尔，可以抵得上千万军团；像拿破仑，他在战略与战术上的远见可以连战皆捷，可以兴灭继绝。假如其为一个预言家，像穆罕默德，用聪明的振奋人心方法，他的话可以升起穷人的进取心，提高处于不利地位的人的权利。像巴斯德、莫尔斯、爱迪生、赖特、马克思、列宁，都是无数原因之果，也是无穷结果之因。

在上述性格因素表中，模仿与创新是相对的，但在历史的基本进程上，两者是相辅相成的。因为驯服的天性与争雄的个人联合，才造成社会的秩序与运转，在对环境和生存的需要做适应性的新反应上，模仿的多数追随求新的少数，而求新的少数又追随始创者。历史多半是求新少数者的冲突，驯服的大多数只是对胜利者鼓掌及充作社会的实验品而已。

因此，智力在历史上是基本力量，但也可以成为分裂与破坏的力量。每 100 个新的观念，可能有 99 个还不如他们原试图取代的传统。一个人，不论他如何有才华，如何见多识广，在他有生之年也不能无所不知，也不能对其社会的习惯与礼俗做正确的判断与取舍。因为这些习惯与礼俗是经无数代人的智慧，并在历史的实验室中经过无数代的实验后的产物。一个荷尔蒙充沛的青年，可能对他为什么不可在性欲上有充分的自由发出疑问。假如他不理会习俗、道德与法律的规范，即使不在个人或团体的混乱中亡身，也可能在他还未成熟，还未充分了解性是火海必须处处设防、严加限制之前，已毁掉自己的一生。

因此，保守人士抵制变革与激进人士倡导变革具有同等价值——或者可以说，根须多比枝叶茂更为重要、更具价值。新的观念应该被听取，因为少数新观念可能有用。但是新观念必须经过异议、反对以及轻蔑的研磨，这也是对的。这是预赛，新观念在未获准进入人类大赛前，必须先能存在。老年人抵制青年人与青年人刺激老年人都是对的。经过这个紧张阶段，像经过两性与阶级斗争一样，才能产生充满张力的创造性力量，才能带来富有活力的发展，才能产生整体隐而不彰的基本统一与运动。

第六章 | 道德与历史

道德是行为规范，一个社会借此而劝诫（法律是强制的规范）其成员与社团在行为上应与其社会秩序、社会安全、社会成长相协调。16 个世纪以来，犹太人在基督教国家内被团团包围，仍能继续维持其存在与内部和平的原因，即是他们有严格而详尽的道德规条，有此道德规条，几乎不需要政府与法律了。

历史知识缺乏的人强调道德规范的变化性，而且下结论说，道德规范不必重视，因为它们随时间与空间而异，有时甚至彼此矛盾。历史知识丰富的人则强调道德规范的普及性，结论是绝对需要。

道德规范不同，它们也要使本身适应历史的与环境的条件。假如我们把经济史分为三个阶段——狩猎期、农业期、工业期——我们可能发现第一阶段的道德规范在下一阶段中改变了。在狩猎时期，人们必须随时准备追捕、格斗、砍杀的工作。人们捕获猎物时，总是吃下胃消化量的 3 倍，因为他们不能确定何时能吃到下一顿。无安全感是贪婪之母，记忆是残酷的——对一个时代的记忆是残酷的，这一点可能已深入骨髓——当时生存的考验取决于杀戮的能力，就像现在国与国之间一样。大体说来，狩猎期男人的死亡率高于女人——因为他们常冒生命危险狩猎，有些男人就占有好几个女人，而每个男人又被期望能帮助女人怀孕。好斗、残忍、贪婪与好色，在为生存而战斗的时代中是有利的。很可能今天的每一恶行，以前皆曾一度视为道德——视为塑造个人、家庭或团体生存的品质。人类的罪恶可能是他兴起的遗迹，而不是他衰颓的污名。

历史没有告诉我们，人类由狩猎期发展到农业时期的正确时间——可能是在新石器时代，或由发现谷类可由人工播种以增加收获时开始。我们可以合理地推定：新制度需要新道德，而把某些旧道德视为罪恶。于是，勤勉变得比勇敢更为重要，规律的生活与节俭变得比暴戾更加有利，和平变得比战争更有影响。小孩子变成经济的资产，节育变成不道德。就农业而言，在父亲与季节的操纵下，一个家庭为一个生产单位，而父权具有稳定的经济基础。每个正常的儿童在心智与自力更生方面成熟得很快，他们15岁时对生活与体能上了解的，跟40岁了解的完全不同，他们需要的是土地、耕具与健全勤快的身手。所以他们结婚早，几乎都希望尽快成婚，在婚前关系的种种限制之下，他们不必为建立长居久安的家园的新秩序而长期烦恼。对于年轻女人来讲，贞操是最重要的，因为如失去贞操，就可能成为没人要的弃妇。一夫一妻制是两性数目接近平衡所必需的。1500年来，这种农业社会的道德，贞操、早婚、不能仳离的一夫一妻制及责任繁复的母职，一直在基督教的欧洲及其白人殖民地内自我维系不坠。这是严格的规范，由此规范，历史上产生了某些最强固的德行。

工业革命渐渐地、后来快速而广泛地，改变了欧美生活的经济形式与上层道德结构。男人、女人、儿童离开住所与家属，放弃权威与联合，而去个人打天下，报酬也归个人所有，工厂的房子并非为人而建，而是为了机器。每隔10年，机器和操作就变得更复杂，经济能力（支持一家生活的能力）的成熟延后，儿童也不再是经济资产。婚姻也延后，婚前贞操变得更难维持。城市无一是鼓励结婚的，却处处提供性刺激与苟合的便利。女人是"解放了"——商业化了，避孕方法也使她们分开交媾与怀孕的相连关系。工业社会日渐成长的个人主义，使父母丧失了原有的经济基础。不良少年不再受到全村人的约束，在熙熙攘攘的城市里，他可以改名换姓，隐藏其罪恶。科学的进步使实验室的权威超过了牧师的权杖，经济生产的机械化提出了机械唯物主义哲学，教育助长了对宗教的怀疑，道德规范逐渐失去超自然的支持力量。旧的农业社会道德规范开始崩溃。

我们这个时代，跟苏格拉底与奥古斯都时代一样，战争助长了强权而松弛了道德。在叛乱而使社会瓦解的伯罗奔尼撒战争之后，阿尔西比亚德斯任由人讥讽其祖先的道德规范，而特拉西马库斯也似曾宣称过：强权就是公理。在马略对苏拉、恺撒对庞培、安东尼对屋大维的各次战争之后，"罗马充满了失去经济支持与道德稳定力的人：已尝过冒险滋味、学会了杀人技术的士兵，看到他们的积蓄消耗于战争引发的税收和通货膨胀的公民……女人因自由而晕头转向，离婚、堕胎与通奸层出不穷……一种肤浅的诡辩，瞧不起悲观主义与犬儒学派"。这几乎也正是两次世界大战后欧美都市的写照。

历史给我们的一点安慰是：每个时代罪恶都会得势。卖淫，从亚述时代的国有妓院到今天欧美都市中的"俱乐部"，一直是存在的，而且是普遍性的。照路德的说法，在1544年的维滕堡大学里，"少女竞相放荡，她们追踪男同学之后而进入他们的私室，不论何处，她们都可以献出她们随意的爱情"。蒙田告诉过我们：在他那个时代，淫书充斥市场，随处可见。我们这个时代的不道德事件，从英国光荣革命以来，只是种类上的差别，而不是程度上的差异。约翰·克莱兰（John Cleland）所著的《欲女回忆录》（约1749年）——一个真实的淫荡故事——1965年跟1749年时一样都普受欢迎。我们在尼尼微（Nineveh）城附近的土下掘出骰子，可见每个时代的男女皆好赌。每个时代也都有男人无行和政府贪污的事件。也许一般说来，现在比过去要少些。16世纪欧洲的小册子文学中，"对粮食与其他货物中大量的掺假，痛加斥责"，人类从未彻底遵行"十诫"。我们且看伏尔泰对历史的评论，他说历史主要是"集罪恶、愚蠢与不幸之大成"，吉本也持此结论。

我们再一次提醒我们自己，历史通常记载的（犯罪事件）与我们一般经验的有极大的差异：历史学者通常喜欢记载有趣的例外事件——因为它特殊。假如鲍斯韦尔在历史学者著作中发现的那些特殊人物都是千篇一律，则我们对过去的人和事一定更为生疏，不会有正确的判断。隐藏在战争与政治、不幸与贫穷、通奸与离婚、谋杀与自戕等血腥事件的背后，还有不计其数的正常家庭，他们有美满的婚姻，男女和善而恩爱地与孩子们生活在一起，享苦中有趣的天伦之乐。即使在记载下的历史中，我们也可发现许许多多善良的故事，甚至高贵的故事，所以我们虽然不能忘怀旧恶，但可以原谅旧恶。历史上仁慈的赐赠几乎跟战场上或监狱中的残酷相等。即使在我们的概略叙述中，我们不知已看到多少人类互助之事——法里内利供应多梅尼科·斯卡拉蒂的孩子一切费用，各界人士救助青年海顿，孔特·利塔替巴赫在博洛尼亚深造缴付学费，约瑟夫·布莱克供给瓦特的费用一再提高，普奇博暗中接济莫扎特等，谁敢说不能写一部人类善良的历史呢？

所以，我们不能确定地说，我们这个时代农业社会的道德规范已失去其基础，而工业社会的文明又未迈上正轨。在此期间，道德的松弛是社会败坏的征兆，而不是一种痛苦而可喜的转变。同时，历史使我们确信：文明的败坏是极其缓慢的。在希腊，道德的日薄开始于诡辩学派之说，其后 250 年希腊仍有文学与艺术的精华作品产生。罗马道德的败坏，开始于被征服者希腊人涌入意大利（公元前 146 年）之后不久，但终马可·奥勒留之世，罗马仍不断出现伟大的政治家、哲学家、诗人与艺术家。恺撒当政时（公元前 60 年），就政治而言，罗马处于最糟乱的局面；但直到 465 年，罗马对野蛮民族并未完全屈服。我们或者也要像罗马帝国那样，要经过长久时间才会垮呢！

在我们的文明中，战争的挑衅需要军事训练，或许因而使道德纪律也将恢复。部分自由随整体安全而变化，在英美的个人主义将随着地理条件的保障终止，也会消灭。性放纵由于其本身过度也自会矫正。我们毫无约束的孩子们可能会亲身见到秩序，而谦虚变成时尚。穿着衣服或将比暴露更富刺激。同时，我们有不少道德上的自由也是很好的，如：解除神怪的恐惧；谑而不虐的开开玩笑，既不伤害到别人，也不伤害到自己；偷闲到郊外兜风，感受大自然的气息，不都是很愉快的事吗？

第七章 | 宗教与历史

即使是怀疑论的历史学者，对宗教也表现出相当的尊敬，因为他了解宗教的功能，在每个国家和每个时代似乎是不可少的。对于烦恼者、苦难者、孤儿、老年人来说，宗教带给他们不可想象的安慰；对于一般千千万万的群众来讲，其价值也高过任何自然的援助。宗教有助于父母与师长教导青年。宗教赋予最底层生活的人以意义与尊严，而且通过宗教的一些圣礼，使人间的习俗变成与上帝的严肃关系，而造成稳定的力量。宗教使穷人避免谋害富人（拿破仑语）。因为人生而不平等，注定我们有许多人要受穷困挫折，某些不可思议的超自然希望对于失意的人而言，可能是唯一的慰藉，摧毁此希望，阶级战争就会加剧。所以，天堂与乌托邦，就像井里的吊桶：一只上升时，另一只就下降。宗教倾颓时，共产主义就兴起。

起初宗教似乎没有与道德联系在一起。很明显，我们不过是揣测，或是重述彼得罗纽斯（Petronius，约公元66年卒）的话，而他又重述卢克莱修之言，"神最初是由恐惧而产生"——人惧怕隐藏在大地、海洋、河川、树木、风与天空中看不见的力量。宗教是人们借供奉、牺牲、誓咒、祈祷而与这些看不见的力量做和解的膜拜。只有僧侣使用这些恐惧与礼仪来支持道德与法律时，才使宗教成为维持或对抗国家的力量。宗教告诉人们，一个地区的道德与法律条规都是经过神祇的授意的。宗教图示埃及智慧神透特代埃及人而授给国王美尼斯法律，巴比伦萨马斯神代巴比伦人授给国王汉谟拉比以法典，耶和华代犹太人授摩西以《十诫》与《六一三条箴言》，圣女埃吉丽亚（Egeria）代罗马人授给努马·庞皮利乌斯以律法。异教徒与基督徒的教义都宣称，地上的统治者是由神指派并受神保护的。几乎没有一国不是与僧侣牧师共享其土地与收益。

一些持反对论者怀疑宗教对促进道德有何帮助，因为即使在宗教统治下的时代，不道德之事也很盛行。虽然淫乱、酗酒、猥亵、贪婪、狡诈、抢劫及暴动存在于中世纪，但是如果没有基督教的伦理、牧师的谆谆告诫、圣哲的榜样用一种静肃的心情与联合的仪礼来维护人心，可能因道德失序而招致的蛮族500年入侵，战乱、经济萧条及政治混乱，更要坏得多。罗马天主教廷努力减少奴役、家庭不和及国家之间的倾轧，它扩展对停火与和平的干预，法院判决用公开论辩或神罚方法以代替审判。宗教减轻了罗马与蛮族法律采用的酷刑，而广泛地推广仁爱的范围与组织。

虽然罗马教会为国家服务，但它宣布：教会立于所有国家之上，因为道德必须立于权力之上。它训诫人们说，爱国心不受更高一级忠诚的制衡，会变成贪婪与犯罪的工具。罗马教廷超越所有相互竞争的基督教政府之上，颁布一部道德法。教廷要求为神圣的起源与精神的霸权，而将自己供作国际法庭，要所有统治者对此法庭在道德上负起责任。亨利四世国王于1077年在卡诺萨承认格里高利七世教皇提出的这一要求。而一个世纪之后，英诺森三世教皇又把教廷政治的权威与尊严提升到更高的地位，似乎使格里高利七世教皇道德超越国家的理想完全实现了。

庄严的梦想，在民族主义、怀疑主义与人性脆弱的冲击下破碎了。罗马教廷也是凡人组成的，他们常犯偏执、爱财或强取豪夺的毛病。法国富强起来，便利用教皇制度为其政治工具。帝王势大力强，足够迫使曾被教皇致力维护的耶稣会的秩序瓦解。教廷不惜使用编造圣徒故事、伪造圣迹圣物、杜撰难以令人相信的奇迹等卑鄙手段行骗。因为数世纪以来，教廷由伪造的"君士坦丁大帝之赠"，说君士坦丁大帝将西欧统治权转赠给教皇西尔韦斯特一世，及从"假敕令"（约842年）中编造一连串的文件，将教皇的无上权力说得既神圣又古老，使教廷大获其利。教士政治制度愈来愈将其全部精力花在促进大家信奉正教上，而不是促进社会道德上，而宗教法庭的裁判几乎必然使教会蒙羞。教会虽然宣扬和平，却煽起了16世纪在法国的诸次宗教战争及17世纪在德国的"三十年战争"。我们现在的道德显著提高，如废除奴隶制度，教会仅分担一小部分的任务。教会准许哲学家倡导人文主义运动，也减轻了我们这个时代的不少邪恶。

历史已经证明，教会相信民众渴望宗教富有神奇、神秘和神话。教廷在仪式方面、教士服饰方面、主教的权威方面，准许做少许修正。但教会不敢改变为理性讥笑的教义，因为这样的改变会冒犯而且使无数原希望已与神联系起来的鼓励与安慰为之幻灭。在宗教与哲学之间无任何协调的可能，除非哲学家承认他们找不到其他方法来代替教会的道德功能，或教会承认信仰与知识的自由。

历史支持对上帝的信念吗？假如我们所谓上帝，不是指创造自然的基本物，而是指至高无上的智慧与博爱，这个回答必定不得不为否定的。像生物学中的其他分支一样，历史基本上维持物竞天择、适者生存的观点，故善无偏爱，不幸繁多，而最后的考验也全看生存的能力。除了人为的犯罪、战争和暴行以外，地震、狂雨、暴风、瘟疫、海啸及其他天灾（"神的行为"），也周期性地摧残人和牲畜，而且整个的证据说明了上帝不是瞎子就是公平无私的命运神，以不幸与明显的偶发景象，使我们主动地推崇秩序、光辉、美丽和庄严。假如历史支持任何神学，那也像祆教与摩尼教一样，定为二元论，即一个善神与一个恶神正在为争夺控制宇宙与人类的灵魂而战斗。这些信仰和基督教（主要为摩尼教徒）都向他们的信徒保证：善神最后一定胜利。

但历史没有为此提供任何保证。自然和历史与我们对善和恶的观念并不一致，它们把善界说为生存，而恶界说为淘汰，而且宇宙并无支持耶稣与反对成吉思汗的偏见。

在宇宙中，人类渺小地位的日渐觉醒，进一步有损于宗教的信仰。在基督教世界，我们可以说从哥白尼时代起，其势力即开始倾颓。虽然过程是缓慢的，但1611年约翰·多恩悲叹地球已变成仅是世界的"近郊"，"新哲学高叫怀疑一切"时，也正是时常歪戴着帽子去见主教的培根宣称科学乃现代已解放的人们的宗教之时。在那个时代，一如一个外来的神祇一样，"上帝死亡"即已开始。

如此重大的影响除了科学与历史知识的普及之外，自需更多因素。首先是新教改革，最初此改革是保护私人的判断权。其后新教派别复杂，神学观念冲突，每派都诉诸《圣经》与理性两者。其后是《圣经》的高等批判，显示此奇妙的经书竟是易错的凡人不完美的作品。然后在英国，有了自然神的运动，减少了宗教对上帝与自然几乎无任何差别的含混信仰。再者与其他宗教的日渐相遇，那些宗教上的神话，大多数在基督教之先，对人接受教义假想的事实上的基础，有了同样的困扰。接着新教揭穿天主教的奇迹，自然神教揭穿《圣经》的奇迹，一般人揭穿了在宗教史中的一些欺诈、宗教审判不公与屠杀事件。最后工业取代农业的兴起——每天机器不停的嗡嗡声提示一个机器时代的到来，搅乱了人们原来对每年死而复生的及对生长的奥秘的信心。怀疑学派如贝勒及泛神论哲学如斯宾诺莎的大胆迈进，法国启蒙运动对基督教的大规模攻击，大革命期间反对教会的巴黎暴动；加之，在我们这个时代，现代战争对文明人不分青红皂白的屠杀；科技的可怕胜利，全面提升了人类的能力和破坏性，目前人正在向苍天神圣的命令挑战。

基督教在本身的发展上，也有一点自己替自己帮了倒忙，导致很多基督徒不再忍受传统神学中强调报复心重的上帝为道德的意识。地狱的观念也因教育的提高，甚至从传教士的讲道中消失。长老会的教友也把威斯敏斯特的忏悔看成羞辱，他们曾在那里宣誓，相信创造无数男女的上帝，不理他的本有知识，而相信他们不管是善士还是恶人，都注定要打入无穷无底的地狱。有教养的基督徒访问罗马教皇皇宫内的礼拜堂时，也被米开朗基罗的一幅画震撼，这幅画是耶稣在将犯罪的人一股脑往燃烧着熊熊火焰的地狱中丢去，这就是"温良恭谦的基督"？这就是那个启迪我们年轻人心灵的耶稣？正如希腊人道德的发展而瘫弱了他们对好辩而淫乱的奥林匹斯山诸神祇的信仰一样（柏拉图曾说，"有一些人根本不相信有什么神祇的存在"），基督教伦理的发展也慢慢腐蚀了基督教的神学。耶稣摧毁了耶和华。

用世俗制度取代基督教，是工业革命最高峰和最关键的结果。那些国家企图做到不要神的支持也行，这是一个重要的实验，这个实验震惊了我们的头脑，也搅乱了我们今天的生活方式。法律在过去代表神赐给帝王的命令，现在明显地成为易犯错误的凡人乱下的命令了。教育过去是得神鼓励的牧师的圣地，现在变成一般男女剥去神的外衣和剪除神的敬畏的工作，及依赖理性和说服去教化那些只怕警察的青年教徒，而他们可能根本学不会推理。大学一度和教会合而为一，现在也被商人和科学家占去。爱国主义、资本主义和共产主义的宣传，接替了超自然的教条与道德规范的教诲。神圣节日变成假日。戏院即使在礼拜天，也家家客满；教堂，即使在礼拜天也处处空着一半座位。在盎格鲁—撒克逊人的家庭中，宗教变成一种社会习惯和保护色；在美国天主教徒的家庭中，此风也很盛行；在法国和意大利的中上层阶级，宗教是"女性的第二性征"。无数的迹象说明基督教正走上古老希腊宗教衰颓的老路，古希腊宗教的衰亡即是紧跟诡辩学者和希腊启蒙运动之后而来的。

天主教能存在，因为天主教诉诸幻想、希望与意识；因为天主教的神话可以安慰穷人的生活并给予光明的希望；因为天主教教规繁多，慢慢又收回因宗教改革而失去的土地。天主教目前已失去了知识阶层的依附，由世俗教育与文学的结合，也痛苦于缺点的日增。但是，天主教赢得下述两种人的皈依，一种是对理性的不能确定感到苦恼之人，另一种是希望借教会之力可以压制内部混乱的人。

假如另一次大战发生，一定摧毁西方文明，带来城市的破坏、贫穷的撒播与科学的羞辱，可能像476年一样，使教会变成劫后余生的人们唯一的希望与指引。

历史的教训之一是宗教拥有很多信徒，有复兴的习性。在过去，上帝与宗教死而复生不知有多少次！在释迦牟尼（公元前563？—前483）年轻时，无神论风行于印度，释迦牟尼本人创立了一个无神的宗教，但他死后，佛教发展成一个包括神祇、圣哲和地狱的复杂神学。哲学、科学与教育扫荡了希腊的万神殿，但在这个真空状态下，吸引来十几种东方信仰，使复活的神话更加充实。1793年，赫伯特与肖梅特在巴黎创建无神论者的崇拜会，只信理性女神，误解了伏尔泰的思想。一年以后，赫伯特担心混乱，受卢梭的激励创立唯一真神崇拜会。1801年，对历史造诣颇深的拿破仑，与教皇庇护七世签订一项契约，准许天主教会在法国恢复传教。在维多利亚女王与基督教的协议下，英国十八世纪的非宗教化政策消失了：即在教会应允附属于政府，而且教区牧师应诚心诚意为地方士绅服务的默契下，政府仍同意支持圣公会，而且有教养的各阶层人士也压抑他们的怀疑主义。在美国，因19世纪的"长老创始会"（Founding Fathers）采取理性主义的立场，也予宗教复起的机会。

清教徒主义与异教主义——抑欲与纵欲——在历史上相互作用，交互出现。一般来说，宗教与清教主义风行之时，即是法律无能而要道德负起维持社会秩序的时期。怀疑主义与异教主义（其他因素是相等的）挺进时，即法律权威兴起之时，政府听任教会、家庭与道德衰颓，而认为对国家的安定无基本上的危害。在我们这个时代，政府之强已与一些力量联系在一起，上列的信仰与道德松弛，而且有让异教主义恢复其自然的倾向。我们的纵欲可能会带来另外一种反应，道德失序可以产生宗教的复苏，无神论者可能再像1870年无神论泛滥的法国一样，送他们的孩子去天主教学校接受宗教信仰的训练熏陶。且听不可知论者勒南于1866年的诉说：

> 让我们享受上帝子民的自由，但我们也要小心，以免我们变成道德沦丧的谋害者，道德沦丧，就威胁到社会——基督教日渐衰微的话。没有宗教我们应怎么做呢……假如理性主义希望来支配世界而不顾宗教对灵魂的需要，法国大革命的经验就告诉我们此失策的结局如何。

历史承认勒南的结论：认为宗教为维护道德必须吗？即认为自然的伦理力量太微弱，抵抗不住潜伏在文明之下而出现在我们梦想、犯罪与战争中的野蛮行为吗？迈斯特尔曾回答说："我不知道恶棍的心是什么样子，但我知道善士的心是什么样子，那是可怕的。"在我们这个时代以前的历史中，很少有社会不需要宗教助力而能长久维持道德生活。法国、美国及其他某些国家，其政府均与一切教会分道扬镳过，但是他们维持社会秩序仍有赖宗教的助力。"只要有贫穷存在，就有神祇。"

第八章 | 经济与历史

照马克思的说法，历史是动态经济学——个人、团体、阶级与国家之间为食物、燃料、物资及经济力量的竞争。政治体制、宗教制度、文化创造，都植根于经济的实体之中。因此，产业革命带来了民主政治、女权运动、生育控制、社会主义、宗教衰颓、道德松弛，及文学从依赖贵族政治的保护而解放，小说也以现实主义代替浪漫主义——以及经济史观。在这些运动中，杰出的人物是果，而不是因。阿伽门农、阿喀琉斯、赫克托耳，若不是希腊人寻求达达尼尔海峡的商业上控制权，可能至今未闻其为何许人也。经济的野心引来上千艘艟艟，齐集伊利昂（Ilium），不是海伦的面孔"比星光璨灼的晚空更漂亮"引来的，那些敏感心细的希腊人知道如何用一片无花果树叶来遮掩赤裸的真实的经济情况。

经济的解释说明更多的历史现象。提洛同盟（Delian Confederacy）的金钱建成了希腊的帕特农神庙。克娄巴特拉女王统治下的埃及国库，复苏了奥古斯都统治下经济枯竭的意大利，支付了维吉尔的养老金与贺拉斯的农庄。十字军东征，像罗马与波斯之战一样，是西方企图获得通往东方的贸易通道，美洲的发现是十字军东征失败的结果。美第奇家族的钱庄支持了佛罗伦萨的文艺复兴。可能是纽伦堡的贸易与商业培养出丢勒。法国大革命的到来，不是因为伏尔泰漂亮的散文诗与卢梭激情的罗曼史，而是因为中产阶级上升而居于经济的领导地位，为了他们的企业与贸易需要立法的自由，急切希望社会上的承认与政治上的权力。

马克思虽然未说个人行为永远为经济利益驱使，他也并未臆测说物质的欲望导致阿伯拉尔（Abélard）的爱情故事、释迦牟尼的佛经或济慈的诗文，但是他可能低估了非经济诱因在群众行为中充当的角色，就像：由于宗教的狂热，比如穆斯林或西班牙士兵；由于民族的情绪，比如希特勒的部队或日本的神风驾驶员（kamikaze）；由于暴民的自取灭亡，比如 1780 年 6 月 2 日到 8 日发生在伦敦的高登（Gordon）暴动，或是比如 1792 年 9 月 2 日到 7 日发生在巴黎的大屠杀。这些事件，领导者的动机（常是隐而不显）可能是经济的，但是其结局大半决定于群众的情绪。有很多实例，军事或政治的权力是明显的原因，而不是经济活动的结果，如 1917 年布尔什维克攫得俄国政权，或者在南美历史中不断的军事政变皆是。谁能说，摩尔人征服西班牙、蒙古人征服西亚、莫卧儿王朝征服印度是经济力量的产品呢？在这些事件中，证明穷人比富人为强。军事的胜利换来政治的优势，由政治的优势带来经济的控制。将领们也可以写成历史的军事解释——军事史观。

依照上述说法，我们可以由过去经济上的分析而推演出无穷尽的教训。我们看到：入侵的蛮族发现罗马之所以衰弱，是因为从前辛辛苦苦为罗马军阀提供军需给养的农人和为祖国领土而奋战的爱国勇士，都变成由少数人所有的大农庄里无精打采的劳奴取代之故。今天，小的农场无力有效地使用最好的机器来耕作，又迫使农业再度成为由资本家控制下的大规模生产制度。从前有人说过："文明产生在人与锄头之上。"但是人与锄头今天都不再重要了，今天是依托在播种机或是收割机的方向盘上的一只"手"中。今天农业变成了工业，不久农民便必须在充当资本家的一个佣工，还是充当政府的一个佣工之间做一选择。

在有等级的历史另一端，又说明："能够治人的人管理着只能治事的人，而能管钱的人管理一切。"所以银行家爬升到经济金字塔的最顶端，他们观察农业、工业与贸易的趋势，他们诱导资金的流通，他们使我们的金钱呈两三倍的增加，他们控制贷借、利润与风险，他们从事最大冒险而得到最大利益的活动。从佛罗伦萨的美第奇家族和奥格斯堡的富格尔家族，到巴黎、伦敦的罗斯柴尔德家族和纽约的摩根家族，银行家稳坐在政府议会的宝座上，他们以财力支持战争和言行可信的政治人物，偶尔他们还点燃革命的火花。可能这是他们权力的一个秘密：他们研究过物价波动，知道历史总是会通货膨胀，而把财富窖藏起来是聪明人不得已才去做的事情。

过去的经验毫无疑问地说明：每种经济制度迟早必须依赖于某种有利动机的形成，去刺激个人或团体从事生产。用奴隶制度、警察监督或意识形态上的热情来代替有利动机，证明是太不合乎生产原理的，不经济的，也是短暂性的。一般来说，人可由他们的生产能力来评断——除了战时是例外，在战时，他们的地位依照他们的破坏能力而定。

因为人与人的实际生产能力互不相同，几乎在各种各样的社会中都是一样，有此实际生产能力的多数人集聚在少数人的手下。财富的集中是这种生产能力集中的自然结果，而且在历史上是有规律地重复出现的。集中的速度视道德与法律允许经济自由（其他因素均是相等的）的程度而不同。专制政体有时暂可延后集中，民主政体因准许最大的自由会加速集中。美国人在 1776 年以前相当平等，现已被成千上万种生理的、心智的与经济差异上的因素推翻了，以致目前最富有者与最贫穷者之间的差距，比自富庶的罗马帝国以来任何时期为大。在进步的社会，集中可能已达顶峰，即由大多数贫穷者人数上的强势对抗少数富有者能力上的强势，然后由此不稳定的平衡产生一种危险的情况。对这种情况，历史应对的方式不同，或由和平立法重新分配财富，或由革命手段配给贫穷。

公元前 594 年的雅典，依照普卢塔克的说法，"贫富之间命运的悬殊，已达到最高点，城市似乎处在一种危险的情况。要免去这动乱的情况，似乎除了用专制的权力或有可能外，已无其他方法可循"。穷人发觉他们的情况一年比一年坏而开始酝酿暴动——因为政府掌握在他们主人的手中，而且贪赃枉法的法院裁判的每个案件都对他们不利。而富人，对向他们的财产挑战而勃然大怒，也准备用武力来自卫。美德风行，温和分子选出具有贵族血统的商人梭伦为最高执政官。他贬值通货，借以减轻一切债务人的负担（虽然他自己也是债权人）；他减低一切个人的债务，并终止因债而下狱的刑期；他取消赋税与抵押利息的余欠；他建立起一种累进所得税制，使富人所付的比例较穷人高达 12 倍；他在更受欢迎的基础上改组法院，安置那些在战争中为雅典而牺牲者的子女，教养费用悉由政府负担。富人抗议他的措施，指为非法没收；过激派又抱怨他没有重新分配土地；但是几乎所有人都同意，他的改革免去了雅典的一次暴力革命。

　　罗马元老院的智慧是著名的，但意大利财富的集中达到一个临界点时，它通过了一项毫不妥协的决议，结果带来了 100 年的阶级内战。大格拉古本是一个贵族，却被选为人民的保民官（即代表平民的执政官），他提案重新分配土地，每个人所有的土地面积限在 333 公亩以下，剩下的土地则分配给首都倔强的"无产阶级"（*Proletariat*，此为罗马的特殊阶级，与我们一般所说的平民或庶民均不同）。元老院反对他的提案，指为公然没收。他直接诉之于人民，对他们说："你们拼死拼活工作是给别人增加财富与奢华，你们被称为世界的主人，但是你们没有立锥之地而可称之为自己所有。"他还违反了罗马法律，竞选连任保民官，在选举日的暴动中，他被杀了（公元前 133年）。他的弟弟小格拉古，继他而起并继其遗志，然因未能防止一次新的暴动，命他的仆人杀死他。仆人遵从他的命令，然后自戕而死（公元前 121 年）。[1] 小格拉古的扈从 3000 人全被元老院宣判处死。马

---

[1] 两位都是土地改革者，并称为格拉古兄弟。

略变成平民的领导人，但此运动濒临革命边缘时，他撤退了。喀提林组成一支"悲惨贫民"的革命军，提议取消一切债务，却被西塞罗愤激的辩才掩盖，而死于反政府的战役中（公元前 62 年）。恺撒希望和解，但是在 5 年的内战之后，也被贵族剪除。安东尼把他对恺撒政策的支持与个人的野心、爱情纠缠在一起，屋大维（奥古斯都）在亚克兴海角将之击败，并建立起"元首政治"（Principate）制度，使罗马帝国领域内国与国之间、阶级与阶级之间，维持了 210 年的和平（公元前 30 年到 180 年）。

西罗马帝国的政治秩序崩溃后（476 年），经过数百年的贫困，慢慢重新走上财富集中之途，罗马天主教教廷的特权制度也是集中的部分原因。就某一方面而言，宗教改革即是借减少德英两国对罗马教廷的支付，及由俗世强占基督教教会的财产与岁入，而做一次财富的重新分配。法国大革命本欲在乡间借农民暴动、在城市中借大屠杀的激烈手段，达到财富的重新分配，但结局是财产与特权由贵族阶级转移到资产阶级（中产阶级）手中。美国政府于 1933 年至 1952 年，又于 1960 年至 1965 年，追随梭伦的和平方法而完成一种温和平妥的重分配工作，可能有人曾研究过历史的缘故。美国的上层阶级曾诅咒过财富集中，也赞成过财产集中，并恢复过财富的集中制。

我们的结论是：财富集中是自然的而又不可避免的，财富集中周期性地借暴力或和平的手段重分配而趋缓和。就此而论，一切经济史都是这个社会有机体的心脏的缓慢跳动，财富集中是心脏巨大幅度的收缩作用，强制的再分配是心脏大幅度的扩张作用。

第九章 | 社会主义与历史

　　社会主义反对资本主义的斗争，是财富集中与分散的历史乐章的一部。当然，资本家在历史上已尽了创造的功能，如他们用分红或付利息的方法，集聚人们的储蓄变成生产资本；他们投资农工业机械化事业，分配合理化的事业。结果，使今天货品由生产者到消费者之间的流通，是历史上前所未见的。他们把自由主义的自由信条付诸实施，为商人辩护，他们主张听任货物流通、免除通行税和法令规章的限制，因此比起工业由政客管理、人员由政府官吏充任及不理会供求律的做法，发挥商人的作用能使大众在食物、居所、舒适与享乐方面，得到更多实惠。在自由企业制度下，靠竞争的刺激、占有的热情和兴趣提高人的生产与发明能力；每种经济上的才能在人才的交流与技术的自然选择下，几乎迟早都会获得其应有的地位与报酬；而且民主政治制度的基本法则，几乎使所有商品生产与服务的报偿，取决于大众的需要，而不是取决于政府的法令。同时，竞争迫使资本家竭智尽力，以使其产品达到前所未有的完美。

　　此种种要求，今天看来有不少是真理，但是何以历史对抗议与反对工业优势的滥用、物价的操纵、交易的狡诈与为富不仁的财主，做那样有力的反应，他们未能说明这些流弊一定是有其原因的，因为在许多的国家与上千年的历史中，都曾有过社会主义者的改革实验。我们且来看看约公元前2100年的苏美尔的情形：

> 经济由政府经营。大部分可耕地都是国王的财产，劳动者的收获送到皇家仓库然后由那里领取定额的配给。庞大的政府经济机关的管理，发展而成一种非常有差别性的特权阶级，并保持全部配给的运送与分配的记录。在首都乌尔国（Ur），在来加西（Lagash），在乌玛（Umma）等地，所发现的陶土泥板，很多都刻载着此事……国外贸易也是用中央政府的名义来实施的。

在巴比伦（约公元前1750年），《汉谟拉比法典》曾规定牧人与工匠的工资及医生开刀的手术费。

在埃及托勒密王朝的统治下，政府拥有土地，并管理农业，如：告知农人什么土地要耕了，什么庄稼要长了。农人的收成由政府派人估计并予以登记，然后在皇家打谷场晒打，最后由农民人连人结成一条活链，运送到国王的谷仓。政府拥有煤床并霸占金矿。油、盐、纸草与丝的生产和贩卖，皆国有化。所有商业由政府控制与管理，大部分零售业也落在代售政府产品的经纪人手中。银行业为政府独占，但是其作业可以委托私人行号代理。每个人、每个工商业、每道程序、每件产品、每次售出、每份合法文件，均定有税则。为确保税的转移过程与收益，政府要维持一大批税吏及一个非常繁复的有关个人与财产的登记制度。此制度下的岁入，使托勒密王朝成为当时最富有者。大工程企业完成了，农业改良了，而且收益中有很大的比例用来开发和建设国家，及投资在文化生活上。约公元前290年，著名的亚历山大城的博物馆与图书馆建立起来了。科学与文学鼎盛，在托勒密时代某一不能确定的时期中，有些学者将摩西五书之《七十士译本》（*Septuagint*）译成希腊文。可是，不久法老们对耗费不赀的战争有了兴趣。公元前246年，法老们本人也酒色一起来，致使政府的行政与经济的管理权都落到一批穷凶极恶的坏蛋手里。这批人，穷人有一毛钱都要榨取出来。政府的苛捐杂税一代比一代增加。罢工日多，暴乱迭起。首都亚历山大城的一般老百姓，都被仁爱与远景所贿倾向和平，但是因受到大量军队的监视，在政府里不准有反对言论，结果他们都变成了暴民。农工业因缺乏激诱力而衰疲，道德日渐瓦解，直到公元前30年屋大维将埃及置于罗马的统治下之前，秩序仍未恢复。

罗马在戴克里先国王的统治下，也曾有社会革命的插曲。面对日增的贫穷与群众的不稳状态，同时面临蛮族入侵的急迫危险，他于301年提出一项《平价法案》（*Edictum de Pretiis*），宣布为了避免货品在市场上涨价，实行垄断管制，并规定重要商品的价格与服务业工资的最高限额。扩大公共工程使失业者有工作机会，粮食免费配给穷人或减价售给穷人。政府已经拥有大部分煤矿、石矿与盐池——几乎把所有重要的工业与工会都置于严密的管制之下。文献告诉我们："在每座大城市里，政府成为一个有权力的雇主……立于私人工业家的头肩之上，私人工业家都要受到重税的压制。"商人宣告破产时，戴克里先解释说，蛮族已在我们的大门口，在集体自由不能确获保障前，个人自由必须有所限制。戴克里先的社会主义是一种战时经济管制，可能由恐惧外来攻击而生。若其他的因素相同，内部的自由与外部的危险总是成反比。

对于戴克里先膨胀、奢侈而又贪污的官僚制度来说，在经济的细节上，管制人员的工作证明嫌多。为了支持此官僚的局面，如军队、法庭、公共工程和失业救济，税捐增高到使人们失去工作与赚钱的兴趣，而且在律师找法律漏洞逃税与律师制定法律防止逃税之间，做交互腐蚀的竞赛。罗马人成千上万为逃避税吏，逃到境外在蛮族人之间寻求庇护。政府为设法阻止这种逃税人的流动，也为顺利推行法令与税收，发出命令不准农人离开他们的田庄、工人离开他们的商店，除非他们能先把债务与税捐缴付清。中世纪的农奴制即在这种情形下开始了。

中国也曾数度试行国家社会主义。司马迁告诉我们说，防止私人"保有他们独占山泽之利，而且不要让下层阶级自生自灭"。汉武帝，宣布土地资源国有化，扩大政府权力管制运输与贸易，提高所得税及创设公共工程，包括开凿运河、蓄水、灌溉农田。政府储存货物，贵时卖出，贱时买进，以平抑物价。所以司马迁说："富商巨贾不得居奇谋利……而国内的物价也应管制。"我们知道其时中国的繁荣，可以说是空前。汉武帝死后，"天灾"人祸相接，迫使这项改革实验结束。水灾与旱灾交互而来，物资奇缺，物价高涨而无法控制。商人抗议高税，指高税使人们懒散。穷人为生活费用高涨而烦恼，也加入富人一边，吵闹恢复旧制。有人提议，新制度的发明人应下油锅活烹。于是各项改革一项接一项被取消，一位哲学家国王恢复这些改革时，原来的改革几乎已为人遗忘。

王莽是一位有成就的学者，一位文学爱好者，一位对朋友与穷人疏财仗义的百万富翁。他篡得帝位后，环侍其左右皆是在文学、科学、哲学上的有教养之士。他把土地收为国有，然后等分给农民，而且取消奴婢制度。跟汉武帝一样，他也想用平疏的办法控制物价。他以低利贷款给私人企业。那些因他的改制而利益削减的集团联合起来而计谋将其推翻，这些人获得水旱灾与外来入侵之助而成功。富有的刘氏宗室领头造反，杀死王莽，并废其新制，一切又复旧观。

1070年至1085年，王安石为相，推行一项广泛的政府管制经济制度。他坚持："鉴于济助农人以免他们被富人压抑致死，政府必须掌握整个农、工、商业的管理权于自己手中。"他以低利贷款给农人，免得他们受高利贷和债主的压榨。他用改进种子与其他援助鼓励新移民，待收成后再归还。他建设规模宏大的工程以控制洪水，并借以防止失业。每一地区指定专人负责管制物价与工资。商业国营，老年人、失业者、穷人分别给予津贴。科举制度（此制决定进入政府工作与否）也予以改进。一位中国历史学者说："学生扔掉他们诗词歌赋的教本，开始研究初步的历史、地理、政治、经济。"

　　这项实验因何而终止了呢？第一，高税，为支持政府日益膨胀的公务员，样样课税。第二，征兵，每个家庭须出一丁以应付蛮族的入侵。第三，贪污，也像其他国家一样，面对让私人强取豪夺，还是让公家贪污腐化之间做一选择。由王安石兄弟领导的保守派[1]声称：贪污与无能使政府对工商业的管制不合实际，并辩称，最好的经济制度是依赖于人们受自然的冲激的放任制度。富人受到高税及商业为政府垄断的痛苦，资助不信任新政的运动，阻止新法的推行，而使其结束。这个反对运动有很好的组织，不断对神宗皇帝施加压力。又一期的旱灾与火灾发生时，天上出现一颗可怕的彗星，于是天子罢去王安石，并取消他的新法，而召反对派执政。[2]

　　社会主义政权维持最长久的，就历史已知者是印加人建立的政权，印加也就是我们今天称之为秘鲁的在13世纪时的名称。他们的社会主义权力主要基于一种流行观念，即认为地上的政权是天上太阳神的代表，所以地上的政权代表太阳神组织并指导农工商业。由政府普查而保有一切物资与个人及其收入的资料。统治这样一个幅员广大的领土，当然要有专业的"稽查员"。他们利用道路系统，维持一个交通网，保持这份详细资料。每个人都是政府的雇员，而且似乎愉快地接受这种情况而视为安全与温饱的希望。这种制度一直维持到1533年秘鲁被皮扎罗（Pizarno Francisco）征服为止。

　　在南美洲的另一侧，沿着乌拉圭河两岸，是葡萄牙殖民地。有150个耶稣会传教士，他们在1620年至1750年，将20万名印第安人组成了另外一个社会主义的社会。这些牧师统治者几乎管制一切农商工业。他们要每个青年在他们教导的贸易中选一项来从事，而且要求每个身体健康的人每天工作8个小时。他们为土著提供休闲活动、安

---

[1]　指王安国、王安礼。

[2]　上述有关中国的社会改革，其中有司马迁与王安石话的直接引文，但因杜兰特所据的为外国人的英文著作，究竟出自中文何书何处，难以查对还原，此外建议汉武帝实行盐铁政策的人为桑弘羊，非司马迁。

排运动、舞蹈及唱赞美诗，而且训练交响乐队，演奏欧洲的名曲。他们的工作像教师、医生、法官，他们还制订一种废除死刑的刑法。这些土著都是温良的，对现况满意，而且其社会受到外来的攻击时，他们竭智尽力加以保卫，使敌人都感到惊讶。1750 年，葡萄牙将包括耶稣会教士建立的 7 个社区在内的领土转让给西班牙。原因是一项谣言流传甚广，说是这些殖民地的地下有金矿，所以在美洲的西班牙人坚持立即占领。葡萄牙在蓬巴尔统治下的政府，命令传教士与土民离开那些住地，虽经印第安人反抗，而这个社会主义的实验仍然寿终正寝。

德国在伴随宗教改革而来的社会动乱中，几个反叛领袖提出了基于《圣经》的一些共产主义口号。传教士托马斯·闵采尔（Thomas Münzer）要求人民打倒亲王、僧侣与资本家，另建立一个"高尚的社会"。在这个社会里，一切都是属于大家的。他征募一支农兵，用《福音》书中的共产主义思想鼓动他们，并领导他们走上战场。结果失败，5000 人被杀，闵采尔也于 1525 年上了断头台。汉斯·胡特（Hans Hut）接受闵采尔的教训（约 1530 年），在奥斯特利茨组成一个再浸信教的社区，实行共产主义，几乎维持一个世纪之久（约 1530—1622 年）。莱顿的约翰（John of Leiden）也领导一个再浸信会的团体占据了威斯特伐利亚的首都明斯特。在那里，他们也维持一个共产主义的政权有 14 个月之久（1534—1535 年）。

17 世纪，在克伦威尔军中，有一个叫作"平等派"（Levellers）的团体，要求克伦威尔在英格兰建立一个共产主义的乌托邦未果。在光荣复辟期间，社会主义的煽动力才平息，但是产业革命显示出早期资本主义的贪婪和残忍时——童工、女工、工时长、工资低及易引起职业病的工厂与贫民窟，此运动又起。马克思与恩格斯 1847 年发表的《共产党宣言》，等于是此运动的大宪章，而 1867 年至 1895 年发表的《资本论》则等于此运动的《圣经》。他们预期社会主义将首先在英国实现，因为英国工业最发达而又达到集中管理的阶段，引进此运动似乎最为适宜。可惜他们早逝，未受共产主义在俄国爆发的震惊。

为什么现代社会主义首先在资本主义尚在萌芽时期的俄国发生？那里根本没有大的工厂需要转移到政府手中来控制。虽然数世纪以来，农民的贫穷与知识分子的反叛著述已为此运动铺路，但是农民1861年已由农奴地位获得解放，而知识分子也已倾向于无政府主义，正与政府管制一切的思想相反。因此，1917年俄国革命的成功，可能由于沙皇政府在欧战中被击败而政府低能腐败。俄国经济在战乱中也已崩溃，农民由前线携带着武器返乡，而且列宁与托洛茨基（Trotsky）受到德国政府的保护，一路平安地回到俄国。俄国革命采取共产主义的形式，是因为新政府内受混乱的挑战、外受攻击。人民的反抗是任何被围攻下的国家免不了的反应——因为在秩序与安全没有恢复前，一切的个人自由将放置一旁。此早期的共产主义就是战时经济。

现在，俄国的社会主义正在恢复个人主义的激励机制以使该制度能有更高的生产力，而且也准许人民身体与知识上更多的自由。同时，资本主义也借半社会主义的立法，通过"福利国家"财富再分配的政策，来限制个人所得。马克思是对黑格尔的反叛：他解释黑格尔的辩证法，好像暗示资本主义与社会主义之间的斗争，将在社会主义获得全胜下而结束。但是，假如黑格尔正反合的辩证公式适用于工业革命是"正"，资本主义对抗社会主义是"反"，那么下一个状态将是资本主义与社会主义的"合"，而且这种协调现象，西方国家很明显在进行中。西方国家的政府，在经济事务上的角色，一年一年地升高，而私人参与的因素一年一年地降低。资本主义保有私人财产、自由企业与相互竞争的刺激，而生产货物充沛，商品供应无虞。高税重重地压抑了上层阶级，也使政府能在人口自我限制的情形下，为教育、健康与娱乐提供前所未有的服务。资本主义的恐惧迫使社会主义放宽自由，而社会主义的恐惧也迫使资本主义增加平等。东方是西方而西方也是东方。不久，两者就要碰头。

第十章 | **政府与历史**

英国诗人蒲柏曾说过：只有愚人才为政府的形式而辩论。历史对所有形式均予以一字之褒，一般说来，对政府亦复如此。因为人类爱自由，而在一个社会里，个人的自由又需要某些行为来规范，所以自由的第一个条件是有所限制。若要绝对的自由，自由便在杂乱无章中死亡。政府的首要工作是建立秩序，对私人手中不计其数而又分割的力量，采取中央集权制是唯一的选择。权力当然要集中于中央，因为权力如遭分割、削弱、分散，便不能行之有效，就像波兰议会采取"自由否决制"。因此，君主政体在黎塞留与俾斯麦的主政下，权力的集中化虽然受到历史学者的赞扬，却受到封建贵族无休止的抗议。在美国，联邦政府的权力也以同样的程序日渐集中，私人经济发展不理会政府的限制而唯有使用某种中央权威才能管制时，不必讲什么政府有无此种权利的。今天，国际政府组织也在发展，因为工业、商业与金融跨过国界，具有了国际的形式。

君主政治似乎是政府最自然的一种体制，因为它适于团体的管理，就像家庭中的父亲或军队中的首领一样。假如我们由某一政体在历史中的盛行与否及维持的久暂来断其优劣，我们必须首推君主政体。相对地，民主政治只是几支插曲。

罗马的民主政治在格拉古兄弟、马略与恺撒的阶级战争中崩溃后，奥古斯都在有效的采君主政治的统治下，组织起来并完成政治人物在历史上最伟大的成就——"罗马的和平"，公元前30年至180年，帝国的全境西起大西洋东到幼发拉底河，北由苏格兰南到黑海，维持了两百多年承平的局面。奥古斯都的君主政治，虽经卡里古拉、尼禄与图密善的败坏，但在他们之后又出现了涅尔瓦、图拉真、哈德良、庇护、奥勒留等，勒南称他们几位是世界上前所未有的"最善良的、最伟大的主权继承者"。吉本也说："假如有所谓最令人倾注的时期，在这段时期，人民的生活情况是最快乐、最繁荣的，他毫不迟疑地指出，是涅尔瓦继承大位起到奥勒留之死为止这段期间。他们几位的相继在位，可能是历史上仅有的一个时期，他们把大多数人民的快乐作为政府的唯一目标。"在这个辉煌的时代里，罗马人民自夸在君主政治的统治下，这个君主政治是采让位于养子制度的[1]，即帝王不是把他的王权传给他的子孙，而传给他认为最能干的人，他把这个人收养为自己的养子，然后在政府的职能上训练他，逐渐将王权转移给他。这个制度进行得很好，部分原因是图拉真与哈德良都无子嗣，而庇护的儿子夭折。奥勒留有个儿子柯摩达，因为这位哲学家国王未能另外指定继承人，所以由其子继位，但引起混乱的正是这位皇帝。[2]

一言以蔽之，君主政治有一中等的成绩。此制度由继承而起的战争给人类带来接二连三、并被认为"合法"的罪恶，同此制度带来的优点一样多。此制度采世袭制时，产生的愚蠢、奢侈、裙带关系、不负责及奢靡之风，可能要比高贵气质政治家风范为多。路易十四是常被人视为现代君主的典型，但法国人民为他的死亡而欢欣。现代国

---

[1] 相当于中国尧以帝位让舜的禅让制。其实，他们传给王位的人虽不是自己的儿子，但也不外女婿、侄辈或妻子的孩子，不能算是与王室毫无血统关系。

[2] 我们要补充一下，有些历史学者认为安东尼（Antonines）时代，在罗马的政治败坏方面，正如一个不成功的"群众大会"。安东尼时代即指庇护与奥勒留当政时期，因庇护姓安东尼，而奥勒留为其养子，依例应冠父姓。

家的复杂性，似乎打破了任何试欲由一个人的智慧统治一国的企图。

因此，大多数政府都是寡头政治——由少数人来统治，或由出身选出，如贵族政治；或由宗教组织选出，如神权政治；或由财富选出，如民主政治。多数人统治是违反自然的（甚至卢梭也明白这一点），因为多数人对联合而又特殊的行为很少能组织起来，但少数人可以做到。假如有能力的多数是包含于人类的少数之中，则少数的政府如财富的集中一样，是不可避免的。多数除了定期性地罢黜一个少数，然后建立一个少数外，不可能再做什么更好的工作。贵族政治论者所持的理论，即由出身作为政治的选择是一种最健全明智的选择，比由财富、由神学、由暴力去选择都好。贵族政治是从钩心斗角而粗卑的经济竞争的战场上撤出少数人，从小训练他们如何为政府工作，有榜样，有环境，又由低职学习起。这些工作需要有特殊的准备，这种准备不是一个平常家庭或背景能够提供的。贵族政治不仅是政治家的一种培养，也是文化、风范、标准与经验的储备与方法，从而使其与社会怪现象、艺术的狂热或在道德规范迅速变化中建立起安全的隔离工作。请看自法国大革命以来，道德、风范、典型与艺术变成什么样子了。

贵族政治过去鼓励、支持、控制艺术，但很少创造艺术。因为贵族们轻蔑艺术家，把艺术家视为匠人。他们爱好生活的艺术甚于艺术的生活，而且他们从未想到减少耗费劳役，因为他们的爱好往往需要巨大的代价。他们很少有文学创作，因为他们认为发表作品是抛头露面与市侩的行径。结果，在现代的贵族政治制度里，出现了一种轻率又半瓶醋的享乐主义，一生逍遥自在，有优越的特权地位，却往往忽视任何的责任。因此，有些贵族政治腐化了。贵族政治夹在"朕即国家"（L'tat C'est moi）与"我死后哪管洪水滔天"（Apre's moi le déluge）[1] 之间，只有 300 年。

---

[1] 两句皆为法文，前句意为 I am the state，后一句意为 After me the deluge。据说前为路易十四之言，后为路易十五之言。路易十四与路易十五先后为王，中间并无间隔，故作者引用此言，只是指由君主专制到民主政治，其间有 300 年为贵族政治时期。

贵族政治，其太过狭义的独占特权与权力时，其用自私而急功近利的方法剥削人民、压榨人民时，其盲目热衷于传统方法而阻碍国家的成长时，其浪费国家的人力与资源用于王室的游乐和开疆扩土的战争时，它的优点已不能拯救它。然后，受排斥的人在激烈的暴动中团结起来；新的富人阶级与穷人联合起来对抗墨守成规的贵族；断头台上砍下成千个贵族的脑袋。于是，民主政治把贵族政治带进人类无政府的状态中。

历史是否证明革命为正当的呢？这是一个老问题，由路德勇敢地与天主教会分裂，与伊拉斯谟诉请容忍而有秩序的改革，或由福克斯支持法国大革命与柏克对旧法统的护卫，即是很好的说明。有些情形，过时的、毫无弹性的制度似乎需要暴力予以推翻，像1917年的俄国。但是，在大多数时候，革命来自经济发展逐步引起的逼迫。显然，有时候不必通过革命，用改良的方法也可以达到目的。美国在英语世界中没有任何革命似也达成了这种统治的目的。法国大革命以控制金融的商人阶级代替拥有土地的贵族作为统治的权力。但同样的结果发生在19世纪的英国而未经过流血，也未搞乱公共的和平。与过去尖锐的割裂会招致疯狂的局面，随之而来的是突然的横祸或毁伤的震撼。因为个人的明智有赖于其记忆的连续不断，团体的明智也有赖于其传统的连续不辍。在此情形下，环链一断就会招来疯狂的反动，像1792年巴黎"九月大屠杀"即是。

财富是生产与交换的程序，而不是货品的囤积（大部分是不能久存的），而且财富是人与机构的一种信任（信用制度），而不是纸币或支票的内涵价值，暴力革命对财富所做的再分配没有其对财富的毁坏多。暴力革命可能有土地的重新分配，但人类天生的不平等不久又会产生所有权与权利的不平等现象，而且新的少数权力的兴起，同旧的少数一样，主要是靠其本能。唯一真正的革命是心智的启蒙与性格的改进，唯一真正的解放是个人的，而唯一真正的革命者是哲人与圣人。

依照名词的严谨用法，民主政治只存在于现代，因为绝大部分内涵都在法国大革命之后。在美国，成年男子的投票权开始于杰弗逊执政之时，正如成人（包括女性）投票权开始于我们的青年时代一样。在古代的阿提卡，在31.5万的总人口中，有11.5万人是奴隶，只有4.3万人是公民，有权投票。女人和几乎所有的工人、店员与商人，及所有外国人都被排斥于参政权之外。这些少数的公民又分为两派：一派是寡头政治派——主要是地主贵族阶级与上层资产阶级；另一派是民主政治派——包括小地主与小商人，及仍保有参政权但已降为劳工的公民。在伯里克利主政时期，贵族政治盛行，而雅典在文学、戏剧与艺术方面到达了鼎盛时代。他死后，由伯罗奔尼撒战争（公元前431—前404年）失败，贵族政治败坏。人民，或者说公民的较低阶级权力上升，比苏格拉底与柏拉图鄙夷的尤甚。从梭伦到罗马征服希腊（公元前146年），寡头政治派与民主政治派的冲突，在书籍、戏剧、演说、投票、贝壳流放[1]、暗杀与内战上处处对立起来。公元前427年，在克基拉（Corcyra，今科孚）统治的寡头阶级，暗杀了60个人民党的领袖。民主政治派又推翻了寡头政治，在公共安全委员会一类的名目下审判50个寡头派人士，结果50人均被处决，还有数百名贵族阶级的犯人饿毙于狱中。修昔底德的描写，使我们忆起1792年至1793年的巴黎。他说：

> 在7天中，克基拉人致力于屠杀，那些人本是他们的同城公民，都被他们视为敌人……死亡笼罩在每个人面前，此刻一如经常发生的暴动，无所不在；父亲杀死儿子有之，祈祷者从祭坛上被拖下来或被砍杀于祭坛之上者有之……革命由此城到彼城地进行，其所到之地，听到的都和其前所做所为一样，所做的已经远

---

[1] 是公元前5世纪雅典等若干古希腊城邦实施的一项独特的政治法律制度，即由公民投票决定当年放逐的人选，放逐期限为10年。

超过……他们报复的凶残……克拉基为这些犯罪树立了第一个榜样……确确实实为统治者的报复，（他们从未经历过平等的待遇，或者，实在说来，从他们的统治者看到的除了暴力外，无所不有）而且……人们忙于纵情恣欲，已无同情与恻隐心……同时，在两个（敌对团体）中，中庸稳健的公民已看不到了……整个希腊世界都震动了。

柏拉图在他的《理想国》中，做了苏格拉底的代言人。苏格拉底直斥雅典人民民主政治的胜利变成阶级暴动的混乱，使文化衰微，使道德败坏。其中有：

> 民主派人士对节欲行为加以蔑视，指为不够大丈夫的气概……傲慢，他们称之为教养，无政府为自由，浪费为慷慨，无耻为勇气……父亲要降与儿子相等的地位，而且怕儿子，儿子也升于父亲相等的地位，对父母毫无惧畏……老师怕学生而且要拍学生马屁，学生则藐视其师长……年长者雅不愿被认为愁眉苦脸与权威者，因此，他们向青年学习……尤其我不应忘记告诉你们，他们男女两性彼此的关系是自由而平等的……公民对少数人追求权威，对长期的漫无法纪，不论成文或不成文均失效用，而感到不能忍耐……由这种情形而产生独裁（专政），是公平而可喜的……任何事凡太过分者，必引致相反方向的反动……民主政治自然兴起独裁制度，暴政与奴役的最坏政体是由自由太极端的政体产生的。

柏拉图去世（公元前347年）前不久，他对雅典民主政治敌意的分析，显然已为其后历史肯定。雅典人恢复财富，但其时的财富是商业上的资财而不是土地上的财富，工业家、商人与银行家爬到资财重新累积的顶点。这种改变产生了为金钱而热烈的奋斗，正如希腊人所说的多多益善（pleonexia）——胃口愈来愈大。暴发户建造起豪华的宅第，他们的太太穿着名贵的服饰，珠光宝气，有成打的用人侍候她们。在宴会中，她们彼此争奇斗艳，各显豪华，以取悦其客人。贫富的差距愈来愈大，一如柏拉图指出的，雅典人分成了"两个城市……一个城市是穷人的，另一个是富人的，此城市与彼城市对战"。穷人计划用立法、税捐及革命手段来剥夺富人的财富，而富人为了保护自己的财富也组织起来对抗穷人。亚里士多德说，有些寡头政治的政府官员，他们竟有这样郑重的誓词："我要做人民的对手"（就是说，平民），"而且在议会中，我要做出我能做的一切坏事"。伊索克拉底约于公元前366年曾说："富人变成如此地反社会，那些拥有财产的人，他们宁可把其财物扔到海里去，也不愿拿出来帮助需要者；那些生活在较穷的环境里的人，又觉得攫夺富人的财产，比发现一个宝藏还开心。"较穷的公民攫得议会的控制权，即投票将富人的财产弄进国库，然后由政府性的事业或政府以补贴的方式重新分配给人民。政治人物用尽他们的聪明为公共岁入开辟新财源。有些城市，其财富的分散办法甚为直截了当：像在米蒂利尼市（Mytilene），由债务人将他们的债主集体屠杀；在阿戈斯（Argos），民主派人士攻击富人，杀死了数百人，又没收了他们的财产。其他反对希腊城邦政治的有钱人家，为了互助而秘密结盟以对抗暴民。中产阶级也和富人一样，因为忌妒权力而开始对民主政治不予信赖；而穷人因投票权的假平等无补于财富差距上的不平等，也对民主政治不予信任。阶级战争愈演愈烈，使希腊在公元前338年遭马其顿王菲利普二世的猛攻时，内外都呈分裂状态。许多富有的希腊人竟宁愿欢迎菲利普的到来，也不要革命。在马其顿的独裁制度下，雅典的民主政治消失了。

柏拉图把政治演进归纳成君主政治、贵族政治、民主政治与独裁政治相继出现的过程，在罗马史中又发现了一个证明。公元前3世纪与前2世纪时，罗马在寡头政治制度下，制定外交政策，训练军队，征服、开辟了地中海的世界。战胜而得的财富皆被罗马贵族瓜分，而商业的发达又使中上层阶级跃升成豪富。被征服的希腊人、东方人与非洲人被带到意大利，都变成奴隶而为大地主（*latifundia*）服劳役。本地的农民失去了土地，东游西荡，只好以小格拉古于公元前 123 年为穷人建立的每月粮赈为生，各城市中新增了无产阶级。将军与总督由各省回来，为他们自己和统治阶级运来了掠夺的财物。百万富翁随之倍增。流动资产代替土地而成为政治权力的来源或工具，敌对两派在选举中竞做提名与选票的大规模买卖。公元前 53 年，一个投票团体为支持某一人而接受了 1000 万塞斯特瑞斯（罗马币）。用钱买失败时，谋杀便随之而来。在某些事例中，有投票人因投票不如所愿被殴几死，其房子也被人纵火烧掉。古代人绝不会知道，会有这样富有、这样有权力而这样腐败的政府。贵族阶级力促庞培维持他们的优势权益，一般平民则把他们的命运交给恺撒。战场上的判决取代了胜利的拍卖。恺撒胜了，于是建立起民治独裁制度。贵族派杀了他，却由他的侄孙，也是他的养子奥古斯都接受他的独裁制而结束民主共和（公元前 27 年）。民主政治结束了，君主政治又复活了，柏拉图的轮子已转了一整圈。

由这些古典的实例，我们可以推知，古代的民主政治名不副实，未能为民治政府提供公平合理的考验机会，其制度已被奴隶制、拜金主义与战争腐蚀。美国的民主政治有较广宽的基础。它开始时受益于英国的遗产，系《盎格鲁－撒克逊法典》，从大宪章以降，一直保护公民对抗国家；而新教也早开放宗教与知识自由的途径。美国革命不只是殖民地人民对抗遥远的政府，也是本土的中产阶级反对外来的贵族的起义。此叛变由于自由无主的土地面积广大和立法权太少，变得轻而易举。拥有土地的人耕种自己的土地，而且（在天然的限制内）改善其生存处境，有了一定的经济基础，从而争取政治自由，他们的特征与性格扎根于土地。就是这些人使杰斐逊做了总统——杰斐逊是跟伏尔泰一样的怀疑论者，也是跟卢梭一样的革命论者。一个管得少的政府最宜于那些精力强的人发展，所以美国由荒凉之地变为一个物质丰庶的理想国，西欧的后裔与被保护者竟变成其对手与保护者。乡村的孤立促进了个人自由，两面环海的保护，使得国家的孤立促进了自由与安全。这些及其他上百种因素，使美国的民主政治更有基础，也更普遍。这为历史前所未曾一见。

这些形式上的条件很多现已消失了。个人的孤立已随城市的成长而消失。个人的独立，也随工人需要依赖不属他们自己所有的工具与资本，及依赖他们自己不能掌握的条件而消失。战争变成愈来愈浪费，而且个人无法了解战争的原因，也逃避不了战争的影响。自由无主土地，随家宅私有制的普遍伸展而消失——土地私有已到最小的限度。从前个体商店店员，现在已成为大分销商的劳工了，可能要重弹马克思的老调，抱怨事事都是桎梏。经济的自由即使在中产阶级，也成为愈来愈属例外之事，只好拿政治的自由作为安慰的托词。所有这些现象的到来，不是如我们在血气方刚的青年时想象的——由于富人的邪恶，而是由于非人力所能控制的经济发展的结果，也可说是由于人性。在经济错综复杂的关系中，每种进步都对奇才异能之士予以额外的奖励，也愈加剧了财富、责任与政治权力的集中。

民主政治是所有政体中最困难的制度，因为它需要最广泛而普及的智识，而要我们一般人当权时，往往忘了也要我们有智慧。教育普及了，但智慧永远被太多的愚人阻滞不进。一位犬儒学派的学者曾说过："你不该恭维无知，正因无知太多了。"然而，无知受恭维不会太久，因为无知被那些制造舆论的力量操纵。林肯所说的："你不能愚弄所有人于永久。"[1] 这或许是对的，你却可任意愚弄他们而治理一个大国。

民主政治对近代艺术的堕落有没有责任呢？当然，说堕落不是无争议的，这是主观见解的问题。我们之中有些人一想到艺术的表现太偏激，心里就发毛。五颜六色无意义的乱涂，破布烂纸的拼贴，鬼喊

---

[1] 林肯曾有"你能愚弄部分人于一时，你不能愚弄所有人于永久"的名言。

狼叫的电视音乐——无疑地，在我们过去迟钝于尝试的时期，这些都是要受到禁制的。这些无任何意义的创作，作者不是要引起一般大众的共鸣——一般大众把这些人讥为狂人、颓废者或骗子——而是要引起易受骗的中产阶级买主的共鸣，这些人被作者催眠，而又为新奇或畸形震慑。民主政治对这种颓丧的作品是负有责任的，但这种责任只限于在意义上未能使这些作品发展成为标准的形式与风味，以取代过去贵族艺术家保持的幻想与个人主义，他们是在有限的智慧交流中、在生活的装饰下及在一种逻辑的推理与一种连贯的整体内求得部分的和谐下，保持着幻想与个人主义。现在，如果艺术在怪异方面似已迷失自己，这不但是由于艺术已受到大众意见或支配而世俗化，也是由于艺术的表现可能已被古老学派与古老形式想尽了，新人此时只好在新模式与新风格、新规则与新训练上，研究、挣扎。

综上所论，民主政治是比任何其他政体害处较少而优点较多的制度。这个制度为人类生存增加了情趣与友爱，这种优点已超过它的缺陷与劣点。它给思想、科学、企业以自由，这些是它们运作与成长的主要条件。它打倒特权与阶级的墙，因此每个时代的民主制度都能从每个阶层和每个地区擢拔一些才俊之士。在民主制度的刺激下，雅典与罗马在历史上成为最有创造性的城市，而美国在 200 年中，也为其大部分人民提供前所未有的富庶。民主政治现在致力于教育的推广与延长，及公共卫生的维护工作。假如教育机会平等能够建立起来，民主政治将是真正合乎正义的。因为在民主政治的口号之下，基本的真理是：虽然人不能平等，但他们教育与机会的增加能使他们更接近平等。人权不是参与政治和行使权力，而是选择每条路的权利，借此也可以培养与考验一个人是否适宜为官或执权。权利不是上帝或天然所赐，而是对每个人必须参与的团体有益的特权。

在英国和美国，在丹麦、挪威和瑞典，在瑞士和加拿大，目前的民主政治比过去更好。它有勇气与能力保卫自己，以对抗外国独裁政治的攻击，而且对内不让独裁政治出现。但是假如战争继续吸引它、支配它，或者假如一心想要统治世界而需要建立起庞大的军力与预算，则民主政治的各项自由可能一个一个地向武器与战斗的训练屈服。假如竞争与阶级战争把我们分为两个敌对阵营，变政治的论辩而成盲目的仇恨，不是这边，就是那一边，可能要推翻竞选演说讲台而用剑来统治。假如我们自由的经济分配财富不能像其创造财富那样有效能，独裁之门将为每个人敞开，只要这个人能够说服大众而保证大众安全即可。一个好战的政府可以随便使用一些吸引人的口号，就可将民主世界吞噬。

第十一章 | 战争与历史

战争是历史的常态，即使在文明或民主政治社会中也无法消除。在过去有记载的 3421 年中，只有 268 年未曾发生过战争。我们所知的战争同现在一样，都是竞争的最后形式，也是人种的自然淘汰。赫拉克利特曾说过："战争是最后的方式。"战争，或者竞争，是万事之父，是观念、发明与制度的有力源泉。和平是一种不稳定的均势，这种均势只能由世所公认的超级强国或由平等的强国来维持。

战争的原因跟个人之间竞争的原因完全一样，如贪婪、好斗与骄傲，及获取粮食、土地、物资、燃料与霸主地位的欲望。国家有我们个人的冲动而无我们个人的约束力。个人的约束是靠道德与法律的力量，彼此同意以协商代替斗争，因为国家对人民生命、财产与合法权益有基本的保护之责，而国家本身公认是无任何约束的，或是因为她太强而不理任何违其意愿的干预，或是由于没有超级国家给她提供基本的保护、国际法或国际道德律失去了效力。

就个人而言，骄傲增加生死斗争中的活力；就国家而言，民族主义增强外交与战争中的力量。欧洲国家从罗马教廷的统治与保护下解放时，每个国家都鼓励民族主义作为海陆军的"后备队"。假如国家预见要与任何一个特定国家冲突时，它就煽动其人民敌视那个国家，并制造口号，把仇恨推到最高点。同时，它强调自己是爱好和平的。

　　这种精神动员以应付国际的危急，只有在最基本的冲突中才发生。在欧洲，16世纪的宗教战争与法国大革命的战争，鲜有使用这种手段。上述战争期间，冲突国家的人民是被准许尊敬彼此的成就与文明的。法国与英国战争期间，英国人仍可安全地在法国境内旅行。在法国人与普国腓特烈大帝进行"七年战争"期间，他们继续互相尊重。17世纪和18世纪的战争是贵族阶级之间的战争，而不是人民的战争。在20世纪，交通、运输、武器与交战的方法改进了，而使战争成为人民之间的斗争。平民也和战士一样卷入战争，而且借财产与生命的大规模破坏赢得胜利。今天的一场战争，可破坏数世纪人力建立的城市、创造的艺术和发展成的文明习惯。在今天的战争中，勉可自慰地是说战争促进科技的进步，那些致命的发明，假如没有在普遍的贫困与野蛮中被遗忘，也许会有助于人类在未来的和平时期，推动物质进步。

　　在每个时代，军人与统治者——像阿育王与奥古斯都，是少有的例外——都讥笑哲学家胆怯厌战。历史，用军事的观点来解释（军事史观），战争就是最后的仲裁者，这除了懦夫与傻子以外被所有人接受，而且认为是自然而必需的。但是，查理·马特在图尔的胜利（732年），是什么使法国与西班牙没有变成穆罕默德的子民的？假如我们没有用武力自卫以对抗蒙古与鞑靼的入侵，我们的古典遗产又会变成什么样子？我们耻笑死在床上的军人（忘了他们活着比死亡更有价值），因而他们击退希特勒或成吉思汗时，我们就为他们建碑竖像。那么多的青年死于战场是令人怜恤的（军人说），但死于汽车失事的青年比死于战争的更多，而且他们有更多的人因缺少教养而死于暴动与堕落。他们需要为他们的格斗、冒险与烦恼的平凡生活找到发泄出口，假如他们迟早总归要死，为什么不让他们在战争的麻醉与光荣的梦想中为国家而死？即使是哲学家，若他们了解历史，也会承认：长期的和平可以使一个民族战斗的肌肉致命地瘫软。在目前国际法与国际舆论不完备的时代中，一个国家必须随时随地准备保卫自己。而且，国家的重要权益卷入时，该国就必须获准使用任何她认为必要的手段以恢复国家的权益。自保都危急时，十诫只好丢在一边。

很显然（军人接着说）：美国今天必须继续承担英国在19世纪履行得非常好的职责——保护西方文明不受外来危险侵犯。共产党政权，以老式的高出生率与新武器武装自己，一再宣称他们要摧毁一个旧世界。新兴国家渴望来一次工业革命使他们经济繁荣、军力壮大，他们对苏联在政府管制下的迅速工业化印象至深。西方的资本主义最后可能有更高的生产力，但在发展方面似乎较慢。一些新统治者极力控制他们国家的资源与人力，很可能被共产党的宣传等活动所俘获。除非这一扩张过程被阻止，否则几乎所有亚洲、非洲和南美洲都将在共产党的领导之下，而澳大利亚、新西兰、北美洲与西欧也将被其四面包围，只是时间的问题。可以想象得到：这种情形要影响到日本、菲律宾与印度，也影响到意大利得势的共产党。也可想象得到：意大利共产党的胜利要影响到法国的共产党的活动。而英国、斯堪的纳维亚半岛、荷兰与西德势将听由一个优势的"共产主义大陆"的摆布。现在，美国的力量正在巅峰状态，她应该接受此未来形式而视为不可避免的吗？她应由前线撤退，而让其本身受敌意的国家包围，控制住货物与市场的进出口通道，而且像任何被围困的人民一样，被强迫仿效她的敌人，建立起独裁政府，主宰以前自由而充满活力的生活的每一方面吗？美国的领导者是只应该考虑现在享乐主义的一代，回避这一重大问题呢，还是也应该考虑到：美国未来世代代希望这些领导者应完成的事呢？立即去抵抗、对敌人发动战争、去到外国的土地上战斗、牺牲十万美国人的生命或者百万非战斗员的生命，只要能使美国人在安全与自由中照自己的生活方式自由生活，这是不是更明智呢？依照历史的教训来看，这不正是一个有远见的政策吗？

哲学家[1]回答说：是的，可是这样做，敌人在比例上对他们战斗

---

[1] 作者自况。

力的动员要做加倍的扩增以外，还可能使用破坏力空前的武器，依照历史来看，势将带来一场浩劫。有些事是比历史更重要的。为人道而言，有些地方，有些时候，我们必须对无数恶例挑战，而且大胆援用立国的金科玉律，像阿育王在公元前262年所做的一样，或者至少像奥古斯都在公元9年所做的，当时他吩咐提比略[1]停止进一步地入侵日耳曼。柏克说过："在政治上，宽仁并非是不够真正的聪明，一个伟大的帝国与小心眼合在一起就糟了。"假定一位美国总统对中国与苏联两国领袖说：

> 假如我们一定依照历史常情，则我们必须与你们作战，因为我们恐惧一代之后你们会做出这种事。或者我们一定要依照1815年神圣同盟的可怕的先例，奉献出我们的财产和我们最可爱的青年，去镇压任何地区任何反对现有秩序的暴乱。但是我们愿意来试行一种新方法。我们尊敬你们的人民和你们的文明，而认为是历史上最有创造性的。我们要想法了解你们的感情，想法了解你们要发展你们自己的制度而不受攻击的渴望。我们必须不让我们彼此的恐惧引导我们走上战争之途，因为我们和你们史无前例的杀伤性武器，会带来历史上从未曾有的后果。我们建议为了调整我们的歧见，我们各派代表参加一项持久性的会议，停止敌对与颠覆，裁减我们的军备。在境外，不论何处，我们也许会发现自己为争取民心而与你们竞争，但是我们愿意服从当地人民公平而合理的选举。让我们互相敞开自己的大门，组织文化交流团，这将会促进彼此的尊重与了解。我们不怕你们的经济制度会取代我们的制度，你们也无须害怕我们的制度会取代你们的制度。我们相信，每种制度都会从另种制度中学得教训，而能与其合作并和

---

[1] 罗马国王，14年至37年在位，即承奥古斯都之位者，亦为其养子，当时为将军，在北欧征伐。

平地共存。或者我们不论是谁，当维持足够的自卫力时，应能与其他国家签订互不侵犯与互不颠覆公约。而且由这些文献，世界的秩序能够形成，每个国家在这种有秩序的世界中，能维持主权与独立。这种主权与独立，除了志愿签署的协议以外，不受其他限制。我们要求你们无视历史而与我们联合，这样在我们国家之间，就可扩展礼仪与文明的关系。我们在所有人类之前宣誓，我们忠诚地履行这个冒险。假如我们在这场历史的博局中输了，其结果也不比我们由继续执行传统政策可以预期的结局更坏。假如你们和我们成功了，则我们将为后世留一功业，值得人类永志不忘。

很多人会对此一笑了之。"你已忘了历史的一切教训，"他说，"你也忘了你描述的一切人类本性。一些基本的冲突是无法用谈判来解决的，而且在延长谈判期间（假如历史可以是我们的指南），颠覆继续进行。世界秩序的未来，不是由于一纸君子协定，而是由一次决定性的胜利而来。这个胜利者是一个强国，她能指挥并强制执行国际法，像罗马帝国从奥古斯都到奥勒留所做的那样。你所说的那种广泛的和平，是不自然的，而且是例外的历史插曲。不久，他们就会因军事力量均势的改变而告终。你告诉过我们，人是竞争的动物，而国家也必须像人一样，优胜劣汰今天是在一个国际平台上展开。国与国的基本合作，只有他们遭到外来的共同攻击时才会联合起来。也许我们现在不停地向竞争的更高层迈进，我们可能和其他星球上的具有野心的族类即将有所接触，不久可能就有星际战争。那时，而且只有那时，这个地球上的我们才能成为一家人。"

第十二章 | 成长与衰退

我们曾把文明界定为"促进文化创造的社会秩序",也就是政治秩序由习惯、道德与法律而得稳定,经济秩序由生产与交换的继续不辍而得稳定。而文化的创造由创始、表达及试验的自由与便利而来,它是观念、文学、礼仪与艺术的果实。文明是错综而变动不尽的人类关系网,辛辛苦苦地建立起来,又毫不珍惜地予以摧毁。

为什么历史上到处都是文明被毁灭的遗迹?好像雪莱的《奥西曼提斯》似乎告诉了我们,死亡是万物的定数。在历史成长与衰颓的过程中,有没有什么轨迹可循,使我们能够由过去的文明进程,预测我们自己未来的命运?

一些想象力丰富的人是这样想,甚至正在详测未来。维吉尔在他的《第四田园诗》中就曾宣称:总有一天整个宇宙会变成和那些已被人遗忘的古代文明一样的情况,因为天灾与人祸会把人们变革的才能消耗殆尽,而且那些过去发生的情况,将来也会一再重演,使我们在每一方面都难逃毁灭的定数。那时将是:

> 会有另外一位先知提费斯,
>
> 也会有另一艘神船阿耳戈,

载来（伊阿宋等）及其他令人爱戴的英雄；

将会有另一次战争，

伟大的阿喀琉斯又将被送回特洛伊。

尼采曾因有此人类厄运的"永恒不息循环"的幻想，而致发疯。没有什么比这更愚蠢的了，但也只有在哲学家中能发生这种事。

历史一再重演，但只是在大的方面与大的事件上如此。我们可以合理地推测：在未来，亦如过去，会有一些新国家兴起，一些古老的国家衰落；会有一些新的文明由草莽农牧开始，而进步到工商业社会以致奢靡豪华。思想，从全局来看，也会由超自然的神奇时代进到传说时代，由传说时代再进到自然主义的诠释时代，正如维科与孔德辩论的一样；新的学说、发明、发现与谬见，也将会激起知识界的潮流；新生的一代将会反抗老一代，而且会由反叛进到适应与复古；道德上的实验也会松瘫了传统而威胁到传统者的权益；革新的狂热将会因对时间的漠不关心而被人遗忘了。历史在大的事件上自我重演，因为人性的改变像地质的缓慢变化，人们对常常发生的情况与刺激，像饥饿、危险、性欲等，总是准备用古老典型的方法去应付。但在高度发展与复杂的文明社会，个人比在原始社会里有更多的差异性与独特性，而且有很多情况含有奇异的现象而需要修正本能的反应。习惯减退了，推理扩展了，结果很少有能预测的事。未来要重复过去，并非是必然的。每一年都有所进展。

一些思想家找出历史大的轨迹就强将其做成俨然不可动摇的定例。法国社会主义的创始人，圣西门曾把过去和未来划分成"组织的"时期与"批判的"时期互相交替的现象。他说：

人类发展的法则……呈现出社会上两种不同而互相交替的状态。一是有组织的社会。在这个社会中，所有人类的行为都是集体的、可预见的，而且被一种普通理论规范。同时，社会活动的目的也清晰可辨。二是批判的社会。在这个社会中，一切社区的思想，一切共同的行动，一切的对等关系都终止了，而且社会只是各自为政的个人，在彼此冲突中的一种乌合团体。

这两个状态或情况中的每一种都据有历史的两个时期。一是组织的时期，希腊时代的前期就是这个时期，称之为哲学时代，但是我们把它称为批判的时代更为恰当。后来一种新的学说兴起了，很快蔓延到各个方面，经之营之，各有成就，而最后建立起其政治的权势，凌驾于西方文明之上。教会的制度是组织时期新纪元的开始，它结束于 15 世纪。宗教改革之声响起时，也就是批判时代的来临，这个时代一直继续到我们今天……

在组织的时代中，一切基本问题（神学的、政治的、经济的、伦理的）至少都已获得暂时性的解决。但是，不久由这些问题的解决之助而完成了进步，而且在固有制度的保护下，承认由它们而进步，却又觉那些解说不够，而唤起了奇异的幻想。批判的新时代——辩论时期，抗议时期……转变时期，对一些重大问题用怀疑、个人主义与漠不关心的态度取代古老的思想……在组织的时期中，人们忙于建设；在批判的时期中，人们又忙于破坏。

圣西门相信：社会主义的建立将开创一个联合信仰、组织、合作与安定在一起的新组织时代。

斯宾格勒（Oswald Spengler）又与圣西门的说法不同，他把历史分成各自独立的文明，每种文明都有像四季循环一样的独立生活过程与轨迹，不过主要是两个时期。一是向心的组织时期，这一时期在所有方面，都结合一种文化而成为一个统一的、连贯的艺术形式。另一个是离心的时期，这一时期在分裂主义与批判主义的情形下，法令与文化解纽了，而结果是陷于个人主义、怀疑主义与艺术突破传统的混乱局面。圣西门期望社会主义成为新综合时期，而斯宾格勒，像塔列朗一样怀念贵族政治，认为在那个时代，生活与思想都是一致的、有秩序的，而且创造了具有生命的艺术作品。他说：

> 西方文明有其特征，差不多有1800年了——一方面，偏僻地区文明是由内部成长而成，这些地区人们的生活自给自足，充实而安定，从哥特人野蛮的孩提时代到歌德与拿破仑时代，都在做重大的、不断的改良；另一方面，我们的大都市是由知识分子铸造而成的，他们过着灰色的、虚假的、无根的生活……这个结果是必然而又不能避免的，不理解这一点的人，很难达到一切意欲了解历史的努力。

在这一点上，所有人一致同意：文明具有生、长、衰、亡的过程——或者说由以前生动奔腾的溪流而逐渐停止变成一泓死水。那么，什么是文明成长的原因呢？什么又是文明衰退的原因呢？

今天无一学者再持17世纪的观念，认为国家起源于由个人与个人之间或者人民与统治者之间的社会契约关系。大多数国家（就社会的政治性组织而言）可能都是由一个团体被另一个团体的征服而形成，且由征服者继续建立武力加诸被征服者之上。征服者的命令就是被征服者早期的法律，再加上民族的习俗，便创造了一个新社会的秩序。拉丁美洲一些国家很明显地即由此方式而来。统治者得天独厚（像埃及或亚洲的河川）而建立起他们的工作目标时，经济活动构成文明的另外一个基础。思想与感情的活动超越原始部族的日常生活的活动时，统治者与被统治者之间可能兴起一种紧张的情势。这种情势可能因周围环境中任何挑战性的改变而进一步激化，像外来的入侵或者长期的雨量缺乏——这种挑战可因军事上的改革或建造灌溉水利系统而与之对抗。

假如我们把问题再向后推，问一问：一种挑战是否会遭到对抗是由什么决定的？回答是：这完全要看当初始遇这种挑战而又有创造力的人，是用明智与强大的意志（几乎可以说是天才的定义）面对这种情况，对此新情势做有效的反应（几乎可以说是智慧的定义），还是逃避这种情况。假如我们再问：有创造力的人是怎样形成的？我们可以把这个问题由历史推到心理学与生物学方面——环境的影响和遗传染色体的奥秘作用。总之，对一种挑战对抗成功了（像美国 1917 年、1933 年和 1941 年的情形），而且假如胜利者又未元气大伤（像英国 1945 年的情形），则一国的地位与士气便上升，而使它更有能力去应对更进一步的挑战。

假如这些是文明成长的源泉，那么什么又是文明衰退的原因呢？是否我们应依照斯宾格勒等学者的说法，认为每个文明都是一个有机体，自然而神秘地有发展成长的能力和死亡的命运？用生理学或物理学以类推法来解释团体的行为，描述一个社会的退化外受生命上某些固有的限制，或者内受某些无法恢复的耗损的限制，的确是很吸引人的。这些类推，如果我们把个人的联合与细胞的组合相比，或者将银行钞票的发行与收回比作心脏的扩大与收缩作用，可以提供暂时性的解释。但是，一个团体除了它是由个人组成的一点外，并非真正具有生理作用的有机体。它必须用其成员的脑与神经来思想、来触感事物。一个团体或一个文明衰败时，它并不是由于团体生命上神秘的限制，而是由于其政治或思想上的领导人对抗一种变革的挑战遭受失败所致。

挑战可以来自各个方面，而且可以一再重复地联合而来，提高破坏的强度。雨量与绿洲溪水的缺少，可使大地由干旱而变成不毛之地。土地可由懒惰无能的男人或不当的使用而耗尽地力。用奴隶劳工代替自由劳工会降低对生产的激励，而使土地荒废、城市萧条。贸易工具与路线的改变——像海空的征服——也可以使一个古老的文明中心寂然消沉，1492 年以后的比萨与威尼斯即是如此。捐税高过某一点，也会使资本的投资与生产的刺激受到顿挫。海外市场与原料丧失，更会失去企业的竞争能力。进口超过出口，更会挖空国内储存的贵重金银财宝。财富的集中可使一国在阶级战争或种族战争中分裂。

人口与贫穷集中于大城市，就会迫使政府在用救济方法而使经济衰微，还是甘冒叛乱与革命的危险两者之间做一选择。

因为一个社会在经济发展中产生了不平等，便会自动分成两个阶层，一是高级知识分子，是少数；一是普通愚夫愚妇，是多数。更不幸的是，因天生或环境的关系，使社会无法继承或发展高贵与风雅的水准。多数的活动增加时，少数的文化水平也向上提高。社会的语言、服饰、娱乐、感情、判断与思想的方式向上扩展，而多数内在的野蛮行径，就变成少数控制教育与经济机会付出的一部分代价。

教育普及时，神学就会失去信任，教育只在不影响行为或希望的情形下，接受表面的顺从。生活与理想日渐世俗化，不理会超自然的解释与敬畏。道德规范失去灵气与力量，人类的起源已经暴露无遗，神圣的监督与惩罚也不存在。古代希腊的哲学家在知识阶级中摧毁了旧信仰，近代欧洲很多国家的哲学家也完成了同样的成就。只不过普罗泰戈拉变成了伏尔泰，第欧根尼变成了卢梭，德谟克利特变成了霍布斯，柏拉图变成了康德，特拉西马库斯变成了尼采，亚里士多德变成了斯宾塞，伊壁鸠鲁变成了狄德罗。古代与近代相似，分析性的思想使一向支撑道德规范的宗教解体了。虽有新的宗教，但它是与统治阶级分离的，对政府也不予任何服务与帮助。在基督教之前的一个世纪，理性主义的胜利带来了怀疑主义与享乐主义的时代，凌驾于神学之上。在基督教之后的一个世纪里，又带来今天同样的胜利。

夹在两种道德规范之间的是迷失的一代，环绕着这一代的是奢侈、腐化及家庭与伦理的混乱，除了绝望地死守着一点残缺不全的固有准绳与约束外，简直一无凭依。不再有人认为"为自己的国家而死是美好而光荣的"。领导者的一次失败可能使其国家陷于瘫痪，而引起内讧。在战争中，一次决定性的挫败，其结果可能带来最后的大难或由外引来野蛮人的入侵，由内引致野蛮主义的抬头，两相结合会将一个文明引入绝境。

这是衰亡的写照吗？不太像。生命无权要求长生不老，不论个人或国家都难免死亡。死亡是自然的，而且假如死亡来得适时，死亡是可原谅又是有益的，思想成熟的人对死亡的来临也不会感到悲愤。但是文明能死吗？仍旧是不太像。希腊文明并未真正死亡，只是其体制消失了，其场所改变了并扩展了，它永远活在人类的记忆里。而且，内容那样丰富，没有一个人终其一生能将其全部吸收，不论他活得多长、过得多充实。荷马的读者今天远比他当时当地为多。在每所图书馆与大学里，都有希腊的诗人与哲学家的著作。此时此刻，有成千上万以哲学为"宠好"的发现者在研究柏拉图以富有领悟的思想去扩大人生。这种有选择性、富有创造力的思想的复苏，是真正的永垂不朽而又有益世道人心的。

国家死亡了。古老的地区日渐贫瘠，或苦于其他变迁。富有韧性的人重振精神，拣起他的工具与技艺，缅怀往事，汲取教训，继续向前。假如教育加深而又推广这些往事，文明即随之转移，而在他地另建一个家园。在新的土地上，他不必一切重新开始，也不会在没有朋友的帮助下独自前行。交通与运输仍使他与其祖国联系在一起，犹如生活在有滋养的胎盘里。罗马输入了希腊文明，而又将其输给西欧；美洲受惠欧洲的文明，而又准备以前所未有的技术方式，再次传播出去。

文明就是人类的世代相传。因为人的生命由再生而超越了死亡，一个有生命的文化也会超越时空，把其遗产传给它的继承者。甚至就在这些话被写下来的时候，商业与印刷，电线与电波，看不见的空中"信使"，正在把各个国家与各个文明联合在一起，为所有人保存已被赠予的人类的遗产。

第十三章 | **真有进步吗？**

　　面对国家、道德与宗教兴亡的全部景象，进步的观念本身就会发现是可疑的。进步只是"这代"的自诩自夸吗？因为从历史的过程中，我们认为在人性方面并无本质上的改变，所有科技方面的进步只能视为完成老目的的新方法——货物的取得，两性的互追，竞争的取胜，战争的格斗，莫不如此。在我们觉醒的时代，有一个令人失望的发现：科学是中立的，它将欣然为我们做杀伤的工作，如它将为我们做治愈的工作一样，它将欣然为我们做破坏的工作更甚于为我们做建设的工作。培根骄傲的警语"知识就是力量"，目前似乎很不适当了！有时我们觉得：强调神话与艺术，而不强调科学与力量的中古与文艺复兴时代，可能比一再扩大我们的手段而不改善我们的目标要聪明得多。

　　我们在科技方面的进步，"善"中也带有"恶"的气味。我们生活上的舒适与便利可能削弱了我们生理上的精力与道德上的素养。我们大量地发展运输的方法，但是我们有人利用它们去方便犯罪、去杀我们的同胞、去杀我们自己。我们行走的速度2倍、3倍、100倍地增加，但是也丧失了我们行走的勇气，或许我们可以每小时移动2000英里，我们仍是穿着裤子的猿猴。我们为现代医学的内外科治疗而喝彩，假如它没有带来比病痛更坏的其他后果；我们感谢我们医师的勤勉，他们疯狂地跟细菌的复活与疾病的发现竞赛；我们也要感谢医药科学赐给我们的延年益寿，假如不是病痛、残废与悲愁多余的延长；我们获悉与传播这个地球每天发生的故事的能力，比过去增加了100倍，但是我们有时又羡慕我们的祖先，他们平平安安地生活，只是偶尔被村子里的新闻轻微地打扰。技术工人与中产阶级的生活情况比起以前大有改善，但是我们也使我们的城市由于贫民窟的藏污纳秽与暗无天日而更加溃烂。

我们欣喜我们从神学中获得解放，但是我们有没有发展自然的伦理——独立于宗教之外的道德规范——使我们有足够力量不让我们贪得、喜斗、好色的本能败坏我们的文明，而陷入一个贪婪、罪恶与淫乱的泥淖中呢？我们真正除去褊狭的思想，还是仅仅把它由宗教的变为民族的、意识形态的或种族的敌对呢？我们的习俗是比以前好呢，还是坏？"习俗，"19世纪一位旅行家说，"你由东往西走时，会发现却比前差。在亚洲是坏的，在欧洲也不佳，而在美国西部各州，更集坏之大成。"现在东方在模仿西方。我们的法律为保护社会与政府而制订的刑罚是不是太多了？是不是我们现有的自由已超过我们智慧能忍受的了？或者，我们道德与社会的混乱已到使父母们震惊的程度，他们要跑到圣母教堂，要求她们代为管教子女，为知识的自由而不惜任何代价？是不是自笛卡儿以来，由于历史不承认神话在安慰与控制人方面充当的角色，而致所有哲学的进步都是错误的呢？"一个人增加知识，即增加悲哀；有多少智慧，就有多少痛苦。"

是自孔子以来，在哲学方面根本没有任何的进步，还是自埃斯库罗斯以来，在文学方面根本没有任何的进步呢？我们可以确定我们的音乐，以其复杂的形式与有力的交响乐团而言，的确比帕莱斯特里那（Palestrina）时更为艰深吗？或者比中古阿拉伯人用他们简单的乐器，弹奏的单调歌声更富音乐味而更能打动人吗？埃德华·莱恩（Edward Lane）谈到开罗的音乐家时，曾说："我对他们的歌唱着迷……超过我听过的任何好听的音乐。"我们的建筑，就其雄浑、创新与感人而言，比之古埃及或古希腊的神庙又如何呢？我们的雕刻与埃及法老海夫拉（Chephren，约公元前2850年）时的雕像和希腊信使神赫耳墨斯的雕像相比又如何？我们的浮雕比帕赛波里斯和希腊万神殿的又如何？我们的绘画比起凡·艾克和霍尔拜因的又如何？假如"用秩序代替混乱就是艺术与文明的主要特性"，美国与西欧的绘画是以混乱代替秩序，而这是我们的文明堕落到杂乱无章的败坏之地的明显信号吗？

历史是无可无不可的，几乎随便选取一个实例，都可由其而得出任何结论。用一种较为明显的偏见来选取我们的证据，我们即可引申某些尤为满意的反应。但是，我们或者应先对"进步"下一界说，对于我们而言其意为何？假如其意是增加幸福，则几乎一看就知为子虚乌有。我们的烦恼是永无止境的，不论我们克服了多少困难，不论我们实现了多少理想，我们仍将永远要为现在的重大不幸在找宥谅。我们不承认人类或宇宙是无价值的，只是聊以自慰。用孩子的个子平均比过去高，生活也比成人与贤哲为优等来界说为进步，似是愚蠢的话——因为孩子为这三者之中的最幸福的，是必然的。可能不可能有一个更客观的定义呢？这里，我们想把进步定义为增加对生活环境的控制。这是一个考验：因为最低等的生物也和人类一样要把握住这点。

我们不一定要承认进步势将是不断的，或者是普遍的。很明显，也有退步，正好像一个发展中的个人，有失败、疲困或休息的时期一样。假如现阶段在环境的控制方面是有进展的，则进步就是真的。我们可以想象得到：几乎历史上任何时期，都会有一些国家是在退步，也有一些国家是在衰颓中的，如英国失其地位。同一个国家，也可能在人类的活动某一方面是进步的，而在另一方面是退步的，像美国现在在科技方面是进步的，而在绘画艺术方面则是退步的。假如我们发现：在年轻的国家中，像美、澳等国，他们的才智之士都倾向于实用的、发明的、科学的与行政类的工作，而不愿做画家、诗人、雕塑家或作家。我们就一定会了解，每个时代、每个地区，在追求其对环境的控制时，都需要某类才能并加以诱导此类人才，胜过对其他人才的培养。我们不应把某地某时的作品，与过去各时代中精选出的最佳作品做比较。我们的问题是：是否一般人都已增强他们控制其生活环境的能力。

假如我们用长远的眼光来看，而且以我们现代的不安定、混乱、危机四伏的生活情况，与原始民族的无知、迷信、暴动、疾病比较，我们并不感到十分失望。在高度文明国家的最低阶层人民，与野蛮人也许仍然没有多大分别。但是，在这之上，成千上万的人已经达到很高的精神水平和道德水平，这是原始人难以企及的。我们在城市里生活过度紧张，有时真想逃避到文明前的淳朴生活方式。但是，在我们偶尔想入非非的时刻，我们知道这是因为现实生活而产生的一种不切实际的负面思想。又如很多青年的气质、野人般的偶像崇拜，也只是表示青年期一种不能适应环境的发泄，是因意志能力尚未成熟而找不到适当的安置之故。"意气而浪荡的野性"也是很可爱的，如果他无尖刀、帮派与污名。现存的原始部落的研究，显示其时婴儿死亡率高，他们生命短暂，他们的精力与速度都差，他们的疾病感染性甚大。假如生命的延长即表示对环境的较佳控制，则由死亡统计表即知人类是进步的，因为在最近3个世纪欧美白人的寿命已延长了3倍。不久之前，有一个殡仪馆业者的会议，他们讨论到因死亡率下降而危及他们的生意。无疑，若殡仪馆从业员陷入惨境，则进步是真的。

由古人与今人的竞赛中，说古人夺得了金牌，并不十分明显。我们看：在现代国家中，饥荒不是已经被消灭了吗？而且现在有一些国家生产的粮食不仅供自己国家的需要，还送给需要的国家，动辄以百万蒲式耳计的小麦输出国外，我们能说这是小成就吗？我们不是正在积极地推展科学，而且已经大大减少了迷信、蒙昧与宗教的偏激吗？我们不是正在积极推广技术，而且已使粮食、住宅、享受、教育与休闲活动超过过去任何时期吗？我们是真的宁愿有雅典人的

"Agora"（古希腊平民大会）或罗马人的"Comitia"（古罗马市民会议），而不要英国的议会或美国的国会吗？或者满足于像阿提卡那样狭隘的参政权？或者像罗马有一时期，其统治者由执政的禁卫军来选举？我们宁愿生活在雅典共和国或罗马帝国的法律之下，而不愿生活在宪法赋予我们的人身保护状、陪审制度、信仰与思想自由，及妇女解放的制度之下吗？我们的道德虽然松弛了，但真比阿尔西比亚德斯荒淫无度还坏吗？我们美国有哪一位总统曾模仿伯里克利，跟高等妓女生活在一起？我们有著名的大学，我们有很多出版公司，我们有藏书丰富的公共图书馆，这是可耻的吗？虽然雅典有不少伟大的戏剧家，但是他们有哪一位比莎士比亚更伟大呢？阿里斯托芬也跟莫里哀一样学问渊博而道德高尚吗？德谟斯梯尼、伊索克拉底、埃斯基涅斯的口才真是超过查塔姆、伯克、谢里丹吗？我们可以把吉本置于希罗多德（约公元前 5 世纪）或修昔底德之下吗？在古代有没有什么散文小说可以和现代小说的广度与深度媲美的？我们可以承认古人在艺术上的优越，但是我们有人可能更喜爱巴黎的圣母院，而不喜欢希腊的万神殿。假如美国的开国元勋们能重返美国，或者福克斯与边沁重返英国，或者伏尔泰与狄德罗重返法国，他们会不会斥责我们为忘恩负义者呢？因为我们今天生活在好运里而不自见，这种幸福是过去没有的——甚至在伯里克利或奥古斯都的统治下也未曾得见。

我们不应太为我们的文明可能将会像其他文明一样的死亡而困扰，正如波斯国王腓特烈在科林对他败退的部队所问的："你们会长生不死吗？"或者生活应采取新的形式，新文明与文明中心本身会转移，都是可想象的。同时，对抗新兴东方挑战的努力，可能使西方重振起精神来。

我们已经说过：一个伟大的文明不会全然死亡的。有些珍贵的成就，历经国家兴亡隆替的一切变化而仍然存在，如：火与光，车辆与其他基本工具的制造，语言、文字、艺术与歌曲，农业、家庭与双亲的照顾，社会组合、道德与博爱，及运用教学方法传播家庭与种族的知识。这些都是文明的基本要素，而且一直固持不坠，从一个文明历经危难而传给另一个文明。这些都是人类历史的环扣。

假如教育即是文明的转移，则我们毫无疑问处在进步中。文明不是继承的，它必须由学习得来，而且每一代贵能推陈出新。假如这种转移中断100年，文明势将死亡，而我们也必须再变为野人。所以，我们现代最完美的成就是我们用空前的财力与人力，投资在为每个人受到较高教育的准备上。从前，大学是昂贵的，是为悠闲阶级的男士设计的。今天的大学到处都是，每个人只要肯努力，都可以变成博士。虽然我们的智慧不可能都胜过古代精选的天才，但是我们知识的水平与平均数已经上升，远超过历史上的任何时代。

除儿童外，无人会抱怨说：我们的老师尚未根除一万年来的谬见与迷信。伟大的实验刚开始，而其也不致被愚昧无知的高出生率击败。但是假如每个孩子都必须进学校并至少到20岁为止，而且可以随其所愿地自由进入大学、图书馆及收藏人类智慧与艺术宝库的博物馆，那么教育的整个成果将如何呢？大家应想到教育并非即是史实、时代与帝王痛苦资料的记忆，也不只是为个人能独立营生于世而做的必要准备，而是我们心智、道德、技艺与美学遗产的传送。为了扩大人类的谅解、环境的控制、人生的美化与生活的享受，应尽可能将其全部传予尽可能多的人。

我们现在能够更为完整地传给后人的遗产，远比过去丰富。它比伯里克利时代丰富，因为它包括了希腊一切的精华又加上后来的成就；它比达·芬奇的时代也丰富，因为它除包括他的作品外，还有意大利文艺复兴时期的成就；它比伏尔泰时代也丰富，因为它包括所有法国启蒙时期及影响所及其他各地的成果。假如我们有所抱怨，而进步是真的，那也不是因为我们生下来就比过去任何时期的婴儿健康、漂亮、聪明，而是因为我们生于一个文明遗产较丰的时代，生于一个有较高的水平的基础之上。这个基础，因知识与艺术的积累而升高成为我们人类的基石与支柱。遗产增多了，而人类接受遗产时也就相应地得到了提升。

　　历史超越一切，历史是此遗产的创造与记录。进步是遗产的不断增加、保存、传送与利用。我们有些人研究历史，不只是要做一个警告人类的愚蠢与罪恶的提醒人，也是要做一个鼓励人类追怀过去的人。过去不是一个令人毛骨悚然的"恐怖蜡像馆"，它是一个天国的城市、一个心智开旷的原野。在那里有无数的政治家、科学家、诗人、艺术家、音乐家、有相同爱好的人和哲学家，仍然有说有笑、有教有唱、生动地活在那里。历史学者不会悲伤，因为他能了解，除非人参与社会之中，否则人的生存将无意义。我们自己能在我们的生活中注入意义，而且有时其重要性超过死亡，这是我们引以为傲的事。假如一个人是幸运的，在其去世之前，他会尽可能地收集他的文明遗产，然后传给他的孩子。为了有此不尽不竭的宝藏，就是到他咽最后一口气，他也会感恩的，因为他知道：此乃我们的乳母，也是我们的永生。

教皇庇护七世接替死于被法军扣押期间的教皇庇护六世，并通过谈判与拿破仑签订了著名的《1801年政教协定》。

上 | 1814年，庇护七世在西斯廷礼拜堂。庇护七世长期被拿破仑控制，直到1814年反法盟军攻入
法国境内才得自由。

下 | 卡诺瓦的大理石像《胜利者维纳斯》表现的是拿破仑妹妹波利娜斜倚在睡椅上，几乎一丝不挂。
在这里，古典女神与当代人像融合到了一起。

上左 | 即位后，约瑟夫二世努力进行一系列的改革工作：改革教育体制，为大学聘请最好的学者和科学家，颁布民法大典，稳定财政收支平衡，废除农奴制度并允许新闻自由。

上右 | 奥地利政治家梅特涅组织了反对拿破仑一世的胜利同盟，努力使奥地利恢复其欧洲强国的地位。

下 | 19世纪初，维也纳的约瑟夫广场。拿破仑战争以后的欧洲工业革命，经济繁荣与萧条交替，人口活动性加强，公众更加要求参与政治，社会矛盾进一步激化。

德国作曲家贝多芬的艺术植根于海顿和莫扎特的古典传统，并包罗了歌德和席勒的新人文主义精神，崇尚法国大革命的理想，热切关注个人自由和尊严。

晚年的歌德完成了《浮士德》，这部具有无限可能的伟大诗剧取材于 16 世纪一个炼金术士向魔鬼出卖灵魂，以换取知识和青春的民间传说。

德国伟大的戏剧家、诗人和文学理论家席勒。歌德曾说席勒的自由理念"在青年时代是外在的自由，在晚年则是内在的自由"。的确，席勒早期关注的是政治的压迫和社会传统的专制，晚期则关注于灵魂的内在自由可使人类超越肉体的脆弱。

上左 德国哲学家谢林，19 岁写出第一部哲学著作，23 岁便任耶拿大学教授。

上右 德国唯心论哲学家黑格尔是近代哲学体系一位伟大的缔造者，象征着德国古典哲学的巅峰。

下 《橡树林中的修道院》（1810 年）。卡斯帕尔·大卫·弗里德里希受浪漫主义的影响，其作品大多是广漠而孤寂的风景画和海景画，表现了人在自然界威力前的孤立无援。

俄国沙皇保罗在位时间短暂。他的政策多变，独断专行又暴虐无道，1801 年被一批高级文武官员密谋刺死。

波塔利斯被拿破仑任命为政府顾问和负责起草《拿破仑法典》的四人委员会的成员，他力求将罗马法的思想渗透到法典中。

法国考古学家德农曾于 1798 年随拿破仑远征埃及，在敌人的炮火下速写当地的古迹；之后，随拿破仑出征奥地利、西班牙和波兰，为其搜罗艺术品。

法国秘密警察头子富歇，他工作勤恳又能随机应变，因此能在 1792 年至 1815 年的每届政府中供职，被称为能"玩转法兰西"的政治家。

雷卡米耶夫人。她的沙龙吸引了 19 世纪初期巴黎政界和文坛的重要人物，或多或少反对拿破仑政府的人也成为她的常客。1805 年，拿破仑下令把她流放外地。

1800 年，拿破仑改组了军队，并在融雪之前率军穿过圣伯纳德山隘，出其不意地包抄围攻热那亚的奥地利军的后翼。

上 | 1804 年 12 月 2 日，在巴黎圣母院举行了拿破仑的加冕典礼。在典礼的最后一刻，皇帝接过皇冠，亲自戴在自己头上。

下 | 1805 年，法国大军在乌尔姆大胜奥地利；11 月 13 日拿破仑进入维也纳，并象征性地获得维也纳的钥匙。

上 | 1805 年 12 月，拿破仑在奥斯特利茨一役击败奥地利和俄罗斯的联军，拿破仑和弗兰茨一世会面，并签订《普雷斯堡条约》。

下 | 1806 年 9 月普鲁士对法国开战，10 月 14 日普军在耶拿和奥尔施泰特被打败，10 月 27 日拿破仑进入柏林。

上 | 1806 年 12 月，拿破仑正在检阅自己的军队。本画的作者是狂热的拿破仑主义者韦尔内。

下 | 1807 年，拿破仑爱上波兰爱国者玛莉·瓦莱夫斯卡伯爵夫人，拿破仑曾和她生下一子。

上 | 1807 年，在离俄国边界不远的泰尔西特，俄国沙皇亚历山大一世与拿破仑会面。在停泊于涅门河中间的筏子上，两人签署瓜分欧洲的条约。

下 | 1808 年，拿破仑在马德里。1808 年 4 月，拿破仑废黜西班牙国王，随后马德里发生暴动，拿破仑血腥镇压。

上左 雅克·路易·大卫绘于 1812 年的《拿破仑及其书房》。这幅画将拿破仑塑造成了一个勤奋工作的理想统治者形象。

上右 1812 年，拿破仑集结约 45 万兵力，入侵俄国。俄军总司令库图佐夫采取"焦土政策"，向后撤退。

下 1810 年拿破仑的事业如日中天，他遗弃未曾给他生下一男半女的约瑟芬，和奥地利皇帝弗兰茨一世之女玛丽·露易丝结婚。

上 | 1812 年，早到的严冬使拿破仑的大军被迫撤退，大量人员冻死在冰天雪地里。

下 | 1812 年 9 月，拿破仑的军队进入俄国人放弃的莫斯科。就在同一天，莫斯科发生一场大火，大部分城市建筑遭毁。

上 | 库图佐夫带领俄军乘胜追击。11月，在渡过贝尔齐纳河之后，拿破仑的主力只剩下不到1万名能够作战的人。

下 | 1814年1月，法国的所有边境都遭到攻击，拿破仑疲于奔命。奥地利、俄罗斯、普鲁士和英国结成联盟，约定不单独进行谈判，并誓言继续战争直到推翻拿破仑为止。

上 | 1814 年 4 月 6 日，拿破仑被迫退位。盟军决定将拿破仑流放厄尔巴岛，在试图服毒自尽未成之后，拿破仑告别了他的近卫军，前往厄尔巴。

下 | 1815 年 6 月，滑铁卢，威灵顿正在指挥英军与拿破仑展开一场血腥的战斗。尽管拿破仑的近卫军英勇战斗，法军很快败下阵来。

滑铁卢之役失败后，拿破仑到达罗什福尔，打算自此乘贝尔罗风号前往美国。

图书在版编目（CIP）数据

文明的故事／（美）威尔·杜兰特，（美）阿里尔·杜兰特著；台湾幼狮文化译. -- 上海：上海三联书店，2024.6

ISBN 978-7-5426-8465-3

Ⅰ.①文… Ⅱ.①威… ②阿… ③台… Ⅲ.①世界史—通俗读物 Ⅳ.① K109

中国国家版本馆 CIP 数据核字 (2024) 第 076453 号

著作权登记号 图进字：21-2018-481-491

文明的故事：全11卷

[美] 威尔·杜兰特，[美] 阿里尔·杜兰特 著；台湾幼狮文化 译

责任编辑 / 张静乔
特约编辑 / 吴晓斌　曹凌志
装帧设计 / 任　潇
内文制作 / 马志方
责任校对 / 王凌霄
责任印制 / 姚　军

出版发行 / 上海三联书店
　　　　　（ 200041 ）中国上海市静安区威海路755号30楼
邮　　箱 / sdxsanlian@sina.com
联系电话 / 编辑部：021-22895517
　　　　　　发行部：021-22895559
印　　刷 / 山东临沂新华印刷物流集团有限责任公司

版　　次 / 2024年 6 月第 1 版
印　　次 / 2024 年 6 月第 1 次印刷
开　　本 / 965mm×635mm　1/16
字　　数 / 9643千字
印　　张 / 717.5
书　　号 / ISBN　978-7-5426-8465-3/K·777
定　　价 / 2288.00元（全11卷）

如发现印装质量问题，影响阅读，请与印刷厂联系：0539-2925659